Allgemeine und spezielle

Wirtschaftsgeographie

von

Dr. Ernst Friedrich
a. o. Professor an der Universität Leipzig

Mit drei Karten

Zweite Auflage

Leipzig
G. J. Göschen'sche Verlagshandlung
1907

Spamersche Buchdruckerei in Leipzig.

Vorwort zur ersten Auflage.

Wege zuerst zu begehen, erweckt dem Wanderer Freude und Genugtuung, aber auch die Sorge, ob er die rechten gefunden hat. So geht es mir in dem Augenblicke, da ich meine „Wirtschaftsgeographie" den Geographen und solchen, die sich für „angewandte Geographie" interessieren, vorlege.

Ich habe versucht, darin ein „System" der Wirtschaftsgeographie aufzustellen, und bin bei dieser Arbeit, für die mir fast nur die Abhandlungen K. Büchers, Em. Herrmanns und Ed. Hahns als Vorarbeiten zu Gebote standen, zu Resultaten gelangt, die ich vorläufig nur als ein Gerüst hinstellen kann, in das aber, hoffe ich, bald ein brauchbarer Bau hineinwachsen wird.

Wie der Leser aus dem ersten Abschnitt meines Buches ersieht, bin ich zu einer anderen Auffassung von der Aufgabe der Wirtschaftsgeographie gelangt, als die ist, welche man von den Methodikern und Praktikern der Wirtschaftsgeographie vertreten findet. Das bedingt die Behandlung des Stoffes. Wenn ich der Wirtschaftsgeographie die Aufgabe zuweise, die Wirtschaft als eine Erscheinung der Erdoberfläche zu betrachten und zu erklären (nicht den Boden als Grundlage der Wirtschaft zu betrachten), so rückt der Mensch, durch den überall erst die Wirtschaft zustande kommt, mit seiner Tätigkeit in den Vordergrund, und die Naturverhältnisse (der „Boden"), welche der Wirtschaft gegenüber nur als mehr oder weniger gefüges Material erscheinen, treten an zweite Stelle.

Mein Buch ist nicht für den Lehrgang der Schule geschrieben, obwohl reife Schüler es vielleicht mit Vorteil studieren werden; es will nicht über die Elemente belehren, sondern setzt bei dem Leser eine elementare Kenntnis von der Lage und Natur der Länder voraus.

Daß der Anfänger in der Wirtschaftsgeographie die Wichtigkeit der menschlichen und geographischen Faktoren für die Wirtschaft und die Art ihrer Wirksamkeit in den Grundzügen erkenne, dazu soll ihm der *allgemeine Teil* verhelfen, der die wirksamen Faktoren für jedes Gebiet im Rahmen der ganzen Erde verknüpfend vorführt. Mir erschien diese Einführung in ein hologäisches Verständnis der Wirtschaft wichtiger als eine in jedes einzelne Wirtschaftsgebiet, bei der leicht der Blick aufs Ganze verloren geht. Eine stete Vergleichung des Textes mit den beigegebenen Karten der Wirtschaftsstufen, -formen und -zonen und mit den physikalischen eines guten Schulatlas (Sydow-Wagner, Lehmann-Petzoldt, Debes Oberstufe) wird das Verständnis erleichtern. Zu einer ins einzelne gehenden Erklärung der Wirtschaft aus der natürlichen Ausstattung können wir heute meines Erachtens noch nicht gelangen.

So setzt das Studium des *speziellen Teiles* meines Buches, welcher die Beschreibung der Wirtschaft der Länder enthält, die Durcharbeitung und Verdauung des allgemeinen Teiles voraus. Jeder, der aufmerksam sich den ersten Teil zu eigen gemacht hat, wird die Tatsachen daraus für jedes Land im Rahmen des Erdganzen gegenwärtig haben und wird selbsttätig bei dem Hinblick auf die beigefügten Karten und auf die speziellen Landkarten seines Schulatlas die möglichst oft und ins einzelne angedeutete Erklärung für die Wirtschaftsverhältnisse — wenigstens in den wesentlichen Zügen — in Mensch und Naturverhältnissen finden.

Im einzelnen ging ich bei der speziellen Darstellung der Wirtschaftsverhältnisse von dem fundamentalen Unterschied zwischen Sammelwirtschaft und „eigentlicher" Wirtschaft aus. So beginne ich jeden Abschnitt mit der Sammelwirtschaft, der Ausnutzung der natürlichen Pflanzen- und Tierwelt (nicht des Bergbaues) eines Landes, dann lasse ich die anderen Wirtschaftsformen folgen, den sammelnden Bergbau wegen seines Zusammenhanges mit der Industrie vor dieser einfügend. Das Resultat der Wirtschaft: Volksdichte und Siedelungen, soweit nicht schon erwähnt, macht den Schluß.

Indem ich die für die lokale Wirtschaft und den Handel wichtigen Produkte ziemlich vollständig zu erwähnen mich bemühte, enthält mein Buch eine geographische Produktenkunde; die örtlichen Vorkommen habe ich dabei recht speziell, soweit es mir Raum und Zweck zu erlauben schien, aufgezählt, indem ich der Meinung war, daß daraus den Benutzern des Buches mehr Vorteil erwächst, als wenn ich mich mit allgemeinen Bemerkungen und Aufzählungen der Produkte für größere Erdräume begnügte. Der Nutzen möglichst weitgehender Lokalisierung in der Wirtschaftsgeographie, auch für den Kaufmann, kann gar nicht überschätzt werden. Die Wissenschaft hat den Nutzen daraus, daß sie mit Hilfe genauer Lokalisierung der Erkenntnis der örtlichen Bedingtheit näher schreitet, der Kaufmann, die Praxis den, daß sie die Ursprungsstätten der Produkte, ihre Entfernungen von den Häfen, Transportgelegenheiten daraus ersieht. Der Uninteressierte wird über die örtlichen Spezialnamen leicht hinweglesen, der Interessierte wird sie mit Hilfe eines guten Handatlas meist aufsuchen können.

Vorwort zur zweiten Auflage.

Den allgemeinen Teil dieses Buches habe ich wesentlich umgestaltet. Vor allem ist die dynamische und statische Wirtschaftsgeographie verschmolzen, also der allgemeinen Besprechung der Faktoren der Wirtschaft die kurze Skizzierung der geographischen Verbreitung angereiht. Die theoretischen Ausführungen des ersten Abschnittes über Anpassung und Wirtschaft schränkte ich im allgemeinen ein, indem ich der Ansicht wurde, daß sich dieselben im Rahmen eines Handbuches nicht gut ausführlich vertreten lassen. Die Behandlung der für das Verständnis der geographischen Verteilung der Wirtschaft fundamentalen Wirtschaftsstufen wurde dagegen erweitert und, soweit der Raum es erlaubte, mit Beispielen gestützt. Mit den Wirtschaftsrichtungen (S. 47) bin ich nicht recht vorwärts gekommen. Wirtschaftsformen und -zonen erfuhren eine Nachprüfung. Die Naturverhältnisse wurden eingehender betrachtet, und der geographischen Verbreitung der wirtschaftlichen Auswertung von Mineralien, Pflanzen und Tieren wurden größere Abschnitte gewidmet. Bergbau, Pflanzensammeln und Pflanzenbau, Jagd, Fischerei und Tierzucht — das sind die grundlegenden Wirtschaftsformen — wurden als wirtschaftliche Tätigkeiten des urteilenden und handelnden Menschen aufgefaßt, nicht als Funktionen der Naturverhältnisse. Doch versuchen diese Abschnitte dabei immer den Anschluß an die klimatischen Verhältnisse der Erde, die ja die geographische Verbreitung der Objekte der Wirtschaft in vorderster Reihe bedingen. Die beigebrachten Produktionszahlen für Bergbau usw. sprechen aber eine deutliche Sprache von den Wirtschaftsstufen der Völker.

Mit der Erweiterung der Produktions- und Handelsstatistik hoffe ich dem Kaufmann einen guten Dienst zu erweisen. Zwar ist die „Weltproduktion" infolge Mangelhaftigkeit oder gänzlichen Fehlens von Angaben häufig ein unsicheres Ding, aber die Produktionszahlen (in Prozenten der Weltproduktion) erreichen, so hoffe ich, doch den praktischen Zweck, ein ungefähres Bild von der wirtschaftlichen Leistung der einzelnen Länder an der Erzeugung eines Stoffes auf der Erde zu geben; denn die nicht in den Produktionsschätzungen figurierenden Länder sind gewöhnlich von geringer Bedeutung. Zum Teil entnehme ich die Produktionsschätzungen dem Deutschen Handelsarchiv und anderen Zusammenstellungen des Reichsamts des Innern, zum kleinen Teil auch dem trefflichen im Literaturverzeichnis aufgeführten Bartholomewschen Atlas.

Auf diesen relativen Anteil der Länder an der Erzeugung der Welthandelsartikel wurde in dem speziellen Teil des Buches (in Anmerkungen) zurückgegriffen; denn die absoluten Zahlen sind tot, wenn sie nicht zur „Weltproduktion" in Beziehung gesetzt werden.

INHALT.

Literatur-Verzeichnis.

(Methodisches und Handbücher.)

Goetz, W. Die Aufgabe der „wirtschaftlichen Geographie" (Zeitschr. d. Ges. f. Erdkunde zu Berlin, XVII, S. 354 ff.).
Günther, S. Die naturwissenschaftlichen Grundlagen der wirtschaftlichen Geographie (D. Rundschau f. Geogr. u. Stat. XI, 1889. S. 241 ff.).
Kraus, A. Die Aufgabe und Methode der Wirtschaftsgeographie (Sammlung geogr. und kolonialpol. Schriften Nr. 3). Berlin 1897.
— Versuch einer Geschichte der Handels- und Wirtschaftsgeographie. Frankfurt a. M. 1905.
Ratzel, F. Anthropogeographie. Bd. I, 3. Aufl. Stuttgart 1899. Bd. II. 1891.
— Die Erde und das Leben. 2 Bde. Leipzig 1901 und 1902.
Supan, A. Grundzüge der physischen Erdkunde. 3. Aufl. Leipzig 1903.
Hahn, Ed. Die Wirtschaftsformen der Erde. Mit Karte. (Petermanns Mitt. Bd. 38, 1892, S. 8 ff.)
— Die Haustiere und ihre Beziehungen zur Wirtschaft des Menschen. Leipzig 1896. Mit Karte der Wirtschaftsformen der Erde.
Vierkandt, A. Die Kulturformen und ihre geographische Verbreitung. Mit 2 Karten. (Geographische Zeitschr. III, 1897, S. 256 f., 315 f.)
— Naturvölker und Kulturvölker. Leipzig 1896.
Hettner, A. Die geographische Verbreitung der Transportmittel des Landverkehrs. Mit Karte. (Zeitschr. d. Ges. f. Erdk., Berlin, Bd. 29, 1894, S. 271 ff.)
Friedrich, E. Einige kartographische Aufgaben in der Wirtschaftsgeographie (Globus 84, 1903, S. 69—72 u. 85—87).
Die Weltwirtschaft. II. Jahrgang 1907. 1. Internationale Übersichten. 2. Deutschland. 3. Das Ausland.
Oppel, A. Natur und Arbeit. 2 Bde. Leipzig 1904.
Engelbrecht, Th. H. Die Landbauzonen der außertropischen Länder. 3 Bde. (Bd. III Atlas). Berlin 1899.
Wiesner, J. Die Rohstoffe des Pflanzenreiches. 2. Aufl. I. Leipzig 1900. II. 1903.
Semler, H. Die Tropische Agrikultur. 2. Aufl. Hsg. von R. Hindorf. 4 Bde. (Bd. IV, 1. Aufl.). Wismar 1897 ff.
Müller, R. Die geographische Verbreitung der Wirtschaftstiere. Leipzig 1903.
Kobelt, W. Die Verbreitung der Tierwelt. Gemäßigte Zone. Leipzig 1902.
Keller, C. Das Leben des Meeres. Leipzig 1895.
Wiese, J. Das Meer. Berlin o. J. (1906).
Der Weltverkehr und seine Mittel. Leipzig 1901.
Bartholomew, J. G. Atlas of the World's Commerce. London 1907.
Scobel, A. Handels-Atlas. Leipzig 1902.
Langhans, P. Handelsschul-Atlas. 3. Aufl. Gotha 1904.
Philippson, A. Europa. Leipzig 1906.
Hettner, A. Grundzüge der Länderkunde. I. Europa. Leipzig 1907.
Partsch, J. Mitteleuropa. Gotha 1904.
Statistisches Jahrbuch für das Deutsche Reich. XXVIII. Jahrgang 1907. Berlin.
Handbuch der Wirtschaftskunde Deutschlands. 3 Bde. Leipzig 1901 ff.
Sievers, W. Asien. Leipzig 1904.
— u. Kükenthal, W. Australien, Ozeanien und Polarländer. Leipzig 1902.
Hahn, Fr. Afrika. Leipzig 1901.
Deckert, E. Nordamerika. Leipzig 1904.
Sievers, W. Süd- und Mittelamerika. 2. Aufl. Leipzig 1903.
Gothaischer genealogischer Hofkalender nebst diplomatisch-statistischem Jahrbuche. Gotha.
Hübners geographisch-statistische Tabellen. Hsg. v. Iuraschek. Frankfurt a. M. Jährlich.
The Statesman's Yearbook, Statistical and historical Annual of the States of the World. London.
„Nachrichten für Handel und Industrie" und „Berichte über Handel und Industrie", zusammengestellt im Reichsamt des Innern.
Deutsches Handels-Archiv.

Landesmünzen.

1 Franc (Frankreich, Belgien, Schweiz, Bulgarien) = 0,81 M. 1 Lire (Italien) = 0,81 M. 1 Peseta (Spanien) = 0,81 M. 1 Lëu (Rumänien) = 0,81 M. 1 Dinar (Serbien) = 0,81 M. 1 Neudrachme (Griechenland) = 0,81 M. 1 finnische Mark = 0,81 M. 1 Krone (Schweden, Norwegen, Dänemark) = 1,125 M. 1 Krone (Österreich-Ungarn) = 0,85 M. 1 (Pfd. Sterling) £ (Großbritannien) = 20,43 M. 1 Gulden (Niederlande) = 1,687 M. 1 Krone à 10 Milreïs (Portugal) = 45,36 M. 1 Imperial à 15 Rubel (Rußland) = 32,4 M. 1 Piaster (Türkei) = 18,46 Pf. 1 Kran (Persien) = 0,35 M. 1 Rupie (Indien) = 1,36 M. 1 Tikal Silber (Siam) = 2,49 M. (1904 = 1,08 M.)[1] 1 Haikwan Tael (China) = 6,41 M. 1 Goldyen (Japan) = 2,09 M. 1 ägypt. Pfd. Sterling (£ E.) = 20,75 M. 1 Golddollar (Verein. Staaten) = 4,198 M. 1 Peso (Guatemala) = 4,05 M. (1901 = 1,81 M.). 1 Peso oder Dollar (Mexiko) = 2,1 M. 1 Dollar (Honduras) = 4,05 M. (1905 = 1,85 M.). 1 Peso oder Dollar (Nicaragua) = 4,05 M. (1905 = 1,85 M.). 1 Sucre (S. Salvador) = 4,05 M. (1904 = 1,71 M.). 1 Gourde (Haiti) = 4,05 M. (1905 = 1,85 M.). 1 Venezolano (Venezuela) = 4,05 M. (?). 1 Bolivar (Venezuela) = 0,81 M. 1 Peso Papier (Colombia) = 4,05 M. (4 Pfg.) 1 Sucre (Ecuador) = 2,04 M. 1 £ in Gold (Peru) = 20,43 M. 1 Sol (Peru) = 2,043 M. 1 Boliviano (Bolivia) = 4,05 M. (1905 = 1,85 M.). 1 Peso (Chile) = 1,53 M. 1 Gold-Peso (Argentinien) = 4,05 M. 10 Milreis in Gold (Brasilien) = 22,93 M. 1 Conto di Reïs = 1000 Milreïs (Brasilien) = 2292,75 M. 1 Goldpeso (Uruguay) = 4,3417 M. 1 Goldpeso (Paraguay) = 4,05 M. (1 Papierpeso etwa = 40 Pf.)

[1]) In Klammern sind die faktischen Wertungen nach Silberwert angegeben.

Maße und Gewichte.

Längenmaße.

1 deutsche geographische Meile = 7420,44 m. 1 Seemeile = 1852 m. 1 englische Meile (Statute Mile) = 1609,3 m. 1 russ. Werst = 1066,78 m. 1 englischer Faden = 1,829 m.

Flächenmaße.

1 Ar = 100 qm. 1 Hektar = 10000 qm. 100 Hektar = 1 qkm. 1 deutsche Quadratmeile = 55,0628 qkm. 1 Acre = 40,47 Ar. 1 englische Square Mile = 2,5899 qkm. 1 russ. Deßjätine = 1,09 ha.

Gewichte.

1 Meter- oder Doppelzentner (dz) = 100 kg. 1 metrische Tonne = 1000 kg. 1 engl. Pfund = 0,4536 kg. 1 engl. Zentner (cwt) = 50,8 kg. 1 engl. Tonne = 1016 kg. 1 russ. Pud = 16,379 kg. 1 span. Zentner (Quintal) = 46,009 kg. 1 Pikul (China) = 60,453 kg. 1 Kin = 0,6 kg, 1 Kwan (Japan) = 3,75 kg. 1 Oka (Türkei) = 1 kg, 1 Batman = 10 kg, 1 Kantar = 100 kg, 1 Tscheki = 1000 kg. 1 Quintal (Argentinien) = 45,9367 kg

Hohlmaße.

1 Register-Tonne (R.-T. = Raummaß für Schiffe) = 2,832 cbm. 1 Bushel = 35,238 l. (1 Bushel Weizen = zu 27,2, Mais und Roggen zu 25,41, Gerste zu 21,8, Hafer zu 14,5 kg gerechnet.) 1 Barrel (Petroleum, Verein. Staaten) = 158,98 l oder etwa 130,9 kg. 1 Barrel (Großbritannien) = 163,5 l. 1 Imperial Gallon = 4,543 l.

1. Allgemeine Wirtschaftsgeographie.

A. Die Aufgabe der Wirtschaftsgeographie.

Die Wirtschaft umfaßt die Veranstaltungen des Menschen zur (dauernden) Beschaffung (Verwendung und Erhaltung) der materiellen Befriedigungsmittel menschlicher Bedürfnisse. Diesem Zwecke dient zunächst die Produktion. Dieselbe kann nur mit Hilfe von Naturstoffen und -kräften stattfinden in der Weise, daß der Mensch zweckmäßig auf sie einwirkt und sie nach Bedarf umwandelt. Insofern können wir Produktion und Einwirkung auf die Natur (zu wirtschaftlichen Zwecken) gleichsetzen.

Die Aufgabe der Wirtschaftsgeographie ist somit folgende: Sie hat die geographische Verbreitung der wirtschaftlichen Tatsachen als räumlicher Erscheinungen an der Erdoberfläche zu beschreiben (nach der zeitlichen Entwickelung, nach gegenwärtigem Ort, nach Menge und Qualität), zu erklären und das Resultat (und zugleich die Quelle) der Wirtschaft, die Bevölkerung, nach ihrer Dichte und ihren Siedelungen örtlich zu beschreiben und aus der Wirtschaft abzuleiten. Die Wirtschaftsgeographie gibt die Grundlage für die Erklärung der Bevölkerungsverteilung.

Die Wirtschaftsgeographie ist ein Teilgebiet der Anthropogeographie, welche im allgemeinen die Aufgabe hat, die Verbreitung des Menschen und seiner „Zustände" zu beschreiben und zu erklären.

Die Wirtschaftsgeographie ist auch ein Zweig der Kulturgeographie, und zwar mit der wichtigste, der den materiellen Teil der Kultur behandelt.

Die Wirtschaftskunde befaßt sich allein mit der Sammlung von Nachrichten über den Stand der Wirtschaft in den einzelnen Erdräumen, ohne die Verknüpfung der Tatsachen mit der Natur und dem Menschen zum Gegenstand zu nehmen.

Von den nahestehenden Disziplinen, Nationalökonomie und Statistik, trennt die Wirtschaftsgeographie ihr Wesen als räumlich betrachtender (und erklärender) Wissenschaft.

Der Inhalt der Wirtschaftsgeographie ist aber nicht die Verbreitung der Produktion allein. Der letzteren fällt die leitende Stelle in der

Wirtschaft zu, und sie kann auch für sich schon die Ziele der Wirtschaft, die Bedürfnisbefriedigung mit Sachgütern, verwirklichen. Aber die Voraussetzung einer vervollkommneten Produktionsgestaltung ist der Verkehr, welcher die Güter (und Personen) vom Orte der Produktion nach dem der Konsumtion überträgt, die Ziele der Wirtschaft vollkommener erreichen hilft, aber als Diener der Produktion doch mehr an Nebenstelle zu betrachten ist.

Die Wirtschaftsgeographie kann somit in eine „Produktionsgeographie" und in eine „Handels- und Verkehrsgeographie" (in der auch die Konsumtion zu behandeln ist) zerlegt werden und umschließt sie also beide.

Die allgemeine Wirtschaftsgeographie hat die Aufgabe, die wirtschaftlichen Erscheinungen allgemein und über die Erde hin zu betrachten im Gegensatz zur speziellen, welche die einzelnen Wirtschaftsräume der Erde nacheinander behandelt.

Die allgemeine Wirtschaftsgeographie wird sich gliedern in eine dynamische Wirtschaftsgeographie, welche die Faktoren der Wirtschaft feststellt und mißt, und in eine statische Wirtschaftsgeographie, welche die örtliche Verteilung der Faktoren und wirtschaftlichen Tatsachen über die ganze Erde hin verfolgt[1]).

B. Dynamische und statische Wirtschaftsgeographie oder die Lehre von den Faktoren der Wirtschaft und ihrer geographischen Verbreitung.

Das Verhältnis von Natur und Mensch, aus dem die Anthropogeographie die Verbreitung des Menschen (und der Menschenzustände) über die Erde zu erklären unternimmt, stellt sich als ein Wechselverhältnis heraus: die Natur wirkt auf den Menschen ein bzw. widersteht seiner Einwirkung, und der Mensch reagiert gegen die Einwirkung der Natur, bzw. wirkt auf sie ein. Die Wirtschaftsgeographie aber ist derjenige Zweig der Anthropogeographie, der das Wechselverhältnis zwischen Natur und Mensch wesentlich von der Seite des Menschen zu betrachten gezwungen ist; die Produktion ist ja überhaupt Einwirkung des Menschen auf die äußere Natur (zur Gewinnung von Sachgütern), und für sie und auch für den Verkehr erscheint die Natur gegenüber der Arbeit des Menschen als Material, das mehr oder weniger Widerstand leistet oder ihr auch fertig daliegt, jedenfalls passiv ist gegenüber dem aktiven Menschen, der durch seine Tätigkeit erst die wirtschaftlichen Erscheinungen zustande bringt. Darum ist in der dynamischen Wirtschaftsgeographie der Mensch als Faktor der Wirtschaft an vorderster Stelle zu behandeln.

---

[1]) Im Gegensatze zur ersten Auflage dieses Buches sind in dieser Neuauflage nicht dynamische und statische Wirtschaftsgeographie getrennt behandelt worden, sondern durchdringen einander. Das empfahl sich mit Rücksicht auf die Erkennbarkeit des Zusammenhanges von Ursache und Wirkung in der Wirtschaft.

I. Der Mensch als das wirtschaftende Subjekt.

Für jede Erdstelle liegt durch die ihr eigenen Naturverhältnisse der Einwirkung des Menschen (der Wirtschaft) gegenüber ein „Naturzwang" vor; an jeder Erdstelle sind mit der sogenannten „natürlichen Ausstattung" Naturstoffe und -kräfte an ganz bestimmten Orten und zu bestimmten Zeiten, in ganz bestimmten Mengen und Qualitäten gegeben. Mit diesem Naturzwang hat sich der Mensch in irgend einer Art abzufinden; entweder kann er ihn passiv hinnehmen oder er kann dagegen reagieren, seine Bedürfnisbefriedigung von ihm zu befreien suchen.

Die Naturverhältnisse sind recht verschiedener Art. Es gibt Naturverhältnisse, die sich mit Leichtigkeit der menschlichen Kraft, sogar der schwachen, unterwerfen lassen — ich erinnere an die meisten Pflanzen, an viele Tiere —, und es gibt Naturverhältnisse, die der Einwirkung des Menschen (zum Zwecke der Wirtschaft) viel starrer (Boden nach Fruchtbarkeit, Form usw., das fließende Wasser nach Art, Stärke usw.) oder fast unbeeinflußbar (Klima) gegenüberstehen.

Innerhalb jeder der großen Erscheinungsformen der Natur gibt es wiederum unzählige Widerstandsunterschiede gegenüber der menschlichen Einwirkung. Ein Apfel ist leicht gepflückt, eine Kokosnuß schwerer; ein Baum ist meist leicht zu fällen, aber der tropische Urwald oder der Scrub ist schier unüberwindlich. Ein Hase wird leicht gejagt, aber ein Bär nur mit Gefahr, und der Bazillen, die unsere Gesundheit bedrohen, werden wir sehr schwer Herr. Ein fruchtbarer Boden ergibt der Einwirkung des Menschen leicht und sicher hundertfältige Frucht, aber der unfruchtbare Boden lohnt die größte Mühe schlecht und der Fels spottet ihrer. Über einen Hügel schreitet der Verkehr leicht hinweg, aber ein Hochgebirge kann ihm nur schwer erobert werden. Ein sanftes, immerfließendes Bächlein ist leicht abgeleitet zur Befruchtung aufs Feld, aber ein unbeständiger Bach läßt zuzeiten im Stiche, und ein Gebirgsbach überschüttet die Felder der Menschlein mit Geröll, statt ihnen zu dienen; oder ein sanfter Niederungsfluß fügt sich der Anforderung des Menschen, Schiffe zu tragen, zu Danke und jederzeit, aber ein Gebirgsfluß zerschmettert die auf ihn gesetzten Nachen am nächsten Wasserfall. Die mangelnden Niederschläge kann künstliche Bewässerung und sparsames Umgehen mit Wasser wohl wettmachen; gegen Kälte, Schnee usw. können wir unsere Schützlinge, Pflanzen und Tiere, wie uns selbst wohl bewahren, die Wärme durch Eis oder Ventilatoren bekämpfen; es glückt uns, durch Regulierung der Vegetationsdecke und durch Stauweiher u. dgl., den Wasserabfluß zu regeln und durch Wetterschießen vielleicht die Hagelwolke von unsern Feldern abzuwenden, aber die meisten klimatischen Erscheinungen stehen der Einwirkung des Menschen auf sie negativ gegenüber, weil ihre Quelle, die Sonne, uns unerreichbar ist. So ließe sich eine Stufenfolge, eine Skala von Widerständen (gegenüber der menschlichen Einwirkung zu Wirtschaftszwecken) in der Natur aufstellen. Die Technik im Bunde mit verschiedenen Wissenschaftszweigen hat die Aufgabe übernommen, die Maßstäbe für diese Skala zu gewinnen und in jedem einzelnen Falle den Widerstand zu bezeichnen, zu messen und dagegen die Mittel zur Überwindung, soweit sie möglich ist, namhaft zu machen.

Nun liegen diese verschiedenen Widerstände der Naturverhältnisse aber nicht zufällig durch- und nebeneinander, sondern wir entdecken bei einem Überblick über die ganze Erde regionale Anordnung der verschiedenen Widerstandsformen. Diese in den Hauptzügen zu erkennen und darzustellen, ist das Aufgabengebiet der physikalischen Geographie. Sie lehrt uns kennen, in welchen Gegenden der Wald oder der Scrub sich findet, welche Gegenden durch die Steppe oder die Wüste gekennzeichnet sind, wo dieser Nützling oder jener Schädling von Pflanze sein Verbreitungsgebiet hat. Wo und wann und in welcher Zahl und in welchem Wert der Hase uns Wildbret liefern kann, und wo der Tiger unsere wirtschaftliche Tätigkeit schädigt, wo und wann die Heringszüge erscheinen und wo und wann die Heuschrecken unsere Felder bedrohen. Und die physikalische Geographie belehrt uns, daß die einzelnen Bodenarten, wie der Laterit und der Löß, regionale Verbreitung auf der Erde haben, und lehrt die Lehren der Verwitterungsvorgänge und zeigt, wie die geographische Verbreitung der verschiedenen Fruchtbarkeit der Bodenarten zum Teil aus dem Muttergestein, dessen Verbreitung die Geologie aufdeckt, sich erklärt, aber viel mehr aus den klimatischen Verhältnissen. Und sie lehrt, wo und wie stark die Bäche und Flüsse fließen und wie sie zuzeiten ihren Durchschnittscharakter abändern; sie mißt die Wassermengen und ihre Geschwindigkeit zu den verschiedenen Jahreszeiten und die Tiefe und studiert die Wasserfälle und die Niederschlagsverhältnisse, welche die Gewässer nähren, und die Abflußverhältnisse usw. in den verschiedenen Erdgegenden, deutet uns auf regionale Übereinstimmungen und Verschiedenheiten solcher Verhältnisse hin und weist aus der Gegenwart dieser Erscheinungsformen zurück in die Vergangenheit und sucht den möglichst sicheren Schluß auf die Zukunft, immer nach regionalem Gesichtspunkt, zu ziehen. Und die physikalische Geographie erforscht und stellt dar die Natur und vor allem die geographische Verbreitung der verschiedenen klimatischen Erscheinungen, der Wärme und des Luftdrucks, der Niederschläge und der Eisbildung. Dabei nimmt die Geographie natürlich keine direkte erkenntliche Rücksicht auf die Wirtschaft des Menschen, sondern als selbständiger Wissenschaft ist ihr die Aufklärung und Darstellung der geographischen Verbreitung der Naturerscheinungen Zwecks genug.

Die Wirtschaftsgeographie entnimmt aus der physikalischen Geographie die Kenntnis der geographischen Verbreitung der Naturverhältnisse, die ihr als geographisch verteilte Widerstände gegenüber der menschlichen Einwirkung (zu wirtschaftlichen Zwecken) erscheinen müssen, oder als regional verschieden geartetes Material, das der Wirtschaft zu dienen hat. Diese geographische Verbreitung der Naturverhältnisse ist ein Totes, ein Marmorblock von bestimmten Eigenschaften in seinen Teilen, der erst unter des Menschen bildnerischer Hand seine Gestalt bekommt, seinen Zweck erfüllt; darum ist er nicht weniger notwendig. Und die Naturverhältnisse in ihrer regionalen Verbreitung sind darum für die Ziele der Wirtschaft, Befriedigung der materiellen Bedürfnisse der Menschen, nicht weniger notwendig wie die Hand des Menschen, der zweckmäßig auf sie einwirkt.

Offenbar ist aber der schaffende Mensch, wie der Bildhauer gegenüber dem Marmorblock — was ist er ohne ihn? —, die Hauptsache im Wirtschaftsleben. Wenn Wirtschaft als zweckmäßige Einwirkung auf die Natur zu definieren ist, dann ist darin schon die Priorität des Einwirkens ausgesprochen. Von des Menschen Art wird es in erster Linie abhängig sein, was bei der Einwirkung auf die Natur herauskommt. Von den Verschiedenheiten der Naturwiderstände und von der Arbeitsleistung, die der Mensch dagegen zu verwenden hat, hängt das jezeitige und jeörtige Bild der Wirtschaftsverhältnisse ab, welche das Objekt der Wirtschaftsgeographie sind. Die Art des Materials, die Stoffe für die Bedürfnisbefriedigung, die Pflanzen, die Tiere, sind zwar bis zu einem hohen Grade durch ihre Lebensansprüche und die Mineralien durch ihr natürliches Vorkommen örtlich gebunden, aber die produzierten Mengen und Qualitäten sind viel mehr von des Menschen Tüchtigkeit abhängig, und auch von der erwähnten örtlichen und stofflichen Gebundenheit befreit der Mensch der hohen Kultur seine Bedürfnisbefriedigung durch Verpflanzung von Pflanzen und Tieren, zielbewußte Abänderung durch Züchtung, mittels Ersatz durch Surrogate und vor allem durch den Welthandel.

Wenn der Mensch seine Bedürfnisbefriedigung nicht von dem Naturzwang befreit, wird die Zahl der Menschen, der Ort ihres Vorkommens, die Art ihrer Bedürfnisbefriedigung und deren Zeit streng durch den Naturzwang oder die natürliche Ausstattung des betreffenden Erdraumes reguliert. Wo die Natur ungünstig ist, können dann nur wenige Menschen sich aufhalten, und ihre Zahl hat ihre festen Schranken, sie schwankt auch mit der Gunst der Natur in den verschiedenen Jahreszeiten. Die Qualität der Bedürfnisbefriedigung ist durch die Art der zur Verfügung stehenden Naturstoffe vorgeschrieben.

Auf dieser tiefen Stufe der Wirtschaft stehen die reine Sammelwirtschaft treibenden Menschengruppen, die in der Abhängigkeit ihrer Bedürfnisbefriedigung den Tieren nicht sehr fern stehen.

Auch die Tiere sammeln die Naturstoffe für ihre Bedürfnisbefriedigung und sind dem „Naturzwang" daher stark unterworfen. Das einzige Mittel für sie, gegen ihn zu reagieren und ihn weniger fühlbar zu machen, liegt in der körperlichen „Anpassung", vermittelst deren die Tiere für ihre Bedürfnisbefriedigung den Naturzwang bis zu einem gewissen Grade zurückdrängen. Durch Ausbildung der körperlichen Lauf- und Flugorgane wird die Befreiung der Bedürfnisbefriedigung in bezug auf Ort und Menge befördert, durch Aufspeicherung einer Speckschicht für die ungünstige Jahreszeit und Anlegung eines Winterpelzes dem im Wechsel der Zeit die Bedürfnisbefriedigung bedrohenden Zwang begegnet. Doch sind bei gewissen höheren Tieren auch bereits Veranstaltungen außerkörperlicher Art zu dem erwähnten Zweck in Anfängen zu beobachten. So sammeln zahlreiche Tiere Vorräte für die schlechte Jahreszeit außer sich; so gibt es auch Tiere, welche zum Zwecke der Erhöhung und Sicherung der Bedürfnisbefriedigung auf Pflanzen und andere Tiere zweckmäßig einwirken, also Pflanzenbau und Tierzucht treiben.

Der Unterschied zwischen Tier und Mensch liegt darin, daß bei dem Menschen zu der körperlichen Reaktion (Anpassung) gegenüber den Naturverhältnissen (zum Zwecke der Befreiung vom Naturzwang) die außerkörperliche Reaktion tritt, die mit der Ergreifung oder Schaffung von (außerkörperlichen) Geräten und Werkzeugen ihren Anfang nahm und Wirtschaft genannt ist. Selbst die auf tiefster Wirtschaftsstufe stehenden Menschen, die der Natur, wie die Tiere, noch wesentlich mit körperlicher „Anpassung" (scharfen Sinnen, schnellen Beinen, Kletterfüßen usw.) gegenübertreten, unterstützen sich doch auch schon mit außerkörperlichen Werkzeugen, um ihre Bedürfnisbefriedigung in erhöhtem Maße von dem Naturzwang zu befreien.

Aller Fortschritt in der Wirtschaft zielt nun ab auf eine immer weitere Befreiung der Bedürfnisbefriedigung vom Naturzwang durch Entwickelung außerkörperlicher Reaktionsmittel (Werkzeuge im weiteren Sinne), neben welchen die körperliche Reaktion relativ immer mehr in den Hintergrund tritt.

Man kann sich die Einwirkung der Natur auf den Menschen (oder den Naturzwang) und die Reaktion des Menschen dagegen als zwei breit gegeneinander wirkende Kräfte vorstellen. Wenn der Mensch schwach ist, liegt die Gleichgewichtslinie ihm nahe; wenn er stark ist, rückt sie ein ganzes Stück von ihm ab. Es ist wohl ohne weiteres ersichtlich, daß die Stärke des wirtschaftenden Menschen in dem Kampfe mit der Natur, der er die Stoffe für seine Bedürfnisbefriedigung abringen muß, für den Erfolg der Wirtschaft maßgebend ist, und daß es darum die wichtigste Aufgabe der Wirtschaftsgeographie sein muß, durch Klassifikation (Wirtschaftsstufen) nach der Art (Stärke) des wirtschaftenden Menschen in der verwirrenden Mannigfaltigkeit des Wirtschaftslebens zur Übersicht[1]) durchzudringen. Nach dem Vorausgeschickten kann aber für die Wirtschaftsstufen als Einteilungsprinzip — abstrakt ausgesprochen — nur der Abstand genommen werden, den eine Wirtschaftsgruppe für ihre Bedürfnisbefriedigung von dem Naturzwang erreicht hat, oder — was in konkreter Fassung dasselbe besagt — auch die Entwickelung der „Werkzeuge", von der eben jener Abstand bedingt ist.

Tiere wie Menschen können den Abstand ihrer Bedürfnisbefriedigung vom Naturzwang nur dadurch erreichen, daß sie Erfahrungen, die sie gegenüber der Natur machen, in der Psyche investieren, um sie dann im Ringen gegen den Naturzwang zu verwerten bzw. in körperliche und außerkörperliche Werkzeuge umzusetzen. Von der Vollkommenheit der Erfahrungsgefäße hängt darum der Abstand vom Naturzwang ab, und ich glaube die wirtschaftliche Entwickelung in der Zeit, wie sie sich von den tiefsten bis zu den höchsten Wirtschaftsstufen vollzog, und die örtliche Lagerung der Wirtschaftsstufen ganz logisch zu gliedern, wenn ich von der Entwickelung der Psyche, der **Erfahrungsinvestation** ausgehe, deren jede einen bestimmten Schatz von „Werkzeugen" zu wirtschaftlichen Zwecken ermöglicht und erzeugt. Wegen dieses Zusammenhanges von Erfahrungsinvestation und Werkzeug, die so integrierend zusammengehören, daß das Zustandekommen bestimmter Werkzeuge durch die bestimmte zugehörige Stufe der Erfahrungsinvestation bedingt wird, ist meine von einem psychologischen Moment ausgehende Aufstellung der Wirtschaftsstufen zugleich wirtschaftlich einwandfrei. Nur werden wir festzustellen haben, welche Werkzeuge bzw. Naturbeeinflussungen je zu der bestimmten Erfahrungsinvestation oder Wirtschaftsstufe gehören.

Als die niedrigst stehende Erfahrungshäufung kennen wir den Reflex. Er spielt bei der Anpassungstätigkeit der Tiere, namentlich der niedrigen

---

[1]) Selbstverständlich ist eine derartige Klassifikation immer mit Mängeln behaftet, und strenge Grenzen zwischen den Stufen gibt es nicht. Die Klassifikation ist ja aber auch nicht Selbstzweck, sondern Mittel zum Zweck.

Tiere, sicherlich eine große Rolle, findet sich aber auch bei den höchststehenden Menschen in untergeordneter Stellung. Bei den ersten Stadien der Erfindung und Benutzung von Werkzeugen scheint er die Hauptrolle zu spielen. Hat der Mensch z. B. einmal, von Gefahr bedroht, zum Stein gegriffen und den Gegner damit verscheucht, so erfolgt dieser Griff auch fernerhin rein reflexiv.

Ein nächsthöheres Erfahrungsgefäß ist der Instinkt. Er hauptsächlich leitet die höherstehenden Tiere in ihrer Reaktion gegenüber dem Naturzwang, die sich in „Anpassung" dokumentiert, aufwärts. Der Instinkt, der noch unter der Schwelle des Bewußtseins sich befindet, leitet auch den weiter fortgeschrittenen Menschen nicht nur in der Anpassung, sondern auch in der Wirtschaft, in der Erwerbung von außerkörperlichen Werkzeugen und in ihrer Verwendung bei der Einwirkung auf die Natur.

Reflex und Instinkt sind bei Tier und Mensch körperlich investierte Erfahrungsschätze, Erfahrungsgefäße, die jedesmal mit dem Träger dahinsinken. Ihre Wirksamkeit im Menschen äußert sich aber nicht nur wie beim Tiere in bezug auf körperliche Anpassung, sondern auch in bezug auf „außerkörperliche Anpassung" in der Schaffung von Werkzeugen.

Die menschlichen Träger des unvollkommensten Erfahrungsgefäßes stelle ich darum auf die **Wirtschaftsstufe des Reflexes,** die ich auch die **tierische** nenne, weil die körperliche „Anpassung" vor der „Wirtschaft" noch durchaus vorherrscht, oder die der **Sammelwirtschaft,** weil diese im wesentlichen die Bedürfnisbefriedigung sichert und die „eigentliche Wirtschaft" (zweckmäßige Einwirkung auf die Natur mit dem Ziele der erhöhten Befreiung vom Naturzwang) erst in den Anfängen vorhanden ist. Im ganzen nimmt der Mensch auf dieser Stufe die Natur, wie sie ist, und versucht im wesentlichen mit körperlicher „Anpassung" gegen ihren Zwang zu reagieren; nur in einigen reflexartigen Tätigkeiten sehen wir ihn den aussichtsvolleren Weg der außerkörperlichen Reaktion antreten. Im großen und ganzen ist die Bedürfnisbefriedigung vom Naturzwang fast völlig abhängig.

Die Wirtschaftsstufe der instinktiven Wirtschaft ist diejenige, auf der der Mensch die ersten kräftigen Schritte[1]) zur Befreiung der Bedürfnisbefriedigung vom Naturzwang macht mit Hilfe des Instinktes, der ihm die für Schaffung außerkörperlicher Werkzeuge nötigen Erfahrungen umfing. Am folgenreichsten wurde dabei der Übergang vom Pflanzensammeln zum Pflanzenbau und von der Jagd zur Tierzucht. Nach Ort und Zeit, Menge und Qualität wird die Bedürfnisbefriedigung dieser Wirtschaftsstufe viel freier als die der vorigen, wenn sie auch noch unvollkommen bleibt. Der größte Fehler ist, daß das für den Fortschritt verantwortliche Erfahrungsgefäß, der Instinkt, noch jedesmal mit dem Träger ins Grab sinkt, daß die „Werkzeuge" des wirtschaftenden Menschen (Geräte, Waffen, Haustiere, ja zum Teil auch Hausangehörige[2]) so weit als körperlich angehörig (als Organe) gewissermaßen betrachtet werden, daß man sie mit dem Träger dahingehen läßt, ihm ins Grab mitgibt, statt den Vorrat an Werkzeugen anzureichern.

---

[1]) Gezwungen wahrscheinlich durch Not. Vgl. meinen Aufsatz „Wesen und geographische Verbreitung der Raubwirtschaft" in „Petermanns Mitteilungen" 1904, Heft IV und V.

[2]) Auch das Haus wird vielfach verlassen.

Es muß erst ein vollkommeneres, außerkörperliches Erfahrungsgefäß ausgebildet sein, ehe man zur Traditionierung von „Werkzeugen" schreiten kann; denn der Wirtschaftsprozeß scheint streng parallel der inneren Erfahrungsentwickelung zu verlaufen. Die Tradition (Überlieferung, Herkommen)[1] ist eine Institution des Erfahrung sammelnden Menschen, welche die Erhaltung, Häufung und Übertragung der Erfahrungen (gegenüber dem Naturzwang) von Generation zu Generation gewährleistet, somit zu dem Erfahrungsgefäß des **„Herkommens"** führt, das außerhalb des hinfälligen Individuums die Erfahrungen investiert. Die Übertragung geschieht stufenweise immer vollkommener durch Beispiel, Wort, Bild, Schrift, letztere drei nichts anderes als „Werkzeuge", die der Traditionierung von Erfahrungen dienen sollen.

Die **Wirtschaftsstufe der „herkömmlichen" (traditionellen) Wirtschaft** ist vermittelst ihres vollkommeneren Erfahrungsgefäßes, das sie vor den niedrigeren Stufen voraus hat, imstande, die Bedürfnisbefriedigung nach Ort und Zeit, Menge und Qualität in weit höherem Maße von dem Naturzwang zu befreien oder — was dasselbe ist — die Menschheit nach örtlicher Verbreitung, nach zeitlicher Konstanz der Kopfzahl und nach durchschnittlichem Lebensalter, nach relativer Menge (Volksdichte) und Wohleinrichtung des Lebens mehr zu fördern, als jede der früheren Wirtschaftsstufen das vermochte.

Eine Weiterbildung des „Herkommens" (der Tradition) führt zur Wissenschaft (und Technik), dem vollkommensten Erfahrungsgefäß, in welchem nicht nur mit rationellem Bewußtsein der Zwecke alle Erfahrungen gegenüber dem Naturzwang gesammelt und geordnet werden, sondern in welchem auch schon Erkenntnisse, die aus Kollisionen mit dem Naturzwang in künftiger Zeit aufstoßen könnten, präsumiert werden. Die Wissenschaft nimmt alle Erscheinungen der Natur (sowohl der äußeren als auch der menschlichen), auch diejenigen, welche momentan gar keine Beziehung zur Bedürfnisbefriedigung zu haben scheinen, zu Gegenständen der eindringendsten Untersuchung und schleift bewußt die Waffen, mit denen dann relativ jederorts und jederzeit vorkommenden Falles dem Naturzwang gegenüber getreten werden kann. Die Technik setzt die Erkenntnisse der Wissenschaft in materielle „Werkzeuge" zur Bekämpfung des Naturzwanges um.

Die **Wirtschaftsstufe der wissenschaftlichen Wirtschaft**, die man auch Wirtschaftsstufe des rationellen Bewußtseins nennen könnte, stützt sich fortschreitend auf die Erkenntnisse der Wissenschaft und die Werkzeuge der Technik und tritt mit einer Sicherheit und Zielstrebigkeit dem Naturzwang gegenüber, der den Abstand der Bedürfnisbefriedigung von ihm in ungeahnter Weise nach Ort, Zeit, Menge und Qualität förderte, obwohl wir erst in den Anfängen dieser Etappe der Erfahrungssammlung stehen. Zweck der letzteren ist durchdringendstes Studium und eingehende Erkenntnis der Naturverhältnisse (und Menschenzustände), um sie zugunsten der Bedürfnisbefriedigung bewußt zu beherrschen.

---

[1]) Anfänge davon sind natürlich auch im Tierreich zu finden, und vermutlich ist die Tradition besonders bei den Tieren ausgebildet, die es zu Anfängen von Wirtschaft, außerkörperlichen Veranstaltungen zur Bedürfnisbefriedigung, gebracht haben.

Die **Wirtschaftsstufen,** in welche man die Menschheit nach Art ihres psychischen Zustandes bzw. ihrer dadurch signierten Wirtschaft eingliedern kann, sind somit:

1. die des Reflexes (der tierischen Wirtschaft, der Sammelwirtschaft);
2. die des Instinktes oder die der instinktiven Wirtschaft;
3. die des Herkommens oder die der traditionellen Wirtschaft;
4. die der Wissenschaft oder die der wissenschaftlichen Wirtschaft.

Im einzelnen ergibt sich folgende Wirtschaftsgestaltung bei den einzelnen Wirtschaftsstufen:

1. Die Wirtschaftsstufe des Reflexes (der tierischen Wirtschaft oder der Sammelwirtschaft). Die Menschen befriedigen ihre Bedürfnisse wesentlich sammelnd, reflexartig, wenn der Hunger oder der Durst oder das Kältegefühl usw. es verlangen: Früchte, Beeren, Knollen, Wurzeln (mit dem Grabstock ausgegraben), Würmer, Schnecken, Fische, Jagdtiere liefern ihnen die notwendigen Stoffe. Sie zu erlangen, ist der Mensch an die örtlichen Verhältnisse wie die Tiere vortrefflich angepaßt: große Körpergewandtheit und -ausdauer, Schärfe der Sinne (Orientierungssinn, Gesicht, Gehör) sind ihm eigen. Aber wo, wann, in welchen Mengen und wie die Naturstoffe vorhanden sind, das regiert seine Bedürfnisbefriedigung, die also fast völlig vom Naturzwang (von der natürlichen Ausstattung) nach Ort, Zeit, Menge und Qualität abhängig ist. Doch ist die Einwirkung mit „Werkzeugen" auf die Natur angebahnt; aus Steinen, die oberflächlich dem Boden entnommen sind, und anderem Material werden Waffen und Geräte gefertigt — die Anfänge der Industrie-„Werkzeuge": Steinhammer und Steinmesser, Grabstock, Lanzenspitzen, Tierfallen und Fischereigeräte entstehen; auch Feuer, Anfänge des Wohnungsbaues, Bemalen des Körpers, soweit es Schutzzwecken dient, und Anfänge von Kleidung und Schmuck gehören hierher; alles das sind „Werkzeuge", mit denen der Mensch außerkörperlich gegen den Naturzwang reagiert. Auch der Austausch von Erzeugnissen unter Nachbarn ist ein solches Werkzeug. Der Verkehr ist allerdings noch wenig weittragend, und die Verkehrsbahn wird so hingenommen, wo, wann und wie die Natur sie gibt, so mangelhaft sie sei; Verkehrsmittel und -kraft ist der Mensch. Die Industrie beschränkt sich auf die mühevolle Herstellung der erwähnten Werkzeuge durch den, der sie besitzen will.

Zu dieser Wirtschaftsstufe sind zu rechnen die eingeborenen Australier und Tasmanier (ausgestorben), die Mincopie auf den Andamanen, die Weddah auf Ceylon, die Aëta auf den Philippinen, die Kubu auf Sumatra, Völkerreste im Innern von Celebes, Neuguinea usw., die Buschmänner, der Jägerstamm el Lib in der Sahara (?), Slêb in der Syrischen Wüste, die sogenannten Zwergstämme Mittel- und Südafrikas, die Feuerländer und die Botokuden Südamerikas, wohl auch die Eskimos und gewisse Völker Nordasiens. Als ein typisches Beispiel für das Leben des Menschen auf dieser Wirtschaftsstufe diene uns das Wirtschaftsleben der Buschmänner[1]) Südafrikas. Diese in ihrem Kampf um ihre Bedürfnisbefriedigung gegenüber der Natur unterstützen sich durch körperliche Anpassung. Sie sind körperlich äußerst gewandt, von schärfsten Sinnen, die ihnen auch die Orientierung im Lande

[1]) Über die Australier s. S. 300—301.

ermöglichen, die vorzüglichsten Bogenschützen, unglaublich ausdauernd im Ertragen von Strapazen und Hunger. Sie nähren sich vom Ertrag ihrer Jagd, die sich auf das einst zahlreiche, jetzt spärlich gewordene Wild des Landes: Antilopen und Gazellen, Zebras und Giraffen, Hühner und Springhasen usw. erstreckt und durch gewisse „Werkzeuge“: Bogen und Giftpfeil, Fallgruben, Schlingen, giftiges Wasser usw. erleichtert wird. Ameisen und Insekten, Raupen und Würmer, Schlangen und Eidechsen werden in der Not verzehrt. Pflanzennahrung kommt bei der Natur des Landes weniger in Frage; Wurzeln, Zwiebeln und Knollen geben gelegentlich Nahrung. Eine Schmutzkruste, auch durch Fett und Asche künstlich erzeugt, oder höchstens ein Lendenschurz und Rückenfell als Kleidung, Höhlen, Felsspalten, ausgehöhlte Ameisenhaufen oder rohe Hütten aus zusammengebogenen Zweigen als Wohnungen geben ihnen mangelhaften Schutz gegen die Kälte. Tierzucht und Pflanzenbau (höchstens wilder Hanf zum Rauchen) sind unbekannt. Ihre Industrie beschränkt sich auf die Herstellung der Waffen. Schalen von Früchten werden als Gefäße benutzt, Töpferei und Weberei sind unbekannt. „Ihr Leben verbringen sie unter fortwährendem Wechsel von Entbehrungen und Überfluß, je nachdem die Jagd ergiebig ist oder nicht.“ Sie stehen im Verdacht der Anthropophagie und stehlen (sammeln!) das Hausvieh ihrer Nachbarn. Sie sind gering an Zahl und wandern unstät, ohne feste Wohnungen zu haben, in kleinen Gruppen, durch das Auftreten der Jagdtiere gelenkt.

2. Die Wirtschaftsstufe des Instinktes, welche bereits vollkommenere Werkzeuge herstellen kann, gelangt dazu, in folgenreicherer Weise auf die Natur einzuwirken. Dabei mag die Sammelwirtschaft, die noch stark im Vordergrund bleibt, oft über die natürliche Reproduktionskraft der Natur hinausgehen und zur Raubwirtschaft werden. Durch letztere tritt eine Schmälerung der Naturgegebenheiten ein, deren Folge die Not ist, und die Not wird oft die Ursache des Fortschrittes zur „eigentlichen“ Wirtschaft geworden sein. Noch heute sehen wir Pflanzenbau und Tierzucht durch Not, die sich der Bedürfnisbefriedigung fühlbar macht, vor unseren Augen entstehen.

Pflanzenbau und Tierzucht machen schon auf dieser Stufe des Menschen Bedürfnisbefriedigung etwas unabhängig von dem Naturzwang, der in der örtlichen, zeitlichen, quantitativen und qualitativen natürlichen Beschränktheit der Pflanzen und Tiere für den Sammler liegt. Bis zu einem gewissen Grade hat es der Pflanzenbauer und Tierzüchter in der Hand, an einem gewünschten Orte, zu beliebigen Zeiten, wünschenswerte Mengen von Produkten zu erzeugen; freilich ist der Instinkt ein zu individuelles Erfahrungsgefäß, als daß der Pflanzenbau und die Tierzucht schon rationell sein sollten.

Im Pflanzenbau[1]) beeinflußt diese Wirtschaftsstufe schon den Boden, um ihn für die Aufnahme der Nutzpflanzen über den Naturzustand hinaus geeignet zu machen und die Menge der zu gewinnenden Produkte zu erhöhen. Die „Werkzeuge“ zur Bodenbearbeitung sind freilich sehr primitiv. Manchmal ist der Grabstock der Sammelwirtschaftsstufe beibehalten, manchmal sind kleine Verbesserungen an ihm vorgenommen, zugleich wird er zum Spaten und zur Hacke, nach deren ausgiebiger Verwendung Ed. Hahn diesen Ackerbau als Hackbau bezeichnete.

Die Bodenverbesserung durch Düngung ist auf dieser Stufe noch fast unbekannt, aber das Grasbrennen, das sich vielfach findet, ist doch schon der erste instinktive

[1]) Vgl. meine Arbeit: Die Entwickelung des Pflanzenbaues (Ratzel-Gedenkschrift, S. 79—122).

Schritt auf dem richtigen Wege. Wenn auch zunächst wohl zur Bekämpfung der tierischen Schädlinge der Pflanzen auf dem Aussaatboden vorgenommen, konnte es vielleicht stellenweise zu nassen Tonboden ein wenig physikalisch verbessern; vielleicht trug auch die Asche zu einer minimalen Anreicherung der obersten Bodenschicht mit Nährstoffen bei. Im allgemeinen ist es aber die Regel, daß im eigentlichen Tropengebiet der Boden, dessen Erschöpfungsgrenze hier übrigens weiter ab zu liegen scheint als in kühleren Breiten, ungedüngt bleibt, und daß man ihn, wenn er erschöpft ist, aufgibt und eine neue Waldstelle rodet. Erst wenn sich die Bevölkerung so weit verdichtet, daß ein Wechseln des Bodens unmöglich ist, findet aus Not ein Aufstieg zur Düngung statt. Doch kommt es in dem eigentlichen Tropengebiet eben zu einer solchen Verdichtung der Bevölkerung nicht, weil der Mensch der Natur nicht Herr werden kann (s. S. 38). Der Anbau des Bodens ist wenig ausgedehnt. Was der Mensch in der Natur ändert, verliert sich in dem großen unberührten Naturraum. Es fragt sich, ob wir auch nur 1, 2, 3% des Bodens als angebaut betrachten dürfen[1]). Dementsprechend ist die Volkszahl beschränkt.

Dem Klima gegenüber weicht diese Wirtschaftsstufe noch völlig aus. Man legt die Pflanzungen instinktiv wohl an geschützten Plätzen des Urwaldes an, dem Einfluß des Windes also ausweichend. So suchen die Bewohner Neuguineas auch die Hänge für ihre Pflanzungen auf und vermeiden die Tiefen, weil dort zur Regenzeit die Existenz ihrer Pflanzungen bedroht ist. Sie wählen auch die Südseite der Hänge, um die Felder den glühenden Strahlen der Sonne zu entziehen.

Die Pflanzen nimmt diese Wirtschaftsstufe nicht mehr wahllos hin, wo und wie sie sind. Zunächst rodet man den Wald für das Feld dort, wo sich ein schwächerer Angriffspunkt in der wilden Vegetation zeigt: an Bergeshängen, wo sie nicht so kräftig ist wie im Talgrunde, in gemäßigten Breiten vielfach in der Nähe der Flüsse, wo gelegentliche Überschwemmung die wilde Vegetation schwächt. Hat man einmal die Stelle gerodet, so kehrt man beim Feldwechseln nach einer Reihe von Jahren vielleicht auf dieselbe Stelle zurück, weil dort die Vegetation noch nicht zur alten Kraft aufwachsen konnte. Die Nutzpflanzen werden beim Roden sorgfältig geschont. Man wählt auch instinktiv als Anbaupflanzen größten Nutzen versprechende Arten und nimmt instinktiv die kräftigsten Samen, Stecklinge usw. Die Pflanzennatur wird dabei im rohen nach der Beobachtung wohl schon ein wenig in Rücksicht gezogen. In Neuguinea fanden die Eingeborenen, daß der Taro lockeren, tiefgründigen Boden liebt, und bepflanzen meist die abgetragenen, durch die Ernte tief aufgelockerten Yamsfelder mit demselben. Ebenda beobachtete man, daß die Ernte an Zahl und an Größe der Yamsknollen um so ergiebiger wird, je größer die gelegten Knollen waren; diese Erkenntnis wird aber kaum allgemein sein. In der Tabakkultur zeigen z. B. die Eingeborenen Neuguineas sehr verschiedenes Geschick; aber auch die fortgeschrittensten vermögen nur handlange Blätter hervorzubringen. Ebendort hat man zwei Varietäten der Kokospalme, deren Ausbildung wohl instinktiv befördert sein wird; eine trägt Früchte zum Essen und zur Koprabereitung, die andere vor allem Milch zum Trinken. Dort hat man auch frühreife Taros, welche aus den abgeschnittenen Köpfen des geernteten Taro gezogen und schon nach drei Monaten geerntet werden können, und spätreife aus Tochterknollen vom Taro, die erst nach fünf Monaten genießbar

---

[1]) Vgl. S. 281.

werden und für ihre volle Reife 10—12 Monate verlangen. Wie sehr aber diese Wirtschaftsstufe noch in den Anfängen der künstlichen Zuchtwahl steckte, zeigt die Tatsache, daß die in den Pfahlbauten gefundenen Getreidearten der Mehrzahl nach von kleiner Form sind, und die Beobachtung G. Schweinfurths, daß die meisten der den ägyptischen Gräbern entnommenen Pflanzen gegen Exemplare gleicher Arten der jetzigen Flora um ¼ bis ⅓ kleiner sind. Das gleiche gilt auch von verschiedenen Früchten.

Durch Übertragung einer Nutzpflanze nach einer Gegend, wo sie bisher fehlte, wird letztere bereichert. Die einseitige Kultur nur einer Nutzpflanze bringt leicht eine Bevölkerung in Gefahr, wenn sie einmal mißrät oder Überproduktion sie entwertet. Es ist daher das instinktive Bestreben der Menschen, mehrere Nutzpflanzen an sich zu ziehen. Die Bewohner Deutsch-Neuguineas haben Yams, Taro, Zuckerrohr, Bananen (in verschiedenen Arten), Kokos- und andere Palmen, verschiedene Bambusarten, teilweise auch Tabak zur Verfügung. Wir wissen zum Teil von den Nutzpflanzen, wo sie ihre Heimat haben, und sehen sie doch weitverbreitet, wenn uns auch die früheste Geschichte ihrer Übertragung durch den Menschen meist dunkel bleibt. Noch in neuerer Zeit sahen wir die Kultur des Maniok und des Mais sich ziemlich schnell im zentralen Afrika ausbreiten.

Die Einwirkung des Menschen auf die dem Gedeihen seiner Nutzpflanzen entgegenstehenden Pflanzen, auf das „Unkraut“, ist, abgesehen von der Rodung, meist gering. Nach derselben beschränkt man sich auf ein mäßiges Reinhalten des Bodens, aber manche Naturvölker verwenden auch große Mühe darauf.

Die tierischen Schädlinge des Pflanzenbaues sind für den Menschen dieser Wirtschaftsstufe noch schwerer zu bekämpfen als das Unkraut, weil sie die Beweglichkeit vor letzterem voraushaben und durch ihre Anpassungswerkzeuge dem Menschen nicht selten noch überlegen sind. Im allgemeinen verhält sich der Mensch abwehrend. Die Eingeborenen Neuguineas schaffen um die für eine Pflanzung bestimmten gerodeten Plätze eine undurchdringliche Schutzwand, um die wilden Schweine, die räuberischesten Schädlinge der Tropen, fernzuhalten; auch die jungen Kokospalmen schützt man durch einen Zaun. An die Äckerränder legt man bei den Negern Dornäste, unter deren Schutze allmählich dichte Hecken entstehen, und auf den Feldern erhebt sich eine leichte Warte, von der herab ein Wächter die körnerfressenden Vögel und andere Schädlinge verscheucht. In den Weingärten der alten Ägypter hatte ein Knabe mit einer Klapper die Aufgabe, die den Ertrag bedrohenden naschenden Vögel fernzuhalten.

In allen Tropenländern ist auch der Schutz der eingebrachten Ernte gegen Schädlinge sehr schwierig. Der Kornwurm läßt die Hirse der Neger schwer auch nur bis zur nächsten Ernte sich halten; „so viel sie auch bauen und so reichlich die Ernte ausfallen mag, alles muß in einem einzigen Jahre aufgezehrt werden“. Gegen die weißen Ameisen, Termiten und Ratten schützt man die Ernte in auf Pfosten ruhenden Speicherhütten oder man hängt Körbe oder Gerüste im Freien an Bäumen auf.

Vielleicht kann man diese Stufe des Pflanzenbaues am leichtesten illustrieren durch den Vergleich des wirtschaftenden Menschen mit einem dilettantischen Gartenbesitzer, der ohne Vorkenntnisse und ohne Anleitung einen Garten zu bewirtschaften unternimmt. Er geht rein instinktiv vor, allmählich allerdings Erfahrungen sammelnd, — wie unsicher wird der Erfolg seiner Wirtschaft sein, auch wenn die natürlichen Bedingungen noch so günstig liegen.

Die Tierzucht dieser Wirtschaftsstufe ist noch primitiv, bedeutet aber gegenüber der Jagd einen großen Fortschritt. Die Haustiere stehen am gewollten Ort und zu jeder Zeit zur Verfügung; auch die von der Natur gegebene Menge von Fleisch ist durch die Tierzucht eher zu erhöhen, und die Qualität der aus ihr zu gewinnenden Stoffe bessert sich, wenn auch ohne viel, oder höchstens mit instinktivem Zutun des Menschen, infolge der tiefgehenden Veränderungen, welche die Haustiere in der Pflege des Menschen erleiden. Freilich noch weidet das Vieh frei, wo es Futter findet; dort muß der Mensch bei Bedarf es, stellenweise in stundenlanger Jagd, erhaschen. Winterliches Futter wird noch gar nicht oder recht spärlich beschafft — so wird die Menge des Viehs durch den natürlichen Graswuchs bedingt —, und allen Unbilden der Witterung, auch der kalten Jahreszeit, und Futtermangel ausgesetzt, bleiben die Tiere mager und dürftig genug im Winter oder fallen auch, und erst recht durch Epidemien, in Scharen[1]). Zur Arbeitsleistung, als Zug- oder Lasttier, wird im allgemeinen das Tier noch nicht herangezogen.

Im ganzen schwankt noch die pflanzliche wie tierische Produktion gewaltig von Jahr zu Jahr mit den Naturverhältnissen, und oft genug treten noch verheerende Hungersnöte auf.

Der Bergbau ist flach, er dringt nur wenige Fuß in die Erde und fördert minimale Mengen; aber Metalle — in beschränkter Zahl — kommen zu den Steinen, werden bearbeitet, nötigenfalls auch erhandelt. So wird das Material der Werkzeuge vollkommener, und ihre Form kann zweckmäßiger und differenzierter hergestellt werden.

Die Industrie ist in der Hauptsache Hauswerk, gelangt aber zu einer gewissen geringen persönlichen Arbeitsteilung. Der einsetzende Verkehr ermöglicht es, Rohstoffe und Arbeiter an gewissen günstigen Orten zu konzentrieren; an solchen bildet sich öfters das sogenannte Stammesgewerbe aus, bei dem z. B. ein ganzes Dorf Töpferei oder Schmiedekunst usw. betreibt. Dadurch müssen über das Hauswerk hinaus die Produkte an Menge und Qualität gewinnen — eine Form der Industrie, die schon zur nächsten Wirtschaftsstufe hinüberführt; wird doch hierbei eine gewisse Traditionierung der industriellen Technik gewährleistet.

Das Kapital ist noch ein fast unbekanntes Ding; man gibt meist den Toten ihre Werkzeuge mit ins Grab.

Der Verkehr bahnt Fußpfade, aber blindlings, instinktiv sind Richtung usw. gewählt. Jede größere Schwierigkeit: Sumpf, Gebirge usw., wird umgangen, da man ihrer noch nicht Herr ist; das bedingt große Umwege also Zeitverlust. Die Flüsse und das Meer werden schon beschritten (Unabhängigkeit der Bedürfnisbefriedigung von dem Zwang, auf dem Lande zu verkehren), aber mit unvollkommenen Werkzeugen. Als Verkehrsmittel sind stellenweise Schlitten, Flöße, Kähne gebräuchlich, aber der Wagen ist z. B. noch nicht bekannt; immerhin bedeuten diese Verkehrsmittel erhöhte Unabhängigkeit von Ort, Zeit, Gewinn für Menge und Art dieses Transportes. Als Verkehrskräfte kommen zum fließenden Wasser Ruder und vereinzelt Windsegel, zu Lande erst ganz selten ein Tier in Betracht. Der Mensch ist noch der Hauptträger des Verkehrs, der darum langsam, kostspielig, und gar nicht leistungsfähig ist[2]).

---

[1]) Vgl. S. 30, 352, 358. [2]) Vgl. S. 354.

Die örtliche Arbeitsteilung, der Handelsaustausch von Bedürfnisartikeln ist noch gering; sie geht im allgemeinen wohl nur von Dorf zu Dorf, seltener weiter, ganz selten — bei Luxusartikeln — größere Strecken.

Die politischen Verbände, welche hervorgerufen werden durch die Einsicht, daß Arbeitsvereinigung zur Festhaltung des Bodens gegenüber Konkurrenzvölkern und zur Lösung von größeren Aufgaben gegenüber dem Naturzwang von Vorteil ist, lassen eine straffe und weitgehende Zusammenfassung der Kräfte noch sehr vermissen; jedes Dorf fast ist ein Staat für sich, auch wenn größere staatliche Komplexe dem Namen nach bestehen.

Die Volksdichte ist meist recht gering und veränderlich; die Siedelungen sind in der Regel klein und haben wenig Bestand.

Zu dieser Wirtschaftsstufe rechnen wir die Indianer Nord-, Mittel- und Südamerikas, einen Teil der Nordasiaten, die Kaukasusvölker, die sogenannten Bergstämme in Indien, die Neger südlich vom Sudan, die malaiischen Bewohner der südostasiatischen Inseln mit Ausnahme der Javaner und die Bewohner der Inselwelt des Großen Ozeans.

Die Neger Afrikas südlich vom Sudan[1]) mögen uns als typisches Beispiel für ein Volk dieser Wirtschaftsstufe dienen. Sie befriedigen einen großen Teil ihrer Bedürfnisse noch durch Sammelwirtschaft.

Von Pflanzen nutzen sie die Ölpalme, welche meist halbwild, ohne Pflege wächst, auf Öl, Palmwein, Fasern zu Fischleinen usw.; die Bambu-(Wein-)Palme liefert Palmwein, Blattstiele zu Baumaterial, deren äußere Schicht wird zu allerlei Flechtwerken, z. B. zur Herstellung von Matten, Körben, Hüten, Gurten usw., benutzt, das Mark der Blattstiele wie Kork verwendet, die Blätter geben vorzügliches Dachdeckmaterial, der Bast von jungen Blättern dient zur Herstellung von Tauen und Stricken, Bindfaden und Saiten von Musikinstrumenten, ja selbst zum Weben von Zeug, die groben Fasern des Blattstieles liefern die afrikanische Piassavafaser in den Handel; der Butterbaum gibt den Eingeborenen ein Speisefett (Sheabutter, Galambutter usw.). Zahlreiche Fruchtbäume finden sich: Orangen-, Melonenbäume usw.; Ananas, Bananen, Vanille wachsen wild. Der Kolabaum liefert an der Guineaküste ein sehr geschätztes Genußmittel, das schlechtes Wasser trinkbar macht, den Körper in hohem Grade zur Ertragung von Strapazen stärkt, den Geist mutig und fröhlich macht, Heilmittel für Krankheiten der Eingeweide ist usw. Weit und breit beliebt, werden die Kolanüsse Gegenstand eines lebhaften Handels nach dem nördlichen Sudan und ermöglichen den Austausch gegen Salz, Vieh, Industrieerzeugnisse usw. Dazu ist nun aber das tropische Afrika reich an Produkten, die von den Europäern begehrt werden, und von den Eingeborenen nur gesammelt zu werden brauchen, um Anschaffung europäischer Waren zu ermöglichen. Ein solches Produkt hohen Wertes ist der Kautschuk, dessen Gewinnung aber, weil stark raubwirtschaftlich betrieben, sehr zurückgeht; Kopale, meist als rezentfossil in den jüngsten Erdschichten der Küstengegenden gegraben, sind reichlich vorhanden; wertvolle Hölzer, Faserpflanzen usw. sind zu erwähnen. Man sieht, die Sammelwirtschaft in Pflanzenstoffen ist umfangreich.

---

[1]) Vgl. S. 319 ff. u. 339 ff.

Von Jagdtieren kommen in Frage Flußpferde (im Tsadsee, Schari, Benue und Niger noch in größeren Scharen), Elefanten, Büffel und Wildschwein, Affenarten, Leopard und Antilopen; aber auch Mäuse, Ratten, Fledermäuse, Krokodile, Schlangen, Leguane, Termiten, Vögel, Schnecken, Insekten werden gegessen. Im ganzen ist das eigentliche äquatoriale Gebiet Afrikas arm an Wild. Da „sammelt" man wohl in blutigen Kriegen, deren Häufigkeit überhaupt auch ein Charakteristikum der sammelnden, raubenden Wirtschaft ist, Menschen zur Ernährung (Anthropophagie) oder zur Arbeit (Sklaverei).

Soweit das tropische Afrika sehr wasserreich ist, liefert auch die sammelnde Fischerei einen großen Teil der Nahrung.

So sehen wir auf dieser Wirtschaftsstufe noch die Sammelwirtschaft einen großen Raum einnehmen.

Pflanzenbau treibt der Neger, aber er ist primitiv genug. Der Ackerplatz wird durch Feuer, mit der Hacke, mit einer kleinen Axt oder einem Faschinenmesser geklärt; mit der Asche des verbrannten Gesträuches düngt man den Boden. Größere Bäume werden durch Entrinden getötet. Dann lockert man den Boden mit einem hölzernen Spaten und reinigt ihn von Unkraut. Mit dem Fuße scharrt der Sämann ein Loch, wobei er einige Körner hineinfallen läßt, um es wiederum mit dem Fuße zuzudecken. Noch jätet man einmal das Unkraut, eine Hecke um das Feld und etwa ein Wachthäuschen sorgen für Schutz gegen die tierischen Schädlinge. „Manchmal wird ein Feld nicht mit einer einzigen Fruchtart bestellt, sondern es wird ‚zwischengepflanzt'. So setzt man im Osten auf Cajanus- und Sorghumäcker, die zweier Regenzeiten zur Reife bedürfen, Bataten und Maniok oder säet Bohnen, die so eine Stütze finden. Hier und da schlängelt sich auch ein Flaschenkürbisgewächs am Boden des Feldes. Tabak wird dicht bei den Hütten gepflanzt, wo er durch die Düngstoffe sehr gut gedeiht, Zwiebeln, mit deren Saft die Pfeile vergiftet werden, vor dem Beratungshaus. Rizinusbäume stehen in weiten Abständen zwischen anderen Feldpflanzen. Das ganze Jahr hindurch wird gesäet und geerntet. Sorghum, in den Herbstregen gesäet, steht in der trockenen Zeit still und entwickelt sich in der Frühjahrsregenzeit schnell zur Reife im Mai. In den großen Regen säet man Mais, Hülsenfrüchte, Kürbisse und andere schnell reifende Pflanzen. Wenn sie abgeerntet sind, baut man an ihrer Stelle Penicillaria" (Ratzel).

Die Tierzucht der Neger wird durch die natürlichen Verhältnisse z. T. sehr erschwert. Das Rind kommt im eigentlichen Urwaldgebiet gar nicht fort (Tsetse, s. S. 145), auf den Lichtungen nur mäßig. An der Guineaküste werden z. B. Rinder, eingeführt, gewöhnlich in kurzem dahingerafft. Das Pferd kann das feuchte Klima des Äquatorialgebietes erst recht nicht vertragen. Selbst Schaf, Ziege, Schwein sind in geringen Mengen gehalten; nur Hühner sind überall häufig. Dazu scheint auch der kosmopolitische Hund überall vorzukommen. Die Mangbattu haben keine anderen Haustiere; die Sandeh und Bongo essen den gemästeten Hund, denn hier fehlen selbst Ziegen, die sonst wie auch Schafe (mit Haaren), wenn auch in elenden Exemplaren, meist bei den Eingeborenen anzutreffen sind. Für die Bewohner des Urwaldes und der anstoßenden Savannen besteht darum eine Fleischnot, die vielfach durch Anthropophagie bekämpft wird. Die Sandeh und Mangbattu, die Makaraka, die Mambanga, die Bassange und Bangala, Banfumu und Basoko, soweit die Rindvieh-(und Pferde-)Zucht unmöglich, die Kleinviehzucht erschwert zu sein scheint, sind

Kannibalen aus Not und werden diese traurigen Mahlzeiten sehr schnell lassen, sobald der verbesserte Verkehr Viehfleisch heranschaffen kann, oder die natürlichen Bedingungen für das Gedeihen der Haustiere durch die Europäer verbessert sind.

Charakteristisch für die Tierzucht vieler Negervölker (wo sie günstige Bedingungen findet, dominiert oder fast die einzige Grundlage des Lebens bildet, z. B. bei den Dinka und Schilluk, die vor dem Mahdiaufstand an den Ufern des Weißen Nil und des Bahr-el-Ghasal enorme Rinderherden hatten) ist, daß sie ihre Tiere nur schlachten, wenn sie krank werden, und sie sonst als wandelnde Vorratsreserven mit abgöttischer Liebe behandeln; das ist nicht verwunderlich, denn reine Hirtenvölker haben in ihren Haustieren das einzige, was sie von der äußersten Not, bzw. der Anthropophagie, trennt, und mögen instinktiv erkennen, wie nur eine möglichst große Zahl dieser unentbehrlichen Bedürfnisbefriediger den Abstand von der Not nach Möglichkeit vergrößert. Für gewöhnlich nützt man dieses Kapital nur durch Milchentnahme, die den Männern zufällt. Bei der Wildheit der den ganzen Tag frei laufenden Kühe ist dies kein leichtes Geschäft; man muß das Kalb dazu stellen. Bei milcharmen Kühen „werden allerlei Zeremonien angewandt, teils um die Kuh zur Freundlichkeit weiterer Milchabgabe zu bewegen, teils um dem Kalbe nicht zu gestatten, daß es die Milch für sich allein nehme" (Ratzel). Man gewinnt in primitiver Weise Butter zur Körpersalbung, aber nicht Käse. Neben der Milchentnahme erlaubt noch die Blutentziehung die Nutzung des wandernden Kapitals ohne seine Verringerung. Das Blut wird mehrfach von Negervölkern den Rindern zur Nahrung entnommen. „Die männlichen Tiere, sowohl der Rinder als der Schafe, werden jung verschnitten und nur die besten Exemplare zur Zucht übrig behalten", wohl instinktiv nach gewissen Merkmalen.

Der Bergbau der Neger geht nur wenige Fuß in den Boden und erstreckt sich wohl nur auf geringe Mengen Eisen, Kupfer, Gold, die man instinktiv auffindet. Auf primitivste Weise werden die Metalle zutage gefördert und geschmolzen.

Die Industrie der Neger umfaßt Eisen- und Kupferindustrie, Töpferei, Holzschnitzerei, Flechtkunst und Weberei. Gerberei aber ist z. B. unbekannt. Für die Eisenarbeit, für Kahnbau, Fischerei und Jagd gibt es Leute, die sich nur diesem und nichts anderem widmen; die Töpferei ist meist Sache der Frauen. Gewöhnlich wird die Industrie nur als Hausgewerbe, neben den anderen Tätigkeiten, ausgeübt. Stammesgewerbe (s. S. 23) ist in den fortgeschritteneren Gebieten häufig.

Der Verkehr der Neger ist hauptsächlich Lokalverkehr. Künstliche Wege sind mit wenigen schwachen Ausnahmen (Uganda) im Afrika der Neger nicht zu finden. „Die begangensten Wege sind Ziegenpfade, eine oder zwei Spannen breit; in der Reisezeit durch Menschen und Tiere ausgetreten, ‚sterben sie aus' in der Regenzeit und werden überwachsen. An offenen und öden Stellen laufen vier oder fünf solche Spuren nebeneinander her, in buschreichen Gegenden sind es Tunnel in Gesträuch und Baumzweigen, die den Trägern das Fortbringen ihrer Lasten erschweren. Felder und Dörfer sind mit Verhauen umgeben, die zu Umwegen zwingen. Im offenen Lande kann man ein Fünftel des Weges auf Windungen rechnen; wo Hindernisse vorkommen, darf man die Hälfte annehmen" (Ratzel). „Die Flüsse werden womöglich durchfurtet. Zu Burtons Zeit waren zwischen Udschidschi und der Küste nur zwei Flüsse überbrückt, und der Malagarasi konnte auf einer Fähre überschritten werden." Die Brücken sind meist recht primitiv. „Zum Fernverkehr scheint erst das Erscheinen der Araber und Europäer an den Küsten den Anstoß gegeben zu haben.“ Er benutzt ständige fußpfadartige Karawanenwege, auf denen sich Trägerkarawanen bewegen. Tiere kommen nicht zur Verwendung. Die Geschwindigkeit der Vorwärtsbewegung ist gering; 2¼ deutsche Meilen täglich scheinen ein guter Durchschnitt zu sein. Aufenthalt durch Krankheiten und Desertion, auch wohl Überfälle durch räuberische Stämme sind an der Tagesordnung. Die Verpflegung der Hunderte von Köpfen zählenden Karawane ist sehr schwierig, der ganze Landverkehr unendlich umständlich, zeitraubend und kostspielig[1].

Der Wasserverkehr ist bei den Negern im ganzen sehr wenig entwickelt. „Mit verschwindenden Ausnahmen ist man nicht über den ausgehöhlten Baumstamm hinausgekommen.“ Kiel, Segel, Steuerruder mußten ihnen von außen gebracht werden. „Auf keinem der innerafrikanischen Seen, die wie wenig andere zur Schiffahrt einladen, sah man Segelschiffe, ehe Araber und Europäer sie dahin brachten“ (Ratzel).

Das genüge zur Charakteristik!

3. Die Wirtschaftsstufe der Tradition. Was diese Stufe im Charakter über die vorige erhebt, war bereits (S. 18) gekennzeichnet.

Der Pflanzenbau entwickelt sich weiter. Die Bodenbearbeitung wird viel wirksamer dadurch, daß sich Hacke und Spaten zu den verschiedensten Formen spezialisieren, damit jeder Einzelerscheinung der Natur (Bodenart usw.) mit einem best dazu angepaßten Werkzeug gegenübergetreten werden kann. Aus der Hacke aber entwickelt sich auch der Pflug, welcher viel tiefer, gleichmäßiger und schneller den Boden auflockert und die Bodenkräfte erschließt[2]. Er ist eines der charakteristischesten Werkzeuge dieser Wirtschaftsstufe, obwohl er nicht überall angewendet wird. Den Pflug ziehen Menschen, aber selbstverständlich sucht man sich zu entlasten durch Einspannung von Tieren. Anfangs hat der Pflug mehrfach keine Räder; er ist wohl auch ganz von Holz, oder nur die Pflugschar ist mit Eisenblech beschlagen. Mit diesem Werkzeug gelingt es oft nur, den Boden flach aufzuwühlen, und von einem Umwerfen der Schollen scheint noch keine Rede zu sein. Solche Pflugformen finden sich noch im ganzen trocken- und feucht-subtropischen Gebiet der Erde, außer wo neuerdings die Konkurrenz und das Beispiel der Europäer den Fortschritt gebracht haben.

Am besten können uns die Südostasiaten, namentlich die Chinesen, den Typus dieser Wirtschaftsstufe illustrieren, obwohl sie, Gartenbau treibend, die Hacke meist statt des Pfluges gebrauchen. Aber sie bringen z. B. den Boden in eine erwünschte Form. Indem sie die durch Steilheit für den Pflanzenbau ungeeigneten Hänge in Terrassen umformten, gewannen sie dem Pflanzenbau neuen Boden und verhinderten, daß an mäßig steilen Hängen die fruchtbare Erde weggeschwemmt wurde. Solche Terrassen legen die Chinesen, die Japaner und Koreaner an. Die Kabylen Nordafrikas tragen mühsam Erde auf Felsterrassen ihres Gebirgslandes.

Man erweitert wohl auch die natürliche Pflanzenbaufläche. Die Chinesen richten künstlich Reisboden auf Flößen oder Booten her. Hierhin gehören wohl auch die hängenden Gärten der Semiramis. Auch gewinnt man Land bei den Chinesen längs der Küsten und an den Flüssen durch Eindeichung von Marschen.

---

[1]) Vgl. S. 354. [2]) Die Erkenntnis der Bedeutung dieser Erfindung spiegelt sich in den Sagen der Völker, daß eine Gottheit sie das Pflügen gelehrt oder ein Kaiser es erfunden habe. Zugleich wird mit dieser Aufstellung befohlen, das göttliche oder kaiserliche Beispiel nachzuahmen. Die angebliche göttliche oder kaiserliche Regel ist ein Hauptmittel der Wirtschaftsstufe des Herkommens, wirtschaftliche Errungenschaften zu sanktionieren und leichter einzuführen.

Die Bodenverbesserung durch Düngung erreicht auf dieser Stufe schon einen hohen Grad, aber sie ist mit vielen Übertreibungen und Irrtümern behaftet, da sie nach Äußerlichkeiten gehen muß. Die Chinesen z. B. unterschieden die Natur des Bodens und bestimmten (besonders nach der Farbe!), was auf der betreffenden Art zu säen war. Nach der Bodenklassifikation düngten sie im allgemeinen und zwar mit je besonderen Düngemitteln für die einzelnen Pflanzen. Sie unterschieden neun Bodenklassen gemäß ihrer Güte und hatten entsprechend neun verschiedene Düngemethoden: „Auf rotem und hartem Boden wandten sie das Blut und den Extrakt von Ochsen an, bei dem gelbrötlichen die von Schafen, bei weichem, zerbröckelndem die von großen Hirschen, bei durstigem und auch sumpfigem Land die von gewöhnlichen Hirschen, bei salzigem Boden die vom Dachs, bei pulverartigem die von Füchsen, bei schwarzem, starkem Boden die von Schweinen, bei festem und hartem Hanfasche, bei leichtem und trocknem Boden den Extrakt des Hundes" (Lindemann). Der Schematismus liegt auf der Hand, aber wer wollte leugnen, daß auch manche richtigen Erfahrungen in diesen Anordnungen stecken. Außer den genannten Düngestoffen verwendet man eine große Menge von anderen Düngemitteln: wenig Stalldünger, aber menschliche Fäkalien, Fischdünger, Rückstände von der Fischölfabrikation, Asche usw.; man pflügt auch Pflanzen und Pflanzenteile unter. Auch wendet man wohl Ölkuchen an und mischt dem Boden Kalk zu, um der Erde Wärme mitzuteilen.

Die Ausdehnung des Anbaubodens bleibt auch auf dieser Wirtschaftsstufe mäßig. So fleißig der Anbau betrieben wird, so wenig gelangte man doch dazu, den ganzen verfügbaren Raum oder wenigstens einen großen Teil von ihm für die Volksvermehrung nutzbar zu machen. Indem man sich einseitig (auch ein Charakteristikum der niedrigen Wirtschaftsstufe) auf den Reisbau verlegte, verschloß man sich das höher gelegene Land. Es fragt sich, ob in China mehr als 10% des Bodens (in Japan nach Rein 15% Ackerland) genutzt sind! Statt die große Bevölkerungszahl, die China hat, durch Unterwerfung neuer Bodenflächen zu fundieren, zog man es vor, sie besonders durch Reduktion der Bedürfnisse und auf Kosten der Qualität des Lebens der Bevölkerung zu erreichen. Auch bei der europäischen Türkei hat man vielleicht nur 10% der Gesamtfläche als Anbauboden[1]) anzusehen, die Herzegowina hat 10,2% Acker- und Weinland; in Griechenland sollen nur 19%, in Portugal 24,6% des Bodens angebaut sein, obwohl in allen diesen Ländern sehr viel größere Flächen kulturfähig sind. Charakteristisch ist dabei im Pflanzenbau wie in der Wirtschaft überhaupt der fast vollständige Stillstand bei dem Erreichten.

Dem Klima gegenüber haben die Chinesen manche nützlichen Beobachtungen gemacht; vielleicht sind sie in ihren Erfahrungen dabei etwa so weit gekommen wie unsere Bauern in ihren Wetterregeln. Die Anbauzeit der verschiedenen Gewächse ist sicherlich richtig beobachtet, aber die Starrheit des Herkommens wirkt schädlich, wenn der chinesische Landwirt z. B. im Frühjahr nicht pflügen darf, bevor nicht zu Ehren der Gottheiten des Frühlings und der Landwirtschaft gewisse Staatsfeierlichkeiten von den öffentlichen Behörden erledigt sind, wenn er jede Feldarbeit in einem bestimmten Monat, wenn nicht gar an gewissen Tagen[2]), die ihm von seinen Vor-

[1]) Die Aussaatfläche der wichtigsten Getreidearten schätzte man im ganzen türkischen Reich 1913 zu 36 400 qkm d. s. 1,85% der Gesamtfläche. [2]) Für die Säearbeiten müssen nach Katscher de „Glückstage" bestimmt werden; als Unglückstag gilt allgemein der zweite Tag eines jeden 60tägigen Zyklus. An diesem Tag, welcher „Zeit" heißt, würde niemand säen oder pflanzen, da sonst die Ernte vermeintlich sehr schlecht ausfallen müßte.

fahren seit undenklichen Zeiten als die rechten und geeigneten überliefert worden sind, verrichtet, ohne auch nur im geringsten die Witterung in Betracht zu ziehen. Die hauptsächlichste Reaktion gegenüber den klimatischen Elementen besteht bei den Chinesen (und bei allen dieser Wirtschaftsstufe angehörigen Völkern) in der künstlichen Bewässerung, welche den Pflanzenbau von der natürlichen Verteilung der Niederschläge unabhängig machen kann. Wenn auch die Mittel zur Bewässerung noch primitiv waren und sind, für die Tieflandkulturen waren sie genügend. Auch versteht man, überflüssiges Wasser durch Kanäle abzuleiten. Trotzdem gelingt es den Chinesen, weder zerstörende Überschwemmungen noch vertrocknende Dürren ihrem Pflanzenbau fernzuhalten und von den menschenmordenden Hungersnöten sich zu befreien.

Auf die Pflanzen nimmt man einigen Einfluß. Nicht nur, daß man bei ihrem Anbau ihre in Erfahrung gebrachten Lebensansprüche beachtet, man hat auch zum Teil zahlreiche Varietäten herausgebildet. So namentlich vom Bambus, der in vielen Dicke- und Größenverhältnissen herangezogen ist. Beindicke und fingerdicke Arten hat man und versteht auch die Farbe der Pflanze aus Gelb zu Schwarz, Kastanienbraun usw. zu wandeln. Um recht kräftige Pflanzen zu erhalten, werden die Schößlinge während der drei ersten Jahre bis auf wenige Zoll über dem Boden abgeschnitten. Von dem Reis hat man grobe, feine, weiße, rote, klebrige, trockene Arten, außer dem Sumpfreis für sumpfige Niederungen Bergreis für hochgelegene Gegenden, feine Hirse als Menschennahrung, grobe Hirse als Viehfutter usw. herausgestaltet.

Schädliche Pflanzen werden aus dem Acker gezogen, ein Wurmschädling des Reises wird sorgfältig abgesammelt, auch dem Boden Kalk zugemischt, um die Würmer und das Ungeziefer zu töten und das Unkraut zu vertilgen. Dem aufbewahrten Reis mischen sie weiße Asche bei, um ihn vor Kornwürmern und anderen Schädlingen zu bewahren.

Die Chinesen haben auch die Übertragung von Pflanzen geübt, die etwa einheimischen Pflanzen nach Möglichkeit ausgebreitet und solche der Nachbarländer, so die Baumwolle, mit Eifer übernommen. Vor allem haben sie sich eine große Zahl von Pflanzen zunutze gemacht. Aber wie wenig diese Wirtschaftsstufe noch sicher der Natur Herr ist, zeigen die großen Ernteschwankungen von Jahr zu Jahr, welche so leicht noch Hungersnöte hervorbringen. So schwankt der Ernteertrag an Weizen pro Hektar in Kleinasien zwischen 990 und 16 500 kg, die Olivenernte betrug in Mytilene 1898: 30 000, 1899: 2000 Tonnen; die Feigenernte bei Smyrna 1898: 12 500 Lasten, 1901: 75 000. Natürlich ist auch unsere Wissenschaft und Technik noch nicht so weit, um Ernteschwankungen zu beseitigen, aber an derartigen Differenzen wie den obigen hat des Menschen Tiefstand seinen gutzumessenden Anteil.

Man kann diese Pflanzenzüchter wohl vergleichen einem unserer Gartenbesitzer, der vom Vater, wie dieser vom Vater usw., die Pflege des Gartens praktisch erlernte, nach der ganzen Summe von Erfahrungen, die der Reihe von gartenpflegenden Vorfahren empirisch eingegangen waren und weiter traditioniert wurden.

Die Tierzucht ist in China neben dem Pflanzenbau verhältnismäßig wenig entwickelt. Als Beispiel für ihren Stand auf dieser Wirtschaftsstufe wollen wir die nomadischen Kirgisen Turkestans heranziehen. Die Kirgisen benutzen ihre Tiere nicht als Zugtiere (da Wagen nicht bei ihnen im Gebrauch sind), sondern nur als Nahrungs- oder als Last- und Reittiere. Mit ihrer Hilfe sind die Steppen und Wüsten zugänglich und, wenn auch in Nomadismus, bewohnbar; die „Haustiere“ liefern den Kirgisen fast alle ihre Bedürfnisse. Die Hauptschwierigkeit dieser Wirtschaft liegt in der Futterbeschaffung für die Tiere. Der Winter ist, selbst unter den günstigsten Verhältnissen, stets eine Zeit der Hungers- und Kältenot für das Vieh der Nomaden. Im besten Fall magert es bedeutend ab. Da gilt es, zu jeder Jahreszeit die örtlich günstigsten Weideplätze aufzusuchen. Zum Winter ziehen darum die Kirgisen nach dem äußersten Süden, wo die Kälte weniger groß ist und infolge der kürzeren Dauer des Winters und der geringeren Schneemenge auch leichter Nahrung zu finden ist; am liebsten gehen die Kirgis-Kaisaken in die Schilfniederungen der Flüsse und Seen. Auch speichert man wenigstens etwas Winterfutter auf. Aber trotz dieser Bemühungen, die zeitliche Stetigkeit der Bedürfnisbefriedigung zu sichern, geht fast jeden Winter ein kleinerer oder größerer Teil der Herden zugrunde; denn bei jeder Witterung sind die Herden unter freiem Himmel; höchstens wählen die Kirgisen geschützte Stellen im Schilf, zwischen Dünen usw. aus. Bei den Kirgisen der Turgai-Provinz fielen im Winter 1879/80 mehr als 90 Prozent des gesamten Viehstandes. Die Konservierung von Viehzuchtstoffen ist ein Mittel, für den Winter gerüstet zu sein. Die Kirgisen wissen aus der Milch ihrer Tiere mannigfache Konserven zu bereiten: Käse, Butterkügelchen, Kumys usw., die sich einige Zeit, aber nicht lange, halten. Die Befreiung der Bedürfnisbefriedigung vom Naturzwang erstreben die Chinesen auch durch Züchtung einer schnellwüchsigen Schweinerasse und durch Züchtung von Enten, die fleißig und über eine große Zeit des Jahres hin 120 bis 150 Eier jährlich legen.

Die Menge des Viehes können die Kirgisen noch sehr wenig nach ihrem Bedürfnis oder Wunsch regulieren. Sie ist ganz von dem natürlichen Grasvorrat abhängig: Futteranbau ist nur in den Oasen bekannt. Infolge der Wintersnot schwankt die Zahl der Haustiere sehr (s. oben). Man hält aber verschiedene Tiere, um die verschiedenen Naturverhältnisse ausnutzen zu können. Die Kirgisen halten Pferd, Esel, Schaf, Ziege, Kamel, Hund, an geeigneten Stellen auch das Rind. Traditionell wird die Menge der wünschenswerten Produkte erhöht. Hierhin gehört die Herauszüchtung des Fettbuckels bei dem Kamel, des Fettschwanzes und -steißes beim Schaf. Die Produkte aller Tiere werden ziemlich, zum Teil sehr umfangreich, ausgenutzt; so liefert das Kamel Milch, Fett, Fleisch, Leder, Haare zu Stricken und Geweben, trägt Lasten, dient als Reit- und stellenweise als Zugtier. Das Pferd liefert Milch, Fleisch und ist Reittier. Besonders bei letzterem Tiere der Kirgisen zeigt sich das Ergebnis jahrhundertelanger zielbewußter Erziehung[1]) und Schulung. Die Kirgisenpferde sind Muster an Schnelligkeit, Ausdauer, Genügsamkeit.

Auch für den **Bergbau** sei uns das Verhalten der Chinesen ein Beispiel. Zunächst wird den Bergbauschätzen verhältnismäßig wenig Aufmerksamkeit gewidmet. Wenn aber eine Mine bearbeitet wird, so geschieht es nur mit Menschenkraft. Meist wird der Abbau aufgegeben, sobald man auf Wasser stößt. Selten bekämpft man dasselbe mit Pumpen, die nach dem „endlosen“ Kettensystem konstruiert sind. Da man selten tiefer als 150—200 Fuß geht, so bleiben oft die reichhaltigsten Stellen, die tiefer liegen, unausgebeutet. Bei den Riesenvorräten an Kohlen, die China birgt, erscheint uns die geschätzte Produktion von 150 000 Tonnen als sehr niedrig.

---

[1]) Vgl. auch S. 249.

Die Industrie der traditionellen Wirtschaftsstufe ist gleich der unseres Mittelalters. Die persönliche Arbeitsteilung hat sich weiter ausgebildet, die örtliche Arbeitsteilung umfaßt ein ganzes Staatswesen. Die Industrie wird durch den Verkehr bis zu einem gewissen Grade unabhängig von den Orten der Rohstofferzeugung, lokalisiert sich innerhalb der Staatsgebiete möglichst günstig, wo Arbeiter oder Naturkräfte, die sie ersetzen (Wind, Wasserkräfte, Kohlen), zur Verfügung stehen, oder auch umgekehrt an den Orten der Rohstofferzeugung (Eisen), an die sie Arbeiter heranzieht. Die Produkte sind bereits vollkommener nach herkömmlichen Regeln (Handwerk) hergestellt, als die fast regellos gearbeiteten Produkte der Hausarbeit im älteren Sinne. Die persönliche Arbeitsteilung kommt der Güte und Menge der Industrieprodukte sehr zustatten.

Zugunsten des Verkehrs wird die Natur vielfach beeinflußt. Terrainhindernisse werden bei den Südostasiaten durch Brücken unwirksam gemacht, durch Sümpfe führen Knüttelbrücken und Dämme, die Verkehrsbahn wird mehrfach schon künstlich befestigt, die Chinesen bohrten auch schon vereinzelte Tunnels. Als Transportkraft werden neben dem Menschen die Haustiere verwendet, und zwar schon nach der Eignung in verschiedenen Gegenden verschiedene; Segel und Ruder treiben die Schiffe, die rege verkehren; kleine Klippen überwindet man in Booten mit elastischem Boden. Als Transportfahrzeuge kommen zu Wasser ziemlich große Kähne, zu Lande Sänften, seltener Wagen (zweiräderige in Vorderasien) zur Verwendung.

Die politischen Verbände dieser Stufe sind bereits ziemlich umfassend, sofern Ansässigkeit vorhanden ist, aber von einer eigentümlichen schablonisierenden und bureaukratischen Verwaltung sowohl bei den Südostasiaten wie bei den Türken z. B. Die einzelnen Glieder im Staate haben noch viel zu wenig Selbsterziehung, um nicht eine stark zentralisierende und autokratische Regierung zu erfordern.

Die Volksdichte ist bei den Ackerbau treibenden Völkern dieser Wirtschaftsstufe wohl immer ansehnlich, meist sogar außerordentlich stark, aber mehr noch durch eine Reduktion der Bedürfnisse der Individuen als durch wirtschaftlichen Hochstand hervorgebracht. Die Vorteile der Verkehrswirtschaft werden ausgenutzt, und an den End- und Knotenpunkten des Verkehrs schwellen die — durchweg festen — Siedelungen zu gewaltiger Größe an. Bei den hauptsächlich Tierzucht treibenden Völkern ist die Volksdichte im allgemeinen gering und unstetes Wandern Notwendigkeit.

Auf die Wirtschaftsstufe der Tradition gehören sowohl die in dem großen Steppen- und Wüstengürtel der Alten Welt (vom Atlantischen bis gegen den Großen Ozean Nordafrika, Vorderasien, Hoch- und zum Teil Südasien durchziehend) Tierzucht treibenden Völker (Araber, Türken, Perser, Kirgisen, Turkmenen, Mongolen usw.) als auch die seßhaften Oasenbewohner dieses Gebietes: Berber, Fellachen usw. und die Ackerbauvölker Südost- und Ostasiens: die Inder, Chinesen und alten Japaner. Die untergegangenen Völker Mittel- und Südamerikas: Azteken, Inkas usw. gehörten ebenfalls dieser Wirtschaftsstufe an, und auch ihre Nachfolger in Mittel- und Südamerika, die aus der Mischung mit Eingeborenen hervorgegangenen Mischlinge in Mexiko und in den anderen mittelamerikanischen Staaten, in den Republiken Südamerikas: Venezuela, Colombia usw., sind über die Wirtschaftsstufe der Tradition nicht hinausgelangt und nehmen erst heutigestags, meist unter der Leitung von Angehörigen der Wirtschaftsstufe der Wissenschaft, einen Anlauf zu etwas vollkommenerer Wirtschaft. Eine Ausnahme machen die in der gemäßigten Zone gelegenen Länder: Argentinien zu einem guten Teil, gewisse Teile Chiles, Uruguays, Südbrasiliens, welche in lebhaftere Annäherung an die auf Wissenschaft gestützte Wirtschaft getreten sind und letztere wohl erreichen werden. In Nordamerika sind Teile der Vereinigten Staaten und Kanadas auch der Wirtschaftsstufe der Tradition näher als der der Wissenschaft; aber wir dürfen nicht vergessen, daß es sich hier um Gegenden junger Kolonisation handelt, die erst die älteren Wirtschaftsstufen durchzumachen haben; und zweifellos werden sie — abgesehen vielleicht von einigen Gebieten der amerikanischen Südstaaten — in die Wirtschaftsstufe der Wissenschaft eintreten.

In Afrika gehörten sicher auch die Buren in Südafrika und die Hovas auf Madagaskar zur Wirtschaftsstufe der Tradition, aber die kolonisierenden Mächte werden sie zwangsweise zu heben verstehen. Im Norden Afrikas machen die Engländer in Ägypten und die Franzosen in Algerien Anstrengungen, diese Länder der Wirtschaftsstufe der Wissenschaft zu gewinnen, und nicht ohne Erfolg, besonders in Ägypten hat die Wirtschaft vielfach einen entsprechenden Charakter erlangt.

Auch in Europa ist die Wirtschaftsstufe der Tradition noch stark verbreitet. Ganz abgesehen von inselhaften Vorkommen, die sich wohl in allen Ländern noch finden (Irland, Bretagne, einzelne Gebirgsgegenden Mitteleuropas, Kassubei, Litauen und Masuren), hat diese Wirtschaftsstufe in Südeuropa noch eine große Ausdehnung; man muß wohl die südlichen Teile der Pyrenäischen Halbinsel, die Balearen, Corsica, Sardinien, die südlichen Teile Italiens und Sizilien, Bosnien, Herzegowina, die ganze Balkanhalbinsel, Teile Ungarns eher zu dieser Wirtschaftsstufe als zu der der Wissenschaft rechnen. Erst langsam macht sich ein Wandel bemerkbar. Am ausgedehntesten ist aber die Wirtschaftsstufe der Tradition noch in Rußland verbreitet, wo eigentlich nur die westlichen Teile und die Gebiete um Moskau als zusammenhängend der Wirtschaftsstufe der Wissenschaft eröffnet gelten können. Im übrigen Rußland haben wir zumeist einen Zustand der Mengkultur, so daß neben modern wirtschaftenden Gutsbesitzern die traditionell, stellenweise wohl gar instinktmäßig wirtschaftenden Bauern sitzen. Ebenso sicher ist aber in Rußland neuerdings ein gewisser Fortschritt zu verzeichnen, der auch längs der sibirischen Bahn sich nach Sibirien hinein bemerkbar macht. Wir können sicher erwarten, daß dieses zum großen Teil in gemäßigten Breiten gelegene Reich langsam, aber stetig zur Wirtschaftsstufe der Wissenschaft übergehen wird.

4. Die Wirtschaftsstufe der Wissenschaft ist dadurch charakterisiert, daß die Wissenschaft der Wirtschaft die Befreiung der Bedürfnisbefriedigung vom Naturzwang erreichen hilft. Zahlreiche Zweigwissenschaften (entsprechend den vielen Arten des Naturzwanges) werden mit der Ergründung von Einzelproblemen beauftragt.

Zur Wirtschaftsstufe der Wissenschaft rechnen wir wohl mit Recht die meisten Europäer (s. oben) und ihre jungen Kolonisationsgebiete in Nordamerika, Südafrika (Teile des Kaplandes und Natals), Australien,

Argentinien und Teile Chiles und schließlich Japan. Lokal aber hat sich auch sonst in den Tropen und Subtropen, namentlich an Küstenpunkten, wie auch in den Polarländern (Klondike) die wissenschaftliche Wirtschaftsstufe festgesetzt und wird weiter vordringen.

Im Pflanzenbau[1]) werden die Böden sorgfältig untersucht, um ihre physikalischen und chemischen Eigenschaften genau zu kennen; andererseits ergründet man die Lebensbedingungen der Pflanzen, ihrer wertvollsten Spielarten usw. und das Klima, und vermag es danach, dem Boden durch tiefe und methodische Bearbeitung (und zwar mit Hilfe von tausendfach spezialisierten vorzüglichen Maschinen, die immer mehr mit mechanischem Antrieb — Dampf, Elektrizität — bewegt werden), durch berechnete Zuführung von natürlichem oder künstlichem Dünger an jedem Orte, zu jeder Zeit die Fähigkeit zu geben, möglichst viel[2]) in möglichst guter Qualität hervorzubringen; man vermag es, überall die rentabelsten Pflanzen anzubauen und sie in ihrem Kampf mit dem Klima (Schutz gegen Frost, Bewässerung, Entwässerung) und den Schädlingen zu unterstützen oder sie durch Züchtung allmählich klimahart zu machen. Der Pflanzenbauer unserer Wirtschaftsstufe ist verständlich — um in dem früheren Beispiele zu bleiben (s. S. 22 u. 29) — an dem Muster des wissenschaftlich gebildeten Gärtners, der seinen Garten auf Grund vollkommener Kenntnis seines Naturzustandes und der Lebensanforderungen seiner Kulturpflanzen bewirtschaftet. Wieviel größere Erfolge wird er haben als die Gartenbewirtschafter, welche nur durch den eigenen Instinkt bzw. die Empirie der Vorfahren unterstützt wurden.

Auch die Tierzucht wird örtlich, zeitlich, quantitativ und qualitativ von dem Naturzwang unabhängig gemacht. Durch Anbau von Gräsern und anderen Futtergewächsen (Klee, Luzerne, Futterrüben usw.) und ihre Konservierung, durch Benutzung von künstlichen Futtermitteln (Ölkuchen usw.), industriellen Rückständen (Rübenschnitzel usw.) wird es ermöglicht, auch an Orten Tierzucht zu treiben, an denen die natürliche Ausstattung sie andernfalls nicht zuläßt, wird es ermöglicht, die von Natur mit den Jahreszeiten schwankende Futtermenge zu egalisieren und also auch im Winter durch Verfügung über hinreichende Futtermittel den Nahrungsstand des Viehes nicht schlechter werden zu lassen. Ebendadurch wird es auch ermöglicht, weit über die natürliche Ausstattung mit Gräsern hinaus in einem Erdraum die Menge des Viehes zu vermehren; durch Übertragung in andere Erdräume wird erst recht die Zahl der Haustiere von dem Naturzwang unabhängig. Die Wissenschaft erlaubt zugleich, die Ernährung usw. der Tiere so einzurichten, daß eine hohe und bestimmte, gewollte Qualität der Tiere oder eines ihrer Teile erreicht wird (z. B. Fleisch- und Wollschaf), und die künstliche Züchtung bringt jede gewollte Abänderung in kurzer Zeit hervor[3]).

Der Bergbau. Für die Wirtschaftsstufe der Wissenschaft stehen die Bergbauschätze des ganzen Erdenrundes den Bedürfnissen an jedem Orte, zu jeder Zeit,

[1]) Ich kann mich hier kurz fassen, weil diese Verhältnisse ja vor aller Augen stehen.

[2]) Es ist charakteristisch, daß bei einer Tabelle der Weltproduktion eines Produktes zumeist nur von denjenigen Ländern die Rede ist, welche auf der Wirtschaftsstufe der Wissenschaft stehen. Fast nur diese haben an der Produktion erhebliche Anteile. Vgl. S. 119 ff.

[3]) Die Völker auf der Wirtschaftsstufe der Wissenschaft haben relativ die größten und besten Viehherden; selbst wenn die Naturverhältnisse nicht sehr günstig sind, sind die Zahlen immer noch viel stattlicher als die bei den tieferstehenden Völkern zu findenden. Der spezielle Teil des Buches bietet genug Belege für diese Tatsache. Vgl. z. B. S. 202 f.

in beliebigen Mengen und Qualitäten zur Verfügung. Bis tausend und mehr Meter Tiefe wird der Schoß der Erde ausgeräumt, und was früher ungenutzt liegen blieb, findet heute lohnendste Verwendung[1]). Immer neue wertvolle Stoffe werden gefunden und aufgesucht und die vorhandenen voll ausgenutzt. Nicht mehr überläßt man es dem Instinkt (Wünschelrute) oder auch dem vollkommeneren „Herkommen" oder der Tradition (Prospectors), Mineralien zu finden, sondern immer sicherer belehrt uns die Wissenschaft (Geologie) über die Verhältnisse, sogar tief im Boden, und ermöglicht schon heute, wo wir erst am Anfang dieser Entwickelung stehen, mit einer gewissen Sicherheit gewünschte Mineralien zu suchen.

Natürlich sind bei den wirtschaftlich hochstehenden Völkern große Volksmassen mit der Hebung der Bergbauschätze beschäftigt. Wenn man 1904 die im Bergwerksbetrieb der Erde tätigen Menschen zu etwa 5 000 000 schätzte, so kommen hiervon auf Großbritannien allein 19,6%, auf Deutschland 16,4, auf die Vereinigten Staaten 12,2, auf Rußland 6,9, auf Frankreich 6,5, auf Österreich-Ungarn 4,6%; dann folgen die verbündeten Malaienstaaten (Hinterindien), Belgien, Japan, Brit.-Indien, Italien, Brit.-Südafrika, Peru, Spanien usw. Man sieht, die Höhe der Wirtschaftsstufe und der natürliche Mineralreichtum der Länder bestimmen die Stufenleiter (vgl. auch S. 76 ff.). Ein weiteres Charakteristikum der Völker der höchsten Wirtschaftsstufe liegt darin, daß sie nicht nur die Bergbauschätze der eigenen Länder verhütten, sondern Erze aus anderen Ländern an sich ziehen, die auf tieferer Wirtschaftsstufe sich befinden (vgl. S. 77, Anm. 1). Ja, die Völker der wissenschaftlichen Wirtschaftsstufe bestreben sich sogar, auch in bezug auf die Mineralien ihre Bedürfnisbefriedigung vom Naturzwang unabhängig zu machen, dadurch, daß sie zur künstlichen Darstellung von Mineralien (Natronsalpeter und Graphit, s. S. 56, Anm. 1; Diamanten) vorzudringen suchen.

In der Industrie kommt zu einer immer weitergehenden persönlichen Arbeitsteilung die internationale örtliche Arbeitsteilung (s. S. 35f.) mit internationaler Konkurrenz, welche in bezug auf Menge, Qualität, Zeit und Ort der Rohstoffbeschaffung eine weitere Lösung der Bedürfnisbefriedigung vom Naturzwang mit sich bringt oder relativ gut, billig, schnell und überallhin zu liefern gestattet; und auch in der Beschaffung der Arbeitskraft macht sich mit Erfolg das Bestreben geltend, die örtliche (Wasser, Kohle), zeitliche (Wind, Wasser), quantitative (Wind, Wasser, Kohle) und qualitative (Mensch und Tier) Abhängigkeit von dem durch Natur Gebotenen zu überwinden durch Elektrizität, welche (cum grano salis) allerorts, jederzeit relativ große und sicher arbeitende Kräfte zur Verfügung stellt. Die Maschinen ersetzen immer mehr die Menschen als Arbeiter, weil sie den Vorzug haben, an Orten (z. B. ungesunden) brauchbar zu sein, die dem arbeitenden Menschen verschlossen sind, zu Zeiten (nachts), da der Mensch der Ruhe bedarf, ferner in derselben Zeiteinheit mehr, viel mehr und bessere Arbeit zu liefern als der Mensch. Dazu wird in der Arbeitsorganisation der spesenersparende Großbetrieb immer mehr an die Stelle der Kleinbetriebe gesetzt. Alle industrielle Produktion wird immer mehr

---

[1]) Zu Beginn der Asbestindustrie in Kanada hielt man ein Verhältnis der Faser zum festen Gestein von 1—3% für abbauwürdig. Heutzutage erreicht man mit den verbesserten Apparaten aus demselben Gestein eine Ausbeute von 6 bis zu 10 und 15%; geringhaltigere Gesteine verarbeitet man zur Herstellung von Asbestic, der beim Bau von Decken usw. Verwendung findet. Viele Bergwerke, welche die Wirtschaftsstufe der Tradition als abgebaut liegen ließ, sind von dem modernen Bergbau, der sogar die Schlacken alten Bergbaus nutzt, wieder in Angriff genommen worden.

durch Wissenschaft und Technik getragen und so immer ergiebiger. Während man z. B. früher aus den Zuckerrüben nur 5% Zucker gewinnen konnte, kommt man heute auf 13—14%.

Die Völker auf der Wirtschaftsstufe der Wissenschaft sind die großen Industrievölker der Erde, die die Rohstoffe der weniger hochstehenden Länder an sich ziehen, verarbeiten und mit ihren Fabrikaten die Länder tieferer Wirtschaftsstufe überschwemmen. Großbritannien, Deutschland, die Vereinigten Staaten, Frankreich, Belgien usw. sind die Herde industrieller Tätigkeit. Sobald ein tieferstehendes Land auf die Wirtschaftsstufe der Wissenschaft gelangt, wie z. B. Japan, tritt es in die Reihe der konkurrierenden Industriemächte ein. Der spezielle Teil des Buches bringt genug Beispiele für die obigen Sätze, vgl. z. B. S. 293 ff.

Bei allen Arbeiten unterstützen sich die Völker der höchsten Wirtschaftsstufe durch Kapital, d. h. die Arbeitserrungenschaft früherer Generationen, so daß die Bevölkerung vergangener Zeiten nach ihrem Vergehen weiter wirkt in „Werkfortsetzung“. Denn das Kapital, das übrigens leichter als die Menschen überallhin versetzbar ist, erzeugt an beliebigem Orte, zu beliebiger Zeit usw. neue Arbeit, neue Produkte, neue Bevölkerung, die ohne es nicht erzeugbar wären, und ermöglicht den Besitzern an Orten zu produzieren, ohne da zu sein.

Nach Großbritannien z. B. strömten im Jahre 1901/02 an Dividenden von Kapital, das im Ausland arbeitete, 62,6 Mill. £ oder rund 1300 Mill. Mark. Diese Dividenden, gleichmäßig zu je 3000 Mark auf den Kopf verteilt, würden über 400 000 Menschen, ohne an den tatsächlichen Orten der Produktion zu sein, das Leben ermöglichen. Und bei den anderen Völkern der wissenschaftlichen Wirtschaftsstufe, besonders in den Vereinigten Staaten, in Deutschland und Frankreich, spielt das Kapital eine ähnliche Rolle.

Die örtliche Arbeitsteilung besteht darin, daß eine wirtschaftliche Leistung, und zwar die Bedürfnisbefriedigung einer Bevölkerungsgruppe, von deren Wohnorte, dem sie bis dahin oblag, auf mehrere Orte der Erde geteilt übertragen wird, dergestalt, daß jeder der letzteren fürderhin nur einen differenten Teil der seitherig an dem einen Orte benötigten Gesamtarbeit für jene Bevölkerungsgruppe verrichtet. Z. B. wurden an einem Orte *A* Getreide, Südfrüchte, Wein, Baumwolle, Rinderprodukte, Schafwolle erzeugt. Es war der Ort aber durch Natur und Bevölkerung nur für die Erzeugung von Südfrüchten und Wein besonders geeignet. So bewirkt die örtliche Arbeitsteilung, welche sich allmählich durch die Konkurrenz von Erzeugnissen auf den Märkten und durch die wählende Vernunft der Menschen durchsetzt, daß dieser Ort *A* nur noch Südfrüchte und Wein pflegt, während Orte *B* die Rinderzucht, Orte *C* die Schafzucht, Orte *D* den Anbau von Getreide, Orte *E* den von Baumwolle übernehmen. Das ist das Gesetz in seiner schärfsten Form. Es braucht die Bevölkerungsgruppe in *A* deswegen nun nicht der nicht mehr gepflegten Erzeugnisse zu entbehren, sondern kann sie und noch beliebige andere Produkte entferntester Gegenden gegen die eigenen Erzeugnisse eintauschen; ihre Bedürfnisbefriedigung ist somit nicht mehr örtlich gebunden, sondern kann sich aus der ganzen Welt bewirken. Diese örtliche Arbeitsteilung ist natürlich schon auf den tieferen Wirtschaftsstufen vorhanden, aber sie vollzieht sich im engeren Rahmen, auf der Wirtschaftsstufe der Tradition in dem der Volkswirtschaft; auf der Wirtschaftsstufe der Wissenschaft aber treten allmählich alle Orte der Erde in einen wechselseitigen Austausch nach dem Gesetz, daß jeder Ort vorwiegend das zum Austausch[1]) erzeugt, zu dem er sich durch seine Ausstattung (Natur und Mensch) am besten eignet. Die auf diese Weise über die Erde hin allmählich sich verbreitende Konkurrenz in der Produktion für den „Weltmarkt" ist ein außerordentlich wichtiger Faktor geworden für den Fortschritt. Überall konkurrieren Völker der höchsten oder hoher Wirtschaftsstufen immer mehr auf den Märkten der rückständigen und zwingen diese, sie in Not versetzend, zur Anpassung in der Wirtschaft, zum Fortschritt, der der örtlichen Arbeitsteilung wiederum zugute kommt.

Örtlich wird sich dabei die differente Arbeit besonders nach den klimatischen Zonen sondern, da durch sie heute in erster Linie die Unterschiede in den Gegenständen der Produktion hervorgebracht werden. Ferner wird sich zeitlich die differente Arbeit ebenfalls nach den klimatischen Zonen sondern, da dasselbe Produkt aus einer Zone viel früher in den Handel gebracht werden kann als aus einer anderen (vgl. Frühkartoffeln aus den Mittelmeerländern und Kartoffeln des nördlicheren Europas); vor allem wird sie sich zeitlich nach den beiden Halbkugeln sondern, indem auf der einen gerade geerntet wird, wenn die andere Winter hat[2]).

Durch diese Verhältnisse, welche geeignet sind, die Bedürfnisbefriedigung der Völker in hohem Grade mit von dem Naturzwang nach Ort und Zeit zu befreien, wird eine Tendenz zum nordsüdlichen Verkehr hervorgebracht.

Von größter Wichtigkeit sind aber in der Bedürfnisbefriedigung Quantität und Qualität der Erzeugnisse. Beide müssen natürlich durch die örtliche Arbeitsteilung, ebenso wie durch die „persönliche", außerordentlich gewinnen, wie nicht weiter ausgeführt zu werden braucht.

Am meisten und besten wird produziert, wo die Wirtschaftsstufe hoch ist, und zwar immer über die Grenze des Notwendigen hinaus (Fürsorge). Das bedeutet, daß diese Örtlichkeiten Zentren starken Angebotes sein können. Es herrscht aber auch an ihnen bei der stetigen Weiterentwickelung der Bedürfnisse und der hohen Volkszahl (s. unten) meist eine starke Nachfrage nach Stoffen, die dort selbst nicht oder nicht in genügenden Mengen oder nicht in der gewünschten Art produziert werden können. Mit anderen Worten, die Gebiete hoher Wirtschaftsstufen sind die Herde der Produktion für den Austausch und somit des Verkehrs; von ihnen aus und entsprechend nach ihnen hin gehen die ausgleichenden Verkehrsströme, für die sie selbst die Fahrzeuge und Wege schaffen und die ihnen wieder ein Mittel zur wirtschaftlichen Weiterentwickelung werden. Die Völker der höchsten Wirtschaftsstufe, Großbritannien, Deutschland, die Vereinigten Staaten, Frankreich, Belgien und Holland usw., sind darum die wichtigen Handels- und Schiffahrtsmächte der Welt, aber auch die Besitzer starker Kriegsflotten zum Schutze des Seehandels, die Heger regen Binnenverkehrs mit Hilfe eines dichten Eisenbahnnetzes und Benutzung von Wasserwegen unter dem Schutze eines starken Landheeres.

Damit ist dem Verkehr eine Richtung von — zu den Ländern der höchsten Wirtschaftsstufe gegeben, und zwar gehen von ihnen aus vor allem Industrieprodukte,

---

[1]) Daneben wird jede Gegend nach Möglichkeit ihren Bedarf am Orte produzieren, sofern das Produkt billiger zu stehen kommt als bei Bezug vom Auslande. [2]) In Kühlräumen von Dampfern gehen vom Kapland als Frühobst schon im Februar und März Pfirsiche, Pflaumen usw. nach England; auch Argentinien und Australien entsenden bereits in unserem Spätwinter, wenn bei uns die Vorräte zur Neige gehen, Obst nach Europa. Vgl. auch S. 327.

die die niederer Wirtschaftsstufen aus dem Felde schlagen, und nach ihnen hin Rohstoffe für die Industrie und Nahrungsmittel für ihre industrielle Bevölkerung.

Aus der Koinzidenz jener ersten durch die zonale örtliche Arbeitsteilung hervorgerufenen (mehr stabilen) und dieser zweiten, aus der Wirtschaftsstufe stammenden (mehr labilen) Richtungstendenz des Verkehrs ergibt sich das jezeitige Verkehrsbild.

Für den Verkehr sucht die Wirtschaftsstufe der Wissenschaft die natürliche Ausstattung der Erdräume, wenn sie hinderlich ist, zu überwinden. Die Verkehrsbahnen, Eisenschienen und chaussierte Straßen, besiegen Bodenhindernisse (Schluchten — Brücken, Berge — Tunnel); Flüsse werden für die Schiffahrt reguliert, Kanäle vertieft und über Täler weggeführt, Häfen künstlich geschaffen — die kleine horizontale und die vertikale Gliederung der Länder wird also in ihren Wirkungen geschwächt. Durch die Schnelligkeit des Verkehrs wird die Raumgröße gewissermaßen verkleinert. Das Weltmeer wird zur sicher- und vielbefahrenen Verkehrsbahn; die Luft versucht man mit immer mehr Erfolg zu erobern. Verkehrsmittel (Dampfeisenbahnen, elektrische Bahnen, Fahrräder, Automobile, Dampfschiffe, Luftschiffe, Landtelegraphen, Kabel, drahtlose Telegraphie, Fernsprecher usw.) und Verkehrskräfte (Dampf, Elektrizität, Benzin-, Petroleummotore usw.) werden vervielfacht und verstärkt. Alle diese Fortschritte des Verkehrs eignen den Ländern der höheren Wirtschaftsstufe. Dafür bietet der spezielle Teil des Buches, so kurz er im allgemeinen den Verkehr behandelt, genug Beispiele (vgl. S. 185).

In politischer Beziehung beobachten wir eine straffe staatliche Zusammenfassung in großen Verbänden mit Selbstbeschränkung des einzelnen zum Zwecke der Förderung des Gemeinwohls. Denn nur durch Vereinigung vieler Kräfte und durch eine weitgehendste persönliche Arbeitsteilung ist das große Maß von Leistung erreichbar, welches der moderne Staat in der Befreiung der Bedürfnisbefriedigung aller und des einzelnen vom Naturzwang nach allen Richtungen zustande bringt. Allein durch straffe staatliche Zusammenfassung ist auch die Sicherung des Produktionsbodens und der Arbeitserträge und der Leben und Besitzgüter der zusammengeschlossenen Menschengruppen gewährleistet (vgl. S. 44). Darum sehen wir unsere „Kulturländer" als wohlgefügte, nach außen starke Staaten, die ohne erhebliche Unruhen ihr Dasein fortführen, wogegen in den tieferstehenden, nach außen schwachen Staaten Unruhen im Innern nicht selten das Gefüge erschüttern, in den tiefststehenden „Staaten" aber kaum eine Ordnung Bestand hat.

Die Volksdichte ist auf dieser Wirtschaftsstufe der Wissenschaft eine hohe bis sehr hohe bei relativ gutem Leben des einzelnen infolge der hohen Intensität der Wirtschaft, und sie ist in stetiger Zunahme begriffen entsprechend der stetigen Zunahme der Wirtschaftsintensität; sie wird so lange zunehmen, als die Bevölkerung fähig und willens ist, mit Unterstützung der Wissenschaft und Technik die Hilfsquellen weiter zu entwickeln oder die Lösung der Bedürfnisbefriedigung vom Naturzwang weiter zu fördern. Die Siedelungen differenzieren sich wirtschaftlich immer mehr. Die Großstädte wachsen auf Kosten des platten Landes und der Kleinstädte. Welthandelsplätze sind charakteristisch.

Betrachtet man die geographische Verbreitung der Wirtschaftsstufen auf der Karte 1, so sind einige auffällige Züge in dem Bilde zu erkennen. Die Völker der Wirtschaftsstufe der Wissenschaft haben in der Hauptsache ihren Sitz nur in den gemäßigten Zonen, höchstens bis in die Subtropen hinein. Die subtropische Zone ist die Region, in welcher die Wirtschaftsstufe der Tradition zu Hause ist; hier fand eine frühzeitige, aber nur bis zu einem gewissen Punkt gehende Kulturentwickelung statt. Der feuchtheiße Tropengürtel und die ungünstige Polarzone sind die Stätten, in denen die Menschen auf der Wirtschaftsstufe des Instinktes stehen geblieben sind. Die tierische Wirtschaftsstufe schließlich findet sich in Wüsten der trocken-subtropischen Zone, in Urwäldern der Tropen und in ungünstigsten polaren Regionen.

Diese geographische Verbreitung der Wirtschaftsstufen gibt einen deutlichen Fingerzeig auf die Entstehung der Qualitätsunterschiede des wirtschaftenden Menschen. Es ist erwiesen, daß schon in der Diluvialzeit der Mensch tierischer Wirtschaftsstufe erdweite Verbreitung hatte, aber der Aufstieg gelang ihm bei den schwachen Kräften, die er anfangs der Natur gegenüberzustellen hatte, nur dort, wo der letzteren Ungunst jene nicht überstieg, zugleich aber durch eine gewisse Ärmlichkeit des freiwillig von der Natur Gebotenen, also ohne Arbeit aus ihr zu Entnehmenden, zu Sammelnden, Anregung, Antrieb, Erziehung zur Arbeit gegeben war. Dann, allmählich, verschob sich das Kräfteverhältnis von Natur und Mensch zugunsten des letzteren. In den meisten Fällen ist der Mensch wohl durch Not (Hungersnot infolge von Dürre, infolge des Jahreszeitwechsels, infolge von Ausrottung des Jagdwildes oder der Nutzpflanzen) zu wirtschaftlichen Fortschritten getrieben worden, deren Übertragung von Volk zu Volk auf niederen Stufen man sich ja nicht zu leicht vorstellen darf, weil nur bei gleichartiger Aufnahmedisposition Fortschritte übernommen werden.

Die verschiedenen Zonen der Erde sind nun sehr verschieden ausgestattet mit den bezeichneten Eigenschaften der Natur, und dadurch scheint die wirtschaftliche Entwickelung verschieden gestaltet zu sein. Wo die Natur im Vergleich mit den sie anfassenden Menschenkräften so „günstig" war, daß sie Einwirkung hervorrief und auf dieselbe Ertrag gab, konnte der Mensch fortschreiten; andernfalls blieb er zu Untätigkeit und Apathie verdammt, die nun rückwirkend jeden Aufschwung fast unmöglich machen oder wenigstens unendlich verlangsamen.

Dabei kommen als hemmend für die Tropen in Frage: die Üppigkeit der Pflanzenwelt, die für die ersten schwachen außerkörperlichen Werkzeuge des eben gewordenen Menschen (Steinbeil) unüberwindlich ist; die Gefährlichkeit und Schädlichkeit der Tierwelt (Termiten usw., Schlangen und wilde Tiere) und die Schwierigkeit, aus ihr die Bedürfnisbefriedigung zu gewinnen (mit Pfeil, Bogen, Fallgruben, Schlingen) — geschweige denn sie in den schädlichen Formen auszurotten —; die Unmöglichkeit, wegen der klimatischen Besonderheiten aus den Nachbarklimaten Nutz- oder Haustiere einzuführen[1]); die Gefährlichkeit der Krankheiten, denen man fast ganz hilflos preisgegeben war; die baldige Verrottung jeglichen Besitzes und jeglicher Leistung durch das feuchtheiße Klima — was die Tradition erschwerte, und wahrscheinlich die psychische Depression durch die beständig niederprasselnden Gewitter und Wolkenbrüche, von lokalen deprimierenden Naturerscheinungen (Vulkanismus, Überschwemmungen usw.) ganz abgesehen. Dazu kommt schließlich die durch die

[1]) Unsere Haustiere entstammen fast durchweg dem Steppenklima, das so verschiedenartig ist von dem Tropenklima, daß eine Anpassung der Tiere an letzteres fast vor unüberwindlichen Schwierigkeiten steht. Vgl. auch S. 141 f.

Sammelwirtschaft aufgenötigte Unstetigkeit (Nomadismus), den Aufstieg zu höheren Wirtschaftsstufen, der nur durch Häufung von Erfahrungen gegenüber den verschiedenen Formen des Naturzwangs vor sich gehen konnte, zu erschweren. Andererseits sind bei der herrschenden Wärme die Anforderungen an Nahrung, Kleidung, Wohnung, Heizung und Licht gering, also relativ leicht zu befriedigen, und dabei boten die, wenigstens in der Savannenzone und an den Urwaldrändern der Tropen vorhandenen zahlreichen Nutzbäume (vgl. S. 265 ff., 319 ff., 399 ff.) leicht einzusammelnde Vorräte an Nahrungs-, Kleidungs-, Baustoffen usw.; es fehlte also der Stachel der Not.

So mußte die Sammelwirtschaft eine große Bedeutung behalten, zu einem großen Teil der Weg der Tiere: die körperliche Anpassung, beschritten bleiben, und nur systemlos, reflexartig kam das außerkörperliche Werkzeug (z. B. ein Stein, ein Stock, ein Baumstamm, das Feuer) zur Anwendung, immer wieder vielleicht, bis die Handlung im Instinkt sich festlegte und mehr Regelmäßigkeit und Sinn bekam.

In den Wüsten und in den Polargegenden besteht der Naturzwang in der Spärlichkeit und Weitläufigkeit der Nahrungsquellen (und z. T. in ihrem streng jahreszeitlichen Auftreten), seien sie Trinkwasser, Pflanzen oder Tiere. Ein beständiges Wandern macht sich da nötig, und wenn eingelagerte Oasen nicht vorhanden und auch die Nachbargebiete wenig günstig sind, fehlen auch die Positionen, von denen aus die Wüste allmählich überwunden werden könnte. In der letzten Beziehung sind die wüsten- bis steppenhaften Gebiete der Buschmänner und Australier wesentlich ungünstiger gestellt als die Nordafrikas und Vorderasiens, wo überall wirtschaftlich günstige Oasen eingestreut sind. Auch im Westen Nordamerikas waren die Indianer der wüsten Gebiete auf dem Standpunkt der Sammelwirtschaft geblieben. In solchen durch übermäßige Dürre oder durch übermäßige Kälte toten Landschaften ist des Menschen engbemessene Kraft zu fruchtlosen Anspannungen verurteilt; die Natur bleibt Herrscherin, unüberwindlich, und dieses ungünstige Stärkeverhältnis verdammt, rückwirkend, den Menschen zur Apathie und zum Stillstand auf einer Stufe, von der es keine Erhebung wider die Natur gibt.

In den günstiger ausgestatteten Subtropen ist die Leichtigkeit der Nahrungsbeschaffung stellenweise nicht gering, aber doch nicht so groß, daß nicht überall gewisse nur durch Arbeit zu lösende Aufgaben sich zeigten, welche die Bevölkerung zu schulen geeignet waren. Die Einwirkung (zu wirtschaftlichen Zwecken) auf die Pflanzen ist leicht, weil der Wald überall viel weniger dicht und unzugänglich auftritt wie in den Tropen und dem furchtbaren Menschenwerkzeug des Feuers keinen Widerstand zu leisten imstande ist, während im tropischen Urwald das angelegte Feuer bald erlischt. Wie die Pflanzen schwächer, waren auch die Tiere hier weniger gefährlich und als leichter sichtbar eher zu bekämpfen wie in den Tropen; ja die Tiere der subtropischen Steppengegenden kamen vermöge ihrer Anpassung dem Bestreben des Menschen auch diese Gegenden zu erobern entgegen, indem sie als gesellig lebende Tiere leicht in den Haustierstand, der anfangs sehr frei gedacht werden muß, sich zwingen ließen. Hier liegt die Heimat der meisten Haustiere. Die wohlbefeuchteten Flußebenen, in den Tropen die schwerstbesiegbaren Stätten und Heger der Krankheiten, zeigten sich in den Subtropen als Flächen mangelnden Baumwuchses und bei Bestellung von dankbarster Fruchtbarkeit, günstig der menschlichen Einwirkung. Die Krankheiten waren weniger gefährlich und das meist den Flußebenen unferne Trockenklima bot Heilmittel gegen die Malaria und andere Krankheiten. Das trocken-warme Klima begünstigt von Natur Konservierung jeder Art, so daß der Kulturbesitz und der in Werkzeugen usw. niedergelegte Erfahrungsschatz Dauer auch über Generationen hinaus aufzuweisen hatte. Das ermöglichte und verbürgte die Werkfortsetzung; der sonnige Himmel und der Mangel an erschreckenden Gewittern und Hagelschlag mochte vielleicht auch der frühen Aufrichtung des Menschen gegenüber der Natur günstig sein; in der letzteren zeigte sich als feindlich der Beeinflussung vornehmlich die Trockenheit, und diese zu bekämpfen (künstliche Bewässerung) wiesen die periodischen Überschwemmungen des Anlandes durch die Flüsse selbst den Weg. In den fruchtbaren Niederungen und Oasen ergab sich die Seßhaftigkeit und für ein sich vermehrendes Geschlecht auf engem Raum der wohltätige Zwang, die Arbeit zu intensivieren. Das alles miteinander (vgl. auch S. 66—67) führte zur Häufung von materiellen Besitztümern, Erfahrungen und Ideen gegenüber den Erscheinungsformen des Naturzwanges, die traditioniert den Fortschritt — bis zu einer gewissen Grenze — gewährleisteten, bis zu der Linie nämlich, jenseits deren die durch Sammlung der individuellen Erfahrungen mehr nach Menge als Qualität (Präzisität und Vertiefung der Naturerkenntnis) gehäufte Tradition versagte.

In der gemäßigten Zone lagen die Verhältnisse für eine frühe wirtschaftliche Entfaltung unbedingt ungünstig, und dazu stellten die klimatischen Verhältnisse der Bedürfnisbefriedigung nicht geringe Aufgaben (s. S. 112). Dichter Wald bedeckte das Land und widerstand der Rodung; allerdings war der einmal besiegte Wald nicht schnell wieder gewachsen wie in den Tropen, sondern leicht niederzuhalten; so war wenigstens ein Fortschritt gegenüber diesem Naturfaktor möglich. Ausgedehnte Sümpfe waren ein weiteres Hindernis der Bedürfnisbefriedigung, aber die Ausrodung des Waldes ließ sie zum guten Teil von selbst zusammenschwinden. Wilde Tiere gab es genug zu bekämpfen, aber doch nicht annähernd so schädliche Kleintiere, wie es Schlangen, Termiten, gewisse Ameisenarten in den Tropen sind. Im Gegenteil handelte es sich meist um Nutztiere, die wie wilde Pferde, Stiere usw. Fleisch und Fell lieferten, und deren Erjagung die Tatkraft der Einwohner schulte. Letztere mochte sich dann wohl in Raubwirtschaft gegenüber der Tierwelt Luft machen, und die eintretende Not mußte wiederum auf Abhilfe hinweisen. Ob Pflanzenbau und Tierzucht von außen her bekannt wurden oder selbständig erfunden wurden, ist eine Nebenfrage. Hauptsache ist, daß sie dem Kampf gegen die den Menschen daniederhaltende Natur: Wald, Sumpf, wilde Tiere und Schädlinge immer neuen Antrieb gaben bis zum endgültigen Siege. Eine Folge des schweren Ringens gegen die Natur, welches die Tatkraft und den Schaffenswillen gegenüber dem Naturzwang ganz anders schulte als in subtropischen Breiten, und zugleich eine Folge der stetigen schweren Aufgaben, welche das nördliche Klima direkt (s. S. 112 u. 159) der Bedürfnisbefriedigung stellt, scheint nun jener die Wirtschaftsstufe der Wissenschaft charakterisierende Forschungstrieb zu sein, der der Natur das letzte Geheimnis entreißen möchte, um sie ganz zu beherrschen. Der auf allen Wirtschaftsstufen, aber in sehr verschiedenem Grade, rege Trieb des Menschen, die Bedürfnisbefriedigung vom einengenden Naturzwang zu befreien, ist hier zu höchster Kraft potenziert und anscheinend in Permanenz tätig und hat sich in der Wissenschaft das Organ geschaffen, das gegenüber dem Naturzwang schon zu überragenden Erfolgen geführt hat.

Es ist noch hinzuzufügen, daß die Wertschätzung einzelner Erdzonen und Regionen wechseln kann. Wenn eine schon bis zu einer großen Erfahrung

d. h. Kraft, gegenüber der Natur, fortgeschrittene Bevölkerung in eine Landschaft kommt, die bis dahin unter einer tiefstehenden einheimischen Bevölkerung gering gewertet wurde, so kann die Wertschätzung des Landes und seine Leistung eine völlige Änderung erfahren. Diese Tatsache beobachten wir jetzt besonders bei der Kolonisation der Tropen durch die Europäer, und es ist sogar nicht ausgeschlossen, daß letztere unter der Einwirkung der höchsten Wirtschaftsstufe die als günstigst zu bewertende Zone auf der Erde werden.

Es sind noch die **wichtigsten wirtschaftlichen Folgen**, welche die Unterschiede in der Wirtschaftshöhe begleiten, hervorzuheben:

Es ist ein allgemeines Gesetz, daß das Bessere (Stärkere) der Feind des Guten (Schwachen) und erst recht des Schlechten ist. Die besser angepaßten Tiere drängen die schlechter angepaßten aus den günstigen Erdgegenden zurück und verdrängen sie unter Umständen, wenn diese nicht in den unwirtlichsten Landschaften, den Gebirgen, Wüsten, Wäldern oder auf abgelegenen Inseln noch Schutz und Erhaltung finden können. So auch zeigen die höheren Wirtschaftsstufen überall die Tendenz, die niedrigeren zurückzudrängen. Der Prozeß verläuft örtlich oder in den verschiedenen Zeitperioden nach den Umständen, besonders nach dem Zustande der beiden in Frage kommenden Kontrahenten sehr verschieden, das Resultat, die Verdrängung, kommt langsam oder schnell zustande, geht indirekt oder direkt vor sich — aber das Ende ist das gleiche.

Z. B. erstreckt sich der Einfluß von der höheren Wirtschaftsstufe auf die niedrigere bisweilen nur so weit, daß die letztere freiwillig, überzeugt, von ihrem wirtschaftlichen Tun zu dem jener fortschreitet, dem Beispiele folgt. Das wird am leichtesten geschehen, wenn die beiden Kontrahenten sich in der Wirtschaftshöhe nicht fernstehen. So nehmen die kleinasiatischen Bauern vielfach in ihrem Landbau die Gepflogenheiten der fortgeschritteneren, eingewanderten Muhadschirs an, so gehen die bisher fast nur Tierzucht treibenden Nomaden der Kirgisensteppe zum Ackerbau über, dem Beispiele der ansässigen Russen dabei folgend.

Etwas gewaltsam wird schon die Einwirkung der höheren Wirtschaftsstufe auf die niedrigere, wenn jene durch Konkurrenz mit vollkommeneren Produkten die dieser zurückdrängt. Diese Erscheinung ist sehr verbreitet und bringt tiefgehende Veränderungen im Wirtschaftsleben hervor. So bedrängt und drängt zurück bei uns die maschinelle Industrie das Handwerk, die europäischen Industrieerzeugnisse bedrängen, drängen zurück und vernichten schließlich die Industrien der minder fortgeschrittenen Länder, wenn sie sich nicht „anzupassen" vermögen; zuerst gehen letztere an den Küsten zurück, dann an den Flüssen, und mit den Eisenbahnen dringt dieser zerstörende Einfluß ins Innere der Länder. An allen Küsten Afrikas z. B. gingen die einheimischen Industrien rapid zurück, aber auch in Syrien usw. erlag die einheimische Industrie der leistungsfähigeren europäischen. Selbst unter den Völkern, die wir zur gleichen Wirtschaftsstufe rechnen, geben Unterschiede des Fabrikates durch die Konkurrenz auf den Märkten Anlaß zur Verdrängung des weniger „Passenden". In dieser Werkkonkurrenz liegt ein Hauptantrieb für die Völker zum Fortschritt in der wirtschaftlichen Entwickelung, wie in der Anpassungskonkurrenz ein Hauptantrieb für die Tiere zur Entwickelung der Anpassungen und zur Erzeugung neuer Arten.

Bisweilen richtet sich die Verdrängungstendenz, die von der höheren Wirtschaftsstufe gegen die niedrigere besteht, auch gegen die Menschen selbst. Das eine Volk drängt das andere gewaltsam zurück (sei es auch nur durch Raub des Arbeitsertrages), oder drückt es in untergeordnete soziale Stellung hinab, oder assimiliert es durch Blutmischung, oder verdrängt es auch völlig von seiner Stelle, die dann der Sieger einnimmt, oder vernichtet auch den Kontrahenten. Ursache ist immer der Wunsch, die eigene wirtschaftliche Stellung zu verbessern. Die Beispiele für die Erscheinung sind unzählig, ob wir sie nun Raub, Krieg oder Kolonisation nennen. Je vitaler dabei das Interesse der verdrängenden Macht, und je größer die Spannung zwischen den in Frage kommenden Wirtschaftshöhen ist, desto brutaler spielt sich der Prozeß ab. So erklärt sich das rücksichtslose Vorgehen der Nordamerikaner, Australier, Argentinier, Engländer (gegen die Kaffern und Buren) gegen die „Ureinwohner" oder Eingeborenen von Ländern, die ihnen als Siedelungskolonien von ganz anderem Werte sein mußten als tropische Pflanzungskolonien.

Alle die erwähnten Erscheinungen sind Expansionstendenzen, die von der höheren Wirtschaftsstufe gegen die niedrigere wirksam werden. Eine Einschränkung für das erkannte Gesetz ist freilich dahin zu machen, daß der Druck von der höheren zur niedrigeren Wirtschaftsstufe unwirksam werden kann, sobald die Bevölkerungsgruppe, auf die der Druck gehen soll, ihre wirtschaftliche Schwäche durch Bedürfnislosigkeit gegenüber der bedürfnisreichen höheren Stufe wett machen kann; dann können auch tieferstehende Völker, wie die Polen mit den Deutschen, die Chinesen mit den Europäern, bis zu einem gewissen Grade konkurrieren, sich erhalten oder auch vordringen. Von diesem Gesichtspunkt aus ist zunächst „die gelbe Gefahr" zu beurteilen; ernsthafter zu nehmen wird letztere erst sein, sobald die Ostasiaten in der Wirtschaftsstufe uns gleichkommen.

Auch die Menschenzahlen auf beiden Seiten sind schwere Gewichte in der Wagschale. Ja, bei gleicher Wirtschaftshöhe sind sie sogar von ausschlaggebender Bedeutung.

Die oben (S. 41) betrachtete Erscheinung der Beeinflussung tiefstehender durch höherstehende Völker wird am frühesten unter Nachbarvölkern zu beobachten sein, so daß wir die wirtschaftliche Wichtigkeit der **Nachbarlage** erkennen. Ursprünglich hat diese in dem engen Begriff, daß Menschengruppen unmittelbar nebeneinander wohnen, für die Übertragung von Kulturerrungenschaften, Frieden und Krieg, Stetigkeit von Produktion und Verkehr, Umfang des Warenaustausches, eine ganz besondere Bedeutung gehabt, insofern als die Bewegungsfähigkeit der Menschen und die Übertragungsmöglichkeit von Gütern und Ideen noch beschränkte waren und das wirtschaftliche und überhaupt kulturliche Leben sich im engen Kreis abspielte. Damals stieg ein Volk in schnellerem Tempo, als der eigene Genius es heben konnte, nur durch die nächsten Nachbarn auf, welche wiederum von ihren Nachbarn Beeinflussung erfuhren. Rom erstreckte seinen Einfluß auf Gallien, und Gallien wirkte dann wieder auf seine Nachbarn ein. Die skandinavischen Länder bekamen in neuerer Zeit manchen Antrieb zum wirtschaftlichen Fortschritt von Deutschland über Dänemark. Der wirtschaftliche Aufstieg bereitete sich auf diese Weise (durch Übertragung und Konkurrenz), nachbarlich, aber sehr langsam und mit der Entfernung von den Stätten der wirtschaftlichen Initiative abgeschwächt aus. Von Großbritannien oder Westeuropa gegen den Osten Europas hin sinkt die Wirtschaftshöhe allmählich. Wo die Bedingungen der Wirtschaft unter Nachbarn sehr gleichartig sind, da verallgemeinert sich ein Fortschritt schneller als dort, wo besondere Ausnahmeverhältnisse die Gleichmäßigkeit unterbrechen. In ein Gebirge (s. S. 68 f.), in eine Sumpflandschaft (s. S. 73 u. 75), in eine Wüste (s. S. 75), in einen Wald (s. S. 38) dringt der wirtschaftliche Fortschritt aus einem fruchtbaren Tiefland schwer ein, und diese besonderen Wirtschaftsböden, wenn weit ausgedehnt, können sogar zu Schranken für den wirtschaftlichen Fortschritt werden.

Sobald der Mensch die Flüsse und Seen, die Meere, die Ozeane beschreiten und leicht überwinden lernte (s. S. 92 ff.), bekam der Begriff der Nachbarlage eine immer größere Ausdehnung. Die Anwohner eines Flusses, eines Sees, eines Meeres, eines Ozeans (Formen des Wassers, die vorher wirksam die nachbarliche Berührung verhinderten oder erschwerten), ja des ganzen Weltmeeres, soweit es zu befahren ist, wurden zu Nachbarn. Der nachbarliche Austausch, die Übertragung von Kulturgütern und das Beispiel, die Konkurrenz und die Kolonisation, alle Erscheinungen, welche aus den Unterschieden der Wirtschaftshöhe entspringen, gehen weiter und werden schließlich international. Jetzt erst bekommt die Randlage am Meer, die Lage an schiffbaren Flüssen und Seen Bedeutung. In die fernsten Länder, auf die Inseln und Küsten und ins Innere der Kontinente, sofern Flüsse die Schiffahrt ermöglichen, dringt nun die hohe Wirtschaftsstufe, anregend und hebend durch Beispiel und Belehrung, zwingend zum Fortschritt durch die der Konkurrenz folgende Not oder auch das minder Passende und nicht Anpassungsfähige forträumend und vernichtend.

Ein weiterer Schritt zur Verallgemeinerung der Wirtschaftshöhe (auf den bezeichneten Wegen) und zur Überwindung der Schranken für eine Nachbarlage im weiteren Sinne geschah durch die Verbesserung und Beschleunigung des Landverkehrswesens, namentlich durch Erfindung und Verbreitung der Eisenbahnen. Das erweiterte auch für die ausgedehntesten Landmassen (s. S. 61) den Begriff der Nachbarlage. So sind durch die Pacificbahnen die die Volkskraft bergenden östlichen Vereinigten Staaten an den Großen Ozean gerückt und in gewissem Sinne Nachbarn Chinas, Japans usw. geworden. In beschränkterem Sinne wurde das europäische Rußland durch den einen Schienenstrang der sibirischen Bahn zum Nachbarn Chinas und Japans, mit welch letzterem es sich auch sofort feindselig auseinandersetzte. Der vervollkommnete Verkehr dringt aber auch in die Gebirge und Sumpflandschaften ein und in die Wüsten und in die Wälder und verwandelte die örtliche Übertragung und Konkurrenz zur internationalen Erscheinung mit der Tendenz, die Wirtschaftshöhe beschränkter Landteile (Europa, Vereinigte Staaten, s. S. 45) auszubreiten, mit dem Zweck, den führenden Völkern aus dem gesamten Wirtschaftsleben der Welt die immer weitere Befreiung der Bedürfnisbefriedigung vom Naturzwang zu erringen. Als ungewollte Folge muß sich dann allerdings mit der Verallgemeinerung der Wirtschaftshöhe die Bedrohung und schließlich Vernichtung der Monopolstellung örtlich beschränkter Völker herausstellen. So fiel neuerdings Englands Monopolstellung durch den wirtschaftlichen Aufschwung der anderen nordwest-

und mitteleuropäischen Staaten, namentlich Deutschlands; so wird Europas Monopol im Welthandel durch die Vereinigten Staaten erschüttert, und im Osten Asiens erheben sich Japan und bald wohl China und Korea zur Vollkultur.

Damit im Zusammenhange stehen gewisse politische Erscheinungen[1]) auf der Erde, welche die vergleichende Wirtschaftsgeographie nicht übergehen kann, da sie direkt und indirekt für den Wirtschaftserfolg der einzelnen Völkergruppen von großer Bedeutung sind. Während die tiefststehenden Völker nur Anfänge von freiwilligem Zusammenschluß zeigen, daher auch die Kooperation mit gemeinschaftlichen Kräften, sei es dem Wirtschaftsboden, sei es dem nachbarlichen Konkurrenten gegenüber, schwächlich bleibt, fassen die höheren Wirtschaftsstufen immer straffer die Kräfte von Menschen, die durch natürliche Bodenverhältnisse und durch die geschichtliche Entwickelung zusammengehören, in Staatsverbänden zusammen: einmal können diese mit vereinten zentralisierten Kräften zur Förderung des Gemeinwohles gewisse Einwirkungen auf die Landesnatur[2]) (zur Abwendung von Schäden und zur Steigerung von Produktion und Verkehr) vornehmen und ferner können sie in dem Wettstreit der Völker, in der internationalen Konkurrenz eher den Platz daheim und auf dem Weltmarkt behaupten bzw. nach Möglichkeit erweitern. So erscheinen die Völker der höchsten Wirtschaftsstufe in machtvollen Staaten mit großen Aktionsmitteln und straffer Organisation zusammengefaßt, denen gegenüber die Völker niedrigerer Wirtschaftsstufen wenig, die niedrigster fast nichts entgegenzusetzen haben. Spielt unter den Völkern gleicher Stufe die Zahl der Menschen schließlich die ausschlaggebende Rolle, so daß wir jedes eine Zukunft erstrebende Volk diese zu erhöhen bemüht sehen — zwischen Völkern verschiedener Stufen ist die Zahl ziemlich außer Kraft gesetzt; das kleine Japan besiegte das viel volkreichere China. Die Mächte der weißen Rasse suchen sich in allen Meeren und Kontinenten festzusetzen, um im Konkurrenzwettstreit auf den Märkten der Erde Stützpunkte zu haben, sich Bezugsquellen und Absatzmärkte zu sichern und eventuell die vervollkommnete Produktion in die Kolonialländer zu tragen und Lebensboden für das eigene Volkstum zu gewinnen. Die **Kolonisation** der Erde durch die Europäer ist eine Erscheinung der Neuzeit, gezeitigt durch die neuerlich immer schärfer werdenden Unterschiede der Wirtschaftshöhe; die höchststehenden „Weißen" drücken immer stärker gegen die tieferstehenden Völker. Da die Wirtschaftsstufen im großen und ganzen zonal von West nach Ost angeordnet sind (s. Taf. 1) und die höchste in den gemäßigten Breiten sitzt, geht von diesen der primäre Druck aus, gegen den Äquator vor allem, geringer gegen die Pole hin[3]).

Diese Erscheinung der Kolonisation[4]) der Erde durch die Europäer ist eine wirtschaftliche Tatsache, die sich im großen seit dem 15. Jahrhundert anbahnt, und die wegen ihrer Wichtigkeit für die gegenwärtige und zukünftige Wirtschaft zu besprechen ist.

---

[1]) Vgl. auch S. 24, 31, 37. [2]) Die Einwirkung auf die Menschennatur (Erziehung, Unterricht usw.), welche jene auf die äußere Natur erst ermöglicht, sei nur andeutungsweise erwähnt.

[3]) Natürlich sind solche Differenzen auf der ganzen Erde im kleinen schon immer vorhanden gewesen und haben zu Bewegungen der Völker geführt, aber nie werden sie in der Allgemeinheit und in der Heftigkeit aufgetreten sein wie heutigestages; fehlte doch, je weiter zurück, desto mehr, der große Abstand zwischen den Völkern, der erst seit Auftreten der Wissenschaft klafft; kamen doch früher bei dem wenig weit reichenden Verkehr auch nur Nachbarn, die in der Wirtschaftshöhe geringe Differenzen zeigen konnten, in Berührung. [4]) Vgl. S. 58.

Es sind von Europa aus die Länder gemäßigten Klimas auf der Nord- und Südhalbkugel mit Menschen der höchsten Wirtschaftsstufe aufgefüllt worden. Mit den „Werkzeugen" zur Besiegung der Natur von Hause ausgerüstet, haben die Nordamerikaner und Australier, die Südafrikaner und Argentinier in wenigen Jahrzehnten die Entwickelungsstufen bis zur höchsten durchlaufen können, zu deren selbständigem Erklimmen die Europäer viele Jahrhunderte gebraucht haben. Im gemäßigten Asien und gemäßigten Südamerika ist der Prozeß des Aufstieges noch nicht vollendet, aber im großen und ganzen kann man sagen, daß in der nördlichen und südlichen gemäßigten Zone sich Bänder[1]) der höchsten Wirtschaftsstufe um die Erde legen.

Dieses Faktum scheint für die zukünftige wirtschaftliche Vereinheitlichung der Menschheit von besonderer Bedeutung zu sein; denn auf der ganzen Breite im Norden dringt nun die überlegene „weiße" Rasse, ihre Wirtschaftsstufe mit sich tragend, gegen die äquator- und polwärts gelagerten, in der Wirtschaftsstufe niedriger stehenden Völker vor, sie vernichtend, sich über sie schiebend oder sie hebend, je nach ihrer Biegsamkeit. Im Süden ist der Druck weniger gut fundiert von den Südspitzen Amerikas, Afrikas, von Australien aus, aber er sieht auch äquatorwärts geringere Räume vor sich und geht meist direkt auf die Naturvölker (Wirtschaftsstufe des Instinktes), während im Norden sich zwischen die Völker der Wissenschaft und des Instinktes (in der Äquatorialgegend) überall Völker auf der Wirtschaftsstufe der Tradition stellen, der nachbarliche Gegensatz also nicht so stark ist. Das Resultat dieses Druckes, der Expansion der weißen Rasse, muß notwendig mit der Zeit eine sich steigernde kulturelle und wirtschaftliche Vereinheitlichung des Menschengeschlechts werden, trotz der Naturunterschiede, welche die Erde decken, indem auch in diesem Punkt der Geist die Natur besiegt. Ob dabei die auf niedrigerer Wirtschaftsstufe stehenden Völker gehoben oder zu Knechtsdiensten herabgedrückt oder ausgemerzt werden können, wer will es voraussagen!

Sichere Anzeichen für den erwähnten Prozeß sehe ich in folgendem: Die Staaten der weißen Rasse suchen sich den politischen Besitz der äquatorwärts gelegenen Länder zu sichern, die Erdteile unter sich teilend. Die Motive sind natürlich wirtschaftlicher Natur. Die Kulturstaaten der gemäßigten Zone wollen in den anderen Klimazonen der Erde Wirtschaftsgebiete gewinnen, in welchen sie für die durch das gemäßigte Klima beschränkte Eigenproduktion eine Ergänzung in subtropischen und tropischen Produkten finden können. An zweiter Stelle mag der Gesichtspunkt mitwirken, daß man sichere Absatzgebiete für die Industrieerzeugnisse gewinnen will. Aber nicht alle Länder sind gleich kolonienbedürftig[2]). Manche umfassen schon von Natur Böden verschiedensten Klimas. Zu diesen begünstigten Ländern gehören in vorderster Reihe die Vereinigten Staaten, dann Argentinien, Britisch-Südafrika, der Australische Staatenbund, ferner Japan, in beschränkterem Sinne China, das Russische Reich, Chile und Brasilien, wenn man will, auch noch Frankreich (s. S. 207) und Österreich-Ungarn. Alle diese Länder sind viel weniger kolonienbedürftig als z. B. Deutschland oder Großbritannien oder Belgien, die ganz ausschließlich Produkte der gemäßigten Zone erzeugen und dabei eine sehr entwickelte Industrie haben. Am energischsten sind Großbritannien und

[1]) Natürlich durch die Ozeane, auch durch ungünstige Landstrecken: Gebirge, Wüsten usw., unterbrochen. Vgl. Karte 1. [2]) Vgl. S. 58.

die Vereinigten Staaten vorgegangen, und diese Staaten haben sich damit am sichersten den Bestand und die zukünftige Entwickelung begründet. Auch Rußland und Frankreich haben großen Landhunger gezeigt, Deutschland, leider zu spät geeint, hat immerhin noch brauchbare und in Zukunft wohl wertvolle[1]) Kolonien erworben.

Großbritannien ist in Nordamerika (Kanada) nach Süden zwar durch die Nachbarschaft der Vereinigten Staaten im Vordringen lahmgelegt, aber nach Norden geht es gegen die Naturvölker und die feindliche Natur vor[2]). Seine Hauptstützpunkte auf der Südhalbkugel in gemäßigten Breiten hat es in Südafrika und Australien, in den Tropen hat es sich eine Reihe von Einflußsphären (im obigen Sinne) gesichert, deren wichtigste jetzt Indien ist. Dazu hat es auch in Afrika ein gewaltiges tropisches Kolonialreich. „Afrika den Europäern" ist ebenso natürlich gerechtfertigt, wie „Amerika den Amerikanern". Frankreich und Deutschland haben in Afrika stattlichen Landbesitz. Den Portugiesen will niemand zutrauen, daß sie ihr großes afrikanisches Kolonialland erhalten können. Das rührige Belgien verspürt bereits die befruchtende Verbindung mit einem Kolonialgebiet: Kongostaat.

In Mittelamerikas mächtigstem Staat Mexiko dringen die Vereinigten Staaten mit ihrem Kapital mächtig vor, und die wirtschaftlichen Verhältnisse dieses Landes scheinen damit einen Impuls und eine Konkurrenz zu erfahren, die zur wissenschaftlichen Wirtschaftsstufe hinüberführen könnten. Unter den westindischen Inseln haben die Vereinigten Staaten die wertvollsten okkupiert, die anderen sind von ihnen zum großen Teile wirtschaftlich abhängig. Die famose Republik Panamá ist ein Machwerk der Vereinigten Staaten. Auch in Südamerika dringt amerikanisches Kapital vor, namentlich in den Staaten an der Westküste, die nach Herstellung des Panamákanals „Nachbarn" der Vereinigten Staaten zur See werden. Wird diesem wirtschaftlichen Einfluß ein politischer folgen? Wird ein Gegendruck vom gemäßigten Süden aus erfolgen, werden Chile, Argentinien, Uruguay und allenfalls Brasilien[3]) willens und imstande sein, gegen diesen wirtschaftlichen und möglicherweise politischen Eroberer zusammenzuhalten, oder sollen die ganzen amerikanischen Tropen an die Vereinigten Staaten fallen? Das sind Fragen der Zukunft, aber sie werden sich aufrollen.

In Asien ist die Bedrohung Großbritanniens in Indien weiter nichts als die Konsequenz der Tatsache, daß das gewichtige Rußland aus gemäßigten Breiten nach Süden drängt; dieser Druck ist durch die Breitlagerung Hochasiens wohl behemmt und momentan außer Kraft gesetzt durch die inneren Wirren Rußlands, er wird sich aber wieder erneuern und kann vielleicht auf die Dauer nicht aufgehalten werden. In Ostasien begegnen sich wohl in Zukunft in dem Expansionsstreben gegen die Tropen Rußland und Australien; außerdem ist hier mit dem Kern der Völker auf der Wirtschaftsstufe der Tradition zu rechnen, vor allem auch mit dem fort-

---

[1]) Leider gibt es große Bevölkerungskreise in Deutschland, die nicht einsehen, daß unsere Zukunft, viel mehr als auf dem Wasser, in den Kolonien liegt, daß wir unseren Nachkommen in ihnen ein größeres Deutschland zu reservieren haben, das unserem Volksstamm neben den anderen die zur kraftvollen Betätigung nötige Kopfzahl sichern soll. Es scheint durch alle Erfahrungen der Kulturgeschichte gesichert zu sein, daß wir in den Kolonialgebieten der ungünstigsten Verhältnisse (Malaria und anderer Krankheiten; Tsetse; Heuschrecken usw.) Herr werden, und daß einst die Kolonien auch im Tropengebiet Siedelungskolonien werden können. Dann werden sich unsere Nachkommen über jedes Quadratkilometer, das durch unsere Schuld verloren ging, beklagen.

[2]) Kanada schickt sich an, eine zweite Pacificbahn nördlich der ersten zu erbauen.

[3]) Vgl. S. 405 f.

geschrittenen Japan, dessen Wirtschaftsstufe das dreiundfünfzigmal größere Rußland erst in einzelnen Teilen erreicht hat. Die politische Einmischung der westeuropäischen Mächte in den ostasiatischen Besitzstand darf wohl nur als Episode gelten, die ihr Ende hat, sobald die dort nachbarlich interessierten Völker die Wirtschaftsstufe der Wissenschaft voll erreicht haben. China ist, Japan nacheifernd, bereits auf dem Wege dazu. Der hochentwickelten Union Einfluß mag in Ostasien zunächst stark bleiben, da sie durch das verbindende Meer und den Besitz der Philippinen mit zu den Nachbarn dieser sich entwickelnden Länder gehört, in höherem Grade als die entfernteren und nur auf kleinräumige Positionen sich stützenden europäischen Großmächte. In der Rivalität des Nordens und Südens dürfte aber Australien, obwohl nicht sehr menschenreich, zunächst und bald, weil früh fortgeschritten, den Vorteil haben, aber einen gefährlichen volksstarken Gegner und Konkurrenten an Japan, und jedenfalls bald an China finden, dessen neueste Entwickelung die Fähigkeit der Chinesen zum Aufstieg schon beweist; England wird die Sorge um die Tochterkolonie Australien schwerlich lange an Japans Seite bleiben lassen. Die Niederlande sind im Malaiischen Archipel sehr interessiert. Jedenfalls dürfte sich in Ostasien die Kolonisation der Tropen zeitlich am wechselvollsten abspielen.

Zu der Klassifikation der wirtschaftenden Menschen nach Wirtschaftsstufen, welche den Abstand vom Naturzwang nach Ort, Zeit, Menge und Qualität zum Einteilungsprinzip nahm, oder uns die Übersicht über die Wirtschaftshöhe der verschiedenen Völker verschaffte, muß die nach Wirtschaftsrichtungen, Wirtschaftsformen und Wirtschaftszonen kommen, damit die Übersichtlichkeit über die komplizierten Wirtschaftsverhältnisse der Erde erreicht werde.

Die Klassifikation nach **Wirtschaftsrichtungen** muß zum Ziele haben, die Richtungen, in welchen sich die Befreiung der Bedürfnisbefriedigung vom Naturzwang bei den einzelnen Wirtschaftsgruppen bewegt, sichtbar zu machen. Es kann einseitig die Befreiung von dem Naturzwang nach der Richtung des Ortes oder der Zeit oder der Menge oder der Qualität zum Ziele genommen werden, oder es können zwei oder drei oder alle vier Richtungen kombiniert verfolgt werden[1]).

Die **Wirtschaftsformen** umschließen die verschiedenen Wege, auf denen die Wirtschaftsziele der Menschen zu erreichen sind. Menschengruppen können durch Sammeln wilder Pflanzen, durch Jagd, Fischerei, Pflanzenbau[2]), Tierzucht, Bergbau, Industrie, Handel, Transport (Ver-

[1]) Ich gestehe, daß ich bei dem Mangel aller Vorarbeiten noch nicht das genügende Material beisammen habe, um eine Darstellung der Wirtschaftsrichtungen auf der Erde versuchen zu können, meine aber, auf das Problem hinweisen zu sollen. Ich habe Gründe, anzunehmen, daß die niedrigsten Wirtschaftsstufen einseitig gewisse Wirtschaftsrichtungen (z. B. nur die Befreiung der Bedürfnisbefriedigung nach der Richtung der Menge) verfolgen, während die höchsten Wirtschaftsstufen die Wirtschaftsrichtungen alle harmonisch zu vereinigen suchen. Vgl. S. 26 u. 36. Das Auftreten von Hungersnöten ist z. B. ein Anzeichen dafür, daß die Befreiung der Bedürfnisbefriedigung von dem zeitlichen Wandel der Natur noch nicht gelungen ist. Die Befreiung der Bedürfnisbefriedigung von dem Naturzwang ist „nach der Richtung der Zeit" versäumt. Vgl. auch S. 36, Anm. 2 und S. 54—55. [2]) Ed. Hahn unterscheidet hier mehrere Wirtschaftsformen: Hackbau, Pflugkultur, Pflanzenbau mit künstlicher Bewässerung. Es empfiehlt sich aber wohl nicht, diese Schattierungen oder Arten des Pflanzenbaues als besondere Wirtschaftsformen aufzufassen; als Unterarten der Wirtschaftsform des Pflanzenbaues sind sie willkommen.

kehr), Kapitalwirtschaft und Denkarbeit die Veranstaltungen zur Bedürfnisbefriedigung vornehmen; also gibt es ebenso viele Wirtschaftsformen. Gewöhnlich sucht aber jede Menschengruppe ihre Bedürfnisbefriedigung auf mehrere Stützen zu stellen, so daß wir fast immer und mit steigender Wirtschaftshöhe immer mehr die Völker mehrere Wirtschaftsformen vereinigen sehen, während Einseitigkeit der Wirtschaftsform entweder auf niedriger Wirtschaftsstufe beruht oder durch sehr einseitige natürliche Ausstattung des Wohnraumes, welcher die Wirtschaftsstufe nicht Herr zu werden vermag, erzwungen ist. Auf der höchsten Wirtschaftsstufe sehen wir sämtliche Wirtschaftsformen zugleich in Anwendung, um die Bedürfnisbefriedigung allseitig zu sichern.

Die geographische Verbreitung der Wirtschaftsformen[1]) zeigt eine starke Abhängigkeit von den klimatischen Verhältnissen und von der geographischen Verbreitung der Wirtschaftsstufen.

Das Sammeln wildwachsender Früchte, Wurzeln, Hölzer (ohne Forstwirtschaft) usw. und die Jagd finden sich als wesentlich für den Wirtschaftserfolg nur in der Tropen- und Subtropenzone bei Völkern niedrigerer Wirtschaftsstufe; Fischerei und Jagd als Hauptstützen der Wirtschaft treten für sich allein oder vereint in den polaren Zonen hauptsächlich auf, zugleich mit der niedrigsten Wirtschaftsstufe. Die Tierzucht herrscht namentlich vor in den subtropischen Steppen- und Wüstengürteln (Nordafrika, Hochländer um das Mittelmeer, Hochasien, westliche Hochländer Amerikas, Pampas in Südamerika, Steppen Südafrikas und Australiens). Ackerbau herrscht vor allem in der tropischen Urwaldregion und im tropischen Höhen-, Savannen- und feuchten subtropischen Klima (s. S. 277) vor. Tierzucht und Ackerbau gleichmäßig vereint finden sich besonders in den gemäßigten Zonen. Bergbau, Industrie, Handel und Transport, Kapitalwirtschaft und Denkarbeit haben ihren Sitz besonders in den gemäßigten und subtropischen Zonen bei den Völkern der höchsten Wirtschaftsstufe und zeigen Neigung, mit der Ausbreitung der letzteren auch immer mehr in anderen Zonen (die Industrie in der Nähe der Rohstoffe) sich anzusiedeln.

Wir bemerken, daß die höchsten Wirtschaftsstufen möglichst alle Wirtschaftsformen vereinigen, von den wenigst bodenständigen: Denkarbeit, Kapitalwirtschaft, Handel, Transport, Industrie, bis hinab zu den strengst bodenständigen (im Sinne von „unter dem Naturzwang stehenden"): Sammeln wildwachsender Früchte, Fischerei und Jagd. Aber letztere werden immer mehr nur Nebenstützen des Wirtschaftserfolges: auf den ersteren und auf Ackerbau und Tierzucht basiert die Wirtschaft hauptsächlich. So verbreitern diese Völker die „Lebensgrundlage" nicht nur durch vollkommenste Entwickelung innerhalb jeder Wirtschaftsform, sondern auch durch Vereinigung aller oder möglichst aller Wirtschaftsformen.

In den **Wirtschaftszonen** wird das Einteilungsprinzip den Objekten der Wirtschaft: bestimmten Pflanzen, Tieren usw. und dem Vorwiegen, Fehlen, Zusammentreten der verschiedenen Wirtschaftsformen zu entnehmen sein, so daß aus ihrer Darstellung ersichtlich wird, welche von den Räumen der Erde

[1]) Vgl. Karte 2.

nach den dort die Wirtschaft und ihren Erfolg charakterisierenden Pflanzen, Tieren, Mineralien, Industrien usw. Übereinstimmung zeigen.

Die geographische Verbreitung der Wirtschaftszonen[1]) zeigt ebenfalls deutlichsten Zusammenhang mit den wichtigen klimatischen Zonen (vgl. S. 111). Wir unterscheiden:

A. (1) die tropisch-feuchte Wirtschaftszone (äquatoriales Ebenenklima);

B. (2) die Wirtschaftszone des tropischen Höhen-, Savannen- und feuchten subtropischen Klimas;

C. (3) die Wirtschaftszone des trockenen subtropischen Klimas;

D. (4) die Wirtschaftszone des gemäßigten Klimas;

E. (5) die Wirtschaftszone des polaren Klimas.

A. (1). Die tropisch-feuchte Wirtschaftszone zeichnet sich aus durch diejenigen Nutzpflanzen, die zugleich hoher und gleichmäßiger Wärme und reichlicher Feuchtigkeit der Luft und des Bodens bedürfen. Von Getreidearten gedeiht der Reis (ohne künstliche Bewässerung), der Mais; Wurzel- und Knollenpflanzen sind wichtig: Maniok, Taro, Yamswurzel. Mehlhaltige Früchte und Mark liefern Banane, Ananas, Kokos-, Öl-, Sagopalme, Brotfruchtbaum. Von Genußmitteln gedeihen Zuckerrohr (ohne künstliche Bewässerung), Liberiakaffee, Kakaobaum, Kolanuß, Assamtee, Tabak; von Gewürzpflanzen Pfeffer, Gewürznelkenbaum, Muskatnußbaum, Zimtbaum; Ölpalme, Erdnuß (wenig) liefern Öle; Heveaarten, Castilloa elastica, Landolphia- und Kickxiaarten, Ficus elastica: Kautschuk; Guttaperchabäume: Guttapercha; Mimusops balata: Balata. Harze wie Kopal, Dammar usw. sind reichlich vorhanden. Gespinstpflanzen sind Jute, Manilahanf; auch Baumwolle gedeiht, aber nur mäßig; eine Farbpflanze: Indigo; der Pflanzenbau wiegt völlig vor[2]). Der Urwald, der den größten Teil des Bodens bedeckt, enthält eine große Menge stark differenzierter, oft durch große Härte ausgezeichneter Hölzer (Eisenhölzer, aber auch Korkhölzer, mannigfaltigst gezeichnete Hölzer, Farbhölzer, Dufthölzer usw.).

Von wilden Nutztieren ist auf größeren Flächen der Elefant charakteristisch, und die Jagd wie die Fischerei (meist) und das Sammeln von wilden Pflanzenstoffen spielt eine bedeutende Rolle[3]). Die Tierzucht[4]) fehlt fast ganz oder zieht nur Hühner, den Hund, wenige Schafe (mit Haaren), Schweine und Ziegen; Rind und Pferd sind ausgeschlossen; Anthropophagie ist verbreitet. Die Industrie[5]) verarbeitet in der Hauptsache Pflanzenstoffe und ist gering. Aus den übrigen Wirtschaftsformen, dem Bergbau[6]) z. B., dürfte sich nichts für diese Zone besonders Charakteristisches ergeben, und sie haben, mit den oben genannten Wirtschaftsformen verglichen, sehr geringe Wichtigkeit. Auszunehmen ist noch etwa der Handel und Verkehr[7]), welche in manchen Gegenden große Bedeutung als Wirtschaftsformen besitzen.

---

[1]) Vgl. Karte 3. Dieselbe läßt sich bei einem Neudruck durch Einführung der oben angewandten großen Buchstaben an Stelle der römischen Zahlen übersichtlicher gestalten. [2]) Vgl. z. B. S. 117, 284 ff., 419 ff. [3]) Vgl. S. 265—272, 319 ff., 390—91 u. 399—405. [4]) Vgl. S. 347 f., 421. [5]) Vgl. S. 279. [6]) Er beruht, soweit er nennenswert ist, auf dem Unternehmungsgeist der Europäer. Vgl. S. 343, 348. [7]) Vgl. S. 348.

Durch die Verschiedenheit mancher Objekte der Wirtschaft in den drei an den Tropen besonders teilnehmenden Erdteilen gelangen wir zur Aufstellung von drei Wirtschaftsregionen:

1. die afrikanische Wirtschaftsregion (charakteristisch für die Wirtschaft: afrikanische Ölpalme; Kolanuß; Kautschuklianen; Elefant; besondere Ausdehnung der Anthropophagie)[1];

2. die südostasiatische Wirtschaftsregion (Sagopalme, Brotfruchtbaum, Taro, Assamtee, Muskatnuß, Zimt, Pfeffer, Manilahanf, Guttapercha, kautschukliefernde Ficusarten, Rotang, Elefant);

3. die amerikanische Wirtschaftsregion (Paránüsse, Kakao, Balata, Heveakautschuk, Castilloakautschuk).

B. (2). Die Wirtschaftszone des tropischen Höhen-, Savannen- und feuchten subtropischen Klimas[2]. Nicht wenige Pflanzen sind dieser Zone mit der vorigen gemeinsam, und der Ackerbau steht, vor allem in den sehr ergiebigen feucht-subtropischen Ländern, sehr im Vordergrund. Sumpfreis kommt meist nur noch mit künstlicher Bewässerung fort, Bergreis gedeiht; auch Zuckerrohr, Baumwolle usw. verlangen meist künstliche Bewässerung und gedeihen dann viel besser[3]) als in der feuchten Zone, welche die Nässe natürlich, wahllos empfängt. Auch Maniok und Taro, Banane, Erdnuß, Tabak werden angebaut. Mehrere Pflanzen der tropisch-feuchten Zone kommen in anderen Varietäten in dieser Zone, soweit sie tropisch ist, fort: Kaffee (arabischer), Tee (chinesischer), Kautschuk (Manihot Glaziovii und Hancornia speciosa); besonders charakteristisch sind ferner Mais, Durra (Sorghum), Hirse (Duchn), Batate, Pfeilwurz; viele wildwachsende Fruchtbäume kommen vor: Tamarinde, Arekapalme, Borassuspalme, Arengpalme, Dumpalme; Cassiabaum, Pimentbaum, Sesam, Rizinusbaum, Yerba Mate, Kokastrauch, Chinarinde sind zu nennen. Henequen ist ein wichtiger Faserstoff dieser Zone. Ferner hegt die feucht-subtropische Zone einige Nutzpflanzen gemeinsam mit der folgenden Zone des trocken-subtropischen Klimas: Orangen-, Zitronen-, Pomeranzen-, Limetten-, Kastanien-, Maulbeerbaum, Mohn, Bohnen; manche dieser Pflanzen scheinen sogar in der trockenen Zone bessere Ergebnisse zu zeitigen. Die Jagd wird in den Savannen durch Tierreichtum begünstigt und ist hier eine sehr wichtige Wirtschaftsform[4]). Die Tierzucht[5]) ist hier bereits etwas günstiger gestellt. Das Schwein kommt sehr gut fort. Esel und Maultier, Schaf und Ziege wollen meist schon ziemlich gedeihen. Der Seidenschmetterling wird gezogen. Das Rind allerdings, zum Teil auch das Schaf, hat hier noch vielfach unter Krankheiten zu leiden (Tsetse oder Surrah, Texasfieber usw.), das Pferd kommt sogar noch gar nicht gedeihlich fort. Anthropophagie ist nicht selten, wenn die Tierzucht sich nicht entwickelte. Bergbau, meist auf Eisen und Kupfer, wird wohl eifrig betrieben, hat aber im Vergleich zu den anderen Wirtschaftsformen geringe Bedeutung[6]). Die Industrie verarbeitet meist nur die selbsterzeugten Produkte, ist aber oft sehr umfangreich[7]). Der Verkehr[8]) ist stellenweise ziemlich rege, in den wasserreichen Gegenden be-

[1]) Vgl. S. 347. [2]) Vgl. S. 111. [3]) Vgl. S. 334. [4]) Vgl. S. 325 f. [5]) Vgl. S. 342. [6]) Vgl. S. 348. [7]) Vgl. S. 343. [8]) Vgl. S. 343.

sonders der Flußverkehr. Im Landverkehr treten zum Teil schon die Tiere als Lastträger auf. Im ganzen sind Verkehr und Handel ziemlich wichtige Wirtschaftsformen.

Wir unterscheiden drei Abteilungen: I. Tropische Höhenzone. II. Savannenzone. III. Feuchte subtropische Zone.

Für die tropische Höhenzone (B. I), die in Südamerika große Ausdehnung hat, sonst nur noch lokal an Bergen und Gebirgen (Ceylon, Java, Borneo, Celebes, Neuguinea) vorkommt, sind Weizen, Chinarinde, Kokastrauch, Teakbaum besonders charakteristisch. Tierzucht gedeiht in manchen Zweigen gut; Maultier und Esel sind nützlich.

Für die Savannenzone (B. II) sind charakteristisch: Durra und Duchn, Mais, Maniok, Batate; Tabak gedeiht ausgezeichnet; ebenso Zuckerrohr, Reis, Kaffee, Kakao, Baumwolle an geeigneten Stellen; viele wilde Fruchtbäume (Palmen, Baobab). Tierzucht findet schon etwas gute Bedingungen; die Schafe haben meist Haare statt Wolle.

Wirtschaftsregionen: B. II. 1.: Afrikanische Wirtschaftsregion (Baobab, Dumpalme, Erdnuß). B. II. 2.: Südostasiatische Wirtschaftsregion (Erdnüsse, Arekapalme). B. II. 3.: Amerikanische Wirtschaftsregion (Carnaubapalme, Copaivabalsam, Mangabeira- und Manicoba-Kautschuk).

Die subtropisch-feuchte Zone (B. III): Reis, Zuckerrohr, Baumwolle gedeihen meist vortrefflich bei künstlicher Bewässerung, Tee ist charakteristisch; Südfrüchte, Mohn; Batate; mäßige Tierzucht, nur Schweine- und Seidenraupenzucht ist bedeutend.

Wirtschaftsregionen: B. III. 1.: Teebau herrscht vor neben Reis usw. B. III. 2.: Reis, Zuckerrohr, Baumwolle sind charakteristisch; dazu stellenweise Mohn. B. III. 3.: Reis, Mais, Baumwolle, Zuckerrohr, Maniok, Durra werden in geringen Mengen, nur für eigenen Bedarf, gebaut; Kaffee gedeiht zum Teil sehr gut. B. III. 4.: Yerba Mate, Quebracho sind charakteristisch. B. III. 1. und B. III. 2. sind asiatisch; B. III. 3. hauptsächlich afrikanisch; B. III. 4. amerikanisch.

C. In der trocken-subtropischen Zone[1]) treten die auf das Pflanzenleben sich stützenden Wirtschaftsformen gegenüber den von den Tieren abhängigen in den Hintergrund[2]). Der Wald ist wenig ausgedehnt; es gedeihen vorzüglich von Nutzpflanzen alle schon oben (S. 50) genannten und andere Südfrüchte, wie Pfirsiche, Aprikosen, Granaten, Pistazien, Feigen, Oliven, Johannisbrotbaum, im Wüstenklima ausschließlich die Dattelpalme. Die Weinrebe liefert süße, likörartige Weine und Rosinen. Reis und Mais werden bei künstlicher Bewässerung in Tiefebenen noch mit Erfolg gebaut, ebenso Baumwolle und Zuckerrohr notdürftig. Tabak, Zuckerrübe gedeihen in Tiefebenen stellenweise gut. Weizen (Winter-) und Gerste (Varietäten der vierzeiligen beschalten und nackte Gerste, auch zweizeilige Braugersten als Wintergetreide) sind die charakteristischen Getreidearten, Weizen mehr in den wohlbewässerten, fruchtbaren Ebenen, Gerste in den feuchteren Gebirgen. Der Ackerbau ist oasenhaft verstreut. Künstliche Bewässerung ist charakteristisch[3]). Der Anbau der Hülsenfrüchte hat ziemlichen Um-

[1]) Vgl. S. 39ff., 111. [2]) Ausgenommen die Fischerei. Vgl. S. 303, 335. [3]) Vgl. S. 216, 243, 302, 334 usw.

fang. Der Sesam ist wichtig. Hanf gedeiht gut. Aromatische Pflanzen, Parfümeriepflanzen, Duftblumen und Gummis sind häufig. Die Tierzucht[1]) findet sich sehr begünstigt, in den Steppen und Wüsten ist sie fast die einzig mögliche Wirtschaftsform. Ziege und Schaf gedeihen vorzüglich, Esel, Maultier und Maulesel finden gute Lebensbedingungen; das Pferd entwickelt in den ebenen trockenen Gegenden ausgezeichnete Eigenschaften. Lama und Alpaka sind die Steppentiere der Neuen Welt. Die Rinderzucht kommt nur in den spärlichen grasreichen Niederungen vor, die Schweinezucht wenig. Geflügel und der Seidenschmetterling gedeihen gut. Tiere der Wüsten sind das Kamel und der Strauß. Die Fischerei hat wegen Wassermangels ganz geringe Bedeutung. Bergbau: Kohlen sind in dieser Zone sehr spärlich. Phosphate, Salpeter, Guano, deren Erhaltung das Trockenklima begünstigte, finden sich. Die Salzgewinnung aus dem Meere und aus Seen wird durch die Trockenheit des Klimas erleichtert. Die Industrie ist nur an wenigen Stellen zu größerer Bedeutung gelangt und bevorzugt namentlich Lederverarbeitung[2]). Handel und Verkehr[3]) nahmen hier einen sehr frühen und weittragenden Anlauf, weil die natürliche Dürftigkeit des Landes Beweglichkeit und Regsamkeit schulte.

Wirtschaftsregionen:

C. 1. (afrikanisch-asiatisch) Dattelpalme, Gerste, bei künstlicher Bewässerung Baumwolle und Zuckerrohr; Strauß; einhöckeriges Kamel; Pferd als Reittier; Salpeter. In den verwandten Wirtschaftsregionen C. 1a an den Küsten Guano.

C. 2. Gummi arabicum (Akazien); Strauß, Kamel, Schafzucht; Salz.

C. 3. Tragant und andere Gummis; Mohn (Opium), Gerste, bei künstlicher Bewässerung anderes Getreide und Südfrüchte; trockene Gräser, Schafzucht. C. 3a (amerikanisch) Kaktusarten, Mezkitestrauch, Grasfluren sind charakteristisch.

C. 4. Jagdtiere, Schaf, zweihöckeriges Kamel, Pferd auch als Milchtier, Rinder, an günstigen Stellen; Salz; in der westlichen Hälfte Hirse, in den Oasen Weizen, Reis, Hirse, Früchte, Baumwolle bei künstlicher Bewässerung.

C. 5. Südfrüchte (Agrumen, Oliven), süße Weine, Rosinen, Mandeln, Nüsse; Weizen und Mais in Ebenen und Gerste mehr in Gebirgen, bei künstlicher Bewässerung auch noch Reis, Hülsenfrüchte; Parfümeriepflanzen; trockene Gräser, Luzerne; Maultier und Esel, Wollschaf, Ziege in der südlichen Hälfte als Milchtier, Seidenraupe, Geflügel; Meersalz. C. 5a. (Kalifornien und Mittelchile) Südfrüchte, Wein, Rosinen; Weizen, Gerste; Salpeter.

C. 6. Guanacos, Nandu (amerikanischer Strauß).

D. Die Wirtschaftszone des gemäßigten Klimas[4]) vereinigt in harmonischer Weise die verschiedensten Wirtschaftsformen, doch so, daß die sammelnden: Jagd und Pflanzensammeln (abgesehen von der Waldwirtschaft) zurücktreten, während namentlich die Industrie und der Bergbau Wichtigkeit erlangen, das Kapital eine große Rolle spielt, und die Denkarbeit die ganze Wirtschaft stützt. Der Ackerbau zieht Pflanzen, die schon in der vorigen Zone gediehen: Weizen (Winter-, in ungünstigeren Lagen Sommer-), Gerste (Sommer-), Mais (meist nur noch als Tierfutter, gedeiht in den sommerheißen

---

[1]) Vgl. S. 335f. u. Karte 2. [2]) Vgl. S. 337. [3]) Vgl. S. 338. [4]) Vgl. S. 111 u. Karte 3.

kontinentalen Übergangsgebieten zur subtropischen Zone noch sehr gut, wenn sie genügend feucht sind), Kartoffeln, Tabak, Zuckerrüben, Hülsenfrüchte, Pfirsische, Aprikosen, zum Teil nur in günstigen Lagen. Die Weinrebe liefert einen herberen, blumigen Wein. Der Waldreichtum ist sehr groß. Harzreiche Bäume sind häufig und weiche, zur Papierbereitung geeignete Hölzer. In der Osthälfte der Alten Welt (Sibirien) ist die Entwaldung noch lange nicht bis zu dem der Austrocknung des Bodens (für Getreidebau) förderlichen Maße fortgeschritten; ähnliches gilt vom östlichen Kanada und vom südlichen Chile. Von Getreidearten sind besonders charakteristisch Hafer (im Nordwesten namentlich) und Roggen (im Osten). Die harten Obstsorten: Äpfel, Birnen, Pflaumen, Kirschen, Beeren sind dieser Zone eigentümlich. Der Lein liefert in den kühleren und feuchteren Teilen die Flachsfaser, in den kontinental-sommerwarmen und trockeneren Leinsaat. Eine Anzahl wertvoller Futtergewächse: Klee z. B., Futterrüben, Gräser gedeihen gut. Pferd, Rind, Schwein finden ihre Lebensbedingungen vorzüglich erfüllt, Schaf und Ziege genügend. Auch Esel, Hund, Huhn, Gans, Ente kommen gut fort. Steinkohlen, Braunkohlen, Torf, Salz finden sich reichlich. Der Bergbau steigt tief in die Erde hinab, fördert unzählige Stoffe und spielt unter den Wirtschaftsformen eine große Rolle[1]). Die Industrie verarbeitet mit persönlicher Arbeitsteilung (Arbeitszerlegung) und sinnreichsten Werkzeug- und mächtigen Kraftmaschinen die verschiedensten Objekte, auch fernster Gegenden. Eine Anzahl von Naturkräften: Wind, Wasser, Wasserdampf, Spannkraft der Luft, Elektrizität ist in ihren Dienst gezwungen. Sie arbeitet im Großbetrieb Massenartikel für den schärfsten Konkurrenzkampf auf dem Weltmarkt[2]). Der Verkehr wurde mit der Ausdehnung der persönlichen und örtlichen Arbeitsteilung international (Weltverkehr) und in den engeren Gebieten äußerst rege; die vorzüglichsten Verkehrsbahnen (Wege), -mittel und -kräfte kommen zur Verwendung. Zu den Leistungen des Transports von Gütern und Personen tritt die der Gedanken- und Nachrichtenübermittlung (Briefpost, Zeitung, Telegraphie und Telephon). Der Handel wird vornehmlich Großhandel.

Das Kapital hat sich sehr stark gehäuft, befruchtet alle Produktionszweige und dringt von dieser Zone aus in die übrige Welt[3]).

Wirtschaftsregionen: D. 1. Holzgewinnung; Beeren; Gersten- (Sommer-) und Haferbau in der südlichen Hälfte; Fischerei (auf Lachs, Hering, Kabeljau); Jagd auf Robben, Walroß zum Teil, Wale, Pelztiere, Renntiere; Hund und Renntier in der nördlichen, Rind, Schaf in der südlichen Hälfte Haustiere. Stellenweise Bergbau. Die wirtschaftliche Entwickelung dieser Region ist erst im Werden, so daß sie gegen Norden hin vielfach an den Charakter der benachbarten polarkalten Zone (s. E.) erinnert, aber sie scheint der Eroberung durch die Wirtschaftsstufe der Wissenschaft sich zu öffnen.

D. 2. Harte Obstsorten (besonders Äpfel); Hafer und Gerste (Sommer-), Hülsenfrüchte; Hopfen, feuchte Gräser, Futterrüben; große Rinderzucht auf Milch und Fleischproduktion auf Rind und Schaf; schwere Pferde. D. 2a. Ähnliche Wirtschaftsregion in den Anfängen der Entwickelung.

[1]) Vgl. S. 34. [2]) Vgl. S. 36. [3]) Vgl. S. 46.

D. 3. Alle Getreidearten der gemäßigten Klimazone (besonders Roggen); Zuckerrübe; viel Obst (besonders Äpfel), stellenweise auch schöne Pfirsiche und Aprikosen, herbe, blumige, sehr geschätzte Weine; Hülsenfrüchte, Kartoffel; Futtergewächse (Klee usw.); Rinderzucht auf Milch und Fleisch; Pferd, Schaf, Ziege, Schwein, Geflügel gedeihen ebenfalls gut. Mit der vorigen Haupt-Kohlen-, Industrie-, Handels-, Verkehrs- und Kapitalregion. D. 3a. Ähnliche Region (Ostasien), doch weniger entwickelt: Weizen, Hafer, Hirse; Hülsenfrüchte; Tierzucht; viele Kohlenlager.

D. 4. Weizen herrscht vor, Mais in der südlichen Hälfte angebaut; Kastanien, Nüsse, Pflaumen, Pfirsiche usw.; halbsüße bis herbere Weine mehr in den südlichen Teilen; Zuckerrübe, guter Tabak, Leinsaat, Hanf in Tiefebenen; Luzerne; Tierzucht (Rind) auf Fleischproduktion; Wollschaf. D. 4a. (amerikanisch) Gerste, Mais, Quiñoa; Wachspalme; Vicuña, Alpaka, Lama in Südamerika; Silber und Gold.

E. In der polarkalten Zone hört der Ackerbau auf; selbst Hafer, Roggen, Gerste wachsen nicht mehr. Es kommt nur die Tierwelt in Betracht. Fischerei (in den meer- und flußnahen Gebieten) und Jagd spielen als Wirtschaftsformen eine Hauptrolle. Die Meeressäugetiere: Robben, Walrosse, Wale, die zahlreichen Fische: Kabeljau, Hering, Schellfisch, Lachs werden gefangen. Pelztiere werden gejagt. Die Tierzucht greift aus der vorigen Zone herüber, ist relativ noch von einiger Wichtigkeit und stützt sich auf Hund und Renntier. Der Bergbau hat nichts zu bedeuten. Steinkohlen finden sich, sind aber spärlich. Die Industrie ist ganz minimal und erstreckt sich fast nur auf die Konservierung und Verarbeitung der Fische, Felle usw. Der Verkehr ist vergleichsweise vollkommen ausgebildet, und große Schnelligkeit der Fortbewegung, durch die Not erzwungen, auf Naturwegen, trotz primitiver Verkehrsmittel (Hunde- oder Renntierschlitten) ist hervorzuheben.

Wirtschaftsregionen:

E. 1. Eigentliche polare Region.

E. 2. Polarkalte Region in Tibet; Yak Charaktertier.

Verhältnis von Wirtschaftsstufen, Wirtschaftsformen, Wirtschaftsrichtungen und Wirtschaftszonen zueinander.

Die Wirtschaftsstufen geben uns die Übersichtlichkeit über das Rüstzeug und den Erfolg, mit dem die Völker der Erde in der Wirtschaft tätig sind. Der Grad der psychischen Entwickelung, der sich jedoch von den Naturwiderständen beeinflußt findet[1]), ist maßgebend für die Kraft und den Erfolg, mit denen die Völker auf die Wirtschaftsunterlage einwirken. Die Karte der Wirtschaftsstufen gibt uns ein Bild von der geographischen Verbreitung der psychischen Wirtschaftskräfte und deren Erfolgen.

Im Wesen der hohen Wirtschaftsstufe, welche den Abstand der Bedürfnisbefriedigung vom Naturzwang am vollkommensten zu erreichen sucht und erreicht, liegt es, daß sie alle Wirtschaftsrichtungen gleichmäßig oder wenigstens harmonisch (nach ihrer Ansicht) verfolgt, also ihre Bedürfnisbefriedigung sowohl nach Menge als nach Qualität als nach Ort und Zeit zu

---

[1]) Vgl. S. 38ff.

sichern sucht. Die tieferen Wirtschaftsstufen haben diese Vielseitigkeit weniger im Auge und streben zumeist die Menge der Bedürfnisbefriedigung zu sichern, aber oft auf Kosten der Qualität; dazu wird auch wohl nicht immer die Bedürfnisbefriedigung am nötigen Ort und zur richtigen Zeit (daher Hungersnöte, daher zeitweise Überfluß, zeitweise Mangel) erreicht. Die höchste Wirtschaftsstufe sucht auch dadurch tunlichst die Bedürfnisbefriedigung vom Naturzwang zu befreien, daß sie möglichst viele Wirtschaftsformen harmonisch miteinander verbindet. Die Völker auf tieferen Wirtschaftsstufen zeigen einseitige Bevorzugung dieser oder jener Wirtschaftsform oder nur Vereinigung von zweien oder dreien. Wenn ein Volk lediglich Pflanzensammeln oder Fischerei oder Jagd oder Tierzucht oder Ackerbau[1]) oder Industrie oder Bergbau oder Handel oder Transport oder Kapitalwirtschaft oder Denkarbeit betreibt[2]), ist es in der Bedürfnisbefriedigung nicht nur beschränkt und einseitig, sondern letztere steht auch gefährlicherweise auf einer Stütze, bei deren Knicken das ganze Wirtschaftsleben zusammenbricht. Darum wird mit Fortschritt in der Wirtschaftsstufe von den Völkern eine Wirtschaftsform nach der anderen in den Wirtschaftsbau harmonisch eingefügt und entwickelt. Ein Volk beginnt auf der Wirtschaftsstufe der Sammelwirtschaft z. B. vielleicht mit Vereinigung der Wirtschaftsformen Jagd und Fischerei und fügt nach Möglichkeit noch das Sammeln von Pflanzenstoffen an. Auf einer höheren Wirtschaftsstufe (des Instinktes), die in jeder Wirtschaftsform Fortschritte bringt, fügt ein Volk noch Tierzucht und mit Erlaubnis der Umstände Ackerbau hinzu. Die Industrie als Wirtschaftsform hat hier noch eine unzulängliche Stellung. Die Wirtschaftsstufe der Tradition bringt nicht nur, besonders den höheren Wirtschaftsformen, eine starke Entwickelung nach oben, sondern sie fügt auch die Wirtschaftsformen des Bergbaus, der Industrie, des Handels und Transports den anderen Wirtschaftsformen als gleichwertig an und ordnet sie ihnen harmonischer als Volkstätigkeiten bei. Die Wirtschaftsstufe der Wissenschaft steigert alle Wirtschaftsformen stark in ihrer Leistungsfähigkeit und fügt die Kapitalwirtschaftsform und die Wirtschaftsform der Denkarbeit ein. Selbstverständlich geht dem erwähnten Entwickelungsprozeß (eigentlich Arbeitsergebnis der Völker) parallel eine Entwickelung von Berufen, eine Spezialisierung der Bevölkerung auf die verschiedenen Wirtschaftsformen, die nur dadurch in der wissenschaftlich-technischen Vollkommenheit zu betreiben sind. Auf den tieferen Wirtschaftsstufen dagegen sind meist die verschiedenen Wirtschaftsformen bei einer Person vereinigt, die sie deswegen auch alle gleich unzulänglich betreibt. Die Karte der Wirtschaftszonen zeigt uns diejenigen Gebiete auf der Erde, die nach dem äußeren Gepräge ihrer Wirtschaft Verwandtschaft zeigen. Das äußere ähnliche oder gleichartige Gepräge der Wirtschaft kommt durch die Objekte der Wirtschaft, seien es besondere Pflanzen oder besondere Tiere, und durch das Vorwiegen der einen oder anderen Wirtschaftsform, die Vereinigung dieser oder jener Wirtschaftsformen, zustande. Bei der vorherrschenden Wichtigkeit der klima-

[1]) Ganz abgesehen davon, ob für ein Volk die Befriedigung der Bedürfnisse durch jede der genannten Wirtschaftsformen für sich allein möglich ist. [2]) Vgl. S. 47—48.

tischen Verhältnisse für unsere Wirtschaft, besonders für ihre Hauptobjekte: Pflanzen und Tiere, kann es nicht wundernehmen, daß ich der Benennung der Wirtschaftszonen die Klimazonen der Erde, die ja auch in der Verbreitung der Wirtschaftsformen und Wirtschaftsstufen zum Vorschein kommen, zugrunde legte.

II. Die Naturverhältnisse.

1. Land und Wasser.

Der Mensch ist ein Landwesen; er kann allein auf dem Erdboden dauernd leben und schaffen, und die Verteilung von Land und Wasser ist darum die wichtigste Tatsache in der natürlichen Ausstattung der Erde; denn damit ist für jede Gegend der Erdkugel die Lage, Größe und Art des Wirtschaftsbodens bestimmt. Hier begegnen wir der ersten und einer der schwerwiegendsten Naturgegebenheiten für das Wirtschaftsleben des Menschen, an der er nahezu gar nicht zu rütteln vermag.

a) Das Land. Die Lage der Landteile im Erdganzen ist wirtschaftlich bedeutungsvoll durch die Lage zur Sonne, die Breitenlage, welche das Klima (s. S. 111) wesentlich bestimmt. Danach kann ein großer Landraum, wie der Grönlands, nahezu ganz ohne wirtschaftlichen Wert sein durch seine polare Lage, welche der Wirtschaft die ihr nötigen Objekte versagt, insbesondere die Pflanzen, andererseits kann ein kleiner Landraum in günstiger Breitenlage, welche die Produktion begünstigt, wie z. B. die Insel Mauritius, einen hohen wirtschaftlichen Wert haben. Im tiefsten Grunde sind wir hier abhängig von den Grenzen, welche der Anpassung der Tiere und Pflanzen gesteckt sind, die auch im großen und ganzen für unsere heutige, von ihnen fast ganz abhängige Wirtschaft die Grenzen sind; könnten wir unsere Bedürfnisbefriedigung direkt aus dem Boden entnehmen — was ein letztes Ziel für die Befreiung vom Naturzwang ist —, so wären die Beschränkungen durch die Breitenlage sehr viel weniger empfindlich[1]).

Durch die Breitenlage sind unter den Landflächen der Erde nach dem heutigen Werturteil[2]) der höchsten Wirtschaftsstufe am meisten begünstigt diejenigen, die in die gemäßigten, und diejenigen, die in die subtropischen Zonen fallen. In diesen Zonen allein können Weiße als Völker siedeln und mit Erfolg produzieren.

---

[1]) Der natürliche Indigo, der nur in den feuchten Tropen gedeiht, wird bereits durch den künstlichen, der überall, wie jetzt in Deutschland, hergestellt werden kann, zurückgedrängt. So haben wir auch bereits künstliche Parfüms an Stelle der Blumenparfüms, die in gewissem Grade örtlich gebunden sind (s. S. 153), künstlichen Moschus an Stelle des seltenen natürlichen; auch Surrogate für Kautschuk usw. hat man hergestellt, wenn sie auch noch nicht sehr befriedigen. Künstlichen Kampfer will man an die Stelle von natürlichem setzen. Künstliche Seide droht der natürlichen Abbruch zu tun. Die Produktion von künstlichem Graphit nimmt zu. Natronsalpeter (Chilesalpeter) gewinnt man schon aus der Luft. Alle diese Errungenschaften bedeuten einen immensen Gewinn für die Befreiung der Bedürfnisbefriedigung vom Naturzwang, der in der natürlichen örtlichen (zeitlichen, quantitativen und ev. qualitativen) Beschränktheit des Vorkommens von Indigo, Parfümeriepflanzen, Moschus, Kautschuk, Kampfer, Seide, Graphit, Natronsalpeter vor uns steht. [2]) Ein solches Urteil kann sich in den Zeiten ändern. Die gemäßigte Zone wurde im griechisch-römischen Altertum als ungünstig bewertet, und es ist gar nicht unmöglich, daß wir von der Tropenzone noch einmal eine ganz andere Wertauffassung haben werden wie heute.

Die *Polarzone* dagegen ist nicht mehr für eine umfangreichere Produktion geeignet und wird daher gering bewertet. Die *tropische Zone* ist zwar der Siedelung der Europäer und seiner Betätigung feindlich, ohne sie aber vielleicht (!) in Zukunft auszuschließen; sie besitzt einen großen Wert für uns in ihrer Fähigkeit, massenhaft Pflanzenstoffe hervorzubringen, die als Rohstoffe für unsere Industrie, als Genuß- oder auch als Nahrungsmittel hohe Schätzung genießen. Immerhin steht auch diese Zone in unserer Wertung tief unter den beiden anderen und namentlich der gemäßigten; sie verrichtet uns gewissermaßen nur Handlangerdienste, gewinnt aber auch immer mehr Wert durch Aufnahme unserer Industrieprodukte[1]).

In der Alten Welt liegt *Europa* zwischen 72 und 36° n. Br. und hat hauptsächlich an der gemäßigten und trocken-subtropischen Zone Anteil; *Asien* umfaßt mit seiner Breitenlage zwischen dem 78. bis 1.° n. Br., mit den Inseln bis 11.° s. Br. große Flächen der polaren, gemäßigten, subtropischen und tropischen Klimazone. *Afrika* dagegen, zwischen 37° n. Br. und 35° s. Br., erstreckt sich nur durch die nördliche subtropische (trockene Abteilung), die tropische und die südliche subtropische Klimazone. *Australien*, zwischen 10 und 40° s. Br., gehört der tropischen und der südlichen subtropischen Zone an und reicht in das gemäßigte Klima noch hinein. *Amerika* (Nordamerika zwischen 83 und 15½° n. Br., Südamerika mit Mittelamerika und Westindien zwischen etwa 25° n. Br. und 56° s. Br.) aber, die Neue Welt, reicht von der nördlichen polaren Zone durch alle Klimazonen hindurch bis an die südliche polare Zone. Diese Lageverhältnisse bedingen zum guten Teil die Leistungsfähigkeit der einzelnen Erdteile.

Die relativ volkreichsten, gewerbtätigsten, wohlhabendsten und mächtigsten Staatswesen der Erde gehören ganz oder ihrem Kerne nach der *gemäßigten Zone* an; in der Alten Welt Großbritannien, das Deutsche Reich, Frankreich, Österreich-Ungarn, Rußland mit Sibirien. Auch Dänemark, die Niederlande, Belgien und die Schweiz fallen in die gemäßigte Zone. Von der gemäßigten in die *polare Zone* hinein reichen die beiden skandinavischen Staaten: Schweden und Norwegen. Auch Rußand hat starken Anteil an der polaren Zone, besonders in Russisch-Asien.

An der *trockenen Seite der subtropischen Zone* liegen die Staaten zweiten und minderen Ranges: Portugal, Spanien, Italien, die Balkanstaaten und die vorderasiatischen Staatengebilde. Auch Rußland reicht im Süden bis an die subtropische Zone heran und nimmt an ihr im Kaukasusgebiet und in Russisch-Zentralasien starken Anteil; im kleinen westlichen Teil Transkaukasiens nennt es ein *feucht-subtropisches Gebiet* sein eigen.

In die *feuchte Abteilung der subtropischen Zone* fallen die Südhälften Chinas, Koreas, Japans, während die Nordhälften der *gemäßigten Zone* angehören; Japan erreicht mit Formosa sogar tropische Breiten. Siam, das selbständige Reich Hinterindiens, fällt in die *tropische Zone*, die selbständigen Staaten Afrikas in der Hauptsache in ein *subtropisches Klima*. Auf der südlichen Halbkugel gehören Australien und Südafrika, britischer Kolonialbesitz, zu den größten Teilen der subtropischen Zone an, im Osten der feuchten, im Westen der trockenen Abteilung. Das britische Neuseeland fällt zum größten Teil in die *gemäßigte*, nur mit einem Stück der Nordinsel in die *subtropische Zone*.

---

[1]) Vgl. hierzu den Abschnitt über die Kolonisation der Erde durch die Europäer (S. 44—47), den Abschnitt über die Wirtschaftszonen (S. 49—54) und den speziellen Teil bei den einzelnen Staaten.

In der Neuen Welt gehört das Britische Kanada mehr der polaren als der gemäßigten Zone an. Eine außerordentlich günstige Vereinigung von Landflächen gemäßigten, trocken- und feucht-subtropischen Klimas haben die Vereinigten Staaten aufzuweisen, die sogar die tropische Zone erreichen und nahezu alle Produktionsmöglichkeiten ihr eigen nennen. Mexiko wird man mehr einen subtropischen, als tropischen Staat nennen müssen. Die Republiken des nördlichen und westlichen Südamerika: Venezuela, Colombia, Ecuador, Peru und Bolivia vereinigen infolge ihrer Anteilnahme an den Anden und an der östlichen Niederung ein halbgemäßigtes Höhenklima mit ausgedehnten tropischen Niederungsflächen. Brasilien fällt bis auf den südlichen subtropischen Teil in das Tropenklima. Paraguay fällt in der Hauptsache in die subtropische Klimazone und Uruguay ebenso. Argentinien hat bedeutende Vorteile darin, mit großen Flächen der gemäßigten und subtropischen Zone anzugehören, ja im Norden in die Tropenzone zu reichen. Chile erstreckt sich von der subtropischen bis in die gemäßigten Breiten, aber seine Flächen sind klein.

Die europäischen Großmächte sind in ihren Produktionsmöglichkeiten recht beschränkt, und in dem Wunsche, diese zu erweitern, liegt wohl der Hauptantrieb für die Kolonisation[1]) in anderen Klimazonen. Mutterland und Kolonien sind dabei naturgemäß getrennt, und darin liegt ein Nachteil gegenüber denjenigen Staaten, die wie die Union, Rußland (mit Sibirien), China, Japan, Argentinien, Chile, Australien, Britisch-Südafrika Landflächen zweier oder gar dreier Klimazonen im geschlossenen Zuge vereinigen. Die letzteren Länder sind wirtschaftlich hervorragend begünstigt.

Großbritannien, das am frühesten zur Wirtschaftsstufe der Wissenschaft aufstieg, ist es gelungen, außer den schon genannten Kolonialländern noch große Gebiete in der tropischen Zone, einige kleine Besitzungen in der subtropischen Zone sich zu sichern. Das Deutsche Reich hat mit Deutsch-Südwestafrika an der subtropischen (trockene Abteilung), mit den anderen afrikanischen und mit den Südseekolonien an der tropischen Zone Anteil bekommen. Frankreich besitzt in Nordafrika wertvolle subtropische Gebiete, sonst vor allem tropische Kolonien. Österreich-Ungarn reicht bis in die subtropische Zone hinein, hat aber keinen Kolonialbesitz erworben. Die Niederlande haben wertvollen tropischen Kolonialbesitz in Südostasien, Belgien im tropischen Zentralafrika, Italien in Ostafrika. Portugal hat sich aus alten Zeiten noch eine Reihe tropischer Kolonien und in den Azoren, Madeira und den Kapverdischen Inseln ziemlich wertvolle subtropische Kolonien erhalten. Spanien dagegen verlor seine meisten und wertvollsten Kolonien und hat jetzt nur noch einige Stücke geringen Wertes auf dem Festland Afrikas, die tropische Insel Fernando Póo und die subtropische Inselgruppe der Kanarischen Inseln. Dafür sind die immer mehr erstarkenden Vereinigten Staaten unter die Kolonialmächte gegangen und haben namentlich ihre tropischen Produktionsmöglichkeiten zu erweitern gewußt.

Die übrigen Reaktionen der Staaten gegenüber dem Naturzwang der Breitenlage sollen unter Klima (s. S. 111 ff.) behandelt werden.

---

[1]) Vgl. S. 44—47.

Nicht die Breitenlage allein ist wirtschaftlich wichtig. Die Naturlage eines Landstückes im Erdganzen ist nicht minder bedeutungsvoll. Sie bestimmt sich mathematisch durch Breite und Länge, wie sie uns jeder Atlas für jedes Landindividuum anschaulich macht. Die natürliche Lagerung der Landräume zueinander in dem Erdmeer, das den größten Teil der Erdoberfläche bedeckt, wird allerdings erst besonders wirksam als Nachbarlage (s. S. 42 ff.), welche die Bewohntheit voraussetzt, und dabei in ihrer Wirksamkeit durch die Wirtschaftshöhe mannigfach modifiziert. Aber auch so empfängt jedes Landstück je nach seiner Lage zu anderen Landräumen und zu Meeren (s. besonders bei Wasser S. 96) eine Summe von Eigenschaften, die, günstig oder ungünstig für Produktion oder Verkehr, unablösbar fest mit der Naturlage verbunden sind: Vulkanismus, Erdbeben und Niveauveränderungen (Vergrößerung oder Verkleinerung des Bodens), Art und Formen des Landes, Winde und nachbarliche Meeresströmungen, Temperatur (ganz abgesehen von dem Einfluß der Breitenlage) und Niederschläge, Pflanzen und Tiere sind jedem Landstück durch die Naturlage als „natürliche Ausstattung" gegeben und nur in bescheidenem Maße, am meisten bei Pflanzen und Tieren, vermag des Menschen Einwirkung auf die Natur diesen in der Lage liegenden Naturzwang zu mildern.

Die Landmassen der Erde gruppieren sich eng um den Nordpol und machen die Erdhalbkugel, deren Mitte etwa London ist, zur „Landhalbkugel"; dort liegen die meisten und größten Produktionsgebiete und die Gebiete ausgedehnten Landverkehrs. Auf der Wasserhalbkugel liegen nur geringere Landstücke, darunter der kleinste Erdteil, Australien. Hier wird verhältnismäßig wenig produziert, und hier sind gewaltige Entfernungen im Wasserverkehr zurückzulegen. Die Landmassen sind durch das Weltmeer vielfach zerteilt. Als Binnenmeer liegt in den Landflächen der Landhalbkugel das Nördliche Eismeer, und seine Landumrandung wird nach Süden nur an zwei Stellen durchbrochen: in der Beringstraße (111 km breit), dem Ausläufer des schmalen nördlichen Großen Ozeans und durch den Atlantischen Ozean zwischen 40° und 70° nördl. Breite. Der Große Ozean verbreitert sich gegen Süden zu der größten Wasserfläche der Erde (fast ⅓ der Gesamtoberfläche) und trennt mit dem zickzackförmig verlaufenden Atlantischen Ozean die Ost- (Alte Welt) und die Westfeste (Neue Welt). Eine große Bruchzone, welche durch die drei Mittelmeere (amerikanisches, europäisches, austral-asiatisches) bezeichnet wird, trennt wiederum Nord- und Süderdteile.

In der Alten Welt nimmt das Festland Eurasien (Europa und Asien) breit den ganzen Norden ein. Getrennt von diesem nördlichen Doppelerdteil durch europäisches Mittelmeer, Suezkanal und Rotes Meer, hängt an der Südwestecke der Alten Welt der Süderdteil Afrika, an der Südostecke, durch das australasiatische Mittelmeer von Eurasien getrennt, der Süderdteil Australien. Beide Süderdteile verjüngen sich gegen Süden, in die Wasserhalbkugel hineinragend. Zwischen ihnen und dem Südrande Asiens dehnt sich breit der Indische Ozean.

In der Westfeste ist das breite Nordamerika durch das schmale Mittelamerika und die Inseln Westindiens mit dem gegen Süden sich sehr verjüngenden Südamerika verbunden.

Am meisten wird nach unserer heutigen Wertauffassung die Naturlage am Ozean geschätzt; die Lage an Nebenmeeren ist schon weniger günstig, die an Binnenmeeren am wenigsten wert. Nicht nur sind am Ozean die Produktionsmöglichkeiten meist günstiger, sondern vor allem ist durch die Naturlage an ihm oder besser noch in ihm (Insellage) die direkte Teilnahme an Weltverkehr und Welthandel gegeben, während die Anwohner an Neben- oder gar Binnenmeeren schwer die „Hochstraße des Welthandels" erreichen und infolgedessen schwer im internationalen Warenaustausch mit den begünstigteren Konkurrenten wetteifern können.

Die Naturlage inmitten eines Kontinents ist nicht nur insofern ungünstig, als die Produktionsmöglichkeiten meist beschränkt sind, sondern mehr noch infolge der Erschwerung, an den Ozean und zum Welthandel heranzukommen.

Die Britischen Inseln haben eine günstige Insellage im Atlantischen Ozean; ähnlich günstig ist die Lage der Japanischen Inseln. Die Vereinigten Staaten, Kanada und Mexiko haben zwei Ozeanfronten, was sehr günstig ist. Unter den heute wichtigen Staatswesen haben noch Australien und Neuseeland eine recht vorteilhafte Ozeanlage und auch die Britisch-Südafrikas ist ähnlich. Argentiniens und Chiles Naturlage zum Ozean ist einseitig. Frankreich hat eine recht günstige Lage mit der einen Front nach dem Atlantischen Ozean, mit der anderen zum Mittelmeer. Auch Spaniens und Portugals Ozeanlage ist günstig. Weniger gut ist die Lage der Niederlande, Belgiens, Deutschlands, Dänemarks, Schwedens und Norwegens zum Ozean, und Italien ist den Ozeanen noch ferner, allerdings dafür in einer Zwischenlage zwischen dem Atlantischen und Indischen Ozean, die ihm manche Vorteile verschafft. Am ungünstigsten ist die Naturlage Rußlands. In bezug auf den Landverkehr hingegen ist die Naturlage der Britischen Inseln und aller Inseln überhaupt ungünstig. Um an dem Landverkehr und Landhandel teilzunehmen, müssen sie immer erst Personen und Güter über das Wasser schaffen und also das Transportmittel wiederholt wechseln.

Die Verbesserung der Verkehrsverhältnisse ist das hauptsächliche Reaktionsmittel der Staaten gegenüber den Unbilden der Naturlage. So verändern namentlich die großen „internationalen" Kanäle, wie der Suez- und Panamákanal, die Naturlage vieler Staaten zu den Ozeanen; aber auch der Nordostseekanal hat die Naturlage der Ostseeländer zum Atlantischen Ozean verändern können.

Andererseits würde ein Tunnel zwischen den Britischen Inseln und Frankreich unter dem Kanal weg die Naturlage Großbritanniens für den europäischen Landverkehr in hervorragender Weise verändern[1]).

Aber auch Eisenbahnen ändern schon die Naturlage. Durch die Pacificbahnen rückten die östlichen Vereinigten Staaten dem Großen Ozean näher. Die transkontinentalen Eisenbahnen haben in dieser Beziehung besonders den Erfolg, den Naturzwang der Naturlage zu mildern.

Die Nachbarlage setzt die Bewohntheit der Länder voraus und wird für ein Land bewertet nach der Zahl und Art der Nachbarländer. (Vgl. S. 42 f.)

---

[1]) Vgl. S. 215.

Durch die Verteilung von Land und Wasser, durch die Naturlage, ist die Größe der Landindividuen bestimmt. Soweit nicht ungünstige Breitenlage den Wert schmälert oder aufhebt (s. S. 56) und unvorteilhafte Natur- und Nachbarlage ihn beeinträchtigen, ist die Größe der Landräume wirtschaftlich von ungeheurer Bedeutung, die zudem mit der Wirtschaftsentwickelung beständig wächst, da nun auch scheinbar wertlose Räume, wie Steppen oder Waldflächen, immer mehr nutzbar gemacht werden. Die Größe der Landräume ist ferner neben Breitenlage und Lage zu Meeren bzw. anderen Landindividuen klimatisch von größter Wichtigkeit, also auch für die Produktion. Ein großer Raum bedeutet die Möglichkeit ausgedehnter Wirtschaft und also der Anhäufung großer Menschenmassen, politischer Macht usw. Zugleich ermöglicht ein großer Raum mit der Mannigfaltigkeit der Bodenarten und -formen, der Vielartigkeit und Größe der fließenden und stehenden Gewässer, der Mannigfaltigkeit der klimatischen Verhältnisse, der Pflanzen und Tiere, wie sie großen Erdräumen meist eigen ist, große Mannigfaltigkeit der Wirtschaft. Die Kleinheit des Raumes beschränkt dagegen die Wirtschaft nach Ausdehnung und Mannigfaltigkeit und erhält ein Volk klein, politisch ohnmächtig und leicht isoliert.

Für den Verkehr bedeutet die Größe des Bodenraumes nach dem Obigen große Aufgaben: die Möglichkeit größerer örtlicher Arbeitsteilung, daher lebhaften, wohlgenährten, mannigfaltigen, auf weite Strecken durch ein und dasselbe Verkehrsmittel (z. B. Eisenbahnen) gleichbleibenden Austausches; alles das freilich nur für eine fortgeschrittene Wirtschaftsstufe, während eine niedrige Wirtschaftsstufe des großen Raumes nicht Herr wird.

An der Größe des Landraumes, so wie sie von Natur für die Produktion gegeben ist, vermag der Mensch nur wenig zu ändern. Durch Küstenschutz und Festlegung der Dünen verhindert nur die höchste Wirtschaftsstufe den von Natur fortschreitenden Verlust von Land; durch Austrocknung von Sümpfen und Seen, durch Anlegung von Poldern am Meere, durch Eindeichung von austretenden Flüssen gegen die Nachbargefilde gewinnt sie trockenes Land zu dem bestehenden hinzu, aber doch nur in vergleichsweise kleinen Flächen. Dagegen kann die höchste Wirtschaftsstufe den Raum in immer ausgedehnterem Maße zur Nutzleistung heranziehen und durch Intensivierung der Wirtschaft oft von kleinem Raum viel mehr erzielen als die niedrige Wirtschaftsstufe von dem zehnmal größeren Raum. Mit fortschreitender Verallgemeinerung der Wirtschaftsstufen auf der Erde würde allerdings die genannte Möglichkeit fortfallen. Ferner vermag die höchste Wirtschaftsstufe mit immer besserem Erfolg die Raumgröße durch vervollkommnete Verkehrsmittel relativ zu verkleinern, in gewissem Sinne unwirksam zu machen und so die Nachbar- und Naturlage (s. S. 43 u. 60) zu beeinflussen.

Alles Land auf der Erde macht insgesamt, soweit wir es heute berechnen können, 144 489 000 qkm von 509 951 000 qkm der ganzen Erdoberfläche aus. Das ist der Landraum, der der Menschheit heute zur Verfügung steht. Unter den Erdteilen ist in bezug auf die Größe Asien am meisten begünstigt mit 44 249 000 qkm, danach folgt Amerika mit 38 720 000 qkm (Nordamerika 19 600 000 qkm, Südamerika 19 120 000 qkm), dann Afrika mit 29 998 000 qkm, Europa mit

9 897 000 qkm, Australien mit 8 954 000 qkm; den Polargebieten schreibt man 12 670 000 qkm zu.

Unter den Staatswesen der Erde ist Großbritannien mit seinen Kolonien und Besitzungen das landreichste; es besitzt rund 29 872 000 (mit Ägypten 32 842 000) qkm = über 20% alles Landes. Der nächst landreiche Staat ist Rußland, das über 22 242 000 qkm verfügt = 15—16% alles Landes. Dann folgen China, mit Nebenländern 11 139 000 qkm, dann die Vereinigten Staaten mit 9 727 000 qkm, dann Brasilien mit 8 361 000 qkm, dann Frankreich, mit Nebenländern und Besitzungen 5 948 000 qkm, dann das Deutsche Reich, mit Schutzgebieten 3 145 000 qkm = 2,2% alles Landes auf der Erde, dann die Türkei, ohne Ägypten (2 970 000 qkm), 2 987 000 qkm, dann die Argentinische Republik 2 951 000 qkm, dann Belgien mit dem Kongostaat 2 412 000 qkm. Portugal, mit Besitzungen 2 182 000 qkm, Niederlande, mit Besitzungen 2 079 000 qkm, dann Mexiko 1 987 000 qkm, dann Persien 1 645 000 qkm, dann Bolivia 1 334 200 qkm, Colombia 1 206 000 qkm, Peru 1 137 000 qkm, Venezuela 942 000 qkm, Abessinien 800 000 qkm, Italien, mit Besitzungen 777 000 qkm, Chile 759 000 qkm, Spanien 718 000 qkm, Österreich-Ungarn 676 000 qkm, = kaum 0,5% des Landes, Siam 633 000 qkm, Afghanistan 624 000 qkm, Marokko 456 000 qkm, Schweden 448 000 qkm, Japan 417 000 qkm, Norwegen 321 000 qkm, Ecuador 307 000 qkm, Paraguay 253 000 qkm usw.

Die durch die Verteilung von Land und Wasser gegebene Gestalt des Landes ist einmal als horizontale und das andere Mal als vertikale wirtschaftlich wichtig.

Direkt ist die horizontale Gestalt eines Landes für die Produktion nicht wesentlich. Erwähnen kann man, daß der Reichtum einer Küste an Buchten und vorgelagerten Inseln die Fischereimöglichkeit erweitert, da die Fische, Seehunde usw. seichte Buchten und Inseln zum Laichen aufsuchen.

Für den Seeverkehr, der schützende Häfen braucht und wassertiefen Einlaß ins Land, sind die Küstenumrisse von großer Wichtigkeit. Eine gegliederte Küste ist meist hafenreich; es gibt Häfen hinter Inseln und Bänken, Häfen in Buchten und Häfen in Flußmündungen. Neben ausgedehnten hafenreichen Küsten liegen hafenarme, da Buchten, Mündungen und dergl. gewöhnlich gesellig auftreten.

Längsküsten, bei denen dem Meere Erhebungen parallel ziehen, sind meist arm an Häfen und, vom Binnenland abgeschnitten, Absperrungsküsten, da auch größere Flüsse zu fehlen pflegen. So sind selbst die vielgegliederten Fjordküsten von geringem Wert, da das Hinterland schwer erreichbar ist, und zudem die hohen Breiten, in denen sie sich allein finden, produktionsarm sind; ferner sind die Fjorde gewöhnlich zu tief und ihr inneres Ende, wo Platz für Siedelungen und Zugang ins Landesinnere ist, liegt meist dem Meere fern. Nur wenn ein Meereseinschnitt in eine Längsküste das ganze Küstengebirge durchsetzt, sind die natürlichen Verhältnisse für die Entwickelung eines Hafenplatzes günstig; hinter den meisten „Einbruchshäfen" erhebt sich aber ein Hochland oder Gebirge.

Querküsten, bei denen die Gebirgszüge quer zur Küste auslaufen, sind Aufschließungsküsten. Sie sind reich an Inseln, Halbinseln und tiefen Buchten, in welche öfters längere schiffbare Flüsse fließen. Zu dieser Küstenart gehören die Riasküsten, die bisweilen gute Häfen bieten, aber von Zuschüttung durch die Flüsse bedroht sind.

Beckenrandküsten, durch Einstürze in vulkanischen Erdgebieten gebildet, mit halbkreisförmigen Buchten, haben für die Schiffahrt einen gewissen mittleren Wert. Einzelne Vulkaninseln, in deren Krater das Meer getreten ist, sind für den Seeverkehr vortreffliche Häfen geworden.

Die neutrale Hoch- oder Schollenküste der Tafelländer ist wenig gegliedert und bietet meist schweren Zugang zum Land, ist also für den Verkehr im allgemeinen ungünstig; nur gewisse Binnenmeere alter Glazialgebiete haben eine reichere Gliederung (Schärenküste). Doch sind die Föhrden und einzelne Bodden, die Flußhäfen der Limanküste, allerdings von Zuschwemmung bedroht, und der von den Gezeiten geöffneten Küstenbuchten oder Flußästuarien zum Teil vortreffliche Zufluchtsstätten für den Seeverkehr.

Die neutrale Flachküste der Schwemmland-Tiefländer ist für den Verkehr ungünstig und nur durch Flußmündungen erschlossen, deren Häfen meist beträchtliche Kunstbauten verlangen; namentlich die Flußmündungshäfen an Deltas, deren hohe Produktionsfähigkeit bei hoher Wirtschaftsstufe gebieterisch bequeme Ab- und Zufuhr zur See erfordert, sind der Verschlammung ausgesetzt und stellen der fortgeschrittenen Technik hohe Aufgaben. Öfters liegen die Deltahäfen etwas seitwärts (Alexandria, Karatschi). Auch die Lagunenhäfen zeigen ähnliche Nachteile, sind aber begünstigt dadurch, daß Lagunen meist gesellig auftreten und auf ihnen geschützter Binnenverkehr längs der Küste zum Hafen hin stattfinden kann.

Koralleninseln bieten in den Lagunen bisweilen brauchbare Häfen, namentlich die Atolle. Wenn Korallenriffe die Küsten begleiten, können geschützte Meeresteile hinter ihnen liegen; umsäumen sie die Ufer unmittelbar, so sind die Schiffahrtsverhältnisse ungünstig, und nur die Flüsse unterbrechen den unzugänglichen Küstensaum.

Die niedrigen Wirtschaftsstufen geben sich mit den natürlichen Verhältnissen der Küsten zufrieden; selbst die Wirtschaftsstufe der Tradition gelangt höchstens zu bescheidenen Eingriffen in sie. Für die Wirtschaftsstufe der Wissenschaft ist aber der in der natürlichen Verteilung der Häfen liegende Naturzwang bis zu einem guten Grade aufgehoben. Wenn an einer Küste, für die ein lebhaftes Verkehrsbedürfnis vorliegt, Häfen fehlen, so werden sie künstlich geschaffen; wenn sie unvollkommen sind, so werden sie künstlich verbessert. Es wird heute vielleicht keinen bedeutenderen Hafen mehr geben, an dem nicht des Menschen Kunst bessernd eingegriffen hat.

Die horizontale Gliederung der Erdteile. Europa ist an der West- und Südküste durch Nebenmeere des Atlantischen Ozeans, Meeresstraßen und Buchten sehr stark gegliedert, so daß die Halbinseln: Skandinavien, die Pyrenäen-, Apennin- und Balkanhalbinsel, und Inseln: Britische Inseln, Sardinien usw., $\frac{1}{3}$ seiner Fläche ausmachen. Durch diese Gliederung wird das Klima ozeanisch, der Ausdehnungsbereich des Erdteils im Verhältnis zu seiner Flächengröße sehr erweitert, die Annäherung an andere Erdteile bewirkt; die Küstenlänge wird sehr bedeutend (Fischerei!), und ein großer Teil der Bevölkerung in der westlichen Hälfte mit dem Meere in Berührung gebracht (Seeleute!) und damit frühestens einer günstigen Nachbarlage (s. S. 43) teilhaftig. Im Norden, Westen und Süden spielt sich darum ein großer Teil des Verkehrs auf See ab. Der Osten Europas zeigt im Gegensatz zur Westhälfte Massenausbreitung mit ihren Folgeerscheinungen: Kontinentalität des Klimas, Vorherrschen des Landverkehrs, teilweises Fehlen der belebenden Einflüsse des Seeverkehrs. Doch mildern immerhin große Binnenmeere und -seen und die weitverästelten mächtigen Flüsse (s. S. 169) ein wenig die ungünstigen Folgen für den Verkehr. Auch im kleinen ist die Gliederung eine reiche. Skandinavien an der Westseite, Schottland, Irland im Nordwesten haben Fjordküsten (Christiania, Trondhjem, Bergen), Jütland an der Ostseite Förden (Kiel, Eckernförde, Flensburg), die Südseite der westlichen Ostsee Boddenhäfen (Lübeck), die Bretagne, Südwestirland, der Nordwesten der Pyrenäenhalbinsel, der Westen Corsicas, Dalmatien Riasbuchten (Brest, Santander, Ferrol, Coruña, Ajaccio, Cattaro); die Küsten der nördlichen Ostsee weisen Schärenhäfen (Stockholm, Helsingfors, Petersburg), die mittelmeerischen Einsturzhäfen (Neapel, Piräus, Pola), die Nordseeküsten Flußmündungshäfen (Hamburg, Bremen, London, Amsterdam), das Schwarze Meer Limanhäfen (Odessa), Ostsee und Mittelmeer Lagunenhäfen (Venedig, Memel) auf — eine Vielgestaltigkeit verschiedenster Hafentypen, wie sie wohl kein anderer Erdteil aufzuweisen hat.

Gegen Osten geht die breiter gewordene Gestalt Europas in die massige, ungegliederte Form Asiens über. Asiens Inseln und Halbinseln (im Süden und Osten) enthalten nur ¼ der Gesamtfläche: Kleinasien, Arabien, Vorderindien, Hinterindien, Korea, Kamtschatka, Japanische Inseln und Kurilen, und sind zum Teil selbst ungefüger Form. Der plumpe Rumpf dominiert völlig. Kleinasiens Westküste (Smyrna) und ein Teil der chinesischen Küste ist durch Riasbuchten (Amoy, Fu-tschou) ausgezeichnet, denen ähnlich auch größere Teile der koreanischen (Fu-san) und japanischen Küste (z. B. am Binnenmeer) gestaltet sind. Aden ist ein Kraterhafen (eingestürzter Krater). Victoria (Hongkong) und Bombay liegen auf Innenseiten von Inseln vor dem Festlande. In Vorder- und Hinterindien (Kalkutta, Saigon usw.) und in China (Kanton, Tien-tsin, Schang-hai, Wusung) gibt es gute Flußmündungshäfen. Batavia, Madras, Colombo sind erst künstlich gesichert.

Im Südosten schließt sich an Asien eine Inselflur großer und kleiner Inseln: Große und Kleine Sundainseln, Philippinen, Molukken usw., die zu dem sehr wenig gegliederten Australien hinüberführt; nur wenige tiefe Meeresbuchten, wie Port Philipp, Port Jackson (Riasbucht) kommen als Häfen in Betracht. Auckland auf Neuseeland ist ein Einbruchshafen, an der Westküste der Südinsel treten fjordähnliche Buchten auf.

Afrika ist ein außerordentlich massiger, ungegliederter Erdteil; nur die Guineabucht dringt etwas tief in den Rumpf ein. Natürliche Häfen sind sehr selten. Die Beckenrandküste Algeriens bietet nur mäßig gute Hafenbuchten, meist im Schutze eines westlich vorgelegenen Kaps (Algier, Bône) oder hinter Inselbrocken (Oran); Tunis ist ein Hafen an riasähnlicher Bucht, Alexandria ein Flußmündungshafen, Sansibar ein Hafen im Schutze einer Insel; die ganze Südhälfte Afrikas, eine Schollenküste, ist der Hafenbildung sehr ungünstig; Kapstadt liegt an einer Bucht, Lagos ist ein Lagunenhafen.

Die Häfen bedürfen meist stark der künstlichen Verbesserung oder müssen überhaupt erst geschaffen werden (Swakopmund).

Nordamerika ist zwar im Norden stark in Inseln aufgelöst, aber ohne Gewinn wegen des polaren Klimas, das dort herrscht; der Erdteil verbreitert sich dann zu stark kontinentaler Form, die aber unter 35° n. Br. plötzlich zusammenschwindet auf die schmale mittelamerikanische Landbrücke, an deren Ostseite das amerikanische Mittelmeer liegt.

Die Fjorde Labradors und der Westküste Nordamerikas, nördlich der Vancouver-Insel, haben wegen der nördlichen Lage und der geringen Produktivität des Hinterlandes ihren Beruf natürlicher Häfen zum Teil verfehlt. Neufundland und Neuschottland mit einschnittreichen Küsten, und die Buchten weiter südlich (Portlandbai, Massachusettsbai-Boston), vor allem auch die Mündungsbuchten des St. Lorenzstromes (Montreal, Quebeck), des Hudson (New York), des Delaware (Philadelphia), die Chesapeakebai (Baltimore), im Süden die Mississippimündung (New Orleans) bieten günstige Naturhäfen. Im Westen sind der Golf von Nicoya, die Fonsecabai, Acapulco, vor allem die Bai von San Francisco (Einbruchshafen) und der Puget Sound (Fjord) als Hafenbuchten von der Natur gegeben.

Südamerika ist ähnlich ungegliedert wie Afrika, hat aber die schlanke Gestalt seiner Südhälfte vor jenem voraus. Südamerika ist zum Teil arm an Naturhäfen. An der Nordküste ist Puerto Cabello, an der Ostküste der Flußhafen Pará, der durch eine Insel geschützte Hafen Maranhão, das hinter einem Riff (Recife) liegende Pernambuco, der Baihafen Bahia, der Einbruchshafen Rio de Janeiro, der Halbinselhafen Montevideo, der Mündungshafen Buenos Aires (und Puerto Plata) zu erwähnen; die patagonische Küste, trockengelegter Meeresboden, einer plumpen Riasküste ähnlich, und die Küste Guayanas, aus dem Meere auftauchend, gehören zu den verkehrsgeographisch ungünstigsten Küsten. Die Westküste Südamerikas, eine typische Längsküste, ist sehr arm an guten Häfen. Die Fjorde Südchiles kommen vorläufig nicht in Betracht; Puerto Montt ist ein guter Hafen, Valparaiso ist gegen Nordwinde wenig geschützt, Guayaquil dagegen ist ein vortrefflicher (Mündungs-)Hafen, Panamá hat eine offene Reede, die aber, weil Stürme nicht auftreten, als sicher gilt.

Die Ozeaninseln sind vielfach mit guten Häfen ausgestattet. Im Nördlichen Eismeer sind die Fjorde an Grönlands Westseite, auch die Häfen Islands wegen der Eisverhältnisse und der Breitenlage überhaupt nicht viel wert. Im Atlantischen Ozean haben die Kanarischen Inseln, die Azoren, Madeira, St. Helena vulkanische Einbruchshäfen, im Indischen Ozean haben Mauritius und Réunion desgleichen, der Hafen der Kraterinsel St. Paul verliert durch die Lage seinen natürlichen Wert. Im Großen Ozean sind Honolulu (Hawaiinseln), durch Korallenring geschützt, und der Hafen von Tahiti Einbruchshäfen, Apia (Samoainseln) und Jaluit Koralleninsel-Häfen.

Die Formen der Erdoberfläche. Die Gestalt des Landes ist als vertikale von größter wirtschaftlicher Wichtigkeit, sowohl für die Produktion, als für den Verkehr.

Unmittelbar beeinflussen die Oberflächenformen die Produktion in vergleichsweise geringem Grade. Ebene Flächen können leichter ausgenutzt werden als geneigte oder gar abschüssige. Hänge, die über 30° hinausgehen, sind wohl dem Ackerbau ganz entzogen. Sie kann der Mensch nur noch als Grasländereien durch Tierzucht ausnutzen oder muß sie dem Waldboden überlassen. Höchstens der Bergbau, dem die vorwiegend in den Gebirgen zutage tretenden alten Gesteinsschichten gute Ausbeute versprechen (s. S. 76), bricht dann in den Pflanzenmantel Lücken. Auf höheren Wirtschaftsstufen werden unter besonderen Umständen auch steile Hänge dadurch nutzbar gemacht, daß ihnen durch Terrassen die Steilheit genommen, und des Fruchtbodens Wegspülung verhindert wird. Wo aber ohne diese Vorkehrung steile Hänge entholzt werden, da werden sie oft für immer durch die Abspülung der lockeren Erde der Nutzung, selbst auf Holz, entzogen und nicht selten Ausgangszonen für verheerende Überschwemmungen.

Viel bedeutender ist die wirtschaftliche Wichtigkeit der Bodenformen für die Produktion durch die Vermittelung des Klimas, das mit dem Wechsel der Bodenhöhe Unterschiede zeigt. Die Wärme nimmt mit der Höhe (auf 170 m etwa 1° C) ab, die Niederschläge allerdings nehmen bis zu einem gewissen Grade mit der Höhe zu. Die Organismen, Pflanzen, Tiere und Menschen, bedürfen des Lichtes, der Wärme und der Feuchtigkeit, wenn auch in sehr verschiedenen Graden, und diese Bedürfnisse sind in verschiedenen Höhen sehr verschieden erfüllt.

Am günstigsten sind die Bedingungen für das Leben im allgemeinen in den Tiefländern; in ihnen konzentriert sich in der Regel das reichste natürliche Pflanzen- und Tierleben, und Pflanzenbau und Tierzucht finden in ihnen die günstigsten Bedingungen. Das stempelt auch den Menschen, der in seiner Bedürfnisbefriedigung ja in erster Linie von Pflanzen und Tieren abhängig ist, zum Tieflandbewohner. Am meisten trifft das zu in den polaren Gegenden, wo die Höhen von Eis und Schnee starren, und in der gemäßigten und subtropischen Zone, wo die von Flüssen durchflossenen Tiefebenen die Produktionszentren sind, die Gebirge aber zu einem Teil als Eis-, Schnee- und Felswüsten auch dem höchststehenden Menschen wirtschaftlich verschlossen sind. Die tieferen Ebenen werden hier meist zuerst bewirtschaftet, in die Gebirge dringt im allgemeinen die Wirtschaft später und auch jeder wirtschaftliche Fortschritt langsamer ein. Doch haben die Gebirge in allen Zonen, namentlich aber in der trockenen subtropischen Zone, als Konzentrierer der Feuchtigkeit und Entsender der Bewässerungsadern für die Produktion Wichtigkeit.

Freilich sind dem Menschen niedriger Wirtschaftsstufe auch die mit dichtem Wald bestandenen Tiefebenen der gemäßigten Breiten wirtschaftlich ungünstig. Das lehren uns die bis in neueste Zeit ungelichteten Wälder Nordamerikas, Nordeuropas, Sibiriens, Südchiles, das lehren uns die Urwälder Altgermaniens. Erst eine höhere Wirtschaftsstufe wird dieser Vegetationsformation Herr. Heute sind in den Ländernn der Wirtschaftsstufe der Wissenschaft die fruchtbaren Tiefebenen vom Wald gesäubert und der Produktivität zugeführt; aber in den Mittelgebirgen ist der Wald selbst in Deutschland erst neuerdings verdrängt oder rationell nutzbar gemacht worden.

Einst erblühte die Produktion zuerst in den trocken-subtropischen Breiten, in denjenigen Tiefländern, die von Natur wenig oder gar keinen Wald trugen. Hier reichten die technischen Mittel, die Werkzeuge, auch einer niedrigeren Wirtschaftsstufe aus, den Boden mit dem, was er von Natur trug, zu bezwingen. Darum wohl erstanden hier die Produktionszentren des „Altertums", hier in Zonen geringeren Widerstandes der Natur gegen die menschliche Einwirkung (vgl. S. 39—40 u. 108). Auch in der gemäßigten Zone, in dem weiten Sumpf- und Waldland, das Deutschland vor der Völkerwanderung war, wurden der wirtschaftsfeindliche Sumpf und das dichtere Waldgebiet gemieden, und die besiedelten Flächen lagen nachweislich[1]) „mehr an den Abhängen der Berge, welche die Gewässer begleiten, als in deren unmittelbaren Nähe, wenigstens dort, wo letztere sumpfig oder Überschwemmungen ausgesetzt war"; an den Hängen war zwischen Sumpf und Urwald eine Zone schwächeren Baumwuchses. Die besiedelten Flächen „treten aber auch in den Hoch- und Tiefebenen auf, besonders dort, wo diese infolge ihrer Bodenbeschaffenheit waldfrei waren und steppenartiges Aussehen darboten, wie z. B. die Jurahöhen". Nur solcher Flächen wurde die damalige Wirtschaftsstufe Herr, ähnlich wie heute noch in Sibirien der Ackerbauer von der Steppe aus nur langsam gegen das nördlich vorgelagerte Sumpf- und Waldland Raum gewinnt. So ließen sich die Kelten und Germanen am Rande des Schwarz- und Odenwaldes und nicht in der Mitte der Rheinebene nieder und die Slawen auf dem waldfreien Lößboden um Bautzen zwischen den Waldwüsten nördlich und südlich davon, deren sie schwer Herr wurden. Auch hier werden die durch Waldarmut oder -mangel gegebenen Flächen geringeren Naturwiderstandes zuerst unterworfen, zuletzt die mit der produktionsfeindlichen Rauheit der Gebirge verbündeten, besonders feindseligen Nadelholzwälder der Höhen.

In den Tropen verläuft der Besiedelungsprozeß, Tiefländer und Bodenerhebungen betreffend, ganz anders. Die Tiefländer und zu einem großen Teil auch noch die untersten Stufen der Hochländer sind mit üppigstem Urwald (vgl. auch S. 38) bedeckt, der der menschlichen Wirtschaft sehr feindselig ist.

Nicht nur hegt er die Malaria und andere Krankheiten, nicht nur lauern in ihm gefährliche Tiere und oft feindselige Menschen, nicht nur ist er meist arm an pflanzlichen Nährstoffen und Wild, sondern er widerstrebt auch der Einwirkung des Menschen, namentlich des auf niedriger Wirtschaftsstufe stehenden, insofern als er jedes Durchschreiten aufs äußerste behindert, erst recht die vollkommeneren Verkehrsmittel: Reittiere, Wagen, Eisenbahnen, Telegraphen schwer zu verwenden verstattet, als er alle Werkzeugstoffe schnell zerstört, als er Baumzucht, Pflanzenbau und Tierzucht stark beschränkt, als er infolge des üppigen Wucherns der Vegetation jede Lichtung, die ihm abgerungen wurde, schnell wieder schließt, also die Werkfortsetzung erschwert: der Wald ist hier der Herrscher, der Mensch niedriger Wirtschaftsstufe steht mit seinen schwachen Werkzeugen fast ohnmächtig und hoffnungslos ihm gegenüber; das bedingt wiederum die niedrige Wirtschaftsstufe: ein verhängnisvolles Wechselverhältnis (vgl. S. 38).

Anders die Hochländer; hier fehlt der kulturdrückende Urwald, hier war die Einwirkung auf die schwächere Natur leichter und führte zu Ergebnissen, hier entfaltete sich ein höheres Wirtschaftsleben unter Bedingungen, wie sie sich in trocken-subtropischen Ländern finden.

---

[1]) Knüll, B., Historische Geographie Deutschlands im Mittelalter. Breslau 1903. S. 55.

Als Regel können wir somit aufstellen: in den polaren, gemäßigten und subtropischen Breiten (nicht in den Tropen) steht der Mensch der Tiefebenen im allgemeinen auf höherem wirtschaftlichen Niveau als der der Gebirge, und fast durchweg sind von Natur die tiefer gelegenen Gegenden günstiger mit Pflanzen und Tieren ausgestattet oder für den Pflanzenbau und die Tierzucht geeignet als die höheren. Für den Bergbau allerdings kommt das Gebirge ebensosehr, wenn nicht mehr in Betracht als die Tiefebene (s. S. 76).

Wie die Höhenunterschiede des Bodens wirtschaftlich einschneidende Bedeutung haben, sei noch durch einige Beispiele erläutert. In der Cilicischen Ebene (in Kleinasien) ist der Weizen rot, hart und schwer, die Gerste von gelber Farbe; das höhere Karamanien dagegen liefert einen weißen und weichen Weizen und die Hänge der Taurusvorberge eine weiße harte Gerstevarietät. In Burgund wächst der beste Wein des Côte d'Or nur zwischen 230 und 280 m Höhe. Die niederen Lagen am Fuße des Himalaja geben einen bedeutend größeren Ertrag an Teeblättern pro Hektar als die höheren Lagen, in denen der Teestrauch noch gedeiht, aber die Qualität des Tees ist unten ganz bedeutend geringer als oben. Die in der Ebene des Menderes Tschai in Kleinasien reifende Feige ist größer und hat einen reicheren Zuckergehalt als die in den höher gelegenen Gegenden gewonnene. Die Kautschuk liefernden Heveabäume sind Pflanzen der Tiefebene. Sie steigen zwar in den bolivianischen Anden bis 600 m auf, doch ist ihr Wachstum bereits langsamer und das Ergebnis an Milchsaft geringer. Castilloa elastica, die ebenfalls Kautschuk liefert, gedeiht wiederum (in Mittelamerika bis nach Südamerika hinein) nur in etwa 400 m Meereshöhe, dagegen nicht in den meeresnah oder höher als 400 m gelegenen Regionen. Die Kaffeepflanzungen S. Paulos liegen in 600—800 m Höhe, an der Grenze von Minas Geraes sogar noch bis 1000 m hoch: hier pflanzt man die Bäume aber auf den Hügeln und Bergen, nie in den Tälern, in denen im Falle von Frost sich die kalte schwere Luft auf dem Grunde sammelt und großen Schaden droht. Nur Saibling und Forelle steigen bis in die alpinen Regionen Mitteleuropas auf, aber sie bleiben klein, haben weniger Fleisch und schmecken schlecht. Die gebirgigen Länder, wie die Schweiz, Albanien usw., blieben, als in den sechziger Jahren des vorigen Jahrhunderts die Seidenraupenseuche wütete, ganz oder fast ganz von der Krankheit verschont. Die mittleren Höhen der Gebirge der gemäßigten Zone sind durch die vorzüglichsten Rinderrassen ausgezeichnet und überhaupt Zentren der Rinderzucht. Hinzuzufügen wäre noch die Abhängigkeit der menschenfressenden Krankheiten von der Bodenhöhe. Die Gebirge der gemäßigten Zone sind erwiesenermaßen frei von einer Anzahl von Krankheitskeimen, welche in der Luft der Niederungen günstige Bedingungen finden, ja sie sind geradezu bei gewissen Krankheiten als Heilstätten aufgesucht. Ebenso ist in den Tropen die Niederung der Sitz der gefährlichen Krankheiten, der Malaria, des gelben Fiebers usw., während die höheren Bergregionen frei davon sind; dafür tritt aber hier wiederum Diphtherie auf. Auch die gefährlichen Schädlinge unserer Haustiere, wie die Tsetse, gehen über eine gewisse Bodenhöhe nicht nach oben. So ließen sich leicht Hunderte von Beispielen aus dem Wirtschaftsleben der Welt zusammenstellen, die beweisen, daß die Bodenhöhe für die Erfolge der menschlichen Wirtschaft von größter Bedeutung ist, und daß bis zu einem gewissen Grade die Bodenhöhe die Art unserer Kulturen, Haustiere und unser Wohlbefinden bestimmt.

Für den Verkehr ist die Ebene günstiger als das unebene Land; das letztere setzt dem in Bewegung befindlichen Menschen einen Widerstand entgegen, der nur durch Kraftaufwand zu überwinden ist. Die Abnahme der Wärme, der Luftdichte, des Sauerstoffs und des Lebensreichtums kommt hinzu, die Erhebungen zu Hindernissen des Verkehrs zu machen. Oft erschwert auch ihre Bedeckung mit Schnee und Eis, mit Felsgetrümmer oder auch mit dichtem Nadelwald die Überwindung. Auch eine Reihe von Gefahren, wie Lawinen und Felsstürze, läßt das Gebirge feindselig erscheinen.

Der Verkehr der niedrigen Wirtschaftsstufen meidet die Gebirge, umgeht sie selbst oder sucht in ihnen die Täler und Pässe.

Gegenüber der Tiefebene wirkt in Rücksicht des Verkehrs das Gebirge ähnlich wie die Meeresküste. Die Ebenheit des Tieflandes gestattet den Verkehr gleich leicht nach jeder Richtung wie das Meer. Am Gebirge aber hört die Freiheit der Bewegung ähnlich auf wie für den Seeverkehr an der Küste. Der Landverkehr wird am Gebirgsrand in bestimmte enge Buchten und Bahnen geleitet, „ähnlich wie der Seeverkehr sich an der Küste in Häfen und Flußstraßen drängt, während er auf See sich nach allen Richtungen der Windrose tummelte“ (Stübler). Darum spricht man von Tieflandsbuchten am Gebirgsrande.

Am schwersten sind noch heute zu überwinden die sehr hohen Gebirge, auf denen die Abnahme der Luftdichte und des Sauerstoffes zur „Bergkrankheit“ führt, und die mit scharfen Kämmen und hohen Pässen, ferner die in vielen Falten sich vorlegenden Gebirge, namentlich von dem tiefer liegenden Fuß aus, der bei bogenförmigen Gebirgen in der Regel an der konkaven Seite gelegen ist, und endlich wüste, breite Hochländer. Von den Pässen sind die niedrigen Talwasserscheiden am günstigsten, wenn sie aus — zu muldenförmigen Tälern hinüberführen. Schluchtartige und cañonähnliche Täler dagegen sind ungünstig für den Verkehr, selbst wenn sie als Durchbruchstäler durch das ganze Gebirge hindurchführen. Sie lassen dem Verkehr keinen oder ungenügenden Platz; erst die Technik der wissenschaftlichen Wirtschaftsstufe kann ihren Wert als der direktesten und tiefsten Verkehrsstraßen auslösen.

Für die höchste Wirtschaftsstufe besteht der für den Verkehr in den Bodenformen liegende Naturzwang eben nur noch in geringem Grade. Schon die Wirtschaftsstufe der Tradition brachte es zu vereinzelten Tunnels (s. S. 31). Heute durchtunneln wir die höchsten Gebirgskämme, und zahlreiche kleine Tunnels beschleunigen, verkürzen, erleichtern, sichern oder verbilligen den Aufstieg, Brücken überwinden die furchtbarsten Abgründe und reißendsten und wasserreichsten Flüsse der Gebirge, Sprengmittel öffnen in steilwandigen, unwegsamen Tälern künstliche Wege. Umgekehrt hat man in der Erbauung von Palisadenzügen, Wällen und Mauern quer über Landniederungen hin einen Versuch der traditionellen Wirtschaftsstufe zu sehen, zu Schutzzwecken an Stelle von natürlichen, durch Bodenformen gegebenen Schranken künstliche Scheiden zu setzen. Unsere Festungen haben ja auch noch eine entsprechende Bedeutung.

Von den Plateauländern Skandinavien und Spanien abgesehen, ist fast ganz Europa durch einen außerordentlichen Reichtum von allerdings meist kleinen Tiefländern ausgezeichnet, die ebenso viele Produktionszentren werden mußten. Meist durch flachere Gebirge voneinander geschieden, aber durch

Senken miteinander in Verbindung, können diese Produktionszentren lebhaften Verkehr miteinander ins Werk setzen, der auch durch die Alpen, da tiefeinschneidende und weiteingreifende Täler und niedrige Talwasserscheiden und Pässe vorhanden sind, nicht sehr behemmt wird; der Straßen- und Eisenbahnbau ist im allgemeinen durch die Bodengestalt begünstigt. Wirksamer scheiden die Pyrenäen, auch die Karpathen und der Balkan, wirksamer auch die Längsketten im Westen der Balkanhalbinsel. Heute macht sich immer mehr die Engräumigkeit der Tiefebenen, namentlich in der Westhälfte, durch welche die Bodenproduktion auf ein enges Maß beschränkt wird, bemerkbar und droht Europa gegenüber begünstigteren Erdteilen, nachdem sie die gleiche Wirtschaftsstufe sich aneignen, in Nachteil zu setzen. Große Tiefebenen finden sich in Osteuropa.

Im geräumigen Osten Europas sind die Ströme mächtig (Wolga, Don, Dnjepr und Dnjestr, Weichsel, Dwina) und meist gut schiffbar; aber sie fließen in Binnenmeere (Kaspisches Meer, Schwarzes Meer und Ostsee) und sind dem Schiffsverkehr größere Teile des Jahres durch eine Eisdecke verschlossen. Im Westen sind die Flüsse, bis auf die Donau, kürzer; aber sie führen von allen Seiten als gute Wasserstraßen tief in den Kontinent hinein (Oder, Elbe, Rhein, Seine nach Norden, Loire, Garonne nach Westen, Rhône nach Süden), wobei gemäß der allgemeinen Bodengestaltung Westeuropa nördlich der Alpen am besten ausgestattet ist. Auch die Britischen Inseln haben ziemlich gut schiffbare, wenn auch kleine Flüsse. Hier namentlich, aber auch im übrigen Europa nördlich der Pyrenäen, Alpen und Karpathen ist der Bau von Kanälen durch die Bodenbildung und die Flußlagen sehr begünstigt.

Asiens vertikale Gestalt ist weder der Produktion, noch dem Verkehre besonders günstig. Ausgedehnte Tiefebenen finden sich nur im klimatisch ungünstigen Norden; im übrigen sind wenig Tiefebenen (Cilicische Ebene von Adana, Mesopotamien, Indus- und Gangesniederung in Vorderindien, die kleinen Deltaebenen des Irawadi, Salwin, Menam, Mekhong in Hinterindien, das untere Jang-tse-kiangtal, das große chinesische Tiefland und die Liau-hoebene) vorhanden, und sie liegen isoliert, durch Hochländer oder Gebirge voneinander getrennt. Die Mitte des Erdteils nehmen ausgedehnte Hochländer ein, durch Gebirgszüge zerteilt und von zum Teil sehr hohen Gebirgen eingeschlossen, also abflußlos; gegen Westen zieht sich die Hochlandzone bis zum Mittelmeer, den Norden und den Süden Westasiens wirksam trennend, und ebenso erfüllen im Osten die Ausläufer der Hochlandzone Hinterindien und einen großen Teil Chinas, des letzteren Süden vom Norden ebenfalls scheidend; Japan und die meisten an Südostasien sich anschließenden Inseln sind stark gebirgig. Besonders verstärkt wird die in der Bodengestaltung an sich liegende Ungunst aber noch durch die Größenverhältnisse der trennenden Gebirgsbarrieren, welche die Überwindung durch den Verkehr besonders erschweren.

Große Ströme (Ob, Jenissei, Lena), weithin schiffbar, durchfließen die Nordabdachung Hochasiens, aber sie münden in ein durch Eis totes Meer und sind selbst einen großen Teil des Jahres durch eine Eisdecke geschlossen. Gen Süden sind nur die peripherischen Ströme: Schatt-el-Arab (Euphrat und

Tigris), Indus, Ganges, die hinterindischen Flüsse und der Hsi-kiang, Jangtse-kiang, Hwang-ho und Liau-ho wasserreich und wichtige Verkehrsstraßen ins Innere. Ein sehr großer Teil Asiens ist abflußlos.

Afrikas Bodengestalt ist ungünstig wie sein horizontaler Umriß: es ist eine Hochfläche, die durch flachere Mulden, Einbruchsgräben und flache Rücken ein wenig gegliedert und vielfach von Randgebirgen umgeben ist. Letztere sind zum Teil ziemlich hoch und fallen steil zum Meere ab. Am höchsten ist der Wall des Atlas im Norden. Abessinien bildet eine Massenerhebung im Nordosten; hoch sind auch die Randgebirge des Südens. Tiefebenen sind wenig vorhanden, und die größten (Kongobecken, Tsadbecken, Nigerbecken) liegen im Landesinnern, wenige, meist kleinere, an der Küste (Nildelta, atlantische Ebene in Marokko, Nigerdelta, Sambesidelta). Nur wenige große Flußtäler (Nil, Niger, Kongo, Sambesi) führen aus dem Innern zur Küste und zeigen in ihrem Laufe, und meist noch unmittelbar in der Nähe des Meeres, Wasserfälle und Schnellen, die sie für den Verkehr mit größeren Fahrzeugen ungeeignet machen.

Australien ist der Oberflächengestaltung nach Afrika ähnlich: eine Hochfläche mit Gebirgsrändern im Osten und Westen und sehr wenigen Tiefebenen; die Steilheit des Ostabfalles des östlichen Küstengebirges erschwert den Verkehr nach dem meist abflußlosen Innern. Nur ein größeres Flußsystem, das des Murray, führt zur Küste, ist aber auch nur zeitweise der Schiffahrt zugänglich.

Amerika. Die vertikale Gestaltung ist sehr einfach: an der ganzen Westküste entlang, von der Beringstraße an, ziehen die Rocky Mountains nach Süden, erleiden in Mittelamerika mehrere tiefe Einsenkungen und ziehen als Anden durch Südamerika bis ins Feuerland. Meist sind es mehrere hohe Gebirgsketten, zwischen denen breite oder schmale Hochflächen oder auch seltener Täler liegen. Tiefebenen sind im Westen sehr selten (Ebene des San Joaquin- und Sacramentoflusses in Kalifornien und die zentrale Ebene in Chile); auch die Küstenebenen sind, wenn überhaupt vorhanden, schmal, da die Gebirgs- und Randketten dicht ans Meer treten. Der Absturz zum Meere ist meist sehr hoch und steil, so daß der Verkehr zwischen Westen und Osten große Schwierigkeiten zu überwinden hat. Im Osten zieht sich durch Nord- und Südamerika ein niedrigerer Gebirgszug: Appalachen im Norden, Guayanisch-brasilianische Gebirge im Süden. In Nordamerika hat dieser Gebirgszug eine sanfte Abdachung zur Atlantischen Küste und ist in tiefen Senken leicht überschreitbar; in Südamerika ist der Steilhang der Serra do Mar in den südbrasilianischen Provinzen und im ganzen die Breite der Plateaus dem Verkehr etwas hinderlich. Zwischen den Erhebungsmassen im Westen und Osten liegen sehr ausgedehnte Ebenen mit riesigen schiffbaren Strömen: die des Mississippi in Nordamerika, die des Orinoco, Amazonas und Paraguay in Südamerika, und stellen außerordentlich große, wohlbewässerte Tiefländer der Produktion zur Verfügung. Alle genannten Ströme gehören zu dem Verkehrsbereich des Atlantischen Ozeans.

Der Binnenverkehr ist darum von Norden nach Süden von Natur leichter als von Westen nach Osten oder umgekehrt und in den größeren flacheren östlichen Hälften (östliches Gebirge und zentrales Tal) viel leichter als in den schmalen, aber hohen westlichen.

Sehr wichtig ist für die Wirtschaft die **Art des Bodens.** Der Boden ist die Basis der menschlichen Wirtschaft; wo eine Erdstelle öfters von vulkanischen Ausbrüchen oder Erdbeben betroffen wird, da wankt die menschliche Wirtschaft auf ihr, schwere Katastrophen betreffen immer wieder den materiellen Besitz und wohl gar die Menschen selbst, und das Gefühl der Unsicherheit und Mutlosigkeit, das die Menschen dort packt, wo sie die Früchte ihrer Arbeit ständig bedroht sehen, gibt leicht der ganzen Wirtschaft Unstetigkeit. Die Wirtschaftsstufe der Wissenschaft arbeitet daran, die Natur dieser Erscheinungen zu erkennen, um sie vielleicht voraussagen zu können. Der Reichtum an heilkräftigen Thermen, welche vulkanische und überhaupt an Schichtenstörungen leidende Gegenden zeigen, bietet einen gewissen Ausgleich gegenüber den erwähnten Schäden.

Vulkanismus: Europa hat nur im äußersten Süden (Mittelmeer) tätige Vulkane: Ätna, Vesuv, Stromboli, Vulcano, Pantelleria, Santorin.

Asien. Auf dem Armenischen Hochland sind Ararat und Tandurek, im Kaukasus der Degneh, am Kaspischen See der Demawend als noch nicht erloschen zu betrachten. Ganz Nordasien ist vulkanfrei und Innerasien mindestens arm daran (am Kwenlun die Vulkane Rubruk und Reclus [?], im Tien-schan, bei Mergen). Der pazifische Rand Asiens ist außerordentlich vulkanreich: Kamtschatka 11 tätige Vulkane, die Kurilen 9, die Japanischen Inseln 4, Formosa 2 (?), Philippinen 7, Marianen 4, die Kleinen Sunda-Inseln 13, Java 14, Sumatra 6 usw.

Australien und Tasmanien sind vulkanfrei; aber der Bismarck-Archipel, die Salomonen, Neuen Hebriden, Hawai und ein großer Teil der anderen ozeanischen Inseln sind vulkanisch.

Amerika weist den längsten Vulkangürtel auf. Der ganze westliche Gebirgszug vom Feuerland hinauf bis zur Halbinsel Alaska im Norden, die zu den mit 9 Vulkanen besetzten Aleuten hinüberführt, sind mit tätigen Vulkanen besetzt, die sich am meisten in Südamerika, Mittelamerika und Westindien häufen; in den Umgebungen der Landenge von Panamá findet sich aber eine Lücke der vulkanischen Tätigkeit.

In Afrika stehen tätige Vulkane in der Nähe der Einsturzgräben im Osten, im Roten Meere und auf den Inseln Komoren, Réunion, Madagaskar. Im Westen sind das Kamerungebirge, Lanzarote (Kanarische Inseln), Fogo (Kapverden) usw. zu nennen.

Im Norden des Atlantischen Ozeans ist besonders Island Sitz vulkanischer Tätigkeit.

Die pazifische Welt, von jungen Faltengebirgen eingerahmt, ist der Hauptsitz der vulkanischen Tätigkeit, während der Atlantische und Indische Ozean, meist von tafelförmigen Schollenländern umgeben, mit Ausnahme der drei Mittelmeere, welche eine große Bruchzone der Erde bezeichnen, geringe Tätigkeit zeigen.

Erdbeben. Die Hauptgebiete der seismischen Tätigkeit sind die Gegenden, in welchen jüngst und noch jetzt tektonische Bewegungen der Erdrinde vorkamen. Wohl sind auch die Vulkane an diese Gebiete vorzugsweise gebunden, aber die Erdbebenzonen umfassen viel größere Flächen.

In Europa liegen die Haupterschütterungsgebiete in der alpinen Zone: Alpen, Karpathen (Innenseite), Griechenland, Italien (Calabrien, Umgebung des Vesuv und Ätna, mittlerer Apennin), Pyrenäen, Sa. Nevada, Lissabon. In Asien knüpfen sich die Erderschütterungen an den Hochlandsgürtel vom Ägäischen Meer (Kleinasien) und Kaukasus bis zum Himalaja und an die Gegend des syrischen Grabens, in Afrika an das Atlasgebirge und den zentralafrikanischen Graben (Tanganika). Aber das Hauptgebiet der seismischen Erschütterungen wie des Vulkanismus sind die pazifischen Randländer, namentlich Japan, Zentralamerika und das pazifische Südamerika. Das Festland Australiens und Tasmanien sind erdbebenfrei.

Die Thermen sind in Europa häufig; besonders der Westen Deutschlands, Nordböhmen, die Pyrenäen, Ungarn sind reich daran, auch Island, Kleinasien, Transbaikalien, die Nordinsel Neuseelands, die Vereinigten Staaten sind wohl damit ausgestattet.

Als Untergrund wirkt der Boden auf die Wahl des Wohnplatzes ein.

Höhlenreiche Landschaften, wie Kalkgegenden, bieten einer niedrigeren Wirtschaftsstufe öfters natürliche Wohnungen. Für künstliche Behausungen möchte der Baugrund trocken, fest und eben sein, auch gegen tierische und menschliche Feinde Schutz bieten. Feste Erhebungen in sumpfigen Gegenden, größere Inseln oder Halbinseln oder vorspringende Felsen an Flußläufen, natürliche Lichtungen im Wald sind diejenigen Stellen, welche der Mensch als geeignet für die Ansiedelung erkennt. Wo solche Plätze fehlen, gelangt man schon frühzeitig, auch auf niedriger Wirtschaftsstufe, dazu, zum Teil die von Natur fehlenden Bedingungen künstlich zu schaffen: in Überschwemmungsgegenden schüttet der Mensch Wurten; seine Wohnung stellt er auf Pfahlbauten, über dem Wasser oder auch über sumpfigem Lande. Eine fortgeschrittenere Wirschaftsstufe festigt den Boden künstlich durch Steinpackungen, Zement u. dgl. oder entwässert das Land und schützt es gegen Überschwemmung, ebnet es nach Bedürfnis und schafft, wenn nötig, künstliche Inseln und Halbinseln z. B. für Leuchttürme, künstliche felsenfeste Vorsprünge oder Ufer an Flußläufen, usw. Kurz, die Wirtschaftsstufe der Wissenschaft wird in der Wahl der Wohnstätte nicht mehr örtlich und qualitativ beschränkt durch die Naturverhältnisse, sondern korrigiert letztere in weitgehendem Maße und kann darum auf die wirtschaftlichen Bedingungen der Lage mehr Rücksicht nehmen.

Der Boden bietet für Wohnungszwecke Kalkhöhlen, namentlich in den subtropischen Mittelmeergebieten, z. B. in den Atlasländern, Kleinasien usw. In der trocken-subtropischen Zone ist der Sand ein schlechter Baugrund; aber für die flüchtigen Zelte der Nomaden genügt er wohl. Man sucht jedoch nach Möglichkeit Zelt oder Haus auf den Fels zu bauen. Die feuchten tropischen und gemäßigten Gebiete neigen zur Sumpfbildung; dort finden wir die Pfahlbauten, Bevorzugung fester Erhebungen und künstlicher Hügel, hier Entsumpfung und künstliche Festigung des Untergrundes (Fundament).

Die Nähe von Trinkwasser im Boden muß der Mensch bei der Wahl des Wohnungsplatzes berücksichtigen.

Für die niedrigeren Wirtschaftsstufen sind neben Quellen- oder Seewasser die fließenden Gewässer trotz der schlechten Qualität, die ihr Wasser bisweilen in volkreichen Gegenden durch Abfälle der Wirtschaft usw. erhält, die gegebenen Trinkwasserlieferanten, so daß sie — hier abgesehen von anderen Gründen — die Siedelungen zu sich heranzwingen. Die Wirtschaftsstufe der Wissenschaft befreit sich von diesem Naturzwang immer mehr. Wenn nicht andere Gründe einen Ort an den Fluß zögen, oder die ältere Lage an demselben natürlich festgehalten würde, die Trinkwasserfrage bindet in den Ländern der höchsten Wirtschaftsstufe die größeren Orte schon längst nicht mehr an den Fluß. Auch die öffentlichen Schöpfbrunnen, deren sanitäre Verhältnisse zu Zeiten recht bedenklich waren, sind nur noch in kleinen Landstädtchen und Dörfern erhalten. Wasserleitungen, oft von weither, schaffen jetzt reines oder künstlich geklärtes Wasser herbei; fehlt es an Hochquellen, um das Wasser durch natürliches Gefälle heranzuführen, so staut man Gebirgsbäche oder Flußoberläufe, wo sie noch rein sind von schädlichen Beimengungen, durch Talsperren zur Wasserlieferung (diese Technik kannten auch schon die alten Ägypter, Inder und Römer), oder pumpt das Wasser aus den Tälern gereinigt auf die Höhen. Besonders die Qualität des Wassers, und damit der Gesundheitszustand der Menschen, hat durch die Wasserleitungen bedeutend gewonnen; aber auch die Möglichkeit, eine Stelle für eine Siedelung — gegen die natürlichen Trinkwasserverhältnisse — nun lediglich nach wirtschaftlichen Rücksichten auszusuchen.

Trinkwasser ist besonders in den trockenen Subtropenländern ein rares Ding. Jede Quelle zieht hier die Siedelungen an. Durch Zisternen, welche das Regenwasser sammeln, hilft man sich. Doch sind stellenweise auch schon artesische Brunnen geschaffen, und Wasserleitungen breiten sich aus. In den Tropen ist kein Mangel an Trinkwasser, aber es ist oft sehr schlecht und gibt zur Entstehung und Ausbreitung von bösen Krankheiten (Dysenterie, Cholera) Anlaß. Neuestens fängt man auch hier an, mit europäischer Hilfe, zunächst vereinzelt, auf Wasser zu bohren und Leitungen anzulegen. In der gemäßigten Zone sind Wasserleitungen und sorgfältige Reinigung des Trinkwassers meist verbreitet. In der polaren Zone kommt wohl Schnee und Eis für Wasserbereitung in Betracht.

Der Boden liefert zum Teil das Material zum Wohnungsbau.

Wo Holz, Bambus und ähnliche Stoffe aus dem Pflanzenreich fehlen, oder Zelte aus Tierstoffen nicht am nächsten liegen, wird der Boden zum Hausbau verwendet; das Schneehaus findet sich stellenweise. Der Lehm- oder Ziegelbau, die Benutzung von Felsquadern und Eisen wird immer mehr gegenüber dem feuergefährlichen und vergänglichen Holzbau ausgedehnt. Wo Lehmboden zur Ziegelfabrikation oder Quadern und Steine fehlen, schafft sie der Verkehr herbei, und auch die künstliche Herstellung von Steinen, z. B. auch von Sandsteinquadern, bewirkt immer mehr, daß die Wirtschaftsstufe der Wissenschaft auch nicht annähernd in dem Maße von der natürlichen örtlichen Verteilung und der Menge und Beschaffenheit des jederorts vorliegenden Boden-Baumaterials abhängig ist wie die niedrigeren Wirtschaftsstufen.

Die Materialien zum Wohnungsbau liefert nur zum Teil der Boden; in den holzreichen Zonen: der gemäßigten, feucht-subtropischen und tropischen Zone sind es meist Holz bzw. andere Pflanzenstoffe (Bambus, Blattstiele und Palmblätter usw.). Indem der Boden in allen diesen Klimazonen tief hinab zersetzt ist zu Lehm oder ähnlichem Gebilde, bietet sich einer höheren Wirtschaftsstufe der Lehmbau dar. In der gemäßigten Zone verdrängt allmählich der Lehmziegelbau, der Steinbau, die Eisenkonstruktion das Holzhaus. Der Lehmbau herrscht auch in den baumärmeren

Gebieten überhaupt vor. In der trocken-subtropischen Zone wird das Haus des Ansässigen aus Lehm, wo solcher vorhanden ist, oder aus Steinen gebaut. Der Nomade entnimmt den Stoff zu seinen Zelten den Haustieren. In der polaren Zone, wo der Baumbestand fehlt, ist Schnee das natürliche Hausbaumaterial.

Für den Verkehr wird der Untergrund dadurch wichtig, daß die verschiedenen Bodenarten in verschiedenem Maße gangbar sind.

Eisböden sind im allgemeinen dem Verkehr verschlossen, namentlich wenn das Eis in Schollen übereinandergeschoben ist; auf ruhigen Seen und Flüssen kann es zuzeiten eine geeignete Verkehrsstraße abgeben. In manchen Gebieten, z. B. in der moorigen Tundra, wird der Boden nur durch Gefrieren gangbar. Schneefelder geben zeitweise gute Fahrstraßen für den Schlitten, den schon niedrigere Wirtschaftsstufen erdachten. Flugsandstrecken, Wüsten mit Dünenbildung sind auch schwer gangbar, wenn sie ausgedehnt sind, für den Fußgänger unüberwindlich; erst die Heranziehung des der Wüste angepaßten Kamels in seinen Dienst ermöglichte dem Menschen die Überwindung der Sandwüsten. Auch Steinwüsten (Geröll- und Blockwüsten) können ernstliche Schwierigkeiten bereiten; sonst ist Felsgestein an sich ganz gut gangbar. Tonige Gesteine, auch Kalk- und Sandsteine werden, stark durchweicht, ganz oder fast ganz ungangbar; Rutschungen sind bei Tonböden zu befürchten. Sümpfe sind ein schwer überwindliches Hemmnis des Verkehrs, das aber die Wirtschaftsstufe der Wissenschaft durch Austrocknung oder Dammschüttung beseitigt. Überhaupt besteht die Tätigkeit des Menschen, sich von dem Naturzwang, welcher in der Ungangbarkeit der Böden (sei sie auch nur zeitweise vorhanden) liegt, zu befreien, darin, daß er gewisse Teile des Landes: Straßen, künstlich festigt. Doch gelangt hierzu erst die Wirtschaftsstufe der Tradition, und noch vollkommener die der Wissenschaft.

Die Gangbarkeit des Bodens für den Verkehr ist in den feuchten Zonen: der eigentlich-tropischen (äquatorialen Depressionszone), der feucht-subtropischen und der gemäßigten, zu und nach Regenzeiten sehr schlecht, da dann der Boden oft tief durchweicht ist. In der tropischen Zone tut die niedrige Wirtschaftsstufe nichts gegen diesen Naturzwang. In der feucht-subtropischen Zone wird mit großen Schwierigkeiten gekämpft; stellenweise wird etwas zur Befestigung gewisser Straßenzüge getan. In der trocken-subtropischen Zone ist die Sandwüste schwer gangbar. Aber nicht nur das Kamel durchschreitet sie heute; auch Eisenbahnen sind mit Erfolg (zentralasiatische Bahn, südwestafrikanische Bahn Lüderitzbucht-Kubub) dort eingedrungen. Auch Steinwüsten, nacktes Felsgestein, ferner Lößboden, der zur Trockenzeit zu Staub zerfällt, zur Regenzeit unergründlichen Schmutz bildet, kommen in dieser Zone vor. Schneefelder, Eisböden und Tundren sind für die polare Zone charakteristisch. Wo die Wirtschaftsstufe der Wissenschaft die Wegeschaffung in die Hand nahm, sind in allen Zonen die Schwierigkeiten überwunden; Eisenbahnen und Straßen dringen selbst, wenn auch mühsam, in die eigentlich tropischen Länder ein. In der gemäßigten Zone sind Kunststraßen (Chausseen), Eisenbahnen usw. stark verbreitet.

Eine Aufwärtsentwickelung ist auch in der Ausnutzung des Werkzeug- (im weitesten Sinne) Materials, das der Mensch im Bergbau[1]) dem Boden entnimmt, zu bemerken.

[1]) Vgl. auch S. 34.

Der primitive Wilde hebt auf, was ihm vom Bodengestein zweckdienlich erscheint, Feuerstein, Jaspis, Obsidian, Serpentin; meist aber machte er sich auch schon vom örtlichen Zwang unabhängig durch ziemlich weitgehenden Austausch dieser Rohstoffe, die, wie er instinktiv empfand, die Hauptangriffswaffen gegen die Natur abgaben.

Der Bereich der Rohstoffe, die der Bergbau dem Boden entnimmt, erweitert sich mit dem wirtschaftlichen Aufschwung, und für die verschiedenen Zwecke wurden immer geeignetere Stoffe gefunden; so folgte als Werkzeugstoff dem Stein: Bronze (Legierung von Kupfer und Zinn) und dieser Eisen und Stahl.

Die Mineralien kommen namentlich in den älteren Erdschichten vor. Da nun die Ebenen meist aus lockerem Material jung aufgeschüttet sind, so enthalten sie wenig Bodenschätze; die Gebirge dagegen, in denen die tieferen Schichten der Erde und mit ihnen die mineralischen Einschlüsse zutage treten, sind reich an Bodenschätzen, und zwar sind auch hier die älteren Schichten reicher ausgestattet als die jüngeren. Ebenso sind die alten mineralreichen vulkanischen Gesteine vor allem in und an den Gebirgen anzutreffen. Auch die Zerstörungsprodukte der Gebirge, die sich meist in der Nähe finden, sind reiche Fundstätten mancher Mineralien.

Ausgedehnte älteste Gesteinsschichten, an die das Vorkommen von Bergbauschätzen sich meist geknüpft findet, treten namentlich in Skandinavien und Finnland, in Rußland (mit Ural), in Sibirien zwischen dem unteren Jenissei, der Lena und den nördlichen Randgebirgen Hochasiens, im Amurgebiet und am Ochotskischen Meer, im eigentlichen China, in Tibet, in Dekhan, in Australien, in fast ganz Afrika (Abessinien, Sudan, Südafrika), in Nordamerika um die Hudsonbai herum bis zu den Großen Seen und in Grönland, im Felsengebirge bis nach Alaska hinein und in den Anden, auch im guayanisch-brasilianischen Plateauland auf.

Vulkanische Gesteine in größeren Flächen sind aus dem Felsengebirge Nordamerikas, den Anden Südamerikas, in Island, in Armenien, in Abessinien und an den ostafrikanischen Gräben, in Dekhan, Kamtschatka, Japan, Java, Australien und Neuseeland zu erwähnen.

Gold findet sich entweder auf ursprünglicher Lagerstätte, als Berggold in den ältesten Gesteinsmassen (z. B. Granit, Gneis, silurische Schiefer) in Gängen von Quarz oder eingesprengt in vulkanische Gesteine (Basalt), oder auf sekundärer Lagerstätte als Waschgold (Goldsand), hervorgegangen aus der Zertrümmerung goldhaltiger Gebirge.

Die Gebirgsländer der Erde enthalten darum das meiste Gold[1]), erschlossen wurde es aber immer erst, wenn Männer der höchsten Wirtschaftsstufe sich dort ansiedelten. Gold findet sich am Ural, in Sibirien an den westlichen Hängen der Berg-

---

[1]) Weltproduktion 1851: 107 200; 1860: 164 500; 1870: 160 800; 1880: 160 200; 1890: 181 200; 1900: 392 300 kg; Wert 1904: 347,27; 1905: 375,47 Mill. Dollar; davon Transvaal 101,3 (27,5%); Vereinigte Staaten 86,3 (23%); Australien 85,5 (22,8%); Rußland mit Sibirien 24 (6,4%); Kanada 14,4 (3,8%); Mexiko 13,5 (3,6%); Britisch-Indien 11,6 (3,1%); Rhodesia 7,4 (2%) usw. Vgl. auch die einzelnen Länder. Nach Bartholomews Atlas of the world's commerce Weltproduktion im Durchschnitt 1901—03: 17,700 000 Ounzes; davon Transvaal 4 897 000; Vereinigte Staaten 3 745 000; Australien 3 537 000; Russisches Reich 1 118 000; Kanada 906 000; Indien 530 000; Mexiko 498 000; Neuseeland 450 000; Rhodesia 353 000; China 182 000; Brasilien 136 000; Colombia 127 000; Britisch-Guayana 81 000; Goldküste 71 000; Madagaskar 69 000 usw.

ketten, die sich vom Rande des zentralasiatischen Hochlandes in die sibirische Niederung ziehen, und in der gebirgigen Osthälfte Sibiriens. Die Gebirge Formosas, Koreas sollen goldreich sein, in China, im Süden Dekhans, auf den Philippinen, auf Sumatra, Borneo und Celebes wird Gold gefunden. Das ostaustralische Gebirgsland ist sehr reich an Gold, ebenso wie das aus alten Schichten bestehende Westaustralien. Die alten Rumpfgebirge Afrikas enthalten in Südafrika ungeheure Goldschätze; ferner wird Gold gewonnen in dem alten Plateauland der britischen Goldküste und Französisch-Senegals. Rhodesia enthält ebenfalls Gold, auch nördlich des Sambesi Britisch-Zentralafrika, Portugiesisch-Ostafrika und Deutsch-Ostafrika; ferner kommen Abessinien, Eritrea, Madagaskar in Betracht. Außerordentlich reich an Gold ist das Felsengebirge Nordamerikas. Auch Mexiko enthält beträchtliche Goldlager, in Südamerika wird in den Anden und im guayanisch-brasilianischen Gebirgslande ebenfalls Gold gewonnen.

Silber[1]) wird in Erzgängen archäischer, also ältester, und nächstjüngerer Schichten, besonders der Gneise, Devonschiefer usw., in Schwefelverbindungen, z. B. als Silberglanz, und in vulkanischen Gesteinen, z. B. Melaphyren, angetroffen; meist findet es sich mit Gold, Blei usw. vergesellschaftet. Es wird zu Münzen, Schmuck usw. verarbeitet.

Europas Silberschätze werden wohl bald erschöpft sein, zum Teil sind sie es schon; in Deutschland und im südlichen Spanien gewinnt man noch namhafte Mengen. Asien scheint silberarm zu sein. Australien hat in Broken Hill eine reiche Fundstätte. Vor allem sind das Felsengebirge Nordamerikas und die Anden Mittelamerikas und Südamerikas ungeheuer reich an Silber; in Afrika mögen viele Schätze noch schlummern.

Kupfer[2]) kommt besonders in eruptiven Gesteinen, z. B. den Melaphyren der Steinkohlenformation und besonders des Rotliegenden vor, als Kupferkies in den Urschiefern, ferner in Erzgängen der ältesten Gesteine. Das Kupfer hat eine ungeheure Bedeutung erlangt in der elektrischen Industrie; seine Legierungen: Bronze (Kupfer und Zinn), Messing (Kupfer und Zink), Neusilber (Kupfer, Zink und Nickel) usw. sind für viele industrielle Zwecke geschätzt; auch unsere Goldmünzen sind Kupferlegierungen, weil Kupfer die Härte der Mischung steigert.

---

[1]) Weltproduktion durchschnittlich jährlich 1521—44: 90,2; 1601—20: 422,9; 1701—20: 355,6; 1801—10: 894,2; 1851—55: 886,1; 1861—65: 1101,2; 1871—76: 1969,4; 1880: 2480; 1890: 4180,2; 1900: 5599,2 T., 1901: 5382,4; 1902: 5019,1; 1903: 5302,5 T. Bergwerksproduktion; davon Mexiko 2193,2 = 41,4% der Weltprod. (Hüttenprod. 860 = 16,2% d. W.); Vereinigte Staaten 1689,3 = 30,7% d. W. (H. 3050 = 57,5% d. W.); Zentral- und Südamerika 518 = 9,8% d. W. (H. 200 = 3,6% d. W.); Australien 301,2 = 5,7% d. W. (H. 182 = 3,4% d. W.); Deutschland 181,1 = 3,4% d. W. (H. 396,3 = 7,5% d. W.); Spanien und Portugal 127,2 = 2,4% d. W. (H. 113 = 2,1% d. W.); Kanada 98 = 1,8% d. W. (H. 17,2 = 0,3% d. W.); Österreich-Ungarn 50,5 = 0,9% d. W. (H. 59,1 = 1,1% d. W.); dann folgen Griechenland, Italien, Frankreich, Japan usw. Für die Hüttenproduktion haben noch Bedeutung Großbritannien (385 = 7,3% d. W.) bei geringer Bergwerksproduktion (4,6), Belgien (228; 0). Nach Bartholomews Atlas erzeugten im Durchschnitt 1901—03: Mexiko 62,716; Vereinigte Staaten 55,005; Bolivia 10,738; Australien 10,252; Deutschland 5,706; Chile 5,139; Kanada 4,343; Peru 3,871; Spanien 3,658; Österreich-Ungarn 1,833; Colombia 1,589; Mittelamerika 1,322; Griechenland 1,102 Mill. Ozs. Weltproduktion 170 884 000 Ozs.

[2]) Weltproduktion jährlich im 17. Jahrhundert 6—7000 T.; 1700—1730: 9000; 1820: 27 500; 1840: 42 500; 1860: 90 000; 1870: 110 000; 1880: 155 000; 1890: 280 000; 1900: 490 000; 1901: 524 900; 1902: 550 000; 1903: 584 000; 1904: 651 200; 1905: 708 810 T.; davon Vereinigte Staaten 413 070 (58,3%); Mexiko 65 185 (9,2%); Spanien 44 810 (6,3%); Australien 36 560 (5,2%); Japan 35 910 (5,1%); Chile 29 165 (4,1%); Deutschland 22 160 (3,1%); Kanada 20 535 (2,9%); dann folgen Rußland, Kapkolonie, Peru, Norwegen. Vgl. auch die einzelnen Länder.

Am meisten Kupfererze umschließen die Vereinigten Staaten, besonders in den Rocky Mountains und am Lake Superior; in demselben großen Faltengebirgsgürtel des Felsengebirges und der Anden wird auch in Kanada, in Mexiko, in Peru und Chile viel Kupfer gewonnen. In der Alten Welt sind die Gebirgs- und Plateaulandschaften Spaniens, Afrikas (Kapkolonie, Rhodesia, Katanga, Deutsch-Südwestafrika), Australiens, die Vulkangebiete Japans und Deutschland (Kupferschiefer von Mansfeld) reich daran.

Platina[1]) wird in Rußland (Ural) hauptsächlich, daneben in Colombia, den Vereinigten Staaten, Britisch-Columbia gewonnen.

Nickel wird gewöhnlich mit Kupfer, Eisen usw. zusammen gefunden.

Nickel[2]) wird ganz vorwiegend in Neukaledonien und Kanada gewonnen.

Das Vorkommen von Quecksilber, das sich selten gediegen, häufiger mit Schwefel verbunden in Zinnober vorfindet, ist an vulkanische Erscheinungen geknüpft. Es wird verwendet zur Spiegelbelegung, zur Füllung der Thermometer und Barometer, zum Amalgamieren der Silber- und Golderze, usw.

Quecksilber[3]) wird in Österreich, Spanien, Italien, Rußland, in den Vereinigten Staaten, Mexiko und Brasilien gewonnen.

Das Blei kommt meist mit Schwefel verbunden als Bleiglanz vor, bisweilen in riesigen Mengen von mineralhaltigen Wässern in Höhlen abgesetzt; es ist meist silberhaltig. Blei wird zur Herstellung der Schwefelsäure, zu Bedachungen, Röhren für Gas- und Wasserleitung, zum Letternguß, zur Kugel- und Schrotfabrikation usw. verwendet.

Blei[4]) wird mit Zink in Deutschland, ferner in Kärnten, Belgien, Großbritannien, Frankreich, Spanien, Italien, Serbien, Griechenland gewonnen. In Australien fördert man Blei in Neusüdwales und Tasmanien; Algerien, Südafrika haben Bleivorräte; Britisch-Columbia, die Vereinigten Staaten und Mexiko liefern viel Blei.

Zinnerzlager sind in ihrem Vorkommen an Granitmassive gebunden; auf ursprünglicher Lagerstätte wird Zinn als Bergzinnerz, bei oft nur ½ Prozent Zinn, auf sekundärer Lagerstätte als Seifenzinn (lose Zinnkörner) gewonnen. Es wird zur Herstellung von Stanniol, Zinngußwaren, zur Verzinnung anderer Metalle, zu Legierungen (z. B. Bronze) usw. verwendet.

Zinn[5]) wird hauptsächlich auf der malaiischen Halbinsel und auf den Inseln Banka und Billiton bei Sumatra gewonnen, kommt aber auch in China, Australien, Großbritannien, Bolivia, Vereinigten Staaten usw. vor.

---

[1]) Produktion 1900 etwa 165 000 Unzen (Troy-Gewicht), davon 153 000 in Rußland, etwa 11 500 in Colombia. [2]) Weltproduktion jährlich 1840—50: 100—250; 1877—81: 600; 1892: 2968; 1896: 4393; 1900: 8016; 1901: 8643; 1902: 8739; 1903: 9850; 1904: 12 000 T.; 1901 aus neukaledonischen Erzen 5000; aus kanadischen 3643 T. Produktion. 1904: Vereinigte Staaten und Kanada 6000; Großbritannien 2200; Deutschland 2000; Frankreich 1800 T. (aus neukaledonischen, kanadischen und deutschen Erzen). [3]) Weltproduktion 1870: 2831; 1880: 3771; 1890: 3961; 1900: 3326; 1901: 3121; 1902: 4073; 1903: 3696; 1904: 3967 T.; davon Vereinigte Staaten 1480 (37,3%); Spanien 1058 (26,7%); Österreich-Ungarn 550 (13,9%); Italien 357 (9%); Rußland 332 (8,4%); Mexiko 190 (Schätzung; 5%). Ferner erzeugten Quecksilber China, Japan, Chile, Peru. [4]) Weltproduktion 1890: 586 600; 1900; 870 800; 1901: 846 100; 1902: 873 100; 1903: 873 000; 1904: 926 600 T.; davon Vereinigte Staaten 284 700 (30,7%); Spanien 177 400 (19,1%); Deutschland 137 600 (14,8%); Mexiko 107 000 (11,5%); Australien 86 200 (9,3%); Großbritannien 24 700 T. (2,7%); dann folgen Italien, Belgien, Kanada, Frankreich, Griechenland, Österreich-Ungarn usw. Weltproduktion im Durchschnitt 1901—03 nach Bartholomews Atlas: 869 000 T.; davon Vereinigte Staaten 244 200; Spanien 170 200; Deutschland 136 250; Mexiko 97 600; Australien 87 000; Italien 24 900; Großbritannien 20 700 usw. [5]) Weltproduktion 1821: 4630; 1840: 10 550; 1860: 12 450; 1870: 20 340; 1880: 40 070; 1890: 56 760; 1900: 84 700; 1901: 86 970; 1902: 88 830;

Zinkerze kommen im Gneis, Silur, Devon, im Karbon und Muschelkalk als Galmei, Zinkblende usw. vor; Zink wird gebraucht zur Herstellung von Blech (Dachdeckung), Gußwaren, zum Galvanisieren (Verzinken) des Eisens (Telegraphendraht), zu Legierungen (Messing, Neusilber) usw.

Zink[1]) wird bisher namentlich in Europa (Deutschland, Belgien, Niederlande, Großbritannien) und in den Vereinigten Staaten gewonnen.

Aluminium ist sehr verbreitet in allen Gesteinen, kommt aber nie gediegen, sondern in den alluvialen Tonerden u. dgl. vor. Es wird heute aus Bauxit, Kryolith usw. gewonnen. Es wird wegen seiner Leichtigkeit und Beständigkeit zu allerlei Gefäßen, Maschinenteilen, Bijouteriewaren u. dgl. gebraucht.

Aluminium[2]) wird in den Ländern der höchsten Wirtschaftsstufe an Orten erzeugt, wo große Wasserkräfte sich finden, so an den Niagarafällen, am Rheinfall bei Neuhausen und zu Rheinfelden usw. Die Vereinigten Staaten, die Schweiz, Frankreich, England, Deutschland sind die Hauptproduzenten.

Manganerze finden sich in Eruptivgesteinen, z. B. des Rotliegenden, der indische Lateritboden enthält des öfteren, wenn aus vulkanischen Gesteinen zersetzt, Mangan; man verwendet Mangan zur Herstellung des Chlors, Broms und Jods, zum Entfärben und Färben des Glases, usw.

Manganerz[3]) liefern Rußland, die Vereinigten Staaten, Indien, Spanien, Brasilien, Deutschland usw.

Auch das Eisen findet sich in den älteren Gesteinsschichten häufiger und reichlicher als in den jüngeren. So findet sich Magneteisenstein als Lager (Imprägnationszonen), Flöze oder Stöcke in Gneisen und Glimmerschiefern; auch Roteisenstein, Brauneisenstein, Chromeisenerz finden sich in der Urschieferformation. In den silurischen und devonischen Schichten treten Spateisenstein, Roteisenstein auf, in der Steinkohlenformation Kohleneisenstein, Sphärosiderit, oolithische (in Körnchen) Eisenerze sind in der Juraformation wichtig. Eisen ist das bei weitem wichtigste Werkzeug-, Maschinen- und Gerätematerial der Gegenwart. Sein Vorkommen bestimmte einst mit starkem Zwang die Stätten größerer industrieller Tätigkeit. Auch heute noch finden sich die wichtigsten Industriestätten, insbesondere der Eisen-

---

1903: 90 980; 1904: 94 580 T.; davon Malaiische Halbinsel (Ausfuhr von den Straits Settlements nach Europa und Amerika) 57 570 (61,4%); Bolivia 11 870 (12,6%); Banka 11 500 (12,2%); Australien 4600 (knapp 5%); Großbritannien 4300 (4,6%); Billiton 3200 (3,4%). Nicht berücksichtigt sind die Produktion Chinas, die 10—20 000 T. jährlich betragen soll, und einige kleinere Posten (Burma 1903: 111,7 T).

[1]) Weltproduktion 1881: 261 000; 1890: 347 400; 1900: 471 700; 1901: 507 400; 1902: 545 300; 1903: 571 300; 1904: 625 100 T. Rohzink; davon Schlesien und Rheinland-Westfalen 191 100 (30,6% d. W.); Vereinigte Staaten 165 900 (26,5%); Belgien 140 000 (22,4%); Frankreich und Spanien 49 100 (7,9%); Großbritannien 46 200 (7,4%); Niederlande 13 100 (2,1%); Rußland (Polen) 10 600 (1,7%); Österreich und Italien 9250 T. (1,5%).

[2]) Weltproduktion 1878: 2; 1886: 16; 1891: 333; 1896: 1800; 1900: 7810; 1901: 7810; 1902: 8112; 1903: 8250; 1904: 8750 T.; davon Vereinigte Staaten 3400 (38,9%); Neuhausen (Schweiz), Rheinfelden (Baden), Lend-Gastein (Österreich) 3000 (34,3%); Frankreich 1700 (19,4%); Großbritannien 650 (7,4%) T., nach Schätzungen. Nach Bartholomews Atlas war die Weltproduktion 1902: 7640 T. im Werte von 1 243 000 Pfd. Sterling; Vereinigte Staaten 476 000; Schweiz 250 000; Frankreich 188 000; Großbritannien 80 000 Pfd. Sterling.

[3]) Weltproduktion 1900 etwa 1 400 000 T.; davon Kaukasus 325 200 (Rußland 1899: 659 300 = ca. 45%); Vereinigte Staaten 221 800 (15,8%); Britisch-Indien 132 800 (9,5%); Spanien 112 900 (8%); Brasilien 108 200 (8%); Deutschland 59 200 (4,2%); dann folgen Türkei, Frankreich, Chile, Cuba, Japan, Österreich-Ungarn usw. Vgl. auch bei den einzelnen Ländern. Weltproduktion nach Bartholomews Atlas 1 099 276 T., davon Rußland 528 290; Brasilien 204 913; Indien 150 297; Deutschland 50 636; Türkei 49 100; Spanien 26 463; Chile 16 855; Cuba 15 516; Griechenland 14 721; ferner Österreich-Ungarn, Frankreich usw. Wo bleiben die Vereinigten Staaten? Die Ausfuhr Brit.-Indiens 1905/06: 316 700 T., die Rußlands 1905: 388 230; die Brasiliens 262 420; die Spaniens 30 510 T.

industrie, bis zu einem hohen Grade an die Eisenerzvorkommen gebunden, obwohl der Verkehr bereits eine gewisse Loslösung von diesem örtlichen Zwang zustandebringt, und Eisenerze schon weite Wege über Meere zum Verhüttungsort zurücklegen.

Eisenerze[1]) dürften wohl auf der ganzen Erde reichlich vorhanden sein, aber gefördert werden sie bisher hauptsächlich, und im großen allein, in den Ländern der wissenschaftlichen Wirtschaftsstufe, wo auch ausschließlich eine bedeutende Roheisenerzeugung stattfindet. In Europa sind Deutschland, Großbritannien, Nordschweden, der Ural, Südrußland, Spanien im Norden und Süden die wichtigsten Produzenten. Asien liefert bisher wenig Eisenerz, am meisten erzeugen China und Japan. Ganz in den Anfängen ist die Eisenerzproduktion Australiens und Afrikas. Viel Eisenerz fördern die Vereinigten Staaten, und auch Britisch-Nordamerika und Mexiko gingen an die Erschließung ihrer Eisenerzlager. Die Vereinigten Staaten, Deutschland und Großbritannien erzeugen am meisten Stahl.

Das dritte Haupterfordernis für die Industrie neben dem Rohstoff und dem Werkzeugmaterial ist die Kraftquelle. Gegenwärtig benutzen wir Menschen die Reste längst dahingesunkener Landpflanzen, die Kohle, als hauptsächlichen Lieferanten der geschätzten Dampfkraft.

Steinkohlenlager, durch langsame Verkohlung (Steinkohle 75—80% Kohlenstoff) von Pflanzen unter Luftabschluß entstanden, treten gewöhnlich in tiefgelegenem Land, besonders an vorzeitlichen Küstenlinien auf. Sie finden sich in allen älteren Erdschichten, die Pflanzen trugen, vornehmlich aber und fast allein in abbauwürdigen Lagern (Flözen), die oft in großer Zahl, durch andere Erdschichten getrennt, übereinander liegen, in gewissen Schichten der durch üppigsten Pflanzenwuchs ausgezeichneten Steinkohlenperiode. Anthrazit (90—95% Kohlenstoff) ist das weitest fortgeschrittene Produkt des Verkohlungsprozesses. Graphit[2]) ist fast reiner Kohlenstoff (bis 100%). Die Braunkohlen der Tertiärzeit, in damaligen Ebenen zuweilen zu riesigen Lagern gehäuft, sind ärmer an Kohlenstoff (65—70%) als die Steinkohlen. Torf des Diluviums hat nur 60% Kohlenstoff. Torf, Braunkohle, Steinkohle, Anthrazit und Graphit sind nur verschiedene Stadienprodukte desselben Verkohlungsprozesses. Die einzelnen Kohlenarten haben sehr verschiedenen Wert für Verwendungszwecke. Es genügt also nicht das Vorkommen von Kohle an einem Orte ohne weiteres, um

---

[1]) Weltproduktion von Eisenerz 1901: 84 018 000; 1902: 92 684 000; 1903: 98 139 000 T.; davon Vereinigte Staaten 35 019 000 (35,7% d. W.); Deutschland mit Luxemburg 21 231 000 (21,6%); Großbritannien 13 716 000 (14%); Spanien 8 304 000 (8,5%); Frankreich 6 220 000 (6,3%); Rußland 4 219 000 (4,3%); Schweden 3 678 000 (3,7%); Österreich-Ungarn 3 155 000 (3,2%); Cuba 619 000 (0,6%); Neufundland 589 000 (0,6%); Algerien 589 000 (0,6%); Italien 380 000 (0,4%); Kanada 236 000 (0,2%); Belgien 184 000 T. (0,2%). Weltproduktion von Roheisen 1850: 4 187 000; 1860: 7 446 000; 1870: 12 021 000; 1880: 18 461 000; 1890: 27 427 000; 1900: 40 972 000; 1901: 40 250 000; 1902: 43 669 000; 1903: 46 104 000; 1904: 46 070 000; 1905: 54 061 000 T.; davon Vereinigte Staaten 23 360 300 (43,2%; 1850: 13,6% d. W.); Deutschland 10 987 600 (20,3%; 1850: 5,1%); Großbritannien 9 746 200 (18%; 1850: 53,2%); Frankreich 3 077 000 (5,7%; 1850: 9,7%); Rußland 2 125 000 (3,9%; 1850: 4,8%); Österreich-Ungarn 1 372 300 (2,5%; 1850: 4,7%); Belgien 1 310 290 (2,4%; 1850: 3,4%); dann folgen Schweden, Kanada, Spanien usw. Weltproduktion von Stahl 1850: 85 000; 1860: 200 000; 1870: 700 000; 1880: 4 274 000; 1890: 12 231 000; 1900: 27 130 800; 1901: 31 000 000; 1902: 34 519 300; 1903: 35 368 300; 1904: 36 148 100; 1905: 43 918 700 T.; davon die Vereinigten Staaten 20 354 300 (46,3%; 1850: 2,4%); Deutschland 10 066 600 (22,9%; 1850: 11,8%); Großbritannien 5 983 700 (13,6%; 1850: 47%); Frankreich 2 110 000 (4,8%; 1850: 17,7%); Rußland 1 650 000 (3,8%; 1850: 2,4%); Österreich-Ungarn 1 188 000 (2,7%; 1850: 16,5%); Belgien 1 023 500 (2,3%); dann folgen Kanada, Schweden, Spanien, Italien usw.

[2]) Weltproduktion 1902 nach Bartholomews Atlas 80 700 T. im Werte von 895 000 Pfd. Sterl., davon Ceylon 25 200 T., 730 000 (?) Pfd. Sterl.; Österreich 29 100 T., 76 700 (?) Pfd. Sterl.; Vereinigte Staaten 8000 T., 37 900 Pfd. Sterl.; Indien 4600 T., 24 400 Pfd. Sterl., ferner Deutschland, Italien usw.

dort eine beliebige Industrie ins Leben zu rufen; es möchten die gerade benötigten Kohlenarten zur Verfügung stehen. Der Verkehr schwächt diesen in der natürlichen Verteilung der Kohlenqualitäten liegenden Naturzwang durch geregelten Austausch immer mehr ab, wie er auch die ursprüngliche Bodenständigkeit der maschinellen Großindustrie, welche die Kohlenvorkommen vorzuschreiben schienen, immer mehr aufzuheben strebt. Backkohlen, welche in der Hitze zusammenbacken, sind als „fette" Kohlen gasreich, als „halbfette" Kohlen gasarm. Gasreiche Kohlen sind langflammig und leuchtend, gasarme kurzflammig und wenig leuchtend. Gasarm sind auch die Sinterkohlen, die in der Hitze zusammensintern, und die Sandkohlen; gasarme Sinter- und Sandkohlen bezeichnet man als „magere" Kohlen. Backkohlen werden zur Erzeugung unseres brennbaren Gases benutzt, wobei Koks oder Coke, Teer usw. als Rückstand gewonnen wird. Gascoke ist freilich nicht so wertvoll als der besonders hergestellte Brenncoke (Brennkoks); Coke wird in der Metallurgie und bei Zentralheizungen als Brennstoff geschätzt. Auch als Schmiedekohlen sind die Backkohlen wertvoll. Sinterkohle paßt für Kesselfeuerungen, Schachtöfen u. dgl., Sandkohle für Ziegel- und Kalkbrennen. Langflammige Kohlen werden für Heizung großer Flächen, z. B. Kessel, gesucht, kurzflammige für rauchlose Verbrennung. Steinkohlenstaub mit Teer liefert Steinkohlenbriketts. Braunkohle und Torf werden als minderwertiges Brennmaterial gebraucht. Aus Braunkohlenstaub fertigt man Braunkohlenbriketts und „Preßsteine", auch Grudekoks als Heizmaterial, ferner Braunkohlenteer; aus Torf, der als „Stechtorf" gestochen wird, auch Preßtorf zum Brennen, ferner Torfstreu und Torfmull.

Reiche Kohlenlager sind bisher hauptsächlich aus der nördlichen, weniger der südlichen, gemäßigten Zone bekannt; Steinkohlen[1]) kommen auch in polaren Regionen, im begünstigten (s. S. **111**, Anm. 1) Westen der Nordkontinente bis nach Spitzbergen, dem Yukongebiet usw. hinauf, und im subtropischen Gebiet, sowie in den Tropen vor, scheinen aber dort überall spärlicher, zum Teil sehr spärlich und wenig ausgedehnt vorhanden zu sein, wie auch Braunkohle, Torf und Petroleum. Im polaren Gebiet waren die Wärmeverhältnisse, in der subtropischen Zone die Niederschlagsverhältnisse in der Steinkohlenperiode anscheinend dem organischen Leben nicht sehr günstig; in der tropischen Zone geht bei hoher Temperatur und Feuchtigkeit die Zersetzung der Organismen zu schnell vor sich, als daß es zur Verkohlung kommen könnte.

---

[1]) Weltproduktion 1850: 67, 1900 etwa 700, 1904: 790, 1905: 840 Mill. T., davon 1904 Vereinigte Staaten 5,776, 240,97, 314,6 (fast 40%), 1905: 350,8; Großbritannien 45,3, 225,2, 232,4 (29,4%), 1905: 236,1; Deutschland 5,184, 109,29, 120,7 (15,3%), 1905: 121, 2; Frankreich 4,434, 32,72, 33,08 (4,3%) 1905: 34,8; Belgien 5,82, 23,46, 22,4 Mill. T. (3,0%), 1905: 31,5; Rußland 52 000, 16,1, 19,3 Mill. T. (2,4%); Österreich-Ungarn 584 000, 12,36, 11,87 Mill. T. (1,5%). Dann folgen (Braunkohlen eingeschlossen) 1904: Japan mit 10,09, Brit.-Indien 8,35, Kanada 7,63, Austral. Bund 7,25, Brit.-Südafrika (Kapkolonie, Natal, Transvaal-, Orangeflußkolonie) 3,3, Neuseeland 1,56, China 1,1, Chile 0,83, Mexiko 0,7, Bosnien und Herzegowina 0,48, Niederlande 0,47, Italien 0,36, Indochina 0,337, Schweden 0,32, Türkei 0,3, Spanien 0,22 (hier muß in der Weltproduktions-Statistik ein grober Fehler vorliegen; Spanien erzeugte 1904: 3 023 000 T.), Niederl.-Ost-Indien 0,21, Serbien 0,183, Bulgarien 0,142, Rumänien 0,11, Peru 0,06, Formosa 0,003, Portugal 0,001, Griechenland 0,001 Mill. T. Der Kohlenverbrauch ist am größten in den Vereinigt. Staaten (1904: 307,6), Großbritannien (166,6), Deutschland (107,2), Frankreich (45,6), Rußland (22,95), Belgien (21,1), Österreich-Ungarn (1903: 18,1 Mill. T.). Vgl. auch die einzelnen Länder. Nach Bartholomews Atlas war die Weltproduktion im Durchschnitt 1901—1903: 812 358 000 T. (einschl. Braunkohle). Davon förderten die Vereinigten Staaten 284, Großbritannien 225,5, Deutschland 152,8, Frankreich 31,9, Belgien 22,6, Österreich-Ungarn 39,5, Rußland 16,1 Mill. T. usw. Der Wert pro 100 T. (einschl. der Braunkohlen) war: Frankreich 60,4, Belgien 56, Kanada 45, Rußland 43,4, Großbritannien 42, Deutschland 35,9, Japan 30, Vereinigte Staaten 29,8, Neusüdwales 28, Österreich-Ungarn 10 £.

Die wichtigsten Kohlenproduzenten sind die Länder der Wirtschaftsstufe der Wissenschaft; die anderen Länder beteiligen sich kaum an der Kohlengewinnung. In Europa sind die Haupterzeuger von Steinkohlen: Großbritannien, Nordfrankreich, Belgien, Deutschland, Rußland und Österreich-Ungarn. Das trocken-subtropische Südeuropa ist dagegen recht arm an Steinkohlen.

In Asien ist das gemäßigte China enorm reich an Steinkohlen, aber erst wenige Lager werden nach europäischer Art ausgenutzt. Sibirien ist nicht arm an Kohlen; Indien und Japan sind mäßig ausgestattet. In den tropischen Gegenden fanden sich bisher nur spärlich Steinkohlenlager: in Sumatra, auf den Inseln Labuan und Pulo Nangka bei Niederländisch-Borneo, auf einigen Philippineninseln und in Tongking. In dem dürren Hochasien und in dem trocken-subtropischen Vorder- und Westasien sind nur ganz vereinzelt Kohlen gefunden: in Kleinasien, in Ferghana.

Das trocken-subtropische Nordafrika ist sehr arm an Steinkohlen, sowohl die Sahara, als auch das Atlasland und die arabische Wüste östlich des Niltals. Im tropischen Afrika sind Kohlen noch fast gar nicht entdeckt und wohl auch nur in geringen Mengen zu erwarten.

In Ostafrika fand man ein wenig Kohlen in Abessinien, in Deutsch-Ostafrika und in Portugiesisch-Ostafrika. Ziemlich zahl- und inhaltreiche Kohlenlager beherbergt der Süden Afrikas in seiner feuchteren Osthälfte, die vorwiegend in britischem Besitz ist, während leider die trocken-subtropische Westhälfte (Deutsch-Südwestafrika) keine Kohle zustande brachte. Im vegetationsreicheren Osten und Süden Südafrikas schätzt man das bisher bekannte Areal der Kohlenlager auf 56 000 (englische) Quadratmeilen. Am wichtigsten sind gegenwärtig die Kohlengruben Natals. In der Kapkolonie sind die Gruben in den Stormbergen bei Indwe und Molteno wichtig. Der Transvaal liefert eine bedeutende Menge von (meist minderwertigen) Kohlen. Auch in Rhodesia sind neuerdings immer mehr Steinkohlenlager aufgefunden worden. Madagaskar enthält Kohlen an der Nordküste gegenüber der Insel Nossi Bé.

In Australien finden sich anscheinend reichlich Kohlen und werden zum Teil abgebaut in Neusüdwales, Queensland, Victoria, Westaustralien; auch Neuseeland enthält genug Kohlenlager.

Die Inseln des Großen Ozeans wie der anderen Ozeane kommen als Kohlenproduzenten wohl gar nicht in Betracht.

Der Osten Nordamerikas ist sehr reich an Steinkohlen, während der gebirgige Westen nur mäßig ausgestattet ist. In Kanada finden sich im Osten an der Küste wertvolle Lager. Im Westen produzieren die Inseln Vancouver und die Queen Charlotte Islands Kohlen. Im Innern dehnen sich ausgedehnte Kohlenfelder in Manitoba und vor allem in den Nordwestterritorien, längs des Fußes der Rocky Mountains bis zum Peace R. im Norden aus; erst wenige Lager werden hier ausgebeutet. Auch in den nördlicheren Rocky Mountains und im Yukongebiet sind kleine, geringwertige Kohlenlager vorhanden.

In den Vereinigten Staaten gibt es gewaltige Kohlen- und auch Anthrazitfelder, und die Union ist der wichtigste Kohlenproduzent der Erde.

In Mexiko und in ganz Mittelamerika und Westindien, besonders aber auch in Südamerika scheinen nur wenig Kohlen sich zu finden. In Colombia sollen (!) sie reichlich vorhanden sein; in Venezuela, Ecuador und Peru wird ein wenig, in Chile etwas mehr gewonnen. In Argentinien scheinen Kohlen zu fehlen; in Uruguay sind Kohlen sehr spärlich, Torflager reichlich vorhanden. In Brasilien finden sich spärlich Kohlen. Im tropischen Südamerika fand man Kohlen bisher wohl nicht.

Braunkohlen[1]) erzeugen besonders Deutschland und Österreich.

Torflager sind ausgedehnt in allen feuchten und kühlen nordischen Ländern: Großbritannien, Nordfrankreich, Deutschland, Schweden, Nordrußland; Torflager, die man anfängt auszubeuten, sind in Kanada in ungeheurer Ausdehnung zu finden; auf der südlichen Halbkugel treten sie in Uruguay, Chile, Südafrika, Australien in geringer Ausdehnung auf.

Petroleum[2]), gleicher Entstehung wie Kohle und Torf, eine Verbindung von Kohlenstoff und Wasserstoff, kommt als flüssiges Erdöl oder Naphtha längs tiefer Brüche der Erdrinde, in der Nähe von Gebirgsketten und in vulkanischen Gegenden in den Bereich des Menschen; Naturgas, gasförmig gebliebener Kohlenwasserstoff, ist meist in seiner Gesellschaft und öfters auch Asphalt, festgewordene Naphtha. Petroleum hat für den Menschen Wert hauptsächlich als Leuchtmaterial, als welches es die sonst gebräuchlichen verschiedenen Öle immer mehr verdrängt, aber auch zum Kochen und zum Betrieb der Petroleummotore wird es verwendet und liefert Benzin und andere Nebenprodukte.

Petroleum wird ebenfalls hauptsächlich in den Ländern der höheren Wirtschaftsstufen gewonnen. Europa ist mit Petroleum in den verschiedenen Gegenden sehr verschieden bedacht: am Außenrand der Karpathen in Galizien und an deren Rand in Rumänien wird es in ziemlichen Mengen gewonnen. Ein wenig Petroleum findet man an den Apenninen und in Deutschland.

Im ganzen ist Europa arm an Petroleum und auf große Einfuhr angewiesen.

In Asien liegen Petroleumquellen vor allem längs des Kaukasus (zumal auf der Halbinsel Apscheron) und an dem ganzen Nordrand des vorderasiatischen Hochlandes östlich des Kaspischen Meeres und kommen an den Ausläufern des zentralasiatischen Hochlandes in China, Japan, auf Formosa, auf den Sundainseln, auf den Philippinen, in Hinterindien, vor und zum Teil zur Ausbeutung.

Afrika liefert heute fast gar kein Petroleum; in den Provinzen Algeriens Oran und Constantine und am Golf von Suez, auch in Kamerun hat man ein wenig Petroleum gefunden.

In Australien entdeckte man bedeutende Ölschieferlager, auf der vulkanischen Nordinsel Neuseelands neuestens Petroleumquellen.

In Amerika findet sich eine reiche Petroleumregion längs der Appalachen, parallel dem St. Lorenzbruch, an dessen anderer Seite in Ontario Petrolia und Oil Springs liegen. In den Vereinigten Staaten wird Petroleum in bester Qualität (Leucht-

[1]) Weltproduktion um 1903 etwa 80,9 Mill. T., davon Deutschland 1902: 43, 1903: 45,82 (56,6% d. W.); 1904: 48,63; Vereinigte Staaten 1903: 5,98 (7,4%); Österreich 22,1, 1903: 22,16, 1904: 21,99; Ungarn 5,1, 1903: 5,27 (Österreich-Ungarn 34%); Frankreich 0,6 (0,7%); 1901: Bosnien und Herzegowina 0,4, Italien 0,4, Bulgarien 0,14, Serbien 0,13 Mill. T.

[2]) Weltproduktion 1900: 148 077 200 Barrel (à 42 Gallonen = 158,98 l = 130,9 kg) = 19 383 000 T.; 1901: 165 718 500 B. = 21 692 000 T., davon 1901: Rußland 85 168 600 B. = 11 148 600 T. (zu Baku 1902: 10 266 600 T.; 1904: 10 066 500 T.; 1905: 6 720 800 T.) = 51,4% der Weltproduktion. Vereinigte Staaten 69 389 200 B. = 9 083 000 T. (1902: 80 900 000; 1905: etwa 115 Mill. B.) = 41,9% d. W.; Galizien 3 372 300 B. = 2% d. W.; Niederl.-Indien 3 349 400 B. (2%); Rumänien 1 602 700 B. (1%); Brit.-Indien (Burma) 1 185 000 B. (0,7%); Kanada 704 900 B. (0,4%); Japan 548 200 B. (0,3%); Deutschland 313 600 B. (0,2%); Peru 74 600 B. (0,05%); Italien 10 100 B. Hauptausfuhrländer sind die Vereinigten Staaten und Rußland. Nach Bartholomews Atlas wurden an Rohpetroleum erzeugt: 1860: 17; 1870: 184; 1880: 920; 1890: 1604; 1900: 2227; 1901: 2429; 1902: 3107; 1903: 3516; 1904: 4097 Mill. Gallonen (?).

petroleum) und in den größten Mengen im Appalachengebiet und im Lima-Indianadistrikt gewonnen; doch trat hier ein Rückgang ein, während in Kalifornien und Texas die Petroleumgewinnung (Heizpetroleum) sehr schnell zunimmt. In Pennsylvanien, Indiana, West-Virginien, Ohio kommen außerdem große Naturgasvorräte vor, die aber bald erschöpft sind. In Mittel- und Südamerika findet sich Petroleum hier und da am Fuße der Anden. An der Golfküste Mexikos soll es reichlich vorhanden sein; in Venezuela, Peru usw. wird ein wenig gefunden.

Asphalt[1]) gewinnt man in Deutschland, in der Schweiz, in Italien, Frankreich, Rußland, Vereinigten Staaten, Mexiko, auf Trinidad, Cuba und in Venezuela.

Kochsalz (Chlornatrium), den für den Menschen sehr notwendigen Nahrungsmitteln zuzurechnen, findet sich in ehemaligen und heutigen kontinentalen Steppen- und Wüstengebieten, in den verschiedensten Erdschichten, im Meere und in Binnenseen. Man benutzt ebenso das feste Steinsalz, das, Schichtgesteinen eingelagert, bergmännisch gewonnen werden muß, als das Steppen- und Wüstensalz, das oberflächlich zugänglich ist, als Solen, aus Salzlagern natürlich austretende oder künstlich erzeugte Salzwässer, als Salz aus dem Meere, durch Verdunsten von Meerwasser in „Salzgärten", als Salz aus Binnenseen. Da manche Gegenden (s. S. 337) sehr salzarm sind, entwickelte sich frühzeitig der Verkehr dorthin, der durch Lieferung dieses notwendigen Nahrungsmittels den in dem Mangel an Salz liegenden Naturzwang überwand. Salz war in manchen Gegenden vielleicht einer der ersten und ist auch heute stellenweise noch einer der wichtigsten Handelsgegenstände. Daneben versucht man in salzarmen Ländern wohl auch durch Herstellung von Surrogaten, z. B. Pflanzenasche, sich von dem Naturzwang frei zu machen. Auch zum Konservieren von Fleisch und dergl., zur Salzsäurebereitung usw. wird das Kochsalz verwendet. In vereinzelten Fällen gewinnt man auch aus den Abraumsalzen in Steinsalzlagern die wichtigen Kalidüngemittel (Karnallit, Kainit usw.). An Salz reich sind besonders die Länder der trockenen Abteilung der subtropischen Zone, ferner die heutigen kontinentalen, steppenhaften Gebiete der gemäßigten Zone und jene Länder, die einmal früher von einem Steppenklima betroffen waren. Viel Salz wird produziert in den Ländern der höheren Wirtschaftsstufen. An Salz[2]) reich ist besonders Deutschland. Kochsalz und Kalisalze scheinen in ungeheuren Mengen das norddeutsche Flachland zu unterlagern. Auch Rußland, Österreich-Ungarn und Großbritannien produzieren viel Salz.

In Amerika erzeugen die Vereinigten Staaten in Lagunen in Massachusetts und Kalifornien und im Großen Salzsee (Utah) Salz und gewinnen Steinsalz in New York und Michigan.

In Asien wird viel Salz in Indien an den Küsten von Bombay und Madras aus Seewasser durch Verdunstung, ferner durch Verdampfen von Sole in Radschputana und Zentralindien und als Steinsalz in der Salt Range gewonnen. In China erzeugt

---

[1]) Nach Bartholomews Atlas war die Weltproduktion im Durchschnitt 1899—1901: 638 000 T. im Wert von 501 500 Pfd. Sterl., davon erzeugten Trinidad 156 000 T. (24,4%), 167 000 Pfd. Sterl.; Vereinigte Staaten 57 000 T. (9%), 106 000 Pfd. Sterl.; Frankreich 204 000 T. (32%), 77 000 Pfd. Sterl.; Italien 94 000 T. (14,7%), 54 000 Pfd. Sterl.; Rußland 19 000 T. (3%), 33 000 Pfd. Sterl.; Deutschland 84 000 T. (13,2%), 31 000 Pfd. Sterl.; Venezuela 16 000 T. (2,5%), 17 000 Pfd. Sterl.; ferner Österreich-Ungarn und Spanien.

[2]) Weltproduktion 1903 nach Bartholomews Atlas: 12 067 500 T. (?), davon Vereinigte Staaten 2 371 000 (19,7%); Großbritannien 887 000 (15,6%); Rußland 1 817 000 (15,1%); Deutschland 1 667 200 (13,8%); Frankreich 968 000 (8%); Indien (mit Aden) 894 800 (7,4%); Japan 647 100 (5,4%); Österreich-Ungarn 510 400 (4,2%); Italien 480 800 (4%); Spanien 402 600 (3,3%); andere Länder 420 800 (3,5%).

man Salz aus Meerwasser zur Sommerszeit, in Schan-si aus Salzsümpfen, in Se-tschwan aus Salzbrunnen. In Transkaukasien wird Salz bei Kulp, in Transkaspien im Karabugas-Busen des Kaspischen Meeres, im trockenen Arabien in großen Salzpfannen bei Aden und ebenso an der Westküste Kleinasiens durch Verdunstung von Meerwasser erzeugt. Im Innern Vorder- und Hochasiens, in Turkestan und in der Kirgisensteppe liefern die zahlreichen Binnenseen Salz.

In Afrika entnimmt man Salz aus den Schotts der Atlasländer. Namentlich aber hat das Salz in der Südhälfte der Sahara Bedeutung, die dem salzarmen Sudan benachbart ist.

Für Kalisalze[1]) hat Deutschland fast ein Monopol.

Salpeter erhält sich besonders in regenlosen oder wenigstens trockenen Erdgegenden. Als Kalisalpeter wird er zur Herstellung des Schießpulvers und dergl., bei der Glasfabrikation usw., als Chilesalpeter (Natronsalpeter) als Düngemittel, bei der Herstellung von Glas und Schwefelsäure verwendet.

Kalisalpeter wird in bester Qualität und großer Menge in Nordindien, namentlich in Behar, gewonnen; kleinere Quantitäten liefern Ceylon, Ecuador und Bolivia, in Europa Ungarn, Spanien und Deutschland.

Chilesalpeter[2]) liefert besonders der nördlichere trockene Küstenstrich Chiles, die Mohawewüste und die Ränder des Death Valley in den Vereinigten Staaten.

In der Wüste Sahara scheint reichlich Salpeter sich zu finden; in Tuat wird es von den Eingeborenen zur Pulverfabrikation benutzt, und auch aus der arabischen Wüste wird es gemeldet. Vielleicht findet es sich auch im Küstenland Deutsch-Südwestafrikas.

Phosphate sind Salze der Phosphorsäure. Namentlich Kalziumphosphat, ein wesentlicher Bestandteil des Bodens für die Pflanzen, aber auch andere Phosphate finden ausgedehnte Verwendung als Düngemittel.

Phosphate (Phosphorit)[3]) werden in den Südstaaten Florida, Süd-Carolina, Tennessee der Vereinigten Staaten abgebaut. In Algerien und Tunis finden sich große Vorräte von Phosphaten. Die Christmasinsel im Indischen Ozean ist reich daran; ebenso die Insel Nauru (Marshallinseln) und Ocean Island im Großen Ozean.

Guano, durch Ablagerung der Exkremente von Seevögeln an Küsten entstanden, hat sich nur in sehr regenarmen Landschaften erhalten können. Für die menschliche Wirtschaft haben die Guanos Wert als Düngemittel.

Guano lieferten oder liefern noch namentlich die trockenen subtropischen Westseiten der Südkontinente (s. S. **111**, Anm. 1): Australien, Südamerika und Südafrika. Ferner fand man Guano an der trockenen Küste Südarabiens, auf einigen im Passatgürtel gelegenen Inselchen des Großen Ozeans (besonders den Pazifischen Sporaden) und auf Inseln an der trockenen Westküste Kaliforniens und Mexikos.

Schwefel[4]) findet sich gediegen in vulkanischen Gegenden, an Metalle gebunden

---

[1]) Produktion Deutschlands an Rohsalzen 1905: 2 000 000 T. im Werte von 80 Mill. Mk. [2]) Ausfuhr Chiles 1902/03: 29 520 400; 1903/04: 31 595 900; 1904/05: 34 186 340 spanische Quintals à 46 kg = 1 572 570 T. [3]) Weltproduktion 1898: 2 401 000 e. T.; 1900: 2 918 700 T., davon Vereinigte Staaten 1 494 600 (51,2%); Frankreich 633 000 (21,7%); Algerien 290 800 (10%); Tunis 220 000 (7,5%); Belgien 125 000 T. (4,3%). Vgl. auch die einzelnen Länder! Bartholomews Atlas gibt die Weltproduktion mit 3 062 500 T. an; Vereinigte Staaten 1 874 400 T.; Frankreich 534 800; Tunis 400 000; Belgien 133 700; Christmas-Insel 97 900 T. [4]) Weltproduktion 1900: 620 000 T., davon Sizilien 550 000 (fast 90%). Neuestens gewinnen die Vereinigten Staaten viel Schwefel: 1904: 271 200 T. (à 1016 kg); Sizilien, Ausfuhr 1905:

in Schwefelkies-, Zinkblende- usw. Lagern, stellenweise auch in Gipslagern. Er findet Verwendung in der Herstellung der Schwefelsäure, des Schießpulvers, der Zündhölzer und dergl., zum „Vulkanisieren" des Kautschuks und der Guttapercha, zur Bekämpfung der Weinstock-Schädlinge usw.

Schwefel wird besonders viel auf dem vulkanischen Sizilien gewonnen, von Girgenti bis zum Ätna hin. Neuestens sind in den Staaten Texas und Louisiana (Vereinigte Staaten von Amerika) sehr reiche Schwefellager (in Gips) entdeckt worden, welche angeblich Amerika von der Zufuhr aus Sizilien frei zu machen geeignet sind. In Mexiko gewinnt man Schwefel aus den Vulkankratern (Popokatepetl), in Südamerika bei Carupano (Venezuela), an den Vulkanen der Cordillera (z. B. in Chile) usw. Das vulkanische Japan ist reich an Schwefel, namentlich Jesso und die Kurileninsel Iturup, auch Java usw.

Diamanten[1]) kommen in alten Gesteinsschichten oder deren Seifen vor, z. B. in dem Itakolumit, einer Quarzitvarietät der Urschieferformation. Sie werden hauptsächlich wegen ihres „Feuers" als Schmucksteine, wegen ihrer Härte auch als Schneide- und Bohrmittel (Gesteinsbohrmaschinen) verwendet.

Diamanten liefert bei weitem am meisten Südafrika. Danach kommen in Betracht Brasilien, Indien, Britisch-Guayana, Borneo usw.

Eis ist auch als Gestein zu betrachten; es kommt nur in kälteren Erdgegenden vor. Man hat auf der Wirtschaftsstufe der Wissenschaft gelernt, künstlich Eis zu erzeugen und dadurch in gewisser Beziehung den Naturzwang des Klimas zu mildern (s. S. 87, Anm. 1 u. S. 115—116).

Eis für Kühlzwecke der wärmeren Länder verschicken besonders die polaren Länder: Skandinavien, Feuerland usw., aber auch schon das gemäßigte Ostpreußen; ferner die Gebirge (Riesengebirge, Alpen usw.) der gemäßigten Klimazone. In den tropischen Ländern etablieren sich neuerdings immer mehr Eisfabriken, z. B. in Südostasien (Hongkong, Batavia), in Mexiko usw.

In seiner Fruchtbarkeit[2]), mit seinen Nährstoffen ernährt der Boden die Nährer des Menschen: direkt die Pflanzen, indirekt durch die Pflanzen die Tiere, oder stößt durch Unfruchtbarkeit sie und damit die Menschen ab.

Die Fruchtbarkeit des Bodens wirkt darum auf niederer Wirtschaftsstufe absolut, auf höherer immer noch kräftig auf die Verteilungsmöglichkeit des Menschen ein. Dabei ist allerdings immer der klimatische Faktor mit zu berücksichtigen, da er erst die Fruchtbarkeit im Boden für die Pflanzen löst. Schon

---

381 109 T.; Japan 1903: 22 900 T. Vgl. auch die einzelnen Länder. Bartholomews Atlas teilt die Produktion von Schwefelkies (1903: 1 735 000 T.) mit, aus dem über 780 800 T. Schwefel gewonnen werden; Portugal 407 480 T. (23,5%); Frankreich 324 300 (18,7%); Vereinigte Staaten (13,4%); Deutschland 168 300 (9,7%); Spanien 153 550 (8,9%); Norwegen 127 850 (7,4%); Italien 99 860 (5,8%); Ungarn 95 100 (5,5%); ferner Neufundland, Kanada usw.

[1]) Produktion 1904 nach Bartholomews Atlas: Britisch-Südafrika: 3 353 000 Karat im Werte von 6 422 500 Pfd. Sterl., Brasilien 29 000 Pfd. Sterl.; Brit.-Guayana 16 400 Pfd. Sterl. Vgl. auch die einzelnen Länder.

[2]) Die Geophagie, das Erdessen niedrigstehender Stämme, scheint keine nachteiligen Folgen zu haben, aber auch andererseits dem Körper keine nutzbaren Stoffe zuzuführen.

die Sammelwirtschaft der niedrigsten Wirtschaftsstufe ist an die fruchtbaren Böden streng gebunden; denn auf ihnen hauptsächlich sind die wilden Früchte, Wurzeln usw. zu finden, die Nahrung bieten.

Auch der Ackerbau, der das bei weitem wichtigste Bedürfnis des Menschen, das Nahrungsbedürfnis, in vorderster Linie befriedigt, ist von der natürlichen Verteilung der fruchtbaren Böden mehr oder weniger abhängig. Wo fruchtbarer Boden in großer Ausdehnung vorhanden ist, können viele Menschen bei Pflanzenbau noch in behaglicher Seßhaftigkeit dicht nebeneinander wohnen; wo fruchtbarer Boden fehlt, ist vielleicht nur noch Tierzucht möglich, die den Menschen auf niederen Wirtschaftsstufen zum Nomadisieren und zu lockerster Besiedelung des Bodens zwingt. Insofern nun, als nur eine seßhafte, dichtgedrängte, materieller Tagessorge ledige Bevölkerung ihre Kräfte zur Emportreibung der Kultur benutzen kann und benutzt, während eine dünngesäete, vereinzelte oder gar nomadisierende Bevölkerung schwer zur Selbstbesinnung und Zusammenfassung kulturfördernder Kräfte kommen kann, bedingt die Verteilung der Bodenfruchtbarkeit mit die Verteilung der Kultur. Die frühesten Kulturen entwickelten sich wohl in fruchtbaren Flußebenen: Babylonien, Ägypten. Dort haben wir die Stätten frühester hoher Volksdichte zu suchen, die ersten Stätten, an denen die Ziele der Wirtschaft vollkommen erreicht wurden.

Die einzelnen Bodenarten haben nun für den Menschen durch das Pflanzenleben sehr verschiedene Bedeutung:

Eisboden ist natürlich für die Produktion völlig wertlos[1]). Flugsand kann gleichfalls als gänzlich unfruchtbar betrachtet werden, aber auf ihn kann der Mensch einwirken, ihn allmählich fruchtbar machen durch Bepflanzung mit anspruchslosen Pflanzen[2]), die ihn allmählich mit Humus anreichern, eventuell durch künstliche Bodenmischung (Düngung) und künstliche Bewässerung.

Abgeschliffener Felsboden ohne Krume ist auch gänzlich unfruchtbar; er ist in Gebirgen und in Eiszeitgebieten verbreitet. Doch käme hier vielleicht künstliche Zertrümmerung des Bodens in Betracht oder Übertragung fruchtbaren Bodens auf Felsgestein.

Die sogenannten „Wechselböden“, bei denen die Bodenarten in buntem Wechsel vertreten sind, so daß keine auf größere Strecken vorherrscht, finden sich in den Gebirgen der Erde, wo Schnee-, Eis-, Felsboden mit Lockerboden wechselt; sie sind, da geringräumig, und meist klimatisch ungünstig gelegen, nur von lokaler Bedeutung.

Für den Pflanzenbau der Menschen am wichtigsten sind die „Lockerböden“, nämlich Eluvialboden und Aufschüttungsboden.

Unter den Eluvialböden, die aus dem Felsboden an Ort und Stelle durch Verwitterung entstanden sind und den Charakter des Muttergesteins nebst des Verwitterungsvorganges zeigen, ist der Felsschutt, wenn er zu großstückig ist (Hamada

[1]) Aber Eis hilft in wärmeren Regionen die Schäden, welche durch die schnelle Zersetzung aller Stoffe drohen, bekämpfen: Eiskeller, Eiswaggons, Dampfschiffe mit Kühlvorrichtungen, Eisfabriken in den Tropen.

[2]) Hierbei bedient er sich der vorzüglich angepaßten Wüstenpflanzen.

in der Sahara, grobkörniger Gebirgsschutt), wirtschaftlich wertlos, wenn feinkörnig, aber brauchbar. Viel wichtiger sind der Lehmboden mittlerer und höherer Breiten und der Lateritboden der tropischen Zone, die allerdings nicht nur nach dem Muttergestein, sondern auch nach den örtlichen klimatischen Verhältnissen örtlich verschiedenen Wert haben, so daß z. B. der Laterit wohlbenetzt fruchtbar, in einem trockenen Gebiet unfruchtbar sein kann.

Bei Aufschüttungsböden, die also nicht an primärer, sondern an sekundärer Lagerstätte sich befinden, ist besonders die Dicke (Stärke) der Aufschüttungsschicht von Bedeutung und die Unterlage.

Der vulkanische Aufschüttungsboden, durch vulkanische Ausbrüche entstanden, ist nach seiner chemischen Zusammensetzung sehr fruchtbar, wenn er sich in dünner Decke über einem geeigneten Untergrund ausgebreitet findet; ist er aber in großer Mächtigkeit gelagert, so ist er nicht nur arm an Trinkwasser, sondern auch wenig für die Baumvegetation brauchbar, weil er bei seiner Wasserdurchlässigkeit die Niederschläge zu schnell verschluckt, eher für die Getreidegräser und andere Kulturgewächse mit ähnlichen Ansprüchen, wenn die klimatischen Verhältnisse sonst günstig sind; künstliche Bewässerung kann mangelnde Niederschläge ersetzen.

Unter den äolischen (durch den Wind erzeugten) Aufschüttungsböden ist die Sandwüste, wie erwähnt, für die Wirtschaft unbrauchbar.

Die äolischen feinerdigen Ablagerungen der Steppenböden sind wegen des meist trockenen Klimas und vielfach auch wegen des weithin vorhandenen Salzgehaltes des Bodens gewöhnlich nur für die anspruchslose Gras- und Buschvegetation, und damit mehr für die Tierzucht, seltener für den Pflanzenbau geeignet. Dagegen vermögen die Steppenböden außerordentlich reiche Ernten zu tragen, wenn sie entsalzt, genügend durch Regen befeuchtet sind oder künstlich bewässert werden können.

Noch fruchtbarer und klimatisch günstiger gelegen sind die Lößböden. Wenn der Löß freilich sehr mächtig ist, zeigt er sich, wie der vulkanische Aufschüttungsboden, als sehr wasserdurchlässig dem Baum- und Strauchwuchs feindlich, vermag aber, wenn natürlich oder künstlich ausreichend und andauernd zur Vegetationsperiode bewässert, sehr reiche Getreideernten zu erzeugen.

Marine Ablagerungen sind verhältnismäßig ohne große räumliche Verbreitung und wirtschaftlich ohne große Bedeutung.

Dagegen sind die Anschwemmungsböden (Alluvionen) von Seen und Flüssen, wenn auch räumlich auf der Erde nicht sehr und meist in kleineren Flächen verbreitet, so doch außerordentlich fruchtbar und zugleich in klimatischer, Verkehrs-Beziehung usw. so begünstigt, daß sie geeignet sind, Zentren einer gewaltigen Produktion zu werden (s. S. 66 u. 108).

Modernes Gletscherschuttland (Glazialboden) findet sich nur in Rückzugsgebieten von Gletschern, die nach kurzer Zeit wieder vordringen, ist also wirtschaftlich nahezu ohne Bedeutung. Das Gletscherschuttland, das aus der Eiszeit stammt, hat dagegen gewaltige Ausdehnung, größere als die Alluvionen, und bedeckt zusammenhängend große Flächen, welche wichtige Produktionsgebiete werden können. Nach seinem Gehalt an Kalk usw. bietet der Glazialboden (Moränenboden) mehr oder weniger fruchtbare, immerhin meist zu bepflanzende Böden.

Das Eis bedeckt etwa 2% der Festlandsoberfläche[1]), besonders ausgedehnte Flächen in Grönland, Spitzbergen, Franz-Joseph-Land, ist rein klimatisch bedingt und daher auf die Polarkappen und hohen Gebirge beschränkt.

Der Felsboden bedeckt 11% des Festlandes; der glaziale tritt in den Gletscherregionen der Hochgebirge aller Zonen auf, ausgedehnte Flächen nimmt er in diluvialen Binneneislandschaften der polaren Zone ein: in der Umgebung der Hudsonbai ($^1/_5$ des nordamerikanischen Festlandes) und in Finnland und Skandinavien. Wie der glaziale Aufschüttungsboden ist auch er als glazialer Abräumungsboden klimatisch (Klima der Vorzeit) bedingt und zeigt zonale Anordnung. Der äolische Felsboden ist außerordentlich ausgedehnt in Zentralasien, in der Sahara und in anderen Trockengebieten der subtropischen Klimazone.

Die Wechselböden sind verbreitet in den südamerikanischen Anden, in den Alpen und anderen Gebirgen und gewissermaßen auch klimatisch bedingt.

Für die Wüsten- und Steppengürtel charakteristisch, also ebenfalls durch klimatische Einflüsse hervorgerufen, sind außer dem erwähnten äolischen Felsboden die folgenden Bodenarten:

Felsschutt, in der Sahara stark vertreten, bedeckt auch große Flächen in Zentralasien; in Persien hüllt er die Gebirge in einen Schuttmantel ein. Sandwüsten und feinerdige Ablagerungen (Schwarzerde), Produkte des in Trockengebieten dominierenden Windes, sind in der Alten Welt von der Sahara bis nach Zentralasien, Schwarzerde besonders in Südrußland, häufig; ferner in Australien, in der Neuen Welt am Ostfuß der Rocky Mountains (Steppenböden) usw. Hierher gehört wohl auch der Löß, der besonders in Amerika eine große Ausdehnung hat: das westliche Mississippigebiet, die Pampas Argentiniens; in Nordchina hat der Löß eine weite Verbreitung; in Europa findet er sich besonders in Rumänien, Ungarn, im oberen Rhône- und Loiregebiet, am Nordabhang der deutschen Mittelgebirge, im Donautal.

Das größte Verbreitungsgebiet des Lehmes liegt in Sibirien; im südlichen China, dem ostaustralischen Gebirge, den Vereinigten Staaten östlich vom Mississippi spielt er eine Rolle; er gehört im allgemeinen den gemäßigten Breiten an.

---

[1]) Bodenanteile in Prozent der Gesamtfläche der Erdteile, nach v. Tillo:

	Europa	Asien	Afrika	Australien	N.-Amerika	S.-Amerika
I. Eisboden			nicht berücksichtigt			
II. Felsboden	9%	7%	14%	2%	27%	1%
1. Durch glaziale Denudation	9 „	—	—	—	25 „	1 „
2. Durch äolische Denudation	—	7 „	14 „	2 „	2 „	—
III. Wechselboden	8 „	3 „	3 „	—	4 „	9 „
IV. Lockerböden						
1. Eluvialböden	22 „	54 „	50 „	31 „	26 „	45 „
a) Lehm	22 „	37 „	1 „	15 „	17 „	2 „
b) Laterit	—	16 „	49 „	16 „	9 „	43 „
c) Gebirgsschutt	—	1 „	—	—	—	—
2. Aufschüttungsböden	61 „	36 „	33 „	67 „	43 „	45 „
a) Marine A. (inkl. Korallen)	—	—	—	5 „	—	—
b) Gletscherschutt	36 „	1 „	—	—	23 „	4 „
c) Alluvionen	5 „	3 „	2 „	—	1 „	27 „
d) Äolische Aufschütt.						
α) Flugsand	—	8 „	13 „	19 „	—	1 „
β) Feinerd. Ablagerung	13 „	20 „	18 „	41 „	13 „	1 „
γ) Löß	7 „	3 „	—	—	5 „	10 „
δ) Vulkan. Aufschüttung	—	1 „	—	2 „	1 „	2 „
	100%	100%	100%	100%	100%	100%

Gletscherschuttland ist besonders im nördlichen Deutschland und Rußland, auch in Dänemark, Südschweden, den Niederlanden und in Nordamerika verbreitet.

Der Lateritboden ist in allen tropischen Ländern häufig: in Mexiko und Mittelamerika, in Südamerika (Osten), im äquatorialen Afrika und auf Madagaskar, und in Südostasien; er zeigt also entschieden eine Abhängigkeit vom Klima und damit eine Annäherung an zonenförmige Anordnung.

Vulkanische Böden finden sich in Gebieten heutiger oder einstiger vulkanischer Tätigkeit. Besonders in tropischen Ländern haben sie die zur Lösung der Fruchtbarkeit nötige Zersetzung durch die Atmosphärilien genügend erfahren. Java, Philippinen, Mittelamerika bieten Beispiele fruchtbarsten vulkanischen Bodens; aber auch Campanien (am Vesuv) und die griechischen Inseln zeichnen sich aus.

Örtlich wechseln die physikalischen und chemischen Eigenschaften der Bodenarten auf sehr kurze Entfernungen, und das Zusammenwirken dieser beiden Momente mit den Bodenformen und -höhen bringt lokal sehr verschiedene Bedingungen für den Pflanzenbau allgemein und erst recht für den Anbau bestimmter Pflanzen zustande. Diese natürlichen Bedingungen werden sich auch in Menge und Qualität der Produkte Ausdruck verschaffen, aber die Wirtschaftsstufe der Wissenschaft wird sich dadurch einen großen Einfluß auf den Ertrag des Bodens sichern, daß sie die natürlichen Verhältnisse genau wissenschaftlich erforscht (und kartiert; agronomische Karten), um dann, wählend aus genauer wissenschaftlicher Kenntnis der Lebensbedingungen der einzelnen Pflanzen heraus, die geeignetsten Kulturen einzupflanzen. Bei der Wirtschaftsstufe der Tradition ist die Auswahl der lokal für den Boden geeigneten Pflanzen auf die mangelhaftere Erfahrung, bei der des Instinktes auf letzteres unsichere, persönliche Erfahrungsgefäß und mehr wohl auf den Zufall begründet.

Viele Kulturpflanzen beanspruchen im Boden z. B. gewisse Stoffe, die also ihr Standboden, wenn der Anbau erfolgreich sein soll, haben muß. Der Kakaobaum und der Kaffeebaum verlangen z. B. Kalkgehalt. Ebenso auch die meisten Obstarten, deren Früchte durch einen starken Kalkgehalt an Aroma und Süße gewinnen; so werden Orangen auf Kalkboden viel süßer und dünnschaliger als auf anderem Boden. Auf Kalkboden gibt der Olivenbaum die größten Oliven und das vorzüglichste Öl, auf Schwemmboden ist es geringerwertig. Bedeutender Kalkgehalt ist der Qualität der Feigen günstig; schwerer, bündiger Boden macht die Haut dick und dunkel. Das Zuckerrohr liefert auf stark kalkhaltigem Boden den süßesten Saft. Die Fichtenrinden haben auf warmen Kalk- oder Dolomitböden von 600—900 m Höhe in sonniger Lage bis 14% Gerbstoffgehalt, auf Urgebirgsböden (z. B. Granit) und in den Höhenlagen von 1300 bis 1500 m oft nur 6—8%. Bei den Gerberakazien (z. B. Acacia decurrens var. mollissima) allerdings will man beobachtet haben, daß kalkreicher Boden den Gerbsäuregehalt der Rinde vermindert; in einem Falle wurde ein Unterschied von 13% im Gerbsäuregehalt nachgewiesen zwischen einer Rinde, die auf sandigem Boden (42% Gerbsäure), und einer anderen, die in nächster Nähe auf kalkhaltigem Boden (29% Gerbsäure) gewachsen war. Auch auf sumpfigem Boden ist der Gehalt an Gerbsäure gering. Geringe Schwankungen in der chemischen Zusammensetzung des Bodens wirken schon stark auf den Geschmack und die Blume des Weines ein.

Auf dem sandigen Boden des Quadersandsteines in Sachsen stehen oft nur ärmliche Fichten- und Kiefernbestände, Basalt- und Phonolithkuppen dagegen sind mit dem schönsten Buchen- oder Tannenhochwald bedeckt.

Ein hoher Eisengehalt des Bodens ist für den Kakaobaum sehr vorteilhaft, weil er den Bohnen die geschätzte rote Farbe gibt, derselbe Baum braucht Phosphorsäure. Der Kaffeebaum gibt auf verwitterter Lava, mit Humus gemischt, die besten Qualitäten (Java, Costa Rica, Fidschiinseln).

In Dekhan diktiert die Art des Bodens dem Landmann die Wahl des Getreides. Der leichtere gelbe Boden ist nur für Getreidearten brauchbar, die schon im Juni bzw. Juli gesät werden müssen, um zur Reife zu gelangen, während die schwereren, reicheren, schwarzen Böden erst im Oktober besäet werden können.

Die Erdnüsse nehmen bis zu einem gewissen Grade die Farbe des Bodens an, auf dem sie reifen. Auf trockenem, sandigem Lehmboden erzeugte Erdnüsse werden die hellsten und sind als solche am besten bezahlt, auf feuchtem, humusreichem Boden stehende werden dunkel; auf schwarzem, rotem oder schokoladefarbigem Boden stehende ergeben dunkle Flecke.

Wenn die Hickorybäume auf sehr feuchtem Boden gewachsen sind, vergeht das Holz rasch, wenn es abwechselnd der Feuchtigkeit und Wärme ausgesetzt wird. Das auf trockenem Boden gewachsene Holz ist hart, elastisch und geradezu unübertrefflich für Wagen, Ackerbaugeräte usw.

Die als Faserpflanzen (z. B. „Istle"-Faser) nicht unwichtigen Bromelia-(Ananas-) Arten bringen auf felsigem und sonnigem Standort eine grobe, steife und harte Faser hervor, während aus der auf schattigem, humusreichem Boden entwickelten Pflanze eine feine, elastische und glänzende Faser abgeschieden werden kann.

Im Tambotal Perus kann das Zuckerrohr, wo der Boden tiefgründig ist, 3—4—5mal, da aber, wo er flach ist, wie im ganzen oberen Teile des Tales, nur zweimal geschnitten werden.

Der Kakaobaum, welcher eine Pfahlwurzel in den Boden treibt, stirbt in seichtem Boden schon im fünfzehnten Jahre ab (und ist erst vom zehnten oder zwölften Jahre an tragfähig); ein langes Leben hat er nur auf tiefgründigem Boden.

Große Bodennässe ist dem Pflanzenleben ebenso feindlich wie große Trockenheit des Bodens. Sümpfe und überhaupt Böden, bei welchen das stehende Grund- oder Überschwemmungswasser an die Pflanzenwurzeln kommt, scheiden für den Anbau aus.

Ausnahmen sind wohl sehr selten; die den geschätzten Kautschuk liefernden Heveabäume allerdings gedeihen besonders gut auf Überschwemmungsboden am Amazonas, und die Ausbeute an Kautschuk soll an trockenen Stellen geringer sein; ebenso wächst die Sagopalme nur auf sumpfigem Boden und der Reis muß bis zur Blütezeit unter Wasser stehen. Aber das sind eben Ausnahmen. Die meisten anderen Pflanzen, die anderen Kautschuk liefernden Pflanzen z. B., wie Castilloa elastica, die Ficusarten, auch die Guttaperchalieferanten usw. usw., sind gegen Grundwasser empfindlich.

Auch durch Vermittelung der Tierwelt ist die Bodenart von großer wirtschaftlicher Wichtigkeit. Auf Dünensand z. B. richten manche Schädlinge der Kulturpflanzen bei weitem nicht denselben Schaden an wie auf humosem Boden. Heuschrecken legen ihre Eier vorwiegend in nicht zu trocknen und nicht zu feuchten Boden, am liebsten in besonnten Steppenboden. Das Kamel kann sich nur auf Sand- und Kiesboden sicher bewegen, auf schlüpfrigem Boden gleitet es leicht aus; der Büffel wiederum fühlt sich in nassem Schlammboden am wohlsten.

Die natürliche Fruchtbarkeit des Bodens, sein Zustand für den Pflanzenbau wird aber mit dem Fortschritt in der Wirtschaft immer mehr vom Menschen beeinflußt durch Bodenbearbeitung und Düngung, Entwässerung und Bewässerung, die den Boden in einen physikalisch und chemisch geeigneteren Zustand überführen (s. S. 33).

---

b) Das Wasser, wo es die Erde, den Lebensboden, zudeckt, ist ursprünglich ein dem Menschen zumeist feindliches Element. Nur als Trinkwasser (s. S. 73—74) ist ihm wie seinen Tieren das süße Wasser unentbehrlich und als Befeuchter seiner Pflanzen. Sonst liegen die Wasser als nicht dauernd bewohnbare, fast unproduktive Flächen, „Wasserwüsten", da. Und auch als Verkehrshindernisse legen sich die Gewässer, seien es Meere, Seen oder Flüsse, zwischen die Länder, die sie anfangs absolut, mit fortschreitender Wirtschaftsentwickelung allerdings immer weniger trennen.

Zuerst hob wohl der Mensch nur am Saume der Gewässer dies oder das für seinen Bedarf Nützliche (z. B. Muscheln) auf, erst die steigende Wirtschaftsstufe ermöglichte die weitergehende Erschließung der im Wasser liegenden Naturstoffe; der Mensch lernte das Wasser befahren. Aber außer Nahrungsstoffen (fast nur tierischen) und Salz (s. S. 84) bietet es ihm heute noch fast nichts, und in den meisten Fällen ist seine Ausschöpfung mit Nomadismus, großen Umwegen, Zeitverlust verknüpft, und seine Befahrung bringt Materialschaden, Gefährdung und Verluste von Menschenleben mit sich.

α) Die Meere.

Am meisten Widerstand leisteten dem Menschen, der das Wasser beschreiten wollte, natürlich die Meere, vor allem die Ozeane. Dagegen erwiesen sie sich, einmal überwunden, dadurch als kulturfördernd, daß sie die internationale Arbeitsteilung (s. S. 36 u. 43) auf der Erde einzuleiten ermöglichten und sehr begünstigten und durch die Verbindung und Verknüpfung der Interessen der vorher in „Inseln" zerfallenden Menschheit einer Verallgemeinerung der Kultur- und Wirtschaftshöhe die Bahn darboten.

Die Größe und horizontale Gliederung des Weltmeeres ist sehr wichtig, indirekt für die Produktion durch das Mittel des Klimas (s. S. 96), direkt für den Verkehr.

Große und landlose Meere trennen, und trennten vor allem, mehr als kleine. Binnenmeere (durch schmale Pforten mit dem Ozean verbunden) begünstigen den Verkehr insofern, als sie gewöhnlich ruhiger sind als die Ozeane, kleinere Wellen schlagen, insofern als Gegenküsten locken und alle Vorteile ausgedehnter Nachbarlage (s. S. 43) gegeben sind; solange die Eisenbahnen noch fehlten, war sogar die Meerfahrt längs der Küsten dem Landverkehr stark überlegen.

Das Meer bietet eine gleichartige weithin fahrbare Verkehrsstraße gegenüber dem durch die Bodenformen beengten Landverkehr; das Meer leistete in seinen

Meeresströmungen und den Winden, die vergleichsweise regelmäßig und kräftig auf ihm wehen, eine billige und bei der geringen Reibung in Wasser schnelle Fortbewegung fördernde Transportkraft. Die Transportfahrzeuge ließen sich viel größer wählen als auf dem Lande.

So verband damals die Anwohner eines Meeres die unmittelbare Küstenlage in einem Wirtschafts- und Verkehrsbund, dem die Binnenländer fernlagen. Je gegliederter die Binnenmeere waren, um so eher brachten sie die Anwohner in Verkehr; denn desto geringer war der der Überwindung sich entgegenstellende Widerstand.

Das europäische Mittelmeer und die Ostsee wurden in ihrem Umkreis frühe Stätten des Verkehrs mit größeren Schiffen und bereiteten die Anwohner auf die Ozeanfahrt vor, auch inselabgeschlossene Meere (wie das amerikanische und das austral-asiatische Mittelmeer) und Randmeere (Nordsee) sind günstig für eine frühe wirtschaftliche Entwickelung.

Mit Verallgemeinerung der örtlichen Arbeitsteilung (s. S. 36 u. 43) auf der Erde freilich treten die abseits gelegenen Nebenmeere an Verkehrswichtigkeit leicht hinter den großen Meeren zurück, welche die Erdteile trennen; doch bleiben ihre Ausgänge zu den Ozeanen verkehrsgeographisch, wenn für die Schiffahrt günstig, dauernd wichtig.

Durchgangsmeere (eine besondere Art von Nebenmeeren), welche Ozeane miteinander verbinden, haben als solche für den Verkehr ungeheure Wichtigkeit, wenn sie befahrbare, von wichtigen Ländern umschlossene Ozeane in Verbindung setzen. Der Mensch der höchsten Wirtschaftsstufe vermag es, einfache Nebenmeere in Durchgangsmeere künstlich umzuwandeln, indem er schmale trennende Landengen durchsticht (Suezkanal, Panamákanal — im Bau).

Die Ozeane, einmal durch die Schiffe der höchsten Wirtschaftsstufe wirksam überwunden, sind verkehrsgeographisch am meisten wichtig, weil sie vermöge ihrer Größe weitentfernte, verschiedenartigste Länder in die günstige Wasserverbindung setzen. Nach dem Maß dieser Erstreckung durch differente Klima- und Produktionszonen, nach der Zahl und Wichtigkeit der Güter zuführenden Nebenmeere, nach der Güte der Verbindungen zu den Nachbarozeanen, nach der natürlichen Ausstattung, Wirtschaftshöhe und Entfernung ihrer Küstenländer voneinander bemißt sich ihre verkehrsgeographische Wichtigkeit.

Freilich, je größer ein Meer ist, desto größer werden die darauf den Schiffen drohenden Gefahren. Die Wellen sind größer, die Stürme furchtbarer, die Windstillen verbreiteter, die Nebel ausgedehnter, die Kenntnis der Untiefen, Klippen usw. erschwerter, jede Hilfe und die schützenden Häfen ferner. Aber was die niedrigen Wirtschaftsstufen direkt von der Befahrung großer (insselloser) Wasserflächen abhalten mußte, ist für die Wirtschaftsstufe der Wissenschaft längst kein Schrecknis mehr. Für unsere großen, seetüchtig konstruierten Schiffe sind die Wellen kaum noch eine Gefahr, den Stürmen trotzen sie sogar auf hoher See gefahrloser als in der Nähe des Landes, Windstillen wurden gegenstandslos für die Dampfschiffe, die Nebel durchdringt der Ton der Nebelhörner oder Dampfpfeifen (nahezu 5 km weit hörbar) oder Sirenen (5—18 km) wie das Licht der Leuchttürme und Feuerschiffe und der elektrischen Scheinwerfer das Dunkel der Nacht mildert, genaue Karten verzeichnen jede Untiefe und Klippe, und in der Nähe der Küsten verweisen Baken, Bojen und Tonnen auf den sicher zu nehmenden Kurs, Segelanweisungen bieten zuverlässige

Auskunft über die Meere, Kompaß und Instrumente geben jederorts Aufschluß über die Stelle, an der sich das Schiff befindet. Aber erst seit verhältnismäßig kurzer Zeit verfügen wir über solche Verkehrssicherheit bietende „Werkzeuge", die bei den Völkern der niedrigeren Wirtschaftsstufe ganz oder fast ganz fehlen; ihr Orientierungssinn (Instinkt) oder ihre traditionell aufgespeicherten Erfahrungen macht sie nur mangelhaft geeignet, diesen „Naturzwang" zu überwinden.

Der Reichtum eines Meeres an Inseln gehört zu seiner natürlichen Ausstattung.

Die Inseln können für die Produktion wichtig werden (Mauritius, Réunion, Ceylon) und als Ausgangs- und Stützpunkte der Fischerei (Island, Neufundland, Sachalin usw.) dienen. Der Verkehr klammert sich auf niederer Wirtschaftsstufe eng an sie und tappt von Insel zu Insel; auch unser fortgeschrittener Verkehr benutzt die günstig gelegenen noch z. T. als willkommene Stationen (Proviant-, Kohlen-, Dockstationen) bei der Überwindung der Meere (Madeira, Kanaren, Kapverden, Ascension, St. Helena usw.). Doch hat die Vergrößerung der Seeschiffe, die nun viel Proviant — Fortschritte der Nahrungsmittelkonservierung — und Kohlen fassen können, und die Beschleunigung der Fahrt den Menschen viel unabhängiger von diesem Zwang gemacht, so daß die Inseln in dieser Beziehung fortschreitend an Wert verlieren werden. Als Kabelstationen aber haben die Inseln heute noch große Wichtigkeit in den großen Ozeanen, insofern als die Länge[1]) des Drahts wesentlich die Sprechgeschwindigkeit beeinträchtigt, und daher Zwischenstationen der Beschleunigung des Depeschenverkehrs günstig sind; die Inseln dienen zugleich als die „Order"-Stationen des Welthandels, nach denen vielfach die Waren (z. B. Kaffee, Zucker) „an Order" gehen, um von dort aus per Depesche weiter an einen Bestimmungsort dirigiert zu werden. São Vicente, Madeira, Gran Canaria (Hafen Las Palmas), St. Helena, die Azoren, Barbados sind z. B. solche „Order"-Inseln. Allerdings scheint uns die drahtlose Telegraphie außer von der Gebundenheit an den kostspieligen Kabelstrang auch von dem Naturzwang der Inselstation befreien zu sollen.

Die Böschungen und Tiefen der Meere kommen für die Produktion besonders insofern in Betracht, als bis 250 m etwa das pflanzliche Leben gedeiht, und die Fische usw., die von den Pflanzen leben, in den Küstengewässern ihre Nahrung finden und ihrerseits wieder ihre Nachsteller heranziehen.

Dazu sammeln sich hier manche Abfälle usw. vom Lande wie vom Meere. Manche Fische ziehen die Küstengewässer auch darum im Sommer dem offenen Ozean vor, weil sie dann wärmer sind, und die Wärme periodisch reicheres Plankton (d. i. die Summe der meist mikroskopisch kleinen im Meere treibenden Tiere und Pflanzen, welche die Urnahrung des Meeres darstellen) entwickelt. Unsere Kenntnisse von der geographischen Verbreitung der Nahrung für die wirtschaftlich wichtigen Fische stehen noch sehr in den Anfängen, aber so viel ist sicher, daß das Plankton im offenen Ozean nicht entfernt so reichlich vertreten ist, wie im Gebiet der Küstenmeere; bezüglich des Reichtums an Nahrung, den sie bergen, müssen die Wasser der

[1]) Die Geschwindigkeit des elektrischen Stromes in den Leitungsdrähten nimmt im Quadrat der Länge ab. Um die Geschwindigkeit auf der Höhe zu erhalten, muß man den Durchschnitt des Kupferdrahtes und damit auch die Isolierung verstärken; so werden die langen Tiefseekabel trotz der leichteren Armatur (s. S. 95) doch teurer als die kürzeren Flachseekabel.

tieferen Ozeane im Vergleich zu den Flachmeeren an der Küste geradezu als Wüsten angesehen werden. Endlich finden sich große Fischzüge an den Küsten auch aus dem Grunde ein, um zu laichen, um in den seichten Buchten für ihre abgelegten treibenden Eier besonders günstige und z. T. unentbehrliche Entwickelungsbedingungen zu haben. So finden sich denn die ergiebigen Fischgründe alle an den Küsten, und namentlich auf Bänken[1]) in nicht allzu großer Entfernung vom festen Lande (Neufundlandbank usw.). „Dieser Umstand ist es auch wesentlich, der den Fischereibetrieb ermöglicht, denn in Tiefen von mehr als 200 m ist derselbe nicht nur bei Anwendung von Netzen, sondern auch mit Angeln im allgemeinen so schwierig und zeitraubend, daß er sich nicht mehr verlohnt" (E. Ehrenbaum). Nur die Küstenwasser polarer Gegenden sind fischlos (s. unten).

Für den Schiffsverkehr kommen fast nur die geringen Tiefen und die obersten Böschungen der Meere in Betracht, also vor allem die der Küstengewässer.

Der Mensch der höchsten Wirtschaftsstufe sucht hier die Tiefenverhältnisse, besonders in und an den Häfen, durch Dämme, Molen (Wellenbrecher), welche die Versandung durch Strömungen abwenden, durch Baggerung, durch Sprengen von Riffen, durch Absperrung des Hafens gegen die See vermittelst einer Schleuse („geschlossene Häfen") zu erhalten oder zu verbessern; wenn die Hafenbecken ganz oder teilweise erst vom Menschen ausgegraben und ausgebaggert sind, oder an einer hafenlosen Küste erst durch Molenbau ein Hafen geschaffen wird, spricht man von künstlichen Häfen im Gegensatz zu natürlichen (s. S. 62—63).

Für die Kabellegung sind die Tiefenverhältnisse der Küstengewässer ebenfalls wichtig. Als Landungspunkt bevorzugt man eine Stelle mit sanft abfallendem Strand. Die flachen Küstengewässer werden vom Kabel möglichst schnell verlassen, weil sie hier durch Stürme, Strömungen, Schiffsanker usw. oft in Mitleidenschaft gezogen werden. Die Kabel werden auch in den flachen Wassern von Bohrmuscheln (Teredos) bedroht, die sich meist auf Tiefen bis 500 m beschränken und nur in den Tropen sich zuweilen noch in 1800 m Tiefe finden. Aus diesen Gründen verlangen die Kabel in der Nähe der Küsten die stärkste Armatur, z. B. gegen die Bohrmuschel auch ein spiralig um die Isolierschicht (Guttapercha) laufendes Messingband, während die Tiefseekabel leicht armiert sein können. Man sucht aber auch andererseits die größten Meerestiefen zu vermeiden nicht nur wegen des ungeheuren Wasserdrucks, der ein Platzen der Isolierungshülle hervorrufen kann, sondern auch weil bei Verletzungen des Kabels das Heraufholen zur Reparatur schon bei Tiefen von 5000 m ziemlich bedeutende Schwierigkeiten macht. Im allgemeinen bevorzugt man Meeresteile für die Kabellegung, wo die Tiefe 3 bis 4000 m nicht übersteigt. Hier sind die Reparaturen noch nicht allzuschwierig auszuführen und doch ist das Wasser am Meeresgrunde zum Vorteil der Haltbarkeit des Kabels schon als vollkommen unbeweglich zu betrachten. So sind auch die Kämme von Bodenwellen, wie sie sich besonders im Küstenmeer finden, zu vermeiden, da das Kabel dann nicht auf dem Boden aufliegt, sondern in Bögen von größerer oder geringerer Spannweite herabhängt und sich an den Aufliegestellen leicht durchscheuert.

---

[1]) Auf den atlantischen Bänken wird der Kabeljau wesentlich größer als in der Küstennähe.

An sanft ansteigenden Küstenabdachungen tritt, stellenweise gefährlich, die Brandung (Calema der Guineaküste, Koromandelküste Vorderindiens) auf, die das Landen sehr erschwert und nur durch Landungsbrücken, d. h. künstliches Vorschieben der Küste über die Brandung hinaus, unschädlich gemacht werden kann; das leistete natürlich nur die höchste Wirtschaftsstufe. An sanftansteigenden Küstenabdachungen bedrohen oft auch Sturmfluten (Nord- und Ostseeküste) das Menschenwerk und verschlingen fruchtbares Land; aber der Mensch der höchsten Wirtschaftsstufe schützt es immer vollkommener durch Deiche und ringt hier auch dem Flachmeere neuen Boden ab. Viel schwerer wird es, Steilküsten, namentlich solche Moränenbodens, zu schützen; hier geht selbst noch bei unsern technischen Mitteln jährlich fruchtbares Land verloren. Anlagen zur industriellen Ausnutzung der Kraft der Brandung sind bereits gemacht, doch ist bei den hohen Kosten die Frage der Rentabilität noch nicht zur Zufriedenheit gelöst.

Die Art des Meeresbodens ist für die Wirtschaft durchaus nicht indifferent.

Wo der Sand aufhört, der an den Küsten den Ton überlagert, läßt auch meist der Reichtum des Fischlebens sehr nach. Dagegen ist Tongrund für das Eingreifen der Anker noch besser als Sand, der vom Wellenschlag gelockert werden kann. Der Boden der Barentssee zwischen Murmanküste und Bäreninsel ist für Grundschleppnetzfischerei vielfach zu steinig und felsig. Besondere Ansprüche an den Meeresgrund stellen z. B. die Austernmuscheln; doch ist der Mensch der höchsten Wirtschaftsstufe dazu geschritten, den Meeresboden künstlich zu Austernparks geeignet zu machen. Der Globigerinenschlamm und der rote Ton der Tiefsee geben eine gute Unterlage für Kabel, während Gegenden vulkanischer Erschütterungen und Eruptionen, auch die Felsböden usw. der Küstenmeere, viel weniger taugen.

Von größter Wichtigkeit sind die Bodenformen des Meeres auch für die Temperaturen der oberen Wasserschichten und damit für die ozeanische Wärmeverteilung durch Meeresströmungen und für das Klima der Länder.

Die Temperaturen des Wassers sind wiederum auch direkt für das organische Leben sicherlich von großer Bedeutung, obwohl wir hier noch wenig klar sehen. Fest scheint zu stehen, daß die warmen Meere eine viel mannigfaltigere Nutztierwelt besitzen als die kalten, die dafür an organischer Masse, an Individuenzahl der einzelnen Arten viel mehr produzieren. Die günstigsten Lebensbedingungen für die Fische scheinen sich dort zu finden, wo warme und kalte Meeresströmungen zusammentreffen und die verschieden temperierten Wasser sich teilweise vermischen und überlagern.

Der Salzgehalt der Ozeane scheint dem organischen Leben günstig zu sein; in den Nebenmeeren geringeren Salzgehaltes verarmt die marine Fauna. Die Dorsche werden in der Ostsee je weiter von Westen nach Osten hin desto kleiner. Aus dem Meere gewinnt man, namentlich in trockenen Gegenden, das wertvolle Kochsalz. (Vgl. S. 84.)

Die großen Meeresströmungen, die als ein Produkt aller seit Jahrtausenden über die betreffenden Gegenden gegangenen Winde zu betrachten sind, sind mittelbar für die Produktion der Menschen (s. oben und unter Klima S. 111) in mannigfaltiger Weise wichtig, unmittelbar etwa für holzarme Gegenden dadurch, daß sie Treibholz herbeiführen. Für den Verkehr der Völker auf niedriger Wirtschaftsstufe haben Meeresströmungen und Winde ungeheuere Bedeutung, indem sie hauptsächlich die Transportkraft für die unvollkommenen Schiffe abgeben; aber indem jene doch stark unzuverlässigen Kräfte dem Verkehr nach der einen Seite förderlich sind, behemmen sie ihn nach der anderen und bringen in jedem Falle häufige und auch unvorhergesehene Zeitverluste mit sich. Der Mensch der höchsten Wirtschaftsstufe hat sich durch die Gewinnung der Dampfkraft (und Elektrizität) in seinem Verkehr bis zu einem hohen Grade von der Einwirkung dieser Naturkräfte frei gemacht, und die einzig auf den Wind angewiesenen Segelschiffe, obwohl sie mit genauer Kenntnis der Verhältnisse ihre Route der jezeitigen Windverteilung auf den Ozeanen anpassen (s. S. 116), müssen in vielen Beziehungen den Dampfschiffen weichen. Erst recht kämpfen die niedrigeren Wirtschaftsstufen mit Ruderbooten und primitiven Segelbooten in vielen Fällen ohne Erfolg gegen Wind und Strömung an.

Die Gezeiten, welche in einem pulsartigen Steigen (Flut) und Fallen (Ebbe) des Küstenwassers bestehen, gedenkt man der Industrie auch nutzbar machen zu können; vereinzelt werden sie schon als Kraftquelle für industrielle Anlagen usw. verwertet; sie sind für die Offenhaltung von Häfen von größter Wichtigkeit.

Einmal schaffen sie die der Wassertiefe gefährlichen Alluvionen ins Meer hinaus, und ferner können die großen Seeschiffe die Flut benutzen, um in die Mündungshäfen, deren normale Wassertiefe nicht genügend ist, einzulaufen oder sie zu verlassen; aus dem Grunde müssen die Hafenzeit, die das Eintreten des Hochwassers ansagt, und die Flutgröße dem Schiffer bekannt sein. Gezeitenströmungen in Buchten und Meeresstraßen sind öfters gefährlich (so in der Juan de Fuca-Straße). Gelegentlich benutzt man die Flut zum Zutreiben von Fischen in die Netze, so in der Bai von Gabes und in der Bai von San Francisco.

Die arktische und antarktische Treibeisgrenze, noch wirksamer die weiter polwärts gelegenen Packeisgrenzen schränken den Verkehr je nach ihrem Vordringen gegen den Äquator auf eine breitere oder schmalere Zone ein.

Zum Schluß sei noch auf die Funktion des Meeres als Stärkungsquelle für die menschliche Gesundheit hingedeutet, die es neuerdings von dem Menschen der höchsten Wirtschaftsstufe zugewiesen (Seebäder) bekam.

Beinahe ¾ der Erdoberfläche sind vom Wasser bedeckt (s. S. 61).

Der **Atlantische Ozean** ist als Produktionsgebiet durch seine Fische, Meeressäugetiere usw. für die Anwohner von Wichtigkeit.

Die Heringsarten sind für die polaren und gemäßigten Breiten besonders wichtig; in je nördlicheren Meeren der Hering gefangen wird, um so wohlschmeckender und größer soll er sein. Man fängt ihn von Norwegen und im Kattegat auch von Schweden aus. Namentlich reich ist auch die Nordsee, wo Deutschland, Großbritannien, Frankreich und die Niederlande fischen. Man hat berechnet, daß in der Nordsee durchschnittlich 1 ha Fläche mehr Rohertrag (2,65 Mark pro ha) gibt als 1 ha schlechteren norddeutschen Ackerbodens Reinertrag. Auch an der kanadischen Küste werden Heringsarten gefangen.

Noch wichtiger ist der Kabeljau, ebenfalls ein Fisch nordischer Breiten. Der jährliche Fang von Kabeljau im nordatlantischen Meere wird auf 3—400 Millionen Fische geschätzt. Davon entfallen etwa 160—200 Millionen auf das nordamerikanische Küstengebiet. Auf der Neufundlandbank, sodann auf den Bänken westlich davon, an der Neu-Englandküste usw. findet die größte Kabeljaufischerei statt. Hier bei Neufundland erreicht der Kabeljaufisch ein Gewicht von 10—20 kg. Bei Island, wo Deutsche, Briten, Norweger fischen, erreicht er ein ähnliches Gewicht, an der norwegischen Küste, wo jährlich im Durchschnitt etwa 50 Millionen auf den Küstenbänken Romsdalens, Nordlands, Tromsös, vor allem bei den Lofoten, gefangen werden, und in der Nordsee, wo Deutsche, Holländer und Engländer besonders auf der Doggerbank fischen, erreicht der Kabeljau im Mittel nur 6—7 kg.

Schellfische, Goldbutt, Schollen, Seezungen, Makrelen werden ebenfalls im nördlichen Atlantischen Ozean gefangen.

In der Küstenfischerei sind der Lachs und der Aal, die zwischen Meer und Flüssen den Aufenthalt wechseln, für die gemäßigten Breiten charakteristisch. Hummerfischerei und -züchterei ist namentlich an Neuschottlands und Neubraunschweigs Küsten bedeutend.

Austernzucht, teils auf natürlichen, teils auf „gepflanzten" Austernfeldern, wird in gewaltigster Ausdehnung im Chesapeake-Meerbusen und an anderen Stellen der nordamerikanischen Küste betrieben. An der europäischen Seite gibt es Austernbänke im Limfjord Jütlands und bei Frederikshavn im Kattegat. Die deutsche Austernzucht ist unbedeutend, die der Niederlande wichtig. Die Austernzucht Frankreichs ist am stärksten an der Westküste, in England an der Themsemündung.

Sardinen und Sardellen scheinen Formen namentlich der subtropischen Zone zu sein. Der Sardinenfang ist eine Haupterwerbsquelle der Bewohner der Bretagne und wird an der ganzen Küste des Golfs von Biscaya, auch an der Südwestküste Englands und an der Nordostküste der Vereinigten Staaten, ausgeübt; im Nordwesten der Pyrenäenhalbinsel werden an Galiciens Küste Sardellen, an der Küste von Algarve und Andalusien Sardinen, auf den Bänken des toscanischen Archipels und im Westen und Südwesten von Sizilien, ferner an der dalmatinischen Küste Sardellen gefangen.

Bei Sables d'Olonne am Golf von Biscaya tritt zum Sardinenfang der neben diesem für die subtropischen Mittelmeerländer charakteristische Thunfischfang, der an der französischen Mittelmeerküste freilich noch lebhafter ist und auch an der Südküste der Pyrenäenhalbinsel, an den Küsten Siziliens und Sardiniens und im Golf von Gabes betrieben wird.

Für das europäische Mittelmeer sind noch Tintenfische, die Edelkoralle, Corallium rubrum und die Schildpatt liefernde Karettschildkröte, Chelonia imbricata, bezeichnend; auch andere Schildkröten sind häufig.

Die Badeschwämme, besonders Euspongia officinalis, sind dem östlichen Mittelmeer eigentümlich.

Für die gegenüberliegende nordamerikanische Küste sind noch wirtschaftlich wichtig der Shad, eine Art Hering, der sehr geschätzte Blaufisch (Blue fish) und der „Menhaden"; Schwammfischerei und -zucht findet um Key West (bei Florida) und bei den Bahamainseln statt.

Perlen gewinnt man im amerikanischen Mittelmeer an der Nordküste Venezuelas bei der Insel Margarita.

In den Meeren Westindiens haben einige Schildkröten nicht ganz geringe Wichtigkeit: Die Karettschildkröte, die Suppenschildkröte und die „Loggerhead"-Schildkröte liefern Schildpatt, Fleisch, Eier; auch an Brasiliens Küste nutzt man das Fleisch und die Eier der Schildkröten. Außer den schon genannten Wasserbewohnern sind für die mittlere und südliche Hälfte des Atlantischen Ozeans noch charakteristisch: Lippfische, Barsche, Krabben, die Lederschildkröte (Sphargis coreacea) und namentlich der Lamantin (Manatus senegalensis und M. americanus). Letzterer wird im unteren Amazonas ziemlich viel gejagt.

Von Walen (s. bei: Eismeer S. 104—105) ist wohl nur der Pott- oder Spermwal (Physeter macrocephalus), zwischen 40° nördlicher und südlicher Breite etwa, von wirtschaftlicher Bedeutung; er wird von den Vereinigten Staaten aus verfolgt. Auch bei den Azoren und an der brasilianischen Küste wird Walfang betrieben.

Bösartige Haie sind zahlreich.

Der Größe und Gestalt nach liegt der Atlantische Ozean verhältnismäßig schmal zwischen der Alten und der Neuen Welt. Im Norden ist er stark gegliedert und schmal (St. Johns, Neufundland—Valentia, Irland 3100 km) verbreitert sich dann wieder zwischen Lissabon und Habana (Cuba) auf etwa 7200 km; verschmälert sich zwischen Kap S. Roque (Brasilien) und Freetown (Sierra Leone) wiederum auf 2800—2900 km, um schließlich zwischen Kapstadt und Montevideo, die unter dem gleichen Breitenkreis liegen, wieder 6700 km Breite zu erlangen. Die Ufer des südlichen Atlantischen Ozeans verlaufen viel einförmiger als die des nördlichen. Von Wichtigkeit ist die Öffnung des Ozeans nach Norden und nach Süden. Hat man auch im Norden vergeblich durch das Eismeer wirklich praktikable Verkehrsstraßen gesucht, im Süden öffnet sich um Afrikas Südspitze herum eine Weltverkehrsstraße zum Indischen Ozean und nach Westen durch die Magalhãesstraße eine Verbindung nach dem Großen Ozean.

Das Zuwässerungsgebiet des Atlantischen Ozeans ist außerordentlich groß, besonders an den amerikanischen (St. Lorenzstrom, Mississippi, Orinoco, Amazonas, La Plata) und europäischen Küsten; aber auch der afrikanische Kontinent entsendet seine Gewässer hauptsächlich hierher: Nil, Senegal, Niger, Kongobecken. Das ermöglicht dem Handel ein weites Eindringen in die Randländer, welche zu einem guten Teil Tiefländer sind, vom Meere aus. Auch das Seeklima dringt weit in die Kontinente ein. Die Randländer des Atlantischen Ozeans sind zu wichtigsten Produktionszentren von Natur bestimmt, und es sind die Landgebiete am Atlantischen Ozean auch diejenigen, in welchen neuerdings die Wirtschaft vor allen anderen Ländern am weitesten fortgeschritten, und die örtliche Arbeitsteilung, die den Verkehr zur Voraussetzung hat und nährt, am meisten entwickelt ist. Daher ist das Austauschbedürfnis zwischen den Gestadeländern im Osten und Westen zumal des nördlichen Atlantischen Ozeans, ungemein groß. Das war freilich vor 400 Jahren oder noch vor 200 Jahren nicht der Fall. Die reiche Gliederung der östlichen Randländer, der Reichtum an Rand- und Nebenmeeren mußte erst in Verbindung mit einem dem Fortschritt günstigen Klima (s. S. 40) in einer begabten Bevölkerung die Wirtschaftshöhe erwecken, die hinreichte, den feindlichen Ozean zu überwinden und dem Verkehr nutzbar zu machen.

Das gegliederte europäische Mittelmeer mit ziemlich regelmäßigen Winden (Sommer Ost-, Winter Westwinde), seltenen Stürmen, begünstigte außergewöhnlich den Verkehr, der hier früh sich entwickelte. Neuerdings erhielt das Mittelmeer als Durchgangsmeer (Suezkanal 1869) eine erhöhte Wichtigkeit, aber seine seefahrenden Völker, selbst die Italiener, betreiben die Schiffahrt vorwiegend mit Segelschiffen im Gegensatz zu England und Deutschland, bei denen die Dampfschiffe überwiegen. Das Schwarze Meer, das entlegenste Nebenmeer, hat wie das Mittelmeer, da die Gezeiten schwach sind, seichte Flußhäfen; plötzliche Stürme bedrohen, Eisbildungen behemmen die Schiffahrt. Die Nordsee, in breiter Verbindung mit dem Ozean, reich an eisfreien Gezeitenhäfen (S. 97) läßt den Anliegern noch den Ozeanverkehr bequem offen. Hier liegen Deutschlands große Überseehäfen Hamburg und Bremen. Wandernde Sandbänke, Nebel und Stürme sind gefährlich. Die Ostsee ist ein Nebenmeer, dessen Verbindungen mit dem Ozean bereits zu ungünstig sind, um den Küstenländern noch einen größeren Verkehr dorthin zu verstatten. Ihre Bedeutung liegt in der Verbindung produktiver Randländer, der Nordostseekanal brachte ihr einen näheren und sicheren Anschluß an die Nordsee. Die Ostseehäfen, abgesehen von Kiel und Warnemünde, sind, je weiter nach Osten, desto längere Zeit im Jahre durch Eis geschlossen; die Stürme sind gefährlich.

In der Hudsonbai, deren Ausgang zum Ozean schon in sehr ungünstiger nördlicher Breite liegt, ist für etwa acht Monate der Verkehr durch Eis verhindert. Das amerikanische Mittelmeer, durch die Hurricanes gefährlich, wird demnächst zum Durchgangsmeer durch den Panamákanal. Erfüllt von Inseln, die meist produktenreich sind und als Stützpunkte dem Verkehr sich bieten, wird es viel befahren.

Abgesehen von den Randgebieten, ist der Atlantische Ozean arm an Inseln, welcher Umstand seine Überwindung lange etwas erschwert hat. Die Schiffahrtsstationen: Azoren, Madeira, Kanarische Inseln (Tenerife, Las Palmas), Kapverdische Inseln (São Vicente), Ascension, St. Helena, spielen heute nicht mehr die Rolle wie einst. (Vgl. S. 94.)

Sandbänke, Riffe, Klippen, gibt es wenig; die Eisberge im Norden und Süden, die Hurricanes, welche Westindien heimsuchen, die Stürme am Kap der guten Hoffnung drohen dem Verkehr Gefahr.

Die Passatwinde (s. S. 97, 104 u. 116) begünstigen den Verkehr von dem europäischen und südafrikanischen Gestade nach dem tropischen Amerika hin, erschweren aber die Fahrt zurück, wenigstens für Segelschiffe. Ebenso wird durch die Südwestwinde der nördlich von der Passatzone gelegenen gemäßigten Zone der Nordhalbkugel die Fahrt von Amerika nach Europa erleichtert, die entgegengesetzte erschwert. Ebenso erleichtern die Westwinde der südlichen gemäßigten Zone auf der Südhalbkugel die Fahrt (für Segelschiffe) von Buenos Aires nach Kapstadt und von Durban nach Australien, erschweren aber die Rückfahrt. Dampfschiffe sind von dem in den Winden liegenden Naturzwang frei; sie wählen ihre Route, ohne auf die Winde Rücksicht nehmen zu müssen, kommen aber gegen Wind langsamer vorwärts wie mit Wind. Auch die Ungunst der Kalmenzone (äquatorialer Depressionsgürtel) für den Segelschiffsverkehr betrifft die Dampfschiffe nicht.

Unter den Meeresströmungen beeinträchtigt die kalte Labradorströmung Klima und Verkehr (Eisberge und Nebel) im Nordosten Nordamerikas bis in die Gegend der Neufundlandbank, während im Osten des Ozeans der Golfstrom weit gegen Norden hinauf die europäischen Küsten erwärmt und die norwegischen Häfen, welche bis 22° nördlicher liegen als die der 4½ bis 5 Monate geschlossenen St. Lorenzbucht, eisfrei erhält.

Der **Große Ozean** ist als Produktionsgebiet gegenwärtig wohl viel weniger wichtig als der Atlantische Ozean, weil die an- und einwohnenden Völker erst zum Teil die Wirtschaftshöhe erreicht haben, welche für eine erfolgreiche umfängliche Ausschöpfung des Meeres Bedingung ist.

Japan und die Vereinigten Staaten sind am meisten an der Großfischerei beteiligt; an den sibirischen Küsten will man nun auch anfangen, sich zu rühren.

Charakteristisch ist im Norden die Bärenrobbe, Otaria ursina (englisch furseal), die die so geschätzten „Sealskins" liefert. Die russischen Kommodorski-Inseln: Copper und Bering Island, die Pribylow-Inseln (Vereinigte Staaten): St. Paul und St. George, und die Aleuteninsel Bouldyer sind im Sommer die Aufenthaltsorte der Robben, wo die Jungen geboren werden. Hier schlagen die Aleuten die jungen Männchen. Aber auch auf den Kurilen-Inseln und im offenen Ozean werden die Pelzrobben verfolgt und gehen wahrscheinlich der Ausrottung entgegen.

In dem Gebiete zwischen der Linie Jesso—Vancouver und der Linie Nortonsound (Alaska)—Anadyrmündung liegt die Heimat des wertvollsten Pelztieres, der Seeotter, Enhydra marina oder Enhydris lutris. Hier wird das Tier von den Eingeborenen der Aleuten und Kurilen namentlich an den Küsten und Inseln gejagt. Jetzt werden im ganzen kaum tausend bis zweitausend jährlich erbeutet, und das schon seltene Tier scheint ebenfalls der Raubwirtschaft zu erliegen.

Besonders reich ist der nördliche Große Ozean an Fischen aller Art, die aber noch wenig genutzt werden. Für den Weltmarkt am wichtigsten ist die Fischerei des für kühle Breiten charakteristischen Lachses an der Westküste Nordamerikas. Zahlreiche Arten, Salmo Quinnat (der edelste, bis 30 Pfund), Salmo alpinus (bis 140 Pfund), Salmo orientalis (bis 60 Pfund; die beiden letzteren gehen nicht über Alaskas Grenzen nach Süden) und kleinere Arten (z. B. der geschätzte Salmo pacificus, 7—8 Zoll lang) steigen, um zu laichen, in den Flüssen auf. In Britisch-Nordamerika sind es namentlich Fraser und Skeena R., in den Vereinigten Staaten der Columbia R., die Flüsse zum Puget Sound, die Küstenflüsse Alaskas, also die pazifische Küste von San Francisco bis zum Kotzebuesund, wo eine Menge von Etablissements (Canneries) die Lachskonservenindustrie betreibt. Zum kleinen Teil wird der von Indianern, aber auch Weißen, gefangene Fisch frisch in Eis verschickt, zum weitaus größten Teil in Blechdosen eingemacht. San Francisco und Seattle sind Zentren des Lachskonservenhandels. Jedes vierte Jahr ist ein besonders gutes Fangjahr. Schonzeit und Lachszüchterei sollen der bisherigen rücksichtslosen Vernichtung der Tiere steuern. Auch an der gegenüberliegenden sibirischen Küste bis zur Nordgrenze Koreas hinab ist der Lachs der Hauptfisch der Küstenbewohner. Lachsräuchereien sind geplant. Den Buckellachs fangen japanische Schiffe bei Sachalin. Auf Jesso errichteten die Japaner bereits mehrere Lachskonservenfabriken.

Reiche Kabeljau-Bänke finden sich an der amerikanischen Seite, wie im Atlantischen Ozean in nördlichen Breiten; südlich von den Aleuten, bei den Schumagininseln und bei Vancouver wird der Fisch gefangen.

Gewaltige Heringsschwärme, für die kühlen Meere charakteristisch, gehen von der Beringstraße nach Süden, doch wird der Hering, der übrigens kleiner ist als die europäischen Arten, noch nicht viel genutzt; man fischt ihn an den Küsten der Beringsee und bei Sitka, auch auf einer Bank bei San Francisco, ferner zur Gewinnung von Fischguano, Fischöl und Fischwachs bei Sachalin (Japaner).

Auch Heilbutt und Schellfische, Turbot und Zunge, Tomcod (im Norden) und Seebarsch usw. werden gefangen, Sardinenarten bei Japan und Korea, Störe werden auf Kaviar in Oregon (Vereinigte Staaten) und in Ostsibirien ausgenutzt, Tintenfische ißt man in Japan.

In der San Franciscobai (Kalifornien), in der Shoalwaterbai und in Puget Sound ist die Austernzucht eingeführt.

Der Walfang im Großen Ozean ist durch Raubwirtschaft zurückgegangen. Die wichtigen Bartenwale: Balaena mysticetus (Grönlandwal, „bowhead" der Engländer) und B. cullamac („Pacific right whale" der Amerikaner), welche bis 40 000 Mk. Fischbein und 10 000 Mk. Tran lieferten, sind durch die Verfolgungen selten geworden. Der Japanwal, Balaena Siboldii, und der Schwefelbauch, Siboldius sulfureus, mit geringerem Fischbein, aber gutem und viel Tran sind in der Japan- und Beringsee noch häufig. Ferner werden gejagt der Finnwal, Balaenoptera velifera, und der häufige Knötwal, Megaptera versabilis (geringwertiges Fischbein), der Pottwal (Kaschelot oder Spermwal), der das Walrat liefert, aber mehr in südlichen Breiten vorkommt; an der Küste Alaskas wird die Jagd auf den Weißwal („Bjeluga") im großen betrieben. Neuerdings sind von einem Deutschrussen an der südsibirischen und koreanischen Küste mehrere Walfangstationen angelegt worden, die nach norwegischem Muster auch Fleisch, Knochen, Eingeweide usw. verwerten, während sonst im Großen Ozean vielfach nur der Speck abgestreift, das übrige den Haien preisgegeben wird — eine Vergeudung, wie wir sie immer bei Überfluß beobachten.

Der mittlere und südliche Teil des Großen Ozeans ist durch das häufige Auftreten von Holothurien (Trepang) charakterisiert, die bei den Chinesen Delikatesse sind. Holothuria edulis und H. astra werden im austral-asiatischen Mittelmeer von Tausenden von Fahrzeugen auf den Bänken und Riffen zur Ausfuhr (Singapore, Batavia und Manila die Verkaufsmärkte) gefischt; auch bei vielen Inseln Polynesiens usw. wird Trepangfang betrieben.

Schildkröten: Chelonia viridis und Ch. imbricata, 400 kg schwer, Sphargis coriacea, bis 800 kg schwer, werden im malaiischen Meer gefangen, zum Teil mit dem Schildhalter, Echeneïs remora, der, am Tau gehalten, sich an den Schildkröten festsaugt. Die Meeresteile um Celebes und die Molukken liefern das wertvollste Schildpatt. Auch an den Südsee-Inseln werden überall Schildkröten gefangen. (Vgl. den speziellen Teil des Buches.)

In derselben tropischen Zone treten die Perlmuscheln auf. Das australasiatische Mittelmeer, besonders die Sulu- und Celebes-See, ist reich daran. Siassi in der Tapulgruppe des Suluarchipels ist der Mittelpunkt der Perlenfischerei. Die alte Art des Tauchens wird mehr und mehr durch moderne Apparate und Methoden verdrängt. Auch Halmaheira, die Banda-, die Aru-(Aroe-)Inseln (Ostseite), Timor usw. sind reich an Perlbänken. Auch an der Nordwestküste Westaustraliens (Sharksbai und nordöstlich des Nordwestkaps), in der Torresstraße (Zentrum Thursdayinsel), bei den Salomoninseln, den Paumotu-, Marquesas-, Suworow- und den meisten andern tropischen Inseln des Großen Ozeans werden Perlen und Perlmuscheln gewonnen.

Fische gibt es natürlich auch im mittleren und südlichen Ozean in Mengen, aber sie werden wohl meist nur für den lokalen Bedarf gefangen. Im Süden gegen das Eismeer (s. S. 105) hin treten Robbenarten auf. Um die Inseln herum wimmelt es von Haien.

Durch seine Größe und Gestalt legt der Große Ozean eine ungeheure Wasserkluft (Panamá—Manila) in gerader Linie 17 500 km zwischen Alte und Neue Welt. Diese Größe macht auch heute noch seine Überwindung in niedrigen Breiten und im Süden, wo seine Ufer am meisten auseinandertreten, schwer. Im Norden nähern sich Amerika und Asien schnell, aber hier handelt es sich um wenig produktive Länder. Ist nach Norden durch das seichte Beringmeer der Ozean fast geschlossen, so führen im Süden in noch schiffbaren Breiten Verbindungswege zu den Nachbarozeanen: zum Indischen und zum Atlantischen Ozean. Gegliedert ist der Große Ozean fast nur am Westrande, wo die doppelte Ostküste Asiens mit dem Ochotskischen, Japanischen und Chinesischen Meer ihn begrenzt; aber die nördlichen Gewässer gerade der gegliederten asiatischen Ostküste bis Wladiwostok herab sind durch Eisbildung im Winter benachteiligt und grenzen an unproduktive Landschaften. Die reichgegliederten Inselfluren im Südwesten des Ozeans aber liegen in den kulturarmen Tropen.

Das Zuwässerungsgebiet des Großen Ozeans ist viel geringer als das des Atlantischen Ozeans und liegt fast ausschließlich im Westen, während im Osten die Gebirgsbarriere der Anden Nord- und Südamerikas wie eine Mauer aufsteigt.

Im Westen liegen reiche Produktionsgebiete an ihm (Japan, China); seit die Vereinigten Staaten durch Eisenbahnen die Gebirgsschranke am Ostrande des Großen Ozeans in etwas abschwächten, sind auch die weiter im Osten gelegenen amerikanischen Produktionsgebiete mehr auf ihn hingewiesen und werden durch den Panamákanal ihm noch näher rücken. Der Verkehr ist erst in der Entwickelung begriffen.

Der Große Ozean ist auch außerhalb seiner Randgegend reich an Häfen bietenden Inseln (zum Teil Koralleninseln, zum Teil hohe, vulkanische Inseln), besonders im Westen, aber auch an Riffen und Klippen. Taifune bedrohen die Schiffahrt in den Küstengewässern Japans und Chinas.

Die Windverteilung ist der des Atlantischen Ozeans sehr ähnlich. Im Westen waren die Monsune (s. S. 116) des austral-asiatischen Mittelmeeres (Sommer landwärts, Winter seewärts) in hohem Grade für die Segelschiffahrt wichtig und sind es in gewissem Maße noch jetzt.

Unter den Meeresströmungen trägt der Kuro-Siwo Wärme bis gegen Alaska hinauf, so daß dort die Küste bis in hohe Breiten eisfrei ist, während die Westküste des Ozeans bis tief nach Süden winterliche Eisbildung hat

(s. oben!). Die kalte peruanische Strömung kühlt die Westküste Südamerikas.

Die Tierwelt des **Indischen Ozeans**, welche für den Menschen Wert hat, stimmt zum Teil mit der des Großen Ozeans, mit dem breite Verbindungen bestehen, überein.

Dujongs oder Seejungfrauen (Halicore cetacea) kommen hier im Osten wie dort bei den ozeanischen Inseln vor. Perlmuscheln (Rotes Meer: Dahlakarchipel bei Massaua, bei Suakin; afrikanische Küste: bei der Insel Bazaruto, der Insel Mafia; Persischer Golf: Westseite auf Korallenbänken, besonders an den britischen Bahrein-Inseln; Ceylon: Golf von Mannar und vor Tuticorin, Vorderindien; bei Australien und im austral-asiatischen Archipel, s. S. 102) werden gefischt. Die schwarze Edelkoralle wird im Roten Meere gesammelt. Schildkröten werden überall bis zum Wendekreis hin gefangen, Holothurien (Trepang) im Osten, Welse und andere Fische sind häufig.

An Größe steht der Indische Ozean hinter den zwei anderen zurück, aber die West- und Ostränder sind weit voneinander entfernt (Durban—Perth fast 7900 km); die allein reich gegliederte Nordküste hat dagegen leichtere Verbindung nach den Ländern im Südwesten und Südosten (Bombay—Sansibar 4660 km, Colombo—Perth 5700 km).

Das Zuwässerungsgebiet ist nicht sehr groß, aber die Küstenländer Südostasiens sind ein sehr wichtiges Produktionsgebiet, und die Zwischenlage des Indischen Ozeans zwischen ihnen und Europa gab ihm frühe und große, seit Öffnung des Suezkanals gewaltig gewachsene Verkehrsbedeutung.

Von den Nebenmeeren ist das Rote Meer als Durchgangsmeer, obwohl durch die ungeheure Hitze, die über ihm herrscht, und durch Klippen ungünstig, von Bedeutung. Segelschiffe im Durchgangsverkehr vermeiden es aber wegen der unregelmäßigen Winde und ziehen den Umweg um die Südspitze Afrikas vor[1]). Der Persische Golf dürfte nach dem Ausbau der Bagdadbahn auch eine Art Durchgangsmeer im Verkehrssinne werden.

An größeren Inseln ist der Ozean nicht reich; Madagaskar und Ceylon wären zu nennen. Schwärme von Koralleninseln durchsetzen ihn; Korallenklippen im Roten Meere und bei Vorderindien bilden eine Gefahr für die Schiffahrt.

Der wechselnde Nordost- und Südwestmonsun des westlichen Indischen Ozeans fand (wie die Monsune des austral-asiatischen Mittelmeers, s. S. 103) frühe und ausgedehnte Anwendung für die Segelschiffahrt zwischen Vorderindien und der Ostküste Afrikas, und der Südostpassat unterstützte den Verkehr zwischen Madagaskar und Sansibar; im gemäßigten Süden sind die vorherrschenden starken West-Ostwinde dem Verkehr von Afrika nach Australien und Neuseeland günstig, nach der entgegengesetzten Richtung ungünstig, für die Dampfschiffahrt aber überhaupt ohne wesentliche Bedeutung.

Die **Eismeere** sind der Schiffahrt feindlich durch fast beständige Nebel, heftige Stürme, vor allem durch Eis, aber durch ihren ungeheuren Reichtum

---

[1]) Zumal die Spesen im Suezkanal sehr hoch sind und andererseits die Zeit bei den Gütern der Segelschiffe keine Rolle spielt.

an wertvollen Meeressäugetieren und wohl auch Fischen und Vögeln haben sie den Menschen immer wieder angelockt.

Wirtschaftlich wertvoll sind im Arktischen Meere, abgesehen von den nordischen Fischen (s. S. 97ff), verschiedene Robbenarten (Seehunde). Einst an den Küsten und an der Eiskante des Polarmeeres häufig, jetzt durch unverständige Verfolgung seitens der Weißen selten, werden sie noch an Labradors, Neufundlands, Grönlands, Islands Küsten, an der Eiskante zwischen Spitzbergen und Jan Mayen, nördlich von Spitzbergen, bei Franz-Joseph-Land, bei Nowaja Semlja gejagt. Namentlich Norweger gehen von Arendal und Tönsberg aus bei Jan Mayen und zwischen Grönland und Island auf die Jagd. Das Walroß (Trichechus rosmarus) wird in der See um Spitzbergen, bei Franz-Joseph-Land, im Karischen Meer und in der Barentssee, auch an dem östlichen Teil der Nordküste Sibiriens erjagt. Der Eisbär, auf Robbenjagd, legt große Wanderungen zurück, auch auf Eisschollen schiffend; er gibt schmackhaftes Fleisch und wertvolles Fell; besonders auf Spitzbergen, an der Nordküste von Nowaja Semlja, im Karischen Meere und auf Franz-Joseph-Land wird er gejagt. Zahlreiche Wale (der Grönlandwal, Balaena mysticetus; der Buckelwal, Megaptera boops; der Finnwal, Balaenoptera musculus; der Vaagewal, Balaena rostrata; der Blauwal, Balaen. Sibbaldii; der Butzkopf oder Schwertwal, Orca gladiator; der Tümmler, Phocaena communis; der Weißwal oder Bjeluga, Delphinus leucas; der Grindwal, Delphinus melas; der Delphin, Delphinus delphis; der Narwal, Monodon monoceros) werden noch gejagt. Von Tönsberg, Sandefjord und Aalesund in Norwegen aus werden der Butskopf (bottlenose) oder Schnabelwal (Hyperoodon rostratus); an der Küste Finnmarkens der Blauwal, der Buckelwal, der Finnwal und der Vaagewal gefangen; bei Island werden Blau-, Finn- und Knölwale erjagt. Außer den Barten gewinnt man Tran und macht aus den Knochen Knochenmehl. England beteiligt sich nur noch von Dundee und Peterhead aus an dem Eismeerfang von Grönland-, Weiß-, Narwalen, Walrossen und Seehunden.

Am arktischen Strand bieten zahlreiche Seevögel: Eiderenten, Alken, Lummen, Möwen, auch Gansarten Eier, Fleisch und Daunen; in ganzen „Vogelbergen", besonders auf den Schäreneilanden, welche den Küsten vorgelagert sind, und auf Felsnasen hausen sie hier.

Die Fische kommen in wenig Arten, aber sehr großer Individuenzahl vor: Lachse, Dorsche, Schleimfische usw., der Eishai (zwischen der Küste von Finnmarken und Spitzbergen) sind zu nennen.

Übrigens ist im Bereiche der Brandung und der Gezeiten an den Küsten, bis etwa 6 m Tiefe, durch die Eisdecke das tierische Leben ausgeschlossen; erst jenseits der 6 m-Linie beginnt der Reichtum.

Die Küsten und Meere der Antarktis sind ähnlich mit Fischen, Vogelbergen (Riesenpinguin, Aptenodytes patagonica; der Goldtaucher, A. chrysocome), Robbenarten: Pelzrobbe, See-Elefant und See-Leopard (besonders bei den Südshetlands, bei dem Grahamsland, der Südorkneygruppe, der Sandwichgruppe, Südgeorgien und den Kerguelen) und Walen ausgestattet wie die der nördlichen.

β) Die Binnenseen.

Die Binnenseen bieten dem Menschen ihren Reichtum an organischem Leben. Manche sind sehr salzreich, wenn die Verdunstung den Wasserzufluß übersteigt, und werden auf Kochsalz ausgenutzt. Das Anland ist meist sehr fruchtbar, aber Überschwemmungen ausgesetzt und durch Versumpfung öfters ungesund. Dem Verkehr sind sie eine meist ruhige, doch öfters flache Verkehrsstraße. In der Zeit der Eisenbahnen sind die langgestreckten Seen in der Ebene manchmal beträchtliche Verkehrshindernisse. Wichtigkeit können große, gut fahrbare Seen erlangen, wenn ihre Uferlandschaften produktiv sind und namentlich, wenn sie mit anderen gleich brauchbaren Seen eine Kette bilden oder gar in Verbindung mit Flüssen dem Großverkehr eine geeignete Wasserstraße vom Meere tief ins Landesinnere verstatten.

Der Mensch der höchsten Wirtschaftsstufe unternimmt es wohl, kleinere Seen (um Boden zu gewinnen oder Überschwemmungen und Versumpfung zu beseitigen) tieferzulegen oder auch auszutrocknen oder auch zu anderen Zwecken neue zu schaffen (Talsperren für Zwecke der Wasserleitung und Kraftlieferung). Um den Wasserstand im Huron- und Eriesee hoch zu erhalten, beabsichtigen die Amerikaner unterseeische Dämme zu errichten.

Die eiszeitlichen Moränen- und Abräumungsgebiete (s. S. 87 u. 89) in Europa (Finnland 11% des Areals) und in Nordamerika (Kanada, Minnesota) zeigen geselliges Auftreten von Seen, somit reiche Fischereigelegenheiten; ebenso sind einst umfangreicher vereiste Gebirge, wie die Alpen, seenreich. Überhaupt sind die Binnenseen häufig in der gemäßigten, feucht-subtropischen und tropischen Zone.

In Rußland werden z. B. sehr viel Fische im Kaspischen Meer (Stör-Astrachan, Robben) gefangen. Auch in Deutschland (norddeutsche und süddeutsche Seen) werden die Seen gehörig ausgenutzt. Im Baikalsee fängt man Robben und Fische. In den großen Seen Nordamerikas (Oberer, Michigan-, Huron-, Erie- und Ontariosee) wird z. B. die große Maräne (white fish), ein wichtiger Speisefisch, gefangen (und zwar nur zur Laichzeit auf seichten Stellen).

Große Verkehrsbedeutung in produktenreichen Gegenden erhalten z. B. die Großen Seen in Nordamerika; auch der Titicacasee in Südamerika, die ostafrikanischen Seen, vor allem auch das Kaspische Meer, der Baikalsee, der Saimasee in Finnland seien als Beispiele hierfür genannt.

γ) Die Flüsse.

Als Aufschütter und Befruchter von Schwemmlandboden sind die Flüsse geeignet, dichte Bevölkerungsmassen an ihren Ufern zu konzentrieren, und lassen sich vielfach zur künstlichen Bewässerung der Felder verwenden.

Als Lieferanten von Trink- und Gebrauchswasser und von Nahrungsmitteln (Fischen) ziehen sie vielleicht am frühesten menschliche Siedelungen an sich; durch ihre Überschwemmungen richten sie aber nicht selten Schaden an. Der Mensch der hohen Wirtschaftsstufe wehrt ihrer blinden Kraft durch Eindämmung. Als Kraftlieferanten trieben die Flüsse schon lange Getreidemühlen, jetzt mehr Säge-, Papiermühlen usw., besonders im Gebirge. Durch Staudämme sammelt man jetzt ihre Kräfte zu elektrischen Betrieben. Dann aber mit Entwickelung der örtlichen Arbeitsteilung und des Verkehrs bekommen sie immer mehr als Verkehrsstraßen ihren Wert.

Wenn gut schiffbar, tragen die Flüsse die Verkehrsvorzüge des Meeres weit ins Land; einst war die Ausstattung eines Landes mit schiffbaren Flüssen, die mit dem Meere in Verbindung standen, noch viel mehr wert wie heute, wo die Nachteile, die aus dem Fehlen schiffbarer Flüsse einem Lande erwachsen, durch Eisenbahnen zu mildern sind. Wichtig für die Bedeutung eines Flusses und seiner Zuflüsse ist neben der guten Schiffbarkeit die Größe des Stromgebietes, die ebensosehr von der Größe des in Frage kommenden Landraumes als von der Bodengestaltung abhängig ist. Ein großes Stromgebiet gibt in einer produktiven Landzone einer großen Gütermenge die Möglichkeit zusammenfließender Abfuhr. Aber nur ein Volk fortgeschrittener Wirtschaftsstufe wird von der Möglichkeit Gebrauch machen. Im einzelnen ist die Richtung, welche die Flüsse nehmen, von Wichtigkeit. Parallelismus der Haupt-, senkrechtes Zufließen der Nebenflüsse ist günstig; denn sie sind dann leicht miteinander seitlich zu verbinden und gewähren der Schiffahrt den Querverkehr (Deutschland, Sibirien). Günstig für die künstliche Verbindung von Flüssen sind flache Wasserscheiden zwischen ihnen. Bisweilen hat schon die Natur Stromsysteme miteinander verbunden in „Bifurkationen".

Die Richtung der Flüsse bestimmt ihre Einmündung in die Meere bzw. Binnenseen, in die sie aufgehen. Deren Verkehrsbedeutung bestimmt zum großen Teile auch die ihrige. Flüsse, die in Binnenseen münden, die keinen Ausweg zum Ozean haben, werden immer mehr oder weniger mit jenen die Beschränktheit des Verkehrs zu teilen haben. Flüsse, die Binnenmeeren tributär sind, werden bei sonst gleichen Verhältnissen immer weniger für den Verkehr wichtig sein als jene, die zu Rand- oder Durchgangsmeeren oder zum offenen Ozean münden. Das kann als Regel gelten, aber wie wird sie modifiziert durch die Koinzidenz der verschiedenen natürlichen Verhältnisse mit den verschiedenen Wirtschaftsstufen. Da sehen wir, daß der prächtigste, von der Natur gewissermaßen für den größten Verkehr prädestinierte Strom, der zum Ozean fließt, ziemlich ungenützt bleibt (Amazonas früher), während ein viel kleinerer und mangelhafter Strom, zu einem Nebenmeere fließend, eine Verkehrsbedeutung von Weltruf (Elbe) erlangt.

Ungünstig für einen Flußlauf ist auch die Einmündung in ein manchmal, öfters oder immer eisbedecktes Meer, und durch ungünstige Breitenlage, die zeitweise und womöglich längere Eisbedeckung des Flusses bedingt, können alle sonstigen Vorzüge für den Verkehr mehr oder weniger verloren gehen; denn die Konstanz des Verkehrs, eine der ersten Anforderungen an ihn, ist damit aufgehoben.

Auch die Flußläufe im besonderen sind nach ihrer Artung dem Verkehr günstiger oder ungünstiger. Ein Fluß, der ziemlich geradlinig zum Meere läuft, ist für den Verkehr günstiger (wenn dieser Fluß zugleich dem Großverkehr dienstbar sein kann) als ein Fluß, der im Zickzack und in Schlingenbildung sich ergeht; man sucht heute sogar die Flußläufe geradezulegen und die Umwege durch Kanäle abzuschneiden, zum Teil wenigstens, um die Verkehrsstraßen zu verkürzen. Bei kleineren Flüssen, die nur dem Kleinverkehr dienstbar zu machen sind, mag aber die Berührung ausgedehnterer Landstriche, wie sie eine stärkere Stromentwickelung mit sich bringt, als günstig aufgefaßt werden.

Die Tiefe und Breite der Flüsse ist für ihre Verkehrsbedeutung von großer Wichtigkeit. Auf den niedrigen Wirtschaftsstufen pflegt in flußreichen Gegenden der Wasserverkehr so ausschließlich zu herrschen oder doch den Landverkehr so zu überragen, daß fast jedes fließende Wässerchen, sei es auch flach und schmal, benutzt wird; die Verkehrsmittel sind entsprechend klein. Bei uns aber ist dem Flußverkehr in dem vorzüglichen Landverkehrsmittel der Eisenbahnen eine Konkurrenz erwachsen, die auf den größeren Verkehrsflüssen alle kleineren Boote und Kähne ausgemerzt hat und nur die großen Transportfahrzeuge als konkurrenzfähig übrig gelassen hat. So sind denn aber auch die Ansprüche an die Tiefenverhältnisse der Flüsse gestiegen, und nur auf denjenigen Flußstrecken hielt sich lebhafter Wasserverkehr, die jene großen Transportfahrzeuge zulassen. Der Mensch versucht durch Ausbaggerung, Stromregulierung, Kanalisierung die natürlichen Tiefenverhältnisse zu verbessern und eine weitere Verflachung des Fahrwassers (durch Schlickmassen) vor allem abzuwenden. Am meisten arbeitet der Mensch an den Mündungen der Flüsse, wo es darauf ankommt, dem mit immer größeren Fahrzeugen auftretenden Seeverkehr möglichst weit den Zugang ins Binnenland zu ermöglichen.

Ein gleichmäßiges und gering geneigtes Gefälle eines Flusses ist für den Verkehr günstig, ein ungleichmäßiges und starkes ungünstig. Auch Stromschnellen, Wasserfälle und dergl. sind dem Schiffsverkehr sehr hinderlich; auf der Wirtschaftsstufe der Wissenschaft beseitigt man Riffe usw. leicht durch Sprengen[1]), Wasserfälle müssen durch Schleusenkanäle umgangen werden.

Den jahreszeitlich verschiedenen Wasserstand der Flüsse vermag man erst wenig zu regulieren, indem man Flüsse kanalisiert, d. h. durch Wehre mit Durchlässen das Wasser staut.

Die Eisdecke der Flüsse verhindert in kälteren Gegenden einen großen Teil des Jahres die Schiffahrt; durch Eisbrecher gelingt es bis zu einem gewissen Grade, auf manchen Flußstrecken hierin Wandel zu schaffen.

Als die Schaffer von Tälern, falls sie nicht schluchtartig sind, erleichtern die Flüsse auch den Landverkehr, dem sie (auf niedrigen Wirtschaftsstufen auch im Flachland, auf höheren nur im Gebirge) die Richtung weisen und öfters gleichmäßig fallend natürliche Straßen bieten.

Den quer zu ihrer Laufrichtung gehenden Verkehr allerdings erschweren die Flüsse für primitive Wirtschaftsstufen, während sie auf höheren durch Fähren und einfache Brücken einigermaßen, auf höchster Wirtschaftsstufe auch auf festen, landgleichen Brücken an gewissen Punkten vollkommen überwunden werden.

Die Flußalluvionen sind namentlich in der trocken-subtropischen Zone, wo Kulturland im übrigen spärlich ist, von wirtschaftlicher Wichtigkeit. Das Schwemmland des Nil und des Euphrat und Tigris sind altberühmte Stätten der Fruchtbarkeit. Daß Babylonien jetzt wenig leistet, ist Schuld der Bevölkerung. Im Nilland hat man die künstliche Bewässerung vom Flusse aus neuestens auf hohe Stufe gehoben; am Euphrat-Tigris plant man sie wieder erstehen zu lassen. Auch am Tarim, am Amu- und Syr-Darja und am Indus blühten frühe Kulturen auf bewässertem Boden. Die Flußalluvionen sind aber auch in anderen Klimazonen meist Zentren der Produktion (s. Tiefländer, S. 66).

[1]) Sehr charakteristisch für den Unterschied zwischen der Wirtschaftsstufe der Wissenschaft und der Tradition ist im Gegensatz hierzu das Verfahren der Chinesen, die Boote mit elastischen Böden benutzen, um (kleine) Riffe zu überwinden.

Früher wurden die Flüsse bei uns wie in den anderen Klimazonen auf Trinkwasser ausgewertet. In der Tropenzone, in China, in Indien, in Afrika, auf allen tieferen Wirtschaftsstufen leisten sie noch den Dienst, Trinkwasser zu liefern. (Vgl. S. 74.)

In der trockenen Abteilung der subtropischen Klimazone haben die Flüsse als Fischwasser nicht viel Bedeutung, weil sie für größere Zeiträume ganz oder fast trocken liegen. In der polaren Zone sind die Flüsse wegen der winterlichen Eisdecke nur eine kurze Sommerszeit von aus dem Meer aufsteigenden Fischen stark belebt. Dann ist hier die Zeit reicher Ernten für die Bevölkerung. Auch in der tropischen Zone ist der Nutzwert der Flüsse durch ihren Fischreichtum relativ sehr bedeutend, und selbst in der gemäßigten Zone, in den Flüssen Deutschlands, Rußlands usw., werden noch ziemlich viele Fische gefangen.

Die Flußüberschwemmungen sind in den wohlbewohnten und -bestellten Ländern der gemäßigten und der subtropischen Klimazone am verheerendsten, weil hier in stark ausgenutztem produktiven Uferland viel zu vernichten ist, und zudem infolge Eindämmung der Fluß sein Bett erhöht und ausbrechend um so zerstörender wirkt. Namentlich die Flüsse der trocken-subtropischen Zone zeigen sich zeitweise unbändig. Berüchtigt sind viele italienische Flüsse. Auch die Garonne im Grenzgebiet der gemäßigten und subtropischen Zone bereitet den Anländereien viel Schaden. Hunderte von Millionen Mark gehen manches Jahr durch Flußüberschwemmungen verloren. Die Chinesen, auf der Wirtschaftsstufe der Tradition, haben mit ihren Flußbändigungsarbeiten noch wenig Glück. Auch wir, auf der Wirtschaftsstufe der Wissenschaft, beobachten noch nicht lange genug die Kräfte aller unserer Flüsse, um schon überall ihrem stärksten Ausbruch entsprechende Widerstände entgegenzustellen. Aber im ganzen sind in den Kulturstaaten der gemäßigten Zone, in England, in Frankreich, den Niederlanden, Belgien, Deutschland besonders, die Flüsse fast alle in Aufsicht genommen und mehr oder weniger in ihrem Bette festgelegt und im Wasserablauf geregelt. Auch in den Vereinigten Staaten ist schon — neuerdings — viel an den Flüssen getan. In Österreich-Ungarn, Rußland und in Südeuropa ist man meist erst in den letzten Jahren ans Werk gegangen; in Südosteuropa denkt man noch kaum daran. In Australien dagegen hat man schon zahlreiche Arbeiten an den Flüssen in Gang gebracht. Kurz, der Zustand der Flüsse ist von der Verbreitung der Wirtschaftsstufen abhängig.

An die Riesenflüsse der Erde wagt sich der Mensch erst schüchtern heran. Selbst den Amerikanern gelang die Bändigung des Mississippi und Missouri bis jetzt recht unvollkommen. Am Amazonas macht man die ersten Uferbefestigungen. Auch am La Plata sind die Korrektionen, die natürlich immer mehrere Zwecke, vor allem aber Verkehrszwecke, verfolgen, von den Argentiniern jetzt in Angriff genommen. Kongo, Amur, die sibirischen Ströme sind in der Hauptsache noch Naturkinder.

Die Eingeborenen in den tropischen Ländern bleiben den Überschwemmungsflüssen meist ferne; so kann sie kein Unheil treffen. Hier sind die Flüsse ganz ungebändigte Kinder der Natur. Der Amazonas verändert beständig sein Bett.

Die geographische Verbreitung der Wasser-(Fluß-)kräfte auf der Erde ist einerseits abhängig von der Verbreitung der Niederschlagsmengen, andererseits von der Bodengestaltung. In der wasserreichen tropischen, der feuchten Abteilung der subtropischen und in der wasserreichen gemäßigten Klimazone sind die Wasserkräfte im allgemeinen wohl am reichsten vorhanden, soweit die Niederschläge in Betracht kommen, während die trocken-subtropische Zone schlecht damit ausgestattet ist. Durch die Bodengestaltung und die Niederschläge werden aber insonderheit die Gebirge zu Wasserkraftquellen. Doch sind z. B. die Pyrenäen, der Kaukasus, der Himalaja arm an Wasserfällen. Aber die Alpen, Karpathen, Rocky Mountains, Appalachen usw. sind reich an Wasserkräften. Auch Plateauländer wie die Pyrenäische Halbinsel, Mexiko sind reich an Gefällsbrüchen, also Wasserfällen, und in den Plateaulandschaften Afrikas, namentlich an den Rändern, schlummern Riesenkräfte. Ferner sind stufenförmig gestaltete Landschaften wie die eiszeitlichen Abräumungsgebiete in Nordeuropa und im Hudsonbaigebiet Nordamerikas oder das Vorland der Appalachen an der sogenannten Fallinie reich an Wasserkräften. Ausgenutzt werden die Wasserkräfte bis jetzt hauptsächlich in den Ländern der hohen Wirtschaftsstufen: Italien, Deutschland, Schweiz und Frankreich, auch Österreich nutzen besonders die Alpen. England, Schweden und Norwegen, neuerdings Spanien, nehmen ihre Wasserkräfte immer mehr in Anspruch. Die Vereinigten Staaten und Kanada, besonders im Gebiet der Großen Seen (Niagarafall) und des St. Lorenzstromes, auch Mexiko nutzen schon viele Hunderttausende von Pferdekräften.

In der gemäßigten Zone sind die Länder am besten mit schiffbaren Flüssen ausgestattet, deren Wasserreichtum auch im Sommer zumeist die Schiffahrt ermöglicht. Zur Winterszeit freilich sperrt eine Eisdecke vielfach die Flüsse; im Westen Europas fehlt sie noch, in Deutschlands Osten bringt sie schon zum Teil empfindliche Störungen in dem Flußverkehr, und in Rußlands, vollends Sibiriens kontinentalem Klima liegen die Flüsse große Teile des Jahres unter Eisdecken gefangen.

Auch die tropische und die feuchte Abteilung der subtropischen Klimazone sind recht gut mit wasserreichen Flüssen ausgestattet; hier werden selbst kleine Wasseradern ausgewertet, und der Wasserverkehr hat vielfach sehr hohe Bedeutung, da die Landverkehrsverhältnisse mangelhaft sind. In den tropischen Urwäldern sind die Flüsse oft die einzigen Durchlässe, aber freilich bedrohen schwimmende Stämme den Verkehr. Die trockene Abteilung der subtropischen Zone dagegen, namentlich in den Wüsten, und die kontinentalen Steppengebiete der gemäßigten Zone sind dem Flußverkehr ungünstig, indem nur kurze Zeit im Jahr oder nie das Wasser genügt.

Jedes noch unerschlossene Land wird schnell kolonisiert oder besiedelt, wenn es reich an gut fahrbaren Flüssen ist, aber in einem Lande, das arm an gut schiffbaren Flüssen ist, geht die Kolonisation langsam landein. Darum müssen in Afrika oder Australien Eisenbahnen die Flüsse ersetzen; in Amerika und Sibirien aber folgte die Kolonisation den Flüssen zu Wasser oder zu Lande, an den Hängen, wo der Wald immer licht steht oder fehlt. Aber die cañonartigen Flußtalschluchten des Erzgebirges mied früher der Verkehr und zog über die Hochflächen, und das Elbtal im Elbsandsteingebirge ist erst vor einem halben Jahrhundert und das Moseltal in unseren Tagen durch die moderne Technik der Eisenbahn erschlossen. (Vgl. S. 69.)

2. Die Breitenlage und das Klima[1]).

Auf die Produktion wirkt das Klima direkt ein, indem es dem wirtschaftenden Menschen seine Tätigkeit erleichtert oder erschwert, verlängert oder kürzt, indirekt, indem es Boden, Pflanzen und Tiere beeinflußt.

Der Mensch kann es polwärts und höhenwärts als einzelner zwar in jeder Kälte aushalten, wie er auch die höchsten Hitzegrade des Klimas verträgt. Aber gewisse ungünstige Einwirkungen der Extreme und gewisse günstige Einflüsse eines thermischen Optimums auf die Körperkonstitution werden sich doch kaum ableugnen lassen. Das gleichmäßig feuchtheiße Klima, fast ohne Temperaturschwankungen, erschlafft den Körper und beeinträchtigt damit auch die geistige Tätigkeit; das gemäßigt warme und gemäßigt feuchte Klima mit öfteren Temperaturwechseln erhält den Körper frisch und spannkräftig und regt damit auch die geistige Tätigkeit an; das übermäßig kalte Klima behindert die körperliche Regsamkeit und mag in derselben Weise auch auf die Geistestätigkeit wirken. (Vgl. auch S. 38 ff.)

Allerdings haben sich die Menschen bis zu einem gewissen Grade rein tierisch, körperlich den verschiedenen Klimaten angepaßt, so daß man nach den dadurch erzielten Körperzuständen hauptsächlich Rassen unterscheidet; durch diese Anpassung ist teilweise eine Milderung des im vorigen Abschnitt ausgesprochenen Naturzwanges wohl erreicht, aber er ist doch nicht aufgehoben. Stark kommt der Naturzwang zum Ausdruck, wenn der einem bestimmten klimatischen Zustand angepaßte Mensch in ein sehr konträres Klima sich versetzt. Dann treten die Mißverhältnisse zwischen der körperlichen Anpassung und dem neuen Milieu hervor, und zwar am schärfsten, wie es scheint, bei den Vertretern der höchsten Wirtschaftsstufe[2]); von Zeit zu Zeit müssen die in den Tropen kolonisierenden „Weißen" in gemäßigten Breiten oder in hochgelegenen tropischen Sanatorien die Spannkraft des Körpers und Geistes aufzufrischen oder wiederzuerlangen suchen.

Auch mit klimatischen Krankheiten (hierher rechnen wir auch die durch an gewisse Klimate gebundene Parasiten hervorgebrachten) sind die verschiedenen Erdgegenden sehr verschieden ausgestattet (vgl. S. 114), und ihr Auftreten steht den

---

[1]) Die Bekanntschaft mit der geographischen Verbreitung der klimatischen Verhältnisse der Erde (vergl. S. 117 f.) muß ich bei meinen Lesern voraussetzen. Ich unterscheide: 1. die tropische Zone, heiß, bewölkt und feucht; sehr geringe Temperaturschwankungen; im engeren äquatorialen Gürtel besonders reich an Niederschlägen, die fast das ganze Jahr oder in zwei Regenzeiten fallen; seitwärts, etwa zwischen 5° und 20° deutlich geschiedene Regen- und Trockenzeit; — 2. die subtropische Zone, etwa zwischen 20 und 40°; an den Westseiten der Landmassen warm, sonnig und trocken (winterliche Niederschläge), an den Ostseiten warm und feucht mit sommerlichen Niederschlägen (Monsunen); die Temperaturschwankungen sind bereits größer, vor allem in den meerferneren sommerheißen und -dürren Teilen der trocken-subtropischen Zone; — 3. die gemäßigte Zone, mäßig warm, mit warmem bis heißem Sommer und mildem (in Meeresnähe) bis kaltem (in Meeresferne) Winter und Niederschlägen zu allen Jahreszeiten; im allgemeinen reichliche Bewölkung; Westseiten der Landmassen im allgemeinen feuchter wie Ostseiten, also Abnahme der Niederschläge im allgemeinen von Westen nach Osten; — 4. die polare Zone, kalt mit ziemlich warmen sonnigen Sommern, sehr kalten Wintern, geringen Niederschlägen. (Vgl. auch die Temperatur-, Luftdruck- und Niederschlagskarten der Erde.)

[2]) Erinnern wir uns, daß deren tierische, körperliche Anpassungsfähigkeit zugunsten der außerkörperlichen Anpassung (s. S. 15—16) zurückgeht.

Wirtschaftszwecken des Menschen nicht nur insofern entgegen, als öfters dadurch kleinere oder größere Menschengruppen dahingerafft werden, sondern auch insofern, als Krankheiten, und schon die Furcht vor ihnen, auf die Tätigkeit, auf Handel und Wandel der Menschen einen deprimierenden Einfluß ausüben. Die tiefstehenden Völker stehen fast hoffnungslos und passiv unter dieser Geißel, die Völker der höchsten Wirtschaftsstufe befreien sich immer mehr von diesem Naturzwang; sie nehmen den Krankheiten z. T. oder ganz ihre Gefährlichkeit, so daß in unseren Landen Krankheiten, die einst fast jede Generation dezimierten, nahezu unbekannt sind. Und wie unsere Wirtschaftsstufe den Kampf gegen diese Krankheiten aufnahm, so sucht sie andererseits die Heilmittel, die in gewissen Klimaten liegen, den Menschen nutzbar zu machen. Der Verkehr ermöglicht den Binnenbewohnern eines Landes die Vorzüge des Seeklimas, dem Niederungsbewohner die des Höhenklimas, und umgekehrt, zu genießen; er entführt den gesundheitlich gefährdeten oder kranken Weißen aus dem feindlichen Tropenklima in die gemäßigten Breiten oder in die Sanatorien, den Lungenkranken der gemäßigten Breiten in die heilenden milden sonnigen subtropischen oder in die sonnigen polaren Regionen.

Das Klima ist ferner wirtschaftlich wichtig, indem es gewisse Tätigkeiten des Menschen verlangen oder überflüssig machen kann. Ein tropischwarmes Klima erspart den Menschen nahezu die Sorge um Kleidung, Heizung, Beleuchtung, während ein sehr kaltes, zu langen Zeiten lichtloses ihm die drückende Last auferlegt, große Mengen von Heiz- und Beleuchtungsmaterial und wirksame Kleidung zu schaffen. Zwischen den Extremen aber liegen allmähliche Übergänge. (Vgl. S. 39ff.)

Direkten Einfluß auf die Produktion haben noch die Wärmeverhältnisse der Erde insofern, als warme und mäßige Temperatur die Arbeiten im Freien zu jeder Tages- und Jahreszeit gestattet, daß dagegen sehr große Hitze und ebenso sehr große Kälte gewisse tägliche oder jahreszeitliche Unterbrechungen der Arbeiten im Freien nötig machen können. Durch die Sonnenwärme zu treibende Motoren hat die Technik schon seit längerem erfunden.

Auch die Verteilung des Lichtes auf der Erde ist in dieser Beziehung für die menschliche Tätigkeit wichtig. Gewisse Gegenden der Erde (die polaren) sind durch langes Ausbleiben des Lichtes zu langwährender Arbeitseinstellung gewissermaßen von Natur prädestiniert.

Die niedrigsten Wirtschaftsstufen machen nur die ersten Schritte, sich mit Hilfe des Feuers von diesem Naturzwang zu befreien; die höchste Wirtschaftsstufe reagiert dagegen in weitgehendem Maße durch geeignete Bauten, künstliche Wärme- bzw. Kälte- und Lichterzeugung, so daß ebenso bei großer Kälte als Wärme als Dunkelheit die Arbeit nicht unterbrochen zu werden braucht.

Der Wind, die bewegte Luft, wird schon auf der Wirtschaftsstufe der Tradition, wie auf dem Meere (s. S. 97) so auch auf dem Lande, Kraftlieferant zum Treiben von Mühlen, Turbinen, Schiffen usw. Aber seiner Unzuverlässigkeit wegen wird er von der Wirtschaftsstufe der Wissenschaft möglichst ausgeschaltet, oder doch seine Kraft elektrisch aufgespeichert. Für die Luftschiffahrt wird die bewegte Luft zugleich Fahrstraße und zum Teil Bewegungsmotor. Bisweilen richten verheerende Winde Schaden an, wenn man nicht die Bauten genügend ihrer Kraft angepaßt hat; die Ernten werden oft durch sie vernichtet.

Die Niederschläge sind die Nährer des fließenden Wassers und die Befruchter des Bodens. Wolkenbrüche, gelegentlich auch starke Schneefälle und Hagel, richten in der Wirtschaft des Menschen Schaden an. Die Versuche des Menschen, die den Pflanzen gefährlichen Hagelfälle, mittels des Hagelschießens, abzuwehren, sind noch nicht als gelungen anzusehen. Die Hochgebirgseisenbahnen schützt man vielfach durch Schneedächer; Schneepflüge schaffen den Eisenbahnzügen die Bahn. Man hofft, die tropischen Regengüsse elektrisch nutzbar machen zu können.

Die Elektrizität kann möglicherweise für den Pflanzenbau von größter Bedeutung werden und in die Sphäre des Klimas uns kräftig einzugreifen erlauben, wenn es sich als zweifellos bestätigen und als rentabel erweisen sollte, eine Erhöhung der Ernteerträge und eine Wachstumsbeschleunigung der Kulturpflanzen, also gewissermaßen Sonnenersatz, durch Elektrizität in die Wege zu leiten. Eine ungeheure Bedeutung hat heute schon die Elektrizitätskraft, die elektrische Energie, die in unzähligen Fällen die Produktion zu fördern eingespannt ist. Ihr Hauptwert ist vielleicht der, daß sie uns vom örtlichen Zwange, von der natürlichen Verteilung der mechanischen Naturkräfte löst, insofern als sie sich mit geringen Verlusten durch den Draht auf große Entfernungen übertragen läßt und daher Naturkräfte, z. B. Wasserkräfte, auszunutzen verstattet, deren Verwertung früher nicht rentabel war. Man überträgt die elektrische Kraft bereits auf Entfernungen von etwa 500 km (Kalifornien), meist aber nur auf 40—80 km. Elektrische Straßenbahnen sind uns heute vertraut, elektrische Eisenbahnen werden sich immer mehr verbreiten. Der Telegraph, das Telephon, elektrisches Licht usw. sind Ergebnisse der anfangenden Beherrschung der Elektrizität.

Die Weißen sind in der gemäßigten (s. S. 40) und subtropischen Zone zu regsamster Tätigkeit des Körpers und Geistes, zu Beherrschern der Erde herangereift. Ihre Akklimatisation in der tropischen Zone ist bisher nicht gelungen und schließt die Anlegung von Siedelungskolonien daselbst aus. Nur als Kultivations- und Handelskolonien können daher die Besitzungen tropischen Klimas von ihnen ausgenutzt werden. Die medizinischen Fachleute erhoffen freilich eine Überwindung der tropischen Krankheiten, und Wirtschaftstheoretiker eine Veränderung der allgemeinen klimatischen Verhältnisse der Tropen unter intensiver Kultur, aber die Kolonialpraktiker stimmen diesen Ansichten nicht zu.

Die Gelben sind im wesentlichen in der subtropischen und in großen Teilen der tropischen Zone angesessen. Sie entwickelten ihre Fähigkeiten zu einem geringeren Grade wie die Weißen, sind aber z. T. jetzt im Aufstieg begriffen. Die Schwarzen sind für die tropische Zone der Alten Welt besonders charakteristisch; sie sind auf einem wiederum tieferen Geistesniveau geblieben.

Es ist bemerkenswert, daß die Verbreitung der drei Hauptrassen mit der der drei Wirtschaftsstufen der Wissenschaft, der Tradition, des Instinktes, in hohem Grade übereinstimmt. Damit soll nicht gesagt sein, daß nach meiner Ansicht die Kultur- oder in der engeren Beziehung Wirtschaftsstufe eine Folgeerscheinung der Rasse ist, vielmehr wird letzteres Phänomen als eine „Korrelation“ der Kultur aufgefaßt.

Nur die verderblichsten Krankheiten (vgl. S. 111) seien hier aufgezählt.

Die „Pandemie", der „Schwarze Tod", d. i. die Pest, raffte im 14. Jahrhundert n. Chr. in Europa nach Schätzung 25 Millionen Menschen, gleich ein Viertel der damaligen Bevölkerung, hin; der südöstliche Teil Europas wurde bis ins 19. Jahrhundert heimgesucht. Das lag ebensosehr wie an seiner Lage an seiner niedrigen Wirtschaftsstufe. Wir Europäer glauben heute dieser Krankheit, wie vieler anderen Herr zu sein, insofern, als wir sie aufs engste lokalisieren können. In Asien nennt man als Pestherde:

Das südliche Tibet, am Nordabhang des Himalaja; von hier aus wird Indien bedroht.

Die Gebirgstäler der chinesischen Provinz Jün-nan (Stadt Möng-tse); von hier aus wird das südliche China heimgesucht. Das Tal Sö-len-ko, 150 km von Lama-Miao bei Kalgan, soll im nördlichen China ein Herd der Beulenpest sein.

Mesopotamien; von hier aus wird auch Persien, besonders die Provinz Aserbeidschan, heimgesucht.

Asir, an der Westküste von Arabien, hat geringere Bedeutung.

Vielleicht gibt es auch einen Herd in Transbaikalien (Ostsibirien).

In Afrika liegt in Uganda ein Pestherd, von dem aus Ägypten, Tripolis usw. heimgesucht sind.

Das Gelbfieber ist eine Krankheit der tropischen Länder und den dort kolonisierenden Europäern sehr, den Eingeborenen wenig gefährlich. Es ist endemisch auf den westindischen Inseln (namentlich Cuba), an Punkten der mexikanischen Golfküste (Vera Cruz, Alvarado, Laguna, Campeche usw.), in Brasilien (z. B. Rio de Janeiro), an der Küste von Guinea (besonders Sierra Leone). In der Form von eingeschleppten Epidemien findet es sich aber fast überall in Afrikas und Amerikas tropischen und subtropisch-feuchten Ebenen, besonders in den Küstenstrichen. In Asien und Australien ist dagegen das Gelbfieber noch nicht beobachtet worden. Die Neger sind vor ihm fast sicher, die Mongolen haben eine gewisse Immunität; Hindus und Indianer aber sind gefährdet. Unter den Europäern, die ihm in den Fiebergegenden in 20—80% zu erliegen pflegen, sind die Südeuropäer weniger bedroht als die Nordeuropäer.

Das Verbreitungsgebiet der Malaria reicht von dem Äquatorialgebiet, wo sie am gefährlichsten ist, bis in die gemäßigte Zone, wo sie z. B. in den Ebenen Deutschlands usw. an Küsten, Seeufern, Flüssen, Sümpfen, in leichterer Form auftritt. Wasserlose Wüsten sind malariafrei. Auch manche tropische Inseln bleiben verschont. Sonst aber sind alle tropischen Gegenden in oder nahe der Meereshöhe heimgesucht. Mit der Höhe des Bodens nimmt Extensität und Intensität der Malaria ab. Verschiedene Rassen und Nationalitäten sind sehr verschieden der Krankheit ausgesetzt. Als bestes Mittel gegen Malaria verwendet man Chinin. Neuerdings hat man erkannt, daß eine besondere Art von Moskitos, die Anophelen, Träger des Malariaerzeugers sind und durch ihren Stich die Krankheit übertragen; man hofft ihr durch Austrocknung des Bodens die Lebensbedingungen entziehen zu können.

Die Beriberikrankheit tritt vorzugsweise an der Meeresküste und in den Uferebenen großer Flüsse auf, hauptsächlich im Austral-asiatischen Archipel (Sumatra, Bintang, Banka, Billiton, Borneo, Java, besonders Batavia, Celebes-Makassar, Molukken), aber auch in Vorderindien (nördlich Circars), Hinterindien, China, Japan, Afrika, Australien, Amerika, zumal Brasilien. Europäer sind ziemlich immun.

Eine Krankheit, die für den Verkehr eine gewisse Bedeutung hat, ist die Bergkrankheit, welche die Überwindung hoher Gebirge, z. B. der Anden Südamerikas, behindert. (Vgl. S. 69.)

Schließlich sei noch die Pellagra erwähnt, die in Südeuropa (Italien, Spanien, Frankreich, auch in Ägypten, Algerien und Mexiko) auftritt und auf fortgesetzten Genuß von verdorbenem Mais zurückgeführt wird.

Die Küsten Großbritanniens, Belgiens, der Niederlande, Frankreichs, Deutschlands, der Vereinigten Staaten haben sich in neuerer Zeit mit „Seebädern" bedeckt, wie die Mittel- und Hochgebirge Europas und Nordamerikas mit Sommerfrischen, Kurorten, Höhensanatorien, und die Küsten Italiens, Spaniens, Algeriens, die Kanarischen Inseln, Madeira, mit Winterkurorten, die Wüstenstationen Ägyptens und Algeriens mit Lungensanatorien, und Norwegens und Schwedens staub- und bazillenarme Polarbreiten, ja sogar Spitzbergen suchen die müden Europäer auf, die Körper und Geister zu neuer Wirtschaft zu stärken. Bei den niederen Wirtschaftsstufen kommen ähnliche Funktionen einzelner Gegenden noch kaum in Betracht.

Die polare Zone, ja auch schon die gemäßigte Zone, namentlich dort, wo sie kontinentale Winter hat, zwingt die Bewohner zu starker Bekleidung. In der Polarzone greift man namentlich zum Tierpelz, der auch sonst in Gebirgen und Gegenden niederer Kultur seine Rolle behauptet. In den Ländern hoher Wirtschaftsstufe ist meist für den Winter die wollene, für den Sommer die baumwollene mehrschichtige Kleidung zur Herrschaft gekommen; in großindustriellen Betrieben hergestellt, können diese Kleidungsstücke verhältnismäßig am wohlfeilsten und besten das Bedürfnis befriedigen.

Die Heizung ist in der polaren Zone sehr erschwert durch den Mangel brauchbarer Heizstoffe und erfolgt teils gewissermaßen in dem Körper durch starke Tranzuführung, teils durch Treibholz und Tranfeuer. Die Kulturvölker haben in dem der gemäßigten Zone reichlich eigenen Holz und in der Kohle ein vorzügliches Heizmaterial, zu dem noch die Elektrizitätswärme gewonnen wird. In der trocken-subtropischen Zone halten Decken und Teppiche die Stuben- und Körperwärme; als Heizmaterial ist charakteristisch der getrocknete Mist der Haustiere.

Als Beleuchtungsstoffe dienen den Kulturvölkern Petroleum, Kohlengas, elektrisches Licht usw., und die Technik der Heizung und Beleuchtung ist so weit fortgeschritten, daß man kleinere Räume tropisch erwärmen und die Nacht zum Tag machen kann. In der polaren Zone wird hauptsächlich Tran gebrannt, in der gemäßigten Zone ist Petroleum wohl am allgemeinsten verwertet, doch verdrängen in den Ländern der höchsten Wirtschaftsstufe fortschreitend Gas und elektrisches Licht das Petroleum. Letzteres dringt gegenwärtig in den Ländern der traditionellen Wirtschaftsstufe schnell vor und verdrängt die altgewohnten Pflanzenöle, die in der tropischen Zone und in der feuchten Abteilung der Subtropenzone das gegebene Brennmaterial waren. Hier wird erst sehr vereinzelt Gas und Elektrizität benutzt.

Die Erzeugung von Kälte wird auf der Erde besonders im Sommer der gemäßigten und subtropischen Klimazone und vor allem in der Tropenzone zum Bedürfnis. In den Kulturländern Europas und Amerikas wird natürlich in umfangreichem Maße von natürlichem und künstlichem Eis zur Kühlung Gebrauch gemacht. Natürliches Eis wird winters, vor allem aus den Gebirgen, (Riesengebirge usw.) und aus nordischen Ländern (Norwegen, norddeutsche Seen, Feuerland usw.), gewonnen; künstliches Eis wird mit Maschinen erzeugt. Neuerdings drangen die Eisfabriken in die Subtropen und vereinzelt auch in die Tropen vor, wo sie eine große Zukunft haben. Je höher die Kultur hier steigt, desto mehr verbreiten sie sich: in Chinas Küstenstädten, auf Java, in Mexiko, in Ägypten usw. trifft man sie nicht mehr ganz selten an.

Sonnenmotore, durch die Sonne getriebene Kraftmotore, haben naturgemäß in der trockenen Abteilung der subtropischen Klimazone Verbreitung gefunden, wo ein sonniger, oft wolkenloser Himmel ihre Tätigkeit begünstigt und andere Krafterzeuger: Kohle und fließendes Wasser, spärlich sind. Im Westen der Vereinigten Staaten sollen sie nicht selten sein; auch für Deutsch-Südwestafrika hat man sie vorgeschlagen.

Der Wind als Motor hat besondere Benutzung gefunden in den ebenen Gebieten der gemäßigten und subtropischen Zone; die Windmühle gehört noch heute zum Charakter der holländischen, norddeutschen und russischen Ebenen. Zum Antrieb des Bootes oder Schiffes benutzen ihn selbst auf den tiefen Wirtschaftsstufen stehende Völker. Namentlich die Regionen der regelmäßigen Winde, der Passate, und die Monsunwinde wurden und werden von der Segelschiffahrt benutzt. Mit Hilfe der regelmäßigen Winde unternahmen die Polynesier ihre weiten Fahrten ebenso wie die Malaien im Austral-asiatischen Archipel, die Araber und Indier im westlichen Indischen Ozean oder die Europäer zwischen Europa und Amerika und auf der Südhalbkugel im Gebiet der regelmäßigen Westwinde. Die heutigen Segelkurse der Kulturvölker sind aufs rationellste durch die Wissenschaft festgelegt worden. Befreite der Dampf die Schiffahrt von dem lästigen und zeitkostenden Zwang, auf die Bahnen der Winde Rücksicht zu nehmen, auch noch heute wird mindestens die Schnelligkeit und Behaglichkeit der Fahrt oder aber der Kraftaufwand (Kosten!) auch der Ozeandampfer vom Winde beeinflußt. (Vgl. S. 97.)

Daß die vorherrschenden Westwinde der gemäßigten Zonen und die Passate bei der Luftschiffahrt auf der Erde eine Rolle spielen werden, ist vorauszusehen.

An den Meeresküsten unserer Breiten treten nicht selten die Stürme, auf den Meeresflächen gestärkt, mit verheerender Kraft auf. Aber besonders gefährlich sind gewisse tropische Wirbelwinde (Tornados), die bis in die Subtropen wandern. Die eigentliche Äquatorialgegend ist frei davon. Aus 6—10° Breite ziehen sie eine geradlinige Strecke durchs Tropengebiet, um dann an der Grenze der Subtropen rechtwinklig umzubiegen. Das Antillenmeer mit der amerikanischen Golfküste, der Bengalische Meerbusen, die ostasiatischen Gewässer, z. B. an Chinas Küste („Taifune"), die Gegend von Mauritius sind berüchtigte Schauplätze solcher Wirbelwinde, die bisweilen großen Schaden anrichten. So wurde 1900 Galveston von einem solchen Tornado zerstört, 1906 im Hafen von Hongkong schwere Schiffshavarie angerichtet; 1864 kamen infolge Aufstauung des Hugli (Gangesmündung) durch einen Zyklon 48 000 Menschen und 10 0000 Stück Vieh um.

Die Niederschläge sind mit den Wärmeverhältnissen für die Produktion des Menschen am wichtigsten; ja eine Karte der Niederschläge erklärt in vorderster Linie die Arten und die Fülle der Nutzpflanzen und -tiere, die Verbreitung gewisser Bergbauprodukte, der Industrie, des Verkehrs und der Volksdichte.

Reich an Niederschlägen für einen großen Teil des Jahres ist die äquatoriale Region zu beiden Seiten des Äquators, bei feuchtheißer Luft. Dieser innerste Teil der tropischen Zone ist für das pflanzliche Leben sehr günstig, für die in gemäßigterem Klima herangezüchteten Haustiere und für große Tierformen überhaupt recht ungünstig. Beiderseits an diesen Gürtel schließen sich Gebiete tropischer Wärme, die aber nur zu einer Jahreszeit, günstigerweise zur Sommerszeit (Zenitstand der Sonne), genügende Niederschläge, zur anderen Jahreszeit aber Trockenzeit haben, die mit der Entfernung vom Äquator an Ausdehnung gewinnt. Die Verhältnisse sind für die Pflanzen noch ziemlich günstig, je weiter weg vom Äquator aber desto ungünstiger, doch ist gerade diese „Savannenzone“ (s. S. 50) die Heimat der wichtigsten tropischen Nutzpflanzen; für die Haustiere dagegen wächst in derselben Richtung im allgemeinen die Gunst. (Vgl. auch S. 50—51 u. 141 ff.)

In der Subtropenzone muß man in der Alten wie in der Neuen Welt eine trockene Abteilung unterscheiden, die an den Westseiten liegt (Südeuropa, Vorderasien, Nordafrika, Kalifornien, Westaustralien, Deutsch-Südwestafrika, Britisch-Betschuanaland, nördliches Chile, Küstenland von Peru), und eine feuchte Abteilung, die an den Ostseiten der Kontinente liegt; das südliche Japan und Südchina, die Südstaaten der Union, die östlichen Küstenstriche Australiens südlich der Tropen, die östlichen Küstenstriche Britisch-Südafrikas, die östlichen Provinzen Südbrasiliens fallen an diese feuchte Seite der Subtropenzone. Sie bietet natürlich der Pflanzenwelt sehr günstige Bedingungen, der Tierwelt weit weniger gute, während die trockene Abteilung der Subtropen hauptsächlich durch Tierzucht auszunutzen ist und der Pflanzenwelt nur in engräumigen Küstenstrichen und Oasen ein besseres Dasein zu gewähren vermag. (Vgl. auch S. 50—52.)

Die gemäßigte Zone ist umgekehrt gerade an den Westseiten der Landmassen reich befeuchtet, indem hier westliche Winde vom Ozean her vorherrschen. Gegen Osten wird sie trockener. So nimmt im gemäßigten Europa die Niederschlagsmenge im ganzen langsam von Westen gegen Osten ab. Im Westen des gemäßigten Nordamerika ist der feuchte Küstenstreifen verhältnismäßig schmal, da die Mauer der Rocky Mountains die Regenwinde vom Innern abschließt. So ist dieses und der Osten verhältnismäßig trocken. In Südamerikas gemäßigten Breiten steht das westliche schmale feuchte chilenische Küstenland der östlichen breiten trockenen patagonischen Abdachung gegenüber. Auch Tasmaniens und Neuseelands Westflanken sind niederschlagsreicher wie die Ostabdachungen. In dieser Zone sind also die Westseiten im allgemeinen klimatisch begünstigt. (Vgl. auch S. 52 ff.)

In der polaren Zone ist bei niedriger Temperatur und geringen Niederschlägen das Pflanzenleben sehr dürftig gestellt, während tierisches Leben in gewissen Formen noch ganz gut fortkommt. (Vgl. S. 54.)

Die Oberflächenformen des festen Landes bringen nun mancherlei Abweichungen von dem entworfenen schematischen Bilde der Niederschlagsverhältnisse zustande, aber ich muß hierfür auf die Niederschlagskarte verweisen.

Die höheren Kulturstufen versuchten den Mangel an Niederschlägen zu beheben. Alle in der trockenen Abteilung der subtropischen Zone wohnenden alten Völker, die Ägypter, Babylonier usw., waren zur künstlichen Bewässerung fortgeschritten, und auch die Chinesen, Japaner und Koreaner in der feuchten Abteilung der subtropischen Zone versuchten die Reisernten durch künstliche Bewässerung zu sichern und zu vermehren. Auch in Indien hatte man vielfach Bewässerungsanlagen hergestellt. Heute hat die künstliche Bewässerung moderner Art in großem Umfang in allen dürren Ländern Platz gegriffen, zum Teil auch in den Ländern niedriger Wirtschaftsstufen mit Hilfe der europäischen Technik. Im Westen der Vereinigten Staaten sind in früheren Wüsten mit künstlich herbeigeschafftem Wasser Felder hervorgezaubert worden; auch in Perus Norden hat man mit Bewässerungswerken begonnen. Im dürren Kapland sind sie stark verbreitet, und auch Deutsch-Südwestafrikas Zukunft wird darauf beruhen müssen. In Australiens Steppen hat man ebenfalls schon viel Wasser erschlossen. Erst neuerdings rührt man sich in Spanien zur erheblichen Ausbreitung der künstlichen Bewässerung, mit deren Hilfe man in Italien und Französisch-Nordafrika, vor allem aber in Ägypten den Landbau mächtig beförderte. Schon in Südfrankreich (vgl. S. 207) finden sich zahlreiche Bewässerungsanlagen, während sie in der gemäßigten Zone Westeuropas relativ spärlicher werden und meist der Wiesenpflege dienen. In Vorderasien findet man die künstliche Bewässerung häufig angewandt. und man bestrebt sich mancherorts, die primitiven Verfahren durch bessere moderne zu ersetzen; für Babylonien besteht ein Bewässerungsprojekt. Großen Umfang hat das Bewässerungsareal in Turkestan und in Ostturkestan; auch in der Kirgisensteppe ist man zur künstlichen Wasserbeschaffung geschritten.

In Vorderindien haben sich die Engländer große Verdienste um die Verbesserung und Ausbreitung der Bewässerung, besonders im trocken-subtropischen Indusgebiet, erworben.

Auf diesem Felde sind noch große Fortschritte zu machen, die namentlich der trockenen Abteilung der subtropischen Zone zugute kommen dürften.

Die Reaktionen des Menschen gegenüber dem Wetter, dessen unvorhergesehener Gang nicht selten der Wirtschaft, der Produktion und dem Verkehr, schweren Schaden bringt, sind bisher nur in den Ländern der höchsten Wirtschaftsstufe bis zu einigen Aussichten auf Erfolg gediehen. Über das instinktive Gefühl des Naturmenschen und die Wetterregeln der traditionellen Wirtschaftsstufe hinaus belehrt uns die wissenschaftliche Wetterbeobachtung über den Zustand des Wetters und seinen voraussichtlichen Gang. Neuerdings erweitern die Kulturländer das erst lokale Beobachtungssystem zu einem internationalen. Doch sind in den Ländern der tieferen Wirtschaftsstufen die Beobachtungen erst spärlich und kurzzeitig. West- und Mitteleuropa und die Vereinigten Staaten stehen in der Intensität der Wetterbeobachtung voran, aber auch die südeuropäischen Länder und Rußland, Japan, Australien, Südafrika und Argentinien sind neuerdings regsam tätig.

Die Wettervorhersagen (Sturmwarnungen) haben an den Küsten für die Schiffahrt schon eine hervorragende Bedeutung und versprechen auch der Landwirtschaft der Kulturländer in Zukunft gute Dienste zu leisten.

Das Wetterschießen, Hagelschießen in Italien (1900: 15 000 Stationen), Österreich-Ungarn, Frankreich usw. hat noch nicht zu unanfechtbaren Resultaten geführt.

Die Elektrizität ist gegenwärtig in der Hauptsache nur in den Ländern der höchsten Wirtschaftsstufe in Dienst genommen; ihre Anwendung auf die Pflanzen steckt noch im Versuchsstadium. (Vgl. auch S. 110 über Wasserkräfte.)

3. Die Pflanzen.

Dem Menschen ist es, wenigstens für den größten Teil seiner Bedürfnisse, versagt, die benötigten Stoffe direkt (s. S. 56, Anm. 1) aus dem Boden zu entnehmen. Er schätzt diejenige Form des organischen Lebens darum am meisten, die ihm am unmittelbarsten und daher reichlichsten Boden in Befriedigungsmittel von Bedürfnissen umsetzt; das sind die Pflanzen, deren Holz, Früchte, Samen oder Blätter, Wurzeln oder Blüten ihm nützlich sind, und deren Ausnutzung immer mehr zunimmt, je besser der Mensch die in ihnen enthaltenen Stoffe kennen lernt (s. S. 33).

Die natürlichen Lebensansprüche der Pflanzen, die ihnen aus ihrer Heimat zuteil geworden sind, werden für ihre Ausbreitungs**möglichkeit** maßgebend. Das Vorkommen der Lebensansprüche auf der Erde bestimmt die Stätten, auf denen eine Pflanze gedeihen **kann**. Ob sie tatsächlich dort angebaut wird, ist abhängig von dem geschichtlichen Gang ihrer Wanderung, vor allem ihrer Übertragung durch den Menschen, der sie von Land zu Land verbreitet. Ist schon die Weite dieser Übertragung durch den Menschen und vornehmlich das Tempo der Ausbreitung von der Kulturstufe der Völker abhängig, völlig ausschlaggebend wird dieselbe für den Umfang und den Erfolg des Anbaues und für die Heranziehung des Ertrages auf den „Weltmarkt".

Für die **gemäßigte Zone**[1]) haben die **Getreidegräser** Roggen, Hafer, Gerste und Weizen eine hervorragende Bedeutung gewonnen.

Der **Roggen**[2]) (Secale cereale L.) ist, wie die meisten unserer Getreidegräser, in der zuerst zu höherer Kultur erwachten trockenen Abteilung der subtropischen Zone, und zwar in Gebirgen (Vorderasien wahrscheinlich), heimisch. Er begnügt sich mit einer geringen Sommertemperatur und mäßigen Niederschlägen, auch nimmt

---

[1]) Vgl. S. 52—54 u. 117. [2]) Weltproduktion in Mill. T. 1902: 42,55; 1903: 43,55; 1904: 39,36; 1905: 39,45; 1906 (Schätzung): 38,28, davon 36,57 in Europa (mit asiat. Rußland und Türkei) und 1,71 in außereuropäischen Ländern. 1903 erzeugte Rußland 23,05 (52,9%); Deutschland 9,9 (22,7%); Österreich 2,06 (4,7%); Ungarn 1,38 (3,2%); Frankreich 1,55 (3,6%) Mill. T. Nach Bartholomews Atlas war der Durchschnitt der Zahlen für die drei letzten zugänglichen Jahre: 1 672 888 000 Bushels; davon erzeugten Rußland mit Polen 887,48; Deutschland 386,86; Österreich-Ungarn 130,75; Frankreich 51,15; Russ.-Asien 37,06; Japan 33,79; Verein. Staaten 27,21; Spanien 25,65 Mill. B. Darauf folgen etwa Belgien, Schweden, Dänemark, Holland als Produzenten. Vgl. die einzelnen Länder.

er mit unfruchtbaren Böden vorlieb. Er gedeiht noch in armen und rauhen Lagen der gemäßigten Zone, wo andere Getreidearten nicht mehr recht rentabel sind. So ist er das charakteristische Getreide der armen Moränenböden (s. S. 88) in der Nordhälfte der gemäßigten Zone geworden, und auch in steinigen rauhen Gebirgsländern schlägt er die andern Getreidearten oft aus dem Felde. Das mittlere Rußland ist das wichtigste Anbaugebiet, das sich nach Deutschland (Norddeutschland) und bis in die Niederlande und nach Belgien fortsetzt. Auch in Südschweden auf Jütland und den dänischen Inseln hat er noch einige Wichtigkeit. In den Gebirgen Mitteleuropas (Erzgebirge, Karpathen, Alpen), im zentralen Bergland Frankreichs und auf dem armen Boden der Betragne hat er relative Bedeutung. Im mittleren Sibirien hat er einige Ausdehnung. In den südlichen Neu-Englandstaaten der Union geben ihm der felsige Boden und das rauhe Klima vor den anderen Getreidearten den Vorsprung. Auf den Südkontinenten ist der Roggenbau fast ohne Bedeutung. Vgl. Branntweinproduktion S. 23.

Der Hafer[1]) (Avena sativa L.) ist vielleicht im Donaugebiet (im gebirgigen aber wohl) zu Hause und die ursprüngliche europäische Brotfrucht. Er beansprucht ein gemäßigtes Klima mit einem (mäßig) kühlen recht feuchten (an Luft und Boden) Sommer. Heute wird er damit namentlich in gemäßigte Breiten an die ozeanischen Westseiten der Kontinente gewiesen; im um die Nordsee gelagerten Nordwesteuropa, in den Küstenstrichen der Ostseeländer, auch im gemäßigten Rußland und Sibirien hat der Haferbau ziemliche Wichtigkeit; noch im Küstengebiet Sibiriens steht der Hafer unter den Getreidearten in erster Reihe. In der Mandschurei und in Nordchina wird er selten. In den feuchtkühlen Sommern Südostkanadas und der nordöstlichen Vereinigten Staaten, sogar in dem oberen Mississippigebiet, in Manitoba und den kanadischen Nordwestterritorien findet er günstige Lebensbedingungen. Für das feuchte Küstengebiet am Großen Ozean von Oregon bis Alaska hinauf ist er sicherlich das passendste Getreide.

Auf der südlichen Halbkugel sind die Gebiete selten, die des Hafers Lebensansprüche genügend erfüllen. Für das noch wenig erschlossene westliche Insel- und Küstengebiet Chiles von Valdivia an südwärts dürfte er das geeignetste Anbaugetreide abgeben, wie er auch an der feuchten Westküste des gemäßigten Tasmaniens und auf der Südinsel Neuseelands gut gedeiht; im Gebirgsland und an der Südküste Victorias und im Südwesten des Kaplandes usw. hat er geringe Bedeutung.

Die Gerste[2]) (Hordeum vulgare L. und andere Hordeumarten) hat ihre Heimat

---

[1]) Weltproduktion in Millionen Tonnen 1902: 50,27; 1903: 51,4; 1904: 48,84; 1905: 53,35; 1906 (Schätzung): 52,69, davon in Europa 35,45, in außereuropäischen Ländern 17,24. 1903 erzeugten Verein. Staaten 12,45 (24,2%); Russisches Reich 11,54 (22,4%); Deutschland 7,87 (15,3%); Frankreich 5 (9,7%); Großbritannien 2,83 (5,5%); Kanada (1904) ca. 2,5 (ca. 5%); Österreich 1,86 (3,6%); Ungarn 1,37 (2,7%); Schweden und Norwegen 1,06 (2%) Mill. T. Bartholomews Atlas gibt die Produktion nach dem Durchschnitt der drei letzten erhältlichen Jahreszahlen: Verein. Staaten 845; Rußland mit Polen 706,6; Deutschland 421,8; Frankreich 259,26; Kanada 201,8; Großbritannien 178; Österreich-Ungarn 173,7 Mill. Bush. Dann folgen Asiat. Rußland und Schweden. Vgl. die einzelnen Länder. [2]) Weltproduktion in Mill. Tonnen 1902: 27,21; 1903: 31,05; 1904: 29,12; 1905: 30,72; 1906 (Schätzung): 31,48, davon Europa 22,16, die außereuropäischen Länder 9,32. 1903 erzeugten Russisches Reich 7,72 (21,7%); Deutschland 3,32 (10,7%); Verein. Staaten 3,05 (9,8%); Großbritannien 1,54 (5%); Österreich 1,61 (5,2%); Ungarn 1,49 (4,8%); Spanien 1,4 (4,5%); Frankreich 1,09 (3,5%); Türkisches Reich (1904) 0,75—0,9 (2—3%) Mill. T. Bartholomews Atlas nach dem Durchschnitt der drei letzten erreichbaren Jahreszahlen: 1 218,59 Mill. Bush., davon Russ. Reich 335,16; Deutschland 135,09; Verein. Staaten 131, 93; Österreich-Ungarn 124,46; Indien 101; Großbritannien 64,26; Spanien 52,5; Kanada 40,92; Japan 40,57; Frankreich 39,94; Algerien 39,2; Dänemark 22,25; Rumänien 21,86; Schweden 13,46. Vgl. die einzelnen Länder.

im trocken-subtropischen Vorderasien. Sie liebt von Hause aus sonnigen wolkenarmen Himmel und gedeiht bei hoher (nicht zu hoher) Wärme am besten. Sie ist die typische Getreideart (s. unten) der trockenen Abteilung der subtropischen Zone und der kontinentalen Steppen, welche den Übergang zu den niederschlagsreicheren gemäßigten Klimagebieten bilden. Da sie aber auch infolge ihrer hohen Anpassungsfähigkeit, die sich in Verkürzung der Vegetationsdauer äußert, mit sehr geringen Temperatursummen auskommt, ist sie zugleich geeignet, weit gegen die Pole hin (s. Skandinavien) vorzudringen (selbstverständlich entsprechend dem Verlauf der Isothermen im Westen der Kontinente weiter wie im Osten), hat dort in der Nähe der Grenzen ihres Anbaugebiets aber absolut eine geringe, nur relativ eine gewisse wirtschaftliche Wichtigkeit. Die Zentren ihres Anbaus, namentlich die der zweizeiligen für Brauereizwecke geeigneten Spielart, fallen in die gemäßigte Zone, dorthin, wo die Hauptkulturvölker sitzen, nach Deutschland, Großbritannien, Österreich, die Vereinigten Staaten. Die vierzeilige beschalte Futtergerste und die nackte Gerste, die besonders zur Herstellung von Graupen geschätzt ist, sich aber nicht zur Vermalzung eignet, wird in den Steppen Ungarns, Südrußlands, Rumäniens, in den subtropischen Mittelmeergebieten Europas, Afrikas, in Vorderasien, im Indusgebiet, Turkestan und ganz Zentralasien gebaut.

Auch in der Neuen Welt dringt die Gerste in Nordkanada weit nach Norden; Brauereigerste bauen die Vereinigten Staaten in den Nordoststaaten: New York, Vermont, New Hampshire, während sie andererseits in den Präriestaaten Iowa, Nebraska, auch Minnesota und Wiskonsin — wohl als Futtergerste — eine gewisse Rolle spielt; vorzüglich gedeiht sie in Kalifornien. Auf den Hochländern Mittelamerikas und Südamerikas wird Gerste angebaut, ist aber ganz ohne größere wirtschaftliche Bedeutung. In Chile und Argentinien, Südafrika und Australien hat der Gerstenbau noch keine erhebliche Wichtigkeit.

In Deutschland, Großbritannien, Österreich, den Vereinigten Staaten knüpft sich, indem auch der Hopfen[1]) hier trefflich gedeiht, eine umfangreiche Bierbrauerei[2]) an den Gerstenbau.

Der Weizen[3]) (Triticum vulgare Vill. und andere Triticumarten) ist in den Steppen Vorderasiens heimisch. Er verlangt eine verhältnismäßig lange Vegetations-

---

[1]) Weltproduktion in Tonnen 1901: 95,000; 1902: 69,700; 1903: 79,100; 1904: 80,050; 1905 (Schätzung): 268 058 000 e. Pfd. (122,400 T.), davon Großbritannien 77,95 Mill. (29%); Deutschland 64,5 (24,1%); Ver. Staaten 51,2 (19,1%); Österr.-Ung. 40 (15%); Rußland 14,5 (5,4%); Belgien 11 (4,1%); Frankreich 6,5 (2,4%) Mill. e. Pfd.; dann folgen Neuseeland, Kanada, Tasmania usw. Bartholomews Atlas gibt die Weltproduktion im Durchschnitt 1901—03: England 460 500 cwts; Verein. Staaten 439 000; Deutschland 370 000; Österr.-Ungarn 190 000; Belgien 62 710; Frankreich 53 370; Kanada 9000 c. Vgl. die einzelnen Länder. [2]) Weltproduktion 1902: 5250,4 (1905: 5520,3) Mill. Imp. Gallonen, davon Deutschland 28,4%; Großbrit. 24,6 (1905: 22,7%); Verein. Staaten 23%; Österreich-Ungarn 8,7%; Belgien 6%; Frankreich 3,5 (5,7%); Rußland 2,4%; dann folgen Schweden, Dänemark, Schweiz, Norwegen, Italien usw. Im Verbrauch von Bier pro Kopf folgten einander Beglien, Großbritannien, Deutschland, Dänemark, Österreich, Schweiz, Schweden usw. Bartholomews Atlas nach neuester Statik ist: Vereinigte Staaten 1561,2; Deutschland 1512,3; Großbritannien 1253,2; Österreich-Ungarn 420,17; Belgien 308; Frankreich 240,77; Rußland 136,6; Kanada 74,8; Schweden 63,4; Dänemark 53,8 Millionen Gallonen. Dann folgen Schweiz, Australien, Niederlande. [3]) Weltproduktion in Millionen Tonnen 1902: 82,52; 1903: 88,36; 1904: 84,42; 1905: 90,84; 1906 (Schätzung): 94,9, davon in Europa 53,29; in den außereuropäischen Ländern 41,61. 1905 erzeugt Europa 48,73; Nordamerika 22,01; Asien 12,41; Südamerika 4,77; Australien 1,79; Afrika 1,13 Mill. T. Davon die Verein. Staaten 18,86, 20,8%); Rußland 15,47 (17%); Frankreich 9,22 (10,1%); Brit.-Ostindien 7,65 (8,4%); Österreich-Ungarn 6195 (6,8%); Italien 4,35 (4,8%); Argentinien 4,20 (4,6%); Deutschland 3,7 (4,1%); Kanada 2,985 (3,3%); (Asiat. Rußland 2,94 (3,2%); Rumänien 2,72 (3%); Spanien 2,28 (2,5%); Großbritannien 1,69 (1,9%); Austral. Staatenbund. 1,53 (1,7%); Bulgarien

dauer, eine ziemlich hohe Sommerwärme und eine gewisse Lufttrockenheit bei genügender Bodenfeuchtigkeit und einen recht fruchtbaren Boden, verträgt aber sehr tiefe Wintertemperaturen. Er ist eine typische Getreideart der trockenen Abteilung der Subtropen, gedeiht aber besonders gut auf den fruchtbaren Steppenböden (Schwarzerde, Löß) der kontinentalen (starke Temperaturschwankungen, heiße Sommer, kalte Winter) Übergangsgebiete von der subtropischen zur gemäßigten Zone, schließlich auch auf fruchtbaren Böden der gemäßigten Zone.

Danach wird er in den fruchtbaren Ebenen Vorderasiens, also in Kleinasien, Armenien, Mesopotamien, Syrien, Palästina, in Jemen und den Oasen Persiens, ferner im trockenen Nordwesten Vorderindiens und auf dem Hochland von Dekhan, angebaut. In Nordafrika bauen ihn die Atlasländer wie Ägypten, am Nordrande des Mittelmeers die südeuropäischen Halbinseln. Für Frankreich ist er das Hauptgetreide, während ihm Großbritannien, Belgien, Niederlande, Dänemark, Südschweden, Deutschland nur beschränkte Flächen widmen können. In den fruchtbaren kontinentalen ungarischen Tiefebenen, in Rumänien und Bulgarien, im Schwarzerdegebiet Südrußlands und der Westsibirischen Ebene hat der Weizen Hauptanbaugebiete, und ebenso wird in einigen fruchtbaren Tälern der Mandschurei, namentlich jedoch auf Löß- und Alluvialboden des nördlichen China ein lebhafter Weizenbau betrieben. Rußland, Ungarn, Rumänien und Bulgarien sind wichtige Ausfuhrländer.

Nach der Neuen Welt wie Roggen, Hafer, Gerste von dem Europäer übertragen, fand der Weizen sehr günstige Lebensbedingungen in den kontinentalen Prärien des Westens, in Manitoba und den Nordwestterritorien Kanadas und in den Staaten der Union: Missouri, Kansas, Minnesota, und den beiden Dakotas vor allem. In der pazifischen Region der Vereinigten Staaten kommen einige Flußtäler als wichtige Weizengebiete besonders in Betracht. Die Vereinigten Staaten und Kanada sind wichtige Ausfuhrländer für Weizen.

In Mittelamerika und auf den Hochländern des westlichen Südamerika wird der Weizen nicht in besonderem Umfang gebaut; in der Zentralebene Chiles ist er schon mehr verbreitet, und Argentiniens fruchtbare Provinzen Buenos Aires, Santa Fé, Entre Rios usw. produzieren viel Weizen für die Ausfuhr, während Uruguays und Südbrasiliens Anbau geringere Bedeutung hat.

In Südafrika ist der Weizenbau noch nicht sehr ausgedehnt. In Australien nahm er immer mehr zu und liefert manche Jahre schon gewaltige Ausfuhrwerte; auch Neuseeland führt aus.

Alle genannten vier Getreidearten haben außer den polaren Grenzen auch äquatoriale Verbreitungsgrenzen, die durch die zu hohe Hitze oder zu hohe Feuchtigkeit

1,06 (1,2%) Mill. T. Ferner produzierten Asiat. Türkei 898 000; Europ. Türkei 544 000; Algerien 544 000; Japan 543 000; Persien 435 000; Chile 400 000; Belgien 354 000; Serbien 335 000; Ägypten 327 000; Neuseeland 256 000; Tunis 204 000; Griechenland, Mexiko, Uruguay je 163 000; Schweden 147 000; Portugal 136 000; Dänemark 122 000; Niederlande 120 000; Schweiz 109 000; Norwegen 82 000; Kapkolonie 54 000; Cypern 54 000; Montenegro 5400 T. Vgl. die einzelnen Länder. Nach Bartholomews Atlas Weltprod. i. Durchschnitt 1901—03: 3.026,6 Mill. Bushels; davon Verein. Staaten 664,7; Rußland 509,3; Frankreich 311,5; Indien 263,1; Italien 157; Spanien 133,1; Österr.-Ungarn 205,8; Deutschland 139,8; Kanada 85,8; Argentinien 77,2; Türkei 74; Großbritannien 53; Sibirien 47,5; Australien 33,1; Bulgarien 28; Algerien 27,2; Japan 21,1; Belgien 15,66 usw. Dem Wert nach pro 100 Bush. folgen einander: Spanien (28,3 £); Italien (27,6); Algerien (25); Frankreich (22,5); Deutschland (22,2); Australien (18,5); Rußland (18); Indien (17,8); Österr.-Ungarn (17,5); Sibirien (17,5); Großbritannien (17); Belgien (17); Argentinien (15,8); Vereinigte Staaten (15,6); Kanada (14,9); Japan (14,6); Bulgarien (13,6); Türkei (13,4) usw.

des Äquatorialgürtels gezogen werden. Sie umzirkeln daher die Erde in einer nördlichen und in einer südlichen, durch die Meere natürlich in Stücke zerlegten, Zone.

Unter den Wurzel- und Knollenfrüchten ist die Kartoffel[1]) (Solanum tuberosum L.) für manche Gegenden der gemäßigten Zone von großer, für die trockene Abteilung der subtropischen Zone von ziemlicher Wichtigkeit. Sie verlangt gemäßigt warmes, nicht zu feuchtes Klima, scheut nassen Grund und bevorzugt trockenen, lehmig-sandigen Boden, scheint sich aber auch anderen Verhältnissen ziemlich leicht anzupassen. In den Subtropen ist sie in tieferen Lagen als Winterfrucht anzubauen und wird dann als „Frühkartoffel" (von Malta, Algerien usw.) auf die Märkte des gemäßigten Europa verschickt. Sonst kommt die Kartoffel, da sie wenig haltbar ist, namentlich für den lokalen Verbrauch in Frage. Mit dem Roggen ist die Kartoffel die wichtigste Bodenfrucht für die Spiritus- und Branntweinproduktion. Drum sind die wichtigsten Roggen- und Kartoffelanbauländer meist die wichtigsten Branntweinproduzenten[2]). Norddeutschland und die anstoßenden Teile Rußlands sind das Zentrum des Kartoffelanbaus, der aber auch in den anderen Ländern Mittel- und Westeuropas bedeutend, in Nord- und Südeuropa gering ist. Umfangreich ist auch der Kartoffelbau in dem gemäßigten Nordamerika. Die gemäßigten Gegenden anderer Erdteile bauen die Kartoffel nur in geringem Umfange an. In Chile und auf dem Hochland der Anden Perus und Bolivias, wo die Kartoffel ursprünglich heimisch ist, hat sie einige Wichtigkeit.

Unter den Hülsenfrüchten haben in den gemäßigten Klimaten Erbse, Bohne, Linse, in wärmeren Zonen besonders einige Bohnenarten, welche ein halbtropisches, etwas feuchtes Klima verlangen, für die Ernährung des Menschen große Wichtigkeit. Erbsen und Bohnen haben besondere Bedeutung in den flachen Gebieten des nördlichen Europa (So.-England, Niederlande, Norddeutschland) und Nordamerika; Bohnenarten spielen ferner eine sehr große Rolle in den trockenen und feuchten subtropischen Gebieten (Südeuropa, Südstaaten der Union, Japan und China, Savannengebiete Afrikas, Südasiens und Südamerikas).

Die Zuckerrübe (Beta vulgaris L.), in der Hauptsache eine Kulturpflanze der gemäßigten Zone, braucht eine gewisse Sommerwärme, besonders gegen Ausgang des Sommers zur Reife, und nicht zu geringe Niederschläge; ein kühles Seeklima kann sie nicht vertragen. Der Boden muß recht fruchtbar sein. In den feuchten Subtropen bildet die Rübe zu viel Holzfaser und ist zuckerarm. Selbst in den trockenen Subtropen soll sie etwas minderwertig sein; doch hat sie sich dort gut eingebürgert.

---

[1]) Bartholomews Atlas gibt die Weltproduktion nach dem Durchschnitt der letzten Jahre mit 119 629 000 T. an, davon erzeugten Deutschland 40,23 (33,6%); Russ. Reich 25,37 (21,2%); Österreich-Ungarn 15,53 (13%); Frankreich 11,4 (10%); Verein. Staaten 8,85 (7,4%); Großbritannien 5,8 (4,9 %); Niederlande 2,8 (2,3 %); Belgien 2,4 (2 %). Dann folgen Schweden, Kanada usw.

[2]) Weltproduktion (für Schweiz, Spanien, Portugal fehlen Daten) 1902: 787,7 Mill. Imp. Gallonen, davon Deutschland 23,7%; Rußland 21,3%; Verein. Staaten 15,7%; Österreich-Ungarn 14%; Frankreich 10,5%; Großbritannien 6,5%; Niederlande 2%; Belgien 1,8% usw. Verbrauch pro Kopf 1902: Dänemark 3,25; Österreich-Ungarn 2,2; Belgien 1,87; Deutschland 1,85; Niederlande 1,76; Schweden 1,72; Frankreich 1,43; Vereinigte Staaten 1,22; Rumänien 1,12; Rußland 1,03 Imp. Gallonen usw. Bartholomews Atlas gibt folgende Daten: Rußland 86,29; Deutschland 84,16; Verein. Staaten 58,64; Österr.-Ungarn 55,24; Frankreich 45,4; Großbrit. 29,18; Spanien 8,9; Niederlande 7,6 Mill. Gallonen. Der durchschnittliche Verbrauch wird beziffert: Dänemark 2,61; Rußland 1,81; Frankreich 1,75; Österreich-Ungarn 1,72; Niederlande 1,61; Schweden 1,49; Deutschland 1,48; Vereinigte Staaten 1,02; Belgien 1; Großbrit. 0,96; Kanada 0,95; Australasien 0,74; Norwegen 0,64; Italien 0,23.

Ebenso ist sie allmählich gegen Norden vorgeschoben worden. Die Zuckerrübe[1]) wird in Europa (Nordfrankreich bis Südrußland) um den 50. Breitengrad und in Sibirien, ferner in Spanien, Italien, auf der Balkanhalbinsel (stellenweise), in Turkestan, Nordindien und in Nordamerika um den 40.°, in Chile, Uruguay und in Südostaustralien angebaut.

Die Weinrebe (Vitis vinifera) verlangt eine hohe sommerliche Wärmesumme zum Ausreifen ihrer Früchte, sowie viele heitere sonnige Tage mit nicht zu großen Temperaturschwankungen. An der Nordgrenze ihres Verbreitungsgebietes sind die Trauben zuckerarm, eiweißstoffreich und reich an Aroma („Blume"); nach der Südgrenze zu zuckerreich, eiweißstoff- und aromaarm (süß und likörartig). Spätfröste im Frühjahr, Frühfröste im Herbst und nächtlicher Tau sind gefährlich. An Berghängen, in der Nähe temperaturausgleichender und die Sonnenstrahlen reflektierender Gewässer gedeiht die Weinrebe am besten; an Berghängen auch deswegen, weil sie dort wasserfrei ist, denn Bodennässe macht die Traube zucker- und aromaarm und begünstigt die Pilzkrankheiten. Verwitterte Lava (reich an Kali, Phosphorsäure und Kalk) ist der günstigste Weinboden, nächstdem werden gerühmt Böden aus verwittertem Tonschiefer, Sandböden, Kalkböden und überhaupt kalkreiche Böden; die Bodenarten haben Einfluß auf die Qualität des Weines. Kali, Kalk, Phosphorsäure muß der Boden enthalten, besonders eignet sich Kalkboden für die Rosinenkultur, die dazu noch heißes, trockenes Herbstwetter verlangt.

Die amerikanischen Weinreben sind gegen Schädlinge widerstandsfähiger, sonst aber minderwertiger als die europäische Art, die in Nordamerika nur in Kalifornien fortkommt. Die Weinländer[2]) sind Frankreich, Italien, Pyrenäische Halbinsel, Österreich-Ungarn, Deutschland, Südrußland, Balkanhalbinsel, Algerien, Madeira, Vorderasien; mindere Wichtigkeit haben die Vereinigten Staaten (Westküste), Argentinien, Südostaustralien, nördliches China.

Apfelbaum (Pirus malus), Birnbaum (P. communis), Pflaumenbaum (Prunus domestica) und Kirschbaum (Prunus avium und P. Cerasus) sind recht eigentlich Kinder der gemäßigten Zone mit mäßiger Wärme und Niederschlägen zu allen Jahreszeiten; die Temperaturschwankungen dürfen aber für ein gutes Gedeihen nicht zu groß sein, Nachtfröste und kalte Nordwinde sind gefährlich. Sanft gegen

---

[1]) Weltproduktion in Tonnen 1852/53: 201 000; 1859/60: 391 000; 1869/70: 844 000; 1879/80: 1 531 000; 1889/90: 3 537 000; 1900/01: 6 039 000; 1901/02: 6 800 000; 1902/03: 5 656 000; 1903/04: 5 950 000; 1904/05: 4 823 000 T., davon Deutschland 1 564 000 (32,4%); Rußland 947 000 (19,6%); Österreich 900 000 (18,7%); Frankreich 597 000 (12,4%); Nordamerika 209 000 (4,3%); Belgien 171 000 (3,5%); ferner Niederlande 134 000, Italien 1903/04: 130 000, Schweden 83 000, Dänemark 45 000 usw. Bartholomews Atlas im Durchschnitt 1901—03: 5 627 000 Tons, davon Deutschland 1 899 000 im Werte von 15 096 000 Pfd. Sterl.; Österr.-Ungarn 1 177 000 (9 680 000 Pfd. Sterl.); Frankreich 985 000 (8 977 000); Rußland 759 000 (7 955 000); Belgien 255 000 (2 152 000); Vereinigte Staaten 146 800 (2 976 000); Schweden 109 600 (4 254 000). Vgl. die einzelnen Länder.

[2]) Weltproduktion (meist) 1905: 132,3 Mill. hl, davon Frankreich (Durchschnitt 1895—1904): 34%; Italien (1905) 24,5%; Spanien (1905) 12,2%; Algerien 5,9%; Österreich 3,2%; Portugal 3,1%; Deutschland 2,4%; Ungarn 2,3%; Rußland 2,2%; dann Chile, Rumänien, Argentinien, Türkei und Cypern; Verein. Staaten; Bulgarien, Griechenland. Weltproduktion nach Bartholomews Atlas i. Durchschnitt 1900—1903: 3330 Mill. Gallonen, davon Frankreich 1216; Italien 880; Spanien 395; Portugal 134; Algerien 124; Österreich 109; Ungarn 60,5; Griechenland 66; Deutschland 49; Rußland 40 (?); Argentinien 33; Schweiz 30; Verein. Staaten 29; Rumänien 28; Bulgarien 27; Türkei 22; Chile 18. Die Qualitäten lassen sich ungefähr nach dem Wert beurteilen. 1000 Gallonen hatten Wert: Deutschland 73,5; Verein. Staaten 70; Schweiz 67; Rumänien 64 (?); Ungarn 61; Österreich 60 (?); Italien 49,6 (?); Griechenland 41 (?); Algerien 40 (?); Bulgarien 33 (?); Spanien 30; Portugal 30; Frankreich 29; Argentinien 28,6 (?); Chile 28; Rußland 25 (?); Türkei 25 Pfd. Sterl. Vgl. die einzelnen Länder.

Süd, West oder Ost abfallende Hügellagen, am besten in der Nähe von Wasserflächen, sind am günstigsten. Der beste Boden ist etwas tiefgründiger, lehmiger, nicht zu trockener Sandboden ohne Grundwasser. Im einzelnen haben die unzähligen Varietäten, unter denen manche recht klimahart sind, verschiedene Lebensanforderungen; die Birnbäume sind allgemein empfindlicher als die Apfelbäume. Die Pflaumen scheinen bei warmem, kontinentalem Klima, doch ohne zu große Trockenheit, am besten zu gedeihen. Apfelbäume und Birnbäume gedeihen wohl am besten im gemäßigten Europa und in den östlichen Staaten Kanadas und der Union; Pflaumen sind besonders geschätzt aus Frankreich, der Balkanhalbinsel und aus Kalifornien, Oregon und Washington.

Der Lein (Linum usitatissimum L.) oder Flachs, wohl aus dem subtropischen Orient stammend, wächst auch in den wärmeren Gegenden der gemäßigten Zone gut. Lein zur Flachsfasergewinnung[1]) wird namentlich im nordöstlichen Deutschland, im nördlichen Rußland, in den Niederlanden, in Belgien, Frankreich und Irland gebaut, Leinsaat zur Ölgewinnung[2]) im südlichen Rußland, in Vorderindien, in den amerikanischen Präriestaaten, in Argentinien.

Hölzer liefernde Bäume kommen überall fort, wo die Bodenfeuchtigkeit etwas reichlich ist und der Boden es erlaubt, dieselbe mit den Wurzeln heranzuziehen. Als klimatische Polargrenze der Wälder kann man im allgemeinen die 10° Isotherme des wärmsten Monats annehmen. Die Hölzer liefernden Wälder[3]) sind in der gemäßigten Zone (Europa nördlich der Alpen, Nordasien, Nordamerika) und in der eigentlichen feuchtheißen äquatorialen Zone sehr verbreitet; auch im tropischen Savannengebiet und in der feuchten Subtropenzone sind die Wälder z. T. noch ausgedehnt. In der trockenen Subtropenzone dagegen sind sie verhältnismäßig spärlich, in den Hochsteppen und Wüsten Nordafrikas und Hochasiens und in den Schwarzerde- und Lößsteppen (vgl. S. 88) fehlen Hölzer fast ganz; in der polaren Zone sind sie zwerghaft oder mangeln ganz.

In der Alten Welt liegt die arktische Waldgrenze um den 70.° n. Br. In Lappland und Nordrußland weicht sie nach Süden zurück, im westlichen Sibirien sogar

---

[1]) Prod. von Flachs i. Durchschnitt der letzten Jahre z. größten Teil nach Bartholomews Atlas: Europ. Rußland 505 260 T.; Verein. Staaten (1906): 63 500; Österreich 48 850; N.-Kaukasus 43750; Deutschland 26 200; Polen 21 500; Italien 20 300; Frankreich 20 450; Ungarn 15 200; Belgien 12 700; Niederlande 9100; Großbritannien 6600 T. Vgl. auch die einzelnen Länder. [2]) Produktion Vorderindiens 1903/04: 571 800; 1904/05: 347 400; 1905/06: 353 400 T.; Argentinien 1903/04: 938 000; 1904/05: 895 000; 1905/06 (Schätzung): 640 000 T.; Verein. Staaten 1904: 594 400; 1905: 836 600 T.; Rußland 1900: 554 000 T.; 1901: 429 200; 1903: 378 000. Vgl. die einzelnen Länder. [3]) Eine Schätzung des Waldbestandes der Erde ist heute noch nicht möglich. In der nördlichen gemäßigten Zone mögen 9 000 000 qkm mit Wald bedeckt sein. Davon ist aber die Zahl für Russisch-Asien mit 500 000 qkm = 5,6% ganz unsicher; die für Kanada mit 3 234 000 = 36% recht unsicher; etwas mehr Vertrauen verdient die Zahl 1 940 000 qkm = 21,5% für die Vereinigt. Staaten; das europäische Rußland soll 2 234 000 qkm Wälder haben = 25%. Von den übrigen Staaten sind noch nennenswert Schweden mit 203 000 qkm (2,2%), Finnland mit 152 000 qkm (1,7%); Deutschland mit 14 000 qkm (1,5%); Österreich mit 98 000 qkm (1%); Frankreich 95 500 qkm (1%); dann folgen Ungarn, Norwegen, Spanien, Italien, Algerien usw. Die großen Lieferanten des Weltmarkts sind die Vereinigten Staaten, die 1904: f. 61,25; Kanada, das 1904: f. 36,725 Mill. Doll. Holz ausführten; ferner Rußland (1901: 56,9; 1905: 76,4 Mill. Rubel = 8% d. Gesamtausfuhr), Schweden (1901: 62,1 Mill. R. = 37% d. Gesamtausf.); Finnland (1901: 38,08 M. R. = 55% d. G.); 1905: 158,6 Mill. finn. Mark = 65% d. Ges.); Österreich-Ungarn (1901: 88,8 Mill R.; 1905: 255 Mill. Kron. = über 11% d. G.); Norwegen (1905 ca. 76 Mill. Kron. = über 40% d. G.). Dagegen führen Holz ein die Länder an den trockenen Westseiten der Kontinente in der subtropischen Zone: Spanien, Italien, Türkei, Ägypten, Algerien und Tunis; Brit.-Südafrika, das nur im östlichen Küstenstrich Wälder hat; Chile, Peru, Argentinien, Australien. Ferner die hochstehenden Länder Nordwesteuropas, die den einst vorhandenen Wald abholzten, um Platz für wertvollere Kulturen zu bekommen, Großbritannien, Niederlande, Belgien, Dänemark, Deutschland, Frankreich, die Schweiz. Vgl, die einzelnen Länder.

bis südlich des Polarkreises. Im östlichen Asien sinkt sie wiederum gegen Süden, und hier wie in Alaska löst sich der Wald in eine Reihe von Inseln auf. So finden wir die geschlossenen Waldbestände in Nordamerika bereits bei etwa 60° n. Br. ein Ende nehmen, und im kalten Osten (Labrador) sinkt die Waldgrenze sogar beträchtlich tiefer nach Süden.

Die Südkontinente reichen nicht über die antarktische Waldgrenze hinaus.

Die wichtigsten Holzlieferanten der Erde für den Weltmarkt sind heute die noch wenig besiedelten nordischen Länder: Kanada, Skandinavien, Nordrußland und Finnland, auch die Vereinigten Staaten; ferner die mit waldreichen Gebirgen ausgestatteten Länder Österreich-Ungarn, Rumänien usw. Luxushölzer[1]) kommen aus den tropischen Urwäldern Mittel- und Südamerikas, Afrikas (Guineaküste) und Südostasiens.

Mais s. S. 129; Tabak s. S. 137.

In der trockenen Abteilung der **subtropischen Zone** sind die Südfrüchte besonders charakteristisch[2]).

Der Orangenbaum (Citrus aurantium), eine halbtropische Pflanze, liebt eine mäßige Wärme (nicht unter 5° unter Null) ohne schroffe Temperaturwechsel (Küstengebiete und Inseln), Schutz vor Winden und volle Sonnenbelichtung. Er kommt auch im feuchtheißen Tropenklima fort; dort sind aber die Früchte weniger haltbar und wohlschmeckend als in den Subtropen, nahe deren Polargrenzen er die köstlichsten Früchte hervorbringt. Der Boden muß tiefgründig, durchlässig, kalkreich sein; von dem Kalkreichtum ist die Güte (Dicke der Schale) der Früchte stark abhängig. Genügende, andauernde Bodenfeuchtigkeit muß vorhanden sein.

Der Zitronen- (Citrus medica L.) und der Pomeranzenbaum können nicht mit Vorteil kultiviert werden, wo das Quecksilber tiefer als 2° C fällt, der Limettenbaum nur in völlig frostfreien Gegenden. Sonst sind die Lebensanforderungen dieser Bäume ähnlich wie die des Orangenbaumes. Orangen-, Zitronen-, Pomeranzen- und Limettenbaum gedeihen am besten in dem subtropischen Italien, Spanien, Portugal, auf den Balearischen Inseln, in Südfrankreich, Corsica, Marokko, Algerien, Malta, Ägypten, Syrien, auf den Zykladen, Azoren, im Kapland; Florida, Kalifornien, Mittelamerika und Westindien, Südbrasilien, Paraguay; China und Japan; Tahiti; Neusüdwales, Südaustralien und Queensland.

Der Feigenbaum (Ficus carica) gedeiht am besten in mäßig warmem, von schroffen Wechseln freiem Klima, kann zwar etwas mehr Kälte vertragen wie der Orangenbaum, wirft aber im tropischen (feuchtheißen) Klima seine Früchte unreif ab. Wie die Agrumen (Orangen, Zitronen usw.) verlangt er zum Erzeugen guter Früchte zur Reifezeit lichtreiches, sonniges, heißes, trockenes Wetter; die Reifezeit liegt bei ihm im Mai bis Oktober; der winterliche Regenfall darf nicht weniger als 400 mm betragen. Der Boden, bei dem bedeutender Kalkgehalt dienlich ist, während schwerer, bündiger die Haut dick und dunkel macht, darf mehr trocken als naß sein. Feigen[3]) werden besonders in Kleinasien, Griechenland, Italien, Spanien, auch in

[1]) Europa, besonders Großbritannien, danach Deutschland, Frankreich usw., führte 1900 114 100 T. Mahagoniholz ein, davon 55 800 aus Afrika, 20 200 aus Honduras, 17 400 aus Mexiko, 9900 aus Cuba, 4600 aus Nicaragua, Costa Rica und Guatemala, 3450 aus der Dominikanischen Republik, 2600 aus Colombia und Jamaica. Aus denselben Gegenden kommt Ebenholz. [2]) Vgl. S. 51—52. [3]) Nach Bartholomews Atlas sind die durchschnittlichen Exportzahlen folgende: Türkei 1 030 000 cwts (?) = 456 000 £; Griechenland 293 000 c. = 128 000 £; Portugal 155 000 c. = 63 000 £; Spanien 10 000 £; Italien führte 1905: 13 300 T. getrocknete Feigen aus; Griechenland 1902: f. 3 425 000 Drachmen; Ernte der Gegend von Smyrna 1900: 15 900 T.; Kalifornien erzeugte 1904: 5, 1902: 7,25 Mill. Pfund.

Südafrika, im östlichen Australien, in Kalifornien kultiviert, kurz in der trocken-subtropischen Zone.

Der **Olivenbaum** (Olea europaea) liebt ein gleichartiges, mäßig warmes Klima mit nicht zu großen Temperaturschwankungen (in der Regel das Quecksilber nicht unter 0°) bei trockenem Sommer. An Küsten der trockenen Abteilung der subtropischen Zone finden sich diese Anforderungen am besten erfüllt; auf niedrigen Bodenerhebungen ist er gegen Wind und Bodennässe, die ihm schädlich sind, am besten geschützt. Das vorzüglichste Öl wächst auf Kalkboden, während z. B. Schwemmboden geringwertiges Öl liefert. Nahrungsreich muß der Boden sein, wenn auch steinig.

Der Olivenbaum[1]) spielt eine wirtschaftliche Rolle besonders an den trockenen Westseiten der Kontinente in der subtropischen Zone, in den Küstenländern des Mittelmeeres, in Italien, Frankreich, Spanien, Tunis, Algerien, Marokko, Kleinasien, Syrien, ferner kommt er in Kalifornien, Südafrika (Kapland), Chile, Uruguay, West- und Ostaustralien fort und wird hier in wachsendem Umfang kultiviert.

Der gewöhnliche **Mandelbaum** (Amygdalus communis) ist in Vorderasien und im nördlichen Afrika heimisch, eine Charakterpflanze der trockenen Abteilung des subtropischen Klimas; er verlangt warmes, lufttrockenes Klima, während der Blütezeit möchte möglichst kein Frost auftreten. Die süße Mandeln tragende Spielart ist empfindlicher gegen Kälte wie die bittere Mandeln tragende. Der Boden möchte trocken, locker, warm und womöglich stark kalkhaltig sein. Der Baum[2]) wird entsprechend seinen Lebensbedingungen an den trockenen Westseiten der Landmassen in subtropischen Breiten kultiviert, also in den Mittelmeerländern, in Spanien, Portugal, Italien, Griechenland, Kreta, Vorderasien, Marokko, auf den Kanarischen Inseln, in Algerien und Tunis; in Kalifornien, im Kapland, in Südaustralien.

Kastanienbaum, Edelkastanie (Castanea vesca Gärtn.), aus Kleinasien stammend, ist ein Baum des trocken-subtropischen Klimas; er ist in Südeuropa sehr verbreitet (Italien, Südfrankreich, Corsica, Spanien, Balkanhalbinsel).

Die **Dattelpalme** (Phoenix dactylifera) verlangt möglichst trockene, heitersonnige, heiße Luft; ein leichter Frost schadet ihr nichts. Die Wurzeln müssen im Boden reichhaltige Feuchtigkeit finden; Kalkgehalt ist durchaus erwünscht. Der Standort muß frei sein. Die Dattelpalme ist für die trockensten subtropischen Gebiete an den Westseiten der Landmassen (s. S. 51—52) charakteristisch; in den Oasen Nordafrikas (Marokko, Algerien, Südtunis, Tripolitanien, Oasen der Sahara, Ägypten) und Südwestasiens (Arabien, Mesopotamien, Südpersien, Nordwestindien) ist sie außerordentlich wichtig. In Deutsch-Südwestafrika und in Arizona hat man sie eingebürgert. Zweifellos gedeiht sie auch in Südkalifornien, im nördlichen Chile und im dürrsten Australien.

---

[1]) Bartholomews Atlas gibt für Italien über 68 Mill., Spanien 46 Mill. Gallonen Produktion, für Griechenland 1½ Mill. Gallonen Export an. 1898 erzeugte Spanien 3000000 (1905: 1524000) hl Olivenöl; Italien 1300000 (mittlere Ernte 1884—1903: 2340000) hl; Frankreich 300000 hl; aber das spanische kostete 65, das italienische 150, das französische 165 Pesetas für 1 hl. Ausfuhr Kretas 1903: 4632000 Fr. Tunis erntete 1904—05: 250000 (1903—04: 390000) hl; Algeriens Ernte 1899: ca. 250000 hl; Kalifornien besaß 1900: 364800 tragende, 1798000 nichttragende Olivenbäume auf 45057 Acres, Südaustralien 67000 Bäume, die 11327, jetzt 16000 Gallonen Öl ergaben. Vgl. die einzelnen Länder.

[2]) Ernte 1901 (Schätzung): Italien 23000 (1905: 13—15000) T. (Apulien 15000, Sizilien 8000); Spanien 4000 (Ausfuhr 1905: 9920) T.; Mallorca 4000 T.; Portugal 500 T.; Frankreich (Provence) 6000 T.; Marokko 3500 T. (Ausfuhr 1904: 3981000 Fr.); Tunis (1902) 175 T.; Kalifornien besaß 1900: 1001000 tragende und 602500 nichttragende Mandelbäume auf 23239 Acres; Südaustralien 1901—02: 160000 Bäume, 256 T. Ernte. Vgl. die einzelnen Länder.

Der Hanf (Cannabis sativa L.) soll aus dem südlichen Asien stammen, gedeiht in den wärmeren Gegenden der gemäßigten Zone, in den Subtropen und Tropen auf kräftigem, humosem Boden. Hanf[1]) spielt eine Rolle in den warmen Gegenden Europas: Südostrußland, Ungarn, Balkanhalbinsel und Italien.

Weinrebe s. S. 124; Reis s. unten; Mais s. S. 129; Tabak s. S. 137; Zuckerrübe s. S. 123; Weizen s. S. 121 ff.; Gerste s. S. 120 f.; Hülsenfrüchte s. S. 123; Sesam s. S. 132 f.; Maulbeerbaum s. S. 133; Mohn s. S. 133.

Die feuchte Abteilung der **subtropischen Zone** und die Länder des **tropischen Savannen- und Höhenklimas** sind besonders reich an wertvollen Anbaupflanzen[2]).

Der Reis[3]) (Oryza sativa L.) hat seine Heimat wahrscheinlich im tropischen Asien. Man unterscheidet den an Wärme- und Wasserbedürfnis genügsameren Bergreis und den anspruchsvolleren Wasserreis. Beide verlangen hohe Wärmesummen, und der Wasserreis braucht bis zum Fruchtansatz regelmäßige Wasserzufuhr, besser durch künstliche Bewässerung als durch Niederschläge, liefert dafür aber auch einen erhöhten und sichereren Ertrag wie der Bergreis. Letzterer gedeiht mehr in der Subtropenzone, der Wasserreis in der Subtropen- und Tropenzone. Die Erträge hängen natürlich von den Naturverhältnissen und der Kulturstufe der Völker ab. In der Alten Welt liegen die Hauptanbaugebiete des Reis in den reichbewässerten Monsunländern Süd- und Südostasiens. Vorderindiens wohlbewässerte tropische Niederungen, Flußtäler und -deltas, erzeugen ganz gewaltige Mengen. Aus Hinterindien kommt bei weitem der meiste Reis auf den Weltmarkt. Auch auf den Inseln des Austral-asiatischen Archipels ist in den tropischen Niederungen der Sumpf- oder Wasserreis das Hauptgetreide; auf höherem Land pflanzt man den Bergreis. Im Songkadelta Tongkings und im subtropisch-feuchten Süd- und Mittelchina wird in sehr umfangreichem und sorgfältigem Anbau viel Reis gewonnen, Wasserreis in den Flußtälern und Niederungen und Bergreis in höherem Land. In dem gebirgigen Korea kommen die nicht zahlreichen Ebenen der Südhälfte in Betracht. In Japan wird der Reis hauptsächlich im feucht-subtropischen Süden angebaut, und der japanische Reis soll der beste Asiens sein. In dem trocken-subtropischen Gebiet an der Westseite der Alten Welt kann der Reis nur in wenigen feuchten Ebenen umfänglicher gebaut werden: im Nildelta, in der Poebene Oberitaliens, in einigen Niederungen Kleinasiens; in kleinem Maßstab pflanzt man ihn auch in Spanien, auf Sizilien, in Görz und Ungarn, in Bulgarien, der Türkei, Griechenland, Algerien, Turkestan usw.

Im tropischen Afrika gedeiht der Reis in den Küsten- und Flußebenen vortrefflich, wird aber noch nicht in großem Umfange, sondern meist sporadisch angebaut, am meisten noch an der Monsunküste Oberguineas von Casamance an bis zur Küste

---

[1]) Produktion im Durchschnitt der letzten Jahre nach Bartholomews Atlas: Europäisches Rußland 305 400 Tonnen; Italien 75 700; Ungarn 57 900; Frankreich 16 400; Österreich 14 050; China 11 700; Japan 10 700; N.-Kaukasus 10 000; Serbien 5600; Polen 5600 Tonnen. Vgl. auch Manilahanf S. 285; Sisalhanf S. 392 f.; Neuseeländischer Hanf S. 307. [2]) Vgl. S. 50—51. [3]) Die Weltproduktion ist noch nicht sicher zu schätzen. Britisch-Indien erzeugte 1903/04: 22,5 Mill. T., Japan produziert etwa 6,2; Cochinchina führt 0,6—0,9; Siam 0,8; Tongking 0,15 Mill. T. aus; Italien erntet 0,6; Spanien 0,18; Philippinen 0,29; die Verein. Staaten 0,4 Mill. T. Das ergibt im ganzen etwa 32 Mill. T. China mag vielleicht noch ebensoviel produzieren. Bartholomews Atlas schätzt die Weltprod. zu 63 900 000 T., davon erzeugten China (nach Schätzung) 27 940 000 (?) = 43,7%; Brit.-Indien 22 770 000 (35,6%); Java 4 572 000 (7,1%); Japan 4 551 000 (7,1%); Indo-China 1 680 000 (2,6%); Italien und Spanien 1 021 000 (1,6%); Siam 755 000 (1,2%). Vgl. die einzelnen Länder.

Sierra Leones, im Sambesidelta und auf Madagaskars Hochland und Südostküste. Im tropischen Queensland (Australien) hat man mit der Reiskultur begonnen. An der Golfküste der Union, in den feucht-subtropischen Mississippi- und Küstenniederungen der Südstaaten, dehnte sich der Reisbau bei künstlicher Bewässerung neuerdings aus. Die tropischen feuchtwarmen Küsten Mexikos, Britisch-Guayanas, des nördlichen Brasiliens, Paraguays Niederungen, das argentinische Territorium Misiones und die Nordwestprovinzen Argentiniens treiben gleichfalls etwas Reisbau.

Der Mais[1]) (Zea Mais L.) stammt aus dem tropischen Mittelamerika, wahrscheinlich Südmexiko, kann aber infolge seines ungemein großen Anpassungsvermögens nicht nur in der Tropen- und Subtropenzone (in großkörnigen Varietäten), sondern auch noch (in kleinkörnigen Varietäten) bis in die gemäßigte Zone hinein, etwa bis zum 48. oder 50. Grad, gebaut werden. Er verlangt aber hohe Sommerwärme (hohe Wärmesummen, während der Befruchtung mindestens 4 Wochen lang eine wenig unterbrochene Reihe warmer Sommertage mit einem Temperaturmaximum von 25° C und darüber); dazu verlangt er reichliche Feuchtigkeit. In den Tropen gedeiht er danach fast überall, in Zentralafrika, wie in Brasilien und im feuchten Mittelamerika oder in Nordaustralien. Ebenso ist ihm die feuchte Abteilung der subtropischen Zone günstig; in der östlichen Hälfte der Union, in den Staaten Iowa, Illinois, Nebraska, Missouri und Kansas vor allem, wo sich zu starker Sommerwärme genügende Feuchtigkeit gesellt, liegt das wichtigste Maisgebiet der Erde. In den Südstaaten der Union ist er fast das einzige Getreide. Im subtropischen Argentinien, in dem La Plataanland hat der Maisbau ebenfalls größere Bedeutung. In der trockenen Abteilung der subtropischen Zone Südeuropas, Nordafrikas, Vorderasiens wird der Mais nur in feuchten fruchtbaren Ebenen z. T. mit künstlicher Bewässerung angebaut, wie in der Poebene, in den Huertas des südöstlichen Spaniens, in den Flußebenen Kleinasiens, im Nildelta usw. Besonders im Übergangsgebiet von der subtropischen zur gemäßigten Zone, wo genügende Niederschläge zu hoher kontinentaler Wärme treten, blüht der Maisbau: in der südlichen ungarischen Ebene, in den serbischen Ebenen an der Donau und Morawa, in der Walachei und Moldau Rumäniens, in Bessarabien, und im Westen im Garonne- und Saônetal Frankreichs usw. Im Osten Asiens hat der Mais sich nur wenig einbürgern können.

Die Hirsearten lieben im allgemeinen gemäßigt hohe Sommerwärme, sind aber gegenüber Temperaturschwankungen empfindlich. In einigen Spielarten gehen sie bis in die gemäßigte Zone, vornehmlich charakteristisch und viel angebaut für Eigengebrauch werden sie in den trockeneren Teilen der tropischen Zone, besonders Pennisetum spicatum, die Pinsel- oder Negerhirse, auch Duchn, Mawele, Muere, Uwere genannt, ferner die klimaharte anspruchslose Eleusine coracana, die Fingerhirse, auch Korakan, Tokusio, Uimba genannt. Ebenfalls sehr wichtig für die trockeneren Teile der Tropenzone ist der Sorghum (Sorghum vulgare Pers. oder Andropogon Sorghum), auch Durrahirse oder Dari genannt. Er liebt ein recht warmes und mäßig feuchtes Klima, verträgt anhaltende Dürre, aber gegen niedrige Temperaturen

[1]) Weltprod. in Mill. Tonnen 1902: 77,09; 1903: 82,72; 1904: 80,67; 1905: 91,74; 1906 (Schätzung): 98,67; davon Europa 16,31, die außereuropäischen Länder 82,36 Mill. T. 1903 erzeugten die Verein. Staaten 57,8 (= 70% d. W.); Österreich-Ungarn 4,46 (= 5,4%); Argentinien 3,77 (4,6%); Rumänien 2,06 (2,5%); Italien 2,32 (2,8%); Rußland 1,28 (1,6%) usw. Vgl. die einzelnen Länder. Bartholomews Atlas gibt als Jahresdurchschnitt der drei letzten erreichbaren Daten an: Verein. Staaten 2 395 391 000; Österr.-Ungarn 137 154 000; Argentina 131 154 000; Indien 115 000 000 Bushels.

ist er nicht sehr widerstandsfähig. Er eignet sich auch für manche subtropischen Steppenländer. Die Erträge an Körnern sind bei den verschiedenen Varietäten ziemlich verschieden. Das Stroh findet vielfach als Brennmaterial Verwendung, die starken Halme benutzt man als Zaunpfähle. Hirse und Sorghum werden besonders in den Savannen- und Steppengebieten Afrikas angebaut, wo sie das Hauptgetreide sind. Auch in den Savannengebieten des tropischen Südasiens, in Vorder- und Hinterindien, ferner im nördlicheren China, in Vorderasien, auch in Rußland und Frankreich hat die Hirse[1]) einige Bedeutung.

Das Zuckerrohr (Saccharum officinarum L.) vermag während der Vegetationszeit keine Frosttemperatur zu ertragen; am meisten behagt ihm die feuchtheiße Treibhausluft tropischer Niederungen, 1200—1400 mm Niederschlag werden für nötig gehalten, vor allem aber müssen Niederschläge und hohe Wärme zur Vegetationszeit zusammenfallen, während für die Reifezeit trockene Hitze nötig ist. Darum ist der eigentliche äquatoriale Gürtel der Tropenzone nicht so gut für seinen Anbau geeignet wie die Savannenzone mit einem Wechsel von Regenzeit und Trockenzeit und wie die sogen. Monsungebiete. Der Boden muß nährstoffreich sein; Löß, Schwarzerden, Kalkböden sollen besonders günstig sein. Es gibt zahlreiche Varietäten. Eine weichrohrige Varietät läßt den Saft leichter gewinnen, aufrechter Wuchs ist der Zuckerbildung günstig, dunkelgefärbte Varietäten sind nach Boden und Klima anspruchsloser als hellgefärbte, aber die Saftgewinnung ist aus ihren harten Rohren schwieriger. Bei manchen Varietäten ist der Rohzuckergehalt 12% und weniger, bei anderen 20% und mehr. Die Vegetationsdauer bewegt sich zwischen 8 und 24 Monaten. Für die Tropen kommt das Otaheitirohr, Javarohre, das Bandrohr usw. in Betracht, für die Subtropen das genügsame chinesische Rohr. Von der Kenntnis der Eigenschaften und der Wahl des Rohrs hängt natürlich der Erfolg des Anbaus in erster Linie ab. Zuckerrohranbau[2]) ist am wichtigsten in Südasien (Indien, Südchina, Java, Philippinen), im östlichen Australien, in Afrika (Ägypten, Südostküste Afrikas), im subtropischen und tropischen Amerika (Südstaaten der Union, Cuba und andere westindische Inseln, Guayana, Küsten Brasiliens, Perus), in Ozeanien auf den Hawai- und Fidschiinseln.

Die Baumwolle wird in mehreren Arten angebaut. In den Tropen liegt die Heimat der drei Hauptarten: Gossypium herbaceum, G. arboreum, G. barbadense mit der Unterart G. hirsutum. Die asiatische Art, das krautartige G. herbaceum,

---

[1]) Bartholomews Atlas gibt als Durchschnitt der drei letzten erreichbaren Jahresdaten an: Europäisches Rußland mit Polen 78 789 000; Russ. Asien mit Kaukasien 15 699 000; Japan 12 715 000; Verein. Staaten 3 000 000; Ungarn 1 780 000; Natal 1 504 000; Rumänien 1 224 000 Bushels.

[2]) Weltproduktion in Tonnen nach Paasche 1852/53: 1 233 000; 1859/60: 1 376 000; 1869/70: 1 856 000; 1879/80: 2 084 000; 1889/90: 2 522 000; 1900/01: 3 644 000; 1901/02: 4 118 000; 1902/03: 4 125 000; 1903/04: 4 390 000; 1904/05: 4 500 000 T. Es erzeugen: Cuba 13—14%; Java 14—15%; Hawai 7%; Brasilien 4%; Vereinigte Staaten 5%; Mauritius 3,2%; Peru gegen 2%; Argentinien 2%; Portoriko an 2%; Brit.-Guayana 2%; Philippinen 1,2%; Queensland 1,5%; dann folgen Ägypten, Barbados, China (Schätzung), Fidschiinseln, Trinidad, Haiti und S. Domingo, Réunion, Guadeloupe, Natal, Martinique, Jamaica, Formosa usw. Für Brit.-Ostindien gibt P. nur 15 000 T. an. Vgl. bei den einzelnen Ländern. Bartholomews Atlas gibt den Durchschnitt der Jahre 1901—1903 mit 6 243 000 Tons im Werte von 59 029 000 £ an; davon erzeugten Indien 44 000 000 cwts (= 2 235 300 Tonnen i. W. v. 18 620 000 £); Java 17 000 000 cwts (863 640 T. = 7 198 000 £); Cuba 16 174 000 c. (821 700 T. = 3 914 000 £); Hawai 6 360 000 c. (323 100 T. = 3 209 000 £); Brasilien 6 000 000 c. (304 800 T. = 2 300 000 £); Verein. Staaten 4 918 000 c. (249 850 T. = 4 673 000 £); Mauritius 3 259 000 c. (165 570 T. = 1 739 000 £); Argentina 2 652 000 c. (134 730 T. = 2 157 000 £); Peru 2 189 000 c. (111 200 T. = 1 242 000 £); Portoriko 1 767 000 c. (89 800 T. = 1 347 000 £); Mexiko 1 480 000 c. (75 190 T. = 1 247 000 £) usw.

ist leicht zu kultivieren, ungemein fruchtbar und gedeiht in der subtropischen Zone bis in die gemäßigte hinein, wofern die Wintertemperatur nicht unter 10° C fällt. Die Qualität der Faser ist ziemlich mäßig. G. arboreum braucht mehr Wärme, liefert ziemlich viel und gute Baumwolle. G. barbadense liefert sehr geschätzte Baumwolle (Sea-Island), verlangt starken Salzgehalt und ziemliche Feuchtigkeit der Luft. G. hirsutum mit kürzerer Faser ist anspruchsloser wie die vorige Art. Alle Arten sind gegen Frost äußerst empfindlich; ein rentabler Anbau verlangt ferner ziemlich hohe Temperatur und ziemlich reichliche Bodenfeuchtigkeit während der Wachstumszeit und möglichste Trockenheit während der Ernte. Infolge dieser Lebensansprüche ist die Baumwolle wirtschaftlich am wichtigsten 1. in den Monsunländern, oder allgemeiner gesagt, überall da, wo eine Regenzeit mit einer Trockenzeit wechselt, wie z. B. in der Savannenzone der Tropen; 2. in der trockenen Abteilung der subtropischen Zone, wenn die Temperaturverhältnisse entsprechend sind und zur Wachstumszeit künstlich bewässert werden kann. Die Ansprüche an den Boden sind nicht hoch. Die wichtigsten Baumwollenländer[1]) sind die Monsunländer (Japan, China, Hinter-, Vorderindien, vor allem die Vereinigten Staaten; Guineaküste und Westsudan können in Zukunft wichtig werden), ferner die trockenen subtropischen Länder: Ägypten, Kleinasien, Russisch-Turkestan, Nordwestindien, Peru.

Die Erdnuß (Arachis hypogaea) gedeiht in tropischem und halbtropischem Klima, das nicht zu regenarm ist (zur Vegetationszeit) und einige anhaltend heiße Sommermonate (zur Erntezeit) aufweist. Heller, nährstoffreicher (kalkreich — reiche Ernten), milder Boden ist günstig. Als Produktionsländer der Erdnuß[2]) sind Westafrika (Senegal) Vorderindien, nächstdem Vereinigte Staaten, Portugiesisch-Ostafrika und Argentinien zu nennen.

Die Batate, süße Kartoffel, sweet potatoe (Ipomoea batatas), kommt im Tropen- und Subtropengürtel dort gut fort, wo eine Trockenzeit von mindestens vier Monaten und gleichzeitig geringe Luftfeuchtigkeit bei genügender, aber nicht großer Nässe im Boden sich findet. Am besten ist leichter sandiger und milder lehmiger Boden. In der Nähe der polaren Anbaugrenze scheint sie mehr Stärke (15 bis 15%) als Zucker (3%) zu enthalten; äquatorwärts mehr Zucker (bis 10%) als Stärke (9%). Die Knolle erreicht ein Gewicht von meist 1—2 kg bis zu 6 und mehr. Man

---

[1]) Weltproduktion (soweit auf den Weltmärkten gehandelt) in englischen Zentnern (50,8 kg): 1791: 4,4; 1801: 4,6; 1811: 5; 1821: 5,6; 1831: 7,3; 1840: 11,7; 1850: 12,8; 1860: 22,8; 1870: 24,8; 1880: 32,2; 1890: 50; 1900: 61,7: 1903: 65 Millionen. An der durchschnittlichen Produktion der Erde von 1900—1903 (70 Millionen englische Zentner) waren die Vereinigten Staaten mit 64,8%; Indien mit 13,7%; Ägypten mit 7,7%; China mit 5,7% (Schätzung) beteiligt (Bartholomews Atlas). Für 1902/03 wurde die Produktion der Erde mit 17,18 Mill. Ballen angegeben, davon Verein. Staaten 10 630 900 (62% d. W.); Ostindien 2 687 800 (15,6%); China (Schätzung) 1 200 000 (7%); Ägypten 1 163 900 (6,8%); Korea (Schätzung) 400 000 (2,3%); Asiat. Rußland 353 700 (2,1%); Brasilien 346 800 (2%); Mexiko 124 300 (0,7%); Japan 120 600 (0,7%); Asiat. Türkei 80 200 (0,5%); Persien 32 800 (0,2%); Peru 13 100 (0,1%) Ballen. Durchschnittlicher jährlicher Verbrauch 1890—95: Großbritannien 3 161 000; Europ. Kontinent 3 874 000; Verein. Staaten 2 541 000; Indien 994 000; im ganzen 10 840 000 Ballen. Verbrauch 1895—1900: Großbritannien 3 356 000; Europ. Kontinent 4 586 000; Vereinigte Staaten 3 367 000; Indien 1 171 000; im ganzen 13 232 000 Ballen à 500 engl. Pfd. Baumwollindustrie. Im Jahre 1903 (bzw. nach den letzten erhaltbaren Angaben) waren auf der Erde etwa 115 268 000 Spindeln tätig, davon in Großbritannien 43,1%; Vereinigte Staaten 19,2%; Deutschland 7,3%; Rußland 5,7%; Frankreich 5,3%; Indien 4,4%; Österreich 2,8%; Spanien 2,3%; Italien 2,1%; Schweiz 1,3%; Japan 1,3%; dann Niederlande, Griechenland, Polen, Kanada, China, Mexiko, Brasilien usw. Ferner waren 2 134 000 Webstühle tätig, davon in Großbritannien 33,7%; Vereinigte Staaten 23,6%; Deutschland 10%; Rußland 7,2%; Österreich 5,1%; Italien 5,1%; Frankreich 5%; Spanien 3,2% usw.

[2]) Ausfuhr Senegals 1903: 149 000; 1904: 138 000 T., Ausfuhr Brit.-Indiens 1903/04: 96 100; 1904/05: 83 700 T. Vgl. die einzelnen Länder.

unterscheidet nach der Wachstumsdauer frühe, mittlere und späte Varietäten. Die feinfaserigen süßen Bataten eignen sich mehr für die Ernährung des Menschen, die ertragreicheren grobfaserigen als Viehfutter. Dörrbataten bilden heute einen Exportartikel. Auch Alkohol gewinnt man aus ihnen. Die Batate wird in China und Japan, auch im Malaiischen Archipel und in Indien, auf den Azoren, Madeira und den Kanarischen Inseln, vor allem in den südlichen Staaten der Union angebaut.

Pfeilwurz, Arrowroot (besonders Maranta arundinacea), gedeiht in einem Klima, das zehn frostfreie Monate im Jahre hat und in dem auch in den übrigen zwei Monaten Fröste die Wurzeln nicht beschädigen. In der Wachstumsperiode ist eine ziemliche Niederschlagsmenge (500 mm) nötig, zur übrigen Zeit aber leidet unter zu reichlichem Regen der Wurzelstock. Die Wurzeln enthalten 25—27% Stärke, und dieselbe kommt als Arrowroot in den Handel. In feuchtem Klima sind die Wurzeln stärkearm. Arrowroot wird auf den Bermudas, in Westindien, Brasilien und Ostindien erzeugt.

Die Tamarinde (Tamarindus indica) stammt aus Abessinien und vom oberen Nil, ist jetzt aber weit in den Tropen verbreitet, kommt nur in frostfreien Gegenden der Tropen auf tiefgründigem, mäßig feuchtem Boden in sonnigen vollbelichteten Lagen fort. Ein ausgewachsener Baum trägt in Indien etwa 350, auf den Philippinen angeblich bis 500 Pfund Früchte. Die Tamarinde wird besonders im tropischen Gebiet Vorderindiens, im Savannengebiet Afrikas, in Westindien, auf den Südseeinseln usw. genutzt.

Die Arekapalme oder Betelpalme (Areca catechu) gedeiht am besten in der Nähe des Meeres und in niedrigeren Lagen der Tropen, aber auch im Binnenlande; sie liebt nicht zu starke Winde, aber volle Sonnenbestrahlung, doch nicht zu lange Trockenzeiten. Die Arekapalme wird im südlichen Asien (Ceylon, Vorderindien, Halbinsel Malakka, Sumatra, Java, Philippinen bis zu den Marshallinseln) genutzt.

Die Palmyra-(Borassus-)Palme (Borassus flabelliformis) ist eine Savannenpflanze, doch an wasserreicheren Boden gebunden. Die Palmyrapalme ist ein Baum der Tropen Afrikas und Südasiens (N.-Ceylon, Vorderindien, Java usw.).

Die Arengpalme (Arenga saccharifera) wächst am besten im tropischen Binnenland in geschützten Tälern und an feuchten Abhängen mittelhoher Berge (500 bis 1000 m), wenn sie auch Ebene und Küstennähe nicht gerade scheut. Die Arengpalme ist in ganz Südasien (besonders Java) bis zu den Molukken und Philippinen häufig.

Die Dumpalmen (Hyphaene-Arten) sind Bäume des tropischen Savannenklimas. Sie sind vom oberen Niltal bis zum Amboland und in Ostafrika verbreitet.

Der Cassiabaum (Cinnamomum iners) ist etwas klimahärter als der Zimtbaum (s. S. 138), verträgt größere Temperaturschwankungen und geringere Niederschläge, selbst Trockenzeit. Sand, mit Humus gemischt, gibt den besten Boden. Cassia wird besonders in Südchina gewonnen.

Der Pimentbaum (Eugenia pimenta) kommt bei tropischem ziemlich trockenen Klima und armem, wenn nur kalkreichem, Boden fort. Der Piment kommt von Jamaica.

Der Sesam (Sesamum indicum usw.) kommt in verschiedenen Spielarten mit verschiedenen Lebensansprüchen in der tropischen und halbtropischen Zone fort, wo die Temperaturschwankungen nicht zu groß sind; er beansprucht fruchtbaren, aber leichten, am liebsten kalkreichen Boden. Sesam[1]) hat eine große Wichtigkeit für Vorderindien, China, Vorderasien und für das tropische Afrika.

Die Rizinuspflanze (Ricinus communis) beansprucht feuchtes und zugleich warmes halbtropisches Klima; je wärmer dasselbe ist, desto größer ist der Ölgehalt, während an der kälteren Anbaugrenze das für medizinische Zwecke geeignetste Öl gewonnen wird. Der Boden muß tiefgründig und durchlässig sein. Die wichtigsten Produktionsländer für Rizinussaat[2]) sind Vorderindien und die Vereinigten Staaten.

Eine Pflanze des feucht-subtropischen Klimas ist der chinesiche Teestrauch (s. S. 137.)

Yerba Mate (Ilex paraguayensis und andere Ilexarten) ist gegen niedrigere Wärmegrade bis 0° herab nicht sehr empfindlich, doch sind bedeutende Niederschläge nötig (um 2000 mm), und die Trockenzeit darf nicht lange ausgedehnt sein. Yerba Mate ist eine Pflanze des feucht-subtropischen Klimas und wird in Südbrasilien, Paraguay, Argentinien erzeugt. (Vgl. S. 403.)

Der Mohn (Papaver somniferum L.), der das Opium liefert, ist eine Pflanze der gemäßigten, vor allem der subtropischen Zone der Alten Welt. Die Opiumproduktion ist am größten in China, Vorderindien, Kleinasien und Persien.

Der Koka-(Coca-)Strauch (Erythroxylon Coca) gedeiht in einigen Arten in der tropischen Ebene, wo keine lange Trockenzeit herrscht; andere Arten gedeihen in 600—1800 m Meereshöhe an sanft geneigten Hängen. Alle Arten vertragen keinen Frost, lieben die Sonne und sind gut belichtet kokainhaltiger als im Schatten; der Boden muß nährstoffreich sein. Koka erzeugt man besonders in Bolivia und Peru.

Die Chinarinde, besser Cinchonarinde, von Cinchona-Arten. Alle Arten lieben ein feuchtes tropisches Gebirgsklima, sehr wenige aber können einen vorübergehenden leichten Frost vertragen. Cinchona cordifolia und Cinchona pitayensis sind am klimahärtesten, die letztere Art nimmt auch mit der geringsten Luftfeuchtigkeit vorlieb und ist zugleich eine der wertvollsten Arten. Um 1500 m herum liegt für die meisten Arten die günstigste Höhenlage, mit ziemlichen Abweichungen. Nach oben und nach unten von dem Höhenoptimum nimmt der Chiningehalt der Rinde ab. Vgl. S. 403. Chinarinde[3]) wird heute besonders in Java, Indien, Ceylon, erst nächstdem in den Heimatländern Colombia, Ecuador, Peru und Bolivia geerntet.

Henequen (Sisalhanf) stammt von Agave americana L., A. mexicana Lam. und anderen Agavearten, die nur in einem trockenen, frostfreien Klima fortkommen. Henequen kommt von der Halbinsel Yukatan (Mittelamerika; s. S. 392f.), hat aber auch auf den Bahamainseln, in Florida, in Deutsch-Ostafrika usw. gute Aussichten.

Der Maulbeerbaum, der in der Hauptsache wertvoll ist als Ernährer der Seidenraupe (s. S. 144), findet seine Lebensbedingungen am besten in der subtropischen Zone erfüllt, sowohl in der feuchten wie in der trockenen Abteilung. Er ist darum am meisten angepflanzt in China, Japan, Italien, Südfrankreich, Kleinasien, auch in Spanien, Persien, Turkestan, ja auch in Indien usw.

Ein Baum des tropischen Höhenklimas ist der arabische Kaffeebaum (s. S. 135f.).

---

[1]) Ertrag Vorderindiens 1905/06: 346 100 T. reine, 45 000 T. Mischsaat, 1906/07: 441 800 T. reine, 90 000 T. Mischsaat; Ausfuhr 1903/04: 175 600; 1904/05: 126 000 T. [2]) Ausfuhr Vorderindiens 1903/04: 78 300; 1904/05: 78 000 T. [3]) Bartholomews Atlas (1903): Java 14 700 000; Indien 2 400 000; Südamerika 1 600 000; Ceylon 500 000 e. Pfd.

Maniok s. unten; **Taro** s. unten; **Banane** s. unten; **Tabak** s. S. 137; **Kaffee** s. S. 135; **Tee** s. S. 137; **Kautschuk** s. S. 138; **Sorghum** (Durra) und **Duchn** (Hirse) s. S. 129; **Orangen, Zitronen, Pomeranzen, Limetten, Kastanien** s. S. 126f.; **Bohnen** s. S. 123.

Auch das **tropisch-äquatoriale Klima**[1]) hegt eine Menge von Nutzpflanzen, z. T. gemeinsam mit den vorhin behandelten klimatischen Regionen.

Der **Maniok** (Mandioca, Yuca, Kassawestrauch). Der bittere Maniok (Manihot utilissima), eine Tropenpflanze (Mitteltemperatur am besten nicht unter 20° C), scheut bedeutendere Temperaturschwankungen, verlangt starke Luftfeuchtigkeit (Küsten, Inseln und Gebirge) und tiefgründigen Urwaldboden. Der süße Maniok (M. Aipi) stellt im ganzen, sowohl an Klima als an Boden, etwas geringere Ansprüche, gibt aber auch geringere Erträgnisse, und die Knollen halten sich nicht so lange frisch in der Erde wie bei dem bitteren Maniok. Die Wurzeln liefern ein Mehl (Farinha oder Manioka). Tapioka nennt man die aus den Wurzeln hergestellte Stärke, wobei man Flocken- und Perltapioka unterscheidet.

In den Tropengebieten Mittel- und Südamerikas, Afrikas und Südasiens hat der Maniok seine Hauptanbaugebiete.

Der **Taro** (Colocasia antiquorum) hat nicht ein sehr großes Wärmebedürfnis, obwohl eine tropische Pflanze, bedarf aber großer Feuchtigkeit. Die Knolle erreicht in den Tropen ein Gewicht von ½—2 kg, bleibt an der Polargrenze ihres Anbaus jedoch kleiner. Sie ist sehr nahrhaft und kann schon nach 2 Monaten in den Tropen, nach 5—6 Monaten in den Subtropen (feuchte Abteilung), geerntet werden; in den Tropen hält sie sich aber so lange in der Erde, daß sie 14 Monate hindurch nach Bedarf herausgenommen wird. Die Blätter ißt man als Gemüse, auch dienen sie wie auch die Knollen als Viehfutter.

Taro wird in den tropischen Regionen Südostasiens und auf vielen Inseln des Großen Ozeans angebaut.

Die **Yamswurzel**, die in vielen Arten (Gattung Dioscorea) hauptsächlich im tropischen, in einigen Arten auch im subtropischen Klima angebaut wird, verlangt mäßig hohe Wärme und eine ziemlich bedeutende Luftfeuchtigkeit, dazu reichen tiefgründigen Boden. Für die Tropen kommt vor allem D. alata in Betracht, und die Knollen erreichen ein Gewicht von 10 kg und mehr, für die (feuchten) Subtropen D. japonica, und die Knollen haben häufig nur die Größe großer Kartoffeln. Die Yams werden meist nur zum Hausgebrauch angebaut, und zwar im tropischen Südasien, im subtropischen Südostasien (China und Japan), auf vielen Inseln des Großen Ozeans und in manchen Gegenden Afrikas.

Die **Banane** hat zahlreiche Spielarten mit etwas verschiedenen Wachstumsbedingungen. Als ursprüngliche Inselpflanze liebt sie die Seeluft, gedeiht in der Nähe des Meeres am üppigsten. Den größten Teil des Jahres muß die Luft feucht sein. Für die kleinen Spielarten sind annähernd 18—20° C Durchschnittstemperatur nötig, für die großen 20—25° C. Die Temperaturschwankungen müssen gering sein. Die klimatischen Bedingungen finden sich am besten im tropischen Tieflande erfüllt; mit zunehmender Bodenerhebung werden Strauch und Früchte kleiner und brauchen längere Zeit zu ihrer Entwickelung. Der schlimmste Feind ist der Wind; da der Stamm schwach ist, ist ein Sturm für die Bananen, was Hagelschlag für den Weizen in Europa.

[1]) Vgl. S. 49—50.

Der Boden muß mindestens ein Meter tief und mürbe sein, ferner sehr reich an Kali, Natron usw. und genügend feucht (Urwaldboden an Wasserläufen). Man hat zwei wirtschaftlich wichtige Gattungen zu unterscheiden: Musa sapientium L., die „Banano“ oder „Guineo“, engl. „Banana“, Amerikas, die Obstbanane, und Musa paradisiaca, die „Platano“, engl. Plantain, Amerikas, die Mehlbanane. Die Früchte der ersteren sind reich an Zucker und Wasser, arm an Proteinstoffen und Kohlehydraten, die der zweiten reich an Zucker, aber wasserarm, dafür reich an Stärkemehl und Stickstoff. Die Bananen haben hohe wirtschaftliche Bedeutung im ganzen fruchtbaren Tropengebiet, für den Weltmarkt produzieren vor allem die Länder Mittelamerikas, Westindien, die Kanarischen Inseln und manche Inseln des Großen Ozeans. Musa textilis Nees. s. S. 271.

Die Ananas (Ananas sativa) verlangt völlig frostfreies Klima, gedeiht also auf Inseln und in Küstennähe, besonders in Tiefländern innerhalb der Wendekreise. Die Niederschläge müssen annähernd 2500 mm betragen, zur Reifezeit der Früchte aber soll möglichst sonniges, heißes Wetter herrschen. Schutz vor dem Wind ist unnötig. Der Boden muß tiefgründig, nährstoffreich und mäßig schwer sein; hoher Kalkgehalt ist ihr sehr zuträglich. Die Ananas wird am meisten auf den Bahamas, Cuba, Jamaica, Trinidad, Guadeloupe usw., ferner in Ecuador, Brasilien, auf den Azoren, in Indien, im Austral-asiatischen Archipel, Südchina, Queensland, Hawai geerntet.

Die Kokospalme (Cocos nucifera) gedeiht bei sehr gleichmäßiger tropischer Temperatur (mindestens 22° mittlere Jahrestemperatur) mit hoher Luftfeuchtigkeit, am besten, wenn der salzigen Seebrise ausgesetzt, in vollem Genuß von Licht und Sonnenschein, und bei gleichmäßigen Niederschlägen. Der Baum zeigt eine Vorliebe für brackige, vom Meereswasser feucht gehaltene Böden. Größere wirtschaftliche Wichtigkeit hat die Kokospalme in folgenden Ländern: Südostasien (Ceylon, Vorderindien, Hinterindien, Austral-asiatischer Archipel), Inseln des Großen Ozeans (Neuguinea, Bismarck-Archipel, Samoa, Marshallinseln, Karolinen, Fidschiinseln, Tonga, Tahiti, Paumotuinseln usw.), in Süd- (nördliche Küsten Brasiliens, Colombia), Mittelamerika und Westindien (Jamaica, Trinidad), im tropischen Afrika (Küste Deutsch-Ostafrikas, Sansibar, Sambesimündung, Madagaskar, Togo usw.).

Die Ölpalme (Elaeis guineensis) stellt ähnliche klimatische Anforderungen, wächst meist einzeln oder in Gruppen, am besten in reichem Alluvialboden. Die afrikanische Ölpalme hat an der westafrikanischen Küste von Senegambien bis Angola, in den Urwäldern weit ins Landesinnere gehend, eine große wirtschaftliche Bedeutung.

Die Sagopalme (Metroxylon Rumphii und M. Sagus) wächst auf sumpfigem, niemals trockenem Boden der tropischen Zone. Die Sagopalmen sind in dem Austral-asiatischen Archipel, bis Neuguinea hin, verbreitet.

Der Brotfruchtbaum (Artocarpus incisa), ein Baum des feuchten tropischen Klimas, der besonders auf den Südseeinseln, aber auch in Westindien und Südamerika gezogen wird.

Der arabische Kaffeebaum (Coffea arabica) liebt ein mittelwarmes, gleichmäßiges Klima (nicht unter 8° C, nicht über 32° möglichst) ohne Rauhfröste, wie es sich in mittleren Höhenlagen des heißen Erdgürtels findet; dort bleibt der Baum am längsten tragbar, und hat die Bohne das feinste Aroma, während in niedrig-feucht-heißer Lage die Bäume früh tragbar werden, aber auch früh absterben, und zwar die schwersten Ernten, aber geringerer Qualität bringen. Die Niederschläge müssen sich mit Lücken über das Jahr verteilen, und ihre Menge muß den Höhenlagen entsprechend sein (1500 mm in größeren Höhen, 4000 mm im Tiefland). Zur Ernte muß es trocken sein; sturmfreie Lage ist Bedingung. Humusreicher Urwaldboden und verwitterte Lava sind am geeignetsten, auch Schwemmlandboden mit Humus gemischt und sandiger, humusreicher Lehm sind noch günstig. Von der Tiefgründigkeit des Bodens (2—3 m) hängt das Alter der Bäume ab; Schwefelsäure, Phosphorsäure, Kali sind wichtige Bodenbestandteile. Der liberische Kaffeebaum (Coffea liberica) ist ursprünglich eine Tieflandpflanze (nicht höher als 200 m), verlangt hohe Wärme und Feuchtigkeit, sowie etwas leichten Boden. Eine nicht zu lange Trockenzeit schadet nichts. Höhere Lagen bedingen geringere Ernten; doch scheint der Baum sehr variationsfähig zu sein und läßt sich auch für höhere Lagen heranzüchten. Für den Kaffeebau[1]) haben heute große Bedeutung: Brasilien, Colombia, Venezuela, Mittelamerika, Westindien, Java, Ceylon, südliches Vorderindien, Britisch-Zentralafrika, Abessinien, Angola usw.

Der Kakaobaum (Theobroma cacao) verlangt ein feuchtheißes Tropenklima (mindestens 22° C durchschnittliche Jahrestemperatur und 2000 mm Niederschläge) bei längerer Trockenzeit ist künstliche Bewässerung nötig, die zugleich gegen Schädlinge schützt. Von der Tiefgründigkeit (mindestens 1 m) hängt das Alter des Baumes ab; der Boden muß fruchtbar, kalk- und phosphorsäurehaltig sein, Eisengehalt ist vorteilhaft. Sturmfreie Lage ist unbedingt nötig, auch starke Beschattung. Die Lagen zwischen 300 und 500 m scheinen das feinste Erzeugnis zu liefern. Die bedeutendsten Kakaoländer[2]) sind Ecuador, Venezuela, Brasilien, Trinidad, Guayana, São Thomé, Kamerun, Ceylon, Java. Hamburg, Havre, New York und London sind die größten Kakaomärkte der Welt.

Der Kolanußbaum (Cola acuminata) bedarf eines tropischen Urwaldklimas mit nicht zu langer Trockenzeit; er steigt nicht über 300 m Meereshöhe hinauf und

---

[1]) Weltproduktion nach Bartholomews Atlas 1832: 95 000; 1844: 255 000; 1855: 321 000; 1865: 422 000; 1875: 505 000; 1885: 718 000; 1892: 700 000; 1903: 1 150 000 Tons; im Durchschnitt der Jahre 1900—1902: 1 035 600 Tonnen à 1000 kg, nämlich Brasilien 752 600 (72,7% d. Weltproduktion); Java 39 100 (3,8%); Guatemala 33 900 (3,3%); Colombia 31 750 (3,1%); Venezuela (Produktion jährlich auf 40 000, Ausfuhr auf 30 000 T. geschätzt) 30 000 (2,9%); Haiti 25 450 (2,5%); S. Salvador 24 850 (2,4%); Mexiko 19 200 (1,9%); Costa Rica 15 900 (1,5%); Portoriko 15 100 (1,5%); Indien und Ceylon 13 900 (1,3%); Arabien 4990 (0,5%); Afrika 3200 T. (0,3%). Vgl. die einzelnen Länder. Den Qualitäten (Preisen auf dem Weltmarkt) nach folgen einander die Produktionsländer: Arabien (100 £ pro Tonne à 1000 kg); Afrika (Abessinien usw.) (83 £); Indien und Ceylon (66,6 £); Colombia (63 £); Portoriko (52,8 £); Venezuela (47,6 £); Java (46 £); Costa Rica (43 £); Mexiko (41,5 £); Guatemala (40 £); San Salvador (28,6 £); Brasilien (27,6%); Haiti (18 £). Die Kaffeeeinfuhr: Vereinigte Staaten 1904: 435 850 T.; Deutschland 180 000 T.; Frankreich 93 000 T. Kaffeeverbrauch im Durchschnitt 1899—1903: Niederlande 18,4; Ver. Staaten (19,3% d. W.) 11,07; Belgien 9,48; Deutschland 6,49; Frankreich 5,02; Österr.-Ungarn 2,11; England 0,71 e. Pfd. pro Kopf.

[2]) Die Weltprod. wurde 1901 auf 105 700, 1902: 120 900, 1903: 125 900, 1904 auf 146 600, 1905: 141 400, 1906: 148 000 T. geschätzt; São Thomé lieferte 1905: 25 400 T. (Schätzung 1906: 23 500) = fast 18%; Ecuador 21 000 (24 900) = fast 15%; Brasilien 21 100 (27 400) = fast 15%; Trinidad 20 000 (15 900) = über 14%; Dominikanische Republik 12 800 (13 700) = 9%; Venezuela 11 700 (11 000) = über 8%; Goldküste und Lagos 5700 (6100) = 4%; Grenada 5500 (4700) = gegen 4%; Ceylon 3550 (3800) = 2,5%; Cuba und Portoriko 3000 (3000) = 2%; Haiti 2340 (2500) = 1,7%; Surinam 1610 (2000) = 1,1%; Niederländisch-Indien 1490 (1700) = 1%; Jamaica 1480 (2200) = 1%; Französisch-Westindien 1200 (1400) = 0,8%; Kamerun und Samoa 1185 (1600) = 0,8%; Santa Lucia 700 (800) = 0,5%; Dominica 600 (600) = 0,4%; Kongostaat 195 (200) = 0,1%. Vgl. die einzelnen Länder. Bartholomews Atlas gibt den Durchschnitt der Ernte 1902—1904 mit 131 130 Tons an; davon erzeugten Ecuador 25 549; Brasilien 21 423; São Thomé 19 982; Trinidad 16 471; Venezuela 11 841; S. Domingo 10 119; Grenada 6117; Ceylon 3001; Cuba und Portoriko 2589; Haiti 2233; Surinam 1811; Jamaica 1608 T.

scheint gegen Stürme nicht empfindlich zu sein. Kolanüsse werden an der westafrikanischen Küste, besonders im Hinterland der Küste Oberguineas, gewonnen.

Der **Teestrauch** hat ein hohes klimatisches Anpassungsvermögen. Die chinesische Spielart (Thea chinensis) kann ohne Schaden mehrere Grade Kälte vertragen, und ebensogut tropische Wärme; die assamische (Assam) Spielart (Thea assamica) ist nicht so widerstandsfähig gegen Kälte, gedeiht aber dafür besser im tropischen Klima. Die mittleren Höhenlagen bringen in der Regel die besten Qualitäten, das Tiefland und die mäßigen Erhebungen bringen die reichsten Ernten, aber die Qualität des sehr kräftigen Tees ist nicht so gut. Dort scheint der Teestrauch auch ein höheres Alter zu erreichen und länger seine Produktivkraft zu bewahren als hier. Beschattung ist unnötig, Windschutz notwendig. Da Grundwasser sehr schädlich ist, werden sanft geneigte Hügelhänge günstig sein. Der Ertrag ist auf durchlässigem, tiefgründigem, gutem Boden reicher und besser als auf nährstoffarmem. Hoher Kalkgehalt des Bodens ist dienlich. Tee[1]) wird besonders in China, Ceylon, Vorderindien, Japan und Java produziert.

Die **Tabakpflanze** (Nicotiana Tabacum) braucht wenig Zeit, ihren Vegetationszyklus zu vollenden, und hat sich verschiedenen Klimaten angepaßt, wo fünf bis sechs Monate frostfrei sind; doch sagt ihr ein tropisches Klima (warm und feucht) am besten zu, und nur in ihm erhält sie das geschätzteste Aroma. Ein durchlässiger, humusreicher, tiefgründiger, sandiger Boden ist am günstigsten; er muß sehr nährstoffreich (Kalk und Pottasche) sein, und Eisengehalt ist dienlich. Tabak[2]) wird am ausgedehntesten in den Vereinigten Staaten und in Europa (Österreich-Ungarn, Deutschland, Frankreich, Niederlande, Rußland usw.) gebaut; den besten Tabak liefern die tropischen Länder Cuba, Sumatra, Philippinen, auch Portoriko, Java, Borneo, Kleinasien usw.

Der **Pfeffer** (Piper nigrum und andere Piperarten) beansprucht hohes, gleichmäßiges Tieflandklima (bis ca. 500 m) der Tropen, hohe Feuchtigkeit in Luft und

[1]) Ausfuhr Indiens 1904/05: 211,9; Ceylons 1905: 172,6; Chinas 1904: 195; Japans 1904: 64; Formosas 22; Javas 1902: 14,8, 1903: 21,3; Natals (erwartete) Produktion 1903/04: 2 Mill. engl. Pfund. Weltproduktion, soweit sie auf den Weltmarkt kommt, 1903—04 ungefähr 303 900 T., davon liefern Indien 31%; China 29%; Ceylon 23,7%; Japan 9,6%; Formosa 3,3%; Java 3,3%; Natal 0,3%. Bartholomews Atlas gibt als Durchschnitt der Produktion 1901—1903 an: China 660 000 000 e. Pfd. (?) (299 400 T.); Indien 200 000 000; Ceylon 150 000 000; Japan 59 154 000; Java 18 600 000; Formosa 18 000 000; Natal 1 759 000; Kaukasus 900 000 e. Pfd. Vgl. die einzelnen Länder. Verbrauch pro Kopf der Bevölkerung 1903: Neuseeland 2860; Australien 2655; Großbritannien 2715; Kanada 1955; Niederlande 653; Vereinigte Staaten 585; Rußland 423; Deutschland 52; Frankreich 27 g.

[2]) Weltproduktion nach Bartholomews Atlas im Durchschnitt der Jahre 1900—1902: 1 081 380 T., davon die Vereinigten Staaten 371 450 (34,35% d. W.); Indien (Schätzung) 254 000 (23,5%); Rußland 81 840 (7,6%); Ungarn 53 500 (5%); Niederländ.-Indien 52 430 (4,9%); Japan 36 700 (3,4%); Deutschland 35 000 (3,2%); Brasilien 34 000 (3,1%); Cuba 24 900 (2,3%); Türkei 19 500 (1,8%); Frankreich 17 400 (1,6%); Philippinen 17 000 (1,6%); Mexiko 12 700 (1,2%); San Domingo 12 500 (1,2%); Argentinien 10 200 (1%); China (Schätzung) 9300 (0,8%); Algerien 7500 (0,7%); Ecuador 5900 (0,5%); Italien 5700 (0,5%); Kanada 5100 (0,5%); Belgien 4900 (0,4%); Griechenland 3700 (0,3%); Rumänien 3400 (0,3%); Brit.-N.-Borneo 2600 (0,2%); Portoriko 2000 (0,2%) usw. Vgl. die einzelnen Länder. Dem Werte der Produktion nach aber folgten einander Vereinigte Staaten, Brit.-Indien, Cuba, Rußland, Niederl.-Indien, Deutschland, Brasilien, Japan, Ungarn, Türkei, Frankreich, Philippinen, China usw. Die besten Qualitäten liefern Cuba (143 £ pro T.), Niederl.-Indien (66 £), Deutschland (54 £). Der Verbrauch wird (1905?) angegeben für die Vereinigten Staaten auf 199 600; Deutschland 91 500; Rußland 68 200; Frankreich 38 300; Großbrit. 37 800; Österreich 35 700; Ungarn 21 700 T.; dann folgen Belgien, Italien, Kanada, Mexiko, Australien. Pro Kopf der Bevölkerung fallen in Belgien 6,21; in den Verein. Staaten 5,4; in Deutschland 3,44; in Österreich 3,02; Kanada 2,74; Australien 2,59 e. Pfd. Dann folgen Ungarn, Frankreich, Großbritannien, Mexiko, Rußland, Italien.

Boden und nährstoffreichen Standort. Pfeffer wird besonders in Sumatra, Java, Vorderindien, Hinterindien, Borneo erzeugt.

Der Gewürznelkenbaum (Caryophyllus aromaticus) gedeiht bei gleichmäßig warmem, feuchtem Tropenklima und spärlicher Beschattung am besten, wenn er auch einige Monate Trockenheit vertragen kann. An den Boden stellt er nicht hohe Ansprüche, gedeiht aber auf vulkanischem Verwitterungsboden am besten. Gewürznelken senden heute Pemba und Sansibar an der ostafrikanischen Küste, Amboina (Molukken), Penang und Sumatra auf den Markt.

Der Muskatnußbaum (Myristica fragrans) verlangt ein tropisch-feuchtheißes Klima mit geringen Temperaturschwankungen und mindestens 2000 mm Niederschlägen; kein Monat darf regenlos sein. Schatten und Schutz gegen Winde ist nötig. Der Boden (Hänge) muß nährstoffreich und durchlässig sein, am günstigsten ist vulkanischer Boden. Der Muskatnußbaum gedeiht am besten auf den Bandainseln, Sumatra, Ambon (Molukken), Nordcelebes und Java.

Der Zimtbaum (Cinnamomum zeylanicum) gedeiht in tropischem Klima (möglichst selten unter 17° C) mit mittlerem bis starkem Regenfall (1660—2100 mm), von Meereshöhe bis zu beträchtlichen Erhebungen. Hochwertige Rinde aber kommt nur in 0—500 m Höhe auf humosem, durchlässigem, nicht zu armem Sandboden zustande. Für Zimt ist Ceylon der Hauptproduzent, nächstdem kommen Südindien, Java, Cochinchina in Betracht.

Der Kautschuk wird von verschiedenen Pflanzen der tropischen Zone geliefert. Die Heveaarten, die wichtigsten Kautschukpflanzen, gedeihen nur in einem ausgeprägt feuchtheißen, ganz gleichmäßigen Tropenklima auf reichem, lehmigem Schwemmboden an den Ufern von Flüssen. Castilloa elastica scheint ebenso tropisches Urwaldklima zu bevorzugen. Manihot Glaziovii liefert den Manicoba oder Cearákautschuk und gedeiht in tropisch-heißem Klima bei langausgedehnter Trockenzeit und mäßiger Regenmenge auf trockenem und steinigem Boden. Hancornia speciosa (Mangabeirakautschuk) ist ein anspruchsloser Baum, der kein besonders feuchtes Tropenklima verlangt und auf sandigem Boden gedeiht. Die Landolphia- und Kickxiaarten und ebenso Ficus elastica scheinen ganz an tropisches Urwaldklima gebunden zu sein. Die Guttaperchabäume sind Bewohner des tropischen Urwaldes, und Mimusops balata (Balata) gedeiht auf sumpfig-nassem Tropenboden.

Von den Kautschukpflanzen[1]) gedeihen die Heveaarten im Amazonasgebiet, Castilloa elastica vom südlichen Mexiko bis Ecuador, der Cearákautschuk (Manicoba) wird besonders in Ceará (Brasilien), der Mangabeirakautschuk in Bahia, Pernambuco, Goyaz, Minas Geraes, S. Paulo (Brasilien) gewonnen; die Landolphia- und Kickxiaarten liefern im tropischen Afrika, Ficusarten in Asien vor allem, aber auch in Afrika Kautschuk; Guttapercha[2]) wird nur im südlichen Asien bis Neu-

[1]) Weltproduktion (Export) von Kautschuk (Durchschnitt 1901—1903) nach Bartholomews Atlas 49 430 T., Brasilien 30 200; Kongostaat 5400; Bolivia 2950; Peru 1700; Goldküste 1170 usw. Weltproduktion von Kautschuk (nach dem Tropenpflanzer) 1901/02: 53 900; 1902/03: 55 600; 1903/04: 61 800 T. Vgl. die einzelnen Länder. Kautschukpflanzungen der Welt 1905 (schätzungsweise): Ceylon 40 000 Acres, Malaiische Halbinsel 38 000, Borneo 1500, Java 6000, Indien und Burma 8800, Mexiko 10 000, Brasilien 5000, Venezuela 3000, Ecuador 2000, Panamá 300, Rest von Zentralamerika 2000, Natal 50, Rhodesia 100, Rest von Afrika 33 000, Tobago u. Westindien 1000, Summa 149 950 Acres. Eine andere sehr gute Quelle gibt die Kautschukpflanzungen in Ceylon mit 110 000 (!), auf der Malaiischen Halbinsel mit 60 000 Acres an; in Mexiko sollen vielleicht 100 000 (?) Acres mit Castilloa elastica bepflanzt sein, in allen anderen Ländern 40 000 Acres mit Kautschukpflanzen. [2]) Weltproduktion von Guttapercha (Durchschnitt 1901—1903) nach Bartholomews Atlas 11 180 T. (Vgl. S. 270.)

guinea, Balata[1]) im östlichen Südamerika (Venezuela, Guayana, Brasilien) gesammelt.

Die Jute stammt besonders von Corchorus capsularis L. (daneben von C. olitorius L. usw.), der Jutepflanze, die in feuchtwarmem Tropenklima auf kräftigem, feuchtem Boden gedeiht. Die Jute wird vor allem in Vorderindien erzeugt. (Vgl. S. 276.)

Der Manilahanf stammt von der Bananenart Musa textilis Nees., einer Tropenpflanze, die besonders auf vulkanischem Boden eine gute Faser liefert. Der Manilahanf gedeiht am besten und fast ausschließlich auf den vulkanischen Philippinen (s. dort!).

Der Indigo (Indigofera-Arten) gedeiht in Gegenden mit einem langen, heißen, nicht zu trockenen Sommer; der Anspruch an die Luftfeuchtigkeit ist gering, an die Besonnung stark. Der Boden muß tiefgründig und fruchtbar sein, denn nur bei üppigem Wachstum erzeugt die Pflanze guten und reichlichen Farbstoff und erlaubt mehrere (3—4) Schnitte jährlich. Indigo[2]) wird am meisten in Vorderindien, China, Japan und in Mittelamerika (Guatemala, S. Salvador usw.) produziert; Bedeutung hat die Indigokultur auch im tropischen Afrika und Südamerika (Colombia und Venezuela); doch geht die Kultur seit Erfindung des künstlichen Indigo zurück (vgl. S. 56 u. 276).

Reis s. S. 128f.; Mais s. S. 129; Zuckerrohr s. S. 130; Baumwolle s. S. 130f.; Wald und Hölzer s. S. 125f.

Ebenso wie die Nutzpflanzen gehören auch die „Unkräuter", die Schadpflanzen der Wirtschaft, in die Wirtschaftsgeographie. Doch ist über ihre geographische Verbreitung und die Schäden, die sie anrichten, noch nicht genügend gearbeitet worden.

4. Die Tiere.

Direkt klimatisch sind die Tiere viel weniger abhängig als die Pflanzen, zumal sie infolge ihrer Beweglichkeit zur ungünstigen Jahreszeit in günstigere Gegenden wandern können. Ihre Verbreitung ist hauptsächlich, entweder direkt (Pflanzenfresser) oder indirekt (Fleischfresser), durch die Pflanzenwelt und so mittelbar durch Boden und Klima bedingt. Viele Tiere sind durch ihre Lebensgewohnheiten an bestimmte Vegetationsformationen gebunden; viele leben nur im Walde, andere nur in der Steppe, andere in Wald und Steppe, andere in Wüsten.

In die Tierwelt hat der Mensch am tiefsten eingegriffen, weil sie, mit ähnlichen Lebensanforderungen wie er, am meisten mit ihm konkurriert. Wo die Wirtschaftsstufe eine hohe ist, ist das natürliche Tierleben in den größeren Arten fast ganz beseitigt, soweit es der menschlichen Wirtschaft schädlich oder lästig ist, und immer mehr richtet sich das Augenmerk des Kulturmenschen auch auf die kleinen Lebewesen, um sie nach Nützlichkeit und Schädlichkeit zu sondern und im letzteren Falle zu bekämpfen, im ersteren zu unterstützen.

---

[1]) Weltproduktion von Balata (Durchschnitt 1901—1903) nach Bartholomews Atlas 2540 T.

[2]) Produktion Indiens in 100prozentiger Ware 1896/97: über 5000 T.; 1904/05: 756 T. natürlichen Indigos. Export von Indigo (meist künstlich) aus Deutschland 1897: 508; 1904: 8730 T., Einf. Deutschlands 1897: 1408; 1904: 260 T.

Je niedriger die Wirtschaftsstufe ist, desto mehr hat sich der natürliche Tierbestand erhalten, weil man mit den unzulänglichen „Werkzeugen" ihm nicht beizukommen vermochte; seitdem aber die niedriger stehenden Völker, selbst die Naturvölker, mit europäischen Gewehren ausgerüstet sind, werden überall die großen Schädlinge, Raubtiere, Feldplünderer und Schlangen, bekämpft, allerdings auch an sich nützliche Jagdtiere der Ausrottung entgegengeführt. Von der natürlichen Tierwelt haben eigentlich nur noch wenige größere positive wirtschaftliche Bedeutung: Elefant, Strauß, Gazellen, Antilopen, Pelztiere, Meeressäugetiere, Fische usw., aber auch diese Jagdobjekte gehen immer mehr zurück, zweifellos mit einer Art Notwendigkeit, um meist, in eine Art Pflege des Menschen genommen, höhere Erträge in der Zukunft zu gewähren; bei einigen dieser Wildtiere hat der Mensch bereits erfolgreiche Schritte nach dieser Richtung getan (Fischzucht, Austern-, Hummer-, Perlen-, Schwammzucht; Eiderenten; Blaufuchs).

Der Elefant ist ein Tropentier, das in Savannen weiches, in Urwäldern hartes, in Übergangslandschaften halbhartes Elfenbein liefert. Der Elefant hat noch in Afrika (Urwald und Savannengebiet) ziemliche Verbreitung, doch geht er wohl trotz der Schutzgesetze, die vorläufig schwer durchzuführen sind, immer mehr der Ausrottung entgegen. Zähmungsversuche haben sichtbare Resultate noch nicht recht gehabt. In Vorderindien und Hinterindien leistet er in klimatisch ihm zusagenden Gegenden durch seine großen Kräfte gute Dienste. Auch im Austral-asiatischen Archipel ist er wild noch nicht ganz selten.

Der Strauß verlangt vor allem ein trockenes, warmes bis heißes Klima, wie es in der trockenen Abteilung der subtropischen Zone sich findet. Gegen Nässe der Luft ist er sehr empfindlich.

Elefant und Strauß sind stellenweise auch in eine, freilich sehr unvollkommene, Zucht genommen worden. Der Strauß, vielfach in Afrika genutzt, hat eine hohe wirtschaftliche Bedeutung als Haustier nur im Kapland; in Ägypten, in Australien und Südkalifornien hat man die Straußenzucht eingeführt, in Deutsch-Südwestafrika und im Indusgebiet Vorderindiens plant man sie einzubürgern. Der südamerikanische Strauß (Nandu) wird halbwild in Argentinien, Paraguay und Süd-Brasilien gehalten.

Gazellen und Antilopen sind Tiere der Steppen und Wüstensteppen in der trockenen Abteilung der subtropischen Zone.

Pelztiere sind in Polarregionen heimisch, bis in die gemäßigte Zone hinein, in den anderen Klimazonen sind sie selten. Besonders in Sibirien und Kanada hat die Jagd auf Pelztiere wirtschaftliche Bedeutung.

Die Meeressäugetiere: Walarten, Robben und Walrosse (s. S. 99ff.) sind in den polaren Meeren und Küstengebieten zu Hause; einige Walfischarten zeigen sich aber auch in tropischen Gewässern.

Fische, durch ihren Wohnraum bis zu einem gewissen Grade vor des Menschen Verfolgungen geschützt, sind in den Meeren außerordentlich reichlich vorhanden, in größten Mengen, wie es scheint, in polaren Gewässern (s. S. 96); Kabeljau, Hering, Lachs usw. sind hier Hauptnutzfische.

An die Stelle der zurückgedrängten natürlichen Tierwelt haben die etwas fortgeschritteneren Menschen eine verhältnismäßig geringe Zahl von Tieren gesetzt, welche sie in dauernde Pflege nahmen und zum Teil an Individuenzahl gewaltig vermehrten, um dafür aber gewisse Dienste usw. zu beanspruchen (s. S. 53—54).

Die Lebensanforderungen der wichtigsten Zuchttiere erklären ihre Verbreitung.

Das Rind (Bos taurus L.) gedeiht am besten in Grasländern eines feuchten, nicht zu rauhen Klimas, also in Küstengegenden, fruchtbaren Niederungen und Tälern, in grasreichen, nicht zu steilen Gebirgen der gemäßigten Zone. Sumpfige, besonders aber feuchtheiße Gegenden sind ihm nicht zuträglich. Das Rind[1]) ist am zahlreichsten und besten entwickelt in den feuchteren Gegenden Europas, von Nordspanien und Norditalien bis an die Nordgrenze Englands und nach Nordschweden hinein; in den feuchten, grasreichen Gegenden des nordwestlichen Europa: England, Nordfrankreich, Niederlande, Nordbelgien, in den deutschen und westrussischen Küstenländern, in Südnorwegen und -schweden und in den grasreichen Gebirgen (Schweiz usw.) ist es ein vorzüglicher Milchproduzent. In Asien gibt es besonders wichtige Gebiete der Rinderzucht heute nicht. In ziemlich ausgedehntem Maße wird das Rind in der gemäßigten Zone Ostaustraliens gehalten bis in die grasreiche Küstenregion Queenslands hinauf; Neuseeland hat ebenfalls beträchtliche Rinderzucht. In Nordafrika gedeiht das Rind an den grasreicheren Stellen der Nordabhänge des Atlas, in Abessinien, in einzelnen Strichen der Somalihalbinsel, im ganzen Sudan (gegen den Waldrand hin schlecht), ja am mittleren Nil, in ganz Ostafrika und in der feuchteren Osthälfte Südafrikas auf den meist zahlreichen Hochländern und auf Madagaskars Hochebenen vorzüglich. Im tropischen Urwald und in Niederungen der Savannen wird es von der Tsetse bedroht. In Nordamerika haben wir einerseits im gemäßigten Osten der Vereinigten Staaten (südlich der Seenregion) und Kanadas, andrerseits in den Prärien östlich des Mississippi bis nach Kanada (Alberta) hinein große Rinderzucht. In Südamerika zeichnen sich Südbrasilien, Uruguay, Argentinien (Provinz Buenos Aires, Santa Fé, Entre Rios) und Mittelchile sowie die Llanos des Nordens durch Rinderreichtum aus.

Das Schwein ist ein Allesfresser, das leicht und billig aufzuziehen ist; scheint die Feuchtigkeit zu lieben, so daß seine Zucht im trockenen Klima wohl nicht rentabel ist (?), dagegen im gemäßigten, feucht-subtropischen und tropischen Klima wohl gedeiht. Das Schwein[2]) spielt die größte Rolle in China, aber auch im Sibirischen Küstengebiet, in der Mandschurei, auf den Malaiischen und Polynesischen Inseln, in Indien ist es wichtig; von der mohammedanischen und jüdischen Bevölkerung Vorderasiens wird es verabscheut. Im tropischen und feucht-subtropischen

[1]) Um 1904 zusammen in den nachgenannten Staaten etwa 350—360 000 000, nämlich Rußland 40,56 (11,5%); Deutschland (1904) 19,33 (5,5%); Österreich-Ungarn (1900 bzw. 1895) 16,2; Frankreich 14,14; Großbritannien mit Irland (1905): 10,7; Italien (1890) 5; Rumänien (1900) 2,59; Schweden 2,55; Spanien (1901) 2,22; Dänemark (1903) 1,84; Belgien 1,78; Niederlande 1,69; Bosnien (1895) 1,42; Finnland 1,4; Schweiz (1902) 1,34; Serbien (1901) 0,96; Norwegen (1900) 0,95; Portugal (1882) 0,6; Griechenland (1892) 0,36; Brit.-Ostindien 90,4 (26%); Russ.-Asien 7,36; Japan 1,37; Zentralasien (Mongolei) 8 (?); Vereinigte Staaten von Amerika (1906) 66,86 (19%); Kanada 5,7; Mexiko 5,3; Argentinien (1895) 22 (6,2%); Uruguay (1901) 6,3; Chile 2,5; Venezuela 2 (?); Paraguay (1900) 2,3; Australien u. Neuseeland 9,63; Kapkolonie 1,95; Madagaskar 1,1 Mill. Stück usw.

[2]) Um 1904 zusammen in den nachgenannten Staaten vielleicht 180—190 000 000: nämlich Deutschland 18,92 (10,6%); Rußland 13,67; Österr.-Ungarn 12,1; Frankreich 7,5; Großbritannien u. Irland 3,59; Spanien 1,93; Italien 1,8; Rumänien 1,7; Dänemark 1,46; Portugal (1873) 1,05; Belgien 1,16; Serbien 0,96; Niederlande 0,86; Schweden 0,8; Bosnien 0,66; Schweiz 0,56; Finnland 0,21; Norwegen 0,16; Griechenland 0,18; China 30 (?); Japan 1,09; Russ.-Asien 2 (?); Vereinigte Staaten 52,1 (29,1%); Kanada 2,75; Mexiko 1,51; Argentinien 0,65; Uruguay 0,05; Chile 0,03; Venezuela 1,9; Australien 1,03; Neuseeland 0,25; Kapkolonie 0,39 Millionen.

Afrika gedeiht es, spielt aber erst eine geringe Rolle. In Europa wird es fast überall gezüchtet, am rentabelsten in den Eichen- und Kastanienwäldern und bei dem Maisbau des südlichen Europa und besonders Südosteuropas, und in Nordwesteuropa im Anschluß an die Milchwirtschaft. In dem südlich der Großen Seen gelegenen Maisgebiet Nordamerikas hat das Schwein eine hervorragende Bedeutung.

Das Schaf liebt trockenes Klima und trockenes Futter, wie es auf trockenen Höhen- und Bergweiden vorkommt. In sumpfigen und feuchtheißen (tropischen) Gegenden gedeiht es schlecht. In trockenen Hochlandklimaten der trocken-subtropischen Zone wird die Wolle besonders fein. Sowohl bei hoher trockener, als bei hoher feuchter Hitze scheint es statt der Wolle Haare zu tragen. Das Schaf[1]) wird relativ am meisten wohl in der trockenen subtropischen Zone Südeuropas, in dem Steppengürtel Südrußlands, auf den Hochländern Nordafrikas, Vorder- und Hochasiens, auf den Hochsteppen der westlichen Vereinigten Staaten, auf den trockenen Pampas Argentiniens und Uruguays, auf den trockenen Hochländern des westlichen Südafrika, auf den dürren Ebenen des inneren Ostaustralien gezogen. Aber auch in der feuchten gemäßigten Zone wie in Neuseeland, auch in Europa und Sibirien ist es, besonders als Fleischlieferant, wichtig.

Die Ziege gedeiht am besten im Gebirge, findet aber auch im Flachlande, von der gemäßigten Zone bis in die Tropen, gutes Fortkommen; Naßkälte kann sie schlecht vertragen. In der Nahrung bevorzugt sie Knospen und junge Triebe der Holzgewächse, ist sonst wenig anspruchsvoll und empfindlich. In trockenen Hochlandklimaten liefert sie besonders feine Haare; eine solche Hochlandziege ist die Angoraziege. Die Ziege ist in den Subtropen wohl am meisten verbreitet; die Angoraziege hat in Kleinasien und Südafrika Wichtigkeit; auch in den Vereinigten Staaten und in Australien ist sie ziemlich zahlreich.

Das Pferd ist von Hause aus (Hochasien) ein Steppentier, hat sich aber auch an die anderen Klimate der gemäßigten und trocken-subtropischen Zone angepaßt. Im feuchten subtropischen Klima gedeiht es bereits weniger gut und gar nicht im feuchtheißen der tropischen Niederungszone. Das Pferd verlangt im allgemeinen einen geräumigen, ebenen Lebensboden; im Gebirge und auf engräumigen Inseln paßte es sich zu einer kleinen Form an. Das Pferd[2]) ist überall wohl nicht sehr

---

[1]) Um 1904 zusammen Schafe und Ziegen in den nachgenannten Staaten etwa 550 Mill., nämlich Rußland 64,4 (Ziegen 1,07); Großbritannien 29; Frankreich 19,26 (Ziegen 1,56); Spanien 15,9 (2,53); Deutschland 13 (3,27); Österreich-Ungarn 12,1; Italien 8,7 (1,8); Rumänien 5,9; Griechenland 5,4; Bosnien 4,7; Portugal 4; Serbien 3,5; Schweden 1,2; Norwegen 1,2; Finnland 0,9; Dänemark 0,9; Niederlande 0,78; Schweiz 0,57; Belgien 0,5; Russ.-Asien 16,9; Brit.-Indien 9,63 (Schafe) und 19,27 (Ziegen); Zentralasien (Schätzung) 30 (?); Vorderasien (Schätzung) 30 (?); Japan (Ziegen) 0,17; Vereinigte Staaten 52,5 (1,95); Kanada 2,99; Mexiko 4,26 Ziegen u. 3,46 Schafe; Argentinien 74 (2,75); Uruguay 18,5; Chile 4,7; Venezuela 5,7; Paraguay 0,25; Australien u. Neuseeland 84,1; Algerien 8,05 (Schafe) und 3,92 (Ziegen); Brit.-Südafr. 14,89 Mill. Wolleproduktion der Erde 1903 (Schätzung): 1 209 300 T. (2666 Mill. engl. Pfd.), nämlich Australien u. Neuseeland (vgl. aber S. 304) 500 Mill. engl. Pfd. (18,8% d. W.); Argentinien 370 (13,9%); Rußland mit Polen 361 (13,5%); Vereinigte Staaten 287,5 (10,8%); Großbritannien mit Irland 133 (5%); Frankreich 103,5 (3,9%); Spanien 102,5 (3,8%); Brit.-Südafrika 100 (3,8%); Uruguay 96 (3,6%); Brit.-Indien 85 (3,2%); Balkanhalbinsel 67,5 (2,5%); Österreich-Ungarn 64 (2,4%); Russ.-Asien 60 (2,2%); Deutschland 49,5 (1,9%); Zentralasien 46 (1,7%); China 35 (1,3%); Asiatische Türkei 33 (1,2%); Algerien und Tunis 30,45 (1,1%); Italien 21,5 (0,8%); Venezuela 15 (0,6%); Portugal 13,5 (0,5%); Britisch Nordamerika 12 (0,5%); Schweden und Norwegen 8 (0,3); Chile 7,5 (0,3%); Ägypten 3 (0,1%): Brasilien 1,5 (0,06%) usw. Nach Bartholomews Atlas war die Produktion 1904: 2129, 1905: 2249 Mill. e. Pfd.

[2]) Um 1900 zusammen Pferde, Maultiere und Esel in den nachgenannten Staaten etwa 90 Millionen Stück; nämlich Rußland 29,34 (35,2%); Deutschland 4,2 (5%); Österreich-Ungarn 4,1 (5%); Frankreich 3,7 (4,4%); Großbritannien und Irland 2,1 (2,8%); Italien 2,1 (2,8%); Spanien 1,9 (2,3); Rumänien 0,87

zahlreich; am meisten Pferde züchtet Europa nördlich der Alpen, Ungarn, Südrußland und die Kirgisensteppe, die Mongolei, die nordafrikanischen und vorderasiatischen Steppengebiete, sehr viele auch Nordamerika im gemäßigten Osten.

Der Esel ist das Tier der trockenen warmen Gebiete der Subtropen, der steppen- bis wüstenhaften Gegenden. Der Esel wird vorwiegend in Südeuropa, Vorderasien, Nord-, Ost- und Südafrika, auch im Sudan geschätzt, in Amerika in Neumexiko; sonst findet er sich wenig.

Das Maultier (und der Maulesel) vereinigt die Vorzüge der Pferde und Esel; es ist wegen seiner Mäßigkeit, Ausdauer und Widerstandsfähigkeit, auch im feuchteren Subtropengebiet, und wegen seiner Trittsicherheit im Gebirge in der ganzen subtropischen Zone geschätzt. Die Maultiere erfreuen sich in Südeuropa, in den gebirgigen Teilen Vorderasiens (Kleinasien, Persien), im nördlicheren China, in den Atlasländern und Ägypten, in Nordamerika, besonders in den Südstaaten, und in den wärmeren gebirgigen Teilen Südamerikas großer Wertschätzung.

Das Kamel. Das einhöckerige Dromedar bevorzugt die Ebene, während im Gebirge das zweihöckerige Kamel im allgemeinen an seine Stelle tritt. Beide sind Tiere der Wüsten und Steppen der trocken-subtropischen Zone und harten dornigen Salzpflanzen. Während sie die größten Temperaturschwankungen ohne Schaden ertragen, sind sie gegen hohe Luftfeuchtigkeit und größere Niederschläge (zumal auf nicht sandigem Boden) sehr empfindlich. Unter den Kamelen kommt das Dromedar in Arabien, dem flachen Persien, Kleinasien, Syrien, Palästina und Nordafrika vor. In Kleinasien kommt auch bereits das zweihöckerige Kamel vor, das im gebirgigen Persien, in Afghanistan, Belutschistan, im nordwestlichen Indien, in Turkestan (neben dem Dromedar), Mongolei und Nordchina gezüchtet wird. In Europa und Amerika ist das Kamel selten; in Westaustralien hat es sich eingebürgert, auch im wüsten Küstengebiet Deutsch-Südwestafrikas hat es sich bewährt.

Das Lama (Llama) und Alpaka sind außerordentlich anspruchslos in der Nahrung. Das Lama bleibt in Höhen noch arbeitsfähig, in denen andere Tiere nicht mehr brauchbar sind. Das Alpaka gilt manchen als die Hochgebirgsform des Lama. Das Lama kommt in Peru und Bolivia, das Alpaka zwischen 10 und 20° südl. Br. oberhalb 2400 m in Peru und Bolivia als Haustier vor.

Das Renntier (Rentier) ist das Tier der nordischen (polaren) Tundren und der zwerghaft werdenden lichten Wälder an ihrem Südrande. In Nordasien und Skandinavien ist es ziemlich zahlreich.

Der Büffel liebt heiße sumpfige Niederungen der subtropischen und tropischen Zone; gegen Kälte ist er empfindlich, und trockenes Hochland scheint seinem Gedeihen nicht förderlich zu sein. Der Büffel wird in Vorder- und Hinterindien, China, Japan, auf den Malaiischen Inseln, in Gilan und Masenderan, den reichbefeuchteten Provinzen Persiens am Kaspischen Meer, in den Sumpfgegenden Kleinasiens, Italiens, in niedrigen Gegenden Ungarns, Rumäniens, Bulgariens gezogen.

(1%); Schweden 0,55 (0,7%); Dänemark 0,487 (0,6%); Finnland 0,32 (0,4%); Niederlande 0,3 (0,4%); Portugal 0,29 (0,3%); Belgien 0,27 (0,3%); Griechenland 0,25 (0,3%); Bosnien 0,23 (0,3%); Serbien 0,187 (0,2%); Norwegen 0,173 (0,2%); Ver. Staaten 22,1 (26,5%); Argentinien 5 (6%); Chile 0,7 (0,8%); Uruguay 0,6 (0,7%); Venezuela 1,5 (1,8%); Paraguay 0,18 (0,2%); Mexiko 1,51 (1,8%). Bartholomews Atlas gibt als Zahl der Pferde an in Verein. Staaten 16,74; Australien 1,63; Mexiko 0,859; Kanada 0,98 (nach and. Quelle 1,5 Mill.). Japan hatte 1903: 1,51; die Mongolei nach Schätzung 13 Mill.; die Kapkolonie 0,25 Mill. Stück.

Der Yak fühlt sich am wohlsten auf Höhen von 2000 m aufwärts; er ist ein Charaktertier des Klimas polarer Art und ein wertvolles Haustier Tibets, der gebirgigen Teile der Mongolei, der Pamir, des russischen Turkestan und Bucharas.

Der Hund in seinen verschiedenen Formen, hat sich allen Klimaten angepaßt, dem polaren wie dem feuchtwarmen tropischen. Der Hund ist ein kosmopolitisches Haustier, aber er spielt in den verschiedenen Gegenden eine sehr verschiedene Rolle: bei den niedrigstehenden Völkern Zentralafrikas wird er vielfach gegessen; den nordischen Völkern ist der Zughund das wichtigste Transporttier, sonst dient er meist als Wächter und Jagdgenosse.

Gans, Ente und Huhn. Die Gansarten scheinen die Tropen zu meiden und mehr in den gemäßigten und subtropischen Gebieten vorzukommen, die Enten gedeihen auch in den Tropen, die Hühner überall. Die Gansarten haben in den feuchten gemäßigten und subtropischen Gebieten, besonders Europas und Amerikas, eine gewisse geringe Bedeutung, die Enten werden am ausgedehntesten in China und Japan gehalten. Die Hühnerarten endlich sind kosmopolitisch; als Eierproduzenten spielen sie aber eine größere Rolle nur in den Gebieten der höheren Wirtschaftsstufe, in Europa, Nordamerika usw.

Der Seidenschmetterling bedarf, wie seine Hauptnährpflanze, der Maulbeerbaum (s. S. 133), eines gleichmäßig warmen, nicht zu warmen und zu feuchten Klimas, wie es sich in den trockenen und feuchten Abteilungen der Subtropenzone findet. In der gemäßigten wie in der tropischen Zone hat er bisher nicht recht gedeihen wollen. Die Seidenzucht[1]) wird am stärksten in China und Japan betrieben, ferner in Korea, Ostturkestan, Turkestan, Persien, Kaukasusgebiet, Kleinasien. In Europa sind Italien und Frankreich die Hauptzuchtländer. In den Südstaaten der Union gibt man sich Mühe, die Seidenzucht in die Höhe zu bringen.

Die Biene bevorzugt blütenreiche Gegenden der gemäßigten bis tropischen Zone, während sie die polaren Zonen meidet.

Über die Fischerei[2]) vgl. S. 97 ff.

Ein Rückblick auf die Produktionsverhältnisse der Erde lehrt uns, daß gegenwärtig außer den Naturverhältnissen der Erdräume, die die Produktion eines Stoffes ermöglichen oder unmöglich machen, begünstigen oder behindern, der Wirtschaftsstufe ein hohes Gewicht beizumessen ist. **Die kulturell hochstehenden Staaten sind, wenn sie bei einer Produktion den Naturverhältnissen nach mit anderen Ländern überhaupt in Konkurrenz treten können, an der Welt-**

---

[1]) Weltproduktion an Rohseide im Durchschnitt 1896/1900: 17 053 T., 1898/1902: 18 397; 1903: 18 135; 1904: 20 500; 1905 vorläufig: 18 550 T.; davon erzeugten 1904: China 6349 (31%); Japan 5827 (28,4%); Italien 4900 (3700?) (24%); Frankreich 625 (3,1%); Brussa und Anatolien 497 (2,4%); Syrien und Cypern 470 (2,3%); Persien und Turkestan 426 (2,1%); Kaukasien 360 (1,8%); Österreich-Ungarn 315 (1,5%); europ. Türkei 256 (1,3%); Indien (Ausfuhr Kalkuttas und Bombays) 180 (0,9%); Bulgarien, Serbien, Rumänien 153 (0,8%); Spanien 77 (0,4%); Griechenland und Kreta 65 (0,3%). Vgl. die einzelnen Länder. Bartholomews Atlas gibt die Produktion im Durchschnitt 1903 und 1904 mit 42 332 000 e. Pfd. = 19 202 T. Davon erzeugten China 14 155 000; Japan 11 181 000; Italien 9 289 000; Türkisch-Asien 2 211 000; Frankreich 1 211 000; Persien und Turkestan 1 186 000; Kaukasusgebiet 838 000; Österr.-Ungarn 650 000; Europ. Türkei 527 000; Indien 468 000; Balkanstaaten 304 000 e. Pfd. Neuerdings erzeugt man künstliche Seide, z. B. in Belgien. [2]) Nach Bartholomews Atlas produzierten im Durchschnitt der letzten Jahre Fischereierzeugnisse: Vereinigte Staaten für 11 Mill. £; Großbritannien 10,095; Rußland 8; Japan 5,295; Frankreich (mit Algerien) 5; Kanada 4,85; Norwegen 1,578; Neufundland 1,346; Spanien 1,275; Deutschland 1; Niederlande 0,926; Portugal 0,9; Italien 0,62; Schweden 0,584; Dänemark 0,528 Mill £.

produktion nach Menge und Qualität immer in vorderster Linie beteiligt.

Die Wirtschaftsgeographie hat sich auch mit der geographischen Verbreitung der tierischen Schädlinge zu beschäftigen. Hier können nur wenige genannt werden. Überall, wo die Wirtschaftsstufe der Wissenschaft herrscht, geht man ihnen auch in ihren kleinen, sehr schädlichen Formen zu Leibe, während die niedrigeren Stufen sich mit der Bekämpfung der größten — mit mehr oder weniger Erfolg — begnügen.

Die Wanderheuschrecken bevorzugen für Eiablage leicht wellige, besonnte Steppengebiete, welche für die sich entwickelnden jungen Hupfer zarteste junge Pflänzchen (Regenfälle!) liefern. In diesen Brutgegenden werden darum in den jungen Saaten schlimme Verwüstungen angerichtet. Ihre Winterquartiere haben die Heuschrecken in dichten bewachsenen Gegenden, wo sie Schutz gegen den rauhen Wind finden. Sobald aber die Regenzeit naht, brechen sie in ihre Brutgebiete ein, furchtbare Verheerungen in den Kulturen anrichtend. Man hat mit Glück versucht, ihnen Bakterien einzuimpfen, welche sie epidemisch hinraffen. Die Wanderheuschrecken sind besonders den steppenhaften Gegenden verderblich; das trocken-subtropische Klima begünstigt ihr Gedeihen am meisten. In Afrika sind die Atlasländer und die anderen Randländer an der Sahara, ferner die Randländer der Kalaharisteppe, die steppenhaften Gebiete Ostafrikas, in Asien die Steppenländer Vorderasiens, Nordindiens, Turkestans, in Amerika besonders Teile Argentiniens Schauplätze ihrer Verheerungen.

Das Getreide hat eine Menge von Schädlingen: Die Hessenfliege (Cecidomyia destructor), die Fritfliege (Oscinis frit), die Weizenälchen (Tylenchus scandens), Mäuse usw. sind zu nennen.

Die Zuckerrübe wird durch eine Nematodenart (Heterodera Schachtii) bedroht.

Die Baumwollenfelder der Vereinigten Staaten werden gerade gegenwärtig wieder von dem Baumwollschädling, dem Wiebelkäfer (boll weevil), heimgesucht.

Und so kann man sagen, daß jede Kulturpflanze ihre tierischen Schädlinge hat, welche Erträge und Qualitäten stark beeinträchtigen.

Auch die Nutztiere haben ihre Schädlinge. Hier seien nur drei namhaft gemacht.

Die Tsetsefliegen, Glossinae, besonders Gloss. morsitans, treten vor allem in der Regenzeit tropischer bis subtropisch-feuchter Gegenden auf, wo der Boden mit (besonderen?) Gräsern und lichten, schattenden Bäumen bestanden ist; an Sumpfboden scheint die Tsetsefliege (Surrah) nicht gebunden zu sein; mit Lichten des Baumbestandes weicht sie zurück. Hochgelegene Gegenden meidet sie. Ihr Stich ist für die meisten Haustiere tödlich, indem sie ihnen ein Protozoon „Trypanosoma Brucei", dessen Träger sie ist, einimpft. Der Wadenstecher (Stomoxys calcitrans L.), scheint an den Siedelungen des Menschen, besonders durch den Dung des Kleinviehs, seine Lebensbedingungen am besten erfüllt zu finden; wasserführende, schattige Plätze beherbergen ihn am meisten. Pferd und eingeführte Esel sind am empfindlichsten, nächstdem Rind, Hund usw. Die Tsetsefliege scheint auf Afrika beschränkt zu sein, tritt aber dort in allen tropischen bis subtropisch-feuchten Landschaften, freilich an örtlich sehr beschränkten Stellen auf; der Wadenstecher ist besonders in den Küstenstrichen am Indischen Ozean beobachtet worden. Ganz ähnliche Krankheiten, wie die durch Tsetsefliegen hervorgerufenen, kommen aber auch in Indien („Surrah"), Südamerika („Mal de Caderas") vor.

Zeckenarten (Rhipicephalus-Arten) subtropischer, tropischer, auch gemäßigter Gegenden bewirken, als Überträgerinnen eines Schädlings, das Texasfieber, scheinen mit der menschlichen Besiedelung zuzunehmen; nur Bergländer sind frei. Besonders bedroht ist das Rind. Das Texasfieber ist auf den Weiden des Staates Texas heimisch, ist aber auch als „Redwater" im östlichen Südafrika und an der Ostküste bis ins Somaliland, in Teilen Südwestafrikas, in Togo, Indien, Australien, Deutschland, Rumänien, Italien beobachtet worden.

Der Wirtschaftsstufe der Wissenschaft ist es gelungen, durch Schutzimpfungen sowohl die „Surrah" wie das Texasfieber zu bekämpfen, wenn auch noch nicht vollkommen unschädlich zu machen. Übrigens sind die im Lande geborenen Tiere glücklicherweise an sich gegen die genannten Krankheiten ganz oder ziemlich immun; nur eingeführte werden bedroht.

Mücken sind in den Polargegenden eine Landplage, auf Island, in Lappland, im nördlichen Sibirien; im Innern Labradors machten sie den Indianern die Siedelung unmöglich. Nicht minder lästig, und dazu durch Übertragung der Malaria (s. S. 114) gefährlich, sind sie in allen heißen Ländern mit feuchtem Boden, namentlich in den Tropen.

Die Raubtiere sind in den öden Polarländern und in den dünnbevölkerten Tropen noch recht lästig und gefährlich, auch in den gutbevölkerten Halbkulturländern, wie in Korea, China, in Hinter- und Vorderindien, ferner im Sudan und in Ostafrika, in gewissen Gegenden Südamerikas, sind sie noch ziemlich häufig und bedrohen Haustiere und Menschen, doch geht man ihnen mit Hilfe der Europäer jetzt stark zu Leibe. In den Kulturländern sind sie zum guten Teil ausgerottet.

Über die Parasiten des Menschen, die Krankheiten erzeugen, s. unter Klima S. 114.

Das Resultat der Wirtschaft, zu der wir auch die Sammelwirtschaft rechnen, ist die **Bevölkerung der Erde**. Das Resultat der **Unterschiede in der Wirtschaftshöhe** in Koïnzidenz mit der verschiedenen Ausstattung der Erdräume ist die verschiedene **Volksdichte**[1]), oder mit anderen Worten: Die Volksdichte ist die Resultante aus der natürlichen Ausstattung der Erdräume und der auf sie einwirkenden Wirtschaftshöhe.

Sieht man die Volksdichtekarte der Erde an und vergleicht damit die Karten der Naturverhältnisse, besonders die Niederschlagskarte und die Vegetationskarte, und die Karte der Wirtschaftsstufen, so wird der Parallelismus offenbar. Die Regel wird nur durch den einen Umstand durchbrochen, daß bisweilen niedriger stehende Völker durch Reduktion ihrer Bedürfnisse eine Volksdichte erzielen, die denen der höher stehenden Völker nahe kommt oder überlegen ist[2]).

[1]) Eine Karte der Volksdichte der Erde findet man in jedem guten Schulatlas. [2]) Bryan schätzt, daß das durchschnittliche Jahreseinkommen eines Engländers zwanzigmal das eines Inders, zehnmal das eines Türken, viermal das eines europäischen Russen, mehr wie dreimal das eines Italieners, gegen dreimal das eines Spaniers übertreffe. In einer anderen Quelle wird das durchschnittliche jährliche Einkommen einer indischen Familie von 5 Köpfen in Bengalen auf mindestens 140 Mark (!) veranschlagt. Freilich ist noch zu bedenken, daß die nicht auf dem Weltmarkt gehandelten Produkte seiner Wirtschaft dem Inder billig zufließen.

In Europa zeigen die stärkste Volksdichte jene Gebiete, wo eine günstige Naturausstattung mit dem fortgeschrittensten Stadium der wissenschaftlichen Wirtschaftsstufe zusammentrifft, wo nicht nur die Rohproduktion entwickelt ist, sondern alle Wirtschaftsformen, vor allem die Industrie, sich ansiedeln und in intensivster Weise, auf Wissenschaft und Technik gestützt, den Boden ausnützen. Es sind namentlich die Tiefebenen und vor allem die Kohlendistrikte des westlichen und mittleren Europas, die zu nennen sind. Die meisten Plateaus und Gebirge sind weniger dicht bevölkert, weil hier die Natur in der Regel der Einwirkung des Menschen widerstrebt und auch die Wirtschaftshöhe zurückbleibt (s. S. 65ff.). In Südeuropa und in Osteuropa ist die Volksdichte, mit der Wirtschaftshöhe verglichen, relativ zu hoch, wofür in der Bedürfnislosigkeit der dort ansässigen Menschen die Erklärung zu suchen ist. Im allgemeinen aber bewahrheitet sich im europäischen Rußland, auf der pyrenäischen Halbinsel, auf Corsica, Sardinien, in Teilen Italiens und auf der Balkanhalbinsel die Erfahrung, daß niedrige Wirtschaftsstufe — selbst bei günstigster Landesnatur (z. B. in Teilen Rußlands) — mit geringer Volksdichte verbunden ist, während in Nordeuropa (Norwegen, Schweden, Finnland) die geringe Volksdichte wiederum mehr durch die ungünstige Natur trotz relativer Wirtschaftshöhe hervorgerufen wird.

In Asien sieht man Gebiete hoher Volksdichte hauptsächlich im südöstlichen Monsungebiet. Obwohl wir auch ganz Vorder- und Hochasien zur Wirtschaftsstufe der Tradition rechnen, bleibt hier die Volksdichte gering, weil die Natur zu ungünstig ist, und nur an den engräumigen günstigeren Stellen (westliches Kleinasien, Oasen) häuft sich die Bevölkerung, weil sie dort intensiv auf die Natur einwirken kann. In Südostasien liegen die Naturverhältnisse allgemein viel günstiger; namentlich die wirtschaftliche Einwirkung auf die Pflanzen, der Pflanzenbau, zeitigt die schönsten Früchte. Das führt im Verein mit der Wirtschaftsstufe der Tradition zu sehr starker Volksdichte in Vorderindien und Ceylon, in günstigen Gebieten Hinterindiens, in China, dem Westen Koreas und in Japan. Doch ist dieselbe in diesen Ländern, z. T. auch in Japan noch, besonders auf die große Bedürfnislosigkeit der Menschen mit zurückzuführen und zeigt — abgesehen von Japan — fast völligen Stillstand. In Japan gründet sich die hohe Volksdichte z. T. schon auf die erstiegene Wirtschaftsstufe der Wissenschaft und ist in letzten Zeiten schnell zu höheren Zahlen fortgeschritten. Auch im russischen Norden zeigt sich der Übergang zu höherer Wirtschaftsstufe, wenn auch auf engen Räumen, durch ein schnelles Anwachsen der Volkszahlen und damit der Volksdichte. Im australasiatischen Archipel ist die Volksdichte namentlich hoch geworden in dem von europäischer Kultur am meisten durchdrungenen Java.

In Afrika haben wir hohe Volksdichte in dem durch Natur besonders begünstigten und von höherer Wirtschaftsstufe stark beeinflußten Niltal, sodann in den von Europäern kolonisierten Küstenebenen Algeriens und Tunesiens. Die saharischen Länder sind zu ungünstig; hier gelingt es den der Wirtschaftsstufe der Tradition zugerechneten Völkern nicht, mehr als eine minimale Volksdichte zu erzeugen; einzelne Striche bleiben ganz unbewohnt. Im westlichen Sudan trifft z. T. günstige Landesnatur mit höher stehender Bevölkerung zusammen, während gegen Süden und Südosten hin Landesnatur und Bevölkerung dazu beitragen, ungünstigere Volksdichteverhältnisse hervorzurufen. Im äußersten Süden und Südosten Afrikas (Kapland, Natal, Burenkolonien usw.) ist die vordringende Wirtschaftsstufe der Wissenschaft dabei, in nicht zu ungünstigem Land schnell die Volksdichte emporzutreiben, während sie im ungünstigen Westen (Deutsch-Südwestafrika) zunächst der Natur noch nicht Herr wird.

In Australien und in Neuseeland hat die Wirtschaftsstufe der Wissenschaft der Natur überall, wo sie nicht zu ungünstig ist, schon eine relativ (mit der früheren verglichen, s. S. 310) starke Volksdichte abgerungen.

In Nordamerika sind die Vereinigten Staaten im Osten aus einem ganz dünn besiedelten Land der Indianerzeit zu einem der dichtest bevölkerten Länder der Erde geworden, seitdem sich die Wirtschaftsstufe der Wissenschaft hier fundierte. Im Westen ringt man eine Jahr für Jahr steigende Volksdichte der ungünstigen Natur ab. In Kanada sind die günstigeren Gebiete ziemlich bevölkert, aber auch in den ungünstigeren wächst die Volksdichte. In Mittel- und Südamerika sind es die Hochländer des Westens, welche zugleich eine mäßig günstige Landesnatur und die Wirtschaftsstufe der Tradition vereinigen; in Teilen Chiles und Argentiniens wächst dort, wo die Wirtschaftsstufe der Wissenschaft sich erhebt, (s. S. 33) die Volksdichte ziemlich schnell, wie sie auch sonst an einigen Küstenpunkten Südamerikas, wo die Europäer einwirken, etwas beträchtlich geworden ist. Die inneren Landstriche des tiefgelegenen tropischen Ostens aber und die rauhen Gebiete Patagoniens sind dünn bevölkert, wie ihre Wirtschaftshöhe gering ist.

2. Spezielle Wirtschaftsgeographie.

I. Europa.

Bevölkerung Seite 32. Lage und Raumgröße 57ff., 62. Horizontale Gliederung 63—64. Vertikale Gliederung 69—70. Flüsse 70 u. 109. Vulkanismus 72. Erdbeben 73. Thermen 73. Mineralien 76ff. Bodenfruchtbarkeit 89f. Benachbarte Meere 97ff u. 105. Seen 106. Klima 117f. Pflanzen 119ff. Tiere 140ff.

Die Wirtschaftsstufe der europäischen Bevölkerung ist im einzelnen sehr verschieden, aber die der Wissenschaft herrscht vor. Sie haben England, Schottland, Süd-Skandinavien, Dänemark, Deutschland, Belgien und die Niederlande, Frankreich, Schweiz sich ganz zu eigen gemacht, von lokalen Ausnahmen abgesehen. In Rußland ist erst die Wirtschaft des Westens von der Wissenschaft durchtränkt und sonst im allgemeinen die der Gutsbesitzer; aber gegen Osten in der Breite Moskaus und nach Sibirien hinein schreitet die wissenschaftliche Grundlegung der Wirtschaft rüstig vor; im Norden und Südosten sieht es dagegen noch besonders traurig aus. In Österreich-Ungarn ist ebenfalls ein rüstiges Vorwärtsschreiten der Wirtschaft in der bezeichneten Richtung unverkennbar, aber die mangelhafte politische Zusammenfassung des Staatswesens wirkt verzögernd. Der Westen, besonders der deutsche, steht höher als der Osten, obwohl Ungarn schnelle Fortschritte macht. Im Südosten herrscht wie auf der Balkanhalbinsel die Halbkultur vor. In Bosnien und in der Herzegowina ist eine langsame Wendung zum Bessern eingetreten, beachtenswerte Anfänge sind auch in Rumänien, Bulgarien usw. vorhanden, aber die territoriale Zersplitterung wirkt tardierend. Von den westlichen Mittelmeerländern kann man eigentlich nur die nördlichen Teile Spaniens und Italiens noch in die Wirtschaftsstufe der Wissenschaft rechnen, die größeren südlichen Teile, die Inseln Corsica, Sardinien usw. zeigen schon sehr starke Anklänge an die Erscheinungen auf der Wirtschaftsstufe der Tradition, doch ist neuerdings, namentlich in Italien, ein kräftiges Aufwärtsstreben bemerkbar.

Die Wirtschaftsformen sind in den Ländern höchster Wirtschaftsstufe alle vereinigt, in den Teilen niederer Wirtschaftsstufen treten einige einseitig hervor. In letzteren hat auch die aneignende (Sammel-) Wirtschaft (z. B. in Südeuropa, Rußland, Finnland, Skandinavien) noch eine große Bedeutung, während sie in den Ländern höherer Wirtschaftsstufe völlig zurücktritt.

Die natürliche Pflanzenwelt. An Nutzen für den Menschen steht der Wald (vgl. S. 125) weitaus voran. Im nordeuropäischen Waldgebiet ist durch den Ackerbau, die Viehzucht usw., zumal in dem hochzivilisierten Westen, der Wald zum Teil stark beschränkt worden, so daß manche Länder auf Holzeinfuhr angewiesen sind. Die Britischen Inseln haben nur noch knapp 4%, Dänemark 7%, Niederlande 8%, Belgien 18%, Frankreich 16% Wald, Deutschland aber noch 26%, Rußland 39%, Norwegen

24% und Schweden 48%, Österreich 33%, Ungarn 28%, die Schweiz 20%. Die Mittelmeerländer sind ziemlich waldarm; so hat Spanien 21%, Portugal 3%, Italien 16%, Griechenland 9% Wald. Die skandinavischen Länder, Rußland, Finnland, Österreich-Ungarn, Rumänien führen Holz aus[1]), die west- und südeuropäischen Länder ein.

Von allen Produkten des Waldes ist das *Holz* das wertvollste. Das in größter Menge und vielseitigst verwendete unter den Nadelhölzern für Bau- und Werkholz, Papiermasse und Holzwolle ist das der Fichte (oder Rottanne, Picea excelsa), von den Pyrenäen bis nach Lappland und Kasan. Ferner sind vielverwendete Nadelhölzer das der gemeinen Tanne (Weißtanne, Abies pectinata DC.), von den Pyrenäen bis nach Kleinasien, vom Harz bis nach Sizilien, der gemeinen Kiefer (Pinus silvestris L.) — sehr dauerhaft (Mastbäume, Bahnschwellen usw.), fast in ganz Europa, der noch wertvolleren österreichischen Schwarzkiefer (Pinus Laricio Poir, var. austriaca Endl.) bis Niederösterreich nach Norden, der Zirbelkiefer (Arve. Pinus Cembra L.) — Holzschnitzerei (Alpen, Karpathen, nördlichstes Rußland), der Lärche (Larix europaea DC.) — vorzügliches Bau-, Werk- und Mastholz (Alpen, Karpathen), des Wacholders (Juniperus communis L.) — Holzschnitzerei, Kunsttischlerei (ganz Europa), der Eibe (Taxus baccata L.) — Drechslerholz, der Zypresse (Cupressus sempervirens L.) — Werkholz usw. (Mittelmeerländer).

Von den Laubhölzern sind zu nennen das der Stieleiche (Quercus pedunculata Ehrh.) — außerordentlich dauerhaft, ein Nutzholz ersten Ranges (Schiffsbau, Eisenbahnschwellen, Hoch-, Erd- und Wasserbauten, Möbelholz), Europa bis ins südliche Skandinavien, der Traubeneiche (Qu. sessiliflora Sm.), nicht ganz so weit nach Norden und Osten, der ungarischen Eiche (Qu. hungarica Hubeny), Südosten Europas, der weichhaarigen Eiche (Qu. pubescens Willd.), Südeuropa, der Zerreiche (Qu. Cerris L.) — nur Brennholz, Südeuropa, der Steineiche (Qu. Ilex L.), Mittelmeerländer, Kermeseiche (Qu. coccifera L.), Mittelmeerländer, und Korkeiche (Qu. Suber L.), westliche Mittelmeerländer. Ferner sind wichtig die Rotbuche (Fagus silvatica L), Europa außer Skandinavien und Ostrußland, vielgebraucht, die Weißbuche (Carpinus Betulus L.), vortreffliches Werkholz, mittleres Europa, die Feldulme (Ulmus campestris Spach.), sehr gutes Bau- und Werkholz, südliches Europa, die Bergulme (U. montana Smith), mittleres und nördliches Europa, und die Flatterulme (Ulmus effusa Willd.), Mitteleuropa, beide weniger geschätzt, Birke (Betula verrucosa Ehrh.), vom Ätna bis 65° nördlicher Breite) und B. pubescens Ehrh. = Ruchbirke, in Skandinavien bis 71° nach Norden, die Hasel (Corylus Avellana L.) — für Holzschnitzerei, ganz Europa, Erle (Schwarzerle, Alnus glutinosa Gaertn., und Weißerle, A. incana Willd.), Esche (vortreffliches Werkholz), Pappel, Weide, Ahorn (sehr geschätztes Tischlerholz), Linde (Holzschnitzerei) usw. Als Flechtmaterial für Körbe und dergleichen liefern die Weiden (Salix amygdalina L., S. purpurea L., S. acutifolia Willd., S. viminalis L. und S. Caprea L.) geeignete Ruten.

Mit der Holzlieferung ist aber der Nutzen der wildwachsenden Vegetation lange nicht erschöpft. Unsere Waldbäume sind auch unsere *Bastlieferanten*. Lindenbast von Tilia parvifolia und T. grandifolia ist ganz besonders geschätzt in der Gärtnerei, zur Herstellung von Stricken, Seilen usw. In Rußland wird er in großem Umfang zur

---

[1]) 1905: Norwegen für 76 Mill. Kronen; Schweden 1901 für 62,1 Mill, Rubel; Österreich-Ungarn 1905 für 255 Mill. Kron.; Europ. Rußland für 76,4 Mill. Rubel; Finnland für 158,6 Mill. finn. Mark. Vgl. die einzelnen Länder.

Herstellung von Bastmatten (jährlich über 14 Millionen Stück) — Sack-, Segel-, Tabakmatten — verwendet, von denen ein Viertel ausgeführt wird.

Auch von den Ulmen und Weiden wird der Bast für ähnliche Zwecke verwendet.

Die Korkschicht der Korkeiche (Quercus Suber) liefert den Flaschenkork. Die Korkeichenwälder finden sich namentlich in Andalusien (Sierra do Aracena nördlich von Sevilla) und in Catalonien (bei La Yunquera, Gerona, Tosa; Ausfuhrort: San Feliu); der catalonische Kork ist der beste. Der Kork von Portugal, Südfrankreich, Toscana, Umbrien, Sizilien, den Balearen, Dalmatien und Istrien, wo überall die Korkeichen noch vorkommen, ist geringwertig.

Ferner sind unsere Waldbäume eines der wichtigsten Rohmaterialien zur *Papiererzeugung*; am häufigsten werden Tanne, Fichte, Zitterpappel, aber auch Langföhre (Pinus Pumilio), Weißföhre, Schwarzföhre, Lärche, Erle (Alnus glutinosa) — Esche, Weide (Salix fragilis und Caprea), Rotbuche, Vogelbeere (Sorbus Aucuparia), Birke und Silberpappel (Populus alba) zur Holzschliff- und Holzzellulosefabrikation verwendet.

Die Nadeln von Fichten, Tannen und Föhren dienen auch zur Herstellung der *Waldwolle* (Remda in Thüringen, Jönköping in Schweden, Wageningen in Holland), die als Stopfmaterial und, mit Baumwolle oder Schafwolle gemengt, zu Gesundheitsflanell versponnen und verwebt wird.

Der Wald liefert ferner *Gerbmittel*. Für Österreich-Ungarn, Deutschland, Schweden, Norwegen, Finnland, einen großen Teil Rußlands, die Alpen und den Jura ist Fichtenrinde eines der wertvollsten Gerbmittel (6—8% Gerbstoff); die alpine (steirische und kärntnerische) ist besser als die außeralpine, zumal wenn sie auf warmem Kalk- oder Dolomitboden in 600—900 m Höhe und sonniger Lage gewachsen ist (bis über 14% Gerbstoff). In den Alpen und Karpathen wird auch Lärchenrinde (9 bis 10% Gerbstoff) von Larix europaea verwendet. Die gerbstoffarme (5%) Tannenrinde von Abies pectinata wird in den Alpen und in Rußland im Gemenge mit stärkerem Material gebraucht.

In Südeuropa (Dalmatien bis Südfrankreich) ist die wichtigste Gerbrinde die von der Aleppokiefer (Pinus halepensis): „Scorzarossa", die 13—15% Gerbstoff enthält.

Die Birke liefert in Finnland, Lappland, Norwegen, Rußland, aber auch in Deutschland und Frankreich eine gerbstoffarme (3%) Rinde zum Vorgerben und das Juchtenöl zum Einschmieren des Juchtenleders.

In Rußland, Ungarn, Slawonien, Kroatien und Serbien findet die gerbstoffreiche (19—20%), aber roten Farbstoff enthaltende Rinde der Erlenarten Anwendung.

Ausgezeichnete Gerbrinden ergeben einige Eichenarten die sogar eigens zur Rindenlieferung in Schälwäldern (in den „Siegener Haubergen" Westfalens schon vor 500—600 Jahren) kultiviert werden. Trockener, warmer Boden liefert ein besseres Produkt als kalter, feuchter; südliche und östliche Exposition, wärmeres Klima, Jahreszeit (im Sommer gerbstoffreicher) beeinflussen die Qualität der Rinde. Der Güte nach folgen einander die englische, Mosel-, Rheingau-, Saargebiet-, Odenwald-, österreichische und ungarische Rinde. Hauptsächlich die Stieleiche mit 13,4% Gerbstoff (Quercus pedunculata), ein Baum der Ebene (Norden und Nordosten Deutschlands) und die Traubeneiche mit 12% Gerbstoff (Qu. sessiliflora), ein Baum bergiger Gegenden (an Mittelrhein, Mosel, Saar) sind wichtig als Rindenlieferanten, weil sie in Mitteleuropa in Wäldern weitverbreitet sind und am weitesten nach Norden gehen.

Die Zerreiche (Qu. Cerris), gerbstoffarmer, hat nur für Südosteuropa (Ungarn), die Wolleiche (Qu. pubescens) in Krain und im Küstenlande einige Bedeutung.

In Südeuropa ergibt die Kermeseiche (Quercus coccifera) mit 15—25% Gerbstoff eine auch in Frankreich viel verwendete Gerbrinde, die (besonders die Wurzelrinde „Garouille") gutes Sohlleder (von Montpellier) liefert. Ausgezeichnet ist auch die Rinde der Korkeiche (Qu. Suber) mit 15—20% Gerbstoff, und die gerbstoffreiche der Steineiche zur Erzeugung von Sohlleder sehr geeignet, wird in Südfrankreich, besonders in der Gascogne, in Schälwäldern genutzt und viel gebraucht.

In Nordeuropa, aber auch in Mitteleuropa, sind noch die Weidenrinden (8 bis 13% Gerbstoff) ziemlich wichtig. Die russischen Juchtenleder und die dänischen und schottischen Handschuhleder werden vorzugsweise mit Weidenrinden erzeugt.

Die Fruchtbecher von Quercus macrolepis Kotschy (Griechenland, Süditalien) und Qu. graeca Kotschy (Griechenland und griechische Inseln) sind als Festland-Valonea[1]) (von Preveza, Patras, Dragomestra, Korfu, Dardanellen, Kandia usw.) und von Qu. coccifera als albanische Valonea (von Durazzo usw.) ein Gerbmaterial.

Ein wichtiges Gerbmaterial ist auch der Sumach zugleich zum Schwarzfärben gebraucht. Rhus coriaria, Rhus cotinus und Coriaria myrtifolia sind die Stammpflanzen. Gesammelt wird er in Sizilien (der beste von Militello; Ausfuhr Siziliens 1903 über Palermo: 34 500 t), Spanien (Priego, Valladolid, Malaga), Frankreich (Avignon, Montpellier), Portugal, Elsaß, Tirol, Ungarn. Von der Sorgfalt des Sammelns hängt der Gerbstoffreichtum (10—20%) des Sumach ab.

Von unseren Waldbäumen werden ferner *Öle* und *Harze* gewonnen.

Die Fichte wird in Nordeuropa und Deutschland stellenweise auf Harz ausgebeutet, die Weißtanne liefert im Elsaß noch ein wenig „Straßburger Terpentin". Die Strandkiefer (Pinus maritima) wird in Südwesteuropa in den Landes zwischen Bordeaux und Bayonne und in Portugal (Estremadura) mit vorsichtigen Einschnitten rationell (gemmage à vie) geharzt. Die Schwarzföhre wird in Niederösterreich (bei Mödling, Baden, Guttenstein), Frankreich und Corsica auf Terpentin, Kolophonium usw. geharzt. Von der Lärche gewinnt man „Venetianischen Terpentin" in Tirol (um Bozen, Meran und Trient), um Briançon und in Piemont (in der Nähe von Pignerolo). Die Zirbelkiefer (Pinus Cembra) ergibt in den Karpathenländern den karpathischen Terpentin. Von Larix sibirica Ledeb. wird im Gouvernement Wjatka (Rußland) das sibirische Fichtennadelöl, von Pinus Pumilio Haenke im Pustertal (Tirol), in Ungarn und Siebenbürgen aus Nadeln und Zweigspitzen das „Latschenkieferöl" gewonnen; auch schwedisches (Jönköping) und deutsches Kiefernnadelöl wird produziert, Edeltannenöl von Abies alba Mill. besonders in der Schweiz und Tirol (Pustertal).

Birkenharz, Wacholderharz, Kirschgummi, mastixähnliche Harze (in Griechenland werden hier und da erzeugt; der griechische Traganth stammt von Astragalus cylleneus, welcher bei Vostizza, Patras, auf dem Boïdias, Taygetos und Phtheri vorkommt.

Aus zahlreichen Pflanzen werden noch Öle erzeugt als Speiseöl, zur Seifenfabrikation zu medizinischen Zwecken, Brennmaterial usw. Cyperus esculentus L. gibt in Südeuropa das Erdmandelöl als feinstes Speiseöl und zur Seifenfabrikation. Erwähnt

---

[1]) Prod. Griechenlands 1900: 7700, 1901: 5400, 1903: 9300 T.

seien noch Salbeiöl von Salvia officinalis L. (Dalmatien), Melissenöl von Melissa officinalis L. (nördliche Mittelmeerländer), Majoranöl von Origanum Majorana L. (Spanien), Thymianöl von Thymus vulgaris L. (Südfrankreich und Deutschland), Geraniumöl von Pelargonienarten (Spanien, Frankreich, Corsica), Rautenöl von Ruta graveolens L. (Mittelmeerländer), Krauseminzöl von Menthaarten, wild und kultiviert in Thüringen, Rußland; England (Mitcham) baut Mentha piperita für Pfefferminzöl desgleichen Sachsen, England (Mitcham) ferner Anthemis nobilis L., usw.

Hier sei auch das Süßholz (Glycyrrhiza glabra L. a. typica und andere Arten) erwähnt, wild und angebaut in Spanien (Tortosa, Alicante, Córdoba), Italien (Calabrien, Sizilien, besonders in Catania Lakritzfabriken), Mähren, Rußland (bei Sarepta und auf den Inseln der Wolgamündung), Deutschland (Bamberg).

Groß ist die Zahl der Parfümeriepflanzen, die namentlich im trocken-subtropischen Klima (Mittelmeerländer) gut gedeihen.

Erwähnt seien Acacia Farnesiana Willd. (Südfrankreich), Rosmarinus officinalis L. (Südfrankreich und Dalmatien: Insel Lesina; auch Solta und Lissa), Rosa centifolia (Südfrankreich: Grasse, Cannes), Rosa damascena und R. alba, auch R. moschata (Südabhänge des Balkan und der Sredna Gora an den Oberläufen der Flüsse Tundža und Strema, Bezirke Kazanlik, Giopca Čirpan, Karadža dagh usw. in Bulgarien); auch in Sachsen (bei Miltitz), in den Vierlanden, Holland, Frankreich, Kaukasus (Napareuli in Kachetien) werden Rosen kultiviert. Orangenblüten werden in Südfrankreich (Vallauris) und der Türkei ausgebeutet, Jasminblüten in Südfrankreich (Dep. Var und Alpes Maritimes), ebenda (Dep. Alpes Maritimes — Ventoux-Gebirge, Basses Alpes, Drôme, Vaucluse, Gard, Hérault), in England (Mitcham, Hitchin Ampthill) und an dem Bisamberg bei Wien Lavendelblüten, Veilchen (Viola odorata L.) in Südfrankreich (Dep. Var und Alpes Maritimes) und Veilchenwurzel (Iris florentina) in Toscana (1901: 1000 T) und Verona (400 T) auf Veilchenparfüm[1]) ausgebeutet.

Insektenpulver[2]) kommt am meisten aus dem südlichen Dalmatien, von den Inseln Brazza, Lussin u. a., und Montenegro, von wilden und kultivierten Arten, z. B. Chrysanthemum cinerariaefolium (Trev.) Bocc., weniger aus dem Kaukasusgebiete (Alexandropol und Elisabethpol) von Pyrethrum roseum M. B. und P. carneum M. B. als „persisches" Insektenpulver.

Teer wird von Pinus silvestris L. und Larix sibirica, besonders in Finnland (Uleåborg- und Wasa-Län), Nordrußland und Skandinavien gewonnen. In den Ländern rationeller Forstwirtschaft hat man neuerdings seine Gewinnung, da sie die Waldbäume vernichtet, eingestellt, und Steinkohlenteer ersetzt ihn.

Farbstoffe liefernde Pflanzen sind Althaea rosea Cav., in Griechenland wild, in Deutschland (Mittelfranken) und Ungarn kultiviert, Peganum Harmala L., Harmelstaude, in der Steppe von Spanien bis Südrußland: „Türkischrot", Saflor in Spanien, Italien, Frankreich, Ungarn (Debreczin), Thüringen, Pfalz gebaut, Färbeginster (Genista tinctoria L.), fast über ganz Europa verbreitet, Wau (Reseda luteola L.), wild und angebaut im mittleren und südlichen Europa (um Cette, Paris,

[1]) Ein chemisches Produkt „Jononin" droht das echte Veilchenöl zu verdrängen. [2]) Von Spalato und Umgebung wurden 1901: 297 000 kg Chrysanthemum ausgeführt.

Havre, Rouen; in Essex, Thüringen usw.), gemeine Färberröte[1]) (Rubia tinctorum L.) die den Krapp liefert, in Holland (Prov. Seeland), Frankreich (Avignon und längs der Sorgue) und Schlesien (geringere Qualität), Safran (Crocus sativus L., var. autumnalis L.), wild um Athen, auf Syra und Tenos, angebaut in Spanien (Valencia), Frankreich (Gâtinais), Italien, England (Essex, Cambridge). Gelbbeeren von Rhamnus catharticus L. (Kreuzdorn) in Ungarn, Rh. infectorius L. (Avignonkörner; Südeuropa) usw. kommen noch heute in den Handel. Färberflechten, Roccella fuciformis (L.) DC., R. Montagnei Bél., R. tinctoria DC., R. phycopsis Ach., werden an den Küsten Westeuropas und des Mittelmeergebietes gesammelt.

Die wilde Vegetation ist ziemlich reich an *Faserstoffen*, die früher viel mehr, aber auch heute noch, Anwendung fanden. Polstermaterial gibt Zostera marina L. („Seegras" im Adriatischen und anderen Meeren) usw. Die Wurzelfasern von Andropogon Gryllus L. aus Oberitalien werden als „Quadro" in der Bürstenfabrikation viel verwendet. Mehrere Fasern wurden und werden versponnen; von Eriophorum sp. (Mitteleuropa), Genista- und Spartiumarten (Frankreich), Epilobium angustifolium L., Kosteletzkia pentacarpa Léd., im Kubirschen Kreise am Westufer des Kaspischen Sees angebaut, vor allem von Urtica dioica L. („Nesseltuch").

Auf dem steppenhaften Hochlande Spaniens, im Hinterlande Múrcias, Málagas, Almerias ist das wildwachsende Espartogras (Halfa) von Stipa tenacissima schon seit alter Zeit (Spartum der Römer) von Wichtigkeit. In neuester Zeit versucht man den Ertrag durch Bewässerung zu heben. Die Spanier fertigten schon seit Jahrhunderten aus den Fasern Gebirgsschuhe. Neuerdings werden sie zur Korbflechterei, Seilerarbeiten, Papierfabrikation verwendet.

Von *Früchten* wilder Pflanzen werden heute wohl nur noch wenige genossen, Eicheln werden in Südeuropa sowohl roh als geröstet gegessen. Hier können die auch kultivierten Walnuß- und Kastanienbäume Erwähnung finden. Die Walnüsse spielen in Frankreich zur Ölgewinnung und in der Küche eine ziemliche Rolle. An den Abhängen der Pyrenäen, der Alpen, in der Provence, den Departements Lot, Loire, Dordogne stehen die meisten Walnußbäume; die Spielart von Grenoble ist besonders gerühmt. In Spanien (Abhänge der Pyrenäen), Italien (Riviera und Sizilien), Österreich (Südtirol und Istrien), Deutschland (an der Bergstraße und im westlichen Schleswig-Holstein), England (in den südlichen Grafschaften, namentlich Kent) kommen sie vor. Auf einem trockenen Boden werden die Nüsse schmackhafter als auf feuchtem. Castanea vesca, die Edelkastanie, liefert den Südeuropäern ein wichtiges Lebensmittel in den Kastanien, die geröstet, gekocht oder als Mehl genossen werden. In Italien steht die Provinz Lucca (18¼% des Bodens) an der Spitze der Kastanienkultur, in Frankreich ist sie am stärksten an den granitischen Gebirgshängen der Departements Dordogne, Sarthe, Corrèze, aber auch in den anderen südlicheren Departements zu Hause; in Corsica besteht der dritte Teil der Wälder aus Kastanienbäumen. Auch die Balkanhalbinsel hat große Bestände.

Die **Jagd**, sicherlich einstmals auch in Europa eine Hauptquelle der Bedürfnisbefriedigung, spielt heute nur noch eine geringe Rolle. Indem intensivere Wirtschaftsformen: Ackerbau, Viehzucht, Bergbau, Industrie, eine größere Verdichtung der Bevölkerung erlaubten, und letztere den Boden immer mehr beschlagnahmte, wurden

[1]) Ihre Kultur ist seit Einführung des künstlich hergestellten Alizarins zurückgegangen.

sowohl die schädlichen Tiere, als die nützlichen Jagdtiere, die doch nur sehr bescheidenen Nutzen gaben, immer mehr zurückgedrängt und zum Teil fast vernichtet. Nur noch in dünnbevölkerten Gegenden Europas, wo die natürlichen Verhältnisse etwa intensivere Bodenbenutzung hemmen, hat darum die Jagd auf Raubtiere und Jagdtiere Anspruch auf Erwähnung, so vor allem in den nordischen Ländern, in den ausgedehnten Waldgebirgen und den wenig zivilisierten Balkanstaaten. Überall sonst hat die Jagd mehr als den Charakter der Bedürfnisbefriedigung den des Sportes, dem zuliebe man durch Schonzeiten das rare Wild zu erhalten sucht.

In Schweden ist die Zahl der Wölfe, Luchse, Vielfraße, Füchse vor allem, Habichte usw. noch immer sehr beträchtlich; auch Bären kommen vereinzelt noch vor. In Finnland sind Bären, Luchse, Füchse, Ottern usw. noch nicht ganz selten. Im nördlichen Rußland aber sind Bären, Marder, Iltisse, Füchse, Ottern usw. noch zahlreich. Doch müssen die Raubtiere natürlich auch hier von Jahr zu Jahr mehr zurückweichen. Einige von ihnen geben übrigens wertvolle Pelze, wie die Hermeline in Finnland und Nordrußland, die Ottern, Marder, Füchse usw.

Nutztiere, die gejagt werden, sind das Elentier, und das wilde Renntier (sehr selten) in Skandinavien, der Hirsch, das Reh, der Hase, verschiedene Hühner usw. im ganzen nördlichen Europa.

Fast ausschließlich von der Jagd ernähren sich in Rußlands Norden die Samojeden, Sirjänen und im Südosten Rußlands zum großen Teil die Baschkiren und Kirgisen; aber auch für die russische Bevölkerung dieser Gebiete hat die Jagd als Nebengewerbe erhebliche Bedeutung, so ist die Jagd in den russischen Gouvernements Olonez, Wologda, Archangelsk, Perm (Bezirke Tscherdyn, Solikamsk und Werchoturje: Pelztiere) und Nowgorod (Waldaihöhe: Hasen) verbreitet.

In der Balkanhalbinsel sind Bären, Wölfe, Luchse, Raubvögel an vielen Stellen noch häufig. Gemsen im Hochgebirge, Hirsche, Rehe, Wildschweine in den Wäldern werden gejagt.

Die **Fischerei** (vgl. S. 97ff. u. 144, Anm. 2) ist von sehr viel größerer Wichtigkeit als die Jagd und in der Zunahme begriffen, da es sich um anders nicht ausnutzbare Wasserflächen handelt. Sie wird im allgemeinen in den Ländern mit großen Küstenstrecken an fischreichen Meeren am meisten entwickelt sein, besonders wenn diese Küsten eine Gestaltung zeigen, welche die Fische anzieht (vgl. S. 95) und andererseits den Fischern Häfen bietet; endlich wird der Mangel anderer Nahrungsquellen ein energisches Volk wirksam auf das Meer hinweisen.

Alle diese Bedingungen finden sich am vollsten erfüllt bei Skandinavien. Besonders die Norweger wurden ein Fischer- und dadurch ein Schiffervolk, zu dessen Einkünften die Fischerei etwa 10% beiträgt. Die felsigen Küstenbänke Norwegens begünstigen das Vorkommen von Rundfischen; der Kabeljau (Gadus Morrhua L.) oder Dorsch ist der vornehmste, und er wird bei seinem Laichzug zur Küste im Frühjahr, oder auch wenn er im Winter, den Capelan (die Lodde) verfolgend, in großen Scharen an die nördliche Küste kommt, besonders an den Küsten Romsdalens, Nordlands, Tromsös, vor allem aber bei den Lofoten, wo im Januar bis April Zehntausende Menschen von Fischerstationen aus fischen, gefangen. In den Konservierungsanstalten der Küsten wird der Dorsch zu Klippfisch (stark gesalzen und auf Klippen getrocknet) und Stockfisch (auf Hürden an der Luft getrocknet) verarbeitet, während die Köpfe Viehfutter und Fischguano, der Rogen Sardinenköder, die Leber Lebertran geben.

Klippfisch (nach Spanien) und Stockfisch werden in Mengen ausgeführt, ebenso die Rogen (nach Frankreich), Fischguano usw. (Vgl. S. 98.)

Nächst dem Kabeljaufang ist der Heringsfischerei (Hering: Clupea Harengus L.) wichtig, die allerdings nicht so ertragssicher ist (30jährige [?] Perioden des Ausbleibens wechseln mit sehr ertragsreichen) wie jener. Im Frühjahr kommen die Heringe in die Fjorde, um zu laichen, und werden dann besonders von Stavanger und Haugesund aus gefangen, sind aber mager. Im Sommer und Herbst dagegen fängt man den Fetthering, der dann zu seinen Nahrungszwecken an den nördlicheren Küsten (Nordland, Tromsö usw.) sich einstellt. In je nördlicheren Meeren der Hering gefangen wird, um so wohlschmeckender und größer soll er sein[1]). (Vgl. S. 97.)

Wichtig ist auch noch der Makrelenfang an der Küste südlich Trondhjems (Drontheims), weniger wichtig der Lachsfang an den Küsten Trondhjems und Bergens. Der Lachs ist auch der Hauptfisch der Binnenfischerei, die unbedeutend ist. Jedenfalls sind Fische an großen Küstenstrecken fast die tägliche Nahrung, stellt man doch sogar aus Fischmehl Brot her, und eine wichtige Erwerbsquelle.

In Schweden ist die Fischerei sehr viel unbedeutender und meist Küstenfischerei. In dem salzreichen Kattegat werden Heringe gefangen, weniger in der Ostsee. Sprotten, Dorsche (der Dorsch wird in der Ostsee nicht so groß wie in der salzreicheren Nordsee und nimmt mit dem Salzgehalt nach Osten an Größe ab), Makrelen, Lachse, Aale usw. sind Gegenstand der Meerfischerei, in den zahlreichen Seen und vielen Flüssen hat der Lachsfang Bedeutung, die Fischzucht ist in der Entwickelung begriffen.

Von Norwegen aus wird auch starke Fischerei und Jagd im Nördlichen Eismeer (s. S. 105) getrieben: bei Jan Mayen und zwischen Grönland und Island jagt man im Frühjahr auf dem Eisrand Robbenarten (Phoca groenlandica und Cystophora cristata) von Arendal und Tönsberg aus, im Sommer verschiedene Wale von Tönsberg, Sandefjord und Aalesund: Butzkopf (bottlenose) oder Schnabelwal (Hyperoodon rostratus); an der Küste Finnmarkens fängt man den Blauwal (Balaenoptera Sibbaldii), den Buckelwal (Megaptera boops), den Finnwal (Balaenoptera musculus) und den Vaagewal (Balaenoptera rostrata); auch bei Island werden Wale (Blau-, Finn- und Knölwale) gefangen. Außer den Barten gewinnt man Tran und macht aus den Knochen Knochenmehl. Neuestens ist allerdings der Walfang an Norwegens Küste zeitweilig verboten.

In Rußland dem fluß- und seenreichen, hat der Fang von Süßwasserfischen eine außerordentliche Wichtigkeit; man berechnet, daß mehr als 500 000 Menschen ausschließlich von der Fischerei leben, daß sie einen Nebenerwerbszweig für mehrere Millionen Bauern bildet und daß jährlich die verzehrten Fische an Gewicht gleich ⅓ des genossenen Rindfleisches sind. Am meisten Fische werden im Gebiet des Kaspischen Meeres (Stör) gefangen, dann folgt das Gebiet des Weißen und Baltischen Meeres (Ostsee) — Lachse, Lachsforellen, Maränen usw., dann das Gebiet des Schwarzen (Hausen, Störe: Kaviar, Zander) und Asowschen Meeres (Sterlet, auch Welse), während an der nordöstlichen Eismeerküste am wenigsten gefangen werden. Die Flußfischerei rückt mit Entwickelung der Kultur immer mehr gegen die Unterläufe der Flüsse vor und schickt sich bereits an, zur einträglicheren Küsten- und

---

[1]) Maatjesheringe sind die jungen noch nicht entwickelten, Vollheringe die ausgebildeten, Hohlheringe die, welche gelaicht haben.

Seefischerei überzugehen. An der Murmanküste und im Weißen Meere werden Wale, Robben, Kabeljaus, Hering usw. gefangen. Die Teichwirtschaft (Karpfen) und künstliche Fischzucht sind noch in den Anfängen. Austern kommen nur im Schwarzen Meer zwischen der Krim und dem Kaukasus vor, aber in sehr geringer Zahl.

Dänemark könnte als ein Inselreich weit mehr seine Fischerei ausdehnen als bisher. Die Hauptfischereigebiete liegen an der Nordspitze Jütlands bei Skagen, im Limfjord, vor allem im Kattegat.

Während Deutschlands Binnenfischerei (Maräne, Hecht, Blaufelchen, Bodenrenke, Karpfen usw.) durch Seen- und Flußreichtum begünstigt ist (1895: 46 000 Menschen im Hauptberuf), verfügt die Küstenfischerei über eine nicht sehr große Strecke (über 10 000 Fischer im Hauptberuf); die Haffkreise des Ostens und die Halbinsel Hela stehen voran. Die Fischerei der Nordsee ist viel wichtiger, und hier tritt eine bedeutende Hochseefischerei zum Küstenfischfang. Die Küstenfischerei fängt besonders die Fische, welche zu den Laichzeiten aus dem Meere die Flüsse aufwärts wandern: Lachs Lachsforelle, Maifisch, Neunauge, Schnäpel, Stint usw., oder auch, wie der Aal (Holstein große Räuchereien), aus den Flüssen ins Meer gehen. Die „Kieler Sprotten" werden, von Eckernförde aus besonders, gefangen, wenn sie aus der See ins Küstengebiet kommen. Die deutsche Hochseefischerei hat sich erst seit den 70er Jahren entwickelt; sie wird jetzt mit Segelschiffen (Finkenwärder und Blankenese bei Hamburg) weniger als mit Dampfern, besonders in der Nordsee in der Nähe der Küsten von Terschelling bis Skagen und auf der Doggerbank, im Kattegat, bei den Färöer und bei Island betrieben und bringt Schellfische, Kabeljau, Schollen, Heringe usw. Frisch, geräuchert oder mariniert kommen die Fische auf die Märkte oder werden zu Fischwurst, -mehl, -guano oder -tran verarbeitet. Teichwirtschaft und künstliche Fischzucht sind wichtig.

Österreich-Ungarns Seefischerei ist auf die dalmatinische Küste beschränkt, hier aber sehr ertragreich. Sardellen und Makrelen werden von den Inseln Lissa (Ortschaft Comisa), Lesina, Brazza usw. gefangen. Die zahlreichen Flüsse und Seen geben der Binnenfischerei eine große Bedeutung, besonders der Plattensee und die Donau sind wichtig. In neuerer Zeit hat man sich auch in Ungarn der Teichwirtschaft und künstlichen Fischzucht zugewandt, die in Böhmen und Österreich schon längst Aufmerksamkeit gefunden hatten.

In der Schweiz hat die Fischerei nur geringe Bedeutung.

Die Niederlande mit ihrem ausgedehnten Flußnetz und einer seetüchtigen Bevölkerung pflegen auch die Fischerei (Scheveningen, Vlaardingen, Maasluis) von Heringen und Kabeljau; die seeländische Austernzucht ist bedeutend, auch Bergen op Zoom in Nordbrabant treibt Austernzucht.

Frankreich betreibt vor allem Küstenfischerei. Der Sardinenfang ist eine Haupterwerbsquelle der Bewohner der Bretagne (21 000 Fischer) und wird am ganzen Golf von Biscaya ausgeübt; aber auch hier ist der Ertrag durch Ausbleiben der Fischlein bedroht. Bei Sables d'Olonne tritt zum Sardinenfang der Thunfischfang der an der französischen Mittelmeerküste freilich noch lebhafter ist. Boulogne sur Mer treibt Heringsfang. Von den kleinen Inseln St. Pierre und Miquélon bei Neufundland, den Resten des kanadischen französischen Besitzes, aus wird Kabeljaufang in den Gewässern der Neufundlandbank betrieben. Cette verarbeitet den Ertrag. Die Austernzucht Frankreichs ist am stärksten an der Westküste, in den Bezirken

Marennes, Arcachon, Vannes, Oléron, Auray und bei Cancale. St. Malo und Lorient sind wichtige Fischerhäfen.

Sehr bedeutend ist auch die Fischerei in Großbritannien[1]), die sicherlich ihren großen Anteil an der Seetüchtigkeit der Bevölkerung hat. Besonders in Schottland und an der Ostküste Englands bis zum Humber gibt sie einem Teil der Küstenbevölkerung Nahrung. Fraserburgh, Peterhead und Wick sind Zentren des Heringfanges in Schottland, Grimsby, Hull, Yarmouth und Lowestoft sind Fischereihäfen an der englischen Nordseeküste. Wertvoller noch als der Ertrag der Heringsfischerei ist der Fang der Schellfische; nächstdem sind Goldbutt, Kabeljau (Doggerbank), Seezunge wichtig. Nur Dundee und Peterhead beteiligen sich noch an der Eismeerfischerei, welche Grönlandwale (Balaena mysticetus), Weiß-, Narwale, Walrosse und Seehunde einbringt. Die Nähe Londons und der westlichen Industriezentren begünstigt die Austernzucht an der Themsemündung.

An den Küsten der Pyrenäenhalbinsel liegen die Hauptfischereibezirke im Nordwesten, wo an Galiciens Küste Sardellen und Meerbrassen in Mengen gefangen werden, und im Südwesten, wo an der Küste von Algarve und Andalusien (Insel Cristina und Ayamonte) ein beträchtlicher Sardinen- und Thunfischfang sich bietet.

Italien befriedigt seinen großen (häufige Fasten) Bedarf an Fischen (Ertrag in ital. Gewässern 1903: 13 482 000 Lire) trotz der großen Ausdehnung seiner Küsten nicht selbst, sondern führt noch Fische ein. Thunfische (Ertrag 1903: 2 618 000 L.) werden in großen Mengen an der felsigen Nordküste Siziliens, am Kap Passero im Süden und an der Südwestküste Sardiniens in sogenannten Tonnaren (Netzanlagen) gefangen, Sardellen auf den Bänken des toscanischen Archipels, namentlich bei Gorgona, und im Westen und Südwesten von Sizilien. Sehr bedeutend ist die Aalfischerei in den Lagunen von Comacchio, in welche durch Schleusen die aufsteigende Aalbrut geleitet wird, um fettgefüttert zur Nutzung zu kommen. Die Muränen die auch heute noch gefangen werden, wurden von den Römern in großen Teichen gezüchtet.

Außer Fischen wird dem Meere alles, was irgend eßbar ist, entnommen, z. B. Muscheltiere, Tintenfische usw. („Frutti di Mare", d. h. Seeobst).

Die einst bedeutende Fischerei der Edelkoralle (Wert 1903: 2 276 000 L.), die besonders von Capri, Torre del Greco und Trapani betrieben wurde, namentlich südwestlich von Sciacca und an den afrikanischen Küsten, ist durch Raubwirtschaft stark zurückgegangen. Auch einige Schwammfischerei (Ertrag 1903: 752 000 L.) wird betrieben. Die Verarbeitung der Korallen hat ihren Sitz in Neapel, Genua, Livorno. In Neapel hat sich auch die Schildpattindustrie, die auf dem Vorkommen der Chelonia imbricata im Mittelmeer beruht, angesiedelt.

Die Bäche der Balkanhalbinsel sind sehr reich an Lachsforellen, die zahlreichen Seen und Haffe, namentlich an der Westküste, bieten einträgliche Aalfischereien; im See von Skutari fängt man einen sardinenähnlichen Fisch, die Küste von Nordeuböa ist sardellenreich. Schildkröten sind häufig. Von Hydra und Aegina usw. aus fahren griechische Schiffe auf die Schwammfischerei im Archipel und östlichen Mittelmeer. Die Donau enthält den riesigen Hausen, den Sterlet, Welse und Karpfen. Rumäniens Fischfang ist wirtschaftlich nicht unwichtig.

---

[1]) Wert der Seefische 1902: 9,256 Mill. £. (Vgl. S. 144, Anm. 2.)

In Europa hat sich bekanntlich die Wirtschaft früh zu einer ziemlichen Höhe entwickelt; ob die Griechen und Römer aber die Phönizier und Vorderasiaten, die Chinesen und Inder sehr weit in der Wirtschaftsstufe übertroffen haben, bedarf noch der näheren Untersuchung.

Die frühe wirtschaftliche Entwickelung hat in Europa in subtropischem Gebiet (Mittelmeergebiet) stattgefunden, wie wohl auch in Indien und China, Vorderasien und auch in Amerika (Azteken usw.) dieses Klima einer frühen Entwickelung der Wirtschaft günstig gewesen ist, besonders wenn es als trocken-subtropisches die Menschen vor die Aufgabe stellte, mit der Natur zu ringen. Später jedoch, als einmal der Urwald der subpolaren Depressionszone gelichtet war, zeigte sich, daß das gemäßigte Klima einer Weiterentwickelung der Wirtschaft noch günstiger war als das subtropische. Die die Tätigkeit anregende und sogar erfordernde Armut der gemäßigten Zone an Früchten, die dem Menschen „in den Mund wachsen“[1]), das die Spannkraft des Körpers und Geistes durch den empfindlichen Wechsel der Jahreszeiten befördernde Klima, welches eine Reihe von Vorkehrungen gegenüber der Natur notwendig machte, ließen die Menschen die Natur zu meistern lernen, und weit vollkommener zu meistern als die Mittelländer, zumal die Naturverhältnisse der gemäßigten Zone sich unter der Arbeit des Menschen als durchaus günstig für die Produktion erwiesen. So arbeitete sich Europa zu der Volksdichte heran und zu der technischen Möglichkeit, in dem Zeitalter der Entdeckungen die weitere Welt in seinen Wirtschaftskreis zu ziehen.

Freilich begab es sich damit seiner wirtschaftlichen Monopolstellung und zog sich eine Anzahl von Konkurrenzvölkern heran, die, durch Größe des Raumes vor allem begünstigt, heute den wirtschaftlichen Vorrang des kleinen Erdteils zu bedrohen anfangen.

Europa gliedert sich zwanglos in die vier Teile: Nord- und Osteuropa; Mitteleuropa; Westeuropa; Südeuropa.

1. Nord- und Osteuropa.

Skandinavien[2]).

Ackerbau. Infolge der nördlichen Breitenlage und des meist ungünstigen Bodens ist die Ausbeutung der natürlichen Pflanzenbestände verhältnismäßig wichtiger als der Ackerbau. Die Produkte des Waldes[3]) (Holz, Holzmasse, Zellulose[4]), Zündhölzer) — Norwegen 24%, Schweden 48% der Fläche —

[1]) Wie im Paradies (den Tropen). [2]) Vgl. die natürliche Pflanzenwelt S. 150ff.; Jagd S. 155; Fischerei S. 155f. [3]) Im Norden Norwegens (Finnmarken u. Tromsö) bedeckt der Wald nur 5,7—7,3%, im Süden (Jarlsberg, Smalenene, Akershus) 69,1—74,5% der Gesamtfläche. Umgekehrt ist in Schweden namentlich der Norden (die Läne Vermland, Kopparberg, Gefleborg, Vesternorrland haben 60 bis über 80% Waldfläche) waldreich, während der Süden z. T. schon waldarm ist. Das Holz wächst in Skandinavien langsam, je nördlicher desto langsamer, ist aber sehr widerstandsfähig. Fichten und Tannen herrschen vor. Ausf. 1900: 42,7; 1901: 35,6; 1902: 64,1; 1903: 49,7; 1904: 36,3 Mill. Kronen, im ganzen Holz und Holzprodukte 1905: 76 Mill. Kron. in Norwegen. 1901 in Schweden auf 62,1 (1899: 73; 1900: 71,9) Mill. Rubel geschätzt. Vgl S. 163, Anm. 1. Die bisher herrschende Raubwirtschaft will man jetzt abstellen; 1903 wurde in Schweden ein Waldschutzgesetz erlassen, und man hat auch mit Anpflanzungen angefangen. Der Ertrag der schwedischen Wälder wird auf 35 Mill. cbm Holz geschätzt; davon gehen 15% durch Stürme, Waldbrände usw. zugrunde, 66% werden im Lande verbraucht, der Rest bleibt für die Ausfuhr verfügbar. [4]) Die skandinav. Fichte, arm an Harz, ist vorzüglich geeignet zur Zellulosefabrikation.

stehen voran in der Ausfuhr (in Norwegen 38, in Schweden 36% der Ausfuhr); während aber in früheren Jahrzehnten hauptsächlich Rohholz hinausging, hat sich neuerdings immer mehr die Holzindustrie entwickelt.

Nur die Böden[1]) an den Küsten und Flüssen, und zwar der südlicheren Gegenden, kommen für den Ackerbau in Frage; sie sind in Norwegen sehr wenig ausgedehnt (an langgestreckten Fjorden und Binnentälern), mehr in Schweden, zumal im Süden. So sind in Norwegen nur 2,1, in Schweden 8,5% des Bodens bebaut; in Norwegen geht der Ackerbau allerdings weiter nach Norden als in Schweden, ist aber sporadisch. Im nördlichen Teile Schwedens, wo jetzt die Holzgewinnung das Wirtschaftsleben beherrscht, wird dem Ackerbau noch viel Boden zu gewinnen sein und gewonnen werden, sobald die Holzquelle versiegt[2]). In Norwegen[3]) herrscht Haferbau vor, den das feuchtkühle Sommerklima begünstigt; aber der frühe Herbsteintritt macht die Erträge von Jahr zu Jahr sehr schwankend. In der Südhälfte Schwedens[4]) herrscht infolge der von Westen kommenden Regenwinde ebenfalls der Haferbau, von Westen nach Osten abnehmend, vor. Die Gerste geht, weil sie eine so kurze Vegetationszeit beansprucht, zwar am weitesten von allen Getreidearten nach Norden (Norwegen 70°, Schweden 65°), hat aber nur im Innern des südwestlichen Norwegens eine gewisse Bedeutung. Der Roggen wird besonders in Südschweden, und zwar mehr im sommerwarmen trockenen Südosten, und auf Gotland angebaut. In Südschweden sät man auch etwas Weizen und Buchweizen. In Norwegen liefert der Getreidebau kaum die Hälfte des Bedarfes, in Schweden einen Überschuß. An der Südspitze Schwedens werden Erbsen, am Skagerrak Bohnen gebaut. Die Kartoffel gedeiht an der regnerischen Westküste Südnorwegens gut; in Schweden knüpft sich an ihren Anbau Branntweinbrennereibetrieb. Zuckerrüben werden ein wenig in Südschweden (Schonen) angebaut. Gemüsebau ist auch nur im Süden ergiebig. Kohl gedeiht aber noch bis gegen Vardö nach Norden. Raps, Rübsen, Lein (Flachs) kommen nur in Südschweden fort, Hanf dagegen geht in dem trockenen Klima Schwedens weit nach Norden, freilich ist er ohne größere Wichtigkeit.

Tabakbau ermöglicht man durch spätes Verpflanzen der Pflanzen ins freie Feld bei Stockholm und in Südschweden, in Norwegen findet er sich vereinzelt und nur in Gärten. Hopfen wird in Norwegen und Schweden bis hoch hinauf gegen den Polarkreis zum Hausbedarf in Gärten gezogen. Wein dagegen fehlt.

Arbeitsparende landwirtschaftliche Maschinen und Geräte finden neuerdings, namentlich in Südschweden, zunehmenden Eingang.

Obstgärten mit unseren klimaharten Obstbäumen gedeihen im südlichen und mittleren Norwegen gut, weniger (nur bis Upsala nach Norden) im kontinentalen Schweden, wo im Norden wilde Beerenfrüchte einen gewissen Ersatz bieten.

---

[1]) Unproduktiv in Norwegen 71%, in Schweden 40% der Fläche. [2]) 1751 wohnten in Norrland nur 8,26, 1865: 12,22, 1899: 16,59% der Bevölkerung. [3]) Ernte 1904: Hafer 0,115; Gerste 0,05; Roggen 0,018; Weizen und Spelz 0,006; Kartoffeln 0,715 Mill. T. [4]) Ernte 1904: Hafer 0,85; Roggen 0,54; Gerste 0,32; Weizen und Spelz 0,15; Kartoffeln 1,72 Mill. T. Der Ertrag pro Hektar ist groß. Rüben-Rohzucker 1902/03: 73 000 Tons. Schweden und Norwegen erzeugten 1903 etwa 2% der Welternte an Hafer.

Die **Tierzucht.** In Norwegen[1]) gibt es bei dem feuchtkühlen Klima reiches, ziemlich ausgedehntes Grasweideland (2,8% des Bodens) an den Gebirgshängen und in den Wäldern. Futterpflanzen wollen dagegen schon schlecht gedeihen, abgesehen von der Wasserrübe, die bis Vardö hinauf vorkommt. Getreide wird vielfach grün verfüttert. Die Gebirgskuh gibt reichlich Milch, ist am zahlreichsten an der südwestlichen Abdachung des norwegischen Hochgebirges bis Stavanger hinauf. Das Vieh wird im Sommer auf die Almen getrieben, von wo auch Winterheu kommt. Die Milchwirtschaft für Ausfuhr (Butter und kondensierte Milch) nimmt zu und wird seit etwa 40 Jahren in Genossenschaften mit Separatoren usw. betrieben. Die Schafe (Stavanger, Bergen) liefern feine Wolle[2]). Die Schweinezucht stützt sich im Süden auf die Molkerei-, im Norden auf die Fischereiabfälle. Die trittsicheren Pferde sind in den Gebirgsdistrikten für den Verkehr sehr dienlich. In Schweden[3]) ist der natürliche Grasreichtum (Waldweiden) — 3,6% des Bodens — besonders im Norden groß; dazu wird noch die Hälfte des Ackerlandes mit Futterpflanzen, Gras usw., zur Heugewinnung besät. Die Zahl der Haustiere ist relativ sehr bedeutend, und die Tierzucht wird seit 50 Jahren rationell (Herdbücher usw.) betrieben. Während im Norden die Bevölkerung die Viehzucht nur für eigenen Bedarf pflegt, entwickelte sich in Mittel- und Südschweden (Schonen) eine blühende Milchwirtschaft für Export (Butter und Käse), die bei den günstigen Produktionsverhältnissen jedenfalls wie auch in Norwegen weiter zunehmen wird[4]). An die Milchwirtschaft knüpft sich Schweinezucht. Die Zucht von Schafen, die z. T. das ganze Jahr im Freien weiden, ist nur im Norden von Bedeutung, geht im Süden zurück; ebenso die Ziegenzucht. Schweden ist relativ sehr pferdereich in den mittleren und südlichen Landesteilen.

Im Norden Norwegens und Schwedens weiden die Lappen ihre Renntiere, zwischen Gebirge (Sommer) und niedrigeren Gegenden (Winter) nomadisierend. Die Tiere liefern ihnen den ganzen Bedarf: Fleisch und Milch zur Nahrung, Fell zur Kleidung, Knochen und Gehörne zu Geräten; sie sind auch die Zugtiere. Eine Familie braucht 200—300 Tiere. Durch die sich von Süden vorschiebende Tierzucht der Bauern eingeengt, gingen die Renntiere an Zahl immer mehr zurück und mit ihnen natürlich die Zahl der Lappen. Jetzt versuchen aber auch die Bauern Gebirgsweiden durch Renntiere auszunutzen.

Bergbau. Norwegen wie Schweden entbehren fast der Steinkohlen, und eine starke Kohleneinfuhr ist nötig, doch bieten in Schweden Braunkohlen (Schonen), riesige Torflager und Holzkohlen, dazu immer mehr die reichlich vorhandenen Wasserkräfte einigen Ersatz[5]). Der Heizwert der Torflager wird dem von 30 Mill. T. Kohlen mittlerer Qualität gleich geschätzt, und

[1]) 1900: 949 000 Rinder = 0,3% d. Weltprod., 1 209 000 Schafe und Ziegen = 0,2% d. Weltprod., 173 000 Pferde = 0,2% d. Weltprod., 165 000 Schweine = 0,09% d. Weltprod., 93 800 Renntiere. [2]) Schweden und Norwegen erzeugen nur 0,3% d. Weltprod. [3]) 1904: 2 546 000 Rinder = 0,7% d. Weltprod., 1 172 000 Schafe und Ziegen = 0,2% d. Weltprod., 547 000 Pferde = 0,6% d. Weltprod., 797 000 Schweine = 0,4% d. Weltprod., 232 000 Renntiere. [4]) Norwegen produzierte 1901 in 650 Molkereien 3,5 Mill. kg Butter und 4,1 Mill. kg Käse. Schweden führte 1903: 393 760 Zentner Butter aus (nach Großbritannien, Dänemark usw.), im Durchschnitt jährlich für etwa 40 Mill. Kron. Göteborg ist der Haupthafen für den Butterexport. [5]) Schweden prod. 1903: 320 390; 1904: 321 000 Tonnen Kohlen in Schonen.

in vielen Industriebetrieben wird Torf verwendet. Die berühmten Silbergruben[1]) von Kongsberg (Norwegen), seit 1623 im Betriebe, sind bald erschöpft, am Sulitelma, Röraas, Birtavarre, Melkedalen usw. wird Kupfer[2]) und am Sulitelma usw. auch Schwefelkies[3]) gewonnen, in Finnmarken (Karasjok) ein wenig Gold. Schweden ist außerordentlich reich an Eisenerz[4]), das seine Eisenindustrie[5]) in der Seenregion (Eskilstuna, Motala) nährt, zum größeren Teile aber ausgeführt wird. Die Graengesberg-, Svappavaara- und vor allem die Gellivaara-, die Luossavaara- und Kirunavaara-Eisenerzlager in Norrland sind die bedeutendsten. Die letzteren gelten als die großartigsten der Erde, und ihr Vorrat wird auf 1500—2000 Mill. T. Erz geschätzt; seitdem sie durch die Ofotenbahn am Ofotenfjord einen eisfreien Abfuhrhafen am Ozean: Narvik erhalten haben, entwickelt sich die Produktion schnell, doch beabsichtigt man einen Ausfuhrzoll einzuführen. Kürzlich wurde übrigens das erste Eisenwerk Nordschwedens in Luleå erbaut. Große Eisenerzlager sollen auch im nördlichen Norwegen (Dunderlandsdalen) und am Varangerfjord entdeckt sein und zum Abbau kommen. Auch bei Danemora und am Wettersee (Taberg) gibt es Eisenerzlager. Zu Falun wird wahrscheinlich seit dem Jahre 1200 Kupfer[6]) gewonnen.

Die **Industrie** wendet sich in Norwegen wie in Schweden der Holzverwertung (Holzstoff, Zellulose, Papier, Zündhölzer, geschnittene Hölzer, Schiffbau) zu und sucht die reichen Wasserkräfte[7]) nutzbar zu machen, da Kohlen fehlen. Ferner ist in Norwegen die Fischkonservenindustrie, in Schweden die Eisenindustrie (s. oben) und die Woll- und Baumwollindustrie (Stockholm, Norrköping, Göteborg) erwähnenswert.

Der **Verkehr** zu Lande ist in Norwegen durch die Hochgebirgsnatur sehr erschwert, zu Wasser durch die Fjordküste sehr begünstigt. Die Lage am Atlantischen Ozean mit eisfreien Häfen begünstigt den überseeischen Handel. Christiania (1901: 228 000 Einw.) ist der durch Eisbrecher offen gehaltene Hafen des volkreichsten Teiles Norwegens, der an 20% der Ausfuhr und an 50% der Einfuhr vermittelt. Nächstdem sind wichtig Bergen (72 000 Einw.) und Trondhjem (38 000 Einw.), Christiansand, Stavanger usw. Der Binnenverkehr ist in Schweden leichter durch die vorwiegende Flachlandnatur des Landes und die großen Seen (Wener-, Wetter-, Mälar-, Hjelmarsee), die durch Kanalbauten (Trollhättakanal umgeht die Trollhättafälle des Göta-Elf, ein anderer Kanal die Stromschnellen des Motala-Elf) in eine ganz Südschweden durchschneidende Wasserstraße eingefügt sind. Der Meeresverkehr ist aber weniger günstig gestellt. Der „Skärenhof“ ist eine gefährliche Schiffahrtsstraße, die Ostsee ist nur zeitweise zu befahren. Göteborg (138 000 Einw.) ist durch seine Lage an der Nordsee der wichtigste Hafen, der 1902 etwa 25% je der Aus- und Einfuhr vermittelte. Stockholm (318 000 Einw.) an

[1]) Norwegen prod. 1901 f. 375 000 Kr. [2]) 1901 in Norwegen f. 2,1 Mill. Kr.; 1903: 5915 T. = etwa 1% d. Weltprod. [3]) 1901 f. 2,4 Mill. Kr. [4]) 1891: 987 000 T.; 1901: 2,79 (1904: 4,085) Mill. T. im Werte von 14,45 Mill. Kr. 1903 erzeugte Schweden 3,7% d. Weltprod. [5]) Produktion Schwedens an Roheisen 1904: 529 000, an schmiedbarem Eisen und Stahl 1901: 292 000 T. i. W. v. 47,4 Mill. Kr. = etwa 1,1% d. Weltprod. [6]) 1650: 3455 T. Schweden prod. 1901 1374 T. [7]) In Schweden sollen etwa 71 000 Pferdekräfte daraus gewonnen werden, während man die verfügbaren auf mindestens 2 Mill. schätzt; Arbeiten zur Ausnutzung der Trollhättafälle sind begonnen. In Norwegen werden die Wasserkräfte zu 1 Mill. PS geschätzt.

der Ostsee, 3—5 Monate durch Eis geschlossen, ist der wichtigste Einfuhrhafen Schwedens. Malmö (71 000 Einw.) ist der drittwichtigste Hafen Schwedens. Die Häfen Norrlands, fast alle Holzexporthäfen, sind sehr lange durch Eis unzugänglich.

Ausfuhr Norwegens 1905: 184,9 Mill. Kron. (1904: Fischereiprodukte 45,4, Holzprodukte 73,4)[1]; Einfuhr: 289 Mill. Kr. (1904: Getreide 46, Steinkohlen 24, Kaffee 8, Zucker 8 usw.). Großbritannien hat 30,4%; Deutschland 21,4%, Schweden 9,5%, Rußland mit Finnland 8,9%, Niederlande 5,9% Anteil am Handel. Schweden führte 1904 aus: Holz, Eisenerz, Maschinen und Eisensachen, Zinkerz usw. für 466,6 Mill. Mk., ein: Getreide, Steinkohlen usw. für 650,9 Mill. Mk. Deutschland ist am meisten beteiligt. Transportverdienst hat Norwegen von seiner Handelsflotte (R.-T. netto) (1,49 Mill. R.-T.; Schweden 722 000 R.-T.).

Die **Bevölkerung** Norwegens, 2,3 Millionen Einw. auf 321 500 qkm (Volksdichte 7), sitzt am dichtesten (über 20 auf 1 qkm) in der Umgebung Christianias und Trondhjems und an der Küste im Süden. Das Hochland ist fast menschenleer und im Norden ist auch die Küste nur schwach bewohnt. Schwedens Bevölkerung 5,26 Millionen auf 450 000 qkm (Volksdichte 12), bevölkert vor allem Südschweden, namentlich Schonen ist dicht (50—90 auf 1 qkm) besiedelt, während gegen Norden die Volksdichte sinkt und in Norrbotten nur 1 auf 1 qkm beträgt.

Rußland[2]).

Der Norden ist für den **Ackerbau** unbrauchbar[3]). Jenseits des Polarkreises dehnen sich Tundren aus. Dann folgt das Waldgebiet Rußlands (39% der Fläche), das sich fast ganz im Norden und Nordosten findet, während der Süden Mangel an Wald hat. Noch sollen in den nordöstlichen Gouvernements 75% des Bodens mit Wald bedeckt sein, in Wologda sogar 91%. Die Waldwirtschaft Rußlands ist noch recht in den Anfängen, und es wird in den Vorräten gewüstet, bis eines baldigen Tages die Not Halt und Fortschritt gebieten wird. Die Produktivität der russischen Wälder ist an sich geringer als die der mitteleuropäischen, da die lichtliebenden Baumarten: Birke, Fichte, Espe, Eiche locker stehen. Die Ausfuhr an Holz, meist gesägter Ware — über Archangelsk, Riga, Kronstadt und die finnischen Häfen namentlich — ist beträchtlich[4]). Großbritannien ist Hauptabnehmer. Die Herstellung von Holzmasse (10 000 T. jährlich) und Zellulose (16 000 T.) ist noch gering wegen der Kohlenteuerung, und es werden 35 000 T. jährlich für die namentlich in der Umgebung Petersburgs seit 20 Jahren sich entwickelnde Papierindustrie eingeführt.

---

[1]) Wenn man die in den Welthandel kommende Holzmenge im Werte zu etwa 1200 Mill. Mk. schätzt, so liefern Schweden und Norwegen etwa 18% davon. [2]) Vgl. Lage S. 45, 57 u. 60, Größe 62, Gestalt, Küsten, Häfen 64, Oberfläche und Flüsse 70, Bodenfruchtbarkeit 89 f., Meere 100, 104, Seen 106, Flüsse 109—110, Klima 117, natürliche Pflanzenwelt S. 150 ff., Bevölkerung 155, Jagd 32 u. 149, Fischerei 156 f. [3]) 1892 ohne Finnland: unprodukt. Boden 19,1%; Ackerland 26,2%; Wiesen, Weiden, Garten- und Weinland 15,9%. 1905 waren im Europ. Rußland ohne Finnland und Ciskaukasien 17% der Gesamtfläche mit Kornfrüchten und Kartoffeln bestellt. [4]) Finnland führte 1856: 1,4; 1866: 16; 1876: 29; 1896: 68; 1905: 130 Mill. Mk. (= 65% der Gesamtausfuhr); Eur. Rußland f. 56,9 (= 8% der Gesamtausfuhr); 1903 f. 65,3 Mill. Rubel, 1905 für etwa 150 Mill. Mk. aus. Finnland liefert etwa 11, Rußland 12,5% des in den Welthandel kommenden Holzes.

Außer dem Wald schmälern Sümpfe nördlich einer Linie Kijew—Kasan beträchtlich den Ackerbauboden, der nur langsam auf Kosten jener beiden Elemente (Rokitnosümpfe) erweitert wird, je mehr das russische Volk in seinem Kulturniveau so weit gehoben wird, daß es mit Erfolg der Natur Lebensboden abzuringen vermag. Denn das ist von vornherein zu betonen. Rußland ist infolge seines ungeheuren Landreichtums, seiner großen und brauchbaren Ackerflächen, ein Land mit einer großen landwirtschaftlichen Zukunft, der es sich allerdings durch Schuld seiner schwerfälligen Bevölkerung (Gemeindegrund im Besitz von Gemeindeverbänden) langsam nähert. Heute ist alles erst im Werden; die Gleichmäßigkeit der Verhältnisse fehlt; neben dem Großgrundbesitzer, der vielleicht rationell nach westeuropäischem Muster wirtschaftet, sitzen Bauern, die noch nomadischen Ackerbau (Dreifelderwirtschaft) treiben. Im ganzen nimmt die Rückständigkeit im Ackerbau von Westen, von dem der Fortschritt eindringt, gegen Osten und vom Zentrum nach Norden und Süden zu. Erst 26% des Bodens sind dem Ackerbau gewonnen.

Im Norden treibt man Waldfeldwirtschaft so, daß man eine Rodestelle im Wald 1—3 Jahre besät, dann — nach Art der Neger — eine neue Stelle in Angriff nimmt. Die Polargrenzen unserer Getreidearten[1]) verlaufen alle etwa zwischen 65° und 60° nördlicher Breite, so daß große Flächen im Norden diese wertvollsten Anbaugewächse entbehren müssen. Aber auch weiter südlich ist der Getreidebau zunächst sehr gering und einförmig. Am weitesten (bis 65°) dringt Gerste[2]) und Rübe gegen Norden vor; die Gerste dient hier Nahrungszwecken. Vom 60.° tritt Hafer[3]) dazu, dessen Anbau im nördlichen und mittleren Rußland (30—40% der Getreidefläche) günstige klimatische Bedingungen vorfindet. Mit Abnahme der Sommerniederschläge und der Bodenfeuchtigkeit (durch Schneeschmelze), d. h. also mit Zunahme der Kontinentalität des Klimas gegen Süden und Osten, verliert er an Umfang. Gleichzeitig mit dem Haferbau tritt der Roggen[4]) auf, im Norden als Sommer-, weiter südlich als Winterroggen, und dominiert im ganzen mittleren Rußland (Gouvernement Wladimir, Kasan, Simbirsk über 50% der Saatfläche); er ist ein wichtiger Ausfuhrgegenstand. Etwas Flachs und Weizen findet sich hier südlich des 60.° auch schon angebaut.

Je weiter man nach Süden geht, um so mehr nimmt in der Waldfeldwirtschaft die Länge der Zeit zu, in der ein Feld fortdauernd genutzt wird, und die Wirtschaft verliert an nomadischem Charakter. Die Dreifelderwirtschaft (2 Ackerfelder, 1 Brachfeld) mit Düngung greift Platz in den Gouvernements Pskow, Witebsk und z. T. Nowgorod, Smolensk, Twer, Jaroslaw, Wologda, Kostroma. Neben Roggen, Hafer, Gerste, die die erste Rolle spielen, ist Flachsbau[5]) (Gouvernement Pskow, Witebsk, Smolensk, Twer, Jaroslaw,

---

[1]) Ernte 1904: Roggen (34,4% d. Getreidefl.) 25,36; Weizen (25,2) und Spelz (0,5) 18,64; Hafer (20,7) 11,632; Gerste (10) 7,54; Buchweizen (2,8) 0,98; Mais (1,5) 0,66; Kartoffeln 24,84 Mill. T. [2]) Ernte 1903: 21,7% (7,72 Mill. T.) d. Welternte, Anbaufläche etwa 1,6% der Gesamtfläche. [3]) Ernte 1903: 22,4% (11,54 Mill. T.) d. Welternte, Anbaufläche 1905 = 3% der Gesamtfläche. [4]) Ernte 1903: 52,9% (etwa 23,05 Mill. T.) der Welternte, Anbaufläche etwa 5,5% der Gesamtfl. [5]) 1900 waren im Europ. Rußland 0,34% der Fläche mit Flachs bestellt. 1900 wurden rund 410 000 T. Flachs geerntet. ußland liefert dem Weltmarkt 75—80% von allem Flachs. (Vgl. S. 125, Anm. 1.)

Kostroma usw.) und Kartoffelbau[1]) (Minsk, Petersburg, Moskau, Jaroslaw) bedeutend.

In den baltischen Gouvernements Livland, Esthland, Kurland, in den Gouvernements Kowno, Grodno, Wilna, Mohilew und in Teilen von Smolensk, Nowgorod, Twer, Jaroslaw, Kostroma, Wologda, auch Polen, ferner in Teilen Finnlands finden wir etwa den Wirtschaftscharakter Mitteleuropas vor; dieses Gebiet ist ja von alters her von Ostpreußen und der Ostsee her durch westliche Kultur beeinflußt worden. Zunächst wird hier schon die Wirtschaft mannigfaltiger. Der Ackerbau bevorzugt den Roggen und pflanzt daneben Hafer (in Finnland und den östlicheren Gouvernements), Gerste (in den baltischen Provinzen), Kartoffeln (Esthland, Livland, Kurland, Kowno, Grodno, Wilna) zur Branntweinbrennerei, Zuckerrübe (Polen[2])), Flachs (Livland, Smolensk, Kowno usw.), Hopfen (Moskau, Wladimir, Kostroma)[3]), Minze (Jaroslaw), Zichorie (Jaroslaw, Wladimir). Er ist nach der intensiven Seite entwickelt, pflegt regelrechten Fruchtwechsel, Düngung, sorgfältige Ackerherrichtung und Erntung mit Maschinen, landwirtschaftliche Industrien und verbindet sich ebenso wie im westlicheren Europa mit Futterbau (Gras, Klee usw.) und Viehwirtschaft, die auch bereits zur Milchwirtschaft (Butterausfuhr) führte.

Südlich von diesem fortgeschritteneren Ackerbaubezirk kommen wir in das Schwarzerdegebiet, das Teile von Wolhynien und Podolien, Poltawa, Kijew, Charkow, Woronesch, ferner die Gouvernements Kursk, Orel, Tschernigow, Tula, Rjäsan, Tambow, Pensa, Simbirsk, Kasan und Nischni-Nowgorod umfaßt. Die Zahl der Anbaupflanzen wird hier noch größer. Im Norden wird Winterroggen, im Süden Winterweizen[4]) gebaut, außerdem Hafer, Gerste (zu Brauereizwecken), Erbse. Dazu treten als neue Anbaupflanzen auf Hirse (Tambow, Woronesch, Kijew) und Buchweizen (Tschernigow, Podolien, Kursk usw.). In den Nordgouvernements Tula, Rjäsan, Orel, Tambow pflanzt man, im Anschluß an das nördlichere Anbaugebiet, die Kartoffel. Leinsaat[5]) erntet man in Tschernigow, Hanf[6]), zur Faser- und Ölgewinnung, in Smolensk, Kaluga, Orel, Tschernigow, Pensa, Sonnenblumen (Öl) in den östlichen Schwarzerdegouvernements Woronesch und Saratow, Raps in Kijew, Poltawa usw., die Zuckerrübe in Kijew, Podolien, Wolhynien, Charkow, Kursk in Fruchtwechselwirtschaft, Anis in Woronesch, Kümmel in Jaroslaw, Woronesch, Kursk, Hopfen in Wolhynien (Bierbrauerei s. S. 169). Das herrschende Wirtschaftssystem ist die Dreifelderwirtschaft.

---

[1]) 1905 waren im Europ. Rußland 0,7% der Fläche mit Kartoffeln bestellt, von denen 1905: 27 700 000 im Durchschnitt der letzten Jahre 25,37 Mill. T. = 21,2% d. Welternte geerntet wurden. (Vgl. S. 123, Anm. 1.) [2]) 1904/05 waren etwa 4700 qkm mit Zuckerrüben bestellt, von denen 930 600 (1905/06: 968 500, 1906/07: 1 381 600) T. erzeugt wurden; von der Produktion fiel über die Hälfte auf die Südwestgouvernements, fast ein Drittel auf die Zentralgouvernements. Die Prod. war 1904/05 = 19,6% d. Weltprod. an Rübenzucker. Im Inlande werden jährlich etwa 840 000 T. in Anspruch genommen. Im Durchschnitt der Jahre 1899—1903 führte man jährlich etwa 170 000 T. aus, zu reichlich ein Drittel über die europäische Grenze, zu ein Drittel über die asiat. Grenze (nam. nach Persien), zu knapp ein Drittel nach Finnland. [3]) Mittelernte Rußlands: 6600 T., davon fast die Hälfte in Wolhynien. Prod. 1905 zu 6600 T. = 5,4% d. Welternte. [4]) Ernte 1903: etwa 17% (15,47 Mill. T.) d. Weizen-Welternte. Weizen ist der wichtigste Ausfuhrartikel Rußlands. [5]) Ernte 1900: etwa 554 000 T. (1896: 930 000 T.); 1901: 429 200 T. (Vgl. S. 125, Anm. 2.) [6]) Prod. 321 000 T. = etwa 62% d. Weltprod. (Vgl. S. 128, Anm. 1.)

Das Steppenklima wird nach Süden und Südosten immer ausgeprägter. Die Wirtschaft behält ihre Vielgestaltigkeit, aber Anbaupflanzen und -charakter verändern sich. Der Hafer verschwindet nahezu, der Roggenbau nimmt stark ab. Der Weizen herrscht immer mehr vor (Gouvernements Bessarabien, Cherson, Jekaterinoslaw, Taurien, Donisches Gebiet, Astrachan, Orenburg, Samara, Kaukasusgebiet), dazu treten Gerste (zu Exportzwecken), im ganzen Süden durch die Trockenheit begünstigt, auch im Kaukasusgebiet, Hirse (Astrachan, Saratow), Mais[1]) im feuchtwarmen Südwesten (Bessarabien, Podolien) und in den feuchteren Teilen des Kaukasuslandes; Spelz ist neben dem Buchweizen von einer gewissen Wichtigkeit an der mittleren Wolga (Gouvernements Kasan, Ufa, Simbirsk, Samara). Auch der Tabakbau[2]) gedeiht hauptsächlich hier, im wärmeren Süden: Gouvernements Tschernigow, Poltawa, Taurien (Krim), Samara, Charkow, Bessarabien, Kaukasus. Der Obstbau pflegt im Norden (Ostseeküste Finnlands und die Gouvernements Olonez, Nowgorod, Petersburg, Pskow) besonders Äpfel und die Beerensträucher. In den Ostseeprovinzen werden Äpfel, Birnen, Pflaumen, Kirschen rationell kultiviert; in Polen und in den anschließenden westlichen Gouvernements steht die Kultur ebenfalls hoch (besonders Birnen); im Gouvernement Kijew, in Wolhynien und Podolien treten Aprikosen und Walnüsse hinzu, in Bessarabien auch Pfirsiche; der Pflaumenbaum ist am verbreitetsten. Es wird sehr viel Obst produziert. In den nordöstlichen Gouvernements Kostroma usw. werden fast nur noch Beeren und Zedernüsse (von der sibirischen Zeder) gewonnen; im übrigen Osten scheint der Apfelbaum vorzuherrschen. Im Südosten wird durch Dürre und Salzboden die Obstkultur beeinträchtigt. Im Süden der Krim werden sehr gute Aprikosen, Pfirsiche, Walnüsse, Äpfel usw. produziert. Der Weinbau[3]) gedeiht nur im Süden Rußlands. Bessarabien erzeugt sehr viel, aber geringwertigen Wein, obwohl die Landesnatur günstig ist. Weintrauben werden ausgeführt. Die Krim ist ein wichtiges Weinland; auf dem Nordabhang der Halbinsel gedeiht er nur in einigen Flußtälern, am Südabhang wachsen die besten Weinsorten. Auch am unteren Don und an der Wolga usw. wird Wein gebaut.

Seit kurzem breiten sich die Fortschritte in der Landwirtschaft von Mitteleuropa her, wo sie längst heimisch sind, schneller wie vordem nach Rußland aus, namentlich nach den nordwestlichen Gegenden. Landwirtschaftliche Vereine, mit dem Zweck, Verbesserungen herbeizuführen, gab es 1861 erst 21 an der Zahl, in den 80er Jahren 93, aber 1898 schon 269, 1. Oktober 1900: 449, 1. Januar 1904: 734; die Mitgliederzahl ist auf 50 000 gestiegen. Auch erstrebt man die Einrichtung von Landwirtschaftsschulen, führt immer mehr moderne Ackerbaugeräte ein und wendet sich allgemeiner der künstlichen Düngung zu.

Die **Tierzucht**[4]) ist in Rußland noch fast ganz von den natürlichen Gegebenheiten abhängig, d. h. gedeiht meist dort, wo die Natur Weiden und

[1]) 1903: 1,6% (1,28 Mill. T.) d. Welternte. [2]) Prod. im Durchschnitt 1900—1902: 81 840 T. = 7,6% d. Weltprod. Tschern. jährlich 23 000; Poltawa 12 300; Krim 2500—3300; Samara 1600 T. (Vgl. S. 137, Anm. 2.) [3]) Produktion: 3—4 Mill. hl jährlich, 1905: 2,2% d. Weltprod. [4]) Ohne Finnland 1904: Rinder 40,6 Mill. = etwa 11% d. Weltprod.; Schafe und Ziegen 64,39 Mill. = $11^1/_2$ % d. Weltprod.; Pferde 29,3 Mill. = 35,2% d. Weltprod.; Schweine 13,67 Mill. = 7% d. Weltprod.

Wiesen zur Verfügung stellt. Doch finden wir auch hier wie bei dem Ackerbau außerordentliche lokale Verschiedenheiten, nomadische Viehzucht auf der einen, Stallfütterung auf der anderen Seite, Verschiedenheiten nebeneinander, wie sie eben für die Halb- und Mengkultur Rußlands charakteristisch sind.

In den Steppen des Südostens und Ostens weiden Kirgisen (vgl. S. 29 f.) und Kalmücken ihre großen Herden von Pferden und Schafen und lassen sie den größten Teil des Jahres frei umherschweifen. Im Frühling und Herbst sind die Weiden fett, dann wird etwas Heu für die winterliche Ernährung des Jungviehs aufgesammelt und Kumys und Käse usw. bereitet. Aber im dürren Sommer ist Weidenot, und im Winter müssen die älteren Tiere sich ihr spärliches Futter unter dem Schnee hervorscharren. Unter diesen Umständen sind die Verluste in der schlechten Jahreszeit beträchtlich. Viehpesten sind nicht selten. Die Regierung ist für ihren Remontebedarf hauptsächlich auf die Steppenpferde des Südostens angewiesen und versucht durch Gestüte, Ausstellungen usw. die Qualität der Tiere zu verbessern.

In dem donischen Gebiet, das einst viele und geschätzte Pferde lieferte, hat das Vordringen des Ackerbaues die Pferdezucht stark eingeschränkt.

Die großen Steppenrinder werden im Südosten nur an begünstigten Stellen gezogen als Mastvieh, haben aber eine sehr geringe Milchergiebigkeit.

Im Süden und Südwesten werden Arbeitsochsen gezüchtet. Hier ist auch die Schafzucht grob- und feinwolliger Rassen[1]) überall umfangreich. Rostow, Charkow, Zarizyn und Warschau sind die Hauptmärkte für Wolle, auf denen im ganzen etwa 22 200 T. umgesetzt werden. Doch geht die Schafzucht seit einiger Zeit fast überall schnell zurück; die Weiden nehmen ab, die Bodenpreise steigen, und alles bestrebt sich zur Getreidekultur überzugehen.

Im Schwarzerdegebiet ist die Tierzucht im allgemeinen bei der Vorherrschaft des Getreidebaues gering; sie liefert genug für den eigenen Konsum und Arbeitstiere. Doch werden die Tiere hier wenigstens auf eingezäunten Weiden gehalten.

In den industriellen Gouvernements Moskau, Wladimir, Kostroma, Jaroslaw, Twer, Tula, Rjäsan erzeugte der Bedarf der dichten Bevölkerung eine starke Milchwirtschaft, die auf die fetten und zahlreichen Waldweiden und auf Anbau von Gräsern usw. sich stützt und auch für Winterfütterung der milchergiebigen Rinderrasse genügend sorgt.

Am besten entwickelt ist die Tierzucht, besonders die von Rindern, in dem schon erwähnten Bezirk westeuropäischen Ackerbaues. Hier beobachten wir Futterbau, intensive Fütterung, Zucht auf Milchergiebigkeit usw., Molkereien (z. T. transportable) erzeugen Butter und Käse, auch für Ausfuhr[2]). Die Zucht von Pferden, deren der fortgeschrittene Ackerbau bedarf, ist wichtig. Die Schweinezucht entwickelt sich. Die Schafzucht ist dagegen im ganzen Norden unbedeutend.

---

[1]) Prod. Rußlands mit Polen 1903 (Schätzung): 13,5% d. Weltprod. (Vgl. S. 142, Anm. 1.)

[2]) 1897 führte Rußland 8700 T. Butter aus, 1900/01 schon 25 000 T., 1905: über 38 000 T. für fast 31 Mill. Rubel.

Im Waldgebiet des Ostens und Nordens steht die Viehzucht, obwohl die Futterverhältnisse von Natur günstig sind, noch auf niedriger Stufe.

Im Kaukasusgebiet findet die Tierzucht günstige Bedingungen. Im Sommer weidet das Vieh in den Bergen, im Winter auf den Steppen am Fuße des Kaukasus.

Die Geflügelzucht[1]) ist sehr bedeutend, aber die Produktivität der Rassen in Fleisch und Eiern gering.

Die Seidenzucht[2]) ist nur in den südlichsten Gouvernements Rußlands möglich und ganz gering. Doch sucht man sie jetzt zu heben und hat in den Gouvernements Bessarabien, Cherson und Taurien Musterzüchtereien von Seidenraupen angelegt.

Bergbau. Das südliche Rußland ist sehr reich an Kohlen[3]), während der Norden des Reiches arm daran ist. Am wichtigsten ist das Donezbecken[4]), dessen Kohlenflöze zwar wenig mächtig sind, aber Kohlen aller Qualitäten enthalten. Das polnische oder Dombrowobecken[5]) ist die Fortsetzung des oberschlesischen Kohlenlagers. Der Ural[6]) soll sehr kohlenreich sein, doch wird heute erst am westlichen Abhang zum Abbau, der lokale Bedeutung hat, geschritten; noch zieht man Holz als Brennmaterial dort vor. Noch geringere Bedeutung haben die Lager des Transmoskaubeckens (Tula)[7]) usw. Rußland muß noch Kohlen einführen[8]). Das Uralgebirge ist sehr reich an Eisenerz[9]) (Blagodat, Wissokaja, Magnitnaja, Bakaljskoje usw.). Im Süden Rußlands wird bei Kriwoi-Rog viel Eisenerz gewonnen. Andere Fundstätten in Polen, im transmoskauischen Gebiet usw. sind minder wichtig. Gold[10]) wird im Ural (Perm und Orenburg) aus Sand und Adern gewonnen. Rußland ist der bedeutendste Platinproduzent[11]) (im Ural) der Erde. Kleine Petroleumvorkommen[12]) sind bei Grosnyj im Terekgebiet am Nordfuß des Kaukasus, am Flusse Uchta (Gouvernement Archangel) und angeblich sehr reiche im nördlichen Petschorabecken, an Wolga und Soka (Samara) usw. gefunden, auch Kupfer, Zink[13]) in Polen, Schwefel und viel Salz[14]). Rußland nennt ungeheure Salzvorräte, die sich namentlich im Südosten finden, sein eigen. Im Süden und Südosten wird auch das meiste Salz gewonnen, aus Salzseen an den Küsten des Schwarzen und Kaspischen Meeres und aus Steinsalzlagern. Ferner ist Rußland ein ziemlich wichtiger Quecksilberlieferant[15]). Mangan s. S. 264.

---

[1]) Rußland führt lebendes Geflügel jährlich für kaum 10 Mill. Rubel aus; Eier 1903: 2768 (1905: 2993) Mill. Stück f. 51 (60,9) Mill. Rubel. [2]) Die russischen Seidenfabriken brauchen jährlich etwa 400 000 kg trockene Kokons; vgl. Prod. Turkestans und Kaukasiens S. 263—264. [3]) Prod. des Eur. Rußland: 1855 erst 150 000 T., 1880: 3,3 Mill., 1890: 6,0 Mill., 1900: 16,1, 1904: 18,16 (nach and. Quelle 19,3) Mill. T. = 2,4% d. Weltprod. [4]) Prod. Südrußlands 1904: 12,67 Mill. T. [5]) Prod. Polens 1904: 4,7 Mill. T. [6]) Prod. 1904: 525 300 T. [7]) Prod. 1904: 219 000 T. [8]) 1902 noch etwa 3,2 Mill. Tons bei 18,9 Mill. T. Verbrauch. [9]) Rußland erzeugte 1903: 4 219 000 T. (= 4,3% d. Weltprod.); 1904 etwa 5 272 000 T. Eisenerz und stellte 1904: 2 978 000; 1905: 2 125 000 T. Roheisen (= 3,9% d. Weltprod.) her gegen 227 600 T. i. J. 1850. Die Stahlproduktion Rußlands betrug i. J. 1900: 1 800 400 (gegen 2000 i. J. 1850); 1905: 1 650 000 T. = 3,8% d. Weltprod. [10]) Das Russ. Reich (inkl. R.-Asien) erz. 1903: 7,6% der Weltprod., näml. für 24,63 Mill. Doll. [11]) Prod. 1869: 2293 kg, in den letzten Jahren durchschnittlich 6500 kg = etwa 95% d. Weltausbeute; 1900: 153 000 Unzen = 93% d. Weltprod. [12]) Vgl. S. 264 bei Transkaukasien. Grosnyj prod. 1905: 705 000 T. Petroleum. (Vgl. S. 83, Anm. 2.) [13]) Prod. 1904: 10 600 T. = 1,7% d. Weltprod. [14]) Prod. 1902: 1 850 000 T. = etwa 15% d. Weltprod.; Konsum pro Kopf nur etwa 32 Pfund. [15]) Prod. 1904: 332 T. = 8,4% d. Weltprod.

Die **Industrie** Rußlands ist noch in großem Umfang, wie seit alters, durch lange Winter begünstigt, Hausindustrie[1]). Sie erstreckt sich auf alle möglichen Bedarfsgegenstände und arbeitet auch für Verkauf. Aber obwohl sie durch Arbeitsteilung ergiebiger wurde, erliegt sie der von Westeuropa erlernten maschinellen Großindustrie, die sich in den mittleren Staaten Moskau, Twer, Jaroslaw, Kostroma, Wladimir, Rjäsan und Tula und in den Kohlengebieten des Südens ansiedelte.

Die Kleidungsindustrie[2]) ist am wichtigsten. Der Wolleindustrie (Moskau, 1,2 Million. Einw., Warschau, 756 000 Einw., Kalisch) steht Wolle im Lande zur Verfügung, die Baumwollenindustrie[3]) (Lodz, 352000 Einw., Petersburg, 1,4 Millionen Einw., Moskau, Jaroslaw, Wladimir) bezieht bereits einen erheblichen Teil des Rohstoffes aus Russisch-Zentralasien (s. S. 263)[4]). Durch den Reichtum an Eisen und Kohle wird die Eisenindustrie begünstigt, die in Mittelrußland (Tula, 109 000 Einw., Moskau, Paulowo, Petersburg), am Donez und am Ural (Slatoust) ihre Sitze hat. Die Seidenindustrie wird in Moskau, die Leinenindustrie in Twer, Jaroslaw, Charkow (197 000 Einw.), die Lederindustrie (Juchten s. S. 151 u. 152) in Kasan (144000 Einw.), Kijew (319 000 Einw.), Twer, Moskau usw., die Zuckerindustrie in Warschau, Kijew, Charkow, die Tabakindustrie in Moskau, Petersburg, Warschau betrieben. Die Branntweinbrennerei[5]), die besonders Getreide, die Kartoffel und die Zuckermelasse verarbeitet, sitzt in den landwirtschaftlich wichtigen Gebieten. Die Bierbrauerei[6]) ist besonders im Königreich Polen, in den Ostseeprovinzen und in den nordwestlichen Ackerbauprovinzen verbreitet.

Das Wachstum der Industrie macht das Land immer mehr unabhängig von der Einfuhr ausländischer Industrieprodukte.

Verkehr. Das Flußnetz bietet ausgedehnte Schiffahrtswege durch das ganze Land. Es ist aber noch fast nichts an der Regulierung der Flüsse getan. Wolga, Don, Dnjepr, Weichsel, Newa mit Ladoga-, Onega- und Ilmensee, Düna, Dwina sind im Winter mehrere Monate durch Eis gesperrt, aber auch in der übrigen Zeit nur mäßig leistungsfähig. Die Flüsse sind leicht miteinander durch Kanäle in Verbindung zu setzen; die schon gebauten Kanäle sind wenig leistungsfähig. Die Landstraßen sind noch ziemlich schlecht; im Winter tritt Schlittenverkehr ein. Das Eisenbahnnetz verdichtet sich allmählich. Der auswärtige Seeverkehr ist infolge der ungünstigen Seegrenzen (Eismeer, nördliche Ostsee, Schwarzes Meer) von Natur beschränkt. Darum sehen wir diesen erstarkenden Wirtschaftskoloß immer mehr eine Verlängerung seiner günstigen Küsten und ein Herankommen an die Weltmeere erstreben (s. S. 46); in Europa ist das Ägäische Meer der Zielpunkt von Rußlands Politik. Der Außenverkehr Rußlands geht zum weitaus größten Teil über die Westgrenzen. Die Nachbarlage zu den mitteleuropäischen Kulturstaaten

[1]) 7—8 Mill. Menschen m. einem jährlichen Reinverdienst von etwa 500 Mill. Rubel darin beschäftigt.
[2]) Wert der Produktion der Wolleindustrie 1900: 167,17 Mill. Rubel, der Baumwollenindustrie 520,52, der Nahrungsmittelindustrie 361,57, der Metallindustrie 371,93, der Bearbeitung animalischer Erzeugnisse 110,89 Mill. Rubel. [3]) 1903: 5,7% der Spindeln und 7,2% der Webstühle der Welt. [4]) Von 1890—1900 hat sich die Menge der verarbeiteten Baumwolle fast verdoppelt; 1900: 266 660 T. im Werte von 171,5 Mill. Rubel, davon war für etwa 58 Mill. R. aus Turkestan und dem Kaukasusgebiet bezogen (s. S. 263—264). [5]) Prod. 1902: 21,3% (1904: 161 366 000 Gall.) d. Weltprod.; Verbrauch pro Kopf 1,03 Imp. Gall. [6]) Prod. 1902: 2,4% (1904: 145 781 000 Imp. Gall.) d. Weltprod.; Verbrauch 1904: 1 Gall.

hat Rußlands Wirtschaftsleben erst lebendig gemacht und ruft noch heute eine Reihe von Wechselbeziehungen, zu Deutschland und Österreich-Ungarn zumal, hervor; aber die Entlegenheit von den Herden der Kultur im Nordwesten Europas verlangsamt, besonders in den peripherischen Provinzen des Nordens, Ostens und Südens, den Entwickelungsprozeß der Wirtschaft. Die wichtigeren Häfen sind bereits künstlich verbessert, aber erst wenige, wie etwa Kronstadt, Odessa, Libau, sind in westeuropäischer Art mit Kais, Kränen usw. ausgestattet. Archangelsk (21 000 Einw.) am Eismeer (7 Monate geschlossen), Petersburg (Seekanal!) mit Kronstadt (5 Monate geschlossen, 60 000 Einw.) und Riga (10 Monate eisfrei, 283 000 Einw.) an der Ostsee, Odessa (450 000 Einw.) und Rostow (120 000 Einw.) am Schwarzen und Asowschen Meer, Astrachan (121 000 Einw.) an der Wolgamündung (Kaspisches Meer) sind die wichtigsten Seehäfen. Rußland hat keinen Anteil am offenen Weltmeer. Jekaterinskij Port an der Murmanküste hat vorläufig, da ohne Eisenbahnverbindung mit dem Hinterland, geringe Bedeutung.

Der Außenverkehr geht zum guten Teil über die Landgrenzen, und zwar zum und vom Westen. Ausfuhr 1901: 761,6; 1902: 860,3; 1903: 1001,2; 1904: 1006,4; 1905: 1080 Mill. Rubel, davon gingen über die europäische Grenze 1905: 1018,2 (1906: 999,4) Mill. Rubel (Weizen 281,8; Hafer 90,3; Gerste 88,5, Roggen 45,6; Weizen- und Roggenmehl 15,3; Kleie 18,4; Eier 60,9; Butter 30,7; Zucker 18,1; Holzwaren 76,4; Flachs 68,3; Naphtha 27,8; Ölkuchen 20,1; Rauchwerk 10,4; Häute 12,7; Leinsaat 8,8 Rubel); Einfuhr 1901: 593,4; 1902: 599,2; 1903: 681,7; 1904: 651,4; 1905: 612,2 Mill. Rubel, davon über die europäische Grenze 559,3 (1906: 619,9) Mill. Rubel (Rohbaumwolle 66,95; Maschinen u. dergl. 54,64; unverarbeitete Metalle 34,1; Tee 27,3; Kautschuk, Guttapercha, Gummi 23,9; Steinkohlen 23; Wolle 17,3; Heringe 13,8; chemische Erzeugnisse 13,3 usw.). Am Außenhandel waren beteiligt 1905 Deutschland mit 31%; Großbritannien 22%; Niederlande 8,9%; Frankreich 5,7%; dann folgen Italien, Österreich-Ungarn, Belgien, Vereinigte Staaten usw.

Die **Bevölkerung** des europäischen Rußland mit Polen beträgt (1904) 116 Millionen Einw. auf 5,4 Millionen qkm, ist vorläufig nach der Entwickelung der Wirtschaftsintensität sehr ungleichmäßig verteilt, wird aber zweifellos, wenn auch langsam, noch sehr beträchtlich anwachsen. Am dichtesten sind Polen (Durchschnitt 74 auf 1 qkm), das mittelrussische Industriegebiet um Moskau und der Schwarzerdestreifen (Gouvernement Moskau 73, Podolien 72, Kijew 70, Poltawa 56 auf 1 qkm) bevölkert; wenig der Norden (Archangelsk 0,4, Olonez 2,4, Wologda 3), Osten (Perm 9) und Südosten (Astrachan 4, Orenburg 9). In dem eigentlichen Rußland kommen im Durchschnitt 22 auf 1 qkm.

Finnland.

Finnland ist von Natur ähnlich beschaffen wie Schweden. Der **Pflanzenbau** ist gering[1]) und umfaßt fast nur Hafer, Roggen, Kartoffeln; er läßt sich auch kaum noch viel ausdehnen und die Getreideerzeugung deckt bei weitem

[1]) Ackerland 3,3%; Wiesen 6,2%. Durchschnittsernte: Hafer 6; Roggen 3,5; Gerste 1,5; Weizen 0,04; Gemenggetr. 0,12; Buchweizen 0,15; Kartoffeln 6; Flachs 1,5 Mill. hl.

nicht den Bedarf. Der Wald, der raubwirtschaftlich ausgebeutet wird, liefert 65% (1905; 1904: 70; 1903: 73%) der Ausfuhr (vgl. S. 163, Anm. 4).

Die **Tierzucht**[1]) steht unter guten Naturbedingungen und liefert viel Butter[2]) zur Ausfuhr.

Der **Bergbau** ist gering; die **Industrie,** vor allem in Holz und Papier, danach Eisen-, Zucker-, Textil- und Tabakindustrie, durch gewaltige Wasserkräfte begünstigt, entwickelt sich schnell[3]).

Der **Verkehr** ist durch die vielen Wasserstraßen begünstigt; das Eisenbahnnetz ist noch nicht sehr ausgedehnt. Die wichtigsten Häfen sind Helsingfors (111 000 Einw.), Åbo (43 000 Einw.) und Wiborg (35 000 Einw.).

Die Ausfuhr wertete 1905: 242,8 (Holz und Holzwaren 124,3; Holzmasse und Papier 34,3; Meiereierzeugnisse 41,5) Mill. finn. Mark. Die Einfuhr 268 (Getreide und Fabrikate daraus 63,4; Kolonialwaren und Gewürze 30,1; Metalle und Metallwaren 19,79; Maschinen, Motore 17,13; Spinnstoffe 16,74; Gewebe 15,67; Häute, Felle und Fabrikate daraus 10,3) Mill. finn. Mark.

Die **Bevölkerung** beträgt (1904) 2,86 Mill. Einw. auf 374 000 qkm (Volksdichte 7,3) und wohnt am dichtesten an der Südküste.

Russische Besitzungen in Asien s. S. 257 ff. und S. 294.

2. Mitteleuropa.

Dänemark[4]).

Der **Ackerbau**[5]) findet hier schon günstige Bedingungen. Die Inseln Laaland und Falster, Langeland, einige Teile Seelands und das östliche Jütland sind die Hauptproduktionsgebiete. Im Westen Jütlands befördern feuchtkühle Seewinde den Haferbau, während nach dem trockenen Südosten zu (auf Laaland und Falster) immer mehr die Gerste vorherrscht. Weizen (nur wenig) wird auf den fruchtbaren Lehmböden der Inseln Laaland, Falster und an der Ostküste Jütlands gebaut, der Roggenanbau ist erwähnenswert auf Seeland und Fünen, und mit dem Hafer ist er das Getreide der armen Westseite Jütlands. Den Fortschritt D.s zur Wirtschaftsstufe der Wissenschaft charakterisiert die Angabe, daß Anfang des 19. Jahrhunderts nur 800 000, 1902: rund 2,5 Mill. Tonnen Getreide erzeugt wurden. Mitte des 19. Jahrhunderts hatten die Heiden Jütlands noch 7600, jetzt nur 3500 qkm Umfang. Zuckerrübenanbau[6]) treiben Laaland und Falster. Das „Werk der Hände" findet „an der wissenschaftlichen Forschung (in der Hochschule für Landwirtschaft) eine treue Stütze".

---

[1]) Rinder 1900: 1 425 000 (über 1 Mill. Kühe), Schafe 1 Mill., Pferde 310 000, Schweine 211 000, Ziegen 7600, Renntiere 119 000. [2]) 1905: 15 900 T. f. 38, 1906: 13 850 T. f. 33,6 Mill. finn. Mk. [3]) Zahl der Fabrikarbeiter 1887: 43 000, 1901: 96 000. [4]) Vgl. die natürliche Pflanzenwelt S. 150 ff., Fischerei S. 157. [5]) Unprod. Boden 1896: 17,8%; Ackerland 44,2%; Wiesen und Weiden 30,9%. 1904: Hafer 677 000 Tonnen (1902: 1 034 000); Gerste 541 000 T.; Roggen 429 000 T.; Menggetreide 254 000 T. 1902: Weizen 114 700; 1904: 117 000 T.; Kartoffeln 688 000 T.; Runkel- und andere Futterrüben 4 487 000 T.; Zuckerrüben 29 200 T. Gesamtwert der Ernte 1902: 417 973 000 Kronen. [6]) 7 Zuckerfabriken; Zuckerprod. 1901/02: 58 000; 1904/05: 44 900; 1905/06: 67 000; 1906/07: 64 000 T.

Die **Tierzucht** Dänemarks hat sich neuerdings sehr entwickelt. Aus einem getreideexportierenden Land (bis 1885) ist ein Milchwirtschaft treibendes geworden. Nicht nur ist der natürliche Grasreichtum bedeutend bei dem nördlichen Inselklima, sondern man baut auch ausgedehnt Gräser an, besonders in der feuchten Westhälfte Jütlands, und Klee und entwickelt den Futterrübenanbau, besonders den von Runkelrüben, auf den Inseln[1]).

So ist die Rinderzahl[2]) relativ sehr hoch, und die Mastviehzucht für Ausfuhr hat eine außerordentliche Blüte erreicht. Um Kopenhagen ist die Meierei sehr bedeutend (Butterausfuhr), die umfangreiche Schweinezucht schließt sich an. Pferde sind sehr zahlreich und werden auch ausgeführt. Am meisten Schafe weiden auf den Heideflächen Westjütlands.

Der **Bergbau** spielt eine geringe Rolle. Ziegel- und Zementfabrikation und Granitgewinnung auf Bornholm sind erwähnenswert[3]).

Die **Industrie,** vor allem in Kopenhagen, schließt sich an die landwirtschaftliche Produktion an (Mehl-, Bier-, Branntwein-, Zuckerindustrie usw.). Dänische Handschuhe (s. S. 152) und Porzellanwaren (Kopenhagen, Rönne) sind berühmt. Doch fehlen die natürlichen Bedingungen (Kohle, Wasserkraft) für eine größere Entwickelung der Industrie.

Der **Verkehr** ist in diesem Inselreich wesentlich Wasserverkehr. Die „eiserne Küste" Westjütlands ist der Schiffahrt feindlich. An der Ostküste Jütlands und auf den Inseln begünstigen Förden und Buchten die kleine Schiffahrt. Kopenhagens (mit Vororten über 500 000 Einw.) Hafen ist vorzüglich geeignet durch seine Natur und Lage zur Vermittelung des Verkehrs zwischen Ost- und Nordsee, Deutschland und Schweden; die Nachbarlage zu diesen beiden Ländern, besonders zu Deutschland, ist für die Außenbeziehungen Dänemarks maßgebend. Neuerdings gewann der künstlich verbesserte Hafen Esbjerg an Jütlands Westküste für die Ausfuhr nach Großbritannien Wichtigkeit. Handelsflotte: 483 000 R.-T.

Ausfuhr 1903: 352,2; 1904: 358,6; 1905: 390,5 Mill. Kr. (1904: Butter 151,6; Schweinefleisch 80,2; Eier 25,3; Ochsen, Kühe und Kälber 20,6; Pferde und Fohlen 16,8 Rindfleisch 7 usw.); Einfuhr 1903: 443,8; 1904: 466,1; 1905: 479,4 Mill. Kr. (Getreide 75,7; Ölkuchen 34,5; Steinkohle 34,3; Eisenwaren 24,3; Wollgewebe 20,5; Holz 19,3; vegetabil. Gewebe 15,7; Schiffe 10,3 usw.). An dem Außenhandel haben am meisten Anteil die Britischen Inseln (36,2%), Deutschland (26,0%), Vereinigte Staaten (9,0%), Rußland (8,9%), Schweden (8,6%) usw.

Die **Bevölkerung,** 2,45 Millionen Einw. auf 38 500 qkm, sitzt am dichtesten auf der Insel Seeland (Volksdichte der Inseln 105; der Halbinsel Jütland 42: Aarhus 75, Veile 54; aber Ribe 32 und Ringkjöbing 25).

Dänische Nebenländer und Kolonien in Amerika s. S. 399, in der Polarregion s. S. 425—427.

---

[1]) Wert des Strohes, Kleeheus, Wiesenheus, der Futterrüben usw. 1901: ca. 180 Mill. Kr. [2]) 1898: 1 745 000 (1903: 1 840 000 = 0,5% d. Weltprod.); Schafe und Ziegen 1 106 000 (1903: 877 000 = 0,16% d. Weltprod.); Schweine 1 168 000 (1903: 1 457 000 = 0,8% d. Weltprod.); Pferde 449 000 (1903: 487 000 = 0,6% d. Weltprod.); Hühner 8 767 000 (1903: 11 555 000). [3]) Wert 1900: 12 628 000 Kronen.

Das Deutsche Reich[1].

Der **Ackerbau**[2]) ist im allgemeinen in Deutschland nach Klima und Boden nicht besonders günstig und nicht besonders ungünstig gestellt, wird aber meist nach wissenschaftlichen Prinzipien betrieben.

Die große natürliche Zweiteilung Deutschlands in Nordostdeutschland (etwa 60% der Fläche) und Südwestdeutschland (40%) prägt sich auch im Ackerbau aus.

Dort sind die Anbaupflanzen weniger zahlreich, einförmiger auf großen Flächen, weil der Boden im großen ganzen überall ackerbar, wenn auch geringwertig ist, wie die klimatischen Verhältnisse nicht sehr verschieden sind und hauptsächlich die Regel zeigen, daß das Klima vom Nordwesten (an der Nordsee) nach Südosten (Posen) immer kontinentaler wird; aus letzterem Grunde zeigt wohl das feuchte und wintermilde Nordwestdeutschland gewisse ziemliche Verschiedenheiten gegenüber dem trockenen, winterkalten Südosten.

Viel abwechselungsreicher ist der Südwesten Deutschlands, nach Bodenform, -art und Klima, und somit mannigfaltiger in seinen Anbaupflanzen, die nie große Flächen bedecken können und auch von Ort zu Ort schnell wechseln.

Im einzelnen bietet das norddeutsche Flachland nach der Geschichte seines Bodens, die Höhen und Tiefen, sandige, moorige und schlickige, kalkreiche und -arme Böden nebeneinander legte, noch genug Unterschiede.

Die Hauptfrucht des Bodens ist wie im nördlichen Rußland der Roggen[3]), der im größten Teile Nordost- und Nordwestdeutschlands über 50% des Getreidebodens, recht selten unter 40%, in den Moorbezirken des Emsgebietes über 70% einnimmt, d. h. 10 bis 20 und mehr Prozent der Gesamtfläche. Der Weizenbau ist recht wenig umfangreich und nur in einigen bevorzugten Lagen (fruchtbarer Boden und warmes, nicht zu feuchtes Klima) erheblich: an der unteren Elbe, in Holstein, in Mecklenburg, Rügen und Vorpommern (Pyritzer Waizacker), auf dem Kujawischen Boden bei Hohensalza (Inowrazlaw), im Weichseltal, im Odertal bei Breslau (4 bis 10% der Gesamtfläche). Der Gerstenbau beschränkt sich ebenso auf die fruchtbarsten Striche des Landes (über 4% der Gesamtfläche): das östliche Schleswig-Holstein, Rügen und Vorpommern, das untere Weichseltal, das Odertal zwischen Frankfurt und Schwedt, die Provinz Sachsen zwischen Braunschweig und Leipzig und Schlesien links der Oder. Der Hafer findet in dem feuchten Seeklima und feuchten Marschboden seine Lebensbedingungen am besten erfüllt; in Schleswig-Holstein, Mecklenburg, Rügen und Vorpommern, auf besseren Böden Hinterpommerns, West- und Ostpreußens, zugleich der Länder bedeutender Pferdezucht, wird

---

[1]) Vgl. Lage S. 57 f., Größe 62, Häfen 64, Bodengestalt und Flüsse 70, Thermen 73, Bergbau 76 ff., Fruchtbarkeit des Bodens 89 u. 90, Meere 97 ff., Binnenseen 106, Flüsse 109 ff., die natürliche Pflanzenwelt 150 ff., Bevölkerung 32 u. 149, Fischerei 157. [2]) 1900 unprod. Boden 9,3%; Ackerland 48,6; Weinland 0,2%; Wiesen und Weiden 16%; Wald 25,9%. Ernte 1904: Roggen 10,06 (1903: 9,9; 1905: 9,6; 1906: 9,6) Mill. T. = etwa 25,5% d. Welternte; Hafer 6,94 (1905: 6,55; 1906: 8,4) = über 14% d. Welternte; 1903: 15,3; 1902: 13, 1901: fast 17% d. Welternte; Weizen (und Spelz) 4,26 (1905: 4,19; 1906: 4,4) = 4,5% d. Welternte; Gerste 2,95 (1903: 3,32, 1905: 2,92; 1906: 3,1) = 10,1% d. Welternte; Kartoffeln 36,29 (1905: 48,32; 1906: 42,9) Mill. T. = nach Bartholomews Atlas etwa 33,6% d. Welternte. Kleeheu 1906: 11,9; Luzerneheu 1,7; Wiesenheu 28,7 Mill. T. [3]) Nächst Rußland ist D. der Hauptproduzent der Erde.

er etwas stark angebaut (über 7½% der Gesamtfläche); ebenso zwischen Braunschweig und Leipzig und im oberen Odertal. Buchweizen wird in erwähnenswertem Maße (10% und mehr der Getreidefläche) nur in Nordwestdeutschland (Oldenburg, Hannover, Schleswig-Holstein) auf moorigen und sandigen Böden bei feuchtem und mildem Seeklima angebaut.

Für die Hülsenfrüchte ist Norddeutschland ein Hauptanbaugebiet (10 bis 20 und mehr Prozent der Getreidefläche), sehr im Gegensatz zu Südwestdeutschland, das nur im Flußgebiet der Weser und im Schwarzwald ähnlichen Anbau hat. Dabei ist die Erbse für das kontinentalere Nordostdeutschland (östlich des 10°. w. L. etwa) ebenso charakteristisch (Bezirke Stralsund, Bromberg, Marienwerder am höchsten mit etwa 9 bis 10% der Getreidefläche) wie die Pferdebohne (5 bis 10% der Getreidefläche) für das ozeanische Nordwestdeutschland (westliches Schleswig-Holstein, Wesergebiet, Oldenburg, Ostfriesland); die Busch- und Krupbohne (Phaseolus) wird ebenso, doch in sehr viel geringerem Maße, in Nordwestdeutschland, besonders vor den Toren der großen Seestädte (Bremen usw.) angebaut. Die Linse dagegen fehlt Norddeutschland nahezu ganz.

Der Kartoffelanbau ist in Nordostdeutschland (besonders im Oder- und Warthegebiet), wo sich ein bedeutendes Brennereigewerbe daran knüpft, wichtig (20 bis 40% der Getreidefläche), aber Rügen, Mecklenburg, Schleswig-Holstein und Nordwestdeutschland pflanzen die Kartoffel viel weniger.

Der anspruchsvolle Rapsbau gedeiht auf den fruchtbaren Marschen- und Lehmböden Schleswig-Holsteins, Mecklenburgs, Vorpommerns, des Regierungsbezirks Danzig am besten (1 bis 5% der Getreidefläche), sodann in Schlesien.

Der Zuckerrübenbau[1]), der nur auf sehr fruchtbarem und tiefgründigem Boden gedeiht, ist am ausgedehntesten zwischen Braunschweig und Leipzig in der Provinz Sachsen (über 5% der Gesamtfläche) und zieht sich von da auch in die fruchtbaren Talebenen des Mittelgebirges; wichtig ist er auch in Schlesien links der Oder, besonders bei Breslau, im und am Weichseldelta und -tal und im Odertal bei Küstrin, in der Kölner Bucht; in Mecklenburg, Vorpommern, Posen (Kujawischer Boden bei Hohensalza) usw. tritt er sporadisch auf. Er hat als Reiniger des Bodens und durch seine Rückstände für die Viehzucht Wichtigkeit.

Der Hopfen[2]) wird in Norddeutschland nur in mäßigem Umfange gezogen, am meisten bei Oldenburg, in der Altmark nördlich von Magdeburg, um Neutomischel in Posen, um Allenstein in Ostpreußen, bei Pirna, Wittenberg usw.

Wein baut Norddeutschland heute fast gar nicht mehr; der zu Grünberg in Niederschlesien erzielte hat keinen besonderen Ruf.

Tabakbau treibt man in Norddeutschland am Niederrhein, an der Elbe um Tangermünde, ausgedehnt im Odertal zwischen Frankfurt und Stettin

---

[1]) 1902: 429 300; 1907: 441 700 ha, davon 105 500 (109 200) Prov. Sachsen, 56 400 (61 900) Schlesien, 47 200 (51 300) Posen, 38 500 (38 100) Hannover, 26 800 (25 700) Westpreußen usw. Rüben-Rohzucker-Prod. 1901/02: 2 221 000 T. = etwa 32% der Rübenzuckerproduktion der Erde und = etwa 20% der Weltproduktion von Zucker; 1903/04: 1 803 000 T.; 1904/05: 1 615 000 = 32,4% d. Weltprod.; 1905/06: 2 394 000; 1906/07: 2 038 000 T. Im Jahre 1836/37 betrug D.s Zuckerproduktion erst 1000 T.

[2]) Produktion 1904: 22 300; 1905: 29 300 Tonnen = 24,1% der Welternte. Bierbrauerei s. S. 185.

und in der Uckermark, ein wenig bei Tilsit, Marienwerder, im oberen Odertal bei Breslau usw.

Der Flachsbau[1]) hat am meisten Wichtigkeit noch in Ostpreußen, das sich damit an das große Flachsbaugebiet Rußlands anschließt; nächstdem kommen Südhannover, Westfalen, die Altmark, einzelne Gebiete Schlesiens in Betracht. Der Hanfbau (zwischen Unterelbe und Weser und im Flußgebiet der oberen Elbe) ist sehr unbedeutend.

Ein ansehnlicher Teil des Bodens wird in Norddeutschland mit Futtergewächsen zu Viehzuchtzwecken bepflanzt, und zwar besonders Gräsern. Haben die küstennahen Landstriche, besonders im Nordwesten (über 60% der Getreidefläche in Oldenburg, Stade, Bremen, Osnabrück), schon von Natur ziemlich umfangreiche Wiesen (über 30% der Getreidefläche), so wird, zumal in Nordostdeutschland, der Graswuchs noch ausgedehnt dadurch, daß man einen Teil des Ackerlandes zeitweise als Grasland brach liegen läßt. In dem besonders feuchten Schleswig-Holstein wird sogar mehr Ackerland durch Heu- bzw. Grasnutzung in Anspruch genommen als durch Getreidebau, aber auch im ganzen übrigen Nordostdeutschland nimmt das Gras annähernd so viel Land (80 bis 120% der Getreidefläche) ein als das Getreide.

Je intensiver die Landwirtschaft wird, desto mehr wird allerdings die direkte Grasnutzung des Bodens oder der Weidegang des Viehes eingeschränkt, und Futterkräuter, besonders kleeartige Gewächse, zur Stallfütterung werden gebaut.

Kleearten werden stark am Niederrhein (Düsseldorf, Köln), in Vorpommern, im Regierungsbezirk Gumbinnen und sonst in Ost- und Westpreußen, Posen, Schlesien, Pommern, Mecklenburg (10 bis 20% der Getreidefläche) gepflanzt, weniger in der zu sandigen Altmark, in der hannoverschen, oldenburgischen Geest, im Münsterlande und in Schleswig-Holstein (Grasfeldwirtschaft!) oder in der Provinz Sachsen, wo die Rückstände der Zuckerfabrikation als Futter eintreten.

Serradella, eine Futterpflanze, die mit dem ärmsten Sandboden zufrieden ist, ist für Nordostdeutschland charakteristisch, wo sie besonders in Hinterpommern (3,8% der Getreidefläche), Regierungsbezirk Danzig, Posen, Frankfurt (2,1 bis 2,4%), ferner in Schlesien, im Regierungsbezirk Königsberg, in Mecklenburg usw. gebaut wird.

Noch wichtiger ist die Lupine für die mageren Sandböden des Nordostens, die in Posen und Brandenburg (8 bis 11% der Getreidefläche), Westpreußen, Hinterpommern und Provinz Sachsen ausgedehnt (über 5% der Getreidefläche) damit bestanden sind, während sie wie die Serradella im feuchteren Nordwestdeutschland wenig zu bedeuten hat.

Dort wird der Spergel, besonders als Nachfrucht des Roggens, in Münster, Osnabrück (über 5% der Getreidefläche), Oldenburg, Düsseldorf, Stade, Lüneburg, Minden, bis ins Schleswig-Holsteinische von einiger Bedeutung, die auch in einigen feuchten Bezirken der Ober- und Niederlausitz zu beobachten ist.

---

[1]) Prod. nach Bartholomew im Durchschnitt der letzten Jahre 26200 T. = 3,3% d. Weltprod.

Die wärmeliebende Luzerne hat in Norddeutschland an den Küsten die geringste, nach dem Landesinnern zu eine nicht viel größere Bedeutung, und noch weniger ist die Esparsette eine Pflanze Norddeutschlands.

Von den für den Fruchtwechsel sehr wichtigen, die Brache verdrängenden Wurzelgewächsen, die als Viehfutter dienen sollen, wird in Norddeutschland verhältnismäßig wenig angebaut, nur ein wenig Runkelrüben in Ost- und Westpreußen, die Kohlrübe in Westpreußen, Pommern, Lüneburg, der Altmark — doch nimmt ihr Anbau in den Küstengegenden zu.

Die Wasserrübe wird in Nordostdeutschland gar nicht, am Niederrhein (Düsseldorf 12,6% der Getreidefläche) stark, im übrigen Nordwesten nur wenig, die Möhre dagegen hier mehr gepflanzt.

Dem Nordwesten ist auch der Anbau von Blattkohl (Ostfriesland und Bremen 3% der Getreidefläche, Oldenburg, Osnabrück, Hannover 1 bis 1½%) eigen.

Wesentlich anders sind die Ackerbauverhältnisse im gebirgigen Südwestdeutschland (im weitesten Sinne). Schon die Besitzverhältnisse sind hier ganz andere. In Nordostdeutschland herrscht der Großbesitz, natürlich bedingt durch den ärmlichen Boden — von den historischen Gründen hier abgesehen —, in Südwestdeutschland, dem Gebiete fruchtbarer Talauen, der Kleingrundbesitz.

Der Roggen verliert sehr an Bedeutung; ins Erzgebirge, ins Lausitzer Gebirge hinein zieht sich noch sein Anbau ziemlich stark und hoch hinauf, aber sonst erreicht er nur in beschränkten Gebieten über 10% der Gesamtfläche: im hessischen Bergland, in Nordthüringen, in Franken und in kleinen Gebieten Bayerns.

Weizen findet sich stark angebaut auf Lößboden, in Niederbayern zwischen Regensburg und Passau (Dungau), im Rheintal bei Mülhausen, Straßburg, Mainz, in der fruchtbaren Wetterau und besonders auf der lothringischen Platte. Dagegen ist im westlichen Teil des Alpenvorlandes, den höheren Teilen der südwestdeutschen Becken der Anbau gering, mäßig in Thüringen und im hessischen Bergland.

Ganz eigentümlich ist Südwestdeutschland der Spelzbau, der im schwäbischen Teil des Alpenvorlandes (Oberschwaben) und im ganzen Neckargebiet stark gepflanzt wird (über 10% der Getreide- oder 5% der Gesamtfläche).

Die Gerste wird im südwestlichen Deutschland in größerem Umfang gebaut als in Norddeutschland. In den tieferen Lagen des Alpenvorlandes gegen die Donau hin, allerdings weniger in den versumpften Tälern als auf den Hochflächen zwischen denselben, am Nordufer der Donau an der flachen Abdachung des Schwäbischen und Fränkischen Jura zwischen Sigmaringen und Regensburg, in Thüringen, im warmen oberen und mittleren Maintal und in der Wetterau, im Neckar- und Oberrheintal wird ziemlich viel Gerste geerntet, zum Teil als Braugerste.

Der Feuchtigkeit und Kühle liebende Hafer findet günstige Lebensbedingungen im rheinischen Schiefergebirge, im hessischen Bergland, in Thüringen und auf der nördlichen Umwallung Böhmens (Erzgebirge, Lausitz, Sudeten); auch in Lothringen, auf dem Schwäbischen Jura und der Frankenhöhe sowie im feuchten Alpenvorland.

Der Buchweizen spielt keine Rolle.

Ebenso sind die Hülsenfrüchte Nordostdeutschlands, Erbse und Bohne, in Südwestdeutschland von geringer Bedeutung; die Erbse ist nur im Weserland (Waldeck, Kassel), die Bohne im Unterelsaß, in Lothringen und dem württembergischen Schwarzwald erwähnenswert. Dagegen ist die Linse das ausschließliche Hülsengewächs Südwestdeutschlands, wenn sie auch sehr geringe Flächen (die größten in dem fruchtbaren Hügellande zwischen Harz und Thüringerwald, in Niederbayern) bedeckt; nur im Erzgebirge, im Rheintal zwischen Bodensee und Mainz und in Oberschwaben scheint sie zu fehlen. Die Buschbohne wird sehr wenig angebaut.

Der Kartoffelbau wird in Südwestdeutschland begünstigt durch den Kleingrundbesitz. Besonders in den südwestdeutschen Becken ruft die starke Volksdichte die Pflege eines ausgedehnten Kartoffelbaues als Nahrungsmittelquelle hervor; im Rheintal zwischen Karlsruhe und Mainz bis in die Wetterau hinein, bei Koblenz, zwischen Kaiserslautern und Saar, im östlichen Thüringen, in Nordsachsen zwischen Braunschweig und Dresden und im ganzen Erzgebirge beansprucht die Kartoffel über 8% der ganzen Fläche.

Raps und Rübsen werden am meisten im südwestlichen Teil des Gebietes (im Elsaß, am Bodensee), weniger in den südlichen Tälern des Rheinischen Schiefergebirges, Hessens und in Thüringen gepflanzt.

Ein wenig Mohn zieht man in dem württembergischen Neckarkreise, in Unterfranken und Thüringen.

Der Zuckerrübenbau (in der Oberrheinischen Tiefebene, im Neckartal) ist unbedeutend; nur nach Thüringen hinein erstreckt sich von der Provinz Sachsen aus ein Gebiet starker Zuckerrübenkultur bis in die Gegend Nordhausens und Erfurts.

In Mittelfranken, um Nürnberg und Bamberg, liegt der wichtigste Hopfenbezirk (6,3% der Getreidefläche) Deutschlands, der eine blühende Bierindustrie entwickelt hat. Dieses Hopfengebiet erstreckt sich bis nach München, andere wichtige Bezirke liegen im Rheintal um Straßburg und zwichen Mannheim und Karlsruhe, im oberen Neckartal usw.

Der Weinbau[1]) hat seine Stätte fast ausschließlich im südwestlichen Gebirgsland an den warmen Talhängen längs der Flüsse. Vor allem der Rhein ist ein Weinstrom. Die edelsten Gewächse wachsen auf eisenhaltigem Tonboden im Rheingau, im Schutz des Taunus zwischen Mainz und Bingen. Schloß Johannisberg, Steinberg, Rauenthal, Markobrunn, Hattenheim, Gräfenberg, Vollrads, Rüdesheim sind die bekanntesten Marken von hier; Geisenheim, Hochheim, Neroberg (bei Wiesbaden) desgleichen.

Aus Rheinhessen stammen der rote Ingelheimer, der Scharlachberger (von Bingen), Laubenheimer, Niersteiner, Oppenheimer usw., gute Mittelweine; dazu gehören auch die Weine der hessischen Bergstraße, Heppenheimer, Bensheimer, Amorbacher.

---

[1]) Der Menge nach steht Deutschland in der Weinerzeugung der Erde an siebenter Stelle, mit 1905: 3850000 hl = etwa 2,4% d. Weltprod.; 1898: 2090000 hl; der Verbrauch pro Kopf der Bevölkerung war 1899: 4,7; 1905: 7,3 Liter. Der Qualität nach wurde der deutsche Wein im Durchschnitt am höchsten bewertet (s. S. 124, Anm. 2).

Die Haardtweine der bayrischen Pfalz sind erst in den letzten Jahrzehnten in den Vordergrund getreten; hier sind über 10 000 ha bepflanzt. An den östlichen Hängen finden sich die besten Lagen: Forster, Deidesheimer usw. Am Rheine unterhalb Bingen wachsen weniger gelobte Marken: Lorcher, Bacharacher, Drachenblut vom Siebengebirge bei Bonn. Der Rotwein von Aßmannshausen ist vortrefflich.

Der warme Boden des Rheinischen Schiefergebirges begünstigt die Weinrebe. Der Moselwein ist leichter als der Rheinwein und hat etwas mehr Säure. Er ist nicht so haltbar (10 Jahre), aber seit den 70er Jahren sehr beliebt. Besonders das Gebiet zwischen Trier und Cochem erzeugt ihn auf Terrassen an der Mosel; Trarbacher, Erdener, Ürziger, Josephshofer, Brauneberger, Piesporter sind geschätzt, auch die Orte um Trier und im Ruwertal (Grünhäuser) und Saartal (Scharzhofer) sind bekannte Produktionsorte. Der rote Ahrwein (Walporzheimer) wird gerühmt.

Gibt die Weinrebe so in der Nähe ihrer Polargrenze den besten Wein, so sind doch auch weiter im Süden die Weine noch recht gut. Der vortreffliche Stein- und der Leistenwein bei Würzburg werden gerühmt; aber auch andere Lagen an Main und Saale sind nicht schlecht. Der Wein des Nahetales und seiner Nebentäler (Alsanz-, Guldenbachtal) hat gewisse Eigenschaften der Rhein- und Moselweine. Im Neckartal wachsen etwas herbe Gewächse (Weinsberg mit Weinbauschule), die im Lande aber als recht trinkbar gelten: „Neckarwein-Schleckerwein".

Im Taubertal (Mergentheim, Markelsheim) wird ein würziger Wein gewonnen. Der badische weiße Markgräfler von den Vorbergen des Schwarzwaldes (Feldberg, Müllheim, Lörrach, Laufen u. a. Produktionsorte), der rote Affentaler aus der Ortenau sind beliebte Weine. Die Elsaßweine (Rappoltsweiler, Reichenweier, Türkheimer, Thanner, Volkheimer, Wolxheimer, Dambacher) gelten als nicht genügend gepflegt. Lothringen erzeugt meist Rotweine. Die Reichslande bringen fast ⅓ der deutschen Weinproduktion hervor.

Am Bodensee wird der rote Meersburger geschätzt.

Die Weine in Thüringen (Saale- und Unstruttal) und in Sachsen (bei Meißen, Dresden, Pirna,) sind geringer Qualität.

Die warme und fruchtbare Rheinebene zwischen Basel und Bingen ist einer der wichtigsten Tabakdistrikte[1]) Europas (Kreis Mannheim, Offenburg, Heidelberg, Karlsruhe, Pfalz, Freiburg, Unterelsaß, Kreis Baden, Provinz Starkenburg); auch im unteren Neckartal und im Regnitztal (zwischen Bamberg und Fürth) wird Tabakbau getrieben.

Zichorienanbau findet sich im württembergischen Neckarkreis, in der badischen Rheinebene (Bezirke Freiburg, Karlsruhe, Mannheim) und an der Grenze von Gebirgsland und Flachland im Braunschweigischen, Anhaltischen und Magdeburgischen.

Flachs- und Hanfbau sind in Südwestdeutschland kaum erwähnenswert. Für die Tierzucht wichtig ist der Anbau von Futtergewächsen. Der natürliche Graswuchs ist umfangreich im Gebirgsland, wo die Nieder-

---

[1]) Prod. im Durchschnitt der Jahre 1900—1902: 35 000 T. = 3,2% d. Weltprod. Qualitäten und Verbrauch s. S. 137, Anm. 2.

schlagsmengen groß sind, so im südlichen Alpenvorland, im Schwarzwald und in dem Wasgenwald, im Fichtelgebirge, Böhmerwald und den anderen deutschen Gebirgen. Die Grasnutzung des Ackerlandes ist ebenfalls hauptsächlich in den Gebirgen durch die Gunst der Verhältnisse hervorgebracht, so im südlichen Schwarzwald, in der Eifel und im Westerwald, sonst durch die steigende Intensität des Ackerbaues stark zurückgedrängt. Man baut hauptsächlich Wurzelgewächse zur Stallfütterung. Der Futterrübenbau ist am ausgedehntesten im Rheintal (Mannheim über 20% der Getr., das badische und hessische Rheintal). Am meisten wird die Runkelrübe angebaut, nämlich im ganzen Rhein- und Maintal, im südlichen hessischen Bergland und in Thüringen (über 5% der Getr.), aber auch im Königreich Sachsen und im übrigen Gebirgsland. Auch die Kohlrübe bevorzugt das Gebirgsland, wird aber weniger angebaut. Die Wasserrübe wird namentlich als Nachfrucht („Stoppelrübe") recht ausgedehnt in der mit langem, warmem Herbst ausgestatteten oberrheinischen Tiefebene gezogen, besonders im badischen Anteil und im Unterelsaß, aber auch im Kreis Mannheim und im rechtsrheinischen Hessen, weniger im Neckartal und in Franken.

Der Anbau von Kraut und Feldkohl ist ziemlich umfangreich im Königreich Sachsen (Chemnitz 4,6% der Getr.), in Altenburg, Oberfranken und in der Oberpfalz (5%); aber auch im übrigen Südwestdeutschland ist er nicht ganz unbedeutend.

Luzerne und Esparsette sind in Südwestdeutschland viel wichtiger als in Norddeutschland. Die Luzerne bevorzugt die warmen Talgründe der Mosel, des Rhein, Main und Neckar, und kommt auch in den Tälern und Ebenen Unterfrankens und Thüringens gut fort. Die Esparsette zeigt in ihrer Verbreitung Zusammenhang mit der Verteilung der Kalkböden; so wird sie in der Rauhen Alb (Kreis Konstanz 9,1%, Waldshut 7,7%, Hohenzollern 7,2, Donaukreis und Schwarzwaldkreis 3,3 bis 3,5% des Getreidebodens) sowie im Fränkischen Jura, ferner sehr stark in Rheinhessen, auch im westlichen Thüringen (Sachsen-Meiningen, Sachsen-Koburg-Gotha, Schwarzburg-Rudolstadt, Sachsen-Weimar und Regierungsbezirk Erfurt) angebaut.

In der Pfalz hat der Kleebau Bedeutung, der in den angrenzenden Teilen der Rheinebene durch Luzerne- und Esparsettebau herabgedrückt ist (5 bis 7%), sonst aber in Süd- und Mitteldeutschland 10 bis 20% der Getreidefl. beschlagnahmt. Inkarnatklee findet sich am Mittelrhein; die Lupine wird nicht viel gepflanzt.

Die **Tierzucht**[1]) Deutschlands beruht hauptsächlich auf den erwähnten natürlichen Wiesen und Weiden und den angebauten Futtergewächsen und zeichnet sich durch rationellen Betrieb aus.

Die große Zweiteilung Deutschlands in Flachland und Gebirgsland tritt auch hier zutage. Das Niederungsrindvieh zeichnet sich in den grasreicheren Küstenländern durch hohe Mastfähigkeit und gute Milchergiebigkeit aus, während es infolge seines etwas trägen Temperamentes zur Arbeit wenig

[1]) 1900: Rinder 18,94; 1904: 19,33 Mill. = 5,5% d. Weltprod.; Schafe und Ziegen 12,96 Mill. = 2,4% d. Weltprod.; Schweine 18,92 Mill. = etwa 10% d. Weltprod.; Pferde, Maultiere 4,2 Mill. = 5% d. Weltprod.; Bienenstöcke 2,6; Federvieh 64,56 Mill. Stück.

geeignet ist; es dominiert fast ausschließlich im Küstenland; erst gegen das Mittelgebirge hin mischt sich ein geringer Prozentsatz Bergvieh bei (Hannover 10%, Schlesien 13%). In Mitteldeutschland finden sich beide Rassen gemischt[1]) (Königreich Sachsen 32,3% Bergvieh, etwas mehr Lippe, Waldeck, Provinz Sachsen, Rheinland 43,2%). In Süddeutschland dominiert das Bergvieh.

Das Bergrindvieh findet auf den Gebirgen zwar kräftiges, aber nicht zu reichliches Futter, wird durch die körperliche Anstrengung des Bergesteigens in der frischen Luft am Körper gekräftigt und eignet sich auch durch sein lebhafteres Temperament zum Arbeitstier. Dabei haben die einzelnen Gebirge ihren Tieren wieder gewisse Eigenarten aufgedrückt (Sudeten-, Wasgen-, Harzervieh usw.). Das Höhenvieh herrscht völlig vor in Baden, Hohenzollern, Württemberg, Bayern, Großherzogtum Hessen; in den Thüringischen Staaten mischt sich schon ein kleiner Prozentsatz Niederungsvieh bei, dann folgt Hessen-Nassau, Elsaß-Lothringen (84,4% Bergvieh), dann folgt der Sprung auf 43,2% Bergvieh im Rheinland.

Mit dieser Verteilung der zwei Hauptrassen hängt es nun zusammen, daß Norddeutschland das Gebiet der Milchkühe ist, daß hier eine bedeutende Meierei entstanden ist. Für Schleswig-Holstein ist z. B. der Prozentsatz der Milchkühe 75%, für den Niederrhein (Regierungsbezirk Düsseldorf) 70%. Auch Hinterpommern, der Bezirk Stralsund, Rügen, Mecklenburg, fast ganz Hannover, Lippe, das nördliche Königreich Sachsen usw. zeigen ähnliche Prozentsätze der Milchkühe. Aber auch das übrige Norddeutschland hat relativ viele Kühe (meist 55—65%). Die Butterfabrikation ist bedeutend. In Südwestdeutschland weist nur das Rheintal und das grasreiche Oberbayern im Alpenvorland ähnliche Zahlen auf. In den Küstenländern an der Nordsee, hinüber bis gegen die Oder, ist neuerdings zur Molkereiwirtschaft die Aufzucht von Mastjungvieh getreten.

Die Rindviehdichte ist abhängig besonders von der Verteilung des Grundbesitzes, sodann von der Volksdichte und dem Vorhandensein großer Bevölkerungszentren, wo die Produkte Absatz finden können. In Südwestdeutschland ist darum die Rindviehdichte viel größer als in Norddeutschland. Württemberg hat dreimal so viel Rinder, die zu einem guten Teil dem Kleingrundbesitzer das Zugtier sind, als Pommern. Am höchsten ist die Dichte in Sachsen-Altenburg, Württemberg, Schleswig-Holstein (!), Bayern, Königreich Sachsen. Den Wert aller Rinder (1892: 17,56; 1900: 18,94; 1904: 19,33 Mill.) Deutschlands schätzte man 1892 auf etwa 3,5 Milliarden Mark.

Für die Pferdezucht ist Norddeutschland schon durch seine Bodengestalt mehr geeignet als Südwestdeutschland mit seinen beschränkten Ebenen. Dort ist die warmblütige, spätreife Pferderasse mit feinerem Knochenbau verbreitet, hier die kaltblütige, frühreife, massivere. Jene hat für die Remontierung unserer Kavallerie eine hervorragende Bedeutung. Ostpreußen hat die meisten Pferde, und die ausgezeichnetste Zucht (Hauptgestüt Trakehnen). Westpreußen, Schleswig-Holstein, Posen usw. folgen.

---

[1]) Man spricht hier auch wohl von einer Mischrasse „Landvieh".

Die Schafzucht ist auch heute noch am bedeutendsten in Norddeutschland, in den Gegenden des Großgrundbesitzes; da aber die Wollschafzucht[1]) heute bei der Konkurrenz Australiens, Argentiniens und des Kaplandes unrentabel geworden ist, weicht sie der intensiven Landwirtschaft. In manchen Gegenden werden die Schafe zur Fleischlieferung gezogen, so in Anhalt, Braunschweig, Provinz Sachsen, und wahrscheinlich wird diese Zuchtrichtung noch sich ausdehnen. Im westlichen und südlichen Deutschland, auch im Königreich Sachsen ist die Schafzucht, welcher der Kleingrundbesitz ungünstig ist, schwach entwickelt.

Die Schweinezucht ist im Mittelgebirge stark, in Schaumburg-Lippe und Lippe, in den Thüringischen Staaten, in der Provinz Sachsen, in Braunschweig (Wurstwaren), Anhalt, Westfalen (Schinken und Rauchfleisch!), Hessen, Königreich Sachsen (Meißen und Oschatz) usw. Im Norden ist die Schweinezucht bei dem Vorherrschen des Großgrundbesitzes gering, nimmt aber mit der Entwickelung der Molkerei zu.

Die außerordentlich genügsame Ziege ist des kleinen Mannes Kuh. Im Mittelgebirge wird sie viel gehalten.

Der Kleingrundbesitz hat das meiste Geflügel, also wird es im Südwesten am zahlreichsten sein; doch führt Deutschland noch viel von seinen Produkten ein[2]).

Bergbau. Deutschland ist reich an Kohle und Eisen.

Die Steinkohlenflöze[3]), Mulden im alten Faltengebirge, selbst gefaltet und oft gebrochen, sind von jungen Gesteinsablagerungen überdeckt und gehören nur dem Gebirgsland, und besonders seinem Rande, an. Die wichtigsten liegen im und am Rheinischen Schiefergebirge.

In der Aachener (oder Wurm-) Mulde wird der Abbau durch Tiefliegen und verschiedenes Niveau der Flöze erschwert; aber die Qualität der Kohle ist gut. Die benachbarte Inde- oder Eschweiler Mulde hat nur beschränkte Bedeutung. Die Rheinischwestfälische oder Ruhrmulde (Vorrat auf 129 Milliarden Tonnen geschätzt, davon 29,3 bis zu 1000 m Tiefe) ist das wichtigste Kohlenvorkommen Deutschlands. Über 70 bauwürdige Flöze (davon 11 jenseits 700 m Tiefe) von etwa 70 m Mächtigkeit setzen es zusammen. Die Tiefenverhältnisse sind sehr günstig; denn ein guter Teil aller Kohlen liegt zwischen der Oberfläche und 200—250 m Tiefe. Auch die Lagerungsverhältnisse sind günstig; die Flöze sind wenig Niveauverschiebungen unterworfen gewesen. Die verschiedensten Qualitäten für die verschiedensten Ansprüche werden gefördert, und die Ruhrkohle wird für gleichwertig der englischen oder für besser angesehen.

Kleine Kohlenvorkommen, in die nordwestdeutsche Ebene vorgeschoben, finden sich bei Ibbenbüren und am Piesberg bei Osnabrück in den zwischen Weser und Ems sich hinziehenden Höhenzügen (Teutoburger Wald usw.).

---

[1]) An Wolle erzeugte D. 1903 (nach Schätzung) 1,9% d. Weltprod. [2]) 1905 an Eiern, lebendem und totem Federvieh für 175,07 Mill. Mk. [3]) 1905 prod. D. 121188000 (1906: 136480000) T. Steinkohlen und 16491000 (1906: 20326000) T. Koks; 1904: 120694000 T. Kohle = etwa 15% d. Weltprod.; 1903: 116638000 T.; 1902: 107474000 T.; 1850 erst 5184000 T. Verbraucht wurden 1902: 95363000 T., 1904: 107160000; 1906: 126157000 T. Steinkohlen. Die Ausf. betrug 1905: 21875000; 1906: 24086000 T., die Einfuhr 18250000; 1906: 18380000 T. Kohlenverbrauch pro Kopf 1904: 1,80 T. gegen 2,98 in Belgien, 3,76 in den Verein. Staaten und 3,89 in England.

An den Südabfall des Hunsrück lehnt sich das Kohlenbecken von Saarbrücken, 88 bauwürdige Flöze, auf 14 Milliarden Tonnen geschätzt, doch stark verworfen; schlagende Wetter sind häufig. Die Qualität der Kohle ist im allgemeinen gut.

Südöstlich vom Harz finden sich einige unbedeutende Lager: Wettin, Löbejün, Grillenberg, Ilfeld; bei Hannover einige kleine Flöze am Deister und Osterwald; im Thüringer Wald bei Manebach und Goldlauter, am Frankenwald bei Stockheim. Wichtig sind wieder die Steinkohlenlager des Königreichs Sachsen. Das Zwickauer Kohlenfeld (27 m Mächtigkeit) und das Lugauer Bassin sind die wichtigsten, das Feld von Flöha (arm), das Döhlener Becken (im Plauenschen Grund), bald erschöpft, sind minder bedeutend; durch Verwerfungen, Wässer und schlagende Wetter wird der Bergbau erschwert und gefährdet. Auf dem Rücken des Erzgebirges sind kleine Kohlenvorkommen bei Brandau, Zaunhaus, Altenberg, Saida, Schönfeld zu verzeichnen.

Der dritte große Kohlenkomplex findet sich in Schlesien. Dort liegt in Niederschlesien die Waldenburger Mulde (31 bauwürdige Flöze mit 42 m Kohle). Verwerfungen und Wässer erschweren den Abbau. Die Kohle ist zur Koksbereitung sehr gesucht. In Oberschlesien findet sich eine Reihe dicht beieinander liegender Flöze (114 mit über 150 m Kohlenmächtigkeit; bis zu 1500 m Tiefe 101,5 Milliarden Tonnen)[1]) um Beuthen, Gleiwitz, Königshütte. Die Lager sind flach und regelmäßig gelagert, die Qualität der Kohle ist gut.

Süddeutschland ist sehr arm an Steinkohle (aber reich an Wasserkräften); Penzberg (südlich von München), Miesberg, Muter sind zu erwähnen.

Es findet sich also die Steinkohle, vom Saarbrückener Revier abgesehen, längs der Berührungslinie von Gebirgsland und Tiefland, einer alten Küstenlinie. Das gibt diesen Randlandschaften hohe industrielle Bedeutung.

Die Braunkohlenlager[2]) gehören ebenso wie die Steinkohlen hauptsächlich den mitteldeutschen Randlandschaften, aber auch dem norddeutschen Flachland an. In der niederrheinischen Bucht liegen die mächtigsten (bis über 30 m) Lager, die bei Brühl, Horrem, Liblar, Bergheim usw. abgebaut werden. Es findet sich Braunkohlenbergbau im kleinen im Westerwald bei Marienberg und Westerburg, in der Wetterau, am Vogelsberg und in der Rhön, in der hessischen Senke am Habichtswald, Kaufunger Wald, Knüll, Meißner, Reinhardswald und an der Söhre; bedeutend ist der Bergbau nordöstlich des Harz bei Helmstedt, Oschersleben, Löderburg, Westeregeln usw., in der Gegend von Halle und Weißenfels. Bei Rottleben in Thüringen findet sich ein Flöz von 42 m Mächtigkeit. Auch im nördlichen Teil des Königreichs Sachsen, im Erzgebirge, in Schlesien (Liegnitz), in Brandenburg (Regierungsbezirk Potsdam und Frankfurt), am Südfuß der Alb, in Oberbayern (Miesbach) wird Braunkohle abgebaut.

Die wichtigsten Eisenerzvorkommen[3]) sind die oolithischen Eisenerze, die sogenannten Minetten (Diminutiv von Mine = Erz). Sie finden sich im

[1]) Bis zu 1000 m Tiefe: 44 Milliarden T. [2]) Prod. 1899: 34 205 000; 1902: 43 126 000; 1904: 48 635 000; 1905: 52 473 500 T., 56,6% der auf der Erde geförderten Braunkohlen; 1906: 56 241 000 T. [3]) D. und Luxemburg erzeugten 1901: 16 570 000; 1902: 17 964 000; 1903: 21 231 000; 1904: 22 047 000 nach anderer Quelle 21 231 000) T. Eisenerz = etwa 21,6% d. Weltprod., verbrauchten aber 1904: 24,7 Mill. T. und prod. 1900: 8,38 Mill. T. Roheisen (fast 21% d. Weltprod.), 1904: 10 104 000 T.; 1903:

nördlichen Teile Lothringens (vier Hauptlager mit bis über 8 m Erz), und auf ihrer Produktion ($^2/_3$ der ganzen deutschen Produktion) beruht ein bedeutender Teil unserer westlichen Eisenindustrie. Geringere Lager finden sich auch in Oberschlesien. Im Siegerlande, unmittelbar am Ruhrkohlengebiet, sind Spateisensteinlager außerordentlich wichtig. Die andern Eisenlager Deutschlands sind weniger bedeutend: Roteisenstein im Lahn- und Dillgebiet (Wetzlar, Dillenburg), im Diemeltal und bei Rübeland im Harz; Magneteisenstein bei Berggießhübel (Sachsen), Schmiedeberg (Schlesien); kleine oolithische Eisenerzvorkommen bei Aalen und Wasseralfingen (Süddeutschland) und bei Harzberg und im Teutoburger Wald. 1900 waren 40 000 Arbeiter in den Eisenbergwerken Deutschlands beschäftigt.

Wir sehen, daß auch die Eisenerzlager am meisten in der Randzone zwischen Südwest- und Norddeutschland sich finden und dort mit den Kohlenlagern nahezu gemeinschaftlich vorkommen, wie in Oberschlesien und im Ruhrkohlengebiet. Im südwestlichen Deutschland bietet nur Saarbrücken mit Lothringens Erzen ein allerdings hervorragendes Zentrum.

Mangan[1]) wird in mäßigem Umfang produziert.

Kupfererze[2]) werden (seit 800 Jahren) ausgebeutet im Mansfeldischen (Kupferschiefer), das 1898 $^3/_5$ der Gesamtproduktion Deutschlands lieferte, im Rammelsberg bei Goslar (seit 1000 Jahren), bei Ilmenau (Thüringen), Stadtberge (Westfalen), Zweibrücken, Twiste (Waldeck), Kupferberg (Schlesien), d. h. in der Mittelzone Deutschlands.

Galmei und Zink[3]) werden in Schlesien (Tarnowitz und Beuthen), am Harz und im Rheinland (Aachen, Stolberg), d. h. wiederum in der mittleren Zone, abgebaut.

Blei[4]) wird mit Zink in Schlesien, Rheinprovinz (Euskirchen) und in Hessen-Nassau gewonnen.

Kalisalz[5]), Steinsalz und Kochsalz[6]) scheinen in ungeheuren Mengen das norddeutsche Flachland zu unterlagern. In Kalisalzen besitzt Deutschland fast ein Monopol. Kalilagerstätten befinden sich in der Provinz Sachsen, in Anhalt, Thüringen, Braunschweig, Mecklenburg, Mark Brandenburg und Hannover im Untergrunde. Staßfurt, Leopoldshall, Schönebeck, Halle, Segeberg (Holstein), Hohensalza sind Produktionszentren von Salzen, ferner Kreuznach, Schwäbisch-Hall, Rottweil, Eisenach usw.

Ein wenig Gold wird aus den Kupfererzen von Mansfeld, aus Silbererzen, aus Flußsand usw. gewonnen.

Für Silber[7]) ist Bleiglanz das wichtigste Erz, nächstdem Kupfererz. Silber gewinnt man bei Klausthal, Zellerfeld, Andreasberg im Harz, am Ram-

---

10 086 000 T. = fast 22%; 1905: 10 987 600 T. = 20,3% d. Weltprod., gegen 350 000 T. im J. 1850. 1904 erz. Rheinland u. Westfalen 4 016 000, Lothringen-Luxemburg 3 268 000, Schlesien 824 000, Saarbezirk 753 000 T. Roheisen. Stahl 1900: 6,26 (1902: 7,8) Mill. T. (über 23% d. Weltprod.), gegen 10 000 T. i. J. 1850. 1905 prod. D. 10 066 600 T. Stahl = 22,9% d. Weltprod. D. soll nach Schätzung 2200 Mill. T. Eisenerz besitzen.

1) Prod. 1900: 59 200 T. = etwa 4,2% d. Weltprod. 2) 1902 Kupfererzeugung in D.: 21 600 T., 1903: 21 200 T. = 3,8%; 1905: 22 160 T. = 3,1% d. Weltprod. 3) Prod. 1904: 191 100 T. = 30,6% d. Weltprod. 4) Prod. 1904: 137 600 T. = 14,8% d. Weltprod. 5) Prod. von Rohsalzen 1905: 2 000 000 T. im Werte von 80 Mill. Mk., Absatz von Kalierzeugnissen, auf reines Kali berechnet, 482 000 T. 6) Prod. 1903: 1 667 000 T. = 13,8% d. Weltprod. 7) Bergwerksproduktion 1903: 181,1 T. = 3,4%; Hüttenprod. 396,3 T. = 7,5% d. Weltprod.

melsberg, im Mansfeldischen, in Oberschlesien usw. Die Erzgänge des Erzgebirges (Freiberg) und Harzes (Andreasberg) sind erschöpft.

Erwähnt seien noch das Petroleum[1]) (Pechelbronn im Elsaß, Wietze in Hannover), die Solnhofener Schiefer (Lithographensteine), die Mühlsteine von Koblenz, der Bernstein an der samländischen Küste (Palmnicken).

Die Verteilung von Kohle und Eisen ist in erster Linie bedingend geworden für die **Industrie**; in zweiter Linie kommen (und in Zukunft vielleicht mehr) verfügbare Wasserkräfte in Betracht, durch sie wird Bayern und überhaupt das gebirgige Deutschland den Mangel an Kohle (s. oben) ausgleichen könncn. Die Metallindustrie[2]) zeigt diese „Bodenständigkeit“, indem sie in Rheinland-Westfalen und in Schlesien ihre Zentren hat. Essen (Gußstahl-Krupp) und Bochum (Gußstahl), Solingen und Remscheid (Messer, Klingen), Iserlohn (Nadeln), Hagen, Hamm, Hörde, Siegen, Lüdenscheid, Mülheim, Meiderich, Ruhrort, Duisburg usw. sind die Hauptsitze der Metallindustrie im Ruhrkohlenbezirk, Gleiwitz, Königshütte, Beuthen, Kattowitz, Zaborze, Laurahütte in Oberschlesien, Aachen im Wurmgebiet. Der Maschinenbau ist in Essen, Köln-Deutz, Düsseldorf, Chemnitz, Berlin, Breslau bedeutend, der Schiffsbau[3]) in Stettin (Vulkan), Danzig und Elbing (Schichau), Hamburg, Kiel, Geestemünde, also wie natürlich am Meere ansässig. Eisenbahnwagen werden in Berlin, Breslau, Aachen, Köln, Nähmaschinen in Dresden, Berlin, Hamburg usw., optische Instrumente in Rathenow, Jena, Berlin, München, Leipzig, Uhren in Berlin, Glashütte, Furtwangen usw. erzeugt. Die Gewebe (Textil)industrie[4]) siedelte sich ebenfalls meist in den Kohlendistrikten an: die Baumwollindustrie[5]), die natürlich auf Einfuhr des Rohstoffes angewiesen ist, in Elberfeld-Barmen und München-Gladbach am Ruhrgebiet, in Chemnitz, Plauen und Zittau im Königreich Sachsen, in Mülhausen (Wasserkräfte) südlich von Saarbrücken; die Woll- und Tuchindustrie in Aachen, Burtscheid, Düren, Eupen; in Werdau, Glauchau, Meerane, Krimmitschau in Sachsen, in Görlitz, Kottbus, Berlin nahe den sächsischen und schlesischen Steinkohlen. Die Seidenindustrie hat ihre Hauptsitze in Krefeld und München-Gladbach (Rheinprovinz), Berlin, die Leinenindustrie in Bielefeld, bei Zittau (Sachsen) und in Hirschberg, Lauban, Sagan (Schlesien). Von den kleineren Industrien seien genannt die chemische Industrie[6]) in Köln, Frankfurt a. M., Ludwigshafen und Höchst a. M. (Farbwerke), Berlin, Leipzig usw.; die Aluminiumindustrie[7]) zu Rheinfelden (Baden); die Porzellanfabrikation[8]) in Meißen, Berlin, München, Steingutfabrikation in der Rheinprovinz, Saarbrücken, Waldenburg in Schlesien, Glasfabrikation[9]) im Riesengebirge, Böhmerwald, Hunsrück, Kautschukwarenindustrie[10]) in Harburg und Berlin.

---

[1]) Prod. 1901: 313 600 Barrel = 0,2% d. Weltprod. Vgl. S. 83. [2]) Produktionswert (Verkaufswert) der Montan- und Eisenindustrie 1897: 3876 Mill. Mk. [3]) Prod. 1901 (einschl. Kriegsschiffe): 284 000 Brutto R.-T. = 9,2% d. Weltprod. [4]) Produktionswert der Halbfabrikate 1897: 835 Mill. Mk., der Ganzfabrikate 1915 Mill. Mk. [5]) 1903: 7,3% der Spindeln, 10% der Webstühle der Welt. [6]) Produktionsw. 1897: 948 Mill. Mk. [7]) Prod. zusammen mit Schweiz u. Österreich (s. dort!) 3000 T. (nach Schätzung) = 34,3% d. Weltprod. [8]) Prodw. d. keramischen Ind. 1897: 114 Mill. Mk., der Steinbruch- und Zementind. 161 Mill. Mk. [9]) Prodw. 1897: 115 Mill. Mk. [10]) Prodw. der Kautschuk-, Guttapercha- und Zelluloidindustrie 1897: 79 Mill. Mk.

Die Bierbrauerei (München, Nürnberg, Kulmbach, Berlin, Dresden usw.)[1]), Zuckerfabrikation, Spiritusindustrie[2]), Tabakindustrie[3]) (Berlin, Leipzig, Magdeburg, Pfalz; Bremen und Hamburg: Einfuhrhäfen des Rohstoffes) knüpfen sich an den Landbau (s. S. 174 ff.), die Lederindustrie[4]) (Berlin, Köln, Frankfurt a. M.) zum Teil an die Viehzucht (s. S. 179 ff.), die Papier-[5]) (Rheinprovinz, Berlin, Königreich Sachsen), Holz-, Pianoforte- und Möbel- (Berlin, Dresden, Breslau, Leipzig usw.), Spielwaren- (Sonneberg, Nürnberg, Gotha usw.) Industrie an die Waldausnutzung (s. S. 150 ff.).

Dem **Verkehr** im Innern steht ein ausgedehntes und weithin (besonders in Norddeutschland) schiffbares Flußnetz (Rhein, Elbe, Weser, Oder, Weichsel) zur Verfügung, das immer weiter künstlich leistungsfähiger gemacht wird und durch Kanalverbindungen zwischen den Flußsystemen innerhalb Norddeutschlands ausgezeichnet ergänzt werden kann; vieles ist schon geschehen. Aber auch Süddeutschland sieht sein Flußnetz durch Kanäle mit den französischen Flüssen (Rhein-Rhône- und Rhein-Marnekanal) verbunden; und der Ludwigskanal verbindet den Main mit der Donau, die eine wichtige Straße nach Österreich-Ungarn abgibt. Der Bodensee wird von Dampfern befahren.

Das Landstraßennetz (ausgedehnte Chausseen), das Telegraphen-, Telephon- und Eisenbahnnetz ist ziemlich dicht in den wirtschaftlich wichtigen Landesteilen, besonders in den industriellen Gegenden, die zum Absatz ihrer Produkte guter und ausgedehnter Verkehrseinrichtungen bedürfen. Dort konzentriert sich auch der Binnenhandel.

Die Lage Deutschlands im Zentrum Europas bringt es mit vielen Landnachbarn in Berührung und macht es zu einem wichtigen Durchgangsland zwischen Nord- und Süd-, West- und Osteuropa. Diese Nachbarlage ist einesteils günstig für die wirtschaftliche Entwickelung, andererseits erfordert sie eine starke Rüstung gegenüber nachbarlichen Ansprüchen; doch dürfte die Gunst der Lage in der Folgezeit immer mehr in den Vordergrund treten.

Der Verkehr mit den Landnachbarn [1905: Österreich-Ungarn (10,4% d. Einf., 10,2% d. Ausf.), Rußland (14,7% d. Einf., 6,3% d. Ausf.), Niederlande (3,5% d. Einf., 7,7% d. Ausf.), Frankreich (5,5% d. Einf., 5% d. Ausf.), Belgien (3,7% d. Einf., 5,4% d. Ausf.), Schweiz (2,6% d. Einf., 6,3% d. Ausf.), Italien (2,9% d. Einf., 3% d. Ausf.)] wird besonders durch Eisenbahnen vermittelt; nur nach den Niederlanden ist der Rhein eine wichtige Verkehrsstraße, und Donau und Elbe sind etwas wichtig für den Handel mit Österreich-Ungarn.

Für den Überseehandel hat Deutschland zwar eine ziemlich ausgedehnte Küste zur Verfügung, zum Seeverkehr mit den Nachbarn wohl geeignet, wenn auch schon zum Teil durch Eisbildung zeitweise geschlossen; aber für die neuerliche Entwickelung des Handels zum Welthandel liegt Deutschland bereits etwas abseits der großen Ozeane und kann diese Ungunst der Lage nur durch äußerste Energie in der Wirtschaftsentwickelung aufheben. Der

---

[1]) 1902 wurde die deutsche Bierprod. zu 69 500 000 (1905: 72 715 000) hl geschätzt = 28,4% d. Weltprod.; Verbrauch pro Kopf 125; 1903: 117 Liter. [2]) 1898 wurde die deutsche Branntweinprod. zu 6 576 000 (1900: 7 336 000; 1905: 6 633 000) hl geschätzt = etwa 20%; 1902: 23,7% d. Weltprod.; Verbrauch pro Kopf 8,4; 1905: 6,5 Liter. [3]) Prodw. 1897: 325 Mill. Mk. [4]) Prodw. 1897: 336 Mill. Mk. [5]) Prodw. der Papier- u. Papierverarbeitungsindustrie (fabrikmäßig) 1897: 551 Mill. Mk.

Überseehandel konzentriert sich vornehmlich an der Nordsee, wo die Flußhäfen **Hamburg** mit **Kuxhaven** und **Bremen** mit **Bremerhaven** weitaus die wichtigsten Seehäfen sind. An der Ostsee stehen **Stettin**, **Danzig**, **Lübeck**, **Königsberg** weit hinter jenen zurück. Für die Verbindung von Nord- und Ostsee ist wichtig der Nordostseekanal (Kaiser Wilhelm-Kanal).

Am größten ist der Verkehr mit den Britischen Inseln (10,5% d. Einf., 18,1% d. Ausf.), den Vereinigten Staaten (13,5% d. Einf., 9,3% d. Ausf.), Argentinien (5% d. Einf., 2,3% d. Ausf.), Britisch-Indien (3,7% d. Einf., 1,5% d. Ausf.), Schweden (1,6% d. Einf., 2,7% d. Ausf.), Dänemark (1,7% d. Einf., 3,2% d. Ausf.), Brasilien (2,3% d. Einf., 1,2% d. Ausf.) usw. Handelsflotte 1905: 2,35 Millionen R.-T. (Dampfer 1,77).

Ausfuhr 1900: 4753; 1901: 4513; 1902: 4813; 1903: 5130; 1904: 5316; 1905: 5842 Mill. Mk. (Baumwollwaren 380,2; Wollenwaren 293,7; Maschinen aller Art 290,5; Steinkohlen 231; Zucker 182,8; Seidenwaren 149,4; grobe Eisenwaren 139,5; Gold- u. Silberwaren 117,1; Kleider u. Putzwaren 114,7; feine Eisenwaren 104,3; Häute u. Felle von Pelztieren, Vogelbälge 101,3; Anilin usw. 100,7; lackiertes Leder usw. 98,7; Bücher, Karten usw. 96,4; Bilder usw. 79,5; Spielzeug 68,4; Porzellan 64,6; Wollengarn 63,5; Koks 56,6; Gold gemünzt 53; feine Kupfer- u. Messingwaren 48,6; Rindshäute 46,2; Telegraphenkabel 40; Eisendraht 39,6; Kautschuk u. Guttapercha 39 usw.). Einfuhr 1900: 6043; 1901: 5710; 1902: 5806; 1903: 6321; 1904: 6854; 1905: 7436 Mill. Mk. (Rohbaumwolle 398,2; Weizen 329,4; rohe Schafwolle 327,2; Gerste 189,5; roher Kaffee 170,3; rohes Kupfer 151,6; Kautschuk u. Guttapercha 142,3; Rindshäute 141,7; Steinkohlen 133,7; Gold roh 133,3; gesägtes Bau- u. Nutzholz 130,4; Rohseide 126,6; Häute u. Felle von Pelztieren u. Vogelbälge 126,6; Tabakblätter 122,1; Eier u. Eigelb 121,4; Gold gemünzt 115,6; Chilesalpeter 110,9; Schmalz usw. 109,6; Hafer 107,1; Pferde 104,3; Kleie usw. 103,2; Eisenerze 102,4; Mais 98,0; Wollengarn 93,4; rohes Bau- u. Nutzholz 91,2; Maschinen 78,7; Ölkuchen 74.3; Milchbutter 73,8; Leinsaat 69,7; gekämmte Wolle 69,3; Roggen 68,0; Petroleum 67,7; Baumwollengarn usw. 65,3; Palmkerne, Kopra usw. 61,5; Kalbfelle 60 usw.).

Die **Bevölkerung**, bei starker Auswanderung (1905) 60,6 Millionen (52,1 Millionen Deutsche, 3,1 Millionen Polen, 212 000 Franzosen, 141 000 Dänen, 106 000 Litauer), wohnt auf den 540 700 qkm[1]) des Deutschen Reiches sehr ungleichmäßig verteilt. Während die mittlere Volksdichte 112 auf 1 qkm beträgt, weisen in den rein landwirtschaftlichen Gebieten Norddeutschlands (vom Wald ganz abgesehen) manche stark von Heiden eingenommene Gegenden (Tucheler, Lüneburger Heide usw.) eine Volksdichte unter 25 auf; die Landrücken Norddeutschlands, manche Gebirge Südwestdeutschlands, Oberbayern usw. haben 25 bis 50 auf 1 qkm. Wenn eine landwirtschaftliche Gegend über 50 auf 1 qkm hat, so ist das eine Ausnahme in Norddeutschland (nur in den von bedürfnislosen Polen bewohnten Gegenden nicht), in Südwestdeutschland bei dem Vorherrschen des Kleingrundbesitzes die Regel.

Am bevölkertsten sind die Täler des Rheins (wichtige natürliche Verkehrsstraße zwischen Norden und Süden, Nordsee und Mittelmeer) und seiner

---

[1]) Luxemburg, Großherzogtum, 2586 qkm mit 236 500 Einw., ist wirtschaftlich stark von Deutschland abhängig.

Nebenflüsse (Neckar, Mosel und Saar bei Saarbrücken, Main usw.), vor allem aber die industriellen Gebiete, Ruhrkohlengebiet, Aachen, Saarbrücken, und der Mittellandstreifen zwischen Norddeutschland und südwestdeutschem Gebirgsland, wo fruchtbarster Boden (Löß), Mineralienreichtum (Kohlen, Eisen, Kupfer usw.), Industrie und Verkehrslage (durch die Richtung der Gebirge hier eine natürliche Verkehrsstraße zwischen Osten und Westen) zusammen nach der gleichen Richtung wirken.

Auf diesen beiden Linien liegen auch die großen Städte; auf der Rheinlinie: Mülhausen (89 000 Einw.), Straßburg (167 000 Einw.), Stuttgart (247 000 Einw.), Karlsruhe (111 000 Einw.), Mannheim (163 000 Einw.), Darmstadt (72 000 Einw.), Frankfurt a. M. (337 000 Einw.), Mainz (84 000 Einw.), Wiesbaden (101 000 Einw.), Köln (426 000 Einw.), Düsseldorf (253 000 Einw.), Elberfeld-Barmen (324 000 Einw.), usw.; auf der anderen Linie: Breslau (470 000 Einw.), Liegnitz (55 000 Einw.), Görlitz (81 000 Einw.), Dresden (514 000 Einw.), Chemnitz (244 000 Einw.), Leipzig (503 000 Einw.), Halle (170 000 Einw.), Magdeburg (241 000 Einw.), Braunschweig (136 000 Einw.), Hannover (250 000 Einw.), Bielefeld (63 000 Einw.), Münster (64 000 Einw.), Dortmund (175 000 Einw.), Essen (229 000 Einw.).

Große Volksverdichtungen finden sich dann noch am Meere an den Stätten, von denen dem Handel und der Schiffahrt zugleich das Hinterland durch die Flüsse (und Eisenbahnen) und das Meer offen steht: Hamburg (801 000 Einw.), Bremen (215 000 Einw.), Lübeck (82 000 Einw.), Stettin (231 000 Einw.), Danzig (159 000 Einw.), Königsberg (220 000 Einw.).

Berlin (2,034 Millionen Einw.) verdankt sein Wachstum seiner zentralen Lage zwischen der Seeküste und dem Gebirgsland und zwischen Osten und Westen; München (538 000 Einw.) der im Alpenvorland.

Die deutschen Kolonien in Asien siehe S. 294, im Großen Ozean siehe S. 312 f., in Afrika siehe S. 320 ff., 340 ff., 350 ff., 355 ff.

Österreich-Ungarn [1]).

Von seinen großen Waldgebirgen, namentlich den Karpathen und den Randgebirgen Böhmens, vermag Österreich-Ungarn viel Holz, auch für Export, zu gewinnen. Es ist mit den Ver. Staaten, Schweden, Rußland, Finnland, Kanada einer der wichtigsten Holzproduzenten [2]) der Erde, der besonders Mitteleuropa versorgt.

Die Stätten des Bodenanbaues sind in diesem Gebirgslande die Hügellandschaften und Täler. —

Der **Ackerbau** [3]) wird nur im Westen rationell betrieben, der Osten ist vielfach rückständig und nur zum Teil (Ungarn) in sichtlichem Fortschreiten

---

[1]) Vgl. die natürliche Pflanzenwelt S. 150ff., Fischerei 157. [2]) 1892 führte Öst.-Ung. erst für 111 Mill. Kronen Holz aus, 1900 für 254; 1901: 221,7; 1902: 195,5; 1903: 237,3; 1904: 4 272 000 T. im Werte von 242,6 (1905: 246,7 = etwa 11% der Gesamtausfuhr und etwa 17% alles in den Welthandel kommenden Holzes) Mill. Kronen; davon gingen 2,35 Mill. T. nach Deutschland, 0,74 nach Italien, 0,35 nach Rußland, 0,137 nach der Schweiz. [3]) Österreich: unprod. Boden 6,1%, Ackerland 36,7%, Weinland 0,8%, Wiesen u. Weiden 23,8%, Wald 32,6%. Ungarn 1895: unprod. Boden

begriffen. Infolge der mannigfaltigen Bodenformen ist der Ackerbau recht mannigfaltig auf engen Räumen; gleichförmiger nur in der großen ungarischen Ebene. Letztere ist eines der bedeutendsten Produktionsländer für Weizen[1]), der am meisten in den fruchtbaren Theißmarschen im Süden, wo 65 bis 80% der Getreidefläche ihm gewidmet sind, aber auch westlich der Donau und zwischen Donau und Theiß stark angebaut wird. Eine wichtige Mehlindustrie (Hauptsitz Budapest) knüpft sich an diesen Anbau.

Auch der Gerste[2]) (hochwertige Braugerste) sagt das trocken-warme Klima der ungarischen Ebene sehr zu, die im Westen und bis über die Theiß hinaus sowie im Burzenlande (Siebenbürgen) größere Bodenflächen einnimmt. In Mähren werden in den fruchtbaren Auen um Olmütz und Brünn mit Zuckerrübenboden wie im nordwestlichen Ungarn bis 40% der Getreidefläche dem Gerstenbau gewidmet. Die Gerste herrscht auch in dem mittelmeerisch-trockenheißen Klima der dalmatinischen Küsten und Inseln, neben ein wenig Durra, vor.

Der Feuchtigkeit liebende Hafer[3]) wird überall in den Gebirgen, am meisten in den Karpathen, angebaut, so daß die Darstellung seiner hauptsächlichen Anbaugebiete das ganze Gebirgsgerüst der österreichisch-ungarischen Monarchie abzeichnet.

Der Roggen[4]) findet sich mit dem Hafer in den südlichen Karpathen und in den Alpen angebaut.

Im feuchtwarmen Theißgebiet Südungarns und in den Tälern der siebenbürgischen Randgebirge, ja auch des inneren Siebenbürgens, ferner in den Tälern Tirols, Vorarlbergs und Kroatiens ist der Anbau des Mais[5]) recht begünstigt.

Die ein warmes Klima liebende Hirse nimmt in ganz Ungarn einen kleinen Teil des Ackerlandes ein, dagegen hat sie in dem allerdings geringen Feldbau der mittelmeerischem Einfluß ausgesetzten Alpenzüge Krains, Kärntens, Steiermarks ebenso wie der Buchweizen eine gewisse Bedeutung.

Wie südeuropäisch hier die Verhältnisse sind, darauf deutet der Reisbau in Görz, der übrigens auch im ungarischen Banat wohl noch ein wenig betrieben wird.

Die kalkreichen südöstlichen Alpenzüge und die Karstländer scheinen der Kartoffel sehr zuzusagen. In Galizien und der Bukowina knüpft sich an ihren Anbau eine lebhafte Spiritusindustrie[6]), die auch in Ungarn wichtig ist.

Der anspruchsvolle Rapsbau ist an die Ebenen gebunden und wird im böhmischen Tiefland, in den entwässerten Theißniederungen usw. gebaut.

5,1%, Ackerland 42,7%, Weinland 1,0%, Wiesen u. Weiden 23,4%, Wald 27,8%. Ernte 1905 in Österreich: Roggen 2,49 Mill. T. (i. Durchschnitt der Jahre 1895 bis 1904: 1,91); Hafer 1,8 (1,75); Gerste 1,53 (1,41); Weizen 1,48 (1,22); Mais 0,44 (0,4). 1901: Buchweizen 0,12; Kartoffeln 11,9 Mill. T.; Wein 4,80 Mill. hl. Ungarn 1905: Weizen 4,62 Mill. T.; Roggen 1,43; Halbfrucht 0,8; Gerste 1,41; Hafer 1,26; Mais 2,7; Kartoffeln 5,03 Mill. T.; Wein 3,1 Mill. hl. Bosnien und Herzegowina 1903: Weizen 0,11; Mais 0,21; Gerste 0,09; Hafer 0,08; Kartoffeln 0,06 Mill. T. Österreich 1902: 6,1% der Fläche Roggen; 6,1% Hafer; 4,1% Gerste; 3,5% Weizen; 1,1% Mais; 0,64% Zuckerrüben. Ungarn 1901: 10,2% Weizen; 6,8% Mais; 3,5% Roggen; 3,1% Gerste; 3% Hafer.

[1]) Ungarn erz. 1904: 4,7% (1903: 5,4), Österreich 1,2% der Weltproduktion. [2]) Öst.-Ung. erz. 1904: 8,6% d. Welternte, Österr. 1903: 5,2; Ungarn 4,8% d. Welternte. [3]) Öst.-Ung. erz. 1904: 5,1% d. Welternte. [4]) Öst.-Ung. erz. 1903: 7,9; 1904: 7,7% d. Welternte. [5]) Öst.-Ung. erz. 1904: 2,4; 1903: 5,4% d. Welternte. [6]) Prod. Österreichs 1898: 2746000 (1905: 2530000) hl = 8,4% d. Weltprod., Verbrauch: 10 (1905: 9) Liter; Prod. Ungarns: 2108000 (1905: 1827000) hl = 6,4% d. Weltprod., Verbrauch: 11 (1905: 9) Liter; Prod. Österr.-Ungarns 1902 = 14% d. Weltprod.

Für den Zuckerrübenbau[1]) werden ebenfalls nur die Tallagen benutzt, die in Böhmen (um Prag, in den fruchtbaren Tälern der Elbe, Moldau, Beraun und der unteren Eger), in Mähren (Ebene von Brünn und das Marchtal), in Galizien und der Bukowina, im nordwestlichen Ungarn und bei Kronstadt im Burzenlande gelegen sind.

In Steiermark, vor allem aber in Böhmen (Saaz-Rakonitz, Auscha-Leitmeritz: Rothopfen, Dauba-Melnik: Grünhopfen) wird vorzüglicher Hopfen[2]) erzeugt. Bierbrauerei[3]) ist in Wien, Pilsen (78000 Einw.), Saaz, Prag, Budweis, Leitmeritz, Graz zu Hause. Österreich-Ungarn hat einen großen Ruf als Weinland[4]); es erzeugt etwa viermal so viel (für 200—250 Millionen Mark jährlich) als das Deutsche Reich, aber der Produktionswert pro Hektar steht allerdings weit hinter dem Deutschlands zurück (Deutschland 767 Mark, Österreich 400, Ungarn 200 Mark), wenn auch neuerdings Fortschritte (Weinbauschule zu Klosterneuburg) zu verzeichnen sind. In Böhmen ist der rote Wein von Melnik und der weiße von Beřcovic zu erwähnen, in Mähren der Wein von Znaim. Niederösterreich ist reich an Rebenhängen: Klosterneuburg, Gumpoldskirchen, Vöslau usw. Tirol weist bei Bozen manch gutes Gewächs auf, das sonnige Etschtal ist ein einziger Weingarten, der Gardasee von Rebenhängen umgeben.

Hochberühmte Weine hat Ungarn. An der mittleren Theiß, auf dem rechten Ufer, an der vulkanischen Hegyallya beim Flecken Tarczal wächst der herrliche Tokayer. Der Ausbruch von Ruszt am Neusiedler See, von Ménes (an der Maros), die Weine vom Plattensee, Ofen usw. werden geschätzt. Ganz südländischen Charakter (likörartig), dem Klima entsprechend, hat der ausgedehnt produzierte dalmatinische Wein (Sebenico, Inseln Brazza, Curzola usw.), der aber nicht sorgfältig genug behandelt wird.

Hier am Mittelmeer, auf der Halbinsel Istrien, findet sich auch die Ölbaumkultur.

Für den Obstbau (Äpfel, Birnen, Pflaumen usw.) sind Ungarn, Böhmen, Mähren, aber auch viele Alpenlagen sehr geeignet. Bosnien ist durch seine Pflaumen[5]) berühmt. In Südtirol beginnen Früchte eines wärmeren Klimas: Pfirsiche, Aprikosen, Granatäpfel, bald Mandeln, Feigen, Ananas vorzuherrschen; von Bozen ab treten auch Orangen- und Zitronenbäume auf. Auch im Donau-Theißbecken sind Aprikosen- und Pfirsichbäume häufig.

Die ungarische Tiefebene ist der wichtigste Tabaksdistrikt[6]) Europas; im Alföld an der Theiß nimmt der Tabak relativ große Flächen ein, und sein Anbau setzt sich in die nördlich angrenzenden warmen Gebirgstäler fort, fehlt

---

[1]) 1904/05: 321 000 ha (Rohzuckerertrag 0,88 Mill. T. = 18,7% d. Weltprod. an Rübenzucker; 1905/06: 1495500; 1906/7: 1294200), davon 131000 in Böhmen (0,359), 98000 in Mähren, Schlesien, Niederösterreich und Galizien (0,312), 92000 in Ungarn und Bosnien (0,211). Verbraucht wurden 447600 und ausgeführt 487000 T., namentlich nach Großbritannien, Britisch-Indien, Türkei. [2]) Prod. 1901: 15 670; 1902: 9030; 1903: 5650; 1904: 9000 T. (davon 6400 in Böhmen) = 11,6% der Welternte; 1905: 15% d. Welternte. [3]) Prod. Österreichs 1899: 19 794 000 (1904/05: 19 098 500) hl = 8,7% d. Weltprod.; Verbrauch 72 (1905: 65) Liter; Prod. Ungarns 1566000 (1905: 1500100) hl; Verbrauch 9 (1905: 8,2) Liter. [4]) Prod. Österreichs 1899: 3368000; 1905: 5334000 hl; Verbrauch pro Kopf: 15 (16,8) Liter; Prod. Ungarns 1899: 2041000; 1905: 3835000 hl; pro Kopf: 14 (20) Liter. Prod. Österreichs und Ungarns 1905 = etwa 5,5% d. Welternte. [5]) Prod. 1901 etwa 15 000 T. Auch Siebenbürgen, Kroatien, Slawonien sind sehr reich daran. [6]) Prod. Ungarns 1901: 63 800, im Durchschnitt 1900—1902: 53 500 T. = 5% d. Weltprod. Der ungarische Tabak ist aber sehr geringwertig. Verbrauch s. S. 137, Anm. 2.

aber schon im rauheren Siebenbürgen. In Westungarn bedeckt er nur südlich vom Plattensee größere Flächen. Auch in Südtirol (Trient), in Böhmen und Galizien wird er gepflanzt. Die größten Tabakfabriken sind in Wien, Hainburg, Sedletz, Budweis, Göding und Iglau, Fürstenfeld, Sacco usw.

Flachs[1]) (Tirol, Böhmen usw.) und Hanf[2]) (Ungarn, Kroatien usw.) werden wohl überall in ziemlichem Umfange gebaut.

Die **Tierzucht**[3]) findet in den österreichischen Alpenländern günstige natürliche Bedingungen. Tirol, Vorarlberg und Salzburg haben viel Weiden, wenn auch wenig Wiesen. Die üppigen Almweiden geben die Grundlage der Viehzucht ab; auf sie treibt man (Senner) zum Sommer die Kühe oder Ochsen, seltener Pferde. Mit den mageren Grasflächen der Gipfelregion muß das Kleinvieh (besonders Schafe) vorlieb nehmen. Von den für das Vieh unzugänglichen Bergmähdern gewinnt man schönes Winterfutter. Die östlichen Alpenvorländer: Untersteiermark, Unterkrain usw. haben auch ziemlich viel Wiesen und Weiden, während in Niederösterreich das Grasland gegenüber dem Ackerland bereits zurücksteht. Das saftige Futter des Gebirges erzeugte Milchreichtum der Rinder, so daß in Tirol und Vorarlberg die Fabrikation von Butter und Käse durch Molkereigenossenschaften (doch keine Ausfuhr!) zunimmt.

In dem ziemlich trockenen Böhmen ist die Tierzucht neben dem Ackerbau unbedeutend, selbst die Gebirge, wie der Böhmerwald, tragen nur spärliche Weiden. Besonders das Rindvieh findet meist nur magere Nahrung, zeigt mäßige Milchergiebigkeit, und Mastvieh[4]) wird nur in den Distrikten des Zuckerrübenbaues gezogen. Im Beraungebiet, im unteren Egertal und im böhmischen Mittelgebirge sind Schafe häufig, aber man legt sich jetzt mehr auf die Fleischschafzucht als auf die Wollschafzucht[5]). Dennoch hat sich hier im ganzen Neißetal, in Reichenberg (35 000 Einw.), im Becken von Friedland, auch bei Teplitz und Brüx eine lebhafte Wollindustrie entwickelt und erhalten. Das Elbebecken treibt starke Schweinezucht, massenhaft ist die Gans im ganzen Lande gehalten.

Auf der böhmisch-mährischen Höhe hat sich die Rindviehzucht verbreitet; ein milchergiebiger Schlag findet sich freilich nur in dem „Kuhländchen“, dem futterreichen Odertal bei Neutitschein und Weißkirchen. Für die Pferdezucht ist die Marchebene günstig. Die Schafzucht geht zurück, und die bedeutende Wollindustrie in Brünn (117 000 Einw.) und Umgebung bis nach Iglau hin sowie um Weißkirchen und im Oppatal (Troppau und Jägerndorf) ist z. T. auf Einfuhr des Rohstoffes angewiesen.

Das Waldgebirge der Karpathen hat reiche Weideflächen, und die Viehzucht ist die wichtigste Erwerbsquelle, wenngleich sie primitiv genug betrieben

---

[1]) Österreich 6,2% d. Weltprod.; Ungarn 2,9% d. Weltprod. [2]) Ungarn 11,3% d. Weltprod.; Österreich 2,7% d. Weltprod. [3]) In Österreich 1900: Rinder 9,51 Mill. = 2,7% d. Weltprod.; Schafe und Ziegen 3,64 = 0,7% d. Weltprod.; Schweine 4,68 = 2,5% d. Weltprod.; Pferde, Maultiere, Esel 1,78 = 2% d. Weltprod.; Ungarn 1895: Rinder 6,74 = 2% d. Weltprod.; Schafe und Ziegen 8,43 = 1,5% d. Weltprod.; Schweine 7,33 = 3,8% d. Weltprod.; Pferde usw. 2,33 Mill. Stück = 2,6% d. Weltprod. [4]) Der Schlachtviehexport Österr.-Ungarns umfaßte 1904: 290 000 Stück im Werte von 96 Mill. Kron., die Einfuhr (aus Serbien usw.) 289 000 Stück im Werte von 38 Mill. Kron. [5]) Prod. Österr.-Ungarns an Wolle 1903 (nach Schätzung) 2,4% d. Weltprod.

wird. In der Bukowina herrscht eine Art Almenwirtschaft. Im galizischen Flachland gedeiht die Zucht von ausdauernden und feurigen Pferden. Auf den Saumpfaden der Ostkarpathen sind die kleinen Huzulenpferde unentbehrlich. Die Rinder Galiziens sind wenig milchergiebig (geben nur den vierten Teil einer guten deutschen Kuh); es wird viel Käse produziert, und die Molkerei entwickelt sich neuestens nach modernen Prinzipien. Besonders wird Mastvieh gezogen. Das grobwollige Landschaf liefert den unvermeidlichen Kleidungspelz und Tuchwolle. Das polnische Schwein hat geschätzte Borsten. Der Eierexport nimmt schnell zu.

In Ungarn, dem Lande der Pußten, der ausgedehnten Steppenebenen, war noch vor wenigen Jahrzehnten die Viehzucht die fast ausschließliche Beschäftigung der Pußtenbewohner. Heute ist sie durch den Ackerbau stark eingeschränkt, aber immer noch sehr bedeutend. Die Rindviehzucht, die hinter der der Alpenländer zurücksteht, züchtet die einheimische Steppenrasse, die zwar sehr gute Zug- und Masttiere liefert, aber wenig milchergiebig ist. Der Milchwirtschaft[1]) wendet man aber in dem dichtbevölkerten westlichen Donauland bereits größere Aufmerksamkeit zu; im Preßburger und Wieselburger Komitat wirkte die Nachbarschaft Wiens nach dieser Richtung belebend (Ungarisch-Altenburg). Milchreich sind die Rinder im oberungarischen Gebirge.

Die ungarische Pferdezucht, durch die Gunst der Natur, Steppenklima und Ebene, unterstützt, züchtet in ausgedehntem Maße ein zähes, dauerhaftes, schnelles Pferdematerial.

Die Schafzucht ist ziemlich umfangreich, wenn auch neuerdings in der Abnahme begriffen. Das Szeklerland soll die feinste Wolle erzeugen. Der Schafpelz ist dem Landmann unentbehrlich. Wie fast überall in Europa verdrängt auch hier das Fleischschaf das Wollschaf.

Die Schweinezucht Ungarns ist recht wichtig und liefert dem Landmann die Hauptnahrung und wichtige Ausfuhrartikel. Der Schweinemarkt zu Steinbruch bei Budapest ist berühmt. Am besten gedeihen die Tiere bei Eichelmast, z. B. im Bakonywald.

Die Geflügelzucht[2]) des Landes entwickelt sich sehr lebhaft.

Die Seidenzucht[3]) wird in den Komitaten Ödenburg, Bács-Bodrog und Torontál betrieben, wie man sie auch in Steiermark (Umgegend von Graz, Marburg usw.), Tirol (bei Trient usw.), Görz und Istrien pflegt.

Siebenbürgen eignet sich durch die bedeutende Ausdehnung natürlichen Graslandes sehr gut zur Viehzucht, aber sie wird ebensowenig rationell betrieben wie im ebenen Ungarn.

Die Rinderzucht ist wenig blühend, die Pferde sind meist kleine Gebirgspferde. Schafzucht und Schweinemast (Szeklerland) herrschen vor.

---

[1]) 90% der Erzeugnisse im Lande verbraucht. [2]) Zahl der in Ungarn vorhandenen Hühner, Enten, Gänse 1884: 11,5; 1895: 110,1 Mill. Stück. Ausf. v. Erzeugnissen der Geflügelzucht aus Ungarn im Durchschnitt der Jahre 1882—85: 11,5, 1903: 65,4 Mill. Kron. (Eier 30,2; geschlacht. Geflügel 15,1; lebendes Geflügel 10,3; Bettfedern 9,8). Ung. ist nach Rußland der wichtigste Exporteur in Geflügelprodukten. Österreich führte 1901 für 25 Mill. Kron. Geflügelprodukte aus. [3]) Prod. Ungarns 1903: 1 707 000 kg Kokons i. Werte v. 4,8 Mill. Kron.; Prod. Österr.-Ungarns an Rohseide 1904: 315 T. = 1,5% d. Welternte.

Pflege der Weiden und Wiesen, Anbau von Futtergewächsen und rationelle Zucht sind wohl noch wenig bekannt.

Der **Bergbau** ist besonders in Böhmen entwickelt; vor allem liegen hier die meisten Steinkohlenlager[1]). Die österreichischen Steinkohlenreviere erstrecken sich meist auf einer westöstlichen Linie von Pilsen nach Galizien. Der Ergiebigkeit nach folgen einander die Reviere von Ostrau-Karwin (bis zu 1000 m Tiefe noch 1000 Millionen Tonnen), eine direkte Fortsetzung der deutschen oberschlesischen Lager, Kladno-Schlan-Rakonitz, Pilsen, Schatzlar-Schwadowitz, Jaworzno-Siersza (Galizien), Rossitz, Oslawan und Mährisch-Ostrau in Mähren, Fünfkirchen, Oravicza, Annina und Resicza in Ungarn. Die Steinkohlenlager sind meist schwer abzubauen, die sehr ausgedehnten Braunkohlenlager[2]) dagegen meist leicht. Die wichtigsten Reviere sind die drei böhmischen Becken: Aussig-Dux-Brüx-Komotau-Saaz; Falkenau-Elbogen-Karlsbad; Eger. In Ungarn wird zu Salgó-Tarján nordöstlich von Budapest, Nograd und Király, St. Peter (Oberungarn), Zsiltal (Siebenbürgen) und Gran, in Steiermark im Tüfferer Zug (bei Cilli) mit dem Zentrum Trifail, zu Voitsberg-Köflach (bei Graz), Fohnsdorf-Obdach, Leoben, Wies-Eibiswald (unterhalb Klagenfurt), in Oberösterreich zu Wolfsegg am Hausruck, in Krain zu Sagor und Tratten, in Dalmatien am Monte Promina, in Istrien zu Carpano, in Bosnien zu Zenica-Sarajevo und Kreka-Terzla Braunkohle gewonnen.

In den kohlenreichen Sudetenländern wird das meiste Eisenerz[3]) produziert: im Prag-Pilsener Becken (Erzlager von Nučic), um Blansko usw. Ein anderes Zentrum liegt am steirischen Erzberg (Eisenerz-Vordernberg), in Ungarn im kohlenreichen Banat (Annina und Resicza). Ferner werden zugeführte Erze im Ostrauer Kohlenbecken und in Triest (Servola) verarbeitet.

Längs des Nordhanges der Karpathen (Galizien) in einer 500 km langen, 30 km breiten Zone zeigt sich großer Reichtum an Petroleum[4]), das in großen Mengen bei Neu-Sandec, Dukla, Potok, Schodnica, Urycz, Boryslaw usw. zugleich mit Erdwachs (Boryslaw und Dzwiniacz) gewonnen wird.

Salz[5]) wird außerordentlich viel produziert; Steinsalz in Wieliczka und Bochnia (Galizien), Ronaszek (Ungarn), Maros-Ujvár (Siebenbürgen), Sudsalz in Galizien, im Salzkammergute (Aussee, Hallstatt, Ischl), in Salzburg (Hallein), Tirol (Hall), Seesalz im trocknen Mittelmeerklima bei Capodistria und Pirano.

Gold[6]) wird in Ungarn (Zalatna, Kremnitz, Schemnitz, Schmölnitz, Nagybánya), Silber[7]) in Böhmen (Příbram), Kupfer[8]) zu Kitzbühel bei Kupferplatten, zu Mitterberg (Tirol), in Ungarn (Göllnitz, Schmölnitz, Igló) usw.,

---

[1]) Prod. 1890: 9,93; 1900: 12,29; 1902: 12,2; 1904: 11,87 (1905: 12,59) Mill. T. = 1,5% d. Weltprod. Der Verbrauch war 1903: 18,1 Mill. T.; Einf. 1905: 6,42; Ausf. 0,91 Mill. T.; Einf. von Koks 1905: 0,54; Ausf. 0,288 Mill. T. [2]) Prod. Österreichs 1903: 22 158 000, Ungarns: 5 272 000 T. = 34% der Weltprod. Ausf. 1905: 8 036 000 T. i. Werte von 63,6 Mill. Kron. [3]) Prod. Österr.-Ungarns an Eisenerz 1903: 3 155 000 T. = 3,2% d. Weltprod.; Roheisen wurde 1903: 1 386 000 T. = knapp 3%; 1905: 1 372 300 T. = 2,5% d. Weltprod. hergestellt gegen 250 000 T. i. J. 1850, Verbrauch 0,03 T. pro Kopf gegenüber 0,17 in Deutschland); Stahlproduktion 1900: 1 127 000 T. = 3,5%; 1905: 1 188 000 T. = 2,7% d. Weltprod., gegen 14 000 T. i. J. 1850. [4]) Prod. Galiziens 1895: 214 800 T.; 1905: 801 800 T.; 1901: 3 372 300 Barrel = 2% d. Weltprod. [5]) Prod. Österreichs 1904: 369 900 T.; 1905: 343 400 T.; Österreich-Ungarns 1903 nach Bartholomew: 510 400 T. = 4,2% d. Weltprod. [6]) 1903: 2 245 000 Dollar (0,7% d. Weltprod.). [7]) 1903 Bergwerksprod.: 50,5 T. = 877 000 Dollar = 0,95%; Hüttenprod. 59,1 T. = 1,1% d. Weltprod. [8]) 1905 Österreich: 870,1 T.; Ungarn 1902: 89 T., zusammen = 0,14% d. Weltprod.

Blei in Kärnten (Bleiberg), Quecksilber[1]) zu Idria, Zinn im Erzgebirge (Zinnwald), Graphit in Böhmen (Schwarzbach) und Mähren (Müglitz), Schwefel in Galizien (Swoszowice), Halbedelsteine in Böhmen und Ungarn gewonnen. Auch Zink[2]) wird erzeugt.

Die **Industrie** ist vielfach noch Hausindustrie. Nur Böhmen, Schlesien, Mähren, Niederösterreich, Steiermark und Vorarlberg haben Großindustrie, in Ungarn entwickelt sie sich mächtig. Daß die Kohlen- und Eisenlager selten beieinander liegen, erschwert den industriellen Aufschwung allgemein.

Die Eisenindustrie ist bedeutend um Prag (mit Vororten 406 000 Einw.) in Witkowitz (Mähren), um Leoben, Steyr, Resicza-Annina (Ungarn) usw. Der Maschinenbau ist in Wien, Budapest, Prag usw., Eisenbahnwagenbau ebenda, der Schiffsbau in Triest, Pola, Fiume, die Glasindustrie besonders in Böhmen (Gablonz und Tannwald, Steinschönau usw.), die Porzellanfabrikation um Karlsbad, die chemische Industrie in Böhmen (Aussig) usw. entwickelt. Die Aluminiumindustrie[3]) hat zu Lend-Gastein ihren Sitz.

Die Baumwollindustrie[4]) hat ihre Stätte in Böhmen (Reichenberg), Niederösterreich (Pottendorf, Trumau) und Vorarlberg (Dornbirn, Bludenz, Feldkirch), die Wollindustrie in Böhmen und Mähren besonders (s. S. 190), die Seidenindustrie in Wien, Pancsova usw., Zucker-, Spiritus-, Tabakindustrie siehe Seite 188—189.

Der innere **Verkehr** Österreich-Ungarns wird vornehmlich durch die Donau (Regulierung am Eisernen Tor) und ihre Nebenflüsse, die mit Dampfern befahren werden (Theiß bis Szolnok, Save bis Sissek, Drau bis Barcs), unterstützt. Die Elbe (bis Melnik) und die Moldau (bis Prag) sind ebenfalls für Dampfer befahrbar, welche die wichtige Verbindung mit Deutschland herstellen. Geplant ist ein Kanalnetz, das zwischen Donau und Elbe und auch zu Oder und Weichsel Wasserstraßen schafft. Die Landstraßen sind in der westlichen Reichshälfte gut, im steinarmen Ungarn und kulturarmen Galizien wenig entwickelt. Telegraphen und Eisenbahnen sind in den wirtschaftlich wichtigen Landschaften bereits reichlich gebaut und überschreiten die absperrenden Gebirgsbarrieren (4 Alpenbahnen; ferner Wien-Dresden und Wien-Breslau) nach allen Seiten. Wien (1,938 Millionen Einw.) erblühte infolge seiner Lage in der Mitte des Reiches, zugleich an der westöstlichen Donaustraße und der wichtigen Nordsüdstraße von der Ostsee zum Mittelmeer. Durch seine Lage zwischen Mittel- und Südosteuropa wird Ungarn ein wichtiges Durchgangsland für den Verkehr (Eisenbahn Wien-Budapest-Konstantinopel resp. Saloniki resp. Constanza). Budapest (792 000 Einw.) liegt unweit der Mitte des eigentlichen Ungarn, an wichtigen Landstraßen und der verkehrsreichen Donau.

Die Seehäfen Österreich-Ungarns liegen am Mittelmeer: Triest (199 000 Einw.), Fiume, Pola (48 000 Einw.), Zara usw., haben schwierige Verbin-

[1]) 1901: 512 T. = 17,1%; 1904: 550 T. = 13,9% d. Weltprod.; 1905: Österreich 520 T.
[2]) Prod. Österreichs (und Italiens) 1904: 9250 T. = 1,5% d. Weltprod.; 1905: Österreich 9330 T.
[3]) Prod. vgl. S. 184 bei Deutschland. [4]) 1904 i. Österreich: 128 Baumwollfabriken mit 3 250 000 Spindeln = 2,8% der Spindeln der Welt u. 110 000 Webstühle = 5,1% der Welt. Ungarn bezog 1906 von Österreich f. 192,8 Mill. Kr. Baumwollwaren.

dungen mit den produktivsten Teilen der Monarchie und begünstigen mehr den Seeverkehr nach dem Osten als nach dem Westen.

Der Außenhandel (41,5% mit Deutschland; Großbritannien 8,1%; Italien 6,1%; Vereinigte Staaten 6%; Rußland 4,6%; Brit.-Indien 4,4%; Frankreich 3,2%; Türkei 3,2%; Rumänien 2,8%; Serbien 2,3%; Ägypten 1,5%; Brasilien 1,3%; Argentinien 1,1% usw.) geht meist über die Landgrenzen; denn Österreich-Ungarn ist vorwiegend Kontinentalstaat.

Ausfuhr Österreich-Ungarns 1905: 2168 Mill. Kr. (Holz, Kohlen 335, Tierprodukte und Tiere 328,7, Getreide, Mehl 160, Zucker 170, Gemüse, Obst u. dergl. 77,3, Baumwolle und Baumwollwaren 57, Wolle und Wollwaren 99, Flachs, Hanf, Jute und Waren daraus 57, Kleider, Wäsche und Putzwaren 57, Papier und Papierwaren 56, Leder und Lederwaren 63, Glas und Glaswaren 59, Eisen und Eisenwaren 58, Instrumente, Uhren usw. 76, usw.). Einfuhr: 2158 Mill. Kr. (Rohbaumwolle, Garne usw. 281, Wolle, -garne usw. 189, Holz, Kohle 120, Tierprodukte, Kolonialwaren, Seide usw.). Ungarn führte 1905 für 969 Mill. Kr. nach Österreich aus (Getreide, Hülsenfrüchte, Mahlprodukte 375, Schlacht- und Zugvieh 191, Geflügel und Eier 25, Wein 27, Tabak 11, Schafwolle 15, Baumwollwaren 15, Leder 15 usw.); Österreich 1905 nach Ungarn ein für 991 Mill. Kr. (Baumwollwaren 183, Baumwollengarne 20, Wollenwaren 104, Kleider und Putzwaren 67, Seidenwaren 36, Flachs-, Hanfwaren usw. 30, Leder 37, Maschinen 46, Eisenwaren 40 usw.). Handelsflotte 395 800 R.-T.

Die **Bevölkerung**[1]), in Österreich 27,24 Mill. auf 300000 qkm (Volksdichte 91 auf 1 qkm), Ungarn 20,11 Mill. auf 325 300 qkm (Volksdichte 62), dazu Bosnien und Herzegowina mit 1,6 Millionen auf 51 000 qkm, sitzt entsprechend der wirtschaftlichen Entwickelung in Böhmen (Norden), Mähren, im Donautal, in den östlichen Alpentälern, natürlich überall in den Ebenen, viel dichter (über 100 auf 1 qkm) wie in den Gebirgen, in Dalmatien (47), Tirol (33), Kärnten (36) und Salzburg (28). In Ungarn ist die Volksdichte gleichmäßiger, doch in den fruchtbaren Ebenen stärker als in den Karpathen.

Die Schweiz[2]).

Für den **Ackerbau**[3]) werden in diesem Gebirgslande die Höhenverhältnisse ausschlaggebend. Nur in dem flachen, fruchtbaren Mittelland zwischen Jura und Alpen kann er in größerer Ausdehnung stattfinden, während sonst nur engräumige Talhänge in Frage kommen. Die vorherrschenden Westwinde bringen aber auch dem Mittelland so viel Niederschläge, daß der Getreidebau unrentabel wird; nur das Waadtland, hagelfrei und im Regenschatten (d. h. gegen Regen geschützt) des Jura, erlaubt ausgedehnteren Getreidebau. Der Spelz, der die Feuchtigkeit am besten vertragen kann, ist das Hauptgetreide, in den höheren Lagen der Hafer. Die Produktion genügt dem Bedarf lange nicht. Kartoffeln werden im westlichen Mittelland und im nördlichen Jura

[1]) Liechtenstein, Fürstentum, 159 qkm mit 9500 Einwohnern, ist wirtschaftlich unselbständig.
[2]) Vgl. die natürliche Pflanzenwelt S. 150ff., Fischerei S. 157.
[3]) Unprod. Boden (1901) 25,2%; Ackerland, Wiesen und Weiden 53,4%; Weinland 0,8%; Wald 20,6%. Ernte 1901: Weizen und Spelz 0,25; Roggen 0,05; Gerste 0,03; Hafer 0,1 Mill. T. Wein 1905: 840 000 (1903: 989 000) hl = 0,6% d. Welternte.

am stärksten gepflanzt. Daran knüpft sich Spiritusbrennerei (Kanton Bern). Zuckerrübenbau hat man versucht (eine Zuckerfabrik in Aarburg). Wie der Getreidebau werden auch die Handelsgewächse durch häufige Hagel bedroht. Im hagelfreien Lande von Waadt und Freiburg wird Tabak gepflanzt.

Die im Regenschatten liegenden Alpentäler, z. B. das Rhônetal, das Becken des Genfer Sees, das Tessin- und Vorderrheintal, sind trocken und sonnenwarm und bieten treffliche Weinlagen. Wichtigere Produktionsgegenden sind das Nordufer des Genfer Sees, die Westufer des Neuenburger und Bieler Sees, das Rhônetal, das Nordufer des Züricher Sees usw. Die schlechteste Pflege findet der Weinbau trotz der vorzüglichen äußeren Bedingungen im Tessin (Italiener!).

Der Obstbau, an den sich neuerdings die Herstellung von Obstkonserven schließt, wird sehr stark betrieben, nimmt besonders gegen den Osten (Bodensee) hin große Ausdehnung an und erlaubt sogar Ausfuhr.

Nur 14% des landwirtschaftlich genutzten Landes sind dem Getreidebau, 7% dem Anbau von Kartoffeln, Rüben und Handelspflanzen unterworfen.

Dagegen dienen 76% des genutzten Landes direkt der **Tierzucht**[1]) als Wiesen, Weideland, Kleeäcker und noch 7% des Getreidelandes indirekt durch ihren Ertrag an Stroh und an Futterkörnern. Der Graswuchs steigert sich von Südwesten nach Nordosten, entsprechend den Niederschlägen (St. Gallen und Appenzell 90% der landwirtschaftlichen Fläche), und von der Ebene gegen das Gebirge, und begünstigt in hohem Grade die Milchwirtschaft; mehr als die Hälfte der Rinder sind Milchkühe, und die Produkte der Milchverarbeitung (Schweizerkäse: Emmentaler, Gruyère; Käsebörsen zu Bern, Langenthal, Burgdorf; kondensierte Milch: Vivis, Payerne, Cham, Düdingen; Nestles Kindermehl; Butter) haben großen Wert[2]), ganz abgesehen von der frischen Milch.

Die Aufzucht von Mastvieh, Zucht- (Simmentaler, Schwyzer) und Arbeitstieren wird nicht minder durch das Gebirge begünstigt. Viel Fleisch muß aber noch eingeführt werden.

Die Schweinezucht ist in den letzten Jahrzehnten sehr gewachsen (Molkerei); die Pferdezucht ist im Mittelland etwas entwickelt, die Schafzucht geht seit langem zurück. Die Wollindustrie ist im ganzen deutschschweizerischen Mittellande heimisch, in Glarus (Hätzingen), Thurgau (Bürglen), Schaffhausen, aber meist auf Einfuhr des Rohstoffes angewiesen.

Der **Bergbau** ist recht unbedeutend. Kohlen (Anthrazit zu Granges und Chandolin im Rhônetal) und Eisen (Bohnerzlager zu Delsberg) werden sehr wenig gefördert, so daß eine große Einfuhr nötig wird. Salz (Schweizerhalle, Rheinfelden im Aargau und Bex) und Asphalt (Val de Travers) spielen eine gewisse Rolle. Bausteine sind reichlich vorhanden.

Die **Industrie**, welche in immer weiterem Umfang von den Wasserkräften[3]) Gebrauch macht, ist trefflich entwickelt und ernährt mehr als eine Million

---

[1]) 1902: Rinder 1 340 000 = 0,4 % d. Weltprod., Schafe und Ziegen 574 000 = 0,1 % d. Weltprod., Schweine 555 000 = 0,3 % d. Weltprod., Pferde 130 000 = 0,1% d. Weltprod. [2]) 1903 wurden kondensierte Milch 33 000 T. i. Werte von 31,46 Mill. Fr., zu zwei Dritteln nach England, Käse 25 700 T. i. Werte von 41 Mill. Fr. ausgeführt gegen 2980 T. Einfuhr. [3]) 185 500 Pferdekräfte von 320 500 in der Industrie verwandten. Nach Berechnung könnten ohne Schwierigkeit 583 000 PS durch Wasserkraft erzeugt werden.

Menschen, vor allem der deutschen Schweiz. Die Seidenindustrie hat ihren Sitz in Basel (128 000 Einw.), Zürich (181 000 Einw.) und dem Aargau, die Baumwollindustrie[1]) in den nordöstlichen Kantonen Zürich, Glarus, St. Gallen, Appenzell, die Wollweberei ebenda (s. oben), die Uhrenfabrikation in Genf (mit Vororten 115 000 Einw.) und in den Tälern des Jura (Le Locle, La Chaux de Fonds, 41 000 Einw., usw.); auch Aluminiumerzeugung[2]) (Neuhausen bei Schaffhausen), Maschinen-, Strohwaren-, Schokoladenindustrie[3]) wird betrieben.

Der Fremdenverkehr (1899: 2,5 Millionen Besucher geschätzt), den die Schönheiten des Landes hervorrufen, bringt der Bevölkerung große Werte ein.

Der **Verkehr** benutzt die Alpenseen (regelmäßige Dampfschiffahrten), ist aber zu Lande durch die Bodenformen sehr erschwert. Doch mit Energie hat man, die Flußtäler benutzend, dem Verkehr Kunststraßen, Telegraphen und Eisenbahnen geschaffen, so daß nun der Innen- wie Durchgangs- und Außenverkehr entwickelt ist. Durch die Schweiz geht die Hauptverbindungslinie zwischen Ostsee und Mittelmeer, Deutschland (1904: 27,6% des Handels) und Italien (10,5%): die Gotthardbahn Basel-Genua. Nach Frankreich (16,3%) hat die Schweiz durch die burgundische Pforte und das Rhônetal, aus dem seit kurzem (1907) die Simplonbahn nach Italien hinüberführt, und nach Tirol (6,3% mit Österreich-Ungarn) durch die Arlbergbahn Verbindung. So profitiert, seitdem die Technik genügend fortgeschritten ist, die Schweiz von ihrer Lage in einem Gebirge, das ihre vier wirtschaftlich mächtigen Nachbarn überschreiten müssen, um miteinander in Verkehr zu treten.

Ausfuhr 1904: 891; 1905: 969; 1906: 1075 Mill. Fr. (Seide und Seidenwaren 263, Baumwolle und Baumwollenwaren 210,9, Uhren 150,4, animalische Nahrungs- und Genußmittel—Käse usw. 82,7). Einfuhr 1904: 1240; 1905: 1380; 1906: 1419 Mill. Fr. Getreide 156,2, Seide und Seidenwaren 177,4, mineralische Stoffe 87,9, Baumwolle und Baumwollenwaren 104, Wolle und Wollwaren 69,5, Eisen und Eisenwaren 93,1, Tiere 58).

Die **Bevölkerung**, 3,3 Millionen Einwohner auf 41 300 qkm (Volksdichte 81), sitzt vor allem im Mittelland (144), namentlich in dem industriellen Osten, und in den Tälern des Gebirgslandes, das selbst weniger dicht (Jura 83, Alpenkantone 39) bevölkert ist.

3. Westeuropa[4]).

Niederlande[5]).

Der **Ackerbau**[6]) ist nicht ausgedehnt, aber vortrefflich entwickelt und in den Marschen gartenbauartig. Dem Klima nach ist Hafer auf dem Marsch-

---

[1]) 1903: 1,3% der Spindeln der Erde. [2]) Vgl. S. 184 bei Deutschland. [3]) Ausf. 1904: 6781 T. i. Werte von 26,8 Mill. Fr. [4]) Die Niederlande und Belgien rechne ich zu Westeuropa, wie die Britischen Inseln und Frankreich, weil in ihnen das Ozeanische bereits überwiegt; sie sind Länder des Überganges von Mittel- zu Westeuropa, wie Dänemark von Mittel- zu Nordeuropa, Frankreich von West- zu Südeuropa. [5]) Fischerei s. S. 157. [6]) 1904: Unprod. Boden 26,9%; Ackerland 26,4%; Gartenland 2,2%; Wiesen und Weiden 36,6%; Wald 7,9%. Ernte 1904: Weizen u. Spelz 0,119 = 0,1% d. Welternte; Roggen 0,34 = 1% d. Welternte; Gerste 0,08 = 0,3% d. Welternte; Hafer 0,3 = 0,6% d. Welternte; Buchweizen 0,017; Kartoffeln 2,87 Mill. T. = 2,3% d. Welternte.

boden das Hauptgetreide mit Weizen (Nord- und Südholland und Seeland); dazu kommt Gerste (Seeland, Friesland, Groningen). In den moorigen und sandigen Geestgegenden sind ebenso wie im angrenzenden deutschen Heideland Roggen (Provinz Drenthe und Overijssel bis 70% der Getreidefläche) und Buchweizen die Hauptgetreidearten. In den Marschen baut man viel Kartoffeln (besonders in Südholland)[1], ferner Erbsen und Bohnen, Krupbohnen und Kohl, Möhren (Seeland), Mohn (Nordholland) und Raps, Zichorie (Friesland), Senf (Nordholland) und Kümmel (ebenda), Kanariensaat (Provinz Friesland), Zuckerrübe[2]) (Nordbrabant, Südholland, Seeland und Geldern), Flachs[3]) (Groningen, Seeland, Friesland, Brabant), Hanf (Südholland), Krapp (Seeland), Tabak (in Gelderland und in der Betuwe zwischen Utrecht und Nymwegen, Tabakfabriken in Amsterdam, Utrecht usw.). In Süd- und Nordholland besteht auch eine sehr bedeutende Blumen- (Haarlem), Kräuter- und Samenzucht. Der Obstbau ist wichtig.

Den beschränkten Raum sucht man durch Polder (abgedeichte Meeresteile), jetzt durch Trockenlegung des Zuidersees (geplant) zu vergrößern.

Die **Tierzucht**[4]) ist durch die große Ausdehnung der Wiesen und Weiden (36,6% des Bodens, in Friesland vier- bis fünfmal soviel Weiden als Ackerland) begünstigt; dazu treibt man starken Anbau von Klee, Spergel (sehr wichtig in Nordbrabant, Gelderland usw.) und Wasserrüben nach Roggen in der Geest, so die natürliche Viehzuchtmöglichkeit erweiternd. Im Marschland (mit Ausnahme von Seeland) ist die Rinderzucht wichtig (besonders in Südholland). Mastvieh wird ausgeführt. Die Milchwirtschaft liefert auch Butter und Käse[5]). Edamer Käse ist ein wichtiger Handelsgegenstand von Alkmaar, Purmerend und Edam. Margarine[6]) wird ausgeführt. Auf den Dünen am Meere und auf der Geest werden Fleischschafe gezüchtet. Schweine sind zahlreich, schwere Pferde werden in Friesland und Geldern gezogen.

Der **Bergbau** ist in diesem Schwemmlande unbedeutend. Als Brennmaterial dient allgemein Torf. Steinkohlen[7]) werden in der Provinz Limburg (Kerkrade und Heerlen) gewonnen, und neue Lager sind im Untergrund erbohrt; doch werden heute noch Steinkohlen stark eingeführt[8]). Man erzeugt Ziegel aus Rheinschlamm, Tonpfeifen in Gouda (Südholland), Steingut in Delft und Maastricht. Die Zinkproduktion[9]) hat einige Bedeutung.

Die **Industrie**, der es an Kohle und Eisen fehlt, ist nicht sehr entwickelt. Baumwolle und Lein werden verarbeitet; Bier wird in der Provinz Nordbrabant gebraut, Liköre[10]) erzeugt man in Amsterdam, Rotterdam, Schiedam (Genever). Die Diamantenschleiferei hat ihren Sitz in Amsterdam. Der

---

1) Prod. 2,8 Mill. T. = 2,3% d. Weltprod. 2) 1904/05: 2,8% d. Weltprod.; 1905/06: 205 100 T.; 1906/07: 167 000 T. 3) 1901: 8410 T. Flachs (1,1% d. Welternte, s. S. 125, Anm. 1) u. 13 900 T. Leinsaat. 4) 1904: Rinder 1 691 000 = 0,5% d. Weltprod.; Schafe und Ziegen 777 000 = 0,1% d. Weltprod.; Schweine 80 000 = 0,04% d. Weltprod.; Pferde, Maultiere, Esel 296 000 = 0,3% d. Weltprod. 5) Ausf. von Butter 1905: 23 200; 1906: 25 600 T.; von Käse 1905: 45 100; 1906: 47 400 T. 6) Ausf. von Margarine 1905: 51 300; 1906: 53 900 T. 7) 1899: 213 000; 1900: 320 000; 1901: 313 000; 1902: 399 000; 1903: 488 000; 1904: 467 000 T. = 0,06% d. Weltprod. 8) 1905: 7 Mill. T. Einfuhr gegen 1,57 Mill. T. Ausfuhr. 9) 1904: 12 900 (nach anderer Quelle 13 100) T. = 2,1% d. Weltprod. 10) Branntweinprod. 1902 = 2% d. Weltprod.; 1905: 13,55 Mill. Gallonen, Verbrauch 1,43 Gallonen pro Kopf.

Schiffbau (Holzschiffe) ist zurückgegangen. Haag (234 000 Einw.) ist die Hauptstadt.

Der **Binnenverkehr** bedient sich der ausgedehnten Flußarme (Rhein, Maas, Schelde, Ijssel) und Kanäle (Slooten), der Deiche als Landstraßen und eines dichten Eisenbahnnetzes. Der Verkehr mit den Landnachbarn Deutschland und Belgien ist sehr lebhaft (1905: 37,3 und 10,5% der Handelsbewegung). Für den Außenhandel sind Rotterdam (370 000 Einw.) und Amsterdam (551 000 Einw.) die wichtigsten Häfen, beide erst durch Kunstbauten (Seekanäle) an der flachen Küste für den Seeverkehr brauchbar gemacht. Vlissingen ist der Hafen für den Post- und Schnellverkehr nach England (Queenborough). Die Niederlande sind günstiger gegen den Atlantischen Ozean vorgeschoben als Deutschland. Von einer im Kampf mit dem Meere gestählten und protestantischen Bevölkerung, die sich frühzeitig auf eine relativ hohe Wirtschaftsstufe hob, bewohnt, spielten die Niederlande im Mittelalter eine koloniale Rolle, die sie bei der Kleinheit des Mutterlandes nicht festhalten konnten, als die größeren westeuropäischen Mächte sich zu derselben Wirtschaftshöhe aufschwangen. Der Außenhandel über See ist heute groß mit Großbritannien (14,7%), den Vereinigten Staaten (7%), den südostasiatischen Kolonien (10,3%) (s. S. 283 ff.).

Ausfuhr 1900: 1695; 1904: 1982,4; 1905: 1994 Mill. Gulden (Butter und Margarine; Käse; Rindvieh [1906: 54 000 Stück]; Schafe [46 000]; Fleisch [56 900 T.] und Schmalz; Flachs [33 900 T.], Liköre und Branntwein; Fayencewaren). Wiederausfuhr: Kaffee (1906: 73 300 T.), Zucker, Reis (121 800 T.), Chinarinde (6000 T.), Zinn (14 500 T.) usw. Einfuhr 1900: 1968; 1904: 2401,9; 1905: 2584 Mill. Gulden (Getreide, Holz, Eisen und Eisenwaren, Steinkohlen, Petroleum 181 900 T., Zink 48 500 T., Zinn 15 500 T., Kolonialwaren: Indigo 1814 T.; Kaffee 115 600 T.; Chinarinde 6400 T.; Palmkerne und Palmöl 48 900 T.; Reis 252 200 T.; Tabak 21 000 T.). Handelsflotte 410 900 R.-T.

Die **Bevölkerung**, 5,35 Millionen Einwohner auf 33 000 qkm, ist außerordentlich dicht (162), und stellenweise (in den Provinzen Südholland 411, Nordholland 375) mit die dichteste Europas, während nur vereinzelte Gegenden (Provinz Drenthe 60) in der Geest wiederum dünn bevölkert sind. Die Niederlande machen schon seit langem und neuerdings im großen Versuche, die natürliche Größe ihres Wirtschaftsbodens auf Kosten des Meeres (Trockenlegung des Zuidersees geplant) zu vermehren.

Niederländische Kolonien in Asien siehe S. 283 ff., in Australien siehe S. 315, in Amerika siehe S. 409 f..

Belgien.

Der **Ackerbau**[1]), auf großem Raume und intensiv (Spatenkultur), besonders in Niederbelgien, betrieben, erzeugt Roggen, Hafer, Weizen und etwas

---

[1]) 1895: Unprod. Boden 11,5%; Ackerland 42,6%; Gartenland 0,8%; Wiesen und Weiden 27,4%; Wald 17,7%. Ernte 1904: Weizen u. Spelz 0,418 Mill. T. = 0,5% d. Weltprod.; Roggen 0,559 = 1,4% d. Weltprod.; Gerste 0,109 = 0,4% d. Weltprod.; Hafer 0,544 = 1,1% d. Weltprod.; Buchweizen 0,003; Kartoffeln 2,494 Mill. T. = 2% d. Weltprod.

Gerste, aber nicht genug Getreide für den Bedarf. In Niederbelgien (Limburg, Ost- und Westflandern, Antwerpen) werden auch Zuckerrüben[1]), Kartoffeln, Zichorie, Hopfen[2]), Tabak[3]), Flachs[4]) (im Lystal, Flandern), Hanf, Krapp, Kardendistel, auch Obst und Blumen viel angebaut.

Die **Tierzucht**[5]) zieht in den Marschen (Flandern und Limburg) vornehmlich Rinder (Milchwirtschaft, Käse); die Zucht von schweren Pferden (Flandern und Brabant) blüht, Lüttich ist der Hauptmarkt dafür. Die Schafzucht konzentriert sich im trockeneren Osten und Südosten des Landes. Eier werden ausgeführt; die Bienenzucht gedeiht in der „Kampine"; bewässert, ist diese nun auch wichtig für die Rinderzucht.

Der **Bergbau** ist außerordentlich entwickelt. Die Steinkohlenlager[6]) nehmen $^1/_{22}$ des Flächeninhalts ein; aber sie sind stark verworfen und auch so tief hinab bereits ausgebeutet, daß die Förderung immer schwieriger wird. In Hennegau wird am meisten Steinkohle produziert, in dem Becken von Mons bis Charleroi; im Distrikt von Namur wird das Kohlenband schmäler und verschwindet sogar ganz, die Ausbeutung ist hier also sehr gering. Nach Lüttich hin nimmt der Abbau wiederum sehr zu. Neuestens sind große Kohlenlager in der Kampine entdeckt worden. Eisenerz wird in großen Mengen gewonnen und im Lande verhüttet[7]). Auch die Produktion von Zink[8]) (bei Moresnet) ist sehr bedeutend; an Blei, Kupfer und Phosphaten[9]) fehlt es nicht.

Belgien ist einer der bedeutendsten **Industrie**staaten Europas, der über eine Million industrieller Einwohner hat. Im Vordergrunde stehen die Metall- und Maschinenindustrie (Seraing, Lüttich 169 000 Einw., Charleroi, Namur, Verviers). Glas- (Charleroi) und Porzellanwaren (Tournai) sind guter Qualität. Die Glasindustrie ermöglicht eine große Ausfuhr. Die Textilindustrie blüht: Baumwolle in Gent (162 000 Einw.) und Brügge (54 000 Einw.), Wolle in Verviers, Lüttich, Limburg, Leinen in Flandern und Brabant (Gent, Brüssel, mit Vororten 598 000 Einw., Courtrai), Spitzenklöppelei in Brüssel und Mecheln. Strohflechterei (Lüttich), Bierbrauerei[10]) (Louvain), Branntweinbrennerei[11]) (Antwerpen), Zuckerindustrie (Antwerpen), Lederindustrie (Lüttich) sind noch zu erwähnen.

Die **Verkehrsstraßen** sind entsprechend der reichen Produktion ungemein ausgedehnt, von Natur (Schelde) oder durch Kunst (Kanäle, Landstraßen, Eisenbahnen, Telegraphen) entwickelt, und engmaschig. Über die ausgedehnte Landgrenze vollzieht sich der größte Teil (67%) der Handelsbewegung, 1906: Frankreich 15,5%, Deutschland 16%, Niederlande 9%. Der Seeverkehr um-

[1]) Zuckerprod. 1904/05: 171 000 T. = 3,5% d. Weltprod. an Rübenzucker; 1905/06: 327 800; 1906/07: 264 800 T. [2]) Prod. 1905: 4,1% d. Weltprod. (s. S. 121). [3]) Prod. i. Durchschnitt 1900 bis 1902: 4900 T. = 0,4% d. Weltprod. [4]) 12 700 T. = 1,6% d. Welternte. [5]) 1904: Rinder 1 782 000 = 0,5% d. Weltprod., Schweine 1 155 000 = 0,6% d. Weltprod., Pferde (1895) 272 000 = 0,3% d. Weltprod., Schafe und Ziegen 494 000 = 0,1% d. Weltprod. [6]) Prod. 1850: 5,82; 1900: 23,5; 1904: 22,4; (1905: 21,78) Mill. T. = 3% d. Weltprod.; 1905; 21,8 Mill. T. Verbrauch 1904: 21 100 000 T. Einf. 1903: 3,55, Ausf. 4,83 Mill. T., Einf. 1906 f. 80,3, Ausf. f. 74,6 Mill. Fr. [7]) Prod. von Eisenerz 1903: 184 000 T. = 0,2% d. Weltprod.; Prod. von Roheisen 1902: 1,1 Mill., 1905: 1 310 290 T. = 2,4% d. Weltprod.; Prod. von Stahl 1905: 1 023 500 T. = 2,3% d. Weltprod. [8]) Prod. 1904: 140 000; (1905: 142 600) T. = 22,4% d. Weltprod. [9]) Prod. 1900: 125 000 T. = 4,3% d. Weltprod. [10]) Prod. 1902: 6% d. Weltprod.; 1905: 346,5 Mill. Imp.-Gallonen, Verbrauch pro Kopf 48,8 Gall. [11]) Prod. 1902: 1,8% d. Weltprod.; 1905: 11,92 Mill. Gall., Verbrauch 1,1 Gall.

faßt etwa 33% des Gesamthandels: 12% mit den Britischen Inseln, 10% mit den Vereinigten Staaten. Der Seeverkehr wird durch die Kürze der Küste beeinträchtigt und bedient sich vorwiegend des vorzüglichen Fluthafens Antwerpen (292 000 Einw.) an der Schelde. Der Außenhandel hat nicht wenig durch die Erwerbung des Kongostaates gewonnen.

Ausfuhr 1905: 2193; 1906: 2441 Mill. Fr. (Eisenbahn- und Straßenbahnwagen aus Stahl usw. 133,8; Maschinen 55,3; rohes Zink 82,9; Glas 86,2; Flachs 101; Wolle 95,6; Steinkohlen 74,6; rohe Felle 69,7; Weizen und Spelz 77,5; Kautschuk 69,2; Elfenbein usw.). Einfuhr 1905: 2885; 1906: 3076 Mill. Fr. (Weizen und Spelz 329,3; Mais 66,4; Gerste 56; Holz 129; Wolle 177,4; Flachs 151,1; Steinkohlen 80,3; Teer, Pech usw. 83; rohe Felle 96,7; Baumwolle 64,9; roh. Kautschuk 85; Kaffee 57,4; Ölkuchen 46,3 usw.). Handelsflotte 100 000 Reg.-T. Der Transithandel betrug 1904: 1666 Mill. Fr.

Die **Bevölkerung,** 7,075 Millionen Einw. (Flämen 3,5 Millionen, Wallonen 3 Millionen) auf 29 500 qkm, sitzt dichter (240 auf 1 qkm, in Brabant 385 auf 1 qkm) als sonst in Europa, und zwar meist in Städten.

Kongostaat siehe S. 346 ff.

Britische Inseln[1]).

Die Britischen Inseln sind durch Rodung sehr waldarm (s. S. 149) geworden und müssen darum viel Holz[2]) einführen.

Die Britischen Inseln (Großbritannien und Irland) sind für den **Ackerbau**[3]) im ganzen nicht sehr günstig ausgestattet. Der Getreidebau (1906: 11,9% des Bodens) findet in einem großen Teil des Landes zu feuchtes oder zu kühles Klima und schlechten Boden vor; 17,6% (England 12; Wales 12; Schottland 22; Irland 24) des Bodens sind unproduktiv, 48% (England 76; Wales 59; Schottland 25; Irland 23) kultiviert[4]), davon aber ein großer Teil dem Gras- und Kleebau gewidmet. An den feuchten Westküsten ist der Getreidebau recht unbedeutend (Irland 3—4%, Schottland 1%, Wales 6% der Fläche) und nimmt erst gegen den trockeneren Südosten zu (Südost-Irland 15%, Südost-Schottland 15—16%, in den mittleren englischen Counties Staffordshire, Lancashire usw. 8—13%, im Südosten: Norfolk, Suffolk, Essex, Lincoln ca. 35%). Am günstigsten ist der kühle feuchte Sommer dem Hafer[5]), der sogar auf den Orkney- und Shetlandinseln, im nordwestlichen Irland, in Schottland, Wales und im ozeanischen Südwesten Englands fast ausschließlich gebaut wird. In Schottland sind Hafergrütze und Haferbrot wichtige Nahrungsmittel.

Dem trockeneren Südosten entspricht der Gerstenbau[6]) (Brauereigerste), der in den Corn-Counties Südost-Englands überall 30—40% der Getreidefläche

[1]) Vgl. Lage S. 57 ff., Größe 62, Küsten 64, Oberfläche und Flüsse 70, Bergbau 76 ff., Meere 97 ff., Bevölkerung 149, natürliche Pflanzenwelt 149 ff., Fischerei 144, Anm. 2 u. 158. [2]) Einf. von Holz 1904: 23 638 000 £; bearb. Holz, Sägewaren u. Möbel 2 083 000 £. [3]) Ernte Großbritanniens 1904: Weizen u. Spelz 1,08 = 1905 (Schätzung): 1,9% d. Welternte; Gerste 1,19 = 1903: 5% d. Welternte; Hafer 2,92 = 1903: 5,5% d. Welternte; Kartoffeln 6,33 Mill. T. = 4,9% d. Welternte. [4]) Ackerland 12,9%; Wiesen und Weideland 65,8%; Waldland 3,9%. [5]) 1902: 5,4% d. Bodens i. Großbrit. u. Irland. 1904: 2,92 (1903: 2,825) Mill. T. = 5,5 (1902: 5,8)% d. Welternte. [6]) 3,4% d. Bodens i. Großbr. u. Irland. 1904: 1,10 (1903: 1,54) Mill. T. = 5,2 (1902: 7,2; 1903: 5) % d. Weltprod.

einnimmt und eine hervorragende Bierindustrie[1]) hervorruft; auch im nördlicheren England und auf Irland kommt die Gerste nur an den Ost- und Südostküsten gut fort. Groß ist auch die Branntweinindustrie[2]).

Die Engländer sind Weizenbrotesser, können aber in ihrem Klima nicht viel Weizen erzeugen[3]). Ganz wenig wird in Südost-Irland, in den Marschen Schottlands zwischen Glasgow und Edinburgh, viel mehr im trockeneren Südosten Englands (über 60% der Getr. in den Grafschaften Warwick und Worcester) gebaut. Doch wird Weizen natürlich bei weitem nicht genug für den Bedarf der dichten Bevölkerung erzeugt, wie auch anderes Getreide eingeführt werden muß.

Roggen wird wenig produziert, er hat höchstens in Schottlands rauhen Gebirgen eine gewisse Wichtigkeit.

Für Mais, Buchweizen, Hirse ist das britische Klima nicht mehr geeignet.

Die Hülsenfrüchte dagegen gedeihen vortrefflich im mäßig feuchten Südosten Englands, so Erbsen (zumal in Kent und um London) und Pferdebohnen (am meisten in dem Dreieck zwischen Themsemündung, Bristolkanal und Humber und in der Ebene bei Edinburgh), während die feuchteren Landschaften des Westens und Nordens ihnen nicht zusagen.

Umgekehrt ist im Westen und Norden der Kartoffelbau relativ bedeutend[4]), am meisten in Irland, das ihn mit gefährlicher Einseitigkeit (Hungersnot 1846) pflegt. In England baut man Kartoffeln in größerem Umfang nur in der Nähe der größeren Städte, doch ist der Kartoffelkonsum im ganzen gering.

Möhre und Pastinake werden ein wenig in den trockeneren Landesteilen angebaut, Kohl für den Absatz in den größeren Städten und Industriezentren.

Der Obstbau, im Süden des Landes, bevorzugt die Beerensträucher, Nüsse, Äpfel und Birnen. Im Süden Englands gewinnt man viel Obstwein als einen gewissen Ersatz für Wein[5]), der trotz aller Versuche im Lande nicht zu produzieren ist.

Dagegen gedeiht vorzüglich der Hopfen[6]) (Bierbrauerei siehe oben), namentlich in Kent, Sussex und Surrey, und stellt eine der besten Sorten dar.

Der Zuckerrübe[7]), des Tabaks[8]), des Senfs, der Zichorie usw. muß Großbritanniens Ackerbau entbehren.

Auch Hanf[9]), der Wärme braucht, fehlt fast gänzlich. Der Flachsbau[10]) war einst bedeutend und hatte eine große Leinenindustrie hervorgerufen, ist

---

[1]) Bierprod. Großbritanniens 1902: 1 290 700 000 Imp. Gallonen (1903/04: 1 337 543 000; 1905: 1 218 726 000) = 24,6% d. Weltprod.; Verbrauch pro Kopf 1903/04: 29,5; 1905: 27,7 Gall. [2]) Prod. 1903: 51 114 000; 1905: 50 858 000 Imp. Gallonen (1898: 2 850 000 hl = 8,7% d. Weltprod.); Verbrauch pro Kopf 0,8, 1905: 0,9 Gall. [3]) 3% d. Bodens i. Großbr. u. Irland. 1904: 1,23 (1903: 1,345) Mill. T. = 1,5 (1905 [Schätzung]: 1,69 Mill. T. = 1,9%) d. Weltprod. [4]) 1902 i. Großb. u. Irland 1% d. Bodens. Ernte Großbritanniens 1904: 6,2, Irlands 2,64 Mill. T., nach Bartholomew 4,9% der Welternte (s. S. 123). [5]) Einf. 1904: 12 347 000 Gallonen, besonders aus Spanien, Portugal, Frankreich, Australien, Niederlande und Deutschland. [6]) Ernte 1901: 31 500; 1902: 16 500; 1903: 21 500; 1904: 14 500 T. = 18,6% d. Welternte; 1905: 29% d. Weltprod. (s. S. 121). [7]) Einf. 1903: 944 000 (1906: 920 000) T. raffin. u. 643 000 (775 000) T. unraff. Zucker (davon 77 und 46% aus Deutschland) im Werte von 15 761 000 £. [8]) Einf. 1904 f. 4 524 000 £; 1906: 54 200 T. f. 4 734 000 £. [9]) Einf. 1902 f. 3 811 000 £; 1906: 107 700 T. [10]) In Irland Flachsernte 1900: 9500; 1901: 12 800 T. Bartholomew: 6600 T. = 0,8% d. Welternte. Einf. 1902 f. 2 592 000 £; 1906: 67 300 T.

aber stark zurückgegangen; nur in der Provinz Ulster mit Belfast hat er noch Bedeutung.

Das Klima der Britischen Inseln begünstigt außerordentlich den natürlichen Graswuchs (1902: 30% der Gesamtfläche als Weideflächen benutzt). So steht die Viehzucht sehr günstigen natürlichen Bedingungen gegenüber, und ihr Umfang wird noch durch Anbau von Futtergewächsen, die den größten Teil des Ackers einnehmen, stark erweitert. In den feuchten Landschaften, in Schottland und im westlichen England, wird noch meist über die Hälfte des Ackerlandes durch Gras- oder Heunutzung[1]) in Anspruch genommen. Nach Osten sinkt der Anteil der Ackerweide und der kleeartigen Futterpflanzen am Ackerland mit der Menge der Niederschläge. Im südöstlichen England treten an die Stelle der Gräser und des Klees Wicken und Futterrüben, während Esparsette ganz, Luzerne fast ganz zu fehlen scheinen.

Sehr umfangreich und geradezu charakteristisch für Englands Futterbau ist der Futterrübenbau[2]), der stellenweise sogar 40—50% der Getreidefläche gleichkommt.

Die Runkelrübe wird hauptsächlich (10% der Getr.) im Süden Englands (bis zum Humber nach Norden) und Irlands angebaut. Wasserrüben (Turnips) oder Steckrüben und Kohlrüben (Swedes), für das feuchte kühle Seeklima der Britischen Inseln vorzüglich geeignet, werden fast überall in viel größerer Ausdehnung als die Runkelrüben (Mangold) angebaut und sind in der nördlichen Hälfte der Inseln, etwa im Norden des 54.°, die fast ausschließlich vorkommenden Futterrüben.

Auf diesen Futterverhältnissen baut sich die englische **Tierzucht** auf, die in Aufzucht (Rassen) und Mastergebnissen ausgezeichnete Sorgfalt bekundet, obwohl ihre Produktion, da die Engländer starke Fleischesser sind, dem Bedarf bei weitem nicht genügt. Weit geringeres Gewicht als auf Aufzucht und Mast von Rindern[3]) wird auf den Meiereibetrieb gelegt, der nur um London, Liverpool, Manchester, dort also, wo eine dichte Industrie- und Handelsbevölkerung sitzt, größeren Umfang hat. Butter und Käse[4]) müssen in großen Mengen eingeführt werden. Die Rindviehzucht ist in allen wiesenreichen Counties bedeutend, also in Irland und im westlicheren England, während Schottland wenig Wiesen hat.

Auf den schottischen Uplands, wo trockenere Weiden vorherrschen, gedeiht die Schafzucht[5]), während die Rinder dort sehr zurücktreten. Auch auf den armen Grasflächen der Downs, in Wales, auf den Heiden von Wiltshire, im Cheviotgebirge, auf den Inseln des Nordens weiden viele Schafe. In Irland ist die Schafzucht, wohl wegen zu feuchten Klimas und wegen vorherrschenden Kleinbetriebs, unwichtig. Eine bedeutende Wollindustrie[6]) hat ihren Sitz in Mittelengland, besonders in den Grafschaften York (Leeds,

---

[1]) Ernte Großbritanniens 1904: Kleeheu 4,9, Grasheu 9,9 Mill. T. [2]) 1902 i. Großbr. u. Irland 3,6% d. B. mit Futterrüben bestellt. Ernte Großbritanniens 1904: Steckrüben 28, Irlands 5 Mill T., Mangold 8,8 und 1,3 Mill. T. [3]) 1905: 10,7 Mill. (fast die Hälfte in Irland) = 3% d. Weltprod.. [4]) Einf. von Butter 1906: 220000 T.; von Käse 134000 T. [5]) 1905: 39 Mill. = 7% d. Weltprod. [6]) 1877 wertete die Ausf. von Wollenwaren 17 385 000; 1887: 20 687 000; 1902: 14 265 000; 1904: 27 494 000 £. Einf. von Wolle 1904: 23 317 000 £, Ausf. 1 613 000 £; 1906 Einf. 290000 T. f. 30,54 Mill. £.

Huddersfield, Bradford) und Lancaster; die Wolleproduktion[1]) des Landes reicht nicht im geringsten hin, sie mit dem Rohstoff zu versorgen, und es muß viel Wolle (aus Australien, Argentinien) eingeführt werden. In den Corn Counties zwischen Humber und Themse züchtet man, vornehmlich mit Futterrüben, Fleischschafe.

Schweine[2]) sind besonders in Irland sehr zahlreich, wo die Zwergwirtschaften ihre Zucht ebenso wie die der Ziegen begünstigen, sodann in den Gerstenbau und Meierei pflegenden Landesteilen Südenglands. Am meisten Pferde[3]) finden sich in den ebeneren und getreidebauenden Landschaften Südenglands, wo ebenso der Ackerbau als die Industrien großen Pferdebedarf haben. Die schweren Suffolks und Yorkshirepferde sind berühmt. Schottland und die Shetlandinseln erzeugen kleine, aber brauchbare Pferde.

Der **Bergbau** Englands wird nur von dem der Vereinigten Staaten übertroffen. Auf der riesigen Kohlenförderung[4]) beruht Englands Industrie. Die Kohlenfelder bilden eine Anzahl von Becken, die entweder durch Gebirgszüge, an deren Rändern sie liegen, oder durch Meeresarme und Landsenken getrennt sind. Im Norden liegt das schottische Becken vom Firth of Clyde (Glasgow und Ayrshire) bis zum Firth of Forth (Edinburgh und Fifeshire). Die mittlere Mächtigkeit der Flöze ist $\frac{3}{4}$—1 m (bei ca. 28 m Gesamtmächtigkeit), was für eine ökonomische Ausbeutung sehr günstig ist.

Das Kohlenbecken von Durham und Northumberland liegt an der Nordküste Englands mit Newcastle, Shields und Sunderland; das Kohlenbecken von Cumberland am Solwaybusen bei Carlisle an der Westküste. Die reichsten Kohlenlager lagern sich um das Penninische Gebirge, an der Westseite liegt das Becken von Lancashire (Manchester), an der Ostseite das von Yorkshire und Derbyshire (Sheffield), im Süden das von Staffordshire (Birmingham). Das South Wales-Kohlenfeld bei Swansea und Cardiff am Bristolkanal mit typischer, sehr harter Dampferkohle enthält eine große Zahl von Flözen; im westlichen Teil des Beckens findet sich Anthrazit.

Die Britischen Inseln können große Mengen von Kohlen ausführen[5]); doch hat man berechnet, daß bei Fortbestand der jetzigen Produktionszunahme die Lager in 400 bis 600 Jahren erschöpft sind[6]).

Sehr wichtig ist es, daß mit den Kohlenlagern zusammen, wie in Deutschland, reiche Eisenerzlager[7]) sich finden. Die wichtigsten befinden sich im Clevelanddistrikt in der Nähe von Middlesborough am Tees südlich von Newcastle. Im Cumberlanddistrikt finden sich Eisenerzlager in dem County Whitehaven bei Parkside (55% Eisengehalt), ferner im County Furness. In Schottland produziert das County Ayrshire Eisen, und Lancashire, Lincoln-

---

[1]) 1903 (nach Schätzung): 5% d. Weltprod. [2]) 1905: 3,6 Mill. = 1,9% d. Weltprod.; Großbr. 1905: 2,42, Irland 1903: 1,38 Mill. [3]) 1905: 2,1 Mill. = 2,8% d. Weltprod.; Großbr. 1905: 1,57, Irland 0,596 Mill. [4]) 1903: 230,3; 1904: 232,4 Mill. T. = 29,4% d. Weltprod.; 1850: 45 300 000 T.; (1902: Schottland 34,2; Durham 34,8; Northumberland 11,6; Lancaster 24; York 28; Derby 15,5; Stafford 13,4; Glamorgan [Wales] 29,1). [5]) 1905: 47,5; 1906: 55,6 Mill. T.; (Deutschland 7,6; Frankreich 9,4; Italien 7,8; Schweden 3,6; Rußland 2,9; Spanien 2,7; Ägypten 2,6; Dänemark 2,5; Argentinien 2,4 usw.). Wichtigste Ausfuhrhäfen Cardiff und Newcastle. [6]) Die abbaufähigen Lager auf 100 900 Mill. T. geschätzt. [7]) Prod. 1904: 13 774 000 T. (1903: 13 716 000 T. = 14% d. Weltprod.); Verbrauch von Eisenerzen 1904: 19,9 Mill. T. Einf. 1902: 6,44 (1906: 7,3) Mill. T. i. Werte von 4,98 Mill. £, zu fünf Sechstel aus Spanien.

shire, Staffordshire usw. sind ebenfalls eisenreich. In den Grafschaften York, Stafford, Glamorgan, Lanark liegen Hüttenwerke, für die noch Eisenerze importiert werden. Die Roheisenproduktion[1]) ist bedeutend.

An Kupfer[2]) (bei Swansea) sind die Britischen Inseln arm, auch an Blei[3]) (Derbyshire und Cumberland) und Zink[4]) (Denbighshire und Cumberland) wird wenig produziert, mehr an Zinn[5]) (Cornwall, besonders zwischen Penzance und Dartmoor), das aber bald erschöpft ist. Die Graphitminen von Borrowdale und Kesswick (Cumberland) sind aufgegeben. Wichtige Steinsalzlager[6]) werden in Cheshire (Northwich), Durham und südlich des Tyne sowie in Irland (Carrickfergus) ausgebeutet. Während die Bergwerksproduktion von Silber[7]) gering ist, wird viel in den Hüttenwerken verarbeitet. Schiefer (Penrhyn bei Bangor in Nordwales), Tonlager, Porzellanerde, Bausteine sind ebenfalls wichtig. Die Aluminiumindustrie[8]) ist erwähnenswert.

Die **Industrie**[9]) wurde durch den Reichtum an Kohlen und Eisen, den Unternehmungs- und Erfindungsgeist (Maschinen) der Bevölkerung, die günstigen Verkehrsverhältnisse des Landes und dessen zentrale Insellage und koloniale Stellung in der Entwickelung begünstigt. Die Textilindustrie beschäftigt über 1 Million Arbeiter. Der Hauptsitz der Baumwollindustrie[10]) ist Lancashire mit den anstoßenden Gegenden, und die städtischen Zentren sind Manchester (631 000 Einw.), Salford (232 000 Einw.), Oldham (140 000 Einw.), Rochdale, Blackburn (133 000 Einw.), Bolton (178 000 Einw.), Stockport. Die Wollindustrie (s. S. 202 f.) sitzt in Leeds (457 000 Einw.), Bradford (287 000 Einw.), Halifax (109 000 Einw.), Huddersfield (95 000 Einw.), die Leinenindustrie[11]) (s. S. 201) in Belfast (349 000 Einw.), Dundee (164 000 Einw.), Leeds, die Juteindustrie[12]) in Dundee, Glasgow, die Seidenindustrie[13]) in London, Manchester, Nottingham (252 000 Einw.); Putzartikel (1,3 Millionen Menschen) werden besonders in London hergestellt.

Die Metallwarenindustrie hat ihre Hauptsitze in Staffordshire (Zentrum Birmingham, 543 000 Einw.), im Clevelanddistrikt, Westcumberland und Südwales. Sheffield, 440 000 Einw. (Messerwaren), Wolverhampton (100 000 Einw.), Dudley, Glasgow, London usw. sind wichtige Erzeugungs-

---

[1]) Prod. 1850: 2,3 Mill. T. (= 52% d. Weltprod.); 1900: 8,96 Mill. T. (= 22,3% d. Weltprod.); 1903: 8,935 Mill. T. (= 19,4% d. Weltprod.); 1904: 8,563 Mill. T.; 1905: 9 746 200 T. = 18% d. Weltprod. Stahlprod. 1850: 40 000 T. (= 47% d. Weltprod.); 1900: 5,05 Mill. T. (= 18,6% d. Weltprod.); 1902 weniger als 5 Mill. T.; 1905: 5 983 700 T. = 13,6% d. Weltprod.
[2]) Prod. 1904: 493 T., Einf. v. Kupfererz: 79 500; 1906: 96 200 T. Einf. 1902 f. 8 472 000 £.
[3]) Prod. 1904: 20 000 T.; nach and. Quelle: 24 700 T. = 2,7% d. Weltprod. Einf. 1902 f. 2 766 000 £.
[4]) Prod. 1904: 9300; nach der Weltproduktionsstatistik, welche die Hüttenproduktion angibt, 46 200 T. = 7,4% der Weltprod. Einf. 1902 f. 1 735 000 £.
[5]) Prod. 1904: 4300 T. = 4,6% d. Weltprod. Einf. 1902 f. 4 802 000 £.
[6]) Prod. von Salz 1904: 1,89 Mill. T. = 15,6% d. Weltprod.
[7]) Prod. 1903: 4,6 T.; Hüttenprod. 385 T. = 7,3% d. Weltprod.
[8]) Prod. 1904: 650 T. = 7,4% d. Weltprod.
[9]) 1891 waren 23,9% der Bevölkerung in der Industrie tätig bei 44,6% tätiger Bevölkerung überhaupt.
[10]) Ausf. von Baumwollwaren 1877: 42 773 000, 1887: 42 650 000, 1897: 39 148 000, 1904: 83 918 000 £. Einf. von Baumwolle 1904: 55 025 000 £ (3,67 Mill. Ballen, davon 3,158 Mill. amerik., 449 000 ägypt., 93 000 brasil., 197 000 ostind.); 1906: 56,1 Mill. £. Verbrauch 1890—95 im Durchschnitt jährlich: 3 161 000; 1895—1900: 3 356 000 Ballen. 1903: 43,1% aller Spindeln und 33,7% aller Webstühle der Erde.
[11]) Ausf. von Leinenwaren 1900: 3 854 000 £.
[12]) Einf. v. Jute 1902 f. 5 300 000 £; 1906: 369 800 T., Einf. v. Jutefabrikaten 1900: 2 160 000, Ausf. 3 561 000 £.
[13]) Einf. von Seide 1902: 1 206 000 £; Ausf. von Seidenwaren 1899: 1 510 000 £.

orte von Eisen- und Stahlwaren[1]). Der Schiffsbau[2]), der größte der Welt, hat die bedeutendsten Werften am Firth of Clyde (Glasgow und Greenock), am Tyne (S. Shields, 109 000 Einw. und Newcastle, 265 000 Einw.), in Hartlepool, am Tees (Stockton und Middlesborough, 98 000 Einw.) am Wear (Sunderland, 153 000 Einw.), in Belfast, Hull (258 000 Einw.) usw.

Für Ton- und Porzellanwaren[3]) ist Stoke-upon-Trent (152 000 Einw.) im „Pottery-Distrikt", für Porzellan sind auch London, Worcester, Derby (122 000 Einw.), für Glas London, Birmingham wichtig, für die chemische Industrie[4]) Glasgow, Newcastle. Leder[5]) und Schuhwaren, meist von eingeführtem Material, werden in London, Bristol, Leicester (228 000 Einw.) usw., Papier[6]) in London, Bier (s. S. 201) in London, Edinburgh (337 000 Einw.), Dublin (373 000 Einw.), Branntwein[7]), Zucker, von eingeführtem Rohzucker raffiniert, in London, Liverpool, Bristol, Edinburgh. Tabakfabrikate (eingeführtes Material) in Liverpool und London hergestellt.

Außer Ackerbau, Tierzucht, Bergbau und Industrie, welche dem größten Teil der britischen Bevölkerung die Existenz verschaffen, ist noch von wirtschaftlicher produktiver Wichtigkeit das **Kapital**, das man von den Britischen Inseln aus in der ganzen Welt arbeiten läßt. 1901/02 berechnete man das aus Kapitalanlagen im Auslande (angeblich zur einen Hälfte in Indien und den andern britischen Kolonien, zur andern Hälfte in fremden Ländern tätig) nach den Britischen Inseln strömende jährliche Einkommen (Dividenden) auf 62,6 Millionen £ (gegen 30 im Jahre 1880/81), denen (5% Zinsen gerechnet) 1250 Millionen £ Kapital zugrunde liegen.

Handel und **Verkehr**[8]) sind in keinem anderen Lande von der Bedeutung wie in England. Der Innenverkehr ist durch die Bodengestalt, welche die Gebirge durch Senken getrennt oder unschwer überschreitbar zeigt, sehr begünstigt; überall sind leicht Eisenbahnen zu bauen, welche die gegenüberliegenden Küsten miteinander in Verbindung setzen. Die Flüsse (Themse, Mersey, Severn usw. in England, Shannon in Irland) sind ziemlich gut schiffbar und in den Bodensenken durch Kanäle leicht miteinander zu verbinden. Auch die tief einschneidenden Golfe: Firth of Lorne und Firth of Moray, Firth of Clyde und Firth of Forth, Firth of Solway, Liverpoolbai und Humber, Bristolkanal und Wash- und Themsebai erleichtern Kanalverbindungen, die überall kurze Schiffahrtswege durch Großbritannien legen, heute allerdings nicht mehr viel Bedeutung haben.

Nicht minder günstig sind die Küsten für den Außenhandel; eisfreie gute Häfen sind zahlreich: Firth of Clyde (Glasgow 810 000 Einw.), Bucht von Liverpool (730 000 Einw.), Bristolkanal (Br. 359 000 Einw.), die Buchten

---

[1]) Ausf. von Eisen, Stahl u. Waren daraus 1904: 28 083 000; 1906: 39 880 000 £, Maschinen 21 083 000; 1906: 26 733 000 £, Messer- u. Kurzwaren, Werkzeuge, Instrumente 4 882 000; 1906: 5 882 000 £, and. Metalle u. Waren daraus 7 000 000; 1906: 10 127 000 £. [2]) Prod. 1890: 858 Schiffe von 652 000 R.-T., 1904: 1043 Schiffe von 735 000 R.-T. Prod. 1901 (inkl. Kriegsschiffe): 1 737 000 Brutto R.-T. = 56,3% d. Weltprod. Ausf. 1904: 4 460 000 £. [3]) Irden- und Glaswaren, Einf. 1904: 4 337 000, Ausf.: 3 117 000 £. [4]) Chemikalien, Drogen u. dgl., Einf. 1904: 9 302 000, Ausf. 13 652 000 £. [5]) Einf. von Häuten und nicht bearb. Fellen 1904: 6 571 000, von Leder und Lederwaren 10 894 000 £, Ausf.: 1 431 000 u. 4 756 000 £. [6]) Rohstoffe f. d. Papierfabrikation eingeführt 1904 f. 3 552 000 £ u. Papier f. 4 941 000 £, ausgeführt f. 428 000 und 1 876 000 £. [7]) Prod. 1902 = 6,5% d. Weltprod. [8]) 1891 waren 4,4% der Bevölkerung in dem Handel tätig bei 44,6% tätiger Bevölkerung.

von Falmouth, Plymouth (116 000 Einw.) und Portsmouth (202 000 Einw.), Southampton (115 000 Einw.), Themsemündung (London mit Vororten 7,01 Millionen Einw.). London, nahe dem europäischen Kontinent, an der Themsemündung, nahe den englischen Produktionszentren, in der Mitte der Landhalbkugel, Hauptstadt des Riesenreiches, beherrscht den Verkehr mit den Kolonien. Die nördlichere Nordseeküste hat weniger gute Naturhäfen. Wo sie fehlen, hat Energie sie geschaffen (Swansea 96 000 Einw., Cardiff 180 000 Einw.).

Den Hauptvorteil für den Verkehr haben die Britischen Inseln in ihrer frühen Entwickelung zur höchsten Wirtschaftsstufe, die ihnen allen anderen Teilen der Erde gegenüber einen Vorsprung (Monopolstellung) gab und erst jetzt an Wirksamkeit verliert, und in ihrer Lage: geschützt durch das Meer, in der Mitte der Landhalbkugel, in dem bisher verkehrsreichsten Ozean, in der unmittelbaren Nachbarlage zu den kultiviertesten und bevölkertsten Staaten (Deutschland, Frankreich, Belgien, Niederlande, Vereinigte Staaten), durch das allverbreitete Meer nach Entwickelung seiner Schiffahrt und nach Gewinnung von großen produzierenden und aufnahmefähigen Kolonien und geschickt gewählten Waffen- und Handelsstützpunkten zu Jedermanns Nachbarn, so zu sagen, geworden. Indem sich zugleich mit der wirtschaftlichen Expansion und dem Wachstum der Werte, die im Lande zusammenströmten, eine starke Bevölkerungszunahme geltend machte, gewannen die Briten das Menschenmaterial, das wiederum in Auswanderung zur wirtschaftlichen Expansion beitrug. Kolonien mit englischem Charakter (Vereinigte Staaten, Kanada, Australien, Südafrika) entstanden und befestigen die Macht- und Handelsstellung der Britischen Inseln, deren Sprache (infolge der erwähnten Monopolstellung) eine Art Welt-, wenigstens Welthandelssprache geworden ist. Das Kabelnetz Englands, das bei weitem ausgedehnteste aller Staaten, und seine gewaltige Schiffahrt umspannen die Welt, und England ist auch heute noch das Hauptzentrum des Weltverkehrs, wenn auch Deutschland und die Vereinigten Staaten neuerdings die Stellung von Nebenzentren errungen haben, und die allgemeinere Verbreitung der höchsten Kultur- und Wirtschaftsstufen auch dem Verkehr Tendenz der Dezentralisation gibt.

Die wichtigsten Seehäfen Englands sind London, Liverpool, Hull, Glasgow, Southampton.

Den größten Anteil am Handel der Britischen Inseln hatten 1905 die Vereinigten Staaten (28,8%, hauptsächlich Einfuhr nach den Britischen Inseln), Deutschland (12,3%), Frankreich (12,2%), Brit.-Indien (1904: 9,1%), Belgien (6,3%), Rußland (6,2%), Niederlande (6%), Australien (1904: 5%), Kanada (1904: 4%) usw.

Ausfuhr 1902: 283,4; 1903: 290,8; 1904: 300,7; 1905: 330; 1906: 375,7 Mill. £ (Garne und Webwaren 146,4; Eisen, Stahl usw. 39,9; Steinkohlen usw. 31,5; Maschinen 26,7; Chemikalien u. dergl. 15,5 usw.). Einfuhr: 528,4; 542,6; 551; 565,3; 608 Mill. £ (Eßwaren und Getränke 68,8; Getreide und Mehl 67,9; Fleisch und Schlachtvieh 52; Baumwolle 56,1; Holz 27,5; Schaf- und Mohärwolle 30,5 usw.). Handelsflotte: 10,7 Mill. R.-T.

Die **Bevölkerung**, 43,7 Millionen auf 315 000 qkm, sitzt, entsprechend den Wirtschaftsverhältnissen, in den rein landwirtschaftlichen Bezirken, dem größeren Teil Irlands und Schottlands usw., mäßig dicht, viel dichter in den industriellen Gebieten und am dichtesten an jenen beschränkten Örtlichkeiten, wo sich mit der Industrie noch der Handel vereint. Nur ¼ der Bewohner wohnt auf dem Lande, ⅓ in Großstädten (über 100 000 Einw.).

Die britischen Kolonien in Europa siehe Seite 221, 230; in Asien siehe Seite 242, 245, 253, Anm. 1, 273 ff., 280 ff., 285—287, 294, in Australien siehe Seite 300 ff., 307 ff.; in Afrika siehe Seite 333 ff., 339 ff., 350 ff., 355 ff., 366 f.; in Amerika siehe Seite 368 ff., 395, 398 f., 423 f.

Frankreich[1]).

Der **Ackerbau**[2]) zeigt infolge der Lage des Landes eine glückliche Vereinigung mittel- und südeuropäischen Charakters.

Der unfruchtbare Boden (Alpen, Cevennen, Bretagne, Sologne, Dombes bei Lyon, Crau und Camargue im Rhônedelta) ist nicht sehr ausgedehnt; etwa 51% des Bodens waren 1901 angebaut, und 17½ Millionen Menschen unterhalten sich durch den Ackerbau.

Im Norden gedeihen die mitteleuropäischen Getreidearten gut. Hafer[3]) wächst im atlantischen Klima von der Garonne nordwärts, vor allem aber im kühlen und feuchten Norden ausgezeichnet (30—40% der Getreidefläche).

Auf den fruchtbaren Rübenböden des Departements Nord und auf den fetten Marschen im Mündungsgebiet der Loire wird er allerdings vom Weizen[4]) verdrängt, der besonders auch in der Ebene der Garonne und im nördlichen Rhônegebiet ausgedehnt angebaut wird. Die Franzosen sind bekanntlich Weizenbrotesser.

Auf dem armen Steinboden der Bretagne sät man den Roggen[5]), der auch im rauhen und felsigen zentralen Bergland vorherrscht (über 70% der Getreidefläche).

Gerste[6]) wird auf leichten Böden des Nordwestens, im Hügelland nördlich der Loire, in der Normandie, bis ins Zentralmassiv hinein, zum Teil als gute Brauereigerste (Bierbrauerei)[7]) angebaut.

Für Buchweizen[8]) sind günstig die sumpfigen Granitflächen der Bretagne und westlichen Normandie, der granitische felsige Boden der westlichen Abdachung des zentralen Hochlandes; auch im mittleren Rhônegebiet auf den steinigen Bergäckern, in den östlichen Pyrenäen, in der Sumpflandschaft Sologne wird er angebaut.

---

[1]) Vgl. Lage S. 57 ff., Größe 62, Küsten 64, Oberfläche und Flüsse 70, Bergbau 34 und 76 ff., Fruchtbarkeit d. Bodens 89, Nachbarmeere 97 ff., Flüsse 109 f., Bevölkerung 149, natürliche Pflanzenwelt 149 ff., Fischerei 157 f. [2]) 1895 unprod. Boden 14,3%; Ackerland 56,3%; Weinland 3,1%; Wiesen und Weiden 10,5%; Wald 15,8%. Ernte 1905: Weizen 9,2; Hafer 4,67; Roggen 1,54; Gerste 0,96 Mill. T.; Buchweizen 1904: 0,4; Mais 0,5; Kartoffeln 10,3 Mill. T. Wein 1904: 68,9 Mill. hl. [3]) 7,1% d. Bodens damit bestellt (1905); Ernte 1904 etwa = 9,6% d. Welternte; Einf. 1905: 285 000 T. [4]) 12,1% d. B. Ernte 1904 = 10,9% d. Welternte; Einf. 1905: 183 000 T. [5]) 2,4 % d. B. Ernte 1903: 1,55 Mill. T. = 3,6; 1904 = kaum 4% d. Welternte. Einf. 1904: 710 T. [6]) 1,3% d. B. Ernte 1903: 3,5; 1904 = etwa 3% d. Welternte. Einf. 1905: 113 000 T. [7]) Prod. von Bier 1898: 9 558 000 hl, 1902: 183 546 000 Imp. Gall. = 3,5% d. Welternte; Verbrauch pro Kopf 4,8 Gall.; 1905: 295 196 000 Imp. Gall., Verbrauch 7,5 Gall. [8]) 1901: 1,1% d. B. Ernte 1901: 563 000 T.

Der Mais[1]) bezeichnet das Übergangsgebiet vom nordeuropäischen Klima zum trocken-warmen der Mittelmeerländer; er gedeiht nur in genügend feuchten Ebenen. Im Garonnegebiet lebhaft, nimmt sein Anbau gegen Norden und Osten (Gebirge!) ab. Im unteren Rhônegebiet (zu trocken) und an der Riviera verschwindet er fast ganz. Ein wichtiges Maisgebiet findet sich an der Saône in dem warmen, aber genügend benetzten Tale zwischen dem französischen Bergland und dem Jura. Ein wenig Hirse (Durra?) im Garonnegebiet (Landes), Saône- und Rhônetal kommt dazu.

Die Hülsenfrüchte gedeihen in Europa am besten in einer gemäßigten Zone zwischen 50 und 55°. So fällt Frankreich schon südlich dieser Maximalzone und hat nur einen geringen Anbau[2]). In den Marschen der Departements Nord und Pas-de-Calais, in der Normandie und in den Marschen der Vendée, auch in den Maisgebieten pflanzt man die Pferdebohne; auf den kalkhaltigen Böden des Juragebirges erheblich die Erbse, die auch in der Umgebung von Paris und im nördlichen Industriebezirk eine gewisse Rolle spielt. Auch die Linse ist eine Pflanze des kalkreichen Jura; an der Garonne pflanzt man sie gleichfalls. Der Buschbohne bedient man sich um Paris und im Departement Nord. Im Süden zieht man sie im Maisgebiet an der Garonne, in den Tälern der Pyrenäen und der Riviera.

Der Kartoffelbau[3]) ist an der französischen Kanalküste, wie im südöstlichen England, gering. Aber in der felsigen Bretagne, den Ardennen, auf der Lothringischen Platte und an der unteren Loire ist der Anbau stark; relativ am bedeutendsten ist er im südlichen Frankreich, wo ihn vielleicht der Kleinbetrieb befördert. Möhre und Pastinake spielen in der vorstädtischen Wirtschaft (um Paris und Bordeaux), in der Bretagne usw. eine Rolle.

Den Raps[4]) baut man an der Kanalküste von den Marschen Hollands her bis in die Normandie; ferner in den Marschen der Vendée (an der unteren Loire) und im oberen Rhônegebiet.

Der Mohnanbau[5]) zur Ölgewinnung ist von einiger Bedeutung in den nördlichen Departements Pas-de-Calais, Somme, Nord.

Die Zuckerrübenkultur[6]) ist in den nördlichsten Departements hauptsächlich konzentriert, in Pas-de-Calais und Nord, Somme, Aisne, Oise; im ganzen waren 1900: 334, 1904/05: 270 Fabriken in der Zuckerrübenindustrie tätig.

Außerordentlich wichtig ist in Frankreich der Weinbau[7]), der erste der Welt. Nur 9 (nördlich der Linie Loiremündung—Paris) von 86 Departements bauen keinen Wein. Aber die wichtigsten Weingegenden sind die um Bordeaux, Burgund und die Champagne.

---

[1]) 1% d. B. Ernte 1904: 0,5 Mill. T. = 0,6% d. Welternte. Einf. 1905: 282 000 T. [2]) Bohnen 1901: 108 000 T., Erbsen 45 000 T. [3]) 2,9% d. B. Ernte 1901: 12; 1904: 10,28 Mill. T. = 10% d. Welternte. [4]) Ernte 1901: 38 000 T. [5]) Ernte 1901: 4300 T. [6]) 0,38% d. B. Prod. 1904/05: 762 700 (1905/06: 1 076 000; 1906/07: 732 000) T. = 12,4% d. Weltprod. an Rübenzucker. Eingeführt wurden 1905: 80 000 T., ausgeführt 300 000 T. [7]) 3% d. B. 1895: 26,7 Mill. hl; 1900: 67,35 Mill. hl; 1901: 58 Mill. hl i. W. v. 867 Mill. Fr.; 1902: 39,9 Mill. hl; 1903: 35,4 Mill. hl i. W. v. 948 Mill. Fr.; 1904: 66,02 Mill. hl; 1905: 53,67 Mill. hl (Schätzung). Verbrauch pro Kopf 1,27 hl. Einf. 1904: 6 800 000 hl i. W. v. 160 Mill. Fr., Ausf. 1 643 000 hl i. W. v. 210 Mill. Fr. Prod. i. Durchschnitt 1895—1904: 45,05 Mill. hl = 34% d. Weltprod.

Der milde, bouquetreiche Bordeauxwein wächst am besten in Médoc in einem 10 km breiten, 80 km langen Streifen kies- und kalkhaltiger Hügelrücken am linken Garonne(Gironde)ufer unterhalb Bordeaux; die Weine der südlichen Hälfte, Haut-Médocs, sind die wertvollsten. Auch die „Palus“ (angeschwemmtes Land unmittelbar unterhalb Bordeaux), die „Graves“ (südlich von Bordeaux), die „Sauternes“ (weiter aufwärts am linken Garonneufer) erzeugen ausgezeichnete Weine. Als gut gelten auch die Lagen am rechten Ufer der Garonne und Gironde, die „Côtes“, und an der Dordogne ziehen sich geschätzte Weinberge aufwärts. Man gewinnt nicht nur Rotweine, sondern auch viel Weißwein (Graves und Sauternes), und klassifiziert die Produkte eingehend in eine Anzahl von Sorten. Als die besten Weine werden die von Château Lafitte, Château Margaux, Château Latour (alle in Haut-Médoc) anerkannt, dann folgen Château Haut-Brion (Graves), der weiße Château Yquem (Sauternes) usw. Der in Deutschland sehr beliebte Saint-Julien stammt von verschiedenen Lagen der Gemarkung Saint-Julien, die Weine zweiter, dritter, vierter Klasse liefert. Aus den Côtes ist der Saint-Emilion zu erwähnen.

Im weinreichen Departement Charente werden, besonders im Bezirk von Cognac, Branntweinfabrikate[1]) hergestellt.

Der rote milde, aber stark ins Blut gehende „Burgunder“ wächst an den Hängen der Côte d'Or, zwischen Châlon sur Saône und Dijon, mit Beaune als Haupthandelsplatz. Als die besten Sorten gelten Romanée, Chambertin, Clos (de) Vougeot, Nuits, Volnay. Ferner wird als Weißwein der Montrachet, auch der Wein von Macon (an der Saône) und der Chablis von den Ufern des Serein gerühmt.

Der ganze Höhenzug, der in weitem Bogen Reims in der Champagne umspannt, gleicht einem großen Weingarten, in den sich nur hier und da Ackerstücke einschieben, und auch die Berghänge um Épernay, Avice, Sillery, Châlons sur Marne sind mit Weinreben bedeckt. Der kreidehaltige Boden befördert hier den Weinbau außerordentlich und verleiht den Trauben die Güte. Die Kunst der Schaumwein(„Champagner“)-Erzeugung datiert aus der Zeit um das Jahr 1700. Die Ausfuhr von Champagnerweinen ist sehr groß.

Längs der Loire nehmen die Weinreben große Flächen ein (20% der Getr.), und die Weine „Entre deux mers“ haben guten Ruf. Bei Perpignan und Montpellier im Süden haben die Weine bereits den mittelmeerischen (Likör-) Charakter.

Schließlich sei noch der Weindistrikt Hermitage am linken Rhôneufer gegenüber Tain erwähnt.

Dem Obstbau widmet man in Frankreich viel Aufmerksamkeit. Äpfel, Birnen, Kirschen werden in den nördlicheren Gegenden (große Obstweinproduktion[2]) — Zider, Cidre — im Nordwesten: Ille-et-Vilaine, Manche, Côtes-du-Nord usw.), Pfirsiche, Aprikosen in den südlicheren erzeugt; Frankreichs Pflaumen[3]) sind beliebt. Ferner spielen Kastanien[4]) und Walnüsse[5])

[1]) Branntweinprod. 1903: 90 068 000 Imp.-Gallonen; 1904/05: 2 429 000 hl; 1898: 4 824 000 hl = 14,7% d. Weltprod.; Verbrauch pro Kopf 1898: 9,2; 1903: 7,1 Liter; Prod. 1905: 100 584 000; Verbrauch 1,37 Gall. [2]) Zideräpfelernte 1904: 36 357 000 hl (Schätzung); 1905: 13 Mill. hl (Schätzung). Verbrauch von Obstwein pro Kopf 0,31 hl. [3]) Ernte 1901: 63 000 T. i. W. v. 13 Mill. Fr. [4]) Wert der Ernte (330 000 T.) 1901: 25 Mill. Fr. [5]) Ernte 1901: 88 000 T. i. W. v. 19 Mill. Fr.

hier eine große Rolle (s. S. 154). Der Olivenbaum[1]) gedeiht an der Riviera (Nizza) und in der Provence bei Aix und Grasse; sein Anbau wird durch die Konkurrenz der algerischen, tunesischen, spanischen und italienischen Olivenöle und die anderer Öle: Baumwollsamenöl, Erdnußöl zurückgedrängt. Doch ist Marseille ein hervorragendes Zentrum der Öl-, Seifen- und Kerzenindustrie.

Orangenbäume kommen an der mittelmeerischen Küste bei Toulon, Nizza und auf den Hyèrischen Inseln fort, haben aber wirtschaftliche Bedeutung nicht. Etwas wichtiger ist die Orangen- und besonders Zitronenkultur Corsicas[2]).

Hier sei noch die Trüffelkultur erwähnt, die besonders in Vaucluse (Mont Ventoux) und Basses-Alpes am Rhônetal und nördlich der Garonne in Lot, Drôme, Dordogne („Perigord") blüht.

Hopfenbau[3]) wird in Frankreich nur wenig (in der Côte d'Or und im Departement Nord) betrieben.

Der Tabak[4]), durch Gesetz auf gewisse Departements beschränkt, wird besonders in der unteren Garonnegegend (Departements Lot-et-Garonne, Dordogne, Lot und Gironde), in der Rhônesenke (Departement Isère, auch Savoie und Haute-Saône) und in den Norddepartements (Pas-de-Calais, Nord, Ille-et-Vilaine) angebaut; 54 000 Pflanzer beschäftigen sich damit.

Der Flachs[5]) (im Flußgebiet der Garonne, an der Atlantischen Küste, in den östlichen Grenzstrichen des Nordens) hat ausgezeichnete Qualität. Die Leinenindustrie s. S. 214.

Der Hanfbau[6]) hat im ganzen mittleren Frankreich eine gewisse Bedeutung, die größte an der Südküste der Bretagne und an der unteren Loire.

Die Kardendistel (deren Köpfe zum Aufkratzen und Appretieren wollener Gewebe benutzt werden) kultiviert man in dem trockenen und warmen Mittelmeergebiet auf kalkreichem Boden.

Gerbstoffe s. S. 151 f., Wau S. 153 f., Safran S. 154, Öl- und Parfümeriepflanzen S. 153.

„Frühblumen" werden aus dem mittelmeerischen Alpengebiet ausgeführt.

Das Grasland (in sumpfigen Flußniederungen, Talauen, Flußdeltas) nimmt in Frankreich 11% des Bodens ein; die Halbinsel Cotentin, Normandie, der ganze Nordwesten überhaupt hat am meisten Graswuchs, während die mittelmeerische Hälfte grasarm ist. Die Tierzucht würde beschränkt sein, wenn man nicht in großem Maße künstlich die Futtermöglichkeiten ausdehnte[7]).

Zunächst geschieht das durch Grasbau[8]) auf dem Ackerland, besonders in den reich befeuchteten Landschaften, so in Savoyen (Haute-Savoie 9,8% der Getr.), an den feuchten Westabhängen des Jura (Doubs 37,9%, Jura

[1]) Ernte 1901: 106 000 T. i. W. v. 19 Mill. Fr. [2]) Orangen 1901: 1663 T. i. W. v. 587 000 Fr., Zitronen 2311 T. i. W. v. 495 000 Fr., Zedratfrüchte 1680 T. i. W. v. 454 000 Fr. [3]) Ernte 1904: 2550 T. = 3,3% d. Weltprod.; 1905: 2,4% d. W. [4]) Prod. i. Durchschnitt 1900—1902: 17 400 T. = 1,6% d. Weltprod. Ernte 1903: 24 000 T. i. W. v. 21,4 Mill. Fr. [5]) Ernte 1901: 40 000 T. i. W. v. 21 Mill. Fr., Bartholomew: 20 450 T. = 2,6% d. Weltprod. (s. S. 125, Anm. 1). [6]) Ernte 1901: 28 000 T. i. W. v. 16 Mill. Fr., Bartholomew: 16 400 T. = 3,2% d. Weltprod. (s. S. 128, Anm. 1.) [7]) Etwa 34% der Anbaufläche oder 17,5% d. Bodens werden Futtergewächsen gewidmet, deren Ernte 1901 über 2000 Mill. Fr. Wert hatte. [8]) Wiesenheu 8,2% d. Bodens. Ernte 1901: 13,7 Mill. T. i. W. v. 921 Mill. Fr.

15,8% der Getr.); auch auf der Nordabdachung des französischen Zentralmassivs (Saône-et-Loire 5,3%, Allier 12,8%, Cher 5,9%, Nièvre 7,9%) ist sie erwähnenswert, wie an der unteren Loire (Vendée 7,4%, Loire-Inférieure 10,6%, Mayenne 6,9%, Orne 6,8%, Manche 5,1%).

Meist aber baut man Futterpflanzen zur Stallfütterung an, die weit unabhängiger vom Klima sind als das feuchtes Klima verlangende Gras.

So ist an der wiesenarmen Mittelmeerküste die Luzerne[1]) eine außerordentlich wichtige Futterpflanze, die bis zu 25% der Getr. den Boden einnimmt. Um Paris herum bis zur belgischen Grenze findet sich ein zweites wichtiges Anbaugebiet (10—20% der Getr.), ein drittes im Westen (Vienne 12,2%, Deux-Sèvres 10,4%), aber auch im übrigen Frankreich (abgesehen vom rauhen zentralen Hochland und der feuchtkühlen Bretagne) wird diese Wärme liebende Futterpflanze viel mehr angebaut als in Deutschland.

Ganz ähnlich ist das Anbaugebiet der Trockenheit und kalkhaltige Böden liebenden Esparsette[2]), nur erreicht sie meist nicht ganz die Bedeutung der Luzerne. Die Zentren ihrer Kultur liegen ebenfalls an der Mittelmeerküste (Hautes-Alpes 17,5% der Getr. und Drôme 12,6%), im Norden im Pariser Becken und im normännischen Bergland (Calvados 17%, Eure-et-Loir 10%, in der Champagne Aube 10,5% der Getr.), im Westen auf den Kreideböden der Charente (Charente 12,5%, Charente-Inférieure 11,3%, Vienne 9,7%), aber auch vor allem in Savoyen (Haute-Savoie 25,8%) und am Westabhang des kalkreichen Jura (Doubs und Jura etwa 15% der Getr.). Auch im übrigen Frankreich spielt die Esparsette eine weit größere Rolle als selbst in Südwest-Deutschland, aber im zentralen Massiv und in der Bretagne ist ihr Anbau gering.

Der Klee (Rotklee und Weißklee)[3]) findet ein üppiges Gedeihen, wie es scheint, nur in der nördlichen Hälfte Frankreichs, und zwar im feuchten Klima der Küste und des Gebirges. Am stärksten ist er in Pas-de-Calais und Nord (11,1%), Seine-Inférieure 21,1%, Halbinsel der Normandie 18,2%, Orne 24,6%, Mayenne 23,6%, Sarthe 20%, Allier (am Nordrande des Zentralmassivs) 22,3%, Haute-Savoie 17,1% der Getr. In der Nähe von Paris ist der Kleebau sehr gering und in der Südhälfte Frankreichs auch nicht besonders umfangreich (unter 8% der Getr.).

Der Inkarnatklee hat sowohl im Garonnegebiet (5—7%) als auch im Norden Frankreichs (2—6,5%) einige Bedeutung als Futterpflanze.

Der Futterrübenbau (Runkelrübe, Kohlrübe)[4]) findet sich im Norden und Nordwesten Frankreichs, doch ohne besondere Ausdehnung. Dagegen hat sich im Nordwesten, besonders in der Vendée (15,5%), in Loire-Inférieure (15,6%), Maine-et-Loire (16,2% der Getr.) der Futterkohl eine wichtige Stellung im Futterbau errungen.

Tierzucht[5]). Die Rinderzucht zur Milchgewinnung[6]) gedeiht am besten auf Gras, bei Futterrüben und Rückständen der Zuckerrübenindustrie. Der

[1]) 1,7% d. B. Ernte 1901: 3,98 Mill. T. i. W. v. 275 Mill. Fr. [2]) 1,4% d. B. Ernte 1901: 2,26 Mill. T. i. W. v. 161 Mill. Fr. [3]) 2,2% d. B. Ernte 1901: 3,19 Mill. T. i. W. v. 191 Mill. Fr. [4]) 0,9% d. B. Ernte 1901: 12,4 Mill. T. i. W. v. 236 Mill. Fr. [5]) 1901 Kühe 8 Mill. Stück; andere Rinder 6,6 Mill.; 1904 Rinder 14,14 Mill. = 4% d. Weltprod. [6]) Prod. 1901: 78,6 Mill. hl i. W. von 1159 Mill. Fr.

äußerste Norden ist am rinderreichsten und hat am meisten Kühe (75% der Rinder), weil hier jene Bedingungen am besten erfüllt sind. Im Zentralmassiv an günstigen Stellen und in einem Streifen von Belfort bis Limoges werden auch noch zahlreiche Rinder gehalten. Gegen Süden werden die Bedingungen für die Milchwirtschaft ungünstig; in Südfrankreich tritt Olivenöl an die Stelle der Butter.

Die beste Butter[1]) Frankreichs wird in der Normandie (besonders Isigny und Gournay) erzeugt, auch die der Bretagne, Charente und Poitous ist gut. Es wird viel Butter über Cherbourg ausgeführt.

Von Käsesorten[2]) sind berühmt der Briekäse (Schafkäse, Markt Meaux an der Marne), der Camembert aus der Normandie, der Roquefort (Schafmilch) aus Aveyron, der Pont-l'évêque aus der Normandie, usw.

Die Schafzucht[3]) findet die günstigsten Bedingungen auf den trockeneren Hügeln des Pariser Beckens (Rambouillet bei Versailles), wo man auf Luzerne- und Turnipsfeldern Fleischschafe für den Bedarf der Hauptstadt und dicht bevölkerten industriellen Gegenden des Nordens zieht. Auf den sogenannten Causses des Zentralmassivs werden ausgedehnte Schafherden zu umfangreicher Käsebereitung (Roquefort s. oben!) gehalten. Im Süden des Landes, wo die Rinder spärlich sind, geben die Schafe das Fleisch für den Bedarf der Bevölkerung. Besonders in den Pyrenäen, ihren Vorhügeln, den Landes, in der Plaine de la Crau des Rhônemündungsgebietes weiden große Herden.

Schweinezucht[4]) blüht in den Molkereigegenden des Nordwestens und Nordens, im südwestlichen Frankreich, wo der Maisbau sie begünstigt, und in den Waldgegenden der Ardennen, Lothringens, des Jura, wo Eichelmast möglich ist.

Ziegen[5]) sind etwas häufig in dem trockenen Rhônegebiet, besonders in den Westalpen und am Ostrand des Zentralmassivs. Im Norden sind sie nur dort zahlreicher, wo der Kleingrundbesitz vorherrscht.

Für die Pferde[6]) wiederum ist der futterreichere und kühlere Norden und Nordwesten günstiger, sodann der Nordosten (Ardennengegend und Französisch-Lothringen). Im Norden und Nordwesten ist ein wichtiges Züchtungsgebiet; am berühmtesten ist das Percheronpferd. Im Süden treten Esel[7]) und Maultiere[8]) vielfach an die Stelle der Pferde.

Die Geflügelzucht Frankreichs ist recht entwickelt und produziert auch Eier[9]) und Federn für Ausfuhr.

Für den Seidenbau[10]) ist Frankreich das zweitwichtigste europäische Land. Der ganze Süden ist an der Kokonproduktion beteiligt; doch haben nur die Rhônegegenden industrielle Bedeutung (Departements Gard, Ardèche,

---

[1]) Jährl. über 130000 T. f. ca. 300 Mill. Fr. erzeugt, 1902 f. 69; 1906 f. 49,1 Mill. Fr. ausgeführt. [2]) Ausf. 1902: 15 Mill. Fr. [3]) Schafe u. Ziegen 1904: 19,3 Mill. Stück = 3,5% d. Weltprod. Wolleprod. 1901: 41 000 T. i. W. v. 53,3 Mill. Fr.; 1903 (nach Schätzung): 103,5 Mill. e. Pfd. = 46 950 T. = 3,9% d. Weltprod. [4]) 1904: 7,5 Mill. Stück = 4% d. Weltprod. [5]) 1901: 1,5 Mill. Stück. [6]) Pferde, Esel u. Maultiere 1904: 3,7 Mill. Stück = 4,1% d. Weltprod. [7]) 1901: 355 000. [8]) 1901: 200 000. [9]) Ausf. 1902: 12,5; 1906: 14,1 Mill. Fr. [10]) Produktion von Rohseide i. Durchschnitt 1891/95: 747; 1896/1900: 650; 1903: 474; 1904: 625 T. = 3,1% d. Weltprod.; der Verbrauch war 1903/04: 4076 T. Es wurden 6342 T. ein- und 1966 T. ausgeführt. Wert der Ausf. von Seidenwaren 1905: 271 Mill. Fr.

Drôme, Vaucluse, Var, Isère erzeugen 88% der gesamten Produktion); 124 000 Züchter befassen sich mit der Seidenzucht, deren bedeutendste Sammelpunkte Alais, Uzès, Nîmes, Valence, Chamérac, Viviers, Cavaillon, Avignon usw. sind. Die Raupenkrankheiten haben viel Schaden angerichtet.

Bergbau. In Frankreich beginnt jener Streifen von Steinkohlen, dessen Abbau in Belgien (Mons, Charleroi, Lüttich) und Deutschland (Aachen, Ruhrkohlengebiet) wir bereits betrachtet haben. Im Norden liegen auch in Frankreich darum die wichtigsten Kohlenlager, das Becken von Valenciennes, in den Departements Nord und Pas-de-Calais[1]), 100 km lang, 15 breit. Der Abbau ist durch Verwerfungen sehr erschwert; die wichtigsten Minen sind die von Anzin, Aniches, Lens, und Douvrin. Noch an vielen anderen Stellen Frankreichs, an den Rändern des Zentralmassivs meist, findet sich Steinkohle, aber in geringen Lagern; die wichtigsten sind das Loirebecken (St. Étienne Mittelpunkt)[2]), das Gardbecken (Alais)[3]), das Becken von Tarn (Fluß) und Aveyron[4]), das Becken von Bourgogne (Burgund) und Nivernais (Le Creusot, Montceaux-les-Mines)[5]), von Bourbonnais[6]) usw. Braunkohle[7]) wird in der Provence gefördert, Torf in den nördlichen Departements.

Eine wichtige Eisenerzregion hat Frankreich um Nancy, als Fortsetzung der deutsch-lothringischen Lager (Minetteregion); Longwy ist ein Hauptproduktionszentrum. Unweit Creusot finden sich die Eisenerzlager von Mazenay und Changes, an der Orne südlich von Caen die Eisenminen von Saint-Rémy. Doch muß Eisenerz noch eingeführt werden[8]). Die nordöstlichen und nördlichsten Departements erzeugen am meisten Gußeisen, Schmiedeeisen und Stahl. Blei gewinnt man zu Pontpéan (Ille-et-Vilaine), Pontgibaud (Puy-de-Dôme) usw., Zink[9]) längs der Südostseite des Zentralmassivs (Alais, Malines usw.) in geringen Mengen; an Kupfer ist Frankreich arm. Steinbrüche werden in den Pyrenäen, Ardennen, im Pariser Becken usw. ausgebeutet. Phosphate[10]) produziert Frankreich in Mengen. Salz wird aus Salzteichen (am Mittelmeer in den Departements Bouches-du-Rhône und Gard, am Atlantischen Ozean im Departement Loire-Inférieure zwischen Loire- und Vilainemündung), Salzbergwerken (Salins, Grozon, Montmorot im Departement Jura und Departement Haute-Saône, Salins-de-Béarn im Departement Basses-Pyrénées) und Salzquellen über den Bedarf hinaus gewonnen[11]).

Die **Industrie**, besonders die kunstgewerbliche, blüht. Die Textilindustrie ist am umfangreichsten. In dem Rhônegebiet ist in und an dem Produktionsgebiet der Seide, und durch Kohlenvorkommen (s. oben) unterstützt, die Seidenindustrie konzentriert, in Lyon (459 000 Einw.),

---

[1]) N. u. P.-d.-C. 1904: 22,7 (1905: 23,17; 1906: 21,16) Mill. T. von 33,84 (1905: 35,22; 1906: 33,58) Mill. T. im ganzen = 4,3% d. Weltprod. Einfuhr von Steinkohlen 1905: 10,51, von Koks 1,63 Mill., von Briketts 400 000 T. Ausf. 1905: 1,66 Mill., 242 000, 89 000 T. [2]) 1906: 3,9 Mill. T. [3]) 2,1 Mill. T. [4]) 1,8 Mill. T. [5]) 2,06 Mill. T. [6]) 1,0 Mill. T. [7]) 1904: 664 000 T. [8]) Prod. 1903: 6 220 000 (1904: 7 023 000) T. = 6,3% d. Weltprod.; Verbrauch 1903: 7 300 000 T.; Prod. von Roheisen 1850: 405 700 T. = 9,2% d. Weltprod.; 1903: 2 841 000 T. = 6,2% d. Weltprod.; 1904: 3 Mill.; 1905: 3 077 000 T. = 5,7% d. Weltprod.; Prod. von Stahl 1850: 15 000 T. = 17,7% d. Weltprod.; 1900: 1 569 000 T. = 5,8% d. Weltprod.; 1905: 2 110 000 T. = 4,8% d. Weltprod. [9]) Prod. Frankreichs (und Spaniens) 1904: 49 100 T. = 7,9% d. Weltprod.; für Spanien fand ich die Zahl: 8800 T.; danach würde Frankreich allein 40 300 T. = 6,4% der Weltprod. erzeugen (?). [10]) Prod. 1900: 633 000 T. = 21,7% d. Weltprod. [11]) Prod. 1900: 1,1 Mill. T.; 1903: 970 000 T. = 8% d. Weltprod.

St. Étienne (Seidenbänder) — 147 000 Einw. — Nîmes, Alais usw. Die Wollindustrie, meist mit importierter Wolle arbeitend, sitzt im Norden, wo die Industrie am meisten durch die Kohlen- und Eisenvorkommen begünstigt ist, in Lille (211 000 Einw.), Roubaix (142 000 Einw.), Tourcoing (79 000 Einw.), Amiens (91 000 Einw.), Sedan, Reims (108 000 Einw.), Elboeuf, auch Paris, Nancy (103 000 Einw.) und Beauvais. Die Baumwollindustrie[1]) hat ihren Hauptsitz in der Nähe von Havre (Einfuhrhafen für Baumwolle) in Rouen, Paris, Amiens usw., die Leinenindustrie ebenfalls im Norden (Lille, Valenciennes), die Juteindustrie in Dünkirchen, Dunkerque.

Berühmte Spitzen kommen von Alençon, Caen, Calais, Bailleul („Valenciennes-Spitzen"), Putzartikel, Kleider, Wäsche aus Paris. Luxuslederwaren (Handschuhe u. dergl.) erzeugt vorzüglich Paris.

Eisen-, Metallwaren und Maschinen erzeugen Creusot, St. Étienne, Paris usw., Schiffe[2]) bauen Bordeaux, St. Nazaire, Havre, Marseille usw., Bijouteriewaren und Uhren Paris, Besançon, Instrumente Paris, Porzellan Sèvres, Limoges, Chemikalien Paris. Die Motorwagenerzeugung[3]) nahm neuestens schnell zu; die Aluminiumindustrie[4]) hat eine wichtige Stellung.

Zuckerindustrie s. S. 208, Bierbrauerei S. 207, Tabakindustrie S. 210, Seifenindustrie S. 210. Die Branntweinindustrie[5]) ist wichtig.

Der **Verkehr** im Innern hat ein großes natürliches Flußnetz, besonders nach Nordwesten, und zahlreiche Kanäle (C. du Midi, Toulouse 150 000 Einw.; C. du Centre; C. de Bourgogne; Rhein-Marne-Kanal), welche durch das tiefe Senken aufweisende Gebirgsland im Osten und Südosten Verbindung zwischen den Flüssen herstellen, zur Verfügung, aber die Schiffahrtsstraßen sind meist durch zeitweisen oder ständigen Wassermangel nur mäßig brauchbar. Das Eisenbahnnetz, das Paris (im Seinebecken, Straßenkreuzungspunkt, 2,714 Millionen Einw.) zum Zentrum hat, ist ausgedehnt. Über die Landgrenzen zu den Nachbarn geht der geringere Teil des Außenhandels. Der Verkehr mit Spanien (1905: 3% des Gesamthandels) ist durch die Pyrenäen (Bahnen an den beiden Enden, transpyrenäische Bahnen 1907 beschlossen) zu Lande sehr erschwert, die Alpen sind durch die Bahnen Nizza-Genua und die Mont Cenisbahn Paris—Macon—Turin (Montblancdurchtunnelung projektiert) überwunden (Handel mit Italien 3,7%), den Verkehr mit der Schweiz (4,3%) behemmt der Jura. Auf Deutschland entfallen 11,6%, auf Belgien 11% des Gesamtverkehrs.

Frankreich ist unter den europäischen Staaten für den Seeverkehr sehr günstig gelegen, indem es eine Küstenfront dem Atlantischen Ozean zuwendet, die andere dem Mittelmeer, durch das der Weg zum Indischen Ozean führt; in vielen Beziehungen hat es mit Spanien und Portugal die günstigste Handelslage des europäischen Kontinents. Es liegt auch in einer Breite und in einem Klima, welches die Küsten eisfrei erhält. Der wiederholt in Aussicht genommene Canal des deux Mers (Golf von Biscaya—Mittelmeer) würde das

---

[1]) 1903: 6 150 000 Spindeln = 5,3% d. Weltprod. und 106 000 Webstühle = 5%. [2]) Prod. 1901: 232 000 R.-T. = 7,5% d. Weltprod. [3]) Prod. 1904: 22 000 Stück i. W. v. 34 Mill. Dollar; Ausf. f. 13 581 000 Doll., Einf. f. 731 000 Doll. [4]) Prod. 1904 (nach Schätzung): 1700 T. = 19,4% d. Weltprod. [5]) Prod. 1902: 10,5% der Weltprod. (Vgl. S. 209.)

Land sogar zur Halbinsel machen. Aber die Bevölkerung, leichtlebig,, nicht tief genug, zumal im Süden, vermag sich nicht zu der Wirtschaftshöhe der anderen westeuropäischen Staaten und Deutschlands zu erheben. Der Seeverkehr umfaßt $^2/_3$ des Außenhandels (Großbritannien 19%, Vereinigte Staaten 8,9%, Algerien 5,8%). Das Projekt des Kanaltunnels ruht zunächst, aber gebaut wird er.

Ausfuhr 1905: 4762; 1906: 5043,7 Mill. Fr. (Seidenwaren 301,4, Wollwaren 208, Leder und Lederwaren 207, Baumwollenwaren 262, Metallwaren, Maschinen usw. 181, Modeartikel und künstliche Blumen 125, Kleider 102, Wagen 156, Kunsttischlerwaren u. dgl. 178, Wein 221, Zucker 96,5, Butter und Käse 67, Wolle 259, Seide 155). Einfuhr: 4674; 1906: 5229,4 Mill. Fr. (Wolle 536, Steinkohle usw. 298, Seide 311, Ölsämereien 198, Baumwolle 318, Getreide usw. 223, Hölzer usw. 120, Wein 123, Felle und Pelze 190, Flachs 83, Kaffee 102, Fische u. dergl. 59, Kautschuk und Guttapercha 116, Petroleum 61, Maschinen 150, Erze 100, Kupfer 126). Handelsflotte 1905: 1 387 000 R.-T.

Die wichtigsten Häfen, die erst künstlich vervollkommnet oder geschaffen werden mußten, sind am Atlantischen Ozean Dünkirchen, Boulogne, Le Havre (130 000 Einw.), Rouen (116 000 Einw.), St. Nazaire (Nantes 133 000 Einw.), Bordeaux (258 000 Einw.), am Mittelmeer Cette und Marseille (491 000 Einw.); Kriegshäfen sind Cherbourg, Brest (84 000 Einw.), Toulon (102 000 Einw.).

Die **Bevölkerung**, 39,1 Millionen Einw. auf 536 500 qkm, sitzt, wie aus der Wirtschaft erklärlich, weitaus am dichtesten im Norden und Nordwesten, nächstdem am Rhôneknie, an der Mittelmeerküste und an der Garonne.

Französische Kolonien in Asien siehe S. 28, 280 ff., 294; in Ozeanien siehe S. 314 f.; in Afrika siehe S. 327 ff., 339, 339 ff., 349, 350 ff., 364 ff.; in Amerika siehe S. 372, 399, 423 ff.

4. Südeuropa.

So sehr die Natur der mittelländischen Halbinseln und des Mittelmeeres einer frühen Kulturentwickelung sich günstig erwiesen hat, in neuerer Zeit sind die hier belegenen Länder, teils infolge des Mangels an Industriekohlen, teils und hauptsächlich aber durch Schuld der Bevölkerung zurückgeblieben. Erst in den letzten zehn Jahren macht man bemerkenswerte Fortschritte.

Die Pyrenäische Halbinsel[1]).

a) **Spanien.** Der **Ackerbau**[2]) gestaltet sich in den verschiedenen Landesteilen nach Klima, Boden und, vor allem, Bevölkerung sehr verschieden.

[1]) Vgl. Lage S. 57 ff., Größe 62, Küste 64, Oberfläche und Flüsse 69 f., Erdbeben 73, Bergbau 7.6 ff, Nachbarmeere 98 ff., Flüsse 109 f., Bevölkerung 32 u. 149, natürliche Pflanzenwelt 150 ff., Fischerei 158.
[2]) Angeblich unprod. Boden 20,4%; Ackerland 35,4%; Weinland 3,7%; Wiesen und Weiden 19,7%; Wald 20,8%. Ernte 1904: Weizen 2,6 (1905 nach Schätzung 2,28 = 2,5% d. Welternte; 1903: 3,51; 1902: 3,63; 1901: 3,73; 1900: 2,74); Gerste 1,17 (1903: 1,4 = 4,5% d. Welternte); Roggen 0,44 (1903: 0,57 = 1,3% d. Welternte); Hafer 0,268 (1903: 0,333 = 0,6% d. Welternte); Mais 0,54 (1903: 0,476 = 0,6% d. Welternte); Reis 0,179 Mill. T. = 0,3% d. Welternte. Wein 1904: 21,856; 1905: 16,2 Mill. hl = 12,2% d. Weltprod.

Ackerbestellung, Bewässerung, Düngung sind meist sehr mangelhaft. Die Besitzverhältnisse am Boden sind seiner intensiven Ausnutzung ungünstig. Nur 39% des Bodens sollen angebaut sein, 31% ohne künstliche Bewässerung, die 4—12, ja 37fachen Ertrag bringt und sich meist ganz gut durchführen läßt. Den gegenwärtigen Ansätzen, von Staats wegen ein allgemeines Bewässerungssystem einzuführen, muß man bei dem Mangel an Nachhaltigkeit, der für die Südeuropäer charakteristisch ist, mit einigem Mißtrauen gegenüberstehen. Doch sind Fortschritte (s. unten) nicht zu verkennen. Die Blamage und die materielle Schädigung durch den amerikanischen Krieg scheinen ebenso segensreich auf den Fortschritt hinzuwirken, wie die Zuckerrübenkultur (s. S. 217) für den Ackerbau sich förderlich erweist; landwirtschaftliche Kongresse u. dgl. heben das Verständnis für die Anwendung moderner Hilfsmittel in der Landwirtschaft, die immer mehr in Gebrauch kommen.

Nur einige Landschaften zeichneten sich schon bisher durch ihren Pflanzenbau vorteilhaft vor der großen Mehrzahl aus; es sind die Vegas und Huertas (Gärten) Süd- und Südostspaniens, engräumige Küstenebenen und Flußebenen, die im Gartenbau außerordentlich intensiv mit künstlicher Bewässerung (Flußkanäle, Quellen, Brunnen, sogar unterirdische Wasservorräte abgefangen), Düngung, Terrassierung der Berghänge usw. bewirtschaftet werden; ja, bei Tarragona ist man sogar dazu gelangt, schon seit römischer Zeit eine künstliche Ackerkrume zu schaffen, indem man die oberflächliche, 1—3 m mächtige feste Travertinkruste zersprengte und zermalmte und den Travertin mit dem darunter befindlichen Ton vermischte.

Solche Huertas bzw. Vegas sind die Ebenen von Valencia (214 000 Einw.), Alicante, Múrcia (112 000 Einw.), Cartagena (100 000 Einw.), Lorca (70 000 Einw.), Almeria, Motril, Málaga (130 000 Einw.), Granada (76 000 Einw.). Ihr Ackerbau zeichnet sich auch durch die große Mannigfaltigkeit der Erzeugnisse und durch ihre Hochwertigkeit für die Ausfuhr aus.

Haine von Fruchtbäumen dehnen sich hier aus: Apfelsinen (Múrcia, Valencia, Alicante), Limonen (Zitronen), Feigen und Datteln, bei Granada (Palmblätter für Palmsonntag), Oliven[1]) im Guadalquivirbecken (Provinz Jaén, Córdoba, Sevilla) und bei Valencia, Tarragona und Lérida (eingemachte Oliven in Andalusien, Seifensiederei in Catalonien, Ölexport aus Málaga), Granatäpfel, Johannisbrotbäume, Haselnüsse, Opuntien. Mandeln[2]) werden ausgeführt. Die Erdbeeren Valencias sind geschätzt.

Der Weinbau[3]) ist wichtig, am meisten in den Provinzen Barcelona, Lérida, Valencia, Tarragona, leidet gegenwärtig aber sehr unter Verwüstungen durch die Reblaus. Valencia und Almeria führen in Mengen frische Trauben aus, Rosinen werden in Málaga hergestellt, dessen Cognacindustrie anfängt, der französischen Konkurrenz zu machen. Die likörartigen Weine von Catalonien (Tarragona), Almeria, Málaga, Jerez de la Frontera („Sherry") sind berühmt und werden ausgeführt.

---

[1]) 1903: 13 300 qkm = 2,6% d. Bod.; die Fläche wuchs in 10 Jahren um 16%. Prod. von Olivenöl 1898: 3000000; 1899: 7338000; 1905; 1524000, i. Durchschnitt 2976000 hl; 10% davon kommen zur Ausfuhr. (Vgl. S. 127, Anm. 1.) [2]) Prod. 1901: 4000 T. (Ausf. 1905: 9620 T), Mallorca 4000 T. [3]) 3,4% des Bodens. Durchschnittsernte 34,5 Mill. hl; 1904 = 13—14; 1905: 12,2% d. Welternte.

Zuckerrohr[1]) wird an der Küste von Tarifa bis Almeria, bei Málaga z. B., auch um Granada gebaut (Fabriken in der Provinz Málaga, in Granada und Almeria), etwas Reis[2]) (bei Valencia), Mais und Weizen, Bohnen und Erdnüsse, Melonen, Tomaten, Zwiebeln und Knoblauch (stark ausgeführt); auch Flachs, Hanf und Agave. Der Baumwolle, deren Anbau nach neulichen Versuchen auf bewässertem Boden günstige Aussichten hat, will man jetzt Aufmerksamkeit zuwenden. Die Fruchtbäume stehen oft auf den Getreidefeldern, wie andrerseits manche Felder nacheinander in einem Jahre Hanf und Bohnen, Weizen und Mais erzeugen.

Am ausgedehntesten ist die künstliche Bewässerung im heißen Ebrobecken, besonders aber ober- und unterhalb Zaragozas (99 000 Einw.) und im Segretal bei Lérida, und in Catalonien, doch schreitet man jetzt auch in anderen Gegenden, wie in Andalusien, in der Provinz Huesca (Gállegofluß) und in Castilien, dazu, den Ertrag der Felder durch künstliche Bewässerung zu sichern und zu erhöhen.

In den fruchtbaren Gebieten des Südens dehnte sich zuerst seit 1882 der Zuckerrübenbau[3]) aus, bei Granada und Córdoba. Auch heute, da der Rübenbau nach Verlust der Kolonien für die Zuckererzeugung schnell große Bedeutung (1902: 48, 1904/05: 54 Fabriken) gewonnen hat, liegen die Zentren des Zuckerrübenbaues besonders im Süden und im Norden, in Granada (1902: 13), Málaga (2), Almeria (1), Cadiz (1), Córdoba (1). Weniger verbreitet ist der Zuckerrübenbau im gemäßigten Norden, trotzdem dessen Klima mitteleuropäischen Charakter hat; doch scheint er sich in Asturien und Navarra auszubreiten (in Zaragoza 8, Oviedo 5, Navarra 2, Alava 1, Lérida 1, Barcelona 1, Santander 1, Coruña 1 und Pontevedra 1).

Der Zuckerrübenbau erweist sich für die spanische Landwirtschaft als segensreich, indem der spanische Bauer durch ihn genötigt sich an den Fortschritt, an die moderne rationelle Bebauung des Bodens und an die Verwendung von Kunstdünger gewöhnte, gegen die er sich früher hartnäckig wehrte. Heute sät man bereits vielfach auf ein und demselben Boden abwechselnd Rüben und Weizen, und letzterer gedeiht auf dem nun gut vorbereiteten und gedüngten Boden weit besser, als es bisher der Fall war; außerdem geben die Rübenreste ein ausgezeichnetes Viehfutter, was in diesem futterarmen Lande nicht zu unterschätzen ist.

Hier im Norden, in Galicien, Asturien, den Baskischen Provinzen, Navarra, werden vorwiegend Mais[4]) und Hirse, dazu Buchweizen und Roggen gebaut in den von Natur reich bewässerten Landschaften, die vielfach auch hier noch gartenähnlich mit der Hacke bearbeitet werden. Flachs und Hanf und Kartoffeln werden noch gebaut, während für den Wein das Klima nicht mehr sehr günstig ist. Dagegen finden sich unsere mitteleuropäischen Obstbäume, Äpfel und Birnen, und Walnuß- und Kastanienhaine.

---

1) 33 Rohrzuckerfabriken; Prod. 1904/05: 4200 T. 2) 1904 in Spanien 0,07% d. Bodens. Ernte 0,179 Mill. T. = 0,3% d. Welternte. 3) 1904/05: 54 (tätige) Fabriken. Prod. 69 000 (1903/04: 94 000) T. = 1,4% d. Weltprod. von Rübenzucker. 4) 1904 i. Spanien 0,87% d. Bodens; Prod. 1904: 0,54 Mill. T. = 0,7% d. Welternte.

Das Tafelland, das den größten Teil Spaniens einnimmt, ist für den Ackerbau nicht ungünstig, wenn der Boden künstlich bewässert wird; daran fehlt's aber. Die Produktion ist hier auch viel einförmiger.

Ölbäume kommen noch in Neu-Castilien und im westlichen Alt-Castilien fort, haben aber keine wirtschaftliche Wichtigkeit mehr; die Rebe kommt überall fort, hat aber nur lokale Bedeutung. Die altcastilische Hochebene (Zentren Valladolid, 69 000 Einw., Zamora) ist die Kornkammer Spaniens, wo viel Weizen[1]) erzeugt wird. Gerste[2]) wird für Futterzwecke angebaut. Hafer[3]) und Roggen[4]) gedeihen nur in den Gebirgen, Durra in der heißen Mancha. Hülsenfrüchte, Erbsen, Linsen, Bohnen, Kichererbsen, spielen eine Rolle für die Ernährung. In Alt-Castilien ist der Flachsbau ziemlich bedeutend. Der Zuckerrübenbau ist auf der Hochebene nicht sehr verbreitet, bei Madrid (3 Fabriken), Leon (2), Valladolid (1), Burgos (1), Palencia (1), Soria (1). Espartogras s. S. 154, Korkeiche S. 151 u. 152.

Auf dem Tafelland handelt es sich meist um Secanos (Campo secano = trockenes Land), bewässertes Land (Neu-Castilien) ist bisher dort selten.

Eine Plage der Landwirtschaft in Südspanien und auf dem Tafelland sind die Heuschrecken, gegen die man sich aber jetzt zu wehren versucht.

Von Futtergewächsen für das Vieh scheint nur die Luzerne gebaut zu werden.

Tierzucht[5]). Man wendet neuestens der Verbesserung der Viehrassen durch eingeführtes Zuchtvieh Aufmerksamkeit zu. Nur im Norden sind die natürlichen Weiden infolge der reichlichen Niederschläge fett genug, um Rindviehzucht zu erlauben, die auch durch die Entwickelung des Zuckerrübenbaues gefördert werden wird. Galicien, Asturien und die Baskischen Provinzen sind es, die selbst Rindvieh ausführen, und galicische Käse werden in ganz Spanien geschätzt. Im Hochland des Innern und erst recht in den mittelmeerisch-dürren Küstenebenen des Ostens und Südens sind die Rinder selten.

Das Tafelland mit seinen Kräutern und Sträuchern und der trockenen Luft ist vorzüglich zur Schafzucht geeignet. Die spanischen Wollschafe, die Merinos, sind seit Jahrhunderten hochberühmt gewesen. Die Herden, bis 10 000 und mehr Köpfe stark, werden zum Sommer in die Bergländer, welche Castilien im Norden und Osten begrenzen, zum Winter in die tieferen und warmen Landschaften des Südens, Estremadura und Andalusien, getrieben. Geringer wie im Tafelland ist die Schafzucht in den Randlandschaften Spaniens. Die spanische Wolle[6]) spielt übrigens heute im Handel keine große Rolle mehr, und die Schafzucht muß zurückgehen, wenn der Ackerbau intensiver werden will.

Die Eichen- und Kastanienwälder des Hochlandes im Süden, in der Sierra Morena und in Estremadura, begünstigen die Schweinezucht, die ebenfalls

---

[1]) 1904 i. Spanien 7,3% d. Bodens; Prod. 1904: 2,6 Mill. T. = 3% d. Welternte. [2]) 2,7% d. Bod.; Prod. 1903: 4,5; 1904: 1,17 Mill. T. = 4% d. Welternte. [3]) 0,9% d. Bod.; Prod. 1904: 0,268 Mill. T. = 0,6% d. Welternte. [4]) 1,5% d. Bod.; Prod. 1904: 0,44 Mill. T. = 1,1% d. Welternte. [5]) 1901: Rinder 2 218 000 = 0,6% d. Weltprod.; Schafe und Ziegen 15,89 Mill. = 2,9% d. Weltprod.; Schweine 1 928 000 = 1% d. Weltprod.; Pferde, Maultiere und Esel 1 919 000 = 2,1% d. Weltprod. [6]) Prod. 1903 (nach Schätzung) 3,8% d. Weltprod.

zum Teil zwischen Höhen und Niederung nomadisiert. Badajoz liefert berühmte Schinken.

Die Ziegenzucht gedeiht in Südspanien am besten, wie überhaupt die Ziege ja für die Mittelmeerländer vielfach die Kuh ersetzt und charakteristisch, aber auch verhängnisvoll ist, insofern als sie den Nachwuchs des Waldes verhindert. Die aromatische Mediterranflora begünstigt auch die Bienenzucht auf dem Tafellande.

Pferde hat Spanien wenig, am meisten noch auf dem Tafelland und in der Andalusischen Ebene, die einst eine berühmte Rasse lieferte. Häufiger sind Esel und Maultiere, besonders im Süden, und dienen als Last- und Arbeitstiere.

Die Seidenzucht[1]) Spaniens war einst ziemlich bedeutend, hat aber durch das Auftreten der Raupenkrankheiten einen Stoß erlitten, von dem sie sich nicht scheint erholen zu können. Etwas gepflegt wird sie noch in der Provinz Valencia, bei Alcira (südlich von Valencia) und in Múrcia.

Bergbau. Spanien ist reich an Mineralien, die besonders an den Rändern des Hochlandes auftreten, doch wurden sie wenig ausgebeutet, bis neuerdings ausländische Gesellschaften sich daran machten, das Werk der Römer fortzusetzen. Bergbaustoffe sind die wichtigsten Exportartikel Spaniens.

An Steinkohlen[2]) ist Spanien angeblich reich, aber die Kohle ist nicht immer von der besten Qualität, auch liegen die Lager im allgemeinen ungünstig, weit ab von der Küste und tief in den Bergen, wo der Transport sich schwierig gestaltet. In den Gebirgen bei Oviedo und Gijón (Asturien) werden am meisten gefördert, nächstdem zu Bélmez und Villa Nueva bei Córdoba und bei Peñarroya an der Sierra Morena, ferner zu Puertollano in Neu-Castilien, südlich von Ciudad Real.

Die Eisenerzlager[3]) bei Bilbao, die allerdings ihrer Erschöpfung (in etwa zehn Jahren) entgegengehen, sind gegenwärtig eine der wichtigsten Produktionsstätten der Erde. Kürzlich entdeckte man bei Almohaja (südaragon. Prov. Teruel) auf 33 Mill. T. geschätzte, im Tagbau zu bearbeitende Eisenerzlager. Im Südosten Spaniens scheint sich eine Reihe von Eisenlagern vom Cabo de Palos bei Cartagena durch die Provinzen Múrcia, Almeria, Málaga und Sevilla hinzuziehen. Bisher wird hier wenig Eisen produziert.

Spanien ist ein wichtiger Kupferlieferant[4]); in den Minen von Rio Tinto (Provinz Huelva), Tharsis, Aguas Tenidas wird am meisten Kupfer (aus Schwefelkies) erzeugt.

---

[1]) Valencia und Múrcia erzeugten 1902 etwa 900 000 kg frisch. Kokons von 1 Mill. in ganz Spanien; letztere gaben etwa 80, 1903: 86 T, 1904: 77 T. Rohseide = 0,4% d. Weltprod. [2]) Die Kohlenindustrie begann sich erst seit 1843 zu entwickeln; man erzeugte 1844: 58 000, 1854: 70 000, 1864: 400 000, 1880: 825 000, 1896: 1 853 000,, 1900: 2 515 000, 1903: 2 588 000, 1904: 3 023 000 T. = 0,4% d. Weltprod. Die Einf. betrug 1850 mit Koks: 129 000, 1870: 513 000, 1880: 883 000, 1900: 1 794 000; 1903: 2 085 000 T.; 1904: 2 307 000; 1906: 2 422 000 T. i. W. v. 71 519 000; 63 854 000 Pesetas. [3]) Prod. 1904: 5 070 000 T., Ausf. 4 363 000 (1899: 5 413 000) T. von Bilbao und den westlich davon gelegenen Ladestellen (Salta Caballo, Dicido usw.). Außer dem Rückgang der Vorräte ist auch eine Verschlechterung der Erze zu vermerken. 1903 erzeugte Spanien im ganzen 8 304 000 (1904: 7 965 000) T. Eisenerz = 8,5% d. Weltprod.; die Prod. von Roheisen betrug 1903 erst 380 000 T. (1904: 358 000) = 0,8% d. Weltprod., die von Stahl 1903: 200 000 T. = 0,6% d. Weltprod. [4]) Prod. von Kupfererzen 1904: 2 646 000 T., von Kupfer: 44 051 T. i. W. v. 46,7 Mill. Pesetas. Mit Portugal zusammen erzeugte Spanien 1903: 8,8%; 1905 Spanien 44 810 T. = 6,3% der Weltprod.

Bleisilber[1]) wird im südlichen Spanien an verschiedenen Stellen (Linares in der Provinz Jaén, Alpujarras von Granada) gefördert, Zink[2]) in Asturien. Die Quecksilberlager[3]) von Almaden sind seit langem berühmt. Auch ein bedeutender Manganproduzent[4]) ist Spanien. Salzgärten[5]) hat man angelegt an den heißen Küsten von Cadiz und San Lúcar im Süden, Valencia im Südosten.

Die **Industrie** hat ihren Sitz im Norden, namentlich in Catalonien mit dem Zentrum Barcelona (533 000 Einw.). Hier ist die Baumwollenindustrie[6]) konzentriert, hier finden sich Maschinenfabriken, Schiffswerften usw. Die Metallindustrie ist in Catalonien, die Lederindustrie (Saffian, Korduan) und Handschuhfabrikation in Sevilla (148 000 Einw.), die Korkstöpselerzeugung (s. S. 151 u. 152) in Gerona, die Espartoindustrie (s. S. 154) in Elche, die Tabakfabrikation in Madrid, Valencia, Sevilla lokalisiert. Neuestens nimmt man in großem Umfange die Wasserkräfte des Landes zur Krafterzeugung (wie zur künstlichen Bewässerung) in Gebrauch.

Der **Verkehr** im Landesinnern ist durch den Bodenbau erschwert. Die Flüsse sind den größten Teil des Jahres wasserarm, auch meist Gebirgsflüsse; der Guadalquivir ist nach Vornahme von Verbesserungen für Seeschiffe mit 5 m Tiefgang bis Sevilla fahrbar geworden, der Ebro für kleine Seeschiffe bis Tortosa. Kanäle gibt es wenig; sie werden jetzt verbessert. Die Landstraßen sind schlecht, das Eisenbahnnetz ist noch sehr erweiterungsbedürftig, wird aber jetzt eifrig ausgebaut. Auch elektrische Bahnen in den Städten werden immer mehr hergestellt.

Spanien hat eine große Geschichte im Mittelalter hinter sich, als das subtropische Klima hier eine frühe (aber dann zurückbleibende) Wirtschaftshöhe hervorbrachte, und die Entdeckung Amerikas dem arbeitsscheuen, in Tradition erstarrten Volk ohne Arbeit Schätze über Schätze (Silber und Gold) zuführte. Spanien ist das Land der katholischen Orthodoxie (traditioneller Glaube) und zum großen Teil der Wirtschaftsstufe der Tradition.

Die Küstenschiffahrt ist ziemlich bedeutend, der Außenhandel vollzieht sich bei der Kürze der Landgrenze zum größten Teil über See. Die wichtigsten Häfen sind Barcelona (533 000 Einw.), Bilbao (83 000 Einw.), Sevilla (148 000 Einw.), Málaga (130 000 Einw.), Santander, Cadiz (69 000 Einw.).

Ausfuhr: 1905: 1235; 1906: 1012 Mill. Pesetas (Eisenerz 137,2; Blei 83,5; Wein 71,5; Apfelsinen 67; Kupfererz 44,3; baumwollene Gewebe 48,7; Konserven 44,7; Kupfer und Kupfermatte usw. 47,2; Korkstopfen 45,8; Olivenöl 21,4; Wolle

---

[1]) Prod. von Blei- u. Silbererzen 1904: 177 000 T. i. W. v. 27,9, von Bleierzen 93 000 T. i. W. v. 10,3 Mill. Pes.; von Silber 117 000 kg i. W. v. 15,37, von Blei 128 000 T. (nach and. Quelle 177 400 T. = 19,1% der Weltprod.) i. W. v. 41,3; von silberhalt. Blei 58 000 T. i. W. v. 20,7 Mill. Pesetas. Bergwerksprod. von Silber 1903 mit Portugal: 127,2 T. = 2,4%; Hüttenprod. 113 T. = 2,1% d. Weltprod. [2]) Prod. von Zink 1904: 8800 T. i. W. v. 6,7 Mill. Pes. = 1,4% d. Weltprod. [3]) Prod. 1904: 1130 T. i. W. v. 7,66 Mill. Pes. = 26,7% d. Weltprod. 1901 erzeugte Span. über 23% d. Weltprod. [4]) Prod. 1900: 112 900 T. = 8% d. Weltprod. [5]) Ungef. 300 000 T. werden jährlich aus Seesalzwerken (davon 222 000 T. aus den Salzwerken von Cadiz), 350 000 T. durch Bergbau gewonnen. Jährl. Verbrauch: 300 000 T., Ausf. 1904: 350 000 T.; Spanien steht unter den Produktionsländern an 10. Stelle. Nach Bartholomew 1903: 402 600 (?) T. = 3,3% d. Weltprod. [6]) 1903: 2,3% der Spindeln, 3,2% der Webstühle d. Erde.

15,1; Rosinen 16; Weintrauben 16,4; Mandeln 15,3 usw.). Einfuhr: 780; 1906: 879 Mill. Pesetas (Weizen 108; rohe Baumwolle 44,8; Steinkohlen 57; Maschinen 6,9; Fische 28,4; Kaffee in Bohnen 22,5; Ölsämerein 16,7; Rohtabak 13,8; mineral. Dünger 12,8 usw.). Handelsflotte 780 600 R.-T. Den Hauptanteil am Außenhandel hat (1901) Großbritannien mit 27%; es folgen Frankreich (19%), Vereinigte Staaten (8%), Deutschland (7%), Portugal (5%) usw.

Die **Bevölkerung**, auf dem Festland 17,9 Millionen auf 492 000 qkm, ist entsprechend der mangelhaften Wirtschaft trotz aller Bedürfnislosigkeit locker (Dichte 36,4) über das Land angesessen. Am größten ist noch die Volksdichte in den industriellen Gegenden, in Catalonien und um Bilbao; sodann in den Berieselungsoasen des Südostens, bei Valencia, Múrcia, Málaga usw.; ferner um Madrid und an den Küsten Galiciens. Madrid (540 000 Einw.) entwickelte sich als Zentralstadt Spaniens und Residenz.

Die Balearen (Mallorca und Menorca) und Pityusen (Ibiza und Formentera) im westlichen Mittelmeer, 5000 qkm mit 312 000 Einw., erzeugen Getreide, Südfrüchte, Weine, Olivenöl. Palma (63 000 Einw.) ist der Haupthafen.

Spanische Kolonien siehe S. 333, 339, 349, 367.

Die Republik Andorra treibt ein wenig rückständigen Ackerbau und etwas Viehzucht auf den Bergweiden. 5200 Einw. auf 452 qkm.

Der Felsen Gibraltar, 5 qkm groß, mit 24 600 Einw., hat noch heute als Kohlen- und Wasserstation und als Festung am Eingang ins Mittelmeer für Großbritannien Bedeutung.

b) **Portugals** Wirtschaft trägt den Charakter der spanischen.

Der **Ackerbau**[1]) gebraucht unzeitgemäße Ackergerätschaften (Römerpflug!) mit Ochsen wird gedroschen, künstliche Bewässerung findet sich fast nur im Süden, in Algarve, gedüngt wird nicht überall. Das Vorherrschen des Großgrundbesitzes namentlich verurteilt große Ländereien zur Unproduktivität. Auch hier spielen Früchte des Südens die Hauptrolle in der Wirtschaft der Küste. Apfelsinen finden sich dort bis zur Nordgrenze; Algarve gleicht einem einzigen lichten Fruchthain (Apfelsinen, Feigen, Mandeln, Johannisbrot, Kastanien). Als Ausfuhrartikel hat der Wein[2]) Bedeutung, der auf dem Hügelland an der Nordseite des Douro (Paiz do Vinho) gedeiht und über Porto (Portwein) ausgeführt wird. Die Behandlung des Weines läßt zu wünschen übrig. Der Ölbaum[3]) wird am meisten in Estremadura kultiviert. Die Korkeiche s. S. 151 u. 152. Hülsenfrüchte und Gemüse, neuerdings auch Kartoffeln, sind wichtig für die Ernährung der Bevölkerung. Die Produktion von Frühgemüse ist gering, könnte aber eine große Zukunft erlangen. Getreide wird verhältnismäßig wenig angebaut (Hirse und Weizen, im Norden Roggen) und muß in Mengen eingeführt werden.

Die **Tierzucht**[4]) Portugals ist wenig entwickelt. Im Norden finden die Rinder gute Weide und werden in geringer Zahl gemästet nach England

---

[1]) Unprod. Boden angeblich 45,8%; Ackerland 22,4%; Weinland 2,2%; Wiesen und Weiden 26,7%; Wald 2,9%. Ernte 1901: Weizen u. Spelz 0,28; Roggen 0,18; Gerste 0,1; Hafer 0,03; Mais 0,4 Mill. T. Wein (1905) 4,1 Mill. hl = 3,1% d. Weltprod. [2]) Prod. 1905: 3,1% d. Weltprod. [3]) Ausf. von Olivenöl, das geringe Qualität hat, 1901: 38 000 hl. [4]) 1882: Rinder 625 000, Schafe und Ziegen 3 951 000; Schweine (1873) 1 052 000; Pferde, Maultiere, Esel (1873) 289 000.

ausgeführt. Schafe[1]) und Schweine gedeihen mehr im Süden, wo sie vielfach mit Obstabfällen gefüttert werden. Nur in wenigen Ortschaften, Braganza, Villa Real, Vizeu usw. wird etwas Seidenzucht betrieben.

Der **Bergbau** beschäftigt nur etwa 8000 Menschen. Kupfer wird zu São Domingos und Tinoca, Kohle[2]) zu Pejao, Buarcos, Passal de Baixo und São Pedro da Cova, Mangan zu Freixal, Ferragudo und Cerro das Camas Freixas, Zinn zu Bracal und Malhada, Eisenerz[3]) zu Ayres und São Bartholomeu, Antimon zu Tapada do Padre und Valle de Achas gewonnen, aber überall handelt es sich um kleine Werte, besonders weil die Verkehrslinien zu wenig entwickelt sind; nur Kupfer wird in nennenswerten Mengen ausgeführt. Seesalz wird namentlich bei Setubal gewonnen und auch exportiert.

Die **Industrie** des Landes ist wenig entwickelt, und Industrieprodukte werden in Mengen eingeführt.

Handel und Verkehr im Innern haben nur geringe Entfernungen zu überwinden und sind durch die Flüsse (Unterläufe des Guadiana, Tejo, Douro, Minho) und eine ausgedehnte Küstenstrecke unterstützt. Das Innere des Landes entbehrt vielfach der Eisenbahnen, doch ist auf dem Verkehrsgebiet wie auch sonst im wirtschaftlichen Leben momentan eine Rührigkeit zu vermerken; zahlreiche Eisenbahnbauten sollen in Angriff genommen werden.

Die wichtigsten Seehäfen für den Außenhandel sind Lissabon (356 000 Einw.) und Porto (168 000 Einw.).

Ausgeführt werden (1904: 30,7; 1905: 29,1 Contos de Reis) Portwein (5,0) und gewöhnlicher Rotwein (4,5), Korkholz (2,7), Kupfererz (1,1), Sardinenkonserven (1,65) usw. Eingeführt (1904: 62,1; 1905: 60,7 Contos de Reis) werden Steinkohlen, Rohbaumwolle, Stockfisch usw., Weizen, Baumwollwaren, Zucker usw. Handelsflotte: 114000 R.-T. Am Außenhandel sind (1903) Großbritannien mit 31,6%, die portugiesischen Kolonien mit knapp 22%, Deutschland mit 13,8%, Spanien mit 12,3%, Vereinigte Staaten mit 7,9%, Frankreich 7,5% usw. beteiligt. Handelsflotte 100000 R.-T.

Die **Bevölkerung**, 5,02 Millionen Einwohner auf 89 400 qkm, sitzt nur in den Gebieten des Kleingrundbesitzes, um Porto und in Algarve etwas dichter.

Die fruchtbaren vulkanischen Azoren (Açoren), in subtropischen Breiten, 2400 qkm mit 256000 Einw., erzeugen vorzügliche Südfrüchte (Orangen, Ananas) zur Ausfuhr, ferner Getreide (Weizen und Gerste), Wein, etwas Vieh; mit Cinchonabäumen sind Versuche gemacht. Walfang von hier aus blüht. Ponta Delgada (18 000 Einw.) auf São Miguel ist Haupthafen, Fayal ist wichtige Kabelstation (deutsche Kabel nach New York). Prov. Funchal s. S. 368.

Portugiesische Kolonien siehe S. 280, 287, 294, 339 ff., 346 ff., 355 ff., 367 f.

Italien[4]).

Auch die Wirtschaft dieses Landes steht auf einem beträchtlich niedrigeren Standpunkt als die der nördlicheren Staaten; Schweiz, Deutschland,

[1]) Prod. an Wolle (nach Schätzung) 1903: 13,5 Mill. e. Pfd. = 0,5% d. Weltprod. [2]) Stein- und Braunkohle 1901: 24 000 T. Für 1904 gibt die Weltprod.-Statistik 12 000 T. an. [3]) Roheisen 1901: 3000 T. [4]) Vgl. Lage S. 57 ff., Größe 62, Küsten 63 f., Oberflächengestalt 70, Vulkanismus 72, Erdbeben 73, Bergbau 76 ff., Flüsse 101, Klima 117 ff., Bevölkerung 32 u. 149, natürliche Pflanzenwelt 150 ff., Fischerei 158.

Frankreich usw., entschieden wesentlich durch Schuld der Bevölkerung. Statt die Natur zu bezwingen, nimmt man sie vielfach, wie sie ist, und wenn die Volksdichte trotzdem auf dieser Halbinsel eine beträchtliche ist, so ist das vielfach weniger einer intensiven Entwickelung der Hilfsquellen als einer Zurückentwickelung der Bedürfnisse zu verdanken. Dabei soll nicht übersehen werden, daß diese Charakteristik besonders für die Südhälfte des Reiches zutrifft, während in der Poebene eine ruhige, arbeitsame Bevölkerung angetroffen wird, die sich mehr unserer Wirtschaftsstufe nähert, und daß in der neuesten Zeit ein reger Fortschritt auch in anderen Gebieten des Landes zu verzeichnen ist. Das Anbauareal[1]) wird immer mehr vergrößert, der Boden wird rationeller bearbeitet wie noch vor kurzem, moderne landwirtschaftliche Maschinen und Geräte kommen in Aufnahme, man kümmert sich um gute Samen, beachtet den Fruchtwechsel und verwendet auch immer ausgedehnter Kunstdünger. Aber die Bildung von Genossenschaften ist noch fast ganz unbekannt.

Neuerdings haben sich vielerorts, zumal in der lombardischen Tiefebene, Wetterwehrverbände gebildet, die mit Wetterwehrkanonon angeblich wirksam den Hagelschäden entgegentreten; immerhin ein Zeichen von Rührigkeit im Ackerbau.

Der **Ackerbau**[2]) ist die Hauptquelle der nationalen Produktion, wird aber rückständig betrieben, indem Ackerbestellung, Düngung usw. zu wünschen übrig lassen, die landwirtschaftlichen Industrien sind wenig entwickelt. Die bequeme Raubwirtschaft vergangener Zeit hat die Gebirge entwaldet und rächt sich durch furchtbar verheerende Fluten (1882 fast 100 Millionen Lire Schaden!); die Regengüsse spülen vielfach die Bodenkrume weg und stürzen, nicht mehr festgehalten durch Wald- und Humusboden, in Gießbächen ins Tal. Die Ebenen sind die Hauptstätten des Ackerbaues, aber sie sind in ausgedehntem Maße versumpft, und die Maremmen Toscanas, des Tiberdeltas, die Pontinischen Sümpfe und die Sümpfe des Podeltas usw. sind die Träger der Malaria, welche die Besiedelung dieser Landstriche unmöglich macht oder in den meisten Küstenstrichen die Tätigkeit der Menschen erschwert. Anfänge zum Besseren sind gemacht: staatliche Sanierung aller Sümpfe und damit Gewinnung fruchtbaren Landes ist ins Auge gefaßt, in der römischen Campagna, im Chianatal usw. ist durch Entwässerungsarbeiten viel geschehen, von dem wasseraufsaugenden Eukalyptus sind große Pflanzungen angelegt usw.

Für den Weizenbau[3]) sind Klima und Boden der Ebenen sehr gut geeignet, und der Weizen ist das Hauptgetreide des Landes; in der Poebene nimmt er besonders große Flächen ein, aber auch in den übrigen Ebenen des Landes wird er ausgedehnt gebaut, bringt freilich einen ziemlich geringen

---

[1]) 1879/83 waren durchschnittlich 4 434 000, 1890: 4 407 000, 1904: 5,154 000 ha mit Weizen bestellt; der Durchschnittsertrag pro ha war 1879/83: 10,5, 1904: 13,3 hl. [2]) Unprod. Boden 16,21%; unbebaute Ländereien 13,03%; unter Kultur 53,8%; Kastanienpflanzungen 1,4%; Bergweiden 1,3%; Gebüschwaldungen 14,3%. Ernte 1905: Weizen (u. Spelz) 4,05; 1901: Roggen 0,12; Gerste 0,19; Hafer 0,26; Mais 1905: 2,49 (1904: 2,28) Mill. T. Wein 1901: 44,2; 1903: 35,1; 1905: 29,3 Mill. hl. [3]) 1904: 18% des Bodens; Ernte 1904: 53 094 000 hl (1903: 65 000 000) = 3,6—3,7 (1905; 4,05) Mill. T. = etwa 6,3% d. Welternte. Durchschnittsernte in d. letzten 10 Jahren etwa 45 Mill. hl; Verbrauch 54 Mill. hl. Einf. 1905: 1 172 000 (1904: 806 000) T.; Ausf. v. Weizenmehl: 28 600, von Mehlteigwaren 35 200 T.

Ertrag pro Hektar. An seinen Anbau schließt sich Makkaronifabrikation, die besonders roten Winterweizen vom Schwarzen Meer mit italienischem Weizen von den Ebenen um Foggia verarbeitet; die besten Makkaroni werden in Gragnano, Torre Annunziata bei Neapel und in Amalfi hergestellt.

Der Mais wird in den sumpfigen Landstrichen oder mit künstlicher Bewässerung[1]), die bei der Sommerdürre besonders im Süden notwendig ist, gebaut[2]). Am meisten Maisbau findet sich in der Ebene Oberitaliens, wo der Mais besonders in dem feuchteren Teile östlich von Mailand und im sumpfigen Litoral von Venetien eine Rolle spielt, aber auch in Piemont und in der Emilia stark gebaut wird, vielfach zum Austrocknen des Bodens. An der Riviera erstreckt sich der ausgedehnte Maisbau bis in die toscanischen Maremmen hinein. Der Ertrag des Bodens pro Hektar ist gering; der Mais dient vielfach als Viehfutter.

Italien ist das einzige Land Europas, das in größerem Umfang Reisbau[3]) betreibt. Bei weitem am meisten Anbaufläche entfällt auf die wasserreiche Poebene, in der (in der piemontesischen Provinz Novara, in Pavia und Mailand besonders) im ganzen 1600 qkm damit bestellt sein sollen. Kleine Anbauflächen finden sich bei Lucca, Neapel und auf Sizilien (Catania, Siracusa) Der Reisbau, der das Land zeitweise in einen Sumpf verwandelt, ruft Malariafälle hervor.

Roggen hat wohl nur in den Alpen ein wenig Wichtigkeit, sonst tritt er ganz zurück; auch der Haferbau[4]) hat lediglich in den Gebirgslandschaften eine, aber minimale Bedeutung, an der Riviera, in den Abruzzen usw. Gerste, welche die Trockenheit liebt, nimmt gegen Süden relativ immer bedeutendere Flächen ein, zumal in Sizilien und Sardinien, und dient hauptsächlich als Pferdefutter. Getreide muß eingeführt werden[5]).

Von Hülsenfrüchten pflanzt man Erbsen, Linsen und Krupbohnen im Norden, Pferdebohnen, Kichererbsen usw. in Mittel- und Süditalien, die ebenso wie Gemüsearten oft als Nachfrucht nach Getreide gebaut werden und in der Ernährung mit Gemüse eine große Rolle spielen.

Die Kartoffel baut man in der Poebene, wo die Polenta (Maisgrütze) so beliebt ist, wenig; an der Riviera, bei Neapel, hauptsächlich in den Abruzzen und in Calabrien ist ihr Anbau wichtig.

In den Hügel- und Berglandschaften (am Südabhang der Alpen, am Apennin und um den Ätna ganze Kastanienwälder) treten die Kastanien[6]) vielfach an die Stelle der Kartoffeln und sind ein wichtiges Nahrungsmittel.

Andere Fruchtbäume, die auf den Äckern zerstreut sich angebaut finden, sind besonders für die Ausfuhr wesentlich, seitdem die verbesserten

[1]) Durch Tier-, neuerdings auch durch Dampfkraft hebt man das Wasser aus Brunnen. [2]) 6,8% d. Bodens; Ernte 1903: 31,36 (Venetien 7,59; Lombardei 7,23; Emilia 3,21; Marken u. Umbrien 3,16; Piemont usw.) hl = 2,32; 1904: 2,28; 1905: 2,49 Mill. T. = 2,8% d. Welternte. 1902: 25,03; 1901: 35,4; 1900: 29,35; 1891: 25,54 Mill. hl. Einf. 1905: 150 000 T. [3]) 0,6% d. Bodens. Prod. 1903: 9 660 000 hl (Lombardei 4,636; Piemont 3,81; Emilia 0,631; Venetien 0,555 Mill. hl). Ernte 1905: 435 000 T. [4]) 1,1% d. Bodens; Hafer, Gerste u. Roggen geben einen Gesamtertrag von 12 363 000 hl. [5]) Getreide, Mehl usw., Einf. 1902: 297 (Weizen 1905: 1 172 000 T., Mais 150 000 T.), Ausf. 156,5 Mill. Lire. [6]) 1,4% d. Bodens.

Transportmittel der Neuzeit das Absatzgebiet der „Südfrüchte", Agrumen[1]), sehr erweitert haben. Orangen, Zitronen, Mandarinen sind die Hauptfrüchte. Bei weitem am meisten bringt Sizilien (Ausfuhr von Palermo) hervor mit seinem scharf ausgeprägten Mittelmeerklima (Winterregen, Sommerdürre), nächstdem Süditalien, besonders an der Westküste, wie denn überhaupt Insel- und Küstenlage mit geringen Temperaturschwankungen günstig sind. Der Kalkreichtum des Bodens befördert nicht minder die Kultur. Je mehr gegen Norden die Frühjahrs- und Frühsommerregen zunehmen, desto geringer wird die Produktion, obwohl in Ligurien, Umbrien, den Marken, in Latium und Sardinien noch ziemlich viel geerntet wird. Die bequeme Agrumenkultur ist bis zur Überproduktion gesteigert, könnte aber durch Fabrikation von Konserven (Gelees und Marmeladen) weit nutzbringender werden. Auch Feigen-, Mandelbäume[2]) (Gegend von Bari), Johannisbrotbäume, Nußbäume und unsere Obstsorten sind weitverbreitet. Der Ölbaum[3]) wächst in niederen Lagen, am besten der Küste, auf kalkreichen Hügeln oder entwässerten Ebenen, gegen Wind geschützt, in ganzen Wäldern oder in Reihenkultur auf Äckern und Wiesen; am günstigsten findet er seine Daseinsbedingungen in Süditalien, in den Bezirken von Bari und Lecce erfüllt, wo fast die Hälfte der Produktion Italiens gewonnen wird, dann in Sizilien, Toscana, Umbrien und den Marken; an der Riviera kommt er noch fort. Die Früchte sind, frisch oder in Salzwasser eingelegt, ein vielverwendetes, hochgeschätztes Nahrungsmittel; auch benutzt man ihr Öl als Ersatz für Butter. Die Erträge des empfindlichen Baumes, der auch unter Schädlingen (Ölfliege!) zu leiden hat, schwanken von Jahr zu Jahr sehr. Dazu ist die Pflege des Baumes mäßig und die Ölbereitung primitiv. Das alles und die Konkurrenz billiger Surrogate: Baumwollsamenöl, Erdnußöl, schädigen die Bedeutung des Olivenöles als Ausfuhrartikel. Die Konservierung von Oliven wird vernachlässigt.

Nächst dem Weizen hat die Weinernte[4]) den größten Wert, und Italien ist nach Frankreich das zweite Weinland der Welt. Je weiter nach Süden, desto feuriger, likörartiger wird der Wein. Am meisten wird in Sizilien und in Süditalien (adriatische Seite), dann in Mittelitalien (Marken, Umbrien, Toscana — Monti del Chianti —, Latium — Albaner Berge —), am wenigsten in Oberitalien (Hügelland der Astigiana bei Alessandria, Muskateller, Riviera, das Veltlin, die Alpentäler von Bergamo, Brescia, des Oglio) erzeugt; aber hier im Norden wird dem Weinbau (Bekämpfung der Reblaus) und der Wein-

[1]) 34,9% d. Bodens (?); 1903/04: 16,7 Mill. Bäume; Prod. 1903/04: 656 000 T. oder 5250 (1897/98: 2938) Mill. Stück, davon in Sizilien u. Süditalien allein etwa 91% (Prov. Messina 1125; Palermo 1005, Reggio 900, Catania 800, Sirakusa 466, Trapani 174, Salerno 110 Mill. Stück usw.). Der Anbau vermehrt sich ständig in Sizilien, Sardinien und Süditalien, während er in Nord- und Mittelitalien mehr und mehr zurückgeht. Inländ. Verbrauch 1903 etwa 302 000 T., Ausf. 1903: 310 000 T., fast ausschließl. nach Öst.-Ung., Nordamerika, Großbrit., Deutschland u. Rußland. [2]) Ernte 1901 (Schätzung): 23 000 (1905: 13—15 000) T., davon Apulien 15 000, Sizilien 8000 T. [3]) 3,8% d. Bodens; Ernte an Olivenöl 1903/04: 3 260 000 (1902/03: 1 850 000) hl (Südostitalien 958 000; Südwestitalien 898 000; Sizilien 582 000; Toscana 221 700 usw.). [4]) Die Fläche des mit Wein bebauten Landes ist seit 1880 bis zur Gegenwart von 1 800 000 ha auf etwa 3 450 000 ha (= 12% d. Bodens), also um 91%, gestiegen; der Ertrag hat eine Steigerung von 27 Mill. hl 1880 auf 37 Mill. 1891, 44,18 Mill. 1901, 41,44 Mill. 1902, 35,1 Mill. 1903 (1905: 29,3) erfahren. 1903 ernteten Apulien 6,4 (1902: 9,3); Neapel, Calabrien 5 (4,1); Sizilien 3,9 (3'1); Emilia 3,2 (3,4); Toscana 3,1 (4,2); Marken u. Umbrien 3 (3,9); Piemont 2,8 (5,4); Sardinien 2,4 (1,6); Venetien 1,9 (2,3) usw. Prod. 1905 = 24,5% d. Weltprod. Ausf. 1903: 2 089 000 (1904: 1 126 000) hl in Fässern u. 6,9 (1904: 8) Mill. Flaschen.

bereitung und -aufbewahrung mehr Sorgfalt gewidmet, während diese sonst mangelhaft ist, was den mäßigen Ruf der italienischen Weine verschuldet. Doch gibt man sich Mühe, durch Weinbauschulen, Ausstellungen, Wanderlehrer usw. den Wein zu verbessern.

Die Branntwein-[1]) und Biererzeugung[2]) ist von bescheidener Größe.

1886 fing man mit dem Zuckerrübenbau[3]) an, jetzt gibt es um 30 Zuckerfabriken in der Emilia (bei Bologna, Ferrara) und 2 in der Provinz Rom, so daß Italien nahezu oder ganz schon seinen Bedarf an Zucker befriedigt. Das Zuckerrohr kommt in Sizilien fort, wird aber kaum noch angebaut.

Tabakbau[4]) treibt man in Italien ebenso wie in Spanien wenig; am meisten in der fruchtbaren Poebene (Vicenza, Belluno, Ancona) und in Süditalien bei Neapel (Salerno, Benevento), ein wenig auf Sardinien; in der Campagna (bei Rom) soll der Kentuckytabak sehr gut gedeihen.

Der Flachsbau[5]) ist in der Lombardei sehr bedeutend (Cremona 30%, Brescia 12,3%, Mailand 7,4% der Getreidefläche).

Der Hanfbau ist in Oberitalien und in Süditalien am meisten ausgedehnt. Besonders in den fruchtbaren Randtallandschaften an der Nordseite (Belluno, Sondrio, Como), Westseite (Turin und Cuneo) und namentlich im Süden in der Emilia (Ferrara, Bologna, Modena, Ravenna, Forli, und im Podelta Rovigo) nimmt der Hanf zum Teil beträchtliche Flächen des Bodens ein und ist in der Emilia nach dem Weizen und neben der neu eingeführten Zuckerrübe das Hauptprodukt. Der Hanf Oberitaliens wird wegen seiner Länge, Zähigkeit und Haltbarkeit, der Süditaliens (Prov. Caserta und Neapel) wegen der Feinheit und Weiße der Faser geschätzt[6]).

Der Baumwollenbau, der in Sizilien bei künstlicher Bewässerung wohl möglich wäre, hat gar keine Bedeutung mehr.

Besenstroh (saggina) wird in großem Umfang in Toscana angebaut, zur Anfertigung von Besen zur Ausfuhr.

Sumach s. S. 152; Veilchenwurzel s. S. 153.

Tierzucht[7]). In Oberitalien sind die natürlichen Verhältnisse für die Tierzucht nicht ungünstig. An den Hängen der Alpen findet sich im Sommer gute Weide, in der wasserreichen lombardischen Ebene finden sich natürliche Wiesen. Aber hier liegen auch die Verhältnisse für den Anbau von Futtergewächsen sehr günstig. Künstliche Wiesen mit 3—5 Schnitten zur Heubereitung werden angelegt und kleeartige Futterpflanzen und Futterrüben angebaut. Ähnlich, wenn auch abgeschwächt, finden wir noch die Verhält-

---

[1]) Prod. 1903: 192 000 hl; Einf. 38 000; Ausf. 19 000 hl. Prod. 1902 = 6,9% d. Weltprod. [2]) Prod. 1902: 3 696 000 Imp. Gall. = 0,07% d. Weltprod. [3]) Prod. 1889/90: 636 T.; 1899/1900: 23 160; 1900/01: 60 100; 1901/02: 74 300; 1902/03: 95 400; 1903/04: 130 900; 1905/06 (Schätzung): 95 000; 1906/07: 112 000 T. Einf. von Zucker 1900: 52 260 T.; 1901: 37 190; 1902: 20 000; 1903: 5270 T.; 1904: 456; 1905: 3213 T. Inlandverbrauch 1903: 120 000 T. [4]) Prod. i. Durchschnitt 1900 bis 1902: 5700 T. = 0,5% d. Weltprod. [5]) Prod. nach Bartholomew 20 300 T. = 2,6% d. Weltprod. [6]) 0,4% des Bodens; Ertrag i. Durchschnitt 1896/1900: 72 770 T. (Emilia 39 000; Caserta u. Neapel 16 500; Venetien 5200; Piemont 4050; Marken u. Umbrien 2450 usw.); d. Ernte 1905 auf 90—100 000 T. geschätzt. Prod. nach Bartholomew: 75 700 T. = 14,7% d. Weltprod. [7]) 1890: Rinder 5 Mill. = 1,4% d. Weltprod.; Schafe und Ziegen 8,7 = 1,6% d. Weltprod.; Schweine 1,8 = 1% d. Weltprod.; Pferde, Maultiere, Esel (1902) 2,1 Mill. Stück = 2,3% d. Weltprod. Ausf. v. Tieren u. tier. Erzeugnissen 1905: 193, Einf. 157 Mill. Lire.

nisse in den Marken, in Umbrien und Toscana. So ist denn Norditalien das Gebiet der Rinderzucht, die freilich noch nicht sehr rationell betrieben wird. Ochsen werden als Zugtiere verwendet. Milchkühe sind am häufigsten an den gebirgigen Rändern der Poebene, von der Italien mit Butter und Käse[1]) versorgt wird.

In Süditalien und Sizilien liegen die Verhältnisse ganz anders. Natürliche Wiesen fehlen ganz, künstliche und Futterbaufelder sind nur bei kostspieliger künstlicher Bewässerung herzustellen. Die Weiden, oft recht mager, herrschen vor, Stallfütterung und Ställe sind unbekannt. So sind denn die Bedingungen für Rinder, die übrigens nur für Fleischlieferung, nicht für Milchwirtschaft in Betracht kommen, ungünstig, und sie sind wenig zahlreich und schlechter Qualität. Für Süditalien, Sizilien und Sardinien sind Ziege und Schaf die geeigneten Haustiere. Die Ziege ist das Milchtier, das Schaf Milch-, Fleisch- und Wolltier. Am meisten Schafe weidet man in Apulien, nächstdem in der römischen Campagna, im Sommer treibt man die Schafherden ins Gebirge, im Winter grasen sie in der Ebene. Man rühmt ihrem Fleisch besonderen Wohlgeschmack nach, der von der aromatischen Nahrung stammen soll. Schafkäse und Ziegenkäse wird in großen Mengen hergestellt, und auf Sardinien bilden Käse und Kastanien der Gebirgswälder z. T. die Hauptnahrung der Bevölkerung. Weltberühmt sind der Parmesan- (weniger bei Parma als bei Lodi hergestellt) und der Gorgonzolakäse aus der Lombardei. Die Wolle der italienischen Schafe ist gut; in den Maremmen Toscanas, wo große Herden wandern, ist Grosseto ein Hauptmarkt für Wolle[2]). Die verhängnisvolle Rolle der Ziege gegenüber dem Nachwuchs des Waldes ist bekannt.

Schweine werden überall gehalten, aber in nicht großer Zahl; die Wurstmacherei in Mailand und die Salami von Bologna und Verona seien erwähnt.

Pferde hat Italien wenig, am meisten noch in der römischen Campagna und in Apulien; es muß für das Heer einführen.[3])

Esel (Arbeits- und Lasttier) und Maultier, beide anspruchslos und im Gebirgsland unentbehrlich, sind viel zahlreicher.

Die Geflügelzucht[4]), die bequemste Tierzucht, ist sehr entwickelt und liefert Fleisch und Eier zur Ernährung und einen wichtigen Ausfuhrartikel.

Unter den europäischen Ländern ist Italien für die Seidenzucht am wichtigsten; sie ist hier seit alters (9. Jahrhundert?) verbreitet. Die meisten Maulbeerbäume stehen in der fruchtbaren Poebene, besonders in der Provinz Lombardei um Mailand, Pavia, Cremona, Brescia, ferner in Piemont, wo die Seidenzucht ein allgemeines häusliches Gewerbe ist (Märkte Turin, Alessandria, Novara, Cuneo usw.), in der Provinz Venetien um Verona und Udine (Märkte Mantua, Udine, Feltre). Die Provinzen Lombardei, Venetien, Piemont und Emilia erzeugten 1904: 84% der Kokonernte Italiens, zu der

---

[1]) Ausf. v. Butter 1905: 6060 T., Käse 17100 (Einf. 4500) T. [2]) Prod. 1903 (nach Schätzung): 21,5 Mill. e. Pfund = 9750 T. = 0,8% d. Weltprod. Einf. 1905: Roh- und Schweißwolle 2530 T. (Ausf. 2570 T.), gewasch. Wolle 2724, gekämmte Wolle 6293; Wolleabfälle 3158 T. Wert d. Einf. von Wolle u. Wollwaren 1905: 102, d. Ausf. 34 Mill. Lire. [3]) 1905: 42500 Stück. [4]) Wert der Jahresprod. durchschnittl. 280 Mill. Lire. Ausf. v. Geflügel 1905: 9280 T., Eiern 33100 T., Bettfedern 214 T.

ferner die Marken (Urbino) und Toscana (Arno-, Chianatal, Gegend von Siena) 10%, den Rest Süditalien (Westseite, besonders in der Provinz Reggio) bei trugen; in Sizilien (bei Messina, Palermo, Catania) ist die Kultur ganz gering. Die Folgen der Raupenseuchen (Anfang der 60er Jahre) sind nun wohl überwunden. An die Seidenzucht knüpft sich eine sehr bedeutende Seidenindustrie in Lombardei, Venetien und Piemont. Mailand ist der bedeutendste Seidenmarkt Europas (überflügelte seit 1895 Lyon). Hauptsächlich wird Rohseide erzeugt, während die Seidenweberei (Provinz Como) von geringerer Bedeutung ist; Genua ist durch Seidensamt berühmt[1]).

Bergbau[2]). Steinkohlen[3]) besitzt Italien sehr wenig, einige schlechte Flöze in dem oberen Val Trompia nördlich von Brescia. Braunkohle findet sich im Apennin bei Borgotaro (an der Bahn Parma—Spezia), in Toscana am Monte Bamboli, in Calabrien bei Aguara, in Sardinien bei Iglesias, überall nur sehr wenig, und auch Torf wird nur wenig gewonnen. Italien muß sehr viel Kohlen (1906 für 196 Millionen Lire) einführen. Eisenerze[4]) werden besonders auf Elba gefördert, wo man nun auch Hochöfen errichtete. Ebendort sollte auch ein Stahlwerk, und zu Torre Annunziata bei Neapel ein Eisen- und Stahlwerk errichtet werden. Die Kupferproduktion[5]) (Rocca Tederighi in der Provinz Grosseto; Slestro Levante, Provinz Genua; Monte Calvi in Toscana, Lanzi, Provinz Pisa; Monte Catini di Val di Nievole, Provinz Lucca; Agordo, Venetien) ist bedeutend. Auch Zink[6]) (Iglesias, Malfidano auf Sardinien; Bergamo; Brescia), Blei (Bottino, Toscana; Monteponi, Montevecchio in Sardinien), ein wenig Silber (Sarrabus, Sardinien), Quecksilber[7]) (am Monte Amiata, Provinz Grosseto), etwas Asphalt[8]) (bei Ragusa, Sizilien und Petroleum[9]) (in der Emilia — Zentrum Velleja — in zwei Zonen, parallel den Apenninfalten im Pescaratal, Provinz Chieti; bei Benevent; in Sizilien), ein wenig Graphit (bei Pignerolo, Kottische Alpen), Mangan, Antimon werden erzeugt.

Sehr bedeutend ist die Schwefelproduktion[10]) Siziliens, wo sich Schwefellager im Süden der Zentralkette (Le Madonie und Monti Nebrodici) von Girgenti bis zum Ätna hinziehen. In den Provinzen Girgenti (Muglia, Licata), Caltanissetta (Giordano usw.), Palermo (Lercara) und Catania (Agira usw.) liegen die Minen, deren großer Ertrag über die Häfen Girgenti, Licata, Catania, Palermo, Termini ausgeführt wird. Schwefel gewinnt man auch zu Pozzuoli (bei Neapel), Cesena bei Rimini und bei Sassoferrato (Marken).

---

[1]) Prod. von Kokons 1904: 42 743 T. (Lombardei 16 000; Venetien 9000; Piemont 7500; Emilia 3400; Marken u. Umbrien 2700; Toscana 1500 T.); von Rohseide 3706 (1905: 3330) T. = mindestens 18%, nach der Weltproduktionsstatistik 4900 (?) T. = 24% d. Weltprod. Eingeführt werden getrocknete Kokons, asiat. u. europ. Rohseide, Seidenabfälle und Seidenwaren, im ganzen 1905 f. 232 Mill Lire, ausgeführt europ. Rohseide, filierte Seide, Seidenabfälle u. Seidenwaren, im ganzen 1905 f. 612 (1904: 538) Mill. Lire. [2]) Erze, Metalle, Metallwaren, Einf. 1905: 308, Ausf. 48 Mill. Lire. Steine, Glas usw., Einf. 229, Ausf. 88 Mill. Lire. [3]) Prod. von Stein- und Braunkohle 1890: 376 000; 1900: 480 000; 1904: 362 100 T. Einf. v. Steinkohlen u. Koks 1890: 3 917 000; 1905: 6 438 000 T. [4]) Prod. von Eisenerz 1903: 380 000 T. = 0,4% d. Weltprod.; Prod. von Roheisen 1903: 28 250 T. = 0,06% d. Weltprod. Prod. von Stahl 1903: 116 000 T. = 0,3% d. W. Eisenerz (1905: 38 000 T.), Eisen, Stahl und Waren daraus werden in Mengen eingeführt. [5]) Prod. 1903: 3100 (11 200 T. ? ?) T. = 0,55% d. Weltprod. [6]) Vgl. bei Osterreich, S. 193. [7]) Prod. 1901: 278 T. = 7,6%; 1904: 357 T. = 9% d. Weltprod. [8]) Ausf. Siziliens 1901: 63 000 T. [9]) Prod. 1901: 2246 T. [10]) Prod. 1860: 155 000; 1870: 180 000; 1880: 310 000; 1890: 320 000; 1900: 550 000 T. = fast 90% d. Weltprod.; 1904: 560 000 T. Ausf. 1905: 381 100 (1891: 293 000; 1903: 475 500) T. Bestände 1904: 397 000 T.

Berühmt ist der Marmor[1]) Italiens, der hauptsächlich am Rande des kalkreichen Apennin zu Carrara und Massa gewonnen wird; doch hat man auch an der Küste von Lecce (Apulien) und in der Provinz Benevent Lager gefunden.

Auf der vulkanreichen Insel Lipari wird Bimsstein ausgebeutet, Alaun zu Tolfa (bei Civitavecchia), Borax bei Volterra (Toscana). An Bausteinen ist Italien reich.

Salz[2]) wird hauptsächlich in „Salzgärten" gewonnen, zumal im Süden (Trapani), wo der trockenheiße Sommer die Verdampfung des Seewassers begünstigt.

Industrie. Der Mangel an Kohlen stellt die Großindustrie ungünstig; in den Alpengegenden fängt man an, die Wasserkräfte[3]) für sie nutzbar zu machen, während im Apenningebiet die Wasserführung der Flüsse meist wohl zu unbeständig ist. Menschliche Arbeitskräfte sind reichlich und sehr billig vorhanden, und der Aufschwung der Industrie ist sehr bemerkenswert. Doch decken die meisten Industriezweige nicht den Bedarf des Landes. Der Hauptsitz der italienischen Großindustrie ist die dichtbevölkerte Poebene (Provinzen Lombardei, Piemont und Ligurien). Wie die Seidenindustrie (s. S. 228), so hat auch die Baumwollindustrie[4]) (136 000 Arbeiter) in der Poebene ihren Hauptsitz, in Turin, Mailand (491 000 Einw.), Genua (235 000 Einw.), Venedig (152 000 Einw.); nächstdem ist Neapel (564 000 Einw.) zu nennen. Die Wollindustrie[5]) konzentriert sich gleichfalls in Oberitalien, namentlich in Piemont (Kreis Biella), Venetien (Provinz Vicenza); ferner kommen Toscana (Prato), Umbrien, Neapel, Genua in Betracht. Leinen-, Jute- und Hanfindustrie (Seilerei) wird am meisten in Oberitalien gepflegt; dort ist auch eine sehr bedeutende Strohflechterei zu Hause, die z. B. in Florenz (206 000 Einw.) allein 22 000, in Vicenza (45 000 Einw.) etwa 9000, in Bologna (152 000 Einw.) 6000 Menschen beschäftigt und Hüte, Phantasiegeflechte, Matten aus Stroh, verschiedenen Bastarten und Holzspänen herstellt.

Auch die Eisen- und Maschinenindustrie (Mailand, Brescia [71 000 Einw.], Genua, Savona), der Schiffsbau (Sestri Ponente bei Genua, Livorno), die Glasindustrie (Venedig und Murano), Tonwarenfabrikation (Bergamo, Vicenza) sind im Norden angesiedelt.

Rom (507 000 Einw.), durch seine Lage in der Mitte des Mittelmeers eine Stätte historischer Größe, blüht als Sitz des Königs und des Papstes; Kunst-, Industrie-, Verkehrsstadt.

Der **Verkehr.** Der Innenverkehr wird durch gute Landstraßen und Eisenbahnen vermittelt; die Flüsse, außer dem Po, haben wenig Wert. Doch leistet dafür bei der schlanken Gestalt des Landes die Küstenschiffahrt guten Ersatz.

---

[1]) Prod. von Massa u. Carrara 1900: 229 000 T.; Ausf.: 205 000 (1905: roh 133 000; bearbeitet 94 000) T. Ausf. über Genua, Livorno, Spezia. [2]) 1898: Seesalz 451 000 T.; Steinsalz, an dem das Innere Siziliens u. Calabriens sehr reich ist, nur 18 000 T. Prod. nach Bartholomew 1903: 480 800 T. = 4% d. Weltprod. [3]) Etwa 210 000 Pferdekräfte sollen hier bereits (etwa 1904) nutzbar gemacht werden von 700 000 im ganzen in Europa bisher genutzten und 770 000 in Italien nutzbaren. [4]) 1903: 500 Baumwollfabriken m. 2 435 000 Spindeln (= 2,1% d. W.) u. 110 000 Webstühlen (= 5,2% d. W.). [5]) 1894: 346 000 Spindeln, 10 000 Webstühle.

Italien spielt infolge seiner Lage und Wirtschaftsstufe hauptsächlich im mittelmeerischen Verkehr eine Rolle, so daß es von der Eröffnung des atlantischen Verkehres nicht nur keinen Vorteil hatte, sondern auch an seiner Vermittlerstellung, in der es die Produkte West- und Südasiens mit denen Europas austauschte, Einbuße erlitt; denn einmal wagten nun die westeuropäischen Schiffe selbst die Fahrt (ums Kap der guten Hoffnung) nach Asien, und ferner flossen Rohstoffe usw., die man bisher von Südasien holte, nun von dem neuentdeckten Erdteil herbei. Die Durchstechung der Suezlandenge hat Italien aber seine Zwischenlage zwischen Mittel- und Westeuropa einer- und Asien andererseits zurückgegeben und die Herstellung der Alpenbahnen sie noch verbessert. Das führt Italien wieder einige Vermittlergewinne zu.

Der Außenhandel bewegt sich etwa zur Hälfte über Land, zur Hälfte über See. Von den Nachbarn haben (1903) Frankreich 11%, Schweiz 10,1%, Österreich-Ungarn 10% Anteil, Deutschland 14%, Großbritannien hat 12,5%, Vereinigte Staaten 11,5% Rußland 7%, Britisch-Iniden 3,4% Anteil, usw. Die Alpen, welche Italien von den Nachbarn trennen, sind durch 8 Eisenbahnen überwunden: Genua—Nizza, Cuneo—Nizza, Mont Cenis-Bahn Turin—Macon (nach Frankreich); Simplonbahn Domo d'Ossola—Brig—Lausanne; Gotthardbahn (nach der Schweiz) Mailand—Basel; Brennerbahn Verona—München, Udine—Villach—Wien, Venedig—Triest—Laibach—Wien (nach Österreich-Ungarn). Die wichtigsten Seehäfen sind Genua (235 000 Einw.), Neapel (564 000 Einw.), Livorno (98 000 Einw.), Palermo (311 000 Einw.), Messina (150 000 Einw.), Catania (149 000 Einw.), Venedig (152 000 Einw.), Ancona (57 000 Einw.), Bari (77 000 Einw.), Brindisi.

Ausfuhr 1905: 1731; 1906: 1836 Mill. Lire; Seide und Seidenwaren 684; Baumwollwaren 124; Wein in Fässern (700 000 hl); Olivenöl (66 500 T.); Eier (32 300 T.); Agrumen (347 000 T.); roher Hanf (46 900 T.) und Flachs, Schwefel (203 500 T.) usw. Eingeführt (1905: 2065; 1906: 2417 Mill. Lire) werden Weizen, Kohle, Baumwolle, Seide, Maschinen, Holz usw. Handelsflotte 1 032 600 R.-T.

Die **Bevölkerung**, 33,6 Millionen Einw. auf 287 000 qkm, sitzt am dichtesten, wie nach der Wirtschaft erklärlich, in der fruchtbaren und industriellen Poebene, die zu den dichtestbevölkerten Stellen Europas gehört. Auch Toscana, Campanien mit Neapel, Apulien und Sizilien zeichnen sich durch ihre Volksdichte aus. Die Auswanderung (1905: überseeische 447 000, zeitweilige 279 200), besonders nach den Vereinigten Staaten und Südamerika, ist sehr stark.

San Marino, Republik, 60 qkm mit 11 000 Einw., ist ganz unwichtig; Monaco, Fürstentum, 1,5 qkm, 15 200 Einw., ebenso.

Italienische Kolonien: Eritrea und Benadirküste s. S. 350ff.

Die Inseln Malta, Gozzo, Comino, 323 qkm mit 214 000 Einw., im britischen Besitze, erzeugen Frühkartoffeln, Südfrüchte usw. Die Insel Malta mit vortrefflichem Hafen, in der Verengung des Mittelmeeres, hat strategische und kommerzielle Bedeutung; mit Gibraltar, Ägypten, Aden deckt es die Straße von Großbritannien nach Indien.

Balkanhalbinsel[1]).

Kein Teil Europas, außer dem gebirgigen Deutschland, zeigt eine solche Vielgestaltigkeit der Bodenformen wie die südosteuropäische Halbinsel. Dort wie hier kreuzen sich zwei Gebirgssysteme, und Beckenbildung herrscht dort wie hier vor; aber dort sind die Verbindungen unter den Landindividuen leichter und die scheidenden Schranken heute vollends durch die hochzivilisierte Bevölkerung überwunden. Hier ist die Isolierung der Becken stärker und die Naturschranken überwindende Kultur niedrig. Dort wohnt ein bei aller Kleinstaaterei, welche der Boden hervorrief, einheitliches deutsches Volk, im Deutschen Reiche nun zur politischen Einheit zusammengefaßt. Hier findet sich eine ähnliche Kleinstaaterei, aber infolge der Brückenlage zwischen Asien und Europa ein buntes Völkergemisch, das die Einigung zu einem Staate, und erst recht bei dem niedrigen Kulturzustand aller Einzelstaaten, unmöglich macht. Unter dieser politischen Zerrissenheit leidet das Wirtschaftsleben aller Gruppen schwer, ganz abgesehen von der niederen Wirtschaftsstufe, die die Balkanhalbinsel zu „Halbasien" macht. Erst vereinzelte Anfänge zum Besseren sind vorhanden.

Serbien. Fast 84% der Bevölkerung leben von der Landwirtschaft. Der **Ackerbau**[2]) erzeugt in den warmen Ebenen des Nordens an der Donau und Morawa viel Mais, der der Bevölkerung zur Nahrung und zur Viehmast dient, auch ausgeführt wird, und ziemlich viel Weizen. Gerste, Spelz, Hafer, Roggen werden wenig gebaut und mehr in den allerdings vorherrschenden Gebirgsgegenden. Mit Zuckerrübenbau hat man begonnen. Nur etwa 25% (1902) des Bodens werden beackert, 32% sind noch mit Wald bestanden; Waldwirtschaft kennt man nicht. Blühend sind Wein- (1,2% der Gesamtfläche) und Obstbau, die große Werte ergeben. In großen Mengen ausgeführt werden die Pflaumen[3]) (und Pflaumenmus), die in den Landstrichen längs der Save und auf der westlichen Seite der Eisenbahn Belgrad—Nisch wachsen; ihre Märkte und Ausfuhrplätze sind Belgrad, Obrenowatz, Schabatz (Šabac), Kragujewatz usw. Der Anbau von Hanf, Flachs und Tabak hat nur lokale Bedeutung, den Baumwollenbau versucht man bei Belgrad und im Morawatal.

Die **Tierzucht**[4]) ist nicht unbedeutend und erlaubt Viehausfuhr. Die Rinder, fast 1 Million, sind im Kreise Rudnik am zahlreichsten. Die Schweinezucht, durch Eichenwaldungen begünstigt, blüht am meisten im Podziner Kreise. Lebende Schweine und Fleisch werden ausgeführt. Schafe[5]) (über 3 Millionen) gibt es am meisten im Kreis Pozarewatz; Schaf- und Ziegenfelle werden exportiert. Die Zucht von Pferden, Ziegen, Büffeln ist unbedeutend,

[1]) Vgl. Küsten S. 64, Oberflächengestaltung 70, Bergbau 77 ff., Nachbarmeere 98 ff., Flüsse 109, Klima 117 ff., Bevölkerung 32 u. 149, natürliche Pflanzenwelt 150 ff., Jagd 154 f., Fischerei 158. [2]) 1902: Unprod. Boden und Weiden 34,7%; Waldland 32%; Ackerland 25,7%; Weinland 1,2%; Wiesen 6,4%. Mais 1902: 10,9% d. Bodens; Weizen 6,7; Hafer 2,1; Gerste 1,8; Roggen 0,8. Ernte 1904: Weizen 0,318; 1905: 0,306; Mais 0,241 (0,54); Gerste 0,069 (0,8); Hafer 0,046; 1903: Roggen 0,028; Kartoffeln 1903: 0,04 Mill. T. Wein 1903: 1 Mill. hl. [3]) Ernte 1902: 225 000 T. [4]) 1905: Rinder 944 000 = 0,7% d. Weltprod., Schafe und Ziegen 3 562 000 = 0,3% d. Weltprod., Schweine 960 000 = 0,5% d. Weltprod., Pferde 187 000 = 0,2% d. Weltprod. [5]) Prod. der ganzen Balkanhalbinsel an Wolle (nach Schätzung) 1903: 67,5 Mill. e. Pfd. = 2,5% d. Weltprod.

die Geflügelzucht (an Donau und Save Gänse, in der Schumadia — Waldland — und an Morawa und Drina Truthühner, im Landesinnern Hühner) dagegen wichtig. Geflügel und Eier werden in Massen ausgeführt. In den Gebirgsgegenden gedeihen Maulbeerbäume gut, doch ist die Seidenzucht (vgl. S. 235, Anm. 4) noch wenig entwickelt.

Der **Bergbau** fördert Kohlen[1]) bei Senje, Wrschka Tschuka (Vrška Čuka), Kostolatz, Alexinatz, Jarando, Stenjewatz usw., Kupfer zu Majdanpek und Bor, Antimon zu Kostajnik an der Drina, Gold bei Glogowitza am Timok, Silber und Blei in Ripanje bei Belgrad.

Die **Industrie** ist hauptsächlich noch Hausindustrie.

Der **Verkehr** benutzt in diesem Binnenstaate in erster Linie die Donau, die Save und Drina. In Radujevac soll ein Donauhafen gebaut werden, in dem die Bahn Belgrad—R., welche die Schnellen des Eisernen Tores umgeht, ausmünden soll. Landstraßen, Telegraphenlinien und Eisenbahnen sind noch wenig ausgedehnt. Für den Personen- und Durchgangsverkehr sind wichtig die Orientbahnen Belgrad—Nisch—Saloniki und Belgrad—Nisch—Konstantinopel.

Ausgeführt (1904: 62,16, 1905: 72; 1906: 71,6 Mill. Fr.) werden Getreide (Weizen 11,4, Mais 4,3, Gerste 3,8), Schweine (7,9), Häute (4,6), Fleisch (1,8), getrocknete Pflaumen (12,1), Pflaumenmus (3,2), frisches Obst (1,1). Eingeführt (1904: 60,9; 1905: 55,6 Mill. Fr.) Textilrohstoffe 11,3; Metalle 10,1; Häute, Leder usw. 5,6; Wolle und Haare 4,9; Kolonialwaren 4,1 usw. 1902 beteiligte sich Österreich-Ungarn an Serbiens Außenhandel mit 74,7%, Deutschland mit knapp 9%, Großbritannien mit 4%, die Türkei mit 3%.

Die **Bevölkerung,** 2,68 Millionen Einw. auf 48 300 qkm, sitzt am dichtesten im Donau- und Morawatal. Belgrad hat 70 000 Einw.

Montenegro ist wirtschaftlich sehr unbedeutend. Der **Ackerbau** erzeugt in den Küstengegenden in Mais und Kartoffeln die Hauptnahrungsmittel; Weizen und Roggen wird wenig gebaut. Tabak (im Kreis Podgoritza besonders) Wein (Kreise Virbazar und Rjeka), Obst, Oliven (Kreise Antivari und Dulcigno) sind die anderen Anbaupflanzen.

Die **Tierzucht** wird in den nördlichen und östlichen Landesteilen getrieben.

Bergbau ist wohl unbekannt, die **Industrie** ist Hausindustrie.

Der **Verkehr** im Landesinnern ist ganz unentwickelt. Auf dem Skutarisee verkehren Dampfer. Antivari und Dulcigno sind die Seehäfen, die aber einen ganz geringen Außenhandel (Ausf. des ganzen Landes 1904: 2,9; Einf. 3,1 Mill. Kron.) haben.

Die **Bevölkerung** beträgt 228 000 auf 9080 qkm.

Rumänien ist der wichtigste Balkanstaat.

Der **Ackerbau**[2]) ist sehr ausgedehnt, wird aber noch primitiv betrieben; doch ist eine Besserung im Gange. 50,2% der Fläche entfallen (1902) auf Acker-

[1]) Senje 50—70 000 T. Braunkohle, Wr. Tsch. 23 000 T. Steinkohle usw., im ganzen jährlich etwa 150 000 T. produziert, 1904: 183 200 T.; 1905: 48 000 T. Steinkohle, 106 000 T. Braunkohle. [2]) Ernte 1904: Weizen 1,448; Mais 1905: 0,5; Gerste 0,257; Hafer 0,201; Roggen 0,055; Raps 1902: 0,21; Kartoffeln 0,1 Mill. T. Wein 836 000 hl gegen 1 869 000 hl i. Durchschnitt 1899—1903. Anbauflächen 1904: Mais 16,0% d. Bodens; Weizen 13,1; Gerste 4,1; Hafer 3,2; Roggen 1,0; Hirse 0,6; Raps 0,1; Leinsamen 0,5; Bohnen 3,6; Kartoffeln 0,2%; Wein 0,8%.

(45,5%) und Wiesenland (4,7%), 1,1% (1904: 0,8%) auf Weinland, 20,6% auf Wald, der Rest ist unkultiviert. Der Getreidebau (1904: 81,4% der Anbaufläche) herrscht vollständig vor. Der Maisbau[1]) wird in Rumänien in der westlichen Walachei und in der Moldau durch das warme Klima und die reichliche Bewässerung, namentlich in den Gebirgsdistrikten, sehr begünstigt und steht im Vordergrund; gegen die Dobrudscha hin nach Osten wird das Klima zu trocken. Auch ein sehr bedeutender Weizenproduzent[2]) ist Rumänien, in der westlichen Hälfte der Walachei besonders. Dagegen ist das trockenere Klima der Osthälfte und der Dobrudscha, auch der Moldau, dem Gerstenbau günstig, der zur Bierbrauerei[3]) Anlaß gibt; Hafer, Roggen (Bezirk Covurluiŭ) und Hirse wird weniger produziert. Der Rapsbau ist in den Donaubezirken ausgedehnt. Bohnen, zwischen dem Mais angebaut, werden in den Donaubezirken Jalomitza, Ilfov und in der Dobrudscha gebaut; Kartoffeln, im ganzen wenig, am meisten im nördlichen Teile der Moldau. Zuckerrübenfabriken[4]) gibt es zu Roman, Lascut, Marascheschti (Marasesci) in der Moldau, Chitilla bei Bukarest und in Ripiceni. Tabak[5]) baut man in den Distrikten Dambovitza, Ilfov, Jalomitza usw. Die wichtigsten Weinbaudistrikte[6]) sind: Putna, Rômnicu-Serat (Râmnicu-Sarat), Tekutschi (Tecuciu), Dolschi (Doljiu) und Bacau; Pflaumen[7]) (Zwetschen), die Hauptobstsorte, werden kultiviert besonders in den Distrikten Prahova, Viltschea (Vâlcea), Muschtschel (Muscel), Ardschesch (Argeş), Buzeu, Gorschi (Gorjiu) und Dambovitza.

Lein[8]) wird namentlich in der Dobrudscha, Hanf[9]) hier und da im Lande gebaut.

Die **Tierzucht**[10]) wird durch den Ackerbau (Weizenbau) räumlich immer mehr eingeschränkt und ist wenig beachtet. Die natürlichen Wiesen[11]) werden wenig gepflegt, künstliche wenig angelegt. Futtergewächse werden noch gar nicht (etwas Klee) angebaut. Das Vieh bleibt den größten Teil des Jahres im Freien sich selbst überlassen. Das Rindvieh wird zur Arbeit verwendet und schließlich nur zum Verkauf notdürftig gemästet. Erst wenige Meiereien gibt es, und der Rassenzucht fängt man erst an Aufmerksamkeit zu widmen. Epidemische Krankheiten sind, wie in ganz Halbasien, häufig. Am meisten Rindviehzucht treibt man in den Distrikten Roman, Faltschi (Falciu), Vaslui, Jassy. Die einst berühmten moldauischen Pferde sind durch schlechte Pflege heruntergekommen. Schweine auf den Donauinseln usw. sind zahlreich. Die Schafe nomadisieren vielfach zwischen Ebene (Winter) und Gebirge

---

[1]) Prod. 1903: 2,065 Mill. T. = 2,5% d. Welternte. [2]) Prod. 1903: 2,05 Mill. T. = 2,3% d. Welternte. [3]) Prod. 1902: 1 562 000 Imp. Gallonen = 0,03% d. W.; 1904/05: 104 000 hl; Branntweinprod. 1902: 7 260 000 Imp.-Gallonen (1898: 622 000 hl = 1,9% d. W.). [4]) 1904: 8944 ha m. Zuckerrüben bestellt; Prod. von Zucker 1904/05: 19 400, Ausf. 1034, Einf. 236 T. [5]) Prod. 1904: 81 700 (?) T. (i. Durchschnitt 1889—1903: 3100 T.); Prod. i. Durchschnitt 1900—1902: 3400 T. = 0,3% d. Weltprod. [6]) Prod. 1902: 22,95; 1903: 40,79 Mill. Imp.-Gallonen; 1904: 836 000; 1905: 1,76 Mill. hl. = 1,3% d. Weltprod. [7]) Pflaumengärten 0,5% d. Bodens. Prod. 1904: 285 200 (174 600) T. [8]) Prod. 1904: Flachs 1500 (2100) T.; Leinsaat 5950 (23 600) T. [9]) Prod. 1904: Fasern 1700 (2000) T.; Hanfsamen 27 000 (50 000) hl. [10]) 1900: Rinder 2 589 000 = 0,7% d. Weltprod.; Schafe und Ziegen 5 889 000 = 1% d. Weltprod.; Schweine 1 709 000 = 0,9% d. Weltprod.; Pferde 872 000 = 1% d. Weltprod. [11]) 1904 Naturwiesen: 466 000 ha = 3,6% d. Bodens; Prod. von Heu 331 000 (990 000) T.; Kunstwiesen u. Futterwurzeln: 78 000 ha = 0,6% d. Bodens; Prod. 72 000 (187 000) T.

(Sommer). Das Lammfell liefert Kleidung und Mütze. Schafkäse wird, z. T. in Fabriken, viel bereitet, am meisten in den gebirgigen Distrikten der Walachei. Auch die Dobrudscha trägt große Schafherden, aber die Schafzucht geht zurück vor dem intensiver werdenden Landbau. Die einheimische Wolle ist grob, und die lebhafte Wollindustrie, die sich an ihre Erzeugung knüpfte, importiert jetzt meist den Rohstoff, ebenso wie die Lederindustrie Häute einführt. Die Geflügelzucht könnte sehr erweitert werden, exportiert aber schon heute Eier und Geflügel. Die Seidenproduktion (s. S. 235, Anm. 4) ist gering.

Bergbau. Kohlen[1]) finden sich in einer Höhenzone von 150—250 m über dem Meere so ziemlich in der ganzen Längsausdehnung der rumänischen Karpathen, bei Tirgoveschti (Têrgoviscea), Bogdaneschti (Bogdanesci), Vrancea, Bachuna, sind aber zur Verfeuerung nicht gut tauglich. Sehr wichtig ist darum, daß man daraus ein gutes Brikett herzustellen gelernt hat. Petroleumrückstände[2]) werden ebenfalls als Heizmaterial auf den Eisenbahnen, Donaudampfern und in Fabriken gebraucht. Bei weitem am meisten Petroleum wird in dem Bezirk Prahova (Campina- und Bustenarifelder) gewonnen; geringe Mengen erzeugt man in den Distrikten Dambovitza, Bacau, Buzeu und Ilfov. Es wird auch Petroleum ausgeführt[3]). Man plant den Bau einer Petroleumleitung von Băicoiu über Ploesci nach Constanza, das zu einem großen Petroleumhafen gestaltet wird, und einer von Băicoiu nach dem Hafen Giurgiu (an der Donau), der ausgebaut wird. Reich ist Rumänien an Salz[4]), das in den Salzwerken von Slanic, Doftana, Tergu-Ocna, Ocnele-Mari erzeugt wird.

Die **Industrie** ist meist primitive Hausindustrie. Nur die landwirtschaftlichen Industrien: Mehl- (Braila), Branntwein- (s. S. 233, Anm. 3), Zuckerindustrie (2700 Arbeiter, s. S. 233), Bierbrauerei (s. S. 233), haben einige Bedeutung; dazu die Sägeindustrie (s. S. 150) mit 6150 Arbeitern. Die Papier- und Zellulosefabrikation (970 Arb.), die Maschinenfabrikation (1080 Arb.), die Weberei (1890 Arb.), die Gerberei und Lederproduktion (900 Arb.) fangen an sich zu entwickeln.

Die **Verkehrs**verhältnisse haben sich zwar neuerdings im Lande entwickelt, aber es ist immer noch viel zu tun. Die Donaustraße und der Pruth werden ausgiebig benutzt. Nach Ungarn und Rußland (Odessa) gibt es Bahnverbindungen. Der Außenhandel benutzt zum guten Teile die Donau (Häfen Galatz [64 000 Einw.] und Braila [57 000 Einw.]) und das Schwarze Meer. An letzterem ist der eisfreie, ausgebaute Hafen Constanza, den mit Wien ein Orientexpreßzug verbindet, wichtig geworden.

Ausfuhr 1901: 354, 1902: 375; 1903: 356; 1904: 262; 1905: 457,1 Mill. Lei (Getreide usw. im Jahresdurchschnitt 1891—1900: 223; 1901: 246; 1904:196), nämlich Weizen 1904: 109; 1905: 251,3; Mais 4,5 und 5,1; Gerste 21 und 38,7; Hafer 10 und 14,4; dann Bauholz 14 und 18,3; Fichtenstämme 4 und 3,5; Petroleum und Benzin 8,8 und 8,7; Eier 3,4 und 2,3; Weizenmehl 2,7 und 9,9 Mill. Lei usw.). Einfuhr (1901:

---

[1]) 1899: 78 000; 1904: 110 000 T. [2]) Prod. an Rohöl 1893: 56 000 T., 1903: 384 000 (Bezirk Prahova allein 346 000) T. Prod. 1901:1 602 700 Barrel = 1% d. Weltprod. [3]) Ausf. 1901: 3; 1902: 4; 1903: 7 Mill. Lei; 1904: 160 000 T., davon 49% Leuchtöl, 23% Benzin, der Rest Rohpetroleum usw. [4]) Prod. 1900/01: 106 000 T. Ausf. 38 000 T.

292; 1902: 283; 1903: 270; 1904: 311; 1905: 337,5 Mill. Lei) textile Rohstoffe, Gewebe (1901: 142; 1904: 118; 1905: 115,5); Metallwaren (48; 1904: 83) und andere Industrieprodukte. 1905 hatte Belgien an der Ausfuhr 32%, an der Einfuhr 2,2%, Deutschland 7,6 und 27,1%, Österreich-Ungarn 9 und 28,5%, Großbritannien 7 und 15% Anteil.

Die **Bevölkerung**, 6,4 Millionen auf 131 000 qkm, wohnt zu 86% auf dem Lande. Bukarest hat 285 000 Einw.

Bulgarien. 72% der Bevölkerung betreiben die Landwirtschaft; doch wird hauptsächlich nur das in den Ebenen liegende Land, etwa 25,5% Acker- und Gartenland und 1,2% Weinland benutzt; 17,5% des Bodens sind Wald und Heide.

Der **Ackerbau**[1]) wird noch wenig rationell betrieben, doch sind neuestens gewisse Fortschritte unverkennbar. Ziemlich groß sind die Weizen- und Maisernten. In geringem Maße wird die Gerste, der Hafer und der Roggen gebaut; ferner ein wenig Mischkorn, Hirse, Spelz und Reis. Unzählige primitive Bachmühlen betreiben die Mühlenindustrie. Sehr wichtig ist der Anbau von Bohnen, Erbsen und Linsen. Auch Kartoffeln und Zuckerrüben[2]) pflanzt man. Tabakanbau und -industrie sind nicht unbedeutend. Bierbrauerei und Spiritusindustrie arbeiten für einheimischen Verbrauch. In dem Gartenbau sind die Bulgaren Meister und bedienen sich hier zur künstlichen Bewässerung riesiger Schöpfräder. Die Obstkultur, besonders die von Pflaumen, und der Weinbau (besonders um Plevna) haben neuerlich eine gute Entwickelung genommen. Nüsse Südbulgariens werden, besonders zur Nußölerzeugung, in den Bezirken Kazanlik, Stara-Zagora, Karlovo, Tatar-Pazardjik gewonnen. Rosenöl s. S. 153. Ein wenig Baumwolle pflanzt man.

Die **Tierzucht**[3]), für welche 47,9% des Bodens als Weideland und 3,3% als Wiesen in Betracht kommen, zieht zahlreiche Rinder, an der Donau auch Büffel, die Milch und Butter liefern und als Arbeitstiere gebraucht werden, sehr gute Pferde, viele Schafe, deren Pelz im Winter viel getragen wird, weniger Ziegen und Schweine. Geflügel- und Eierausfuhr nehmen zu. Seidenraupen-[4]) und Bienenzucht sucht man zu entwickeln.

Der **Bergbau** ist noch sehr wenig ausgedehnt, obwohl Steinkohle[5]) (bei Trevna, Gabrovo, Pernik, Bobov-Dol), Kupfer, Magnesit- und Hematiteisenerze, Blei, auch Gold zu finden sind. Die Textil**industrie** ist ein wenig entwickelt, z. B. in Gabrovo, Sliven, Karlovo usw. Die Herstellung von einfachen landwirtschaftlichen Maschinen begann.

Der **Verkehr** benutzt die Donau (Rustschuk 33 000 Einw., Hafen) im Norden, die Maritza in Ostrumelien. Der Balkan wird im Westen (im Schipkapaß 1207 m) wie im Osten leicht überschritten. Die wichtige Durchgangslinie Belgrad — Sofia (68 000 Einw.) — Konstantinopel durchschneidet

---

[1]) Prod. 1899: Weizen 588,700 (1905 nach Schätzung 1 061 000 T. = 1,2% d. Weltprod.); Mais 520 000; Gerste 145 000; Hafer 84 000; Roggen 118 000 T. [2]) Man beabsichtigt, Fabriken in Philippopel und Burgas zu erbauen. [3]) 1900: 1 596 000 Rinder = 0,4% d. Weltprod.; 431 000 Büffel; 495 000 Pferde = 0,5% d. Weltprod.; 7 015 000 Schafe und 1 405 000 Ziegen = 1,5% d. Weltprod.; 368 000 Schweine = 0,2% d. Weltprod.; 107 000 Esel; 8900 Maultiere; 4 045 000 Hühner. [4]) Prod. Bulgariens, Serbiens, Rumäniens an Rohseide zusammen 1904: 153 T. = 0,8% d. Weltprod. [5]) Prod. 1904: 142 300 T.

das Land; einige andere Eisenbahnen sind gebaut. Für den Seehandel sind Burgas und Varna (33 000 Einw.) als Häfen zu nennen.

An der Ausfuhr (1905: 148 Mill. Fr.; Weizen 64,8; Mais 11,2; Eier 9,1; Roggen 8,2; Gerste 6,9; Raps 6,2, Rosenöl 3,7, Kokons 3,7 usw.) und Einfuhr (122,2 Mill. Fr.; Textilwaren 43,7; Metalle 10,7 usw.) sind Österreich-Ungarn (19,2%), Belgien (17%), Türkei (14,1%), Deutschland (12,2%), Großbritannien (12,2%) Frankreich (6%), Italien (4,2%) beteiligt.

Die **Bevölkerung,** 3,7 Millionen Einwohner (2,9 Millionen Bulgaren, ferner 0,5 Millionen Türken) auf 96 000 qkm, sitzt am dichtesten im Donau- und Maritzatal.

Türkei. Der **Ackerbau**[1]) steht hier auf noch tieferem Standpunkte als in den anderen Ländern der Balkanhalbinsel, doch gibt die Regierung sich Mühe, ihn durch Landwirtschaftskammern, Landwirtschaftsschulen, Einführung vervollkommneter Geräte und Maschinen usw. zu fördern. Aber der Krebsschaden ist das herrschende willkürliche Steuersystem, das jedes Streben zunichte macht. Nur ein geringer Teil des Landes wird angebaut sein.

Mais und Weizen sind in der östlichen Hälfte des Landes die Hauptprodukte. Etwas Hafer (im Gebirge), Gerste (Futter), Roggen (im Gebirge), Hirse und ein wenig Reis kommen dazu. Sesam liefert Öl; Kanariensamen nächstdem. Der Mohnbau findet sich im Bezirk von Saloniki. Gemüse, Kürbisse, Melonen, Anis, Paprika werden in den Tälern bei den Siedelungen gepflanzt, Tabak[2]) in Makedonien (Drama, Xanthi); der Ölbaum wächst nur in einigen schmalen Küstengegenden. Obstbau, zumal die Kultur der Pflaumen und Walnüsse, ist ziemlich verbreitet. Der Wein gedeiht vorzüglich, und seine Kultur könnte wichtig werden, aber die Mohammedaner wenden ihr keine Aufmerksamkeit zu. Doch wird von Adrianopel (81 000 Einw.) Wein ausgeführt. Der Hanf- und Flachsbau ist ziemlich umfangreich, der Baumwollenbau (bei Seres, Angista usw.) ziemlich unwichtig.

In der westlichen gebirgigeren Landeshälfte, Albanien, tritt der Ackerbau gegenüber der Viehzucht zurück. Etwas Mais und Gerste in den oft seeerfüllten Talebenen, dazu wohl auch Wein, werden gebaut.

Die **Tierzucht** leidet unter denselben Übelständen wie der Ackerbau und wird völlig mit der Nachlässigkeit der nomadischen Halbkulturvölker betrieben; kein Winterfutter, keine Ställe, keine Züchtung. Büffel, Schafe und Ziegen werden als Milchtiere gebraucht; Butterbereitung ist zum Teil noch unbekannt; Rinder sind selten und schlecht. Büffel werden als Zugtiere gebraucht, Pferde, klein aber zäh, dienen als Packtiere, Schafe und Ziegen als Fleischtiere; in Albanien ist die Schweinezucht ein wenig entwickelt.

---

[1]) Die Aussaatfläche der wichtigsten Getreidearten betrug nach Schätzung im ganzen türkischen Reich 1903: 36 400 qkm = 1,85% der Gesamtfläche. Die Ernte im ganzen türkischen Reich betrug 1903: Weizen 29,4 Mill. hl (13,3 in d. Europ., 16,1 i. d. Asiat. Türkei), Prod. (Schätzung) 1905: Europ. Türkei 544 000 T., Asiat. Türkei 898 000 T.; Mais 11,4; Gerste 9,6 (Prod. 1904: 0,75—0,9 Mill. T. = 2—3% d. Weltprod.); Hafer 5,7; Roggen 3,8 Mill. hl. [2]) Ausf. 1903 über Cavalla und Xanthi 9000 T. Prod. der Europ. u. Asiat. Türkei i. Durchschnitt 1900—1902: 19 500 T. = 1,8% d. Weltprod.

Die Wolle der Schafe dient der Bevölkerung zur Herstellung von groben Stoffen, Teppichen usw. Die Seidenzucht[1]) in Makedonien und Thrakien ist noch am ersten blühend zu nennen; von Adrianopel wird etwas Rohseide ausgeführt. Die mühelose Bienenzucht ist beliebt. In Albanien ist Tierzucht (Schafe und Ziegen) die Hauptbeschäftigung, die Fleisch, Wolle, Häute zum Eigenbedarf und Austauschwerte hergibt. Hier und in Epirus, wohl auch in der Osthälfte der Halbinsel, hat die Viehzucht nomadischen Charakter; der Sommer wird im Gebirge, der Winter in der Ebene zugebracht. Eier werden ausgeführt.

Der **Bergbau** ist fast unbekannt. Bei Demirbejlik (in der Nähe von Gumuldschina) wird Kupfer ausgebeutet. Gold, Blei usw. sind zu finden. Kohle ist spärlich vorhanden.

Die **Industrie** ist nur Hausindustrie. Wollindustrie und Filigranarbeiten von Monastir (50 000 Einw.), die Lederindustrie Konstantinopels seien noch erwähnt. Die Tabakmanufaktur ist wichtig. Die Teppichindustrie ist durch die westeuropäische Konkurrenz stark gefährdet.

Der **Verkehr** ist außerordentlich schwerfällig. Schiffbare Flüsse kommen wenig in Betracht; der Verkehr über Land ist meist Saumverkehr. Einige wichtige Eisenbahnlinien von der Donau her nach den wichtigsten Häfen Konstantinopel (ohne die asiatischen Vororte 943 000, mit ihnen 1 106 000 Einw.) und Saloniki (105 000 Einw.) genügen nicht, das Land zu erschließen.

Ausgeführt werden: Getreide, Früchte, Hülsenfrüchte, Tabak, Wein usw. in geringen Mengen; eingeführt: Industrieartikel. Großbritannien, Österreich-Ungarn, Frankreich haben die größten Anteile am Außenhandel[2]) aufzuweisen.

Die **Bevölkerung**, 6,1 Millionen Einw. auf 169 000 qkm, ist national außerordentlich zersplittert: 1 Million Osmanen, 1¼ Million Griechen, 1¼ Million Albanesen, 1 Million Slaven, ferner Serben, Armenier usw. Die Bevölkerung sitzt natürlich besonders in den fruchtbaren Tälern.

Türkische Besitzungen s. S. 243ff.

Griechenland[3]). Man nimmt an, daß nur 19% des Landes angebaut sind, während etwa 65% für kulturfähig gehalten werden.

Der **Ackerbau**[4]) ist ebenso rückständig wie in den anderen Balkanstaaten und erzeugt nicht genug Getreide für den Bedarf der Bevölkerung, doch sucht man ihn jetzt zu heben, und der Getreidebau erweitert sich. Weizen wird am meisten gebaut in den Niederungen des Landes: in Thessalien, Argolis, Phthiotis, Euböa und Arkadien; es wird viel Weizen eingeführt. Mais wird namentlich in Trikkala, Karditza, Phthiotis und auf den Hochebenen des

---

1) Prod. d. Europ. Türkei 1904 auf 256 T. Rohseide = 1,3% d. Weltprod. geschätzt. 2) Für das ganze türkische Reich, Ausfuhr 1898/99: 1343; 1899/1900: 1559 Mill. Piaster (Seide u. Kokons 244, Weintrauben u. Rosinen 195, Mohärwolle 107, Getreide u. Mehl 102, Opium 76, Häute u. Felle 64, Valonea 61, Kaffee 51, Baumwolle 51, Feigen 49 usw.). Einfuhr: 2662; 1899/1900: 2450 Mill. P. (Woll- u. Baumwollstoffe 245 Mill., Zucker 216, Getreide und Mehl 199; Leinwand 166, Garne 158, Pikeestoff 144, Reis 95, Drogen u. Farben 86, Kaffee 72 usw.). Großbritannien hatte 34,5%, Frankreich 19,3%, Österreich-Ungarn 15,7%, Rußland 6,4%, Italien 5% Anteil am Handel usw., Deutschland nur 2,3%. Handelsflotte 200 000 R.-Tonnen. 3) Kreta s. S. 240. 4) 1885: unprod. Boden 35,1%; Ackerland 14%; Weinland 4,6%; Wiesen und Weiden 37%; Wald 9,3%. Ernte 1901: Weizen und Spelz 0,186; Mais 0,11; Gerste 0,064; Roggen 0,002; Kartoffeln 0,01 Mill. T. Wein 1901: 1,2 Mill. hl. = etwa 0,9% d. W.

Peloponnes, zum Teil mit künstlicher Bewässerung, die noch sehr ausgedehnt werden könnte, gebaut; Gerste vornehmlich in den südlichen Gegenden und auf den Inseln des Archipels, Mischkorn, Hafer und Roggen wenig. Reis wird nur in geringem Maße in Trikkala kultiviert, und es werden ziemliche Mengen eingeführt.

Man hatte sich in Griechenland mit gefährlicher Einseitigkeit dem Weinbau zugewandt, zur Korinthen- und Weinfabrikation. Nun hat aber die Peronosporakrankheit (Meltau) große Verheerungen angerichtet, und wirksame Bekämpfung wurde vielfach versäumt. Am meisten Korinthen[1]) erzeugen Elis, Achaja, Korinth, Patras und Ägialia und die Inseln Zante und Kephalonia. Die Weinproduktion[2]) findet besonders auf den Ionischen Inseln statt: Korfu, Leukas (Santa Maura), Kephalonia, Zante, ferner in Attika, Elis, Korinth, Mantinea, Patras usw., auch auf Thera (Santorin). Auch frische Weintrauben werden in geringem Umfang ausgeführt. Feigen[3]) werden besonders in Messenien (Ausfuhrhäfen Kalamata und Patras) produziert.

Olivenbaumpflanzungen[4]) gibt es seit alters fast in ganz Griechenland, aber Pflege, Ernte, Ölbereitung lassen fast alles zu wünschen übrig. Die Ionischen Inseln, vor allem Korfu, erzeugen das meiste Öl, dann kommen die Niederungen des Peloponnes, Thessalien, Attika und einige der Zykladen. Die Produktion hat durch die einseitige Betonung des Weinbaues gelitten, und das Öl steht dem italienischen, französischen und spanischen weit nach.

Die Produktion von Agrumen spielt keine Rolle.

In Thessalien versucht man die Zuckerrübenkultur[5]).

Für den Tabakbau eignet sich Griechenlands Klima und Boden gut, und es wird viel Tabak, besonders in Thessalien[6]) und Ätolien, erzeugt; der größte Teil des in Ägypten zur Verarbeitung kommenden Tabaks stammt aus Griechenland und von den Inseln des griechischen Archipels. Man hofft die Tabakindustrie nun auch in Griechenland entwickeln zu können.

Man hofft auch, in Griechenland die Baumwollkultur, die angeblich weiße und lange Fasern liefern soll, an vielen Stellen (Küsten des Südens und Inseln) treiben zu können und die „Sea Island" zu akklimatisieren; auf dem Boden des ehemaligen Kopaissees in Böotien baut man bereits Baumwolle.

Valonea siehe S. 152; Mastix siehe S. 152.

Die Zykladen haben nur wenig Ackerbau: Gerste, wenig Weizen und Reis, Oliven, Agrumen, wenig Baumwolle werden kultiviert; Syra führt Gemüse aus.

Die **Tierzucht**[7]) ist wenig zu rühmen. Saftige Weiden finden sich nur an den Flüssen, an Futterbau hat man noch kaum gedacht. Die Rinder-

---

[1]) 1,1% des Bodens damit bestellt. Um 1830: 19 Mill. venetian. Pfund (à 0,48 kg), 1851: 86; 1871: 150; 1881: 265; 1891: 344; 1903/04: 361 Mill. Pfund = etwa 176 000 T. 1902: 148 000 T. geerntet. [2]) Prod. 1901: 1,2; 1903: 1,3 Mill. hl = 0,9% d. Weltprod. [3]) Durchschnittsernte: 25 000 T. [4]) Etwa 3% des Bodens, auf Korfu fünf Siebentel des Flächeninhalts damit bedeckt. [5]) Rüben-Rohzucker 1902/03: 1000 T. [6]) Prod. durchschnittlich 2000—2500 T.; Ausfuhrort Volo. Prod. nach Bartholomew im Durchschnitt 1900—1902: 3700 T. = 0,3% d. Welternte. [7]) 1892: Rinder 360 000 = 0,1% d. Weltprod.; Schafe und Ziegen 5 411 000 = 1% d. Weltprod.; Schweine 175 000 = 0,1% d. Weltprod.; Pferde, Maultiere, Esel 250 000 = 0,3% d. Weltprod.

zucht ist darum sehr unbedeutend; Ochsen hält man als Zugtiere. Statt der Kühe dienen Schafe und Ziegen, welche sich mit den mageren Gebirgsweiden behelfen, als Milchtiere; im Sommer werden sie aus den Ebenen in die Gebirge getrieben, zum Winter kehrt die Hirtenbevölkerung mit ihnen in die Ebenen zurück. Das Schaf liefert hauptsächlich den Fleischbedarf; Schafkäse wird viel hergestellt. Die Schweinezucht ist besonders in Akarnanien und in Epirus (Eichenwälder) wichtig. Die Pferde sind klein, aber zäh, doch wenig zahlreich; nur um Trikkala und Larissa in der thessalischen Ebene, die das Pferd begünstigt, wird die Zucht gerühmt. Maultiere und Esel spielen in diesem Gebirgslande eine weit wichtigere Rolle. Die Bienenzucht ist, wie in den ganzen Mittelmeerländern, nicht unbedeutend. Die Seidenzucht[1]) hat den Korinthenpflanzungen in den meisten Landesteilen weichen müssen; nur in einigen Teilen des südlichen Peloponnes und in Thessalien hat sich die Pflege der Maulbeerbäume und der Raupen erhalten.

Der **Bergbau** ist am wichtigsten in Laurion, wo silberhaltiges Blei gewonnen wird, aber auch Zink und Mangan. Manganerze finden sich auch in Tertiärablagerungen in Attika, Böotien, Euböa und im Peloponnes, doch nur auf der Insel Milos werden sie gefördert. Eisenerzlager werden im Lauriondistrikt, auf Euböa, Andros, Seriphos, Thermia, Syra ausgebeutet. In geringen Mengen werden Chromerz (bei Burdaly, Provinz Tharsala), Schmirgel (Naxos), vulkanischer Zement (Santorin) gewonnen. Kohlenfunde[2]) sollen in Thessalien, Petroleumfunde auf den Ionischen Inseln gemacht sein.

Berühmt ist das kalkreiche Griechenland durch seinen Marmor. Weißer Marmor wird vor allem am Pentelikon, ferner auf Paros, zu Dimaristika (Peloponnes), Karatsaïr bei Larissa, Tsasteni bei Volo gebrochen, farbiger auf der Insel Skyros (schwarz und blau gesprenkelt, gelb), Insel Naxos und Tinos (grün), im Süden Euböas (grün), Dimaristika (rot und schwarz oder grün geadert), Chassambali (grün) und Pagassä (schwarz) in Thessalien.

Die **Industrie** ist gering, macht aber Fortschritte. Baumwollspinnerei und -weberei hat ihren Sitz hauptsächlich in Piräus (43 000 Einw.), Syra, Livadia (Levadhia) am trockengelegten Kopais-See, Wollweberei in Piräus und Athen (111 000 Einw.). Kleiderstoffe werden noch viel in Hausindustrie fertiggestellt. Teppiche webt man in Tripoliza, die Seidenindustrie, gering, sitzt in Messenien, Syra hat eine Schiffswerft.

Für den **Verkehr** zu Lande ist durch Landstraßen und Eisenbahnen erst mangelhaft gesorgt. Auch der innere Verkehr vollzieht sich in diesem Halbinsel- und Inselstaate meist durch Schiffahrt.

Die wichtigsten Häfen sind Piräus-Athen, Patras (38 000 Einw.), Volo, Syra und Korfu. Der Kanal von Korinth (seit 1893) hat nur lokale Bedeutung erlangt.

Der Außenhandel ist nicht ganz unbedeutend. Ausgeführt (1904: 91,3; 1905: 83,9 Mill. Fr.) wurden 1905 Ackerbauerzeugnisse (Korinthen) (46,1), Mineralien (15,2),

---

[1]) Prod. Griechenlands u. Kretas an Rohseide 1904: 65 T. = 0,3% d. Welternte. [2]) 1901: 13 000; 1904: 10 000 T.

Olivenöl (3,6), Wein usw. (7,16), Tabak (1903: 4,1), Feigen (1903: 3,1), Valonea (1903: 2,1) usw.; eingeführt (1904: 137,7 Mill. Fr.) werden Ackerbauerzeugnisse (Getreide usw.) (41,2), Gewebe (21,6), Holz (12,1), Mineralien wie Steinkohle usw. (11,3) usw. Großbritannien (1903: 22,7%), Rußland (14,0%), Österreich-Ungarn (13,3%), Frankreich (10,7%), Deutschland (7,3%) haben den stärksten Anteil an Griechenlands Außenhandel.

Die **Bevölkerung,** etwa 2,43 Millionen Einw. (meist Neugriechen) auf 65 000 qkm, sitzt an den Küsten und in den Ebenen am dichtesten.

Kreta (8620 qkm mit 310 000 Einw.) erzeugt die mittelmeerischen Früchte. Olive[1]) (Provinz Kanea, Kandia, weniger Retimo), Mandeln (Kandia), Apfelsinen und Mandarinen (Kanea), Zedrat, Johannisbrot (besonders Kandia), Weine und Rosinen sind die Hauptausfuhrartikel[2]). Kandia, Kanea und Retimo sind die Häfen.

II. Asien[3]).

Bevölkerung s. S. 24, 27ff., 33. Lage und Raumgröße 57ff. Horizontale Gliederung 64. Vertikale Gliederung 70, Flüsse 70f., 108. Vulkanismus 72. Erdbeben 73. Thermen 73. Mineralien 76ff. Bodenfruchtbarkeit 89f. Benachbarte Meere 97—105. Seen 106. Klima 111ff., 117f. Pflanzen 119ff. Tiere 140ff.

Asien gliedert sich in 4 natürliche Gebiete: das zentrale Hochasien und 3 Randgebiete: Vorderasien, Nordasien und Süd- und Ostasien.

1. Vorderasien.

Vorderasien ist eine natürliche Einheit nach Lage, Boden, Klima, Pflanzen- und Tierwelt.

Nach der Art der Wirtschaft fällt ganz Vorderasien in die Zone der Halbkulturvölker (Wirtschaftsstufe der Tradition). (Vgl. S. 31 u. 39.)

Die aneignenden Wirtschaftsformen haben noch eine große Bedeutung.

Natürliche Pflanzenwelt. Vorderasien ist die Heimat vieler *Fruchtbäume,* die meist schon seit alters auch kultiviert werden und einen beträchtlichen Anteil an der Ernährung der Bevölkerung haben. Die Früchte von Pistacia vera (Pistachionüsse) sind in Syrien und Kleinasien hochgeschätzt, und derselbe Baum liefert Galläpfel zum Grünfärben der Seide (Alepponüsse). Pistacia lentiscus gibt kleine Nüsse, Pistacia terebinthus L. etwas ölige Früchte und das cyprische Terpentin (von Chios und Cypern). Der Mandelbaum, Amygdalus communis, trägt bittere und süße Mandeln[4]). Der Walnußbaum, Juglans regia L., wird besonders eifrig in Persien angebaut. Haselnüsse werden in den östlichen pontischen Wäldern Kleinasiens[5]) in Massen gesammelt und besonders von Kerasund ausgeführt. Die Edelkastanie

---

[1]) Prod. von Olivenöl 1902: 19 000 T. Ausf. 1904: 3 Mill. Fr. [2]) Ausf. 1905: 11,2; Einf.: 15,2 Mill. Fr. Prod. von Rosinen 4—5000 T. jährlich, Ausf. 1904: 1,3, von Wein 1,2, von Johannisbrot 1,26 Mill. Fr. [3]) Vgl. mein Kärtchen in Scobels Handelsatlas; allerdings war des Stoffes für den gegebenen Maßstab zu viel. [4]) Die hochgeschätzten „Jordanmandeln" werden nicht am Jordan, sondern bei Málaga in Spanien produziert. [5]) Ernte 1901: 20 000 T.

(Castanea vesca — nach der Stadt Castanum, nahe Magnesia, in Kleinasien benannt) gibt ein wichtiges Nahrungsmittel. Der Granatbaum, Punica granatum L., kommt in Afghanistan, dem nordwestlichen Indien und den Distrikten südlich und südwestlich vom Kaspischen Meere wild vor und wird überall in den wärmeren Gegenden kultiviert. Jujuben sind die eßbaren Früchte von Zizyphus-Arten (Z. lotus in Persien, Z. vulgaris in Syrien), Kaktusfeigen die Früchte von Opuntia vulgaris in Syrien. Maulbeeren vom Maulbeerbaum, Sykomoren von einigen Sycomorus-Arten stehen zur Verfügung. Wichtiger sind noch die Aprikosen von Prunus armeniaca L., die Pfirsiche von Prunus (Amygdalus) persica; ferner die Dattelpalme (s. S. 247).

Viele Bäume in Vorderasien liefern *Harze* und *Gallen* usw. Der Storax, ein Balsam, rührt von Liquidambar orientalis her, der in größeren Waldbeständen (600 qkm) nur in der kleinasiatischen Landschaft Karien, im Distrikt Mutesche, vorkommt; besonders zu Budrun (das alte Halikarnassos), bei Melasso, Giova, Mughla, Ulla finden sich Wäldchen. Mughla ist der Mittelpunkt der Storaxgewinnung, die von nomadisierenden Türkmenen betrieben wird. Die vorher (S. 241) schon erwähnte Pistacia lentiscus liefert Mastix, ein Harz, das im südlichen und südwestlichen Teile der Insel Chios von kultivierten Bäumen der Varietät P. l. var. γ Chia DC. durch Anritzen (pro Baum 4—5 kg) gewonnen wird[1]). Mekkabalsam stammt von Balsamodendron gileadense Kunth. im arabischen Küstengebiet. Asa foetida, ein Gummiharz, auch Asant, Stinkasant oder Teufelsdreck, kommt hauptsächlich von Scorodosma foetidum Bunge, welche Pflanze zwischen dem Aralsee und dem Persischen Meerbusen, namentlich in Persien (Chorassan) und bei Herat und Chiwa, nur auf kieselsandigem Steppenboden zu finden ist. Galbanum (Gummi-resina Galbanum) stammt von der im nördlichen und mittleren Persien vorkommenden Ferula galbaniflua, vielleicht auch noch von anderen Ferula-Arten. Ammoniakgummi liefert in einigen Gegenden Persiens (Märkte Isfahan und Bombay) Dorema ammoniacum. Astragalus-Arten liefern den Tragant. Besonders viel wird im persischen Kurdistan, Khärähan und Taläkan, in den Gebirgen zwischen Kaschan und Isfahan und um Feridun in Persien (s. S. 248 f.), der beste Tragant bei Kaisarieh, Siwas, Angora[2]), Jabolotsch und Buldur in Kleinasien gesammelt, Der größte Teil der kleinasiatischen Ware wird in Smyrna sortiert; der sogen. „syrische" Tragant (von Suleimanije an der persischen Grenze) ist geringwertiger, auch der „Bassoragummi" ist eine geringe Tragantsorte. Smyrna und Konstantinopel sind die Haupthandelsplätze. Arabische Myrrhen stammen besonders von Balsamodendron-Arten; Weihrauch und Myrrhen werden über Aden ausgeführt.

Valonea (Ackerdoppen, levantinische Knoppern) ist ein Gerbmaterial (20—35% Gerbstoff), das besonders von der Eichenart Quercus Valonea Kotschy in Kleinasien, ferner von Qu. oophora in Kleinasien, Qu. persica Jaub. in Südpersien usw. herstammt; man unterscheidet Smyrna-[3]), Adalia- und Caramania-Valonea.

Aleppogallen stammen von Quercus lusitanica Lam. in Kleinasien, Mesopotamien, Syrien bis Persien. Die besseren Sorten von der Gegend von Killis, Aintab, Marasch nördlich von Aleppo, von Kurdistan (über Mossul), von Rovandus, Suleimanije, Sacho, von Mardin und Diarbekr sammeln sich in Aleppo und gehen von dort

---

[1]) Jährlich 100 T. ausgeführt. [2]) Auf dem Hochplateau von Kaisarieh 350—500 T. jährlich.
[3]) Ausf. 1901: 68 000 T.

nach Alexandrette[1]). Die Galläpfel der östlichen Gebiete (Mossulische) kommen über Buscher in Persien nach Bombay. Smyrna-Galläpfel stammen aus der Umgebung von Karahissar.

Süßholz sind die Wurzeln von Glycyrrhiza glabra L. α typica in Kleinasien und Nordpersien, Syrien usw.; es wird namentlich im westlichen Küstengebiete Kleinasiens gesammelt und in großen Mengen über Smyrna ausgeführt.

Krapp sind die getrockneten Wurzeln der Färberröte, Rubia tinctorum L., und anderer Rubia-Arten, die in Westasien einheimisch sind. Den levantinischen Krapp (Alizari, Lizari) liefern die kultivierte Rubia tinctorum in Kleinasien (Akserai, Angora, Amasia) und Rubia peregrina über Smyrna und Syrien in den Handel. Syrische Alkannawurzel, wohl von Macrotomia cephalotes DC., ist reich an Farbstoff.

Der **Wald** hat in Vorderasien eine geringe Ausdehnung und ist vor allem auf die Gebirgszüge an den Rändern Kleinasiens, Irans usw. beschränkt, während die Binnenlandschaften ziemlich kahl sind. Platanen, Edelkastanien, Eichenarten, Linden, Ulmen usw. in tieferen, Tannen, Fichten, Kiefern (Pinus silvestris und P. laricio), Zeder, Wacholder, Walnußbäume, Buchsbaum in höheren Lagen sind die hauptsächlichsten Bäume; die Haselnußstauden (s. S. 240) sind in den pontischen Wäldern als Unterholz ungemein häufig. Auf den Hochländern finden sich vereinzelte Pappeln und Weiden.

Das Holz der Libanonzeder, Cedrus Libani Barr., am Libanon, auf den Gebirgen Kleinasiens und auf Cypern heimisch, von alters her berühmt, äußerst zäh und dauerhaft, kommt heute nicht mehr auf den Weltmarkt; auf dem cilicischen Taurus von 1300—2100 m noch häufig, ist ihr Vorkommen im Libanon jetzt (?) auf 400 Stämme beschränkt.

Da die meisten Geräte für den Haushalt und die Ackerbestellung und viele Hausbauten aus Holz hergestellt werden, ist der Holzverbrauch groß, und die Waldbestände nehmen durch die meist völlig ungeordnete Nutzung und den Weidetrieb der Hirten, die einfach den Wald niederbrennen, um das nächste Frühjahr fette Weiden zu gewinnen, ständig ab.

Jagd. Von Schädlingen finden sich Leopard, Löwe und Tiger noch stellenweise; der Wolf ist auf den Hochländern noch häufig. Der braune Bär lebt in den Bergwäldern. Das Wildschwein der Waldungen ist oft den Kulturen schädlich. Hasen, Hirsche und Rehe usw. bilden Nutz-Jagdwild, Gazellen beleben die Steppen.

Die **Fischerei** an den ausgedehnten Küsten der Halbinseln und Inseln, im Ägäischen Meer und im Schwarzen Meer, im Roten Meer und an der Südküste Arabiens (Stadt Makalla), im Golf von Oman, in der Straße von Hormus, gibt naturgemäß einer beträchtlichen Bevölkerung Erwerb. Die wichtige Schwammfischerei der west-kleinasiatischen Inseln (Symi, Calymnos, Charki, H. Joannis od. Syrina) geht durch Raubwirtschaft zurück. Die syrischen Schwämme sind die besten. 1901 wurden bei den türkischen Sporaden im Ägäischen Meere für 18 Mill. Piaster gefischt; 1900 von der syrischen Küste für 360 000 M. und 1899 von Cypern für 120 000 M. Schwämme ausgeführt.

Im Roten Meer, vor allem aber an der Westseite des Persischen Golfes auf Korallenbänken (besonders an den britischen Bahrein-Inseln) werden von 20 000 Men-

---

[1]) Ausf. von Gallnüssen und Gelbbeeren 1902: 27 000 £.

schen Perlen gefischt, die von Bahrein und Lingeh (Persien) nach Basra oder nach Bombay zum Verkauf kommen[1]).

Die britischen Khurian Murian-Inseln an Arabiens trockener Südküste tragen Guanolager.

Kleinasien[2]).

Der **Ackerbau** wird, besonders infolge der unheilvollen türkischen Verwaltung, die durch willkürliche Besteuerung jedes Vorwärtsstreben vernichtet, wie vor Jahrtausenden mit uralten traditionellen Geräten aus Holz (Pflug und „Dreschschlitten") betrieben; Düngung ist selten, Bewässerung häufiger (Kanäle; auch Schöpfräder angewandt).

Der Weizen[3]), im günstigen Mittelmeerklima am meisten in den fruchtbaren Flußebenen und vor allem auf den Deltas der pontischen Küstenflüsse (Kysyl und Jeschil Irmak) angebaut, ist die Hauptbrotfrucht und dient noch zur Herstellung mancher Gerichte. Auf bewässertem Boden ist die Ernte ziemlich sicher, auf unbewässertem nicht; die Erträge schwanken außerordentlich von Jahr zu Jahr. Immer mehr Weizen wird auf der anatolischen Bahn Skutari, 82000 Einw., (Haidar Pascha)—Angora ausgeführt.

Gerste gedeiht vorzüglich in den trockenen Ebenen des Innern, um Mersiwan, Siwas (43000 Einw.), Amasia (30000 Einw.), Erserum (40000 Einw.) usw. Sie dient in erster Linie als Pferdefutter.

Roggen, Hafer, Hirse, Durra, Buchweizen wird wenig angebaut.

Mais wächst vorzüglich in den feuchteren westlichen und nördlichen Küstenlandschaften, besonders bei Trapezunt und in Lasistan, und in den Flußtälern (am Sakaria bei Adabasar und am Kysyl Irmak), vertritt im Norden vielfach den Weizen als Brotgetreide. Auch macht man Maisbier daraus.

Reisbau findet sich in feuchten, heißen Tiefländern an der Küste und in Flußtälern des Hochlandes (am Kysyl Irmak und Dewrek Tschaï z. B.), geht aber wegen der Malaria, die mit ihm verbunden ist, zurück.

Die Kartoffel wird bei Adabasar stark für Ausfuhr nach Konstantinopel angebaut, aber auch sonst immer mehr.

Tabak[4]) erzeugt Kleinasien viel, am meisten im Wilajet Trapezunt (bei Bafra); außerdem in den Tälern des Wilajets Smyrna, bei Tokat im Wilajet Siwas usw. Der Tabak ist guter Qualität.

Der Anbau von Sesam (nur im Tieflande) ist sehr groß, und er dient mehr zur Mehl- (Kuchen- und Brot-) bereitung als zur Herstellung von Öl; über Smyrna wird Sesam ausgeführt.

Das türkische Opium ist das an Morphin reichste und wird deswegen für medizinische Zwecke und für die technische Chemie besonders geschätzt. Wohl alle Wilajets sind an der Opiumproduktion beteiligt, aber das meiste und wohl auch beste Opium liefern die nordwestlichen Landesteile (Bighaditsch, Balikesser, Kyrkaghatsch, Kiutahia, Afium-Karahissar „Opiumstadt"), dann

[1]) Allein von den Bahrein-Inseln sollen 1902 Perlen im Werte rund 10 Mill. Rup. und über Lingeh für 4½ Mill. Rup. ausgeführt sein. [2]) Vgl. E. Friedrich, Handels- u. Produktenkarte von Kleinasien. 1 : 2500000. Halle 1898. [3]) Getreideernte s. S. 236, Anm. 1. [4]) Vgl. S. 136, Anm. 2.

die im Innern und im Süden gelegenen Landschaften (Bejbasar, Angora, Buldur, Isparta, Konia 44 000 Einw.). Smyrna ist der Ausfuhrort[1]).

Alle mitteleuropäischen Gemüse (Rüben, Sellerie, Radieschen, Knoblauch, Zwiebel, Bohne, Gurke, Kürbis usw.) gedeihen vorzüglich und werden in großen Mengen (besonders vom Golf von Ismid und vom Sabandschasee) nach Konstantinopel ausgeführt.

Der Obst- und Früchtebau findet auf der Westabdachung Kleinasiens, auf den dort vorliegenden Inseln (besonders Chios) und auch an der Südküste, wo das subtropische Klima rein ausgeprägt ist, die günstigsten Bedingungen. Orangen, Zitronen und Pomeranzen, Quitten, Granaten usw. gedeihen dort gut. Wichtiger ist die Kultur des Feigenbaumes, der an den Ufern des Menderes-Tchai ausgedehnte Plantagen bildet; durch Feigen sind noch berühmt Ajasoluk (das alte Ephesus), Jeni-schehr, die Gegenden am Isnik-Göl, am Sabandschasee, am Golf von Ismid und bei Anadoli Kawak am Bosporus. Östlich von Sinob gedeihen sie auch an der Küste des Schwarzen Meeres, vorzüglich bei Trapezunt, im Innern bei Malatia. Smyrna hat einen starken Feigenexport[2]). Die Kultur der Olive ist auf das Tiefland beschränkt, in den Küstenlandschaften wächst sie in großen Hainen, an der Küste Ciliciens nur wild. An der Westküste (bis Brussa und Isnik nach Norden) und auf den Inseln (Mytilene, Samos usw.) ist die Olivenkultur am ausgedehntesten. Während der Olivenbaum an der rauhen westlichen pontischen Küstenstrecke fehlt, tritt er von Sinob ab, gerade wie die Feige, reichlich auf bis Trapezunt (besonders bei Platana). Die Früchte werden roh gegessen oder zu Öl (30 000 bis 40 000 T. jährlich) verarbeitet, das die Butter ersetzt. Zur Ausfuhr als Speiseöl kommt es wegen der mangelhaften Bereitung noch wenig in Frage; doch nimmt die verwandte Sorgfalt neuerdings zu.

Die Weinrebe erzeugt herrliche Trauben, die frisch in großen Mengen für den Konsum der Einwohner dienen. Rosinen (Rote Elemeh-, Schwarze Rosinen und Sultaninen) werden viel an der Westküste bereitet und stark von Smyrna ausgeführt[3]). Die Weintrauben werden zu Branntwein (Raky) verarbeitet, weniger zu Wein, der ja den Mohammedanern verboten ist. Bei Erenköi an der anatolischen Bahn und um Smyrna blüht der Weinbau auf; auf Samos (bedeutende Weinausfuhr) und den anderen Inseln des Archipels, am Golf von Ismid und am Bosporus, am Kysyl Irmak, auf dem vulkanischen Boden des Erdschiasch Dagh bei Kaisarieh (72 000 Einw.) usw. gedeiht die Weinrebe sehr gut und gibt süßen Wein.

Lein und Hanf werden hier und da (besonders bei Kastambol[Kastamuni]-Hafen Ineboli; Fatza und Uniah) gepflanzt.

Baumwolle[4]) gedeiht vorzüglich bei künstlicher Bewässerung in den heißen Küstenebenen des Westens (bei Kassaba, Kyrkaghatsch usw.) und Südens (cilicische Ebene bei Adana, 45 000 Einw., und Mersina). Die Kultur läßt sich sehr ausdehnen, und die Qualität der Faser ist ausgezeichnet, wenngleich geringer als die der feineren amerikanischen Sorten.

---

[1]) Ernte in Anatolien 1902 auf 8—9000 Kisten à 500 Oka geschätzt. [2]) Ernte der Gegend von Smyrna 1900: 70 000 Lasten à 500 lbs = 15 900 T. [3]) 1904: 111 900 T. [4]) In Anatolien 1900: 30 000 Ballen, in Wil. Adana und Syrien 50 000 Ballen. Prod. der asiatischen Türkei 1902/03 (Schätzung): 80 200 Ballen = 0,5% d. Weltprod.

An Farbpflanzen (s. S. 153f.), die allerdings gegenüber den künstlichen Farben immer mehr an Wichtigkeit verlieren, werden gebaut Safran (Distrikt Safranboli), Krapp, Kreuz- und Gelbbeeren.

Cypern (9600 qkm mit 247 000 Einw.), durch seine Lage an den Straßen nach Indien wichtig, in britischem Besitz, erzeugt alle Südfrüchte, besonders viel Johannisbrot, Weintrauben zur Rosinen- und Weinbereitung, Getreide (Weizen 1905: 53 600 T.), ätherische Öle usw. Im 16. Jahrhundert exportierte Cypern 3000 T. Baumwolle, jetzt kaum 150—200 T., doch geht jetzt eine englische Gesellschaft daran, die Insel dem Baumwollbau wieder mehr zu erschließen. Schafzucht ist wichtig, die Seidenindustrie entwickelt sich. Die Berge sind kupferreich.

Armenien und Türkisch-Kurdistan.

Die Eichenwälder liefern viel Galläpfel (s. S. 241f.), Fruchthaine (Feigen, Nußbäume usw.) finden sich (S. 240f.) in niedrigen Lagen, die Weinrebe gedeiht. In den Ebenen und an niedrigen Berghängen baut man Weizen; auch Reis, Gemüse, Tabak, ein wenig Baumwolle bei künstlicher Bewässerung wird gezogen.

Mesopotamien.

Das ausgedehnte und durch Euphrat und Tigris leicht zu bewässernde fruchtbare Alluvialland war einst ein hervorragendes Ackerbauland. Man hat den Produktionsertrag Babyloniens um die Mitte des 6. Jahrhunderts nach Chr. auf dreimal 700 Millionen Mark berechnet (??)[1]; Weizen und Gerste soll damals dort nicht viel weniger geerntet sein als Deutschland im ganzen jetzt erntet (?). Ganz Obermesopotamien erlaubt den Weizenbau (namentlich die Bezirke Kerkuk, Guntara, Erbil und einige Niederungen am Euphrat) ohne künstliche Bewässerung. Im Nordwesten des Landes wurde im arabischen Mittelalter Baumwolle gepflanzt, zu deren Anbau in den Ebenen das Klima das Land geeignet macht; gegenwärtig wird nur wenig Baumwolle, in Südmesopotamien mit primitiver künstlicher Bewässerung, gebaut. Heute ist die Landeskultur unter dem türkischen Regiment völlig verfallen und stockt vor allem auch infolge der schlechten Verkehrsverhältnisse. Der türkischen Regierung liegt ein Projekt des englischen Ingenieurs Willcocks vor, der die alten Bewässerungskanäle wiederherstellen will. 1907 erhielt aber eine deutsche Bankgruppe die Konzession der Bewässerung in den Wilajets Bagdad und Basra. 500 000 ha würden sich bei etwa 8 Millionen Pfd. Sterl. Kosten sofort rentieren. Gerste[2]) und ein wenig Reis werden gebaut, Sesam (am unteren Tigris) und etwas Mohn[3]); Süßholz, Tragant, Galläpfel werden gesammelt (s. S. 241f.). Von Kerbela (65 000 Einw.) abwärts nehmen die Dattelpalmen[4]) an Zahl zu, die schon bei Bagdad (145 000 Einw., Ausf. 1905: 14,5, Einf. 33,06 Mill. Mk.) Bedeutung haben. Am Zusammenfluß

---

[1]) Die Zahlen sind wohl als stark übertrieben anzusehen. [2]) Ausf. über Basra 1900: 7,8; 1902: 1,6 Mill. Mk. [3]) Ausf. von Opium über Basra 1900: 1,1 (1902: 2,0); Gummi 1,4 (0,5); Süßholz 1,1 (0,5); Galläpfeln 1,3 (1,0) Mill. Mk.; über Bagdad 1905: 0,23; 1,22; 0,002; 0,35 Mill. Mk. [4]) Ausf. von Datteln über Basra 1900: 7,8 (1902: 5,9) über Bagdad 1905: 1,2 Mill. Mk.

des Euphrat und Tigris finden sich schon Waldungen, die am Schatt-el-Arab sich vergrößern; Basra, Haupthafen für Mesopotamien[1]), ist der Mittelpunkt des Dattelhandels nach dem westlichen Persien usw.

Syrien und Palästina.

Das Klima begünstigt wie in den ganzen Mittelmeerländern den Anbau von Weizen und Gerste (gute Braugerste zum Teil); aber hier wie auch in Iran und Arabien hat der Anbau nur wenige Stellen inne, die über das Steppenland, das nach dem Landesinnern zur Wüste wird, oasenhaft verstreut sind: einzelne Küstenebenen, Flußtäler (Orontestal), Gebirgstäler (Hauran), Wüstenoasen sind allein dem Ackerbau gewidmet. In den wasserreichen oder bewässerbaren Gegenden gedeihen Mais, Lein, Hanf, Anis, Kümmel, etwas Tabak (Ladikieh), in den wasserarmen Sesam (Ausfuhr von Jafa), Linsen, Kichererbsen, Dari (weißer Mais), Hirse und Wicken; in den hochgelegenen Gebieten Kartoffeln. Die bodenfeuchteren Gegenden haben auch herrliche Fruchtgärten, so das Orontestal bei Antiochia (Antakije) die große Oase von Damaskus, die Gegend von Aleppo oder Haleb (127 000 Einw.) usw. Große Mengen von Aprikosen (Damaskus), Orangen (Kulturen um Jafa, Sidon, Tripolis), Zitronen, Pfirsiche, Granatäpfel, Quitten, Johannisbrot, Mandeln, Pistazien (Ausfuhr über Beirut) werden gewonnen und neuerdings auch zur Konservenfabrikation verwendet, doch in bescheidenem Maße. Der Olivenanbau ist nur bei Damaskus (140 000 Einw.) bedeutend, bei Killis, Edlib, Antiochia nennenswert; die Seifenfabrikation (Nablus, Haifa, Tripolis) ist nicht unbedeutend.

Die Weinrebe gibt reichen Ertrag an süßem Wein, und man baut sie neuerdings namentlich im Bezirk Sion und Jerusalem (Stadt Jerusalem 50 000 Einw.) in den deutschen und jüdischen Kolonien, besonders an dem Hochplateau des Berges Karmel (bei Jafa, Bezirk Richon le Sion, Sarona, Jerusalem, Haifa)[2]); ferner in Syrien in der Bekâa (d. i. die Hochebene zwischen Libanon und Antilibanon) bei Schtora, Zahle usw., auch im Libanon (Terrassenbau). Gemüse gedeiht gut.

Baumwolle wird nur ein wenig im Sandschak Hama angebaut. Süßholzwurzeln (s. S. 242) werden in Mengen zur Ausfuhr gesammelt.

Die Anbauflächen ließen sich durch Ausdehnung der künstlichen Bewässerung vergrößern, aber Wasser ist rar. Neuestens werden Petroleummotore für Bewässerungszwecke eingeführt und man plant auch, mit Jordanwasser die angrenzenden Ebenen zu bewässern.

Arabien.

Nur im gebirgigen Südwesten, in Jemen und Asir, kann Ackerbau ohne künstliche Bewässerung stattfinden; dort auf den Abhängen nach dem Roten

---

[1]) Ausf. 1902: 19,5, Einf. 26 Mill. Mk. [2]) Weinbereitung nach modernsten Fabrikationsmethoden; 1900: 79 800 hl. Auch im Anbau sollen Ackergerätschaften modernsten Systems gebraucht werden.

Meer wird bei reichlichen Niederschlägen von ca. 1400 m an aufwärts der arabische Kaffeebaum, den die Araber als die ersten kultivieren lernten, meist auf Terrassen angebaut, aber das Produkt wird durch primitives Ernteverfahren und fahrlässige Behandlung so geringwertig, daß der einst berühmte echte „Mokka" im Welthandel nur noch eine minimale Rolle spielt[1]). Die Einheimischen trinken übrigens den Aufguß von Kaffeeschalen.

Die Araber Jemens pflanzen den Kat, Catha edulis, der ihnen den Kattee liefert, in Höhen von ca. 700 m meist mit Kaffee zusammen. Der Kattee ist Gegenstand eines bedeutenden Handels, und nach Aden sollen jährlich 1200 Kamellasten des Genußmittels aus den Bergen kommen.

An der Ostseite der Gebirge Jemens, auf dem Plateau, kommen die Winde vom Meere trocken an; dort gedeiht Getreide (Weizen und Mais), dort (z. B. bei Sanaa, 2250 m hoch, 50 000 Einw.) reifen die subtropischen Früchte (Aprikosen, Quitten, Granatäpfel, auch Äpfel), Kartoffeln, Bohnen usw. kommen gut fort. Das Land wird aus Schöpfbrunnen bewässert. Baumwolle wird angepflanzt.

Die ganze Innenseite des Plateaurandes von Medina (48 000 Einw.) bis nach Hadramaut hinein begleiten ausgedehnte Dattelpalmenwälder. Am Roten Meere findet sich die Dattelpalme im Tal von Tur (Sinaihalbinsel), an der westlichen Abdachung von Hedschas und bei Dschidda. Kultiviert wird sie in ausgedehntem Umfange auf dem Hochlande von Nedschd im Innern, das viel Datteln ausführt, in den Oasen am Wadi Dauasir, in Nedschran, in der Landschaft El-Hasa am Persischen Golf, besonders bei El-Katif, auf den britischen Bahreininseln und in Oman.

In Oman kommen die besten Datteln von der Küstenlandschaft Batnah nördlich von Maskat; aber auch jenseits des Küstengebirges, in der Landschaft Dahirah usw., haben die Dattelpalmenwälder große Ausdehnung.

Die Dattelpalme wird von den Arabern sorgfältig gepflegt, bewässert und vielfach gedüngt. Man befruchtet die weiblichen Bäume künstlich, damit der Ertrag reichlich wird. Im Durchschnitt trägt ein Baum jährlich 50 kg Datteln. Sie werden frisch und getrocknet genossen und geben ein weinartiges Getränk. Auch gewinnt man durch Anzapfung des Stammes Palmwein. Die Kopf- und Herzblätter werden als Delikatesse betrachtet. Die Blätter dienen zum Dachdecken, die Blattrippen als Hausbaumaterial. Aus den Fasern der Fiederblätter werden Gewebe und Taue gefertigt, die Rückstände der Fasern dienen zum Ausstopfen von Sätteln, Kissen usw. Aus den gespaltenen Blattrippen werden Körbe, Matten und Stühle geflochten. Das Holz der Palmen liefert ein vorzügliches Bau- und Tischlerholz. Der zerstoßene Same der Früchte wird als Futter für die Haustiere benutzt.

Außer der Dattelpalme werden in Oman wie in den Oasen des inneren Arabiens bei überall verbreiteter künstlicher Bewässerung etwas Weizen und Gerste, Mais, Zuckerrohr, Zwiebeln, Bataten, Rettiche, Gurken und die bekannten zahlreichen Fruchtbäume der Subtropen, in Oman sogar Bananen angebaut.

---

[1]) Prod. i. Durchschnitt 1900—02: 4990 T., außerordentlich hoch bewertet mit 100 £ die T.

Das Iranische Hochland.

Nur an den Hängen des Plateaus ist der **Ackerbau** ohne künstliche Bewässerung möglich. In den reichbenetzten Landschaften Gilan und Masenderan am Kaspischen Meere wird Reis in ausgedehntem Maße gebaut, auch Baumwolle, die übrigens auch in Chorassan gepflanzt wird. Mehr im Innern Gilans finden sich Olivenwälder. Südlich des Elbursgebirges ändert sich der Charakter des Landes. Das Hochland, 1300 bis 1600 m hoch, ist außerordentlich trocken und zerfällt, wenigstens im südwestlichen Teil, in eine Zahl von Mulden, die durch Gebirgszüge von Nordwesten nach Südosten voneinander getrennt und fast alle abflußlos sind. Der Verwitterungsschutt der Gebirge füllt die Mulden in der Weise aus, daß das feinste Material in der Mitte sich findet, von den Gebirgsflüßchen dort zusammengeschwemmt. Nach Südwesten zu treten diese Gebirgszüge immer mehr zusammen, und die Täler werden immer schmäler und sind hier meist entwässert (Karun, Kercha usw.). An den Gebirgszügen haftet der Ackerbau; wo sie fehlen, dehnt sich die Wüste aus: Descht-i-Kewir und Descht-i-Lut.

Noch nicht der zwanzigste Teil des Landes ist unter Kultur. Aus den Gebirgsbächlein und -flüßchen wird das Wasser zur künstlichen Bewässerung der Mulden entnommen; in den bewässerungsfähigsten liegen die großen Orte: Teheran (280 000 Einw.), Tabris (200 000 Einw.), Isfahan (70 000 Einw.), Jesd (45 000 Einw.), Kerman (60 000 Einw.) usw. Wo aus den Flüssen kein Wasser zu beschaffen war, wurde auf sehr komplizierte Weise durch weitgeführte unterirdische Wasserführungen, sogenannte Kanats, das Wasser weither herzugeleitet.

Auch hier ist der Ackerbau oasenhaft verstreut; auf geringen Räumen wird er in den Oasen sehr intensiv betrieben, und die Bevölkerung sitzt hier in großen Orten; aber zwischen den Oasen liegen große unbewohnte Flächen.

In den Oasen wird Weizen (1905: 440 000 T. = 0,4% d. W.) und Gerste gebaut; im Isfahanbezirk baut man auch Reis. Auch auf den Sohlen der schmalen Gebirgstäler im Südwesten wird Reis gebaut, während an den niederen Hängen anderes Getreide wächst und die Berghöhen hier von Eichenwaldungen eingenommen sind; Brot aus Eicheln ist im Südwesten allgemein.

Früchte: Aprikosen, Weintrauben, Mandeln, Walnüsse usw., die auch viel getrocknet gegessen werden, Gemüse, Mohn (besonders bei Kaserun, Schiras, Isfahan, Jesd und im Bachtiarigebirgsland) zu Opium, das auch über Buscher (Abu-schehr) ausgeführt wird, Leinsaat (Distrikt Ram Hormus, Zeïdun, Behbedan in Chusistan), Sesamsaat (besonders bei Kaserun, Behbedan) werden angebaut; Tabak pflanzt man in der Gegend von Tabris, Isfahan usw.

Dattelpalmen finden sich in Laristan, besonders um Lar selbst, während in Farsistan die Dattel seltener ist. An der Mündung des Karun dehnen sich Dattelpalmenwaldungen bei Mohammerah aus, deren Früchte zum großen Teil versandt werden.

Die Tragantbestände (S. 241) sind auch in Persien durch raubwirtschaftliche Gewinnung ziemlich vernichtet, doch soll um Isfahan und Tabris neuerdings die Ausbeutung durch Gesetze geregelt sein.

Schiras in Südpersien ist wegen seiner Rosen berühmt; doch soll dort nur wenig Rosenöl gewonnen werden, jedenfalls viel weniger als in der Provinz Gilan, und das Öl ist geringwertig.

Baumwolle[1]) gedeiht in den Provinzen Aserbeidschan, Chorassan, Masenderan usw. ganz gut, steht allerdings an Länge der Faser der amerikanischen bedeutend nach.

Die **Tierzucht** hat in ganz Vorderasien den Charakter der Steppen- und Wüstentierzucht. Die Schafzucht herrscht auf den Hochländern, soweit sie nicht wüst sind, vor. Schaffleisch ist die hauptsächliche Nahrung mit ihren Herden nomadisierender Hirten, denen der Schafpelz zugleich das Hauptkleidungsstück und die Mütze liefert. Die meisten und geschätztesten Schafe hat Mesopotamien, wo viel Wolle (drei Sorten: Arabi, Awassi und Karadi) erzeugt wird[2]), aber gelegentlich durch Futtermangel großer Verlust an Tieren eintritt. Die Ziegen sind ebenfalls im Hochland häufig und spielen eine verhängnisvolle Rolle, indem sie den nachwachsenden Wald nicht aufkommen lassen; Angoraziegen geben die wertvolle Mohärwolle[3]) in dem nördlichen Teil des kleinasiatischen Plateaus. Hauptsächlich finden die Schafe und Ziegen Weide in den Gebirgen über und unter der Zone des Ackerbaues; sie wandern je nach den Jahreszeiten hoch in die Gebirge oder steigen in die Täler hinab.

Büffel kommen nur in den feuchtesten Landschaften in größerer Zahl vor: in Mesopotamien am Schatt-el-Arab bei dem Volksstamme der Madan, ferner in Gilan und Masenderan am Kaspischen Meer.

Rinder finden die ihnen zusagende saftige Grasnahrung meist nur in den Deltaebenen der Flüsse an den Hochlandrändern: z. B. Kysyl Irmak, Jeschil Irmak usw. und in einigen fruchtbaren Flußauen.

Die Pferde sind in den Steppenbezirken wohl allgemein von beachtenswerter Güte; besonders gerühmt werden die Pferde Mesopotamiens, der Ebenen Persiens und die arabischen Pferde, die mehr als Luxustiere nur in vergleichsweise geringer Zahl gehalten werden, doch durch die Naturgunst und Zucht (in Nedschd und um Bahrein die reinsten Rassen) nach Tradition zu ausgezeichneter Güte herangezogen sind. Für schnellen Verkehr im Steppengebiet sind sie unentbehrlich.

Sehr viel häufiger als die Pferde sind in den Wüstenregionen Kleinasiens, Persiens, Syriens, Arabiens die Kamele, von denen vielleicht immer zehn auf ein Pferd kommen; sie geben Milch, Fleisch, Haare her und sind die Lasttiere der Nomaden.

Esel und Maultiere sind in Vorderasien Transporttiere.

Wie überall in den Mittelmeerländern blüht in Vorderasien die Geflügelzucht. Der Eierexport Kleinasiens (besonders über Samsun) ist in rascher Entwicklung begriffen[4]).

---

[1]) Prod. 1902/03 (Schätzung): 32800 Ballen = 0,2% d. W. [2]) Ausf. 1900 über Basra: 5,3 (1902: 3,5), über Bagdad 1905: 6,14 Mill. Mk. Prod. d. ganz. Asiat. Türkei 1903 (nach Schätzung): 33 Mill. e. Pfd. = 1,2% d. W. [3]) Prod. 1905: 62000 Ballen. [4]) 1901 Ausf. über Samsun etwa 25 Mill. Stück.

In Persien sind die Tauben noch zu erwähnen, die, halbwild in Taubentürmen gehalten, Dung für die Melonenfelder liefern.

Die Seidenkultur[1]) ist in Kleinasien ziemlich entwickelt in der Umgegend von Brussa (76 000 Einw.) und den östlich davon gelegenen Orten: Gemlik, Basarköi, Jeni-schehr, Söjüd, ferner Biledschik, Erdek, Kiutahia. Auch bei Smyrna, Aidin, Baliampol (Baliamboli) im Westen, Tarsus im Süden Kleinasiens zieht man die Seidenraupe; die Rassen von Mossul und Bagdad werden geschätzt. In Persien ist die Seidenkultur angeblich schon seit dem siebenten Jahrhundert zu Hause und gedeiht mit den Maulbeerbäumen besonders in den gebirgigen Gegenden: Gilan, Chorassan, am Urmiasee; sie soll jetzt unter sachgemäße Aufsicht gestellt werden. Auch in Afghanistan wird etwas Seide erzeugt. In Syrien[2]) macht die Seidenzucht gute Fortschritte, ist bei Beirut und im Libanon stark und breitet sich in der Bekâa, bei Damaskus, Tripolis, Latakije, Swedije und Antiochia aus. Die Seidenspinnereien beschäftigen 10 000 Arbeiter.

Die Bienenzucht ist überall recht bedeutend, Wachs wird auch stark ausgeführt (z. B. von Mughla und Aidin in Kleinasien), Honig aus der Gegend von Jafa.

Der **Bergbau** ist in Vorderasien in den Anfängen; besonders reich an Bodenschätzen scheint aber das Land auch nicht zu sein (?).

Steinkohlen[3]) werden bei Eregli (Heraclea) in Kleinasien gewonnen, Kupfer bei Arghana Maden (Wil. Diarbekr), Silber findet sich ebendort. Chrom[4]) wird bei Brussa (Makri), Schmirgel im Wil. Aidin und auf Naxos, Meerschaum unfern Eski-schehr (an der anatolischen Bahn Skutari — Angora) abgebaut. Persien soll reiche Petroleumvorräte (in Gilan, Masenderan, Kerman, bei Schuschter usw.) bergen, doch scheinen die Bohrungen bei Kasrschirin bisher keine rechten Erfolge gehabt zu haben. In Mesopotamien wird Petroleum bei Kerkuk (südöstlich von Mossul) gefunden; Steinkohlenlager sind angeblich in Persien ausgedehnt (?) vorhanden, werden aber in äußerst primitiver Weise oberflächlich (bis 10 m tief) ausgebeutet; Kupfer, silberhaltiges Blei usw. bleiben ungehoben liegen. Türkisgruben bei Nischapur in Chorassan liefern zurzeit unbedeutende Erträge. Bei Aden wird in großen Salzpfannen Salz für Indien erzeugt.

Die einheimische **Industrie** (Baumwollen-, Seiden-, Wolle-, Leder- und Metallindustrie im Hause) geht immer mehr zurück, indem ihre Erzeugnisse durch die der europäischen verdrängt und ersetzt werden. Dieses Schicksal betrifft auch die berühmten orientalischen Teppiche[5]), die in Kleinasien, in Uschak, Kula, Giördis, Demirdschi, Kiutahia und Isparta besonders, in Hereke fabrikmäßig, hergestellt werden, aber auch in dem übrigen Vorderasien (z. B. Persien) von großer Güte sind. Seifenfabrikation s. S. 246. Die Dampfmühlen bürgerten sich in Cilicien, Südpalästina usw. ein, Seiden- und

[1]) Prod. von Brussa u. Anatolien an Rohseide 1904: 497 T. = 2,4% d. Weltprod.; von Syrien u. Cypern 470 T. = 2,3% d. W.; von Persien u. Turkestan 426 T. = 2,1% d. W. Verkauf 1904 von Brussa u. Umgebg.: 4,8, Ismid u. Umgebung 1,3 Mill. kg frischer Kokons. [2]) Ernte 1900: 3,6; 1902: 5 Mill. kg frische Kokons; 1902 Ausfuhr von Kokons usw. für 17,5 Mill. Fr. [3]) Prod. der ganz. Türkei 1904 zu 300 000 T. geschätzt, die wohl in der Hauptsache von Eregli kommen. [4]) Ausf. 1901/02: 27 000 T. [5]) Von Smyrna jährlich rund 52 000 für 6, von Bagdad 1905 für 1,9 Mill. Mk. ausgeführt.

Baumwollspinnerei in Afghanistan. In den Randlandschaften Vorderasiens sind die Bedingungen für elektrische Krafterzeugung durch Wasser gegeben, s. unten Flüsse.

Für den **Verkehr** Vorderasiens ist seit alters die Lage zwischen den frühentwickelten Mittelmeerländern einer- und den uralten Kulturgebieten Indien und China andrerseits bedeutsam geworden; durch Vorderasien ging fast die ganze Übertragung von Kulturpflanzen und -tieren von Südostasien nach Europa, dem es auch selbst von seinem Reichtum daran spendete, durch Vorderasien auch seit alters der Handel zwischen den hüben und drüben gelegenen Kulturherden, allerdings auch verwüstende Kriegszüge. Noch heute bewirkt diese Zwischenlage seine Wichtigkeit als Durchgangsland, die durch die Bagdadbahn eine neue Verstärkung erfährt.

Der innere Verkehr, der charakteristischerweise am stärksten auf Wallfahrtsstraßen ist, hat erst neuerdings stellenweise durch Eisenbahnen ein modernes Gepräge erhalten. In Kleinasien sind nun die wichtigsten Produktionsgebiete wenigstens durch Eisenbahnen (anatolische Bahn und Smyrna-Aidinbahn, die jetzt nach den Seen von Egerdir und Buldur weitergeführt werden soll) erschlossen, und die Bagdadbahn (bis Bugurlu — 200 km hinter Konia — fertig) wird für die Entwicklung der Produktion in den durchzogenen Landschaften voraussichtlich eine hervorragende Wichtigkeit haben; in Cypern ist eine Bahn Famagusta—Nicosia fertig; in Mesopotamien laufen die wichtigsten Karawanenstraßen längs der Flüsse, längs des Euphrat nach Aleppo und Alexandrette (28 Tage) und längs des Tigris von Bagdad nach Mossul (10 Tage) von Mossul ist Aleppo mit Lastpferdkarawane in 20, mit Kamelkarawane in 40—45 Tagen zu erreichen; von Bagdad aus Damaskus in 20 Tagen oder quer durch die Wüste in 15 Tagen. Eine Fahrstraße (f. Eilpost) von Bagdad nach Damaskus ist geplant. Sehr lebhaft ist der Verkehr auf der Straße Chanikin—Bagdad von Persien her. In Syrien und Palästina sind nun auch die ersten Eisenbahnen gebaut (Beirut—Damaskus mit Abzweigung nach Homs und Hama; der letzteren Bahn Fortsetzung nach Aleppo sollte 1906 fertig werden; Jafa—Jerusalem, Damaskus—Hauran, Haifa—Hauran), andere geplant oder im Bau. Der Bau der 1700 km langen sog. Mekka- oder Hedschasbahn, die von Damaskus nach Mekka führen und drei Zweigbahnen: Derat—Haifa (fertig), Maan—Akkaba (vorläufig aufgegeben), Mekka—Dschidda haben soll, erfolgt von islamitischem Gelde — ein Zeichen für das Erstarken des Panislamismus; sie ist auf 600 km eröffnet. In Persien hatte sich Rußland eine Art Direktive im Bahnbau gesichert, aber bisher nicht 1 km gebaut. Jetzt beabsichtigen Perser eine Bahn von Teheran nach der heiligen Stadt Kuma zu bauen (160 Werst) und sie später bis Meschhed zu verlängern. Eine Zweigbahn der zukünftigen Bagdadbahn ist von Bagdad nach Chanikin geplant, um vielleicht über Kermanschah und Hamadan Teheran zu erreichen. Eine russische Eisenbahn erreichte den Grenzort Dschulfa in Russisch-Armenien. Moderne Karawanenstraßen führen von Aschabad nach Meschhed, von Enseli-Rescht nach Teheran und von Dschulfa nach Tabris. Die Engländer haben eine Eisenbahn von Quetta (Belutschistan) nach Nuschki gebaut und von dort Kameldienst nach Seistan und Meschhed eingerichtet.

Ein großer oder der größte Teil des Verkehrs bewegt sich in Vorderasien auf uralten, zum Teil ganz rohen Karawanenwegen, auf denen die Lasten durch Kamele, Maultiere, Esel oder Pferde, seltener durch Wagen befördert werden. Manche Orte sind durch Saumpfade verbunden, manche Verbindungen gehen, ganz ungebahnt, querfeldein; Fahrstraßen sind im allgemeinen selten. Der zweirädrige Karren ist ein Hauptverkehrsmittel. Ein solcher Verkehr ist mangelhaft und kostspielig (Buscher — Schiras 80 — 130 Kr. für je 3 kg, Enseli—Teheran 350—400 Fr. p. T.). Für Jafa und Jerusalem sind Straßenbahnen geplant.

Die Telegraphenlinien haben sich in Kleinasien bereits ziemlich stark, in Persien mäßig (Verbindung mit dem russ. und brit.-ind. Netz) verbreitet und greifen jetzt auch immer mehr nach Arabien hinein. Besonders wichtig ist die Verbindung Konstantinopel—Persischer Meerbusen, die verdoppelt wurde.

Die Flüsse Vorderasiens sind meist schlecht schiffbar; bei dem vorwiegenden Hochlandcharakter sind sie kurz oder stürzen in Schnellen über die Plateauränder; im Innern sind sie für Boote und Flöße schiffbar. In Arabien mangeln die Flüsse eigentlich gänzlich. Für größere Fahrzeuge kommen der Euphrat und Tigris (Kellek [= Schlauchfloß]-Verkehr von Mossul abwärts, sollte 1906 durch Dampfschiffahrt ersetzt werden) und der vereinigte Fluß: Schatt-el-Arab (türk. und engl. Dampfergesellschaft, langsamer und teurer Frachtdienst), der Jordan mit dem Toten Meer und der Sakaria, Gedis-Tschaï, Menderes-Tschaï in Kleinasien in Frage. Den Karun befahren bis Ahwas Flußdampfer; von dort ab Leichter.

Die wichtigsten Häfen sind Smyrna (201 000 Einw.), Trebisond (Trapezunt) (35 000 Einw.), Mersina, Samsun in Kleinasien, Beirut (119 000 Einw.), Alexandrette, Haifa und Jafa (21 000 Einw.) in Syrien, Hodeida (45 000 Einw.), Dschidda (25 000 Einw.), Aden (23 000 Einw.) und Maskat in Arabien, Basra (40 000 Einw.) in Mesopotamien, Abuschehr (Buscher, Buschir) und Bender Abbas in Persien. Auf Cypern sind Larnaka und Limassol die Haupthäfen, der Hafen von Famagusta ist ausgebaut worden. Afghanistan hat keinen Hafen. Seit August 1906 richtete die Hamburg-Amerika-Linie einen monatlichen Dampferdienst Hamburg — Aden — Djibuti — Maskat — Bender Abbas—Bahrein—Abuschehr—Basra ein.

Die Ausfuhr des ganzen türkischen Reiches (einschl. eur. Türkei) betrug 1899/1900 1559 Mill. Piaster (Seide und Kokons 244, Rosinen 195, Mohärwolle 107, Opium 76, Getreide und Mehl 102, Valonea 61 usw.). Einfuhr 2450 Mill. Piaster. (Woll- und Baumwollstoffe 245, Zucker 216, Getreide und Mehl 199, Leinwand 166, Garne 158, Pikeestoff 144, Reis 95, Drogen und Farben 86, Kaffee 72 usw.). Großbritannien hatte 34%, Frankreich 19,3%, Österreich-Ungarn 15,7%, Rußland 6,4%, Italien 5% usw., Deutschland nur 2,3% Anteil am Handel.

Persiens Ausfuhr 1904/05 betrug 247,96 (1901/02: 151; 1905/06: 293,1) Mill. Kran (Früchte 40,2, Fische 36,1, Opium 29,75, woll. Teppiche 29,4, Seidenkokons und Rohseide 14,5, Reis 13,5); die Einfuhr 349,9 (279; 386,5) Mill. Kran (Baumwollstoffe 125,9, Zucker 76,5, woll. Gewebe 15,8); Rußland hatte 53%, Großbritannien 25%, Türkei 8%, Frankreich 5%, Deutschland 1,2% Anteil am Außenhandel.

Die **Bevölkerung** der Asiatischen Türkei (Kleinasien 501 400 qkm, 9 089 200 Einw., Armenien und Kurdistan 186 500 qkm, 2 470 900 Einw., Mesopotamien 356 700 qkm, 1 491 700 Einw., Syrien und Palästina 185,500 qkm, 2 467 100 Einw., Arabien[1]), Samos, Kreta), 17 Mill. Einw. auf 1,8 Mill. qkm, und des Iranischen Hochlandes (Persien 9,5 Mill. Einw. auf 1,645 000 qkm, Afghanistan 4,55 Mill. Einw. auf 624 000 qkm, beide unabhängig, Belutschistan und Cypern — unter englischer Schutzherrschaft — 550 000 Einw. auf 129 000 qkm), etwa 15 Mill. Einw. auf 2,4 Mill. qkm, ist sehr dünn gesät und sitzt entsprechend der Wirtschaft besonders an den Küsten (Kleinasiens Westküste am dichtesten bevölkert), in den Flußtälern und Oasen. Ganz Vorderasien, Transkaukasien und Armenien eingerechnet, hat rund 42 Mill. Einw. auf 7 270 000 qkm, also nur eine Volksdichte von 5,7.

2. Hochasien.

Hochasien ist nach Lage, Boden, Klima, Pflanzen und Tieren eine geographische Einheit.

Nach der Wirtschaft der Bevölkerung gehört es in das Gebiet der Wirtschaftsstufe der Tradition. (Vgl. S. 31.)

Die aneignenden Wirtschaftsformen und die Viehzucht herrschen völlig vor.

Die **natürliche Pflanzenwelt** ist bei dem Steppen- und streckenweisen Wüstencharakter des Landes gering.

Auf den östlichen Ausläufern des Kwenlun am oberen Hwang-ho wächst rheum emodi, dessen Wurzeln geschätzten Rhabarber liefern und von Hsi-ning-fu (Provinz Kan-su) in den Handel kommen. Der Saxaul (Haloxylon) wächst isoliert hier und da im Sande, wo sich Wasser im Untergrund findet, und liefert Brennholz und Kamelfutter. Der Sulchyr (Agriophyllum gobicum) gibt den Kamelen und Pferden Futter, in seinen kleinen Samenkörnern den nomadisierenden Olüten Nahrung.

Viel wichtiger ist die **natürliche Tierwelt**. Das wichtigste Jagdtier ist das Steppenmurmeltier (Arctomys bobac Schreb.), das die kahlen, steinigen Hügelländer, ebenso wie den lockeren und sandigen Boden, etwa bis 400 km südlich von Urga, bewohnt. In ganzen Kolonien („Murmeltiergärten") hausend, sind die Bobak den Mongolen Hauptfleischlieferanten, besonders im Winter und im ersten Frühjahr. Ebenso sind die Pfeifhasen-(Lagomys-)Arten in den besseren Teilen der Steppen, die Springmäuse (Dipus sagitta Pall. usw.), die wilden Kamele (Camelus bactrianus ferus) in der Dsungarei, im nordwestlichen Zeidam (Nord-Tibet), im Tarimbecken, in den Wüsten Kum-tagh und Ala-schan, die Dscheren (Antilope gutturosa) der Gobi, der Wildesel (Dschiggetai, Kulan Equus hemionus s. kiang), das Wildpferd (Equus prschewalskii Polj.), Trappen als Jagdtiere mehr oder weniger geschätzt. In Tibet sind der wilde Yak (Poephagus grunniens), der Goral (Nemorrhoedus s. Kemas goral Hardw.) mit wertvollem Fell, Bergschafe, das Argali (Ovis polii), der Markhor (Capra falconeri Wagn.) usw. Gegenstand der Jagd.

[1]) Nur Hedschas und Jemen, 521 700 qkm groß mit etwa 1,2 Mill. Einwohnern, stehen unter türkischer Herrschaft; Großbritannien beansprucht im Süden etwa 41 100 qkm mit 252 000 Ew. und dem Hafen Aden und im Osten die Bahrein-Inseln (730 qkm mit 68 000 Ew.). Das unabhängige Arabien umfaßt etwa 23 Mill. qkm mit vielleicht 950 000 Ew.

Ostturkestan.

Ackerbau und Tierzucht. Ähnlich wie in Tibet ist die Wirtschaft in den Pamir auf den gezähmten Yak und Schafherden begründet.

In dem östlich davon liegenden chinesischen Ostturkestan ist die niedrige Mitte völlig von der Wüste eingenommen, aber an den Rändern, wo das von der hohen Gebirgsumrandung herabfließende Wasser den Boden befruchtet, und stellenweise an dem mächtigen Jarkand Darja sitzt der Mensch in einer Reihe von fruchtbaren Oasen. Höchst intensiv angebaut und bewässert, trägt der Boden Baumwolle und Getreide (Weizen, Hirse, Durra), Fruchtbäume (auch Wein) und Gemüsearten und ermöglicht einer in dörflichen und städtischen Zentren dichtgedrängten Bevölkerung das Dasein.

Schafe und Kamele, Esel und Pferde werden gehalten; die Seidenzucht blüht.

An Mineralien ist der Gebirgskranz, der Ostturkestan umgibt, wie es scheint, reich. Der Nephrit dieser Gegenden wird weithin verhandelt.

Die Bevölkerung ist sehr industriell und treibt vor allem einen lebhaften Handel, so sehr er durch die Gebirgsmauern erschwert wird, über welche beschwerliche Pässe führen. Kaschgar (68 000 Einw.), Jarkand (100 000 Einw.), Chotan sind die wichtigsten Orte; bis nach Kaschgar führt von Osten (China) her bereits der Telegraph.

Die Dsungarei.

Wie am Südfuße des Tien-schan von seinen Wasserbächen die Oasen Utsch-Turfan, Aksu, Bai usw. im Westen, Toksun, Turfan, Hami im Osten genährt werden, so begleiten seinen Nordhang und die Seiten des angeschlossenen Boro-choro-Gebirges die Oasen Kuldscha, Dshincho, Schicho, Manas, Urumtschi, Gutschen, Barkul in der chinesischen Dsungarei mit ähnlicher Wirtschaft, wie wir sie in Ostturkestan fanden. Über die östlichen Oasenorte am Tien-schan geht die wichtige Straße aus dem russischen Gouvernement Semipalatinsk über Barkul, Hami, Ansifan nach China.

Mongolei.

Ackerbau wird in den Flußtälern in geringer Ausdehnung betrieben, am meisten noch im Südosten, wo man sich des chinesischen Pfluges bedient, während man im Nordwesten den elenden Hakenpflug, bei den Torguten eine Holzschaufel zur Bodenbearbeitung benutzt. Weizen, Gerste, Hirse und Hafer werden angebaut. Wo Niederschläge fehlen, wird künstliche Bewässerung angewandt. Es muß Getreide eingeführt werden.

Die **Tierzucht**[1]) ist der Lebensstab der mongolischen Bevölkerung. Schafe, Pferde, Rinder, Kamele, wenig Ziegen und sehr wenig Schweine werden (von den Chinesen) gehalten. Der Betrieb der Tierzucht ist der der Halbkulturvölker. Das ganze Jahr bleibt das Vieh draußen, Futter bietet nur das von Natur sich findende Gras, das im Winter unter dem Schnee von

---

[1]) Nach Schätzung in der Mongolei 30 Mill. Schafe = 5,5% d. Weltprod.; 13 Mill. Pferde = 10 bis 14% d. Weltprod.; 8 Mill. Rinder = etwa 2,1% d. Weltprod.; 5 Mill. Kamele.

den Tieren hervorgescharrt werden muß; nur für die weichhufigen Kamele wird ein kleiner Vorrat von Heu und Schilfrohr aufgespeichert. Tausende von Haustieren gehen manchen Winter durch Hunger, Kälte und Schneestürme zugrunde. Höchstens bringt man Jung- und Kleinvieh nach Möglichkeit in den menschlichen Behausungen unter. Seßhafte Einwohner halten im Winter ihr Vieh in Einzäunungen. Die Qualität der Tiere ist gering.

Die ziemlich großen Rinder werden mehr in den niederen Gegenden gehalten, in den höheren gebirgigen Teilen der Mongolei „Ssarloken", Abkömmlinge des wilden Yak; die Kühe der letzteren Haustiere geben dicke, wohlschmeckende Milch, aber das Fleisch ist nicht schmackhaft.

Die Schafe sind kleiner als die kirgisischen (s. S. 263), aber ihr Fleisch ist schmackhafter und zarter; dagegen erreicht der Fettschwanz hier nur bis 10 Pfund Gewicht. Die weiße Wolle[1]) ist weich und liefert wie das Fell Bestandteile der Winterkleidung. Schaf-, weniger Rindfleisch, halbroh genossen, bildet eine Hauptnahrung der Mongolen.

Die mongolischen Pferde, in halbwilden Herden gehalten und für den Gebrauch erst zuzureiten, sind sehr ausdauernd und in der Nahrung anspruchslos; sie sind die viel gebrauchten, in der Steppe unentbehrlichen schnellen Reittiere.

Die zweibuckeligen Kamele (die Mongolei wohl die Heimat der Kamele) sind besonders in den nördlichen Strichen des Landes groß, stark und ausdauernd, dazu unglaublich genügsam; die Tiere nähren sich im Sommer frei weidend von Lauch, Budargana, Dyrisun, Saxaul-Strauch und den Beeren von Charmyk, in der westlichen Mongolei gibt man ihnen als zeitweiligen Ersatz für Futter Öl. Sie dienen vor allem als Lasttiere (5 Zentner), selten als Reit- oder Zugtiere.

Kamelmilch wird nur dort genossen, wo Kuh- und Pferdemilch nicht ausreichend zu gewinnen ist.

Pferde- und Kamelfleisch essen die Mongolen nur, wenn die Tiere gefallen sind.

Aus Milch werden Konserven bereitet: Sauermilch (Arik) aus Kuhmilch, Kumys aus Pferdemilch, Butter und Käsearten; diese Konserven werden in Lederschläuchen aufbewahrt.

Aus Schaf- und Kamelwolle wird der Filz hergestellt, mit dem die Holzgestelle der Jurten (im Winter doppelt oder dreifach) gedeckt, aus dem die winterlichen Strümpfe und die Sohlen der Lederstiefel gefertigt sind.

Bergbau. Von einem solchen kann kaum gesprochen werden; nur die Jehol-Silberminen (45 Meilen nördlich von Jehol), die jährlich 80 000 bis 100 000 Unzen Silber liefern, wären etwa zu nennen.

Die **Industrie** ist vorwiegend eine hausgewerbliche und geht zurück, indem immer mehr die chinesischen und russischen Erzeugnisse bevorzugt werden.

Für **Verkehr** und Handel der Mongolei ist die Nachbarlage zwischen dem eigentlichen China und Sibirien von Bedeutung; sie knüpfen sich vor

[1]) Prod. Zentralasiens an Wolle 1903 (nach Schätzung): 46 Mill. e. Pfd. = 1,7% d. Weltprod.

allem an die Städte Urga (30000 Einw.), Kobdo (1200 Einw.), Uljassutai, (Ssi-) Bautu (8000 Einw.) und Dyn-juan-in, welche als Lager dienen für die von China und Rußland eingeführten Waren. Die Hauptstraßen des Landes sind Kobdo—Uljassutai—Kalgan und Kjachta—Urga—Kalgan; Nebenstraßen: Urga—Uljussutai, Kobdo—russische Grenze, Kobdo—Tschugutschak, Uljassutai—Barkul. Von China kommen Baumwollenstoffe, Ziegeltee, Metall- und Holzprodukte ins Land und werden gegen Vieh, Schaffelle, Leder, Häute, Roßschweife, Maralhörner, Rauchwaren, Silber und Holz eingetauscht[1]). Die Russen führen Juchtenleder, Baumwollengewebe, Eisenwaren usw. ein im Umtausch gegen Fuchs- und Murmeltierfelle, Viehhäute, Pelzwerk usw.[2]).

Transportverdienst hatten die Mongolen bei dem sehr bedeutenden Teehandel von Kalgan nach Kjachta, der aber seit Bau der Sibirischen Eisenbahn sehr zurückgegangen ist.

Der Verkehr, allgemein mit Transporttieren (Kamelen) betrieben, ist sehr schwerfällig und teuer.

Die **Bevölkerung**, auf 1,85 Millionen Köpfe (auf etwa 2,8 Millionen qkm) veranschlagt, besteht aus Mongolen, die $^4/_5$ des Landes inne haben, Türken (Kirgisen, Urjanchajer usw.), Chinesen und Tungusen; nur 200 000 etwa sind seßhaft. Die Grenzgebiete der Mongolei sind relativ dichter bevölkert als das Innere des Landes.

Tibet.

Auf diesem Hochland (4000—4600 m) ist der **Ackerbau** bis auf wenige Stellen in Flußtälern ausgeschlossen. Die Bewohner — außerordentlich dünn gesät — treiben **Tierzucht.** Der gezähmte Yak, das Tier der dünnen Hochtälerluft, ist das wichtigste Haustier hier. Er dient als Reittier (30 km täglich), Lasttier, liefert Milch, Fell und Haare. Auch das Schaf, groß und grobwollig, wird als Lasttier (12 kg) benutzt. Yak- und Schaffleisch, häufig roh, bilden die Hauptnahrung neben gesäuerter Milch, Butter und Käse. Die Häute wissen die Tibetaner, mit Steinen schabend, vortrefflich zu gerben. Tee wird von China oder Assam her erhandelt. Im Süden des Mur-ussu baut man in den Tälern ein wenig Gerste; bei Lhassa weiden bereits milchgebende Stuten. Etwas günstiger sind die Verhältnisse auch in Ladak, im Südwesten Tibets, wo in einigen Flußtälern bei künstlicher Bewässerung ein wenig Gerste und Buchweizen gebaut wird, besonders bei Leh. Tierzucht (Schafe) ist aber auch hier die Hauptnahrungsquelle; von den 5000 m hoch weidenden Ziegenherden der Ruptschu-Hochebene wird die feine Unterwolle gewonnen, aus welcher die kostbaren Kaschmir-Schals gemacht werden.

Bergbau. Tibet ist sehr metallreich; besonders Gold wird an vielen Stellen (z. B. Thok-Dschalong) in geringen Mengen gewonnen.

Die **Industrie** (Wollespinnen und -weben, Gerberei) ist primitiv. Mit China findet ein ziemlich lebhafter **Verkehr** nach Hsi-ning-fu (Kan-su) und

[1]) Im Wert auf jährlich 85 Mill. Rubel geschätzt im Anfang der 90er Jahre des vorigen Jahrhunderts.
[2]) Ein- und Ausfuhr 1881—85 nur 7,6 Mill. Rubel. 1902 wurden über Kjachta nur für 144 000 Rubel deklarierte mongolische Waren nach Rußland eingeführt, tatsächlich aber viel mehr.

über Ba-tang und Ta-tsien-lu nach Tschöng-tu (Se-tschwan) statt; auch mit dem benachbarten Indien über Kaschmir und Assam wird Handel getrieben.

Die **Bevölkerung** ist sehr dünn gesät und schwer zu schätzen, am dichtesten ist sie wohl im Süden im und am Tsang-po-Tal.

Ganz Hochasien steht unter (nomineller) chinesischer Herrschaft. Ostturkestan und Dsungarei, als Provinz Sin-tsiang bezeichnet (zusammen 1,4 Millionen qkm mit vielleicht 1,0 Million Einw.), die Mongolei (2,8 Millionen qkm mit schätzungsweise 1,85 Millionen Einw.), Tibet und Kukunorlandschaften (2,1 Millionen qkm mit 2,25 Millionen Einw.) sind chinesische Nebenländer (China s. S. 287ff.). Doch suchen neuerdings von Norden her die Russen, von Indien her die Engländer (in Tibet) ihren Einfluß vorzuschieben.

3. Nordasien.

Nordasien ist nach Lage, Boden, Klima, Pflanzen und Tieren im großen und ganzen ein geographisch zusammengehöriges Gebiet.

Der Wirtschaft der Bevölkerung nach fällt es in die Zone der traditionellen Wirtschaftsstufe; doch wird durch die russische Kolonisation stellenweise schon die Wirtschaftsstufe der Wissenschaft angebahnt. (Vgl. S. 32.)

Einst dominierend, tritt die Ausnutzung der von Natur freiwillig dargebotenen Schätze allmählich gegen Ackerbau und Viehzucht zurück.

Die natürliche Pflanzenwelt. Der Waldlauch in den Laubwäldern ist als Nahrungsmittel wichtig, Hundswarz (Erythorium deus canis) liefert Wurzeln als Ersatz für Mehlstoff und stellenweise den Eingeborenen ein berauschendes Getränk; Kyrlyk, eine Art Hafer an den Abhängen der Altaiberge, dient als Nahrung und Viehfutter, die Brennessel (Urtica Cannabina) als Faserpflanze. Die Zedernüsse werden besonders im Kreise Narym und im Norden der Kreise Kusnezk und Biisk (Gouvernement Tomsk), zum Teil unter Fällen der Bäume (!), in großen Mengen (manche Jahre im Gouv. Tomsk 5000—6500 T.) gesammelt und stark ausgeführt.

Der Wald bedeckt gewaltige Flächen (s. S. 125, Anm. 3), wurde aber bis vor kurzem raubwirtschaftlich behandelt und lieferte das alleinige Heizmaterial für Fabriken, Eisenbahnen usw. Darin tritt nun ein Umschwung zum Bessern ein; des Waldes Reichtum wird mehr geschätzt, und zum Teil wird eine Art Forstwirtschaft, wenigstens in Strichen, die der Sibirischen Bahn nahe liegen, eingeführt. Auf großen Flächen ist aber auch fernerhin wohl noch die Entfernung des Waldes notwendig, um den Boden auszutrocknen und der Landwirtschaft zugänglich zu machen.

Die **Jagd** auf Peltztiere ist im Westen Sibiriens bereits ziemlich unergiebig geworden, der Osten liefert aber immer noch zahlreiche Pelze auf den Markt. Besonders die Gouv. Irkutsk und Kamtschatka sind in den ausgedehnten Urwäldern reich an wertvollen Pelztieren: Bären (braune und schwarze), das wilde Renntier, der Steinbock, das Elentier, die Hirscharten (Bisamhirsch) werden zugleich des Fleisches wegen gejagt; Vielfraß, Luchs, Marder, Iltis, mehrere Fuchsarten (Blau-, Silber-, roter, schwarzer Fuchs), Eichhörnchen (rot, aschgrau bis schwarz), Zobel, Hermelin, Hasen (auch schwarze) der Pelze wegen. Irbit am Ural im europäischen Rußland ist die bedeutendste Pelzmesse. Der Seebär (Callorhinus ursinus L.), durch unübertroffen feine Unterwolle ein hochgeschätztes Pelztier („Seal“ der Rauchwarenhändler), wird bei den russischen Pribylow-Inseln (St. Paul und St. Georg) im Beringmeer von einer amerikanischen und bei den Kommodorski-Inseln (Copper- und Bering-Insel) bei Kamtschatka von einer russischen Gesellschaft geschlagen (siehe auch Seite 101). Die Seeotter (Enhydra marina, Erxl. s. lutris L.), mit sehr geschätztem Fell, ist bei Kamtschatka und den Kurilen wohl ausgerottet, kommt aber bei den Aleuten (besonders Insel Umnak), durch Verordnungen geschützt, vielleicht noch etwas zahlreich vor. Zähne eines ehemaligen Jagdtieres, des Mammut, werden besonders an der Lenamündung und auf den neusibirischen Inseln gefunden.

Fischerei. Die Flüsse Nordasiens sind fischreich, besonders die nördlichen, zum Großen Ozean fließenden Flüßchen und Flüsse sind zu gewissen Zeiten, wenn die Fische zum Laichen stromauf steigen oder wieder das Meer aufsuchen, für die Eingeborenen sehr reich an Beute, die zum Teil auf sinnreiche Weise erlangt und für die ungünstige Zeit zubereitet wird.

Die Lachse sind die wichtigste Fischart dieser Küsten, wie die der gegenüberliegenden Nordamerikas, und man hat auch bereits mit der rationellen Konservenindustrie[1]) begonnen. Günstige Fischereigründe gewähren hier sogar eine Art Seßhaftigkeit, wenn auch meist Jagd und Renntierzucht zur Sicherung der Notdurft mit der Fischerei sich verbunden findet. Auch die Tschuktschen an der Nordküste der Tschuktschen-Halbinsel treiben Fischerei und Jagd auf Robbe und Walroß. Dagegen fehlt die Seefischerei an dem größten Teile der Eismeerküste, weil das Küsteneis das Tierleben unmöglich macht. (Vgl. S. 101 f. und 105.) Bei Alaska und den Aleuten ebenso wie an der westsibirischen Küste und Nowaja Semlja wird der Weißwal oder die Bjeluga (Delphinapterus leucas Gm.) gefangen und ist für die Ernährung dort von Wichtigkeit.

Sibirien und Statthalterschaft des fernen Ostens.

Der **Ackerbau** findet durch Boden und Klima in einem, wenn auch nicht breiten Streifen von Westen nach Osten günstige Bedingungen, steht aber noch auf der Stufe der Halbkultur, in der traditionellen Wirtschaft[2]). In den westlichen Gouvernements, am Südrand des Tobolskischen (Tobolsk 20 000 Einw.) Gouvernements (bis 57° Nördlicher Breite), im mittleren Teil der Barabá, im Obtal, am Nordrand des Altai und des Sajanischen Gebirges gedeiht Getreide (Weizen, Hafer, Roggen, Gerste) auf Schwarzerde gut, doch kennt man Düngung, Pflug, Maschinen noch lange nicht überall, am ehesten im Westen; nach einigen Aussaaten läßt man die Felder jahrelang brachliegen; seltener wird das Drei- oder Zweifeldersystem angewandt. Aber die Einfuhr von landwirtschaftlichen Maschinen und Geräten[3]), um deren Einführung die Amerikaner sich bemühen, nimmt doch zu. Kartoffeln, Flachs,

---

[1]) Am Südende Sachalins fischten 1902 etwa 6000 japanische und russische Fischer auf Hering (zu Fischdünger verarbeitet) und Buckellachs; Ertrag 1,5 Mill. Rubel. Bei Petropawlowsk ist eine Fischkonservenfabrik mit Dampfbetrieb eröffnet; auch Fischguano wird dort produziert. Lachsräuchereien waren geplant. Nach dem siegreichen Krieg bekam Japan nicht nur die Südhälfte Sachalins, sondern auch die Fischereigerechtsame in den Buchten des sibirischen Küstenmeeres am Großen Ozean. [2]) Doch wird von Rußland her allmählich und schon jetzt die Wissenschaft ins Land getragen; die Fortschritte werden wie in Rußland sich nur langsam vollziehen. [3]) Einf. 1897 f. 540 000; 1903: 9,5 Mill. Rubel.

Hanf werden ebenfalls angebaut. Getreide wird sogar ziemlich viel exportiert[1]). Dabei ist vielfach erst $^1/_{20}$ des zum Ackerbau geeigneten Landes in Benutzung genommen. Namentlich der Weizen[2]) scheint im flachen Westsibirien, bis weit in die Kirgisensteppe (s. unten) hinein, eine große Zukunft zu haben, vor allem wenn man die künstliche Bewässerung ausbreitet. Gegen den gebirgigen Osten Sibiriens werden die Ackerbauverhältnisse ungünstiger, die Ernteerträge schwanken von Jahr zu Jahr stark, die Frühjahrsfröste werden bedrohlich; im Gouvernement Jenisseisk geht der gedeihliche Ackerbau allerdings bis 59° 30′ nach Norden, aber über seinen Bedarf hinaus erzeugt man hier nicht mehr an Getreide. Im Gouvernement Jakutsk verliert dasselbe gänzlich seine Bedeutung. Mit dem Zuckerrübenbau hat man begonnen. Transbaikalien hat außerordentlich rauhes Klima (ewig gefrorner Boden hat große Ausdehnung) und baut nur noch wenig Getreide, besonders Sommerroggen, nächstdem Weizen, Hafer, Gerste, Buchweizen, Hirse. Bei dem geringen Eigenbedarf wird noch etwas Getreide nach dem Amurgebiet exportiert. Letzteres, unter dem Einfluß des Sommermonsuns sehr feucht, sumpfig und waldbedeckt, hat sehr wenig zum Ackerbau geeignetes Land. Es wird extensiver Raubbau getrieben auf den im Gemeinbesitz befindlichen ungeheuren Gemeindefluren; ist ein Landstück erschöpft, geht man auf frisches Land. Sommerweizen, Sommerroggen, Hafer und Buchweizen werden gebaut; das Getreide soll wenig Nährwert haben. Hirse gedeiht zwischen Seja und Bureja. Die Mandschuren und Koreaner, die sich hier auf russischem Gebiet finden, treiben den Ackerbau intensiver, sichern ihre Wirtschaft auch mehr durch eine große Mannigfaltigkeit von Anbaugewächsen: Hirse, Gerste, Hafer, Mais, Kartoffeln, Erbsen, Bohnen, Sesam und zahlreiche Gemüse, auch Mohn. Das Amurgebiet muß trotz seiner spärlichen Bevölkerung Getreide einführen. Im Küstengebiet ist der südliche Teil am Ussuri recht geeignet für den Ackerbau, der der Reihe nach Hafer, Weizen, Sommerroggen, Buchweizen, wenig Hirse und Gerste erzeugt. Das Getreide ist aber geringwertig. Pflüge usw. haben hier von Wladiwostok aus mehr Eingang gefunden, aber das Brachfeldsystem dominiert wie im ganzen Sibirien. Da die Bevölkerung hier nicht rein landwirtschaftlich ist, der Konsum von Getreide also vergleichsweise groß, muß solches eingeführt werden. Auf Sachalin werden in geringstem Umfange Kartoffeln, Weizen usw. gebaut.

An den beschriebenen Hauptgürtel des Ackerbaus schließt sich im Westen die Kirgisische Steppe, in der, zum Teil auf Schwarzerdeboden, nur im Westen längs einiger Flußläufe (Ischim, Nura), im Osten besonders im Semipalatinsker Bezirk, zum Teil mit künstlicher Bewässerung, von den sich ansiedelnden Russen Weizen usw. gebaut wird. Auch die viehzüchtenden Kirgisen (s. S. 29 f.) lassen sich durch das Beispiel allmählich zum Weizenbau bekehren und fügen die Wirtschaftsform des Ackerbaues zu der der Tierzucht. Gemüse und etwas Tabak wird gepflanzt.

[1]) 1902 wurden auf der Strecke Tscheljabinsk-Irkutsk im inneren und äußeren Verkehr verschickt: 157 000 T. Getreide (Weizen 69 000; Hafer 50 800; Roggen 37 700), an Mehl usw. 40 900 T. (1898 allein 213 000 T. Weizen), an lebendem Vieh wenig, an Rind- und Hammelfleisch 29 500 T. (1901: 42 600), Butter 41 000 T. (1901: 36 000; 1906: 47 500), ferner Talg, Häute, Wolle, Geflügel, Eier usw. [2]) Prod. von ganz Russ.-Asien 1905 auf 2 937 000 T. = 3,2% d. Welternte geschätzt.

Die **Tierzucht** findet im Westen Sibiriens, im Getreidegürtel wie in der Kirgisischen Steppe, sehr günstigen Boden; dort ist die Tierzucht allerdings die Nebensache, hier der „Stab des Lebens". Im Getreidegürtel zieht man zähe, kleine Pferde, magere meist schlechtwollige Schafe und ziemlich milchreiche Rinder. In der Nähe der sibirischen Bahn entwickelt sich die Exportschlächterei (Hunderttausende von Rindern und Schafen jährlich, siehe S. 259, Anm. 1) mit Absatz nach dem benachbarten Rußland und die Butterindustrie, die neuestens in Genossenschaftsmolkereien[1]) mit Separatoren betrieben wird und Butter in Kühlwaggons nach Rußland, zum Teil über Riga, Archangelsk (nach Großbritannien), Rostow und Wladiwostok (nach China, Japan) schon weiterhin, verschickt. Am meisten produziert das Gouvernement Tomsk, dann folgen Tobolsk und das Gebiet Akmolinsk. Die Produkte fallen noch recht ungleich aus. Zwischen den Städten Omsk und Petropawlowsk und südlich davon, in der Kirgisensteppe, entwickelt sich die Zucht feinwolliger Merinoschafe, die eine ausgezeichnete Wolle[2]) liefern sollen.

Im Gouvernement Tomsk (Tomsk 52 000 Einw.) und weiter nach Osten lehnen sich ausgedehnte Wiesen- und Weidebezirke ans Gebirge; die Zahl des Viehes ist noch gering, wächst aber erstaunlich, in Tomsk von 1891—96 nach den einzelnen Viehsorten um 40—100%. Hier im Westen kümmert man sich auch schon ein wenig um Zuchtregeln. Ein eigentümlicher Zweig der Viehzucht im Gouvernement Tomsk (Kreis Biisk) ist die Zucht des Maralhirsches, dessen abgesägtes Geweih nach China exportiert wird, um dort Stoff zu einem Erfrischungsmittel zu geben. Im Gouvernement Jenisseisk und Jakutsk ist die Viehzucht der Erwerb der wandernden Eingeborenen; die Rassen der Tiere sind sehr schlecht; es muß viel Vieh, z. B. auch für Irkutsk (51 000 Einw.), eingeführt werden. Auf den ausgedehnten Weiden Transbaikaliens sind die Haustiere das Jahr hindurch den Unbilden der Witterung und wilden Tieren ausgesetzt und sehr schlecht, doch wird Vieh nach Irkutsk und den Goldwäschen im Amurgebiet ausgeführt. Hier wie im Amurgebiet (Blagowjeschtschensk 33 000 Einw.) gibt es eine Zahl Kamele. Im feuchten Amurgebiet gedeiht das Schwein gut, das Schaf schlecht, die Rinder geben wenig Milch; die mandschurische Pest bedroht die Tierzucht, unzählige Insekten erschweren sie. Im Küstengebiet zieht man viele Schweine und schlechte Rinder, für das Schaf ist das Klima zu feucht.

Nördlich des Getreidegürtels wird wie in Wüste und Steppe der Nomadismus ein Gebot der Notwendigkeit. Zu der Fischerei, die im Winter durch die Eisdecke erschwert oder unmöglich wird, und der Jagd auf das Ren, das an vereinzelten Orten des Urwaldes häufiger anzutreffen ist, und auf andere Tiere bietet die Zucht des Renntiers als des Milch-, Fleisch-, Fellieferanten den Samojeden, Jakuten, Tungusen usw. in der Tundra das Dasein. Sie wandern nach der Jahreszeit von Süden nach Norden und wieder

---

[1]) 1896 in der Umgegend von Barnaul z. B. nur 2 Meiereien, 1901: 300 etwa. 1894 gab es in Sibirien 2, 1902: 2130 Butterfabriken. Der Butterexport geht von den Sammelstationen Kurgan, Petropawlowsk, Kainsk, Omsk und Ob aus, und war 1899 erst 3400 T. Sahnenbutter, 1903 schon 35 800, 1905: 38 200 T. Im Jahre 1903 wurden im ganzen 46 700; 1906: 47 500 T. Butter ausgeführt; 1904 gab es bereits 31 Eiskeller auf den in Frage kommenden Stationen. [2]) 1903 erzeugte ganz Russ.-Asien (nach Schätzung) 60 Mill. e. Pfd. Wolle = 2,2% d. Weltprod.

zurück. Das Renntier zieht den Schlitten, der ihnen rasch den nach den Umständen so notwendigen Ortswechsel ermöglicht; im Nordosten dagegen ist der Hund das Transporttier. Bei manchen Gruppen überwiegt Jagd (Wald), bei manchen Fischerei (Nordosten Sibiriens), bei manchen Renntierzucht (Tundra), je nach den natürlichen Verhältnissen; doch ist die Wirtschaft im polaren Raum bei der niederen Wirtschaftsstufe der Völker so unsicher, daß Hungersnot und Anthropophagie nicht sehr selten sind.

Bergbau. Das gebirgige östliche Sibirien ist außerordentlich mineralreich. Gold[1]) wird bereits recht viel gewonnen im Gebiet von Witim und Olekma, in Transbaikalien, im Amurgebiet ebenso wie zwischen der Oberen und Steinigen Tunguska und im Altai. Silber (Salairskoje im Altai), Kupfer (Kirgisensteppe), Zinn (Transbaikalien), Graphit (Alibert), Eisen, Kohle[2]) (ausgedehntes, aber abgelegenes Kusnezker Becken, Distrikt Sudschenka zwischen Tomsk und Mariinsk, Ekibastus in der Kirgisensteppe, Tscheremchow bei Irkutsk, in Sachalin, am Dalai-Nor, in Süd-Ussuri) usw. sind vorhanden und werden zum Teil ausgebeutet.

Die **Industrie** ist bisher gering und vornehmlich in den wenigen großen Orten (Tomsk, Irkutsk) konzentriert; sie verarbeitet in der Hauptsache die landwirtschaftlichen Rohstoffe des Landes.

Dem **Binnenverkehr** steht ein ausgedehntes Netz von Flüssen (Ob, Irtisch, Tobol, Tura, Tschulym, Jenissei, Untere, Steinige, Obere Tunguska, Selenga, Lena, Amur, Ussuri) zur Verfügung, die allerdings im Winter eisbedeckt, im Sommer aber weithin für Dampfschiffe fahrbar sind und auch zum Teil Querverbindungen erlaubten; Kanal zwischen Ket (zum Ob) und Kas (zum Jenissei). Leider führen die Flüsse meist von Süden nach Norden und in das tote Eismeer, das zur Jenisseimündung nur in guten Jahren die Annäherung von Westen her (durchs Karische Meer) gestattet, und der Amur, unter hohen Breiten nach Osten mündend, ist ebenfalls den größten Teil des Jahres an der Mündung eisbedeckt. Schlitten und Wagen waren und sind die Landverkehrsmittel. Jetzt ist aber durch die Sibirische Bahn eine schnelle Verbindung der wertvollsten Landesteile ermöglicht, und Zweigbahnen werden sich an sie anschließen (vgl. S. 263).

Die Sibirische Bahn versetzt die Machtmittel des Europäischen Rußland an den Großen Ozean und macht es zum Nachbarn Chinas. So erhält die Nachbarlage Sibiriens zu dem kulturell höher stehenden Europäischen Rußland und zu dem volkreichen China immer mehr Gewicht; die Ungunst des Eismeeres, die Schwäche der südlichen Nachbarn, jenseits deren Gebiet die verkehrsreichen Ozeane winken, die Tendenz jedes mächtigen Wirtschaftskörpers, in andere und günstigere Klimazonen sich auszubreiten, rufen einen mit der Bevölkerung[3]) stets zunehmenden Druck Russisch-Asiens gegen die Südgrenzen hervor, der bereits nicht ohne Erfolge war. Im Westen hatte

---

[1]) Russ. Reich 1901: 8,7%; 1905: 24 Mill. Doll. = 6,4% d. Weltprod., s. S. 76. [2]) Produktion 1901: 293 000 T. (Sudschenka 141 000; Ekibastus 68 800; Sachalin 82 000; im Süd-Ussuri-Gebiet erwartete man für 1902 eine Produktion von 98 000 T.). Prod. 1903: Westsibirien 243 000; Ostsibirien 470 000 T. [3]) In der ersten Hälfte d. J. 1900 wanderten allein 213 440 Personen in Sibirien ein; allerdings kehrt eine große Zahl wieder nach Rußland zurück.

Persien Konzessionen (s. S. 251) gemacht, im Osten drang Rußland stark gegen China vor (s. unten) und bedrohte Korea, in Hochasien machte sein politisches Ansehen stete Fortschritte. Der unglückliche Krieg mit Japan und die zutage tretende innere Kraftlosigkeit des russischen Reiches machten jedoch dem Vordringen russischen Einflusses, auf längere Zeit mindestens, ein Ende, und seitdem ist Englands Gegendruck in Persien, Afghanistan und Tibet wieder fühlbarer und kräftiger geworden, und auch die geistige, wirtschaftliche und politische Aufrichtung der Völker des Ostens, vor allem der Chinesen, unter Japans Leitung läßt Rußlands Expansionsbestrebungen wenig Erfolg verheißen. Die Eisenbahn von der Beringstraße (mit Untertunnelung dieser) nach der Sibirischen Bahn hat zunächst wohl kaum Aussicht gebaut zu werden.

Der einzige Hafen Sibiriens von Bedeutung ist Wladiwostok (29 000 Einw.) am Großen Ozean, das aber auch für 3—4 Monate durch Eis geschlossen wird[1]). Neuerdings nimmt auch Nikolajewsk an der Amurmündung einen Aufschwung. Die seit kurzem auf der mandschurischen Halbinsel Liautung gewonnenen eisfreien Häfen von Port Arthur und Talien-wan (Stadt Dalnij) hat Rußland an den kräftigeren, weil kulturell fortgeschritteneren Gegner Japan eingebüßt.

Der Außenhandel ist noch sehr unbedeutend: Pelze, Felle, Vieh, Fleisch, Butter, Getreide, Karawanentee, Graphit usw. werden aus-, Industrieerzeugnisse usw. eingeführt[2]).

Die **Bevölkerung,** 6,5 Millionen Einw. auf 12,5 Millionen qkm, sitzt vorwiegend im Getreidegürtel. Im nördlichen Asien, wo Nomadismus herrscht, liegen die Jurten, die fast täglich die Nahrungsnot weiterzusetzen zwingt, vielfach 150—200 deutsche Meilen auseinander.

Russisch-Zentralasien und die turkmenischen Khanate.

Ackerbau. Von wilden Pflanzen verfiel die Wurmsamen (Santonin) liefernde Artemisia maritima L. in Turkestan (Tschimkent, Aulie-ata) der Raubwirtschaft, wird aber jetzt in Pflanzungen gebaut. Walnuß- und Pistazienbäume finden sich in fruchtbarem Land. Das subtropische Klima der Gebirgstäler am oberen Syr- und mittleren Amu-Darja und des Vorlandes bei Taschkent, ebenso das der Oasenkomplexe von Chiwa, Buchara, Merw usw. erzeugt entwickelten Obstbau: Aprikosen, Pfirsiche, Birnen, Pflaumen usw. Frische, getrocknete und Konservenfrüchte kommen zur Ausfuhr. Die Weinrebe bietet frische Weinbeeren, Sirup, Rosinen; die Weinkelterung befindet sich in den Anfängen. Der eigentliche Ackerbau (besonders Weizen, dann Gerste, Hirse, Durra, etwas Reis), in diesem Steppen-, Wüsten- und Gebirgsland nur auf oasenhaften Flächen (an Flüssen und Quellen: Amu-, Syr-Darja,

---

[1]) Doch hält seit 1897 ein Eisbrecher den Hafen offen. [2]) 1900 beförderte die „transsibirische" Eisenbahn 1,03 Mill. Reisende (1896: 417 000) und 725 000 T. Waren (1896: 184 000); 1905: 1 965 000 Reisende und 2 775 000 T. Waren.

Seraf-schan, Kara-su) möglich, steht auf dem Standpunkt der Tradition; Düngung wird erst sehr vereinzelt angewendet, dagegen etwa ¼ des Ackerbodens künstlich bewässert. Außer dem Getreide, das den Bedarf des Landes ziemlich deckt, werden Bohnen, Sesam, Mohn, Rizinus, Lein, viel Gemüse (schon Export), Tabak (für eigenen Bedarf) angebaut. Mit Zuckerrüben machte man bei Taschkent Versuche. Der Anbau der Baumwolle[1]) (meist amerikanische Uplandsorte) bei künstlicher Bewässerung gewann immer mehr an Wichtigkeit. Das Ferghanagebiet erzeugt bei weitem am meisten; Chiwa, Samarkand, Buchara weniger. Die Baumwollsamen werden als Brennmaterial und Viehfutter, noch nicht sehr zur Gewinnung von Öl verwendet. Die Heuschrecken bedrohen den Ackerbau.

Die Kirgisen und die Turkmenen leben von der **Tierzucht.** Die Kirgisen bestreiten fast alle ihre Bedürfnisse von ihren Herden. Das Fleisch der Pferde und Schafe essen sie; Stutenmilch liefert ihnen verschiedene Milchprodukte: Kumys und Käse; Airan wird aus Kuh- und Ziegenmilch hergestellt. Das herausgezüchtete Fettschwanzschaf liefert ihnen Fett (30—40 Pfund), Filz zur Herstellung ihrer Jurten und Wolle zur Kleidung, Leder zum Hausgerät (Bottiche, Eimer, Schläuche); Viehmist ist Heizungsmaterial. Das schnelle, ausdauernde Pferd, in der Steppe eine Lebensbedingung, trägt sie 150—200 km, wird aber kaum regelrecht gezüchtet. Das Kamel liefert Fleisch, Milch, Wolle, Haut; ist das Lasttier und verrichtet Feldarbeiten. Es ist vor allem im wüstenhaften Süden häufig; die Schafe finden sich im Steppennorden; die Kühe am Syr und Amu. Die Kirgisen nomadisieren nach der Jahreszeit, d. h. den Weiden; im Süden ziehen sie Sommers ins Gebirge.

Die Turkmenen haben viel weniger Tiere als jene, zeichnen sich aber durch eine gedeihliche Teppichindustrie aus. Die Seidenzucht[2]) blüht in den Oasen, bei Buchara usw. Der **Bergbau** erzeugt Petroleum (Insel Tscheleken im Kaspischen Meer, am Balchangebirge; Ferghana scheint reich daran zu sein, Gruben von Tschimion), wodurch den Eisenbahnen eine billige Betriebskraft erschlossen wird, Schwefel (Aschabad), Salz (im Karabugas, in vielen Steppenseen) und Kupfer (Ferghana). Steinkohlen sind an mehreren Stellen, im Kreise Chodshent, Taschkent, Tschimkent, Aulie-ata, entdeckt worden. Die **Industrie** (besonders Leder-) ist in den großen Städten (Taschkent 156 000 Einw., Buchara 70 000 Einw., Samarkand 55 000 Einw., Kokand 82 000 Einw., Namangan 62 000 Einw., Andishan 47 000 Einw.) als Hausindustrie lebhaft entwickelt. Der **Verkehr** benutzt Amu-, Syr-Darja und Aralsee und hat durch die transkaspische Bahn Krasnowodsk—Andishan sehr gewonnen; von noch größerer Wichtigkeit für die Erschließung Turkestans wird die 1905 eröffnete Bahn Orenburg—Taschkent, und eine Eisenbahn Taschkent—Wjernyj—Semipalatinsk—Barnaul—Ob (an der Sibirischen Bahn), die geplant ist, soll ermöglichen, sibirisches Getreide nach Turkestan zu führen, und damit hier eine weitere Ausdehnung des Baumwollenbaues anregen. Die **Bevölkerung,** in Russisch-Zentralasien etwa 8,6 Millionen Einw. auf

---

[1]) 1884: 490; 1888: 74 000; 1893: 150 000; 1901: 426 000 ha damit bestellt. Ertrag 1901: 5,64 Mill. Pud gegen 7,64 i. J. 1900 u. 4,9 i. J. 1902 (2,16 Ferghana; 1,3 Buchara; 0,6 Chiwa, 0,3 Samarkand); 8,6 (Schätzung) i. J. 1906. Prod. 1902/03: 353 700 Ballen = 2,1% d. Welternte.

[2]) Vgl. S. 250, Anm. 1.

3,55 Millionen qkm, drängt sich in den Oasen der Wüste, Steppe und in den Gebirgstälern zusammen und ist in Ferghana am dichtesten; die der Khanate beträgt 2,05 Millionen auf 309 000 qkm.

Transkaukasien.

Ackerbau: Weizen, Hirse (in dem trockeneren östlichen Transkaukasien) und Mais (in dem feuchtwarmen westlichen Transkaukasien) spielen die Hauptrolle. Fruchtbäume und Wein gedeihen im geschützten subtropischen Transkaukasien vorzüglich, auch Baumwolle (Gouvernement Jelisawetpol und Baku) und in der feuchtsubtropischen westlichen Hälfte Reis; Tabak wird in Kachetien erzeugt. Mit Tee[1]) hat man ebendort an der Küste (Tschakwa bei Batum) geglückte Anbauversuche gemacht. In der kleineren westlichen Hälfte Transkaukasiens herrscht eben ein feuchtsubtropisches Monsunklima, dem südlichen chinesischen gleich, so daß man auch Bambus und Ramie mit Erfolg angepflanzt hat. Selbst Jute gedeiht bei Suchumkale am Schwarzen Meere. Die **Tierzucht**, nomadisierend zwischen Gebirge und Ebene, findet günstige Grasverhältnisse vor und ist ausgedehnt. In den trockeneren östlichen Teilen von Niederung und Gebirge gedeihen besonders die Schafe, in höheren Teilen Rinder und Pferde, im feuchten westlichen Teil der Ebene bis ein Stück ins Gebirg hinein wie in China Büffel und Schweine. Seidenzucht[2]) wird lebhaft betrieben im östlichen Transkaukasien, besonders um Schemacha, Nucha und Schuscha.

Bergbau: Am Kaukasus liegen bekanntlich sehr reiche Petroleumdistrikte[3]), zumal auf der Halbinsel Apscheron am Kaspischen Meer mit den Zentren Sabuntschi, Balachani, Romani, Bibi Ajbat usw. in der Nähe von Baku (112 000 Einw.), Insel Swjätoi; aber auch das übrige Transkaukasien am Südabhang des Kaukasus weist Naphthaquellen auf. (Vgl. auch S. 263.) Die Petroleumresiduen (Masud) dienen den Eisenbahnen, Schiffen usw. als Feuerungsmaterial. Im Westen von Transkaukasien (Bezirk Kutais) wird viel Manganerz[4]) gefördert (fast die Hälfte der Weltproduktion). Salz wird bei Kulp (westlich von Eriwan), Kupfer bei Kedabek westlich von Jelisawetpol gewonnen (Firma Siemens!).

Die **Industrie** arbeitet Gewebe, Teppiche, Waffen usw.

Verkehr. Der Kaukasus scheidet scharf Cis- und Transkaukasien, Europa von Asien; ihn durchschneidet die Straße Wladikawkas—Tiflis; im Osten umgeht die Bahn Rostow—Wladikawkas—Petrowsk—Baku das Gebirge und setzt so Ciskaukasien mit Transkaukasien in Verbindung. Eine Eisenbahn Kutais—Wladikawkas soll jetzt zur Ausführung kommen. Von

---

[1]) Prod. 1902: 41 000; 1903: 43 000 Pfund = 20 T. gegen 303 300 T. Weltprod. [2]) Prod. Kaukasiens 1904: 360 T. = 1,8% d. Weltprod. [3]) Bakus Produktion 1902: 10 266 600; 1904: 10 066 500; 1905: 6 720 300 T.; Ausf. 1900 von Batum nach fremden Ländern: 830 000; 1902: 1 105 600; 1905: 452 100 T. Leuchtöl, und Ausf. von Schmieröl 1904: 285 000; 1905: 178 500 T., von Rückständen (Ausfuhrhafen Baku) 1904: 4 930 000; 1905: 4 262 000 T. usw. 1901 erz. Rußland über 51% d. Weltprod, nämlich 85,17 Mill. Barrel, 1902: 45,4%, jetzt jedenfalls einen weit geringeren Teil d. W. (Vgl. S. 83, Anm. 2.) [4]) Prod. ganz Rußlands 1899: 659 300 T.; des Kaukasusgebiets 1900: 325 200; 1902 etwa 410 000 T. Rußland mag etwa 45% d. Weltprod. liefern. (Vgl. S. 79, Anm. 3.)

Westen nach Osten durchzieht Transkaukasien die Bahn und Petroleumröhrenleitung Batum—Baku; eine Zweigbahn dringt bis Dschulfa gegen Persien vor. Die Flüsse sind nur im Unterlauf für den Verkehr brauchbar.

Eingeführt werden besonders Industrieartikel, ausgeführt Petroleum, Manganerz, Seide usw. Die Häfen sind Batum, Poti und Baku.

Bevölkerung. Auf 473 000 qkm (Ciskaukasien eingerechnet) sitzen 10,1 Millionen Einw., am dichtesten an den beiden Meeresflanken, um Poti und um Baku (112 000 Einw.). Tiflis (161 000 Einw.) liegt im Zentrum des Landes. Wohl kaum sonst noch im westlichen Asien herrscht eine solche Zersplitterung der Bevölkerung, wie sie hier das Gebirge erhielt: 2½ Millionen Russen, 1½ Millionen Tataren, 1 Million Armenier; dazu kommt die große Menge der Kaukasusvölker: Georgier, Osseten, Lesgier, Tscherkessen usw.

Ciskaukasien s. S. 166 ff.

4. Süd- und Südostasien.

Süd- und Südostasien ist durch Lage, Boden, Klima, Pflanzen und Tiere ein ziemlich einheitliches Naturgebiet.

Der Wirtschaftsstufe nach gehört dieses Gebiet zum größten Teile zu der der Tradition. (Vgl. S. 31.)

Natürliche Pflanzenwelt. Südostasien ist ungeheuer reich an wildwachsenden Nutzgewächsen, die hier und da auch ein wenig in Kultur genommen sind. An erster Stelle sind die Palmen zu erwähnen. Die Areng- oder Gomutupalme (Arenga saccharifera) findet sich wild in den Wäldern Javas, in Burma, Siam und Cochinchina, auf den Molukken und Philippinen häufig und liefert Palmkohl, Stärkemehl im Stamme (75—100 kg), die Idjufaser für Taue, die im Wasser haltbar sind, Werg zum Kalfatern und Zunder, Holz zu Geräten, in den hohlen Stämmen Röhren, vor allem aber Palmsaft (jeder männliche junge Blütenstand zwei bis fünf Monate hindurch täglich zwei bis vier Liter). Der Palmsaft ist zuerst ein erfrischendes Getränk, gegoren aber berauschend, gibt auch eine Art Arrak und Essig. Vornehmlich wird er jedoch zu Zucker eingekocht, und ein Hektar Palmen soll 3500—4000 kg Zucker ergeben. Einige Versuchsplantagen gibt es in Java.

Die Sagopalme in zwei Arten: Sagus (Metroxylon) Rumphii und Sagus laevis (Metr. Sagus), von denen die erstere sich durch Dornen gegen die Angriffe von Wildschweinen usw. schützt und in der Regel auch bessere und größere Ernten liefert, ist außerordentlich nützlich. Sagus Rumphii ist in Indien und im östlichen Teil des Malaiischen Archipels (Molukken, Neuguinea), Sagus laevis in Indien und mehr im westlichen Malaiischen Archipel (Borneo, Sumatra, Java) verbreitet, in neuerer Zeit mehrorts (z. B. Celebes) kultiviert. Auf den sumpfigen Inseln Mindanao, Borneo, Sumatra, Neuguinea bildet sie Wälder. Die Sagopalme liefert Dachdeckblätter, vor allem aber Sagomehl (200—400 kg). Auf den Molukken wird Sagobrot und -brei hergestellt. Der Perlsago des Handels (Singapore und nebenbei Labuan sind die Märkte) wird in Singapore[1]) und Nordborneo (Sarawak und Brunei;

[1]) Jährlich etwa 18 Mill. kg Rohsago in Perlsago umgewandelt. 1902 führte S. 36 900 T. Sagomehl und 15 800 T. Perltapioka aus.

1899 für 119000 Dollar geerntet) aus dem Sagomehl hergestellt. Auch Sagus farinifera in Indien, Arenga saccharifera (siehe oben) in Westjava, Caryota urens in Mysore (Indien), Sagus elata in Indien und Java, Borassus flabelliformis in Indien und Ceylon, Oreodoxa oleracea und Cycas revoluta Thunb. in Japan dienen zur Sagobereitung.

Die Kokospalme (Cocos nucifera) ist wohl fast allgemein in Kultur genommen. An Ceylons[1]) Küsten, besonders den nördlichen und nordwestlichen, sollen etwa 50 Mill. Bäume stehen, die vielleicht eine Milliarde Kokosnüsse ergeben. Auch in Vorderindien, besonders an der Malabar- und Koromandelküste, schätzt man den Bestand auf 40 bis 50 Mill. Bäume. In Hinterindien gibt es ausgedehnte Kokoswaldungen, z. B. in Cochinchina. In den Straits Settlements und im ganzen Malaiischen Archipel[2]) ist die Kokospalme fast allgemein verbreitet. Sie liefert in ihren frischen Nüssen (etwa 60 jährlich bei bis 60 Jahre währender Tragkraft) Nahrung und Getränk, Öl (Kopra zur Ölgewinnung ausgeführt) zur Speisezutat, zu Brennmaterial, Farbbereitung, Körperölung; in Europa zu Seife, Kerzen und Kokosnußkuchen; ferner liefert sie Koir (Kokosfaser) zum Ausstopfen von Matratzen, zu Bürsten, Gärtnerbast, Hängematten, Säcken, Läufern, Seilen (schwimmen im Wasser); die Steinschale dient den Eingeborenen zur Herstellung von Hausgeräten, in Europa zur Fertigung von Luxusartikeln; sehr viel wird die Palme zur Gewinnung von Palmwein (auf Ceylon „Toddy") benutzt, aus dem auch Arrak, Essig, Sirup, Zucker erzeugt wird.

Die Nipapalme (Nipa fruticans) ist von Bengalen und Ceylon über Hinterindien und den ganzen malaiischen Archipel bis Neuguinea verbreitet auf Flußdeltas und Küsten, gibt ein vorzügliches Dachdeckmaterial, Palmwein (und Arrak, Philippinen) und eßbare Samen.

Die Areka- oder Betelnußpalme, vom 5. bis 30. Jahre tragbar, erzeugt 250 bis 800 Früchte, Betelnüsse, zur Bereitung des Genußmittels Betel (die Nüsse in Blätter des Betelpfefferstrauches, Piper Betle, gewickelt und mit Kalkpulver bestreut), auch zur Gerberei und Färberei benutzt.

Auf Ceylon (besonders Provinz Kegalla) ist der Anbau sehr umfangreich; es werden Betelnüsse auch noch nach Vorderindien ausgeführt, das in den Präsidentschaften Madras (Distrikt Godavari, Karnul, Malabar, Travankore; Handelsmittelpunkt Amalapuram), Bombay (Distrikt Nord- und Südkanara, Kolaba, südliches Konkan, Staat Sawantwari), im Staat Mysore (feinste Qualitäten von Kalassa, Stadt im Distrikt Kadur, und Yedator: Exportplatz Chiknayakanhalli), in Bengalen (Distrikt Bakarganj, Dakka, Faridpur, Howrah, Jalpaiguri, Noakhali, Umgegend der Stadt Hajiganj), in Assam (Landschaften Khasi und Jaintia, Khyrim und Sibsagar) selbst sehr viel Betelnüsse produziert, doch nicht genug für seinen Bedarf. Auch die malaiische Halbinsel (besonders Djohor), die Straits Settlements, die Nikobaren und Andamanen, Java, Sumatra, Philippinen, die kleinen Sundainseln produzieren Betelnüsse.

---

[1]) Ausf. von Kokosnüssen 1905: 18,05 Mill. Stück; Kopra 1904: 36 300; 1905: 20 000 T.; Kokosnußöl 1904: 25 400; 1905: 30 200 T.; geraspelte Kokosnuß 1904: 8500 T.; Kokosnußölkuchen (Poonac) 1904: 12 500 T. [2]) Von 42 200 T. Kopra, die 1900 in die Straits Settlements eingeführt wurden, kamen 24% von den Bali-Inseln, 17% von den Natoena-Inseln, 16% von Holländ.-Borneo, 11% von Celebes usw. Die Insel Singapore führte 1900 11,6 Mill. Stück Kokosnüsse eigener Produktion aus. Java führte 1900: 47 900; 1902: 45 100 T. Kopra aus, besonders nach den Niederlanden, Frankreich und Deutschland; die umliegenden kleineren Inseln 27 750 T., besonders nach Singapore (s. oben), Frankreich und Penang. (Vgl. S. 135.) Ausf. der Philippinen 1894: 31 800; 1897: 51 300; 1899: 24 800 T.

Singapore ist der Mittelpunkt des Handels mit ihnen, auch nach China, das nur im Süden Arekapalmen hat.

Die Palmyra- oder Borassuspalme (Borassus flabellifer) bedeckt in Ceylon, zumal in der Nordprovinz, große Flächen; in Vorderindien ist sie außerordentlich verbreitet in Waldungen in der Präsidentschaft Madras (Distrikt Tinnevelli, Nanguneri, Chengalpat, Nord-Bellary), in Bombay (Distrikt Broach im Süden der Narbada, Konkan, in der Agency Palanpur und auf der Insel Salsette), in Bengalen; aber auch auf Java, den Molukken usw. kommt sie vor. Die Palme trägt 100 bis 150 Früchte von der Größe eines Kinderkopfes, deren Mark frisch oder in verschiedenen Zubereitungen genossen wird, und deren drei Kerne ebenfalls zur Nahrung dienen. Auch die Keimlinge der Früchte werden frisch oder getrocknet oder zu Mehl gerieben gegessen. Die jungen Blätter der Palme werden zu Fächern verarbeitet, die ausgewachsenen vertreten die Stelle von Papier, werden zu Kopfbedeckungen, Sieben, Matten, Säcken, wasserdichten Körben benutzt. Die Blattfasern werden jetzt zu Besen verarbeitet, die Blattstielrinde zu Seilen. Der Palmsaft gibt ein frisches oder gegorenes Getränk oder wird zu Zucker verarbeitet. Das Holz ist wertvoll.

Die Caryota- oder Kitulpalme (Caryota urens) ist in Ceylon, Vorderindien und Burma zu Hause, namentlich in den gebirgigen Gegenden, besonders an der Koromandel- und Malabarküste, in Travankore und Mysore; in Sikkim steigt sie bis 1500 Meter am Himalaja hinauf. Diese Palme liefert vor allem wertvollen Saft (50 Liter in 24 Stunden) zur Toddy- und Zuckerbereitung, ferner aber auch Stärkemehl aus dem Stamme, Fasern für Seilerwaren und Bürstenmaterial, vegetabilisches Fischbein (Fasern am Grunde der Blattstiele), Material zum Kalfatern von Schiffen, Holz usw.

Die Dattel-Zuckerpalme (Phoenix silvestris) mit nahezu ungenießbaren Früchten wird zur Saftgewinnung (vom 6. bis 36. Jahre) besonders in Vorderindien, nämlich in Bengalen[1]) (Bezirke Jessor, Faridpur, Syamnagar), in der Präsidentschaft Bombay (Distrikt Larkhana, Sukkur, Surat, Thana, Konkan), in den Zentralprovinzen (Wardha), im Staat Haidarabad (Distrikt Secundarabad), im Sind (Upper Sind Frontierdistrict), Belutschistan, im Pandschab (Karnal bei Delhi, in den Gebieten um Dera Ghazi Khan, den Eingeborenenstaaten im Obersind, Muzaffargarh), im südlichsten Teile des Staates Mysore kultiviert und liefert pro acre etwa 1500 kg Rohzucker (Jaggery) jährlich; der Baum gedeiht am besten auf Hügelrücken bei viel Luft und Licht.

Die Talipotpalme (Corypha umbraculifera) in Ceylon und Malabar heimisch, in den anderen Distrikten Vorderindiens und in Burma vielfach kultiviert, liefert Sagomehl aus dem Stamme, Früchtekerne zu kleinen Drechslerarbeiten: Perlen, Knöpfen usw., Dach-, Fächer- und Schirmematerial, Papierersatz in den Blättern.

Die Gebangpalme (Corypha gebanga) der Sundainseln liefert Seiler- und Flechtmaterial.

Die Salakpalme (Zalacca edulis) gibt Früchte, Palmkohl, Dachdeckblätter.

Die Rotangpalmen (viele Arten der Gattung Calamus) haben in Südasien, speziell im Malaiischen Archipel und in Hinterindien, ihre Heimat. Am zahlreichsten treten sie in Borneo, Sumatra (Land der Batak), Malakka auf, aber auch in Java

[1]) 1901/02 schätzte man in Bengalen die Ausbeute an Rohzucker aus Dattelpalmen und anderen Palmen auf 130 000 T. neben 870 000 T. aus Zuckerrohr.

(Batavia und Surabaja Exporthäfen), Cochinchina, Burma, Osthimalaja sind sie häufig, weniger in Südchina, Formosa, Vorderindien, Ceylon. Rotang ist in Südostasien das wichtigste Bindemittel, das die Nägel überflüssig macht beim Haus- und Bootbau. Alle Lasten werden damit umschnürt beim Transport, dünne Streifen Rotang vertreten die Stelle von Bindfaden. Bei uns liefert Rotang das „spanische Rohr", Spazierstöcke, Stuhlsitze, Möbel, Körbe usw.

Die Drachenblutpalme (Calamus oder Daemonorops Draco) wächst in sumpfigen Wäldern Hinterindiens, Borneos, und Sumatras (Djambi und Palembang) und liefert das „indische" Drachenblut, in China als Heilmittel geschätzt, bei uns zum Färben benutzt; auch in Indien wird Drachenblut erzeugt.

Trachycarpus excelsa, eine Zwergpalme, hat in China und Japan Wert, wo man aus ihren Blättern Hüte und Seile, aus den Blattstielfasern Stricke, Matten, Besen, Sandalen, Hüte, Regenmäntel usw. fertigt. Das Holz ist gegen Nässe widerstandsfähig und ist auch als Brennmaterial geschätzt.

Noch manche andere Nutzpalme Südasiens wäre aufzuzählen.

Außer den schon erwähnten Palmen liefern einige Pflanzen in ihren Wurzeln Stärkemehl, so liefert Dolichos bulbosus L., in Südostasien kultiviert, das Arrowroot aus Japan; Curcuma angustifolia und C. leucorrhiza, vorzugsweise in Vorderindien (Madras und Malabarküste) kultiviert, liefert das ostindische Arrowroot; auch Marantastärke von Maranta arundinacea wird auf Ceylon und in Ostindien erzeugt.

Außer der Früchten von Palmen stehen zahlreiche andere *Früchte* zur Verfügung von Pflanzen, die zum Teil (in den Tropen) wild wachsend genutzt werden, zum Teil (meist in den Subtropen) in Kultur genommen sind. Nur die wichtigsten seien genannt: Die Guavaarten (Psidium pyriferum und pomiferum in Indien, Ps. cattleyanum in China); der Melonenbaum (Carica papaya) im tropischen und subtropischen Indien, von Delhi bis Ceylon, trägt bis zu 7½ kg schwere Früchte das ganze Jahr hindurch, als zweijähriger Stamm bis zu 140 jährlich, wird aber nur vier Jahre alt; die Früchte werden roh, gekocht, eingelegt usw. gegessen, dienen aber auch der medizinischen Wissenschaft; Mangostane sind die Früchte von dem auf den Molukken heimischen, über den ganzen Malaiischen Archipel, Ceylon, Bengalen und Siam verbreiteten Baum Garcinia mangostan; Durio zibethinus liefert den „Durion" von Manneskopfgröße, wird auf Sumatra, Celebes, Java, Molukken und nordöstlich bis zur Philippineninsel Mindanao, auf der Malaiischen Halbinsel, auf Ceylon, an der Bai von Bengalen, in Siam bis zum 14° n. Br. kultiviert. Wilde Durione stehen den kultivierten an Wohlgeschmack bedeutend nach. In Vorderindien gedeiht der Baum nicht. Der Mangobaum (Mangifera indica), in vielen Spielarten im südlichen Asien, Anona Squamosa in Indien, Eugenia jambos in Indien, Nephelium litchi (Früchte: „Litschis") in Annam und Südchina, Nephelium longan („Longane") im mittleren und südlichen China bis zur Ostgrenze von Burma und zahlreiche andere Bäume liefern schmackhafte Früchte.

Einige Früchte dienen nicht zur Nahrung, sondern haben andere Verwendung. Der Sternanis oder Badian, die getrocknete Frucht von Illicium verum Hook. fil., im Gebiete von Langson in Tongking und in den südchinesischen Provinzen Jün-nan und Kwang-si, dient zur Herstellung eines ätherischen Öles[1]) usw. (Markt Hongkong). Zur Gewinnung von Dividivischoten sind in Vorderindien (Madras), im britischen Burma und auf Ceylon große Pflanzungen von Caesalpinia coriaria Willd. angelegt. Auch die Hülsen von Caesalpinia digyna Rottl., in Vorderindien und im Malaiischen Archipel, sind sehr gerbstoffreich. Myrobalanen[2]), die getrockneten Steinfrüchte von Terminalia Chebula Retzius, in Vorderindien, Hinterindien, Ceylon und im Austral-asiatischen Archipel, und andere Arten, dienen zum Gerben.

Zahlreiche *Harze* usw. werden in Südostasien gewonnen. Der Benzoebaum (Styrax Benzoïn) in Kambodscha, Siam, Cochinchina, in Sumatra (Küste von Palembang), Java, Borneo, Singapore wird wild und kultiviert ausgebeutet. Acacia Catechu Willd., in Indien, Hinterindien (in Pegu bedeutende Ausbeutung), Bengalen, Koromandelküste und Ceylon häufig, liefert Katechu[3]); Hauptmarkt Rangoon. Gummilack[4]) (gereinigt Schellack; starke Nachfrage seitens der elektrotechnischen Industrie) wird durch den Stich der Gummilack-Schildlaus an mehreren Bäumen (Croton lacciferus, Schleichera trijuga Willd. usw.) erzeugt; die Gangesländer (Bengalen), Hinterindien (Gebiet des Irawadi, Siam, Annam), Sumatra (Padang) erzeugen am meisten; Hauptausfuhrhafen ist Kalkutta. Der Gambir[5]) ist ein Extrakt aus den jungen Stengeln und Blättern des Strauches Nauclea Gambir Hunt., in Südindien und im malaiischen Archipel heimisch, wird auf der Halbinsel Malakka (Djohor), auf Sumatra und auf den Inseln Singapore, der Riouw-Gruppe (besonders auf Bintang) kultiviert. Singapore ist der Verschiffungshafen (1896: 49 000 T.). Buteakino (bengalisches Kino) stammt von verschiedenen Butea-Arten, Pterocarpuskino von Pt. Marsupium Roxb. auf der Malabarküste. Ficus ceriflua auf West- und Mitteljava, Sumatra und Ceylon liefert Wachs zu Kerzen. Japanisches Wachs stammt aus den Samen wilder und kultivierter Bäume: Rhus succedanea, Rh. vernicifera, Rh. silvestris (s. S. 298). Japanischer Lack wird von Rhus vernicifera (in China, Japan, Indien wild, in China und Japan kultiviert) gewonnen (s. S. 290 u. 298). Gummigutt stammt hauptsächlich von Garcinia Morella; so das Gummigutt von Ceylon. In Hinterindien (Siam, Kambodscha, Singapore) gewinnt man es von der daselbst kultivierten Varietät β pedicellata, in Cochinchina und in den Molukken von G. cochinchinensis Chois., in Indien von G. pictoria Roxb. Die Bäume wachsen in den Dschungeln wild, werden aber auch kultiviert. Am meisten Gummigutt kommt aus Kambodscha über Bangkok, Saigon und Singapore in den Handel. Gurjunbalsam (woodoil), in Indien und Java seit alters technisch verwendet, stammt von mehreren südostasiatischen Dipterocarpus-Arten (D. alatus und D. angustifolius in Hinterindien, D. gracilis, D. incanus in Java, D. hispidus in Ceylon usw.); jeder Baum gibt bei einmaligem Anschnitt bis 180 l Balsam. Kampfer von Cinnamomum Camphora Nees. et Eberm., in China (Küstenprovinzen von Schanghai bis Amoy), Japan (besonders Kiuschiu und Schikoku), wird vor allem in Formosa gewonnen (s. S. 297). Sumatra-Kampfer wird von Dryobalanops aromatica Gärtn. in Sumatra (Südwestküste), Borneo (Norden und Labuan), Ngai-Kampfer von Blumea balsamifera DC. auf Hainan gewonnen. Manila-Elemi stammt von dem „Arbol a brea“ (Canarium commune [?]

[1]) Tongking führte 1900 f. 750 000 Fr. Badianöl aus. [2]) Aus der Präsid. Madras Ausf. 1900: 8030; 1901: 6010 T. [3]) Die Jahresprod., soweit sie in den Handel kommt, jährlich in Burma 6600 bis 7600 T., in Bengalen und d. nw. Provinzen 1020, Südindien 51, Bombay 25 T. [4]) Prod. 1903/04: 11 630 T.; 1905/06: 13 180 T. Ausf. 1905/06 nach den Ver. Staaten f. 14,95; Großbrit. 9,4; Deutschland 4,4 Mill. Rupien. [5]) Singapore führte 1900 47 500 T. i. W. von 6,7 Mill. Doll. aus.

oder Icica Abilo[?]) auf Luzon (Stadt Batangas) und anderen Philippineninseln. Bengalisches Elemi soll von Balsamodendron Roxburghii Arn. kommen. Dammar (= Leuchtstoff) ist ein Kollektivausdruck für zahlreiche indische Harze, z. B. Dipterocarpeenharze in Indien und im Malaiischen Archipel, aber auch ein bestimmtes Harz (Resina Dammar) aus Sumatra, wohl von einer Shorea-Art. Manilakopal ist ein Kollektivausdruck für mittelharte Harze von den Sundainseln (Sumatra, Java, Borneo, Celebes), Philippinen (Luzon) und den Molukken (Amboina, Ternate, Batjan); er stammt von Dammara orientalis. Die Guttapercha (Getah-pertcha) wird besonders von Palaquium oblongifolium Burck. (Sumatra und Borneo), P. borneense, P. Treubii (Banka) und Payena Leerii geliefert, Bäumen, die auf der Malaiischen Halbinsel, Sumatra und Borneo vorkommen. Noch viele andere Pflanzen, auch in Vorderindien, Java usw., liefern guttaperchaähnliche Stoffe, aber sie sind geringwertig. Die Malaien verwendeten sie seit langer Zeit zu Heften und Griffen für Messer und Waffen und zu Axtstielen, die Europäer erst seit 1843. Infolge der starken Nachfrage nach Guttapercha wurden die Guttaperchabäume gefällt, um momentan möglichst reichliche Saftausbeute zu erzielen, so daß die Bäume schnell zusammenschwanden[1]). Neuerdings hat man gelernt, aus den Blättern und Blattstielen der Bäume Guttapercha zu extrahieren und so die Bäume am Leben zu lassen. „Gutta tuban" von Singapore, „Guttapercha" von Borneo und „Gutta girek" aus verschiedenen Quellen sind die wichtigsten Rohguttaperchasorten[2]). Kautschuk liefern die besonders in Südasien häufigen Ficusarten, die in den tropischen Wäldern eine große Rolle spielen. Am meisten Kautschuk liefert bisher Ficus elastica, die vom östlichen Himalaja, Sikkim über Assam, Cachar, Chittagong (Lushai-Berge), durch das ganze westliche gebirgige Hinterindien (Chindwin-Distr., Mogaung-Distr.), bis zur Malaiischen Halbinsel, über Sumatra, das westliche Java (Bantam, Südseite Preangers), Borneo, hauptsächlich als ein Baum des unteren Bergwaldes und der feuchten Ebene vereinzelt oder in kleinen Gruppen dem Urwalde beigemengt, verbreitet ist. Eingeborene Assams dichteten schon Anfang des vorigen Jahrhunderts Körbe inwendig mit Kautschuk aus. Seit 1832 begann man in Assam wilden Kautschuk, natürlich rabuwirtschaftlich, für den Export zu sammeln, seit 1873 in Assam[3]), auch in Java und Sumatra, notgedrungen Plantagen von F. elastica anzulegen. In Borneo und auf der malaiischen Halbinsel, vielleicht auch anderswo liefern auch Willoughbya-Arten, Lianen der Urwälder, Kautschuk, und viele andere Pflanzen in Südostasien werden auf Kautschuk ausgebeutet (s. auch S. 277, 281—282). Eine ausgezeichnete ostindische Gummisorte stammt von Feronia elephantum, in Vorder- und Hinterindien (Burma), Ceylon und Java.

[1]) Von Singapore sind in den letzten 50 Jahren 300 Mill. engl. Pfund = 136080 T. G. exportiert worden, wobei wenigstens 150 Mill. Bäume vernichtet wurden und infolge der unvollkommenen Gewinnungsweise mehr als 3 Milliarden Pfd. = 1360800 T. G. verloren gingen. 1905 wurden in die drei Straitshäfen Singapore, Penang und Malakka 1209 T. Gutt. i. W. von 2,6 Mill. Doll. eingeführt, nämlich 531 T. aus Sumatra; 364,6 T. aus Holl.-Borneo; 78 T. aus Sarawak; 71 T. aus Pahang. Die Ausfuhr der genannten Häfen betrug 1905: 2104 T. Außerdem kamen von minderwertigem Guttapercha 1905 nach Singapore zur Einfuhr: 13761 T. i. W. von 1,73 Mill. Doll.; aus Holl.-Borneo und Sarawak besonders. Von dieser Guttapercha wurden 12296 T. ausgeführt. [2]) Surrogate der Guttapercha sind die Nigrite (Kautschuk mit Rückständen der Ozokeritdestillation zusammengeknetet). [3]) Ausf. Brit.-Indiens (einschl. Burma) an Kautschuk 1869/70: 334,5; 1872/73: 1096; 1880/81: 498; 1890/91: 472; 1900/01: 391; 1903/04: 91 T.; Ausf. Kalkuttas 1905/06: 162,8 T. = 747550 Rup. 1905 wurden 1834 T. „Borneo Rubber" aus Sumatra, Niederländ.-Borneo und Sarawak, 259 T. „India Rubber" aus Sumatra und Niederländ.-Borneo und 101 T. „Plantagen-Para Rubber" (!) aus den föderierten Malaienstaaten in die Straitshäfen eingeführt. (Vgl. S. 138, Anm. 1.)

Zahlreiche *Farbpflanzen* finden sich in Südostasien und werden ausgebeutet, z. B. eine Menge von Indigo liefernden Pflanzen, Morinda-Arten (Vorderindien), Krappwurzeln; chinesisches Süßholz, in China und Japan zur Tusche-, Tinten-, Farbenbereitung benutzt, von Glycyrrhiza uralensis Fisch., wird in großen Mengen im Ordoslande (angeblich auch in der Pekinger Ebene) gesammelt. Lawsonia inermis L. liefert in Indien die Henna. Drachenblutpalme s. S. 268.

Speise- und andere *Öle* werden aus vielen wilden und kultivierten Pflanzen (Blätter, Blüten) erzeugt. Zum Beduften des Tees dienen Blüten z. B. von Osmanthus fragrans Lour. in Nordindien, China, Japan, bei Kanton kultiviert. Patschuli stammt aus den Blättern von Pogostemon Hayneanus Benth. (und anderen Pflanzen), das in Vorderindien wild vorkommt, aber besonders auf Penang, in der Provinz Wellesley (Malaiische Halbinsel) und in Java auch kultiviert wird.

An *Gewürzen* ist Südostasien sehr reich. Die Gewürznelken sind die Blüten von Jambosa Caryophyllus Ndz. in den Molukken; die meisten und besten kommen von Amboina als „ostindische Nelken". Der Ceylonzimt stammt von Cinnamomum zeylanicum Breyne ab und wird in Ceylon kultiviert (vgl. S. 275). Die Zimtcassia kommt aus China (Prov. Kwang-si, besonders in der Nähe der Städte Taiwu, Lupko und Loting) von Cinnamomum Cassia, der auch Cassiaöl und Cassiablütenöl liefert. „Cassia vera Padang" von Sumatra liefert Cinnamomum Burmanni. Die Muskatnuß stammt von Myristica fragrans, einem auf den Bandainseln heimischen, jetzt dort (Groß-Banda, Neira und Ay), auf Ambon, Halmaheira, Sumatra (Padang und Nachbarbezirke), Celebes (Minahassa), Borneo kultivierten Baume, der auch „Muskatblüten" (Macis) liefert. Papuamuskatnüsse und Papuamacis von Myristica argentea Warburg kommen aus dem westlichen Neuguinea. Die Ginsengwurzel s. S. 288, 297.

Ungeheuer groß ist die Zahl der *Fasern* liefernden Pflanzen. Zur Seilerei und zu Kleidungsstücken, Papier usw. geben sie den Stoff her. Genannt seien hier Crotalaria juncea („Sunn") in Indien, Boehmeria nivea forma chinensis (Ramie, Chinagras; seit alters her in China kultiviert) und B. n. f. indica (Ramie, im indischen Archipel seit alters her angebaut; im nordöstlichen Teil Sumatras große Pflanzungen). Manilahanf stammt von Musa textilis auf den Philippinen, wo sie auf vulkanischen Böden Süd-Luzons (Halbinsel Camarines und Insel Albay), auf einigen der Visayasinseln (Leyte, Bohol), auch auf der Insel Camiguin und auf Mindanao am besten gedeiht. In China liefert das Bambusrohr das wichtigste Papierrohmaterial; ebenda Tetrapanax papyrifer K. Koch das Reispapier; in Japan gibt der Papier-Maulbeerbaum (Broussonetia papyrifera und Edgeworthia papyrifera) wichtige Papierstoffe.

Nahezu unzählig ist die Menge der *Nutzhölzer* Südostasiens, die in bezug auf Qualitäten, Farben, Geruch usw. die vielartigsten Wünsche befriedigen können und teils von wilden, teils von kultivierten Bäumen gewonnen werden. Das Teakholz stammt von Tectona grandis L., dem Teakbaum, der wild in Vorderindien (Malabar), in Hinterindien von Burma (Tenasserim, Pegu und am Sittangfluß) bis Malakka und auf Java auf trockenen Böden vorkommt und in Sumatra, Java, Indien, Südchina, Cochinchina kultiviert wird. Das Teakholz ist das geschätzteste Schiffbauholz, die wilden Bestände sind aber sehr gelichtet. Sehr geschätzt sind diejenigen Hölzer, die von Termiten, Insekten, Bohrmuscheln (im Wasser) nicht angegangen werden, z. B. von Cinnamomum Camphora Nees. et Eberm. in China, Formosa, Japan, Fagraea fragrans Roxb. in Burma, auf den Molukken, dem Malaiischen Archipel usw. und die verschiedenen

„Eisenhölzer“ und die Ebenhölzer, besonders von Diospyros-Arten, z. B. D. Ebenaster Retz., D. hirsuta L. f. und D. melanoxylon Roxb. in Vorder- und Hinterindien und Ceylon („Koromandel-Ebenholz“); ferner das Santelholz (von starkem aromatischen Dufte) von Santalum album L. im indisch-malaiischen Gebiet (Malabar-, Timor-Santelholz), Ausfuhrhäfen Tellichery und Bombay. In China ist Waldbestand in den Gebirgsgegenden des Westens vorhanden, aber wenig reichlich. Der Bambus, in vielen dünnsten und dicken Sorten angepflanzt, ersetzt den Chinesen in der Hauptsache das Holz. In Japan sind noch 59% (Formosa ausgeschlossen) des Bodens bewaldet, und ein großer Teil des Bodens eignet sich seiner gebirgigen Natur wegen nur für die Forstwirtschaft, die jetzt ganz rationell, mit Wiederaufforstung usw. betrieben wird. Auf den Philippinen sind noch etwa 55% der Fläche mit Wald bestanden.

Jagd und Fischerei. Die Jagd ist in diesen Ländern, in denen die Kultur sich noch nicht so weit entwickelt hat, daß sie alles der Wirtschaft Schädliche zu beseitigen vermochte, noch recht ergiebig. Sie gilt ebensosehr der Bekämpfung wilder Tiere[1]) (in Indien unter britischer Leitung systematisch): der Tiger, Panther, Marder, Wölfe, Giftschlangen usw., der Feinde des Menschen, seiner Haustiere und Pflanzungen, als der Erbeutung von Wildbret: Hirschen, Antilopen, Hasen, Fasanen, Pfauen usw. Die Chinesen unterstützen sich bei der Jagd auf kleinere Tiere durch abgerichtete Raubvögel, z. B. den Habicht bei der Hasenjagd. Auf den Molukken und Neuguinea erlegt man die Paradiesvögel ihrer Schmuckfedern wegen. Auf den japanischen Kurilen werden See-Pelztiere (Seehunde, Seekühe usw.) gejagt.

Die Fischerei ist sehr viel wichtiger als die Jagd; sie bietet in den küstenreichen Gegenden z. B. im Austral-asiatischen Mittelmeer, bei Japan, an der buchtenreichen chinesischen Küste, zum Teil den Haupterwerb der Küstenbevölkerung. An den indischen Küsten ist sie wohl überall beträchtlich. Im Golf von Mannar an der Nordspitze Ceylons und an der gegenüberliegenden Küste Vorderindiens, vor Tuticorin, werden seit alter Zeit im monsunfreien Frühjahr und Herbst Perlausternbänke abgefischt, die aber trotz Schonzeiten neuestens den Ertrag fast versagen. In Hinterindien ist die Fischerei besonders groß am See Tonle-Sap und im Golf von Tongking, wo auch Trepang und Agar-Agar gefischt wird. In China ist die Fischerei sehr, und auch zunftmäßig, entwickelt, und die Methoden des Fischfanges sind zum Teil originell und sinnreich, doch fehlt auch das Giftstreuen nicht; der Kormoran ist gezähmt und zum Fischfang abgerichtet; auch mit dressierten Fischottern fischt man. Die Binnenfischerei ist natürlich in ganz Südostasien, dem flüsse- und seenreichen, von Wichtigkeit, aber am weitesten ausgebildet in China, das seit alters auch die künstliche Fischzucht betreibt und mit Fischbrut vom Jang-tse-kiang das Land versorgt. Auch Austern und Perlen werden gefischt. Besonders bemerkenswert ist, daß die Chinesen meistens während der Laichzeiten der Fische sich freiwillig des Fischens enthalten, freiwillige Schonzeit einführten. Im Malaiischen Archipel ist die Fischerei vielleicht am ausgedehntesten und machte die Malaien mit dem Meer vertraut. Außer Fischen werden Schildkröten gefangen: Chelonia viridis und Ch. imbricata, 400 kg schwer, Sphargis coriacea, bis 800 kg schwer, zum Teil mit dem Schildhalter, Echeneïs remora, der, am Tau gehalten, sich an den Schildkröten festsaugt. Die Meeresteile um Celebes und die Molukken liefern das wertvollste Schildpatt. Holothurien (See-

[1]) 1903 wurden angeblich noch 25 460 Menschen von wilden Tieren, z. größten Teil durch giftige Schlangen, und 83 000 Stück Vieh, meist durch Leoparden, Panther usw., getötet.

gurken), die als „Trepang“ bei den Chinesen eine Delikatesse sind, Holothuria edulis und H. astra, werden im malaiischen Meere von Tausenden von Fahrzeugen auf den Bänken und Riffen gefischt zur Ausfuhr; Singapore, Batavia und Manila sind die Verkaufsmärkte. Das Malaiische Meer ist auch reich an Perlmuscheln, besonders die Sulu- und Celebes-See. Siassi in der Tapulgruppe des Suluarchipels ist der Mittelpunkt der Perlfischerei. Die alte Art des Tauchens wird mehr und mehr durch moderne Apparate und Methoden verdrängt. Auch Halmaheira, die Banda-, die Aru-(Aroe-)Inseln (Ostseite), Timor usw. sind reich an Perlbänken. Singapore ist der Hauptmarkt für die gewonnenen Perlen und die Perlmutterschalen.

Das Sammeln eßbarer Schwalbennester, von der Salangane (Hirundo esculenta), eine Luxusspeise der Chinesen, ist eine wichtige Industrie im Malaiischen Archipel[1]), auf Java, Sumatra, Borneo, Bintang, Celebes, auch an der Ostküste Hinterindiens.

Die Fischerei Japans ist sehr umfangreich, sind doch ungefähr 3 Mill. Menschen damit beschäftigt, und hatten ihre Produkte doch 1899 einen Wert von über 180 Mill. Mark. Es werden sogar Fische nach China ausgeführt. Ein Teil der Fische wird frisch verzehrt, andere Teile werden gesalzen, getrocknet, zur Fischöl- und Guanoproduktion (besonders Heringe) verwendet. Wale (Balaena japonica, Megaptera boops, Balaenoptera Sibbaldii usw.) werden gleichfalls in der Nähe der Küsten gefangen. Muscheln dienen zur Nahrung.

Vorderindien.

Der **Ackerbau** beschäftigte 1901 67% der Bevölkerung gegen 59% im Jahre 1890 (?). Doch wird er sehr primitiv mit urväterlichen Ackergeräten betrieben. Etwa 38% des Bodens sind bestellt und an 7% liegen als Brachland da; 18,7% der Fläche könnten noch unter Kultur genommen werden und 12% sind mit Wald bestanden. Die britische Regierung bemüht sich energisch um die Hebung der Landwirtschaft durch Anlage von Versuchsfarmen, Landwirtschaftsschulen, Entsendung von Wanderlehrern und Flugblättern, Begünstigung landwirtschaftlicher Verbände, Vorführung von Maschinen und Veranstaltung von Ausstellungen. Die Erfolge machen sich bei der traditionellen Geistesrichtung der Bevölkerung nur recht langsam bemerkbar. Bewässerung ist schon ziemlich verbreitet und wird von den Engländern in den Dürren ausgesetzten Gegenden (Osten Dekhans, Norden und Nordosten Ceylons usw.) immer mehr ausgedehnt, aber im Pandschab sind noch etwa 78% des angebauten Areals unbewässert; Düngung fehlt meist. Wenn die Witterung und der erschöpfte Boden einmal versagen, treten auch jetzt noch Hungersnöte ein. Heuschrecken drohen im Nordwesten.

Der Reis[2]), mit dem 12,7% des Bodens bestellt sind, ist das wichtigste Nahrungsmittel, das aber nur in den wohlbewässerten Landschaften: Bengalen, den Küstenstrichen Dekhans (Flußdeltas des Kaveri, Godavari usw.), Assam, in den Flußtälern, wo das Land „nicht so gen Himmel schaut“ und

---

[1]) Ausf. Brit.-N.-Borneos 1905: 64 800 Doll. [2]) Ernteertrag 1902/03: Bengalen 18, Madras 2,74, Burma 2,69 Mill. T. Gesamtprod. (inkl. Burma) auf 22,77 Mill. T. = 35,6% d. Weltprod. (s. S. 128, Anm. 3) zu schätzen; Ausf. 1901: 1,67; 1905: 2,32 Mill. T., davon 1 735 000 T. aus Burma.

die Ernten sicher sind, gebaut wird. Viel weniger wichtig und viel unsicherer ist die Weizenernte[1]) (nur ⅓ der mit Reis bestellten Fläche oder 4,3% des Bodens). Weizen wird hauptsächlich in dem trockeneren Nordwesten (Pandschab: 1901 etwa 35% der gesamten Weizenfläche, Nordwestprovinzen, Bengalen, Zentralprovinzen) gebaut, geht aber auf dem Hochland von Dekhan weit nach Süden. Hirse, Durra und Eleusine haben lokal auch als Nahrungsmittel Bedeutung, besonders in Dekhan. Gerste und Kartoffel werden im Himalaja gebaut.

Von Ölsaaten wird Leinsamen[2]) am meisten gewonnen, zumal in den gutbewässerten nördlichen Ebenen: Bengalen, Verein. Provinzen, Zentralprovinzen und in Haidarabad (Nizams Territorium) — Stadt Haidarabad 448 000 Einw. —, Raps, Rizinus- und Senfsamen[3]) werden in den Vereinigten Provinzen, Bengalen und im Pandschab, Sesam[4]) in den Präsidentschaften Madras, Bombay und in Bengalen, die Erdnuß[5]) in Madras (43%) und Bombay (44% Ölgehalt) angebaut. Baumwollsaat s. S. 276.

Die Zuckerrohrkultur[6]) findet sich besonders in dem feuchtheißen Bengalen in den Niederungen am Ganges; stromaufwärts nimmt der Anbau mit den Niederschlägen und dem Anwachsen der Temperaturschwankungen ab, das Rohr dient schließlich nur noch als Viehfutter. Den Indus stromab nimmt die Kultur an Ausdehnung wieder zu und ist in den feuchten Küstenniederungen Südindiens, so am unteren Godavari, und sogar an vereinzelten Stellen des Landesinnern, wie bei Bellary, verbreitet, aber der Ertrag ist überall sehr gering, weil ein rationeller Anbau und moderne Methoden der Raffinierung noch unbekannt sind. Auf Ceylon gedeiht sie nur im feuchtheißen Südwesten.

Tee[7]) wird besonders in Assam (Brahmaputra- und Surmatal) und Ceylon gebaut. Die Assamvarietät gibt eine größere Menge von Blättern und Extraktivstoffen als die chinesische Art. Der Assamtee wie der Ceylontee werden von der breiten Masse der Konsumenten andauernd bevorzugt, weil sie wegen

---

[1]) Ernte 1902/03: 7,8 Mill. T. (Agra u. Oudh 3,0; Pandschab 2,4; Zentralprov. 0,67 usw.). 1903/04: 9,64; 1904/05: 7,5—7,6 Mill. T. = 8% d. W. Ausf. schwankt sehr; 1904/05 wurden 2,18 Mill. T. = 179 Mill. Rup., im Hungerjahr 1900 nur 2540 T. ausgeführt. [2]) Prod. 1903/04 u. 1904/05: Bengalen 168 800 u. 111 500; Verein. Prov. 249 700 u. 100 800; Zentralprov. 77 600 u. 66 700 usw., im ganzen 1903/04: 571 800; 1904/05: 347 400; 1905/06: 353 400 T. Ausf. 1900/01: 253 000; 1901/02: 366 400; 1902/03: 316 400; 1903/04: 430 800; 1904/05: 559 100 T. (Vgl. S. 125, Anm. 2.) Flachs ist bisher kaum erzeugt worden, doch macht man jetzt Anbauversuche. [3]) Prod. von Raps und Senf 1903/04 und 1904/05: Verein. Prov. 571 600 u. 354 800; Bengalen 365 500 u. 358 800; Pandschab 159 200 u. 119 300 T., im ganzen 1903/04: 1 165 200; 1904/05: 876 400; 1905/06: 959 300 T. Ausf. v. Raps 1903/04: 217 100; 1904/05: 257 700 T.; von Rizinus 1903/04: 78 300; 1904/05: 73 000 T. (Vgl. S. 133.) [4]) Ertrag 1905/06: 346 100 T. reine, 45 000 T. Mischsaat, 1906/07: 441 800 T. reine, 90 000 T. Mischsaat; Ausf. 1903/04: 175 600; 1904/05: 126 000 T. (Vgl. S. 132 f.) [5]) 1900: etwa 49 000 T.; 1900/01 aus Madras 10 310, aus Bombay 1470 T. ausgeführt; Ausf. ganz Brit.-Indiens 1903/04: 96 100; 1904/05: 83 700 T. [6]) Prod. (Schätzungen) 1900/01: 2 450 000; 1902/03: 2 072 600; 1903/04: 2 079 000 T. = etwa 35—36% d. Weltprod. von Rohrzucker. Etwa 49% werden in den Vereinigten Provinzen (Agra und Oudh), 19% in Bengalen, 13,7% im Pandschab, 11,2% im östlichen Bengalen und Assam, 1% in der Nordwestprovinz erzeugt. Einf. 1897/98: 215 200; 1905/06: 374 400 T. aus Österr.-Ung., Mauritius, Java, Deutschland usw. (Vgl. S. 130, Anm. 2.) Bei Lahore macht man Versuche mit der Zuckerrübe. [7]) Ausf. Indiens 1880: 36; Ceylons 0,1; 1890: 94,8 und 45,8; 1900: 176 und 149 Mill. e. Pfund; Ernte Indiens 1902: 208,8; 1903: 221,9; Ausf. 1900/01: 109,3; 1902/03: 181,4; 1903/04: 207,2; 1904/05: 211,9 Mill. e. Pfund = 84,65 Mill. Rup., haupts. nach Großbritann. Ausf. Ceylons 1901: 146,7; 1902: 149; 1903: 151,1; 1904: 159,1; 1905: 172,6, haupts. nach Großbritannien. 1904 Ausf. Indiens etwa 94 000 T. = 31% d. Weltprod., Ceylons 72 000 T. = 23,7% d. Welternte. (Vgl. S. 187, Anm. 1.)

ihres herben Geschmacks und größeren Gerbstoffgehalts sparsamer verbraucht werden wie der chinesische Tee. In Assam (Brahmaputra- und Surmatal Distrikte Cachar, Sylhet usw.) steigt die Teepflanze kaum über 100 m aus der Ebene auf; regenreiche Jahre verringern die Qualität. Hier und in Bengalen baut man $^9/_{10}$ alles Tees auf dem indischen Festlande. Auch in den Bergen von Sikkim bei Dardjeeling und in den Nilgiribergen Südindiens finden sich Teepflanzungen. In Ceylon verdrängte die Teekultur seit 1873 den Kaffeebau; die Teepflanzungen bedecken dort in großer Ausdehnung bis 1500 m Meereshöhe hinauf die Talhänge, sind oft auf Terrassen angelegt und ermöglichen das ganze Jahr hindurch die Ernte, welche mit großer Sorgfalt stattfindet. Ebenso zweckmäßig ist die Verpackung eingerichtet, damit die Qualität der Blätter nicht leide. Tatsächlich hat die Teeproduktion Indiens und Ceylons Chinas Tee auf dem Weltmarkt stark zurückgedrängt. Es wird in der Hauptsache schwarzer Tee erzeugt.

Kaffee[1]) wird im gebirgigen Südwestindien (Staat Mysore, Provinz Coorg, Distrikt Malabar und Nilgiri, Präsidentschaft Madras) angebaut; in Ceylon hat er seit dem vernichtenden Auftreten der Hemileja vastatrix seine Wichtigkeit verloren und ist durch den Tee ersetzt worden. Kakao[2]) pflanzt man auf Ceylon; auch Kardamomen[3]) werden auf Ceylon produziert.

Das Hauptgebiet der Opiumproduktion[4]) sind die Gegenden am mittleren Ganges, wo in Bengalen und Behar zwischen dem Flusse und Nepal am meisten Mohn gebaut wird, während die Kulturen südlich vom Ganges bei Ghazipur, Patna (135 000 Einw.) usw. und am oberen Lauf bei Agra (188 000 Einw.) spärlicher werden. Über eine Million Landleute sollen sich hier mit dem Mohnbau zum Zwecke der Opiumgewinnung beschäftigen. Nächstdem ist das Tafelland von Malwa, das Pandschab, Nepal usw. noch von Bedeutung für die Opiumerzeugung. Durch die Opiumverbote in China (s. S. 289) droht diesem landwirtschaftlichen Zweig der Absatzmarkt verloren zu gehen.

Der Tabakbau[5]) hat in Vorderindien nicht geringe Bedeutung. Aber die Qualität ist schlecht; vor allem will in dem dürren Klima die Gährung nicht günstig verlaufen. Infolgedessen findet der Tabak keinen Anklang anf dem Weltmarkt. Auf Ceylon sollen sich größere Flächen für den Anbau der Tabakpflanze eignen.

Der Zimtbaum (Cinnamomum ceylanicum Breyne) findet sich in Zimtgärten angepflanzt auf Ceylon[6]) in der Nähe der Küste auf einem feinen, weißen Sandboden oder sandreichen Lehmboden zwischen Colombo und der Südspitze der Insel in einem 20 bis 50 km breiten und etwa 160 km langen Striche. Neuerdings sind auch in größeren Höhen Zimtpflanzungen angelegt worden; in Südindien ist die Produktion gering.

---

[1]) Die jährliche Ernte und Ausfuhr beträgt in Indien etwa 13 100 und mehr T.; 1904/05 Ausf.: 16 700; 1905/06: 18 150 T. (Vgl. S. 136, Anm. 1.) [2]) Ernte Ceylons 1898: 1600 T.; 1901: 2410; Ausf. 1905: 3225; 1906: 2510 T. = etwa 2,5% d. Weltprod., haupts. nach Großbrit. [3]) Ausf. 1900: 243,8 T.; Ausf. 1905 nach Indien: 199; nach Großbrit. 128; nach Deutschland 49 T. [4]) Ausf. 1900/01: 69 700 Kisten = 94 554 000 Rup., 1904/05: 66 860 Kisten = 106 234 000 Rup., fast ganz nach China. [5]) Prod. im Durchschnitt 1900—1902 (nach Schätzung): 254 000 T. = 23,5% d. Weltprod. [6]) Ausf. Ceylons 1902: 1160; 1904: 1302 T. Zimt u. 1074 T. Abfälle. Ausf. nach Deutschland, Verein. Staaten, Großbrit. usw.

Chinarinde[1]) wurde zuerst 1860 auf den Nilgiribergen angepflanzt, dann am Südabhang des Himalaja. Der Erfolg war da, und bald entwickelte sich auch in Ceylon der Chinarindenbau so, daß eine Überproduktion erfolgte; man ersetzte ihn dann vielfach durch Teekultur.

Indien gilt als die Heimat der einen Hauptgattung der Baumwolle[2]), Gossypium herbaceum. Die Produktion der Baumwolle ist uralt und nächst der der Vereinigten Staaten groß, aber es ist kein rechter Fortschritt zu verzeichnen. Der ganze Anbau wird von kleinen eingeborenen Grundbesitzern betrieben, denen gegenüber ein Großbetrieb nicht aufkommen kann, und die Pflege der Baumwolle ist mangelhaft, dazu die Faser kürzer, gröber, ungleichmäßiger in Länge und Farbe als in den Vereinigten Staaten. Die amerikanischen Baumwollarten aber können, als anspruchsvoller an Bodenfeuchtigkeit, nur an wenigen Stellen gedeihen, während die indische Art auf die Dürren besser eingerichtet ist. Die künstliche Bewässerung kann allerdings da viel Wandel schaffen. Am günstigsten sind die natürlichen Verhältnisse im nordwestlichen Dekhan, wo durch den Südwestmonsun die Bewässerung im Frühsommer genügend ist, der Herbst dagegen trocken, und zugleich ein schwarzer, humoser, fruchtbarer Boden „Regur" weit verbreitet ist. Das Narbada- und Taptital und überhaupt die Präsidentschaft Bombay ist das wichtigste Produktionsgebiet, und Bombay ist der Hauptausfuhrhafen für Baumwolle. An der Koromandelküste wird zur Zeit des Nordostmonsuns, im Herbst, gesäet und im Frühjahr geerntet. In Sind und im Pandschab ist die Kultur bei dem trockenen Klima auf künstliche Bewässerung angewiesen, in Bengalen und Assam wird die Ernte durch Feuchtigkeit bedroht. Baumwollsaat wird ausgeführt[3]). Baumwollindustrie s. S. 279.

Zwei Corchorusarten, Corchorus capsularis und Corchorus olitorius, liefern die Jute[4]); die erstere Art gibt auch Gemüse und wird in einigen Gegenden auch nur zu diesem Zwecke angebaut, die andere wird als Textilpflanze bevorzugt. Der Ertrag des Bodens an Jute soll fünf- bis zehnmal so groß sein als der an Flachs und Hanf. Der Anbau findet hauptsächlich im Norden und Osten des feuchten Bengalens, auch in Nepal, statt; in trockenen Gegenden wird die Faser hart und steif. Juteindustrie s. S. 279.

Indigo[5]) wird von vielen Pflanzen gewonnen, am wichtigsten sind Indigofera tinctoria L. und Indigofera Anil L. Indigo ist die wichtigste Farbpflanze Indiens, obwohl durch die zunehmende Verwendung des künstlichen Indigo der Anbau in den letzten Jahren Einschränkung erfährt; Indigo ist seit alten Zeiten hier angebaut und nach Indien benannt. Bengalen, Madras

[1]) Die Ausfuhr war einst bis auf 6800 T. gestiegen, betrug 1905 aber nur 77,8 T. (Vgl. S. 133, Anm. 3.) [2]) Produktion 1901/02: 2,3 (s. S. 131); 1902/03: 2,8 Mill. Ballen (à 400 e. Pfd.) = etwa 15 bis 16% d. Weltprod.; 1903/04: 2,87 Mill.; 1904/05: 3 818 000; 1905/06 (Schätzung): 3 240 000 Ballen = 587 900 T. Baumwolle. Ausf. 1901/02: 289 600; 1903/04: 402 900 T. Baumwolle. Die Provinz Bombay erzeugte 1903/04: $1/3$; 1904/05 fast $1/5$ der Ernte; Berar 1904/05 über $1/8$; dann folgen die Zentralprovinzen, Pandschab, die Vereinigten Provinzen usw. 1899/1900 verbrauchten die indischen Baumwollfabriken 1,4 Mill. Ballen. [3]) Ausf. 1903/04: 133 900; 1904/05: 126 400 T. [4]) Prod. 1903/04: 7,2; 1904/05 (Schätzung): 7,1 Mill. Ballen; Ausf. 1903/04: 3,4; 1904/05: 3,8 Mill. Ballen (à 400 e. Pfd.) von 7,1 Mill. Ballen Ernte, davon 20% nach Deutschland; Ausf. 1904/05: 654 000; 1905/06: 736 000 T. = 171,26 Mill. Rup. [5]) Ausf. 1895/96: 9520; 1902/03: 3320 T., haupts. aus Madras und Kalkutta. Schon 1902 nahm man an, daß 40% des Weltmarkts mit künstlichem Indigo versorgt würden.

und die Vereinigten Provinzen auf bewässertem Boden kultivieren ihn besonders; der Ertrag ist nach Menge und Güte sehr von der Witterung abhängig. Man versucht, durch Einführung ertragreicher Sorten, Verbesserung des Anbaus und der Fabrikation von Indigo den drohenden Verfall der Indigoindustrie aufzuhalten; vielfach geht man aber schon zu anderen Kulturen über.

Kautschukpflanzungen hat man seit 1876 in Ceylon (Heveabäume und Castilloas) angelegt, während Versuche mit Cearákautschukbäumen auf Ceylon, in Südindien usw. wenig Erfolg hatten. Die Produktion Ceylons wächst beständig[1]) und wird für den Weltmarkt bald Wichtigkeit erlangen. Kautschukplantagen[2]) bestehen auch in Assam, Mysore, Travankore und sollen vergrößert werden, auch in der Präsidentschaft Bombay macht man Versuche mit Ficus elastica im Norden und Hevea im Süden. (Vgl. auch S. 270.) Neuerdings hat man auf Ceylon auch Kampferbäume angepflanzt und beabsichtigt sie in den Wäldern Bombays anzusiedeln. Zitronellöl[3]) wird im Süden Ceylons erzeugt. Kokosnußbäume, Areka- oder Betelnußpalme, Nipapalme, Palmyra- oder Borassuspalme, Caryota- oder Kitulpalme, Dattelzuckerpalme, Talipotpalme s. S. 266f. Früchte, Dividivi, Myrobalanen, Katechu, Gummilack (Schellack), Buteakino, Gummigutt usw. s. S. 268ff., Teakholz usw. s. S. 271f.

Die **Tierzucht** hat in Indien eine verhältnismäßig geringe Wichtigkeit für die Ernährung der Bevölkerung. Daran mag das heiße Klima mit schuld sein, das Wiesen auf die Regenzeit, für das ganze Jahr auf die Gebirgsgegenden beschränkt, vielleicht mehr aber die Notwendigkeit, für die sich so sehr verdichtende Bevölkerung eine ganz enge Verbindung mit dem Boden zu suchen, wie sie nur der Ackerbau gibt. Rindfleisch zu essen, verbietet den Indern ihr Glaube. Die Zebuochsen mit Fettbuckel, der nun seinen Zweck verfehlt, dienen als flinke, ausdauernde Zugtiere. Die Kühe geben sehr wenig Milch. „Ghi" (Butterschmalz) ist ein wichtiges Nahrungsmittel, auch Handelsartikel. In den Deltaländern und sonst in feuchten Gegenden hält man den Büffel. In ganz Südindien sind Ziegen und Schafe[4]) weit zahlreicher als Rinder. Die Kaschmirziege liefert feines Wollhaar; das beste kommt aber aus Tibet (vgl. S. 256). Das Vieh spielt eigentlich nur in den Pariadörfern, die auch Schweine halten, eine Rolle. Anbau von Futtergewächsen ist unbekannt. Bei Futtermangel infolge der häufigen Dürren fallen jedes Jahr große Mengen des Viehes. Der größte Teil der massenhaft ausgeführten Häute stammt von gefallenem Vieh. Geflügel: Hühner, Enten, Tauben, Truthühner, Pfauen (wild eingefangen und gezähmt), ist reichlich vorhanden; vielfach werden nur die Eier benutzt. Das trockensubtropische nordwestliche Indien eignet sich zweifellos zur Straußenzucht, die man auch beginnen will. Pferde, klein und heruntergekommen, sind im trockenen Nordwesten etwas zahlreich. Elefanten werden, besonders in Bengalen, zum

---

[1]) Die bepflanzte Fläche wurde für Mitte 1905 zu 15 800 ha angenommen, neuerdings aber zu 110 000 Acres. (Vgl. S. 138, Anm. 1.) Ausf. 1898: 1,3; 1904: 35; 1905: 76,4 T. [2]) Bestellte Fläche (einschl. Burma) 1905 zu 2000 ha geschätzt. [3]) Ausf. 1905: 593,8 T., nach Ver. Staaten, Großbrit., Deutschland. [4]) Prod. von Wolle 1903 (nach Schätzung): 85 Mill. e. Pfd. = 3,2% d. Weltprod. (Vgl. S. 142.)

Transport benutzt. Nur wenige Volksstämme der Berggegenden legen mehr Gewicht auf die Tierzucht.

Für die Seidenzucht[1]) sind genug Maulbeerbäume vorhanden (besonders am Himalaja), aber das Klima ist meist zu heiß, und die Abneigung der Inder, Tiere zu quälen oder gar zu töten, erschwert die Einführung der Zucht. Nur in wenigen Gebirgsgegenden am Himalaja (in Assam und den höheren Gegenden Bengalens) bei gemäßigter Temperatur wird Seide produziert. Doch scheinen die neuesten unter sachverständiger Leitung angestellten Versuche zu beweisen, daß in mehreren Teilen Indiens die Ausdehnung der Seidenzucht wohl möglich ist.

Bergbau. Steinkohlen[2]) werden seit 1820, neuerdings immer lebhafter abgebaut, am meisten ($^6/_7$) in Bengalen (Raniganj- und Iherriadistrikt), bei Singareni (Nizamterritorium) usw. Eisenerze[3]) werden in geringen Mengen, vor allem im Distrikt von Raniganj (Eisenwerk Barrakur) und in der Gegend von Sini (Eisenwerk!) in dem Chandadistrikt der Zentralprovinzen, Gold[4]) in den Minen des Kolardistriktes (Mysore, Champion Reef usw.), in der Huttimine in Haidarabad usw. gewonnen. Die Kupfereinfuhr[5]) ist bedeutend. Salz[6]) wird besonders an den Küsten vom Bombay und Madras aus Seewasser durch Verdunstung, ferner durch Verdampfen von Sole in Radschputana und Zentralindien (Salzwerke von Samblar) und als Steinsalz (Salt Range) erzeugt, Salpeter in Nordindien, besonders in Behar, ziemlich viel, Petroleum[7]) in Assam und im Pandschab, ferner Graphit[8]) (Ceylon) gewonnen. Die Ausbeutung von Manganerzlagern[9]) in den Zentralprovinzen und im Staate Vizianagram ist wichtig. Auf Ceylon findet man Edelsteine; die einst wichtigen Diamantengruben Indiens (Golkonda) haben nur noch geringe Wichtigkeit. Auf Ceylon werden thorium (Gasglühlicht!) -haltige Gesteinsarten: Thorianit und Thorit gefunden.

Die **Industrie** war, soweit hohe manuelle Geschicklichkeit und die primitiven traditionellen Handwerksmethoden es ermöglichten, ziemlich entwickelt, doch wurden durch die europäischen Industrieprodukte die einheimischen stark zurückgedrängt. Neuestens siedelt sich nun aber die europäische Maschinenarbeit im Lande an und verarbeitet in schnell wachsendem Maße die einheimischen Rohstoffe. 1901 waren 15½% der Bevölkerung in Industrie, Handel und Gewerbe beschäftigt. Die Entwicklungsfähigkeit Indiens zu einem Industrielande steht außer Zweifel. Hinderlich ist die Geringwertigkeit des indischen Arbeiters, von dem man berechnete, daß er in der Baumwollenindustrie kaum den sechsten Teil leistet wie ein englischer Arbeiter,

---

[1]) Prod. Indiens (Ausf. von Kalkutta u. Bombay) 180 T. = 0,9% d. Weltprod. [2]) Prod. 1885: 1,29; 1901: 6,64; 1902: 7,42; 1904: 8,2; 1905: 8,4 Mill. T. (Bengalen 7,2; Singareni 0,45). Ausf. 1905: 833 000, Einf. 173 000 T. [3]) Prod. von Roheisen 1900: 63 000 T. Einf. von Eisen 1900/01: 170 000; 1904/05: 257 600 T., von Stahl 92 600 und 211 600 T. [4]) Prod. 1898: 1,6; 1901 (532 000 Unzen): 1,93; 1902: 1,98; 1903: 2,3; 1904: 2,37 Mill. £; 1905: 11,6 Mill. Doll. = 3,1% d. Weltprod. [5]) Einf. 1903/04: 22 000 T.; 1904 f. 1,75 Mill. £. [6]) Prod. (einschl. Burma) 1903: 823 000 T. = 7,4% d. Weltprod.; Einf. 448 000 T. [7]) 1902 Assam 1,75 Mill. Gallonen; Burma 54,8 Mill. Gall. Wird in Mengen eingeführt, nach Schätzung 1901; 81 Mill. Gall. (Wert der Einfuhr 1904: 2,2 Mill. £), Ausf. 1904: 4 Mill. Gall. [8]) Ausf. Ceylons 1885: 11 000 T.; 1899: 31 300 T.; 1900: 19 500 T.; 1906: 35 750 T. [9]) Prod. 1898: 60 400; 1900: 127 800 (nach anderer Quelle 132 800 T. = 9,5% der Weltprod.); 1902: 157 800; 1903: 171 800; 1904: 150 300 T.

und die hohen Kosten des Kohlentransports, zum Teil auch das Klima. Die Swadeshibewegung, die darauf zielt, die indische Industrie und indische Erzeugnisse vor den importierten zu bevorzugen, begünstigt die Entwickelung der einheimischen Industrie. Am wichtigsten ist die Baumwollenindustrie. 1904 gab es 204 Baumwollfabriken mit 190 000 Arbeitern, 5,2 Mill. Spindeln (= 4,4% der auf der Erde) und 46 000 Webstühlen (= 2% der Erde); 70 bis 75% der Fabriken befinden sich in der Präsidentschaft Bombay, den Hauptgebieten der Rohstoffproduktion nahe. Die Produktion an Garnen und Geweben wächst beständig, neuerdings auch an Garnen in den feineren Nummern[1]). In der Hausarbeit sind noch etwa 3—4 Millionen Menschen bei Herstellung von Baumwollprodukten tätig. Sehr bedeutend ist ferner die Juteindustrie[2]). 1904 gab es 38 Fabriken mit 132 000 Arbeitern, fast alle in Bengalen, zumal in der Nähe Kalkuttas. Jutestoffe und -säcke werden in Mengen ausgeführt. Die indische Juteindustrie ist bald doppelt so groß wie die britische. Andere erwähnenswerte Industrien sind die Wolleindustrie, Seidenspinnerei, Färberei, Indigoindustrie, Zuckerfabrikation, Papierfabrikation, Töpferindustrie, Tabakindustrie, Bierbrauerei usw.

Der **Verkehr** findet im Norden in den großen Strömen Ganges, Indus, Brahmaputra günstige Wasserstraßen, die nun auch Dampfer benutzen (Ganges bis Garmaktisar, Indus bis Multan, Brahmaputra bis Dibrugarh). Die Landstraßen sind mangelhaft; auf ihnen verkehren von Zebus gezogene Wagen, im Süden besonders, Kamele im Nordwesten, Elefanten in Bengalen. Durch die Engländer ist Post, Telephon, Telegraph verbreitet. Eisenbahnen durchziehen das Land in immer engeren Maschen; am wichtigsten sind die Linien Kalkutta—Bombay, Madras—Bombay, Madras—Calicut, Kalkutta—Lahore—Peschawar, Lahore—Karatschi. Auf Ceylon ist unter anderen eine Linie von Colombo nach Jaffna an der Nordspitze der Insel in Betrieb, und man plant — was von großer Wichtigkeit wäre — sie über die Adamsbrücke hinweg mit dem südindischen Eisenbahnnetz zu verbinden. Für Indiens Außenverkehr ist einmal die Nachbarlage zu Hinterindien und China, welche zum Austausch der Errungenschaften führte, wichtig, bedeutsamer aber die Lage zu Europa, für welches es dadurch für Jahrhunderte der einzige, für heute ein sehr wesentlicher Lieferant tropischer Produkte wurde, um europäische Industrieprodukte dafür aufzunehmen. Der Landverkehr ist infolge der Halbinselnatur und Gebirgsumwallung gering. Fast der ganze Außenhandel geht über See.

Die weitaus wichtigsten Häfen sind Bombay (776 000 Einw.), Kalkutta (1,13 Millionen Einw.), Madras (509 000 Einw.), Karatschi (117 000 Einw.), auf Ceylon Colombo (158 000 Einw.).

Ausfuhr[3]) von Waren 1900/01: 1042,05; 1901/02: 1212,05; 1902/03: 1258,9; (indische Produkte) 1903/04: 1496,3; 1904/05: 1541,3; 1905/06: 1582 Mill. Rup.

---

1) Prod. 1903/04: 578,8; 1905/06: 680,9 Mill. e. Pfund Garn, 138,04 u. 163,88 Mill. e. Pfund Gewebe. Einf. von englischem Garn 1898/99: über 45, 1904/05: 30,6 Mill. e. Pfd. Ausf. von indischen Garnen 1905/06: 298 Mill. e. Pfd. = 120 Mill. Rup., von Stückgütern f. 19,5 Mill. Rup. Die Einfuhr von baumw. Geweben wertete 1904/05: 356 Mill. Rup. = 39% d. gesamten Wareneinfuhr Indiens. 2) S. unter Ausfuhr, S. 280. 3) Die Ausfuhr Burmas ist in den Zahlen mit enthalten. (Vgl. S. 281 ff.)

Rohbaumwolle 14,04, Baumwollgarn 7,54, baumw. Zeuge 1,21, Jute 16,46, Säcke und Packzeug aus Jute 9,89, enthülster Reis (11,73 besonders aus Burma), Felle und Häute 6,68, Opium 6,13, Tee 6,51, Sämereien 7,61, Weizen und Weizenmehl 4,64, Lackwaren 2,17, Pelzwaren 1,66, Wolle 1,54, Lederwaren 1,21, Kaffee 1,02 Mill. £ usw.

Einfuhr (von Waren) 1901/01: 762,8; 1901/02: 815,2; 1902/03: 787,7; 1903/04: 848,2; 1904/05: 966,8; 1905/06: 1030 Mill. Rup. Brit.-Indien führte besonders Ganz- und Halbfabribate ein: baumw. Stückgüter (369,5 Mill. Rup.), baumw. Garn 34,3; Wollwaren 24,3; Kleider und Schuhe 22,2; seid. Stückgüter 11,4 usw.; Metalle und Metallwaren (178,7 Mill. Rup.), nämlich Eisen und Eisenwaren 34,1; Stahl und Stahlwaren 32,3; Maschinen 49,2; Eisenbahnmaterial 16,2; Kupfer und Kupferwaren 14,3 usw.; Nahrungsmittel und Getränke (146 Mill. Rup.), nämlich Zucker und Zuckerwaren 77,7; Gewürze 10,8; Spirituosen 10,7; Salz 6,6; Bier 6,3 usw.; ferner Brennpetroleum 17,8; Juwelen 13,4; Glas und Glaswaren 11,3 Mill. Rup. usw. An dem Handel Britisch-Indiens hatte Großbritannien 1904 44%, Deutschland 6%, Straits Settlements 5,1%, Australien 5%, Hongkong 4,5%, Frankreich 3,9%, Belgien 3,7%, Verein. Staaten 3,5%, Japan 3,3% Anteil.

Ceylon führte aus 1901 für 100; 1902: 99,4 Mill. Rup.

Einfuhr Ceylons 1904 (einschl. Münzen usw.) 7 765 500 £.

An dem Außenhandel Ceylons waren 1904 Großbritannien und Indien mit je 35%, Australien 6%, Deutschland 5%, Verein. Staaten 4,1%, Rußland 3% usw. beteiligt.

Die **Bevölkerung**, (1901) 295 Millionen auf ungefähr 4,8 Millionen qkm, einschließlich Britisch-Hinterindien, Belutschistan (Quetta 114 000 Einw.), Andamanen und Nikobaren, sitzt am dichtesten, wie die Wirtschaftsschilderung erklärt, im Ganges- und Brahmaputratal (Bengalen, Städte: Patna 135 000 Einw., Benares 209 000 Einw., Allahabad 172 000 Einw., Cawnpore 197 000 Einw., Lucknow 264 000 Einw., Gwalior 89 000 Einw., Agra 188 000 Einw., Delhi 209 000 Einw.; Assam), dann auch im Pandschab (Lahore 203 000 Einw., Amritsar 162 000 Einw.) in einem Streifen von Delhi bis Peschawar, schließlich an der Malabar- und Koromandelküste. Etwa 207 Millionen der Bevölkerung sind arische Hindus; im Süden wohnen 53 Millionen Drawidas; dazu kommen Mongolen usw. und etwa 250000 Europäer, die Beherrscher des Landes. In Ceylon (1901: 3,6 Millionen Einw. auf 66 000 qkm) ist der Südwesten am meisten bevölkert.

Frankreich besitzt in Vorderindien die Orte Pondichery, Chandernagor, Karikal, Mahé, Yanaon mit nächster Umgebung (508 qkm mit 273 000 Einw.); Portugal: Goa, Diu, Daman (Damão), im ganzen 3660 qkm mit 572 000 Einw.

Hinterindien.

Die Mündungsgebiete der großen Flüsse: Irawadi, Salwin, Menam, Mekhong, sind die Zentren des **Ackerbaues**, während die Gebirgsgegenden meist von wilden Völkerstämmen, die nur primitiven geringen Ackerbau treiben, bewohnt werden. Auf den Alluvialböden der Flußdeltas werden außerordentlich reiche Reisernten gewonnen, besonders in dem britischen

Burma, das auch viel Reis ausführt[1]). Burma ist das wichtigste Ausfuhrland der Erde für Reis und Rangoon (232 000 Einw.) der Hauptausfuhrhafen. Andere Ausfuhrhäfen Burmas sind Akyab, Mulmein, Bassein. In Siam[2]) ist das untere Menamtal wichtig, in dem neuerdings ein großes Bewässerungssystem durchgeführt und aus den Dschungeln Boden für den Reisbau gewonnen ist; elektrisch betriebene Reismühlen sind im Gange. Auch in Cochinchina[3]), im Mekhongdelta, ist Reis die Hauptkultur (Distrikt Soctrang, Kantho, Travinh, Bentré), und sie ist ebenfalls durch die Europäer mit künstlicher Bewässerung ausgedehnt worden. In Kambodscha, das mehr hügelig ist, und erst recht im gebirgigen Annam ist der Reisbau gering; in Tongking[4]) im Songkadelta bedeutend. Im ganzen sollen in Französich-Indochina $^5/_6$ der angebauten Fläche von Reis eingenommen sein. Die malaiische Halbinsel baut auch viel Reis. In Annam und in den Laosstaaten, wo die Reisernte schon häufig ungünstig ausfällt, tritt Mais zum Teil an die Stelle von Reis; er bildet dort mit der Kartoffel die Nahrung der armen Bevölkerung. Außer den Früchten (z. B. Ananas)[5]) wilder und kultivierter Bäume und sonstiger Pflanzen, die schon aufgezählt wurden (Arengpalme, Sagopalme, Kokospalme, Nipapalme, Arekapalme, Caryotapalme, Talipotpalme, Rotangpalmen, Drachenblutpalme; Mangostane, Durion, Mangobaum; Sternanis, Dividivi, Myrobalanen, Benzoe, Katechu, Gummilack (Schellack), Gambir, Gummigutt, Gurjunbalsam, Patschuli, Teakholz siehe S. 265 ff.), sind noch Bataten, Sesam und Rizinus Nahrungspflanzen. Tapioka (Maniokstärke)[6]) wird auf der malaiischen Halbinsel produziert.

Ein wenig Zuckerrohr wird gepflanzt in den Flußdeltas und auch auf der Malaiischen Halbinsel (Perak). In geringem Umfang wird Tabak in Annam und Kambodscha, Kaffee in Tongking, Annam und Cochinchina besonders, auch auf der malaiischen Halbinsel in den britischen Schutzstaaten, Tee im gebirgigen Annam[7]), auch in Tongking gebaut. Getränke stellt man auch aus Reis, Zuckerrohr und Ananas her. Etwas Kakao pflanzt man in Cochinchina, Pfeffer in Cochinchina. Baumwolle wird am meisten im Tal des Irawadi (Unterburma)[8]) gepflanzt, und ihre Kultur ist nicht sehr auszudehnen; ferner wird Baumwolle in Cochinchina gezogen, etwas auch in Annam, Siam, Tongking (Than-hoa). In letzterem Schutzstaat gibt es eine kleine Baumwollenindustrie. Kautschuk[9]) wird in den Wäldern der Laosländer und Annams gesammelt. Pflanzungen der brasilianischen Heveas und von Ficus elastica finden sich mit großem Erfolg in den Verbündeten Malaienstaaten[10]), besonders Perak, auf der Malaiischen Halbinsel angelegt, von der

---

[1]) Ernte 1903/04: 3 272 000; 1904/05: 3 085 000 T. = etwa 5% d. Weltprod. Ausf. s. S. 273, Anm. 2. [2]) Bangkok Ausfuhrhafen; 1899: 418 000 T. Ausf. Siams 1901: 655 000; 1904: 798 000 T. [3]) Jährl. Ausf. 600—900 000 T., Ausfuhrhafen Saigon, Ausf. Cochinchinas 1900: 740 000; 1902: 797 400; 1903: 589 300; 1904: 875 700 T. Indo-China erzeugt nach Bartholomew: 1 680 000 T. = 2,6% d. Weltprod. [4]) Ausf. etwa 150 000 T., Ausfuhrhafen Hai-phong. [5]) Singapore führte 1902 426 000 Büchsen Ananaskonserven aus. [6]) Singapore führte 1902 16 500 T. Mandiokamehl aus. [7]) 1900: 180 T. [8]) 1901/02 Ernte an gereinigter Baumwolle in Burma: 13 100 Ballen (à 400 lbs.) = 2380 T. [9]) Bestellte Fläche auf der mal. Halbinsel 1905 zu 12 100 ha, neuestens zu 60 000 Acres geschätzt. Über Burma s. auch S. 138, Anm. 1; 270 Anm. 3; 277, Anm. 3. [10]) Als charakteristisches Beispiel für die geringe Ausdehnung der Kulturen in den Tropen sei angeführt, daß in den Verb. Malaienstaaten nur wenig über 2% des Bodens bebaut sind.

jedoch die wilden Guttaperchabäume[1]) fast verschwunden sind. Auch mehr im Norden, bei Mergui und auf King Island (Mergui-Archipel), hat man die Hevea Brasiliensis und bei Rangoon usw. und ebenfalls in Siam Hevea und Ficus elastica angepflanzt.

Teakholz wird über Rangoon und Bangkok[2]) (aus den nördlichen Distrikten Siams) ausgeführt. (Vgl. S. 271.)

Die **Tierzucht** züchtet als wichtiges Arbeitstier in den Reisfeldern den sumpfliebenden Büffel, auch als Last- und Zugtier. Auch in Laos ist er häufig. Die Rinder sind wie die Indiens geringwertig. Die kleinen Pferde von Laos werden als Lastträger und Kletterer geschätzt. Zahme Elefanten, besonders bei den Laos gehalten, sind ein Hauptverkehrsmittel. Die Seidenzucht ist in Tongking und Annam am meisten, aber gering, entwickelt. In Siam blüht sie[3]) besonders auf der Hochebene von Korat, und man ist dabei, wissenschaftliche Methoden in ihr anzuwenden.

Der **Bergbau** ist unbedeutend. Eisen wird an zahlreichen Stellen für die Bedürfnisse der nächsten Umgebung gefördert (z. B. von den Khouis nordöstlich vom Tonle-Sap, den Sedang in 70 Dörfern); in der Nähe der gleich zu nennenden Kohlenlager von Hongay sind reiche Eisenerzlager gefunden worden. Kohle wird auf dem Kohlenfeld von Tongking (Vorrat auf 12 Milliarden Tonnen geschätzt) in den Gruben von Hongay[4]) und Kebao gewonnen. Im südlichen Burma sollen angeblich große (?) Kohlenfelder gefunden sein; Kohlen mäßiger Beschaffenheit finden sich in den Schanstaaten an dem oberen Chindwin und bei Mergui. Braunkohlen finden sich an beiden Küsten der Malaiischen Halbinsel. Jadeit wird bei Mogaung, Bernstein (?) bei Hukung, Rubine werden in ziemlichem Wert bei Mogok gegraben. Der granitne Höhenzug im Westen Hinterindiens, der in den Inseln Banka und Billiton erst sein Ende findet, ist reich an Zinn. In Burma ist diese Region bisher noch zu wenig dem Verkehr erschlossen, doch wird schon etwas Zinn gewonnen. In Siam, das in der Gebirgskette des Westens sicher sehr reich an Zinn ist, wird es besonders auf der Insel Puket gewonnen. In der südlichen Hälfte der Malaiischen Halbinsel nimmt man es aus dem Alluvium und aus Stöcken, in den vier malaiischen Schutz-Staaten[5]) Perak (etwa 50% der Produktion), Selangor (etwa 30%), Negri Sembilon und Pahang. Über Singapore und Penang geht das Zinn und Zinnerz ins Ausland. In Pahang wird auch etwas Gold gefunden; goldführenden Alluvialsand fand man auf den laotischen Goldfeldern bei Attopeu, im Irawadi (Burma) gewinnt man ihn durch Dampfbagger. Petroleum[6]) erzeugt Burma in den Yenangyaung-, Yenangyatquellen, zu Singu und im Arakandistrikt. Die Christmasinsel ist sehr reich an Phosphaten[7]), die seit einigen Jahren abgebaut werden.

Die **Industrie**, von China aus beeinflußt, unterliegt auch hier der euro-

---

[1]) Vgl. S. 270, Anm. 1. [2]) Ausf. 1901: 43 700 T. = 4,2; 1905: 101 400 T. = 14,08 Mill. Tikal. [3]) Vgl. S. 298, Anm. 4. [4]) Prod. 1904: 231 000 T. Steinkohlen u. 106 300 T. Briketts. [5]) Ausf. von Zinn und Zinnerz 1902: 46 100; 1903: 49 500 T.; Ausf. der Straits Settlements 1904 an Zinn: 58 900 T. = mehr als 61% der Weltprod.; an Zinnerz 99 T.; 1905 an Zinn: 58 400; an Zinnerz 98 T. im Werte von 80,8 Mill. Doll. Vgl. S. 78. In den letzten 12 Jahren bis 1902 wurde von hier Zinn und Zinnerz im Werte von 39 Mill. £ ausgeführt. [6]) Prod. 1901: 1 185 000 Barrel = 0,7 % d. Weltprod. Ausf. 1899 f. 1,8 Mill. Rup., 1902 f. 3,2 Mill. Rup. [7]) Prod. 97 900 T.

päischen Konkurrenz vielfach. Choquan bei Saigon ist noch durch seine Kupferindustrie, Korat und Tschiengmai durch Seidenindustrie bekannt. (Vgl. auch unten Singapore.)

Der **Verkehr** ist durch die großen Ströme nicht sehr begünstigt, das sie alle unfern der Mündung aufhören, schiffbar zu sein (Irawadi bis Bhamo, Salwin nur 130 km, Mekhong bis Sambor schiffbar). Eisenbahnen sind erst wenige gebaut, am meisten in Burma; in Siam ist die Bahn Bangkok—Korat wichtig. Für den Außenverkehr war immer die Lage zwischen Vorderindien und China entscheidend; heute haben die Europäer in die natürlichen Nachbarbeziehungen kräftig eingegriffen.

Die bedeutendsten Häfen sind Rangoon (Burma), 235000 Einw., Bangkok (Siam), 600000 Einw., Saigon (Cochinchina), 51000 Einw., Hai-phong (für Hanoi, 103000 Einw.), Penang (Straits Settlements) und vor allem Singapore (184000 Einw.). Letzterer Ort ist durch seine Lage ein Zentrum des Handels (s. S. 265ff.) in Südostasien, aber auch ein Industriezentrum geworden, in dem Reismühlen und Reisschälbetriebe, Sagofabriken, Färbereien, Ölmühlen, Guttaperchafabriken, Ananaskonservenfabriken usw. sich ansiedelten.

Ausfuhr Siams 1902/03: 85,8; 1903/04: 76,9; 1904/05: 104,1 Mill. Tikal (Reis 82,6; Teakholz 11,2; 1904: Pfeffer 1,3; Fische 1,3; Häute, Kardamomen usw.); Indochinas (Kambodscha, Cochinchina, Annam, Tongking) 1904: 156,4 Mill. Fr. (1903: Reis 75,8; Fische 5,8; Kohlen 4,5; Pfeffer 3,4; Zimt 3,3 usw.). Die Ausfuhr Brit.-Burmas betrug 1901/02 (einschl. des Küstenhandels) 187,4 Mill. Rup. (Reis 135,4; Teakholz 15,0; Baumwolle 1,8). Einfuhr Siams 1902/03 (ohne Edelmetalle): 50,7; 1903/04: 58; 1904/05: 76,1 Mill. Tik. Einfuhr Indochinas 1904: 185 Mill. Fr. Die Einfuhr Burmas betrug 1901/02: 127,8 Mill. Rup. Ausfuhr der Verbündeten Malaien-Staaten 1904: 326; Einfuhr 197 Mill. Mk. Ausfuhr der Straits Settlements 1904: 489,4; Einfuhr 624 Mill. Mk.

Die **Bevölkerung** ist nur schwer zu schätzen. In Britisch-Burma sollen 10,5 Millionen Einw. auf 664000 qkm, im unabhängigen Siam 6,3 Millionen Einw. auf 630000 qkm, in den französischen Kolonien Kambodscha 1,1 Millionen auf etwa 97000 qkm, in Cochinchina 3 Millionen auf 57000 qkm, in Annam mit Tongking und Laos 13 bis 14 Millionen Menschen auf 510000 qkm vorhanden sein, die natürlich namentlich in den Flußdeltas und -tälern ansässig sind. Den Engländern gehören die Straits Settlements (Singapore, Penang, Wellesley), Malakka, Keeling- und Christmasinseln, zusammen 4100 qkm mit 574000 Einw. Dazu kommen die malaiischen föderierten Schutzstaaten mit Djohor (88000 qkm mit 1001000 Einw.) und die Malediven mit zirka 30000 Einw. auf 300 qkm.

Australasiatischer Archipel.

Sagopalme, Nipapalme, Arekapalme, Palmyrapalme, Gebangpalme, Rotangpalmen, Drachenblutpalme; Mangostane, Durion, Myrobalanen, Benzoe, Gummilack (Schellack), Gambir, Gurjunbalsam, Kampfer, Dammar, Guttapercha, Gummi, Cassia vera Padang, Muskatnuß, Ramie, Hölzer s. S. 265 ff. **Ackerbau.** Durch das Alter europäischer Kolonisation sind einzelne Inseln hochentwickelt, am meisten **Java.** Die Insel ist gebirgig und ermöglicht dadurch eine große Mannigfaltigkeit der Kulturen und ist doch auch im Innern leicht zugänglich. Schließlich ist auch das Klima Europäern verhältnismäßig zuträglich. In der feuchtheißen Niederungszone (bis 600 m) bildet Reis (15% der Oberfläche?)[1]) das Hauptnahrungsmittel der Bevölkerung, und es wird noch viel Reis ausgeführt. Zuckerrohr[2]) ist die wichtigste Kulturpflanze Javas, die namentlich im Osten der Insel (Residentschaften Surabaja, Pasuruan, Kediri usw.), weniger in der Mitte und noch weniger im Westen angebaut wird. Der Ertrag an Zucker pro ha ist erstaunlich hoch bei der rationellen Art des Anbaus und den vollkommenen Methoden, die bei der Verarbeitung des Rohres zur Anwendung kommen. Zucker ist der wichtigste Ausfuhrartikel Javas. Doch ist der Anbau wegen der Beschlagnahme des Bodens durch Reisfelder wohl nicht mehr sehr auszudehnen. Indigo[3]) (in den mittleren und östlichen Provinzen), Kakao[4]) (Res. Samarang, Preanger Reg.; Kediri usw.), Zimt (ohne viel Erfolg), Vanille, Pfeffer[5]) werden gebaut. Kokospalmen[6]) und Bananen geben Früchte. Kautschukpflanzungen[7]) sind angelegt. Maniok wächst in allen Höhenlagen und liefert viel Tapioka[8]) zur Ausfuhr. Große Gebiete an der Südküste der Insel sollen sich für den Anbau der Baumwolle eignen, der bisher gering ist[9]). Am Rande der gemäßigten Zone (600—1400 m) beginnen Tabakpflanzungen (s. unten). Chinarinde[10]) gedeiht gut. Tee[11]) wird mehrfach an die Stelle des von der Hemileja heimgesuchten Kaffee[12]) gesetzt; doch erweist sich die nun angepflanzte Liberiasorte als widerstandsfähiger gegen den Schädling. Die Qualität des javanischen Kaffees, der auf vulkanischem Boden wächst (s. S. 90), wird sehr geschätzt. In den Residentschaften Kediri, Besuki und Pasuruan baut man hauptsächlich die Javavarietät, in Batavia, Samarang, Preanger-Regentschaften und Surakarta überwiegt die Liberiavarietät. Mais, Gemüse und europäische Früchte, Mangobaum, Bambus, Feigenbäume, Arengpalmen (s. S. 265) finden sich in der gemäßigten Zone. In der frischen Zone (1400—2300 m) dominieren Eichen- und Kastanienwälder, Prärien treten auf. Der kalten Zone gehören die Teakbaumwälder (s. S. 271) an.

Auch in dem hohen **Sumatra** zeigt sich die Anordnung von Ackerbau-

---

[1]) Prod. 4572000 T. = 7,1% d. Weltprod. [2]) Prod. 1893/94: 531 000; 1900/01: 816 000; 1901/02: 887 000; 1902/03: 897 300; 1903/04: 931 300 = 14—15% d. Weltprod. von Rohrzucker; 1904/05: 1 055 000; 1905/06 (Schätzung): 1 046 000 T. Ausf. 1881: 266 700; 1891: 463 600; 1900: 737 000; 1901: 723 700; 1902: 863 800; 1903: 865 700; 1904: 1 051 500 T. besonders nach den Vereinigten Staaten, Hongkong, Japan, Brit.-Indien. [3]) Prod. 1891: 711 T.; 1900: 595; 1901: 498; 1902 (nach Schätzung) 465 T. [4]) Ausf. 1890: 375,7; 1900: 1266,1; 1901: 1200,1; 1902: 827,8; 1903: 1380,4; 1904: 977,4 T. = 0,7% d. Weltprod. [5]) Ausf. 1898: 5120; 1899: 4030; 1900: 4480; 1901: 4430; 1902: 5470 T. [6]) Kopraausfuhr 1898: 3120; 1899: 46 700; 1900: 47 900 (nach and. Quelle: 35 700); 1901: 28 020; 1902: 45 100 T. (Vgl. S. 266, Anm. 2.) [7]) Bepflanzte Fläche 1905 auf 2000 ha geschätzt. (Vgl. S. 138, Anm. 1.) [8]) Ausf. 1903: 11 360 T. [9]) Ausf. Javas 1891: 965,5; 1900: 9284,7; 1901: 5957,9; 1902: 5342,8; 1903: 2698,7; 1904: 3154,8 T. [10]) Bepflanzte Fläche um 1889: 21 300; 1901: 5700 ha; Ausf. 1902: 6700 T. [11]) Ausf. 1901: 14,7; 1902: 14,8; 1903: 21,3 Mill. Pfund = ca. 10 000 T. = ca. 3,3% d. Weltprod. [12]) Prod. 1890/91: von Regierungspflanzungen 371 000 Sack, von privaten Pflanzungen 325 000 Sack à 60 kg = 41 800 T.; 1900: 41 200 T. = ca. 5% d. Weltprod. 1901: 26 100; 1902: 42 800. (Vgl. S. 136, Anm. 1.)

zonen nach der Höhe. Die Küstenzone ist palmenreich; Sumpfreis, besonders an der sumpfigen Ostküste, gedeiht hier, während der Bergreis mit geringerem Ertrag auch in trockenerem, höherem Lande fortkommt. Pfefferfelder bestanden schon vor Ankunft der Europäer, besonders der Norden (Atjeh) erzeugt viel. In größerer Meereshöhe pflanzt man an der Westküste bei Padang Kaffee. Neuerdings nahm der Tabakbau[1]) in den Landschaften Deli, Langkat usw. einen großen Aufschwung, und der Sumatratabak wird sehr geschätzt. Aus der Gegend von Palembang wird Baumwolle (einige 1000 T.) ausgeführt. Vgl. Kautschuk und Guttapercha S. 138, Anm. 1, und S. 270, Anm. 1 und 3.

In **Celebes** gibt der Sagobaum, Reis, Mais, Maniok der Bevölkerung die Hauptnahrung, Palmen sind zahlreich. Kaffee, besonders im Norden gepflanzt, Muskatnüsse und -blüten, Kakao, Kopra, Rotang, Dammar, Kopal, Hölzer sind die Ausfuhrprodukte.

Borneo. Reis und Sago in den ausgedehnten sumpfigen Ebenen, besonders im Süden, sind die Hauptnahrung. Sago wird zur Ausfuhr jetzt fabrikmäßig in Britisch-Borneo hergestellt. (Vgl. S. 265f.) Die Tabakkultur[2]) hat sich im Norden (zwischen Kudat und Silam) gewaltig entwickelt. Pfeffer wird angebaut. Guttapercha und Kautschuk[3]), Sagomehl, Pfeffer, Gambir, Rotang, Hölzer, Kopra sind die Produkte, die zur Ausfuhr kommen. Es sind bedeutende Kautschukpflanzungen angelegt worden, die sehr guten Erfolg versprechen. (Vgl. S. 138, Anm. 1, und S. 270, Anm. 1 und 3.)

Philippinen. Reis[4]) und Mais werden angebaut als Nahrungspflanzen; viele Nutzpalmen spenden ihre Früchte und sonstige Nutzung. Kopra wird exportiert. Für die Zuckerproduktion[5]), die auf den Visayasinseln ihren Hauptsitz hat (Ilo-ilo auf Panay Ausfuhrhafen), ist das Klima sehr geeignet, und sie wird sich jedenfalls vergrößern. Der beste Tabak wächst in den nördlichsten Provinzen Luzons. In Manila bestehen Zigarren- und Zigarettenfabriken[6]). Manilahanf ist das bei weitem bedeutendste Ausfuhrprodukt[7]). Bisher wurde die Hanfgewinnung (vgl. S. 271) nach einer ganz veralteten Methode mit Menschenhand betrieben und ihr Umfang war von der Zahl der verfügbaren Arbeiter abhängig. Die Amerikaner erstrebten die Erfindung von Hanfschälmaschinen und machen gegenwärtig Versuche mit solchen. Auf trockenen Landstrecken wächst die Maguey-Agave, die Aloëhanf liefert. Guttaperchapflanzungen sind angelegt. Manilakopal und Dammarharz werden gesammelt. Ylang-Ylangextrakt (in der Parfümerie gebraucht) aus den Blüten des Ylang-Ylangbaumes (im Süden kultiviert) wird produziert. Kopra s. S. 266, Anm. 2. Arengpalme, Arekapalme, Manila-Elemi, Manilakopal, Wald s. S. 265ff.

---

[1]) 1901: 227 500 Ballen ausgeführt; Ernte 1902 auf 248 000 Ballen geschätzt. Prod. ganz Niederländisch-Indiens im Durchschnitt 1900—1902: 52 430 T. = 4,9% d. Weltprod. (Vgl. S. 137, Anm. 2). [2]) Prod. Brit.-N.-Borneos i. Durchschnitt 1900—1902: 2600 T. = 0,2% d. Weltprod.; Ausf. 1905: 2,65 Mill. Doll. von 4,537 Mill. Doll. Gesamtausfuhr. [3]) Ausf. Brit.-N.-Borneos 1905: Gutt. 27 400; Kautschuk 101 200 Doll. [4]) Prod. 1904/05 etwa 290 000 T., Einf. 255 600 T. [5]) Ausf. 1849: 23 400; 1860: 56 200; 1870: 78 200; 1880: 181 500; 1890: 148 700; 1893: 263 800; 1897: 203 600; 1900: 62 800; 1901: 55 300; 1902: 92 100; 1903: 89 600; 1903/04: 75 100 = 1,2% d. Weltprod. v. Rohrzucker; 1904/05: 113 600 T. [6]) Prod. von Tabak i. Durchschnitt 1900—1902: 17 000 T. = 1,6% d. Weltprod. Ausf. von Rohtabak und Zigarren 1901 f. 2,6; 1902: 2; 1903: 1,88; 1904: 2,01 Mill. Doll. [7]) Ausf. 1903: 130 200; 1904: 129 700 T.

Die Produkte der **Molukken** usw. bestehen in Reis, Muskatnüssen und -blüten und Gewürznelken. (Vgl. S. 271.)

Die **Tierzucht** des australasiatischen Archipels ist gering. Sehr gut gedeihen Schwein und Büffel, die anderen Haustiere im allgemeinen weniger gut. Dem Seidenbau, den man versuchte, scheint das feuchtheiße Klima nicht zuträglich zu sein.

Bergbau. An der Ostküste Sumatras (Provinzen Palembang, Sumatras Ostküste und Atjeh), in Java (Provinz Samarang) und Madura und auf Borneo (am Kutei und Barito) werden reiche Petroleumquellen ausgebeutet[1]), die auch auf den Philippinen nicht fehlen. Steinkohlen werden in Sumatra (Ombilienfeld)[2]), auf Labuan und in Brit.-N.-Borneo (mit Eisen), auf Pulo Nangka bei Niederländisch-Borneo, auf den Philippineninseln Samar, Negros und auf der Halbinsel Camarines gewonnen. In Bayah (Residentschaft Bantam, Java) sollen größere Kohlenlager sich finden. Gold findet man auf Sumatra (Redjang Labong im Südwesten), in Borneo, Nordcelebes und auf den Philippinen; Zinn[3]) sehr viel auf Banka, Billiton, Singkep, Riouw, Diamanten auf Borneo. Eine Ausbeutung des Schwefels der Vulkane Javas wurde ins Auge gefaßt.

Die **Industrie** ist im Archipel von den geschickten Malaien ziemlich entwickelt worden. Spinnerei und Weberei auf primitivem Webstuhl, Färberei, Flechterei, Töpferei, Zimmer- und Schmiedehandwerk, Herstellung kunstvoller Kupfergefäße und Schildpatt-, Elfenbein-, Horn- und Holzarbeiten sind verbreitet. Eine moderne Industrie: Zigarrenfabrikation, Eisfabrikation usw. fing an, sich in den großen Städten Javas zu entwickeln. Namentlich ist Surabaja (147 000 Einw.) zu nennen, wo man auch schon Wasserkraft elektrisch nutzbar macht.

Der **Verkehr** ist in dieser Inselflur, die in günstiger Nachbarlage zu Indien und China sich befand, seit alters rege als Schiffsverkehr, der die Monsune auszunutzen wußte. Heute dominiert die europäische Flagge; doch macht sich die Nachbarlage zu Australien, Japan und zum ferneren Amerika immer wirksamer geltend mit deren kulturellem Aufstieg. Das Innere der Inseln abgesehen von dem schon gut mit Eisenbahnen ausgestatteten Java ist noch sehr wenig erschlossen. Die wichtigsten Häfen sind auf Java: Surabaja (147 000 Einw.), Batavia (116 000 Einw.), Samarang (89 000 Einw.); auf Sumatra: Palembang (54 000 Einw.) und Padang (39 000 Einw.) mit Emmahafen; für Pulo Weh (Sabang) an der Nordküste (Kohlenstation; Werkstätten für Schiffsreparaturen) erhofft man eine große Zukunft auf Kosten der englischen Straits Settlements Singapore und Penang; auf Celebes: Makassar (21 000 Einw.) und Menado (9000 Einw.); auf Borneo: Bandjermassin (53 000 Einw.) und Pontianak (17 000 Einw.); in den Molukken: Amboina (8000 Einw.) und Ternate; auf Britisch-Borneo: Sandakan, Sarawak und Labuan; auf den Philippinen: Manila mit Cavite (220 000 Einw.), Batangas (33 000 Einw.), Ilo-ilo und Cebu (31 000 Einw.).

---

[1]) 1901 betrug die Produktion 3 349 400 Barrel = 438 400 T.; 1900: Sumatra 3,8; Java 1,6; Borneo 0,7 Mill. Kisten; 2% d. Weltprod. (s. S. 83, Anm. 2). [2]) 1900: 196 000; 1902: 160 300 T. erzeugt. Ganz Niederl.-Ostindien soll 1904 211 400 T. geliefert haben. [3]) 1902: 20,9%; 1904: Banka 11 550 T. = 12,2%; Billiton 3200 T. = 3,4% d. Weltprod.

Ausfuhr Javas und Maduras 1902: 155,2; 1903: 157,9; 1904: 172,1 Mill. Gulden; Niederl.-Borneos, Sumatras, Celebes, der Molukken und Kleinen Sunda-Inseln zusammen 1902: 83; 1903: 86,2; 1904: 100 Mill. Gulden. Niederl.-Ostindien führte 1904 aus: Zucker 84,1 Mill. Guld.; Rohtabak 43,2; Petroleum 17,9; Kaffee 16,3; Kopra 13; Tee 7,1; Chinarinde 5,7; Kautschuk 5,6; schwarzer Pfeffer 4,6; Reis 4,6; Rotang 4,4; Zinn 4,2; Häute 3,8; Muskatnüsse 3,3; Gambir 2,1; Holz 2,1; Indigo 2; Kopalharz 2; Dammarharz 1,6; Kapok 1,6; Benzoeharz 1,3; Muskatblüten 1,1 usw. Ausfuhr Labuans 1904: 3,0; Nord-Borneos 17,9; Sarawaks und Bruneis 31,8 Mill. Mk. Ausfuhr der Philippinen 1901: 25; 1902 rund 29; 1902/03: 33,12; 1903/04: 30,25; 1904/05: 32,35 Mill. Doll., davon entfielen 1904/05: fast 70% auf Manilahanf (1904/05: 22,15 Mill. Doll.; Zucker 4,98; Kopra 2,1; Tabak 2 Mill. Doll.). Einfuhr Javas und Maduras 1903; 103,7; 1904: 118,8 Mill. Gulden, der übrigen niederländischen Besitzungen: 61,9; 65,6 Mill. Gulden (Baumwollwaren, Reis, Eßwaren, Fische usw.). Einf. Labuans 1904: 3,1; Nord-Borneos 12,2; Sarawaks und Bruneis 23,0 Mill. Mk. Einf. der Philippinen 1901/02: 32; 1902/03: 33; 1903/04: 33,2; 1904/05: 30,88 Mill. Dollar (Fabrikate, Nahrungsmittel, Vieh).

Bevölkerung: Java mit 28,7 Millionen Einw. auf 131 500 qkm (sehr dicht bevölkert), Sumatra mit 3,4 Millionen auf 480 000, Süd-Borneo mit 1,1 Millionen auf 550 000, Celebes, Bali, Lombok usw. (Molukken und Kleine Sundainseln) mit 4,2 Millionen Einw. auf 356 500 qkm gehören den Niederländern, im ganzen etwa 1,52 Millionen qkm mit 37,5 Millionen Einw. Labuan, Nord-Borneo und die Schutzstaaten Sarawak und Brunei, mit 738 000 Einw. auf 205 000 qkm, gehören den Briten. Die Philippinen mit 7,6 Millionen Einw. auf 296 000 qkm sind Eigentum der Vereinigten Staaten geworden. Die Osthälfte der Insel Timor (16 000 qkm mit 200 000 Einw. ist portugiesisch.

China.

Der **Ackerbau**[1]) steht hier, nach Tradition ausgeübt, in hoher Blüte. Man schätzt, daß 90% der Bevölkerung ihn betreiben in Art des Gartenbaues, indem die Grundstücke der Familien meist nur ½—2 Acker groß sind. Eine Änderung im Betrieb der Landwirtschaft ist noch kaum zu vermerken. Maschinen werden noch kaum benutzt und kommen zunächst nur für die Mandschurei, wo man Zugtiere zu gebrauchen pflegt, in Frage. Aber moderne Gartenbaugerätschaften, also Handpflüge, Rechen, Hacken, mechanische Pumpen fingen an, sich auch im eigentlichen China auszubreiten.

Im Norden des von der gemäßigten bis in die subtropische Zone reichenden Riesenlandes, das in seiner natürlichen Ausstattung wie in seiner Lage mannigfache Ähnlichkeit mit der der Vereinigten Staaten zeigt, gedeiht ein vielartiger Getreidebau. In der Mandschurei werden, zumal in den fruchtbaren Flußtälern, Weizen, Hafer, Gerste, verschiedene Hirsearten (auch zur Branntweingewinnung), Buchweizen, Mais, im Süden auch Reis gebaut.

---

[1]) Eine Statistik der Produktion ist heute noch nicht zu geben.

Bohnen[1]) (besonders im Sungari- und Liau-ho-Tal zwischen Bajan-sussu und Mukden, 250 000 Einw.) werden in großer Ausdehnung, zur Ölgewinnung zumal, Mohn zur Opiumerzeugung, Tabak, im unteren Liau-ho-Tal Baumwolle gepflanzt. Der Gartenbau (Zwiebeln, Knoblauch) ist stark entwickelt. Fruchtbäume (Birnen-, Äpfel-, Pflaumen-, Pfirsichbäume) finden sich überall in den fruchtbaren Landstrichen, Weinberge im Süden. Doch sind große Teile des Landes zwischen den Flußtälern durch Klima und Boden dem Anbau entzogen. Etwa 50% der Bodenfläche der Mandschurei sollen landwirtschaftlich nutzbar sein, aber nur etwa 10% des Landes sind bisher urbar gemacht.

Charakteristisch ist noch für die Mandschurei, die den Übergang von Südostasien zu Nordasien bildet, die Ginsengwurzel[2]), die auch in Korea und Japan übrigens gesammelt wird. Diese wertlose Droge, der von den Chinesen universale Heilkraft zugeschrieben wird, wird am Sungari bei Kirin (150 000 Einw.) und anderwärts wild wachsend gesammelt, aber bei Kirin auch schon angepflanzt.

Im eigentlichen China wird im Norden sehr viel Durra, viel Mais, Hirse, Buchweizen, auf Löß- und fruchtbarem Alluvialboden Weizen (Schen-si, um Hsi-ngan, 1 Million Einw., am Wei-ho; im Hwang-ho-Tal bei Kai-föng, 400 000 Einw.; und in der großen Ebene) angebaut. Während Durra und Hirse im Norden die Hauptnahrungsmittel sind, sind Weizenbrot, Gebäck und Fadennudeln von Weizen mehr Delikatesse. Gerste und Hafer dienen fast nur als Viehfutter, Roggen gilt als ungeeignet für die Ernährung.

In Mittel- und Südchina bildet Reis[3]) die Hauptnahrung; „Reis essen" hat den Sinn „eine Mahlzeit einnehmen". In manchen Gegenden erntet man zwei Ernten, und die Düngung, Bewässerung, Pflege wird mit äußerster Sorgfalt vorgenommen. Besonders wird Sumpfreis angebaut in den ausgedehnten Niederungen (Jang-tse-kiang-Tal unterhalb I-tschang, Gegend von Tschöng-tu, 800 000 Einw., und Tschung-king, 300 000 Einw., Kanton, 800 000 Einw. usw.), aber auch Bergreis wird viel erzeugt. In den Südprovinzen Kwang-si und Kwang-tung findet man sogar schwimmende Reisfelder (auf Flößen in ruhigen Gewässern), d. h. hier ist eine Bodenvergrößerung über die natürliche Ausstattung hinaus vorgenommen.

Die Bohnenarten liefern Speise- und Beleuchtungsöl, während die Rückstände der Ölerzeugung als Bohnenkuchen zur Düngung verwandt werden und in Mengen nach Japan und Java zur Verschiffung kommen.

Der Sesam ist eine der wertvollsten Nutzpflanzen Chinas und liefert eine sehr ölreiche Saat, die mit modernsten Maschinen in Han-kou für die Ausfuhr gereinigt wird.

Der Gemüsebau ist sehr umfangreich, aber im Schematismus ist die Veredelung der Arten nicht sehr weit fortgeschritten. Unsere Kartoffel wird nur im Norden in geringer Ausdehnung angebaut. Dagegen werden die Batate in Nordchina und die Yamswurzeln in großen Mengen gezogen. Rüben und

---

[1]) Ausf. von Bohnen 1904/05: 3,53, Bohnenkuchen 3,23 Mill. Doll. [2]) Die wildwachsende am meisten geschätzt; dann folgen die Kiriner, dann die koreanische, dann die amerikanische, dann die japanische Sorte. [3]) Prod. nach Bartholomew (Schätzung): 27 940 000 T. (?) = 43,7% d. Weltprod. (Vgl. S. 128, Anm. 3.)

Kohl (Weißkohl), Spinat, Zwiebeln, Knoblauch, Kürbisarten, Gurken, Radieschen, Ingwer usw. werden reichlich erzeugt.

Die Früchte Chinas sollen aus Mangel an Pflege und rationeller Zucht den abendländischen an Wohlgeschmack nachstehen, auch zu unreif gepflückt werden. In Mittel- und Südchina werden ungeheure Mengen von Apfelsinen mehrerer Arten („Mandarinen-“, „Kuli-“-Apfelsine usw.) erzeugt. Die Pomelo (Pompelmus) und Pfirsiche werden in Nord- und Mittelchina stark gebaut, Ananas und Bananen im Süden. Die Litschis (Distrikt Kanton), Longane (Lungan) und Loquat sind geschätzte Früchte (s. S. 268). Aprikosen, Granaten, Mangos, Feigen, Quitten usw. finden sich gleichfalls, während unsere klimaharten Obstsorten: Birnen, Äpfel, Kirschen, Pflaumen und unser Beerenobst wenig gezogen werden. Die Weinrebe gedeiht in den nördlicheren Strichen, aber Wein wird nur wenig gekeltert. Einst war der Weingenuß sehr ausgedehnt, ist aber durch Verbote und Erfindung anderer Getränke, besonders des Reisbieres, und durch den Opiumgenuß zurückgedrängt worden.

Der Teestrauch liefert das chinesische Nationalgetränk, das schon einige Jahrhunderte nach Christo allgemein getrunken wurde. Die Teegärten sind an Hügeln der südlicheren Staaten angelegt; in Hu-nan, Hu-pei, Fo-kien, Ngan-hwei, Jün-nan, Kwang-tung, Kiang-si wird schwarzer Tee, in Tsche-kiang, Ngan-hwei und Kiang-si grüner Tee erzeugt. Für den überseeischen Teehandel sind die Provinzen Fo-kien, Tsche-kiang und Kiang-si allein wichtig, und zwischen dem 23. und 32. Grad nördlicher Breite werden die besten Teeblätter erzeugt. Han-kou, Schang-hai (620 000 Einw.), Fu-tschou (600 000 Einw.) sind die bedeutendsten Ausfuhrplätze, die Städte Han-kou, Wu-tschang, Han-jang (zusammen 1 Million Einw.) die Teemärkte des Innern. Da bei der Bereitung des Tees keine Maschinen benutzt und, wie überhaupt in der Wirtschaft, am Hergebrachten festhalten wird, ist der chinesische Tee auf dem Weltmarkt durch die ökonomischer und zweckmäßiger gebauten und bereiteten, billigeren und ausgiebigeren ceylonischen und indischen Tees stark zurückgedrängt worden[1] (s. S. 274 f.). Freilich in den höheren Gesellschaftsklassen Europas wird der chinesische Tee wegen der Feinheit seines Geschmacks und Aromas auch fernerhin beliebt bleiben.

Der Genuß des Opiums hatte sich in China trotz aller Verbote verallgemeinert. Die Provinzen des Westens Jün-nan, Se-tschwan, Kan-su, Schan-si und Schen-si bauen am meisten Mohn. Seit kurzem geht man mit strengen Maßregeln gegen den Opiumgenuß und den Mohnbau vor. Aber noch wird viel Opium eingeführt.

Flachssamen zur Ölgewinnung werden in Schan-si, der Mongolei und im gebirgigen Se-tschwan gewonnen.

Zuckerrohr wird schon seit alten Zeiten angebaut, am meisten in den Südprovinzen: Kwang-tung, Fo-kien (bei Amoy), Tsche-kiang (bei Schao-hing) und in Kiang-si in den Umgebungen des Po-jang-Sees und am Kiang. Primitive

[1] Ausf. von Tee aus China 1880: 305 Mill. e. Pfund gegen 58 Mill. aus Britisch-Indien, Ceylon und Japan; 1890: 268 gegen 183; 1900: 184,5 gegen 386; 1904: 195 (gegen 430 Mill. e. Pfd.) = 88 000 T. = 29% d. Welternte.; Prod. nach Bartholomew 660 000 000 e. Pfd. = 299 400 T.

Mühlen dienen zum Auspressen des Saftes; das trockene Rohr wird als Feuerungsmaterial benutzt. Es muß viel Zucker eingeführt werden[1]).

Tabak[2]) wird in geringem Umfange wohl fast in allen Provinzen gebaut, aber im Jang-tse-kiang-Tale und namentlich in Se-tschwan (Ebene von Tschöng-tu) am ausgedehntesten; die Qualität ist recht mäßig.

Die Kultur des chinesischen Zimts, der Zimtcassia (S. 271), bildet in den südlichen Provinzen Kwang-tung und Kwang-si einen wichtigen Erwerbszweig der Bergbevölkerung.

Der Baumwollenstrauch, Gossypium herbaceum, gedeiht vor allem in den mittleren und südlicheren Provinzen gut und gibt heute den Chinesen (90%) den Hauptstoff zur Kleidung her. Am meisten wird gebaut im Jang-tse-kiang-Tal, am Wei-ho, Hwang-ho und im Hsi-kiang-Tal. Die größte Bedeutung gewann die Kultur in den Provinzen Tsche-kiang und Kiang-su, und letztere Provinz ist berühmt wegen der Menge und Güte ihrer Baumwolle. Um Schang-hai bildet der Baumwollenbau den wichtigsten Zweig der Benutzung des Landes. Sowohl die Vorbereitung des Bodens (Pflug: ein mit eiserner Platte versehener, gekrümmter Baumast) als die Absonderung der Körner ist primitiv. Die Faser ist kurz und wenig kräftig, aber von weißer Farbe. Nur ein geringer Teil, kaum mehr als $^1/_{10}$, der Ernte[3]) dürfte ins Ausland gehen. Der Verbrauch in China selbst wächst; fast den ganzen für die Ausfuhr verfügbaren Überschuß[4]) nimmt Japan auf. Gesponnen wird der Faden primitiv in Handspinnerei, nur in Schang-hai existieren Maschinenspinnereien. Aus den Samen wurden schon seit Jahrhunderten Beleuchtungsöl und Kuchen als Viehfutter hergestellt.

Das Chinagras (Ramie), das Textilfabrikate gibt, im Handel als „grascloth" bekannt, wird vornehmlich in den Provinzen Se-tschwan, Hu-nan, Hu-pei, Kiang-si, Fo-kien und Kwang-tung angebaut. In Kanton ist der Hauptsitz der Grasleinenmanufaktur. (Vgl. S. 271.)

Hanf[5]) wird in einigen Gegenden zur Taufabrikation, in anderen zur Ölgewinnung gepflanzt, am meisten in den Provinzen Se-tschwan, Tschi-li, Hu-pei, Fo-kien, Kwang-tung.

Auch Jute, Corchorus capsularis, wird gepflanzt.

Indigo wird in ganz außerordentlichen Mengen aus mehreren Pflanzen gewonnen, hat aber infolge nachlässiger Zubereitung eine geringere Güte als der bengalische, und seine Kultur wird durch den künstlichen Indigo zurückgedrängt werden.

Kreuzdorn (Rhamnus chlorophora) liefert den „grünen Indigo".

Der Talgbaum (Sapium sebiferum), wild und kultiviert, findet sich in ganz China, am häufigsten in den Ostprovinzen; er liefert im Lande und für Ausfuhr ein sich durch hohen Schmelzpunkt auszeichnendes Fett. Der Lackbaum wächst namentlich in Se-tschwan, Hu-nan und Kiang-si. (Vgl. S. 269.)

---

[1]) Neuerdings wird der Rübenzucker Europas durch den Rohrzucker Javas usw. verdrängt. Einf. von Zucker 1891: 17550; 1896: 99000; 1902: 271000 T. [2]) Prod. i. Durchschnitt 1900—1902 (nach Schätzung): 9300 T. = 0,8% d. Weltprod. [3]) Prod. (nach Schätzung) 1902/03: 1200000 Ballen = 7% d. Weltprod. [4]) Ausf. 1904: 74300 T. [5]) Prod. nach Bartholomew: 11700 T. = etwa 2,3% d. Weltprod.

Die Saflorpflanze (Carthamus tinctorius) pflanzt man am stärksten in den Jang-tse-kiang-Provinzen an.

Kampfer s. S. 269; Bambus und Wald s. S. 272.

Tierzucht. Weideland gibt es in China fast gar nicht, oder es wird, wenn vorhanden, nicht ausgenutzt. Während im trockenen Vorderasien das Schwein verpönt ist, weil seine Zucht unrentabel ist, ist für das feuchte Klima Ostasiens das Schwein [1]) gerade das geeignetste Haustier. In China ist es zur Schnellwüchsigkeit und zu hoher Mastfähigkeit herausgezüchtet, als genügsamer Allesfresser leicht aufzuziehen, der Hauptfleischlieferant. Viel geringere Wichtigkeit haben die Rinder; im Norden, wo das Gras noch reichlicher, dient der Ochse als Trag- und Lasttier; gegen Süden werden Rinder besonders in der Nähe der Vertragshäfen für die Europäer gezogen. Das Fleisch wird nur selten genossen. Auch Pferde sind selten und erliegen im eigentlichen China, eingeführt, meist bald dem Klima; die mandschurischen Ponys dagegen sind recht brauchbar. Für die Europäer werden Pferde von Jehol und Tsitsikar (im Norden) eingeführt; in Nordchina zieht man Esel und Maultier dem Pferde vor. Während für das trockene Vorderasien das Schaf geradezu charakteristisch ist, gedeiht es im feuchtwarmen Ostasien bereits schlecht. Das eigentliche China importiert Schafe[2]) von der Mongolei. Federvieh wird sehr viel gehalten; eine besonders große Rolle spielt die Ente, die zum eifrigen Eierlegen gebracht ist. Die Seidenraupe wird seit uralten Zeiten in China gezüchtet; um 1000 v. Chr. soll die Seidenkultur bereits eine der wichtigsten Beschäftigungen der Landleute gewesen sein. Der Maulbeerbaum, auf etwas hochgelegenem (nicht zu feuchtem) Boden gepflanzt, liefert die Hauptnahrung der Raupe, die eine glänzende und weiche Seide gibt; mit Blättern des wilden Maulbeerbaums genährt, gibt sie gröbere Seide; die wilde Seidenraupe („Eichenspinner"), die im Norden des Reiches und in Schan-tung gedeiht, wird mit Blättern der Seidenwurmeiche (Quercus mongolica) und anderer Eichenarten gefüttert und gibt eine harte Seide. Die beste Seide[3]) kommt aus der Provinz Tsche-kiang (Seidenindustrie von Hang-tschou, 800 000 Einw.); auch Kiang-su, Se-tschwan, Ho-nan und Kwang-tung liefern eine gute Seide. Die Seidenweberei bildet namentlich in der Provinz Kwangtung (Zentrum Kanton) eine bedeutende Hausindustrie. Das Wachsinsekt (Cocus pela) wird in Westchina, Se-tschwan, Jün-nan, Kwei-tschou, namentlich aber in dem Kien-tschangtale (An-ningfluß) von Ning-juen abwärts, gezogen. Von dort schafft man die Larven des Insekts im Frühjahr nach Kia-ting am Min-ho, wo sie dann, auf den Wachsbäumen angesiedelt, Wachs abscheiden, das zur Lichtfabrikation usw. dient.

Bergbau. Obwohl außerordentlich reich an wertvollen Mineralien, hat China sehr geringen und primitiven Bergbau, doch sind neuestens in allen Provinzen Bergbehörden errichtet worden, die über Bergbauschätze ihrer Bezirke Ermittelungen anstellen sollen. Die Ausländer sucht man nach Möglichkeit von der Erschließung der Bodenschätze Chinas fernzuhalten. Gold, Silber (in Jün-nan, Kwei-tschou usw.), Kupfer (Jün-nan), Eisen (Schan-si, Hu-pei usw.),

[1]) Die Zahl ist unbekannt. [2]) China produzierte nach Schätzung 1903: 35 Mill. e. Pfd. Wolle = 1,3% d. Weltprod. [3]) Prod. 1904: 6349 T. = 31% d. Weltprod.

Zinn[1]) (Kotschiuminen bei Möng-tse in Jün-nan), Quecksilber (Kwei-tschou) werden gewonnen. Die Steinkohlen werden von den Chinesen schon seit alter Zeit ausgebeutet[2]), aber in einfachster Weise. In der Mandschurei sind besonders die Kohlengruben von Fu-schönn am Hun-ho ertragreich. Das nördliche China ist ungeheuer reich daran, die Südhälfte von Schan-si, das südliche Hu-nan, das westliche Schan-tung vor allem; nächstdem das nördliche Schan-si, das nördliche Tschi-li, das nördliche Hu-nan, ein kleines Gebiet im nördlichen Ho-nan, das Innere Se-tschwans, das nördliche Jün-nan; ein kleines Kohlenbecken liegt am Po-jang-See in Kiang-si. Jetzt werden schon mehrere Kohlenlager nach europäischer Art ausgebeutet; so die Lager von Kai-ping im Nordosten von Tientsin (Ausfuhrhafen Tsching-wang-tau), die Ngan-jüen-Kohlengruben bei Ping-hsiang in Kiang-si, deren Kohlen auf einer 100 km langen Eisenbahn und auf dem Hsiang-kiang nach den Eisenwerken von Han-jang bei Han-kou verfrachtet werden usw. Deutschland baute eine Bahn von der Bucht von Kiau-tschou nach den Kohlenlagern von Wei-hsien und Po-schan-hsien. Salz gewinnt man aus Meerwasser zur Sommerszeit; in Schan-si aus Salzsümpfen, in Se-tschwan aus Salzbrunnen (300—1200 m tief). Petroleum scheint reichlich (Se-tschwan und bei Jen-tschang in Schan-si) vorhanden zu sein.

Die **Industrie** Chinas war in gewissen Spezialitäten hochentwickelt und zeichnete sich besonders in der Herstellung von feinsten Seidenstoffen, Papier, Lackwaren, Strohmatten und -bändern, Porzellan (Fabriken zu King-tö-tschönn, Provinz Kiang-si; zu Po-schan-hsien, Schan-tung) usw. aus, aber es fehlte der Geist der Kritik und der Forschung. Das Herkommen beherrschte den Betrieb, und über das, was der Lehrling vom Meister gelernt hatte, kam er nicht hinaus. Dieser Schematismus herrscht auch gegenüber den eingeführten Industriewaren, bei denen es mehr auf eine bestimmte Ausstattung als auf Güte der Ware ankommt. Die Maschinenindustrie nach europäischem Muster breitet sich langsam aus, hat aber noch vorwiegend in den Vertragshäfen ihren Sitz. Am wichtigsten ist die Baumwollindustrie[3]), die vor allem in Schang-hai ihren Sitz hat; in Hang-tschou besteht eine große, von Chinesen betriebene Spinnerei, ebenfalls gibt es in Hongkong Baumwollspinnereien. In Schang-hai, Su-tschou (500 000 Einw.), Tschi-fu, Pao-ting und Kanton bestehen Seidenfilaturen, auch in Tsing-tau besteht eine Seidenspinnerei, in Hongkong bedeutende Zuckerraffinerien, in Kau-lun Zementfabriken; Schiffswerften, Eis-, Gas-, Elektrizitätsgesellschaften usw. sind in den großen Orten tätig. Weizenmühlen mit Dampfbetrieb breiten sich aus. In Han-jang bei Han-kou vermag ein Eisen- und Stahlwerk täglich 120 T. Roheisen und Stahlschienen herzustellen.

Verkehr und **Handel.** Die alten gepflasterten Landstraßen sind ver-

---

[1]) Prod. auf 10—20 000 T. geschätzt. (Vgl. dazu S. 78, Anm. 1.) [2]) von Richthofen schätzte vor 30 Jahren die jährliche Ausbeute auf etwa 3 Mill. Tons; für 1904 werden 1,1 Mill. T. (wohl in europ. Art abgebauter Kohlen) als Produktion = 0,12% d. Weltprod. angegeben. Die gesamte in den Kohlenfeldern lagernde Menge wird zu 350 Milliarden T. geschätzt. [3]) Vor etwa 5 Jahren rechnete man 600 000 Spindeln = ca. 0,5% der auf der Erde arbeitenden Spindeln, dazu 1200 Webstühle von 2,1 Mill. der Erde. Kohlenreichtum und Klima (Luftfeuchtigkeit) scheinen die Industrie zu begünstigen, aber die Arbeiter sind noch wenig leistungsfähig. Baumwollengarn wird heute noch in Massen aus Indien und Japan, fast gar nicht mehr aus England, eingeführt. Mit Brit.-Indien ist China der beste Abnehmer für Baumwollwaren auf dem Weltmarkt.

fallen, die heutigen Straßen elend, zu Regenzeiten meist unbenutzbar; dazu, im Verlauf ganz von den natürlichen Verhältnissen abhängig, machen sie zeitraubende Umwege. Brücken sind zahlreich, aber z. T. in sehr schlechtem Zustande und verfallen. Nur im Norden kommen die Landstraßen in Betracht, auf denen der zweiräderige Wagen den Verkehr vermittelt. In ganz Mittelchina sind die reichlich vorhandenen Wasserstraßen die Verkehrsvermittler, auf denen die Boote mit Segeln, Schubstangen, Heckrudern oder am Treidelseil sich fortbewegen. Ein ausgedehntes Kanalsystem, das außer dem Verkehr übrigens auch Bewässerungszwecken dient, verbindet die großen westöstlich fließenden Ströme: Hwang-ho (gelber Fluß) und Jang-tse-kiang von Nord nach Süd. Am wichtigsten war der Kaiserkanal, nächstdem das Kanalnetz im Hinterland Schang-hais. Durch die Überlegenheit der europäischen Dampfschiffe, welche auf dem Jang-tse-kiang bis I-tschang und zur Not bis Tschung-king fahren, in Zukunft sicherlich noch mehr durch die Eisenbahnen, sinkt die relative Bedeutung der Kanäle. In den gebirgigen Nordwestprovinzen sind die Sänften, die von Mauleseln getragen werden, in Südchina neben Flußfahrzeugen die Sänfte auf Kulischultern, der Schubkarren (in Ebenen mit Segel) Verkehrsmittel auf schmalen Trägerpfaden. Da die örtliche Arbeitsteilung im Reiche bereits hoch entwickelt war, ist der Verkehr fast überall sehr rege. Der Postverkehr ist ziemlich ausgedehnt; Telegraphenlinien sind nicht mehr selten. Die ersten Eisenbahnen sind gebaut, große Eisenbahnlinien sind projektiert oder auch schon im Bau. Wie die Dschunken in Flüssen und Kanälen langsam, viel schneller an den Meeresküsten den Dampfern weichen, so werden die Eisenbahnen die mangelhaften Verkehrsmittel und -straßen zu Lande aus dem Felde schlagen. Wichtige Verkehrszentren liegen da, wo das Verkehrsmittel gewechselt werden muß. Die wichtigsten „Vertragshäfen“, die den Seeverkehr mit dem Ausland erledigen, sind Schang-hai (620 000 Einw.), Tien-tsin (750 000 Einw.), Han-kou, Jing-tse-kou (Niu-tschwang), Kanton (880 000 Einw.), Amoy (100 000 Einw.), Fu-tschou (624 000 Einw.), Swa-tou. Auf Schang-hai allein als den bedeutendsten Ein- und Ausfuhrhafen Chinas kamen 1905: 53% des chinesischen Außenhandels. Zahlreiche europäische, amerikanische und japanische Dampferlinien besorgen den Transport. Selbstgenügsam, wie ein Halbkulturstaat es ist, schloß sich China lange gegen nähere und fernere Nachbarn ab; nun aber kommt, zwangsweise von der europäischen Kultur ausgelöst, die Nachbarlage zur Geltung. Rußland, Japan, (Australien) als die näheren, begünstigten, Europa und Vereinigte Staaten als die ferneren, von Natur ungünstiger gestellten, aber kulturell kräftigeren Nachbarn dringen auf das rückständige China ein. Der Außenverkehr entwickelt sich, und die Chinesen hören auf sich abzuschließen und gehen, unter Leitung Japans, daran, eines der wichtigsten Handelsvölker der Erde zu werden.

Ausfuhr 1895: 143,3; 1900: 159; 1901: 169,66; 1902: 214,2; 1903: 214,4; 1904: 239,49; 1905: 227,89 Mill. Haikwan Taels (Seide und Seidenwaren 69,55; Tee 25,27; Rhobaumwolle 12,03; Bohnen, Bohnenkuchen und Bohnenöl 16,7; Pelze 9,68; Strohborten 6,2; Schafwolle 6,07; Kuh- und Büffelhäute 5; Matten und Mattenzeug 4,06; Papier 3,55; Zinn in Blöcken 3,44; Borsten 2,556; Sesam 2,35; Tabak 2,31; Medizinen 2,11; Eier, Albumin und Eigelb 2,02; Zucker 1,91 usw.). Einfuhr 1895: 171,7; 1900: 211,07; 1901: 268,3; 1902: 315,36; 1903: 326,74; 1904: 344,06; 1905: 447,1 Mill. Haikwan Taels (Baumwollwaren 181,45; Opium 34,07; Kupfer 31,13; Zucker 22,62; Eisenbahnmaterial 7,35; Maschinen und Röhren 5,34; Zigaretten 4,38; Wollenwaren 4,24; Papier 2,99; Anilinfarben 2,55; Zinn in Blöcken 2,33; gemischte Webwaren 2,04; Säcke 2,03; Medizin 1,91; künstl. Indigo 1,73; Leder 1,58; Seife 1,56; Rohbaumwolle 1,54; Alteisen 1,49; Lichte 1,38 usw.). Großbritannien hatte 1900 den Löwenanteil am chinesischen Handel (65%); dann folgten Japan, Vereinigte Staaten, Rußland, Deutschland, Frankreich. Am neueren Handel waren beteiligt Hongkong 1903 mit 42; 1904: 39; 1905: 34%; Großbritannien 1903: 11,2; 1904: 12,4; 1905: 15,5%; Japan 1903: 14,9; 1904: 15,1; 1905: 14,3%; Verein. Staaten 1903: 8,4; 1904: 9,6; 1905: 15,4%; Brit.-Indien 1903: 6,6; 1904: 6; 1905: 5,5%; Frankreich 1905: 3,4%; Deutschland 1898: 6; 1905: 3%; Belgien 1905: 1,8%; Rußland 1903: 2,3; 1904: 1,6; 1905: 1,7%. Handelsflotte: 64900 R.-T.

Die **Bevölkerung** des eigentlichen China (mit Mandschurei, ohne Sintsiang, s. S. 257) soll auf etwa 4,8 Millionen qkm 413 (? 325 ?) Millionen Köpfe betragen. Während die Mandschurei (939 300 qkm, 5,5 Mill. Einw.; 6 auf 1 qkm) dünn bevölkert ist, rechnet man die durchschnittliche Volksdichte im eigentlichen China auf 105 (Deutschland 112) aus. In einigen Gegenden aber, im Jang-tse-kiangtal, in der Ebene von Tschöng-tu (in Se-tschwan), am Po-jangsee, in Schan-tung (Volksdichte 264) usw., sitzt die Bevölkerung sehr viel dichter (vgl. dazu S. 147).

Die Nebenländer Chinas s. S. 253ff.

Deutschland hat „pachtweise" den Hafen Tsing-tau an der Bucht von Kiau-tschou mit Hinterland (501 qkm mit 32 000 Einw.) erworben.

Großbritannien besitzt die Insel Hongkong (79 qkm mit 321 000 Einw.) mit dem Hafen Victoria und gegenüber ein Pachtgebiet (970 qkm mit 100 000 Einw.) mit Kau-lun, ferner pachtweise den Hafen Wei-hai-wei mit Umgebung (740 qkm mit 124 000 Einw.) an der Nordküste Schan-tungs. Auch auf den Tschu-san-Archipel vor der Hang-tschou-Bai und auf Inseln der Elliotgruppe in der Koreabai erhebt es Anspruch.

Rußland hatte auf der Halbinsel Liau-tung 3170 qkm mit etwa 250 000 Einw., dem Hafen Port Arthur und der Bucht Talien-wan, wo die Stadt Dalnij (jetzt japanisch Tairen) entstand, gepachtet, verlor aber durch den Krieg mit Japan nicht nur dieses Gebiet an Japan, sondern sah sich gezwungen, den fast schon effektuierten Anspruch auf die Mandschurei südlich von Charbin aufzugeben, die also wieder in Chinas Hände kam. Ja, Rußland wird auch die nördliche Mandschurei schwerlich behaupten können.

Frankreich beansprucht in Südchina Kwang-tschou-wan und die Inseln Tung-schan, Hai-tschwan, Tschang-tschwan (700 qkm mit 60 000 Einw.).

Portugal besitzt noch seit alters Insel und Stadt Macao (12 qkm mit 80 000 Einw.).

Korea.

Infolge der Breitenlage, der Naturlage an der Ostküste Asiens und der Oberflächengestaltung eignet sich Korea nur in der südlicheren Hälfte noch gut für den **Ackerbau.** Da aber das Land sehr gebirgig ist, kommen auch nicht viele Ebenen und Täler für den Reisbau, der auch hier dominiert, in Betracht; von Terrassenbauten hat man darum reichlichen Gebrauch gemacht, sie ziehen sich hoch an den Talseiten hinauf. Die Höhen, aus Gneis und Granit bestehend, liegen fast unbebaut da; nur die Takstaude (Broussonetia Papyrifera Vent.) für die Papierindustrie (Provinz Chulla) wächst dort. Neben Reis werden Bohnen viel geerntet. Weizen-, Hirse- und Gerstefelder treten gegen Norden an die Stelle des Reises und gedeihen an den Südhängen der Berge ganz gut. Die Landwirtschaft hat hier aber den nomadischen Charakter der Halbkultur; zwei Jahre wird auf dem mit der Asche des niedergebrannten Waldes gedüngten Boden gepflanzt, dann nimmt man ein neues Waldstück in Angriff. Der Waldbestand muß dabei schnell zurückgehen. Im Hügelland des Südens (besonders Provinz Tschöl-la-do) pflanzt man Baumwolle[1]), deren Anbau infolge der Bemühungen einer japanischen Gesellschaft großen Erfolg verspricht[2]).

Die **Tierzucht** hat mit natürlichem Gras wenig zu rechnen, Rindvieh und Pferde werden mit einem Gemisch von Häcksel und Bohnen gefüttert. Etwas Seidenzucht wird im Süden betrieben.

Der **Bergbau** ist in den Anfängen. Gold scheint an vielen Stellen sich zu finden und wird im Wönsan-Distrikt, zu Eunsan, zu Tangokae (Kimsang) usw. abgebaut. Eisen, Steinkohlen usw. kommen vor.

Die einheimische **Industrie** geht immer mehr zurück, und ihre Erzeugnisse werden durch die Japans und Europas ersetzt.

Der Binnen**verkehr** in den Gebirgsgegenden wird mit Hilfe von trittsicheren Ponys, die Lasten von 80—90 kg tragen, bewerkstelligt; sonst sind auch hier Karren und Sänften gebräuchlich. Vor dem Jahre 1901 gab es nur eine Eisenbahn, die Tschimulpo mit Söul (200 000 Einw.) verbindet; die Japaner bauten seitdem überraschend schnell das Eisenbahnnetz aus: Fusan—Söul—Widschu—Liau-jang (mandschurische Eisenbahn); dadurch ist Fusan, der am weitesten gegen SO. vorgeschobene Halbinselhafen, der eigentliche Endpunkt der sibirischen Bahn geworden; Zweigbahnen führen zu den Häfen Wönsan und Masanpo. Die wichtigsten Häfen sind Fusan, Tschimulpo, Tschinampo (Hafen Pjöng-jangs), Wönsan, Mokpo. Für den Außenverkehr war die Nachbarlage zu China und Japan entscheidend, bis die Europäer im Felde erschienen; jetzt ringt hier Japan mit größtem Erfolg mit dem Einfluß und Handel der „Weißen", besonders der Russen.

Die Ausfuhr (Waren und Gold) betrug 1901: 13,4; 1902: 13,4; 1903: 14,9; 1904: 11,9; 1905: 12,1 Mill. Yen (Gold 5,2; Waren [Reis, Bohnen, Linsen] 6,9). Einfuhr 1901: 14,7; 1902: 13,5; 1903: 18,2; 1904: 26,8; 1905: 31,96 Mill. Yen.

Die **Bevölkerung** des 218 000 qkm großen Landes beträgt 9,7 Millionen Einw.; die Volksdichte ist am größten in den fruchtbaren Tälern des Westens.

---

[1]) Prod. 1902/03 (Schätzung) 400 000 Ballen = 2,3% d. Weltprod. [2]) Um 1905 schätzte man das mit B. bepflanzte Areal auf 55 000 ha und den Ertrag auf gegen 12 500 T., berechnete aber, daß etwa 650 000 ha dem Baumwollenanbau dienstbar gemacht werden könnten, die 160 000 T. B. ergeben sollen.

Japanisches Reich.

Der **Ackerbau** ist auch hier die Grundlage der Bevölkerung, die sich erst neuerdings auch anderen Gewerben mehr zugewandt hat. Es ist zu betonen, daß Japan sich fähig erwiesen hat, die europäische Wirtschaftsstufe der Wissenschaft zu rezipieren; die Wissenschaft ist nun dort eingepflanzt und regt sich selbsttätig[1]).

Wie die ganze japanische Kultur ein Ableger der chinesischen war, so zeigt der Ackerbau in beiden Ländern große Übereinstimmung, er ist Gartenbau, nicht Feldbau. Doch ist in Japan der Raum beschränkt, und gegen Norden wird das Klima schon ungünstig für den Ackerbau. Der Winter ist ziemlich lang; um so notwendiger ist ein ausgedehntes Bewässerungssystem (aus Flüssen, Wasserreservoiren), das im kurzen Sommer das Wasser nach Wunsch an die Hand gibt; die Bewässerung bei dem Reisbau besonders ist sehr allgemein verbreitet. In ebenen Gegenden wandte man Schaufelräder an, das Wasser aus den Gräben auf die Felder zu heben. Dem Klima begegnet man durch Schutz der Kulturen mit Matten, Schutzdächern usw. Um die Abspülung der Bodenkrume von steilen Berghängen zu verhindern und Bebauung und Bewässerung zu erleichtern, verändert man die Form des Bodens durch Anlage von Terrassen. Der von Natur nicht sehr fruchtbare Boden ist durch tiefgründige Bearbeitung (Hacke und Spaten, seltener Pflug und Egge), häufige Auflockerung, ausgiebigste Düngung (menschliche Exkremente, Komposte, Fischguano, Ölkuchen, Gründünger, Asche, Kalk) und Reinhaltung von Unkraut allmählich verbessert worden. Es wird aber nur ein geringer Prozentsatz (15—20%) des sehr gebirgigen eigentlichen Japans bebaut, da durch die einseitige Bevorzugung des Reises[2]) der Anbau auf Ebenen und Talsohlen vor allem und anstoßende Hänge daneben beschränkt ist; auf diesem Ackerboden vermeidet man freilich jeden Bodenverlust: Gräben, Zäune und Wege.

Der Reis wird im ganzen Lande, mit Ausnahme von Jesso und den Kurilen, gebaut; man hat die Zeit des Erntens durch Züchtung von Früh-, Mittel- und Spätreis vergrößert, doch sind die Schwankungen der Ernte noch beträchtlich (1897: 59½; 1904: 92½ Mill. hl). Der japanische Reis soll der beste Südasiens sein; Japan führt ihn für hohen Preis aus und importiert solchen geringerer Qualität. Im Süden Hondos, auf Schikoku und Kiuschiu ist der Anbau am größten, den besten Reis sollen die Provinzen Higo und Mino erzeugen. Der Reis dient auch zur Reisbierfabrikation, das Stroh zur Dachbedeckung, zu Sandalen (für Mensch und Tier), zu Packseilen, Matten (Hiogobezirk), Strohborten, Viehfutter und -streu.

Die anderen Getreidearten[3]) haben neben dem Reis geringe Bedeutung. In den Gebirgsgegenden treten Hirsearten an seine Stelle. Mais und Roggen

[1]) Der wirtschaftliche Aufschwung Japans im letzten Jahrzehnt sei durch einige Zahlen belegt: Eingezahltes Kapital wirtschaftlicher Gesellschaften 1896: 298 Mill. Yen, 1901: 829 Mill. Yen. Bankdepositen in Tokio 1893: 37, 1903: 132,6 Mill. Yen, in Osaka 1893: 10,5 und 76,7 Mill. Yen. (Vgl. S. 33.)
[2]) Die Produktion Japans ist auf etwa 6,2 Mill. T. zu schätzen (s. S. 128, Anm. 3). Der jährl. Verbrauch pro Kopf ist etwa 180 l. Einf. 1905 f. 48 Mill. Yen.
[3]) Durchschnittl. Prod. von Gerste 1 193 000 T. = etwa 3,3—3,9% d. Weltprod.; Roggen 965 000 T. = 2—2,5% d. Weltprod.; Weizen 569 000 T. = etwa 0,5% d. Weltprod. (Vgl. S. 121, Anm. 3.)

wird wenig, Buchweizen auf sandigem Boden, Gerste zur Grützebereitung, Hafer wohl gar nicht angebaut. Der Weizen degeneriert einigermaßen.

Die Hülsenfrüchte: Bohnen (am wichtigsten die Sojabohne), Erbsen, die Erdnuß (im wärmeren Süden) ersetzen neben Eiern und Fischen das Haustierfleisch. Kartoffeln baut man in den Gebirgsgegenden, Taro und Batate im Süden in den Ebenen, Yamsarten, Lilienzwiebeln, Rettiche, Rüben, Gurken und andere Gemüse tragen ihren Teil zur Ernährung bei.

Der Obstbau, der Orangen, Kakis, Pfirsiche, Zwetschen, Birnen, Kastanien, Äpfel (auf Jesso) zieht, ist Nebengewerbe. Unsere Obst- und Beerensorten sollen auch hier ihr Aroma verlieren.

Das Hauptgetränk liefert hier wie in China der Teestrauch. Derselbe wird an Hügelhängen, aber auch in der Ebene, zwischen 33° und 40° nördlicher Breite, gepflanzt, aber der beste gedeiht in den Provinzen des mittleren Hondo zwischen 34° und 36° am Südende des Biwasees zwischen den Buchten von Idsumi, Owari und Wakasa (Distrikt Utschi, Kioto, Ogura in der Provinz Jamaschiro). Es wird fast nur grüner Tee erzeugt. Die Ausfuhr[1]) geht nach den Vereinigten Staaten und Kanada. Teeuntersuchungsstellen in den Haupthäfen kontrollieren die Qualität des Ausfuhrtees.

Die zu Japan gehörige Insel Formosa baut nur im kühleren Norden an den Abhängen der Gebirge Tee.

Der Tabakbau[2]), wohl durch die Portugiesen um 1600 eingeführt, hat sich trotz aller Verbote ausgebreitet und wird im ganzen Lande hier und da betrieben; die Provinz Higo und der Distrikt Kokubu im südlichen Kiuschiu, überhaupt der Süden der japanischen Inseln, liefern den besten Tabak, aber doch sehr mäßiger Qualität; man macht Anstrengungen, den Tabakbau zu heben und selbst den Tabak für die emporblühende Zigarettenindustrie zu erzeugen. 1904 wurde das Tabakmonopol erklärt, das Gleichförmigkeit und Verbesserung der Fabrikate herbeiführen soll.

Die schon erwähnte Ginsengwurzel kommt in Japan wild nicht vor, wird aber in Hügellandschaften von 300—800 m Höhe, besonders auf Hondo, kultiviert.

Der Kampferbaum gedeiht in den milden Hügellandschaften Südjapans in der Nähe des Meeres: an der Bucht von Kagoschima, auf der Insel Kiuschiu, und vor allem in der Provinz Tosa auf der Insel Schikoku; reichlich auch auf Goto. In Kobe bestehen vier Raffinerien, und Kobe ist Hauptausfuhrhafen[3]). Auf Formosa sind die Abhänge zweier Bergketten des Innern fast ausschließlich mit Kampferbäumen besetzt, aus deren zerkleinertem Holz bis vor kurzem in 14 000 Öfen Kampfer gewonnen wurde, so daß die Bestände schnell zurückgingen. Die Japaner forsteten nun die abgeholzten Flächen wieder auf, setzten die jährliche Höchstproduktion fest und erbauten in Taihokku eine große Raffinerie. 1899 wurde für Formosa ein Kampfermonopol eingeführt und 1903 auf ganz Japan ausgedehnt.

---

[1]) Ausf. 1888 f. 5,8; 1900: 9,1 Mill. Yen; 1904: 64 Mill. e. Pfd. = 29 000 T. = 12,8 Mill. Yen = 9,6% d. Welternte; 1905 f. 10,6 Mill. Yen. Ausf. Formosas 1904: 22 Mill. e. Pfd. = 10 000 T. = 5,7 Mill. Yen = 3,3% d. Weltprod. (Vgl. S. 137, Anm. 1.) [2]) Prod. i. Durchschnitt 1900—1902: 36 700 T. = 3,4% d. Weltprod. [3]) Weltverbrauch etwa 4700 T.; Kobe führte 1903: 2400 T. aus. Ende 1903 kam aus den Vereinigten Staaten die Nachricht, daß es gelungen sei, künstlichen Kampfer aus Terpentinöl herzustellen, der billiger sei als japanischer Monopolkampfer.

Der Wald s. S. 272.

Der Talgbaum wird auf Schikoku und Kiuschiu viel angebaut, der Lackbaum dagegen im nördlichen Hondo (Tal des Tadamigawa bei Jonessawa und Mogami). (Vgl. S. 269.)

Die Baumwollstaude[1]) wird südlich des 38.°, am meisten in West- und Mitteljapan, angepflanzt. Die sehr bedeutende Baumwollindustrie[2]) ist zum guten Teil auf Einfuhr des Rohstoffes aus Vorderindien und der Union angewiesen

Hanf[3]) tritt in den nördlichen Ebenen, auch auf Jesso, und in den Gebirgstälern an die Stelle der Baumwolle.

Tierzucht. Gräser und Kräuter zur Nahrung würden nicht mangeln, aber doch ist die Tierzucht, wie in ganz Ostasien, hier nicht entwickelt. Das Pferd ist klein, wenn auch ausdauernd, und dient zum Lasttragen; die wenigen Wagen, die man anwendet, werden von Ochsen gezogen. Die Rinder ziehen auch den Pflug und tragen Lasten, werden aber nicht als Fleisch- und Milchtiere gehalten. Die Schafe, welche früher durchaus fehlten, gedeihen trotz aller Bemühung wenig; selbst Schweine sind, außer bei den großen Städten, selten gezogen. Hühner und Enten aber sind häufig.

Sehr entwickelt ist die Seidenzucht, die als Hausindustrie mit großer Sorgfalt betrieben wird[4]). In der mittleren Zone (Provinzen Dshoschiu, Musaschi, Sindschiu usw.) ist sie am meisten entwickelt, aber auch nördlich davon in den gebirgigen Provinzen Iwaschiro, Uzen, Ugo, Matsu und im Süden in Etschizen, Mino, Owari; auch auf den Liukiuinseln. Japan führt viel Rohseide aus.

Bergbau. An Edelmetallen ist Japan arm; Gold (Insel Sado, Esaschi auf Jesso) und Silber wird nicht besonders viel produziert[5]). Kupfer dagegen wird reichlich (großes Kupferwerk Aschio auf Hondo nördlich von Tokio mit 12 000 Arbeitern und Besschi auf Schikoku) gefunden[6]).

Die Kohlenproduktion Japans ist bedeutend, besonders auf der Insel Kiuschiu, ferner auf Jesso; ein Kohlenlager liegt nördlich von Tokio. Es wird Kohle nach Hongkong, China, Britisch-Indien usw. ausgeführt[7]), über die Häfen Modschi, Kutschinotsu, Nagasaki, Karatsu hauptsächlich. Eisen ist reichlich vorhanden, aber noch wenig ausgebeutet[8]). Manganerz[9]) wird gefunden. Petroleum scheint sich überall zu finden (besonders in den Provinzen Etschigo Akita, Aomori, Jesso und Formosa), doch wird es nur in Etschigo lebhaft ausgenutzt[10]). Die Inseln Jesso und Iturup sind sehr reich an Schwefel[11]). Salz[12]) wird durch Verdunstung von Meerwasser gewonnen.

---

[1]) Prod. 1902/03: 120 600 Ballen = 0,7% d. Weltprod. [2]) S. unten! [3]) Prod. nach Bartholomew 10 700 T. [4]) Prod. 1904: 5827 T. = 28,4% d. Weltprod. Wie sehr die japanische Methode, die Seidenraupe zu züchten, der siamesischen z. B. überlegen ist, sei betont. Die japanische Methode, in Siam angewandt, hat die Produktion der Rohseide um ca. 30% vermehrt; die japanische Züchtung des Wurms und die japanische Haspelung ergibt eine Seide im Werte von 1000 Tikal (à 2,49 Mk.) für 1 Pikul gegenüber 300 Tikal nach siamesischer Methode. Prod. von Seidenstoffen s. S. 299. [5]) Prod. von Gold 1900: 2130 kg, von Silber 58 900 kg; 1903: 3140 und 58 700 kg. [6]) Prod. 1901: 30 000 T., davon 21 800 ausgeführt; Prod. 1905: 35 910 T. = 5,1% d. Weltprod. Ausf. 1904: 12,9; 1905: 16,05 Mill. Yen. [7]) Prod. 1901: 9,03; 1902: 9,74; 1903: 10,14; 1904: 10,09 Mill. T. Ausf. 1900: 3,35 Mill. T. im Werte von 42 Mill. Mk. 1902: 2,9 Mill. T. im Werte von 17,3 Mill. Yen. [8]) Prod. von Roheisen 1900: 24 900; 1903: 33 900 T. [9]) Prod. 1900: 15 830; 1903: 5610 T. [10]) Prod. 1900: 1 384 000; 1903: 1 921 000 hl; 1901: 548 200 Barrel = 0,3% d. Weltprod. Einfuhr Japans 1901: 31,4 Mill. Mk. [11]) Prod. 1900: 14 450; 1903: 22 900 T. [12]) Prod. Japans etwa 720 000, Formosas 62 000 T. Nach Bartholomew: 5,4% d. Weltprod.

Die **Industrie** hat sich neuerdings nach europäischem Muster (mit Maschinenbetrieb) mächtig entwickelt: Baumwollenindustrie (Osaka 821 000 Einw.)[1], Papierindustrie[2], Zündholzfabrikation[3], Porzellan- (Seto), Lackwarenindustrie (Kioto 353 000 Einw.), Wollindustrie (bei Tokio), Seidenindustrie[4] (Kioto) usw. Die Eisen- und Stahlindustrie (Stahlwerke zu Osaka, Jawatamachi, Jawatamura oder Wakamatsu; Kriegshafen Kure) ist schnell fortgeschritten, ebenso der Schiffbau (Werften in Jokosuka, Kure, Saseho, Kawasaki).

Der Binnen**verkehr** beruhte früher auf Karren, die von Menschen gezogen wurden, auf Sänften und auf der Schiffahrt an den ausgedehnten Küsten; nun aber sind zahlreiche Eisenbahnen im ganzen Land erbaut, und die Dampfschiffahrt hat sich außerordentlich entwickelt. Die wichtigsten Häfen sind Jokohama (194 000 Einw.) für Tokio (1,4 Millionen Einw.), Kobe (216 000 Einw.), Osaka, Nagasaki (107 000 Einw.).

Die Nachbarlage zu China und Korea bestimmte die Geschichte des japanischen Inselreiches bis in die neueste Zeit, in der es durch das Erscheinen der Europäer und dann der Amerikaner in die Weltpolitik und den Weltverkehr mit hineingezogen worden ist; daß es sich dabei mit Glück als gewichtiger Faktor zu behaupten vermag, verdankt es seiner ausgezeichneten Insellage und der dadurch früher ausgelösten Bildungsfähigkeit seiner Bevölkerung.

Ausfuhr 1902: 258,3; 1903: 289,5; 1904: 319,3; 1905: 318,3; 1906: 419,2 Mill. Yen (rohe Seide 110,4; Abfallseide 5,8; seidene Gewebe und Taschentücher 38,4; Baumwollgarn 35,3; Kupfer 25,1; Kohlen 16,3; Baumwollenzeuge 15,6; Tee 10,8; Zündhölzer 10,9; Porzellan u. Tonwaren 7,9; Matten 5,8; Reis 3,7; Kampfer 3,6; Strohgeflecht 3,6). Einfuhr 1902: 271,7; 1903: 317,1; 1904: 371,4; 1905: 487,7; 1906: 417,8 Mill. Yen. (Rohbaumwolle 82,7; Reis 26,2; Zucker 23,7, Maschinen, Geräte usw. 21,6; Eisen und Stahl usw. 16,3; Baumwollgarn u. -waren 16,1; Ölkuchen 15,7; wollene Tuche 13,9; Petroleum 12,3; Sojabohnen usw. 9,7; Rohwolle 9,2; Weizenmehl 8,2; Leder 3 usw.). Die Verein. Staaten von Amerika hatten 1902: 24; 1905: 24,5% Anteil am Außenhandel; China 16,5 und 18,7%; Großbritannien 13 und 15,9%; Brit.-Indien 10 und 12,1%; Frankreich 6 und 4%; Deutschland 5,8 und 5,8% usw. Handelsflotte: 1 124 700 R.-T

Die **Bevölkerung** von 50,9 Millionen Einw. auf 420 000 qkm (Areal vor dem Kriege mit Rußland; dazu kommt nun der südliche Teil Sachalins und das Gebiet auf der Halbinsel Liau-tung) sitzt dünn auf der Insel Jesso und im östlichen Teil Formosas, dichter schon im Norden Hondos und im Westen Formosas, auf Schikoku und Kiuschiu, am dichtesten im ganzen Süden Hondos und im Nordwesten Kiuschius.

---

[1]) In der Spinnerei 1900: 1,14; 1904: 1,3 Mill. Spindeln = etwa 1,3% d. Zahl auf der Erde; Webstühle 620 000. Wert des Baumwollgarns 1900: 32,4; 1904: 34,57 Mill. Yen; der Baumwollwaren 42,3; 34,2; des Baumwollflanells 9,7 u. 10,9 Mill. Yen. [2]) Wert der Prod. 1900: 21; 1904: 23,34 Mill. Yen. Prod. an europ. Papier 1893: 31,8, 1901: 113 Mill. Pfund (à 600 g). [3]) Wert der Prod. 1900: 5,9; 1904: 11,7 Mill. Yen. [4]) Wert d. Prod. von Habutae 1900: 25,8; 1904: 34,3 Mill. Yen.

III. Australien (Festland), Tasmanien und Ozeanien.

Bevölkerung s. S. 19, 32. Lage und Raumgröße S. 57ff, 62. Horizontale Gliederung S. 64. Vertikale Gliederung S. 71. Flüsse S. 71, 109. Vulkanismus S. 73. Erdbeben S. 73. Mineralien S. 76ff. Bodenfruchtbarkeit S. 89. Benachbarte Meere S. 101—105. Klima S. 111ff., 117. Pflanzen S. 119ff. Tiere S. 139 ff.

1. Das Festland und Tasmanien.

Das Festland von Australien und Tasmanien bildet nach Boden, Klima, Pflanzen und Tieren im ganzen eine natürliche Einheit.

Der Wirtschaftsstufe nach standen und stehen die Eingeborenen auf der „tierischen" Wirtschaftsstufe; die eingewanderten und jetzt völlig dominierenden „Weißen" treten immer vollkommener in die Wirtschaftsstufe der Wissenschaft.

Bei den Eingeborenen herrscht die Sammelwirtschaft, die aber auch bei den Weißen eine ziemliche Rolle spielt, wie immer in jungen Kolonialländern.

Die **natürliche Pflanzenwelt** bot den Eingeborenen nur eine beschränkte Zahl von Nutzpflanzen. Die Savannen- und Waldregion des Ostens und Nordens lieferte noch am meisten Sammelfrüchte: Beeren, Nüsse, Saftfrüchte, so von Persoonia, Macadamia ternata, Castanospermum australe (australischer Kastanienbaum), dessen walnußgroße Samen die Ureinwohner von Neusüdwales gekocht oder gebraten zum Genusse oder zur Herstellung eines groben Brotmehles benutzten, Schraubenbaum, Maulbeerbaum, Gichtstammbaum, zwei Orangenarten, Weinrebenarten, Capparis spinosa (Kapern) in West- und Nordaustralien. Die australischen Bananenarten des Nordens gaben nur aussaugbare, fleischlose Früchte; die Samen von Panicum decompositum (F. v. Müller) wurden gesammelt; einige Eukalyptusarten sondern süßes „Manna" ab. Microseris Forsteri liefert eßbare Wurzelrüben, wie Colocasia macrorhiza stärkemehlhaltige Wurzeln, Banksiasträucher sondern in ihren Blüten Honig ab. Das Bohnenkraut, Hardenbergia monophylla, ist eßbar. Eßbare Schwämme und Pilze sind nicht selten. Die Blätter von Duboisia Hopwoodi und die Zweige von Daviesia corymbosa führen Nikotinstoffe. Vom Schraubenbaum lassen sich flechtbare Pflanzenfasern gewinnen. Zedern und buchsbaumartige Bäume lieferten den Eingeborenen hartes, gutes Holz. Zum Anbau einer Pflanze haben sie es nicht gebracht. Einen gewissen Anfang dazu kann man in der systematischen zeitweisen Schonung für gewisse Früchte tragende Pflanzen sehen. Auch hatten sie gelernt, die Triebspitzen der ausgegrabenen Wurzeln einer Yamsart in die Löcher zurückzustecken, also einzupflanzen.

Im ganzen bot die natürliche Pflanzenwelt den Eingeborenen doch nur sehr geringe Nahrungsmengen.

Die eingedrungenen Europäer werden die wilden Pflanzen nur wenig noch für Nahrungszwecke nutzen. Der Wald muß heute besonders Holz liefern. Mehrere Casuarinenarten, besonders Casuarina equisetifolia Forst. und C. stricta Ait., beide in Ostaustralien, liefern sehr hartes Nutzholz („Eisenhölzer"), das sich auch durch lange Dauer im Wasser auszeichnet und sehr heizkräftig ist. Die zahlreichen Eukalyptusarten, sowohl in Ost- als in Südwestaustralien vorkommend, liefern ein außergewöhnlich hartes, im Schiffsbau, zu Bahnschwellen und Telegraphenstangen und zu Wagnerarbeiten sehr geschätztes Holz; am wertvollsten sind Eucalyptus rostrata Schl. und Euc. marginata Don. (Jarraholz oder „australisches Mahagoni", auch für Kunsttischlerei), Euc. microcorys F. v. Muell. dient bei uns als Pflasterungsmaterial. Noch zahlreiche, meist durch große Härte ausgezeichnete Hölzer kommen vor und gelangen auch in den Handel. Einige „Santelhölzer" aus Südwestaustralien werden ausgeführt, australisches „Buchsholz" und „Teakhölzer" sind zu nennen.

Verschiedene Akazienarten liefern ausgezeichnete Gerbmaterialien: „Mimosa"- oder „Wattle"-Rinden; zuerst mit Vernichtung der Wälder gewonnen, werden sie jetzt durch Schälwaldkultur, die eine ziemliche Rolle spielt, erzeugt. Das beste Produkt (über 30% Gerbstoff), „Black-Wattle", scheint Acacia decurrens zu liefern; „Gold-Wattlerinde" stammt von Ac. penninervis, die Queensland-Mimosarinde von Ac. lasiophylla, die „Silber-Wattle"-Rinde von Ac. dealbata (hauptsächlich Tasmanien).

Jagd und Fischerei. Känguruhs, von 5—100 kg schwer, Beutelfüchschen (Opossum) mit Fleisch, das nach Eukalyptusöl riecht, und Fell zur Kleidung, ein Miniaturbär, der Emu, der Kasuar, die australische Trappe waren und sind Jagdtiere der Eingeborenen, die sie mit Speeren (durch Wurfstock beflügelt), dem Bumerang, dem Wurfschwert und Netzen jagten.

An den Küsten gaben mehrere Arten Robben, der Dujong mit lebertranartigem Öl, der südliche Wal mit kurzen Barten, aber geschätztem Tran, andere Walarten und Delphine den ersten weißen Siedlern einen guten Teil ihrer Bedürfnisbefriedigung. Massenhafte Fische, Krabben, Muscheln fingen die Eingeborenen mit Netzen oder Angeln aus Gräten und Knochen und dem dreizackigen Fischspeer, in der Nacht bei dem Lichte von Grasbaumfackeln; in Westaustralien baut man Fischreusen aus Baumästen und Zweigen, im Darling benutzte man zum Fischen uralte Steinbauten unbekannten Ursprungs, die auch stets ausgebessert wurden. In Zeiten der Not muß allerlei Getier zur Nahrung dienen: Leguane und Eidechsen, Schildkröten und Frösche, Schlangen und Engerlinge, Schnecken und Muscheln, Motten und Würmer, Ameisen und Termiten; wird die Nahrung gar zu knapp, so wird der Hungergürtel aus Dingofell enger angezogen — eine Art körperlicher Anpassung nach tierischem Muster.

Zur geordneten Fleischlieferung ein Haustier sich zu erziehen, ist den Eingeborenen nicht gelungen; einen ersten Schritt zur Tierzucht kann man vielleicht[1]) darin sehen, daß man junge Dingos zähmte als Gehilfen zur Jagd und sie, wenn sie älter und fetter wurden, aß. Anthropophagie aus Not fand sich stellenweise.

Heute ist besonders die Jagd auf Kaninchen[2]), die als Landplage auftreten, Opossums[3]), Känguruhs (die den Viehzüchtern das Gras schmälern), Dingos (als Feinde der Haustiere) wichtig.

P e r l m u s c h e l n werden gefischt besonders in der Torresstraße (Zentrum Thursdayinsel)[4]); auch an der Nordwestküste Westaustraliens (Sharksbai und nordöstlich des Nordwestkaps) werden Perlmuscheln und Perlen gewonnen. In der Moretonbai und in der Sandy Strait, auch an der Nordwestküste Australiens, finden sich A u s t e r n und werden, in der Moretonbai besonders, gezüchtet.

[1]) Vielleicht aber war der Dingo ein aus der Urheimat (Südasien) von den Eingeborenen mitgebrachtes Haustier gewesen und dann verwildert. [2]) Victoria führte 1901 f. 0,1; 1903: 7 300 000 gefror. Kaninchen u. 10—12 Mill. Kaninchenfelle; Südaustr. gefror. K. 1902 f. 11 800 £; Neusüdwales 1905 f. 314 500 £ gefror. Kaninchen und Kaninchenfelle aus. 1906 führte der Australische Staatenbund im ganzen gefror. Kaninchen und Hasen f. 491 000 £ u. Kaninchen- u. Hasenfelle f. 477 000 £ aus. [3]) 1901 wurden in Sydney schon bis zum 5. Sept. 2,25 Mill. Felle verkauft. [4]) Queensland führte 1901 aus für 105 000 £, Westaustralien gewann 1889/1899 im ganzen f. etwa 900 000 £ Perlen und Perlmuscheln; 1903 f. etwa 214 000 £.

An der Westküste Australiens und sonst in den umliegenden Meeren fängt man noch heute Wale und Dujongs.

Schwämme finden sich an den Küsten von Neusüdwales und werden sogar gezüchtet.

Guano wird an der Nordwestküste Australiens (Lacepedeinseln, Houtmans oder Abrolhosinseln, Ashmoreinseln und Browseinsel) angebaut.

Ackerbau. Von 1861—1898/99 ist die bebaute Fläche Australiens um etwa 647% angewachsen. Der Ackerbau wird schon ziemlich rationell betrieben, doch hat er infolge der öfters eintretenden Dürren von Jahr zu Jahr sehr ungleiche Anbauflächen[1]) und Erträge aufzuweisen. Im südöstlichen und südwestlichen Australien erlaubt das Klima den Anbau der europäischen Getreidearten. Weizen[2]) ist die wichtigste Halmfrucht, die besonders von Südaustralien über Victoria nach Neusüdwales und ins südliche Queensland (Hinterland der Küste zwischen Brisbane und Maryborough, Darling Downs, Maranoa-Distr., Gegend von Barcaldine) hinein westlich der Wasserscheide gegen den Großen Ozean auf der flachen trockenwarmen Abdachung gegen das Innere gebaut wird. Die Ernten schwanken ziemlich stark, besonders dort, wo die künstliche Bewässerung, wie in Neusüdwales, noch wenig zur Anwendung kommt, und bald bleibt mehr, bald weniger für die Ausfuhr verfügbar. Der Anbau hat sich neuerdings vielfach modernisiert; dadurch sind die Erträge stark gestiegen und sicherer geworden. Auf der feuchten östlichen Abdachung zum Großen Ozean bis zur Küste herrscht vom Süden bis Nordqueensland der Maisbau, der im Landesinneren nur in den feuchteren Gegenden Queenslands und im Norden von Neusüdwales eine gewisse Rolle spielt. Gerste wird allgemein sehr wenig angebaut, am meisten in dem ziemlich trockenen Küstenstrich westlich von Melbourne, dessen Umgebung ebenso wie die Sydneys Braugerste erzeugt. Der Hafer, da er den kühlen Sommer liebt, ist nur im Gebirgslande und an der Südküste Victorias von größerer Bedeutung, ebenso wie in Tasmanien besonders an der feuchten Westküste. Der Roggenbau ist sehr unbedeutend. Durra und Hirse werden in geringer Ausdehnung gebaut.

Kartoffeln[3]) werden im südlichen Teil des Küstenstriches von Neusüdwales, in der Südhälfte Victorias und in der Westhälfte Tasmaniens besonders angepflanzt, auch an der Südküste Westaustraliens. Im Küstenstrich von Queensland bis zum nördlichen Neusüdwales hat der Batatenanbau Bedeutung. Hülsenfrüchte (Erbsen und Bohnen) haben um Melbourne und überhaupt im ganzen Berg- und Küstenland Victorias und in Tasmanien große Wichtigkeit. Leinsaat wird in Victoria gewonnen.

In Queensland hatte man im Süden (Pimpamadistrikt) wie im Norden mit der Reiskultur begonnen, für die Klima und Boden geeignet zu sein scheinen; doch ging der Anbau seit 1898 beständig zurück.

---

[1]) Australien, Anbauflächen 1902/03: 8 469 300; 1905/06: 9 380 400 Acres. [2]) Prod. des Australischen Bundes 1902: 1 082 000; 1903: 347 500; 1904: 2 082 000; 1905: 1 530 000 T. = 1,7% d. Weltprod.; davon Victoria 590 000; Neusüdwales 462 000; Südaustralien 339 000; Queensland 60 000; Westaustralien 57 000; Tasmania 22 000 T. Prod. 1901: 1,5; 1902: 0,8% d. Welternte. [3]) Prod. Australiens 1903/04: 449 400; 1904/05: 296 500 T. (Tasmania 110 500; Victoria 92 900; Neusüdwales 48 800 usw.) = 0,2% d. Weltprod.

An der Küste Queenslands (zwischen Mackay und Herberton, Distrikte Bundaberg, Maryborough, Gin Gin, Childers, Mackay, Bowen, Herbert, Johnstone, Cairns, Port Douglas usw.) hat die Zuckerindustrie[1]) große Bedeutung gewonnen, aber auch in Neusüdwales' fruchtbaren Flußtälern (Richmond-, Tweed-, Clarencefluß) hat das Zuckerrohr sich ausgebreitet.

Auf den Hochebenen von Neusüdwales baut man bereits die Zuckerrübe und hofft sie einführen zu können.

Australien hat größere Landstriche, die für Obst- und Früchteerzeugung sehr geeignet sind. Bananen (Cairns, Geralton), Orangen (Umgebung von Sydney, besonders Maryboroughdistrikt in Queensland), Limonen, Pfirsiche, Ananas, Mangobäume, Erdbeeren (um Brisbane, Cleveland), Mandelbäume und Oliven in Südaustralien, Pflaumen- und Apfelbäume[2]) (Tasmanien und Südaustralien) tragen Früchte, wenn bei uns der Winter herrscht. Die Weinrebe (süßer Wein) gedeiht um Brisbane, Sydney, Albury, Melbourne, zumal an der Sonnenseite des Gebirgslandes von Victoria (County Bogong, Moira, Bendigo, Borung), in Queensland (Roma und Warwick) und vor allem in Südaustralien[3]), wo auch Rosinen und Korinthen bereitet werden.

Tabakbau[4]) wird auf den inneren flachen Abdachungen von Neusüdwales und Victoria, auch in den Darling Downs (Queensland), getrieben. Kaffeebau[5]) ein wenig im Küstengebirge Queenslands von Rockhampton nordwärts, besonders bei Kuranda in der Nähe von Cairns.

Im Nordterritorium Südaustraliens und Queenslands werden Versuche mit Baumwolle gemacht; in ersterem soll sich die Küstenzone in einer großen Ausdehnung für den Anbau der Sea Island-Baumwolle eignen.

Etwas Zichorie (um Sydney und Melbourne) ist noch zu erwähnen.

Tierzucht[6]). Das Innere des östlichen Australiens bis zum 20. Grad südlicher Breite hinauf mit seinen Gras- und Salzbuschsteppen ist das gegebene Gebiet für die Schafzucht, die allerdings noch recht primitiv geübt wird und stark unter den Dürren zu leiden hat[7]); man versucht letztere durch Anlegung zahlreicher artesischer Brunnen zu bekämpfen.

---

[1]) Prod. Queenslands an Zucker 1870: 2850; 1880: 15 560; 1890: 69 980; 1900: 92 550; 1901: 120 900; 1902: 76 600; 1903: 91 800 (Prod. 1903/04 = 1,5% d. Weltprod. an Rohrzucker); 1904: 147 700; 1905: 152 700 T.; Neusüdwales 1888: 12 600; 1890: 19 000; 1900: 19 900; 1901: 19 500; 1902: 21 500; 1903: 21 800; nach anderer Quelle erzeugte Australien 1902/03: 92 500; 1903/04: 102 000; 1904/05: 151 200; 1905/06 (Schätzung): 171 500 T. Einf. 1902/03: 83 800; 1903/04: 80 600; 1904/05: 29 100; für 1905/06 erwartete man 15 500 T. Einfuhr. [2]) Ausf. Tasmaniens 1904: 558 000; Südaustraliens 90 000 Kisten. [3]) Prod. Australiens 1904: 5 631 500 Gallonen (Südaustralien 2 625 400; Victoria 1 832 400; Neusüdwales 928 200 usw.); 1905: 250 000 hl = 0,2% d. Weltprod. 1893 in Südaustralien erst 6228, 1903 bereits 8763 ha mit Weinstöcken gepflanzt. [4]) Prod. 1905/06: 7300 e. Zentner = 371 T. [5]) Prod. 1901: 130 000 Pfund = 59 T. [6]) 1800: 1044 Rinder u. 6124 Schafe; 1891: 11,9 Mill. Rinder, 124,5 Mill. Stück Schafe. Ende 1904 und 1905 hatte der australische Bundesstaat: 7,87 und 8,15 Mill. Rinder = 2,3% d. Weltprod. u. 65,82 u. 74,71 Mill. Schafe = 13,6% d. Weltprod.; 1,06 u. 1,03 Mill. Schweine = 0,5 d. Weltprod. u. 1,6 u. 1,64 Mill. Pferde = 1,8% d. Weltprod. [7]) Im Jahre 1901/02 verringerten sich allein in der Kolonie Neusüdwales die Rindviehbestände um 398 000, die Schafbestände um 17,4 Mill. Stück. Die Zahl der Schafe Australiens sank von 1891 bis 1901/02 um 52 Mill. Stück, und man befürchtete, daß das schlechte Jahr 1902/03 den Bestand um weitere 20Mill. herabgedrückt hat. Neusüdwales Ende 1904: 34,5; 1905: 39,5; Victoria 10,17 u. 11,46; Queensland 10,84 u. 12,54; Südaustralien 5,87 u. 6,52; Westaustralien 2,85 u. 3,14; Tasmanien 1,56 Mill. Schafe.

Die Wolleproduktion[1]) Australiens ist außerordentlich umfangreich. Die Zahl der Schafe hat sich zwar in den letzten 15 Jahren verringert, aber der Wollertrag vom Schaf ist infolge sorgfältigerer Züchtung im Gewicht größer und auch hochwertiger geworden. Australien ist fast der einzige Produzent von Merinowolle; neuerdings suchte man aber durch Kreuzzucht vielfach auch den Fleischwert der Schafe zu erhöhen. Australien ist der Hauptwollelieferant der Erde; denn es liefert etwa die Hälfte des Weltbedarfes. Sydney und Melbourne sind die hauptsächlichsten Wollmärkte, nächstdem Geelong und Adelaide. Am meisten Wolle beziehen die Britischen Inseln, Frankreich, Belgien und Deutschland.

Die feuchteren Küstengebiete des Ostens und Nordostens mit natürlichen Grasbeständen dienen der Rindviehzucht[2]). Hier werden große Mengen Getreide vor der Reife gemäht, um als Futterheu[3]) zu dienen, besonders in der Umgebung der großen Städte, wo deren Bedürfnis eine vorstädtische Milchproduktion hervorgebracht hat. Aber auch anderwärts dient das grüne Getreide als Futter, zumal Futtergewächse noch wenig angebaut werden: die Luzerne auf dem Hochlande westlich des östlichen Küstengebirges und ein wenig Futterrüben, besonders um Melbourne für die Milchproduktion und für die Aufzucht von Fleischschafen; letztere gedeiht besonders auf der grasreichen Insel Tasmanien, im trockenen Osten. Rinder gibt es am meisten in Queensland. Die Ausfuhr[4]) der drei östlichen Staaten an lebendem Vieh, Eisfleisch, Häuten und Fellen, Talg u. dgl., auch Butter und Käse ist sehr bedeutend.

Bergbau. Die Eingeborenen benutzten nur einige oberflächlich zu erlangende Mineralien.

Die Besiedelung durch die Europäer hat der Reichtum Australiens an wertvollen Mineralien nicht unwesentlich beschleunigt. Ungeheure Mengen von edlen Metallen sind dem Boden entnommen worden; besonders das alte Faltengebirge des Ostens ist reich daran. Noch jetzt ist die Goldgewinnung[5]), die in Australien 1851 in größerem Maßstab begann, in Westaustralien[6]) (besonders die Coolgardie-, Murchison-, Mt. Margaret-, Dundas-, Peakhill-Goldfelder) sehr bedeutend; auch Victoria[7]) (Bendigo, Ballaarat), Queensland[8]) (Charters Towers, Mount Morgan, Gympie, Croydon), Neusüdwales[9]) (Cobar, Wyalong, Hillgrove), Tasmania[10]) und Südaustralien[11]) (Arltunga) erzeugen viel

[1]) Prod. 1884: 387,28 Mill. e. Pfd. = 16,83 Mill. £; 1894: 605,13 Mill. Pfd. = 15,36 Mill. £; 1903: 390,61 (15%[?] d. Weltprod., s. S. 000) = 14,28; 1904: 455,72 = 17,38; 1905: 498,97 Mill. e. Pfd. = ca. 20 Mill. £; 1905/06 = ca. 25 Mill. £. Ausf. 1904 f. 17,12; 1905 f. 19,82 Mill. £. Ausfuhr 1901/02: 1,28 Mill. Ballen; 1902/03 nur 989 000 Ballen. Das ist die Wirkung der letzten Dürre. Ausfuhr 1894/95: 1,6 Mill. Ballen. [2]) Ende 1904 (u. 1905): Queensland 2,72; Neusüdwales 2,17 u. 2,34; Victoria 1,69 und 1,74 Mill.; Südaustralien 520 000; Westaustralien 561 000 und 632 000; Tasmania 202 000. [3]) Wert der Heugewinnung Australiens 1902/03: 7 038 000; 1904/05: 2 969 600 £. [4]) Ausf. d. Austral. Bundes: gefrorenes Hammelfleisch 1904: 657 400; 1905: 1 112 000; Schaffelle 847 000 u. 1 336 000; Talg 550 000 u. 785 000; Butter 2 461 500 u. 2 354 400 £. [5]) Wert der Goldprod. Australiens bis Ende 1905: 462,44 Mill. £. Goldprod. 1851—55: 338 500; 1871—75: 299 500; 1881—85: 217 800; 1891—95: 281 900; 1896—1900: 469 366; 1901: 115 900 kg. Wert der Prod. 1905: 85,5 Mill. Doll. = 22,8% d. Weltprod. [6]) Prod. 1896: 1,07; 1897: 2,56; 1900: 6,01; 1901: 7,24; 1902: 7,95; 1903: 8,77; 1904: 8,42; 1905: 8,31 Mill. £. [7]) Prod. 1896: 3,22; 1897: 3,25; 1900: 3,23; 1901: 3,1; 1902: 3,06; 1903: 3,26; 1904: 3,25; 1905: 3,17 Mill. £. [8]) Prod. 1896: 2,24; 1897: 2,55; 1900: 2,87; 1901: 2,54; 1902: 2,72; 1903: 2,84; 1904: 2,71; 1905: 2,52 Mill. £. [9]) Prod. 1896: 1,07; 1900: 1,07; 1901: 0,74; 1902: 0,68; 1903: 1,08; 1904: 1,15; 1905: 1,17 Mill. £. [10]) Prod. 1896: 237 600; 1905: 312 400 £. [11]) Prod. 1905: 85 600 £.

Gold. Silber wird ganz überwiegend in Neusüdwales (Broken Hill, neuerdings Copabella) gewonnen[1]), Kupfer in Tasmanien, Neusüdwales (Cobar), Queensland, Südaustralien[2]); Zinn in Tasmanien (Mount Bishop), Neusüdwales (Tenterfield, Emmaville, Tingha), Queensland (Herberton, Stanthorpe), Westaustralien (Greenbushes-Zinnfelder)[3]); Blei[4]) (Broken Hill in Neusüdwales, Zeehan in Tasmanien); Zink[5]) (Broken Hill); Kohlen[6]) finden sich sehr reichlich im östlichen Australien und werden zum Teil abgebaut in Neusüdwales (Newcastle, Maitland, Illawara, Richmondtal, Helensburg, Linlithgow usw.), Queensland (Ipswichdistr.; am Callidebach), Victoria, Westaustralien (Collie bei Bunbury, zwischen Irwin- und Gascoynefluß). An den Flüssen Capertee und Wolgan in Neusüdwales kommen sehr bedeutende Ölschieferlager[7]) vor; Bauxitlager finden sich in Neusüdwales (Wingello, Inversell, Emmaville), ebenda Edel- und Wertsteine (Saphire, Rubine, Smaragde, Türkise, Zirkone, Granaten, Opale) und Platin (Fifielddistrikt). Eisenerzlager sind häufig in Neusüdwales (Mittagong, Cadia, Orange, Goulburn, Picton); eine Eisenindustrie fängt an sich zu entwickeln. Wolfram[8]) und Molybdänglanz wird in Queensland (Herberton-, Ingham- und Hodgkinsondistrikt gewonnen. Hochgradige Phosphate sind in Südaustralien (Yorke Peninsula usw.) gefunden worden.

Unter den zeitweisen Dürren hat allerdings auch der Bergbau (Wassermangel) zu leiden.

Die **Industrie** ist zunächst noch ohne größere Bedeutung, wird sich aber, da alle Vorbedingungen gegeben sind, und Schutzzölle sie begünstigen, sehr schnell entwickeln; der Anfang ist gemacht. Die industriellen Betriebe, die vornehmlich in den drei Oststaaten sich finden, befassen sich hauptsächlich mit der ersten Aufbereitung der Rohprodukte der Vieh- und Ackerwirtschaft und des Bergbaues, der Zubereitung von Nahrungsmitteln und der Herstellung billiger Kleidungsstücke und von Schuhwaren. Eine Eisenindustrie steht in den ersten Anfängen, Zementindustrie und Ziegelei entwickeln sich. Die Sägemühlenindustrie ist besonders in Neusüdwales, Queensland und Victoria verbreitet.

Handel und Verkehr. Die „Nachbarlage" Australiens ist außerordentlich ungünstig gewesen und hat die Entwickelung seiner Bewohner und die Geschichte der Entdeckung des Erdteils durch die Europäer verhängnisvoll beeinflußt. Als Südkontinent von den großen Landmassen der Erde abgewandt, hatte Australien seine Bewohner, die es wohl von Norden her empfing,

[1]) Wert der Prod. von Silber, silberhalt. Blei und Blei in Australien bis Ende 1905: 45,57 Mill. £. Prod. Neusüdwales 1905: 2,49 Mill. £ von 2,864 M. £ in ganz Austral. Bergwerksprod. 1903: 301,2 T. = 5,7%; Hüttenprod. 182 T. = 3,4% d. Weltprod. [2]) Prod. Australiens bis Ende 1905: 42,43 Mill. £; 1905: 36 560 T. = 5,2% d. Weltprod. i. Werte von 2,15 Mill. £, davon Tasmanien 1900: 971 000; Neusüdwales 1905: 511 800; Queensland 1905: 485 100 £ (7040 T.). [3]) Prod. Tasmanias 1902: 243 000 £; Queenslands bis Ende 1903: 96 200 T. = 5,05 Mill. £; 1905: 3750 T. = 287 300 £; Neusüdwales 1881: 568 800; 1905: 173 800 £; Westaustralien 1080 T. = 86 800 £. Prod. ganz Australiens 1904 zu 4600 T. = knapp 5% d. Weltprod. angegeben. [4]) Prod. 1904: 86 200 T. = 9,3% d. Weltprod. [5]) Ausf. von Neusüdwales 1905: 221 200 £, kann in Zukunft sehr wichtig werden. [6]) Prod. Australiens bis Ende 1905: 53,91 Mill. £; 1904: 7,25 Mill. T.; 1905 f. 2,35 Mill. £; davon Neusüdwales: 6 632 000 T. = 2 003 500 £ (Vorrat auf 78 200 Mill. T. geschätzt); Queensland (1904): 166 500 £; Westaustr. 127 400 T. = 55 300 £. Wert 1900: 1,7, 0,17, 0,1 u. 0,5 Mill. £. [7]) Sollen angeblich allein 3840 Mill. Gallonen liefern können. [8]) Prod. 1903: 7870; 1904: 119 000; 1905: 92 700 £.

in Isoliertheit, ohne Anregung von außen, in dürftiger, zum Teil ärmlichster Ausstattung der Landesnatur verkümmern lassen. Und die Entlegenheit von Europa, das allein die Weltmeere überwinden lernte, führte zu einer späten und nicht gleich von Besiedelung begleiteten Entdeckung. So ist Australien erst seit wenig über 100 Jahren entschleiert und besiedelt und noch jung in der Kolonisation. Auch sein Verkehr und sein Handel nach außen leiden noch unter dieser Entlegenheit von den Kulturländern, wenngleich der mächtig aufstrebende junge Staat (Commonwealth of Australia) immer mehr in sich selbst Kraft findet, sich zu entwickeln. In Zukunft dürfte Australien ein wichtiger politischer und Verkehrsfaktor für die Meere Südostasiens und den Großen Ozean werden.

Im Inneren werden die Verkehrsverhältnisse energisch verbessert. Die Hochebenen des östlichen Inneren sind nun durch Eisenbahnen erschlossen, die in Australien wegen der Unbrauchbarkeit der Flüsse eine große Rolle spielen müssen. Im Westen sind der Bergbauprodukte wegen Eisenbahnen ins Innere gebaut. Eine transkontinentale Bahn von Norden nach Süden, von Port Darwin nach Adelaide, ist an den Enden ein Stück ins Land hinein fertig längs des transkontinentalen Telegraphen, und das Mittelstück will man nun in Angriff nehmen. Eine zweite transaustralische Bahn, welche Westaustralien (Stadt Kalgoorlie) mit Südaustralien (Port Augusta) verknüpfen soll, ist geplant. Sydney (511 000 Einw.), Melbourne (508 000 Einw.), Brisbane (126 000 Einw.), Adelaide (171 000 Einw.), Perth (44 000 Einw.), Fremantle (23 000 Einw.), Hobart (35 000 Einw.) sind die Haupthäfen.

Die Ausfuhr besteht besonders aus Rohstoffen, Tierzucht- und Ackerprodukten. Ausfuhr des Australischen Bundes 1903 (einschl. der Münzen und Edelmetalle): 48 170 000; 1904: 55 103 000; 1905: 54 128 000; 1906: 66 327 000 £ (australische Erzeugnisse) im ganzen, davon (Wolle 17,57 im Schweiß, 5,1 gewaschen; gemünztes Gold 10,4; Gold in Barren usw. 4,96; Weizen 4,91; Butter 3,24; Kupfer 2,95; Schaffelle 1,61; Mehl 1,22; gefror. Schaffleisch 1,09 Mill. £; Nutzholz 997 200; Kohlen 885 100; Rohblei 840 600 und Silberblei 803 700; Talg 878 700; Zink (1905) 780 000; Zinn in Blöcken 1 228 100; Rinden zum Gerben (1905) 189 700 £ usw.). Einfuhr 1903: 37 811 000; 1904: 37 021 000; 1905: 38 347 000; 1906: 44 789 000 £ (Kleider und Textilwaren 10 873 300; Maschinen usw. 2 024 100; Metallwaren 3 198 800; Nutzholz, unbearbeitet und bearbeitet, 1 331 300; Papier 950 900; Drogen und Chemikalien 861 000; verzinkte Platten und Bleche 1 112 600; Beutel und Säcke 1 332 300; Tee 904 200; Eisen und Stahl 805 100; Whisky 528 000; Hüte und Mützen 487 600; Bücher und Zeitschriften (1905) 445 300; Leuchtpetroleum (1905) 439 400; Juwelierwaren (1905) 423 200; ferner Metalldraht, außer Stacheldraht, 384 900; Ackerbaugeräte und -maschinen; Metalldrahtnetze; Dünger; Rohrzucker usw.). An dem Handel (Ausfuhr austral. Erzeugnisse und Einfuhr) haben Anteil Großbritannien 1901: 54,7; 1905: 53,2; Britische Besitzungen 1905: 17,4; Deutschland 7; Frankreich 6,8; Verein. Staaten 6; Belgien 4,1; Japan 1%. Von der Gesamtausfuhr des Australischen Bundes entfallen auf Neusüdwales 43,14; Victoria 24,72; Westaustralien 15,82; Südaustralien 9,52; Queensland 5,97; Tasmania 0,83%; von der Gesamteinfuhr auf Neusüdwales 37,9; Victoria 33,7; Westaustralien 9,8; Südaustralien 8,4; Queensland 8,3; Tasmania 1,9%.

Australien gewährt den Waaren Großbritanniens, auch seit kurzem Neuseelands und Brit.-Südafrikas, eine Vorzugsbehandlung.

Bevölkerung. Mehr als ein Drittel der Bevölkerung des australischen Staatenbundes (Commonwealth of Australia seit 1901), 4,58 Millionen Einw. auf 7,93 Millionen qkm, wohnt in Städten. Die Volksdichte ist im Südosten (Neusüdwales 1,466, Victoria 1,21 Millionen Einw.) schon ein wenig größer, im nördlicheren Osten (Queensland 530 000), im Südwesten (Westaustralien 448 000), im Norden und Süden (Südaustralien 399 000; Tasmanien 180 000) gering; im Inneren sind große Gebiete ganz unbewohnt. Eingeborene gibt es vielleicht noch 240 000. Auf der Lord-Howe-Insel (16 qkm) wohnen nur 100, auf der Norfolk-Insel (44 qkm) 830 Menschen. Seit 1902 ist auch Britisch-Neuguinea, 229 100 qkm mit 350 000 Einw., als „Papua-Territorium" dem Commonwealth unterstellt, s. S. 311.

2. Die Australische Inselwelt (Ozeanien).

Darunter versteht man die sich im Norden an Australien anschließende, zum Teil mit großen Lücken nach Osten und Südosten sich erstreckende Inselflur, welche durch diese Lage, meist auch durch Klima, Pflanzen und Tierwelt gemeinsame Züge erhält.

Der Wirtschaftsstufe nach gehören die meisten dieser Inseln der der tierischen und instinktiven Wirtschaft an; durch die europäische Kolonisation, welche durch die Kleinräumigkeit der Inseln erleichtert wurde, hat mehrfach die moderne europäische Wirtschaft Eingang gefunden, am vollkommensten auf dem gemäßigten Neuseeland.

Die aneignenden Wirtschaftsformen haben noch eine große Ausdehnung, wie überall, wo niedrige Wirtschaftsstufen vorherrschen.

Natürliche Pflanzenwelt. Von den wildwachsenden Nahrungspflanzen sind die überall auf den Küsten wachsende Kokospalme, der Brotfruchtbaum (Artocarpus incisa) und der Pandanus (Pandanus odoratissimus) die wichtigsten; doch nimmt die Üppigkeit der Pflanzenwelt von Melanesien nach dem Osten und vom Äquator nach den Subtropen zu ab.

Wichtig ist für den Handel die Phormiumfaser[1]) Neuseelands (Neuseeländischer Flachs) von der Flachslilie (Phormium tenax), welche besonders in feuchten Niederungen an Flußufern in mehreren Varietäten wild wächst. Von diesen wildwachsenden Pflanzen, wenig aus Kulturpflanzen, gewinnt man vier Sorten Flachs, dessen Faser aber geringe Widerstandskraft gegen langandauernde Wirkung des Wassers zeigt. Andere Faserpflanzen, z. B. Hibiscusarten, sind nicht ganz selten. Auf Neuseeland, und zwar hier allein, wird auch in Mengen Kaurikopal[2]) gewonnen; von Dammara australis auf der nordwestlichen Halbinsel der Nordinsel ausgeflossen, liegt er nun rezent-fossil überall am und teilweise im Boden, in mehreren Lagenschichten, wo einst Wälder der „Yellow pine" standen. Der beste Kopal wird in den beiden höchsten Lagen gefunden, und da ist es besonders derjenige, welchen das

---

[1]) Ausfuhr 1895: 1806; 1900: 15 900; 1905/06: 28 450 T. [2]) Ausfuhr 1895: 7425; 1905: 10 883 T.

20*

trockene hochliegende Land liefert; weniger gut ist der der sumpfigen Niederungen. Zum Teil gewinnt man das Harz, das die Maoris übrigens kauten, auch von lebenden Bäumen, entweder das abgetropfte Harz zwischen den Wurzelstöcken hervorholend oder auch einfach die Rinde anritzend. Etwas Kauriharz wird auch im Nordosten Neukaledoniens von Dammara ovata gesammelt. Kautschuk wird von verschiedenen Pflanzen, besonders Ficusarten, gewonnen. „Tahitinüsse" stammen von zwei Palmen Coelococcus carolinensis (Karolinen) und Coelococcus salomonensis (Salomonsinseln) und sind Steinnüsse.

Wertvolle Hölzer sind zumal auf den hohen Inseln häufig. Neuseeland, an der Westküste und im Norden reich bewaldet, trägt Vitex lignum vitae A. Cunn., Vitex littoralis A. Cunn., Metrosideros tomentosa A. Cunn. und M. lucida Menz. (Eisenhölzer), Elaeocarpus dentatus Vahl., Podocarpusarten usw. Von Neuguinea ist Terminalia Catappa L., von Neukaledonien Montrouziera spheraeflora Panch., von den Hawai-Ins. Acacia Koa Gray zu erwähnen; Santalum freycinetianum Gard. auf den Hawai-Ins. und S. austro-caledonicum Vieill. auf Neukaledonien liefern „Santelholz".

Natürliche Tierwelt, Jagd und Fischerei. Jagdtiere des Landes sind kaum vorhanden; die Moas (große Laufvögel) waren das Jagdwild der eingeborenen Maoris auf Neuseeland, die sie bis zur Ausrottung verfolgten, um dann zur Anthropophagie überzugehen. Die Fischerei spielt überall eine große Rolle. Perlen fischt man an den Suworowinseln (Brit. Besitz), Perlmuscheln bei den Salomonsinseln, bei den Paumotu-, Marquesas- und allen anderen Inseln des Großen Ozeans.

Schildkrötenfang und Trepangfang wird bei vielen ozeanischen Inseln betrieben.

Paradiesvögel werden auf Neuguinea, besonders im Nordwesten, wie auf den zu Asien gerechneten Molukken (s. S. 272) gefangen.

Neuseeland.

Der **Ackerbau** ist immer noch stark im Wachsen begriffen[1]). Der sehr reichlich befeuchtete, steilere Westabhang der Inseln hat wenig Ackerbau; am ehesten gedeiht hier noch wie im feuchtkühlen Süden der Südinsel der Hafer[2]), der aber auch an der ganzen Ostseite wichtig ist; er kommt zum Teil zur Ausfuhr. In den warmen und trockenen Ebenen an der Ostseite der Südinsel ist ferner der Weizen[3]) wichtig, von dem auch ausgeführt wird. Gerste (im Osten)[4]) und Roggen sind von geringer Bedeutung. Bei 38—39° nördlicher Breite, in der Mitte der Nordinsel, wird das Klima dem Anbau unserer Getreidearten ungünstig, und nur der Mais[5]) noch wird auf der Nordinsel (besonders auf dem Alluvialland an der Bay of Plenty) in größerem Umfang gebaut. Von den Hülsenfrüchten pflanzt man Erbse und Bohne, besonders in den Bezirken zu beiden Seiten der Cookstraße und an der Ostseite der Südinsel. Die Kartoffel[6]) geht nach Norden auch über die Südspitze der Nordinsel kaum hinaus. Leinsaat baut man besonders im äußersten

---

[1]) 1891: 8,5; 1895: 10,7; 1901: 12,7; 1905: 14,1 Mill. Acres bebaut. [2]) Ernte 1901/02: 15 Mill. Bush.; Ausfuhr f. 0,9 Mill. £. [3]) 4 Mill. B., Ausfuhr f. 160 000 £. [4]) 0,86 Mill. B. [5]) 0,6 Mill. B. [6]) 207 000 T.

Süden in der Provinz Otago. Etwas Hopfen gedeiht in der Umgegend von Nelson.

Für die **Tierzucht** kommen in dem niederschlagsreichen Klima üppige Graswiesen und Weiden in Betracht, aber man erweitert sie noch durch starken Anbau von Wurzelgewächsen, besonders Wasserrüben (Turnips), ferner Futterraps und Runkelrüben, so daß bis gegen 39° auf der Nordinsel lebhafte Tierzucht im Gange ist. Die Schafzucht[1]), zumal zum Zwecke der Fleischerzeugung, steht an der Spitze. In den Gegenden der trockenen Ostseite der Südinsel (Provinzen Marlborough und Canterbury) und in dem südlichen Teil der Nordinsel (Wellington und Napier) ist die Zucht am ausgedehntesten, während die regnerische Westküste sich als wenig günstig erweist. Viel Schaffleisch wird in gefrorenem Zustande exportiert[2]), am meisten über die Häfen Wellington und Lyttelton. Die Wolleproduktion liefert hohe Ausfuhrwerte[3]). Schaffelle und Talg sind ebenfalls wichtige Ausfuhrartikel[4]). Rinder[5]) werden mehr auf der Nord- als auf der Südinsel gehalten. Die Molkereiindustrie ist, besonders auf der Nordinsel, in schneller Entwicklung begriffen; Butter und Käse werden bereits ausgeführt[6]), dazu gefrorenes Rindfleisch[7]). Schweine-[8]) und Pferdezucht[9]) sind weniger von Bedeutung und hauptsächlich im Süden der Nordinsel und im Osten der Südinsel zu finden.

Bergbau. Die Insel enthält sehr reiche Eisenerzlager, die aber noch nicht ausgebeutet werden, und genug Kohlenlager[10]) (Mokau-Awakino, Inangahua, Waikato, Buller usw.) mit guter Kohle. Die Goldproduktion[11]) (Hauraki im Norden, Otago im Süden, bei Hokitika und Wanau) ist beträchtlich. Petroleum wurde an mehreren Stellen erbohrt und wird vor allem bei New Plymouth auf der Nordinsel gewonnen.

Die **Industrie** sitzt in Auckland, Christchurch, Dunedin und Wellington und verarbeitet besonders landwirtschaftliche Produkte; es gibt Fleischgefrieranstalten, Butter- und Käsefabriken, Gerbereien und Wollwäschereien usw.

Der **Verkehr** nach außen ist durch die Inselnatur Neuseelands erleichtert, entwickelte sich aber infolge der Fernlage zu Europa erst neuerdings und gewann größeren Umfang erst, seitdem die Weißen unter Zurückdrängung der Eingeborenen die Produktion nach europäischem Muster in die Höhe brachten. Nun wird die Nachbarlage zu Australien und die Vis-à-vis-Lage zu den Vereinigten Staaten von steigender Bedeutung. Die wichtigsten Häfen sind Auckland, Wellington, Lyttelton für Christchurch und Dunedin.

Ausfuhr 1895: 8,39; 1901/02: 12,9; 1903/04 (ohne Edelmetalle): 14,82; 1904/05: 15,37; 1905/06: 17,68 Mill. £ (Wolle 6,6; gefrorenes Fleisch 2,88; Gold 2,15; Butter

---

1) 1895: 19,8; 1901: 20,2; 1905: 19,1 Mill. Stück = 3,5% d. Weltprod.; 1814 erst wurden sie zugleich mit Pferden u. Rindern eingeführt. 2) 1901/02: 122,1 Mill. e. Pfund, 1882 erst im ganzen 1,7 Mill. e. Pfund; Ausf. 1895: 1 134 100; 1905: 1 690 700 engl. Zentner gefrorenes Fleisch; 1905/06: 185,84 Mill. e. Pfund Hammel- u. Lammfleisch. 3) 1891: 106,2; 1895: 116; 1901: 146,8; 1905: 139,9; 1905/06: 153,1 Mill. e. Pfund = 5—6% d. Weltprod. Wert 1895: 3,66, 1905: 5,38 Mill. £. 4) Talg 1903/04: 15 800; 1904/05: 16 100; 1905/06: 18 000 T. 5) 1891: 832 000; 1895: 1,05; 1901: 1,3; 1905: 1,81 Mill. Stück = 0,5% d. Weltprod. 6) Ausf. von Butter 1895: 58 000; 1905: 305 700 = 15 500 T.; von Käse 1895: 76 700; 1905: 88 600 e. Zentner = 4502 T. 7) Ausf. 1903/04: 17 481 000; 1904/05: 18 545 000; 1905/06: 21 751 000 e. Pfd. 8) 1905/06: 250 000 Stück = 0,1% d. Weltprod. 9) 1895: 237 400; 1905: 326 500 Stück = 0,3% d. Weltprod. 10) Prod. 1890: 637 000; 1895: 726 700; 1900: 1,1; 1904: 1,56; 1905: 1,586 Mill. T. 11) Ausf. 1895: 293 500; Prod. 1900: 373 600 Unzen, Ausfuhr 1905: 520 500 Unzen.

1,54 Mill. £; Neuseeländ. Hanf 721 500; Schaffelle 640 500; Kaurigummi 562 000; Talg 417 600; Nutzholz 303 100; Käse 300 100; Silber 136 200; Weizen 130 400 £ usw.). Einfuhr (Kleidungsstücke, Metallwaren, Maschinen, Tee, Zucker usw.) 1895: 6,4; 1905: 12,83 Mill. £. An dem Außenhandel hatte Großbritannien 1903 67,9% Anteil, Australien 15,8%, die Vereinigten Staaten 7,6%, Fidschi-Inseln 1,9%, Deutschland 1,1%, Brit.-Indien fast 1% usw.

Die **Bevölkerung** Neuseelands und der zugehörigen Chatam-, Kermadec- usw. Inseln betrug (außer den Maoris usw.) 1855: 37 200; 1866: 204 100; 1881: 500 900; 1895: 699 000; 1905: 882 500; 1906: 913 000 Einw. auf 271 000 qkm. Um Christchurch (mit Vororten 58 000 Einw.), um Auckland (mit Vororten 57 000 Einw.), Dunedin (59 000 Einw.) und Wellington (mit Vororten 54 000 Einw.), im ganzen Osten der Südinsel ist die Volksdichte einigermaßen hoch.

Im britischen Besitz sind ferner in **Polynesien** zahlreiche Inselgruppen.

Die 255 **Fidschiinseln** sind, als hohe Inseln, meist gut bewässert und erzeugen bei künstlicher Bewässerung und Düngung Reis, Taro, Yams, Bananen, Bataten, Erdnüsse, Tabak usw. Durch ihr tropisches Klima eignen sie sich auch zum Zuckerrohrbau[1]), der besonders am Rewa- und Baflusse auf Viti Levu und am Lambasa auf Vanua Levu nach wissenschaftlicher Methode betrieben wird; an der Westseite Viti Levus im Nadidistrikt werden große Pflanzungen eingerichtet. Als Nebenprodukt der Zuckerfabrikation ist Branntwein zu nennen. An den Küsten stehen Pflanzungen von Kokospalmen[2]). Bananen[3]), Orangen usw. kommen zur Ausfuhr. Die Tierzucht kann nur in den trockeneren Teilen der Westküsten (Regenwinde aus Nordosten) betrieben werden; systematische Anthropophagie, zum Teil mit Tierzuchtcharakter, war vor Einführung von Haustieren usw. im Schwange. Suva (1000 Einw.) auf Viti Levu ist Haupthafen.

122 000 Einw. auf 20 050 qkm sitzen wie auf allen Inseln des Großen Ozeans meist an den Küsten.

Ausfuhr 1901: 549 000; 1902: 535 200; 1903: 554 700; 1904: 590 000; 1905: 706 400 £ (Zucker 539 600, Kopra 125 900, frische Früchte 29 000 £). Einfuhr (Zeugwaren, Metalle, Maschinen usw., Brotstoffe) 1901: 351 000; 1902: 527 000; 1903: 489 100; 1904: 440 000; 1905: 442 900 £.

Die 150 **Tongainseln**, zum Teil vulkanisch, erzeugen Yams, Bananen, Kokospalmen, den Brotfruchtbaum. Kopra ist der wichtigste Ausfuhrgegenstand, nächstdem Bananen, Orangen und Ananas. Wie die Fidschiinseln werden auch die Tongainseln öfters von zerstörenden Orkanen heimgesucht.

Wert der Ausfuhr 1901: 88 000 £; 1904: 1,7 Mill. Mk.; Einfuhr 64 000 £; 1904: 1,2 Mill. Mk.

Im Jahre 1902: 21 000 Einw. auf 1000 qkm.

---

[1]) Ausf. 1901: 31 750; 1902: 35 900; 1903: 46 400; 1904: 52 100; 1905: 58 500 T. [2]) Ausf. von Kopra 1901: 10 600; 1902: 10 700; 1903: 8500; 1904: 7400; 1905: 10 200 e. Tonn. [3]) Ausf. 1905: 147 000 Fruchtbündel, 83 400 Kisten.

Die 9 **Cookinseln** (Herveyinseln) erzeugen Kopra, Rarotonga und Aitutaki Früchte (Bananen, Orangen, Ananas) und etwas Kaffee. Der Baumwollenbau ging zurück. 8400 Einw. auf 368 qkm.

Ausfuhr 1900: 22400; Einfuhr: 21200 £.

Auf den 9 niedrigen **Ellice-**(oder Lagunen-)**inseln** wird neben ein wenig Taro (in Gruben), Bananen und Brotfrucht hauptsächlich Kopra gewonnen. 2500 Einw. auf 37 qkm.

Die korallinen **Gilbertinseln** tragen große Kokospalmwaldungen und sind ziemlich reich an Pandanus und Brotfruchtbäumen. Etwas Taro in künstlichen Gruben wird gebaut. Fischerei wird getrieben. Haustiere bis auf Hühner fehlten, und es war Menschenfresserei üblich. **Ocean Island** ist reich an Phosphaten. 428 qkm mit 25 600 Einw.

Die ebenfalls aus Korallen bestehenden **Phönixinseln** (42 qkm mit 59 Einw.), trockenen Klimas, tragen nur wenig Kokospalmen, sind aber durch Guanolager wichtig geworden, wie auch Baker und Howland guanoreich waren.

Die **Tokelau-**(Union-)**Inseln** und die **Manihikigruppe** bestehen aus flachen Koralleninseln, die nur zum Teil Kokoswälder und Pandanus tragen und stellenweise etwas Taro erzeugen; zusammen haben sie 151 qkm mit 2350 Einw.

Großbritannien gehören auch die pazifischen Sporaden Starbuck, Malden, Jarvis, Christmas, Fanning, Washington und Palmyra, meist korallinisch, trocken und unwirtlich, aber zum Teil noch guanoreich. Fanning ist jetzt Station des kanadisch-australischen Kabels. Im ganzen 668 qkm mit 200 Einw. Pitcairn im Paumotuarchipel (Landbau, Fischfang, Ziegen, Schafe), etwas südlich des südlichen Wendekreises gelegen, hatte einst eine Halbkultur entwickelt. 7 qkm mit 141 Einw. (1898).

In **Melanesien** besitzt Großbritannien:

Den Südosten von **Neuguinea** mit den d'Entrecasteaux-Inseln und den Louisiaden, als „Papua-Territorium" 1902 dem australischen Staatenbund beigefügt, 229 100 qkm mit 350 000 Einw. Yams, Taro, Sagopalme (zwischen den Mündungen des Flyflusses und der Gegend von Port Moresby), der Brotfruchtbaum mit eßbaren Kernen, wenig Bananen und Kokospalmen (Osten, Insel Mujua, d'Entrecasteaux-Inseln, an Milne- und Tauwarabai) sind die Nutzpflanzen, für die immer neues Waldland durch Feuer gerodet wird; Schweine, Hund, Huhn sind die Haustiere, Wildschweine und Baumkänguruhs die Jagdtiere. Menschenfresserei ist anscheinend noch häufig. Die Töpferei ist stellenweise entwickelt und gibt Stoff zum Handel. In den Handel kommen ferner Gold (Woodlarkinsel, Misima, Tagula und am Mambarefluß, Neuguinea), Perlmutterschalen, Perlen, Schildpatt, Trepang, Kopra, Santelholz, Kautschuk. Kautschuk-, Kaffee- und Kokospflanzungen sind angelegt. Samarai und Port Moresby (Granville) sind die wichtigsten Häfen.

Ausfuhr 1901/02: 68 000; 1904/05: 76 400. Einfuhr 1901/02: 71 000; 1904/05: 67 200 £.

Die britischen **Salomonen** erzeugen Kopra, Steinnüsse usw. Auch Perlmutterschalen, Schildpatt und Trepang werden gesammelt. 33 900 qkm mit 140 000 Einw.

Die **Santa-Cruz-Inseln**, 938 qkm mit 7000 Einw., sind hoch, meist vulkanisch und dicht bewaldet.

Die deutschen Besitzungen.

In Polynesien besitzt Deutschland **Westsamoa** (Upolu und Sawaii), 2590 qkm mit 34 000 Einw. Die Nahrungspflanzen der Eingeborenen sind Taro, Yams, Banane, Brotfruchtbäume, Kokospalme (besonders auf Upolu). Schweine und Geflügel sind vorhanden. Kopra und Früchte (Bananen, Ananas) werden ausgeführt. Kakao, Kautschuk und Liberiakaffee werden gepflanzt. Apia ist der Hafen. Orkane suchen die (auch vulkanischen) Inseln häufig heim.

Ausfuhr 1902: 1 692 000; 1903: 1 385 000; 1904: 1 675 000; 1905: 2029000 Mk. Einfuhr 1902: 2 398 000; 1903: 2 681 400; 1904: 2 317 000; 1905: 3 387 000 Mk.

In Mikronesien gehören den Deutschen die Marianen (außer Guam), die Karolinen und Palauinseln, die Marshallinseln und Nauru.

Die hohen, vulkanischen **Marianen** (Ladronen) sind meist nur an den Küsten bewaldet und mit Kokospalmen ausgestattet; Yams, Maniok, Bataten, etwas Tabak, Kaffee, Zuckerrohr, Baumwolle usw. werden angebaut. Rinder, Schweine und Hühner gedeihen gut. Kopra ist das Hauptausfuhrprodukt. Saipan und Pagan haben etwas bessere Häfen.

Ausfuhr 1901: 85500; 1902: 175700; 1903: 230600; 1904: 153800 Mk. (Kopra 145800). Einfuhr 89700; 1902: 57800; 1903: 72000; 1904: 119800 Mk.

2500 Einw. auf 630 qkm.

Die von Osten nach Westen über 3000 km Strecke hingestreuten **Karolinen** sind zum größten Teil korallinisch; nur Kusaie, Ruk, Ponape, Jap, die zugleich die größten sind (zusammen 796 qkm), sind hohe Inseln. An den Küsten spielen überall die Kokospalmen und Pandanus die erste Rolle; Brotfruchtbäume und Bananen, Taro, Zuckerrohr finden sich. Savannen treten besonders auf den trockeneren westlichen Inseln auf; unsere Haustiere gedeihen dort. Kopra ist Hauptausfuhrprodukt. Die deutsche Jaluitgesellschaft beherrscht den Handel. Orkane sind häufig. Die aus vulkanischen und korallinischen Inseln bestehenden Palau erzeugen nicht viel Kokospalmen, aber Pandanus, Arekapalmen, Bananen, Orangen, Taro usw. Kopra, Steinnüsse, Fischereiprodukte sind auch hier die einzigen Ausfuhrprodukte wie auf den Karolinen.

Ausfuhr der West-Karolinen mit Palauinseln 1901/02: 32000; 1902: 116000; 1903: 359000; 1904: 125800; Einfuhr: 136 000; 1902: 121 000; 1903: 442100; 1904: 209400 Mk. Ausfuhr der Ostkarolinen: 365000; 1902: 166000; 1903: 180700; 1904: 200400; Einfuhr 364 000; 1902: 321 000; 1903: 338700; 1904: 381000 Mk.

Karolinen- und Palauinseln 39 000 Einw. auf 1450 qkm.

Die über eine Fläche von der Größe Deutschlands hingestreuten **Marshallinseln** sind Koralleninseln; das tropisch-feuchte Seeklima erzeugt Kokospalmen (auch gepflanzt), Pandanusarten, den Brotfruchtbaum. Banane, Taro sind von geringerer Wichtigkeit. Nauru ist besonders reich an Kokospalmen und Phosphaten. Kopra ist Hauptausfuhrgegenstand. Jaluit (Dschalut) hat einen recht guten Hafen.

Ausfuhr 1901/02: 516 800; 1902/03: 556 200; 1904: 576000 Mk. Kopra von 583000 Mk. Gesamtausfuhr. Einfuhr: 634000; 1902/03: 419000; 1904: 444200 Mk.

15 000 Einw. auf 405 qkm.

In Melanesien gehören Deutschland 239 000 qkm mit 360 000 Einw.

Deutsch-Neuguinea (Kaiser-Wilhelmsland), 181 650 qkm mit 110000 Einw., ist hauptsächlich an den Küsten und in den Flußtälern (Kaiserin-Augusta- und Ramufluß) besiedelt. Yams, Taro, Sago sind die wichtigsten Nahrungspflanzen, Piper methysticum liefert wie auf andern Inseln des Großen Ozeans die Kawa, das Lieblingsgetränk. Bananen, Kokospalmen, Brotfruchtbäume, Arekapalmen usw. sind Nutzpflanzen, den Melonenbaum, die Tamarinde, Ananas usw. führten die Europäer ein. Für den Handel haben Wichtigkeit: Tabak (Yomba, Stephansort) an der Astrolabebai; Baumwolle (langstapelig, gleichmäßig, sehr gut) bei Stephansort; Kopra (Stephansort, Erima, Maraga, Konstantinhafen, Friedrich-Wilhelms-Hafen); Liberiakaffee und Kautschuk (Ficus elastica, Castilloa, Hevea) gedeihen bei Stephansort, Kapokbäume (Eriodendron- und Bombaxarten) versprechen sich gut zu entwickeln; Guttapercha hat man entdeckt. Nutzhölzer sind reichlich vorhanden; Gold findet sich wahrscheinlich im Gebirge. Friedrich-Wilhelms-Hafen ist der Haupthafen.

Ausfuhr 1902/03: 202000 (1903/04: 52300) Mk. Einfuhr: 573000 (566500) Mk.

Der **Bismarck-Archipel**, 47 100 qkm mit 190 000 Einw., umfaßt die großen Inseln Neupommern (24 000 qkm), Neumecklenburg (12 000) und zahlreiche kleinere: Neulauenburg, Sankt Matthias usw. Die mit tropischem Wald und Savannen bedeckten Inseln erzeugen Bananen, Yams und Kokospalmen als die wichtigsten Nahrungspflanzen, nächstdem Taro, Sago (Neuhannover, Sankt Matthias und Admiralitätsgruppe). Viehzucht blüht nicht, und Menschenfresserei ist noch verbreitet. Ausgeführt werden besonders Kopra, Trepang, Perlmutterschalen und Schildpatt, auch etwas Baumwolle. Auf der Gazellehalbinsel besonders befinden sich die europäischen Pflanzungen, z. B. Herbertshöhe, Ralum. Zu Simpsonhafen erbaute der Norddeutsche Lloyd einen Zentralhafen für den Handel ganz Deutsch-Neuguineas. Herbertshöhe und Matupi sind weitere Häfen.

Ausfuhr 1901/02 (einschl. der Salomonen): 1,19; 1903: 0,96; 1904: 1,21 Mill. Mk. (Kopra 968400; Perlschalen 67000; Trepang 93000; Baumwolle 26000). Einfuhr: 1,33; 1903: 2,34; 1904: 1,76 Mill. Mk.

Die deutschen **Salomonen** 10000 qkm mit 60 000 Einw., die zum Teil Anthropophagen sind und im Steinzeitalter stehen, sind nur durch Kopra und etwas Fischerei von Handelsbedeutung.

Die Besitzungen der Vereinigten Staaten von Amerika.

Die **Hawaigruppe**, ein Territorium der Vereinigten Staaten, besteht aus acht mittelgroßen, hohen, vulkanischen und zahlreichen kleinen Inseln. An den Küsten wachsen Kokospalme und Pandanus; die Waldzone enthält wertvolle Hölzer, z. B. den Koabaum (Acacia Koa). Taro und Zuckerrohr sind die wichtigsten Nutzpflanzen; Kawa wird bereitet. Zahlreiche Pflanzen: Bataten, Kartoffeln, Bananen usw. wurden eingeführt. Der Landbau der Hawaier zeichnete sich, zumal an der trockeneren Südwestseite, welche von dem Nordostpassat nur wenig bewässert wird, durch künstliche Bewässerung und Düngung aus. Der Zuckerrohrbau ist heute sehr bedeutend und liefert ein wichtiges Ausfuhrprodukt[1]). Kaffee, Früchte (Bananen und Ananas) und Reis werden ausgeführt. Die einseitige Bevorzugung des Zuckerrohrbaus bedroht das Wirtschaftsleben mit bedenklichen Schwankungen; man macht darum Versuche mit anderen Anbaupflanzen: mit Sisalhanf auf Oahu und mit Tabak auf Hawai. Die Tierzucht (Rinder, Schafe) gedeiht in dem Klima Hawais schon ganz gut. Honolulu (39 000 Einw.) auf Oahu ist der wichtigste Hafen. Auf 16 700 qkm lebten 1900: 154 000 Einw. (1884: 80 578).

Ausfuhr 1904/05: 36,17 Mill. Dollar (Zucker 35,1 — fast ausschließlich nach den Vereinigten Staaten —, Früchte und Nüsse 0,19; Kaffee 0,17; Reis 0,08). Einfuhr aus dem Ausland 3,01; aus den Vereinigten Staaten schätzungsweise 19,7 Mill. Dollar.

Ostsamoa (Tutuila und Manua oder Tau) ist durch den guten Hafen Pango Pango von Wichtigkeit. 200 qkm mit 6000 Einw.

Guam, die größte der Marianen (s. S. 312), hat einen ziemlich guten Hafen. 514 qkm mit 9700 Einw.

Französische Besitzungen.

Die **Tahitigruppe** (Gesellschaftsinseln) umfaßt 14 meist hohe, vulkanische Inseln, deren bedeutendste Tahiti ist. Angebaut werden Bananen, Yams, Taro; Brotfrucht, Kokosmilch, Orangen, Guavas sind wichtig; Fischerei wird in ausgedehntem Maße getrieben, die Viehzucht ist gering. Kopra (1904: 872 T.), Perlmutterschalen und Vanille (16 600 kg) sind die wichtigsten Ausfuhrartikel; auch gute Baumwolle und Kaffee gedeihen. Papeete ist der Haupthafen. Auf 1650 qkm leben 18 400 Einw.

Ausfuhr 1904: 3,46 Mill. Fr. (Kopra 1,42; Perlmutterschalen 0,46; Vanille 0,35); Einfuhr: 3,22 Mill. Fr.

Die **Paumotuinseln** bestehen aus einer Unmasse von Koralleninseln, die zu Atollen gruppiert und über 25 Längengrade und 10 Breitengrade ausgestreut sind. Die Kokospalme (besonders Anaa und Rangiroa) bedingte allein die Bewohnbarkeit der Inseln; stellenweise treten noch Pandanus, Brotfruchtbaum, Banane usw. auf. Die Mangarewagruppe allein trägt Pflan-

[1]) 1875: 11 600; 1885: 77 800; 1895: 138 500; 1900: 289 500; 1901: 360 000; 1902: 365 600; 1903: 438 000 T.; 1904: 736,5; 1905: 832,7 Mill. Pfund. Prod. 1903/04 = etwa 7 % d. Weltprod. von Rohrzucker.

zungen (Baumwolle, Zuckerrohr, Bananen, Kaffee usw.). Die Fischerei ist wichtig, besonders die auf Perlen (bei Arutua, Kaukura, Fakarawa, Aratika) und Perlmuschelschalen. Anaa und Rotoawa (auf Fakarawa) sind die Haupthäfen. Auf 700 qkm wohnen 5400 Menschen.

Die **Marquesasinseln**, zwölf hohe vulkanische Inseln, tragen Kokospalmen, Brotfrucht- und andere Fruchtbäume. Kopra wird ausgeführt. Baumwolle wird gepflanzt und exportiert. Auf 1270 qkm wohnen 4300 Einw.

Die **Tubuaigruppe**, vulkanisch und hoch bis auf eine Insel, besitzt schon nicht mehr auf allen Inseln den Brotfruchtbaum; auf Rapa trägt die Kokospalme keine Früchte mehr. Orangen, Bananen, Maniok, Bataten, Kaffee usw. gedeihen. 1780 Einw. wohnen auf 290 qkm.

Futuna, Alofi, Uëa, 255 qkm, werden von 6000 Einw. bewohnt, die sich von den auf vulkanischem Boden üppig wachsenden Brotfruchtbäumen und von ihren Kokospalmen erhalten.

In Melanesien besitzen die Franzosen **Neukaledonien** (hohe Insel), die **Loyautéinseln** (Korallen) und die kleinen guanoreichen Chesterfieldinseln (Korallen) zusammen 19 800 qkm. Das Klima, und daher auch die Wirtschaft, hat auf Neukaledonien schon mehr subtropischen als tropischen Charakter. Gebüsch, Baum- und Grassavannen haben viel mehr Ausdehnung als der Wald, der nur 8% der Insel bedeckt. Die Kokospalme, zwerghaft, liefert selbst im Norden keine Früchte mehr; auch der Brotfruchtbaum gedeiht nicht mehr recht. Yams, Taro und Fische sind Hauptnahrung; Getreide kommt nicht gut fort. Wild und Vieh fehlten ursprünglich; heute werden Rinder bereits ziemlich viel gehalten. Der Kaffeebau[1]) entwickelte sich. Der Bergbau liefert aus archäischem Gestein etwas Gold, Kupfer, Zink, Blei, aus Serpentingestein sehr viel Nickel, auch Chrom und Kobalt[2]), aus Sedimentgestein Kohle. Haupthafen ist Nouméa. Unter den 51 000 (1906 ohne Militär 52 600) Einw. befanden sich 1896 nur noch 27 000 (1906: 27 800) Eingeborene neben 24 000 (13 000 Freie und 7900 Deportierte) Weißen, für die das Klima ziemlich geeignet ist.

Niederländisch-Neuguinea (mit Aruinseln), 394 800 qkm mit 240 000 Einw., befindet sich noch fast ganz außer Beeinflussung durch die nominellen Herren, die Niederländer. Der Brotfruchtbaum (mit eßbaren Kernen), Bananen, Kokosnüsse, Yams, Taro u. dgl., das Fleisch von Wildschweinen, Hausschweinen, Hunden, Hühnern, Fischen und Menschen geben den ganz tiefstehenden Papuas die Nahrung. Für den Handel sind von Bedeutung die Papuamuskatnüsse und die Paradiesvogelbälge. (Vgl. S. 271 u. 272.) Am meisten ist man bisher an der Geelvinkbai und der Mac Cluerbucht mit den Eingeborenen in Berührung gekommen; der Hafen Dobbo auf den Aruinseln und Ternate in den Molukken scheinen den Handel zu vermitteln. Die Niederländer wollen jedoch jetzt der Kolonie ihre Aufmerksamkeit zuwenden.

---

[1]) Ausf. 1898: 141 200; 1899: 306 200; 1900: 275 900; 1901: 443 700; 1902: 548 300 Fr.

[2]) Mit Kanada (s. S. 371) erzeugt Neukaledonien fast alles Nickel des Welthandels. Ausf. von Nickelerz 1904: 98 650; 1905: 125 300 T.; 1901 wurden fast 60% d. Weltprod. von Nickel aus neukaled. Erzen hergestellt. Ausf. von Chromerz 1904: 42 200; 1905: 51 400 T.; Kobalterz 1904: 8960; 1905: 7900 T.

Die 25 **Neuen Hebriden**, 12 300 qkm mit etwa 50 000 Einw., und die kleinen Torres- und Banksinseln, meist fruchtbaren vulkanischen Bodens, sind besonders im Norden noch mit tropisch-üppigem Urwald bedeckt. Die Kokospalmhaine ziehen sich ausgedehnt an den Küsten hin, Brotfruchtbaum, Papaya, Banane liefern Früchte. Dem Meere werden Fische entnommen. Angebaut werden Yams, Bataten, Taro, von Europäern auch etwas Kaffee. Viehzucht (Schwein, Hund) spielt fast keine Rolle. Anthropophagie ist allgemein, im Landesinnern häufiger als an der Küste, wo Fische zur Verfügung stehen. Es wurde sogar Handel mit Menschenfleisch von Insel zu Insel getrieben. Die industrielle Tätigkeit ist in den Anfängen stehen geblieben. Der Verkehr ist gering. Die eingeborene Bevölkerung geht, wie meist in Berührung mit den Europäern, zurück. Die Inseln sind noch unabhängig, ein englisch-französisches Kommissariat zum Schutz von Leben und Eigentum der Europäer läßt aber baldige Aufteilung erwarten.

IV. Afrika[1]).

Bevölkerung s. S. 19f., 24ff., 31f. Lage und Raumgröße S. 57ff. Horizontale Gliederung S. 64f. Vertikale Gliederung S. 71. Flüsse S. 71 u. 109f. Vulkanismus S. 72. Erdbeben S. 73. Mineralien S. 76ff. Bodenfruchtbarkeit S. 89f. Benachbarte Meere S. 97—101 u. 104. Seen S. 106. Klima S. 111ff. Pflanzen S. 119ff. Tiere S. 139ff.

Die Wirtschaftsstufe ist im tropischen Afrika in der Hauptsache die des Instinkts' in vereinzelten Gebieten die der tierischen Wirtschaft. Der subtropische Norden Afrikas gehört in das Gebiet der traditionellen Wirtschaft. In Algerien, Ägypten, und Südafrika dringt langsam die auf die Wissenschaft gestützte Wirtschaft ein.

Die aneignenden Wirtschaftsformen haben, zumal in den Gebieten der tieferen Wirtschaftsstufen, noch weitgehende Bedeutung.

Die **natürliche Pflanzenwelt.** In den *Atlasländern* ist an der Mittelmeerküste der Ölbaum charakteristisch. Die Wälder, welche in einzelnen Flecken sich auf den nördlichen Bergzügen der Atlaskette, viel spärlicher auf der südlichen finden, setzen sich zusammen aus Pinus Pinaster und Korkeiche[2]), Quercus Suber, (die in der Provinz Constantine Algeriens und im nordwestlichen Tunis große Flächen bedeckt und ausgebeutet wird, während Marokkos ausgedehnte Korkeichenwälder brach liegen), Pinus maritima, Cedrus Libani var. atlantica (bei Batna usw.), Quercus coccifera, Kermeseiche (Gerbrinde), Quercus Ilex, die Steineiche, deren Eicheln von Mensch und Tier gegessen werden, und die auch Gerbrinde gibt, Quercus Mirbeckii (in der Kabylie, den Babors usw.) und Quercus Pseudosuber, die viel Gerbrinde[3]) geben, Pinus halepensis, die Aleppokiefer, welche die Snoubarrinde als Gerbmaterial liefert, Abies Pinsapo (Pinsapotanne), Juniperus communis (Wacholder) und Callitris quadrivalvis (Thuja), die Nutzholz liefern, usw.

Wilde Mandel-, Kirschen-, Birnen-, Kastanien-, Oliven- (s. S. 327, 330, 332), Feigen-, Johannisbrotbäume[4]); Pistazienbäume (Pistacia Terebinthus und P. atlantica) kommen

---

[1]) Vgl. mein Kärtchen in Scobels Handelsatlas und meine Produkten- und Verkehrskarte von Afrika, 3 Blätter im Maßstab 1 : 10 000 000. Leipzig 1903. [2]) 1901 wurden 15 407 T. = 7,15; 1903: 17 470 T. = 8,88 Mill. Fr. Korkholz aus Algerien ausgeführt; aus Tunis 1902 für 454 000 Fr. [3]) Ausf. von Gerberlohe aus Algerien 1903: 1 735 000; aus Tunis 1902: 1 690 000 Fr. [4]) Algerien führte 1901 8700 T. (1902 f. 2,5; 1903 f. 3,5 Mill. Fr.) getrocknete Feigen und 6600 T. Johannisbrot aus.

vor. Pistacia atlantica gibt geschätzte Früchte, die als „Tunisnüsse" auch ausgeführt werden. Zizyphus lotus trägt mehlige Früchte (Jujuben), die in manchen Gegenden zu Brot verbacken werden und auch zur Bereitung eines gegorenen Getränkes dienen. Die anspruchslose Opuntia vulgaris ist zu erwähnen, welche als Heckenpflanze nützlich ist, vor allem aber viel gegessene Früchte (Berber- oder Kaktusfeigen) liefert. Eukalyptusarten, eingeführt, sollen Sümpfe auftrocknen und die Gegend gesund machen, und geben geschätztes Holz. Die Fasern der von den Eingeborenen gesammelten Blätter von Chamaerops humilis L. (Zwergpalme) werden zu Seilen, mit Kamelhaar gemengt zu Zeltstoffen verarbeitet, auch als eine Art vegetabilisches Roßhaar (crin végétale oder crin d'Afrique) in Mengen ausgeführt[1]; Mark und sogar Früchte werden von den Eingeborenen gegessen. In Marokko genießt man die Früchte von Argania sideroxylon, dem Arganbaum, und preßt aus den Samen Öl; das Holz ist als „Eisenholz" geschätzt. Der Kapernstrauch ist besonders in der Gegend von Bougie häufig, und Kapern werden viel ausgeführt.

In den Macchien, die häufiger sind als Wälder, sind Parfümeriepflanzen nicht selten, die auch oft ausgebeutet werden; so hat sich in Kairuan eine einheimische Parfümerieindustrie entwickelt. Von Acacia Farnesiana Willd., deren frische Blüten eines der wertvollsten Blütenparfüms liefern, hat man in Algerien große Kulturen angelegt; auch Reseda odorata L. liefert dort ätherisches Öl.

In der Hochsteppe zwischen den Atlasketten, in Algerien und Tunis besonders, wächst auf felsigem Untergrunde, also auf Terrainwellen, die Halfa (Stipa tenacissima) in locker stehenden Büschen, das spanische Espartogras. Auch Ampelodesmus tenax Link. soll Esparto liefern. Die Halfa wird am lebhaftesten im westlichen Algerien ausgebeutet (Provinz Oran) und seit 1862 ausgeführt[2]) in sehr beträchtlichen Mengen, namentlich nach England zur Papierfabrikation; im Lande wird sie (auch Lygeum spartum in Tunis) zu Flechtarbeiten benutzt und in der Seilerei. In Marokko ist die Halfa selten (Provinzen Haha und Chiadma).

Die Halfa findet sich auch noch im nördlichen Teile des *Wüstengebietes* in Tripolitanien[3]).

Für die Ernährung spielen wildwachsende Pflanzen an der Küste keine große Rolle. Dagegen hat in der Sahara eine Anzahl wildwachsender Pflanzen für die spärliche Bevölkerung, besonders die Nomaden, Wichtigkeit. Aristida pungens Desf. syn. Arthratherum pungens P. B., auf Sandboden, ernährt mit ihren Stengeln die Herden der Tuareg, ihre Samen bilden oft für sie die einzige Nahrung; sie werden zermahlen und als Brei oder Kuchen gegessen. Ähnlich werden die Samen von Panicum turgidum Forsk. gebraucht. Die auf Sand nach Regen wachsenden Trüffeln, Terfezia Leonis Tulasne, geben dort ganzen Stämmen zeitweise Nahrung. Akaziengummi und Beeren von Zizyphus lotus L., zahlreichen Kruziferen, ferner Aïzoon canariense L., mehrere Wurzeln werden gegessen.

Die Koloquinte (Citrullus Colocynthis Schrad.) hat in vielen Wadis und den schwarzen Bergen Fessans und in Tibesti ziemliche Bedeutung als Nahrungsmittel; ihre Kerne müssen erst durch einen mühsamen Prozeß genießbar gemacht werden. In Borku sind die Koloquinten seltener; in den nordwestlichen Tälern Ennedis

---

[1]) 53 Pflanzenhaarfabriken im Dep. Oran, 40 im Dep. Algier. Ausf. 1901: 2,6; 1902: 3; 1903: 3,9 Mill. Fr. [2]) Ausfuhr Algeriens 1900: 97 500 T. (Dep. Oran 83 600; Constantine 13 000). [3]) Ausfuhr 1900 f. 2,4 Mill. Fr.

scheinen sie sogar gesät zu werden. Die steinharten Früchte der Dumpalme (Hyphaene thebaïca Mart.) werden zubereitet von den Tibbu gegessen. Der Siwak (Salvadora persica L.) mit eßbaren Beeren hat in Borku, Bodele, Egeï für die Ernährung der Bevölkerung Bedeutung.

In Tibesti werden die Samen von Panicum turgidum Forsk. (s. oben), in Borku und Ennedi von einer Eragrostisart und von Vilfa spicata P. B. wie Getreide geerntet und verwertet.

Heilmittel (z. B. Senna von Cassia acutifolia D. in Aïr, Tibesti und Nubien), Speisewürze, Gerbstoff, Öl und Soda (zur Seifenfabrikation) usw. wissen die Wüstenbewohner der ärmlichen Pflanzenwelt zu entnehmen.

Als Holzlieferanten in der Algerischen Wüste sind zu nennen die Tamarisken (besonders T. articulata Vahl.), Pistacia atlantica Desf. in den Dayas (natürlichen Oasen) bis 33° n. Br., Calotropis procera R. Br., auch zu Holzkohle (Pulverbereitung in Tuat), in der Libyschen Wüste und im Niltal der Ssuntbaum (Acacia nilotica Del.), angepflanzt auch verwildert, die Dumpalme in der Oase Chargeh und im Niltal, Callitris quadrivalvis Vent. am Südabhang des Plateaus von Tasili zwischen Rhat und Djaret.

In der Wüste östlich des Niltales gibt es einige Bäume und Sträucher, welche Früchte tragen: in der Thebais Mesembryanthemum Forskalii Hochst., Leptadenia pyrotechnica Dcne., Capparis galeata Fres., Ochradenus baccatus Del. usw., im Lande am Elba- und Soturbagebirge Hyperanthera, Balanites, Capparis galeata, Sodada, Maerua usw.; ferner in Nubien die Dumpalme und die Argunpalme (Hyphaene Argun) und einige Zizyphusarten, aus deren Früchten bei einigen Volksstämmen Brot gebacken wird. Andere Pflanzen liefern Gemüse und Speisewürze.

Wichtig ist die arabische und nubische Wüste als Brennholzlieferantin für das holzarme Niltal. Akazienarten, Dumpalme, Balanites aegyptiaca, Tamarix, Zizyphus usw. kommen in Frage.

Die Wüste ist ganz besonders reich an Gummi produzierenden Bäumen. Schon im westlichen und südlichen Marokko wird Amradgummi von Acacia gummifera Willd. und Sandarakgummi von Callitris quadrivalvis Vent. gewonnen. Besonders wichtig aber ist das „Gummi arabicum" vom Südrande der Sahara. Im Norden des Senegal erstrecken sich ausgedehnte Mimosenwälder in den Ländern der Trarsa, Brakhna, Idorviche, und ziehen sich durch El Hodh und südlich von Arauan bis jenseits Timbuktu hin. Das Gummi tritt freiwillig aus den Stämmen von Acacia Verek G. P. R., und das beste („Senegalgummi") findet man an der Grenze der Wüste im Distrikt Podor am unteren Senegal. Geringere Sorten kommen als „gomme Médine" vom mittleren Senegal und als „gomme Galam" aus dem Distrikt Gidimakha und Bambuk von Acacia albida Del., A. vera syn. arabica Willd. usw. Ein Baum von Acacia Verek vermag ungefähr 800 g gutes Gummi zu liefern. Das Gummi wird in großen Mengen über St. Louis und Rufisque ausgeführt[1]). Ein zweites wichtiges Produktionsgebiet des Gummi arabicum sind das östliche Darfor, Kordofan (von Ac. Verek, beste Sorte) und die Umgebung von Djedid (Gedid), Sennaar (zweite Sorte), die Flußgebiete des Bahr-el-Asrak, Rahad, Dinder und Atbara (geringste Sorte), soweit sie der Steppe und Wüstensteppe angehören. Das Kordofangummi geht über Dueim

[1]) Senegal führte 1902 3100 T. für 1,65 Mill. Fr.; 1903: 2197 T. aus.

nach Omdurman oder über Dongola nach Alexandria[1]), die geringeren Sorten werden zum Teil auch über Gedaref und Kassala nach Suakin gebracht; die Ausfuhr dürfte jetzt den Weg über Port Sudan (s. S. 344) einschlagen.

Zwischen den beiden Gummiprovinzen der südlichen Sahara sind Balanites aegyptiaca und Hyphaene thebaïca (Dumpalme) die Hauptnutzpflanzen. Von der ersteren werden Früchte und Kerne gegessen (auch Brot daraus bereitet in Baghirmi), Früchte und Wurzeln dienen als Seife, aus den Blättern werden Saucen bereitet, das Holz wird verwendet. Die Früchte der Dumpalme werden gegessen, auch zur Würze des Hirsebreies benutzt. Matten usw. werden von ihren Blättern geflochten und Stricke gedreht.

Die Dattelpalme s. S. 333.

Langsam geht die Wüste am Südrande in die Grasfluren des *Sudan* über, die sich nach Süden zu immer mehr mit Bäumen besetzt finden und in den niederschlagsreichsten Gegenden an der Küste Guineas und Kameruns durch einen dichten, wenn auch nur stellenweise breiten Urwaldstreifen abgelöst werden.

Wichtige Nutzbäume der Savannengegend sind folgende:

Die Tamarinde (Tamarindus indica), Schatten- und Fruchtbaum mit hülsenförmigen Früchten, die ein angenehm säuerlich-süß schmeckendes Mark (das übrigens auch in unseren Apotheken Anwendung findet) enthalten. Auch das Holz ist geschätzt.

Der Affenbrotbaum (Adansonia digitata) oder Baobab. Die Früchte, welche langen Kürbissen ähnlich sind, werden geschätzt; auch die in dem säuerlichen Marke enthaltenen großen Samen sind eßbar. Das Holz des bis zehn Meter im Durchmesser dicken Stammes ist weich und nicht viel wert; die zähe Rinde wird zur Papierfabrikation ausgeführt.

Der Wollbaum (Ceiba buonopozense) hat Kapseln, welche eine der Baumwolle ähnliche Watte enthalten.

Pandanusarten, an sumpfigen Stellen, tragen Früchte und geben Flechtmaterial.

Die Borassus- oder Delebpalme (Palmyrapalme in Indien, s. S. 267), Borassus flabelliformis, ein Baum der Graslandschaften, der den Urwald meidet, von Senegambien bis Somaliland verbreitet, schmiegt sich vielartigen klimatischen und Bodenverhältnissen an, so daß er an der Küste wie im Gebirge bis 800 Meter Meereshöhe, auf Plateaus noch höher, vorkommt. Der weibliche Baum trägt 100 bis 150 Früchte von der Größe eines Kinderkopfes und liefert ferner Stoffe zu vielen anderen Erzeugnissen: Matten, Säcken, Körben, Seilen; Palmwein. Das Holz dient als Bauholz.

Die Bambu-(Wein-)Palme (Raphia vinifera) liefert zwar guten Palmwein, wird aber weniger zu dessen Gewinnung benutzt als die bald zu nennende Ölpalme. Die Bambupalme ist ein Baum der sumpfigen wasserreichen Gegenden des Waldgebietes. Sie gibt in ihren Blattstielen ein vielbenutztes Baumaterial, deren äußere Schicht wird zu allerlei Flechtwerken, z. B. zur Herstellung von Matten, Körben, Hüten, Gurten usw. benutzt, das Mark der Blattstiele wie Kork verwendet. Die Blätter geben vorzügliches Dachdeckmaterial, der Bast von jungen Blättern dient zur Herstellung von Tauen und Stricken, Bindfaden und Saiten von Musikinstrumenten, ja

---

[1]) Ausfuhr Ägyptens an „arab. Gummi" 1881: 6739 T.; 1901: 670,8; 1902: 1000,2; 1903: 841,3 T. = 192 700; 1904 f. 166 100 £ E.; 1905: 8839 T. = 217 100; 1906: 7690 T. = 157 800 £ E.

selbst zum Weben von Zeug. Die groben Fasern des Blattstieles liefern die afrikanische Piassavafaser[1]), die in großen Mengen, z. B. über Liberia, ausgeführt wird, den amerikanischen Piassavasorten allerdings an Güte nicht gleichkommt.

Der wertvollste Baum der Urwaldregion ist aber die afrikanische Ölpalme (Elaeis guineensis). Meist halbwild, ohne Pflege, wächst sie an der ganzen Küste von Guinea, von Senegambien an bis Angola, aber auch weiter im Innern, auf feuchten Alluvialböden besonders, so auch noch am mittleren Niger, in Adamaua und Südbaghirmi, dagegen nicht mehr in Bornu, Wadai und Darfor. Sie trägt vom 4. oder 8. bis zum 60. Jahre wenigstens jährlich 10 bis 50 kg Früchte. Dieselben enthalten bis fast zu $^1/_6$ ihres Gewichtes Öl und ihre Kerne gar 45 bis 54% Öl. Aber die wirkliche Ausbeute an Öl in den Produktionsgegenden ist natürlich viel geringer. Vor allem die Urwaldgegenden der Küste Oberguineas: Dahomey, Lagos, Nigerdelta („Ölflüsse") produzieren viel Palmöl und -kerne (vgl. S. 340, Anm. 8). Das Öl wird in Europa zur Fabrikation von Seifen, Kerzen, Schmieröl usw. benutzt; aus den Preßrückständen wird ein vorzügliches Viehfutter hergestellt. Außer Öl liefert die Ölpalme in ausgedehntestem Maße Palmwein, ferner Fasern zu Fischleinen usw.

Kokospalmen säumen die Guineaküste (s. S. 341).

Der Butterbaum (Butyrospermum Parkii) liefert den Eingeborenen ein Speisefett (Sheabutter, Galambutter usw.), das auch in der europäischen Seifen- und Kerzenfabrikation gebraucht wird[2]).

Lokal recht wichtig ist auch der Kolabaum (Cola oder Sterculia acuminata), der die Kola- oder Gurunüsse, ein Nähr- und Reizmittel, gibt. Der Baum kommt an der Guineaküste[3]) längs der Flüsse Rio Nunez, Rio Pongo und Dubreka vor, dann, in Sierra Leone, weicht sein Gebiet ins Landesinnere zurück, und er scheint nunmehr in einem breiten Streifen den Nordrand des Urwaldes, parallel zur Küste, einzunehmen; über 350 Meter Meereshöhe findet er sich aber nicht. Sierra Leone[4]), das nördliche Liberia (Busiland), das französische Sudangebiet an den Nigerquellen bei Koranko, Timisso, Sangara und besonders der Nordwesten der Elfenbeinküste (Worodugu; Zentren Koro, Kani usw.) sind die Hauptproduktionsgebiete im Westen. Von den westlichen Vorkommen durch die Landschaft Baulé getrennt, reicht dann ein östliches sehr wichtiges Produktionszentrum von der nordöstlichsten Ecke der Elfenbeinküste (Bonduku) bis in die britische Goldküstenkolonie (Kintampo) hinein, zwischen 7 und 8° n. Br. Im Hinterland von Togo, Dahomey, Lagos sind die Kolabäume spärlich und die Nüsse schlechter Qualität. Am Niger bei Lokodja finden sich noch einmal größere Kulturen. Von Kamerun ab nach Südosten wird der echte Kolabaum von einer anderen Art Cola Ballayi abgelöst. Es gibt mehrere Sorten der Kolanüsse, die verschiedene Schätzung haben; die weißen sind am beliebtesten. Die Nüsse sollen alle möglichen Wirkungen haben: schlechtes Wasser trinkbar machen, den Körper in hohem Grade zur Ertragung von Strapazen stärken und den Geist mutig und fröhlich machen, von Alkoholicis abschrecken, Heilmittel für Krankheiten der Eingeweide sein usw.

---

[1]) Ausf. Sierra Leones 1900: 862; 1902: 1104; 1903: 3528; 1904: 2904 £. [2]) Ausf. S.-Nigerias 1903: 22 100; 1904: 3700 £. [3]) Franz.-Guinea führte 1900 für 168 600 Frcs. Nüsse aus, die Goldküste 1902 für 37 500; 1903: 50 600; 1904: 54 800 £ aus; Dahomey 1903 f. 65 900 Fr. aus; Gambia 1905 f. 30 200 £ ein. [4]) 1902 führte S. L. für 60 500; 1903: 76 400; 1904: 80 700 £ frische Kolanüsse aus.

Die Nüsse werden nur zum geringen Teil an den Produktionsstätten verbraucht, vor allem sind sie Gegenstand eines äußerst lebhaften Handels. Von Kano, Timbuktu und von den Senegalländern kommen die Karawanen herbei, die begehrten Nüsse einzutauschen gegen Salz, Vieh, Industrieerzeugnisse usw. Wie Häfen am Meere liegen vor dem Urwaldsaum in den Produktionsländern drei Reihen von Märkten, durch die der Austausch sich vollzieht.

Die Kolanüsse werden nach Brasilien und nach Europa ausgeführt, um dort den ansässigen Negern als Genußmittel, hier in der Medizin zu dienen.

Zahlreiche Fruchtbäume finden sich im westlichen Sudan: Orangen, Melonenbäume usw.; Ananas, Bananen, Vanille wachsen wild.

Ein altbekanntes Produkt der Guineaküste sind die Guineakörner oder Melegettapfeffer[1]) von Amomum Melegetta oder Am. Melegetta Roscoe („Pfefferküste") und der Aschantipfeffer, die getrocknete Frucht von Piper guineense.

Außerordentlich reich ist der Sudan und vor allem der afrikanische Urwald an wertvollen Hölzern[2]). „Afrikanisches Mahagoni" stammt als „Gambia-Mahagoni" von dem in Senegambien heimischen Baume Khaja senegalensis Juss., sonst von anderen noch nicht bekannten Bäumen der Guineaküste. Senegal-Ebenholz (Kongoholz, afrikanisches Grenadilleholz) liefert Dalbergia melanoxylon Guill. et Perr. Das Camwood oder Cambalholz ist das Kernholz der in Westafrika, namentlich in Sierra Leone, einheimischen Baphia nitida Afzel., es findet als Farbholz Verwendung. Das afrikanische Santelholz, Barwood, wird von Pterocarpus santalinoides l'Hérit. im tropischen Westafrika (Sierra Leone) abgeleitet. Pterocarpus erinaceus Poir. gibt das sehr elastische Rosenholz, wegen seiner Eignung zum Schiffsbau auch als afrikanisches Teakholz bezeichnet. Das Tamarindenholz von Tamarindus indica L. wird von Insekten nicht angegangen. Carapa procera DC. im tropischen Westafrika liefert mahagoniähnliches Holz.

Wichtig ist das westafrikanische Waldgebiet durch seine kautschukliefernden Pflanzen. Es sind besonders Lianen, Landolphiaarten, die ausgebeutet werden, L. senegalensis, L. tomentosa, L. Hendelostii im Senegalgebiet, L. owariensis und L. florida in Sierra Leone usw. In Senegambien soll auch ein Ficusbaum Kautschuk geben, in Lagos gab lange eine Kickxiaart den guten Silkrubber, in Kamerun ist Kickxia elastica ein geschätzter Kautschuklieferant, in Sierra Leone auch Tabernaemontanaarten. Die Ausbeutungsmethoden der Eingeborenen sind fast überall so roh und raubwirtschaftlich, daß an der Guineaküste, da die Urwaldzone nur wenig tief ist, die Produktion bereits im Rückgange begriffen ist[3]). Auch der ägyptische Sudan soll reich (?) an Kautschuk sein.

Sehr reich ist die Guineaküste an Kopalen, die meist als rezent-fossil in den jüngsten Erdschichten der Küstengegenden gegraben werden und vermutlich durch Regen und Flüsse aus dem Innern des Landes von Bäumen herabgeführt wurden und wahrscheinlich noch werden. Der junge Kopal von Sierra Leone[4]), verhältnis-

---

[1]) Sierra Leone führte 1900 f. 743; 1902: 674; 1903: 1956; 1904: 1536 £ Pfeffer aus. [2]) Die Elfenbeinküste führte 1900 f. 1,2; 1903: Mahagoni 0,68 Mill. Frcs., Lagos f. 66 300; 1905: Mahagoni 10 900 £, die Goldküste 1899 f. 87 100; 1902: 21 900; 1903: 48 900; 1904: 54 300; 1905: 84 400; S.-Nigeria 1904: Ebenholz f. 1180; Mahagoni f. 59 100 £ aus. [3]) Z. B. führte die Goldküste 1899 noch für 555 700 £, 1902 nur noch für 88 600; 1905 wieder für 323 800 £ aus. (Vgl. auch S. 341.) [4]) S. L. führte 1899: 546 000; 1900: 274 600; 1901: 131 700 e. Pfd. aus; 1902 für 8192; 1903: 9258; 1904 wieder f. 18 055; S.-Nigeria 1904 f. 1370 £ aus.

mäßig weich, wird von lebenden Stämmen der Guibourtia copallifera abgenommen. Der Kieselkopal von Sierra Leone dagegen ist fossil und sehr hart. Kopale werden an der Guineaküste besonders in Französisch-Guinea, Sierra Leone, an der Goldküste (Akkra), im Nigerdelta und in Kamerun gewonnen.

Im *Kongoland* hat der Urwald eine große Ausdehnung; er zieht sich von Kamerun nach den Nebenflüssen des Kongo, Sanga und Ubanghi, und bis ins Seengebiet nach Osten, am Kongo und den südlichen Zuflüssen Kassai, Ruki, Lulongo, Lomami bis gegen den 10.° südlicher Breite hin.

Die Hölzer dieses Urwaldes werden im allgemeinen die gleichen sein wie die der Guineaküste.

Die Ölpalme[1]) ist im ganzen Urwaldgebiet verbreitet, in Mayombe ebenso wie am oberen Kongo, besonders oberhalb Bolobo reichlich, am oberen Kassai, am Lomami, Aruwimi usw. Der Butterbaum, die Raphia vinifera, Irvingia gabonensis in Gabun, die das Dikafett[2]) (nach anderen stammt es von Mangifera gabonensis) und das Dikabrot, eine schokoladenartige Masse, liefern soll, die Kokosnußpalme am Meere und Cola Balayi sind Nutzbäume; viele Fruchtbäume und Sträucher kommen auch hier vor.

Kautschuk[3]) liefern in Französisch-Kongo (Gaboon, Gabun) Landolphiaarten (L. Petersiana, L. owariensis, L. Klainii usw.), auch eine Ficusart; im Kongostaat außer Landolphien auch Bäume („Mundembo" u. a.), in Angola außer Landolphiaarten die Kriechsträucher Clitandra Henriquesiana und Carpodinus lanceolatus („Wurzelkautschuk") und Euphorbia rhipsaloides Welw. in Südangola („Almeidina"). Überall werden die wilden Bestände durch Raubwirtschaft vernichtet, doch sind im Kongostaat wie wohl auch in den meisten anderen europäischen Kolonien neuestens Bestimmungen erlassen, nach denen die Eingeborenen angehalten werden, Kautschukbäume und -lianen neu zu pflanzen.

Kopale[4]) von Gabun (Gaboon), von Loango, von Angola werden ausgeführt. „Kopal von Angola" kommt aus dem Kongogebiet (von Copaifera Demeusii Harms. und Cynometra sessiliflora Harms.), aus Angola und Benguella. In der Savanne, die sich an den Urwald im Norden, Osten und Süden anschließt und seine Lücken erfüllt, sind die schon erwähnten Savannenbäume: Affenbrotbaum, Delebpalme, Tamarinde charakteristisch.

Das ostafrikanische Hochland mit Abessinien (*Ostafrika*) hat zwar an größeren Flüssen Galeriewälder und an den seewärts gekehrten Plateau- und Gebirgshängen Gebirgswälder, die an die Urwälder Westafrikas erinnern, in denen auch noch manche der westafrikanischen Bäume sich finden, aber diese Wälder sind wenig ausgedehnt, und viele andere Arten treten auf. Weit größere Ausdehnung als die Wälder haben die Baumsavannen mit Baobab, Akazien, Dumpalmen und Delebpalmen. Auf Pemba und am Tanganika kommt noch die Ölpalme in geringen Beständen vor.

Wertvolle Hölzer sind zahlreich, besonders auch im deutschen Usambara, leider aber in geringen Mengen vorhanden.

In Ostafrika sind auch die Kautschukbestände weit spärlicher vorhanden als in Westafrika. Landolphiaarten, aber auch Bäume, z. B. Mascarenhasia elastica K. Sch. in Deutsch-Ostafrika (Mgoakautschuk) sind die Kautschuklieferanten.

---

[1]) Palmöl u. -kerne führte d. Kongostaat 1902 f. 2,6; 1904 f. 2,4 Mill. Frcs. aus. [2]) Zur Seifen- u. Kerzenfabrikation und als Ersatzmittel der Kakaobutter. [3]) Ausfuhr d. Kongostaates 1902: 41,7; 1904: 43,5 Mill. Frcs., Angolas 1898: 28 Mill. Frcs. 1899 führte A. noch f. 5,72, 1900 nur für 3,61 Mill. Milreis aus. [4]) D. Kongostaat führte 1902 f. 475000; 1904 f. 1,4 Mill. Frcs. aus.

Kopale werden zwischen dem 5.° und 15° s. Br. gegraben, meist innerhalb eines schmalen Küstensaumes, und stammen hier in Ostafrika von dem Baume Trachylobium mossambicense Klotzsch (= T. Hornemannianum Hayne), der sich insbesondere in der Nähe von Wasserläufen vorfindet, aber entweder infolge von Waldbränden oder von unverständiger Behandlung durch die Eingeborenen oder von Klimaänderungen stark zurückgegangen ist. Man unterscheidet (im Handel von Sansibar) Baumkopal, frisch, in der Regel vom Baume, Chakazzi von abgestorbenen Bäumen, flach im Boden, und gegrabenen Sandarusi (echten Sansibarkopal), tiefer im Boden, zusammengeschwemmt an Stellen, an welchen der Baum nicht vorkommt.

Steppen sind in Ostafrika weit verbreitet, und in ihnen wird die Zahl der Nutzpflanzen sehr gering. Das Somaliland ist zum größten Teil mit Buschvegetation bedeckt; an den Wasserläufen finden sich wohl Akazien- und Mimosenwälder, aber in den trockenen Landstrichen sind auch Wüstenstrecken zu finden. Weihrauch, Myrrhe und das Harz Bdellium werden im Somalilande gesammelt; „Somaligummi" von Akazienarten kommt, in Ziegenfelle verpackt, über Berbera auf den Markt von Aden.

Von der ostafrikanischen Küste kommt auch Aloe in den Handel, von Sansibar, von Socotra, Aden usw., als Aloe socotrina, Sansibaraloe, Ugandaaloe, wohl von Aloe Africana Mill., Aloe ferox Mill. und Aloe plicatilis Mill. gewonnen.

In *Südafrika* ist die Armut an wildwachsenden Nutzpflanzen wohl noch stärker als in Ostafrika, besonders an Nahrungspflanzen. Am Sambesi und in Moçambique treten noch einige Nutzpalmen auf: Borassus flabelliformis, Hyphaene crinita, Elaeis guinenesis oder eine nahe verwandte Art, eine Raphia und eine wilde Dattelpalmenart mit weniger wertvoller Frucht. Ein ähnlicher Charakter bleibt auch der Küste zum Teil bis ins Kapland hinein gewahrt. Die Kokospalme findet sich stellenweise an den Küsten. Eine wilde Banane wird in Natal auf Hanf genutzt. Nach Westen zu wird das Land immer ärmer. Wichtig ist in Deutsch-Südwestafrika die Naras (Acanthosicyos horrida Welw.), die in der Dünenregion an der Küste vom Kunene bis Sandwichhafen auf und an den Kämmen der Dünen gedeiht und, etwas größer als eine Apfelsine, saftiges Fruchtfleisch und ölreiche Samen liefert. Die Wassermelone (Citrullus vulgaris Schrad.) wird im Hererolande geschätzt. Zwiebelgewächse sind ziemlich häufig. Gegen Norden wird die Pflanzenwelt reicher; vom 19.° ab tritt der Baobab auf. Eine Hyphaeneart, H. ventricosa Kirk liefert im Ambolande ein wichtiges Nahrungsmittel; die Beeren von Ximenia americana L., Berchemia discolor Hems., Diospyros mespiliformis, die Früchte von Strychnosa spinosa Lam. und Sclerocarpa Schweinfurthiana Schinz werden gegessen. Copaifera Mopane (vom 20.° nordwärts), Ximenia americana und die Giraffenakazie (Acacia Giraffae Willd.) oder Kameldorn, der für die Dornbuschsteppe der Ovaherero charakteristisch ist, liefern brauchbares Nutzholz, verschiedene Akaziensorten (die Giraffenakazie und Ac. horrida Willd.) Gummis und Gerbrinden. Der Hannabusch der Dornbuschsteppe lieferte früher den Ovaherero in seiner Asche Seifenlauge. In der östlichen Kalahariregion wird die Zama der Nama (Namaquas), eine saftreiche Wassermelone von Straußeigröße wichtig, in der nördlichen Kalahari die süßliche Melone Mangotan.

Einige wertvolle Nutzhölzer erzeugt die Kapkolonie. Pappea capensis Eckl. et Zeyh., übrigens auch in Ostafrika, liefert ein sehr hartes geschätztes Nutzholz. Ocotea bullata (Burch.) Benth. (Stinkholz) ist eines der wertvollsten Nutzhölzer des

Kaplandes für Bauten und Kunsttischlerei. Ochna arborea Burch., Olinia capensis Klotzsch, Sideroxylon inerme L. (Schiffsbau usw.), Ptaeroxylon obliquum (Thbg.)Rdlk. (Sneezewood des Kaplandes, kapensisches Mahagoni), Toddalia lanceolata Lam. (liefert das sehr geschätzte weiße Eisenholz des Kaplandes), Scolopiaarten, Podocarpus Thunbergii und P. elongata sind zu nennen. Den Bestand der beiden letztgenannten Bäume, die „Gelbholz" geben, schätzt man auf 80% des gesamten Nutzholzes der Kapkolonie.

Von mehreren wildwachsenden Aloearten (wohl A. Africana Mill., A. ferox Mill., A. plicatilis Mill.) kommen Kap- (Aloe lucida) und Natalaloe über Kapstadt, Algoa- und Mosselbai in den Handel. Seit einigen Jahren macht eine Gesellschaft mit Erfolg Versuche mit der methodischen Anpflanzung von Aloe.

Die *afrikanischen Inseln* waren ursprünglich meist waldreich, aber die europäische Kolonisation hat den Wald gelichtet; Madeira (d. i. Holz) trägt nur noch in den höheren Teilen Kastanien- und Lorbeerwälder. Die kanarischen Inseln, besonders Tenerife, haben Lorbeer- und Pinienhaine. Auf den Kapverden gibt es kaum eigentliche Wälder, aber Dattel- und Kokospalmen. Die Guineainseln (Fernando Póo, Principe, São Thomé und Annobom) sind stark bewaldet. Hier finden sich wieder die Bäume der festländischen Urwaldzone, auch Kautschuklianen. Madagaskar hat an der feuchten Ostküste einen zusammenhängenden Waldgürtel, während an der Westseite der Wald nur in einzelnen Komplexen vorkommt. Wertvolle Hölzer sind genug vorhanden. Kautschuk[1]) wird aus Lianen (Landolphia madagascariensis besonders) und Bäumen, einer Tabernaemontana (?), einer Euphorbiacee usw., gewonnen. Reich ist Madagaskar an Raphiapalmen. Raphia Ruffia liefert sehr starken Gärtner- und Flechtbast. Die Blätter geben im Lande Material zum Dachdecken, der Bast zu Tauen und Stricken, der Stamm liefert Sagomehl. Die Lieferantin von Madagaskar-Piassava ist aber die Vonitrapalme, Dictyosperma fibrosum (vgl. S. 364). Die Ravenala, Urania speciosa, auf feuchtem Boden, der Baum der Reisenden genannt, weil eine Höhlung am Stammende der Blattstengel stets mit klarem Regenwasser gefüllt ist, gibt in ihren Blattstengeln Baumaterial, in ihren Blättern Emballagen, Material zu Dächern, Schüsseln, Tellern usw.

Die Komoren sind stark bewaldet, die Seychellen waren es. Auf den Inseln Praslin und Curieuse finden sich noch kleine Bestände von Lodoicea Sechellarum, der Meerkokospalme, welche die größten bekannten Früchte liefert. Auf den Maskarenen Mauritius, Rodriguez, Réunion ist der Urwald durch Pflanzungen stark zurückgedrängt.

Die **Jagd.** An wilden Nutztieren sind die *Atlasländer* arm. In Tunesien kommt nur auf einem kleinen Gebiet der Hirsch vor. Kaninchen und Hasen sind nicht sehr häufig. Der Klippschliefer (Hyrax syriacus) wird wegen des wohlschmeckenden Fleisches viel gejagt; ebenso das Stachelschwein und der Igel. Antilopen sind nicht mehr häufig. Der Strauß ist ganz selten geworden. Das Sandflughuhn (Pterocles exustus) ist viel verbreitet. Singvögel, Felsentauben, Trappen werden vielfach zur Nahrung geschossen. Als „Grebenfelle" kommen große Mengen von Steißfußbälgen aus Algerien und Tunis in den Handel. Von den Schädlingen ist der Löwe schon ziemlich selten, der Panther etwas häufiger. Von den Schlangen sind sechs giftig: Naja Haje (die Naja), die mauretanische Viper (Echidna mauritanica), die Hornviper (Cerastes

[1]) Ausf. 1903: 2,58; 1904: 3,84; 1905: 1,73 Mill. Fr.

cornutus) usw. Der Magot und ein Luchs plündern die Obstgärten und Felder. Am schädlichsten sind die Heuschrecken, die in ganzen Zügen, alles vernichtend, einherziehen. Alle gegen sie angewandten Kampfesmittel haben nur beschränkten Erfolg. Man hofft jetzt, einen Parasiten gefunden zu haben, der, ihnen beigebracht, sie pestartig dahinrafft. (Vgl. S. 145.)

In der *Sahara* ist das Tierleben arm. Wüstenhase, Klippschliefer leben auch hier. Die Antilope und die weiße Gazelle wird mit dem pfeilschnellen Slugi (arabischer Windhund), dem Pferd, dem Gepard oder dem Jagdfalken gejagt. Der Jägerstamm el Lib lebt nur von Gazellenfleisch und kleidet sich in Gazellenhäute. Die Steppenkuh (Alcelaphus bubalis) in Kordofan, Sennaar, die Mendesantilope (Addax nasomaculatus) im Erg (Dünenregion), das Mähnenmuflon (Ovis s. Ammotragus tragelaphus) in den Felsengebirgen, der Gundi, Trappen, Wüstenhühner, der Strauß sind Jagdtiere. Der sehr scheue Strauß[1]), in der Steppe wohnend, liefert Fleisch (Strutophagen der Alten), Eier, schließlich Federn zum Schmuck. Das Fleisch des Waran (Varanus s. Psammosaurus arenarius) gilt den Wüstenbewohnern als Leckerbissen. Hyänen und Schakale sind die Raubtiere der Wüste.

In den Übergangslandschaften von der Wüste zum *Sudan* ist das Wild (Antilopen) häufig. Allmählich wird der Gras- und Baumwuchs reichlicher. Östlich des Tsadsees kommt die Giraffe vor; Elefanten[2]) finden sich, aber nicht mehr häufig, im größten Teil des Nigergebiets, am Tsadsee, am Schari, ebenso im Grasland mit niederem Gras, wo dann seine Stoßzähne das weiche Elfenbein ergeben, als im Savannenland mit hohem Graswuchs und Bäumen, wo das halbharte, als im tropischen Urwald, wo das harte Elfenbein entsteht.

Flußpferde leben im Tsadsee, im Schari, Benue und Niger noch in größeren Scharen, Büffel im Graslande. Das tierische Leben im Urwalde der Guineaküste ist sehr arm. Einige Affenarten geben noch ein Jagdwild.

Moskitos, Termiten, Ameisen, der Sandfloh sind lästige oder schädliche Bewohner der Savannen- und Urwaldgegenden.

Auch das *Kongogebiet* ist sehr wildarm. Flußpferd, Elefant, Büffel und Wildschwein sind fast die einzigen jagdbaren Tiere. Mit Netzen und Fallen oder Grasbränden wird die Jagd, z. B. bei den Sandeh, betrieben, die sogar ein kleines Raubtier, vielleicht eine Rhyzäna, für die Jagd gezähmt haben. Einige kleine Jägerstämme (sog. Zwerge, vgl. S. 19) nähren sich hier noch wesentlich von der Jagd, mit deren Produkten sie sich von den ackerbauenden Nachbarn vegetabilische Nahrung und Geräte im Austausch verschaffen.

Viel tierreicher sind die Savannen- und Steppenlandschaften *Ostafrikas*. Große Antilopen (Elenantilope), Gazellen, Hartebeests, Gnus, Zebras, Wildesel, Giraffen, der Elefant (bis Abessinien nach Norden), Flußpferd und Nashorn, Büffel, Strauße leben hier in großer Individuenzahl. Übrigens sind auch Raubtiere, wie der Löwe, nicht selten. Büffel und Antilopen sind durch die Rinderpest stark dezimiert worden. Am meisten drängt aber das Auftreten der Europäer mit ihren Schußwaffen, die nun auch in den Händen der Eingeborenen sind, die Tierwelt zurück.

---

[1]) Ausf. Tripolitaniens an Federn 1900: 1,8 Mill. Fr., des ägyptischen Sudans über Wadi Halfa 1900: 12 200; 1904: 36 600 £ E. [2]) Ausf. des ägyptischen Sudans an Elfenbein 1881: 63 500; 1898: 2348; 1900: 354; 1903 über Wadi Halfa: 26 200; 1904: 42 500 £ E.; Ausf. Süd-Nigerias 1903: 5736; 1904: 3469 £; Kameruns 1903 (Elfenbein u. Hörner): 754 800; 1904: 910 100 Mk.

Noch reicher an Jagdtieren als Ostafrika war *Südafrika* bis zum mittleren Sambesital und nach Deutsch-Südwestafrika hinein. Ungeheure Herden von Antilopen (Springbock, Bleßbock, schwarzes Wildebeest oder Gnu, Quagga, Eland, Hartebeest und Kudu) und Gazellen, Zebras, Büffeln (Bubalus caffer), Giraffen, Elefanten, Rhinozerossen, Flußpferden, wilden Schweinen usw. fanden sich hier, Perlhühner, Turteltauben, Frankolinhühner u. a. Auch hier hat die Rinderpest und das europäische Gewehr so aufgeräumt, daß große Landstrecken wie ausgestorben sind, und die Jagd wenig ergiebig mehr ist; vielfach müssen kleinere Jagdtiere: Springhase, Stachelschweine, die kapschen Klippschliefer herhalten. Das Eland versucht man in der Kapkolonie zum Haustier zu machen, für andere Tiere sind Schonzeiten und Reservationen eingerichtet. Doch ist die Zeit der Jagdtiere für Südafrika wohl für immer dahin, unsere Haustiere werden an ihre Stelle treten.

Der Sekretär, der sich durch Vertilgung von Schlangen und anderen Schädlingen nützlich macht, wird geschützt. Löwen, Leoparden sind noch häufig; Hyänen, Schakale, der wilde Hund (Lycaon venaticus), Schlangen, der gelbe Babuin (Papio babuin), Krokodile sind Schädlinge. Gefährlicher ist die Tsetsefliege (Glossina morsitans), die im östlichen Südafrika den Gebrauch von Pferden und Zugochsen an Flüssen wie dem Limpopo, Sambesi usw. zum Teil unmöglich macht, während Ziegen, Esel und Hunde nicht ganz so gefährdet sind und in der zweiten Generation ziemlich immun werden. Man will der Tsetsefliege jetzt mit den Mitteln der europäischen Wissenschaft auf den Leib rücken. (Vgl. S. 145f. und 359.)

Die kleineren afrikanischen *Inseln* waren ganz arm an wilden Nutztieren. Auf Madagaskar fanden sich Wildschweine und eine Anzahl von Vögeln, die Nahrung lieferten. Aepyornis maximus (der Vogel Ruck) hatte die doppelte Größe eines Straußes und seine Eier waren 36 cm lang. Er ist seit langem ausgerottet; ebenso erging es schon vor 1693 der flugunfähigen Dronte (Didus ineptus).

Die **Fischerei** hat eine ziemliche Bedeutung an der Küste von Tunis, wo zwischen Hammamet und Tharsis im Golf von Gabes viele Thunfische, Sardinen, Anschovis und Polypen von vielen italienischen, auch tunesischen, griechischen, spanischen und einigen französischen Fischern gefangen werden; auch in den Buchten der Nordküste (Tunis, Tabarka) und an der algerischen Küste wird Fischerei getrieben[1]. In der Bucht von Gabes und längs der Küste von Tripolis ist die Schwammfischerei wichtig[2]. Dagegen ist die Korallenfischerei an der Küste Algeriens so raubwirtschaftlich betrieben, daß sie fast hat eingestellt werden müssen. Besonders reich an Ergebnissen ist der Fischfang längs der südlichen marokkanischen Küste und an den saharischen Küsten zwischen Marokko und Sudan; hier scheint das kalte Auftriebwasser den Fischreichtum zu begünstigen. An der Guineaküste hat die Fischerei großen Anteil an der Ernährung der Küstenbevölkerung, die besonders auch die Lagunen ausnutzt. Die Kamerun-, die Gabun- und Ogowe-, die Kongobucht sind fischreich, ferner die Große Fischbai nördlich des Kunene. Bei Kap Cross in Deutsch-Südwestafrika werden Robben geschlagen. Infolge kalten Auftriebwassers sind die Küstengewässer Deutsch-Südwestafrikas sehr fischreich; eine Fischereigesellschaft ist gebildet worden. Auf der Agulhasbank im Süden des Kaplandes sind günstige Fischgründe. An der Ostküste

---

[1]) Ertrag in Tunis 1899 etwa 2,5 Mill. Frcs., Ausfuhr 1900: 1,4 Mill. Frcs. Ertrag 1905: 2,77 Mill. Fr.

[2]) Fangergebnis 1905: 2,78; Ausfuhr von Tunis 1900: 1,76 Mill. Frcs. (einschl. and. tier. Rohstoffe); von Tripolis 1900: 1,9 Mill. Frcs.

Afrikas, etwa vom Wendekreis nach Norden, treten hier und da Perlenbänke auf, bei der Insel Bazaruto, der Insel Mafia, vor allem im Roten Meer, Dahlakarchipel bei Massaua, bei Suakin usw. An der Ostküste Afrikas, zwischen Delagoabai und den Komoren wird auch Ambra gefischt; ferner ist hier das Meer reich an Schildkröten und Trepang, die auch an der Westküste Madagaskars gefunden werden.

Guano sammelt man auf den dürren Küsteninseln Deutsch-Südwestafrikas.

1. Die Atlasländer.

a) Algerien.

Der **Ackerbau** der Eingeborenen erzeugt Weizen und Gerste wie in allen Mittelmeerländern, gedeiht aber nur im „Tell" (d. i. fruchtbares Land), dem Küstenland; die Europäer erzielen pro Hektar viel mehr Getreide[1]) als die Eingeborenen, haben sich aber seinem Anbau, als nicht gewinnbringend genug, nicht sehr zugewandt. Der Getreidebau nahm neuestens sehr zu. Die großen Talebenen, die sich durch den in einzelne Kettenstücke aufgelösten „Tellatlas" hinziehen (z. B. die Mitidja), sind die Stätten der Getreideproduktion. Roggen, Hafer, Mais, Durra, Hirse werden wenig angebaut, mit Reisbau macht man am Mazafran Versuche, die Hülsenfrüchte (Bohnen, Linsen usw.) sind wichtig. Die Berber sind fleißige Ackerbauer, welche den — freilich sehr primitiven — Pflug benutzen, den Boden, soweit der Viehdünger reicht, düngen und eine einfache künstliche Bewässerung treiben, auch die alten römischen Bewässerungsanlagen benutzten und stellenweise die verfallenen notdürftig herstellten. Die Franzosen haben große Stauwerke zur Berieselung angelegt, doch sind einige durchbrochen, und großer Schaden ist entstanden.

Der Gemüsebau (Batate, Melone, Kartoffel usw.) entwickelt sich lebhaft im Litoral bei den großen Städten, und die Ausfuhr von Artischocken, die auch wild vorkommen, Blumenkohl, Bohnen und Erbsen als „Frühgemüse" nimmt zu. Die Fruchtbäume haben im Lande für die Ernährung eine große Bedeutung. Die Berber pflegen sie ungemein. In der Kabylie (der Djurdjura westlich von Bougie) ist der Ölbaum[2]) sehr häufig, der sonst in Algerien, außer um Tlemsen, nicht zahlreich sich angepflanzt findet. Feigenbaumpflanzungen bestehen ebenfalls hauptsächlich im Lande der Kabylen, welche die Feigen frisch und getrocknet essen. Die Ausfuhr (vgl. S. 316, Anm. 4) über Bougie nimmt zu. Der Feigenkaktus, der Pfirsichbaum (Kabylie), der Aprikosenbaum (im Djebel Aurès kultiviert), der Mandelbaum, Orangenbaum (Zentrum Blida; Spätapfelsinen vom Gebirge ausgeführt[3]), Zitronenbaum, Johannisbrotbaum (Bougie; s. S. 316, Anm. 4), die Weinrebe; in höheren Lagen der Pflaumenbaum, an sehr geschützten Stellen des Litorals die Banane — das sind die Früchtespender des Landes.

---

[1]) 1890: 1 302 900; 1899: 1 303 600; 1903/04: 2 815 900 ha; Ertrag. 1890: 776 000; 1899: 606 400; 1903/04: 1 633 800 T. (harter Weizen 553 000; weicher Weizen 157 300; Gerste 808 000 T.); Prod. von Weizen 1905: 544 300 T. = 0,6% d. W. [2]) Schätzung: 6 Mill. gepfropfte, 50 Mill. wilde Olivenbäume, 6500 Ölmühlen, 150 000 hl Olivenöl durchschnittlich; Ausf. 1899: 5908,2 T. Olivenöl, Einf. 572,5 T. Ausf. 1904 f. 4,09 Mill. Fr. [3]) Ausfuhr v. Apfelsinen u. Zitronen aus Algerien 1901: 3500 T., Mandarinen 1600 T. Ausf. von Tafelfrüchten 1904: 7,1 Mill. Fr.

Die europäischen Kolonisten haben sich im Küstenland mit vielleicht gefährlicher Einseitigkeit dem Weinbau[1]) zugewandt, der ganz außerordentliche Erträge bringt; um Oran, Algier, Bougie, Philippeville, Bône dehnen sich die Weinpflanzungen aus. Man sucht die Qualität des Weines, der in großen Mengen nach Frankreich geht, allmählich zu verbessern. Die Phylloxera ist auch hier aufgetreten, aber nicht so verheerend wie in Frankreich.

Der Tabakbau Algeriens hatte eine große Ausdehnung erlangt, aber die Qualität verschlechterte sich, so daß dann auch der Anbau nachließ. Heute baut man den Tabak auf 5000—6000 ha in der Ebene Mitidja, an den Abhängen des Sahel, den Ausläufern des Atlas, der Ebene des Isser, in der Kabylie und in einem Teil des Djendel (Haut-Cheliff), ferner in dem Dreieck zwischen Bône, La Calle und Duvivier, nicht aber im Departement Oran, wo der Chlorgehalt des Bodens besonders hinderlich ist; er soll nun auf dem Markte wieder ziemlich geschätzt sein[2]).

Textilpflanzen fehlen dem Lande fast ganz. Flachs wird ein wenig angebaut, Jute, Agave, Ramie befinden sich in Versuchspflanzungen. Der Baumwollenbau, während des amerikanischen Sezessionskrieges übertrieben entwickelt, dann eine Zeitlang noch durch Prämien erhalten, ist ganz zurückgegangen, da die Qualität sich als mäßig erwies; die klimatischen Bedingungen, selbst bei künstlicher Bewässerung, sind auch kaum vorhanden. Kork, Gerbstoffe siehe S. 316. *Zwergpalme* s. S. 317. Kapern s. S. 317.

In der Hochsteppe schließt sich der Ackerbau an die wasserreicheren Gebirge; der Djebel Aurès ist von Berbern in den Tälern gut angebaut. Im übrigen gibt die Hochsteppe nur die Halfa (s. S. 317) her.

Tierzucht. In den grasreichen Küstenebenen (z. B. der Mitidja) nomadisierten früher die Araberstämme mit ihren Herden, die nun durch die Kolonisten in die Berge gedrängt sind und mit ihren Tieren dort dem Wald gefährlich werden. Die Rinderzucht ist in dem grasreichen Tell von einiger Bedeutung, doch geben die Tiere wenig Milch. Die Araber bevorzugen Schafe, Ziegen, Esel und nomadisieren trotz der Beschränktheit des Raumes zwischen höheren und tieferen Berglagen nach der Jahreszeit. Bei ihrem Aufenthalt in den tieferen Gegenden streuen sie auch etwas Getreide aus, das sie bei ihrer Rückkehr ernten. Sonst nähren und kleiden sie sich von ihren Herden.

Die Kabylen in ihren Bergen ziehen wohl Rinder und Schafe, die sie im Winter mit dem Laube der angepflanzten Eschenbäume, mit den Stengeln der Opuntien und mit Heu ernähren, aber nicht Pferde, die sie in ihrem Land auch kaum gebrauchen können. Die Bienenzucht ist umfangreich.

Die Kolonisten im Tell haben der Viehzucht bisher noch wenig Aufmerksamkeit gewidmet.

---

[1]) 1901: 2400; 1902: 3900 T. frische Trauben ausgeführt; 1900: 145 000 ha bebaut (Oran 79 800, Algier 48 600); Prod. an Wein 1905: 7 740 000 hl = 5,9% d. W. Ausfuhr von Wein 1900: 50,4 Mill. Fr.; 1899: 141,3; 1904: 98,4 Mill. Fr. [2]) Prod. i. Durchschnitt 1900—1902: 7500 T. = 0,7% d. Weltprod. 1899 wurde für 7,5 Mill. Frcs. verarb. Tabak ausgeführt; Ausf. v. Tabakblättern und -rippen 1901: 5058,8; 1902: 3447,9 T. Einf. 1902: 1593,1 T. Ausf. von Zigaretten 1902: 395,4 T. = 2,13 Mill. Fr., Zigarren 25,2 T. = 468 000 Fr., sonst. Tabakfabrikate 578,5 T. = 1,04 Mill. Fr. Ausf. von Tabak 1904: 5 Mill. Fr.

In der Hochsteppe dominiert die nomadische Tierzucht, von der die arabischen und berberischen Stämme ihre ganzen Bedürfnisse (Fleischnahrung, Milch, Kleidung, Zelt, Geräte) befriedigen. Rinder gedeihen hier gar nicht; Schafe (Fettschwanz-), Ziegen, Kamele, einige Esel, ganz wenige, aber sehr gute Pferde (zum Reiten für die Männer) — die besten in der Gegend von Tiaret — sind der Reichtum der Nomaden, die im Winter bis in die Vorwüste jenseits des Saharaatlas schweifen, im Sommer nach Norden auf die kühlere Hochsteppe und bis ins Tell ziehen. Jedem Stamme ist dabei ein Streifen von Norden nach Süden zur Weide überlassen. Ställe und Vorratspeicherung, Besserung der Rasse (abgesehen vom Pferd) und Pflege kennen die Nomaden nicht, so daß die Kopfzahl der Herden stark schwankt, und Fleisch und Wolle[1]) zu wünschen übrig lassen. Allah will es doch wohl nicht anders. Die Franzosen haben hier noch viel zu tun.

Lebende Tiere und Wolle werden von den Nomaden gegen Getreide, Industrieerzeugnisse usw. nach der Küste verhandelt.

Bergbau. Algerien ist ungeheuer reich an Phosphaten, die sich in Streifen von Westen nach Osten ziehen; die bei Tebessa und Tocqueville abgebauten Lager sind am wichtigsten[2]). Eisenerze[3]) gewinnt man im Departement Oran (Bab M'teurba, Dar-Rih, Camerata) und Constantine (Ain-Mokra); Zink[4]), Blei-[5]) und Kupfererze[6]); Quecksilber (Taghit) werden gefördert. Es sollen auch einige Kohlenlager bei Igli und Insalah (Tuat) gefunden sein, doch läßt sich ganz sicher sagen, daß das Atlasland von Algerien und Tunis, und erst recht die dazu gerechneten Saharateile an Kohlen vollständig arm sind, wie ja alle Länder in der trockenen Abteilung der subtropischen Klimazone. Petroleum gibt es in den Provinzen Oran und Constantine.

Die **Industrie** ist gering in Algerien; die Nomaden fertigen zum Teil ausgezeichnete Teppiche. Die europäische Industrie setzt sich langsam an den Küsten fest.

Verkehr und **Handel** gehen im Lande vor allem von Norden (Küste) nach Süden (Sahara) und umgekehrt, senkrecht zu den Kulturzonen (Tell, Hochsteppe, Vorwüste); in politischer wie wirtschaftlicher Beziehung war und ist die Nachbarlage zu den Mittelmeerländern, heute vor allem Frankreich, nächstdem negativ die zu der öden Sahara bedeutsam. Im Tell sind auch die Verbindungen durch die Längstäler wichtig. Die Franzosen haben das Eisenbahnnetz fleißig entwickelt, da schiffbare Flüsse fast ganz fehlen. Sie haben im Westen und Osten nun auch die Hochsteppe durchquert mit Eisenbahnen und sind in die Vorwüste, im Westen bis Bechar (710 km), ein-

---

[1]) Prod. 1903 zusammen mit Tunis zu 30 450 000 e. Pfd. geschätzt = 1,1% d. W. [2]) Ausf. der Region von Tebessa über Bône 1896: 142 300; 1901: 234 700; 1902: 248 300; 1903: 278 200; 1904: 301 900; 1905: 319 300 T., der Region Tocqueville 1896: 184; 1901: 43 400; 1902: 17 700; 1903: 22 900; 1904: 43 100; 1905: 28 400 T., Tunis (Gafsa) 1896: 0; 1899: 65 200; 1901: 178 000; 1902: 266 600; 1903: 360 600; 1904: 457 100; 1905: 529 600. Gesamtausfuhr Algeriens u. Tunesiens 1905: 877 400 T. Anteil Algeriens u. Tunesiens an der Weltprod. 1900 etwa 17,5%. Man schätzt den Vorrat Algeriens auf 150—200 Mill. T. Ausf. Algeriens 1904: 7,4 Mill. Fr. [3]) Ausf. 1901, besonders über die Häfen Benisaf und Bône, 582 000; 1903: 589 000 T. = 0,6% d. Weltprod. Ausf. 1904 f. 5,77 Mill. Fr. [4]) Ausf. 1901, besonders über den Hafen Bône, 40 500 T. Ausf. 1904 f. 7,7 Mill. Fr. [5]) Ausf. 1901: 4139 T. [6]) Ausfuhr 1901: 963,1 T.

gedrungen, ja drohen die Westbahn im Süden Marokkos auf Tafilelt nach Westen (Kap Djuby) weiter zu bauen; vielleicht in ferner Zukunft liegt der Bau einer transsaharischen Bahn, welche die französischen Sudangebiete mit Französisch-Nordafrika verknüpfen würde. Die Häfen der Küste, die hauptsächlich mit Frankreich Handel treiben, sind von Natur ziemlich mangelhaft, aber zum Teil schon verbessert. Algier (auch starkbesuchte Touristen- und Winterstation), 97 000 Einw., hat nun einen durch Molen geschützten Hafen. Andere Hafenstädte sind Oran (88 000 Einw.), Bougie, Bône (37 000 Einw.).

Ausfuhr 1901: 261,9; 1902: 299,2; 1903: 287,7; 1904: 272,2 Mill. Fr. (1904: Wein 98,4; Getreide 36,0; Tiere 32,1; Kork 12,8; Wolle 9,4; Häute und Felle 8,0; Zink 7,7; Phosphate 7,4; Tafelfrüchte 7,1; Halfa 6,1; Eisen 5,8; Tabak 5,0; Olivenöl 4,1; Fische 3,6; vegetab. Fasern 2,9; Kartoffeln 2,1 usw.). Einfuhr 1901: 318,6; 1902: 325,7; 1903: 345,6; 1904: 367,4 Mill. Fr. (Gewebe, Holz- und Metallgeräte, Baumaterialien usw.). An dem Handel hatten Frankreich 82,2%; Großbritannien 3,2%; Tunis 2,1%; Belgien 1,9%; Spanien 1,4%; Deutschland 1,2%; Italien 1,2%; Rußland 1,2%; Marokko 1,0% Anteil.

Die **Bevölkerung** Algeriens, 4,8 Millionen Einw. auf etwa 890 000 qkm, ist in den Küstenebenen und in der Kabylie am dichtesten, in der Hochsteppe ist die Volksdichte sehr gering.

b) Tunis.

Ackerbau. Auch hier ist der Norden die Getreideregion[1]) (Gerste und Weizen), besonders die Ebene der Medjerda bringt gute Ernten. Der Anbau nimmt stark zu. Der Weinbau[2]) um Tunis, Enfidaville usw. fängt an sich zu entwickeln. Die Fruchtbäume sind die Algeriens; bei Sfax werden Mandeln[3]) erzeugt. Im Sahel, dem (sanft sich abdachenden, bestellbaren) östlichen Küstengebiet, haben Ölbaumhaine bei Tunis, Nabeul im Norden, vor allem zwischen Hergla und Sfax (10—30 km breiter Gürtel), bei Zarzis und auf der Insel Djerba, namentlich auf Hügelwellen mergeligen Bodens, einen günstigen Standort gefunden. Unter den Stämmen sät man oft Gerste, Weizen, Bohnen. Im Norden ist das Öl bitterlich, die Ernte auch unsicher, gegen Süden nehmen Wohlgeschmack und Ertrag zu. Doch hatte das tunesische Olivenöl bis vor kurzem einen schlechten Ruf infolge schlechter Aberntung der Früchte und nachlässiger Ölherstellung. Neuerdings ist darin Wandel eingetreten, die primitiven Mühlen sind meist durch moderne Fabriken mit hydraulischen Pressen ersetzt; es soll jetzt ein gutes Speiseöl in Tunis erzeugt werden[4]). In Monastir und Mehedia hat sich eine Seifenindustrie an das Olivenöl geschlossen. Gegen Süden, um Gabes, gedeiht der Ölbaum schon weniger

---

[1]) Anbaufläche 1902: 363 500 (1904: 493 600 ha Brotgetreide) ha Weizen; 376 400 (1904: 482 700) ha Gerste; 14 300 (1904: 48 200) ha Hafer usw. Prod. von Weizen 1905: 204 000 T. = 0,2% d. Welternte. [2]) 1903 die Prod. auf 300 000; 1905: 260 000 hl = 0,2% d. W. geschätzt; etwa 15 800 ha sind bebaut. Ausf. 1904: 116 700 hl = 1,9 Mill. Fr. [3]) 1902: in ganz Tunis 175 T. [4]) Schätzung 15 Mill. Olivenbäume; 1896: 1183 Ölmühlen d. Eingebor., 64 d. Europäer; Prod. von Olivenöl um 1900: 30 000; 1901: 25 500; 1902: 16 200; 1903/04: 39 000; 1904/05: 25 000 (Schätzung) hl; Ausf. von Olivenöl 1899: 17 600 T. = 14,7; 1900: 5,9; 1902: 2,55; 1904: 8,53 Mill. Fr.

gut, und das Wüstenklima der Djeridoasen bekommt ihm nicht sehr. Hier dominiert bereits die Dattelpalme (s. S. 333).

Der steppenhafte Südwesten von Tunis hat ausgedehnte Halfaflächen[1]), im Nordwesten des Landes werden die Korkwälder[2]) ausgebeutet.

Die **Tierzucht**[3]) des Nordens hat den Charakter der algerischen im Tell. Im Süden, in den Steppen, herrscht die nomadische Viehzucht, in der gegen die Sahara hin das Kamel relativ immer wichtiger wird. Schafe und Ziegen usw. werden ausgeführt. Fischerei s. S. 326.

Der **Bergbau** erzeugt im Nordwesten namentlich Zink, im Südwesten in der Gegend von Gafsa bei Metlaoui Phosphate, die durch eine Eisenbahn Gafsa—Sfax Abfuhr finden[4]). Ein wenig Gold wurde bei Tunis gefunden.

Die **Industrie** erzeugt Teppiche, Wollen- und Seidengewebe, Lederwaren usw. Doch wird die europäische Konkurrenz empfindlich.

Den **Verkehr** zu Lande, den im Gebirgsland wie in den anderen Atlasländern Esel und Maultier versehen, in der Steppe das Kamel, haben die Franzosen durch Eisenbahnen (Verbindung mit Algerien) verbessert. Für den Außenverkehr war immer die Lage an der Verengung des Mittelmeers gegenüber Italien wichtig und neuerdings die Nachbarlage zu Frankreich. Die wichtigsten Häfen sind Tunis (durch Seekanal zugänglich), 170 000 Einw., Biserta (Kriegshafen), Susa, Sfax (30 000 Einw.).

Ausfuhr 1901: 39,1; 1904: 76,8; 1905: 58,3 Mill. Fr. (Getreide 4,6; Olivenöl 5,8; Phosphate 4,5; Tiere 2,9; Halfa 3,2; Zink 2; Schwämme 2; Wolle 1,5; Farb- und Gerbstoffe 0,9; Fische 0,5 usw.). Einfuhr 1901: 64,7; 1904: 83,4; 1905: 90,95 Mill. Fr. (Getreide 8,7; Baumwollgewebe 8,2; Mehl 6,5; Maschinen 5,3; Kolonialwaren 3,96; Metalle und Metallwaren 3,8; Seide 2,3; Bauholz 2; Leder 1,97; Wein und Alkohol 1,4; Kleider 0,9 usw.). Am Gesamthandel war 1905 Frankreich mit 48,6; Algerien 10,4; Italien 10,2; Großbritannien 9,6; Rußland 5,1; Belgien knapp 3; Deutschland 2% usw. beteiligt.

Die **Bevölkerung**, 1,82 Millionen Einw. auf etwa 167 000 qkm, sitzt vor allem im Nordosten in den Gebieten, wo einst Karthago lag.

c) Marokko.

Der **Ackerbau** ist sehr dankbar im atlantischen Marokko, wo in dem fruchtbaren Schwarzerdegebiet längs der Küste in den Landschaften „El Gharb“, der Landschaft am Wed Sebu, um Fes (150 000 Einw.) und Meknes, in Schauia, Dukkala, Abda, in ausgedehntestem Maße Weizenbau getrieben wird, aber ferner Gerste, Bohnen, Kichererbsen, Mais, Kanariensamen, Koriander, Linsen, Erbsen, neuerdings auch Flachs (um Casablanca besonders) angebaut werden. Südfruchtbäume gedeihen, z. B. bei Tetuan, Rabat usw. Auch nördlich von Gharb auf Larache zu, bei Tanger und bei Tetuan ist der Anbau von Weizen beträchtlich. Gerste wächst noch besonders im Sus, ferner

[1]) Ausfuhr von Halfa 1900 f. 2,2; 1905: 3,24 Mill. Fr. [2]) Ausfuhr von Kork 1900 f. 172 000 Fr. [3]) 1904: Schafe 1 095 000; Ziegen 574 300; Rinder 183 700; Kamele 147 200; Esel 98 000; Pferde 35 600; Maultiere 16 000; Schweine 15 400. [4]) Vgl. S. 329, Anm. 2.

am Mittelmeer im Rif. Hinter dem Schwarzerdegürtel dehnt sich der Steppengürtel mit wenig Pflanzenbau. In dem Gürtel der voratlantischen Berieselungsoasen, z. B. Marrakesch (Marokko) mit 50 000 Einw., sind Fruchtbäume: Dattelpalmen, Oliven, Orangen und Zitronen, Feigen und Granaten, Pfirsiche, Aprikosen und Mandeln reichlich vorhanden; die Weinrebe ist weit verbreitet, Weintrauben werden viel gegessen, der gekelterte Wein ist süß wie der Málaga; im Schutze der Bäume gedeiht viel Gemüse. Zuckerrohr wächst ein wenig im Süden. Die willkürliche Besteuerung unterdrückt aber jedes Vorwärtsstreben. Vielleicht naht jetzt ein Umschwung zum Bessern.

Die **Tierzucht** zeigt einen bemerkenswerten Umfang in dem Steppengürtel und im Gebirgsland. Millionen von Rindern weiden in den nördlicheren, fruchtbaren Landschaften, die Zahl der Schafe wird auf 40—45 Millionen (?) geschätzt, die der Ziegen (in den Gebirgsgegenden) auf 10—12 Millionen (?). Wolle und Eier werden ausgeführt. Esel und Maultiere vermitteln den Verkehr. Die Viehzucht wird aber liederlich betrieben.

Der **Bergbau** ist verboten, obwohl das Land an Gold, Silber, Kupfer, Eisen usw. reich sein soll.

Unter den **Industrien** ist die des Leders (Maroquin und Saffian, von der Stadt Safi oder Saffi) am bedeutendsten; auch Pantoffeln und Teppiche werden erzeugt.

Die **Verkehrs**verhältnisse sind unglaublich schlecht, gebahnte Wege, Brücken usw. kennt man kaum. Wenn Allah sie gewollt hätte, wären sie da. Einige Karawanenstraßen von Süden nach Norden: Sus—Marrakesch—Küste und Tafilelt—Fes—Tanger dienen dem Verkehr zwischen Wüste und Fruchtland. Dem Außenhandel liefert die Rifküste noch fast nichts, nur Tetuan (20 000 Einw.) und Ceuta (11 000 Einw.) nahe dem Ausgang aus dem Mittelmeer sind wichtig; in Melilla und auf den Chafarinasinseln will Spanien jetzt Hafenbauarbeiten vornehmen; die atlantische Küste hat sehr schlechte, durch Brandung, Riffe und Sandbänke bedrohte Häfen (Tanger [20 000 Einw.], Larache [5000 Einw.), Rabat [25 000 Einw.], Casablanca [30 000 Einw.], Masagan [15—20 000 Einw.], Safi [9000 Einw.], Mogador [20 000 Einw.]); in Tanger sind jetzt Hafenbauten durch eine deutsche, in Casablanca durch eine französische Gesellschaft begonnen. Die schlechte Verwaltung, die traurigen Verkehrsverhältnisse und die Fremdenfurcht bewirkten, daß Marokko bisher unentwickelt in seiner Abschließung verharrte; jetzt wird das Sultanat von den europäischen Mächten mit Gewalt erschlossen.

Ausfuhr der Häfen zusammen 1903: 36,6; 1904: 36,5 Mill. Fr. (Eier 4,8; Mandeln 4; Bohnen 3,1; Kichererbsen 3,1; Ziegenfelle 2,6; fettige Wolle 2; Leinsaat 1,7; Kanariensamen 1,7; türkische Schuhe 1,7; Rinder 1,5; Wachs 1,2; Gerste 0,8 usw.). Einfuhr 1903: 62,4; 1904: 54,5 Mill. Fr. (Baumwollenwaren 17,9; Zucker 12,3; Tee 3,35; Mehl und Grieß 1,8; Kerzen 1,6; Kriegsmaterial 1,27 usw.). Der Handel über die Landgrenze soll 1904: 6,7 Mill. Fr. ausmachen. An dem Handel haben Großbritannien 43,1; Frankreich 25; Deutschland 12; Spanien 8,4; Belgien 2,7% Anteil.

Die **Bevölkerung** auf 6—8 Millionen Einw., von manchen viel höher geschätzt, ist auf etwa 456 000 qkm verteilt, doch so, daß das atlantische

Küstengebiet und der Oasengürtel, auch das Rif dicht bewohnt, das Atlasgebiet aber sehr wenig bevölkert sind.

Spanien besitzt an der Rifküste die Presidios (Ceuta, Melilla, Chafarinasinseln usw.), 35 qkm mit 10 300 Einw.

2. Das Wüstengebiet.

Der **Ackerbau.** Außer den obengenannten wilden Nutzpflanzen der Sahara ist es vor allem die Dattelpalme (die übrigens in einigen Teilen Kufras wild vorkommt), deren Veredelung und Kultur das Dasein und den Ackerbau einer Wüstenbevölkerung ermöglicht; erst unter ihrem schützenden Laubdach ist es möglich, trotz der glühenden Sonne auch andere Kulturgewächse zu bauen. Die Dattelpalme ist hauptsächlich in der nördlichen Sahara verbreitet, wo sie außer dem heißen trockenen Klima viele Depressionen und unter- oder oberirdische Flüsse vorfindet, damit ihr Fuß im Wasser steht. Im saharischen Marokko sind es besonders die Oasen am Wadi Draa und die Oase Talifelt; in der Algerischen Wüste die Zibanoasen (Biskra), die Oasen im Wadi Rhir (z. B. Oase Tugurt; artesische Brunnen) und im Wadi Suf, die Oase Wargla und der Oasenkomplex von Tuat; in Südtunis die Djeridoasen (Nefta, Tuzer, El Udian und El Hamma) am Schott Djerid, welche die meisten und besten Datteln[1]) hervorbringen. Tripolitanien erzeugt an der Küste wenig und geringwertige Früchte. In Fessan, Kufra, Audjila, Siwah usw. spielt die Dattelpalme eine außerordentlich wichtige Rolle. In den Wüstenoasen des Westens jenseits Tuat und in der ganzen Südhälfte der Sahara (Dumpalme) hat der Baum nicht mehr so vorherrschende Bedeutung. Im Osten, im Niltal aber gibt es noch Dattelpalmenwälder, so bei Rosette, Bedraschen, Sakkara, Gize; am meisten Bäume stehen in der Provinz Scherkie. Während die Oasen am Nordrand der Sahara ihre Datteln gegen Getreide usw. nach Norden austauschen, liefern die Oasen der Libyschen Wüste diese Frucht nach Ägypten. Der Wert der Dattelpalme für die Oasenbewohner ist unermeßlich. Im Mittel liefert ein Baum etwa 50 kg Früchte, und man kann, da man frühe, mittlere und späte Spielarten herausgezüchtet hat, zwei Monate auf die Früchte rechnen, die frisch und getrocknet für Menschen und Tiere die Hauptnahrung liefern. Aber auch im übrigen ist der Baum sehr nützlich (s. S. 247).

In den Wadis der Wüste wird hier und da ein wenig Getreide (Gerste, Weizen, Durra, Hirse) angebaut, in den Oasengärten zieht man eine Menge von Fruchtbäumen der subtropischen Zone, Gemüsearten und Hülsenfrüchte mit künstlicher Bewässerung. Die Oasen liegen ja nur in Gebieten (Einsturzbecken, Wadis, am Gebirgsfuß), die im Untergrund Wasser enthalten.

Die größte und wichtigste Oase ist Ägypten, dessen 29 400 qkm[2]) Kulturfläche fleißig angebaut werden. Fruchtbäume sind zahlreich. Außer den schon erwähnten Dattelpalmen (s. oben) gibt es Feigenbäume (Oberägypten),

---

[1]) Algerien führte 1901: 2300 T. aus, Tunis export. jährlich für etwa 7—800 000 (1904: 1,4 Mill.) Fr., Tripolis 1900 nur f. 50 000 Fr. [2]) So nach der Zählungsaufnahme von 1897; für 1902 finde ich die Angabe: 5,1 Mill. Acres = 20 600 qkm und der Gothaer Hofkalender gibt die bebaute Fläche mit 33 600 qkm an.

Orangen, Zitronen (im Delta) usw. Dagegen ist Ägypten sonst sehr arm an Bäumen und muß viel Holz[1]) einführen. Auch der Getreidebau spielt eine gewisse Rolle. Weizen[2]) wird in Oberägypten mit Durra, Gerste usw. angebaut, Mais mehr in Unterägypten, Reis[3]) im meeresnahen nördlichsten Teil des Nildeltas und im Fajum. Es wird viel Mehl[4]), vor allem aus Frankreich, eingeführt. Auch getrocknete Früchte und Fruchtkonserven, Gemüsekonserven, Bier usw. kommen zur Einfuhr. Hülsenfrüchte: Bohnen[5]), Erbsen, Linsen pflanzt man ausgedehnt in Oberägypten; im ganzen Lande wird dem Gemüsebau Aufmerksamkeit gewidmet; Zwiebeln[6]) haben Bedeutung für den Weltmarkt. Das Zuckerrohr gedeiht gut in Oberägypten, namentlich zwischen Medinet-el-Fajum und Siut, und wird im Lande verarbeitet. Der Zucker war früher ein nicht unwichtiger Ausfuhrgegenstand[7]). Bei weitem die wichtigste Kulturpflanze für Ägypten ist aber die Baumwolle[8]). Die zur Wachstumszeit erforderliche Feuchtigkeit wird den Baumwollpflanzen durch künstliche Bewässerung zugeführt, während die Trockenheit des subtropischen Klimas Reife und Aberntung begünstigt. Die ägyptische Baumwolle ist sehr geschätzt. Die „Mitafifi-Sorte" zeichnet sich durch Feinheit der Faser aus, liefert einen guten Ertrag und reift frühzeitig, die „Abassi-Sorte" wird ebenfalls gerühmt. Die „Joanovich-Sorte" liefert zwar ein geringeres Erträgnis, aber die beste Qualität. Im ganzen steht die ägyptische Baumwolle an Stapellänge, Feinheit und Spinnbarkeit der Faser nur der Sea-Island-Sorte (s. S. 381) nach. Durch Verbesserung der Bewässerung (Staudämme von Assuan und Siut; von Esneh im Bau), Melioration des Bodens und Anbau reicher tragender, hochbezahlter Sorten ist die Steigerung des Ertrages gelungen, auch hat sich der Anbau immer mehr ausgedehnt; neuerdings nimmt er besonders in Oberägypten (Distrikte Fajum, Minieh und Beni-Suef) zu, doch werden die unterägyptischen Qualitäten höher bewertet als die oberägyptischen. Ägypten liefert der europäischen Industrie fast ausschließlich den Bedarf an feinen Baumwollsorten, den Vereinigten Staaten die Hälfte bis zwei Dritteile der langstapeligen Baumwolle zur Verarbeitung. Übrigens macht man neuestens den Versuch, die Spinnerei und Weberei der Baumwolle in Kairo und Alexandria selbst einzupflanzen.

Der Ackerbau Ägyptens hat unter britischer Leitung an Rationalität sehr gewonnen; durch große Wasserwerke (Stauanlagen z. B. bei Assuan, Kanäle) werden jetzt die Schwankungen (Naturzwang!) in der Wasserzufuhr des Nils unschädlich gemacht und der Landwirtschaft auch zur Trockenzeit Wasser gewährleistet. Selbst ausgedehnten Futterbau (Klee 15,2% des angebauten Bodens) hat man in Angriff genommen, um die Tierzuchtmöglichkeit zu erweitern. Die „Khedivial Agricultural Society" bemüht sich, alle landwirt-

[1]) Einf. 1905: 1329000; 1906: 1319000 £ E. [2]) Prod. 1905: 327 000 T. = 0,36% d. Welternte. [3]) Ausf. 1902: 95 400: 1905: 144000; 1906: 131000 £. E. [4]) Einf. 1901: 66 606 T. = 523 000 £ E., 1905: 121 422 T. = 989 500 £ E. [5]) Ausf. 1902: 190500; 1905: 160000; 1906: 11000 £ E. [6]) Ausf. 1901: 64900; 1902: 49900; 1903: 73700 T. = 191 000; 1905: 393000; 1906: 217000 £ E. [7]) Prod. 1896: 75240; 1900: 61640; 1903: 46260 T.; Ausf. 1905: 30600 (1906: 4800) T. = 400000 (1906: 43000) £ E.; Einf. 39400 (34600) T. = 486000 £ E. [8]) Aus. 1890/91: 537400; 1901/02: 859200; 1902/03: 773900 Ballen (Prod. 7—8% d. Welternte). Ausf. von B. 1902: 13,886; 1905: 15,8; 1906: 20,53 Mill. £ E., Baumwollsamen 1,9, (1,7; 2,2), Ölkuchen 0,19 (0,22; 0,24) Mill. £ E.

schaftlichen Errungenschaften einzuführen; landwirtschaftliche Ausstellungen finden statt, und in einer staatlichen Ackerbauschule ist Gelegenheit zur Ausbildung junger Landwirte gegeben. Die Einfuhr von landwirtschaftlichen Maschinen[1]) nimmt zu. Auch die Einfuhr von Kunstdünger seit 5—6 Jahren beweist die Zunahme der Intensität des Anbaus. Freilich setzt der starr am Althergebrachten hängende Sinn der Fellachen diesen Bestrebungen zur Hebung des Ackerbaues nicht geringe Schwierigkeiten entgegen. Ägypten nähert sich jedenfalls immermehr der Wirtschaftstufe der Wissenschaft.

Auch **Tripolis** ist weiter nichts als ein Oasenkomplex am Rande der Wüste. Gerste wächst in dem Mittelmeerklima gut. Ebenfalls gedeihen Früchte: Orangen und Zitronen; Oliven werden in dem Sahel und an den Hängen der Saharavorberge reichlich geerntet, aber die Ölbereitung ist ganz mangelhaft. In den Gärten pflanzt man zahlreiche Gemüsearten; künstliche aber primitive Bewässerung wird in allen Oasen geübt. Hauptausfuhrprodukt aus dem Pflanzenreich ist charakteristischerweise die wildwachsende Halfa[2]), welche in den Einsenkungen und auf den Plateauflächen des Inneren gewonnen und auf Kamelsrücken zur Küste geschafft wird.

Barka, ein Hochland, erzeugt an der Küste Oliven, Krapp; der Getreidebau (Weizen, Gerste) ist wenig umfangreich, obwohl das Land fruchtbar ist. Das türkische Regiment hat das im Altertum (als Cyrenaïca) blühende Land verödet.

Die **Tierzucht** ist in den Oasen selbst nicht selten durch schädliche Bremsen (Tsetse?), so in Siwah und anderen Oasen der nordafrikanischen Niederung, auch in Timbuktu behindert; aber in ihrer Nähe zeigt sich der zunehmende Wasserreichtum öfters in reichlicherem Graswuchs, weniger bei den zwischen Dünen oder in die Hochebene beckenartig eingesenkten Depressionsoasen, die wohl meist geringe Ausdehnung haben, als bei den in langen Talzügen sich findenden. Schon die Täler in den Dünenregionen enthalten Gräser und Kräuter; wenn aber Oasen sich in Wadis finden, was in der nördlichen Hälfte der Sahara weitaus bei den meisten der Fall ist, so sind diese Täler ausgezeichnete und manchmal ausgedehnte Weidegründe. So weiden im Südosten der Wüste im Wadi Mhalik (Melk) die Homr-Araber ihre großen Herden, so ist das Trockenbett des Bahr-el-Ghasal östlich des Tsadsees, so sind die Wadis, welche sich in Tripolis den Hochlandhang nach Norden hinabziehen, die Wadis in Fessan, das Wadi Susfana und das Wadi Saura, das Wadi Draa im Nordwesten, die Wadis im Westen der Wüste z. B. Wadi Assi, Sakiet-el-Hamra usw. reich an Gräsern und Kräutern. Am wasserreichsten sind im allgemeinen die Wadis an den Flanken höherer Gebirge; so sind die Weiden am kräftigsten in den vom Saharaatlas kommenden Wadis, und sogar zwischen ihnen bedecken sich im Frühjahr die weiten Flächen zum großen Teile bis auf 50 km südlich der Oasenzone mit einem üppigen Krautteppich. So sind auch in den Gebirgsländern Tibesti, Air, Adrar die Weiden ausgedehnt; auch die Landschaft Darfor im Sudan ist schließlich hier zu

---

[1]) Einf. 1905: 117000; 1906: 237000 £ E.; Einf. anderer Maschinen 549000 u. 801000 £ E.
[2]) Ausf. 1900: 2,4; 1904: 3,15 Mill. Fr. (Vgl. S. 317.)

erwähnen. Aber auch mancher kleinere Berg, z. B. der Icharefberg im Südwesten der Wüste, ist Träger reicherer Weiden.

An den Rändern der Wüste sind die Weiden weniger an Einsenkungen und Erhebungen des Bodens gebunden, da dort die Niederschläge auch in der Ebene wirksam werden. An der Westküste der Sahara, im Übergangsgebiet zwischen Wüste und Sudan, in Barka am Mittelmeer usw. finden sich auch in ebenerem Land klimatisch bedingte Weiden.

An die Weidedistrikte sind die Hirten gebunden. Rinder werden in nennenswerter Zahl nur in den bestbewässerten und kühleren Gegenden gehalten, so an den Berghängen des Hochlandabfalles in Tripolis, wo die Nordseiten ziemlich guten Graswuchs haben; so in Adrar; so bei dem Stamme der Barek-Allah nördlich des Senegal; so bei den Tuareg, die auf den Inseln des Niger an seinem Nordbogen stattliche Herden haben; so in Aïr. Die hauptsächlichen Haustiere der Wüstennomaden aber sind Kamel, Schaf, Ziege.

Das Kamel ist der Wüste am besten angepaßt und stellt am wenigsten Ansprüche an die Weide; es erhält daher auch die schlechteren angewiesen, während Schaf und Ziege anspruchsvoller sind. Besonders wertvoll ist das Kamel in einer Spielart als Lastträger (in Nordafrika 250 kg, in Ägypten bis 500 kg) und in einer anderen (Mehari) als Überwältiger großer wasserloser Entfernungen (4—8 km p. Stunde, 5—12 Tage ohne Wasser!). Die Verwendungsmöglichkeit des Kameles hört allerdings an den feuchteren Rändern der Wüste auf; nur die Tibestikamele können bis an die Nordküste gehen. Die Kamelmilch ist ein Hauptnahrungsmittel der Nomaden, die das Fleisch aber gewöhnlich nur essen, wenn das Tier unbrauchbar geworden ist. Kleider, Teppiche und Zelttuch werden aus der Kamelwolle gewebt, auch Seile werden aus ihr gedreht, aus der Haut Wasserschläuche, Sandalen usw. gefertigt.

Die Schafe haben in der inneren, trockenheißen Wüste nicht Wolle, sondern Haare; so schon in El Golea und in Mursuk, so aber auch bei den Trarsa unmittelbar nördlich des Senegal; dagegen scheinen an der Westküste der Sahara die Schafe durchweg Wolle zu haben, und Tripolis führt etwas Wolle aus. In Tibesti und im ganzen Inneren findet sich nur der Haarwuchs bei Schafen. Diese Tiere geben Milch, geschlachtet werden sie fast nur bei Fest- oder Gastmählern.

Die Ziegen sind Milchtiere. Pferde, sehr schnell, ausdauernd und anspruchslos, finden sich nur an den Rändern der Wüste, im Süden, im Westen und Norden; wie in Arabien sind sie verhältnismäßig selten. Esel sind in den Oasen und auch bei den Nomaden beliebte Arbeits- und Tragtiere.

Die „Beduinen“, abgehärtet, kühn, räuberisch, brandschatzen fast überall die Oasen oder bekommen für das Unterlassen von Angriffen von deren Bewohnern einen Anteil an den Feldfrüchten als willkommenen Beitrag zu ihren Viehzuchtprodukten.

In Ägypten haben im Delta Rinder und Büffel, in Oberägypten besonders Schafe[1]), Ziegen, Kamele Wichtigkeit. Doch genügt im allgemeinen gerade

---

[1]) Prod. von Wolle 1903 (nach Schätzung): 3 Mill. e. Pfd. = 0,1% d. W.

die Erzeugung von Produkten der Tierzucht nicht dem Bedarf, und Mengen von Butter, Käse, ferner Leder, Schuhwerk, Wollen- und Seidengeweben müssen eingeführt werden. Die Eierausfuhr gewinnt immer mehr an Umfang[1]), wie auch in Tripolitanien.

Von **Bergbauprodukten** ist in der Wüste das Salz von großer Bedeutung. Obwohl es auch in den nördlicheren Strichen gewonnen wird, hat es in der Südhälfte der Sahara, die sonst ja sehr wenig Existenzmittel den Menschen bietet, aber dem salzarmen Sudan benachbart ist, an einigen Stellen hervorragende Verkehrswichtigkeit erlangt. Wie aus der Nordhälfte der Sahara die Dattel zum Austausch gegen fehlende Güter nach Norden geht, so wird aus der Südhälfte Salz nach Süden ausgetauscht. Die Sebcha Idjil (2000 Kamelslasten jährlich), Taudeni und Bilma sind die großen Zentren der Salzproduktion, aus denen große Kamelkarawanen senkrecht auf den Südrand der Wüste zustreben, wo Handelsorte wie Médine am Senegal, Nioro, Banamba, Bassikunu, Timbuktu, Kuka usw. die kostbare Ware aufnehmen. Von dort wird sie südwärts bis in den Urwald hinein ein Haupthandelsartikel, der auf seinem Wege von den Produktionsorten bis zum Konsumtionsort seinen Wert vielleicht um das 50fache vermehrt[2]).

Von sonstigen Mineralvorkommnissen verdient wohl noch der Salpeter in Tuat, der dort den Eingeborenen zur Pulverfabrikation dient, Erwähnung; seine Lager könnten in Zukunft wichtig werden. In der Arabischen Wüste Ägyptens östlich des Niltals kommen Schwefel, Phosphate (in der Nähe der Straße Kenneh—Kosseir und namentlich in der Oase Dachel der Libyschen Wüste), ein wenig Petroleum (am Golf von Suez), Salpeter, Salz, auch Gold (zu Um-Roos an der Küste des Roten Meeres, Hafen El Embarak; Gegend vom Um-Garayat usw.), auf dessen Gewinnung man große Hoffnungen setzt, Smaragde (an der Straße von Kenneh nach dem alten Berenike), Marmor (zu Abu Geraia) und im Natrontal Salz[3]) vor. Kohlen sollen sich bei Kenneh finden, werden aber zweifellos nur in sehr geringen Mengen vorhanden sein und müssen nach Ägypten für hohe Werte eingeführt werden.

Die **Industrie** des Wüstengebietes beschränkt sich auf die Verarbeitung der Wolle und auf Lederarbeiten. In Ägypten sind Zuckerfabriken, Baumwollpressen, Brauereien, Seifenfabriken, Zementfabriken, elektrische und Wasserleitungsanlagen, schließlich die bedeutende Zigarettenindustrie[4]) (Tabak eingeführt) zu erwähnen. Durch den Mangel an Kohlen und die schematischherkömmliche Geistesrichtung der Bevölkerung wird die Entwickelung einer Industrie in Ägypten erschwert, aber sie nimmt letzthin doch zu. Man hofft, die Katarakte des Nil bzw. die Wasserkräfte an den Stauwehren zur Gewinnung elektrischer Kraft heranziehen zu können. Die Engländer haben bereits die von den Nilkatarakten zu liefernde Kraft feststellen lassen.

---

[1]) Ausf. Ägyptens 1897: 13,7; 1901: 63,2; 1902: 79,5; 1903: 96,6 Mill. Stück, 1905 f. 82000; 1906 f. 106000 £ E., in der Hauptsache nach Großbritannien; Tripolis 1900: 250000; 1904: 500000 Frcs.
[2]) In Wadan, 250 km von der Sebcha Idjil, beträgt der Wert einer Kamelladung 12—15 Mk., in Tischit ist derselbe schon auf 60 gestiegen, und der Wüstenrand ist noch nicht erreicht. [3]) Prod. jährlich 60000 T. [4]) Einf. v. Tabak 1905: 646000: 1906: 651000 £ E., Ausf. von Zigaretten 1905: 554000; 1906: 466000 £ E.

Der **Verkehr** wird, wie wir sahen, in der Wüste durch das Kamel getragen, ohne das die Durststrecken unüberwindbar wären; in beschränktem Maße haben Pferd, Esel, Maultier Anteil daran. Eine Reihe großer Karawanenstraßen (Timbuktu—Marrakesch, Timbuktu—Abuam, Timbuktu—Taudeni—Tuat—Igli, Timbuktu—Arauan—Mabruk—Akabli—El Golea—Ouargla (Wargla)—Tunesien, Kano—Rhat—Tripolis, Kuka—Mursuk—Tripolis usw.) durchquert die Wüste. Ein großer Übelstand für den Verkehr nach außen ist die erwähnte Empfindlichkeit des Kamels gegenüber einem feuchteren Klima und die Bedrohung der Straßen durch die Nomaden. Der Verkehr ist außerordentlich langsam (Tuat—Timbuktu 35 Tage) und unsicher. Eine Eisenbahn durchquert heute die Wüste bis Chartum in der großen Flußoase des Niltales. Der Fluß wird auch abschnittweise (Katarakte) von Dampfern befahren. Im Westen sind die Schwierigkeiten für eine transsaharische Bahn, etwa über Tuat nach Timbuktu, groß.

Im Süden kann man Nioro, Timbuktu (8000 Einw.), Kano (etwa 60 000 Einw.), Kuka (früher 50 000 Einw.), Abeschr, El Fascher und Chartum (50 000 Einw.?) als die „Häfen" der Wüste bezeichnen, im Norden kommen vor allem Abuam, Tripolis (30 000 Einw.), Bengasi und Alexandria (367 000 Einw.) in Betracht. Für die Außenbeziehungen der Wüstenbewohner war immer die Lage zwischen Sudan und Mittelmeerländern entscheidend. Aus der Verkehrstendenz zwischen diesen Produktionsregionen zogen sie seit alters Vorteile. Fast alle Verkehrsstraßen gehen von Norden nach Süden. Heute sind Marokko, Tripolitanien, Barka und Ägypten die wichtigen Durchgangsländer nach Norden. Ägyptens Zwischenlage zwischen Asien und Afrika und die Wasserader des Nils, welche Mittelmeer und Sudan ununterbrochen verbindet, machen den Osten der Wüste einst und heute zum wichtigsten Übermittler politischer und wirtschaftlicher Einflüsse von außen und nach außen.

Ausfuhr Ägyptens 1902: 17,62; 1903: 19,12; 1904: 20,81; 1905: 20,36; 1906: 24,88 Mill. £ E. (Baumwolle 20,53; Baumwollsamen 2,18 Mill.; Rohrzucker 43000; Zwiebeln 217000; arab. Gummi 157000; Ölkuchen 238000; Bohnen 11000; Reis 131000; Wolle [1905] 129000; Häute und Felle 180000; Eier 106000 usw.); Tripolitaniens 1900: 10,1; 1904: 9,5 Mill. Fr. (Halfa 3,1; Schwämme 1,6; Ziegen- und Kamelhäute 0,6; Eier 0,5; Vieh 0,4 usw.). Einfuhr Ägyptens 1902: 14,81; 1903: 16,75; 1904: 20,56; 1905: 21,56; 1906: 24,01 M. £ E. (Baumwollstoffe 3,1; Holz und Holzwaren 1,32; Eisen und Eisenwaren 1,85; Mehl und Satzmehl [1905] 1,065; Steinkohlen 1,08; Tabak 0,651; Wollenwaren 0,55; Leinenwaren 0,5; Maschinen 1,04 usw.); Tripolitanien 1900: 11,5; 1904: 9,4 Mill. Fr. (baumwollene Gewebe 1,6; Zucker 1,1; Tabak 1,16; Mehl 0,9; Tee 0,36 usw.). An Ägyptens Handel hatten 1905 Anteil: Großbritannien 41,9; Frankreich 9,5; Türkei 8,4; Deutschland 6,4; Österreich-Ungarn 6,0; Rußland 4,3; Amerika 4,2; Italien 4,2% usw.

Die **Bevölkerung** der Wüstengebiete ist naturgemäß sehr gering. Am dichtesten sind die Oasen bevölkert, vor allem Ägypten (das eigentliche, mit 10,5 Millionen Einw. auf 994 000 qkm), sodann Tripolis (etwa 900 000 Einw.), Tuat (120 000 Einw.?), Fessan (120 000 Einw.) usw. Charakteristisch ist für sie das Wohnen in Städten (Kairo 657 000 Einw.). Im Gegensatz dazu siedeln die Nomaden in Zeltgruppen und sehr locker. Große Flächen sind ganz unbewohnt.

Von dem Wüstengebiet besitzt Spanien den Westen, Rio de Oro (185 000 qkm mit 130 000 Einw.), Frankreich gehört der ganze übrige Teil der westlichen Sahara, der Türkei Tripolis mit dem Hinterland und Barka (zusammen 1,05 Millionen qkm mit 1 Million Einw.); Ägypten, nominell zum türkischen Reich gehörig, ist tatsächlich eine britische Interessensphäre. Abgesehen von direkten wirtschaftlichen Funktionen, für die es von Großbritannien bestimmt ist, hat es den wichtigen Suezkanal (Port Saïd 42 000 Einw; Schiffsverkehr 1893: 3341, 1902: 3708; 1905: 4116 Schiffe mit 10,75; 15,69; 18,31 Mill. Brutto-, 7,66; 11,25 Mill. Nettotonnen) zu bewachen und damit neben Gibraltar, Malta, Perim, Aden die Meeresstraße von Großbritannien nach Indien zu decken.

3. Nordwestafrika vom Rio del Campo bis zur Großen Wüste und der Sudan.

Ackerbau. Je weiter wir von dem Wüstenrand nach Süden vorschreiten, desto reichlicher werden im allgemeinen die Niederschläge; Gras- und Baumwuchs nehmen in derselben Richtung zu. Lokal weichen aber die Naturverhältnisse, besonders infolge der Bodenformen, stark von der Regel ab, so daß wüstenartige Striche, Gras- und Buschsteppen, Savannen und Wälder vielfach bunt miteinander wechseln. In den Wüsten- und Steppenstrichen sucht der Ackerbau das Wasser, die Täler, und ist sogar auf großen Flächen meist auf sie beschränkt; auch in den Savannen und Wäldern üben die Gewässer, an denen die meisten Fruchtbäume sich finden, die Trinkwasser, Fischfang und Verkehr bieten, ihre Anziehungskraft aus.

Im Norden sind der Talzug des Senegal, vor allem aber der des mittleren Niger reiche Produktionsgebiete. Am oberen Senegal und in dem Winkel zwischen jenem und dem oberen und mittleren Niger wird die Erdnuß angebaut, eine kartoffelähnliche Frucht, welche geröstet gegessen wird und in Afrika besonders auch viel Öl (50—55%)[1]) enthält. Der Anbau von Duchn (Hirse) am oberen Niger ist bedeutend; Durra scheint mit ihm im bunten Wechsel angebaut zu werden, doch wohl westlich des oberen Niger hinter jenem zurückzutreten und erst innerhalb des Nigerbogens in der nördlichen Hälfte (bis 10. Grad) vorzuherrschen. Das Tal des Niger oberhalb Timbuktu ist ein kleines Ägypten; es erweitert sich unterhalb von Segu Sikoro sehr beträchtlich und wird durch die regelmäßigen Überflutungen außerordentlich fruchtbar. Hier ist der Boden stark angebaut mit Reis, Mais, Hirse, Knollenfrüchten, Tabak und Baumwolle mit ausgezeichnetem Erfolg. Bei Timbuktu wird auch etwas Weizen geerntet. Das Getreide, besonders Hirse, geht im Austausch nach Norden in die Wüste, die seiner entbehrt. Im Nigerbogen

---

[1]) Nach einer anderen Quelle aber im Durchschnitt nur 32% in Senegal gegen 40% und mehr in Indien. (?) Vgl. dazu S. 131 u. 274.

pflanzt man von Knollenfrüchten Yams und Maniok außer der Erdnuß, von Getreidearten Mais, wo genügend Feuchtigkeit vorhanden ist, Durra und Duchn auf trockenem Boden. Tabak findet sich überall ein wenig. Baumwolle wird ebenso vielfach nördlich des Urwaldes angebaut und zu Lande verwebt. Als Farbpflanzen hat man sich mehrere Indigopflanzen zu eigen gemacht.

Etwas ausgedehnter angebaut als das Innere des Landes ist die Küste, wo südlich von St. Louis das Land genügend und weiterhin sogar reichlich bewässert ist. Die kalkreichen Sandböden südlich der Senegalmündung, besonders die Distrikte Cayor, Baol, Sine, Saloum, Nyayes, Ndoube, bis zum Kap Verde bringen sehr viel Erdnüsse[1]) hervor. Rufisque ist der Hauptstapelplatz dafür (Ausf. von dort 1904: 82 000 T.). Infolge der Ausdehnung der Verkehrswege, hauptsächlich aber seitdem die Schwarzen durch Einführung der Kopfsteuer (je nach den Distrikten 2, 3 und 4 Fr. pro Kopf) gezwungen sind, durch den Erdnußbau sich die nötigen Gelder zu besorgen, ist die Produktion seit 1900 auf ansehnlicher Höhe geblieben. In Gambia[2]) und Casamance hat die Erdnuß, obwohl noch viel angebaut, nicht mehr eine so große Bedeutung, und weiterhin an der Guineaküste[3]) wird sie nur sporadisch kultiviert.

In Casamance fängt schon der Reis an eine Rolle zu spielen auf dem feuchten Alluvialboden, und noch wichtiger ist er an den Küsten von Portugiesisch-Guinea, Guinée Française und Sierra Leone. Mais, Hirsearten, Sesam, Maniok sind daneben die Nahrungspflanzen; Tabak, Baumwolle, Indigo fehlen auch hier nicht.

In Liberia pflanzt man außer den genannten Pflanzen Bataten, Yams an und etwas Zuckerrohr, besonders bei Monrovia.

In Liberia ist der liberische Kaffeebaum heimisch, von dem hier nicht unwichtige Plantagen angelegt sind, wie auch sonst hier und da an der Küste Oberguineas kleine Kaffeekulturen[4]) bestehen, ohne viel zu produzieren; die Kakaoplantagen[5]) dagegen ergeben eine schnell wachsende Ausbeute und haben in den Küstenstrichen mit Kautschukplantagen überhaupt die besten Aussichten. Der Innenwinkel der Bucht von Guinea, die Küste Kameruns, hat sich für die Kakaokultur (Bezirk Victoria besonders) geeignet erwiesen. Sierra Leone erzeugt viel Ingwer[6]). Mais[7]), Erdnüsse, Yams werden fast überall im Küstengebiet Guineas angebaut. Der Maisbau ließe sich zweifellos gewaltig ausdehnen.

Wie wir sahen, sind Palmöl und -kerne (S. 320)[8]) und Kautschuk

---

[1]) Senegal führte 1900: 141 000; 1901: 124 000; 1902: 115 000 T. = 20,5 Mill. Fr.; 1903: 149 000; 1904: 138 000 T., vor allem nach Frankreich, aus. [2]) G. führte 1902 f. 193 000 £ aus; Cas. 1899 f. 6639 £. [3]) Franz.-Guinea führte 1900 f. 118 500 Fr. aus. [4]) Die Elfenbeink. führte 1900 f. 62 000; 1903: 75 700 Frcs., S.-Nigeria 1904 f. 302 £ aus. [5]) Ausf. der Goldküste 1891: 80 e. Pfd.; 1901: 980; 1902: 2396; 1903: 2280; 1904: 5112 T. (3,5% d. Weltprod.) f. 200 000; 1905 f. 186 800 £. Lagos 1905 f. 10 900 £; S.-Nigeria 1904 f. 5000 £. Kameruns Ausf. 1900 f. 334 000; 1901: 565 000; 1902: 692 700; 1903: 928 200; 1904: 1 043 600; 1905: 1 280 900 Mk. [6]) 1902: 17 400; 1903: 15 900; 1904: 12 700 £. [7]) Lagos führte aus 1905 f. 32 500 £; Togo 1905: 9400 T. = 567 000 Mk. [8]) 1900 führten Franz.-Guinea für 380 000 Mill., Elfenbeinküste f. 1,6 (1903: 2,1 Mill. Fr.), Dahomey f. 9,8 (1903: 8,3 Mill. Fr.), Sierra Leone f. 3,4 (1903: 210 500; 1904: 230 000 £), Goldküste f. 6,7 (1905: 167 000 £), Lagos f. 11,9 (1905: 670 500 £), S.-Nigeria f. 15,2 (1904: 1,31 Mill. £), Togo f. 2,4 (Ölfrüchte; 1904: 1,4; 1905: 0,8), Kamerun f. 2,6 (1904: 2,15; 1905: 2,46), Port.-Westafrika (1899) f. 0,16 Mill. Mk. aus.

(S. 321)[1]), Sammelprodukte, die Hauptausfuhrgegenstände der Küste von Oberguinea. Da überall die wilden Kautschuklieferungen zurückgingen, hat man an den Küsten wie auch im Inneren des Landes Anpflanzungen mit den verschiedenen Kautschukbäumen versucht, die aber wohl erst geringe Erträge liefern.

Kokospalmpflanzungen[2]) gibt es bei St. Louis (Senegal), Bathurst (Gambia), in Togo, Dahomey, Lagos und im Nigerdelta.

Auf den Anbau der Baumwolle[3]) in dem sudanesischen Binnenland setzt man wohl mit Recht große Hoffnungen, da das Monsunklima denselben begünstigen wird. In den deutschen, britischen und französischen Kolonien gibt man sich Mühe, durch Unterweisung der Neger, Aufstellen von Entkörnungsmaschinen und Ballenpressen und Bau von Eisenbahnen den Baumwollanbau zu steigern, mit dem die Eingeborenen meist schon lange vertraut sind. (Vgl. S. 130f. und 339.)

Das untere Nigertal erzeugt außer Bananen, Yams usw. sehr viel Palmöl, Kolanüsse, Zuckerrohr usw.

Der ägyptische Sudan, durch die Mahdistenherrschaft zu vier Fünfteln seiner Bevölkerung beraubt, fängt an unter englischer Fürsorge sich zu entwickeln. Am schnellsten hat sich die Einsammlung von Gummi arabicum (s. S. 318f.) wieder gehoben. Kautschuk[4]) soll reichlich (?) vorhanden sein. 15 km südlich von Wadi Halfa wird die Nilniederung ziemlich breit und erweitert sich in der Nähe von Neu-Dongola (10 000 Einw.) auf 4—5 km zu beiden Seiten des Flusses. Mais, Wassermelonen, Gurken werden viel angebaut. Bis nach Abu Hammed finden sich viele Dattelbäume (s. S. 333). Von der Gegend der Stadt Berber (10 000 Einw.) südwärts ist das Tal wiederum breit und fruchtbar[5]). Das kulturfähige Land wird zu über 750 000 qkm geschätzt; über 250 000 qkm sind die längs der Flüsse gelegenen sog. Sakias, die künstlich zu bewässern sind und eine dreimalige Ernte im Jahr geben; etwa 500 000 qkm sind sog. Butr, Böden, die, bewässerbar aber mehr abseits der Flüsse gelegen, nur eine Ernte im Jahr geben. An 150 qkm sind Natar, wüstes Land, das nur in langen Zwischenräumen bei ergiebigen Regen anbaufähig wird. Dazu kommen dann noch über 10 000 qkm kulturfähigen Bodens in dem Chor el Gasch (Mareb) bei Kassala und im Chor Baraka bei Suakin. Man erwartet, daß der ägyptische Sudan in der Zukunft eine Kornkammer für Ägypten werden wird (ein fruchtbares Getreideland ist z. B. El Dschesireh = Insel, zwischen Blauem und Weißem Nil südlich von Chartum); nur gilt es die Volkszahl zu heben und die Verkehrsverhältnisse zu bessern. Sennesblätter kommen über Suakin zur Ausfuhr. Mais, Weizen (wohl nur wenig) werden gebaut. Baumwollenanbau scheint eine Zukunft (an-

---

[1]) 1900 führten noch Kautschuk aus: Senegal (1902) f. 1,8 (1903: 817 T.), Casamance (1899) f. 1,4, Franz. Guinea f. 5,9, Elfenbeinküste f. 3,8 (1903: 4,67 Mill. Fr.) Mill. Mk., Dahomey (1903) f. 470 000 Mk., Gambia f. 0,2, Sierra Leone f. 0,5 (1903: 9300; 1904: 18 100 £), Goldküste f. 6,6 (1905: 323 800 £), Lagos f. 1 (1905: 22 700 £), S.-Nigeria f. 2,1 (1904: 159 300 £), Togo f. 0,5 (1905: 115,2 T. = 1 Mill. Mk.), Kamerun f. 2,1 (1904: 3,37; 1905: 4,07), Port.-Westafrika f. 0,5 Mill. Mk. [2]) Ausf. von Kopra: Dahomey 1903: 64 200 Fr. [3]) Ausf. von B. u. Baumwollsaat aus Lagos 1905: 19 200 £; von Togo 1905: 133,9 T. = 89 500 Mk. [4]) Ausf. 1886: 4; 1903: 6; 1904: 12 T. [5]) Vor der Schreckensherrschaft des Mahdi waren zwischen Berber und Chartum über 3000 Wasserschöpfräder zur Bewässerung in Tätigkeit.

geblich allein zwischen Kassala und Tokar am Chor Baraka 8400 qkm geeignet; 1905 waren 97 qkm in der Provinz Dongola, zwischen Berber und Chartum, in der Provinz Sennaar und in der Provinz Kassala damit bestellt) zu haben; die Eingeborenen trieben ihn schon längst[1]), und man bemüht sich von seiten der englischen Verwaltung durch Ausdehnung der künstlichen Bewässerung (vollkommenere Vorrichtungen eingeführt, auch ist bereits ein großes Irrigationsprojekt ausgearbeitet), Lieferung besserer landwirtschaftlicher Geräte usw. ihn zu heben. Die Kultur des Zuckerrohrs soll gute Aussichten haben. Tabak wurde ehemals in Sennaar mit Erfolg kultiviert. Durch die Säuberung des Weißen Nils vom Sudd (Barren von Wasserpflanzen) sind nicht nur die Verkehrs-, sondern auch die Wasserverhältnisse des Nilgebietes besser geworden.

Die **Tierzucht,** die in den Übergangslandschaften von der Wüste zum Sudan sehr lebhaft ist, nimmt gegen Süden im allgemeinen immer mehr ab, obwohl auch hier durch die Bodenformen Verschiedenheiten veranlaßt werden. Das Rind wird in Mengen gehalten in den grasreichen Überschwemmungsgebieten des Niger, ist aber auch sonst, durch die rinderzüchtenden Fulbe bei ihren Eroberungszügen weit ins Land getragen, in einzelnen Landschaften im Inneren des Nigerbogens, z. B. Dafina und Mossi, noch häufig, ferner auch in dem gebirgigen Nigerquellgebiet, vor allem in Futa Djallon, von dem über den Hafen Französisch-Guineas, Conakry, sogar eine Ausfuhr lebenden Viehes stattfindet. In der Regel kommen gegen das Urwaldgebiet hin, in diesem selbst und an der Küste Rinder sehr schlecht fort und werden, eingeführt, gewöhnlich in kurzem dahingerafft (Tsetse!); am weitesten dringt, abgesehen von Futa Djallon, im waldarmen Togo die Rinderzucht gegen die Küste vor. Im Lande der Dinka und Schilluk weideten an den Ufern des Weißen Nil und des Bahr-el-Ghasal enorme Rinderherden, periodisch hin und her wandernd, je nachdem sie die Versumpfung an den Flüssen zur Regenzeit in höhere Gegenden trieb oder das flache Land wieder zugänglich wurde; besonders die Sudd- (oder Sedd-) Bildung trug zur Überschwemmung der Flußlandschaften bei. Die genannten Völkerschaften schlachten ihre Tiere nur, wenn sie krank werden, und behandeln sie sonst als wandelnde Vorratsreserven mit abgöttischer Liebe; die Dinkas nutzten ihre Rinder, ihnen Blut abzapfend. Wie durch die Mahdiherrschaft die Verhältnisse sich hier gestaltet haben, ist nicht bekannt.

Das Pferd ist häufig im nördlichsten Teil des Nigerbogens und überhaupt in dem nördlichen Sudan, kann aber das feuchte Klima der Guineaküste nicht vertragen. Dagegen findet sich das Haare tragende Schaf, die Ziege, das Schwein vereinzelt auch im Urwald, in größeren Herden das Schaf im ganzen nördlicheren Sudan und trägt dort, z. B. im mittleren Nigertal, auch Wolle. Auch der Esel ist im Sudan nicht selten. Hühner sind überall sehr häufig und stellenweise der Hauptbestandteil der Haustiere.

Aber im ganzen leiden Urwald und Küstenzone Guineas an Fleischnot, die sich darin ausdrückt, daß für die ansässigen Europäer vielfach Fleisch

---

[1]) Ausf. 1879: 1051 T.

importiert werden muß, daß Menschenopfer und Anthropophagie im Urwald früher nicht selten waren und auch heute noch nicht unterdrückt sind.

Interesse erregt die Zucht einer Seidenraupe auf Mimosenbäumen in der Landschaft Gurunsi im Nigerbogen; die gewebten Seidenstoffe werden weithin verhandelt.

Großen Umfang hat die Bienenzucht, die allerdings sehr primitiv ist.

Elfenbein s. S. 325.

Bergbau. Der Sudan ist in einzelnen Teilen goldreich. Die französische Kolonie Senegal exportiert Gold aus Bondu und Bambuk, das obere Voltatal, das Sassandra- und Bandamatal scheinen in goldhaltigem Boden eingebettet zu sein, und kleine Mengen Goldstaub gelangen zur Elfenbeinküste, im großen ausgebeutet aber wird der Goldreichtum allein im westlichen Teil (Prestea, Tarkwa, Aschanti) der britischen Goldküste[1]), wo Tarkwa, Hauptzentrum der Goldindustrie, mit dem Hafen Secondi durch eine Eisenbahn verbunden ist. Auch im ägyptischen Sudan kommt Gold vor.

Eisenerz hat man an vielen Stellen gefunden, auch im ägyptischen Sudan, vereinzelt Kupferkies und Antimon, Kohlen nicht. Salz ist nur im nördlichen Teile noch einigermaßen häufig. Die Schätze des Boden sind jedenfalls noch fast gar nicht bekannt, geschweige denn ausgenutzt.

Die **Industrie** ist überall als Hausgewerbe entwickelt, so daß die Leute sich ihre Geräte usw. selbst anfertigen, Töpferwaren herstellen, ihre Kleider weben und ihre Häuser bauen; höchstens die Färberei ist in den Händen einer Art Zunft. Aber an einzelnen Stellen, die günstige Ausstattung, z. B. mit Töpfererde, Eisen usw. darboten, haben sich ganze Dörfer einem Gewerbe zugewandt (Stammesgewerbe). Am lebhaftesten ist die Industrie in den Haussaländern mit dem großen Handelszentrum Kano, das Baumwollwaren (selbstgebaute Baumwolle und Indigo), Leder- und Töpferwaren weithin verhandelt. An der Guineaküste geht die einheimische Industrie vor dem Andrang der überlegenen europäischen zurück, und letztere dringt immer weiter ins Landesinnere.

Verkehr. Die Nachbarlage zu der Wüste mit ihren Oasen im Norden und zu dem Urwald mit der jenseits gelegenen Guineaküste im Süden gab dem westlichen Sudan für seine Außenbeziehungen die Richtungen. Im Osten dagegen wies der Nilstrom zwar nach Norden, aber die Nachbarlage zum Roten Meere nach Osten.

Die Anordnung der Kulturzonen, die als schmale Bänder von West nach Ost ziehen, gibt im westlichen inneren Sudan dem Nordsüdverkehr die erste Stelle. Vom Norden gehen Salz, Vieh, Industrieprodukte gegen den Süden, der Kolanüsse, Gold, Getreide dagegen gibt. Der Transport wird im inneren Sudan durch Esel und Kamele besorgt, vielfach aber auch durch Träger, die bei der Durchquerung des Urwaldes zwischen Savanne und Küste das einzige Verkehrsmittel waren, bis die Europäer Eisenbahnen bauten. Eine Reihe von Stichbahnen führt nun schon von der Guineaküste ins Innere, mehr oder weniger weit fertig: von Conakry aus auf Kurussa am Niger zu; von Freetown

---

[1]) Ausf. von Gold 1903: 254 800; 1904: 345 600; 1905: 596 600 £.

nach Osten, von Abidjean (Elfenbeinküste) auf Kong; von Secondi (Goldküste) nach Kumassi; von Lome nach Palime; von Kotonu nordwärts; von Lagos nach Ibadan. Am wichtigsten wohl ist aber die französische Bahn von Kayes (am Senegal) nach Tulimandio (am Niger); durch sie werden die schiffbaren Strecken der zwei mächtigsten Flüsse Westafrikas verbunden; geplant ist eine Bahn von Kayes zur Senegambischen Bahn Dakar—St. Louis, um den unzuverlässigen Senegalverkehr auszuschalten. In der Senegal-Nigerzone spielte der Schiffsverkehr schon immer eine Rolle. Heute wird der Senegal durch Dampfer wenigstens in der wasserreichen Zeit des Jahres bis Kayes befahren. Der Niger ist im Oberlauf für Boote von Kurussa ab, im Mittellauf für Dampfer von Tulimandio ab schiffbar. Bald hinter Timbuktu wird die Schiffbarkeit des Niger allerdings mangelhaft und bei Bussang ganz unterbrochen. Der Unterlauf des Flusses ist dagegen wieder fahrbar, ebenso der Benue notdürftig. Die Flüsse der Guineaküste haben den Charakter von Plateauflüssen, bilden meist in der Nähe der Mündung Stromschnellen[1]) und sind für Dampfer wegen Mündungsbarren nur schlecht zugänglich. Dagegen bieten sich in den Strandlagunen, zumal an der östlichen Elfenbeinküste und in Lagos, gute Schiffahrtsstraßen. Die „Calema" der Küste erschwert die Annäherung an das Land ungemein. Die größten Häfen haben nun weit vorgeschobene Landungsbrücken. Für den ägyptischen Sudan ist der Nil die Hauptverkehrsader; von dem „Sudd" befreit, ist er weit stromauf für Dampfschiffe befahrbar. Nicht weniger sind auch mehrere seiner oberen Zuflüsse weit hinauf schiffbar. Die Eisenbahn führt bis nach Chartum, das neben Omdurman sich schnell wieder zum Haupthandelsplatz entwickelt. Der Verkehr geht besonders den Nil über Wadi Halfa hinab, z. T. aber nach den Häfen am Roten Meere: Suakin (10000 Einw.) und Massaua. Jetzt hat der ägyptische Sudan durch den Bau der Bahn Atbara (in der Nähe von Berber) nach dem ausgebauten Port Sudan (nördlich von Suakin) einen direkten Verkehrsweg zum Meere bekommen. Den größten Verkehr unter den Häfen im Westen haben St. Louis (21000 Einw.), Rufisque, Dakar (20000 Einw.), Bathurst (6000 Einw.), Conakry (10000 Einw.), Freetown (30000 Einw.), Monrovia (5000 Einw.), Grand-Bassam (Haupthafen jetzt Bingerville), Cape Coast Castle (29000 Einw.), Akkra (15000 Einw.), Lome (2500 Einw.), Kotonou und an der Lagune im Innern Porto Novo (50000 Einw.), Lagos (42000 Einw.), Forcados, Akassa, Old Calabar (15000 Einw.), Duala (Kamerun); im Osten Wadi Halfa, Suakin, Massaua. Die große Zahl von Häfen entspricht den unentwickelten Verkehrsverhältnissen und dem buntscheckigen politischen Bild.

Der Handel ist in den britischen Kolonien am meisten entwickelt. Gambia, Ausfuhr 1900: 282000; 1901: 234000; 1902: 248100; 1903: 334000; 1904: 311300; 1905: 280300 £; Einfuhr 1900: 278000; 1901: 253000; 1902: 303600; 1903: 341000; 1904: 306100; 1905: 305200 £; Sierra Leone: Ausfuhr 1900: 330350; 1901: 250600; 1902: 311600; 1903: 326800; 1904: 356000; 1905: 435800; Einfuhr 1900: 558000; 1901: 548000; 1902: 625900; 1903: 700800; 1904: 717200; 1905: 702600 £; Gold-

[1]) Die Wasserfälle der afrikanischen Flüsse werden in Zukunft als Kraftlieferanten sicherlich von großer Wichtigkeit werden.

küste: Ausfuhr 1901: 560 000; 1902: 770 000; 1903: 980 900; 1904: 1 340 000; 1905: 1 646 000 £; Einfuhr 1901: 1 795 000; 1902: 2 130 000; 1903: 2 082 500; 1904: 2 001 900; 1905: 1 486 100 £; Lagos: Ausfuhr 1901: 909 000; 1902: 1 260 000; 1903: 1 146 300; 1904: 1 210 700; 1905: 797 7000 £; Einfuhr 1901: 737 000; 1902: 895 000; 1903: 864 100; 1904: 919 800; 1905: 922 300 £; Süd-Nigeria: Ausfuhr 1901: 1,25; 1902: 1,25; 1903: 1,43; 1904: 1,72 Mill. £; Einfuhr 1901: 1,3; 1902: 1,08; 1903: 1,49; 1904: 1,85 Mill. £; Ägyptischer Sudan: Ausfuhr 1904 über Wadi Halfa (Alexandria): 272 700; über Suakin 67 000 £ E.; ferner über Eritrea (Hafen Massaua) 1900: 93 300 Lire. Einfuhr 1904: 900 000; 136 000 £ E. und (1900) 316 500 Lire. Französische Kolonien: Senegal: Ausfuhr 1900: 32,9; 1901: 38,2; 1902: 31,2; 1903: 40,63 Mill. Fr.; Einfuhr 1900: 46,8; 1901: 54,2; 1902: 35,9; 1903: 51,66 Mill. Fr.; Casamance: Ausfuhr 1899: 81 500 £; Einfuhr 108 000 £; Franz.-Guinea: Ausfuhr 1900: 9,8; 1902: 8,3; 1903: 14,1 Mill. Fr.; Einfuhr 14,3; 1902: 10,5; 1903: 17,9 Mill. Fr.; Elfenbeinküste (Côte d'Ivoire): Ausfuhr 1900: 8,1; 1901: 6,5; 1902: 7,1; 1903: 8,6 Mill. Fr.; Einfuhr 9,1; 1901: 7,3; 1902: 10,3; 1903: 11,03 Mill. Fr.; Dahomey: Ausfuhr 1900: 12,8; 1901: 10,5; 1902: 13,5; 1903: 9,5; 1904: 11,16 Mill. Fr.; Einfuhr 15,2; 1901: 15,8; 1902: 15,7; 1903: 11,3; 1904: 10,7 Mill. Fr. Deutsche Kolonien: Togo: Ausfuhr 1900: 3,1; 1901: 3,7; 1902: 4,1; 1903: 3,6; 1904: 3,6; 1905: 3,96 Mill. Mk. (Kautschuk 1; Ölfrüchte 0,78; Getreide usw. 0,57); Einfuhr 1900: 3,5; 1901: 4,72; 1902: 6,2; 1903: 6,1; 1904: 6,9; 1905: 7,8 Mill. Mk. Kamerun: Ausfuhr 1900: 5,9; 1901: 6,0; 1902: 6,26; 1903: 7,1; 1904: 7,6; 1905: 9,04 Mill. Mk. (Kautschuk 4,07; Ölfrüchte 2,46; Kakao 1,28; Elfenbein 1,2); Einfuhr 1900: 14,2; 1901: 9,25; 1902: 13,28; 1903: 9,4; 1904: 9,2; 1905: 13,3 Mill. Mk.; Portug.-Guinea: Ausfuhr 1900: 401,5; 1903: 345 Mill. Reis; Einfuhr 1900: 776,3; 1903: 500 Mill. Reis. England und Deutschland haben an der Küste Guineas den Löwenanteil am Verkehr.

Die **Bevölkerung** sitzt dicht am oberen Senegal, im Niger- und Benuetal, in den Haussaländern, am Tsadsee und Schari, an denjenigen Stellen, wo die Savanne in den Urwald gegen die Küste möglichst vordringt, so in Baulé am Bandama und im Hinterland Togos und Dahomeys, in den Gegenden des Kolahandels und in Joruba, wo zu Lande sich zwischen Rabba am Niger und der Küste ein kurzer Weg durch ein außerordentlich fruchtbares Land darbot. Ferner sind die Küsten vom Senegal an bis zum Rio del Campo dicht besiedelt. Sehr dünn bevölkert sind der Urwald, manche Steppenplateaus, dünn wohl auch Wadai, Darfor und der Ägyptische Sudan, in dem die Mahdisten gehaust haben.

Die Besitzverhältnisse an der Guineaküste waren immer und sind heute noch sehr zersplitterte. Den Löwenanteil am Sudan hat Frankreich; ihm gehört die Landschaft Senegambien und der größte Teil des westlichen Sudan, der Senegal (23 500 qkm, 107 800 Einw.) und die Territorien von Senegambien und am Niger, etwa 958 600 qkm mit vielleicht 8,2 Millionen Einw.; Französisch-Guinea 275 100 qkm mit 1,46 Millionen Einw.; die Elfenbeinküste 310 700 qkm mit 1 955 000 Einw.; Dahomey 169 500 qkm mit 1 Million Einw.; dazu käme noch das Territorium am Tsadsee 1 762 000 qkm und 8,5 Millionen Einw. — alles in allem ein Riesengebiet von etwa 3,5 Millionen qkm mit vielleicht 21,2 Millionen Einw.

Die Briten besitzen Gambia 9600 qkm mit 144 000 Einw., Sierra Leone 69 700 qkm mit 110 000 (?) Einw., Goldküste 308 900 qkm mit 1,49 Millionen Einw., Lagos 69 000 qkm mit etwa 1,3 Millionen Einw., Nord- und Südnigeria 945 000 qkm mit 12,4 Millionen Einw., im ganzen etwa 1,43 Millionen qkm mit etwa 15,4 Millionen Einw.

Die Deutschen besitzen Togo 87 200 qkm mit etwa 1,5 Millionen Einw. und Kamerun 495 000 qkm mit 3,5 Millionen Einw., im ganzen also 582 000 qkm mit 5 Millionen Einw.

Portugiesisch-Guinea umfaßt 33 900 qkm mit etwa 170 000 Einw.

Liberia ist ein Freistaat von 95 400 qkm mit 1 500 000 Einw.

4. Kongoland mit Angola und dem Ogowegebiet.

Der **Ackerbau** dieser Region hat einen ähnlichen Charakter wie der des Savannen- und Urwaldgebietes im westlichen Sudan. Banane, Maniok, Mais, Erdnuß, dazu wohl auch Batate und etwas Tabak baut man in Französisch-Kongo, das zum größten Teil von Urwald bedeckt ist.

Im Kongostaat sind die Verhältnisse im Urwald und in der Savanne wesentlich verschieden. Im Urwald ist der Ackerbau weniger entwickelt als im Savannenland, weil dort mehr wilde Nahrungspflanzen zur Verfügung stehen als hier; die Fischerei und Jagd und die Anthropophagie treten hinzu. In der Savanne spielen Getreidearten und die Baumwolle eine Rolle, die dem Urwald fehlen.

Der Maniok ist im ganzen Kongogebiet wohl die wichtigste Nahrungspflanze, aber westlich des Lomami hat er besondere Bedeutung; neben ihm sind Bananen, meist auch Erdnüsse, in großen Gebieten Mais, Bataten, Yams, Bohnen, am Ubanghi Zuckerrohr, bei den Baschilange Hanf (zum Rauchen) angepflanzt. Östlich des Lomami hat der Maniok nicht mehr so die Vorherrschaft wie im Westen. Allmählich tritt der Anbau von Durra, Hirse und Baumwolle im Osten in der Nähe der Seen und erst recht gegen Norden in den Savannen am oberen Uelle, Mbomu und an den Nilzuflüssen dieser Gegend (Landschaften der Niam-Niam oder Sandeh, Mangbattu, Makaraka usw.) zu dem der genannten Pflanzen, ferner starker Eleusinebau; auch wird der Sesam und Tabak (bei den Sandeh) gepflanzt. Im Bahr-el-Ghasalgebiet sind Durra, Duchn, Eleusine mit Bataten, Yams, Erdnüssen die Kulturpflanzen. Mais, Maniok, Durra, Hirse, stellenweise Reis sind mit Bananen und Erdnüssen auch die Nahrungspflanzen der Manyema und Baluba in den Savannen westlich des Tanganikasees, die auch Baumwolle pflanzen und sogar — wohl durch Belehrung der von Osten vorgedrungenen Araber — künstliche Bewässerung anzuwenden verstehen.

In Angola baut man besonders Maniok und Bohnenarten an, weiter im Süden auch Bataten, Durra und Duchn; die Hochländer im Hinterland von Benguella sind stellenweise sogar für den Anbau europäischen Getreides und für europäische Ansiedler geeignet. In den Küstenebenen bei Mossamedes, Benguella, S. Paolo de Loanda und Ambris baut man auch mit gutem Erfolg Zuckerrohr und Baumwolle. Die Plantagenwirtschaft der Europäer im

Kongoland ist erst in den Anfängen, kleine Kaffee-[1]) und Kakaopflanzungen, die zu gedeihen scheinen, sind an vielen Stellen angelegt worden. Wahrscheinlich werden sich die rein äquatorialen Teile des Kongostaates wohl für den Kakao und für die Anpflanzung einiger Kautschukarten, weniger aber für die der Baumwolle (die Gegend am unteren Kongo und am oberen Ituri sollte besonders geeignet sein, was sich als irrtümlich erwies), des Kaffees, des Zuckerrohrs eignen, die ihre Lebensbedingungen besser seitab der Äquatorialzone, wie etwa im Süden des Kongostaates, erfüllt finden werden. Teepflanzungsversuche (Assamtee ?) haben angeblich Erfolg gehabt. An der Küste Französisch-Kongos (am Ogowe, Kuilu usw.), am Kongo und Ubanghi (Posten Lukolela, Irebu, Coquilhatville, Nouvelle Anvers, Basoko usw.) wird Kaffee gebaut. Auch mit Zuckerrohr (besonders Kongomündung) und Tabak (besonders am Stanley Pool) macht man Anbauversuche. In Angola gedeiht in ausgedehnten Plantagen nördlich des Kuanza (bei Kasengo, Golungo Alto, Enkodje usw.) recht guter Kaffee, der auch ausgeführt wird[2]). Die Hauptausfuhrartikel des Kongolandes aber sind Kautschuk[3]) und Elfenbein[4]).

Die **Tierzucht** kann im Urwald und in den feuchteren Savannengegenden nicht gut gedeihen. An Nahrung fehlt es nicht, und das Beweiden würde die lang- und hartstengeligen Gräser der Savanne bald verbessern, aber vorläufig scheinen Klima oder tierische Schädlinge (Tsetse?) die meisten Haustiere zu vernichten oder sehr ungünstig zu beeinflussen. Hühner und der kosmopolitische Hund scheinen allein überall vorzukommen; die Mangbattu haben keine anderen Haustiere. Die Sandeh und Bongo essen den gemästeten Hund; denn hier fehlen selbst Ziegen, die sonst wie auch Schafe (mit Haaren), wenn auch in elenden Exemplaren, meist bei den Eingeborenen anzutreffen sind. Rinder können nur an verhältnismäßig wenigen und engräumigen Stellen gedeihen. Auf der Insel Mateba an der Kongomündung wird eine große Herde gezogen. Einzelne Stellen der Savanne im Süden, in Katanga, in Manyema, haben etwas Rindvieh; in dem schon höheren Ruanda dagegen ist die Rindviehzucht wichtig. Im Norden ist vom Uelle bis ins Hinterland von Kamerun die Ziege häufig. Das Rind aber fehlt von den Djur an südwärts ebensosehr, wie es am mittleren Nil (s. S. 342) häufig ist. Da nun die dort wohnhaften Sandeh und Mangbattu energisch sind d. h. nach Volksvermehrung streben und unter den Jagdtieren aufräumten, besteht eine Fleischnot, die durch Anthropophagie bekämpft wird. Auch die Makaraka, die Mambanga, die Bassange und Bangala, Banfumu und Basoko — alles Bewohner des Urwaldes und der nördlich angrenzenden Savanne, soweit die Rindviehzucht unmöglich, die Kleinviehzucht erschwert zu sein scheint, — sind Kannibalen aus Not und werden diese traurigen Mahlzeiten sehr schnell lassen, sobald der verbesserte Verkehr Viehfleisch heranschaffen kann.

Dem Pferd sind die natürlichen Verhältnisse des Urwaldes und seine Umgebung ebenfalls feindlich; es ist gänzlich unbekannt in diesen Gebieten.

---

[1]) Im Kongostaat 1894: 61 500 Kaffee- und 13 900 Kakaobäume; 1902: 1 996 200 (1900: 2 631 200) Kaffee- und 298 000 (1900: 490 700) Kakaobäume. [2]) 1899 f. 4,2 Mill. Mk. [3]) Kongostaat 1900 f. 39,9 Mill. Fr.; 1901: 44,0: 1902: 41,7; 1904: 43,5 Mill. Fr.; Angola 1899 f. 24,5 Mill. Mk.; Französ.-Kongo 1900 f. 3,02; 1901: 2,8; 1902: 2,76 Mill. Fr. [4]) Kongostaat 1900 f. 5,25 Mill. Fr.; 1901: 4,0; 1902: 5,0; 1904: 3,8 Mill. Fr.; Französ.-Kongo 1900: 2,93; 1901: 2,40; 1902: 3,2 Mill. Fr.

Der **Bergbau** fördert im Kongoland ziemlich viel Eisen, Kupfer bei Hofrah-e-Nahas und Katuaka in Dar-Fertit usw. Reich an Kupfererzen ist das kongostaatliche Katangagebiet, wo bereits Hunderte von Weißen und Tausende von Negern tätig sind. Zwischen dem Dikurwe (Dikulue) und dem Lufira, im Kambovedistrikt, sollen 10 Millionen T. Kupfererz von 15% Kupfergehalt, in der Fungurumemine zwischen Dikurwe und Lualaba ungezählte Millionen T. mit 6—9% Kupfer lagern. Die Kambove- und Likasyemine sollen die reichsten Kupferminen der Welt sein. Auch am Tanganikasee sollen bedeutende Kupfererzlager entdeckt sein. Südlich von der Kupfererzzone findet sich die Gold- und Platingrube von Ruwe, die vorläufig hauptsächlich auf ihre Alluviallager ausgebeutet wird. Mächtige Zinnlager sind bei Bosanga (Busanga)-Chikoli gefunden. Der Bergbau Katangas, dessen Minenmittelpunkte Kambove und Guba sind, verspricht sich mächtig zu entwickeln. Eisenerz ist bei Scharamenga am oberen Lualaba gefunden. Die Nachricht von Entdeckung eines größeren Kohlenlagers ist wohl nicht glaubwürdig, da die Kohlenbildung in den Tropen zu fehlen scheint (s. S. 81). Aber in den zahlreichen Wasserfällen sind gewaltige Kraftquellen vorhanden. Salz findet sich an mehreren Stellen.

Die **Industrie** ist im Kongoland nicht ganz wenig entwickelt. Man findet viele gewerbliche Völker, die ausgezeichnete Eisenarbeiten zu fertigen wissen (z. B. Ikungu am Kongo berühmt) und in ausgedehnter Weise Kupfer (von Hofrah-e-Nahas) und Messing verwenden. An vielen Stellen des flüssereichen Kongogebietes ist der Schiffbau entwickelt. Die Töpferei leistet an einzelnen Stellen Bewundernswertes. Die Sandeh, Mangbattu und Bongo aber zeichnen sich in den meisten Industriefertigkeiten besonders aus.

Der **Verkehr.** Die Flüsse sind am meisten geeignet, die primitiven Völker miteinander in Berührung zu bringen. Wir dürfen uns daher nicht wundern, bei der großen Zahl von schiffbaren Flüssen im Kongoland die Schiffahrt entwickelt und einige Völker ganz als Händler sich ernähren zu sehen. Geräucherte Fische und Ziegen, auch Menschenfleisch, Sklaven und Elfenbein, Gewehre und Pulver, eiserne Lanzenspitzen und Kupferringe kommen auf die neutralen Märkte, die zwischen den Gebieten der Völker liegen. Zu Lande geht aller Transport auf Menschenrücken vor sich. Der Außenverkehr wurde ebenso wie der Binnenverkehr abseits der Flüsse sehr erschwert durch die Landesnatur, den Urwald. Erst der hohen Wirtschaftsstufe Europas gelingt es gegenwärtig, auch diese Naturschranke allmählich zu brechen. Die Belgier haben die Verkehrsverhältnisse schon sehr verbessert. Zahlreiche Dampfer befahren den Kongo (von Leopoldville bis Stanleyville, stromauf 22, stromab 12 Tage, Schiffe von 150, 350, 500 T.; von Ponthierville nach Kindu oder Nsendwe; bald wohl auch von Buli 640 km aufwärts bis zu den Schnellen von Kalengwe im nördlichen Katanga) und seine Nebenflüsse. Die obere und untere schiffbare Strecke des Kongo ist durch die Kongobahn (Matadi—Leopoldville) in Verbindung gesetzt. Von dieser Bahn (Station Songololo) soll eine Zweigbahn nach Popokabaka am Kwango führen, die eventuell nach Katanga fortzusetzen ist. Eisenbahnen zur Umgehung der Kataraktenstrecken des Kongo (Stanleyville—Ponthierville, 127 km, schon im Betrieb,

Kindu oder Nsendwe—Buli im Bau), nach dem Seengebiet des Ostens (von Stanleyville über Irumu am Ituri nach Mahagi am Albertsee; von Kasongo nach Kibanga (?) am Tanganikasee), und nach dem schiffbaren Nil (von Buta am Itimbiri nach Redjaf am Nil) sind im Bau. Auch setzt man die schiffbaren Nebenflüsse des Kongo durch Bahnen in Verbindung. So ist die Strecke vom Sankuru (Pania—Mutombo unterhalb der Wolffälle) zum Lualaba (Endpunkt Buli) bereits fertig. Eine andere Bahn setzt den Merusee (Anfangspunkt Mpueto) mit dem Endpunkt der Schiffbarkeit des Luapula (Luvua) bei Kiambi in Verbindung. Ebenso haben die Portugiesen in Angola einige Eisenbahnen gebaut. Eine großartige Bahn von der Lobitobai (Angola) nach der Landschaft Katanga im Süden des Kongostaates (1400 km) über Caconda, Dimbuco, Bihé, Machico (Mosiko?), Nana-Cadundo ist im Bau. Auch die Nordspitze der Kap—Kairobahn ist Katanga ganz nahe (s. S. 362). Den Kongo abwärts aber ist bald ein leistungsfähiger Verkehrsweg, aus Flußstrecken und Eisenbahnen kombiniert (s. oben!), zum Meere fertig. Die Franzosen planen den Bau einer Bahn von Libreville zum schiffbaren Kongolauf. So droht der Handel unseres Tonganikaseegebiets nach Westen abgelenkt zu werden.

Die wichtigsten Meereshäfen sind Libreville (Gabun), C. Lopez, Loango in Französisch-Kongo; Matadi und Boma an der Kongomündung; S. Paolo de Loanda (15000 Einw.) Benguella, Mossamedes und die Lobitobai in Angola.

Ausfuhr des Kongostaates 1901: 50,5; 1902: 50,1; 1904: 51,9 Mill. Fr. (Kautschuk 43,5; Elfenbein 3,8; Palmöl und -kerne 2,4; Kopal 1,4); des französ. Kongogebietes 1901: 6,5; 1902: 7,7; 1904: 7,5 Mill. Fr. (Kautschuk 1903: 3,37; Elfenbein 3,74; Holz 1,59); Angolas 1900: 5,37; 1903: 5,08 Mill. Milreis. Einfuhr des Kongostaates 1901: 23,1; 1902: 18,1; 1904: 23,3 Mill. Fr.; des französ. Kongogebietes 1899: 6,7; 1900: 10,6; 1904: 4,9 Mill. Fr.; Angolas 1900: 7,27; 1903: 5,5 Mill. Milreis. Eingeführt werden besonders baumwollene Gewebe, Nahrungsmittel usw.

Der unabhängige Staat des Kongo, dessen Souverän der König von Belgien war, dessen Vereinigung mit Belgien jetzt aber beschlossen ist, hat 2,25 Millionen qkm mit etwa 14 (—30) Millionen Einw. Das portugiesische Angola (mit Portugiesisch-Kongo) hat 1,27 Millionen qkm mit etwa 3,8 Millionen Einw. Französisch-Kongo berechnet man zu 650000 qkm mit 5 Millionen Einw. Das spanische Gebiet am Rio Muni umfaßt 25700 qkm mit 139000 Einw.

Während Kongoland als vorwiegend der Pflanzenwirtschaft günstige Region zu betrachten war, die Tierzucht dagegen im ganzen recht ungünstige natürliche Verhältnisse vorfindet, ist Ostafrika in den meisten Gegenden für die Tierzucht mehr geeignet als für den Ackerbau, doch so, daß gegen Südwest der letztere neben der Tierzucht immer größere Bedeutung erlangt.

5. Ostafrika.

Ackerbau. In dem heißen Klima des nördlichen Ostafrika verdankt Abessinien seine Eignung für den Ackerbau seiner Erhebung zu 3000 und mehr Meter Meereshöhe. Die höchsten Landesteile, die Plateaus von Godscham, Semien usw., welche den Tanasee und das Tal des Blauen Nil begleiten, haben ein Klima, das mitteleuropäischen Getreidebau erlaubt. In der „Dega“ (kühlere Region) mit 7—16° mittlerer Jahrestemperatur wird Gerste, Weizen, Flachs gebaut, und zahlreiche Siedelungen liegen zwischen 2--3000 m Höhe. In der „Woina-Dega“ (= Weinhochland) mit 16—20° mittlerer Jahrestemperatur zwischen 1800 und 2400 m Höhe werden Teff, Weizen, Mais angebaut mit solchem Erfolg, daß in dieser räumlich größten Region Abessiniens die meisten Siedelungen sich finden. In den Gallaländern, namentlich in den Landschaften Kaffa, Gomma, Guna, Gerra und Dschemma, gedeiht — in seinem Heimatlande — ungepflegt Kaffee ausgezeichneten Aromas; am Südfuß des abessinischen Plateaus baut man an den Bergen von Tschertscher den „Kaffee von Harar“. Den ganzen tieferen Westhang des Plateaus bedeckt die „Kolla“ (die tropisch warme und feuchte Region) und dringt von dort in den schluchtartigen Flußtälern tief ins Innere des Landes ein. Diese Region ist sehr wenig kultiviert, da — zumal in den Tälern — sehr ungesund. Durra, Baumwolle (guter Qualität) werden gebaut, ferner Mais, Dakuscha oder Eleusine (zur Bierbereitung), Melonen usw. Der Ackerbau wird allgemein ohne Düngung, bei liederlicher flacher Beackerung, doch hier und da mit künstlicher Bewässerung betrieben.

Das italienische Eritrea (Erythräa) umfaßt den heißen Küstenstrich am Roten Meere mit Massaua und ist sehr wenig produktiv.

In den Somaliländern und an der Benadirküste ist der Ackerbau sehr gering und beschränkt sich auf einige Flußtäler und Wadis, wie das des Webbi, Djub usw. Durra, ein wenig Mais, Sesam, Tabak, Baumwolle, bei Harar auch Zuckerrohr, werden angebaut.

Britisch-Ostafrika und Uganda sind Länder ackerbaulicher Hoffnungen; zumal Uganda ist reich an fruchtbaren und wohlangebauten Landstrichen. Die Banane spielt die erste Rolle im Anbau. In höher gelegenen Strichen, die auch für Europäer gesund sein sollen, z. B. am Rudolfsee, werden Weizen, Gerste und Hafer gebaut, Mais gedeiht in den tieferen Landesteilen, wo in den Wäldern Landolphialianen häufig sind; Reisplantagen finden sich in einigen sumpfigen Tälern. Zwischen Nil und Rudolfsee in dem nördlichen Uganda pflanzt man Erdnüsse, sonst vielfach Kartoffeln, Tomaten, Sesam, Rizinus. Guter Kaffee wächst wild in den hügeligen Bezirken und verspricht nach Erschließung des Landes wichtig zu werden. Tabak, der gerühmt wird, gedeiht gut. Langstapelige Baumwolle wächst wild, in einem kleinen Teil der Nilprovinz angebaut. Für Kakao, Tee und Zuckerrohr sollen die Bedingungen gegeben sein. Viel weniger angebaut ist der südöstlich des Victoriasees gelegene Teil des Schutzgebietes. Hier beschränkt sich der Ackerbau auf einzelne Landschaften, wie Ukamba, besonders auf die wasserenthaltenden Senken und Flußtäler. Die Anbaupflanzen sind Mais und Durra, an der Küste Reis und Kokospalmen.

In Deutsch-Ostafrika ist die nach Süden breiter werdende Mrima (das flache Küstenland) mit Fruchtbäumen (Mango-, Orangen-, Melonenbäumen) und Kokosnußpalmen (besonders auf der Insel Mafia) bestanden; letztere werden nun in zahlreichen Plantagen gezogen. Durra ist das Hauptgetreide, auch des Landesinnern, doch weicht es, da von den Heuschrecken mehr bedroht, ziemlich dem Maniok. Etwas Reis baut man in den Flußtälern, dazu Mais, Hirse, Bataten, Bohnen, Erdnüsse, Sesam. Der Ackerbau der Eingeborenen ist der von Naturvölkern: Bodenwechsel, Hackbau; Düngung findet sich ganz vereinzelt, künstliche Bewässerung etwas mehr. Deutschland wird den Landbau heben; Bekämpfung der Heuschrecken, meteorologische Beobachtungen, Versuchsstationen usw. sollen dem dienen; die Anleitung der Eingeborenen zur Arbeit und zu Kulturen durch die Missionare ist nicht zu unterschätzen; aber am schnellsten würde das Beispiel und die Konkurrenz deutscher landwirtschaftlicher Ansiedlungen auf den gesunden Hochländern des Innern die Eingeborenen vorwärtstreiben. Zuckerrohr pflanzt man in den Flußebenen, in der Panganiniederung im großen. Tabakpflanzungen finden sich hier und da, aber die Qualität ist mäßig. In dem Küstenstrich und auf den Plateaurändern sind die deutschen Plantagen gelegen. Der Kaffee, von dem 1903 in Usambara 2½ Mill. tragende Bäume standen, ist zwar guter Qualität, aber sein Anbau ist nicht sehr rentabel. Ausgezeichnete Aussichten bieten dagegen die Sisalagave und der Kautschuk. Die Sisalagave ist eine tropische Steppenpflanze, die, im mexikanischen Staat Yukatan (s. S. 392 f.) im großen angebaut wird und in dem ähnlichen Klima Deutsch-Ostafrikas, namentlich in den südlicheren Landschaften vortrefflich zu gedeihen scheint. 1905 wurden schon 1500 T. nach Hamburg eingeführt, und man glaubt in einigen Jahren auf 10 Mill. Sisalpflanzen mit einem Ertrag von 10000 (nach anderen 30000) T. Hanf im Werte von 7 bis 8 (25) Mill. Mark rechnen zu können. Die Ceara-Kautschukplantagen versprechen bei der Abnahme der wilden Bestände und der schnellen Zunahme des Bedarfs ebenfalls guten Erfolg. Versuche mit Baumwolle, die man seit einigen Jahren gemacht hat, bei Tanga, Saadani, am Rufiji, ergaben eine recht gute Qualität. Im Jahre 1905 hat man oberhalb des Rufijideltas eine Baumwollschule angelegt; eine zweite Kulturstation wollte man weiter oberhalb einrichten. An dem schiffbaren Rufiji wird die Fläche geeigneten Baumwollbodens auf 7000 qkm (halb so groß wie das Königreich Sachsen), um die Stadt Kilwa herum auf 1000 qkm geschätzt usw.[1]) Wahrscheinlich ist die südliche Hälfte der Kolonie mehr wie der Norden zum Anbau von Baumwolle geeignet. Die Ernte 1905/6 sollte nach den vorläufigen Verschiffungen etwa 650 Ballen à 500 Pfund im Werte von über 200000 Mark betragen, während 1900 von einer Ausfuhr noch kaum die Rede war. Gute Aussichten scheint die Gerberakazie zu haben, die in Australien (s. S. 301) und Britisch-Südafrika (s. S. 357) so gute Erträge gibt. Mit Pfeffer, Ramie, Kardamom, Vanille usw. macht man Versuche. Ist erst — statt der kurzjährigen Erfahrung — die wissenschaftlich-präzise Beobachtung als Grundlage für die Wirtschaft geschaffen, so werden wir mit Sicherheit Erfolge sehen.

Die **Tierzucht** ist in der Woina-Dega, besonders im Westen, und vor allem in der Dega Abessiniens durch natürliche Wiesen und Weiden günstig gestellt. Rinder sind zahlreich; Futterbau ist unbekannt, die Tiere

---

[1]) Bei Saadani, Kilwa und Muansa wird die Kultur schon ziemlich intensiv betrieben.

sind darum in der trockenen Jahreszeit schlecht daran; Milch geben die Kühe wenig. Auf den Hochländern zieht man Schafe sehr grober Wolle, die auch Fleisch und Felle liefern, wie die Ziegen. Das Maultier ist in dem zerklüfteten Land von großem Nutzen; es genießt mit dem Pferde allein unter den Haustieren ein wenig Pflege. Der Esel leistet wichtige Dienste als Lastträger. Hühner- und Bienenzucht sind verbreitet, aber völlig primitiv. Zibet von den Zibetkatzen kommt aus den Gallaländern.

Im Somaliland ist die Tierzucht die Daseinsgrundlage der Einwohner. Wir finden hier die typischen Verhältnisse nomadischer Halbkultur und die Wirtschaftsstufe der Tradition. In der Landschaft Ogaden, den Gallaländern, soweit sie flach sind, an der Benadirküste, überall wo das Land wasserarm ist, hält man Kamele als Lasttiere, aber sie liefern auch ihre Milch und verschnitten und gemästet Fleisch, Haut, Haar usw. Bei den Borangalla, den Danakil, Gadaburssi im Osten Abessiniens, den Dolbohanta-Somali werden ausgezeichnete Pferde gezüchtet, die den Männern als Reittiere dienen; die Frauen reiten auf Eseln. Schafherden werden fast überall gehalten; das Schaf liefert Milch, Fleisch, Fett (im Fettschwanz), aber keine Wolle. Ziegen sind häufig. Rinder kommen an günstigeren futterreichen Stellen vor, so in Ogaden, bei den Arussi usw., öfters in den Flußniederungen durch die Tsetsefliege bedroht. Bei den eigentlichen nomadischen Somali ist die Milch von Kamelen und Rindern die Hauptnahrung. Die Kühe geben ziemlich viel Milch; man fertigt Butter, aber nicht Käse. Hier und da hält man auch zahme Strauße.

Der dürrere Teil Britisch-Ostafrikas hat den gleichen Charakter wie das Somaliland. Westlich vom Rudolfsee gedeihen Kamele, Schaf- und Ziegenherden sind häufig. Rinder finden sich außerhalb des bewaldeten Uganda; doch kommt stellenweise die Tsetse vor. Pferde sollen fast überall (?) sich finden.

In Deutsch-Ostafrika ist das Rind[1]), dessen Bestände durch die Viehseuche der 90er Jahre in ganz Ost- und Südafrika leider sehr gelichtet wurden, unter den Haustieren das wichtigste; in einzelnen Gegenden des inneren Hochlandes liegen die Naturverhältnisse für seine Zucht recht günstig, während es an der Küste und in einigen Flußtälern von tödlichen Fliegenstichen (Tsetse und Wadenstecher) und Texasfieber bedroht ist. In Ruanda, in Unjamwesi, Urundi, Usukuma, Uhehe usw. gibt es eine blühende Rinderzucht. Fettschwanzschafe und Ziegen gedeihen, auch Schweine sieht man. Im Norden des Njassasees sind die Landschaften Konde, Ukinga usw. der Viehzucht günstig und wie Uhehe und Usambara geeignet, europäische Ansiedler aufzunehmen. Nordwestlich vom Kilimandscharo bis nach Unjamwesi ist die Zucht des Esels wichtig, der vielleicht an der Küste die bedrohten Haustiere als Transporttier zu ersetzen berufen ist. Man hat auch mit der Zähmung der Elefanten, Zebras und mit der Straußenzucht Versuche gemacht, die bis zu einem gewissen Grade geglückt sind. Hühnerzucht gedeiht überall in großem Umfang.

[1]) Man schätzt die Zahl der Rinder auf rund 520000, die des Kleinviehs auf 3,4 Mill. Esel soll es an die 10000 geben, Pferde wohl noch nicht 100.

Bergbau. In Eritrea sollen reiche Goldfunde gemacht sein, Guanolager finden sich bei Massaua; Abessinien liefert beträchtliche Mengen Gold aus den Galländern (Beni-Schongul usw.); Deutsch-Ostafrika ist an Gold nicht arm, vielleicht sogar reich (Goldfelder von Ikoma östlich vom Victoriasee, von Ussongo nördlich von Tabora, von Saamuye, Kassama usw.) Anscheinend handelt es sich nur um sog. Gold-„Nester", doch sind Überraschungen nicht ausgeschlossen, und eine Anzahl von Goldsuchern soll in der Landschaft Ikoma bereits tätig sein. Aber vor allem setzt man Hoffnungen in das Vorkommen von Sekenke. Steinkohle fand man am Nordwestufer des Njassasees am Songwe, Braunkohle im Bezirk Lindi, Eisenerze werden abgebaut, Salz (Soolquellen) wird in Uvinsa, im Rikwa-, Ejassi-, Manjarasee usw. gewonnen und weithin verhandelt; das Hinterland von Lindi, die Gneise von Ukami und Uluguru sind reich an guten Granaten; Glimmer, Graphit kommen vor.

Die **Industrie** ist in ganz Ostafrika gering entwickelt. In Abessinien werden Baumwollenwaren, auch Messerwaren gefertigt; die Somali weben Baumwollengewebe. Geschickte Handwerker sind die Waganda, die Bewohner Ugandas, wo geschickte Schmiede, Gerber, Flechtarbeiter, Töpfer und Tischler tätig sind.

In Deutsch-Ostafrika zeigt besonders die Eisenindustrie in einigen Gebieten eine bemerkenswerte Entwickelung. Auch hier beobachten wir überall, daß europäische Ware die einheimische zurückdrängt.

Verkehr. In Abessinien vermitteln besonders Maultiere und Esel den Verkehr, im Somaliland Kamele; die französische Eisenbahn von Djibuti (16000 Einw.) nach Abessinien ist schon ziemlich weit, bis Dirredaua (nördlich von Harar), vorgeschritten, ist jetzt nach Adis Abeba im Bau und wurde durch einen Vertrag zwischen England, Frankreich und Italien internationalisiert. Weiter im Süden treten Trägerkarawanen, außerordentlich schwerfällig und kostspielig, ein, die durch Eisenbahnen verdrängt werden müssen. Solange keine Eisenbahnen für Absatz seiner Produkte sorgen, produziert der Neger nur für seinen Bedarf. Nur die wertvollsten Gegenstände können die hohen Trägerfrachten tragen. 1903 betrug der Gesamtverkehr in den sieben wichtigsten Küstenplätzen Deutsch-Ostafrikas rund 63000 Trägerlasten, die nur rund 1900 T. Waren darstellten; sie könnte ein einziger Güterzug von 130 Wagen à 15 T. Ladefähigkeit befördern. Die britische Bahn von Mombas zum Victoriasee, die Ugandabahn, zog sofort nach ihrer Fertigstellung die Produkte der fruchtbaren Seenlandschaften, auch der deutschen, an sich, schmälert also unsern Handel zur Küste. Es ist hohe Zeit, daß Deutschland Bahnen zu den wichtigen Seen baut[1]). Bis jetzt besteht nur die 128 km lange

[1]) Leider gibt es große Bevölkerungskreise in Deutschland, die nicht einsehen, daß unsere Zukunft in den Kolonien liegt, daß wir unseren Nachkommen in ihnen „ein größeres Deutschland" zu reservieren haben, das unserem Volksstamm neben den anderen die zur kraftvollen Betätigung nötige Kopfzahl sichern soll. Es scheint durch alle Erfahrungen der Kulturgeschichte gesichert zu sein, daß wir in den Kolonialgebieten der ungünstigen Verhältnisse (Malaria und anderer Krankheiten; Tsetse; Heuschrecken usw.) Herr werden, uns von dem sich darin aussprechenden Naturzwang befreien können, daß einst die Kolonien auch im Tropengebiet Siedelungskolonien werden können. Dann werden sich unsere Nachkommen über jedes Quadratkilometer, das durch unsere Schuld verloren ging, beklagen.

Ferner aber ist die schnelle und gründliche Entwickelung von Kolonien für uns das einzige Mittel, uns einen — wenn auch nur guten — Teil des Bedarfs von Rohstoffen und einen Teil des Absatzes von

Usambarabahn nach Mombo, und etwa 40 km der im Bau begriffenen Bahn Dar-es-Salam—Mrogoro (soll 1908 fertig werden) sind eröffnet. Letztere muß als eine große Zentralbahn schleunigst nach Muansa am Victoriasee und Udschidschi am Tanganikasee weitergebaut werden; auf letzterer Strecke (1468 km) brauchen die Trägerkarawanen von der Küste aus 3 Monate Zeit, und 1 tkm kommt auf den verschiedenen Karawanenstraßen auf 60—130 Pfennige zu stehen gegen 4½—5 Pfennige der Ugandabahn. Letztere ist etwa 940 km lang und wurde trotz aller Schwierigkeiten in etwa 6 Jahren fertig gestellt. Während man früher 70 Tage von Mombas bis zum Victoriasee (Endpunkt der Bahn Port Florence) brauchte, legt man auf der Bahn die Strecke in etwa 2 Tagen zurück. Schon im Betriebsjahr 1904/05 wurde an Stelle des veranschlagten Defizits ein Überschuß erzielt, und längs der ganzen Linie fängt Landbau und Handel an zu erblühen.

Im Westen droht am Tanganikasee unserem Schutzgebiet ein Teil seines Handels durch die kongostaatlichen Bahnen (s. S. 349) entzogen zu werden, im Süden am Njassasee durch eine im Bau begriffene portugiesisch-englische Bahn Quilimane—Blantyre—Fort Johnston (am Njassasee).

Die wichtigsten Häfen Ostafrikas sind Massaua (italienisch), Djibuti (französisch), Berbera (britisch), Makdischu, Marka, Barawa (italienisch), Lamu, Mombas (britisch, 15 000 Einw.), Tanga (5000 Einw.), Pangani, Bagamoyo, Dar-es-Salam (13 000 Einw.), Kilwa, Lindi (deutsch; unsere deutschen Häfen, besonders Tanga und Dar-es-Salam sind von Natur günstig und auch schon mannigfach ausgestattet worden); über Sansibar (britisch) siehe S. 366f.

Die Ausfuhr von Deutsch-Ostafrika 1901: 4,6; 1902: 5,3; 1903: 6,74; 1904: 8,95; 1905: 9,95 Mill. Mk. (1905: Kautschuk 2,24; Wachs u. and. tier. Stoffe 2,34; Felle, Häute, Wolle 1,17; Faserstoffe 1,06; Ölfrüchte 0,88; Kaffee 0,43; Elfenbein, Hörner 0,37; Hölzer 0,24; Baumwolle 0,19; lebende Tiere 0,14; Kopal, Gummi 0,09 usw.); von Abessinien 1902: 1,31 Mill. Dollar (Kaffee 0,7; Elfenbein 0,13; Häute 0,32; ferner Gold usw.); von Eritrea (Massaua) 1904: 2,8 Mill. Lire (Häute, Perlmutter, Wachs, Gummi, Butter); von Franz.-Somaliland 1903: 10,5 Mill. Fr. (Kaffee 3,98; Elfenbein 1,37; rohe Felle 0,4; lebende Tiere 0,13; Zibeth 0,12; Wachs 0,12); von Britisch-Ostafrika und Uganda 1903/1904: 160000; 1904/05: 234 700 £; von Britisch-Somaliland 1903/1904: 4,06 Mill. Rup. (Felle 0,97; Kaffee 0,83; Elfenbein 0,17; Gheebutter 0,08 usw.). Einfuhr von Deutsch-Ostafrika 1901: 9,5; 1902: 8,86; 1903: 10,69; 1904: 14,34; 1905: 18,87 Mill. Mk. (Textilwaren 5,78; Eisen und Eisenwaren 2,68; Getreide und Hülsenfrüchte 1,75; Konserven usw. 0,77; Maschinen usw. 0,66 usw.); von Abessinien 1902: 1,06 Mill. Dollar; von Eritrea

Industrieerzeugnissen zu sichern. Dieselben werden durch die Neigung der großen Kolonial- und Handelsmächte, besonders Großbritanniens und der Vereinigten Staaten, zwischen dem Mutterland und den Kolonien gegenseitige Begünstigungen zu verabreden, schwer bedroht. Bereits ist unser Handel mit Kanada, Neuseeland, Australien usw., Cuba, den Philippinen, Hawai, Portoriko, ja sogar Brasilien durch derartige Abmachungen ungünstig beeinflußt. Der Besitz großer entwickelter tropischer und subtropischer Kolonien gibt uns die Möglichkeit, nicht nur Rohstoffe dort zu erzeugen, die wir brauchen, sondern auch sichern Absatz für unsere Industrie zu finden und durch Schließung unserer Kolonien die feindseligen handelspolitischen Maßnahmen unserer Handelskonkurrenten entsprechend zu beantworten oder eventuell ihnen Nachgeben nahezulegen.

(Massaua) 1904: 7,8 Mill. Lire; von Franz.-Somaliland 1903: 7,5 Mill. Fr.; von Britisch-Ostafrika und Uganda 1903/1904: 437 000; 1904/05: 518 100 £; von Britisch-Somaliland 1903/1904: 4,5 Mill. Rup.

Den Deutschen gehört Deutsch-Ostafrika, 946 500 qkm mit 6,7 Millionen Einw.

Abessinien umfaßt 800 000 qkm mit etwa 8 Millionen Einw.

Den Italienern gehören Eritrea (110 000 qkm mit 332 100 Einw.) und die Benadirküste mit Hinterland (380 000 qkm mit 400 000 Einw.).

Den Franzosen gehört die französische Somaliküste (21 000 qkm mit 50 000 Einw.).

Die Engländer besitzen in Ostafrika das eigentliche Ostafrika-Protektorat (900 000 qkm mit 4,0 Millionen Einw.), das Uganda-Protektorat (231 500 qkm) mit 1 650 000 Einw.), Britisch-Somaliland (155 000 qkm mit 300 000 Einw.), die Insel Socotra (3600 qkm mit 12 000 Einw.) und die Inseln Sansibar und Pemba (s. S. 366f.).

6. Südafrika.

In Südafrika muß in der trockenen Westhälfte der Ackerbau zurückstehen und kann nur mit Hilfe der künstlichen Bewässerung in gewissem Maße ausgedehnt werden; gegen Osten wird das Klima feuchter, und die tropische Wärme erreicht an der Küste fast die südlichsten Breiten des Kontinents, während die beinahe das ganze Innere einnehmenden hohen Plateaus, zumal südlich des Wendekreises, ein gemäßigteres Klima haben. Letzterer Umstand stempelt Südafrika zu einem der drei für Europäer heute zu kolonisierenden großen Landstücke der Südhalbkugel, und zwar ist es allem Anschein nach das größte und wichtigste von ihnen. Aus dem Grunde haben die Engländer hier die allerdings rückständigen Buren niedergeworfen — zu Deutschlands Schaden — um sich hier ein neues großes Kolonisationsgebiet[1]) in gemäßigter Zone zu sichern — das letzte, das erhältlich war!

Ackerbau. Im Westen ist Deutsch-Südwestafrika so öde und trocken, daß im Küstengürtel ohne künstliche Bewässerung gar nicht, im Innern nur in den Wadis etwas Ackerbau möglich ist; durch Anlage von Talsperren oder Staudämmen, artesischen Brunnen usw. hofft man das Ackerland vergrößern zu können, das heute erst an den spärlichen Wasserstellen sehr wenig Getreide, Gemüse, Früchte, Wein, Tabak hervorbringt; besonders die auf einer nahezu nordsüdlichen Linie sich findenden heißen Quellen von Omaruru, Barmen, Windhoek, Rehoboth sind als Wasserstellen wichtig. Am wichtigsten für den Landbau ist wohl die Gegend von Grootfontein. Das Ovamboland im Norden ist ein günstiges Ackerbauland (Durra, Hirse, Bohnen, etwas Mais, Erdnüsse usw.), aber mit halbtropischem Klima, vielleicht für Baumwollenbau geeignet. Im mittleren Schutzgebiet zwischen dem Kuiseb und Omaruru hat man die Dattelpalme mit Erfolg angepflanzt. Leider treten wie in allen Nachbarländern der Kalaharisteppe Heuschrecken auf.

[1]) Die Einfuhr Britisch-Südafrikas stieg von 1893—1902 um etwa 250%; von 1893—1900 von 13,9 auf 23,7 £, 1901 betrug sie 31,6; 1902: 47,2; 1903: 52,56; 1904: 37,46; 1905: 33,97 Mill. £.

In der *Kalahari* tritt der Steppen- und auf Stellen der Wüstencharakter noch mehr hervor; nur die Bergländer sind quellenreicher. Für den Ackerbau kommt dieses ganze Gebiet vorläufig nicht in Betracht.

Am oberen Sambesi, im Überschwemmungsgebiet dieses großen Flusses und seiner Nebenflüsse, treiben die *Barotse* lohnenden Ackerbau: Durra, Mais, Maniok und Zuckerrohr.

Im Osten des ausgedehnten *Betschuanengebietes* bauen die Bewohner, die Betschuanen, etwas Hirse, Mais, Kürbisse, Melonen usw. an.

Der Ackerbau steht bei den *Kaffernstämmen*, den Matabele, Sulu usw., gegen die Viehzucht völlig zurück. Durra, Hirse, Mais, Zuckerrohr, Tabak werden gepflanzt.

Die *Buren*, von welchen die Kaffern z. T. zurückgedrängt wurden, treiben, entsprechend der Landesnatur, Ackerbau nur dort, wo hinreichende Bewässerung möglich ist; für dieselbe werden die Bedingungen vom Landesinnern gegen die Randberge des afrikanischen Plateaus günstiger. Besonders Weizen wird gebaut. Im Boschfeld gedeihen sogar tropische Gewächse, wie Bataten, Erdnüsse, Kaffee, Zuckerrohr; der Tabak wird gerühmt. Aber an Ackerbauprodukten wird bisher nur so viel erzeugt, als der Bur selbst verbrauchen oder in den Städten und auf den Goldfeldern absetzen kann, und der Ackerbau wie die Tierzucht wurden herkömmlich — rückständig betrieben. Die englische Herrschaft brachte die Einrichtungen für wissenschaftlichen Betrieb der Landwirtschaft: Laboratorien, Versuchsfarmen, Tierarzneikunde usw. ins Land.

Günstiger gestellt als Deutsch-Südwestafrika ist das subtropische Gebiet des südwestlichen *Kaplandes*. Hier gedeihen im Osten von Kapstadt an den Nordhängen (Sonnenseite) der Hügel (Bezirke Stellenbosch, Paarl, Worcester besonders) alle nord- und südeuropäischen *Obstbäume*[1]. In Kühlräumen von Dampfern gehen von hier als Frühobst schon im Februar und März Pfirsiche, Pflaumen usw. nach England. Der *Wein*[2] aus der Gegend von Kapstadt ist geschätzt. Auch die *Getreideernten* sind in dem gemäßigten westlichen Teil und den Gebirgslagen des östlichen Kaplandes nicht ganz gering. Weizen[3], Roggen (im Südwesten), Hafer (in der Region der Winterregen im Südwesten), Gerste (dem trockeneren Landesinnern zu) werden angebaut. Doch ist das ganze Innere des Kaplandes, auch der Oranje- und Transvaalländer, zu den Saatzeiten so trocken, daß nur in beschränktem Maße durch die natürliche Bewässerung der Ackerbau lohnend und sicher wird, und $^4/_5$ der Kapkolonie, die Hälfte der Oranjekolonie und $^1/_3$ von Transvaal künstlicher Bewässerung (zu der die starken Herbstregen das Wasser liefern) bedarf, die im Kapland bereits stellenweise im großen durchgeführt ist, aber bei günstiger Finanzlage für das ganze Südafrika in Angriff genommen werden soll. Die Regierungen machen auch energische Anstrengungen, den Ackerbau zu heben und zu modernisieren. Die Einfuhr von Ackerbaugeräten und landwirtschaftlichen Maschinen nimmt stark zu.

---

[1]) Besonders Pfirsichbäume; nächstdem Feigen-, Apfel-, Birn-, Aprikosen-, Orangen- und Pflaumenbäume. Ausfuhr von Früchten 1900/01: 5000 £. [2]) Prod. 1905: 170000 hl = 0,13% d. W. Ausf. 1901: 29000 £. [3]) Prod. 1905 nur 54000 T. = 0,06% d. W.

Wie das Klima gegen den Osten des Kaplandes feuchtwärmer wird, tritt längs der Küste immer mehr der Mais an die Stelle der genannten Getreidearten. Dazu gesellt sich die Durra. In Natal, der Gegend von Port Natal, wird in einem schmalen Streifen längs der Küste Zuckerrohr[1]) im großen angepflanzt und verarbeitet, die Ernten schwanken stark; auch mit Teeanbau[2]) sind geglückte Versuche gemacht. Besondere Aufmerksamkeit wird neuestens dem Anbau von Baumwolle zugewendet, den man schon früher im Küstenstrich vergeblich versuchte. Man hält jetzt die Plateaus des Innern für besser geeignet und wollte 1905 mit Anpflanzungen im Sululand beginnen. Erst 4% des Landes sind überhaupt unter dem Pfluge. Die Gerbakazie[3]) ergibt sehr gute Erträge.

Mais, Durra, Erdnüsse, Zuckerrohr, Bohnen, ein wenig Tabak, hier und da ein wenig Baumwolle, längs der Küste die Kokosnußpalme und in feuchten Ebenen Reis sind die Anbaupflanzen der meist wohl befeuchteten östlichen Randlandschaften des südafrikanischen Plateaus in Swasiland und Portugiesisch-Ostafrika südlich des Sambesi, wo besonders längs der Flüsse der Ackerbau nicht unlohnend ist. Auch im Landesinnern, im Matabele- und Maschonaland, gedeihen Mais, Durra, Erdnüsse, jedoch nur in den bewässerten Tälern, wohl; auch Hafer und Kartoffeln kommen gut fort. Bei der ungeheuren Ausdehnung Rhodesias sind diese ackerbaufähigen Ländereien umfangreich genug. Im Sambesi- und Shireland, wo der Dampferverkehr Absatz nach der Küste ermöglicht, haben gewisse Produktionen sich mächtig entwickelt. Im portugiesischen Sambesital unterhalb Tete ist ein bedeutender Reisbau zu erwähnen, der sich, zumal im Delta, ständig ausdehnt; Tabak pflanzt man in den britischen Shire Highlands (Zentrum Blantyre) mit Glück. Für den Zuckerrohrbau[4]) erweisen sich Boden und Klima im unteren Sambesital günstig, so daß hier eine Zuckerindustrie (Zentrum Mopea) aufblüht; Kokospalmen werden stark gepflanzt und ausgenutzt. Die größten Werte ergab aber der Kaffeebau auf dem zum britischen Zentralafrika gehörigen Shirehochland um Blantyre. Ebenda wurde im unteren Shiretal wie auch im nordöstlichen Rhodesia mit Erfolg Baumwolle[5]) angepflanzt. In Portugiesisch-Ostafrika nördlich der Sambesimündung werden Maniok, Mais, Durra, Sesam, viel Erdnüsse, stellenweise an der Küste Reis, Kaffee (Insel Ibo), Zuckerrohr, Tabak und Baumwolle gebaut, die europäischen Pflanzungen haben sehr bescheidenen Umfang.

Im allgemeinen ist die bei weitem größere westliche, trockenere Hälfte Südafrikas durch die Natur der **Tierzucht** viel günstiger als dem Ackerbau.

In Deutsch-Südwestafrika beginnt etwa 50 km von der Küste eine, freilich lückenhafte, Grasnarbe (Taogras) sich einzustellen. In dem Dornbuschland des Innern findet sich büschelförmig vereinzeltes Gras, langes aber häufig hartes in den Flußtälern, feines auf den ebenen Flächen und an den Gehängen der Berge. Auch die Buschsteppen der Kalahari haben Gras-

[1]) Prod. 1900: 16 700; 1901: 36 700; 1902: 21 100; 1903: 33 900; Ausf. 1903: 10 000; Einf. 2900 T. [2]) 1902/03 etwa 1,6 Mill. Pfund geerntet; für 1903/04 erwartete man 2 Mill. Pfd. = 910 T. = 0,3% d. Weltprod. [3]) Ausf. Gerbrinde 1904: 92 900 £. [4]) Die Zuckerfabrik Mopea erzeugte 1900: 2600; 1902: 1750; 1903: 2000 T., eine andere Fabrik 1901: 2880; 1902: 2960 T. [5]) Die Ernte aus dem Shiretal wurde 1904/05 auf 1500—1800 Ballen geschätzt.

felder und bieten streckenweise alle Vorbedingungen zur Viehzucht. In den südlichen Hochländern der Kolonie steht das Gras in den jene durchfurchenden breiten Erosionstälern. Am austrocknenden Ngamisee halten sich einige viehzüchtende Stämme. Die Herero in Damaraland hatten große Rindviehbestände (auf 1 Million geschätzt), die erst durch die Rinderpest neuerdings dezimiert wurden. Der Kleinviehbestand (Schafe, auch Ziegen) wurde sogar auf 8 Millionen Stück geschätzt[1]. Die Nama (Hottentotten) im Namaland sind ein echtes Hirtenvolk, das aber seit seiner Austreibung aus der Kapkolonie verelendet ist.

Die deutsche Verwaltung gibt sich Mühe, die Viehzucht Deutsch-Südwestafrikas, die vorläufig in der Art der Halbkultur betrieben werden muß (Vieh Tag und Nacht auf der Weide, keine Stallpflege, keine Stallfütterung), zu heben. Die Pferde- und Rinderseuchen[2] werden bekämpft; Wasserbohrkolonnen sind tätig; Staudämme sollen den Wasserabfluß regulieren (Fischfluß); Musterfarmen sollen vorbildlich auch auf die Eingeborenen wirken[3]. Am meisten Aussicht auf Erfolg scheinen die Schafzucht und die Angoraziegenzucht[4], sowie die Straußenzucht zu haben.

Die Betschuanen, etwa 350 000 auf 275 000 qkm, im ganzen Innern Südafrikas von den Drakenbergen bis nach der Kalahari und vom Oranjefluß nach dem Sambesi, besonders die Basuto, leben hauptsächlich von der Viehzucht, die ihnen Milch als Hauptnahrung bietet, während man Vieh fast niemals schlachtet, sondern nur die kranken und gefallenen Tiere nutzt.

Unter den Kaffernstämmen lebten die Matabele zwischen Sambesi im Norden, Limpopo und Schascha im Süden neben Jagd von Raub und Krieg gegen ihre Nachbarn, von denen sie außer Vieh auch Menschenfleisch erjagten. Dann gingen sie zur Viehzucht über. Doch wurden Anfang 1896 ihre Herden von der Rinderpest hingerafft; von 100 000 Stück Hornvieh blieben wahrscheinlich nicht 500 am Leben. Die kräftigen und energischen Sulus und die anderen Kaffern des Südens trieben fast ausschließlich Viehzucht und hatten besonders große Rinderherden; Rindfleisch und Milch waren ihre Hauptnahrung. Was von den Herden in den Kriegen mit den Engländern übrig geblieben war, raffte auch hier wie bei den Betschuanen die Rinderpest dahin[5].

Bei der natürlichen Eignung Südafrikas für die Viehzucht wird sich das Land bald wieder mit Vieh füllen. Die östlichen Teile des Matabelelandes und die hohen Lagen von Maschonaland sollen noch günstiger sein als das Land im Westen „Rhodesias"; dort wächst in den meisten Hochtälern ein

---

[1] Eine Viehzählung 1903 vor dem Eingeborenenaufstand ergab rund 100 000 Rinder, 350000 Stück Schafe und Ziegen und 5000 Stück Pferde. Man schätzt aber, daß 3 Mill. Rinder und 20 Mill. Stück Kleinvieh zu ernähren sind. [2] Die Rinderpest tritt jetzt nicht mehr so bösartig auf wie in früheren Jahren, weil durch die Schutzimpfung die Ansteckungsfähigkeit stark herabgesetzt ist; auch gelingt es viel leichter als früher, die Seuche auf ihren Herd zu beschränken. [3] Deutsch-Südwestafrika ist die einzige Siedelungskolonie, die uns zugefallen ist. Eine rege wirtschaftliche Entwickelung wird jetzt einsetzen. Die Eingeborenen, durch den Aufstand ihres Rechtes auf den Boden verlustig geworden, werden als eine tiefere soziale Schicht, unter uns Deutschen als Herren, arbeiten lernen und dafür der Segnungen der Kultur teilhaftig werden. [4] Die Kapkolonie führt bei 8,4 Mill. Wollschafen für etwa 38 Mill. Mk. Wolle, bei 2,78 Mill. Angoraziegen für etwa 13,5 Mill. Mk. Angorahaare aus. [5] Der Viehbestand des Häuptlings Khama schmolz von 800 000 auf 5000 zusammen.

saftiges, wohlriechendes Gras, das für Rind und Pferd das ganze Jahr hindurch Futter gibt, während im Westen einige Monate (August bis Oktober) Futtermangel herrscht.

Die beträchtlichen Schaf- und Ziegenherden Rhodesias sind völlig zusammengeschmolzen, da sie nach der Rinderpest die Hauptnahrung lieferten. Das Fettschwanzschaf trägt hier keine Wolle.

Schweine gedeihen in dem feuchteren Osten des Landes sehr gut.

Esel kommen gut fort, Pferde dagegen schlecht, da die „Pferdeseuche“, die in Transvaal und Betschuanaland schon bösartig ist, gegen Norden, gegen den Äquator hin immer verderblicher auftritt.

Die Hühner der Eingeborenen Rhodesias sind klein und legen wenig und kleine Eier.

Gegen das Sambesital hin tritt in den buschigen Flußniederungen fast überall die Tsetsefliege auf und macht die Rinderzucht unmöglich. Im Sambesital selbst sind nur einige Striche frei davon; so treiben die Barotse dort starke Rindviehzucht. Das Wasser selbst meidet die Tsetse, der man übrigens nun auch zu Leibe gehen will; die Bodenkultur drängt sie an sich zurück. Westlich des Loangwa sollen die wohlbewässerten Ländereien für die Viehzucht geeignet sein; östlich des Loangwa tritt hier und da die Tsetsefliege auf und in dem Tschomabezirk des Mweru(See)-Distriktes gedeiht kein Rindvieh; nur Ziegen werden dort gehalten.

Südlich des Matabelelandes ist das Limpopotal an vielen Stellen von der Tsetsefliege bedroht, die auch in den Küstenstrichen von Lourenço Marquez ab bis ins Sululand hinein vorkommt.

Die ehemaligen Burenrepubliken treiben besonders in den Hochfelddistrikten: Potschefstroom, Heidelberg, Utrecht, Middelburg usw. starke Viehzucht; wenn der Winter kommt, ziehen die Buren mit den Herden ins Boschfeld, wo dann Wärme, Gras und Wasser zu finden ist. Rinder werden als Schlacht- und Zugtiere gezogen. Die Schafzucht auf Wolle soll auf dem Hochfelde sehr lohnend sein, doch wird die Wolle schlecht behandelt. Die Angoraziege wird ebenfalls gehalten. Die Pferde sind ausdauernd und genügsam. Die Tierzucht im ganzen ist wenig rationell; die Engländer werden wohl Änderung bringen.

Schon vor der Ankunft der Europäer gab es im Kapland[1]) Rinder, Fettschwanzschafe, Ziegen und Hühner. Der feuchtere Osten des Landes war und ist das Gebiet der Rinder, der trockene Westen und das dürre Innere sind der Schafzucht hervorragend günstig.

Durch Einführung von Zuchttieren aus Europa wurde die Rinderrasse bedeutend verbessert. Anfangs zog man nur Zug- und Masttiere für die Transport-(Ochsenwagen) und Nahrungsbedürfnisse des Landesinnern (Minen). Neuerdings entwickelt sich auch das Molkereiwesen. Seitdem die Rinder-

[1]) Rinder 1891: 2 210 800; 1904: 1 953 100 = 0,5% d. Weltprod.; Pferde 1891: 444 100; 1904: 254 400 = 0,3% d. Weltprod.; Esel 1891: 45 400; 1904: 100 400; Maulesel 1891: 51 000; 1904: 64 200; Wollschafe 1891: 13 631 000; 1904: 8 443 800; andere Schafe 1891: 3 075 100; 1904: 3 353 000; Schafe u. Ziegen = 3,4% d. Weltprod.; Angoraziegen 1891: 3 184 000; 1904: 2 775 900; andere Ziegen 1891: 3 444 000; 1904: 4 384 400; Schweine 1891: 288 200; 1904: 385 300 = 0,2% d. Weltprod.; Strauße 1891: 154 900; 1904: 357 900 usw.

pest 1897 fast die Hälfte der Rinder hinraffte, wird viel Fleisch aus Australien und Vieh aus Argentinien eingeführt.

Die einheimischen Fettschwanzschafe ohne Wolle (mit Haaren) dienen der Fleisch- und Fettproduktion; sehr viel zahlreicher sind die von den Europäern herausgezüchteten Wollschafe, und Wolle ist ein wichtiges Ausfuhrprodukt geworden[1]). Die Pflege der Schafe ist noch ziemlich primitiv, und Witterung und Krankheiten bringen alljährlich große Verluste. Felle und Häute[2]) werden stark ausgeführt.

In den ziemlich trockenen Küstengebieten des Südens und Westens ist die Zucht von Angoraziegen[3]) von Bedeutung.

Pferde sind in den trockeneren Gegenden häufiger als im feuchten Osten. Auch Maultiere und Esel gedeihen in dem Steppenklima gut.

Die Straußenzucht hat sich seit 20 Jahren mächtig entwickelt (besonders bei Oudtshoorn)[4]).

Weitaus am wichtigsten ist aber in Südafrika, wie meist in jungen Kolonisationsländern, der **Bergbau.** Südafrika ist in dem vegetationsreicheren östlichen Teile nicht arm an Steinkohlen[5]); man schätzt das bisher bekannte Areal der Kohlenlager auf 56 000 (englische) Quadratmeilen. Am wichtigsten sind die Kohlengruben Natals (im Norden bei Dundee, Newcastle). In der Kapkolonie sind die Gruben in den Stormbergen bei Indwe und Molteno wichtig. Der Transvaal liefert eine bedeutende Menge von (meist minderwertigen) Kohlen aus den Minen bei Boksburg (Brakpan), Middelburg-Ermelo[6]), Pietersburg, den Springs- und Cassel-Kohlenfeldern, Vereeniging, Klerksdorp, Waterval. Der Kohlenbergbau der Oranjeflußkolonie, namentlich im Norden, entwickelt sich schnell. Auch in Rhodesia sind neuerdings immer mehr Steinkohlenlager aufgefunden worden, die bedeutendsten nordwestlich von Buluwayo, bei Wankie (am Sambesi, wo der Schangani mündet); dieses letztere Lager soll 1½—2 Milliarden Tons gute Kohle enthalten; die Victoriafälle des Sambesi sollen zur Erzeugung elektrischer Kraft bei ihrem Abbau benutzt werden[7]). Auch in Portugiesisch-Ostafrika am unteren Sambesi (bei Tete) sowie am Ludjende und in der Nähe der Pembabai sind Kohlen aufgefunden worden. Im Nordwesten der Karroosteppe soll Petroleum entdeckt sein.

Besonders wichtig sind die Kohlenlager für die Goldproduktion Südafrikas. Die bei weitem wichtigsten Goldminen befinden sich (seit 1873) in Transvaal. Die bedeutendsten Minen am Witwatersrand bei Johannesburg lieferten seit ihrer Entdeckung (1886) für weit über 100 Millionen £ Gold.

[1]) Prod. 1903 (nach Schätzung): 100 Mill. e. Pfd. = 3,8% d. W. 1901 export. d. Kapkolonie f. 1,5; 1902: 1,9; 1904: 1,79; 1905: 1,89 Mill. £. Natal 1904: 289 100 £. [2]) Ausfuhr von Schaf-, Ziegen-, Rinderhäuten 1901: 0,45; 1902: 0,48; 1904: 0,48; 1905: 0,56 Mill. £. Natal 1904: 25 700 £. [3]) Ausfuhr d. Kapk. an Angorahaaren (Mohär) 1901 f. 0,5; 1902: 0,8; 1903: 0,65; 1904: 0,61 Mill. £. Natal 1904: 29 200 £. [4]) Ausfuhr von Straußenfedern 1901: 0,84; 1902: 0,89; 1903: 0,95; 1904: 1,06; 1905: 1,08 Mill. £. [5]) 1901 produzierte Natal 569 000; 1902: 599 800; 1903: 713 500; 1904: 872 000; Kapland 192 000; 1904: 157 000; Oranjeflußkolonie 1904: 132 000 T.; Transvaal 1898: 1,95; 1904: 2,4; 1905: 2,6 Mill. T. Prod. Brit.-Südafrikas 1904: 3,3 Mill. T. = 0,4 % d. Weltprod. Es werden im abnehmenden Maße Kohlen eingeführt, von Großbritann. 1903: 568 600; 1904: 417 700 T. [6]) Dieses Lager auf 40 Milliarden Tons geschätzt. [7]) Wankie ist von den Fällen wenig über 100 km entfernt; in Kalifornien überträgt man die elektrische Kraft von der Erzeugungsquelle bis etwa 500 km. Vgl. S. 113.

Zur Zeit des Krieges hörte die Goldproduktion fast ganz auf, aber nunmehr sind die Minenbetriebe wieder eröffnet und beschäftigen um 100000 Arbeiter[1]). Auch in der Oranjeflußkolonie (Distrikt Vredefort) ist Gold gefunden, und die Geologen nehmen an, daß die Goldbänke von Witwatersrand sich in die Oranjeflußkolonie fortsetzen. Rhodesia ist ebenfalls reich an Gold (Globe- und Phönixminen, Gwanda-, Selukwe-, Masoe-, Ayrshire-Goldminen usw. in Maschonaland)[2]); auch nördlich des Sambesi kommt Gold vor. Britisch-Südafrika ist der wichtigste Goldproduzent auf der Erde. In Portugiesisch-Ostafrika gewinnt man das edle Metall in der Landschaft Manika an der Eisenbahn Beira—Fort Salisbury, in der Fura-Bergkette zwischen Tete und Sena und zwischen Njassasee und Küste sind Goldlager entdeckt.

Bedeutende Kupferlager[3]) ziehen sich im Westen der Kapkolonie durch Britisch-Namaqualand; um Ookiep herum, das durch Eisenbahn mit Port Nolloth verbunden ist, liegen die wichtigsten Minen. Im äußersten Norden Nw.-Rhodesias entdeckte man zu Kansanshi Kupferlager (soweit erkundet Kupfergehalt: 20% und etwas Gold; etwa 1400 m Stollen erbohrt; auf je 30 m Tiefe rechnet man auf 30000 T. Erz), ferner fand man solche bei Francistown in den „Tati Concession Territories". Am Kafukwefluß, 200 km nördlich der Victoriafälle, sollen reiche Kupferlager mit von dort übertragener elektrischer Kraft abgebaut werden.

Silber wird an vielen Stellen Südafrikas gefunden; die bedeutendste Mine ist die von Zeerust in Transvaal.

Blei und Eisen wird noch fast gar nicht abgebaut, ist aber an vielen Stellen, z. B. im Matutelaland Nw.-Rhodesias, südöstlich von Lialui, vorhanden. Zinnerz wurde im Boschfeld nordöstlich von Pretoria entdeckt.

Dagegen liefert Südafrika die Hauptmasse der Diamantenproduktion[4]) der Welt. Kimberley in Griqualand West ist der Hauptfundort; im Distrikt Pretoria (Transvaal) sind ebenfalls mehrere Diamantminen tätig. In der Oranjeflußkolonie gewinnt man zu New Jagersfontein, Koffyfontein usw. Diamanten.

In Deutsch-Südwestafrika vermutet man größere Kupferlager und Diamanten finden zu können. Kupfer ist an mehreren Stellen (Otavi, Tsumebmine, Otjisongati im Distrikt Okahandja, am Kuiseb, bei Rehoboth) gefunden; ferner hat man Anlaß, aus dem Auftreten von blue ground und yellow ground, den Diamantmuttererden des Kimberleybezirks, bei Gibeon auf das Vorkommen von Diamanten zu schließen; auch der Caprivizipfel im Nordosten der Kolonie soll Diamanten bergen. Marmorlager entdeckte man an der Bahn Swakopmund—Windhoek. An mehreren Punkten der trockenen Küste (K. Cross) und auf einigen Kütseninseln (Ichaboeinseln usw.) wird Guano gefunden.

Die **Industrie** Südafrikas ist noch wenig entwickelt, aber Fortschritte sind unverkennbar; die ziemlich reichen Kohlenvorräte und Wasserkräfte

---

[1]) Prod. Transvaals 1887: 23 100; 1905: 4 910 900 Unzen; 1898: 15,94; 1899: 15,1; 1900: 1,46; 1901: 1,01; 1902: 7,18; 1903: 12,6; 1904: 16,05; 1905: 20,8 Mill. £ = 27,5% d. Weltprod. [2]) Goldproduktion Rhodesias 1898: 70100; 1899: 253000; 1902: 752800; 1903: 840500; 1904: 970500; 1905: 1467700 £ = 2% d. Weltprod. [3]) Prod. 1898: 36822 tons; Ausf. 1900 nach England: 30032 tons für 493600 £. [4]) 1870 Ausf. 153500 £, 1899 bis Ende Juni 4,038 Mill. £, 1902: 5,427; 1905 über die Kapkolonie 6,76 Mill. £. Prod. Transvaals 1905: 922800; der Oranjeflußkolonie 1905: 938600 £.

sind günstig. Landwirtschaftliche Industrien wie die Zuckerindustrie in Natal, die Getreidemüllerei, Brauerei und Destillerie, die Weinindustrie bei Kapstadt stehen an der Spitze. Im Kapland (Worcester), auch in Natal und Transvaal werden Ochsenwagen gebaut, die einst ausschließlich den Verkehr vermittelten und auch heute nicht ohne Bedeutung sind. Ferner sind Ziegeleien, Sägemühlen, Möbelfabriken, Gefrieranstalten, Maschinenfabriken entstanden. Die noch vor kurzem für fabelhaft gehaltene Übertragung der Wasserkraft der Victoriafälle (des Sambesi[1]), 500 000 Pferdekräfte) auf 1200 km nach den Transvaalgoldminen (zum Betriebe aller: 150 000 PS nötig; Kraftverlust bei der Übertragung 25—30%) scheint demnächst zur Tatsache werden zu sollen. Mit denselben Kräften will man am Orte der Fälle ein großes Eisenwerk zur Herstellung von Schienen usw. für die Kap—Kairobahn betreiben.

Der **Verkehr** kann auf die wasserarmen Flüsse fast gar nicht rechnen. Eisenbahnen allein können das Land wirksam erschließen und sind auch bereits in ziemlicher Ausdehnung gebaut. In letzter Zeit ist vor allem das Eisenbahnnetz in der Oranje River Colony und in der Transvaalkolonie erweitert worden. Aber die Eisenschiene dringt auch gegen den Äquator weiter vor. Die zur Verbindung des Kaps (der guten Hoffnung) mit Kairo bestimmte Nord-Südbahn ist von Süden her bis zu den Zink- und Bleiminen von Broken Hill, 600 km nördlich des Sambesi, fertig und schritt unglaublich schnell (täglich durchschnittlich um 1600 m) vor. Ihr nächstes Ziel sollte das kupferreiche Gebiet von Bwana Mkubwa, an der Grenze des Kongostaates, sein. 3200 englische Meilen der 5900 englische Meilen langen Gesamtstrecke von Kapstadt bis Kairo sind bereits mit dem Schienenstrang versehen; im Süden sind 2016, im Norden 590 (Kairo—Assuan) und 560 (Wadi Halfa—Chartum) englische Meilen Eisenbahn im Betrieb. Nur 860 englische Meilen Eisenbahn sollen zunächst noch gebaut werden, nämlich das Stück (450 engl. Meilen) von Broken Hill nach Kituta an der Südspitze des Tanganikasees, die kurze Verbindungsstrecke (90 engl. Meilen) von der Nordspitze des genannten Sees nach der Südspitze des Kiwusees, von der Nordspitze des letzteren nach der Südspitze des Albertsees (220 engl. Meilen) und von Dufilé am Nil zur Umgehung von Stromschnellen nach Redjaf (100 engl. Meilen). Für 1880 englische Meilen wird vorläufig von dem Bau einer Eisenbahn Abstand genommen, da hier schiffbare Wasserstraßen: der Nil von Assuan bis Wadi Halfa, der Weiße Nil von Chartum bis Redjaf und von Dufilé bis zum Albertsee, ferner der Albert-, Kiwu- und Tanganikasee, zur Verfügung stehen.

Kapstadt steht auch mit dem Hafen Beira südlich der Sambesimündung über Salisbury in Verbindung. Eine Anzahl von Zweigbahnen zu den Goldfeldern Rhodesias von der Hauptbahn aus ist fertig oder im Bau. Besondere Aufmerksamkeit verdient noch die englisch-portugiesische im Bau befindliche Njassabahn. Sambesi, besonders aber Shire, sind nur mangelhaft und zuzeiten schiffbar, und der Schiffahrtszugang zum Njassasee ist durch die Murchison- und Hamiltonfälle des Shire überhaupt unmöglich gemacht. Von

[1]) Die benachbarten Siomafälle sollen ebenfalls 500 000 PS liefern können.

Hamburg bis zum Njassasee ist auf dieser Route ein etwa zehnmaliges Umladen der Waren nötig. Infolge dieser traurigen Verkehrsverhältnisse begannen die Engländer einen Bahnbau von Tschiromo (Chiromo) am Shire über Blantyre nach Fort Johnston am Njassasee und setzten sich letzthin mit den Portugiesen ins Einvernehmen, die nun eine Bahn von dem Meereshafen Quilimane ins Innere zum Anschluß an die erwähnte englische Bahn bauen werden. Die 725 km lange Bahn zum Njassasee dürfte in drei Jahren fertig sein. Dann wird uns der Handel am Njassasee verloren gehen, weil wir nicht die Bahn Kilwa—Wiedhafen bauen. Überall herrscht im Südafrikanischen Zollverein rege Entwickelung, und dem Bergbau folgt wie stets in jungen Kolonialländern die Viehzucht und der Ackerbau. Für den Außenverkehr liegt Südafrika ungünstig; es schaut in den ungeheuren südpolaren Meeresraum, ohne weit und breit eine Gegenküste zu haben. Vor allem liegt es aber den Herden der Kultur und den heutigen Ländern der höchsten Wirtschaftsstufen sehr fern. So trat es erst spät in den Kreis europäischer Besiedelung, wird aber nun, da eine ungünstige Nachbarlage durch den Ozeanverkehr bis zu einem gewissen Grade wett gemacht wird, selbst beträchtlich produzierend und konsumierend, schnell mit Europa, auch Australien, Südamerika und Nordamerika durch Verkehrsfäden verknüpft. Der Südafrikanische Zollverein hat den britischen Erzeugnissen und jetzt auch den Erzeugnissen des Australischen Bundes Vorzugszölle gewährt gegen entsprechende Zollnachlässe bei der Einfuhr aus dem Südafrikanischen Zollverein. Die wichtigsten Häfen sind in Deutsch-Südwestafrika: Swakopmund (Otavibahn), Lüderitzbucht und (als Enklave) die englische Walfischbai; im britischen Südafrika: Port Nolloth, Kapstadt (mit Vororten 170000 Einw.), Mosselbai, Port Elizabeth (33000 Einw.), East London (25000 Einw.), Port Natal (Durban) 79000 Einw.; im portugiesischen Gebiet: Lourenço Marquez (Delagoabai; 6000 Einw.), Inhambane, Beira, Tschinde, Quilimane (7000 Einw.), Moçambique, Ibo.

Ausfuhr Deutsch-Südwestafrikas 1901: 1,24; 1902: 2,21; 1903: 3,44; 1905: 0,216 Mill. Mk. (1903: Guano 0,73; lebende Tiere 2,34; Straußenfedern, Felle usw. 0,09); der Kapkolonie 1902: 17,4 (Waren 15,8); 1903: 25,7; 1904: 28,3; 1905: 33,8 Mill. £ (Gold 20,7; Diamanten 6,76; Wolle 1,9; Straußenfedern 1,08; Angorahaare 0,8; Felle u. Häute 0,55; Kupfererz 0,3 usw).; Natals 1902 (zur See): 3,37; 1904: 2,77 Mill. £ (Kohlen 0,40; Schafwolle 0,29; Zucker 0,08 usw.); des Basutolandes 1900/1901: 362000; 1901/1902: 167000; 1904/1905: 164800 £ (Pferde, Mais, Wolle usw.); der Oranjefluß-Kolonie 1903/1904: 1406000; 1904/05: 2264000 £ (Wolle, Diamanten usw.); Rhodesias 1903/1904: 335000 £; Ausfuhr ganz Brit.-Südafrikas 1906: 42,4 Mill. £; Britisch-Zentralafrikas 1900/1901: 39000; 1901/1902: 22000; 1904/1905: 48500 £ (Kaffee 27200, 1899/1900: 62000; Baumwolle 5940 £); Portugiesisch-Ostafrikas 1901: 2,12; 1903: 3,54 Mill. Milreïs. Einfuhr Deutsch-Südwestafrikas 1901: 10,1; 1902: 8,57; 1905: 23,6 (Privatgüter) Mill. Mk.; der Kapkolonie 1901 (Waren) 20,7; 1902 im ganzen 34,2; 1903: 34,7; 1904: 21,86; 1905: 19,5; 1906: 19,4 Mill. £ (1905: Posamentier- und Putzwaren 1,5; Bauziegeln 1,08; Weizen 994000; Kleider 881000; Stiefel und Schuhe 766000; Zucker 712000; baumwollene Stückgüter 647000; gefrorenes

Fleisch 509 000; Möbel u. dgl. 456 000; Holz 406 000; Kaffee 382 000; konservierte Milch 232000 £ usw.); Natals 1902: 15,3; 1904: 10,67; 1905: 10,4; 1906: 9,05 Mill. £ (Nahrungsmittel und Getränke [außer Getreide und Alkoholika] 1,79; Maschinen 0,7; Posamentierwaren 0,69; Getreide 0,62; Kleider und Wäsche 0,42; Leder und Lederwaren 0,35; Eisenkurzwaren 0,34; alkoholische Getränke 0,25 usw.); des Basutolandes 1900/1901: 145 000 £; der Oranjefluß-Kolonie 1903/1904 3,84; (1901/1902: 1,07); 1905: 3,22; 1906: 3,59 Mill. £ (Nahrungsmittel, lebende Tiere, Getreide usw.); des Transvaals 1901: 3,66; 1902: 13,07 (1896: 14,1); 1905: 15,85; 1906: 15,56 Mill. £ (Nahrungsmittel, Maschinen, Getreide, lebende Tiere usw.); Rhodesias 1901 (durch die Kapkolonie): 843 000; 1901/1902: 1,44; 1903/1904: 1,58 Mill. £; Einfuhr ganz Brit.-Südafrikas 1906: 31,6 Mill. £; Britisch-Zentralafrikas 1900/1901: 146 000; 1901/1902: 117 000; 1904/1905: 220 700 £; Portugiesisch-Ostafrikas 1901: 5; 1903: 9,8 Mill. Mk. An dem Handel der Kapkolonie hatten 1902 Großbritannien 75; Vereinigte Staaten 6,7; Deutschland 3,1; Argentinien 2,8; Victoria 2%; an der Einfuhr Brit.-Südafrikas hatten 1905/1906 Großbritannien 58,8; brit. Besitzungen 12,3; Verein. Staaten 9,1; Deutschland 7; Belgien 1,4 % Anteil.

Die **Bevölkerung** sitzt am dichtesten in den Küsten- und Flußebenen des Kaplandes und Natals, auf den Diamantenfeldern von Kimberley (34 000 Einw.) und um Johannesburg (1896 mit Vororten 102 000; 1904: 186 000 Einw.), im unteren Sambesital, im Shiretal und in Teilen der Ostküste des Njassasees. Den Engländern gehört die Kapkolonie (717 400 qkm mit 2,4 Millionen Einw.), Natal mit Sululand (93 700 qkm mit 1 109 000 Einw.), Basutoland (26 700 qkm mit 349 000 Einw.), die Oranjeflußkolonie (125 200 qkm mit 387 300 Einw.), die Transvaalkolonie mit Swasiland (304 900 qkm mit 1,35 Millionen Einw.), Betschuanenprotektorat (648 400 qkm mit 120 800 Einw.), Rhodesia (1 058 000 qkm mit 1 352 700 Einw.), Britisch-Zentralafrikanisches Protektorat (106 100 qkm mit 924 100 Einw.), den Deutschen Deutsch-Südwestafrika (831 000 qkm mit 200 000 Einw.), den Portugiesen Portugiesisch-Ostafrika (761 100 qkm mit 2,3 Millionen Einw.); im ganzen Südafrika wohnen also etwa 11 Millionen Einw. auf 4,6 Millionen qkm; am dichtesten sitzt die Bevölkerung in den südlichen Teilen der Kapkolonie, in Natal und in Britisch-Zentralafrika.

7. Die afrikanischen Inseln.

Madagaskar. Die Hänge der im Durchschnitt 600 m hohen Plateauinsel sind von einer Waldzone[1]) umgeben, die aber nur an der reichbenetzten südöstlichen Seite zusammenhängend ist. Bananen, Tamarinden, Bambupalmen, Kokospalmen zeichnen die tropische Küstenregion aus; dort sind Kokospflanzungen angelegt. Die Vonitrapalme, Dictyosperma fibrosum, liefert Piassava[2]), Kautschuk s. S. 324.

Ackerbau. An der Küste, besonders im Südosten, wird viel Sumpfreis gebaut, vielfach auf Terrassen, die sinnreich durch Aquädukte bewässert

[1]) 19% der Gesamtfläche der Insel ist mit Wald bedeckt. Ausf. von Tischlerholz 1904: 370 000 Fr.
[2]) Raphiaausfuhr 1900: 2; 1902: 1; 1903: 1,8; 1904: 2,08; 1905: 0,61 Mill. Fr.

werden; am sorgfältigsten üben die Hovas Terrassenbau und künstliche Bewässerung. Im Waldland der Hänge sät man Bergreis in die Asche der ausgebrannten Lichtung. Auch auf dem Hochland (besonders bei der Stadt Atananarivo) gibt es sehr viele Reisfelder. Nächst dem Reis ist Maniok wichtig; dann werden Bataten, Bohnen, Tomaten, Erdnüsse, in wärmeren Gegenden Yams, auch Hirse gebaut. An der Ostseite haben die Franzosen Plantagen von Kaffee, Vanille[1]), Kakao, Zuckerrohr (zur Zuckergewinnung, Branntwein, zum Kauen), Gewürznelken[2]), Ingwer angelegt (Täler von Sahambavany, Antalaha, Vatomandry, Mahanoro, Manandjary), die Gedeihen versprechen. Auch Zitronen, Orangen, Baumwolle, Tabak, Indigo kommen gut fort. Doch ist der Anbau überall in den Anfängen. Das Hochplateau eignet sich für europäische Gemüsepflanzen und Fruchtbäume, wenig wohl für Getreidebau. Dort auf den grasreichen Höhen, bis 500 m an den Plateauhängen hinab, wird **Tierzucht** getrieben, besonders Rinderzucht[3]); es werden viele Rinder (mit umfangreichem Fettbuckel) ausgeführt. Schweine und Schafe (ohne Wolle) gedeihen gut. Auf dem Hochplateau versteht man auch die Seide von einem einheimischen Spinner zu gewinnen und zu verweben. Die Bienenzucht liefert viel Wachs[4]).

Die aus ältesten Gesteinen aufgebaute Insel ist reich an **Mineralien.** Goldstaub[5]) ist einer der Hauptausfuhrartikel; auch Kohlen kommen vor (besonders an der Nordküste gegenüber der Insel Nossi Bé).

Der schwerfällige Binne**nverkehr** hat durch Straßenbauten der Franzosen Besserung erfahren, eine Verbindung von Tamatave (15 000 Einw.) nach Atananarivo (60000 Einw.), zum Teil durch Kanäle zum Teil durch Eisenbahn, ist im Bau. Madagaskars Entlegenheit führte erst neuestens zum Beginn der europäischen Kolonisation. Die wichtigsten Häfen der Insel sind Tamatave, Diego-Suarez, Majunga, Nossi Bé, Vatomandry.

Ausfuhr 1902: 13,1; 1903: 16,5; 1904: 19,4; 1905: 22,55 Mill. Fr. (1904: Goldstaub 7,7; Kautschuk 3,8; Häute 2,3; Raphia 2,08; Rindvieh 1,1; Wachs 0,7). Einfuhr 1902: 42,3; 1903: 33,1; 1904: 26,4; 1905: 31,2 Mill. Fr. (1904: Baumwollen-Gewebe 7,2; Wein 2,1; Reis 1,6; Metallwaren 1,1; Weizenmehl 1,1; Kohlen 0,96; Metalle 0,94 usw.).

Die **Bevölkerung** beträgt 2,64 Millionen Einw. auf 592 000 qkm.

Die französischen **Komoren** (am wichtigsten ist die Mayotteinsel) erzeugen Zuckerrohr[6]), Vanille, ein wenig Kokosnüsse, Kaffee, Maniok und Bananen. 85 000 Einw. auf 1980 qkm.

Ausfuhr der Mayotteinsel 1901: 933 000 Fr. (Zucker 840 000; Vanille 40 000).

Unter den **Maskarenen** ist das französische **Réunion** ein wichtiges Zuckerland[7]), dazu aber nach Mexiko wichtigster Vanilleproduzent[8]) der Erde. Etwas

---

[1]) Ausf. 1902: 10 000 kg; 1903 f. 206 600; 1904: 172 300 Fr. [2]) Ausf. 1903: 71 000; 1904: 104 400 Fr. [3]) 1900: 1,1 Mill. Rinder = 0,3% d. Weltprod.; Ausf. von Rindern 1901: 0,8; 1902: 4,4; 1903: 2,5; 1904: 1,1 Mill. Fr., von Häuten 0,8; 1902: 0,7; 1903: 1,2; 1904: 2,3 Mill. Fr. [4]) Ausf. 1903: 556 000; 1904: 682 100 Fr. [5]) Ausf. 1901: 3,1; 1902: 3,9; 1903: 5,86; 1904: 7,7 Mill. Fr.; 1905: 2809 kg. [6]) Ausf. v. Zucker 1901: 2330 T. [7]) Prod. 1853—62 durchschnittlich 55 100; 1873—82: 31 600; 1891: 38 900; 1900/01: 42 600; 1901/02: 30 100; 1902/03: 39 600; 1903/04: 41 100; 1904/05: 25 000 T. Ausfuhr 1902: 28 300 T. 1900 f. 10,1 Mill. Frs. [8]) 1900 etwa 70 000 (?) kg von 170 000 kg Welternte. Ausf. 1902: 84 500 kg außer Vanillon usw.

Maniokstärke (Tapioka), Pandanefasern, Tabak, ein wenig Kaffee werden erzeugt. Haupthafen: St. Denis (27 000 Einw.). 173 300 Einw. auf 1980 qkm.

Ausfuhr 1900: 17,5; 1901: 18,2 (1904: 13,6) Mill. Fr. (Zucker 10,1 [1904: 7,7]; Vanille 3,3; Tapioka 1,6 [0,6]; Rum 0,7 usw.). Einfuhr 1900: 22; 1901: 23,8 (1904: 19,3) Mill. Fr. (Reis 3,7; Getränke 3,0; Gewebe 2,1; Schweineschmalz 1,6 usw).

Den Franzosen gehören auch die Inseln **St. Paul, Amsterdam** und das öde **Kerguelen**.

Die britischen Inseln **Mauritius** (373 300 Einw. auf 1826 qkm) und **Rodriguez** (3160 Einw. auf 110 qkm) haben einen umfangreichen Zuckerrohrbau[1]). Ihr Inselklima macht sie auch zur Kultur aller anderen tropischen Gewächse: Tee[2]) und Vanille[3]), Kaffee und Kakao, Gewürznelken und Aloe usw. geeignet. Vieh, Nahrungsmittel und Industrieprodukte müssen für die sehr dichte Bevölkerung eingeführt werden. Haupthafen: Port Louis (53000 Einw.).

Ausfuhr 1901: 30,6; 1904: 42 Mill. Rupien (Zucker 40,5 Mill.; Melasse 669 000; Aloefasern 628 000; Kokosnußöl 121 000; Vanille 88 000). Einfuhr 1901: 31,1; 1904: 35,4 Mill. Rupien (Getreide und Mehl 8,9; Provisionen 1,2; Kohlen 1,08; Baumwollwaren 1,02; Düngemittel 0,9).

Zyklone suchen Réunion, Mauritius und Rodriguez ziemlich häufig heim.

Die englischen **Seychellen** (und Amiranten) erzeugen besonders Vanille[4]), ferner Kokosnußöl, Kautschuk. Guano wird gewonnen; der einstige Reichtum an Schildkröten dürfte ziemlich dahin sein. 490 qkm mit 20 400 Einw.

Ausfuhr 1902: 1,1; 1903: 0,8; 1904: 0,7 Mill. Rupien (Vanille 0,3; Kokosnußöl 0,18 Mill. Rupien; Seife 56000; Guano 52000; Kopra 43700; Kokosnüsse 26000; Schildpatt 33300 Rupien). Einfuhr 1902: 861 000; 1903: 966600; 1904: 829200 Rupien (Reis, Zucker, Kohlen usw.).

Die Inseln **Sansibar** und **Pemba**, in britischem Besitz, erzeugen außer etwas Reis besonders Gewürznelken, und zwar kommen die „Sansibarnelken" zu $^5/_6$ von Pemba, nur zu $^1/_6$ von Sansibar[5]). Kokosnußbäume gedeihen an den Küsten der Inseln, die Kopraproduktion ist nicht unbedeutend. Roter Pfeffer (Chillies) wächst halbwild auf den Inseln und wird zur Ausfuhr gesammelt. Die Stadt Sansibar (50—60 000 Einw.) hatte und hat noch hauptsächlich eine Handelswichtigkeit als Umschlagsplatz für die Ostküste Afrikas. Hier konzentrieren sich Elfenbein, Kautschuk, Kopal der gegenüber liegenden Küsten zur Ausfuhr nach Europa, Gewebe, Reis, Petroleum usw. zur Einfuhr nach Ostafrika. Doch emanzipieren sich die Küstenplätze des Festlandes allmählich von der Bevormundung durch Sansibar. Ein Fünftel seines Gesamthandels ist Eigenhandel. 2640 qkm mit 250 000 Einw.

---

[1]) Prod. 1883: 140 000; 1893: 86 000; 1901: 154 500; 1902: 147 900; 1903: 167 700; 1904: 197 800 T. = 3,2% d. Weltprod. an Rohrzucker; 1905: 164 200 T. Ausf. 1903: 119 500 T. nach Indien u. Ceylon, 18 400 nach Großbrit., 18 200 nach dem Kapland, 4800 nach Australien. Ausf. 1903 f. 34 500 000; 1904 f. 40 500 000 Rup. [2]) Ernte 1900: 31 000 kg. [3]) Ausf. 1895: 41 000; 1900: 10 000; 1904/05: 7280 e. Pfd. [4]) Ausf. 1895: 4553; 1896: 31 227; 1899: 41 835; 1901: 71 899 kg = 1 108 800 Rup.; 1902: 60 862; 1903: 59 784 kg = 504 000 R.; 1904: 41 072 kg = 300 000 R.; 1905: 48 200 kg = 282 900 R. [5]) Die Ernten schwanken sehr. 1903/04: Pemba 3 888 000; Sansibar 993 000 e. Pfd.; 1904/05: Pemba 23 299 000; Sansibar 2 968 000 e. Pfd. Ausf. 1904: 14,5; 1905: 15,3 Mill. e. Pfd.

Ausfuhr 1901: 1,17 Mill. £; 1903: 15,8; 1904: 18,17; 1905: 16,8 Mill. Rupien (Gewürznelken: 1901: 2,5; 1902: 2,06; 1903: 2,8; 1904: 4,99; 1905: 4,3 Mill. Rupien; Kopra: 0,42; 1902: 0,56; 1904: 1,9; 1905: 1,8; im Durchgangshandel: Elfenbein: 1901: 1,7; 1902: 1,6; 1903: 1,17; 1904: 0,79; 1905: 0,68; Kautschuk: 1901: 0,4; 1902: 0,49; 1903: 0,53; 1904: 0,66; 1905: 0,32; Gewebe 1905: 3,74; Reis 0,6 Mill. Rupien). Einfuhr 1901: 1,2 Mill. £; 1902: 16,6; 1903: 15,5; 1904: 18,6; 1905: 16,6 Mill. Rupien (Gewebe 4,94; Reis 2,3; Elfenbein 0,62; Petroleum 0,57 usw.).

Im Atlantischen Ozean sind die britischen Inseln St. Helena und Ascension fast nur als Kabel- und Schiffahrtsstationen etwas wichtig. Mit Tristan da Cunha umfassen sie 326 qkm mit etwa 4400 Einw.

Spanien besitzt noch Fernando Póo (2000 qkm mit etwa 20 700 Einw.) und Annobom (17 qkm mit 1200 Einw.) im Golf von Guinea. Auf Fernando Pőo (Hauptort Santa Isabel) wird ziemlich viel Kakao[1]), etwas Vanille, Kaffee und Zuckerrohr, Chinarinde, Baumwolle und Tabak gebaut; Palmöl wird erzeugt. Annobom eignet sich wegen seines armen Bodens nicht zur landwirtschaftlichen Bebauung. Haupterwerbszweig der Bevölkerung ist die Jagd auf Wale, welche ihren Zug an der Insel vorbei zu nehmen pflegen. Es fehlt auf Fernando Póo an einheimischen Arbeitern.

Den Spaniern gehören ferner in der subtropischen Zone die Kanarischen Inseln, 7620 qkm mit 358 600 Einw., deren wichtigste Gran Canaria, Tenerife, Palma sind. Getreidebau, Viehzucht (Ziegen, auf den trockenen östlichen Inseln auch Kamele) und Fischerei (auch an der fischreichen afrikanischen Küste zwischen Kap Bojador und der Arguinbank) ernähren die Bevölkerung; etwas Zuckerrohr- und Weinbau (s. S. 368, Anm. 1), nur wenig Cochenillezucht[2]) wird betrieben. Für die Ausfuhr ist sehr bedeutend die Kultur von Südfrüchten[3]) (Bananen, Orangen, Mandeln, Bataten) und Frühgemüse (Tomaten, Nüsse, Kartoffeln, Zwiebeln). Der Anbau modernisiert sich neuerdings. Die Leinenstickerei ist wichtig. Las Palmas (45 000 Einw.) auf Gran Canaria und Santa Cruz (38 000 Einw.) auf Tenerife sind durch ihre Lage wichtige Stationen (Kohlen!) für den Schiffsverkehr nach Südamerika und West- und Südafrika geworden; die Inseln sind ferner Kabelstationen und bekommen auch als winterliche Gesundheitsstationen für Europäer Bedeutung.

Ausfuhr s. unten, Anm. 3.

Den Portugiesen gehören in der tropischen Zone: São Thomé und Principe, in der subtropischen Zone die Kapverdischen Inseln und die Madeiragruppe. São Thomé und Principe im Golf von Guinea, 939 qkm mit 42 100 Einw., haben sehr bedeutende Pflanzungen von Kakao[4]). S. Thomé ist einer der allerwichtigsten Kakaoproduzenten der Erde. Auch Kaffee, Chinarinde, Vanille, Zimt usw. werden gepflanzt. Die beiden Inseln haben eine besondere Be-

---

[1]) Ausf. nach Spanien 1904: 2250 T. [2]) Einst sehr blühend, aber durch die künstlichen Farben zurückgedrängt. [3]) Las Palmas allein verschiffte 1903 Bananen für 8,07, Tomaten f. 2,97 Mill. Mk., Kartoffeln f. 384 000 u. Orangen f. 6500 Mk.; Santa Cruz de Tenerife 1903: Bananen 375 850; 1904: 384 300; 1905: 451 300; Tomaten 182 000 (236 400; 244 100); Kartoffeln 30 900 (41 200; 56 200) £. Gesamtausfuhr 1906: Bananen 10,64, Tomaten 3,14, Kartoffeln 0,75 Mill. Mk. [4]) Prod. 1828: 1520 T. Ausf. 1896: 125 200 Sack; 1900: 220 600 Sack = 13 000 T.; 1901: 15 800 T.; 1902: 17 500 T.; 1903: 367 500 Sack = 21 500 T.; 1904: 20 800 T.; im Durchschnitt 1902—04: 15,2% d. Weltprod.

deutung für Portugals Handel, denn sie waren mit 40,7% im Jahre 1903 an Portugals kolonialem Handel beteiligt.

Ausfuhr 1900: 3,526; 1903: 6,13; Einfuhr: 2,038; 1903: 2,48 Mill. Milreis.

Die 18 **Kapverdischen Inseln**, 3820 qkm mit 147 400 Einw., mit der wichtigen Schiffahrts- und Kabelstation São Vicente (Hafen Porto Grande). Außer Fischerei betreibt die Bevölkerung etwas Getreidebau (Hirse, Mais, Reis), den Anbau von etwas Zuckerrohr, Tabak, Baumwolle, Wein, Südfrüchten, Iatropha Curcas L. (Purgiernußpflanze) usw. Die Inseln Sal, Boavista und Maio produzieren Seesalz. Die Tierzucht wird nach Art der Halbkulturvölker betrieben. Außer Porto Grande (2000 Einw.) hat etwa noch der Hafen Cidade da Praia (12 000 Einw.) auf São Thiago Bedeutung für den westafrikanischen Verkehr.

Ausfuhr 1900: 352000; 1903: 281700 Milreis; Einfuhr: 2,84; 1903: 1,77 Mill. Milreis.

Madeira, 815 qkm mit 150 600 Einw., treibt nur wenig Anbau von Getreide, Bataten, Zuckerrohr, Frühgemüse und Südfrüchten; wichtiger ist Weinkultur[1]), die in likörartigem Wein den Hauptausfuhrgegenstand liefert. Eine eigenartige Industrie ist, wie auf den Kanarischen Inseln, die Herstellung von Stickereiprodukten (seidenen Schals), die ebenfalls ausgeführt werden[2]). Die Fischerei, besonders bei Porto Santo, ist nicht unbedeutend. Der einstige Holzreichtum, der der Insel den Namen verschaffte, ist dahin. Die Hauptstadt Funchal ist ein wichtiger Anlaufhafen (Kohlenstation und Dock) für die westafrikanische und südamerikanische Fahrt, kommt auch als klimatischer Kurort in Aufnahme. M. bildet die portugiesische Provinz Funchal.

Azoren siehe bei Portugal, Seite 222.

V. Amerika[3]).

Bevölkerung s. S. 24, 31f., 32f. Lage und Raumgröße S. 57—62. Horizontale Gliederung S. 65. Vertikale Gliederung S. 71. Flüsse S. 71 u. 109f. Vulkanismus S. 72. Erdbeben S. 73. Thermen S. 73. Mineralien S. 76ff. Bodenfruchtbarkeit S. 89f. Benachbarte Meere S. 97—104. Seen S. 106. Klima S. 111ff. Pflanzen S. 119ff. Tiere S. 140ff.

1. Britisch-Nordamerika.

a) Kanada und Neufundland.

Die Wirtschaftsstufe der völlig vorherrschenden Weißen nähert sich immer mehr, zumal im Südosten, der der Wissenschaft.

Die aneignenden Gewerbe spielen noch eine große Rolle in der Wirtschaft.

---

[1]) Weinprod. Madeiras, der Azoren und der Kanarischen Inseln 1905: 145 000 hl = 0,1% d. W. Ausf. Madeiras von Wein: 26 710 hl. [2]) Nach Deutschland 1900 für 705 000 Mk. ausgeführt. [3]) Vgl. meine Karten von Amerika in Scobels Handelsatlas und meine 6 Kärtchen in Sohr-Berghaus, Hand-Atlas. 9. Aufl. Glogau 1903f.

Natürliche Pflanzenwelt. Kanada, im nördlichen Waldgürtel gelegen, ist reich im Osten, sehr reichlich im äußersten Westen und im Norden mit Wald ausgestattet. Derselbe (3,2 Mill. qkm) ist zur Milderung des rauhen Klimas (Windschutz, Brennholz) sehr nötig, aber stellenweise schon stark gelichtet. Der größte Teil ist noch völlig unerschlossen. Man schützt die Forsten nach Möglichkeit gegen Brände und Raubbau und beabsichtigte Forstreservate einzurichten; von einer geregelten Forstwirtschaft ist noch nicht die Rede. Die Kiefer, „red pine", liefert vorzügliches Bauholz, die Sprossenfichte, „spruce", ist für die Papierfabrikation wichtig. Dielen, Bretter usw. werden von Montreal, St. John und Miramichi (Neubraunschweig) und Halifax (Neuschottland) ausgeführt. Ottawa (60000 Einw.) sammelt die Hölzer eines weiten Umkreises (Sägemühlen zu Chaudière Falls bei Ottawa); Deseronto am Ontariosee ist ein zweites Zentrum. Holzstoffabriken[1]) arbeiten besonders zahlreich in Ontario und Quebec. Die Stadt Quebec hat bedeutenden Markt für Holz und (mit Fredericton, N.-Br.) Gerbrinde (von der Schierlingstanne, Abies Canadensis). Die Papiermassefabrikation greift jetzt auch nach Neufundland und Labrador hinüber. In den westlichen Distrikten Ontarios blüht die Möbelindustrie. In Britisch-Columbia liefern die Nadelholzwälder (Douglastanne, Pseudotsuga Douglasii Carr.) wertvolle Ausbeute. Man befleißigt sich immer mehr, das Holz im Lande selbst zu verarbeiten, statt es roh auszuführen. (Vgl. S. 125, Anm. 3.)

Die **Jagd.** Die Eskimos und Indianer des Nordens befriedigen ihre Bedürfnisse durch Jagd auf Renntiere (Fleisch und Felle), Wasservögel und durch Fischerei: Seehunde, Weißwale usw. Die Eskimos bewohnen den Tundrastreifen nördlich der Urwälder und jagen nur im Sommer, wenn der Moschusochse (im Nordosten und auf den arktischen Inseln) sich zeigt oder das Renntier aus dem Walde heraustritt, im Winter beuten sie das Meer aus. Hundeschlitten und Kajak tragen sie schnell dahin. Schneller Ortswechsel ist nötig, um die so unsicheren, wechselnden, weitverstreuten Nahrungsobjekte erreichen zu können; dennoch ist Hungersnot nicht selten. Die Indianer sind die Waldbewohner, die fast nur von der Jagd leben.

Von einzelnen halbwilden Trappern und Indianern (Hauptausgangspunkt Edmonton am Saskatschewan; ein zweites Zentrum ist Dawson City, Alaska) und von Gesellschaften (Hudsonbaigesellschaft, Hauptquartier Winnipeg) wird die Jagd auf Pelztiere (Fuchs, Otter, Biber, Wiesel, Hase, Bisamratte, Bär usw.) in den Wäldern des Nordens mit Fallen, Strychnin usw. betrieben, besonders im Winter[2]). Auf Neufundland hat man eine Fuchsfarm angelegt, wo die Tiere (Schwarzfüchse und Silberfüchse) in Umzäunung gefüttert werden.

Die **Fischerei** beschäftigt etwa 80000 Menschen. Die Seefischerei liefert die größten Erträge an der östlichen Küste, besonders bei Neufundland (Kabeljau). Bei Neuschottland und Neubraunschweig werden Hummer (auch Züchtereien), Hering, Makrele, Schellfisch, Hechtdorsch, Stint, Heilbutt, Sardine gefangen[3]). An der Westküste ist der Lachs, besonders im Fraser und Skeena R., — jedes vierte Jahr sehr ergiebiger Fang, aber bereits Schutzmaßnahmen nötig — zur Bereitung von Konserven (auch Fischöl und Guano) Fangobjekt (vgl. S. 376, Anm. 1). Britisch-Columbia beteiligt sich auch am Pelzrobbenfang (s. S. 376). Die Süßwasserfischerei auf Felchen,

[1]) 1903: 39 Holzstoffabriken; Wert der Produktion: 5,2 Mill. Doll., davon Ausf. f. 3 Mill. Doll.
[2]) Ausf. von Pelzwerk 2,66 Mill. Doll. [3]) Ertrag der Seefischerei 1900: N.-Sch. 8 Mill.Doll., N.-Br. 4; Quebec 2. Süßwasserfischerei 1900: Ontario 1,3, Manitoba usw. 0,7 Mill. Doll.

Forelle, Hecht hat geringere Bedeutung. Im Frühjahr werden auf dem Treibeis (Seehundswiesen) im St. Lorenzgolf und bei Neufundland Seehunde (um 200 000 jährlich) in gefahrvoller Jagd geschlagen.

Der **Ackerbau**, von dem 70% der Bevölkerung ihren Unterhalt finden, ist bisher nur auf einem verhältnismäßig geringen Teil der Gesamtfläche, östlich des Felsengebirges längs der Südgrenze, verbreitet; nur etwa 1,2% der Gesamtfläche waren 1901 bebaut. Aber seitdem nahm der Ackerbau schnell zu. Auf die Prärie-Provinzen des Nordwestens zwischen dem Felsengebirge und dem 100.° westl. L., Manitoba, Saskatschewan und Alberta, bis gegen den 60.° nach Norden setzt man weitgehende Hoffnungen. Jetzt erzielt man in dem feuchtkühlen Sommer des Südostens[1]) besonders Hafer, aber auch Mais und Weizen, Gerste weiter im Norden. Mit Zuckerrüben hat man im südlichen Ontario und in Alberta Anbauversuche gemacht; die Produktion ist bisher ganz gering. Hier, in den Südostprovinzen, ist der Ackerbau am meisten entwickelt. Auch Futterrüben, Mangoldwurzeln, Kartoffeln, Erbsen usw., sogar Tabak[2]), gedeihen. In den fruchtbaren Prärien Manitobas und des Nordwestens (Täler des Red R., Qu'Appelle und Saskatschewan) ist der Weizen die Hauptfrucht, nächstdem der Hafer von Bedeutung. Man schätzt, daß die nordwestlichen Prärien bei Anhalten der Einwanderung im Jahre 1910 schon 4,1; 1920: 6,8 Mill. T. Weizen hervorbringen dürften und erhofft sogar in Zukunft 20 und mehr Mill. T. dort erzeugen zu können. Weizen wird heute schon von Manitoba aus über Fort William am Lake Superior und Owen Sound am Lake Huron in ziemlicher Menge ausgeführt. In Ontario und Neuschottland ist der Obstbau (Äpfel, Pfirsiche zwischen den Seen) von ziemlicher Bedeutung. Kanadische Äpfel sind in Europa sehr bekannt.

Die **Tierzucht** ist besonders in den feuchteren, grasreichen südöstlichen Provinzen: Ontario und Quebec ausgedehnt, und die Rinderzucht ermöglicht hier eine bedeutende Meiereiindustrie, für die besonders nach Großbritannien Absatz ist: Käse und Butter (in Dampfern mit Kühleinrichtungen). Auch Rindvieh, Schafe, Schweine (Ontario), Speck, Schinken, Eier kommen ebendorthin zur Versendung. In Manitoba und den westlichen Prärien (Assiniboia, Alberta) weiden halbnomadisch große zur Fleischproduktion gezogene Rindviehherden, welche die Minenzentren des Westens mit Fleisch versorgen. Auch Pferde und Schafe gedeihen dort gut. Die Wolleproduktion[3]) ist gering.

Bergbau. Als Goldproduzent[4]) hat Kanada nicht geringe Wichtigkeit. Das Yukongebiet — Klondike (Dawson City —) und Britisch-Columbia (am Fraser und Columbia R. — Atlinsee- und Cariboodistrikt im Norden, Kooteaay im Südosten) erzeugen etwa 95% der Gesamtproduktion; im Yukongebiet mangelt es aber an Wasser zum Bergbaubetrieb. Geringe Bedeutung haben die östlichen Fundstätten in Westontario (Lake of the Woods) und Neuschottland. Im Westen fängt man an, den Platingehalt der Goldminen aus-

---

[1]) Ernte Kanadas 1904: Hafer 2,34 = etwa 5% d. W.; 1905: 2,57 Mill. T.; Weizen 1,96; 2,72 Mill. T. = etwa 3% d. Welternte; Gerste 860 000; 910 000 T. = etwa 3% d. Welternte. Ausf. 1904/05: Weizen 400 000; Hafer 35 500; Gerste 23 100 T. [2]) Prod. i. Durchschnitt 1900—1902: 5100 T. = 0,5% d. Weltprod. [3]) Prod. 1903 (nach Schätzung): 12 Mill. e. Pfd. = 0,5% d. Weltprod. [4]) Prod. 1905: 14,5 Mill. Doll. = 3,8% d. Weltprod.

zunutzen. Silber[1]) (Kootenay), Kupfer[2]) (bei Roßland, im Boundarydistrikt, Britisch-Columbia, und bei Sudbury im Osten) und Blei[3]) (Britisch-Columbia), Nickel[4]) (im Sudburydistrikt, Ontario, ungeheure Vorräte) wird gewonnen, wichtige Kobaltlager sind zwischen Nipissing- und Temiscaming-See in Ontario entdeckt. An die Eisenerzlager[5]) (Belle Isle, Neufundland[6]); Michipicoten, Ontario; Neuschottland) knüpft sich die Eisenindustrie[7]) Sydneys (N.-Br.), Sault Ste. Maries (Ontario), New Glasgows, Truros, Londonderrys (N.-Sch.), der Kohlenlager[8]) in günstiger Lage (Cape Bretonbecken bei Sydney, Pictou- und Cumberlandbecken, N.-Br.) zur Verfügung stehen. Im Westen produzieren die Insel Vancouver (Nanaimo, Comox) und die Queen Charlotte Islands Kohlen. Im Innern Kanadas dehnen sich ungeheure Kohlenfelder in Manitoba und vor allem in den Nordweststaaten, längs des Fußes der Rocky Mountains bis zum Peace R. im Norden aus[9]); erst wenige Lager werden ausgebeutet (bei Lethbridge und Canmore, Alberta); auch in den Rocky Mountains (Crow's Nest-Paß und im Südosten des Kootenaydistriktes werden Kohlenlager ausgebeutet, die im Yukongebiet sind geringwertig, aber für den Goldbergbau von hoher Bedeutung. Torflager, die man in Ontario anfängt auszubeuten, sind in ungeheurer Ausdehnung zu finden. Asbest[10]) (zu Thetford, Black Lake, zu Danville; 90% des Weltverbrauchs gewonnen), Petroleum[11]) (Petrolia, Oil Springs, Ontario; Moncton, N.-Br.), Arsenik (Deloro und Marmara, Ontario), Glimmer (mit Indien Hauptproduzent, Big Bend und Ice R.; Ottawa Mittelpunktder Industrie), Korund (Kingston) usw. werden erzeugt. Die Zementindustrie entwickelt sich in Ontario.

Die **Bevölkerung** (Kanada 5,6 Millionen auf etwa 9,9 Millionen qkm; Neufundland mit Labrador 212 000 auf 128 700 qkm) sitzt nach dem Vorhergehenden besonders in den Südostprovinzen und produziert stark für den Export. Gestützt auf den Kohlen- und Eisenreichtum und die günstigen Verkehrsverhältnisse, hat sie bereits durch **Industrien** (meist landwirtschaftliche: Säge-, Mahlmühlen, Butter-, Käsefabriken, Zuckerfabriken — Ahornzucker usw.) die Daseinsmöglichkeiten erweitert. Der Niagarafall[12]), der Sault Ste. Marie usw. liefern ihr ausgiebige Treibkräfte; gerade das St. Lorenzstromgebiet ist sehr reich an Wasserkräften und ihre Ausnutzung für die elektrische Krafterzeugung ist weit fortgeschritten. 1901 waren 344 000 Arbeiter in der Industrie tätig, die besonders im Osten ihren Sitz hat. Nächst der Nahrungsmittelindustrie sind die Holz-, Textil-, Eisen- und Stahl- und Lederindustrie bemerkenswert. Die Nachbarlage an den Großen Seen vis-à-vis den hochkultivierten Vereinigten

---

[1]) Prod. 1905: 5 975 000 Unzen = 3 606 000 Doll. Bergwerksprod. 1903: 98 T. = 1,8; Hüttenprod. 17,2 T. = 0,3% d. Weltprod. [2]) Prod. 1905: 21 600 T. = 7,42 Mill. D. = 2,9% d. Weltprod. [3]) Prod. 1905: 25 400 T. = 2,6 M. D. [4]) Wert der Prod. (8562 T.) 1905: 7,55 M. D. 1901 wurden über 40% d. Weltprod. von Nickel aus kanadischen Erzen hergestellt. [5]) Prod. 1903: 236 000 T. = 0,2% d. Weltprod.; 1904: 350 000 T., davon 169 000 ausgeführt. Eingeführt, besond. aus Neufundland, 455 000 T. [6]) 1903: 589 000 T. = 0.6% d. Weltprod.; 1904: 590 000 T. Eisenerz auf N.-F. gefördert. [7]) Prod. von Roheisen 1896: 60 000; 1900: 86 100; 1904: 270 900; 1905: 468 000 T., Stahl- u. Eisenprodukte: 403 400 T. [8]) Prod. 1904: 7,63; 1905: 8,8 Mill. Tons (1902: 6,9; 4,7 i. N.-Sch., 1,75 i. Brit.-Col., 0,35 i. Alberta). [9]) Vgl. S. 81f. [10]) Prod. 1905: 50 670 T. = 1 486 000 Doll. [11]) Prod. 1901: 704 900 Barrel = 0,4% d. Weltprod.; 1905: 634 100 Barrel = 850 000 Doll. [12]) Nach neuer Berechnung 4 Mill. Pferdekräfte stark, davon könnten 2 Mill. zur Ausnutzung kommen. Einige Hunderttausend PS werden schon erzeugt.

Staaten, die allerdings auch scharfe wirtschaftliche Konkurrenz machen, und am Atlantischen Ozean gegenüber und in verhältnismäßig größter Nähe der bevölkertsten Länder Europas ist und war für die Besiedelung und den Verkehr sehr günstig. Die St. Lorenzmündung (Flußhäfen Montreal 268 000 Einw. und Quebec 69 000 Einw.; Kanalverbindung für große Schiffe mit den Großen Seen; wichtige Handels- und Industriestadt Toronto 208 000 Einw. am Ontariosee) ist allerdings 4½—5 Monate durch Eis geschlossen; dann geht der Handel Montreals nach Halifax (41 000 Einw.), das wie Yarmouth, Louisburg, St. John (41 000 Einw.) winterlich eisfrei ist.

Die Nachbarlage der Westküste am Großen Ozean, gegenüber den Kulturzentren Ostasiens, wird jetzt erst wirksam. Victoria (21 000 Einw.), Vancouver (26 000 Einw.), New Westminster sind die gegebenen Häfen; Skagway ist der Ausgangspunkt der White Pass & Yukon Eisenbahn nach den White Horse Rapids (Dampfer auf Lewis und Yukon R. nach Dawson). Von Vancouver geht das die Erde umzirkelnde britische Kabel aus (über Fanning nach Neuseeland und Australien), und Dampferlinien schließen sich hier an die Kanadische Pacificbahn (seit 1886) an, welche den Kontinent in 3½—4 Tagen überwindet; über sie führt der nächste Weg von Europa nach Ostasien. Eine zweite Pacificbahn von Moncton (Neubraunschweig) über Quebec, Winnipeg (42 000 Einw.) nach Port Simpson oder einem anderen geeigneten Hafen Britisch-Columbias ist im Bau und sollte bis 1. Dezember 1908 fertig sein. Eine Bahn Sault Ste. Marie—Hudsonbucht (4—5 Monate die Zufahrt frei) sollte ebenfalls gebaut werden. Auf Neufundland ist St. Johns (30000 Einw.) der Haupthafen.

Ausfuhr Kanadas 1901/1902: 211,6; 1902/1903: 214; 1903/1904: 198,4; 1904/1905: 190,8; 1905/1906: 235,5 Mill. Dollar (1904/1905: Holz- und Holzprodukte 37,8; Weizen und Weizenmehl 22,7; Käse 19,7; goldhaltiger Quarz usw. 19,7; Speck und Schinken 12,4; Rindvieh 10,7; Butter 5,7; Kohlen 5,1; Lachs 5,0; Heu 4,4; Eisenwaren 3,8; Kabeljau 3,2; Kupfer 3,0; Hummern 2,15; Silbererz 2,1 usw.). Einfuhr: 202,8 Mill. Dollar (Eisen, Stahl und Waren daraus 33,3; Kohlen 13,8; Baumwolle und Baumwollwaren 13,8; Wolle und Wollwaren 12,6; Zucker 7,7 usw.). An dem Außenhandel waren 1900/1901 beteiligt: Vereinigte Staaten mit 48,9; 1905/1906: 49,3%; Großbritannien mit 38,8; 1905/1906: 37,4%; Britische Kolonien mit 3,1; 1905/1906: 4,9%; Deutschland mit 2,3; 1905/1906: 1,6%; Frankreich mit 1,9; 1905/1906: 1,9% usw.

Ausfuhr Neufundlands 1903/1904: 10,38 Mill. Dollar (Fischereierzeugnisse 8,3; Mineralien 1,3). Einfuhr: 9,4 Mill. Dollar (Nahrungsmittel 4,1;

b) **Die 360 Bermudas**, etwa 50 qkm mit 25 000 Einw., erzeugen Frühgemüse (Zwiebeln, Kartoffeln), Orangen, Pfeilwurz. Sie haben besonders als Flottenstation Bedeutung.

Ausfuhr 1902: 111 000; 1903: 125 300; 1904: 130 300 £. Einfuhr 1902: 546 000; 1903: 539 700; 1904: 590 000 £.

Die Franzosen besitzen bei Neufundland die kleinen Inseln St. Pierre und Miquélon (242 qkm mit 6480 Einw.), Stationen für den Kabeljaufang.

2. Vereinigte Staaten von Amerika.

Auch in den Vereinigten Staaten, als jungen Kolonisationsgebieten, hat die aneignende Wirtschaft noch ziemliche Wichtigkeit.

Natürliche Pflanzenwelt. Die Wälder bedeckten 1900 noch etwa 37% des gesamten Landareals, 70% des Areals und darüber noch in Maine, in den Südstaaten West-Virginia, Nord- und Süd-Carolina, Georgia, Florida, Alabama, Arkansas, und in Washington im Westen; 14 Staaten hatten noch außerdem über 50% Wald. Am waldreichsten sind die Südstaaten, der Nordosten, die Seenstaaten und der nördliche Westen; am ärmsten die Präriestaaten: Nord- und Süd-Dakota, Nebraska, Kansas (1—7%). Man fängt jetzt an, auf eine regelrechte Bewirtschaftung des Waldes Bedacht zu nehmen, hat Waldreservationen geschaffen und will aufforsten, nachdem man durch Raubwirtschaft und verwüstende Waldbrände (in 20 Jahren 800 Mill. Dollar Feuerschaden) große Werte verloren hat.

Am wichtigsten ist die Holzproduktion[1]) (Weißfichte, Picea alba Link. „White Spruce", Schwarzfichte und Hemlock- oder Schierlingstanne) des Seengebietes. Wiskonsin, Minnesota, Michigan sind die Hauptlieferanten, Mittelpunkte des Handels Chicago (1,87 Mill. Einw.) und Minneapolis (214 000 Einw.); Hauptverfrachtung von Duluth (53 000 Einw.) am Lake Superior mit Dampfern. Eine umfangreiche Fabrikation von Möbeln, Bahnwagen, Musikinstrumenten usw. knüpft sich an die Holzgewinnung: Chicago, Grand Rapids (92 000 Einw.) an den Katarakten des Grand River, Saginaw (42 000 Einw.) in Michigan; in Wiskonsin hat sich eine sehr bedeutende Papierindustrie entwickelt. In Maine (auch Birkenwälder), im nordwestlichen Pennsylvanien und im Staate New York (Adirondackgebirge) ist die Holzproduktion beträchtlich, Boston (595 000 Einw.), Albany (94 000 Einw.) und New York (mit Brooklyn 3,72 Mill. Einw.) sind die Märkte; die Weißfichte und die Hemlocktanne liefern dort auch viel Gerbrinde. Massachusetts (Holyoke 46 000 Einw.) hat die bedeutendste Papierindustrie.

In den Südstaaten, besonders Arkansas, Alabama, Georgia, sind Kiefern und Zypressen die hauptsächlichsten Nutzhölzer: die Gelbkiefer (langnadelige Kiefer, Longleaf Pine, Pinus australis Mchx.) liefert das wertvollste der amerikanischen Nadelhölzer, ausgezeichnetes Bauholz von Tragkraft und Dauer, für den Bau von Eisenbahnwagen dort allen anderen Hölzern vorgezogen; die kurznadelige Kiefer Loblolly Pine (short-leaf) Pinus Taeda L. liefert leichtes, aber außerordentlich dauerhaftes, sehr tragfähiges und elastisches Holz; in Arkansas sind es mehr die Hartholzbäume: Sumpfzypresse (Bald Cypress), Eiche (Post-, Lebens-, Gerber-, Leier-), Walnußbaum, Hickorybaum (Carya alba), Esche, welche Holz liefern zur Ausfuhr[2]) und für eine bedeutende Möbelindustrie; dieselbe hat sich an den Wasserfällen angesiedelt, in denen die Appalachenflüsse über einen Geländebruch herabstürzen: High Point, Louisville (215 000 Einw.), Knoxville (33 000 Einw.), Chattanooga (32 000 Einw.), Atlanta (97 000 Einw.).

Überall, wo die langnadelige Kiefer sich in hinreichender Menge findet, in den südatlantischen und in den östlichen Golfstaaten, werden Terpentin und Harz ge-

[1]) Prod. 1905: 27 738 000 000 Fuß Brettmaß Nutzholz; davon 10,8% in Washington; 7,3% i. Louisiana; 7,2% in Wiskonsin; 6,2% in Minnesota; 6% in Michigan; 5,2% in Arkansas; Pennsylv. 4,8; Oregon 4,5% usw. Schindelholz 13 868 Mill. Fuß. [2]) Ausfuhrhäfen Mobile (38 000 Einw.), Pensacola usw.

wonnen (Georgia, Florida, Nord-Carolina, Alabama); von dem gewonnenen Terpentinspiritus wird annähernd die Hälfte ausgeführt[1]). Savannah ist der Hauptumsatzplatz.

An der pazifischen Küste liefern die Fichten- und Tannenwälder (Douglastanne, „Red Fir") in Washington und Oregon und die Rotholzwälder (Redwood von Sequoia sempervirens Endl.) in Kalifornien das meiste Nutzholz. Tacoma (38 000 Einw.), Portland (99 000 Einw.), S. Francisco (356 000 Einw.) und Eureka (Rotholz) sind die Holzausfuhrplätze.

Etwa 280 000 Arbeiter sind in der Holzindustrie beschäftigt. Wenigstens 80% des gewonnenen Holzes dienen heute als Brennmaterial, der Rest als Nutzholz (Bauholz, Eisenbahnschwellen usw.) und zur Herstellung von Papier.

Große Mengen von Forsterzeugnissen werden noch immer ausgeführt[2]), namentlich gesägtes Bauholz und Zimmerholz.

Den eingeborenen Naturvölkern war der Wald mehr ein Hindernis im Fortschritt als ein Naturgeschenk.

Bis zur Entdeckung durch die Europäer war die Zahl der den Indianern in Nordamerika zur Verfügung stehenden natürlichen Nutzpflanzen überhaupt nicht sehr groß und ihr Wert mäßig. Eßbare Beeren und Früchte lieferten die wilden Weinreben, die Mandrake oder wilde Zitrone, Persimon, der Icacopflaumenbaum, der Melonenbaum, wilde Kirschen- und Pflaumenbaumarten, Kastanien- und Haselnußarten, Eichenbäume und Hickoryarten (Nüsse) usw. Der Palmetto lieferte in seinen Blattknospen Palmkohl; eßbare Wurzeln und Pilze standen zur Verfügung. Die Zuckerföhre gibt ein Zuckerharz; ein mannaartiges, zuckerähnliches Gebilde, von Blattläusen an Schilfblättern erzeugt, wurde von den kalifornischen Indianern benutzt. Besonders wichtig für die Ernährung der Eingeborenen ist der Wasserreis (Zizania aquatica L.) gewesen im Norden der Vereinigten Staaten. Das wichtigste Anbaugetreide der Indianer war der Mais, den sie an der östlichen Meeresküste sogar mit Fischabfällen düngen lernten; etwas Tabak, Kürbisse, Erbsen, Bohnen, Sonnenblumen wurden dazu angebaut. Am meisten Ackerbau trieben die Irokesen im Nordosten und sammelten auch in Vorratshütten für den Winter ein. Im Gebiet des Rio Grande und Colorado war die Bevölkerung, wohl unter dem heilsamen Zwang der Zusammendrängung in Oasen und durch die Nachbarlage an Mexiko, zu Ackerbau mit künstlicher Bewässerung gelangt. Aber im ganzen war die Wirtschaft, welche vor Ankunft der Europäer in ganz Nordamerika herrschte, vorwiegend Sammelwirtschaft, d. h. man nahm aus der Natur, was man fertig vorfand. Dabei war natürlich die Volksdichte eine unendlich geringe.

Wie ist es anders geworden. Der eingewanderte Europäer, anfangs zwar in den Fußtapfen der Indianer gehend, zwingt immer mehr die Natur zur Hergabe von erwünschten Produkten und baute eine vielmal größere Bevölkerungsdichte auf.

Die **Jagd**, für die Ureinwohner, zumal in den Prärien, die Hauptlebensquelle (Millionen von Bisons: Fleisch, Kleider, warme Decken, Lederzelt), durch die intensive Wirtschaft der Europäer, mit den Indianern, zurückgedrängt, hat nur noch wenig Wichtigkeit; die Bisonherden, die Wandertauben, deren Nistplätze einst Zehntausende

[1]) Ausf. 1905/06: Terpentinspiritus 10 977 000, Schiffsbedarf, nämlich Harz, Teer, Pech usw. 9 998 000 Doll. [2]) 31 000 Sägemühlen. — Gesägtes Bauholz, Ausf. 1902: 977 816 000; 1903: 1 325 522 000; 1904: 1 451 401 000 Fuß. Die Ver. Staaten bringen über 20% des in den Außenhandel der Länder kommenden Holzes auf den Weltmarkt. Ausf. von Bau- u. Nutzholz 1905/06: 15,4, rohbehauen. Bauholz 29,2 Mill. Doll.

von Hektar umfaßten, und anderen Tiere verschwanden fast vom Erdboden; Hirsch- und Hasenarten, der Waschbär, der wilde Truthahn (Wälder des Südens), die virginische Wachtel, das Präriehuhn (Dakota bis Florida) sind Fleischlieferanten. Der Waschbär, das Stinktier (Skunk), der amerikanische Zobel, der Pekan, der schwarze Bär, mehrere Fuchsarten (Zähmungsversuche auf den Pribylowinseln) liefern Pelzwerk, werden aber immer seltener. Die tierischen Schädlinge: Pumas (im Waldgebiet), Jaguar (im Südwesten), der Grizzly Bear (Felsengebirge und pazifisches Küstengebiet), die Wölfe, Opossum und Mink (Hühnerhöfe) Urson, Reisvogel, Karolinensittich, die schwarze Wanderheuschrecke der zentralen Region werden im Vernichtungskampf zurückgedrängt; ebenso das spitzschnautzige Krokodil (südlich. Florida) und der Alligator (Südstaaten), den Fischen und Haustieren gefährlich, der zugleich wegen seiner Haut (zu Schuhwerk und Sätteln, Portemonnaies usw.) fast bis zur Ausrottung verfolgt wurde, jetzt aber gezüchtet wird. Die giftigen Schlangen: Klapperschlange (südlich vom 46.°), Mokassinschlange (südlich des 45.°, in sumpfigen Gegenden namentlich), die Wasserotter (in den Reisfeldern des Südens) und giftige Baumschlangen (im Mississippigebiet bis zum Ohio und in Arizona) sind noch lange nicht unschädlich gemacht. Einige Schildkröten werden wegen ihrer Schädlichkeit (Fische und Wassergeflügel) und wegen Fleisch und Eier gejagt. Der amerikanische Löffelreiher und viel mehr noch der Silberreiher Louisianas liefern Schmuckfedern. Einige nützliche Tiere werden unterstützt: der Königsvogel oder Tyrann als Wächter der Obstgärten, die Dosenschildkröte (östlich der Felsengebirge bis Maine hinauf) und der Anoli, ein Leguan (in den wärmeren Teilen des Landes), als Vertilger von Ungeziefer.

Die **Fischerei** ist besonders im Atlantischen Ozean bedeutend. Der Kabeljau wird auf der Neufundlandbank, auf den Bänken bei Sable I. und auf La Have Bank, auch an der Neu-Englandküste und auf Georges Bank und Browns Bank gefangen. Der Shad, eine Art Hering, der von Florida bis zur St. Lorenzmündung vorkommt, wird besonders in der Chesapeakebai und in den Mündungsgebieten des Delaware, Hudson, Connecticut und Kennebec gefangen. Die Heringsfischerei findet besonders in den kanadischen Gewässern von Eastport (Maine) aus statt, während sonst Gloucester und Boston die wichtigsten Fischereihäfen der Vereinigten Staaten sind. Auch der Heilbutt, die Makrele, der sehr geschätzte Blue fish, der „Menhaden" (von der Chesapeakebai aus, hauptsächlich zur Fischöl- und Fischguanobereitung) werden an diesen Küsten gefangen. Im Staate Maine entwickelte sich die Sardinenindustrie. Auf den teils natürlichen, teils „gepflanzten" Austernfeldern des Chesapeakemeerbusens (Baltimore 531 000 Einw.) fischen 250 000 Personen (im Haupterwerb). Auch im Long Island-Sund und sonst in flachen Buchten von Massachusetts bis Virginia und in der Nähe der Mississippimündung (Louisiana, Mississippi; der Meeresgrund künstlich gehärtet) werden Austern gezüchtet; die Clammuschel wird an der atlantischen Küste in großen Mengen gefischt. Der Walfang, von den Vereinigten Staaten aus einst in großem Umfang betrieben, ist heute nicht mehr so bedeutend; der Fang von Pottwalen, den im Jahre 1901 20 Schiffe auf dem sogenannten westlichen Grund des Atlantischen Ozeans betrieben, liefert das Spermazet zu Kerzen und Salben.

An der pazifischen Küste von San Francisco bis zum Kotzebuesund, in den Küstenflüssen Alaskas, im Gebiet des Puget Sound, im Columbia R. wird der Lachs, Hauptnahrung der Küstenindianer, gefangen und zum kleinen Teil frisch in Eis verschickt, zum weitaus größten Teil in Blechdosen eingemacht; Schonzeit und Lachszüchterei sollen der bisherigen rücksichtslosen Vernichtung der Tiere steuern. San Francisco (356 000 Einw.) und Seattle (92 000 Einw.) sind Zentren des Lachskonservenhandels[1]). Der Kabeljau wird südlich von den Aleuten, bei den Schumagininseln und bei Vancouver, der Hering an den Küsten der Beringsee und bei Sitka, auch auf einer Bank bei San Francisco gefischt, Schellfische, Turbot, Zunge, Tomcod (im Norden), Seebarsch, Stint, Haifisch (der tranreichen Leber wegen und zur Speise der Chinesen) werden gefangen. In der San Franciscobai (Kalifornien), in der Shoalwaterbai und im Pugetsund ist die Austernzucht eingeführt.

Von San Francisco aus wird diesseits und jenseits der Beringstraße der Grönlandwal (right whale) gejagt; doch werden die Wale durch Raubjagd immer spärlicher. Auf der Aleuteninsel Bouldyer, auf den Pribylowinseln St. Paul und St. George, auf Copper Island und im offenen Beringmeer werden die nordischen Seebären (Pelzrobben, die „seals" der Rauchwarenhändler) unter Schonzeiten, geschlagen[2]).

Schwammfischerei und -zucht findet um Key West (bei Florida) statt[3]).

In den Großen Seen lebt in großen Tiefen die amerikanische große Maräne (white fish), ein wichtiger Speisefisch (bis zu 20 Pfund), nur zur Laichzeit auf seichten Stellen gefangen. Der Bachsaibling in kalten, klaren Bächen und Seen, der Stör im Mississippi, Hudson und den Großen Seen, der Büffelfisch (80—100 Pfund schwer) im Mississippi, der Katzenfisch, die Regenbogenforelle in den Flüssen westlich der Sierra Nevada sind als Binnenfische noch zu nennen.

An Perlen sind die Gewässer, besonders die schnellen und klaren mit Sand- oder Kiesboden in Kalkfelsengebiet, reich; man vermeidet jetzt die einstige Raubwirtschaft, indem man die ohne Perleninhalt gefundenen Muscheln wieder ins Wasser zurücksetzt.

Ackerbau. Die meisten wildwachsenden Beeren- und Fruchtelieferanten werden jetzt auch angebaut und veredelt, und wertvolle Obstbäume und -sträucher sind eingeführt. In Südkalifornien werden Walnüsse im großen Stil produziert; die Hickoryart Carya olivaeformis Nutt. liefert, wild und kultiviert, aus den südlichen Staaten, vor allem Texas, die Pekannüsse, in guter Kultur bis zu 200 kg Jahresernte pro Baum; an Bergabhängen auf kiesigen Böden, besonders der mittleren Staaten, wächst die amerikanische Kastanie.

Kalifornien mit seinem trocken-subtropischen Klima ist der bedeutendste Fruchtgarten der Vereinigten Staaten geworden. Der Reihe nach haben Weintrauben (die europäische Weinrebe nur an der pazifischen Küste zu akklimatisieren), Pflaumen, Pfirsiche, Orangen, Oliven (Los Angeles, 116 000 Einw., Santa Barbara, San Diego, Santa Clara), Aprikosen, Mandeln, Äpfel, Birnen, Walnüsse, Limonen (die Zitronenernte nimmt von Jahr zu Jahr zu), Kirschen, Feigen dort hervorragende Bedeutung. Das Obst gelangt frisch oder getrocknet, eingemacht oder zu Mus verarbeitet auf die östlichen Märkte und nach Europa. Die kalifornische Fruchtkonservenindustrie[4]) ist

---

[1]) Prod. an der Westküste Nordamerikas 1901: 5 057 000; 1902: 4 311 100; 1903: 3 722 000; 1904: 3 386 300; 1905: 4 841 600 Kisten, davon in Alaska 2 059 100; Brit.-Columbia 1 167 500; Puget Sound 1 061 800; Columbia-Fluß 410 000; Washington, Oregon, Kalifornien 143 200. [2]) Ihre Zahl nahm von etwa 2 Mill. i. J. 1885 auf etwa 200 000 i. J. 1905 ab. [3]) Ertrag 500 000 Doll. jährlich. [4]) 1870: 36 400 Kisten à 12 Dutzend Büchsen; 1902: 2 252 800; 1903: 2 733 500; 1904: 2 839 700; 1905: 3 283 300; Ausf. 1903: 550 000 Kisten. Ausf. von Pflaumen aus der Union 1903: 66 Mill. Pfund.

sehr umfangreich. Die Produktion von Rosinen[1]) findet die günstigsten Bedingungen; die Qualität der schweren kalifornischen Weine bessert sich fortwährend (s. S. 124).

Neben Kalifornien liefern Georgia, Kentucky, Delaware, Maryland und das südliche New Jersey, das westliche New York und Michigan (milde Ost- und Südlagen am Michigansee) große Mengen von Pfirsichen. Eine der Hauptindustrien des Staates Maryland (Baltimore 531 000 Einw.) ist die Konservierung von Früchten und Gemüsen: Ananas, Pfirsichen, Tomaten (Maryland, New Jersey, Indiana usw.), Erbsen.

Florida erzeugt sehr geschätzte dünnschalige Apfelsinen auf seinem Kalkboden, Ananas und wenige Bananen, Louisiana Apfelsinen. Die Einfuhr von Apfelsinen und Zitronen ist in den letzten 10 Jahren sehr gesunken. Ihren Bedarf an Bananen müssen die Vereinigten Staaten aus Westindien (s. S. 397 f.), Mittelamerika (Costa Rica, Honduras, Nicaragua, Guatemala, s. S. 394 f.) und Südamerika (Colombia s. S. 407) einführen[2]).

Die Äpfelkultur wird besonders in den nördlichen und mittleren Staaten der Osthälfte der Vereinigten Staaten betrieben. Der Staat New York (besonders die Grafschaften Orleans, Erie, Wayne, Monroe, Niagara) steht in der Produktion allen anderen Staaten voran; nächstdem haben Ohio und Pennsylvanien große Ernten. In den Nordoststaaten ist der Obstbau allerdings nur in geschützten Lagen: um Boston, im Connecticuttal, am Ostufer des Champlainsees gedeihlich entwickelt. In den Weststaaten, wo sich Missouri, Kansas und Arkansas (Ozark Mountains) auszeichnen, leidet die Äpfelernte öfters durch Dürre. Die Ausfuhr ist noch nicht bedeutend[3]). Pflaumen erzeugen viel Oregon (Willamettetal), Washington, Idaho. Die Ostufer der kleinen Seen südlich des Ontariosees, der Südrand des Eriesees, das Ohiotal bei Cincinnati, der östliche Abhang der Alleghanies sind günstige Weinlagen für die einheimischen Weinreben[4]), die allein in den östlichen Vereinigten Staaten gedeihen, während die europäische Art hier nicht fortkommt.

Der eigentliche Ackerbau liefert in den Vereinigten Staaten infolge der großen Nordsüdausdehnung von der gemäßigten bis zur subtropischen Zone nahezu alle Stoffe, die zur Befriedigung der Notdurft und des Luxus einer Kulturbevölkerung nötig sind; dagegen kommt das arktische Territorium Alaska für Ackerbau fast gar nicht, für Tierzucht wenig in Betracht.

Die Europäer übernahmen Mais- und Tabakbau von den Eingeborenen und führten dazu europäische Getreidearten und tropische Kulturpflanzen ein, deren Ausbreitung durch die ihnen zusagenden Gebiete wohl noch nicht vollendet, wenn auch weit vorgeschritten ist. Der Gesamtwert des Farmeigentums war 1899 fünfmal so groß wie 1850 und um 28% größer als im Jahre 1890. Die Zunahme betrifft fast ganz das Binnenland. Der Osten der Union ist landwirtschaftlich viel günstiger ausgestattet als der gebirgige und

---

[1]) 1903 noch 26,86 Mill. venet. Pfd. griech. Korinthen eingeführt. [2]) 1904/05 liefen etwa 1000 mit B. belad. Schiffe in die nordamerikanischen Häfen ein; 30 000 Wagenladungen gingen ins Innere des Landes. Die Zufuhr schätzt man auf 30 Mill. Büschel im Verkaufswert von 60 Mill. Mk. [3]) Ausf. von Früchten und Nüssen 1905/06 f. 15 274 000 Doll., davon Äpfel f. 5,8, Pflaumen f. 1,4 Mill. Doll. [4]) Prod. von Wein 1898: 854 000; 1905: 1 287 000 hl = etwa 1% d. Weltprod. Einf. 1904: 220 400 hl. Einf. f. 1905/06 f. 11 Mill. Doll. Verbrauch: 2,014 l pro Kopf.

zum großen Teil trockene Westen. Etwa 23% des Bodens stehen jetzt in der Union unter Kultur. Neuestens sucht man im dürren Westen mit großem Erfolg durch künstliche Bewässerung das Kulturareal auszudehnen. Die berieselte Fläche, 1899 über 7,5 Mill. Acres, hat in 10 Jahren um 107% zugenommen.

Im Nordosten, wo die Getreidearten Europas sich ansiedeln konnten, finden sich die Getreidezonen durch das Klima stark verschmälert. Der Roggen[1]) findet günstige Bedingungen in den südlichen Neuenglandstaaten, wo ihm der felsige Boden und das rauhe Klima vor den anderen Getreidearten den Vorsprung geben; in den Appalachen dringt er tief gegen Süden vor. Die Gerste[2]) wird in den Staaten New York, Vermont, New Hampshire, wohl besonders für Bierbereitung (in den großen Volkszentren), gebaut; dann spielt sie in den Präriestaaten Iowa, Nebraska, auch Minnesota und Wiskonsin eine gewisse Rolle. Vorzüglich gedeiht sie in Kalifornien. Dem Haferanbau[3]) geben sommerliche Feuchtigkeit und Kühle der Luft und des Bodens in Maine, New Hampshire, Vermont, auch im Staate New York den Vorsprung vor den anderen Getreidearten, wie auch im benachbarten Kanada. Im Westen ist er im oberen Mississippigebiet von großer Bedeutung.

Eine Zone bedeutenden Winterweizenbaues zieht sich von Delaware und Maryland, an der Küste durch das kühle und feuchte Klima eingeengt, nach dem Landesinneren sich erweiternd, über West-Virginia, Ohio, Indiana, durch das südliche Illinois nach den fruchtbaren, sommerwarmen, mehr trockenen Staaten Missouri, Kansas, Minnesota und den beiden Dakotas, wo im Red River-Tal der bedeutendste Anbau stattfindet. Nördlich der Winterweizenzone liegt das Sommerweizengebiet. In der pazifischen Region sind wichtige Weizengebiete die Täler des Sacramento, S. Joaquin, Willamette. Der Weizenbau der westlichen Staaten hat neuerdings eine eigentümliche Wendung genommen. Da die Aufnahme neuen Weizenlandes so gut wie ausgeschlossen ist, und andererseits die Farmer zur Steigerung des Ertrags durch teuere intensivere Bestellung des Bodens bisher nicht zu veranlassen waren, versuchte man den ertragreicheren Makkaroniweizen der Mittelmeerländer anzubauen; dieser Versuch ist in den halbtrockenen Staaten Minnesota, Nord- und Süd-Dakota vorzüglich gelungen, und es sind mit ihm sogar große Landstrecken, die bisher für den Weizenbau nicht in Betracht kamen, bestellt worden. Er liefert hier um 30—100% bessere Ernten als die gewöhnlichen Weizenarten und ist auch gegen Rost widerstandsfähiger; auch das aus

---

[1]) Ernte 1900: 23 996 000; 1901: 39 345 000; 1902: 33 631 000; 1903: 29 363 000; 1904: 27 235 000; 1905: 28 486 000; 1906: 33 375 000 Bushel à 25,402 kg = 1904: 691 800 T. = 1,8% d. W. 1903: Pennsylvanien 5,75; Wiskons. 5,2; New York 2,4; Michigan 2,29; Nebraska 2,23 Mill. Bush. usw.
[2]) Ernte 1900: 58 926 000; 1901: 109 933 000; 1902: 134 954 000; 1903: 131 861 000; 1904: 139 749 000; 1905: 136 651 000; 1906: 178 926 000 Bushel à 21,773 kg = 1904: 3 042 750 T. = 10,5% d. Welternte. 1903: Kaliforn. 30,88; Minnesota 27,78; Wiskons. 13,39; N.-Dakota 12,47; Iowa 11,29; S.-Dakota 10,66 Mill. Bush. usw.; 1903: 3,05 Mill. T. = 9,8% d. Welternte. Ausf. 1905/06 f. 8,6 Mill. Doll.
[3]) Ernte 1900: 809 126 000; 1901: 736 809 000; 1902: 987 843 000; 1903: 784 094 000; 1904: 894 595 000; 1905: 953 216 000; 1906: 964 904 500 Bushel à 14,5 kg = 1904: 12 971 600 T. = 26,6% d. Welternte; 1903: 12,450 000 T. = 24,2% d. Welternte; in Bushel: Illinois 98,5; Iowa 84,1; Wiskonsin 71,7; Minnesota 68,8; Nebraska 59,4; New York 44,6 Mill. Bushel usw. Ausf. 1905/06: 670 000 T. f. 16,2 Mill. Doll.

„Durum“-Mehl hergestellte Brot wird gerühmt. Die Produktion ist überraschend gewachsen[1]). An die großartigen Weizenernten[2]), von denen ein großer Teil zur Ausfuhr gelangt, knüpft sich eine blühende Mehlindustrie[3]), deren Zentren Minneapolis (214 000 Einw.) und Superior sind. Die bedeutendsten Getreidemärkte der Union sind: Chicago, Minneapolis, Duluth-Superior, Buffalo, New York, St. Louis.

Noch wichtiger als die Weizenernte ist für das Land die Maisernte[4]) in der atlantischen Hälfte der Vereinigten Staaten. In Iowa, Illinois, Nebraska, Missouri, Kansas ist der Mais dem europäischen Getreide überlegen; erst in der Zone des Winterweizens, in Indiana und Ohio, tritt er nicht mehr so stark hervor, und immer weniger weiter gegen Nordosten. In den Südstaaten, besonders in den feuchten Flußmarschen, ist er fast das einzige Getreide. Die größte Bedeutung hat er als Viehfutter (s. S. 382); mannigfache Industrien: Herstellung von Maisöl, Stärke, Glukosesirup, Traubenzucker, Whisky, knüpfen sich an seinen Anbau.

Von eingeführten tropischen Getreidearten wird für das Küstengebiet der Südstaaten der Reis[5]) immer mehr von Wert; er wird an der Golfküste, besonders in Louisiana, ferner in Texas, z. T. mit künstlicher Bewässerung, gebaut. Weniger ausgedehnt scheint sein Anbau an der atlantischen Küste, zwischen Kap Hatteras und der Wurzel Floridas, zu sein. Das feuchte Mississippital bis zum 35. Grad hinauf und große Flächen in Florida sollen ebenfalls wohl geeignet sein für den Reisbau.

Eine ähnliche Verbreitung wie der Reis hat das Zuckerrohr nach seinen klimatischen Lebensansprüchen. In den Marschen der Mississippimündung, am Brazos River (Texas) sind die Plantagen am größten, aber das Zuckerrohr findet sich auch noch vereinzelt an der Golf- und an der atlantischen Küste (bis Wilmington hinauf) und erreicht am Mississippi den 35. Grad. Die Zuckerraffinerie[6]) hat ihren Sitz besonders in den Nordstaaten; jetzt haben sich auch einige kleinere Raffinerien in Florida angesiedelt. Die Abfälle der Rohrzuckererzeugung, Zuckerrohrspitzen und Melasse, benutzt man als Viehfutter, die Bagasse als Feuerungs- und Papiermaterial.

---

[1]) 1901: 1360 T.; 1902: über 27 200 T.; 1905 rechnete man auf 544 200 T. Der größte Teil davon wird nach den Mittelmeerhäfen verschickt. [2]) Ernte 1883/84: 421 086 000; 1891/92: 611 780 000; 1900: 522 230 000; 1901: 748 460 000; 1902: 670 063 000; 1903: 637 822 000; 1904: 552 399 000; 1905: 692 979 000; 1906: 735 261 000 Bush. à 27,215 kg = 1904: 15,03 Mill. T. = 17,8% d. Welternte (1905: 18 359 400 T. = 20,8% d. Welternte). Ernte 1903: Kansas 87,25; Minnesota 70,65; N.-Dakota 55,24; S.-Dakota 47,25; Nebraska 42,16; Ohio 28,3 Mill. Bush. usw. Ausf. 1905/06: 952 000 T. f. 28,8 Mill. Doll. Anbaufläche und Ertrag des Weizens sind in den letzten Jahrzehnten nicht so schnell gewachsen wie die Bevölkerung, d. h. die für den Export verfügbaren Mengen müssen allmählich zurückgehen. [3]) Prod. von Weizenmehl 1900: 102,5 Mill. Barrel à 89,1 kg. [4]) Ernte 1900: 2105,1; 1901: 1522,5; 1902: 2523,6; 1903: 2244,2 = 70% d. Welternte; 1904: 2467,5 Mill. Bush. à 25,4 kg = 62 674 000 T. = 77,7% d. Welternte; 1905: 2708; 1906: 2927,4 Mill. Bush.; 1903: Illinois 264,1; Iowa 229,2; Missouri 202,8; Nebraska 172,4; Kansas 171,7; Indiana 142,6; Texas 140,7 Mill. Bush. usw. [5]) 1899/1900 wurden von 281,7 Mill. Pfund Gesamtverbrauch 73,2% vom heimischen Produkt verbraucht. Prod. 1905: 388 000 T. = 0,6% d. Weltprod. In Louisiana und Texas allein sol noch ein Areal für den Reisbau verfügbar sein, das das gegenwärtig bepflanzte um das sechsfache übertrifft. Einf. 1905/06: 75 500 T. f. 3,1 Mill. Doll. [6]) Rohrzuckerproduktion 1853/54: 231 444 Longtons; 1865: 5000; 1870: 46 800; 1880: 92 802; 1890: 136 503; 1900: 149 191; 1901: 273 229; 1902: 325 290; 1903: 332 949; 1903/04 = 5% d. Weltprod. von Rohrzucker; 1904: 217 606; 1905: 351 000 Longtons. Hawai s. S. 314, Philippinen s. S. 285, Portorico s. S. 397 f., Cuba s. S. 396 f.

Neuestens hat die Rübenzuckererzeugung[1]) eine ziemliche Ausdehnung gewonnen, besonders in Colorado, Kalifornien, Michigan und Utah; 63 Fabriken waren 1905/06 (1904/05: 51; 1903/04: 53; 1900/01: 34; 1896/97: 7) im Betriebe. Die Boden- und klimatischen Verhältnisse sind zweifellos vorhanden, den Anbau noch bedeutend auszudehnen.

Der Zuckerverbrauch der Vereinigten Staaten ist beständig und schnell gestiegen (1881: 993 532 T.; 44,2 Pfund auf den Kopf) und erreichte 1904 etwa die Höhe von 2 767 000 T. = etwa 75 Pfund auf den Kopf. Von der Gesamtzuckerproduktion der Erde konsumieren die Vereinigten Staaten etwa ein Viertel. Die einheimische Zuckerproduktion ist von 176 035 T. in 1885 auf etwa 600 000 T. in 1905 gestiegen, die Einfuhr[2]) ist aber noch gewaltig groß. Zucker ist der wichtigste Importartikel der Union.

Von Nahrungspflanzen sind noch wichtig die Kartoffel[3]) im Nordosten, (New York, Michigan, Wiskonsin, Illinois, Iowa), die Batate[4]) im Südosten, (Nord- und Süd-Carolina, Georgia, Virginia, Alabama), Bohne[5]) (Michigan, New York, Kalifornien, Wiskonsin), grüne Erbsen, die in New York, Wiskonsin, Maryland, Indiana usw. in großem Umfang konserviert werden, Zwiebeln[6]) (New York, Ohio, Michigan), in Kalifornien entwickelt sich die Herstellung von Gemüsekonserven (Tomaten und Spargel besonders). Leinsaat[7]) wird besonders in den Nordweststaaten, Nord-Dakota, Minnesota, Süd-Dakota, demnächst in Kansas, Iowa usw. erzeugt. Die Leinölmühlen befinden sich in Minneapolis, Chicago, Buffalo, Toledo, Cleveland, New York usw. Neuerdings fängt man an, der Flachsgewinnung (Michigan, Wiskonsin usw.) mehr Aufmerksamkeit zu widmen. Pfefferminzpflanzen befinden sich in Michigan (3/4), in New York und Indiana, Rizinusfelder im südlichen Illinois und Kansas.

Die nordöstlicheren Staaten haben eine wichtige Handelspflanze am Tabak[8]), der in Kentucky, Nord-Carolina, Virginia, Ohio, Wiskonsin, Tennessee, Pennsylvanien, den Neuenglandstaaten angebaut wird, in der geschätztesten Qualität aber aus den Tälern des Connecticut und Housatonic (Connecticut) und aus den Südstaaten kommt. Im Westen, in Kalifornien z. B., will der Tabakbau bisher wenig glücken. Die Tabakindustrie ist sehr bedeutend. Ausgeführt wird vor allem Blättertabak.

---

[1]) Rübenzuckerproduktion 1891/92: 12; 1896/97: 84; 1900/01: 172,2; 1904/05: 469,8 Mill. Pfund (208 000 T.) = 4,3% d. Weltprod. an Rübenzucker; 1906/07: 395 000 T.; 1904/05 lieferten Colorado 49 600; Michigan 46 700; Kalifornien 41 500; Utah 25 300; Nebraska 13 400; Wiskonsin 9600 T. usw. [2]) Einf. 1898: 2 689 920 900; 1905: 3 737 300 000 e. Pfund. Davon 1898: Niederl.-Indien (Java) 23,1; Hawai 18,6; Cuba 16,4; Brit.-Westindien 8,6; Deutschld. 6,5; Brasilien 5,2; Brit.-Guayana 5,2% usw. 1905 (außer Hawai und Portoriko als Zollinland): Cuba 65,5; Java 21,2; Westindien u. Bermudainseln 3,2%; Philippinen 2,7% usw.; Deutschland 1,4%. Einf. 1905/06 aus dem Zollausland f. 85,46 Mill. Doll. [3]) Ernte 1899: 273,4; 1902: 272; 1903: 255; 1904: 288,7 Mill. Bushel. Im Durchschnitt 8,85 Mill. T. = 7,4% d. Weltprod. [4]) Ernte 1899: 42,5 M. Bushel. [5]) Ernte jährlich ca. 250 Mill. Pfund. [6]) Ernte 1899: 11,8 Mill. Bushel. [7]) Anbaufläche für 1906: 1 077 000 ha; N.-Dakota davon 593 100. Ernte von Leinsaat 1904: 594 400; 1905: 836 600 T., von Flachs für 1906 auf 63 500 T. geschätzt. [8]) Prod. im Durchschnitt 1900—1902: 371 450 T. = 34,35% d. Weltprod.; Prod. 1902: 821,8; 1903: 816 Mill. e. Pfund = 370 100 T.; 1904: 660,5; 1905: 633 Mill. e. Pfund = 287 100 T. (Kentucky 229; N.-Carolina 83,16; Virginia 79,95; Wiskonsin 53,8; Ohio 50,34; Tennessee 31,87 Mill. e. Pfd.). Gesamtwert der Ernte 1902: 57,6; 1905: 53,52 Mill. Doll. Prod. von Tabakfabrikaten 1904/05: Zigarren 7 589 337 000 Stück, Zigaretten 3 376 634 000 Stück, Kau- u. Rauchtabak 334 489 000 e. Pfd., 21 132 000 e. Pfd. Ausf. einheim. Tabakprodukte 1905/06: Blättertabak 302 333 000 e. Pfd. f. 28,6 Mill. Doll., Zigaretten 1 711 000 000 Stück f. 2,56 Mill. Doll. usw.

Mit dem Anbau von Tee[1]) hat man in den subtropischen Südstaaten, Texas, Louisiana und Süd-Carolina in den letzten Jahren kleine Versuche gemacht, die Erfolg hatten.

Die Union ist eines der wichtigsten Hopfenbauländer[2]). Im westlichen Washington und im Willamettetal Oregons liegen die Produktionszentren. Die erzeugte Menge ist jetzt so groß, daß schon ausgeführt wird. Die Produktion von Bier[3]) ist sehr bedeutend und es wird nur wenig eingeführt. Die Branntweinproduktion[4]) wächst von Jahr zu Jahr.

Für den Außenhandel der Vereinigten Staaten am wichtigsten ist die Baumwolle[5]), für welche sich das Klima der Südstaaten als außerordentlich günstig erwiesen hat. Auf dem schmalen Sandgürtel an den Küsten (und Inseln! daher Sea Island) von Süd-Carolina, Georgia, bis nach Florida hinein wird die ausgezeichnete langfaserige Sea Islandsorte, welche die salzige Meeresluft und Salz im Boden liebt, angebaut, kommt übrigens auch bis 100 miles Abstand von der Küste fort, wenn die Samen jährlich von der Küste aus erneuert werden. Im allgemeinen baut man im Landesinnern die Uplandsorte mit kürzerer Faser. Östlich des Mississippi findet die Baumwolle, obwohl der Kalkgehalt von der Küste gegen das Landesinnere zunimmt, weniger günstige Bodenverhältnisse als im Westen, wo die kalkhaltigen Prärieböden von Texas und die Alluvialebenen (Mississippi, Arkansas, White River, Red River, Brazos, Yazoo, Colorado), wenn nicht Überschwemmungen[6]) ausgesetzt, ausgezeichnete Ernten geben. Der Cotton belt hat jetzt sein Schwergewicht im Westen, zu dem die Besiedelung von Osten her allmählich vorgeschritten ist, in Texas, Mississippi, Louisiana, Arkansas; denn die Kultur der Baumwolle drang und dringt mit der Bevölkerung von Osten nach Westen vor. In Texas, Oklahoma und dem Indianerterritorium nimmt der Baumwollenbau noch stark zu. Einst waren Charleston (56000 Einw.) und Savannah (54000 Einw.), jetzt sind New Orleans (301000 Einw.) und Galveston (38000 Einw.) die Hauptausfuhrhäfen für Baumwolle. Mehr als ein Drittel der Ernte verbraucht jetzt bereits die sich immer lebhafter entwickelnde Baumwollenindustrie[7]) des Landes, die 1900 fast 300000 Ar-

---

[1]) Verbrauch pro Kopf etwa 1 e. Pfund. Einf. 1898/1901 im Durchschnitt jährlich 83 Mill. e. Pfd. [2]) Prod. 1896: 178000 Ballen (à 180 e. Pfd.); 1899: 235500 B.; 1905: 55536000 e. Pfd. = 19,1% d. Weltprod. Ausf. 1904: 17778000, Einf. 4736000 e. Pfd. (1904: Oregon 82500; Kalifornien 60000; Washington 30000 Ballen; 1906: Oregon 23985000; Kalifornien 20475000; New York 12060000; Washington 8775000 e. Pfd.). [3]) Prod. von Malzgetränken 1882: 19942400 hl; Prod. 1902 = 23% d. Weltprod.; 1904: 56597200 hl. Einf. 182400 hl. Verbrauch 69,5 l pro Kopf. [4]) Prod. 1882: 2736000 hl; Prod. 1902: 15,7% d. Weltprod.; 1904: 4499200 hl. Einf. 102600 hl. Verbrauch 5,6 l pro Kopf. [5]) Prod. 1870: 1451,4; 1890: 3627,4; 1900: 4757,1; 1906/07 Uplandsorte = (geschätzt) 6800 Mill. e. Pfund. In Ballen: 1893/94: 7549800 i. Werte von 283,1 Mill. Doll.; 1896/97: 8758000 (321,9); 1900/01: 10383400 (494,6); 1901/02: 10680700 (438); 1902/03: 10727600 (480,8) = etwa 62% d. Weltprod.; 1903/04: 10011400 (617,5); 1904/05: 13565900 (628,2); Schätzung 1905/06: 11346000 (641,7); 1906/07 (Schätzung): 13,6 Mill. Ballen à 500 e. Pfd. Eigenverbrauch 1900: 3645400; 1904/05: 4301000; 1905/06 (Schätzung): 4835200 Ballen. Ausfuhr 1904/05: 8338000; 1905/06: 7050900 Ballen = 3634 Mill. e. Pfd. f. 401 Mill. Doll. Produktion 1904/05 in e. Pfund: 5040200, davon lieferten Texas 1218800; Georgia 804100; Alabama 592500; Mississippi 573600; S.-Carolina 514700; Arkansas 296388; N.-Carolina 295200; Louisiana 245700 usw. Prod. der Sea Islandsorte 1906/07: 28,7 Mill. e. Pfd. = 57400 Ballen. [6]) Außer Überschwemmungen richten der Wibelkäfer (boll weevil) u. andere Schädlinge Verheerungen an. [7]) Wert der Baumwollfabrikate 1900: 339,2 Mill. Doll. Die Ver. Staat. bezogen 1901/02 von Ägypten: 106600 Ballen langstapelige Baumwolle, da ihre Produktion von Sea Island-B. (1900/01: 81500 Ballen, davon Ausf. 32000; Ernte

beiter beschäftigte; sie hat ihren Sitz hauptsächlich in Massachusetts (Lowell 100000 Einw., Fall River 114000 Einw., Lawrence 68000 Einw., New Bedford 69000 Einw.); nächstdem in Süd- und Nord-Carolina, Rhode Island, Pennsylvanien, New Hampshire. Die Industrie zeigt die Tendenz, nach dem Produktionsgebiet der Baumwolle, dem Süden, sich auszudehnen.

An den Anbau der Baumwolle knüpft sich die Erzeugung von Baumwollsamenöl[1]).

Tierzucht. Die Europäer fanden für ihre eingeführten Haustiere die günstigsten Bedingungen vor; keines von ihnen wird durch das Klima aus irgend einem Gebiete gänzlich ausgeschlossen.

In den nordöstlichen Staaten: New Jersey, New York, Massachusetts, Rhode Island, Pennsylvanien usw. mit ihrer dichten, vorwiegend städtischen Bevölkerung wird besonders die Milchwirtschaft[2]) getrieben.

Im Gebiete des Maisbaues ist auf dieser Feldfrucht eine großartige Rinder-[3]) und Schweinemast[4]) begründet, welche eine Fleischindustrie[5]) ersten Ranges ermöglicht; Zentren derselben sind Chicago (1,87 Million Einw.), Kansas City (173000 Einw.), St. Louis (612 000 Einw.), Omahá (113 000 Einw.), St. Joseph und Sioux City, und ihre Produkte sind besonders für die Ausfuhr[6]) bestimmt.

In den Prärie- und Weststaaten (besonders im westlichen und nördlichen Texas, im Indianergebiet, im westlichen Dakota und im östlichen Wyoming) ist die „Rancho"-Viehzucht von Rindern und Pferden, die keine Gemarkungen und Ställe kennt, im Gebrauch.

An die Rindviehzucht knüpft sich eine außerordentlich umfangreiche Fabrikation von Schuhen und Stiefeln[7]) (Lynn 72 000 Einw., Brockton 40 000 Einw., Haverhill in Massachusetts), für die noch große Mengen Häute eingeführt werden müssen.

Die Schafzucht[8]) ist in den nordöstlichen Staaten, besonders im Innern von Maine, in Massachusetts, New York, Vermont und New Hampshire zur Fleischgewinnung für die großen benachbarten Industriezentren entwickelt. Ein Gebiet bedeutender Wollschafzucht zieht sich von den Weideflächen der Alleghanies über die Hochebenen Kentuckys und Tennessees durchs westliche Ohio, das südliche Michigan und Wiskonsin. In den westlichen Prärie-

---

1905: 43 573 900 e. Pfd.; Georgia 23 511 000; Florida 15 680 000; S.-Carolina 4 382 000) dem Bedarf nicht genügt. Ausf. v. Baumwollwaren 1902: 33,3; 1905: 47,65 Mill. Doll. 1903: 19,2% aller Spindeln, 23,6% aller Webstühle der Erde.

[1]) Produktion 1900: 93,3; 1905: 133,8 Mill. Gall.; Ausf. 1905/06: 43,8 Mill. Gall. f. 13,67 Mill. Doll. [2]) Milchkühe 1900: 18,2; 1906: 19,79 Mill. Stück (New York 1,756; Iowa 1,43; Wiskonsin 1,18; Pennsylv. 1,1). [3]) Rindviehbestand 1902: 61,4; 1906: 66,86 Mill. Stück = 19% d. Weltprod. [4]) 48,7; 1906: 52,1 Mill. Stück (Illinois 4,68; Missouri 3,5; Indiana 3,08; Nebraska 3). [5]) Viehschlachtung 1905: Chicago 2 000 000 Rinder, 354 000 Kälber, 5 698 000 Schweine, 3 380 000 Schafe; Kansas City 1 245 000 Rinder, 140 000 Kälber, 2 452 000 Schweine, 943 000 Schafe; im ganzen in den acht größten Schlachtplätzen: 5 286 000 Rinder (in den Verein. Staaten 1903: 12 500 000), 659 000 Kälber, 15 566 000 Schweine, 6 680 000 Schafe. [6]) Ausfuhr von Schlachtvieh (Rinder) u. Schlächtereierzeugnissen 1901: 173,9 Mill. Doll. Ausf. von Rindern 1905/06: 42,08; frisches Rindfleisch 21,3; Rindfleich in Büchsen 6,4; gesalzenes Rindfleisch 4,7; Rindertalg 4,79; Schweinespeck 35,85; Schinken 20,08; Schweinefleisch 12,94; Schweineschmalz 60,13; Oleoöl und Oleomargarine 18,49 Mill. Doll. [7]) 1900 Gesamtwert der Produkte: 261 Mill. Doll.; Einf. von Häuten 1900: 58; 1905/06: 83,88 Mill. Doll. Ausfuhr von Leder u. Waren daraus 1900: 27,2; 1905: 38,95 Mill. Doll. [8]) 1900: 41,9 Mill.; 1906: 50,63 Mill. Stück (Montana 5,75; Wyoming 4,58; Neumexiko 4; Idaho 3,72).

staaten dagegen ist die Schafhaltung sehr gering, da die heftigen Schneestürme in Verbindung mit intensiver Kälte das Risiko der Schafzucht beträchtlich erhöhen.

Über die Hälfte des Schafbestandes der Vereinigten Staaten entfällt auf die Weststaaten, unter denen Montana, Wyoming, Idaho und Neumexiko am meisten Wolle liefern. An die Wolleproduktion knüpfte sich eine großartige Wollindustrie[1]), die sich zum größten Teile in den Nordoststaaten (Massachusetts, Pennsylvanien, Rhode Island, New York, New Jersey, Maine, Connecticut und New Hampshire) konzentrierte.

Für die Wollschafzucht sind die Südstaaten schon viel weniger geeignet (Präriehunde hinderlich; geringster Wollertrag); auch ist das Klima dort für die Rindviehzucht nicht mehr günstig.

Die Ziegenzucht[2]) ist unbedeutend, am stärksten im Westen: Texas und Neumexiko; Angoraziegen[3]) werden in Texas, Kalifornien, Oregon und Nevada gezüchtet.

Die Zahl der Pferde[4]) ist in der Zone der nördlichen Oststaaten von Dakota bis zum Atlantischen Ozean und in den nördlichen pazifischen Staaten, nach Klima und Bedürfnis der Bevölkerung, am bedeutendsten (Lexington 26 000 Einw. in Kentucky Mittelpunkt der wichtigsten Zucht); in den südlichsten Staaten treten die Maultiere[5]) an die Stelle der Pferde.

Die Seidenzucht hat sich trotz mehrfacher Ansätze bisher wenig entwickelt; trotzdem das Klima in den Südstaaten und in Südkalifornien dem Maulbeerbaum günstig ist, war der Mangel an billigen Arbeitskräften ein schwerwiegendes Hindernis. Durch Schaffung bakologischer Stationen glaubt man die Grundlage für eine erfolgreiche Zucht geschaffen zu haben, hält auch das sehr reiche Vorkommen der Osage-Orange, da deren Blätter sich als Nahrung für die Seidenraupe ebensogut eignen sollen wie die Maulbeerbaumblätter, für günstig und hofft durch die Heranziehung von Kindern zu den einfachen Arbeiten auch das letzte Hindernis zu beseitigen. Die Seidenindustrie, für die von Japan, Europa und China (Schang-hai und Hongkong) die Rohseide[6]) eingeführt werden muß, entwickelte sich schnell und großartig, am bedeutendsten in den Nordoststaaten: New Jersey (Paterson 113 000 Einw.), Pennsylvanien, New York, Connecticut[7]).

Die Bienenzucht[8]), im Mississippigebiet am meisten entwickelt, hat geringe wirtschaftliche Wichtigkeit.

Bergbau. Eisen und Kohle sind in der östlichen Hälfte der Vereinigten Staaten in großem Umfang verbreitet.

---

[1]) Wolleproduktion 1840: 35 802 000; 1860: 60 265 000; 1880: 232 500 000; 1900: 288 637 000; 1903 (nach Schätzung) 287 500 000 = 10,8% der Weltprod.; 1904: 291 783 000; Einf. 1904: 170 880 000; 1904/05: 249 136 000; 1905/06: 201 689 000; Ausf. 320 000 e. Pfund; Prod. der Nordoststaaten 1901: 70,1 Mill. e. Pfund, der Südoststaaten 8,9 Mill.; der Weststaaten 186,5 Mill. e. Pfund Vließwolle. Wert der Industrieerzeugnisse (außer Strumpfwaren) 1900: 297 Mill. Doll. (Mass. 81 Mill. Doll., Penns. 71,9 Mill. Doll.). Einf. von Wollfabrikaten 12,1; 1905/06: 23,08 Mill. Doll. [2]) 1,87 Mill. Stück. [3]) 240 000 Stück. [4]) 21,4; 1906: 18,72 Mill. Stück (Illinois 1,43; Texas 1,29; Iowa 1,25; Kansas 1,06). [5]) 3,5; 1906: 3,4 Mill. Stück (Texas 508 000; Missouri 292 000; Mississippi 264 000; Georgia 225 000). [6]) 1870 f. 3; 1890: 24,3; 1901 f. 39,6 Mill. Doll. (Japan 21,5, Europa 10,17, China 7,9); Einf. 1905/06: 17 318 000 Pfund f. 54,0 (Japan 27,9; Italien 13,97; China 8,46; Frankreich 2,08) Mill. Doll. [7]) 1900 Wert der Jahresproduktion der Ver. St. 107,3; 1905: 118,5 Mill. Doll.; Seidenwareneinf. 1899/1900: 30,9; 1904: 31,97; 1905/06: 32,91 Mill. Doll. [8]) Produktionswert 1900: 6,7 Mill. Doll.

Die Eisenerzdistrikte[1]) am Lake Superior erzeugen über zwei Drittel alles Eisens in den Vereinigten Staaten. Das Erz wird über die Häfen Two Harbours, Duluth (53 000 Einw.), Escanaba, Marquette, Ashland, Superior, Gladstone zu Schiff verfrachtet und geht über die Großen Seen meist in die Häfen an der Südküste des Eriesees und von dort in die Schmelzwerke im östlichen Ohio (Mahoning Valley) und westlichen Pennsylvanien, zumal nach Pittsburg (345 000 Einw.), dem großen Zentrum der Eisen- und Stahlindustrie, und dem Shenango Valley; auch South Chicago am Michigansee empfängt einen ansehnlichen Teil der Eisenerze. Pennsylvanien (Pittsburg) produziert denn auch bei weitem am meisten Roheisen[2]), wozu es von Connelsville und anderen Orten der Appalachenregion mit Koks versorgt wird, nächstdem Ohio und Illinois.

In den Südstaaten befinden sich die wichtigsten Eisenerzlager in Alabama bei Birmingham (36 000 Einw.), Bessemer und Ensley, wo zugleich die unmittelbare Nachbarschaft von Kohlenfeldern zur Errichtung von Hochöfen, Stahl- und Walzwerken geführt hat. Übrigens scheint sich nun auch am Oberen See, in der Nachbarschaft der Eisenminen, die Eisen- und Stahlfabrikation zu entwickeln.

Heute erzeugen Pennsylvanien, Ohio, Illinois am meisten Stahl.

Die Schiffswerften[3]) haben in Boston, New York, Philadelphia, Baltimore, New Orleans, San Francisco und Portland ihren Sitz.

Für die Eisen- und Stahlindustrie ist die billige Beschaffung bituminöser Steinkohle eine Lebensfrage, und Pennsylvanien und Ohio erzeugen außerordentlich viel davon. Die Herstellung von Eisen- und Stahlfabrikaten, wie Stahlwaggons, Stahlschienen, Lokomotiven, Trägern, Blechen, Draht usw. ist gewaltig und wächst Jahr für Jahr. Die Ausfuhr von Eisen- und Stahlwaren ist schon sehr bemerkenswert.

Die wichtigsten Kohlenfelder[4]) der Vereinigten Staaten sind: 1. das Appalachenrevier (von Nordpennsylvanien bis in die Mitte von Alabama) im Anschluß an die Appalachen (Alleghanies); Kohlen vorzüglicher Qualität, erzeugt etwa zwei Drittel aller Kohlen der Vereinigten Staaten; 2. das Michiganrevier; 3. das Illinoisrevier (Indiana, Illinois, Kentucky), erzeugt etwa ein Sechstel; 4. das Missourirevier; 5. das Texasrevier; 6. das Rocky Mountainsrevier; 7. das pazifische Küstenrevier. Anthrazit findet sich in den Tälern des Susquehanna, Lehigh und Schuylkill, am meisten im östlichen Pennsylvanien.

Koks zur Eisenschmelze wird besonders in Pennsylvanien (Connelsville), West-Virginien und Alabama erzeugt.

---

[1]) Gesamtproduktion der Verein. Staaten 1901: 28 900 000; 1903: 35 019 000 T. = 35,7% d. Weltprod.; 1904: 27,6 Mill. T., davon 21,8 im L. Superiorgebiet (1905: 34,35 Mill. T. von 42,5 Mill. T. im ganzen); davon lieferte der Bergbaubezirk Mesabi 12,16 (20,15); Menominee 3,07 (4,5); Marquette 2,8 (4,2); Gogebic 2,4 (3,7); Vermillion 1,28 (1,68) Mill. T. [2]) Prod. an Roheisen 1900: 13,9; 1901: 15,88; 1902: 17,82; 1903: 18; 1904: 16,5; 1905: 23 360 300 T. = 43,2% d. Weltprod. (Pennsylvan. 10,58; Ohio, Illinois, Michigan, Wiskonsin, Minnesota 7,3; Südstaaten 2,89). Prod. an Stahl 1903: 14,53; 1904: 13,86 Mill. T. (à 1016 kg); 1905: 20 354 300 T. = 46,3% d. Weltprod. [3]) Schiffsbau der Ver. St. (einschl. Kriegsschiffe) 1901: 481 000 R.-T. = 15,6% d. Weltprod. [4]) Prod. 1868: 31; 1898: 220; 1900: 267,5; 1901: 293,3; 1902: 299,8; 1903: 359,4; 1904: 351,8 (= fast 40% d. Weltprod.); 1905: 389,02Mill. T. (à 907 kg), davon Pennsylv. 201,4; Illinois 38,0; West-Virginia 42,0; Ohio 27,25; Alabama 12,5; Colorado 11,2; Indiana 9,7 usw. Prod. 1906: 406,76; Ausf. 1905/06: 9,1; Einf. 1,82 Mill. T. Braunkohlen 1903: 5,98 Mill. T. = 7,4% d. Weltprod.

Die Gasproduktion ist bedeutend.

Als Kraftquelle kamen ferner große Naturgasvorräte[1]) in Pennsylvanien, Indiana, West-Virginien, Ohio vor, die aber bald erschöpft sind.

Als Heizquelle ist für den kohlenärmeren Westen Petroleum[2]) in Texas (Sour Lake, Batson und Beaumont) und Kalifornien (Bakersfield, Los Angeles, Coalingadistrikt, Kern County, Ventura usw.) von Wichtigkeit, das im wesentlichen auch als Heizöl verbraucht wird. Das kalifornische Öl eignet sich auch besonders zur Herstellung von Schmieröl und zur Straßenasphaltierung. Leuchtöl in bester Qualität mit hohem Paraffingehalt wird im Appalachengebiet und im Lima-Indianadistrikt gewonnen, nimmt aber immer mehr ab; es bildet einen wertvollen Ausfuhrgegenstand (New York, Philadelphia Hauptausfuhrhäfen). In Texas und Kalifornien nahm neuerdings die Petroleumgewinnung sehr schnell zu.

Für die elektrischen Industrien, vor allem aber für die Ausfuhr, wichtig sind die Kupfervorkommen[3]), besonders im Gebirge des Westens, in Montana (Butte und Anaconda), auf der Keweenawhalbinsel am Lake Superior (Minen Calumet und Hecla, Tamarack usw.), Arizona; auch Kalifornien (Shastadistrikt) soll sehr kupferreich sein. Die Raffinieranstalten des Kupfers sind in der Nähe der Hauptverbrauchsdistrikte (New Jersey, Maryland, New York) einer-, in den Produktionsstaaten Michigan (am Oberen See) und Montana andererseits konzentriert.

Messing produziert man besonders im Naugatuck Valley (Connecticut).

An Edelmetallen ist namentlich der gebirgige Westen der Vereinigten Staaten reich. In Colorado wird am meisten Gold[4]) und Silber[5]) gewonnen; es folgen Kalifornien (Gold), Montana (Silber und Gold), Utah (Silber und Gold), Süd-Dakota (Gold), Arizona (Gold zu Tombstone, Tucson, und Silber), Alaska (Gold), Nevada (Silber und Gold), Alaska (Gold; Tananatal, Zentrum Fairbanks; Sewardhalbinsel, Zentrum Nome; Alexander-Archipel im So., Zentrum Juneau).

Die Gold- und Silberwarenindustrie konzentrierte sich vornehmlich im Osten: Providence (190000 Einw., Rh.-J.), Chicago, Cincinnati (333000

---

[1]) 1901 Wert des verbrauchten Naturgases 27,1 Mill. Doll. [2]) Produktion 1901: 69 389 200 Barrel = 41,9% d. Weltprod.; 1902: 80,9 Mill. Barrel = 45,6% d. Weltprod.; 1905 ist der Anteil an d. Weltprod. vielleicht 56% oder mehr, nämlich etwa 115 Mill. Barrel (Texas — erst seit 1896 — u. Louisiana 40,57; Kalifornien 35,67; Pennsylvan. 28,04; Indiana u. Ohio 18,94; Kansas, Indianerterritorium u. Oklahoma 11,85). Ausf. 1883: 21,98; 1893: 36,25 Mill. Barrel; 1903: 908,3; 1904: 985,7; 1905/06: 1257,9 f. 84,04 Mill. Doll. (Vgl. S. 83.) [3]) Prod. 1851: 914; 1861: 7620; 1870: 12 800; 1880: 27 400; 1890: 117 800; 1900: 272 500; 1901: 271 000; 1902: 288 300; 1903: 319 000; 1904: 372 000; 1905: 413 100 T. à 1018 kg (Montana 35,5%; Arizona 27%; Michigan 23,4%; Utah 6,4% usw.) = 58,3% d. Weltprod. Verbrauch 1905: 262 700 T. Ausf. 1901: 222 138 000; 1903: 320 323 000; 1904: 564 545 000; 1905/06: 464 563 000 e. Pfund = 210 724 T. f. 77,27 Mill. Doll.; Einf. von Erz und Matte 64; 32; 39 (1904) Mill. e. Pfd.; von Barren usw. 73,8; 136,7; 142,3 Mill. e. Pfd. Ausfuhrüberschuß f. Kupfer 1904: 171 100; 1905: 150 700 T. (à 1016 kg). (Vgl. S. 77.) [4]) Prod. 1831—40: 8500; 1851—55: 444 000; 1871—75: 297 500; 1880: 54 200; 1890: 49 400; 1900: 117 611; 1901: 118 364; 1902: 120 370; 1903: 110 728 kg i. W. von 73,6 Mill. Doll.; 1904 Wert 80,72; 1905 Wert 86,34 Mill. Doll. = 23% d. Weltprod. 1903 erzeugten am meisten Colorado (22,5 Mill. Doll.); Kalifornien (16,1); Alaska (8,6; 1904: 15); Süd-Dakota (6,8); Montana (4,4); Arizona (4,36) usw. (Vgl. S. 76f.) [5]) Prod. 1841—50: 41 500; 1871—75: 2 824 000; 1880: 943 000; 1890: 1 695 500; 1900: 1 852 600; 1901: 1 855 400 kg; 1903 Bergwerksprod.: 1688,9 T. = 30,7%, Hüttenprod. 3050 T. = 57,5% d. Weltprod. i. W. von 29,322 Mill. Doll.; Colorado (7,01); Montana (6,8); Utah (6,05); Idaho (3,5); Nevada (2,73); Arizona (1,83) usw. (Vgl. S. 77.)

Einw.), dann San Francisco; die Uhrmacherei sitzt in Massachusetts, Illinois, New Jersey.

Blei[1]) liefern die Staaten Idaho (Coeur d'Alène-Bergwerke), Colorado (Leadville), die Mississippistaaten: Missouri (Joplindistrikt) usw. und Utah.

Zink[2]) wird in Kansas, Illinois und Indiana, Missouri (Joplindistrikt), New Jersey (Stirling Hill und Franklin Furnace), Colorado (Leadville, Kokomo) gewonnen.

Zinn[3]) (Alaska), Manganerz[4]), Phosphate[5]) (Florida, Süd-Carolina, Tennessee), Gips (Michigan, New York), Brom, Magnesit (Kalifornien), Grünsandmergel zur Düngung (New Jersey), Salpeter (an den Rändern des „Death Valley", Kalifornien), Asbest (Georgia, Virginia) und Glimmer (Nord-Carolina) wird gefunden; Salz (Lagunen in Massachusetts und Kalifornien und Großer Salzsee, Utah; Steinsalz in New York und Michigan), Schwefel[6]) (Louisiana, Utah, Nevada), Borax (Death Valley), Bauxit (Arkansas, wird an den Niagarafällen zu Aluminium[7]) verarbeitet), Quecksilber[8]) (Neu-Almaden, Kalifornien), Graphit (Ticonderoga, New York), ein wenig Nickel[9]), Edelsteine[10]), ein wenig Platin werden gewonnen. Bausteine gibt es fast überall; Marmor wird besonders in Vermont, Granit in den Neuenglandstaaten, Sandstein in Ohio, New York, Pennsylvanien und Connecticut der Erde entnommen.

Die Tonwarenindustrie ist sehr wichtig (Ohio-East Liverpool, Pennsylvanien, New Jersey-Trenton, 73 000 Einw., New York, Illinois). Die Glasfabrikation ist am bedeutendsten in Pittsburg.

Die **Industrien** der Vereinigten Staaten haben sich ganz überwiegend im Norden konzentriert, in hervorragendster Weise in den Nordoststaaten, wo die Bevölkerung am frühesten anfing sich einzuwurzeln, sich zusammendrängte, große Rührigkeit und Erfindungstalent entfaltete, obwohl die natürlichen Verhältnisse durchaus nicht sehr günstig sind (arm an Mineralien). Sie macht die Wasserkräfte des Landes nutzbar (Fälle des Susquehannaflusses, Pennsylvanien; Niagarafall) und zieht durch Entwickelung der Verkehrsverhältnisse (Kanäle und Eisenbahnen) die Rohstoffe (Eisen zu Manufakturzwecken und Kohle zur Krafterzeugung) aus den günstiger ausgestatteten Nachbarstaaten an sich. Neuerdings hat aber auch im Süden und Westen der Union die Industrie in einzelnen Zweigen, durch die Entdeckung von Heizpetroleum und Kohlenlagern begünstigt, Fortschritte gemacht. Holzindustrie s. S. 373 f.; Lachskonservenindustrie s. S. 375 f.; Fruchtkonservenindustrie s. S. 376 f.; Mehlindustrie S. 379; Zuckerindustrie S. 379; Gemüse-

---

[1]) Prod. 1901: 382 000 Tons (à 907 kg), Id. 75 000, Col. 73 000, Miss. 67 000, Utah 50 000; aber aus inländischen Erzen nur 270 700 T.; 1902 im ganzen 377 100; 1903: 378 500; 1904: 302 200 (nach anderer Quelle: 284 700 T. = 30,7% d. Weltprod.); 1905: 322 600 T. (Vgl. S. 78.) [2]) 1900: 123 000; 1902: 156 900; 1903: 159 200; 1904: 186 700 (nach anderer Angabe 165 900 T. à 1000 kg = 26,5% d. Weltprod.); 1905: 202 500 T. (à 907 kg). (Vgl. S. 79.) [3]) Sehr wenig; Einf. 1890: 33,8; 1900: 70; 1905: 89,2 Mill. e. Pfd. = etwa 44% d. Weltprod. [4]) Prod. 1900: 221 800 (?) T. = 15,8% d. Weltprod. Nach anderer Quelle 1902 nur 16 500 T. (Vgl. S. 79.) [5]) Prod. 1900: 1 494 600 (1906: 2 102 100) T. = 51,2% d. Weltprod.; 1906: f. 10,55 Mill. Doll. (Vgl. S. 85.) [6]) Prod. aus Schwefel u. Schwefelkiesen 1902: 97 600; 1903: 109 000; 1904: 271 200 T. à 1016 kg. Einf. 1904: 325 500 T. (Vgl. S. 85 f.) [7]) Prod. 1904: 3400; (1906: 6509) T. = 38,9% d. Weltprod. (Vgl. S. 79.) [8]) Prod. 1904: 35 258; 1905: 30 256; 1906: 27 276 Flaschen (à 75 Pfund). Prod. 1904: 1480 T. = 37,3% d. Weltprod. (Vgl. S. 78.) [9]) Prod. aus neukaledon., kanad. und deutschen Erzen 1904: 6000 T. Einf. 1904: 915 000 Doll. (Vgl. S. 78.) [10]) Einf. 1896 für 6,7; 1906 f. 40,2 Mill. Doll.

konservenindustrie S. 380; Leinölindustrie S. 380; Tabakindustrie S. 380; Bier- und Branntweinindustrie S. 381; Baumwollenindustrie S. 381 f.; Fleischindustrie S. 382; Lederindustrie S. 382; Wollindustrie S. 383; Seidenindustrie S. 383; Eisen- und Stahlindustrie, Schiffbau S. 384; Kohlenindustrie S. 384; Petroleumindustrie S. 385; Gold- und Silberwarenindustrie S. 385 f. Der Wert der industriellen Produktion ist jetzt zu etwa 15 Milliarden Dollar zu schätzen oder gleich dem Wert der von Großbritannien, Deutschland, Frankreich zusammen erzeugten Industrieprodukte. Es hat sich auch die Ausfuhr von Erzeugnissen der Industrie in den letzten 15 Jahren sehr gesteigert und scheint weiter schnell zuzunehmen[1]). New York, Chicago, Philadelphia, Brooklyn, St. Louis, Boston, Pittsburg, Baltimore, Cincinnati, Newark, Milwaukee, Buffalo waren 1900 die wichtigsten Industriestädte.

Verkehr und **Handel.** Das ausgezeichnete Flußnetz der Vereinigten Staaten ermöglicht den ausgedehntesten, billigen Wasserverkehr, besonders im Zentralgebiet: Mississippi mit Nebenflüssen (mehr als 32 000 km); im Westen Columbia, Willamette, Sacramento, San Joaquin; im Osten noch Hudson, für Ozeandampfer fahrbar, Delaware ebenso; die Küstenflüsse am Atlantischen Ozean und Golf sind alle mehr oder weniger schiffbar. Wichtige Flußhäfen im Mississippigebiet sind: St. Louis (612 000 Einw.), St. Paul (172 000 Einw.), Omahá (113 000 Einw.), Kansas City (173 000 Einw.), Memphis (114 000 Einw.), Vicksburg, Cincinnati (333 000 Einw.), Pittsburg (345 000 Einw.), Louisville (215 000 Einw.).

Eine ungeheure Wichtigkeit für den Verkehr haben die Großen Seen, die seit Kanalisation des St. Lorenz für Seeschiffe in direkte Verbindung mit dem Meere getreten sind, also die Bedeutung von Küstenmeeren haben. Duluth, Superior, Chicago — 1,87 Million Einw. — (zentrale Lage), Milwaukee (313 000 Einw.), Detroit (310 000 Einw.), Toledo (146 000 Einw.), Cleveland (415 000 Einw.), Buffalo (381 000 Einw.) sind die Haupthäfen und -märkte.

Durch Anlegung künstlicher Wasserstraßen zwischen Flüssen, die in großem Umfange reguliert sind, und Seen hat man wichtige Verbindungen geschaffen. Der Eriekanal verbindet den Eriesee mit dem Hudson, der Champlainkanal den Hudson mit dem Lorenzstrom, drei Kanäle vereinigen den Ohio und den Eriesee, der Illinoiskanal den Michigansee mit dem Mississippi, der Ste. Marie-Kanal den Oberen und Huronensee. Vertiefung und Neuanlage von Kanälen sind geplant.

Die Landstraßen sind oft schlecht (Wetter) und haben in weitem Umfang durch Eisenbahnen Ersatz gefunden, werden jedoch zugunsten des zunehmenden Automobilverkehrs jetzt auch verbessert. Die Pacificbahnen, bestimmt, die Entfernung zwischen Atlantischem und Großem Ozean zu verkleinern, die Natur- und Nachbarlage zu korrigieren, sind die wichtigsten. Great Northern, Northern Pacific, Union and Central Pacific, Southern Pacific mit ihren Ausläufern durchkreuzen in verschiedenen Breiten das Land von

[1]) Die Industrieausf. war an der Gesamtausf. beteiligt 1870 mit 15; 1880: 12,5; 1890: 17,9; 1900: 31,6; 1901: 30,3; 1905: 30; 1906: 35,1%.

Ost nach West; die wichtigste Ostweststraße für den Verkehr wird aber in Zukunft der mittelamerikanische (Panamá-)Kanal sein.

Durch die neuerliche Entwickelung der Südstaaten, die der Panamákanal noch sehr befördern wird, und das Wachsen des Golfhandels hat die Wichtigkeit von Nordsüdverbindungen: New York—Jacksonville (Florida), New York—Atlanta—New Orleans, Cleveland—Louisville—New Orleans, Chicago—Cairo—New Orleans. St. Louis—Galveston zugenommen.

Eine Reihe von Rohstoffen und Industriewaren, zum Teil in großen Mengen, gewinnt das Land über den Bedarf hinaus zum Austausch.

Ausfuhr 1901: 1465,4; 1902: 1360,7; 1903: 1457,6; 1904: 1425,7; 1905: 1591,7; 1906: 1718 Mill. Doll.: Weizen (1901: 130; 1902: 97,1; 1903: 59,3; 1904: 35,9; 1905: 3,9; 1906: 28,8); Weizenmehl (1901: 71,5; 1902: 68,2; 1903: 75,2; 1904: 68,9; 1905: 40,2; 1906: 59,1); Mais (1901: 50,4; 1902: 11,6; 1903: 49,1; 1904: 30,1; 1905: 47,45; 1906: 62,08); Baumwolle (1901: 301; 1902: 290,5; 1903: 378,6; 1904: 370,8; 1905: 380; 1906: 401); Baumwollsamenöl (1901: 16,4; 1902: 14,2; 1903: 10,9; 1904: 10,7; 1905: 15,1; 1906: 13,7); Tabak [unbearbeitet] 1901: 26,9; 1902: 34,6; 1903: 29,8; 1904: 29,6; 1905: 9,8; 1906: 28,8); Tabakfabrikate (1901: 5,4; 1902: 5,5; 1903: 5,2; 1904: 5,0; 1905: 5,7; 1906: 5,4); Viehzuchtprodukte (Schmalz 1901: 51,6; 1902: 50,9; 1903: 50,2; 1904: 46,3; 1905: 47,2; 1906: 60,1; Schweinespeck 1901: 39,4; 1902: 27,1; 1903: 21,8; 1904: 24,4; 1905: 25,4; 1906: 35,8; Schinken 1901: 24,7; 1902: 26,2; 1903: 24,4; 1904: 22,3; 1905: 21,56; 1906: 20,08; frisches Rindfleisch 1901: 32,3; 1902: 25; 1903: 26,7; 1904: 26,8; 1905: 22,1; 1906: 24,3; Schweinefleisch 1901: 13,5; 1902: 12,2; 1903: 13,5; 1904: 11,2; 1905: 10; Margarine und Oleomargarine 1901: 13,5; 1902: 11,1; 1903: 13,8; 1904: 13,5; 1905: 12,2; 1906: 18,5; Rindfleisch in Büchsen 1901: 5,2; 1902: 8,4; 1903: 6,8; 1904: 5,9; 1905: 6,6; 1906: 6,4); Rindvieh (1901: 36,6; 1902: 24,3; 1904: 42,26; 1905: 40,6; 1906: 42,08); Holz (Bretter u. dgl. 1901: 18,9; 1902: 18,3; 1903: 26,3; 1904: 29,5; 1905: 25,2; 1906: 29,2; unbearbeitetes Nutzholz 1901: 9,8; 1902: 11,1; 1906: 15,4; Faßdauben 1901: 3,8; 1902: 4,6; 1906: 4,7; Hausgeräte aus Holz 1901: 4,1; 1902: 4,2; 1906: 5,8; Nutzholz im ganzen 1904: 65,7; 1905: 58,0; 1906: 69,1); Petroleum (Leuchtpetroleum 1901: 53,5; 1902: 49,1; 1903: 51,4; 1904: 58,4; Mineralschmieröl 1901: 10,3; 1902: 10,9; 1903: 12,7; 1904: 12,4; rohes Mineralöl 1901: 6; 1902: 6,3; 1903: 6,8; 1904: 6,4; Mineralöl im ganzen 1906: 84,04); Kupfer (1901: 31,7; 1902: 43,4; 1903: 41,2; 1904: 57,1; 1905: 86,2; 1906: 81,3); Kohlen (Anthrazit 1901: 8,9; 1902: 4,3; 1903: 9,8; 1904: 10,1; 1905: 11,5; 1906: 9,7; bituminöse Kohlen 1901: 13,1; 1902: 13,9; 1903: 17,4; 1904: 17,7; 1905: 17,6; 1906: 18,5); Baumwollwaren (1901: 26; 1902: 33,3; 1903: 27,1; 1904: 22,4; 1905: 49,7; 1906: 52,9); Leder und Waren daraus (1901: 29; 1902: 30,6; 1903: 32,7; 1904: 33,98; 1905: 37,94; 1906: 40,64); Ackerbaugeräte (1901: 16,7; 1902: 18; 1903: 22,9; 1904: 22,75; 1905: 20,7; 1906: 24,55). Dagegen vermögen die Vereinigten Staaten nicht oder nicht in genügender Menge im Lande herzustellen und führen ein (1901: 880,4; 1902: 969,3; 1903: 995,5; 1904: 991,1; 1905: 1117,5; 1906: 1226,6 Mill. Doll.): Zucker (1901: 76,5; 1902: 60; 1903: 60,9; 1904: 71,9; 1905: 97,6; 1906: 85,5); Kaffee (1901: 70,2; 1902: 64,2; 1903: 61,3; 1904: 69,55; 1905: 84,65; 1906: 73,26); rohe Seide (1901: 39,5; 1902: 46,7; 1903: 43,1; 1904: 46,1; 1905: 61; 1906: 54,1); Seidenwaren (1901: 29,3; 1902: 35,6; 1903: 34,1; 1904: 32; 1905: 32,6; 1906; 32,9); Häute und Felle (1901: 55,6; 1902: 57,7; 1903: 58; 1904:

52; 1905: 64,8; 1906: 83,9); Baumwollwaren (1901: 41; 1902: 49; 1904: 49,5; 1905: 48,9; 1906: 63); roher Kautschuk (1901: 28,1; 1902: 25,2; 1903: 35,2; 1904: 42,2; 1905: 51,7; 1906: 47,8); Zinn (1901: 19; 1902: 21,3; 1903: 22,3; 1904: 21,5; 1905: 23,4; 1906: 30,9); Jute und Jutegewebe (1901 und 1902: je 19,7); Sisalhanf (1901: 8,8; 1902: 13,3; 1903: 15,4; 1904: 15,9; 1905: 15,26; 1906: 15,28); Manilahanf (1901: 8; 1902: 12,4; 1903: 11,7; 1904: 11,4; 1905: 12,1; 1906: 11); Diamanten (1901: 21,2; 1902: 22; 1903: 23,3; 1904: 19,4; 1905: 27,8; 1906: 35); Tee (1901: 8,7; 1902: 14,6; 1903: 17,1; 1904: 18,2; 1905: 16,2; 1906: 14,6) usw. An dem Handel hatten 1902, 1904 und 1905/06 Anteil: Europa über 64 bzw. 61 u. 61,7% (Großbritannien 30,2 [27,8; 26,7]%; Deutschland 12,3 [12,3; 12,5]%; Frankreich 6,8 [6,4; 7]%; Niederlande 4,1 [3,7; 4,1]%; Italien 2,9 [3; 3]%; Belgien 2,7 [2,4; 2,6]% usw.); Nord- und Mittelamerika 16,2 (18,2; 18,3); Südamerika 6,3 (7,8; 7,3)%; Asien 8,8 (9,7; 9,6)%; Ozeanien 2,1 (2,1; 2)% und Afrika 2 (1,2; 1,1)%. Der Erwerb von Kolonien (s. S. 285, 314 und S. 397) wird wohl für Zucker ganz, für Kaffee zum guten Teil diese Abhängigkeit vom Ausland beseitigen.

Den Verkehr mit ihren Nachbarn: Britisch-Nordamerika, Westindien, Mittel- und Südamerika betreiben die Vereinigten Staaten schon zu einem erheblichen Teil mit eigenen Schiffen, an dem ozeanischen Handel suchen sie ihren Anteil zu gewinnen, der aber heute noch gering ist. Die produktivsten Gegenden, die atlantischen Staaten, stehen auch im Außenhandel an der Spitze, zumal die nordöstlichen Küstenstaaten, die auch durch ihre Nachbarlage zu dem dichtbevölkerten europäischen Gegengestade und zu den produktiven Nordstaaten der Union profitieren. Die Natur hat dazu hier eine Reihe vortrefflicher Häfen dem Handel zur Verfügung gestellt: Portlandbai (Portland 50 000 Einw.), Massachusettsbai (Boston 595 000 Einw.), New Yorkbai (New York, mit Brooklyn 3 716 000 Einw.), Delawarebai (Philadelphia 1 368 000 Einw. und Wilmington 81 000 Einw.), Chesapeakebai (Baltimore 531 000 Einw.).

Den Südstaaten stehen nur mitteltiefe Hafenbuchten zur Verfügung: Wilmington, Nord-Carolina, (21 000 Einw.), Charleston (56 000 Einw.), Savannah (54 000 Einw.); die Golfhäfen Pensacola, Mobile (38 000 Einw.), New Orleans, ein Flußhafen, der erst durch künstliche Vertiefung wichtig wurde (301 000 Einw., erster Baumwollausfuhrhafen), Galveston, ein Lagunenhafen, der künstlicher Vertiefung bedurfte (38 000 Einw., zweitwichtigster Baumwollhafen).

Am pazifischen Ozean ist San Francisco der Haupthafen (356 000 Einw., Ausfuhr von Weizen); Portland (Vorhafen Astoria) am Columbia (99 000 Einw.) führt Weizen, Tacoma (38 000 Einw.) und Seattle (92 000 Einw.), am Pugetsund, führen besonders Sägeholz aus.

Die **Bevölkerung** der Vereinigten Staaten, die auf die skizzierte Produktion sich gründet und zugleich ihr Träger ist, betrug auf 9,4 Millionen qkm auf dem amerikanischen Festlande 1900: 76 000 000; 1904: 81 752 000 gegen 5 333 000 Einw. am Anfang des 19. Jahrhunderts. Zu dem Wachstum durch die natürliche Vermehrung kommt auch heute noch jährlich eine stattliche Einwandererzahl (1901: 488 000; 1902: 649 000; 1903: 937 000; 1904: 808 000; 1905: 1 056 000), letzthin zum größten Teil aus Ost- und Südosteuropa stammend.

Unter der Bevölkerung befanden sich 87,8% Weiße, 12,2% Farbige (Neger 8,8 Millionen — in den feuchtwarmen Südstaaten 33%; aber in Süd-Carolina 60%, in Mississippi 58, Louisiana 45%; Indianer 266 000 — meist in Reservation; Chinesen 119 000; Japaner 86 000).

Die Volksdichte ist, entsprechend der Intensität der Wirtschaft, in den einzelnen Landschaften sehr verschieden. Am höchsten ist sie in den Nordoststaaten, wo der Distrikt Columbia 157, Rhode Island 133, Massachusetts 127, New Jersey 89, Connecticut 62 Einwohner auf 1 qkm hat; es folgen New York (55), Pennsylvanien (54), Ohio (39), Maryland (37), Illinois (33), Delaware (30) usw. Die nordwestlichen Zentralstaaten Missouri (17), Iowa (15), Kansas (7), Minnesota (8) usw. sind noch sehr wenig bevölkert, ebenso die Südstaaten Louisiana (11), Arkansas (9), Texas (4,4), am wenigsten die Staaten des gebirgigen Westens: Utah (1,3), Colorado (2), Montana (0,6), Nevada (0,1) usw. Die pazifischen Staaten zeigen wiederum eine etwas höhere Volksdichte: Kalifornien (4), Washington (3), Oregon (1,7). Man kann in der Zukunft sicher noch eine Vervielfachung der heutigen Bevölkerung des Riesenlandes erwarten.

Das Territorium Hawai, Samoa, Guam s. S. 314. Die Kolonien und Schutzstaaten in Westindien s. S. 396—98, in Asien S. 285.

3. Mittelamerika und Westindien.

Für die Wirtschaft charakteristisch ist die geringe Beschlagnahme des Bodens (Cuba 3% bebaut); auf ihm hat sich noch die natürliche Pflanzen- und Tierwelt in großem Umfange erhalten, die einen großen Teil der Bedürfnisse der Bevölkerung befriedigt und meistens einen großen Teil der Ausfuhrprodukte liefert, während einen anderen Teil die europäischen Plantagen hergeben. Bedingt wird diese Art von Wirtschaft durch die Bevölkerung, in der die Neger und Mulatten, Mestizen, Indianer und Kreolen bei weitem das Übergewicht haben, während den Weißen, die nur in verhältnismäßig geringer Zahl hier siedeln, das Klima hinderlich ist, einzuwandern, sich genügend zu vermehren oder auch nur ihre wirtschaftliche Energie voll zu entfalten.

Die **natürliche Pflanzenwelt** liefert außerordentlich viele wertvolle Hölzer. Das Blauholz (Campecheholz, Log wood) wird zum Färben, namentlich von Wolle, benutzt; die beste Sorte kommt von der Campechebai (Yukatan); andere Sorten von Honduras, Santo Domingo, Jamaica, Haiti, Martinique und Guadeloupe. Das Pockholz, das auch das Guajakharz hergibt (Insel Gonave bei Port au Prince), kommt von den Bahamainseln und Santo Domingo. Das echte Gelbholz wird von Cuba, Haiti, Santo Domingo, Tampico (Mexiko) in den Handel gebracht. Das echte Mahagoniholz wird von Honduras, Cuba, Mexiko, Santo Domingo, Nicaragua, Panamá verschifft. Zahlreiche Eisenhölzer, Zedernhölzer, eigentlich Cedrelahölzer (Staaten Chihuahua, Vera Cruz, Tabasco in Mexiko) werden in kleineren Mengen in den Handel gebracht.

Perubalsam von Myroxylon Pereirae Klotzsch wird hinter der „Balsamküste" San Salvadors gewonnen; Chiclegummi von dem weißen Sapotillbaum (Aclras sapota), dessen Früchte auch gegessen werden, in Yukatan und an der mexikanischen Golfküste bis Tuxpan hinauf.

Kautschuk liefern in Mittelamerika mehrere Castilloaarten und andere Pflanzen, besonders aber Castilloa elastica, ein Baum, der an der atlantischen wie pazifischen Küste, von 20° nördlicher Breite an nach Süden vorkommt. Da bei der Ausbeutung, wie oft bei Sammelwirtschaft, grober Raubbau getrieben ist, sind die Bäume selten geworden; doch hat man nun an verschiedenen Stellen (Escondido und Chontalesdistrikt in Nicaragua, im Staate Vera Cruz, zu La Esmeralda im Staate Oaxaca und zu Pischucalco im Staat Chiapas, Mexiko usw.) Kautschukpflanzungen[1]) angelegt. Den auf den nördlichen unfruchtbaren Plateaus (1000—2000 m hoch) wachsenden Guayulestrauch beutet man auch auf Kautschuk aus[2]).

Die Cohunepalme (Attalea Cohune), im südlichen Mittelamerika (besonders in Britisch-Honduras) an Flußufern häufig, liefert Früchte, aus denen man Gerichte, ein Getränk, Beleuchtungsmaterial bereitet; die Blätter dienen zur Bedachung von Hütten. Die Herzblätter der Kohlpalme (Oreodoxa oleracea) werden in Westindien gekocht und als Gemüse gegessen; auch gepickelt kommen sie auf den Tisch; aus den Früchten gewinnt man Öl, die Epidermis der Blattstiele kann als Schreibpapier, das Stammark als Sagomaterial, das Holz zu Bauten benutzt werden.

In Westindien dürfte schwerlich eine Insel zu finden sein, welche der Kokosnußpalme entbehrt.

Die amerikanische Ölpalme (Elaeis melanococca Gärt.) findet sich in Mittelamerika von Costa Rica südwärts an sumpfigen, schattigen Stellen.

Die Muritipalme (Mauritia flexuosa L.) auf Trinidad liefert aus dem Mark der Stämme ein sagoähnliches Mehl, aus dem Saft derselben ein berauschendes Getränk, aus den Früchten Fruchtmus und ein erfrischendes Getränk, aus den Fächerblättern Fäden zur Herstellung von Hängematten.

In Jamaica vertreten die Brotnüsse, Früchte von Brosimum Alicastrum Swartz., häufig die Stelle von Brot.

Papayas von Carica Papaya L., Barbadoskirschen von Malpighia urens und M. glabra, Früchte der Tamarinde usw. sind zu nennen. Die Aufzählung gebe einen Begriff von dem Reichtum an wildwachsenden Nutzpflanzen; einige von ihnen werden zugleich angebaut.

Die **Fischerei** an den Küsten ist überall nicht unbedeutend, im Golf von Kalifornien ist sie lebhaft. Perlen (von Margaritana californica) werden dort (Mittelpunkt La Paz) gefischt; auch in der Gegend von Acapulco und Punta Arenas (Costa Rica) kommen sie vor; um Ausrottung zu verhüten, setzt man zu kleine Muscheln und solche mit Laich wieder ins Wasser zurück, legte künstlich Bänke an, versuchte also Züchtung. Die Purpurschnecke (Purpura patula L.) wird noch an der Westküste Mittelamerikas gefischt, um Farbstoff hezugeben, ist aber schon, wie es scheint, selten. In den Meeren Westindiens haben einige Schildkröten nicht ganz geringe Wichtigkeit. Die Karettschildkröte (Chelonia imbricata) „Hawksbill" (liefert Schildpatt), die Suppenschildkröte (Chelone viridis oder mydas) „Green-Turtle" und die „Loggerhead"-Schildkröte (Chelonia Caretta) liefern Schildpatt, Fleisch, Eier. Austernbänke, die sich an den Küsten Mexikos finden, beabsichtigt man in rationelle Ausbeutung zu nehmen.

---

[1]) Nach einer neuen Schätzung sollen in Mexiko 100000 Acres mit Castilloa elastica bepflanzt sein. Wenn diese Schätzung zutreffend ist, würde Mexiko in Zukunft einer der wichtigsten Kautschuklieferanten des Weltmarktes werden. (Vgl. S. 138.) [2]) Man schätzt, daß 300000—400000 T. Guayule-Kautschuk aus den wilden Beständen gewonnen werden können.

Mexiko. Ackerbau. Weizen, Mais, Gerste, Bohnen und Erbsen — auch sonst in Mittelamerika und Westindien die Nahrungspflanzen — werden, meist mit künstlicher Bewässerung, auf dem Hochland gewonnen, etwas Reis an den Küsten in den Staaten Morelos, Vera Cruz, Michoacan usw. Orangenkulturen finden sich in den Küstenebenen, besonders im Staate Jalisco, Bananen gedeihen an den Küsten. Der Kakaobaum[1]) ist in Mexiko heimisch, und schon die Azteken bereiteten aus den Bohnen, die als Geld kursierten, Schokolade; die Produktion, in den Küstenebenen von Chiapas (Soconusco) und Tabasco konzentriert, liefert noch nicht genug für den eigenen Konsum. Für das Zuckerrohr[2]) sind auch nur die Abhänge des Hochlandes und die Küstenstriche geeignet, einst bedeutender, dann heruntergekommen, scheint die Zuckerrohrkultur in der „Tierra caliente" sich neuerdings mit Hilfe amerikanischen Kapitals lebhaft entwickeln zu wollen (Staaten Morelos, Vera Cruz, Puebla, Michoacan, Sinaloa, am Meerbusen von Tehuantepek usw.); vielleicht ist aber Arbeitermangel (ungesundes Klima) hinderlich. Auf dem Hochland bei Mexiko hat man mit der Zuckerrübenkultur begonnen. Der Anbau von Kaffee[3]) (Südost- und Südabhang des Hochlandes [Staaten Vera Cruz, Oaxaca usw.]) wird von den Einheimischen ganz nachlässig betrieben; die deutschen usw. Pflanzungen werden rationeller (Düngung usw.) bewirtschaftet.

Vanille wird besonders in Vera Cruz gezogen. (Vgl. S. 394.)

Der Tabak[4]), dessen Konsum im Lande sehr groß ist, wird in drei Hauptbezirken: San Andres-Tuxla und Tlapacoyan (Vera Cruz), um Simojovel (Chiapas) und im Territorium Tepic am Großen Ozean angebaut; die Qualität ist sehr verbesserungsfähig.

Das Nationalgetränk ist Pulque, das von Agavearten (auf trockenen, besonders vulkanischen Böden im Staate Puebla und Mexiko) hergestellt wird, namentlich im Staate Hidalgo; von denselben Pflanzen wird der Branntwein Mescal (zumal im Staate Jalisco) und der Tampicohanf (Istle[5]), Pitafaser) gewonnen, welch letzterer zum Teil aber auch von wildwachsenden Bromelia-(Ananas-)Arten stammt. An Stelle des angeblich schädlichen Pulque Bier zu bereiten, legt man jetzt im Staate Guerrero Hopfenpflanzungen an.

Baumwolle[6]) wird besonders im sog. Lagunadistrikt um Torreon, Staat Coahuila (Bezirk Laguna und in Durango, am Nazasfluß ausgedehntes Bewässerungssystem) im steppenhaften Norden des Hochlandes, ferner in Vera Cruz, Guerrero usw. angebaut. Zugunsten einer aufstrebenden Baumwollindustrie, die 1900/01: 30 000 Arbeiter in Puebla, Coahuila, Federal Distrito, Tlaxcala usw. beschäftigte, will man den Anbau weiter ausdehnen.

Der wertvollste pflanzliche Ausfuhrgegenstand Mexikos ist Henequen (Sisalhanf) von der Sisalagave, die auf trockenem Boden in der Nähe des Meeres im nördlichen Yukatan um Mérida (44 000 Einw.) angebaut und über den

---

[1]) Prod. 1901: 800 T. Vgl. Weltprod. S. 136. [2]) Prod. 1901/02: 103 000; 1902/03: 112 000; 1903/04: 107 000; 1904/05: 115000 T. (1903/04: Morelos 30,3, Vera Cruz 17, Puebla 15,9, Michoacan 11,8 Tausend usw.). [3]) Prod. i. Durchschnitt 1900—1902: 19 200 T. à 41,5 £ Wert = 1,9% d. Weltprod. 1903: 16 000 T. [4]) Prod. i. Durchschnitt 1900—1902: 12 700 T. = 1,2% d. Weltprod.; Prod. 1904 (Schätzung): 9200 T.; Ausf. 1904/05: 2,7 Mill. Doll. [5]) Ausf. 1904/05: 19 300 T. [6]) Ernte 1902/03: 124 300 Ballen = 0,7% d. Weltprod.; 1904: 75 000; 1905 (Schätzung): 90 bis 100 000 Ballen.

Hafen Progreso ausgeführt[1]) wird. Kautschuk s. S. 391, Chiclegummi s. S. 390.

Tierzucht[2]). Das Hochland eignet sich im Nordwesten wohl zur Rindviehzucht (Staat Jalisco usw.); die Schafe, in der Mitte und im Osten, haben geringwertige Wolle; Ziegen (Staaten Puebla, Nuevo Leon, Zacatecas) gibt es in großen Mengen. Die Pferde sind klein, aber brauchbar. Futterbau ist noch wenig bekannt, aber Anfänge von Rassenzucht sind vorhanden. Die Kakteen des Hochlandes haben einen beträchtlichen Anteil an der Ernährung des Viehes. Mit Einführung der Seidenraupenzucht macht man Versuche. Die Cochenille, eine Schildlaus, die auf einer Kaktusart Opuntia coccinellifera lebt und die bekannte Farbe liefert, wird wohl nicht mehr sehr viel gezogen, seitdem künstliche Farben Konkurrenz machen. Im Staate Guerrero hat man angeblich kalifornische Strauße akklimatisiert (?).

Bergbau. Mexiko ist außerordentlich mineralreich. Silber[3]) wird in riesigen Mengen in der westlichen Hälfte des Hochlandes, besonders in den Staaten Durango (Mapimi), Guanajuato (Beta Madre-Minen), Zacatecas, S. Luis Potosi (Hauptstadt S. Luis Potosi 61 000 Einw.) usw., zusammen mit Blei, gewonnen. Gold[3]) findet sich reichlich an den pazifischen Hängen und auf dem Hochland (El Oro-Distrikt westlich von der Stadt Mexiko). Für Kupfer[4]) ist M. (Staaten Sonora — Cananea —, Niederkalifornien, Chihuahua, Michoacan, Durango) jetzt der zweitwichtigste Produzent der Erde. Blei[5]) und Quecksilber[6]) (Huitzuco, Staat Guerrero und Guadalcazar, Staat S. Luis Potosi), mehrere wichtige Eisenlager (Sierra del Hierro, Durango, Cerro de Mercado; Eisenwerke zu Chihuahua und Monterey, 62 000 Einw.), auch Steinkohlenlager[7]) (Staat Coahuila — Vorrat 300 Mill. T. —, Puebla, Tlaxcala, Hidalgo usw.) werden abgebaut. An Zink soll Mexiko reich sein. Schwefel gewinnt man aus den Vulkankratern (Popokatepetl), Petroleum soll an der Golfküste (Staat Vera Cruz und Tamaulipas; Isthmus von Tehuantepek) reichlich vorhanden sein; an den Rändern der Laguna de la Madre, Moralanes, bei Soto La Marina und Tampico findet man Asphalt. Auf den trockenen Inseln (Las Tres Marias usw.) an der Westküste zwischen Manzanillo und Mazatlan beutet man Guanolager aus. Natronseen gibt es in dem dürren Küstenstrich am Golf von Kalifornien.

Die **Industrie** ist noch ziemlich gering, scheint aber einen Aufschwung zu nehmen. Das Land ist namentlich an den Hochlandrändern recht reich an Wasserkräften, die auch schon in ziemlichem Umfang ausgenutzt werden.

---

[1]) 1874 erst 1000 T.; 1880: 18 200 T. f. 1 778 000 Pesos; 1890: 45 100 T.; 1900: 81 000 T.; Ausf. 1905: 96 530 T. f. 29 625 000 P. [2]) 1903: Rinder 5,3 = 1,4% d. Weltprod.; Ziegen 4,26; Schafe 3,46, zusammen 1,4% d. Weltprod.; Schweine 0,64 = 0,3% d. Weltprod.; Pferde 0,87; Maulesel 0,34; Esel 0,3 (Pferde, Maulesel, Esel zusammen = 1,6% d. Weltprod.) Mill. Stück. [3]) Prod. 1521—44: 82 000; 1561—80: 1 004 000; 1661—80: 2 042 000; 1781—1800: 11 249 000; 1876: 601 000 kg; 1877/78: 24,8 Mill. Doll. Silber, 1901: 1 715 400 kg; 1902/03: 82,3; 1904/05: 79,1 Mill. Doll.; Bergwerksprod. 1903: 2193,2 T. = 41,4%; Hüttenprod. 860 T. = 16,2% d. Weltprod. Gold 1521—44: 5040; 1561—80: 6800; 1661—80: 7265; 1781—1800: 24 580; 1876—80: 7308; 1896—1900: 60 720 kg; 1877/78: 0,75 Mill. Doll.; 1902/03: 32,5; 1904/05: 29,6 Mill. Doll. (soweit zur Münzprägung verwendet). Prod. 1905: 13,5 Mill. am. Doll. = 3,6% d. Weltprod. [4]) Prod. 1904: 50 900 T. (à 1016 kg); 1905: 65 185 T. = 9,2% d. Weltprod.; Ausf. 1904/05: 137 700 T. [5]) Ausf. durchschnittlich jährlich 95 000; 1904: 107 000 T. = 11,5% d. Weltprod.; Ausf. 1904/05: 97 600 T. [6]) Prod. 1904 (Schätzung): 190 T. = 5% d. Weltprod. [7]) Prod. 1904: 700 000 T.

Besonders die Baumwollen-[1]), Eisen-, Stahl-, Schuh-, Wollen-, Tabak- und Zuckerindustrie entwickeln sich. Puebla (94 000 Einw.) und Guadalajara (101 000 Einw.) sind neben der Hauptstadt Mexiko wichtige Industrieorte.

Verkehr und **Handel.** Das Land, ein Hochplateau, ist von den ungünstigen Küsten aus schwer zugänglich; aber das Eisenbahnnetz ist durch amerikanischen Unternehmungsgeist neuerdings schnell entwickelt; die Nachbarlage neben den Ver. Staat. erweist sich für das Land als heilsam anregend. Matamoros, Tampico, Vera Cruz, Coatzacoalcos, Progreso sind die atlantischen, Guaymas, Mazatlan, San Blas, Manzanillo, Acapulco, Salina Cruz die pazifischen Häfen. Mit der Verbesserung der Häfen ist man eifrig beschäftigt. Auch Kanäle werden gebaut. Von großer Wichtigkeit für den internationalen Verkehr ist die „Mexikanische Isthmuslinie" von Caotzacoalcos nach Salina Cruz über den Isthmus von Tehuantepek. Mexiko (345 000 Einw.) ist für den Verkehr der Mittelpunkt.

Ausfuhr 1874/75: 27,3; 1884/85: 46,7; 1894/95: 90,9; 1902/03: 197,7; 1903/04: 196,7; 1904/05: 208,5; 1905/06: 271,14 Mill. Silber-Peso (Gold in Barren 27,7; Silber in Barren 66,04; Silbermünzen 49,67; Kupfer 8,66; Blei 4,97; Henequen 29,6; Kaffee 9,29; Vanille 4,16; Istle 3,67; Hölzer 1904/05: 2,9; Rohtabak 2,7; Lebendes Vieh 1905/06: 3,27; Häute und Felle 7,88 usw.). Einfuhr 1874/75: 18,8; 1884/85: 23,8; 1894/95: 34; 1902/03: 75,9; 1903/04: 78,4; 1904/05: 85,9 Mill. Gold-Peso oder 178,2 Silber-Peso; 1905/06: 220,65 Silber-Peso (Industrieerzeugnisse). An der Ausfuhr waren beteiligt 1902/03 die Vereinigten Staaten mit 81% (1904/05: 72,2), an der Einfuhr mit 59% (1904/05: 56,3), Großbritannien mit 7 (8,6)% und 12 (12,1)%, Deutschland mit 3 (8)% und 10 (11,4)% usw.

Die **Bevölkerung,** 13,6 Millionen (19% Europäer und Kreolen, 38% Eingeborene, 43% Mischlinge) auf 1 987 000 qkm, ist am dichtesten auf dem Hochland um Mexiko: Distrito Federal 397, Tlaxcala 42, Mexiko 40, Guanajuato 37, Puebla 32, Hidalgo 27, Morelos 23, Queretaro 20 Einw. auf 1 qkm usw.

Guatemala. Mais und Bohnen liefern die Hauptnahrung. Kaffeepflanzungen[2]) auf vulkanischem Boden, der in Mittelamerika den Kaffeeanbau sehr begünstigt, im hohen, ziemlich gesunden Westen des Landes, besonders um Coban (31 000 Einw., viele Deutsche), liefern ein wertvolles Ausfuhrprodukt; Zuckerrohranbau; Vanille findet sich wild. Der Kakaobau ist gering. Der flache Osten liefert Hölzer, Kautschuk, Bananen (um Livingston). Im Hochland ein wenig Viehzucht. Goldbergbau. 1907 oder 1908 hoffte man die transkontinentale Bahn S. José—Guatemala—Puerto Barrios fertig zu stellen. Ausfuhrhäfen sind S. José de Guatemala und Champerico im Westen, Livingston und Puerto Barrios im Osten. Ausfuhr 1906: 7 136 000 (Kaffee 6,16 Mill., Holz 178 000, Häute 281 000, Kautschuk 194 000, Bananen 155 000); Einfuhr 7 221 000 Doll. Die **Bevölkerung,** 1,84 Mill. Einw. auf 113 000 qkm, meist Mischlinge und Indianer wie in ganz Mittelamerika, sitzt, wie in den anderen mittelamerikanischen Staaten, im hohen Westen; Hauptstadt Guatemala (97 000 Einw.).

---

[1]) 1903: 26 000 Menschen beschäftigt; 30 000 T. Baumwolle verarbeitet. [2]) Prod. im Durchschnitt 1900—1902: 33 900 T. = 3,3% d. Weltprod. Deutschland bezog 1905: 18 300 T.

Britisch-Honduras, an der bewaldeten Ostküste gelegen, führt Hölzer (Blau-, Mahagoni-, Zedernholz)[1]), Früchte (Bananen und Kokosnüsse), etwas Kautschuk und Gummi aus. Hafen Belize. 39 700 Einw. auf 19 600 qkm.

Honduras. Etwas Kaffee wird im Westen (kurze Küste) im Dep. Choluteca und El Paraiso gebaut, Tabak im Dep. Copan; auch Indigo und etwas Zucker wird produziert. Im waldreichen Osten werden von der Nordküste und den Bay Islands Bananen, Zitronen, Orangen, Kokosnüsse (Hafen La Ceiba und Puerto Cortez) ausgeführt[2]). Mahagoni-, Zedern-, Moraholz und etwas Kautschuk wird gesammelt. Um Tegucigalpa (35 000 Einw.) und Jutigalpa (18 000 Einw.) werden Gold- und Silberminen ausgebeutet und viel Kupfer wird produziert[3]). Vieh und Häute kommen zur Ausfuhr. Hauptsächlich Rinder und Schweine werden gehalten, wie überhaupt in Mittelamerika. Amapala im Westen, Puerto Cortez, La Ceiba, Trujillo im Osten sind die Häfen. (1905) 500 000 Einw. (ohne die wilden Indianer) leben auf 114 700 qkm.

El Salvador an der pazifischen Küste. Erzeugnisse sind Kaffee[4]), Indigo, Perubalsam (s. S. 390), Zucker, Tabak, Silber. Acajutla, La Libertad, La Union (guter Hafen an der Bai von Fonseca) sind die Häfen. Ausfuhr 1905: 5 639 500, Einfuhr 4 356 000 Doll. Das Land, nur Hochlandboden umfassend, ist ziemlich bevölkert: 1 007 000 Einw. auf 21 200 qkm. Hauptstadt San Salvador (60 000 Einw.).

Nicaragua. Kaffee wird um Managua (25000 Einw.), Matagalpa, Leon (45 000 Einw.) und Granada (im westlichen Hochland), Zuckerrohr in den Provinzen Chinandega und Leon gebaut. Bananen (am 67 Meilen für Dampfer schiffbaren Rama), Hölzer (Mahagoni und Log wood), Kautschuk werden an der Ostküste produziert[5]). Im Hochland etwas Tierzucht. Im Distrikt San Juan del Norte Goldbergbau. Eine transkontinentale Bahn von San Miguelito am schiffbaren Nicaraguasee nach Monkey Point am Atlantischen Ozean ist im Bau, eine zweite nach Prinzapolca geplant. Wichtigster Ausfuhrhafen im Westen Corinto; dazu S. Juan del Sur, im Osten Bluefields (Bananen) und Greytown. Die Laguna de las Perlas wird in einen Hafen umgewandelt. Ausfuhr 1904: 3 926 000, Einfuhr 3 200 000 Doll. 429 000 Einw. auf 128 300 qkm.

Costa Rica. Im Innern des Landes um San José (25 000 Ein.) wird sehr geschätzter Kaffee[6]) gebaut; etwas Kakao und Zuckerrohr; Ausfuhrhafen des Westens Punta Arenas. An der Ostküste hat die Bananenkultur (Puerto Limon) einen überraschenden Aufschwung[7]) genommen; auch Hölzer und ein wenig Kakao und Kautschuk (73 T.) kommen zur Ausfuhr. Noch 1906

---

[1]) 1901: 0,76 (1902: 0,58) Mill. Doll. von 1,4 (1902: 1,4) Mill. Doll. im ganzen. Einfuhr 1902: 1,23 Mill. Doll. [2]) Ausf. 1905: Bananen 2 078 000; Kokosnüsse 211 000; Hölzer 128 000; Kautschuk 84 000 Doll. [3]) Ausf. 1905: Kupfer 1 154 000, Gold- und Silber 814 000 Doll. [4]) Ausf. 1901: 25 000; 1905: 27 600 T. Ausf. i. Durchschnitt 1900—1902: 24 850 T. = 2,4% d. Welternte, Wert pro T. = 28,6 £, also ziemlich geringe Qualität. [5]) Ausf. 1904: Kaffee (Prod. 1906 nach Schätzung 6000 T.) 1 404 000; Gold 687 000; Mahagoni 630 000; Kautschuk 298 000; Bananen 286 000; Vieh 170 000 Doll. [6]) Ausf. i. Durchschnitt 1900—1902: 15 900 T. = 1,5% d. Weltprod.; 1902/03: 290 000; 1903/04: 209 000; 1904/05: 295 000 Sack. 1904/05 Ausf. von San José 18 000 T. Wert 1903: 4,2; 1904: 3,08; 1905: 3,77 Mill. Doll. Wert pro T. 1900—02: 43 £. [7]) Ausf. 1903: 2,3; 1904: 3,03; 1905: 3,65 Mill. Doll.

sollte die wenig leistungsfähige interozeanische Schmalspurbahn Punta Arenas—Limon fertig werden. Ausfuhr 1905: 8 148 000, Einfuhr 5 239 000 Doll., davon über 50% aus den Ver. Staaten. (1904) 331 000 Einw. auf 48 400 qkm.

Westindien.

Unter dem Schutze der Ver. St. steht die Republik **Cuba.** Größer als das ganze übrige Westindien, ist sie noch wenig der Wirtschaft erschlossen; denn 47% des Bodens sind bewaldet, 26% natürliche Weiden; 30% des Bodens eignen sich zum Anbau, aber nur 3% sind bestellt, davon die Hälfte mit Zuckerrohr[1]). In den kalkreichen flachen Zentralprovinzen: Habana, Matanzas, Santa Clara besonders, wird es am meisten gebaut, und zwar in Großplantagen, die mit allen modernen Maschinen usw. ausgestattet sind; die Häfen Cienfuegos (30 000 Einw.), Matanzas (36 000 Einw.), Habana (236 000 Einw.), Cardenas exportieren am meisten Zucker. Der Tabak[2]) ist berühmt, von dem der beste in der Vuelta Abajo an der Südseite der Sierra de los Organos „unter dem Winde", in der Nähe von Habana wächst, das mit Cienfuegos, Trinidad und Santiago (43 000 Einw.) sowohl Zigarren und Zigaretten als auch Blättertabak ausführt.

Für die Ernährung der Bevölkerung sind Bataten und Mais wichtig; Eßwaren: Mehl, Reis, Fleischwaren usw. müssen in großen Mengen eingeführt werden, da das Land, eine echte Pflanzungskolonie, wenig für Nahrungsmittelproduktion gebraucht wird. Bananen, Kokosnüsse, Apfelsinen gedeihen üppig und werden auch frisch, getrocknet und zubereitet ausgeführt.

Etwas Kakao[3]), Kaffee (sein Anbau einst blühend!), Hölzer (von den Gebirgen des Ostens) werden produziert. Die Erzeugung von Sisalhanf nimmt zu. Man will der Baumwollkultur in Zukunft Aufmerksamkeit widmen, da die Sea Island-Baumwolle hier vorzüglich gedeihen soll.

Die Viehzucht[4]) fängt an sich von dem Rückgang durch die Aufstände zu erholen.

Mangan- und Eisenerz[5]) wird im Gebirge des Südostens gewonnen.

Außer Zucker- und Tabakfabriken gibt es Alkoholdestillerien, Hanffabriken, Brauereien, Sägemühlen, Gerbereien, Streichholzfabriken usw. Es ist aber noch eine sehr große Einfuhr von Industriewaren nötig.

Die Verkehrsverhältnisse (Eisenbahnnetz) lassen noch zu wünschen übrig. Lage und Hafenreichtum begünstigen außerordentlich den Außenverkehr. Die Häfen werden verbessert. 1,6 Millionen Einw. (30% Farbige) auf 119 000 qkm. 1905 wanderten 54 000 Menschen, besonders Spanier, ein.

---

[1]) Ernte 1840: 200 000 T.; 1860: 447 000; 1870: 726 000; 1880: 530 000; 1894: 1,054 Mill. T.; 1900: 283 600 T.; 1903/04 = 13—14% d. Weltprod. an Rohrzucker; 1904: 1 052 300 T.; Schätzung für 1906: 1 325 000 T. (Vgl. S. 130.) Ausfuhr von Zucker 1902: 30; 1903: 40,45; 1904: 54,26 Mill. Doll. Ausf. 1905/06: 1 150 000 T., nach den Verein. Staaten. (Vgl. S. 380.) [2]) Prod. i. Durchschnitt 1900—1902: 24 900 T. = 2,3% d. Weltprod. Dem Werte der Prod. nach steht Cuba an dritter Stelle auf der Erde. Der Habanatabak ist die höchstbewertete Tabaksorte der Erde. Prod. 1905: 21 500 T. Ausf. 14 800 T. Rohtabak = 15,2; 227 Mill. Zigarren = 14,76 Mill. Doll. (Vgl. S. 137.) [3]) Prod. Cubas u. Portorikos i. Durchschnitt 1902—04: 2590 T. = 2% d. Weltprod. [4]) 1895: 2 486 000; 1903: 1 224 000 Rinder; 585 000 u. 230 000 Pferde u. Maultiere; 1895: 570 000 Schweine; Schafe gedeihen fast gar nicht. Es muß noch viel Vieh eingeführt werden. [5]) Prod. 1903: 619 000 T. = 0,6% d. Weltprod.

Ausfuhr 1902: 64,9; 1903: 78,5; 1904: 90; 1904/05: 99,2; 1905/06: 105,2 Mill. Peso (1904: Zucker 54,3; Tabak, verarbeitet, 13,67; roh 11,3; Früchte 2,64; Holz 1,7; Eisen- und Kupfererze). Einfuhr 1902: 60,6; 1903: 63,5; 1904: 77; 1904/05: 83,8; 1905/06: 106,16 Mill. Peso (1904: Getreide 8,3; Baumwolle und Baumwollwaren 8,1; Tiere 7,8; Fleisch 6; Maschinen 3,8; Manufakturwaren 3,26 usw.). Die Vereinigten Staaten haben 64,7%, Großbritannien 11,2%, Spanien 6,1%, Deutschland 5,5%, Frankreich 3,2% Anteil am Außenhandel.

Die Insel **Haiti** umfaßt die Negerrepubliken Haiti und die Dominikanische Republik. Haiti hat günstige Bedingungen für den Anbau tropischer Gewächse. An den Küsten sind Kakao[1]) (bei Jérémie), Baumwolle, Kokospalmen gepflanzt, im Innern ist der Kaffee das Hauptprodukt[2]), wird aber liederlich behandelt. Auf den Tabakbau setzt man große Hoffnungen. Haiti war unter französischer Herrschaft Ende des 18. Jahrhunderts einer der wichtigsten Zuckerproduzenten[3]), aber die Revolution 1791 vernichtete den Anbau. Port-au-Prince, Cap Haïtien und Aux Cayes sind die Haupthäfen. Ausfuhr 1904/05: 8,97; Einfuhr 3,87 Gourdes. 1,43 Million Einw. (Neger und Mulatten) auf 28 700 qkm.

Die **Dominikanische Republik** (500 000 Einw. auf 48 600 qkm) erzeugt ziemlich viel Zucker[4]) bei den Hafenstädten Sto. Domingo (20 000 Einw.), Puerto Plata und San Pedro de Macoris. Der Tabak[5]), ausgezeichnet gedeihend, wird mangelhaft behandelt. Kakao[6]) wächst an den Küsten (Täler des R. Yaqui und R. Yuna) sehr gut. Ausfuhrhäfen Sanchez und Puerto Plata. Der Kaffee, wenn sorgfältig gepflegt und eingebracht, würde ausgezeichnet sein. Dividivischoten zum Gerben und Hölzer (s. S. 390) kommen zur Ausfuhr. Häute werden verschifft. Im Sw. wurde Petroleum erschlossen. Die Verkehrsverhältnisse sind im Innern beider Republiken sehr wenig entwickelt. Die wichtigsten Häfen der Dominikanischen Republik sind Puerto Plata, Santo Domingo, San Pedro de Macoris und Sanchez.

Portoriko (Puerto Rico), Kolonie der V. St., baut in den schmalen Küstenebenen Zuckerrohr[7]) und Baumwolle[8]) (angeblich bester Qualität); im Süden ist künstliche Bewässerung nötig. An den Hügeln des Landesinnern, besonders im Norden, gibt es ausgedehnte Pflanzungen von Kaffee[9]) (Orkan 1899) und gutem Tabak[10]). Kakao s. S. 396 Anm. 3. Für 1903 erwartete man 12000 Ballen Baumwolle zu ernten. Der Nahrungsmittelanbau (Mais, Bergreis, Früchte) ist gering und die Einfuhr von Nahrungsmitteln bedeutend. Auf den Bergen züchtet man Rindvieh. Häute und Felle werden ausgeführt.

[1]) Prod. i. Durchschnitt 1902—04: 2230 T. = 1,7% d. Weltprod. [2]) Ausf. 1901/02: 32 000 T.; Ausf. 1904: 81 350 Sack; Prod. i. Durchschnitt 1900—1902: 25 450 T. = 2,5% d. Weltprod., Wert pro T. außerordentlich gering: 18 £. Kakao 1904: 3857 Sack; Baumwolle 591 Ballen. [3]) 1770: 80 000 T. [4]) Ausf. 1901: 50 000 T. Prod. d. ganzen Insel Haiti soll betragen haben 1904/05: 45 000 T. = 0,7% d. Weltprod. [5]) Prod. i. Durchschnitt 1900—1902: 12 500 T. = 1,2% d. Weltprod.; Ausf. 1901: 5650 T. [6]) Ausf. 1901: 5500; 1904: 6779 = 4,6% d. Weltprod.; 1905: 13 895 T., davon 5900 T. nach Deutschland; 1906 (Schätzung): 13 700 T. Prod. i. Durchschnitt 1902—04: 10 100 T. = 8% d. Weltprod. [7]) Prod. 1902: 85—90 000 T. Ausf. 1902: 82 000; 1903: 101 000; 1904: 116 000; 1905: 121 000 T. à 2240 e. Pfd., fast ganz nach den Ver. Staaten. Prod. 1903/04 = an 2% d. Weltprod. v. Rohrzucker. [8]) 1902 etwa 9000 Ballen. [9]) Ausf. 1900/01: 6100; 1901/02: 13 500; 1902/03: 17 600; 1903/04: 17 200 T. = 3,9 Mill. Doll. Ausf. i. Durchschnitt 1900—1902: 15 100 T. = 1,5% d. Weltprod., Wert pro T. sehr hoch: 52,8 £. [10]) Prod. i. Durchschnitt 1900—1902: 2000 T. = 0,2% d. Weltprod.; Ernte 1902: 1750 T.; 1904: 2760 T. Ausf. 1904: 1098 T. u. 87,57 Mill. Zigarren = 2,57 Mill. Doll.

Phosphatlager sind gefunden. San Juan (32 000 Einw.), Ponce (Playa, 28 000 Einw.) und Mayaguez sind die Haupthäfen. Die Insel ist sehr bevölkert: 953 000 Einw. (62% Weiße) auf 9300 qkm.

Die britischen Besitzungen.

Die Bahama-Inseln mit der Hauptstadt Nassau liefern ziemlich viel Schwämme und produzieren auf Kalkstein und Korallen Früchte (Ananas, Orangen, Guaven, Mangopflaumen) für den amerikanischen Markt. Henequenanpflanzungen (Bahama hemp) gibt es auf Großbahama, Abaco, Harbour Island. Ausfuhr 1905: 223 000, Schwämme 113 800; Sisalhanf 37 500; Ananas 19 800 und Ananasfrüchte in Büchsen 11 700; Schildpatt 8 500, Einfuh 292 000 £. 57 000 Einw. auf 14 000 qkm.

Jamaica[1]) erzeugt sehr viel Früchte für den Markt der V. St.: Bananen, Kokosnüsse, Apfelsinen. Der Kaffeeanbau ist gegen frühere Zeit stark zurückgegangen. Zucker, Rum, Kakao[2]) wird gewonnen, Piment (Jamaicapfeffer) vom Pimentbaum, der auch sehr geschätzte Schirmstöcke liefert, Ingwer usw. Auch Hölzer werden ausgeführt. Die Engländer beabsichtigen große Baumwollpflanzungen anzulegen. Kingston (47 000 Einw.), Januar 1907 durch ein schweres Erdbeben betroffen, ist der Haupthafen. 807 000 Einw. (zum größten Teil Farbige — Neger und Mischlinge wie auf allen westindischen Inseln) auf 10 900 qkm.

Barbados[3]) produziert fast nur Zucker und Melasse, da das Zuckerrohr, schon nach 1½ Jahren Ernten liefernd, wegen der Orkangefahr das bevorzugte Gewächs ist. Den allgemeinen Rückgang der Rohrzuckerindustrie in Britisch-Westindien, seit Aufhebung der Sklaverei und seit Aufkommen des Rübenzuckers, versuchen die Engländer aufzuhalten durch Errichtung von großen Zentral-Zuckerfabriken, um die Vorteile des Großbetriebes zu erreichen; aber der rückständige Anbau der weit überwiegenden Neger und Mischlinge wird ja damit nicht verbessert. Seit Bestehen der Brüsseler Zuckerkonvention soll die Zuckerindustrie in ganz Britisch-Westindien im Aufschwung sein. Sea Island-Baumwolle und Bananen werden angebaut. Hafen Bridgetown (21 000 Einw.). 198 000 Einw. auf 430 qkm.

Auf Trinidad[4]), das zyklonenfrei ist, ist der Kakao das wichtigste Produkt und hat einen hohen Ruf. Zucker nebst Melasse und Rum wird hier in großen Fabriken erzeugt. Die Früchteproduktion steigt: Kokosnüsse, Limonen, Ananas. Ein Asphaltsee ist ein wertvoller Besitz, Kohlen baut man ab. Hafen Port of Spain (54 000 Einw.). Mit Tobago 300 000 Einw. auf 4540 qkm. Tobago, 300 qkm, trägt Kakao- und Kautschukplantagen, Auf St. Kitts (St. Christopher) und Nevis bedeutende Zuckerproduktion[5]);

[1]) Ausf. 1904/05: Bananen 514 200 £, Piment 137 000; Kaffee 85 200, Zucker u. Rum 209 000, Apfelsinen 62 000; Blauholz 75 700 £ usw., im ganzen: 1,44 Mill. £. Einf. 1,67 Mill. £. [2]) Prod. i. Durchschn. 1902—04: 1610 T. = 1,2% d. Weltprod. [3]) Ausf. 1902: 446 000 £ (Zucker usw. 421 000); Einf. 873 000 £. [4]) Ausf. 1903/04: Kakao (Prod. 1850: 2—3000; 1880: 5000; 1895: 15 900: 1904: 19 700 T. = 13,4% d. Welternte) £, 0,91; 1905/06: 1,04 Mill. £; Ausf. 1904: 17 500 T.; Prod. 1905: 15 900; 1906 (Schätzung): 20 000 T. (Vgl. S. 136, Anm. 2.) Zucker, Prod. 1882: 55 300 T., 1904: 44 000 T. = etwa 0,7 % d. Weltprod.; Ausf. 1904/05: 772 100; 1905/06: 452 000 £, Asphalt 1903/04: 198 700 £. Ausf. 1905/06 mit Tobago: 3 168 700 £, Einf.: 3 303 600 £. [5]) Ausf. 1900: 7500; 1905: 12 000 T. (1904: 12 200 T. = 110 600 £).

auch Antigua erzeugt viel Zucker[1]); Grenada Kakao[2]) und Gewürze (Muskatnüsse); St. Lucia Zucker und Kakao; St. Vincent Zucker und Pfeilwurz[3]), Dominica Kakao, Limonensaft (1901/02 für 32 000 £) und Limonen (Zitronen); Montserrat Limonen. Der Baumwollenanbau (St. Kitts und Nevis, Antigua, Montserrat) nimmt zu.

Französische Besitzungen.

Guadeloupe und Martinique erzeugen fast nur Zucker[4]) und Tafia (eine Art Rum); dazu ein klein wenig Kaffee[5]), Kakao und Holz. Guadeloupe hat mit Dependenzen 182 000 Einw. auf 1870 qkm, Martinique 207 000 Einw. auf 990 qkm. Häfen St. Pierre (26 000 Einw.), Fort Royal (22 000 Einw.).

Dänische Besitzungen: Die Inseln S. Thomas (Bayrum), St. John und St. Croix (Zuckerrohr und Früchte) haben bei ihrem kleinen Areal geringe Produktionsfähigkeit, aber durch ihre Lage kommerziellen und strategischen Wert. Der Hafen Charlotte Amalie (10 000 Einw.) auf S. Thomas ist noch heute als Vorrats-, Reparatur-, Kohlen- und Marinestation für die nach Mittelamerika Schiffahrt treibenden europäischen Mächte wichtig. 30 500 Einw. auf 357 qkm.

Die niederländischen Inseln siehe S. 409 f.

4. Südamerika.

In Südamerika gehört im allgemeinen das Andengebiet der Wirtschaftsstufe der Tradition, das Urwaldgebiet der des Instinktes an, und die Wirtschaftsstufe der Wissenschaft bahnt sich an in kleinen Teilen Chiles und größeren Argentiniens, auch in Uruguay und Südbrasilien.

Besonders in den tropischen Teilen hat die Sammelwirtschaft noch eine hervorragende Bedeutung.

Die **natürliche Pflanzenwelt.** In den Anden sind es die wasserreichen warmen Täler, im östlichen Flachland der Urwald, wo eine wirtschaftlich wichtige Pflanzenwelt von Natur sich findet. Die Elfenbeinpalme in etwa 15 Arten, besonders Phytelephas macrocarpa Ruiz et Pavon und Ph. microcarpa R. et P.), zwischen 9° n. Br. und 8° s. Br., zwischen 70° und 79° w. L., findet sich in niederen und mäßigen Höhen an feuchten Standorten in Gruppen, besonders in den Ufergebieten des Magdalena und seiner Zuflüsse; sie liefert die Steinnüsse (ein Baum 70 bis 100 kg) als Elfenbeinersatz. Die Samen enthalten ein saftiges, süßschmeckendes, genießbares und zur Bereitung eines Getränkes dienendes Innere. Die Pupunhapalme (Batries speciosa Drude), am oberen Laufe des Orinoco, an den Ufern des Atabapo und seiner Zuflüsse und am mittleren und oberen Amazonas bei den Indianerdörfern angepflanzt, gibt jährlich 150 bis 200 aprikosengroße Früchte, die gekocht oder geröstet gegessen werden oder auch zu Mehl verarbeitet in die Vorratskammern wandern und für die

---

[1]) Ausf. 1900: 7700; 1904: 11 900; 1905: 7800 T. = 83 100 £. [2]) Prod. i. Durchschnitt 1902—04: 6100 T. = 4,7% d. Weltprod. [3]) Ausf. 1904/05: Zucker 9800; Tapiokamehl 20 700; Kakao 2255 £. [4]) Martinique, Ausf. 1882: 47 890; 1892: 19 500; 1902/03: 29 035; 1904/05: 25 000 T.; Guadeloupe, Ausf. 1883: 52 000; 1892: 46 000; 1902: 38 000; 1904: 36 000 T. [5]) Schätzung 1906: 3000 T.

Indianer eine wichtige Nahrungsquelle sind. Die Assaipalme (Euterpe oleracea Mart.) in der sumpfigen Urwaldgegend der Amazonasmündung liefert aus ihren Früchten ein rahmartiges Getränk. Die Macoyapalme (Acrocomia sclerocarpa Mart.), auch in Jamaica, Trinidad usw., kommt an der Ostküste Südamerikas bis nach Rio de Janeiro südwärts vor, liefert Öl aus den Früchten. In den Wäldern von Guayana liefert Caryocar nuciferum die hühnereigroßen Suarinüsse mit weichem und süßem Kern, ebenda Caryocar butyrosum die Pekeanüsse. Brasil- oder Paránüsse stammen von Bertholletia excelsa Humb. et Bonp., einem Baum, der im Amazonastal, aber auch im übrigen nördlichen Brasilien, in Guayana und Venezuela vorkommt; die Früchte, 18 bis 25 Samen enthaltend, werden von den Indianern gesammelt zur Nahrung und Ölgewinnung und auch in großen Massen über Pará, Demerara und Cayenne verschifft[1]). Im Amazonastal und in Guayana sind auch heimisch: Lecythis Ollaria L., der Affentopfbaum, dessen große Fruchthüllen zu Trinkgefäßen dienen, und dessen „Sapucayanüsse" einen mandelartigen, süßen Geschmack haben, so daß den Indianern die Tiere bei der Einsammlung stark Konkurrenz machen; auch Lecythis zabucajo liefert „Sapucayanüsse". Der Brotfruchtbaum (Artocarpus incisa) liefert stärkereiche Früchte im tropischen Südamerika. Noch viele andere Früchte- und Nußlieferanten, besonders der Urwälder, ließen sich nennen. Aus einigen Bäumen, z. B. Guilielma granatensis Karst. in Colombia und Venezuela, wird das Mark der Stämme zu Mehl und Stärke verarbeitet. Mehrere Bäume liefern Harze und Wachs. Die Carnaubapalme (Copernicia cerifera Mart.), wild auf feuchtgründigem Boden der trockenen brasilianischen Provinzen Ceará (am Jaguaribe, besonders in der Gegend von Aracaty, und an anderen Flüssen des Staates), Piauĥy, Rio Grande do Norte, Parahyba gibt außer eßbaren Früchten, Flechtmaterial und Holz das Carnaubawachs[2]) zur Kerzenbereitung usw. Palmwachs wird von der Wachspalme (Ceroxylon andicola Humb. et Bonp.), die in den Anden Colombias, Ecuadors, Venezuelas in Höhen von 2000 bis 3000 Meter wächst, gewonnen. Das Wachs bedeckt die zu fällenden Bäume in bis 6 mm dicken Krusten, und jeder Baum gibt etwa 12,5 kg Wachs zur Kerzenbereitung usw. Zu Kerzen werden auch das Myricawachs von Myrica arguta Kunth. und M. caracassana (?) in Colombia und Venezuela, das Wachs von Brosimum galactodendron Don. (amerikanischer Kuhbaum) in Venezuela, das Ocubawachs, wohl von Myristica Ocuba am Amazonas, das Wachs von Langsdorffia hypogaea in Colombia verarbeitet.

Copaivabalsam[3]) stammt von mehreren südamerikanischen Copaiferaarten, von C. Jacquinii (Maracaibobalsam aus dem Innern Venezuelas), C. Langsdorffii (Bahia und Ceará); auch C. coriacea (Brasilien) und C. guayanensis (Guayana, Nordbrasilien) sollen ihn liefern. Am meisten Copaivabalsam kommt von Pará und Maranhão in Brasilien, nächstdem von Maracaibo in Venezuela.

Die Stammpflanze des Tolubalsams ist Myroxylon toluiferum im Nordwesten Südamerikas. Im Gebiete von Mercedes, Plato, Turbaco, Tolu und zwischen R. Sinú und Cauca (Colombia) wird der Tolubalsam in Behältern aus Tierfellen (!) aufgefangen und gelangt zum Magdalena und auf diesem zum Meere. Die südamerikanischen Kopale

---

[1]) Die Nußernte Brasiliens 1902 auf 7200 T. geschätzt, Ausf. (über Manáos u. Pará) 1905: 198 000, 1906: 96 800 hl f. 2,02 Mill. Pap.-Milreis. [2]) Ausf. 1900: 1000 T., meistaus der Gegend von Aracaty, 1905: 1897, 1906: 2559 T. = 6,3 Mill. Pap.-Milreis. [3]) Über Ciudad Bolivar 1900: 25 000 Boliv.; über Maracaibo im 2. Halbjahr 1901: 15 300 kg.

(Elemi) stammen durchweg von lebenden Bäumen: Hymenaea Courbaril in der brasilianischen Provinz Amazonas, in Guayana und Venezuela, H. stilbocarpa in der brasilianischen Provinz Parahyba do Norte, usw. Aus Styrax Benzoin in Brasilien wird Benzoe gewonnen, südamerikanisches Drachenblut von Pterocarpus Draco und Croton gossypifolium H. B. K. Viele andere Harzlieferanten ließen sich noch nennen. Besondere Wichtigkeit haben neuerdings die Kautschuk gebenden Pflanzen erhalten. Die Cambibas (Indianer) am oberen Amazonas machten sich schon in vorcolumbischer Zeit ihre Gefäße durch Kautschuk wasserdicht, und andere Stämme am Amazonas fertigten daraus Spritzen (daher Pao de seringa Kautschukbaum, seringueiro usw.), Fackeln und Schuhe. Erst etwa vom Anfang des 19. Jahrhunderts an findet der Kautschuk in den Kulturstaaten eine stets sich vervielfältigende Verwendung. Die wertvollste Kautschuksorte ist der Parákautschuk (drei Qualitäten: Island Rubber oder Pará fin, auch „Fina" [Borracha], 60%; Pará entre fin, auch „Entrefina" [Borracha], 11%; Negerkopf-Cabeça de Negro, auch Negroheads, Coarse oder Scrappy, oder Sernamby 29%), der von mehreren Arten der Gattungen Hevea (Siphonia) und Micranda gewonnen wird, besonders von Hevea Sieberi (fälschlich Hevea brasiliensis Müll. Arg.) im unteren Amazonasgebiet, H. Spruceana Müll. Arg., höher am Amazonas hinauf in der Gegend der Tapajozmündung, H. guayanensis Aubl., im französischen Guayana, aber auch bis zum Rio Negro vorkommend, usw. „Caucho" stammt namentlich aus Peru und stellt eine besondere, von dem Produkt der Siphonia verschiedene Sorte dar.

Am oberen Orinoco wächst die echte Hevea brasiliensis Müll. Arg. Die Heveas wachsen zerstreut zwischen anderen Bäumen des feuchten Urwaldes, der am ausgedehntesten im Deltagebiet des Amazonas ist, während er im Innern des Landes mehr auf die nähere Umgebung der Flüsse beschränkt ist und den zwischen den Flußsystemen liegenden Campos und Savannengebieten, wie auch den Gebirgen fernbleibt[1]); im Überschwemmungsgebiet der Flüsse soll die Qualität des Kautschuk am besten werden (?). Dem widerspricht aber, daß der „Upriver"-Gummi (Sertão-Gummi) am besten bezahlt wird, z. T. freilich, weil er bei dem langwierigen Transporte stromab besser ausgetrocknet ist, während der wasserhaltigere Insel-Gummi noch auszutrocknen ist. Die Ausbeutung der Kautschukbestände schritt vom Mündungsgebiet den Amazonas und seine Nebenflüsse aufwärts; die südlichen Nebenflüsse (Tapajoz, Madeira, Purús, Juruá, Javary usw.) sind weit ergiebiger als die nördlichen (Rio Negro, Japurá, Putumayo, Napo, Pastaza usw.), da im Süden das Schwemmlandgebiet des Amazonasbeckens ausgedehnter ist. Neuestens scheint man besonders im niedrigen Ecuador, Bolivien und Peru noch intakte Kautschukwälder zu finden. Da bei der Gewinnung des Kautschuk, zumal früher, unsinniger Raubbau[2]) getrieben wurde, so daß viele Bäume infolge des Anschlagens eingingen, war schon ein Rückgang[3]) der Kautschukproduktion eingetreten, da Pflanzungen bisher hier nicht angelegt sind.

---

[1]) Nach anderen Berichten sollen die Heveas gerade am Fuße des Andengebietes im Überfluß vorhanden sein und z. B. in Ostperu erst jetzt ausgebeutet werden. [2]) Angeblich sollen aber die Heveabäume beim Fällen wenig Ertrag liefern und daher geschont werden. [3]) Ausf. 1903/04 aus dem Gebiete des Amazonenstroms: 30 849; 1904/05: 33 135 T. Brasiliens Ausfuhr wird angegeben 1901/02 zu 28 470,5 T. (Wert 7 736 000 £); 1902/03: 28 260,4 (8 151 000); 1903/04: 28 552,7 (9 786 000); 1904/05: 30 752,9 (12 447 000). Ausf. von Seringa 1905: 32 073, 1906: 31 643 T. f. 195,56 Mill. Pap.-Milreis. Von der Ausf. 1905 gingen 55% nach Europa, 45% nach den Verein. Staaten.

Zwei andere wichtige Kautschuk liefernde Bäume haben noch in Brasilien ihre Heimat. Hancornia speciosa Gom. liefert, auch als Obstbaum geschätzt, den Bahia- oder Mangabeira-Kautschuk[1]) in den Provinzen Bahia, São Paulo, Rio de Janeiro und Pernambuco, auch Matto Grosso, Piauhy, Parahyba usw. In Nordbahia bei Soure sind neuerdings große Kautschukanpflanzungen gemacht. Manihot Glaziovii Müll. Arg. in Ceará z. B. in der Serra Grande und Serra da Uruburitama und in den Serras von Maranguape und Pacatuba wild und kultiviert, liefert den Manicoba-[2]), Ceará- oder Pernambucokautschuk, der meist als Ceará Scraps in den Handel kommt, wird am meisten aus Bahia, Ceará, Piauhy und Pernambuco ausgeführt. In Bahia und Ceará legte man Pflanzungen an. Für Venezuela, Ecuador, Peru ist, wie für Mittelamerika, Castilloa elastica Cerv. die wichtigste Kautschukpflanze, die Castilloa-Kautschuk unter den Namen West Indian sheets und scraps (aus Mittelamerika), Colombia-(Cartagena-)Kautschuk, Guayaquil strips in den Handel liefert. Auch gegenüber diesen Kautschukpflanzen ist die Ausbeutung eine derartig raubwirtschaftliche, daß ein Rückgang der Produktion von wilden Beständen auch hier zu erwarten ist; die rationellere Produktion in Pflanzungen fängt bereits an Ersatz zu liefern.

Balata[3]) kommt hauptsächlich von Mimusops Balata Gärtn., dem Bullet tree Guayanas, einem Baum, der sich in ganz Guayana, am häufigsten in den angeschwemmten Niederungen von Britisch- und Holländisch-Guayana, zwischen den Ufern des Berbice und des Correntyne, findet, aber im ganzen Amazonasgebiet noch viel häufiger vorkommen soll und hier noch der Ausbeutung harrt. Die Milch wurde und wird von den Eingeborenen getrunken, heute wird der Milchsaft als Balata in Venezuela (Orinocodelta; im Raubbau die Bäume gefällt), in Holländisch- und Britisch-Guayana (rationelles Anzapfen) gewonnen und zur Ausfuhr gebracht.

Dividivihülsen, die gerbstoffreichen (30—50%) Früchte der in Venezuela, Honduras, Mexiko und auf den westindischen Inseln einheimischen Caesalpinia coriaria Willd., wird im Heimatlande zum Färben und Gerben benutzt und aus Maracaibo[4]), Carácas, La Hacha (Venezuela) und von der Insel Curaçao in den europäischen Handel gebracht.

Die Tonkabohnen[5]), die Samen von Coumarouna odorata Aubl. und anderen Coumarounaarten von Venezuela (die Angosturasorte die beste), Surinam und Nordbrasilien, finden eine ausgedehnte Anwendung in der Parfümerie.

In den Kordilleren wächst Erythroxylon Coca Lam., dessen Blätter den Peruanern schon in uralter Zeit als Genußmittel (unter Zusatz von Asche, Kalk oder Kalciumcarbonat gekaut) dienten. Die Koka soll die Muskelanstrengung erleichtern, das Hungergefühl vermindern, beim Bergbesteigen von Atembeschwerden befreien usw. Die Zahl der Kokaverehrer in Südamerika wird auf 8 Mill. geschätzt. In Bolivien wird die Koka nur von wilden Sträuchern gewonnen, in Peru (die Huánucosorte auf den Gebirgen und Hochebenen, die Trujillosorte in tieferen Gegenden) und Colombia in indianischen Pflanzungen „Cocales“, die am östlichen Abhange der Anden 800 bis

---

[1]) Ausf. 1902: 350,2; 1903: 661,6; 1904: 855,2; 1905: 637,1; 1906: 653,2 T. f. 2,33 Mill. Pap.-Milreis. [2]) Ausf. 1902: 807,4; 1903: 1 721,9; 1904: 2 216,1; 1905: 2 682,2; 1906: 2 663,5 T. = 12,4 Mill. Pap.-Milreis. [3]) 1900 über Ciudad Bolivar: 4,88 Mill. Bol. Prod. Surinams 1895: 134; 1904: 255, Ausf. 1905: 244,4 T.; Franz.-Guayana 1900: ca. 3 T.; Ausf. Brit.-Guayanas 1905/06: 252,7 T. [4]) Im 2. Halbj. 1901: 1270 T. ausgeführt: 1901 im ganzen: 4000 Tonnen. [5]) 1900 über Ciudad Bolivar: 232 000 Bolivar.

1800 m hoch liegen. Im Dep. Huánuco (Pozuzo, deutsche Kolonie; Kokaanbau), Lima usw. Kokainfabriken.

Charakteristisch für Südamerika sind auch die Chinarinde liefernden Cinchona-Arten; deren wichtigste sind: Cinchona succirubra (aus Peru stammend), C. Calisaya (in Bolivia in Höhen von 500—600 m beheimatet), C. Ledgeriana (hauptsächlich in der bolivianischen Provinz Caupolican, liefert die besten Rinden), C. lancifolia (in Colombia, 2500—3000 m); in den Gebirgen bei Carácas kommt noch die C. cordifolia vor, die südlichste Art ist C. australis bei Chuquisaca (und Cochabamba [?]) in Bolivia. Die C.-Arten bilden meist keine geschlossenen Bestände, sondern stehen einzeln oder in kleineren Gruppen; auch Ladenbergia pedunculata (Colombia) und Remija Purdieana liefern chininhaltige Rinden. Die Cascarilleros practicos oder Cascadores sammeln die Rinden von wilden Bäumen, sie fällend. Pflanzungen finden sich nur vereinzelt am Mapiri in Bolivia, in den Yungas (s. S. 412) und in Colombia. Die chininreichen C.-Arten sollen bloß die Nebelregion der höheren Anden bei 12—13° Mitteltemperatur bewohnen, während in den Gegenden mit Wechsel von Trockenzeit und Regenzeit weniger heilkräftige Arten vorkommen. (Vgl. auch S. 407, 411, 412.) Von dem Zentrum der Verbreitung der C.-Arten bei Loja in Peru gehen die chininreichen um 11° nach Norden und nach Süden, steigen aber nur bis 2000 m etwa abwärts gegen die Ebenen des Ostens. Die chininärmeren Arten gehen bis 1500 m am Gebirge herab, und die Gattung Ladenbergia ist in ganz Südamerika in einer Höhenregion von 2000—900 m verbreitet.

Öle und Parfüme liefernde Pflanzen sind nicht selten.

Wichtig als Genußmittel ist Yerba Mate, das von verschiedenen Arten der Gattung Ilex (Stechpalmen) gewonnen wird. Diese Arten wachsen an Ufern der Bäche und Flüsse im subtropischen Klima des südlichen Brasiliens bis Minas Geraes und Matto Grosso, einige auch weiter nach Norden, auch in Argentinien, Uruguay und Paraguay. Ilex Paraguayensis soll die wertvollsten Blätter haben, steht bisweilen in Beständen zusammen (Yerbales) und wird in Rio Grande do Sul, Sta. Catharina, Paraná, S. Paulo, Minas Geraes, vor allem in Paraguay und im benachbarten Argentinien (Misiones) lebhaft ausgebeutet[1]); heute wird Mate fast nur von wildwachsenden Pflanzen (in Raubwirtschaft, seit kurzem Schonzeiten) gewonnen, doch ist im südlichen Brasilien der Anbau, den einst die Jesuiten zur Blüte brachten, von Deutschen in Angriff genommen. Man rechnet, daß in Südamerika (Südbrasilien, Argentinien, Paraguay, Uruguay, südlich. Bolivia und Peru, Chile) 20 Mill. Menschen Matetrinker sind; übrigens gebrauchten schon die alten Indianer dieses Genußmittel.

Die Piassavapalme (Attalea funifera) scheint vor allem in den Grenzgebieten Brasiliens und Venezuelas sich zu finden und kommt nur an den Ufern der sogenannten Schwarzwasserflüsse (mit klarem, dunklem Wasser, auf Silikatgesteinen: Granit, Gneis, Sandstein, auch Laterit und Ton, nie auf Kalkstein) Padauiry, Marié, am Rio Negro in Venezuela, Temi, Atabapo usw. vor. Diese Palme liefert eßbare Früchte, Limonade daraus, vor allem aber Fasern[2]), welche dauerhafte, im Wasser schwimmende Taue geben; „Parápiassava“ (Chiquechique Venezuelas) ist die beste Piassavasorte.

[1]) Misiones erzeugt jährlich etwa 1000 T. Rohyerba; aus Paraguay kommen nach Argentinien 8000 T. Rohyerba u. 800 T. gemahlene Konsumyerba, aus Brasilien 3000 T. Rohyerba, 19 000 T. Konsumyerba. Brasilien führte 1901 über die Häfen Antonina und Paranagua allein nach Argentinien u. Uruguay 24 600 T. aus. Ausf. Brasiliens 1904: 44 162; 1905: 41 120; 1906: 57 796 T. = 27,9 Mill. Pap.-Milreis.

[2]) Ausf. Brasiliens 1905: 1 287,9; 1906: 1 373,5 T. = 583 100 Pap.-Milreis.

Die „Bahiapiassava“ wird ebenfalls von Attalea funifera, die in der brasilianischen Provinz Bahia zwischen 13° und 18° südlicher Breite, meist im Tieflande, im Schutze der Wälder wächst, gewonnen; außer den wichtigen Fasern (zu Besen und groben Bürsten) liefert sie Steinkerne (Coquillas) zu Drechslerwaren nach Europa.

Urena lobata („Aramina“ [?]) wird neuestens in São Paulo zum Zwecke der Fasergewinnung sogar kultiviert, um Material für Kaffeesäcke zu liefern.

Tillandsia usneoides L., in Brasilien, Guayana usw. (übrigens auch in Süd-Carolina und von Florida bis Louisiana, Vereinigte Staaten, und in Westindien) gebietweise massenhaft vorkommend, liefert die wertvollste jener Pflanzenfasern, die unter den Kollektivnamen „Vegetabilisches Roßhaar“ (crin végétale) als Polstermaterial in den Handel kommen.

Die Wälder des tropischen Südamerika enthalten unzählige wertvolle Hölzer, von denen hier nur einige wichtige genannt werden können. Aus Surinam kommt das „Pferdefleischholz“ des Handels, das wohl von mehreren Bäumen, z. B. auch Mimusops Balata Gaertn. (Balatabaum) herstammt. Das Grünherz- oder Greenheartholz wird von Nectandra Rhodioei Hook. in Britisch-Guayana abgeleitet und kommt als sehr geschätztes Schiffsbauholz usw. über Georgetown in den Handel. Caesalpinia echinata Lam. gilt als Stammpflanze des Pernambuk- oder echten Brasilienholzes, eines wertvollen Rotholzes, das auch in der Kunsttischlerei und Drechslerei gebraucht wird. Für das Jacarandaholz (Palisanderholz), eines der wertvollsten Kunsthölzer, zur Herstellung von Luxusmöbeln und Klavierkästen sehr geschätzt, auch in der Drechslerei verwendet, werden als Stammpflanzen Dalbergia-, Machaerium-, vor allem aber Jacarandaarten, insbesondere Jacaranda brasiliana Pers., genannt. Die besten Sorten kommen als Rio- und Bahiapalisander aus Brasilien. Amerikanisches Buchsholz stammt von Aspidosperma Vargasii DC. in Venezuela. Rosenholz liefert in Cuba, Jamaica, Portoriko, Colombia, Ecuador Amyris balsamifera L. Das kostbare Nutz- und Schiffsbauholz „Mora“ stammt von Dimorphandra excelsa (Schomb.) Baill. in Guayana und Trinidad. Melanoxylon Brauna Schott. in Rio de Janeiro und Minas Geraes liefert „Brauna“, eines der vorzüglichsten Nutzhölzer Brasiliens. Schinopsis Balansae Engl. in den Uferwäldern Paraguays und Sch. Lorentzii (Griseb.) Engler in Argentinien (Chaco, Santa Fé, Territor. Formosa) sind die Stammpflanzen des sehr harten und schweren roten Quebrachoholzes („Quebracho colorado“), das wegen seines hohen Gerbstoffgehaltes (um 20%) zur Herstellung gerbstoffreicher Extrakte (Prod. 533 000 T. Holz und 89 000 T. Extrakt; Ausf. 1905: 286 000 T. Holz und 29 400 T. Extrakt) dient. Auch Paraguay führt Quebrachoextrakt und -holz aus.

Das brasilianische Rosenholz („Pao de Rosa“) stammt von Physocalymma scaberrimum Pohl. aus dem östlichen Peru und kommt als eines der wertvollsten und geschätztesten Hölzer für Kunsttischlerei und Drechslerei, über Bahia hauptsächlich, in den Handel.

Als „Brasilianisches Teakholz“ kommt das sonst Vakapouholz genannte Holz, das von Andiraarten geliefert werden soll, in den Handel.

Der Holzreichtum[1]) der tropischen Wälder Südamerikas wird noch wenig ausgenutzt, doch verlautete 1905, daß sich in den Vereinigten Staaten von Amerika

[1]) Ausf. Brasiliens an Hölzern 1905: 685 350, 1906: 562 600 Pap.-Milreis.

eine Gesellschaft gebildet habe, welche den brasilianischen Holzreichtum ausnutzen wollte. Eine Schwierigkeit der rentablen Ausbeutung im großen bildet vielleicht die bunte Mischung von Holzarten oder das sporadische Vorkommen bestimmter Nutzbäume gegenüber der Gleichförmigkeit der Bestände in gemäßigten Breiten.

Jagd und Fischerei. Am meisten Bedeutung hat die Jagd in den tropischen Urwäldern für die dort schweifenden Indianer; aber auch in den bewaldeten Flußtälern des kahleren Südens von Brasilien sind Jagdtiere nicht selten. Des Fleisches wegen werden der Páca (Cavia Paca), Hirscharten, der Tapir (Tapirus suillus), Wildschweinarten, Wildenten, Feldhühner usw. gejagt; weniger schmackhaft ist das Fleisch der Ameisenfresser, Gürteltiere, des Meerschweinchens usw., das aber von den Indianern die ziemlich alles essen, nicht verschmäht wird. Felle liefern der Páca, das Coati (Nasua socialis und Nasua solitaria), das Stinktier (Mephitis suffocans) — „Skunkspelze"; in Chile werden Chinchillapelze (von Eriomys chinchilla Lcht. und C. lanigera Benn.) in großer Zahl (in Raubjagd) zum Export erjagt; Nutriafelle gewinnt man in der Provinz Buenos Aires und im Chaco. In Patagonien ernähren sich die Tehuelchenstämme von den Guanacosherden (Auchenia huanaco Smith., bis ins nördliche Peru), die aber wie ihre Verfolger zusammenschwinden. Das Vicuña (Auch. vicuna Fisch.) auf den Grasmatten der Anden liefert die ausgezeichnet feine Vigognewolle.

Federn (weniger kostbar als die afrikanischen) geben der amerikanische Strauß oder Nandu (Rhea americana), oft gezähmt in den Gehöften Südbrasiliens, ferner Kolibris usw. Reiherfedern führen Argentinien und Venezuela[1]) aus. Von Wassertieren hat im unteren Amazonas große Bedeutung der Lamantin (die Seekuh, Manatus australis); an Fischen sind die Flüsse sehr reich, und für die niedrig stehenden Bewohner der Amazonasregion, aber auch für viele Brasilianer, für die Chilenen von Chiloe südwärts usw. ist die Fischerei eine wichtige oder die Lieblingswirtschaftsform. An Brasiliens Küste (z. B. Bucht von Bahia) werden auch noch Wale gefangen; die Schildkröten liefern in ihrem Fleisch und in den Eiern (Öl daraus als „Schildkrötenbutter" und Leuchtöl) willkommene Beute; besonders stark wird die Amazonasschildkröte (Tartaruga grande) verfolgt.

Von Schädlingen kommen noch besonders der Jaguar (Felis Onza), der Kuguar (Felis concolor), Alligatoren, Schlangen, gefräßige Ameisen und Termiten (Pflanzungen, Hausgerät), Moskitos, der Sandfloh (Fußwunden) usw. in Betracht.

An Argentiniens Küste, auf den Lobosinseln an Uruguays Küste, auf den Falklandinseln und bei Juan Fernandez schlägt man Robben; Hummern sind bei letzterer Insel häufig; Perlen und Korallen fischt man bei dem Arch. de las Perlas südlich von Panamá, Perlen auch bei der Insel Margarita[2]) und im Golf von Cariacó an der Nordküste Venezuelas.

Für die Wirtschaft Südamerikas sowohl nach Produktion als nach Verkehr scheint sich gegenwärtig eine Wandlung vorzubereiten. Die Vereinigten Staaten dringen mit ihrem Kapital, wie in Mexiko (s. S. 394), so auch hier, besonders an der West-

[1]) Ausf. über Ciudad Bolivar 1900: 935 000 Bolivar. [2]) 2000 Personen beschäftigt; jährlicher Ertrag: 180 000 £.

küste in die „lateinischen“ Staaten ein. Wenn erst „Nachbarn“ zur See geworden durch den Panamákanal (New York — südamerik. Westküste s. unten), werden sie diesen wirtschaftlichen Einfluß, dem ja oft ein politischer folgt, noch zu verstärken wissen. Werden Chile, Argentinien, Uruguay und allenfalls Brasilien, die auf der Südhalbkugel in Betracht kommen, imstande sein, mit diesem wirtschaftlichen Eroberer zu rivalisieren und Südamerika gegen die Vereinigten Staaten intakt zu halten? Die *panamerikanische Eisenbahn*, bereits traciert und finanziell durch Bewilligungen der in Betracht kommenden Staaten sicher gestellt, soll der Union das Werkzeug sein zur kommerziellen Invasion; ob sie es sein wird? Jedenfalls werden die europäischen Mächte, besonders an der Westküste Südamerikas, sehr auf ihrer Hut sein müssen, ihren Handel zu bewahren. Schon versuchen die Verein. Staaten durch Vorzugszölle (1906) Brasilien wirtschaftlich an sich zu fesseln.

Die Republik Panamá.

Diese Republik trennte sich Ende 1903 mit Unterstützung der Vereinigten Staaten von den Vereinigten Staaten von Colombia ab. *Bananen*, Kokosnüsse, Sassaparilla, Schildkrötenfleisch und Schildpatt werden ausgeführt. Das Land ist auch an Mineralien reich. Die ausgedehnte Küste öffnet sich in einer Reihe von Häfen, von denen an der atlantischen Küste *Colón* (*Aspinwall*) (3000 Einw.) und Bocas del Toro, an der pazifischen *Panamá* (28 000 Einw.) und Agua Dulce die wichtigsten sind. Arbeiten an den Häfen und Landstraßen sind im Gange. Die 1855 eröffnete Panamábahn beförderte 1905: 444 000 T. Waren und 273 000 Personen. Eine Röhrenleitung über den Isthmus für kalifornisches Heizöl ist konzessioniert. Der *Panamákanal* wird als Niveaukanal gebaut und soll nach Schätzung in 11 Jahren fertig sein. Er wird, wie interozeanische Kanäle es immer tun, die Längen vieler Schiffahrtswege verkürzen, zum Teil sehr stark. Dadurch wird er die Verhältnisse der Nachbarlage verschieben und somit auch für die wirtschaftlichen und politischen Verhältnisse wichtig werden, zuerst aber wohl für die Konkurrenz im Weltverkehr und Welthandel. Doch vermögen die großen Schiffahrtsmächte Europas durch geeignete Frachtraten-Politik wohl empfindliche Verschiebungen des Welthandels zu verhindern. Gegenwärtig sind z. B. die Frachtkosten von New York über Panamá nach Callao (Perú) für beinahe alle Waren höher als von Liverpool über Panamá oder über die Magalhãesstraße nach Callao.

Einige Zahlen mögen den Gewinn der Vereinigten Staaten an Verkürzung der Wege gegenüber Deutschland dartun:

Hamburg	nach	S. Francisco	üb.	Kap Hoorn	15 600,	durch d. Kanal	7 800	Seem.
„	„	Guayaquil	„	„	11 500,	„ „ „	7 400	„
„	„	Callao	„	„	10 700,	„ „	8 200	„
„	„	Valparaiso	„	„	9 300,	„ „ „	9 600	„
„	„	Jokohama	„	Suezkanal	11 700,	„ „ „	13 300	„
„	„	Schang-hai	„	„	11 000,	„ „ „	14 000	,
„	„	Sydney	„	„	15 900,	„ „ „	13 400	„

New York nach	S. Francisco	üb.	Kap Hoorn	14 800,	durch d. Kanal	4 700 Seem.
„ „	Guayaquil	„	„	11 500,	„ „ „	3 000 „
„ „	Callao	„	„	10 800,	„ „ „	3 700 „
„ „	Valparaiso	„	„	9 800,	„ „ „	4 700 „
„ „	Jokohama	„	Suezkanal	13 800,	„ „ „	9 400 „
„ „	Schang-hai	„	„	12 600,	„ „ „	10 400 „
„ „	Sydney	„	Kap Hoorn	12 900,	„ „ „	9 900 „

Günstiger noch als New York wird ein Golfhafen wie New Orleans gestellt sein.

Ausfuhr 1903: 4,8; Einfuhr 9,7 Mill. Mk. Bevölkerung: 340 000 Einw. auf 87 500 qkm.

Die Vereinigten Staaten von Colombia.

Wie alle nördlichen Andenstaaten erfüllt eine Hälfte Colombias das Gebirge (Tierra caliente, Tierra templada, Tierra fria), die andere das Flachland.

Ackerbau. Er wird sehr primitiv betrieben. Die hochgelegenen Talstrecken des Magdalena, Cauca usw. im Innern erzeugen Weizen; doch müssen Nahrungsmittel (Weizen, Reis, Kartoffeln usw.) noch viel importiert werden. Zuckerrohr wird an der pazifischen Küste, bei Cartagena, an der Sierra Nevada de Santa Marta mit künstlicher Bewässerung gebaut, Tabak im Landesinnern für den Eigenkonsum.

Kakao von ausgezeichneter Qualität erzeugt besonders das Caucatal, und wichtige Pflanzungen liegen an der Sierra Nevada, wo auch wilde Bestände zu finden sind; endlich ist das Magdalenatal zu nennen. Kaffee[1]) guter Qualität trägt das Bergland am Cauca, und an der Sierra Nevada sind noch in den letzten Jahren wichtige Pflanzungen gegründet worden. Aber noch 1899 (Revolution) wurden die meisten Pflanzungen zerstört. (Vgl. auch S. 136, Anm. 1.)

Bananen werden von der Nordküste bei Santa Marta und Rio Hacha exportiert, Kokospalmen gedeihen in großen Pflanzungen bei Cartagena.

Der Kautschukexport Colombias, der 1876 bis 1880 noch 18,6 Millionen Pfund betrug, ergab 1896 bis 1900 nur noch 4,3 Millionen Pfund. An der Cordillera de Chocó hat man Pflanzungen von Castilloa elastica angelegt.

Chinarinde, wird besonders von Cinchona lancifolia (Kordillere von Bogotá bis Popayán) gewonnen. (Vgl. S. 403.)

Die **Tierzucht** findet günstige Bedingungen sowohl auf dem Hochland als in den Ebenen am unteren Magdalena, vor allem auf den Llanos des Ostens; neuerdings hat auch die Ausfuhr von Jungvieh, z. B. nach Cuba, stark zugenommen.

Der **Bergbau** gewinnt Silber, Gold[2]) (Antioquia; Medellin, 53 000 Einw., Zentrum), Platin[3]) und Smaragde (Muzo); Eisen und Kohlen sollen reichlich vorhanden sein.

[1]) Prod. i. Durchschnitt 1900—1902: 31 750 T. = 3,1% d. Welternte. Durchschnittspreis pro T. sehr hoch: 63 £. [2]) Col. nimmt mit 160 000 Unzen Prod. den ersten Platz ein unt. d. Staaten Südamerikas, das im ganzen 1900 etwa 640 000 Unzen erzeugte. Seit dem 16. Jahrhundert bis 1881 sollen in Col. für 630 Mill. Dollar Gold und für 26 Mill. Doll. Silber gefördert sein. Bergwerksprod. Mittel- und Südamerikas 1903: 518 T. Silber = 9,8%, Hüttenprod. 200 T. = 3,6% d. Weltprod.
[3]) Prod. 1900 etwa 11 500 Unzen = 7% d. Weltprod.

Die **Industrie** des Staates ist gering und zum großen Teil in und bei Bogotá (120 000 Einw.) konzentriert. Panamáhüte kommen zur Ausfuhr.

Die **Verkehrsverhältnisse** Colombias sind wie die der meisten südamerikanischen Republiken sehr mangelhaft entwickelt; abseits der Flüsse vermitteln Maultiere den Verkehr. Eisenbahnen existieren nur wenige und kurze. Der Magdalena (bis kurz vor Honda), der Cauca (bis Cáceres), der Atrato (bis Quibdó) sind die natürlichen Verkehrstraßen des Innern. Eine Eisenbahn zwischen Honda und Jirardot (Giradot) zur Umgehung der Magdalenaschnellen soll bis 1910 fertig werden; eine Straße von Bogotá zum schiffbaren R. Meta wird geplant, also eine Verbindung zu den Niederungen des Ostens und zum Orinoco. Barranquilla (15 000 Einw.) mit dem Vorhafen Puerto Colombo (Sabanilla), Cartagena (25 000 Einw.) mit dem Magdalenahafen Calamar in Eisenbahnverbindung, Santa Marta und Rio Hacha im Norden, Tumaco und Buenaventura im Westen sind die wichtigsten Häfen.

Ausfuhr 1898: 19,16; Einfuhr: 11,08 Mill. Pesos Gold.

Die **Bevölkerung,** 4,5 Millionen Einw. (10% Weiße, 35% Neger, Mulatten und Zambos, 40% Mestizen, 15% Indianer) auf 1,136 Millionen qkm, sitzt besonders auf den Hochebenen am Magdalena- und Caucatal, zumal auf der Hochebene von Bogotá (Stadt Bogotá 120 000 Einw.).

Venezuela.

Ackerbau. Die Hauptnahrungspflanzen sind Mais, Maniok, Bohnen, Erbsen, Zuckerrohr, Banane in den wärmeren, Weizen, Kartoffel in den kälteren Gegenden (Tierra fria).

Kaffee[1]) guter Qualität gedeiht im Gebirgsland zwischen 400 und 1800 m Höhe, am besten in der Tierra templada zwischen 600 und 1500 m, besonders in Mittelvenezuela (bei Guarenas, Carácas [72 000 Einw.], Victoria, Valencia [39 000 Einw.], Montalban) und in der Cordillera von Trujillo (Mendoza, Escuque) und Mérida (Mérida, Ejido); ferner im Tale von San Cristóbal und Táriba. Der sehr geschätzte Kakao[2]) wird in der westlichen Cordillera bei San Cristóbal und San Antonio del Táchira, im Tal des Chama, in Mittelvenezuela am Yaracui, an der Küste zwischen Puerto Cabello und dem Kap Codera usw., an der Südseite der Halbinsel Pária gebaut. Tabak, einst viel genannt (Varinas), jetzt wenig geschätzt, wird bei Yaritagua, Capadare usw. gezogen. Die Kokospalme liefert an der Nordküste bei Maracaibo, Puerto Cabello, Cumaná, Cariacó, auf Margarita Öl und Kopra. Der einst bedeutende Indigoanbau (im heißen Lande) ist wohl ganz aufgegeben. Die Baumwolle wird in einigen Kordillerentälern usw. angebaut. Die Agave (Agave americana), in trockenen Gegenden, gibt Blattfasern für Seilerwaren, Matten, Säcke,

[1]) Maracaibo führte 1901: 25 600; 1904: 27 900; La Guaira 7300; Puerto Cabello 9000 T. aus; S. Cristóbal 1901: 11 000 T. Die ganze Prod. Venezuelas wird auf jährlich 40 000 T. geschätzt, davon sollen jährlich etwa 30 000 T. ausgeführt werden = etwa 2,9% d. Weltprod. Durchschnittspreis pro T. 47,6 £. Ausf. 1903/04: 57 000 T. = fast 50% d. Gesamtausfuhr. [2]) Marac. führte 1901: 124; La Guaira 3770; 1902: 6100; 1903/04: 5520; 1904/05: 6800; 1904: 7500; 1905: 6900 T.; Puerto Cabello 1901 456; 1902: 891; 1903: 603; Carupano 1902: 3050; 1903: 3090 T. aus. Auch vom Orinocodelta wird Kakao ausgeführt. Prod. i. Durchschnitt 1902—04: 11 840 T. (1905: 11 700; 1906 [Schätzung]: 11 000 T.] = 9% d. Weltprod.

Sandalen. Balata (s. S. 402), Dividivi (s. S. 402), Tonkabohne (s. S. 402), Copaivabalsam (s. S. 400), Nutzhölzer (Zapatero-, Vera-, Eben-, Zedernholz usw.) werden gewonnen.

Die **Tierzucht**[1]) ist in den riesigen Grasebenen der Llanos beträchtlich; in den wasserreicheren Gegenden weiden, zum Teil verwildert, besonders Herden von Rindern (mehrere Millionen) und Pferden, die aber zur Trockenzeit stets große Verluste erleiden. Revolutionen räumen aber noch mehr auf. In den trockeneren Gegenden, Coro und im Oriente, werden Schafe[2]) und Ziegen gehalten; der Esel ist ein wichtiges Tragtier; die Maultiere sind im Gebirgslande unentbehrlich. Schlachtvieh geht aus den Llanos zur bevölkerten Cordillera, einiges ins Ausland[3]); dito Häute. Perlen s. S. 405.

Bergbau. Die Goldgewinnung bei El Callao (ziemlich erschöpft) ist stark zurückgegangen[4]); Kupfer wird bei Aroa[5]) (Hafen Tucacas), bei Los Teques und Pao de Zarate gefunden, ein wenig Kohle bei Naricual (Hafen Guanta) und Caripicual gewonnen. An Petroleum und Asphalt (bei Pedernales an der Orinocomündung und bei Guanuco westlich des Golfs von Pária) sind die Küstengebiete reich; bei Carupano werden Schwefellager ausgebeutet. Eisenerz findet sich im Imatacagebirge.

Die **Industrie** (Leder, Zigarren und Zigaretten, Schokolade) ist wenig umfangreich.

Die **Verkehrsverhältnisse** sind sehr wenig entwickelt; mit deutschem und englischem Gelde sind einige Eisenbahnen gebaut. Der Orinoco ist bis zu den Katarakten von Atures, der Apure bis Nutrias, Portuguesa bis gegen Guánare, Cojedes bis El Baúl für kleine Dampfer befahrbar; der Meta bis Orocué ist eine gute Schiffahrtsstraße nach der Gegend von Bogotá. Der Maracaibosee wird von Dampfern befahren, die auch auf dem Catatumbo-Zulia bis Puerto Villamizar (Colombia) kommen. Die wichtigsten Häfen sind Maracaibo (34 000 Einw.), La Guaira (14 000 Einw.), Puerto Cabello (10 000 Einw.), Ciudad Bolívar (12 000 Einw.) am Orinoco.

Ausfuhr 1903/04: 75,98 Mill. Bolivar (Kaffee 37,4; Kakao 16,68; Rindvieh 7,8; Rindshäute 5,56; Balata 3,1; Asphalt 2,4; Ziegenfelle 1,5; Perlen 1,4); davon 1903 35,7% nach den Verein. Staaten, 31,2% nach Frankreich, 19,9% nach den Niederlanden, 5,5% nach Deutschland usw. Einfuhr 1903/04: 59,46 Mill. Bol.

Die **Bevölkerung**, 2,59 Millionen Einw. (93% Negermischlinge, 4% Indianer, 1% Kreolen, 2% Weiße) auf 942 000 qkm, sitzt am dichtesten im nördlichen Gebirgslande (5 bis 10 auf 1 qkm), viel dünner in den Llanos (1 bis 2), in Guayana am dünnsten (0,3). Die Wirtschaft hat, wie in den meisten „lateinischen" Republiken, unter den unsteten politischen Verhältnissen und häufigen Bürgerkriegen schwer zu leiden.

Die **Niederlande** besitzen vor der Küste Venezuelas einige Inseln (1131 qkm, 53 700 Einw.), von denen Curaçao (Hafen Willemstad, 14 000 Einw.),

[1]) 1888: 8,5 Mill. (nach ein. Schätzung jetzt nur 2 Mill. Stück Vieh [?]) Rinder = 0,6% d. Weltprod., 5,7 Mill. Schafe u. Ziegen = 1% d. Weltprod., 1,9 Mill. Schweine = 1% d Weltprod., 1,5 Mill. Pferde u. Esel = 1,7 d. Weltprod. [2]) Prod. von Wolle 1903 (nach Schätzung): 15 Mill. e. Pfd. = 0,6% d. Weltprod. [3]) Puerto Cabello führt jährlich etwa 60 000 Stück Rindvieh aus. [4]) 1900 etwa 47 000 Unzen. [5]) 1878/79 hier 72,3 Mill. T. für 3,9 Mill. £. produziert; seit 1896 nicht mehr ausgebeutet.

Bonaire, Aruba die wichtigsten sind. Curaçao hat auf 550 qkm etwa 28 000 Einw. Die Inseln produzieren Seesalz, Phosphate, Pomeranzen (zu Curaçaolikör ausgeführt) usw.

Ecuador.

Ackerbau. Im Hochland wird ganz primitiv ziemlich viel Weizen, auch Gerste und Kartoffel gebaut; aber die Küstenorte müssen Nahrungsmittel importieren. Das Land östlich am Golf von Guayaquil und das Tal des Rio Guayas sind ein einziger, reicher Pflanzungsgarten. Hier wird Zuckerrohr angebaut, vor allem aber Kakao (besonders Bezirk Arriba, dann Balao und Machala), der ausgezeichnet ist und den Hauptreichtum des Landes für die Ausfuhr[1]) ausmacht. Auch im Westen, bei den Häfen Esmeraldas, Carráques usw., wird Kakao geerntet. Etwas Kaffee, Tabak[2]), Früchte werden produziert. Steinnüsse (vegetabilisches Elfenbein)[3]) werden in Raubwirtschaft gewonnen (man fällt die Bäume, um der Mühe des Besteigens überhoben zu sein). Bei Loja und Guaranda wird von Cinchonabeständen Chinin (Guayaquilrinde) genommen. Kautschuk[4]) wird an den Flüssen des flachen Ostens ausgebeutet. Die **Tierzucht** ist unbedeutend. Gold-**Bergbau** treibt man bei Zaruma im Süden, Kohle fand man bei Riobamba. Die Strohhut- und Hängematten-**Industrie** (Panamáhüte), die mit Blattfasern der wilden Panamáhutpalme (Carludovica palmata) arbeitet, hat einige Bedeutung (Produktionsorte Cuenca, 30 000 Einw., Azogues, Jipijapa). Den **Verkehr** vermitteln Maultiere im Gebirge; die Bahn Guayaquil—Quito (80 000 Einw.) sollte Ende 1906 fertig werden. Andere Eisenbahnen sind geplant, unter anderen eine Bahn von Quito nach Westen zum Meere und eine von Ambato über Baños nach S. Antonio zum schiffbaren Curarayfluß im Amazonasgebiet. Guayaquil (50 000 Einw.) ist der beste Hafen an der Westseite Südamerikas und vermittelt fast den ganzen Handel Ecuadors.

Ausfuhr 1902: 18,1; 1904: 23,28; 1905: 18,57 Mill. Sucres (Kakao 10,9; Steinnüsse 1,95; Kautschuk 1,5; Panamáhüte 1,3; Kaffee 0,8). Einfuhr 1902: 14,4; 1904: 15,3; 1905: 15,7 Mill. Sucres (Webwaren 4,72; Nahrungsmittel 2,4; Eisenwaren 1,2 usw.). Verein. Staaten hatten 28%; Frankreich 21,5%; Deutschland 17,4%; Großbritannien 16,5% Anteil am Außenhandel.

Die **Bevölkerung,** 1,27 Million Einw. (Indianer 600 000, Mestizen 500 000, Kreolen, Neger) auf 299 600, mit den Galápagosinseln 307 200 qkm, sitzt besonders im Gebirge.

Peru.

Ackerbau. Nahrungsmittel werden auch hier eingeführt. An der trockenen Westküste, welche abseits der Gebirgsbäche Wüstencharakter hat, wird das Zuckerrohr (besonders in der Umgegend von Chiclayo im Norden; das Chicamatal liefert allein fast $^2/_3$ der Erzeugung Perus) unter sehr günstigen

[1]) Prod. i. Durchschnitt 1902—04: 25 500 T. = 19% d. Weltprod. Ausf. 1904: 28 433 = 19,3% d. Weltprod.; 1905: 21 128 T., davon nach Frankreich 11 126 T., nach Deutschland 2603 T. [2]) Prod. i. Durchschnitt 1900—1902: 5900 T. = 0,5% d. Weltprod. [3]) Ausf. 1904: 21 085 T.; 1905: 19 036 T., davon nach Deutschland 9469 T. [4]) Ausf. 1904: 519,6; 1905: 586,6 T., davon 121,2 T. nach Deutschland.

Bedingungen mit künstlicher Bewässerung, die nicht so großartig ist wie zur Inkazeit, aber allmählich erweitert wird, gebaut; die Zuckerfabriken sind verbesserungsbedürftig[1]). Auch in einigen Sierradistrikten: Cajamarca, Huánuco, Cuzco (30 000 Einw.) und Puno wird für den Lokalbedarf Zucker gewonnen. Der Kakaoanbau, z. B. bei Lima, ist ganz gering; Kaffee an den Andenhängen und Tabak, für eigenen Konsum gebaut, haben keine Bedeutung. Dagegen ist der Kokabaum, zum Teil auf Terrassen und mit künstlicher Bewässerung, und die Kokainfabrikation[2]) (S. 402 f.) wichtig. In Nordperu, bei Huánuco, und in Südperu werden kleine Quantitäten Cinchonarinde (Chinin) gewonnen, aber die meisten Bäume sind beim Rindensammeln vernichtet worden. Der Reisbau[3]) im Norden (bei Chiclayo usw.) ist von einiger Wichtigkeit, Der Baumwollenbau hat im trockenen Küstengebiet an vielen Stellen Wichtigkeit[4]); die peruanische Art (bei Piura und Ica) braucht außerordentlich wenig Wasser und hat eine lange, rauhe, wollige Faser, die sehr geschätzt wird, besonders zur Vermischung mit Wolle. Im südlichen Küstenland wird die amerikanische Uplandsorte gebaut. Am größten ist die Produktion in den Tälern von Piura, Chira, Sechura des trockenen Nordens und in der Gegend der Orte Pisco, Chincha und Ica in Mittelperu. Kleine Bewässerungsanlagen sind gemacht, große geplant, um das Anbauareal zu vergrößern. Kautschuk wird am oberen Marañon und seinen Nebenflüssen: Tigre, Pastaza, Morona gewonnen und geht über Iquitos den Amazonas hinab. Die **Tierzucht** pflegt Rindvieh; Lamas und Alpakas (auf dem Hochlande) liefern geschätzte Produkte (Wolle). Der **Bergbau** ist sehr entwicklungsfähig. Silber[5]) (Cerro de Pasco), Kupfererz[6]) (Cerro de Pasco und Yauli), Gold[7]) (Distrikt Sandia, Carabaya), Petroleum[8]) (in Nordperu — Zorritos, Negritos, Lobitos, Talara — an der Küste) usw. sind reichlich vorhanden. Kohle[9]) ist spärlich gefunden. Der Guano[10]) der regenlosen Küsteninseln (Chincha usw.), der von den Inkas rationell abgebaut wurde, ist wohl zum guten Teil aufgebraucht, doch nahm die Ausfuhr neuestens wieder zu; die Regenarmut des Westens ermöglichte auch Salpeterbildung. Die Strohhut-**Industrie** (Panamáhüte) hat bei Payta und Piura (Dorf Catacáos), ferner bei Moyobamba im Landesinnern ihren Sitz. Acht Baumwollwebereien (vier bei Lima) bestehen. Mehlmüllerei, Ziegelei, Bierbrauerei, Gerberei usw. fangen an sich zu entwickeln. Der **Verkehr** wird zu Lande durch Lamas und Maultiere vermittelt; Eisenbahnen gibt es einige an der Küste; die Bahnen Callao—Oroya—Cerro de Pasco (Scheitelpunkt 4766 m; Oroya 3736 m; Cerro de Pasco 4331 m), bzw. Oroya—Huancayo und Mollendo—Arequipa (35 000 Einw.)—Puno—Sicuani—Cuzco bzw. Puno—La Paz (Bolivia) erschließen das

[1]) Ausf. von Zucker 1890: 40 700; 1897: 102 800; 1903: 110 000; 1905: 134 000 T. Ausfuhrhäfen: Salaverry, Huanchaco, Eten in N.-, Supe und Cerro Azul in Mittelperu. Prod. 1903/04: gegen 2% d. Weltprod. v. Rohrzucker. [2]) Ausf. v. Blättern 1901 f. 700 000 (1902: 67 000 £) Mk., Kokain f. 3,2 (1902: 103 000 £) Mill. Mk. Prod. 1904: 7528 kg. 1901: 1 500 T. Kokablätter in den 22 Kokainfabriken des Landes verarbeitet, 610 T. ausgeführt. [3]) 28 000 T. jährlich. [4]) Ernte 1902/03 nur mit 13 100 Ballen = 0,1% d. Welternte angegeben; 1905 nach Schätzung: 125 000 Ballen; 1904: 10 000 T., davon 7532 T. ausgeführt. [5]) Prod. 1903: 170,8; 1904: 145,2 T. = 532 500 £. [6]) Prod. 1903: 33 000; 1904: 39 000 T. = 504 600 £. Prod. von Kupfer 1902: 7 580; 1903; 7 800; 1904: 7000 T.; 1905: 9 500 T. = 1,4% d. Weltprod. [7]) Prod. 1903: 1078; 1904: 601 kg = 75 100 £. [8]) Prod. 1901: 74 600 Barrel = 0,05% d. Weltprod. [9]) Prod. 1904: 59 900 T. [10]) 1870: 451 500 Tonn. nach Europa; 1898: 57 000 T.

Hochland. Verschiedene Stichbahnen von der Küste sind ferner fertig, und mehrere Projekte für Bahnbauten sind aufgestellt. Die Fortsetzung einer Andenbahn zu den Flüssen des Ostens ist dringend notwendig, wird seit langem geplant und scheint neuestens Aussicht auf Verwirklichung (Piura—Limon am Pongo de Manseriche) zu haben. 1906 sollte auch der Bau der Bahn Oroya—Ucayali begonnen werden. Im flachen Osten ist der Marañon bis zum Pongo de Manseriche, der Ucayali bis zum Vuelta del Diablo für Dampfer befahrbar; Dampfbarkassen beginnen die Flüsse des Ostens zu befahren. Callao (48 000 Einw.) ist der Haupthafen, bei Lima (133 000 Einw.); daneben kommen Payta, Mollendo usw. in Betracht.

Ausfuhr 1901: 42,98 Mill. Soles; 1902: 3,686 Mill. £; 1904: 4,07; 1905: 5,75 Mill. £ p (Erze 1,08; Zucker 1,83; Baumwolle 0,41; Wolle 0,48; Kautschuk 0,91; ferner Kokain 0,117; Guano 0,28, Häute 0,14 usw.). Einfuhr 1901: 27,58 Mill. Soles; 1902: 4,328; 1904: 4,298; 1905: 4,329 Mill. £ p (Kramwaren, Baumwollwaren, Lebensmittel, Wollwaren). 1905 hatten Anteil am Außenhandel: Großbritannien 45%; Verein. Staaten 10,8%; Deutschland 10,6%; Chile 10,5%; Frankreich 6,2% usw.

Bevölkerung. Auf 1 770 000 qkm wohnen etwa 4,56 Mill. Einw. (62% Indianer, 22,4% Mestizen, 12% Weiße, 2% Neger, 1,6% Asiaten). Am dichtesten sitzt die Bevölkerung in den küstennahen Hochlandgebieten (Dep. Cajamarca 14 auf 1 qkm, Ancachs 10); sodann in den gutkultivierten Küstendistrikten Lambayeque (10) und Lima (9).

Bolivia.

Der **Ackerbau** erzeugt in den tiefen Tälern des westlichen Hochlandes (von Tarija, Sucre usw.) Getreide: Mais, Weizen, Gerste, Hirse (Quiñoa); ferner die Kartoffel, die in den Anden wohl ihre Heimat hat, und, wie in Peru, andere Knollenfrüchte: die Oca usw. In den Yungas (den feuchtheißen Tälern des Ostabhanges der Anden) wird etwas Zuckerrohr, Kakao, Kaffee, Koka[1]) (bei La Paz [57 000 Einw.], Larecaya, Inquisivi, Cochabamba [22 000 Einw.]) gebaut; auch ein wenig Baumwolle. Chinarinde (Sorte Calisaya mit reichem Chiningehalt) wird produziert, doch vernachlässigt man die Pflanzungen wegen der niedrigen Preise des Chinin immer mehr. Kautschuk[2]) wird viel am Acre, Beni, Madre de Dios, Madidi, Paragua und Rio Verde (im Nordosten) gesammelt und geht zum größten Teil über Villa Bella zum Amazonas. Die **Tierzucht** (Rinder) gedeiht gut auf den Ebenen der Provinz Santa Cruz im Osten. Auf dem Hochland wird das Lama, Alpaka und Schaf gezogen. Das wilde Vicuña des südlichen Hochlandes liefert geschätzte Wolle. Der **Bergbau** ergibt die Hauptausfuhrwerte (1902: 78,75%). Der Silberreichtum[3]) ist sehr groß (Huanchaca), Zinn[4]) am Rande des Tafellandes, das sich südlich

[1]) Prod. jährl. 100 000 span. Zentner. Ausf. 1902 f. 224 000 Boliv. [2]) Ausf. 1900: 2,05 (1902: 4,9) Mill. Bolivianos; 1903: 1321 T. Auch im Osten Bolivias sollen die Heveas vorkommen. [3]) Ausf. 1900: 6,6 (1902: 10,8) Mill. Bolivianos. Ausf. 1903: 38 700 T. = 7,3 Mill. Bol. Prod. nach Bartholomew i. Durchschn. 1901—03: 10 738 000 Unzen = 6,3% d. Weltprod. [4]) 1900: 3,5; 1902: 8,8 Mill. Bol.; 1903: 22 100; 1904: 21 546 T. (8000 T. stammten von Oruro) für 17,06 Mill. Bol.; 1905: 27 700 T. Mit dieser Angabe stimmt wenig überein die auf S. 78, wonach nur 11 870 T. = 12,6% d. Weltprod. hier produziert waren. Die Differenz der Angaben läßt sich nicht aufklären.

vom Titicacasee hinzieht (Huanuni, Uyuni), Kupfer[1]) (Corocoro), Gold, Antimon, Wismut (Chorolqueminen), Borax (Lagune von Ascotan) werden ausgebeutet. Potosi (21 000 Einw.), Colquechaca, Oruro sind die Hauptminenzentren. Die **Industrie** ist minimal. Der **Verkehr** leidet wie in allen Andenstaaten durch die Abgelegenheit der Produktionsgebiete vom Meere. Die peruanische Puno—Mollendobahn im Norden, an die La Paz jetzt Anschluß hat, die Bahn Oruro—Antofagasta im Süden sind die Eisenbahnen, die den Verkehr zur Küste vermitteln und die bis Ende 1907 verbunden werden sollen; nach Argentinien (Jujuy) verkehren Lasttiere, Lama und Maultier, die auch sonst die rückständigen Verkehrsvermittler sind. Die Eisenbahnverbindung nach Jujuy ist als ein Teil der panamerikanischen Nordsüdbahn von New York nach Buenos Aires geplant. Die Bahnstrecken Oruro-Cochabamba, Uyuni-Potosi und Arica-La Paz sollen im Bau sein. Eine Straße (120 km) von La Paz nach Puerto Pando am Beni ist im Bau. Der Titicacasee, Desaguadero und Lago Poopó werden vom Dampfschiff befahren. Der Osten hat Flußverbindung zum Amazonas (Villa Bella) und Paraguay (Puerto Suarez). Ein Meereshafen fehlt Bolivia. Doch wird es jetzt einen Ostausgang zum Weltverkehr finden durch die einem argentinischen Syndikat konzessionierte Eisenbahn von Santa Cruz de la Sierra (16 000 Einw.) nach dem Paraguayfluß (wohl nach Puerto Suarez an der Laguna von Cáceres, unfern Corumbá).

Ausfuhr 1901: 38,96; 1902: 28,04; 1903: 25,9; 1904: 21,16 Mill. Bolivianos (1903: Zinn 11,83; Silber 7,28; Kautschuk 2,98; Kupfer 1,8; Koka 0,33). Einfuhr 1901: 16,95; 1902: 14,14; 1903: 16,25; 1904; 19,8 Mill. Bol. Am Außenhandel waren 1903 beteiligt: Großbritannien mit etwa 21,5%; Deutschland mit 13,1%; Peru 11,5%; Chile 3%; Verein. Staaten 2,6%; Argentinien 2,6%; Belgien 2%; Frankreich 1,2% usw.

Die **Bevölkerung,** 2,18 Millionen Einw. (50,7% Indianer, 26,8% Mestizen, 12,8% Weiße) auf 1,334 Millionen qkm, sitzt hauptsächlich im Hochland, am dichtesten in den Bezirken Cochabamba (Stadt C. 22 000 Einw.), La Paz, Chuquisaca und Potosi (Stadt P. 21 000 Einw.).

Chile.

Chile krankt an der Raumenge zwischen Anden und Meer. Es muß mit der Zeit immer mehr hinter dem viel geräumigeren Argentinien an wirtschaftlicher und politischer Bedeutung zurückbleiben.

Ackerbau. In Nordchile ist wegen der Trockenheit der Ackerbau nur in einzelnen Flußbetten bei künstlicher Bewässerung möglich. In Mittelchile zwischen Santiago und Valdivia gedeihen, zumal in der fruchtbaren Zentralebene, vorzüglich die europäischen Getreidearten: Weizen[2]) (70% der Ackerfläche), Gerste, ferner Mais, Kartoffeln (Chiloe) und andere Knollen, Bohnen, Erbsen. Mit Zuckerrübenbau ist begonnen (Fabrik in Parral). In der Mittelregion, in der übrigens auch künstliche Bewässerung vielfach nötig ist, wird Tabak und Wein (besonders um Concepcion), der schwere Weine liefert

---

[1]) 1900: 0,6 (1902: 2,06) Mill. Bol. Ausf. 1903: 4093 T. = 0,7% d. Weltprod. [2]) Prod. 1905 etwa 400 000 T. = 0,45% d. Weltprod.

(50 000 Menschen in der Weinindustrie), gebaut[1]). Walnüsse, Äpfel, Pfirsiche gedeihen gut. Quillajarinde von Quillaja Saponaria wird gewonnen. Die Mittelregion führt Lebensmittel nach der Nordregion aus. Noch weiter südlich wird das Klima zu feucht, dort wird der Getreidebau schwierig; der Wald dominiert. In der Mittel- und Südregion gedeiht der Hopfen gut; die Bierindustrie fängt an sich zu entwickeln.

Die **Tierzucht** ist ebenso wie der Ackerbau nicht sehr ausgedehnt, am meisten wohl noch die Schafzucht[2]).

Der **Bergbau** liefert die bei weitem größten Ausfuhrwerte[3]). Die Salpeterlager in der Küstenregion des trockenen Nordens geben ungeheure Mengen Salpeter (1901: 20 260 Arbeiter) zur Ausfuhr[4]), die vor allem über Iquique, dann Caleta Buena del Sur, Tocopilla, Taltal, Pisagua, Junin, Antofagasta erfolgt. Kupfer[5]) ist ein wichtiges Produkt (Minen von Collahuasi, Tamaya bei Ovalle, Las Condes, Chuquicamata usw.), Gold[6]) wird besonders im Feuerlande, ferner im Magalhãesgebiet und in Mittelchile gewonnen, Silber (bei Caldera), Zink, Mangan, Borax (Ascotan, Carcote, Pintados bei Iquique, Boratera del Loa usw.), Guano (Punta Pichalo bei Pisagua), Kohlen[7]) (Lota, Coronel, Lebu, Arauco), Schwefel (Provinz Tacna, an den Vulkanen der Cordillera in 3500 bis 4000 m Höhe), Jod, Salz (im Salzsee von Huanillos, Prov. Tarapacá), Kali (Prov. Tarapacá und Atacama-Huascosee) usw. werden gewonnen. Die **Industrie** ist etwas mehr entwickelt als in den nördlicheren Andenstaaten, besonders in Valparaiso und Santiago, und nimmt langsam zu. Die **Verkehrsverhältnisse** in Mittel- und Nordchile sind durch zahlreiche Eisenbahnen verbessert; Dampfer laufen im Küstenhandel. Nur der Biobio und Maule sind schiffbar; auf den großen Seen der südlichen Region besteht Schiffsverkehr. Das waldreiche, von Fjorden tief erschlossene südlichste Chile ist noch fast unzugänglich. Die Holzproduktion und -ausfuhr haben hier eine Zukunft. Die wichtigsten Häfen des Landes sind: Valparaiso (144 000 Einw.), kürzlich (1906) von schwerem Erdbeben heimgesucht, Iquique (43 000 Einw.), Talcahuano (für Concepcion 50 000 Einw.), Tocopilla, Coquimbo, Antofagasta (16 000 Einw.), Pisagua, Coronel, Taltal, Valdivia, Puerto Montt; im äußersten Süden Punta Arenas. Die transandinische Eisenbahn von Valparaiso nach Buenos Aires erhält jetzt auf chilenischer Seite ihr Schlußstück und wird jedenfalls eine große Wichtigkeit erlangen; eine zweite Bahn von Concepcion über Antuco nach Buenos Aires und Bahia Blanca ist geplant.

Ausfuhr 1902: 169,5; 1903: 194,3; 1904: 215,65; 1905: 286,7 Mill. Peso (1903: Salpeter 142,4; Kupfer 17,9; Weizen 5,4; Jod 4,4; Erze 2,4; Sohlleder 2,3; Borkalk 2,2; Wolle 1,9 usw.). Einfuhr 1902: 132,4; 1903: 142,5; 1904: 157,2; 1905: 196,9 Mill. Pes. (Kleiderstoffe u. dergl., Steinkohlen, Weizen, Maschinen usw.). An dem Außenhandel hatten 1905 Teil: Großbritannien mit 35,7%; Deutschland mit 25%; Verein. Staaten mit 12,8%; Frankreich mit 7,5%.

---

[1]) Prod. 1905: 2,8 Mill. hl = 2,1%. d. Weltprod. [2]) Prod. von Wolle 1903 (nach Schätzung): 7,5 Mill. e. Pfd. = 0,3% d. Weltprod. [3]) 1905 etwa 80% d. Ausf. [4]) Ausf. 1903/04: 1 580 000 T.; 1904/05: 1 710 000 T. (Vgl. S. 85.) [5]) Prod. 1905: 29 165 T. = 4,1% d. Weltprod. Ausf. 1902: Kupfer 21,7 Mill. P. [6]) Ausf. von Gold u. Münzen 1905: 23,4 Mill. Peso. [7]) Prod. 1904: 827 100 T.; Einf. 1904: 822 500; 1905: 805 000 T.

Die **Bevölkerung,** 3,21 Millionen Einw. (60% Mischlinge, 40% Weiße, reine Indianer 50 000) auf 759 000 qkm, sitzt hauptsächlich in dem zentralen Tal zwischen Valparaiso und Santiago (335 000 Einw.) und Valdivia (10 000 Einw.).

Argentinien.

Argentinien ist das zukunftsreichste Land Südamerikas durch seine Bevölkerung. Vor 20 Jahren war es ein Land der Viehzucht. Gegenwärtig ist es ein Land der Viehzucht und des Ackerbaues. Zweifellos wird es auch die Wirtschaftsformen des Bergbaues und der Industrie sehr bald entwickeln.

Ackerbau. Der Anbau von europäischem Getreide ist nur bis zum 30.° S. Br. äquatorwärts erfolgreich, bis zum 28.° möglich. Die Pampas westlich des Rio de la Plata bis nach Córdoba und Mercedes und zwischen dem 30.° S. Br. und Bahia Blanca und die zwischen Uruguay und Paraná sind ein wichtiges Getreidegebiet, das man durch künstliche Bewässerung in der Provinz Córdoba (Stadt Córdoba 50 000 Einw.) weiter nach Westen ausdehnt, wie man andrerseits durch Entwässerungsanlagen am La Plata Boden vor Überschwemmungen zu sichern sucht. Hier können wir noch eine starke Ausdehnung des Anbaues[1]) erwarten. In den Anden im Nordwesten ist der Ackerbau in den fruchtbaren Talebenen, in Patagonien in beschränktestem Maße in den großen Flußtälern möglich. Weizen wird in den trockeneren, Mais in den feuchteren Strichen gebaut; Weizen[2]) also in der Provinz Buenos Aires (ausgenommen das Zentrum und den Osten), einem Teil von Santa Fé, in den südlicheren und den an den Ufern des Uruguay und Paraná gelegenen Gegenden von Entre Rios und im Zentrum und Südwesten von Córdoba. Die anderen Provinzen spielen keine Rolle. Die Ausfuhr von Weizen ist sehr bedeutend[3]), während z. B. 1880 noch 177 000 T. importiert werden mußten. Mais[4]) wird am stärksten in dem feuchten Osten der Provinz Buenos Aires gebaut, viel auch in Santa Fé in den feuchten Marschen am Rio Paraná und am Rio Salado; in allen übrigen Provinzen nur wenig, doch geht der Anbau von Mais und Weizen, mit künstlicher Bewässerung, bis in die Andenprovinzen Salta, Jujuy usw. Von 1895—1905 nahm die Anbaufläche um 118% zu. Gerste wird wenig, und mehr im trockenen Landesinnern, angebaut; etwas Reis in den Provinzen Tucuman, Jujuy, Salta, zum Teil mit künstlicher Bewässerung, und im tropischen Territorium Misiones. Die Kartoffel gedeiht im trockenen Nordwesten, Bataten und Erdnuß bei Santa Fé. Sehr wichtig ist die Leinsaaternte[5]) in Santa Fé, Buenos Aires, Córdoba und Entre Rios.

---

[1]) Erst 4,44% ganz Argentiniens sind 1905 angebaut, nämlich 1,9% mit Weizen, 0,9% mit Mais, 1% mit Luzerne, 0,35% mit Leinsaat; die anderen Kulturen stehen zurück. [2]) Anbau 1872: 130 000; 1888: 815 000; 1895: 2 050 000; 1905/06: 5 675 000 ha; davon Buenos Aires 42%, Santa Fé 27%, Córdoba 22%, Entre Rios 5,5%, Pampa Central 1,5. [3]) Produktion 1901/02: 1,7; 1904: 3,38; 1905: 4,2 (1906: 3,67; 1907 Schätzung: 4,23) Mill. T. = 4,7% d. Weltprod. (Buenos Aires 2 223 000; Santa Fé 988 000; Córdoba 643 000). Ausf. 1905: 2,87 Mill. T. f. 85,9; 1906 f. 66,6 Mill. Goldpeso. [4]) Anbau 1895: 1 244 000; 1905/06: 2 717 000 ha; davon Buenos Aires an 47%, Santa Fé 34%, Córdoba 7%, Tucuman 5%, Entre Rios über 4% usw. Ernte 1901/02: 2,1 Mill. T.; 1903 nach Schätzung: 3,77 Mill. T. = 4,6% d. Weltprod. Ausf. 1901: 1,13; 1902: 1,25; 1903: 2,16; 1904: 2,53; 1905: 2,26 Mill. T. [5]) Anbau 1905/06: 1 021 600 ha; davon Santa Fé fast 49%; Buenos Aires fast 26%; Entre Rios über 13%; Córdoba über 11%. Ernte 1900/01: 390 000; 1901/02: 365 000; 1902/03: 764 000; 1903/04: 938 000; 1904/05: 895 000 T.; 1905/06: 592 000; Schätzung 1906/07: 657 000 T. Ausf. 1898: 159 000; 1902: 341 000; 1903: 594 000; 1904: 881 000; 1905: 655 000 T.

Das Zuckerrohr[1]) pflanzt man nördlich des 28.° am Uruguay und Paraná (Misiones), vor allem aber im Andengebiet in den feuchtwarmen fruchtbaren Talebenen von Tucuman (50 000 Einw.), Salta und Jujuy. Versuche mit Zuckerrüben sind bisher nicht geglückt. Der Weinbau[2]) findet günstige Bedingungen in den subtropisch trockenen Provinzen des Innern: Mendoza (Stadt M. 35 000 Einw.) und San Juan, auch Rioja und Catamarca; dort entwickelt sich überhaupt der Obstbau. Tabak[3]) wird in den tropischen und halbtropischen Provinzen Corrientes, Salta, Tucuman und Misiones besonders gebaut. Yerba Mate siehe S. 403. Quebrachoextrakt und -holz (s. S. 404) aus den tropischen Urwäldern des Nordens wird exportiert. Nördlich des 33.° sollen etwa 600 000 qkm (?) zum Anbau von Baumwolle geeignet sein; derselbe nahm in den letzten sieben Jahren erheblich zu und 1905 wurden reichlich 6100 ha im Chaco, in Misiones usw. mit Baumwolle bepflanzt. In der Prov. Jujuy ist ein reiches Kautschukgebiet entdeckt. Im tropischen Norden Argentiniens (Misiones) werden die Wälder auf Holz ausgenutzt. Argentinien muß aber noch viel Holz einführen.

Die **Tierzucht**[4]) ist sehr bedeutend und stützt sich nicht nur auf die reichlich vorhandenen natürlichen Grasländereien der Pampas, sondern immer mehr auf Luzerne(Alfalfagras-)felder[5]), die jene an Ergiebigkeit um das Vier- bis Fünffache übertreffen und besonders in Buenos Aires und Córdoba vorzüglich stehen. Kühe, Schafe und Schweine werden damit gemästet. Die Viehzucht wird in den Hauptdistrikten ziemlich rationell betrieben. Die Rinder und Schweine gedeihen mehr im feuchteren Land um die La Platamündung herum, die Schafe im trockeneren Landesinnern. Die Ausfuhr von Viehzuchtprodukten[6]) ist sehr bedeutend: lebendes Vieh[7]) (besonders Rinder, Maultiere), gefrorenes Rind- und Hammelfleisch[8]), Dörrfleisch (Tasajo), Talg, Rinds- und Schafhäute, vor allem auch Wolle[9]). Die Saladeroindustrie[10]) (Herstellung von Dörrfleisch, Fleischextrakt, Konserven) blüht in den Provinzen Buenos Aires und Entre Rios. Seit sechs Jahren entwickelt sich die Gefrierindustrie sehr schnell. Große Mengen von gefrorenem Rind- und Hammelfleisch kommen zur Ausfuhr. Die Meiereiindustrie nimmt zu; Butter[11]) wird ausgeführt. Südlich der Provinz Buenos Aires, in Patagonien, wenigstens gegen die Cordillera hin, sind die Verhältnisse für die Schafzucht, in und an den südlichsten Flußebenen des Rio Coile, Rio Chico usw.

---

[1]) Ernte 1901: 158 000; 1904: 128 000 T. Zucker. Prod. 1903/04 = 2% d. Weltprod. v. Rohrzucker; Einf. 1901: 271 000; 1904: 147 000 T. [2]) Prod. 1901: 1,8 Mill. hl (davon Mendoza 1,4, San Juan 0,36), 1905: 1,3 Mill. hl = etwa 1% d. Weltprod. [3]) Anbau 1901: 13 000 ha. Prod. i. Durchschnitt 1900—1902: 10 200 T. = 1% d. Weltprod. [4]) 1895: 22 (1903: 30) Mill. Rinder = 6,2% d. Weltprod., 74 (1903: 120) Mill. Schafe = etwa 20% d. Weltprod., 5 Mill. Pferde = 6% d. Weltprod.; 1902 in den Provinzen Buenos Aires (6,03), Santa Fé (2,55), Córdoba (2,01), Entre Rios (2); 12,6 Mill. Rinder. [5]) 1900: 1,25; 1905: 2,2 Mill. ha bebaut (Buenos Aires 850 000, Santa Fé 477 000, Córdoba 450 000, San Juan 116 000, Mendoza 105 000 usw.). [6]) Ausf. 1905: 141,04 Mill. Goldpesos = 43,7, 1901: 54% der Gesamtausf. [7]) Ausf. 1901: 119 200; 1905: 262 700 Rinder, 25 700 (120 200) Schafe, 20 500 (29 200) Maultiere, 9800 (20 400) Pferde. [8]) 1902 bestanden 5 Fleischgefrieranstalten, jetzt viel mehr. Ausf. von gefror. Fleisch 1905 f. 21,9 Mill. Pes. [9]) Prod. 1903 (nach Schätzung): 370 Mill. e. Pfd. = 167 800 T. = 13,9% der Weltprod. Ausf. 1905: 191 000 (1901: 228 000) T. [10]) 1901/02 wurden am Rio de la Plata 1,627, 1905: 1,515 Mill. Rinder geschlachtet, nämlich in Argentinien 447 000 (Buenos Aires 180 600, Entre Rios 266 500), in Uruguay 804 000, in Brasilien (Rio Grande do Sul) 375 000, 1905 in Buenos Aires 63 000, am La Plata 855 700, in Montevideo 291 300; in Rio Grande do Sul 305 000. [11]) Ausf. nimmt schnell zu; 1902: 9 Mill. Pfd. = 408 T., 1905: 5400 T.

auch für Rinder und Pferde günstig. Etwas Seidenraupenzucht wird in Santa Fé, Córdoba, Tucuman usw. betrieben. Der **Bergbau** ist noch fast gar nicht entwickelt, obwohl der Westen und Nordwesten sicher reich an Mineralien sind. Die Famatinaminen (Rioja) liefern besonders Kupferstein; in Catamarca sollen Kupferminen ausgebeutet werden, in Salta und Jujuy werden große Boraxlager abgebaut. Im Feuerland wird Gold gewonnen; Glimmerminen werden in Córdoba abgebaut. Kohlenlager scheinen sehr spärlich zu sein. Kohle[1]) muß eingeführt werden. Die **Industrie** ist gering, aber in der Entwicklung begriffen, woran das deutsche Element seinen Anteil hat. Die Zuckerindustrie, Branntweinbrennerei, Bierbrauerei, Meierei, Wachszündholzfabrikation, 1 Hutfabrik sind zu nennen. In Buenos Aires bestehen zwei Baumwollspinnereien mit 36 000 Spindeln. Dem **Verkehr** stehen die ausgezeichneten Naturstraßen des Paraná, Paraguay und Uruguay zur Verfügung; das Eisenbahnnetz hat sich stark in der Getreideregion entwickelt und dehnt sich nun auch nach den Anden (nach Westen: transandinische Bahn [s. S. 414] und Nordwesten) und nach Patagonien aus, wo jetzt nur einige Flüsse (Rio Negro, Santa Cruz) und Seen (z. B. Lago Viedma) dem Verkehr dienen. Man ging daran, die Flüsse zu verbessern und Kanäle zu bauen. Die wichtigsten Häfen des Landes sind: Buenos Aires (1 031 000 Einw.), La Plata (75 000 Einw.), Rosario (131 000 Einw.), Bahia Blanca, San Nicolas. Auch die Häfen sind künstlich verbessert worden.

Ausfuhr 1901: 167,7; 1902: 179,5; 1903: 231; 1904: 264,2; 1905: 322,8 (1906: 292,25) Mill. Goldpesos (Wolle 64,3; Schaffelle 9,48; getrockn. Rindshäute 9,93; gesalz. Rindshäute 9,15; Tiere 7,19; gefrornes Hammelfleisch 6,27; gefrornes Rindfleisch 15,286; Dörrfleisch 3,74; Talg 5,32; Butter 2,16; Weizen 85,88; Mais 46,54; Leinsaat 26,23; Zucker 0,18; Weizenmehl 5,37; Kleie 3,05; Heu 0,80; Quebrachoholz 4,28; Quebrachoextrakt 2,43; Jagdprodukte 0,79; Bergbauprodukte 0,26). Einfuhr 1901: 113,96; 1902: 103,04; 1903: 131,2; 1904: 187,3; 1905: 205,2 (1906: 269,97) Mill. Goldp. (Textilwaren 46,22; Eisen und Eisenkurzwaren 26,17; Fahrzeuge und rollendes Eisenbahnmaterial 23,36; landwirtschaftliche Geräte 16,53,; Steingut, Glas und Tonwaren 17,47; Holz und Holzwaren 14,17; Nahrungsmittel 13,74; Weine, Spirituosen u. dgl. 9,17; chemische und pharmazeutische Produkte 6,28; Öle 5,56; Tabak 4,45; Papier und Papierwaren 4,13; Leder und Lederwaren 1,8). An dem Außenhandel hatten Anteil 1905: Großbritannien mit 21,4%; Deutschland mit 12,5%; Frankreich mit 11,1%; Verein. Staaten 8,4%; Belgien 5,6%; Italien 5%; Brasilien 3,5% usw.

Die **Bevölkerung**[2]), 5,97 Millionen Einw. (95% Weiße, zu etwa 57% Argentinier, zum Rest Ausländer, und zwar namentlich Südeuropäer) auf 2,95 Millionen qkm, konzentriert sich in den Provinzen Buenos Aires und Santa Fé besonders und ist am dichtesten in Tucuman (11 auf 1 qkm), Entre Rios (4,8), Santa Fé (4,5), Corrientes (3,5), Córdoba (2,8) und Buenos Aires (4,1), während Patagonien und der Chaco nahezu unbewohnt sind.

---

[1]) Einf. aus Großbritannien 1904: 1 428 200 T. f. 1 019 500 £. [2]) 1901 Einwanderungsüberschuß: 48 000; 1904: 94 500 Köpfe.

Uruguay.

Uruguay ist gegenwärtig vorwiegend ein Land der Viehzucht, daneben des Ackerbaues.

Der **Ackerbau**, dem kaum 3% des Bodens gewonnen sind, hat den Charakter des argentinischen am La Plata. Weizen[1]) im Südwesten und Mais[2]) werden hauptsächlich gebaut, in geringerem Umfang Leinsaat usw. Die Art des Anbaues macht Fortschritte. Weizen und Mais werden ausgeführt; Braugerste und Hopfen wollen nicht gedeihen und werden eingeführt. Der Anbau von Zuckerrüben gewinnt an Ausdehnung. Weinbau[3]) wird in den Departements Montevideo, Colonia, Salto, Canelones, Maldonado getrieben; Tabak wird fast überall ein wenig angebaut, vornehmlich jedoch bei Tacuarembó, Artigas, Rivera, Largo. Den Baumwollenanbau will man entwickeln. Die **Tierzucht**[4]) ist viel bedeutender als der Ackerbau; sie benutzt 80 bis 81% des Bodens, und die Rassen werden beständig verbessert. Rindvieh an den am Meere und Uruguay gelegenen Landstrichen, Schafe im Landesinnern und Pferde sind die Haupttiere. Bald die Hälfte der Tiere ist in dem Besitz von Ausländern, und der rationelle Betrieb der Deutschen, Engländer usw. unterscheidet sich stark von dem der Einheimischen (freier Weidetrieb, starke Verluste usw.). Saladeros (Fray Bentos, Casas Blancas, Nuevo Paysandu usw.) waren 1901 18 vorhanden, die schon 1899/1900 750000 Rinder schlachteten[5]). In Fray Bentos ist die Liebigsche Fleischextraktfabrik[6]) zu erwähnen. In Montevideo sind Gefrieranstalten errichtet. Man fängt an, Butter zu fabrizieren. Die Ausfuhr von lebendem Vieh[7]) und vor allem Erzeugnissen der Schlächtereien (Tasajo, Häute, Fett, Talg, Hörner, Zungen, Haare, Knochen, Asche) und von Wolle ist recht beträchtlich[8]). Der **Bergbau** produziert wenig. Etwas Gold wird in den Minen von Rivera gewonnen. Kohlen sind sehr spärlich, Torflager reichlich vorhanden. Die **Industrie**, zunächst die landwirtschaftliche, fängt an sich zu entwickeln. Die **Verkehrsverhältnisse** sind in den Landschaften am Meere und Uruguay (durch Eisenbahnen) gut, im Innern noch wenig entwickelt. Der bedeutendste Hafen Montevideo (282000 Einw.) wird jetzt künstlich vertieft.

Ausfuhr 1901: 27,73; 1902: 33,6; 1903: 37,32; 1904: 38,46; 1905: 30,77 Mill. Pesos (Erzeugn. d. Schlächtereien 1904: 34,85; 1905: 27,1; lebendes Vieh 1904: 1,0; Erz. d. Ackerbaus 1,7). Einfuhr 1901: 23,69; 1902: 23,5; 1903: 25,1; 1904: 21,2 Mill. Pesos. (Rohstoffe f. d. Industrie, Maschinen 7,16; Eßwaren usw. 5,12; Zeugwaren 3,58; Getränke 1,37 usw.). An dem Außenhandel hatten im Durchschnitt 1899/1903 Anteil: Großbritannien mit 16,4%; Argentinien mit 14,4%; Frankreich mit 13,8%;

---

[1]) Ernte 1905: 206000 T.; 1902/03: 143000 (Dep. Canelones 41300; Colonia 38000; S. José 22800; Minas 15000; Florida 9900; Soriano 7500) T.; 1,5% d. Bodens m. Weizen bebaut. [2]) Ernte 1905: 112000 T.; 1% d. Bodens m. Mais bedeckt. [3]) 1905 etwa 105000 hl. [4]) 1901: Rinder 6,3 Mill. = 1,8% d. Weltprod.; Schafe u. Ziegen 18,5 Mill. = 3,4% d. Weltprod.; Schweine 48000; Pferde u. Esel 600000 = 0,7% d. Weltprod. [5]) 1901/02: 804000. (Vgl. S. 416, Anm. 10.) [6]) Die Gesellschaft besitzt 160000 Rinder u. stellt seit 1897 ausschließlich Fleischextrakt u. Konserven her. [7]) 1901: 0,47; 1904: 1,0 Mill. Pesos. [8]) 34,85 von 38,46 Mill. Pesos Ausfuhr im ganzen; darunter Wolle (1904/05): 79000 Ballen à 470 kg = 36630 T. im W. v. 15,8 Mill. Pesos. Prod. von Wolle 1903 (nach Schätzung): 96 Mill. e. Pfd. = 43500 T. = 3,6% d. Weltprod.

Deutschland mit 11,9%; Brasilien mit 11,7%; Belgien mit 10,9%; Verein. Staaten mit 7,8% usw.

Die **Bevölkerung,** 978 000 Einw. (nur 10% Farbige) auf 179 000 qkm, wohnt besonders in den südlichen und westlichen Randlandschaften. 15% der Bevölkerung sind Fremde, besonders Südeuropäer und Brasilianer.

Paraguay.

Paraguay ist ein Ackerbauland. Der **Ackerbau** hat subtropischen bis tropischen Charakter. Mais, Maniok, Bohnen, Tabak, Zuckerrohr, Erdnüsse und Reis sind die Hauptanbaugewächse. Baumwolle, Kaffee gedeihen gut. Die Früchteproduktion für den einheimischen Konsum (Guava, Naranjitas, Limonen, Aguai, Abacaxis usw.) und die Ausfuhr (Orangen, Orangenschalen, -essenz, Bananen, Kokosnüsse, Ananas) ist beträchtlich; Tomaten werden ebenfalls ausgeführt. Die Produktion von Yerba Mate (Paraguaytee) auf beiden Ufern des oberen Paraná zwischen dem 18. und 30. Grad südlicher Breite, wild und auch schon in Kulturen, ist sehr bedeutend (vgl. S. 403); 6300 T. wurden 1900 ausgeführt. Quebrachoholz und -extrakt kommen zur Ausfuhr. **Tierzucht.** Die Rindviehzucht[1]) findet gute Bedingungen; eine Exportschlächterei ist zu Apacué am oberen Paraguay eingerichtet. Die **Industrie** ist minimal; der **Verkehr** ist meist Flußverkehr. Asuncion (70 000 Einw.) und Concepcion sind wichtigere Häfen.

Ausfuhr 1900: 2,65; 1902: 3,89; 1903: 4,25 Mill. Goldpesos; Einfuhr 1900: 2,56; 1901: 3; 1902: 2,4; 1903: 3,55 Mill. Pesos. Man nimmt an, daß Großbritannien und Deutschland den größten Teil des Außenhandels innehaben.

Die **Bevölkerung,** 700 000 auf 253 000 qkm, besteht zu 83,2% aus zivilisierten Mischlingen, zu 14,3% aus wilden Indianern, 2,5% Fremden (Weißen) und ist an den Hauptflüssen allein dichter.

Brasilien.

Brasilien ist ein Riesenreich, aus sehr verschiedenartigen Teilen zusammengesetzt, weil es sich von den Tropen bis in die gemäßigte Zone erstreckt. Die südlichsten, gemäßigten Provinzen sind natürlich wirtschaftlich an der Spitze, und die Wirtschaftsstufe der Wissenschaft mag hier allmählich Eingang finden. Die großenteils mit Urwald bestandene nördliche tropische Region erreicht die Ziele der Wirtschaft am wenigsten, und die Wirtschaftsstufe ist die niedrigstehende des Instinktes, während das ausgedehnte, zwischen den genannten Regionen gelegene Gebiet in der Hauptsache der Wirtschaftsstufe der Tradition angehört; hier klingt das Wort: „paciencia" = „Mach dir nichts draus".

Die größte Bedeutung hat in Brasilien die Pflanzenwirtschaft für Ausfuhr, während die Tierwirtschaft nur im Süden größeren Umfang hat.

Der **Ackerbau** ist meist der der Halbkultur wie im größten Teil Südamerikas; der Pflug ist vielerorts noch ganz oder fast unbekannt, landwirt-

[1]) 1900: 2,3 Mill. Stück Rindvieh = 0,6% d. Weltprod.; 183 000 Pferde = 0,2% d. Weltprod.; 246 000 Schafe u. Ziegen = 0,04% d. Weltprod.

schaftliche Maschinen finden erst neuestens Eingang; Düngung ist sehr selten zu finden; viele landwirtschaftliche Produkte müssen eingeführt werden, weil das Land nicht genug produziert. Die wichtigsten Nahrungspflanzen sind der Mais (Maisbrot; auch Viehfutter), Maniok (Farinha, Mehl), der in seinem Stärkemehl die Tapioka des Handels liefert, schwarze Bohnen. Reis wird in den nördlichen Küstengebieten, z. B. am Paranahyba, gebaut. Im Süden, schon in Paraná, mehr noch in Rio Grande do Sul, werden europäische Getreidearten, besonders Weizen, am meisten von den dort zahlreichen deutschen Kolonisten in Mengen, aber mit geringem Erfolg angepflanzt. Von Minas Geraes ab südwärts wird in dem subtropischen Klima Weinbau, besonders von Italienern, betrieben. In derselben Region gedeiht die Obstzucht: Orangen, Zitronen, Aprikosen, Pfirsiche und Feigen. Bananen werden in den Küstengebieten (in Rio Grande do Sul schon kümmerlich) gewonnen und nach Argentinien und Uruguay ausgeführt, die Ananas ist häufig als Heckenpflanze gezogen, aus dem Norden (Pernambuco) kommt die Abacaxis-Ananas in den Handel. Man schreitet zur Konservenindustrie. Die Insel Santa Catharina mit Florianopolis (ehemals Desterro) ist ein Zentrum der Früchteproduktion. Zuckerrohr[1]) wird mit bestem Erfolg in den nordöstlichen Küstendistrikten angebaut, am Paráfluß, am Itapicurú in Maranhão, im Tale des Ceará-mirim; sonst sind Ceará und Rio Grande do Norte schon zu trocken. Dagegen erzeugt Pernambuco viel und vorzügliches Rohr auf dem fruchtbaren Alluvium an der Küste. Nächstdem ist Alagôas, das stellenweise etwas zu sandigen Boden hat, wichtig; auf dem Kalkboden Sergipes gedeiht das Rohr vorzüglich. Südlich von Bahia hat der Anbau nur noch geringe Wichtigkeit, ebenso ist nur noch im feuchteren Landesinneren Brasiliens an den Flüssen Zuckerrohr zu bauen, und es hat wegen der Entlegenheit nur lokale Bedeutung (Viehfutter). Die Zuckerfabriken sind besonders in Pernambuco, Alagôas und in und um Campos (Rio de Janeiro) konzentriert. Kakao[2]) wird im Amazonasbassin (an den Ufern des Amazonas bis Manáos etwa aufwärts), an den Flüssen der Provinz Matto Grosso, in Ceará und Pernambuco, und am ausgedehntesten bei Belmonte und Ilheos in Bahia gebaut. Der im Amazonasbecken gebaute Kakao ist nicht so gut wie der bahianische; dies liegt an der geringen Sorgfalt, mit welcher er von den Halbindianern gepflanzt und gepflegt wird, auch gibt die Pflanze dort nur 500—600 g statt 2 kg Kakao. Vor allem aber ist der Kaffeebau von riesiger Bedeutung. 1800 sollen erst 13 Sack (à 60 kg) ausgeführt sein, 1830 schon 484 000; 1859/60 bereits etwa 2,4 Mill., 1880/81 über 5,5 Mill. aus Rio de Janeiro (4,3) und Santos (1,2), 1890/91: 2,35 Mill. aus Rio, 3,04 aus Santos, 0,156 aus Bahia, 0,062 aus Victoria. Die Kulturen, die anfangs fast nur in der Provinz Rio de Janeiro lagen, dehnten sich nach Norden, Nordosten und Nordwesten aus, so daß jetzt São Paulo und Minas Geraes an Produktion Rio übertreffen, während Espirito Santo und Bahia weniger

[1]) Prod. 1902/03: 225 000 T. (Pernambuco 100 000, Alagôas 30 000, Sergipe 21 000, Rio de Janeiro 21 000, Bahia 18 000); Prod. 1903/04 = 4% d. Weltprod. von Rohrzucker; Ausf. 1880—85 jährlich 225—250 000 T., 1905: 37 700 T. f. 2 029 800 Doll., davon f. 1,25 Mill. nach den Verein. Staaten.
[2]) Ausf. im Durchschnitt 1902—04: 21 400 T. = 16,3%, 1904: 23 160 T. = 15,8% der Welternte (Bahia 18 018, Pará 4100, Amazonas 1000 usw.) f. 21 718 Milreis, 1905: 21 090 T. f. 5 197 675 Doll. (à 4,2 Mk.), am meisten nach Frankr., Deutschld., Ver. Staat., Großbrit.; 1906: 25 135 T.

produzieren. Damit wurde Santos ein immer wichtigerer Exportplatz, Rio de Janeiro blieb zurück. Die Sklavenbefreiung bedrohte 1888 die Kaffeekultur mit dem Ruin; jetzt geht sie immer mehr in weiße Hände (Italiener usw.) über. Einst extensiv (immer frische Rodungen bebaut), wird der Kaffeebau jetzt ziemlich nach wissenschaftlichen Prinzipien und unter Anwendung moderner Maschinen betrieben. Doch hat sich in letzter Zeit eine Überproduktion herausgestellt. 1901/02 produzierte Brasilien 16,3, 1902/03: 13, 1903/04: 11,19 Millionen Sack Kaffee und führte 15,3, 1902/03: 13, 1903/04: 11,05 Millionen Sack nach dem Auslande aus[1]). 1902/03 bezogen die Verein. Staaten 5 574 800, Hamburg 2,216 600, Havre 1 401 278, Rotterdam 928 900, Triest 659 000, Antwerpen 449 800, London 343 100, Marseille 201 100, Genua 164 700, Bremen 90 800, Kopenhagen 78 800, Bordeaux 25 700 Säcke. Der Tabakbau[2]) ist ziemlich wichtig; am meisten ist er bei Bahia und am mittleren São Francisco in der Gegend von Joazeiro (Bahn Bahia—Joazeiro), bei Goyaz, im Amazonastal, in den deutschen und italienischen Kolonien in Rio Grande do Sul und Paraná entwickelt. Der Hopfenbau findet in São Paulo eine Stätte. Der Baumwollenanbau[3]), durch die nordamerikanische Konkurrenz zurückgedrängt, soll für die erstarkende Baumwollenindustrie (São Paulo 260 000 Einw., Rio de Janeiro 700 000 Einw.) in den dafür geeigneten nordöstlichen Küstenstaaten von Maranhão bis Bahia wieder lebhafter betrieben werden. Eine normale Ernte bringt etwa 550 000 Ballen zu 80 kg[4]). Für die Ausfuhr bleibt die knappe Hälfte verfügbar. Die Qualität ist gut. Kautschuk[5]), Paránüsse, Yerba Mate[6]), Carnaubawachs usw. s. S. 400 und 403.

Die **Tierzucht** gedeiht in der Amazonasregion (außer der Insel Marajo) nicht, ist in der Caatingaregion mäßig, in der Camposregion stark entwickelt. Das Rind, erst 1739 eingeführt, wird in großen Fazendas de gado meist halbwild gehalten, allen Unbilden der Witterung, Überschwemmungen usw. ausgesetzt, der Inzucht und Rassenverschlechterung überlassen; bei den kleinen, besonders deutschen, Besitzern ist die Viehzucht rationeller. Am meisten Rinder finden sich in Rio Grande do Sul, São Paulo, Paraná, Matto Grosso, Goyaz, Minas Geraes, und geben Häute (ausgeführt aus Rio Grande do Sul und Rio de Janeiro besonders) und Carne secca (Xarque), d. h. Dörrfleisch; Milch, Butter, Käse wird wenig gewonnen[7]). In Rio Grande do Sul finden sich

---

[1]) 1903/04: Santos 6,5 (1901/02: 9,7); 1904/05: 7,17; 1905/06: 7,28 Mill.; Rio 3,8 (4,8), 1905: 3,057; Victoria 0,44 (0,47); Bahia 0,27 (0,24) im Werte von 18,18 (1901/02: 24,569) Mill. £. Gesamtausfuhr 1905 für 107 102 575 Doll. (à 4,2 M.). Im Durchschnitt 1900—1902 Prod. 752 600 T. = 72,7% d. Weltprod. Durchschnittspreis 27,6 £ pro T. [2]) Prod. im Durchschnitt 1900—1902: 34 000 T. = 3,1% d. Weltprod. Ausf. 1904 rund 24 000 T. zumeist nach Deutschland; 1905: ca. 20 400 T. = 4 126 000 Doll. (à 4,2 Mk.); 1906: 23 600 T. [3]) Ausf. 1904: 13 263; 1905: 24 082 T. = 5 788 600 Doll. (à 4,2 Mk.); 1906: 31 670 T.; dazu Baumwollsamen 1904: 26 600; 1905: 37 500; 1906: 30 900. [4]) Prod. 1902/03: 346 800 Ballen = 2% d. Weltprod.; 1903/04: 490 000 B. à 85 kg geschätzt (Pernambuco 270 000, Parahyba d. N. 100 000, Maceió 50 000, R. Grande d. N. 30 000 usw.). [5]) Ausf. 1901/02: 28 470,5 T. = 7 736 000 £, 1904/05: 30 752,9 T. = 12 447 000 £; 1904: 28 792 T. Seringa (Pará), 2216 T. Manicoba, 855 T. Mangabeira. Ausf. 1905 vom Amazonasgebiet: 33 916 T., davon 18 656 T. nach Europa, 15 260 T. nach Verein. Staat.; Manicoba 2682 u. Mangabeira 637 T. Ausf. 1906 im ganzen: 31 640 T. Seringa f. 195,56; 2664 T. Manicoba f. 12,4; 653 T. Mangabeira f. 2,3 Mill. Pap.-Milreis. (Vgl. S. 401, Anm. 3.) [6]) Ausf. 1905: 41 100 T. f. 18,7; 1906: 57 800 T. f. 27,9 Mill. Pap.-Milreis. [7]) Ausf. von gesalz. Häuten 1905: 19 100 T., von trock. Häuten 7890 T.

Saladeiros (Xarqueadas)[1], in Porto Alegre (80 000 Einw.) besteht eine Fleischextrakt-Fabrik. Die Schweine befinden sich in Brasilien auffallend wohl, sind sogar bei den Indianern nicht selten; für Rassenverbesserung geschieht wenig. Für die Schafzucht scheint das Klima im Norden zu feuchtwarm zu sein, im Innern von Minas Geraes schon ist das Fleisch schlecht, und die Schafzucht hat nur in Rio Grande do Sul etwas Wichtigkeit, liefert Fleisch und Wolle[2]) für den eigenen Bedarf. Die Wolle ist sehr schlecht oder findet sich oft auch durch Haare ersetzt. Wolle und Wollwaren müssen eingeführt werden. Ziegen gedeihen in der Caatingaregion des Nordostens. Die Pferdezucht wird nur von den deutschen Kolonisten sorgfältig getrieben, sonst ergibt sie eine durch Inzucht verkommene Rasse; das im Gebirgsland wertvolle genügsame Maultier gedeiht besser; Esel dienen als Lasttiere. Hühner, Gänse, Truthühner, Perlhühner liefern in weiten Gebieten allein das Fleisch. Die Seidenraupenzucht hat man in Paraná und Minas Geraes mit Erfolg in Angriff genommen.

Der **Bergbau** ist besonders in Minas Geraes entwickelt, wo um Ouro Preto (59 000 Einw.) Gold[3]), bei Diamantina Diamanten, bei Miguel Burnier und Queluz Manganerz[4]) gewonnen wird. Diamanten[5]) findet und beutet man auch aus in Bahia zwischen São João und Lençöes, Manganerz bei Nazareth in Bahia. Neuerdings begann man mit der Baggerung von Flüssen auf Gold und Diamanten. Quecksilber, Graphit, Asbest sind in Minas, Monazitsand in Bahia und Espirito Santo, Glimmer in Goyaz, Bahia und Minas Geraes, Eisen außerordentlich reichlich in Minas Geraes, Rio Grande do Sul usw., Kupfer in Maranhão (bei Grajahú) vorhanden. Kohlen sind nur spärlich zu finden, wenn auch fortlaufend in einem Landstreifen, der bei Conceiçao do Arroyo (Rio Grande do Sul) beginnt, sich durch Santa Catharina, Paraná und São Paulo fortsetzt und im Staate Rio de Janeiro endigt. Ein Flöz mäßiger Kohle findet sich in der Nähe von Lages (Santa Catharina?), eines bei Minas, Candiota, São Sepé, San Jeronimo (Rio Grande do Sul) usw. Im allgemeinen ist die brasilische Kohle nur zur Feuerung verwendbar, wenn sie gewaschen und zu Briketts verarbeitet wird. Brasilien muß viel Kohle einführen, und ebenso müssen Eisen und Eisenwaren in Mengen eingeführt werden.

Die **Industrie,** noch in den Anfängen, konzentriert sich in den großen Städten; sie beruht zum großen Teil auf Verarbeitung landwirtschaftlicher Produkte. Die Feischindustrie (s. o.), Zuckerindustrie, Bierbrauerei, Fabrikation von Mehl, Frucht- und Gemüsekonserven wären zu nennen. In Mittel- und Südbrasilien (Federaldistrikt, S. Paulo, R. de Janeiro, Maranhão, Bahia usw.) ist die Baumwollindustrie[6]) emporgewachsen und entwickelt sich weiter. An den reichbewässerten Ostabhängen des Hochlandrandes am Atlantischen

---

[1]) 1893/94: 387 000 Rinder geschlachtet von 2 002 800, 1904/05: 305 000 von 1 515 000 Stück in den La Platastaaten überhaupt geschlachteten. (Vgl. S. 416, Anm. 10.) [2]) Prod. 1903 (nach Schätzung) nur 1,5 Mill. e. Pfd. = 0,06% d. Weltprod. [3]) 1691—1875 soll f. 2893 Mill. Mk. Gold gewonnen sein. Ausf. 1905: 3879 kg; 1906: 4548 kg f. 7 349 400 Pap.-Milreis. [4]) Prod. 1900: 108 200 T. = 8% d. Weltprod. Ausf. 1905: 224 400 T.; 1906: 121 300 T. f. 2 676 000 Pap.-Milreis. [5]) Edelsteine, Ausf. 1905: 1,087; 1906: 2,486 Mill. Pap.-Milreis. Brasilien ist einer der wichtigsten Produzenten. [6]) 1905: 108 Fabriken, 715 000 Spindeln und 26 100 Webstühle.

Ozean stehen gewaltige Wasserkräfte zur Verfügung, die auszunutzen man sich stellenweise anschickt.

Der **Verkehr** ist im Norden ausschließlich Flußverkehr mit Dampfern auf dem Amazonas und seinen Nebenflüssen. Der Paraguay ist eine Dampfschiffahrtsstraße bis Cuyabá. Paraguay und Guaporé (zum Amazonasgebiet) ließen sich ebenso leicht durch einen für Dampfer schiffbaren Kanal verbinden, wie der Orinoco mit dem Amazonas durch einen Kanal in eine Schiffahrtsstraße zu verwandeln wäre; dann wäre eine Wasserstraße durch ganz Südamerika geschaffen. Der Süden und Osten Brasiliens wird von der Küste aus allmählich durch eine Reihe kleinerer und größerer Stichbahnen erschlossen, die nach und nach durch Seitenäste zu einem Netz zusammenwachsen. Der São Francisco ist oberhalb seiner Stromschnellen (P. Affonso-Fälle) durch eine Eisenbahn mit Bahia verbunden, oberhalb aber weit aufwärts für flache Dampfer befahrbar. Auch der Paraná ist bis zu der Insel Apipé, der Uruguay bis Concordia schiffbar. Man strebt, besonders im Süden, nach weiteren Verkehrsverbesserungen.

Die wichtigsten Einfuhrhäfen sind Rio de Janeiro (700 000 Einw.), Santos (35 000 Einw.), Pará (100 000 Einw.), Pernambuco (120 000 Einw.), Bahia (230 000 Einw.), Manáos (50 000 Einw.), Rio Grande do Sul, Porto Alegre (80000 Einw.), als Ausfuhrhäfen sind Santos, Rio de Janeiro, Manáos, Pará, Bahia, Pernambuco zu nennen.

Ausfuhr 1901: 860 827; 1902: 736 100; 1903: 744 705; 1904: 776 217; 1905: 685457 (396828 C. d. Goldreis); 1906: 799670 C. d. R. (Kaffee 418400; Seringa-Kautschuk 195559; gesalzene und getrocknete Häute 29269; Mate 27932; Baumwolle 25013; Kakao 20728; Mangabeira- und Manicoba-Kautschuk 14725; Tabak in Blättern 13940; Zucker 9163; Felle 7821; Gold 7349; Carnaubawachs 6316; Manganerz 2676; Edelsteine 2486; Paránüsse 2018; Kleie 1907; Baumwollsaat 1836; Monazitsand 1489; Mandiokamehl 1336; Früchte 1209; Rizinussaat 966; Wolle 609; Piassava 583; Hölzer 563. Einfuhr 1901: 449 956; 1902: 467 239; 1903: 486 489; 1904: 512 588; 1905: 454 993 C. d. R.; 1906: 33,2 Mill. £ (1904: Baumwollengarn und -waren 53 780; Weizenmehl 24 990; Xarque 23 260; Weizen 22 220; Apparate und Maschinen 18 680; Reis 14 590; Stockfisch 12 250; Petroleum 11 200 usw.). Anteil am Handel hatten die Verein. Staaten 1904 mit 34,7%; Großbritannien 20,8%; Deutschland 13,1%; Frankreich 6,6%; Argentinien 5,8%; Portugal 3,4%; Uruguay 2,9%; Österreich-Ungarn 2,4%; Belgien 2,2% usw.

Die **Bevölkerung**, 16 Millionen Einw. (Weiße 40%, Mestizen 32,2%, Neger 14,6%, Indianer 9%) auf 8,36 Millionen qkm, sitzt besonders in den küstennahen Gebieten vom Amazonas südwärts. Unter den Fremden (18,8%) waren 1,3 Mill. Italiener, 800 000 Portugiesen, 300 000 Deutsche (namentlich in Rio Grande do Sul).

Guayana.

Das britische Guayana ist am meisten, das französische am wenigsten entwickelt. **Ackerbau.** Versuche mit Kaffee hatten in dem tropischfeuchten Klima geringen Erfolg gehabt. Das Zuckerrohr wurde das bevorzugte Anbaugewächs. Das flache sumpfige, freilich ungesunde, Alluvialland an der Küste gab einen vorzüglichen Boden für Zuckerrohr ab, dessen Zuckergehalt freilich durch die sich immer wiederholende Überflutung mit Meereswasser schwer leidet. Die Engländer haben gegen die Überschwemmungen Kanäle und Dämme eingerichtet und bauen längs der ganzen Küste, auf den Inseln Wakenam und Leguan und an den Flüssen Essequibo, Demerara, Berbice das Zuckerrohr[1]), und die Zuckerindustrie wird mit den neuesten Maschinen usw. betrieben. In Holländisch-[2]) und Französisch-Guayana ist der Anbau von Zuckerrohr viel geringer, und für die Herstellung des Zuckers wird nach veralteten Methoden gearbeitet. Die Kakaoproduktion ist in Britisch-Guayana ganz gering, in Französisch-Guayana, wo es wilde Kakaobäume gibt, ist die Kultur zurückgegangen, da die Eingeborenen die Landarbeit im Stich ließen, um Gold zu suchen; in Holländisch-Guayana spielt der Kakaobau eine gewisse Rolle[3]), ging aber neuestens durch Krankheiten und Arbeiternot ebenfalls stark rückwärts. In Britisch-Guayana wird an der Küste auch Reis gebaut[4]). Über Balata und Hölzer s. S. 402 und 404 f. **Bergbau.** Gold wird in Britisch-Guayana[5]) durch Ausbaggern der Flüsse gewonnen, des Potaro, Cuyuni, Puruni, Barima und Essequibo; in Holländisch-Guayana[6]) liefern die Distrikte Lawa, Surinam, Saramacca, Marowyne; in Französisch-Guayana[7]) die Distrikte Maroni, Mana, Approuague, Sinnamarie Gold. Diamanten werden in Britisch-Guayana am Mazaruni und Potaro gefunden[8]). Für den **Verkehr** im Landesinnern sind die Flüsse (z. B. Essequibo) von einiger geringer Wichtigkeit; die Eisenbahnen dehnen sich nur langsam aus. Die Ausfuhrhäfen sind Georgetown (Demerara), 53 000 Einw., Paramaribo (34 000 Einw.), Cayenne (13 000 Einw.).

Ausfuhr von Brit.-G. 1902/03: 1,83; 1903/04: 1,81; 1904/05: 1,99 Mill. £ (Zucker 1,28 Mill. £; Edelmetalle und Münzen [1903/04] 334 000; Rum 62 700; Diamanten 16 400 £), von Holl.-G. 1902/03: 4,3; 1904: 3,69; 1905: 4,43 Mill. Guld. (Zucker 1,4 Mill.; Gold 1,4 Mill.; Kakao 538 000; Balata 455 000); von Franz.-G. 1901: 8,78 Mill. Fr. (Gold 7,97). Einfuhr von Brit.-G.: 6,76 Mill. Doll.; 1904/05: 1 537 600 £ (Provisionen, Textilwaren, Metalle usw.); von Holl.-G. 1903: 6,3; 1904: 7,4; 1905: 6,56 Mill. G.; von Franz.-G. 1901: 12,2 Mill. Fr.

Die **Bevölkerung** beträgt in Britisch-Guayana 295 000 Einw. (Neger, Kulis, 3000 Weiße) auf 246 500 qkm, Holländisch-Guayana 91 000 Einw. auf 129 000 qkm, Französisch-Guayana 33 000 Einw. auf 79 000 qkm.

Die Falkland-Inseln, im britischen Besitz, treiben lebhafte Schafzucht[9]), die Wolle, Felle und Talg zur Ausfuhr liefert. Der Robbenschlag ist neuerdings sehr gering geworden.

Hafen Stanley. 12 500 qkm mit 2040 Einw.

---

[1]) Ausf. von Zucker 1903/04: 126 000 T. f. 5,38 Mill. Doll. = 2% d. Welternte v. Rohrzucker; 3 950 000 Gallonen Rum und (1904) 7615 T. des Viehfutters Molascuit; Ausf. von Zucker, Rum, Melasse 1904/05 f. 1 358 300 £. [2]) Produktion 1903: 12 073; 1904: 11 001; 1905: 10 800 T. Ausf. von Zucker u. Rum 1902: 1,02 Mill. Gulden. [3]) Ausf. 1895: 4456 T.; 1900: 2927 T.; im Durchschnitt 1902—04: 1810 T. = 1,4%; 1904: 854 = 0,6% d. Weltprod.; 1905: 1680 T. [4]) Prod. 1900/01: 10 701 T. [5]) Prod. 1895: 451 200 £ (122 023 Unzen); 1900/01: 109 207 Unzen; Ausf. 1901/02 f. 1,78 Mill. Doll. [6]) Prod. 1895: 749; 1904: 802 kg. Ausf. 1901 f. 0,99; 1902: 0,8; 1905: 1023 kg f. 1,4 Mill. Guld. [7]) Prod. 1902: 4646 kg. Ausf. 1901 f. 7,97 Mill. Fr. [8]) Prod. 1901/02: 132 077 Stück, 11 718 Karat. Ausf. 1901/02 f. 91 000 Doll.; 1903/04 f. 18 800; 1904/05 f. 16 400 £. [9]) 1901: 762 000 Schafe. Ausf. 1902: Wolle f. 72 700 £, Felle 10 600 £, Talg 6400 £, Robbenfelle 1901 f. 1800 £. Ausf. 1905: Wolle 4,25 Mill. e. Pfd. = 1,9% d. Weltprod.; Schaffelle f. 17 500; Talg f. 5500 £.

VI. Nord- und Südpolarländer.

Bevölkerung s. S. 19. Lage und Raumgröße 56 ff. Horizontale Gliederung 62 ff. Vertikale Gliederung 66 ff. Vulkanismus 72. Mineralien 76 ff. Benachbarte Meere 104 f. Klima 111 ff. Tiere 140 ff.

Die Wirtschaftsstufe der eingeborenen Polarlandbevölkerung ist die des Instinktes, ja fast die der reinen Sammelwirtschaft. Von Wirtschaftsformen sind ganz vorwiegend die der Jagd und Fischerei vertreten.

Die **natürliche Tierwelt.** Während die Pflanzen der polaren Inseln wirtschaftlich kaum in Betracht kommen, ist das tierische Leben des Landes, vor allem aber des Meeres, reich zu nennen. Von Landtieren ist namentlich das wilde Renntier zu nennen, das Spitzbergen, König-Karl-Land und die Nordinsel von Nowaja Semlja besucht und erlegt wird, der Moschusochse, welcher noch an der Nordostküste Grönlands und auf den arktischen Inseln Nordamerikas häufig ist. Die Fische kommen in wenig Arten, aber sehr großer Individuenzahl vor: Lachse, Dorsche, Schleimfische usw., der Eishai (zwischen der Küste von Finnmarken und Spitzbergen) sind zu nennen. Am arktischen Strand bieten zahlreiche Seevögel: Eiderenten, Alken, Lummen, Möwen, auch Gansarten, Eier und Fleisch; in ganzen „Vogelbergen", besonders auf den Schäreneilanden, welche den Küsten vorgelagert sind, und auf Felsnasen, hausen sie hier. Der Eisbär, auf Robbenjagd, legt große Wanderungen zurück, auch auf Eisschollen schiffend; er gibt schmackhaftes Fleisch und wertvolles Fell; besonders auf Spitzbergen, an der Nordküste von Nowaja Semlja, im Karischen Meer und auf Franz-Joseph-Land wird er gejagt. Die Seehunde (Robbenarten) an den Küsten und an der Eiskante des Polarmeeres einst häufig, jetzt durch unverständige Verfolgung seitens der Weißen selten, werden noch an Labradors, Neufundlands, Grönlands, Islands Küsten, an der Eiskante zwischen Spitzbergen und Jan Mayen, nördlich von Spitzbergen, bei Franz-Joseph-Land, bei Nowaja Semlja gejagt. Das Walroß (Trichechus rosmarus) wird in der See um Spitzbergen, bei Franz-Joseph-Land, im Karischen Meer und in der Barentssee erjagt, auch an dem östlichsten Teil der Nordküste Sibiriens. Wale, durch Verfolgung bereits seltener geworden, sind auch in den Eismeeren häufiger und wertvoller als in wärmeren Breiten.

Im Bereiche der Brandung und der Gezeiten an den Küsten, bis etwa 6 Meter Tiefe, ist übrigens durch die Eisdecke das tierische Leben ausgeschlossen; erst jenseits der 6 Meter-Linie beginnt der Reichtum.

Die Küsten und Meere der südlichen Polarregion sind ähnlich mit Fischen, Vogelbergen (Riesenpinguin, Aptenodytes patagonica, der Goldtaucher, A. chrysocome), Robbenarten: Pelzrobbe, See-Elefant, Seeleopard (besonders bei den Südshetlands, bei dem Grahamsland, der Südorkneygruppe, der Sandwichgruppe, Südgeorgien und den Kerguelen) und Walen ausgestattet wie die der nördlichen.

Den Dänen gehören Grönland, Island und die Färöer.

Grönland.

Die Westküste dieses vereisten Landes (2,17 Millionen qkm, davon nur 88 000 gletscherlos) ist dauernd bewohnt von 12 000 Einw., die im harten Kampf um den Lebensunterhalt stehen und fast ausschließlich von Sammelwirtschaft leben. Zwischen dem 60. und 70.° N. Br. liegen die dänischen

Kolonien Julianehaab (3000 Einw.), Frederikshaab, Godthaab usw. bis Upernivik; an der Ostküste leben etwa 400 Eskimos in der Nähe der Station Angmagsalik. Wal- und Seehundfang sind die Haupterwerbszweige der Grönländer, die in ihren Kajaks mit großem Geschick jagen; auch Renntiere, Seevögel, Lachse, Flundern usw. werden gefangen. Alle wirtschaftlichen Veranstaltungen sind der ungünstigen Natur vortrefflich angepaßt. Robbenspeck (1901/1902 12 500 T.), der in den Handelsstationen zu Tran eingesotten wird, Seehundfelle (jährlich 30 000), Felle der Polarbären und weißen Füchse, Eiderdaunen, Narwalzähne und Fischbein, neuerdings auch Kryolith sind die Handelsartikel, gegen welche die Eskimos Nahrungsmittel, Feuerwaffen, Kleidungsstoffe, Geräte usw. von Dänemark beziehen.

Island.

Die Insel hat nur geringen Baumwuchs und spärliche Tierwelt; nur 40% sind überhaupt bewohnbar. Aber das Meer ringsherum ist sehr reich an Fischen, die nebst Seevögeln einen großen Teil der Bevölkerung nähren. Kabeljau, Schellfisch, Heilbutt, Eishai, in Binnengewässern Lachs und Forelle werden mit primitiven Geräten gefangen; man wagt sich nicht weit aufs Meer. Die Seevögel, die auf Vogelbergen und -inseln in ungeheuren Mengen nisten, also Eidergans, Seepapagei, Schwan, Schneehuhn, geben Fleisch, Eier und Daunen. Seehund und Delphin werden gefangen, jedes Jahr werden wohl einige Wale ans Land getrieben. In großem Maßstab nutzen die europäischen Nationen den großen Fischreichtum der isländischen Gewässer aus. Norweger und Deutsche, Engländer usw. fischen dort mit großen Schiffen. In Seydisfjord hat sich in letzter Zeit eine große Fischereigesellschaft gebildet, mit einer großen Flotte von Dampfern und Segelschiffen, um hauptsächlich den Fang von Schollen, mit Holland als Hauptmarkt, zu betreiben.

Von **Ackerbau** ist kaum zu reden; in kleinen Gärten werden Kartoffeln, Kohl, weiße Rüben angebaut.

Für die **Tierzucht** sind die natürlichen Bedingungen durch Weiden, Wiesen und entwässerbare Moore günstig; sie kann sich weiter entwickeln. Ihr wichtigster Zweig ist die Schafzucht, die in primitivster Weise, wie bei den Halbkulturvölkern betrieben wird, aber Milch, Butter, Käse, Fleisch, Wolle, Talg und Felle liefert. Schafe und Wolle werden ausgeführt. Rinder sind nicht häufig. Die Pferde sind, da Straßen fast ganz fehlen, die einzigen Transportmittel; Ponys werden ausgeführt.

Bergbau. Torf und Braunkohlen sind in ausgedehnten Lagern vorhanden, auch Steinkohlen sollen neuerdings gefunden sein.

Der **Verkehr** der Insel mit Europa wird heute durch mehrere regelmäßige Schiffahrtslinien und ein Kabel bewerkstelligt. Eingeführt[1]) werden besonders Nahrungsmittel und Textilwaren. Hauptort ist Reykjavik mit 6700 Einw. (1900). Die 78 500 Einw. auf 105 000 qkm wohnen vornehmlich an den Küsten.

---

[1]) Ausfuhr 1899: 426 900 £; Einfuhr: 458 500 £.

Färöer.

Die Fischerei bildet das Hauptgewerbe der 22 unfruchtbaren Inseln (1399 qkm mit 15 200 Einw.); Kabeljau und Wale werden vor allem gefangen. Seevögel bieten Fleisch, Eier und Federn. Der Ackerbau ist ganz ohne Bedeutung. Natürliche Weiden und Wiesen begünstigen die Viehzucht. Schafwolle und wollene Jacken sind Ausfuhrartikel. Auf Syderö wird Steinkohle abgebaut. Der Haupthafen der Inselgruppe ist Thorshavn[1]) (2000 Einw.).

Spitzbergen.

Zahlreiche Seevögel finden sich vor. Die Prachteidergans (Somateria spectabilis), die gemeine Eidergans (Somateria thulensis), die Ringelmeergans (Bernicla brenta) liefern Fleisch und geschätzte Daunen; dazu kommen die Graugans (Anser brachyrhynchus), der Krabbentaucher (Mergulus alle), die Lumme (Uria Brünnichii), das Schneehuhn (Lagopus hyperboreus), die Schnepfe (Tringa maritima) usw. Andere Jagdtiere wurden schon erwähnt (S. 425); besonders der Weißwal stellt sich in Mengen ein.

Steinkohlen sind am Kap Boheman und an der Adventbai gefunden und werden jetzt abgebaut. Die polare Landschaft zieht schon Vergnügungsdampfer an.

Franz-Joseph-Land.

Die Vogelwelt ist der Spitzbergens ähnlich. Der Eisbär ist häufig. Die Blaurobbe und die Grönlandrobbe finden sich vor. Walrosse sind noch nicht selten. Füchse werden wie auf den anderen polaren Inseln der Pelze wegen gejagt.

Bei der **Bäreninsel** wird der Schnabelwal gefangen, die Walrosse dort sind der Verfolgung gegen Norden ausgewichen. Robben und Eishaie werden noch erjagt. Auch hier finden sich, freilich geringwertig, Kohlen.

In der Nähe der Insel **Jan Mayen** jagt man Schnabelwale, an der Eiskante zwischen Jan Mayen und Spitzbergen die Klappmütze.

VII. Die Ozeane.

Soweit die Menschen auf den Ozeanen Produkte ausnutzen, haben wir uns bereits im ganzen (S. 97 ff.) und bei den einzelnen Ländern mit ihnen beschäftigt. Hier ist noch im Zusammenhange ihre **Bedeutung für den Verkehr,** der die Produkte und Menschen von Land zu Land trägt, zu würdigen.

Einst waren die Ozeane als Wasserwüsten dem Menschen unüberschreitbar, weil er auf niedriger Wirtschaftsstufe stand. Heute befährt der Mensch der höchsten Wirtschaftsstufe sie mit geräumigen Riesenschiffen, so daß der Ozeanverkehr, wenn die Zeitfrage keine große Rolle spielt, dem an kleinere Transportfahrzeuge gebundenen, teureren Landverkehr sogar überlegen ist,

[1]) Ausf. 1899: 1,6 Mill. Kron., davon Fischereiprodukte 1,5 Mill. Kron.

und die Meeresstraße teilweise zur Güterbeförderung gewählt wird, auch wenn die Landverbindung vorhanden ist.

Viele natürliche Verhältnisse der Meere, die den Verkehr zu ver- oder behindern geeignet sind, sind durch die Wirtschaftsstufe der Wissenschaft mehr oder weniger überwunden: entgegenstehende Strömungen und Winde, Windstille und Wellenhöhe, Untiefen und Klippen schrecken und behindern unsere Schiffahrt nur noch wenig[1]).

Weder den Phöniziern noch den Griechen oder Römern gelang es, den **Atlantischen Ozean** in der Breite zu überwinden. Die seetüchtigen Wikinger dagegen gelangten an dieses Ozeans schmalster Stelle im Jahre 867 nach Island, 983 nach Grönland und 1000 nach Nordamerika. Doch blieb ihre Tat, da Nachschub an Menschen fehlte, ganz ohne Folgen für den Seeverkehr. Nachdem im 14. Jahrhundert der Kompaß die Schiffahrt von einem Naturzwang des Ortes und der Zeit (Dunkel der Nacht!) befreit hatte, gelang es Kolumbus, 1492 den Ozean zu durchqueren, der örtlichen Arbeitsteilung (d. h. der zwischen wenig entfernten Orten) den internationalen Charakter zu erwerben und zugleich der höheren europäischen Kultur in der Neuen Welt ein neues Tätigkeitsgebiet zu eröffnen. Von den zu früher, wenn auch halber Kultur gelangten Spaniern und Portugiesen in tropischen und subtropischen Breiten fast völlig raubwirtschaftlich ausgebeutet, fing die Neue Welt erst an sich zu entfalten, als die Engländer, Franzosen und Deutschen in den gemäßigten Breiten das Land wirklich kultivierten. Seitdem nahm der Verkehr über den Ozean statt des Charakters eines gelegentlichen den eines stetigen und regen Verkehrs mit Segelschiffen an, zu denen dann mit der Anwendung der Dampfkraft auf die Schiffahrt die von Ort und Zeit unabhängigeren Dampfschiffe traten. Auch von den Schiffahrtsstationen innerhalb der Ozeane wird man immer mehr unabhängig.

Heute besteht zwischen den durch Überwindung des Ozeans in Nachbarlage zueinander gekommenen Randländern Amerikas, Europas, Afrikas ein lebhafter Verkehr, dessen Stärke in den einzelnen Richtungen von der Wirtschaftshöhe der beiderseitigen Länder, ihrer Produktion, der Volksdichte, dem Austauschbedürfnis abhängt. Zwischen Westeuropa und den Vereinigten Staaten ist dementsprechend der Verkehr bei weitem am größten, auch der zwischen Kanada und Europa etwas ansehnlich. Auf der südlichen Halbkugel findet sich zwischen dem gemäßigten Südafrika und Argentinien, die annähernd gleiche Produkte haben, vor allem aber erst mangelhaft entwickelt sind, ein nicht annähernd entsprechender Verkehr; doch wird das hier eben erst sich anknüpfende Verkehrsband mit der wirtschaftlichen Entwicklung beider Kontrahenten sich wohl etwas verbreitern. Heute zieht nach Europa, sozusagen anormalerweise (vgl. S. 36f.), der Verkehrsstrom, auf dem Südamerikas Güter Absatz und Austausch finden, statt daß das gemäßigte und tropische Südamerika in Austausch stehen; auch das mittelamerikanische Land ist heute besonders nach Europa durch zum Teil regelmäßige Verkehrslinien angeknüpft. Aber ein Beginn der Wendung zum normalen Verkehr

---

[1]) Vgl. S. 92ff.

von der gemäßigten Zone gegen die benachbarte tropische hin ist darin zu sehen, daß die Vereinigten Staaten immer beherrschender mit ihrem Handel in Mittelamerika eindringen, und das ihnen benachbarte Südamerika wird sich ihrem übermächtigen wirtschaftlichen Einfluß auf die Dauer immer weniger entziehen können. Auf der anderen Seite hat Europa nun neuerdings normalerweise (vgl. S. 36 f.) die Verkehrsfäden nach der Westküste Afrikas gezogen und verdichtet sie schnell. Afrika den Europäern!

Großbritannien, Deutschland, neuerdings die Vereinigten Staaten mit, stehen in den Verkehrsverhältnissen des Ozeans an der Spitze.

Die Telegraphen tragen das Wort über den Ozean; zwischen Europa und Nordamerika (Azoren zum Teil Station), zwischen Europa und Südamerika (Madeira und Kapverdische Inseln willkommene Stationen), zwischen Nord-, Mittel- (Bermudas Station), Südamerika, zwischen Europa und Westafrika (zum Teil über Madeira, Kapverden, Ascension, St. Helena) laufen Kabel, die auch in Bogen bis Argentinien und Kapland hinab, bis nach Neufundland und Norwegen hinauf die Küsten begleiten, jetzt Island erreichen — über den ganzen Ozean den Gedankenaustausch zu geschäftlichem, strategischem usw. Zweck in Minuten ermöglichend. Mit der drahtlosen Telegraphie (verstärkte Unabhängigkeit vom Ort!) sind Anfänge gemacht. Auch im Telegraphen(Kabel-)verkehr erleidet, wie im Schiffsverkehr, neuerdings das britische und europäische Monopol eine stets wirksamere Abschwächung.

Den Verkehr in den Nebenmeeren eingehend zu betrachten, würde hier zu weit führen. Besonders stark ist er im Mittelmeer, das ebensosehr der Verkehrsspannung zwischen dem gemäßigten, produktiven und industriellen Europa und dem rohstoffreichen und industrieärmeren Süd- und Südostasien seit Eröffnung des wegkürzenden Suezkanals als auch zum Teil der Verkehrsspannung zwischen den westlichen und östlicheren Teilen (Rußland und Russisch-Asien) der gemäßigten Zone der Alten Welt sein Durchfurchtsein zu danken hat (vgl. auch S. 100). Sehr wichtig ist der Nordseeverkehr. Viel weniger rege ist der Verkehr im Schwarzen Meer, in der abgelegenen Ostsee, fast ganz unbedeutend in der Hudsonbai. Das mittelamerikanische Mittelmeer wird nach Vollendung des Panamákanals eines der befahrensten Meere werden.

Im **Indischen Ozean** war bis in die Neuzeit (1498 bis 1869) die meist befahrene Verkehrsstraße die vom Kapland nach Südostasien, auf der trotz des großen Umweges Europa und tropisches Asien ihre Produkte austauschten. Vor der Auffindung des Seeweges ums Kap (1498) ging der Verkehr dieser beiden Regionen, welchen die verschiedene Produktion hervorrief, auf verschiedenen Wegen über die Gegenden zwischen Mittelmeer und östlichem Indischen Ozean, die nun, nach der Durchstechung der Landenge von Suez (1869) und seitdem die Eisenbahnen die schnelle Überwindung von großen Landstrecken ermöglichen (Bagdadbahn), wieder in den Vordergrund gerückt sind.

Heute sind die Hauptrichtungen des Verkehrs in dem Indischen Ozean bedingt durch die Wirtschaftshöhe, welche im Süden Südafrika, Australien als Länder europäischer Wirtschaftsstufe, reicher und qualitativ bedeutender Produktion und verfeinerter Bedürfnisse, am Nordsaum die tiefer stehenden indischen Länder mit ihren reichen Rohstoffen und mit großer Aufnahmefähigkeit für Industrieerzeugnisse zu Angelpunkten der Verkehrslinien macht. Danach geht der Verkehrsstrom zwischen Europa und den Randländern des Indischen Ozeans durch die Verkehrsgasse des Suezkanals und Roten Meeres, um sich bei Aden in zwei Äste, nach Südafrika und Südasien, und bei Ceylon (Colombo) abermals in zwei Äste nach Südostasien (Singapore usw.) und nach Australien zu teilen. Der Austausch von Erzeugnissen, die sich naturgemäß gleichen, zwischen Südafrika und Australien ist noch recht gering, zumal auch die Entfernung sehr beträchtlich ist. Heute gravitiert noch der Handel der gemäßigten Südenden der Südkontinente, statt in selbständigem Austausch mit den Tropen sich zu bewegen, nach Europa. Das tropische Süd- und Südostasien wird dagegen heute bereits ein wenig von Norden aus durch Japan umworben (vgl. S. 47).

Kabel gehen heute dieselben Wege etwa wie die Dampferlinien: von Suez her über Aden nach Vorder-, Hinterindien und Australien; andrerseits von Aden längs der ostafrikanischen Küste nach dem Kapland, und seit kurzem von Südafrika über Mauritius und die Kokos-(Keeling-)insel nach Australien.

Der **Große Ozean**, bis in die Neuzeit hinein von Völkern niedriger und niedrigster Wirtschaftsstufen umwohnt, war nur in einzelnen Teilen des Westens, bei Japan, China, im Austral-asiatischen Archipel, in Melanesien und Polynesien, Schauplatz eines immerhin niedrigstehenden Verkehrs (S. 116). Seit Besiedelung Australiens, Nordamerikas, Russisch-Asiens durch die Europäer, seit der wirtschaftlichen Hebung Japans und Südamerikas, seit der kolonialen Festsetzung der europäischen Mächte in allen Teilen des Ozeans wird das anders; es beginnt die Verkehrsentwicklung auch hier, sich der örtlichen Arbeitsteilung zur Verfügung zu stellen. Amerika und Japan, als die begünstigten industriellen Randstaaten, denen sich wohl bald Australien und Rußland gesellen werden, dazu die, freilich ungünstiger gestellten, ferneren europäischen Produzenten suchen nun hier Absatz für ihre Erzeugnisse und Erwerbung von Rohstoffen in den dichtbevölkerten, rückständigen, aufnahmefähigen und an Rohstoffen sehr reichen südostasiatischen Ländern, vor allem China; nächstdem wird das halbkulturelle Südamerika ihr Aktionsgebiet.

Diesen Verhältnissen entsprechend werden sich die Verkehrsströme gestalten, die jetzt erst in der Bildung begriffen sind: von Kanada und den Vereinigten Staaten (heute von S. Francisco, bald vielleicht mehr von New Orleans—Panamákanal) nach Ostasien (Japan, China) und umgekehrt; ferner infolge der Überlegenheit nordamerikanischer Wirtschaftsstufe von Nordamerika nach dem Austral-asiatischen Archipel, Melanesien, Polynesien, Mikronesien, wo Australien und die europäischen Mutterstaaten in ihren Kolonien, vielleicht auch Japan, mit den Amerikanern in Konkurrenzkampf werden treten müssen; ferner von den Vereinigten Staaten (besonders via Panamákanal) nach Süden längs der westlichen Küste Südamerikas, in Konkurrenz mit Großbritannien und Deutschland (später vielleicht auch Chile?); ferner von Australien (bzw. Neuseeland) nach Ozeanien und nach Südamerika ziehen Verkehrsströme. Die gleichen Wege ziehen die Kabel.

Im ganzen bereitet sich hier ein Verkehrsnetz vor, das eine überraschende Ähnlichkeit mit dem des Atlantischen Ozeans hat: hier wie dort ein Hauptverkehrstrom in gemäßigten Breiten, zu dem die im Osten gelegenen Länder, hier Europa, dort Nordamerika, den Anstoß geben; von diesen Herden der Kultur ferner Verkehrsströme gegen Südwesten, im Atlantischen Ozean von Europa nach Mittel- und Südamerika, im Großen Ozean von Nordamerika nach der südwestlichen bei Asien und Australien gelegenen Inselflur; und dem Verkehrsstrom von Europa längs der Westküste Afrikas entspricht der längs der Westküste Südamerikas; der Verkehr zwischen Australien und Südamerika ist schwach wie der zwischen Südamerika und Südafrika (vgl. S. 428).

Der Polarmeere, fast tot für den größeren Verkehr, brauche ich hier nicht zu gedenken. (Vgl. S. 104 f.)

Bemerkungen zu den Karten.

1. Karte der Wirtschaftsstufen.

Als ich aus meinem Material zu der Aufstellung der vier Wirtschaftsstufen gelangt war und mir daran lag, sie weiterhin zu prüfen, war ich nicht wenig erstaunt, in Vierkandts „Naturvölker und Kulturvölker" die psychologischen Parallelen zu meinen Wirtschaftsstufen zu erkennen. Mit Unrecht war ich erstaunt, denn der Parallelismus des Psychischen und Physischen und der Psyche und ihrer Aktion in der Außenwelt ist anerkannt. So erschien mir die Wirtschaftsstufe als eine Projektion des inneren Zustandes der Menschengruppen in die Außenwelt. Selbstverständlich geht sie im allgemeinen auch parallel der umfassenderen Kulturstufe.

Scharfe Grenzen trennen weder die Kulturstufen noch die einzelnen Wirtschaftsstufen, und so entschloß ich mich, meine Karte der Wirtschaftsstufen im großen und ganzen der ähnlichen Vierkandts[1]) gleich zu gestalten, bis auf die Stellen, wo dringender Grund zur Abweichung vorzuliegen schien. Solange nicht auf Grund spezieller Untersuchungen die Grenzen, sagen wir richtiger: Grenzsäume, Durchdringungszonen, mit größerer Wahrscheinlichkeit gezogen werden können als heute, verzichtete ich auf den billigen Ruhm, eine Originalkarte zu veröffentlichen, die vorläufig nur ebenso problematisch im einzelnen ausfallen mußte wie die Vierkandts. Es kommt zunächst auf die Darstellung des einzelnen auch nicht an; erst mußte das Problem gestellt sein, und dann muß das gewählte Kriterium in der Einzelforschung durchgehends Anwendung und Bestätigung gefunden haben, ehe meines Erachtens an eine genauere Fixierung der geographischen Lagerung geschritten werden soll und kann.

2. Karte der Wirtschaftsformen.

Diese Karte entwarf ich selbständig, da eine für meine Auffassung brauchbare Vorarbeit fehlt[2]). Die technische Schwierigkeit der Darstellung war nicht gering, zumal bei den Schranken der gegebenen Farben und der aus meinen Anschauungen sich ergebenden Notwendigkeit, die sich deckenden Wirtschaftsformen zur Darstellung zu bringen. Dabei erschien es mir richtig, die zahlreichen koinzidierenden Wirtschaftsformen in der Darstellung in ein Verhältnis zu bringen, ihre gegenseitigen Stärkebeziehungen darzustellen,

---

[1]) Geographische Zeitschrift 1897, Tafel 3, nach den Karten Gerlands, Ed. Hahns, Ratzels gezeichnet. [2]) Die Karte Ed. Hahns in Petermanns Mitteilungen 1902 konnte ich nicht akzeptieren.

damit, im großen und ganzen wenigstens, sowohl die lokale relative Wichtigkeit der einzelnen im Zusammenspiel der koinzidierenden Wirtschaftsformen als auch ein Bild der relativen Wichtigkeit jeder Wirtschaftsform im Erdganzen erhelle. Dabei ist selbstverständlich, daß die Darstellung nicht darauf ausgehen konnte, jede einzelne Wirtschaftsform in ihrer ganzen Verbreitung zu fixieren; bei der Koinzidenz von Verhältnissen ist es immer notwendig, das Unwichtige auszuscheiden, das Wichtige festzuhalten, das Wichtigste herauszuheben.

Das Kärtchen kann natürlich nur als ein erster Versuch betrachtet werden.

3. Karte der Wirtschaftszonen.

Das Klima ist so hervorstechend in vorderster Stelle an der Gestaltung der wirtschaftlichen Verhältnisse beteiligt, daß es mir richtig erschien, auf seiner Grundlage die Wirtschaftszonen zu konstruieren. Denn die Objekte der Wirtschaft sind in ihrer Verbreitung in der Hauptsache von ihm bedingt, wie wir schon im Text gesehen haben.

Am schärfsten zeigt sich die Abhängigkeit vom Klima bei der Pflanzenwelt; aber auch bei den Tieren und den Bodenarten. Selbst bei allen Tätigkeiten des Menschen, welche nach der Produktion die Bereitstellung der Pflanzen, Tiere und Mineralien für den Konsum zum Gegenstande haben: bei Industrie, Handel, Verkehr usw. spielen die Unterschiede des Klimas eine Rolle, nicht nur infolge der (teilweisen) klimazonalen Verbreitung jener Objekte, sondern auch wegen der Art des wirtschaftenden Menschen, welche einen offenbaren und deutlichen Zusammenhang mit dem Klima[1]) zeigt, so daß die großen Klimagebiete zugleich große Wirtschaftszonen werden.

Innerhalb der Wirtschaftszonen zeigen sich aber — wie klimatisch, so wirtschaftlich — kleinere, doch auch noch wichtige Unterschiede; sie muß die Wirtschaftsgeographie fassen, und ich habe versucht, sie in Wirtschaftsregionen einzuschließen. Freilich als gelungen kann ich meinen Versuch selbst noch nicht bezeichnen; sind aber hier erst genügend Vorarbeiten gemacht — die hoffentlich mein Versuch anregt —, so dürfte er mehr Erfolg haben.

In der Grenzenziehung habe ich mich zu einem großen Teil der vorzüglichen Karte Köppens zur Klassifikation der Klimate[2]) angeschlossen, doch vereinfacht. Mehrfach wich ich auch von seiner Darstellung ab, wenn nach meiner Kenntnis die landwirtschaftlichen Zustände mit den klimatischen nicht zu harmonieren schienen. Zu einer wirtschaftlichen Klassifikation, die so weit ginge wie Köppens klimatische, reichen unsere Kenntnisse von den Wirtschaftsverhältnissen der Erde wohl noch nicht aus.

[1]) Vgl. S. 38ff. und Vierkandt in der Geographischen Zeitschrift 1897, S. 315ff. [2]) Geographische Zeitschrift 1900, Tafel 6.

Register.

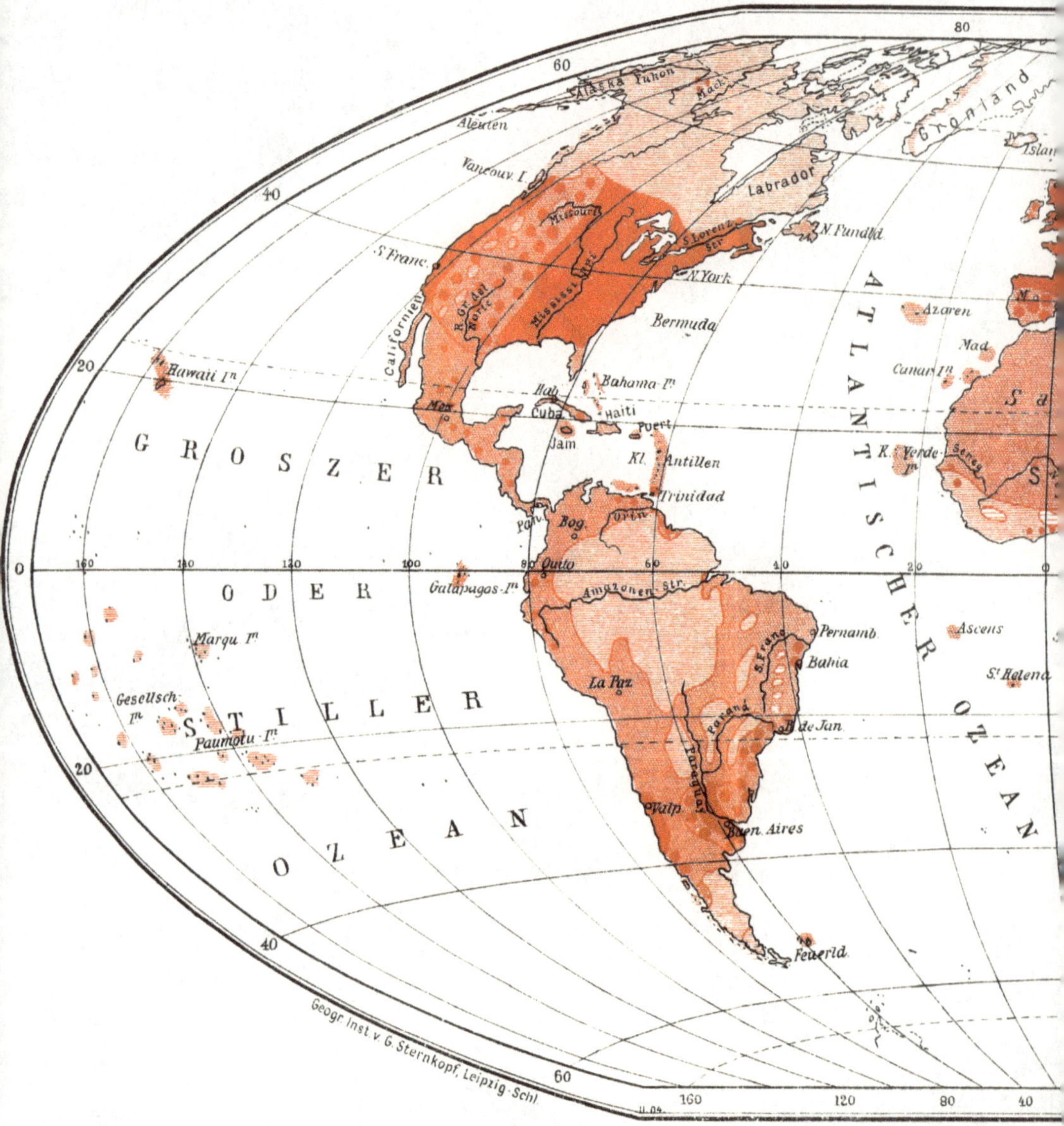

Wirtsch-Stufe der tierischen Wirtschaft. (Sammelwirtschaft),
„ „ „ instinktiven Wirtschaft;
„ „ „ traditionellen „ ;

WIRTSCHA

(nach dem Abstand des

von Dr. E

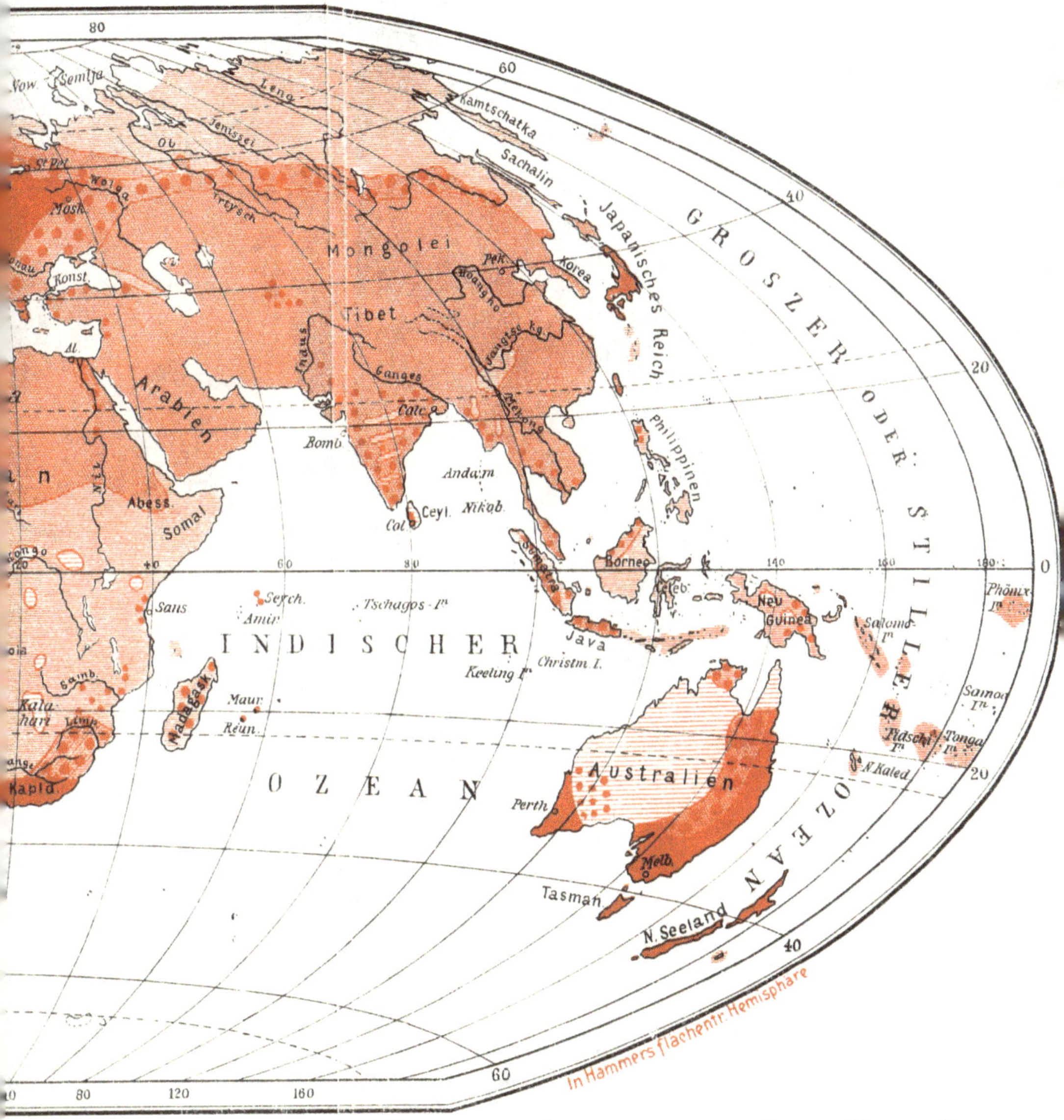

- STUFEN

hen vom Naturzwang)

iedrich.

Wirtsch. Stufe der wissenschaftlichen Wirtschaft.

Menggebiete von Wirtschaftsstufen.

Sammeln von Pflanzen.
Fischerei.
Jagd (⊕ ⊕ ⊕ Anthropophagie)
Pflanzenbau.

WIRTSCHA

von Dr. Err

FORMEN

drich.

Tierzucht.

Bergbau.

Industrie, Transport, Kapital.

Handel.

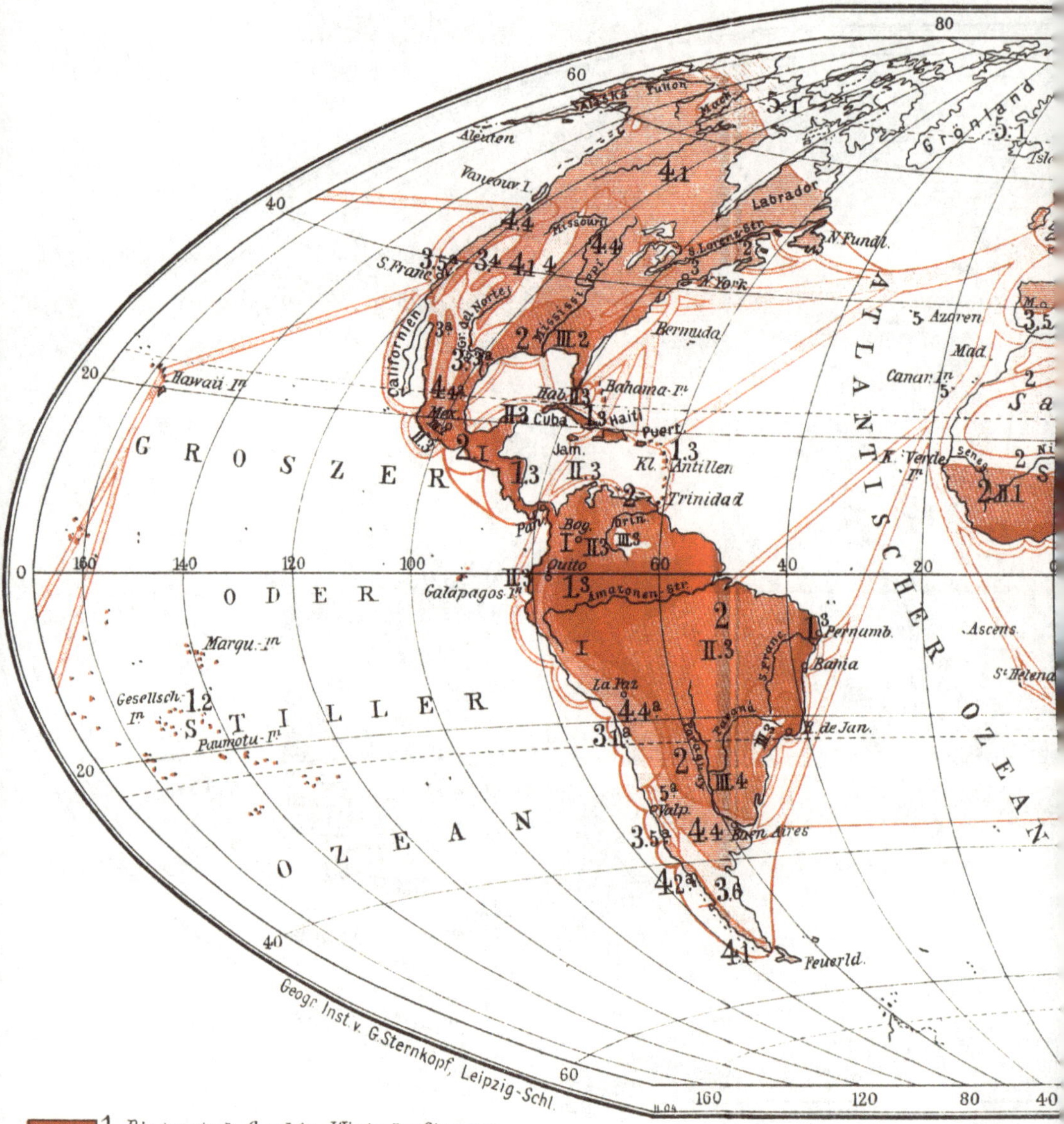

1. Die tropisch-feuchte Wirtschaftszone.

2. Die Wirtschaftszone des tropischen Höhen-, Savannen- und feucht-subtropischen Klimas.

3. Die Wirtschaftszone des trocken-subtropischen Klimas

Verkehrsbänder, deren Breite der Intensität des Verkehrs entspricht.

WIRTSCH

von Dr.

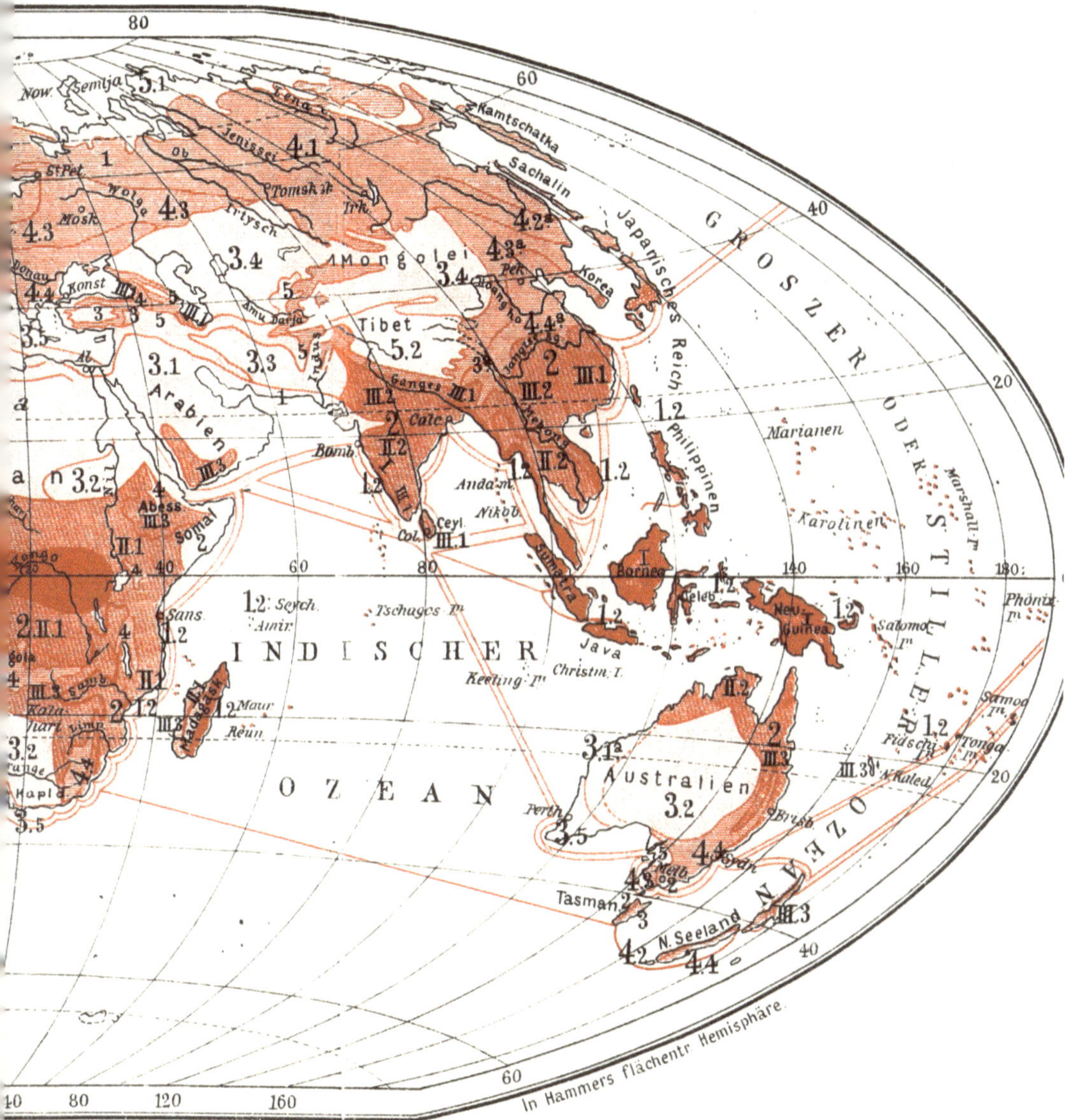

-ZONEN

riedrich.

4. *Die Wirtschaftszone des gemäßigten (subpolaren Depressions-) Klimas.*

5. *Die polarkalte Wirtschaftszone*

Die kleinen Zahlen (4) bezeichnen die Wirtschaftsregionen.

Kolibri 360 GmbH
Ferdinand-Jühlke-Straße 7
99095 Erfurt, Deutschland
produktsicherheit@kolibri360.de